『十三五』国家重点图书出版规划项目

西夏学文库 第二辑

译著卷

史金波 杜建录 主编

俄藏黑水城西夏文佛经叙录

〔俄〕叶·伊·克恰诺夫 著

崔红芬 文志勇 译

甘肃文化出版社

国家出版基金项目

NATIONAL PUBLICATION FOUNDATION

图书在版编目（CIP）数据

俄藏黑水城西夏文佛经叙录 / （俄罗斯）叶·伊·克恰诺夫著 ； 崔红芬，文志勇译. -- 兰州 ： 甘肃文化出版社，2021.4
（西夏学文库 / 史金波，杜建录主编. 第二辑）
ISBN 978-7-5490-2167-3

Ⅰ. ①俄… Ⅱ. ①叶… ②崔… ③文… Ⅲ. ①佛经－专题目录－额济纳旗－西夏 Ⅳ. ①Z88：B94

中国版本图书馆CIP数据核字(2020)第244031号

俄藏黑水城西夏文佛经叙录

〔俄〕叶·伊·克恰诺夫 | 著　崔红芬　文志勇 | 译

策　　划 | 郧军涛
责任编辑 | 周乾隆
特邀编审 | 张永高
封面设计 | 苏金虎

出版发行 | 甘肃文化出版社
网　　址 | http://www.gswenhua.cn
投稿邮箱 | press@gswenhua.cn
地　　址 | 甘肃省兰州市城关区南滨河东路 520 号 | 730000（邮编）

营销中心 | 贾　莉　王　俊
电　　话 | 0931—8454870　8430531（传真）

印　　刷 | 西安国彩印刷有限公司
开　　本 | 787 毫米 ×1092 毫米　1/16
字　　数 | 600 千
印　　张 | 43.5
版　　次 | 2021 年 4 月第 1 版
印　　次 | 2021 年 4 月第 1 次
书　　号 | ISBN 978-7-5490-2167-3
定　　价 | 288.00 元

西夏学文库
编 委 会

中国社会科学院西夏文化研究中心
宁夏大学西夏学研究院
编

百年风雨　一路走来

——《西夏学文库》总序

一

经过几年的酝酿、规划和编纂，《西夏学文库》（以下简称《文库》）终于和读者见面了。2016年，这一学术出版项目被列入“十三五”国家重点图书出版规划，2017年入选国家出版基金项目，并在“十三五”开局的第二年即开始陆续出书，这是西夏学界和出版社共同努力的硕果。

自1908、1909年黑水城西夏文献发现起，近代意义上的西夏学走过了百年历程，大体经历了两个阶段：

20世纪20年代至80年代为第一阶段，该时期的西夏学有如下特点：

一是苏联学者“近水楼台”，首先对黑水城西夏文献进行整理研究，涌现出伊凤阁、聂历山、龙果夫、克恰诺夫、索弗罗诺夫、克平等一批西夏学名家，出版了大量论著，成为国际西夏学的“老大哥”。

二是中国学者筚路蓝缕，在西夏文文献资料有限的情况下，结合汉文文献和文物考古资料，开展西夏语言文献、社会历史、文物考古研究。20世纪30年代，王静如出版三辑《西夏研究》，内容涉及西夏佛经、历史、语言、国名、官印等。1979年，蔡美彪《中国通史》第六册专列西夏史，和辽金史并列，首次在中国通史中确立了西夏史的地位。

三是日本、欧美的西夏研究也有不俗表现，特别是日本学者在西夏语言文献和党项古代史研究方面有着重要贡献。

四是经过国内外学界的不懈努力，至20世纪80年代，中国西夏学界推出《西夏史稿》《文海研究》《同音研究》《西夏文物研究》《西夏佛教史略》《西夏文物》等一系列标志性成果，发表了一批论文。西夏学从早期的黑水城文献整理与西夏文字释读，拓展成对党项民族及西夏王朝的政治、历史、经济、军事、地理、宗教、考古、文物、文献、语言文字、文化艺术、社会风俗等全方位研究，完整意义上的西夏学已经形成。

20世纪90年代迄今为第二阶段，这一时期的西夏学呈现出三大新特点：

一是《俄藏黑水城文献》《英藏黑水城文献》《日本藏西夏文文献》《法藏敦煌西夏文文献》《斯坦因第三次中亚考古所获汉文文献（非佛经部分）》《党项与西夏资料汇编》《中国藏西夏文献》《中国藏黑水城汉文文献》《中国藏黑水城民族文字文献》《俄藏黑水城艺术品》《西夏文物》（多卷本）等大型文献文物著作相继整理出版，这是西夏学的一大盛事。

二是随着文献文物资料的整理出版，国内外西夏学专家们，无论是俯首耕耘的老一辈学者，还是风华正茂的中青年学者，都积极参与西夏文献文物的诠释和研究，潜心探索，精心培育新的科研成果，特别是在西夏文文献的译释方面，取得了卓越成就，激活了死亡的西夏文字，就连解读难度很大的西夏文草书文献也有了突破性进展，对西夏历史文化深度开掘做出了实质性贡献。举凡西夏社会、政治、经济、军事、文化、法律、宗教、风俗、科技、建筑、医学、语言、文字、文物等，都有新作问世，发表了数以千计的论文，出版了数以百计的著作，宁夏人民出版社、上海古籍出版社、中国社会科学出版社、社科文献出版社、甘肃文化出版社成为这一时期西夏研究成果出版的重镇。宁夏大学西夏学研究院编纂的《西夏研究丛书》《西夏文献研究丛刊》，中国社会科学院西夏文化研究中心联合宁夏大学西夏学研究院等单位编纂的《西夏文献文物研究丛书》是上述成果的重要载体。西夏研究由冷渐热，丰富的西夏文献资料已悄然影响着同时代宋、辽、金史的研究。反之，宋、辽、金史学界对西夏学的关注和研究，也促使西夏研究开阔视野，提高水平。

三是学科建设得到国家的高度重视，宁夏大学西夏学研究中心（后更名西夏学研究院）被教育部批准为高校人文社科重点研究基地，中国社会科学院将西夏学作为“绝学”，予以重点支持，宁夏社会科学院和北方民族大学也将西夏研究列为重点。西夏研究专家遍布全国几十个高校、科研院所和文物考古部门，主持完成和正在开展近百项国家和省部级科研课题，包括国家社科基金特别委托项目“西夏文献文物研究”，重大项目“黑水城西夏文献研究”“西夏通志”“黑水城出土医药文献整理研究”，教育部重大委托项目“西夏文大词典”“西夏多元文化及其历史地位研究”。

研究院按照教育部基地评估专家的意见，计划在文献整理研究的基础上，以国家社科基金重大项目和教育部重大委托项目为抓手，加大西夏历史文化研究力度，推出重大成果，同时系统整理出版百年来的研究成果。中国社会科学院西夏文化研究中心也在继承传统、总结经验的基础上，制订加强西夏学学科建设、深化西夏研究、推出创新成果的计划。这与甘肃文化出版社着力打造西夏研究成果出版平台的设想不谋而合。于是三方达成共同编纂出版《文库》的协议，由史金波、杜建录共同担纲主编，一方面将过去专家们发表的优秀论文结集出版，另一方面重点推出一批新的研究著作，以期反映西夏研究的最新进展，推动西夏学迈上一个新的台阶。

二

作为百年西夏研究成果的集大成者，作为新时期标志性的精品学术工程，《文库》不是涵盖个别单位或部分专家的成果，而是要立足整个西夏学科建设的需求，面向海内外西夏学界征稿，以全方位展现新时期西夏研究的新成果和新气象。《文库》分为著作卷、论集卷和译著卷三大板块。其中，史金波侧重主编论集卷和译著卷，杜建录侧重于主编著作卷。论集卷主要是尚未结集出版的代表性学术论文，因为已公开发表，由编委会审核，不再匿名评审。著作卷由各类研究项目（含自选项目）成果、较大幅度修订的已出著作以及公认的传世名著三部分组成。所有稿件由编委会审核，达到出版水平的予以出版，达不到出版水平的，则提出明确修改意见，退回作者修改补正后再次送审，确保《文库》的学术水准。宁夏大学西夏学研究院设立了专门的基金，用于不同类型著作的评审。

西夏研究是一门新兴的学科，原来人员构成比较单一，学术领域比较狭窄，研究方法和学术水准均有待提高。从学科发展的角度看，加强西夏学与其他学科的学术交流，是提高西夏研究水平的有效途径。我国现有的西夏研究队伍，有的一开始即从事西夏研究，有的原是语言学、历史学、藏传佛教、唐宋文书等领域的专家，后来由于深化或扩充原学术领域而涉足西夏研究，这些不同学术背景的专家们给西夏研究带来了新的学术视角和新的科研气象，为充实西夏研究队伍、提高西夏研究水平、打造西夏学学科集群做出了重要的贡献。在资料蒐集、研究方法和学术规范等方面，俄罗斯、日本、美国、英国和法国的西夏研究者值得我们借鉴学习，《文库》尽量把他们的研究成果翻译出版。值得一提的是，我们还特别请作者，特别是老专家在各自的著述中撰写“前言”，深入讲述个人从事西夏研究的历程，使大家深切感受各位专家倾心参与西夏研究的经历、砥砺钻研的刻苦精神，以及个中深刻的体会和所做出的突出成绩。

《文库》既重视老专家的新成果，也青睐青年学者的著作。中青年学者是创新研究的主力，有着巨大的学术潜力，代表着西夏学的未来。也许他们的著作难免会有这样那样的不足，但这是他们为西夏学殿堂增光添彩的新篇章，演奏着西夏研究创新的主旋律。《文库》的编纂出版，既是建设学术品牌、展示研究成果的需要，也是锻造打磨精品、提升作者水平的过程。从这个意义上讲，《文库》是中青年学者凝练观点、自我升华的绝佳平台。

入选《文库》的著作，严格按照学术图书的规范和要求逐一核对修订，务求体例统一，严谨缜密。为此，甘肃文化出版社成立了《文库》项目组，按照国家精品出版项目的要求，精心组织，精编精校，严格规范，统一标准，力争将这套图书打造成内容质量俱佳的精品。

三

西夏是中国历史的重要组成部分，西夏文化是中华民族文化不可或缺的组成部分。西夏王朝活跃于历史舞台，促进了我国西北地区的发展繁荣。源远流长、底蕴厚重的西夏文明，是中华各民族兼容并蓄、互融互补、同脉同源的见证。深入研究西夏有利于完善中国历史发展的链条，对传承优秀民族文化、促进各民族团结繁荣有着重要意义。西夏研究工作者有责任更精准地阐释西夏文明在中华文明中的地位、特色、贡献和影响，把相关研究成果展示出来。《文库》正是针对西夏学这一特殊学科的建设规律，瞄准西夏学学术发展前沿，提高学术原创能力，出版高质量、标志性的西夏研究成果，打造具有时代特色的学术品牌，增强西夏学话语体系建设，对西夏研究起到新的推动作用，对弘扬中国优秀传统文化做出新的贡献。

甘肃是华夏文明的重要发祥地之一，也是中华民族多元文化的资源宝库。在甘肃厚重的地域文明中，西夏文化是仅次于敦煌文化的另一张名片。西夏主体民族党项羌自西南地区北上发展时，最初的落脚点就在现在的甘肃庆阳一带。党项族历经唐、五代、宋初的壮大，直到占领了河西走廊后，才打下了立国称霸的基础。在整个西夏时期，甘肃地区作为西夏的重要一翼，起着压舱石的作用。今甘肃武威市是西夏时期的一流大城市西凉府所在地，张掖市是镇夷郡所在地，酒泉市是番和郡所在地，都是当时闻名遐迩的重镇。今瓜州县锁阳城遗址为西夏瓜州监军所在地。敦煌莫高窟当时被誉为神山。甘肃保存、出土的西夏文物和文献宏富而精彩，凸显了西夏文明的厚重底蕴，为复原西夏社会历史提供了珍贵的历史资料。甘肃是西夏文化的重要根脉，是西夏文明繁盛的一方沃土。

甘肃文化出版社作为甘肃本土出版社，以传承弘扬民族文化为己任，早在20多年前就与宁夏大学西夏学研究中心（西夏学研究院前身）合作，编纂出版了《西夏研究丛书》。近年来，该社精耕于此，先后和史金波、杜建录等学者多次沟通，锐意联合编纂出版《文库》，全力申报“十三五”国家图书出版项目和国家出版基金项目，践行着出版人守望、传承优秀传统文化的历史使命。我们衷心希望这方新开辟的西夏学园地，成为西夏学专家们耕耘的沃土，结出丰硕的科研成果。

史金波　杜建录

2017年3月

序 言

20世纪初，彼・库・科兹洛夫（П·К·Козлов）在黑水城探险时发现了大量的西夏文文献，这些文献现保存在俄罗斯科学院东方学研究所圣彼得堡分所。由于这一重大发现，学术界立即掀起了研究西夏学的热潮，特别是在20世纪60年代。但是，学术界对西夏文献中佛教文献的研究力量却相对薄弱，尽管西田龙雄在其著作《西夏文华严经》第三卷《西夏文佛经目录》中列举了这批西夏文佛经中的一部分内容，但就他所描述的佛经目录来说，无论在数量上还是在质量上，都很难使人窥见西夏文佛教文献的全貌。为此，我们出版了俄罗斯科学院东方学研究所所长克恰诺夫（Е·И·Кычанов）教授编写的《俄藏黑水城西夏文佛经叙录》一书。

出版计划最初是由Е·И·克恰诺夫教授和西田龙雄教授提出来的。他们决定以《俄藏中亚古代写本文献研究》为题出版该著作（该项目注册编号为09351004）。

在该著作出版之际，我们预先估计到俄方和日方在联络方面会有很大的困难，诸如信息交流和请教作者等，但实际上所遇到的困难比我们想象的还要多，从Е.И.克恰诺夫教授把他著作打印稿交给了我们，到将要编辑出版时，他才有机会再次审阅书稿。《俄藏黑水城西夏文佛经叙录》中的西夏文字是由京都大学博士研究生荒川慎太郎手写而成，荒川先生还编写了附录和索引，在荒川慎太郎的带领下，京都大学语文系语言学教研室的研究生们为整部书稿的计算机输入做了大量而艰辛的工作。

西田龙雄教授还为此书撰写了前言，指出《俄藏黑水城西夏文佛经叙录》的编著特点及西夏文佛经的特点。尽管此书在馆册数量上和准备材料上或许还存在某些不足之处，但它是目前较为全面地整理汇编的俄藏黑水城西夏文佛经综合目录，内容十分丰富，对西夏研究有很大贡献。我们期待着此书尽快面世，并希望西夏学者、佛教研究者、语言学者及历史学研究者等各界人士都能使用参考这一目录。

出版工作组织者，京都大学语言学教研室主任 庄垣内正弘教授

1999 年 10 月 1 日

编著者自序

本叙录是根据日本京都大学语言学教研室和俄罗斯科学院东方学研究所圣彼得堡分所签订的合作项目而编订完成出版的。这一计划最初是由日本学者西田龙雄教授提出的，他建议在日本出版我的著作《俄藏黑水城西夏文佛经叙录》。京都大学语言学教研室主任庄垣内正弘教授和神户看护大学的藤代节副教授具体实施这一计划。在庄垣内正弘教授的安排下，京都大学语文系语言学教研室的研究生们在荒川慎太郎的带领下积极热情地投入了工作。本书的西夏文字是由荒川慎太郎手写并扫描入电脑排版而成的。

我衷心地感谢西田龙雄教授和庄垣内正弘教授对此著作出版所提出的极为宝贵的意见和建议，他们为此著作能在日本的出版积极地寻求资金援助。藤代节副教授的俄语非常出色，她为此著作的出版也投入了大量的精力和热情，我在此表示衷心的感谢。荒川慎太郎为了让读者能看到西夏文字，特意编写了本著作的索引、目录，为此著作的出版做了大量工作，并专程来圣彼得堡对本著作中不清楚的地方一一进行了核实。我对荒川慎太郎及为此著作出版付出辛勤劳动的语言教研室所有研究生们表示衷心的感谢。

希望本著作的出版将极大地满足西夏学研究者们的愿望，使大家对科兹洛夫从黑水城掘获的西夏文佛经藏品有较为完整和清晰的认识。内容如此丰富的著作包含有大量的信息，但实际上，不可避免地会出现一些不准确和错误之处，本著作的作者对此自负其责。

在此，我还要感谢日本文部省和京都大学语文系近几年来对日俄双方科学合作项目所给予的大力支持。

叶·伊·克恰诺夫

1999年9月15日

目 录

西夏语佛典目录编纂上的诸问题（摘要）

1. З·И· 戈尔巴乔娃（З·И·Горбачёва ）和 Е·И· 克恰诺夫合作编写的《西夏文写本与刊本》（莫斯科科学出版社 1963 年）作为一部文献目录对西夏学研究有很大的贡献，该目录主要收录 П·К· 科兹洛夫黑水城收集品中的非佛教文献。而将要出版的《俄藏黑水城西夏文佛经叙录》就其内容来说是非常丰富的，包括西夏文佛教文献、汉夏经名对译、经文遗存数量和题记等。克恰诺夫教授邀请我就西夏文佛经目录的编纂和佛教文献的研究写一篇序言。为此，在序言中我把相关问题做简要概述。

2. 在西夏文佛教文献中常常会遇到很多保存不完整的经文，所以需要认真译读和准确判定残存经文的内容。哪怕是对残存仅有几行的经文也要判断出它属于某部佛经的哪部分内容。能够准确判断残经内容是十分必要的，因为在藏品中保存有大量西夏文残经。

3. 刻本西夏文佛经和版画曾被称之为河西本“大藏经”，哈拉浩特（即黑水城）出土的汉文佛经在内容上被认为是最接近西夏文佛经的，所以必须将不同版本佛经进行比较。西夏文佛经内容往往与《大正藏》收录同部经典的内容不相符，而与河西本“大藏经”内容基本一致，在序言中我举了具体例子，如西夏特藏第 253 号《摩诃般若波罗蜜多心经》，等等。

4. 序言中我还指出了西夏文佛经的特点，甚至提到西夏特藏第 181 号[①]《佛说父母恩重经》和其他佛经。西夏特藏第 288 号《施放食水顺要论》与《大正藏》第 1313 号由不空翻译成汉文的《佛说救拔焰口饿鬼陀罗尼经》的内容基本相同。西夏文《施放食水顺要论》仅存经首部分，内容讲到救阿难陀罗尼的仪轨以及说明产生这些难的七种原因。这些内容在汉文经文中则没有，这是判

① 译者注：西夏特藏第 181 号有误，应为西夏特藏第 150 号。

定此经作为西夏文佛经的基本条件。

5. 还有其他一些情况，如以前被视为一部独立佛经，实际上它只是某部佛经的一部分。在序言中我举了几个例子，如西夏特藏第 28 号、馆册第 3458 号佛经应包括在西夏特藏第 212 号、馆册第 5062 号《敕随广大三宝供养为顺》等等。了解这一情况对译读刻本佛经非常有益。

6. 以提问和作答形式来阐释佛教教义的经文应属于显教经典，弄清楚这一点也非常重要，特别是对西夏佛教义理和佛教术语的研究，如西夏特藏第 302 号、馆册第 4895、5181 号《三乘共断惑图》(克恰诺夫译作《三乘烦决顺》)。

7. 译自藏传佛教密教经典的数量极为丰富，这是研究西夏文佛教文献既好又新的材料，其中不少经文是印度密教支派在西藏传播、由师徒相承而保存下来的。甚至有些佛经与那罗巴的“那罗六法”和噶举派（bkah-rgyud-pa）的典籍有密切关系。

8. 一些有趣的经文，如西夏特藏第 346 号，馆册第 7216 号《大手印要论》和其他相关四病法的佛经要引起注意。佛经谈到人类疾病分两大类，即因阴阳失衡而得病为一类，人的五种内部器官生五种病为另一类。第一类疾病可以通过调节一年四季的饮食和穿衣进行医治。而第二类疾病则要依靠药物进行治疗。经文强调，对这类佛经进行修习的人们最重要的是要过秘密而又简朴的生活。

9. 在西夏文佛经中有些佛经不仅涉及佛教教义，而且还是实现宗教仪式和进行宗教训练的教科书。

10. 不得不指出，西夏僧人是通过藏传佛教文献来研究了解印度和西藏佛教史的，他们时常将重要的密教经典翻译为西夏文，这一点要比西夏学者以前所认为的更加深入。研究西夏人翻译的密教经典就像研究禅宗经典一样，是未来西夏文献研究的主要目标。

京都大学　西田龙雄

绪 论

一、概 说

苏联时期，З·И· 戈尔巴乔娃和 Е·И· 克恰诺夫曾于 1963 年合作出版过《西夏文写本与刊本》(莫斯科科学出版社 1963 年出版、列宁格勒东方学研究所）一书，该书是对 П·К· 科兹洛夫在黑水城发掘出的部分西夏文藏品进行的初次编目。后来，Е·И· 克恰诺夫继续对这部分藏品进行编目和研究。当时应学术界同仁的要求，我（克恰诺夫）的西夏文藏品中的一部分内容重新进行了分类和编目，并补充了大批上次编目时未予收录的佛教文献和加以简要叙述，视为对第一个目录——《西夏文写本与刊本》的补充和延续。书稿完成，取名《俄罗斯科学院东方学研究所馆藏黑水城西夏文佛经叙录》(以下简称《俄藏黑水城西夏文佛经叙录》），予以出版。

为了使《俄藏黑水城西夏文佛经叙录》成为真正意义上的学术研究成果，并经得起时间的检验，我对大量的材料进行了多年的潜心研究。众所周知，现今保存于俄罗斯科学院东方学研究所圣彼得堡分所的西夏文献与文物，大多是从黑水城遗址大佛塔中发掘出来的。因为当初进行黑水城发掘工作的都是一些非考古专业人士，甚至最初发掘时，连科兹洛夫本人也未参加（这一点，在他的日记中已经证实）。科兹洛夫考察队成员根本就不认识西夏文，甚至有的成员很可能连汉字也不认识。考察队队长科兹洛夫起初对这批书籍并没有太在意，他最关注的则是佛像画与塑像。在此我首先声明，我绝不是要贬低科兹洛夫的发掘及其藏品真正而巨大的学术价值和意义。我只想说明一点，由于某些原因，这批藏品从佛塔中发掘出来的时候，就已经被弄乱了，以致一些经典的某些部分与另外一些经典的某些部分严重地混淆到了一起，直到现在，还未能将它们完全整理、分拣和归拢清楚。这所谓的某些原因，我在后面还会提到。

这些藏品从发掘地黑水城运抵圣彼得堡后，藏品的收藏情况变得更为复杂。最初，黑水城科兹洛夫藏品存放在俄国地理学会的大楼内，后来又将它们分别存放在俄罗斯博物馆及俄罗斯科学院亚洲博物馆内。俄罗斯博物馆内收藏的主要是艺术品及物质文化的实物，现在这部分艺术藏品存放在国立爱尔米塔什博物馆中。而俄罗斯科学院亚洲博物馆内收藏的主要是西夏文献资料。最初，这批藏品存放在亚洲博物馆大楼内的一些房间里（现在该处是圣彼得堡科学研究中心所在地），后来随亚洲博物馆一起搬迁到了科学院图书馆的新大楼内。在苏联历次战争及二战列宁格勒被围困时期，这批藏品一直存放在此处。二战结束以后，又将藏品搬到滨河宫 18 号的一幢大楼内存放，一直到现在。四十多年的时间内，馆藏文献进行了四次大的搬迁，使收藏品的混杂、破坏现象更为严重了。

我还需要指出的是，在黑水城文献出土和搬迁以前，这批藏品在佛塔内已保存了六百多年，其中某些部分还在夏政权和西夏国时（982—1227 年）就已经破损朽坏了，并没有完整地留存下来。

《西夏文写本与刊本》一书的前言中曾叙述了在黑水城发现这批文物、文献的经过，文物、文献现藏于圣彼得堡，以及对文献整理、编号、造册等情况。从 1930 年起，东方学研究所已开始对这批黑水城文献进行编号、造册（只是不清楚，亚洲博物馆当时及在此以前，是否也做过类似的整理工作）。参加整理、编号、造册的工作人员有：Н·А· 涅夫斯基（聂历山）（Н·А·Невский）、А·А· 德拉贡诺夫（龙果夫）（А·А·Драгунов）、З·И· 戈尔巴乔娃和 Е·И· 克恰诺夫。还应补充一点，整理、编目、造册的最后工作是由 А·П· 捷连吉耶夫 - 卡坦斯基（А·П·Терентьев-Катанский）完成的（从馆册 8091 到 8360 号）。1991 年 11 月，克恰诺夫又将西夏文辞典《文海宝韵》编入了馆册目录，再次修订时又添加了《番汉合时掌中珠》及由藏文翻译成西夏文的两篇佛经。长期以来，一直以为这几篇重要的文献已经遗失，直到 1991 年秋天，在清理一位于 1955 年故去的国家物质文化历史研究所修复专家的遗稿时，偶然发现了这些重要文献，才使它们又重见天日。这位已故专家早在 20 世纪 50 年代就曾建议 В·С· 沃罗比约夫 - 杰夏多夫斯基研究和解读西夏文字。

从 1957 年起，Л·Н· 缅希科夫（孟列夫）（Л·Н·Меньшиков）已经开始着手研究藏品中的汉文文献，其研究成果也已经出版。[①]

由于黑水城藏品数量巨大，而研究力量非常薄弱，所以当年对这批藏品整理和造册时，编目者在大多情况下都是仅凭文献的外观及书写特征简单地做了整理分类。当然，对那些相对完整和看起来较为有趣些的文献，在藏品存放于地理学会大楼内的时候，就进行过一些类似的整理清查工作。可以推断，在亚洲博物馆时，伊万诺夫（伊凤阁）（А·И·Иванов）对科兹洛夫的黑水城西夏文文献进行研究时，曾对部分文献按其外观形状、尺寸规格进行了分类整理，因为在这部分文献上面盖有亚洲博物馆的印章。目前，亚洲博物馆对藏品整理编目或其相关的研究成果都已经无法考证，我们没有找到任何相关记载。据仅搜集到的相关资料，我们只能断定：部分写本与刊本文献上盖有亚洲博物馆的印章，而某些文献上面明显标有西夏文整理目录编号，即西夏特藏编号，用"Танг№"表示。看来，伊凤阁是将藏品中非宗教，即世俗的部分文献分拣出来。后来，龙果夫继续从事对这些藏品的整理研究工作。1930年，苏联科学院东方学研究所成立，亚洲博物馆成了东方学研究所的下属部门，也就是从1930年起，聂历山开始对这部分藏品进行整理和编目造册，因为他见过黑水城所有的藏品，所以他将相当一部分非常有价值的重要藏品录入馆藏目录之中。但是，聂历山在整理造册时，并没有将零散的、原本应属于同一部经文内容的不同部分残叶归拢和缀合到一起，编在同一个西夏特藏号之下。至于残片部分，聂历山就根本没有涉及。所以，这项研究工作后来则由龙果夫、戈尔巴乔娃、克恰诺夫和捷连吉耶夫－卡坦斯基等人继续进行。

笔者为撰写《西夏文写本与刊本》所准备的材料及书中所使用的西夏特藏编号，现在仍然可以继续使用，作为西夏文图书馆藏编号的西夏特藏号从1号开始往下编排。1964年以后，克恰诺夫、克平（К·Б·Кепинг）与捷连吉耶夫－卡坦斯基等人根据已有的馆册目录，将同一部经文的各卷、各品或各章节，以及不同时期出版的同一部经文的各个版本都分类归整合并在了一起，并编制了目录。这项工作完成以后，捷连吉耶夫接受委托，开始撰写科兹洛夫藏品的西夏文文献目录索引，为今后撰写西夏文佛教文献的研究成果奠定基础，做好准备。但是，捷连吉耶夫的工作做得也很不到位，特别是在经文题记的译读方面做得很不够。但考虑到必须尽快地做好《西夏文写本与刊本》第二部分即"佛

---

①孟列夫：《俄藏黑水城出土汉文文献叙录—科兹洛夫藏品》，莫斯科，科学出版社。1984年，Л.Н.Меньшиков：*Описание китайской части коллекции из Хара-Хото—фонд П.К.Козлова*,М. Наука, 1984.

教文献部分”的出版准备工作，所以捷连吉耶夫的目录索引在第二部目录的组织编排中也派上了用场，起到了一定的作用。

本书成稿以后，同仁们建议将书稿交付出版社予以出版，但出版社却认为，以书稿的原貌形式，是无法出版的，要求必须对书稿进行修改，之后方能出版。于是我个人又花费了四年多的时间对书稿进行修改，对文中所涉及的材料都与原件逐一进行核对、订正，检查并重新翻译了所有的题记，还补充了一大批以前未予收录的题记，并对书稿的结构做了根本性的调整和改动。我为此书的修改完成付出了大量艰辛的劳动。

现在，科兹洛夫藏品中的西夏文写本与刊本的第十部分，即残片部分，尚未经过准确鉴定，还需要经过长期而艰巨的工作，参照以往的工作经验，对残片进行准确鉴定和归整。这项工作要求研究者既要掌握西夏文，又要熟悉佛经文献，最好还能通晓汉文和藏文，这是个很现实的问题。大概，现在已经有有志于西夏研究的年轻一代开始从事这项研究工作了。

二、叙述顺序

我们将科兹洛夫藏品中的西夏文佛经文献划分成数量不等的三大部分：

1. 日本《大正新修大藏经》(以下简称《大正藏》)标准版中收录过的佛经典籍；

2.《藏文佛经正经全目录》[①]中收录过的佛经典籍；

3. 未收入正经目录的其他佛经文献，这些文献或是按内容风格，或是按经文名称进行分类，如陀罗尼经、各种注、释、疏等。

应该说明的是，最困难的工作就是对照《大正藏》和《藏文佛经正经全目录》对西夏文佛经文献进行判定。所幸的是，早些时候，日本学者西田龙雄教授已经在从事这项研究工作了。我可以充分利用他的这一研究成果。而且，客观公正地说，仅以我个人现有的水平和条件，是不可能完成这一非常艰难的判定工作的，尤其是对藏传佛教正经的判定。西田龙雄教授的研究成果[②]给出了经文翻译成汉文或藏文的确切或推断的时间及依据，以及由梵文译成该文字的译经者，并指出了经文的梵文或藏文名称。我在此并不打算重复这些材料，只

---

① *A Complete Catalogue of the Tibetan Buddhist Canons*, 1934，Sendai.

② 西田龙雄：《西夏文华严经》第三卷《西夏文佛经目录》，京都：京都大学文学印，1977年，第13~59页。

在经文的叙述中标注出西田龙雄的目录编号，以供大家查阅参考。

50年代中期，印度学者拉格胡·维拉以苏联领导人赫鲁晓夫的客人及扎瓦哈尔拉尔·尼赫鲁的朋友的双重身份访问了东方学研究所手稿部。凭借如此特殊的身份和优待的条件，拉格胡·维拉从手稿部得到了大量的用各种文字书写的馆藏佛经文献的微缩胶片，其中也包括西夏文佛经。后来，拉格胡·维拉的儿子罗凯什·昌德拉在印度的德里筹建了亚洲研究院，并开始出版他父亲在苏联及世界各地所搜集到的佛教文献材料。经笔者推荐，罗凯什·昌德拉邀请学者艾里克·格林斯坦德教授整理出版了从苏联和其他地方搜集到的西夏文佛教文献材料。[①] 我编写的这部目录中有不少佛经都是他们曾经公布和发表过的（有的是全文，有的是节选），像此类经文我在叙述时也做了说明，标明这些佛经内容在格林斯坦德《西夏文大藏经》中的页码位置，以便读者查阅。

具体的叙述过程则因书籍种类的不同而有所变化。关于11至13世纪中国及其相邻的亚洲地区的书籍种类早已有著述详尽论述，在此不必多言。书籍种类大致有：卷子装、经折装、小册子、蝴蝶装及贝叶装，等等。[②] 这些不同种类的书籍有的是写本，有的是刊印本。

该编目中每部佛经记述的一般顺序如下：

1. 叙录顺序号。

2. 馆藏编号（西夏特藏号 Танг№）。

3. 佛经原件上经文的西夏文名称。

4. 用汉文注解出经文名称。在西夏文字下面注出对应的汉字，在解读和判定西夏文佛经方面会有很大的帮助作用，此研究方法至今仍在广泛使用。

5. 用俄语标注出经文的汉语名称音译（译者注：在译文中将此部分略去，以避免重复）。

6. 指出经文由何种语言翻译而成，并指出此经文在西田龙雄《西夏文华严经》第三卷——《西夏文佛经目录》中的编号和在格林斯坦德《西夏文大藏经》中的页码，以供参考。

---

① Eric Grinstead,ed. *The Tangut Tripitaka, 9pts*. 1973, New Delhi.

② 孟列夫：《公元一千年左右时候中国的写本书籍》，莫斯科：科学出版社，1988年，第103~222页。

孟列夫：《俄藏黑水城出土汉文文献叙录——科兹洛夫藏品》，莫斯科：科学出版社，1984年，第87~100页。捷连吉耶夫－卡坦斯基：《西夏书籍业》，莫斯科：科学出版社，1981年。

克恰诺夫：《12世纪后半期至13世纪初期的西夏写本书籍》，莫斯科：科学出版社，1988年，第373~422页。

7. 馆藏清册目录编号（馆册号用 инв.№ 表示），即此经文或此经文的某一部分被收录入东方学研究所手稿部清册目录的编号，包括经文各部分的卷号或品节号。

8. 指出经文原件是写本还是刻本。

9. 指出佛经装帧种类：⑴卷子；⑵经折装；⑶小册子；⑷蝴蝶装；⑸贝叶经。

10. 介绍佛经的封面。

11. 佛经的尺寸规格（长度和宽度等情况）。

12. 佛经的页码。如果原件上标有页码，则会提及，比如它是用何种方式标明页码，是用西夏文，还是用汉文数字，或是用混合两种文字等其他方式标注页码。

13. 经文保存的现状。如保存完整、首残、尾残，或是仅存经首、仅存经尾，或者干脆只存残片等。

14. 每页经文中的字符行数及每行中的字符数。写本经文各行中的字符数往往不同，对此则予以指出，从多少字到多少字。

15. 字体。大部分西夏文佛经是用标准字体书写、刻印的，对标准字体就不再提及。叙述时重点要指出标准体以外的形式：经文是用斜体、半斜体、草体，还是半草体书写或刻印。对此特征则会根据已掌握的情况给予客观的评价。

16. 分栏线。如果佛经有分栏线，则指出其分栏的方法，是用折纸痕的方法分栏，还是用墨线勾出栏线。

17. 版面留白情况。指出上边距、下边距、侧边距。按当时惯例，一般的边距线都是单线，但偶尔也会遇到双线分栏。

18. 介绍经文的序文与经题。有时会对序文内容做简要叙述。如果经文是从藏文翻译过来的，往往会将原件经文的梵文名称译写成西夏文的音译和意译两种形式。此类情况会着重说明。

19. 经题后面的内容。如皇帝的尊号及他们参与译经、校勘、刊印等情况；此经文的作者、译者、校勘者等。

20. 经文末尾重复经题的情况。如经文的卷尾或品节末尾重复经题。如果有后记，有时会根据需要，对后记内容做简要描述。

21. 题记。根据不同的需要，指明经文中原来的语言内容和译文，或是仅指出译文的内容。

22. 经文印鉴，经文开头、末尾处的边饰图案，经文修改，西夏时期曾对经文中破损部分所做修复等情况。

23. 经文保存情况。如保存完好，则不再提及。主要指出经文的损坏或保存不完好的情况。

24. 经文用纸的情况。按现代通行的技术分类法对经文用纸予以划分，共分为八级。

在所有的叙述中都是按先写本、后刻本。按装帧分类法，依照以下叙述顺序：

⑴卷子；⑵蝴蝶装和小册子；⑶经折装；⑷贝叶经。

经文原件上所提及的人名，我采用了 M·B· 索弗洛诺（M·B·Софронов）的构拟音和俄文音译法两种拼读方式。我所采用的俄文音译与索弗洛诺夫所构拟的拼音的字母对应关系如下：

k —— к	kh —— кх	n —— н	nd —— нд
ndz —— ндз	ndź —— ндж	ng —— нг	t —— т
th —— тх	p —— п	ph —— пх	m —— м
mb —— мб	l —— л	lh —— лх	ld —— лд
s —— с	ś —— ш	ts —— ц	tsh —— цх
tś —— ч	tśh —— чх	v —— в	w —— в
x —— х	ź —— ж	a —— а	i ,ɪ —— и
u,ụ,û —— у	e,ẹ,ê —— е	ə —— э	ω —— ы
o,ọ,ô —— о			

西夏皇帝和皇太后的尊号，常常是以全称或简称的形式标在经文经题之后的。叙述时会指明皇帝的名字及尊号。如果同一个皇帝或皇太后拥有两个以上的尊号，那么就会标出不同尊号的号码数以示区别。皇帝参与译经、校勘、刊印等，如果原件上有所说明，则会标明：某某皇帝御译，某某皇帝御校勘等。

经文中遇到过的皇帝、皇太后的尊号有以下几种：

秉常皇帝的母亲梁皇太后（死于 1085 年），①她的尊号中，我们知道的共有 3 个，尊号使用、更替的时间不详：

尊号 1：

[illegible]　[illegible]②

① 关于西夏国梁皇后执政的情况，请参阅克恰诺夫《西夏国史纲》，莫斯科：科学出版社，1968 年，第 181~235 页。Е.И.Кычанов：*Очерк истории тангутского государства,стр*.181~235, М.,Наука,1968.

② 孙伯君依国图藏《悲华经》译为“天生圆能禄番圣祐依法皇太后”。

天生全能、禄番祐圣、正国[1]皇太后梁氏

尊号 2：

[illegible][2]

天生全能、禄番奉法、正国[3]皇太后梁氏

尊号 3：

[illegible][4][illegible]

天生全能、禄番法国、正仪皇太后梁氏

秉常皇帝（生年 1060—1086，在位时间 1067—1086 年），据掌握的材料，共记载有 3 个尊号，使用、更替时间不详：

尊号 1：

[illegible][5]

德成[6]主国、增福正民、大明皇帝嵬名

尊号 2：

[illegible]

德成主国、显曜正民、大明皇帝嵬名

尊号 3：

[illegible]

功德主国、增福正民、大明皇帝嵬名

因为在经文中，梁皇太后的尊号与秉常皇帝的尊号常常是同时出现的，所以我们认为，对他们两人的尊号细加区分并没有多大的实际意义。

以下的两个尊号，即西夏历史上的第二个梁皇太后、秉常皇帝的妻子、秉常儿子乾顺皇帝的母亲，她的尊号与乾顺皇帝的尊号也是常常一起出现在经文

① 克恰诺夫译为"国正"。

② 李范文的《夏汉字典》（第 82 页）将此翻译为"天生善院番禄法古正国皇太后梁氏"，日本西田龙雄《西夏文华严经》（1 册，第 6 页）将此尊号译为"天生全能、重禄法古，国正皇太后梁氏 贤译"，聂鸿音译为"天生全能、禄番祐圣、式法正国皇太后梁氏"，孙伯君依俄藏馆册 2311 号《维摩诘经》译为"天生圆能 禄番依法 正国皇太后"故此尊号的 翻译有所不同，依馆册第 7564 号《阿弥陀经》译为"天生圆能 禄番依法 慈睦正国皇太后"

③ 克恰诺夫译为"天生全能 禄番式法国正皇太后梁氏"。

④ 译者注：怀疑原书丢掉西夏字"阶"，克恰诺夫译为"天生全番禄法国式正皇太后梁氏"。

⑤ 日本西田龙雄在《西夏文华严经》（1 册，第 6 页）将此尊号译为"德成国主，福盛民正，明大皇帝嵬名贤译"；聂鸿音译为"救德主世、增福正民、大明皇帝嵬名"；孙伯君依俄藏馆册 2311 号《维摩诘经》译为"就德主国 增福正民 大明皇帝"。

⑥ 克恰诺夫译为"就德"。

之中。

梁皇太后（死于 1099 年）的尊号：

[illegible][1]

智胜广禄、治民集礼、德盛皇太后梁氏[2]

乾顺皇帝（生年 1084—1139，在位时间 1086—1139 年）的尊号：

[illegible][3]

神功禄胜、教德治庶、仁净皇帝嵬名

在西夏文佛经文献叙录中，常常会提到仁孝皇帝的名字。仁孝皇帝（生年 1124—1193 年，在位时间 1139—1193 年）是乾顺皇帝的儿子，他执政时期是西夏国最为强盛的阶段。

仁孝皇帝的尊号共有 2 个：

尊号 1：

[illegible]

奉天显道、耀武宣文、神谋睿智、制义去邪、惇睦懿恭皇帝嵬名

这一尊号的汉译是无可争议的，因为西夏抄写、刊印汉文佛经中就有此尊号的写法。[4] 孟列夫在他著作《俄藏黑水城出土汉文文献叙录——科兹洛夫藏品》[5]一书中提到过这一尊号。我们公布的这一尊号从西夏文直接翻译过来的。[6]这几种译法并没有什么根本意义上的不同，只是译文在修辞上有些差别。

尊号 2：

---

① 日本西田龙雄在《西夏文华严经》（1 册，第 7 页）将此尊号译为“智胜禄广，民治礼集，德盛皇太后梁氏贤译”；聂鸿音译为“胜智广禄、治民集礼、盛德皇太后梁氏御译”；孙伯君译为“智胜禄广 恤民集礼 德盛皇太后梁氏”。

② 克恰诺夫译为“胜智广禄治民集体德盛皇太后梁氏”。

③ 日本西田龙雄在《西夏文华严经》（1 册，第 7 页）将此尊号译为“神功禄胜，德化庶治，仁净皇帝嵬名 贤译”；聂鸿音译为“神功胜禄、教德治庶、仁净皇帝御译”；孙伯君译为“神功禄胜 化德恤民 仁净皇帝嵬名御译”。

④ 孟列夫：《俄藏黑水城出土汉文文献叙录——科兹洛夫藏品》，第 51 页，1984 年，莫斯科，科学出版社。

Л.Н.Меньшиков：Описание китайской части коллекции из Хара-Хото—фонд П.К.Козлова ,стр.51, М., Наука, 1984.

⑤ 译者注：此书汉文名为《黑城出土汉文遗书叙录》（王克喜译，宁夏人民出版社，1994 年）。

⑥ 克恰诺夫：《天盛年改旧定新律令——原文公布、译读、注释及研究》，4 卷本，第 2 卷，第 10 页，1987 年，莫斯科，科学出版社。Е.И.Кычанов：Измененный и заново утвержденный кодекс девиза царствования Небесное процветание (1149~1169),Издание текста, перевод с тангутского, исследование и примечания Е.И.Кычанова. В 4-х книгах. Книга 2. Факсимиле, перевод и примечания (глава1—7) —Памятники письменности Востока LXXXI,2.М., Наука,1987,стр.10.

[illegible][1]

天力大治、孝智广净、宣（称）德去邪入正永平皇帝嵬名

我们可以利用间接的材料帮助我们对仁孝皇帝使用这两个尊号的时间有个大致的确定。根据汉文史料记载，仁孝皇帝的第一个尊号是在他 1141 年打败了契丹人萧（李）合达[2]在西夏的叛乱以后才开始使用的。也就是在这个时候，他在尊号中加进了“制义去邪”四个字。[3]孟列夫著作中所提到的仁孝皇帝的尊号中的确是有这些词汇。很有可能，在此以前，仁孝皇帝就使用过这个尊号，只是里面没有“制义去邪”的罢了。按理说，这个没有“制义去邪”的尊号在西夏文献中应该能够见到。[4]

但可惜的是，我们的藏品中却始终没有能够找到西田龙雄教授在其著作中所援引的这一尊号。

第二个尊号是仁孝皇帝在 1169 年以后开始使用的。因为在标明天盛年间（1149—1169 年）的西夏法典（《天盛律令》）上使用的仍是他的第一个尊号。所以我们认为仁孝皇帝是在 1170—1171 年，诛杀了图谋夺权的权臣、汉人任得敬以后，才更换使用第二个尊号的。[5]

在缺乏准确纪年的情况下，尊号可以较为可靠地指出其经文翻译成西夏文的时间和抄写、刊印（用雕版或活字印刷的方式）经文的大致时间。

关于西夏文佛经所用纸张的情况，我们按照捷连吉耶夫－卡坦斯基对西夏纸的技术分类法，标出经文所用纸张的等级标号。

中国学者研究表明，公元 1000 年以前，敦煌乃至整个中国西北地区所用

---

① 译者注，俄藏黑水城西夏文第 6879、6541 号仁孝皇帝尊号为“[illegible]天力大治、孝智广净、宣德永平皇帝嵬名”。俄藏黑水城西夏文第 5218 号《佛说佛母出生三法藏般若波罗蜜多经》（卷 4）中出现的尊号与克恰诺夫给出的尊号相同。日本西田龙雄在《西夏文华严经》（1 册，第 7 页注释）中将此译为“天力治大，孝知净广，德称邪拒，正入永平皇帝贤校”；李范文《西夏陵墓出土残碑萃编》译为“天力大治、智孝广净、宣德尽忠、永平皇帝嵬名”；聂鸿音译为“天力大治、孝智净广、宣德永平皇帝嵬名”；孙伯君译为“天力大治、智孝广净、宣德去邪、纳忠永平皇帝”。

② 译者注：俄罗斯学者克恰诺夫认为是平定萧合达叛乱，与宋史记载不一致，《宋史·夏国传》卷 486 载“十一年六月，夏枢密使慕洧弟慕濬谋反，伏诛。仁孝上尊号曰制义去邪”。

③ 克恰诺夫：《西夏国史纲》，莫斯科：科学出版社，1968 年，第 236~240 页。

Е.И.Кычанов：*Очерк истории тангутского государства*,стр.236~240, М.,Наука,1968.

④ 译者注：西田龙雄《西夏文佛经目录》，京都：1977 年，第 8 页，另外不带“制义去邪”的尊号，在武威天梯山出土的西夏文佛经《圣胜慧到彼岸功德宝集偈》（下卷）中也有仁孝“奉天显道耀武宣文圣智惇睦懿恭皇帝”的尊号。

⑤ 克恰诺夫：《西夏国史纲》，莫斯科：科学出版社，1986 年，第 241~246 页。

Е.И.Кычанов：*Очерк истории тангутского государства*,стр.241~246, М.,Наука,1968.

的纸张，80%~90% 都是用大麻纤维制造的。从公元 1000 年初期开始，中国学会用桑树皮、竹纤维等物质作原料造纸。美国探险家卡特指出，当时中国北方和新疆地区所用的纸张中含有大量的植物纤维，人们可以利用碎布等破烂织物造纸。[①]几乎所有的西夏纸都是用碎布等织物作原料制造的。1964 年，苏联列宁格勒市的造纸制浆工业科学研究所对送检的 16 个不同等级的西夏纸样品进行分析检测后得出结论，西夏纸是用以下几种方法制造出来的：

1. 将亚麻布和棉布的碎织物做成纸浆，制成纸；
2. 在亚麻中掺入大麻纤维做成纸浆，制成纸；
3. 用碎棉布头制成纸浆，制成纸；
4. 用碎棉布头作纸浆，上面再覆上一层毛制纤维，制成纸。

我在《俄藏黑水城西夏文佛经叙录》中采用了捷连吉耶夫－卡坦斯基对西夏纸的技术划分法，将西夏纸分为以下八个等级：

一级纸：白色纸，质地优良细腻，纸质较薄，表面无纤维粗梗和杂质，是由亚麻和棉布织物作纸浆制造而成。

二级纸：黄色纸，纸张经过染色而成。为了更为结实耐用，通常是将这种较薄的纸粘在某些厚纸上使用，是由亚麻和碎布织物作纸浆制造而成。

三级纸：红色纸，在纸浆中添加赭石染色而成。这种染色纸与前两种纸区别较大，一般很少使用。

四级纸：灰色纸，纸质薄而柔软，较粗糙，表面有大量的粗纤维梗和杂质，是由亚麻和棉织物作浆制成。

五级纸：纸的颜色从灰白到浅棕，纸质很薄，较透明，是由亚麻和棉布织物作浆制成。

六级纸：带有浆液痕迹的厚纸，是由碎棉布作浆制成。

七级纸：中原宋朝纸（依照捷连吉耶夫－卡坦斯基的断定）。

八级纸：较为普通的灰纸或棕灰色纸，使用很广泛，是由亚麻掺入大麻纤维作浆制成。

此分类法的好处是划分标准十分明确，二级纸与三级纸仅凭颜色就可区分出来。一级纸看上去较白，较结实，大概这种纸常用来抄写、刊印佛经正经文献。从现代的技术条件来讲，一级纸仍然是一种质量非常好的纸张。六级纸的

---

① T.F.Carter:*The Invention of Printing in China and its Spread Westward*,p.3,NY.1955.

质量也很不错。八级纸的质量看起来就较为一般了，大概是普通的便宜纸。

西夏纸有一个较为显著的特点：每厘米有 7 道横帘纹。[①]孟列夫经过研究后指出，当时的宋朝纸是每厘米有 6~9 道横帘纹。[②]他认为，宋朝用于书籍业的纸张比较光滑，西夏用于书籍业的纸张比较粗糙，而金国所用的纸张则比较柔软。[③]依据目测（或用手摸），孟列夫推测，当时西夏所用的抄写、刊印汉文佛经的纸张，不是本国生产的，而是使用贩运过来的金国产的“进口纸”。[④]

纸张的规格尺寸取决于浇注纸浆的带滤网的木框的规格尺寸。孟列夫发现，即便是边界相邻的两个地方，宋朝生产的纸张规格与西夏生产的纸张规格都是完全不同的。[⑤]经检测证明，西夏纸的长度在 40~80 厘米，宽度在 19~35 厘米。而中国学者则指出，宋朝纸的规格一般是 30 厘米 ×45 厘米，最大不超过 33 厘米 ×58 厘米。[⑥]在这里我想提醒大家注意，在苏联境内所发现的最早的是敦煌纸和黑水城纸，虽然历经数百年的保存，却依然结实完好，说明纸的质量确实很好。现代的造纸专家应该全面地研究这种纸，这也许有助于我们提高和改进现代纸的质量。

在西夏佛经用纸方面，我们发现了一些特点。10 至 13 世纪的时候，远东地区的人们尚不会制造厚纸和硬板纸。对于需要使用厚纸的佛经，如贝叶装佛经，就得使用多层粘合纸，即用几层较薄的纸粘合成厚纸。这种厚纸常常是大尺寸的，即它的尺寸大小与纸坊生产出的纸张大小几乎相等。

大尺寸的纸张多用于制成卷轴装和经折装佛经。我们发现了一个以前没有

---

① 克恰诺夫：《12 世纪后半期至 13 世纪初期的西夏写本书籍》，莫斯科：科学出版社，1988 年，第 381 页。Е.И.Кычанов:*Тангутская рукописная книга—вторая половинаXII—первая четвертьXIII в.—Рукописная книга в культуре народов Востока*,Книга вторая , стр.381,М. ,Наука,1988.

② 孟列夫：《黑水城出土汉文文献叙录 —— 科兹洛夫藏品》，莫斯科：科学出版社，1984 年，第 94 页。Л.Н.Меньшиков :*Описание китайской части коллекции из Хара-Хото—фонд П.К.Козлова* ,стр.94, М., Наука, 1984.

③ 孟列夫：《黑水城出土汉文文献叙录 —— 科兹洛夫藏品》，莫斯科：科学出版社，1984 年，第 94 页。Л.Н.Меньшиков :*Описание китайской части коллекции из Хара-Хото—фонд П.К.Козлова* ,стр.94, М., Наука, 1984.

④ 孟列夫：《黑水城出土汉文文献叙录 —— 科兹洛夫藏品》，莫斯科：科学出版社，1984 年，第 94 页。Л.Н.Меньшиков :*Описание китайской части коллекции из Хара-Хото—фонд П.К.Козлова* ,стр.94, М., Наука, 1984.

⑤ 孟列夫：《黑水城出土汉文文献叙录 —— 科兹洛夫藏品》，莫斯科：科学出版社，1984 年，第 94 页。Л.Н.Меньшиков ：*Описание китайской части коллекции из Хара-Хото—фонд П.К.Козлова* ,стр.94, М., Наука, 1984.

⑥ 克恰诺夫：《12 世纪后半期至 13 世纪初期的西夏写本书籍》莫斯科：科学出版社，1988 年，第 382 页。Е.И.Кычанов：*Тангутская рукописная книга—вторая половинаXII—первая четвертьXIII в.—Рукописная книга в культуре народов Востока,Книга вторая* , стр.382,М. ,Наука,1988.

注意到的新特点，即卷轴装和经折装佛经在抄写、刊印的过程当中是标有页码及其他标号的。通常在页面边角处标有（手写或是刊印）经文名称的缩写及该页经文在整篇文章中的顺序页码。这些记号并不显眼，它属于辅助性的装帧标记。等佛经装帧完毕后，因为书页装订而相互粘合在一起，所以这些标记也就“消失”了。但是，在佛经开胶、经文散开的情况下，就会发现这些标记。这对于我们鉴定现存的残片具有很重要的意义。如果原件上能看到这些标记的话，我在叙述中会讲明这一点的。

对于小册子、蝴蝶装佛经来讲，一般都是将纸张裁开或折叠成需要的大小，然后再装帧成经书。

对于装帧不同的经书，我在叙述中会采用不同的方法来判定经文内容的容量。卷轴装经文，其容量一般是看它的长度和宽度，个别情况下卷子可长达20多米，通常卷轴装经文都是在一面刊印和书写，做成后内容朝里卷。但有时候，在卷子装经文的背面也写有注释等内容，有时也会发现有其他的不相干的内容，这是因为有些佛经所用的纸张，是第二次使用的纸张，所以它原来的内容就成了反面。

经折装佛经内容也是顺着纸页的一面刊印和书写的，页面上的内容是连续不间断的。经折装佛经所谓的“页码”，在概念上与现代书籍中的页码基本相同。

在小册子和蝴蝶装佛经中，往往一个页面分成左右两面，所以会出现某页右面（a 面）或左面（b 面）的说法。对这类经书的页码，应理解为现代意义上的页码。如果原件上标有页码，那它应该在页面中间的空白处（白口处），连接一个整页面的右左两面，页面应从右往左翻。计算经文数量时，每一面的左右面都应算作单独的一页。按照惯例，小册子和蝴蝶装经书，也是仅一面刊印和书写的经文，反面一般不刊印和书写经文。

贝叶装经文的情况比较特殊。贝叶装佛经一般都标有页码，往往标在页面正面的右上角。但贝叶装往往是正反两面都有经文内容，也就是我们现在通常所理解的一张纸的两面都有经文内容。所以我在论述贝叶装佛经时，将按照页面的标号来计算，即一个页面标号对应正反两面的内容。在我们的现实生活中，这实际上应该是算作两页的内容。欧洲学者在其著作中谈到贝叶经时，仍采用某页 a 面、某页 b 面的说法，以示该页的正反两面。

关于贝叶经，还有一点需要说明。在个别特殊的情况下，贝叶经书内各页的内容互相之间好像没有什么关联。也许是由于藏品在曾几何时归整时就放错了地方，也许是在刚开始登记馆册号的时候，错将一部佛经的各部分内容编成了不同的馆册号。后来，将一部经文的书页都归放到一起的时候，才发现原来编在一个馆册号之下的书页常常不是一篇连续的经文，却变成了不同经文的不同内容。那么，在这种情况下，原有的馆册号也就失去了它本应具有的科学价值，所以在涉及这类经文时，我们仅给出馆册号，但它已经不是完整意义上的馆册号了。这样，在同一编号下原来所认定的该经文的具体页数，也就不可能准确了，在此我做一交代，在以后的叙述中就不再另行提及。

西夏文佛经还有一个特点，就是它独特的帙号，这是欧洲书籍中所没有的。帙号体系是中国佛教典籍所采用的一种专门的标识方法。大家都知道，很多时候，一部佛经可能有几十卷。为了确定某一部分的内容在整部经文中的位置和排序，采用了这种较为特殊的标识方法——帙号标识法。通常，各卷经文，比如说按每10卷经文，每100页一分开，分别装入一个竹盒或是丝绸、麻布等做的套子中，称作一帙经文。为了确定它们在整部经文中的位置和排序，按当时流行的“千字文”的文字顺序，取其中的一个字，给每一“帙”经文编上一个帙号。“千字文”是当时的识字课本，很多人都能倒背如流，而且，“千字文”内的字是不重复的。有些学者认为，从中国唐末到五代时期（9至10世纪），就已经流行使用“千字文”来作书籍的帙号了。①

西夏也借鉴了用佛经名称作为帙号的方法，如《大方广佛华严经》的经名作为此经文各卷的帙号。《大般若波罗蜜多经》则是采用当时流行的一篇文章内容作为帙号的。②在叙述时我通常只提到此经文有无帙号，至于为一些重要佛经作帙号的字，我会在附录中列出。

已经确定了梵文名称的经文，我也在附录中按字母顺序列出目录。附录中还列有我们在佛经文献中所遇到的年号、人名、寺院名称、地理名称、官职、僧人封号及称号等。最后附有插图。

三、黑水城出土的西夏佛经文献及西夏佛教史概述

将佛经文献译成西夏文肯定是西夏文字创立和使用以后才开始的。西夏文

---

① 方广锠：《佛教大藏经史八——十世纪》，北京：中国社会科学出版社，1991年，第300~304、312、375页。

② 克恰诺夫：《12世纪后半期至13世纪初期的西夏写本书籍》，莫斯科：科学出版社，1988年，第418~419、484~487页。

Е.И.Кычанов：*Тангутская рукописная книга—вторая половинаXII—первая четвертьXIII в.—Рукописная книга в культуре народов Востока*,Книга вторая , стр.418~419,484~487,М. ,Наука,1988.

是从 1036 年起正式开始使用的，它的创立经历了一个相当漫长的时期。陆宽田认为，党项人在德明时期就已经开始创制西夏文字了。[①]

20 世纪 70 年代末，格林斯坦德教授根据拉格胡·维拉从苏联及中国北京图书馆所获取的包括元朝时期在内的西夏文佛经已影印件出版了《西夏文大藏经》。其中一篇经文[②]的后记当中标注的日期是 1312 年，后记提到，元昊皇帝专门成立了一个翻译佛经的机构——译场，并由两位僧人白法信和白智光负责译经的各项事务。[③]

这段后记的译文（由克恰诺夫的俄译翻译而成）如下：大夏国风角皇帝重修法度和礼仪。于地虎年（戊寅年，即 1038 年），令国师白法信及大德、主管历法的智光等率领翻译 32 人，将佛经译成西夏文。到民安元年（即 1098 年）时，共用了 53 年的时间[④]，除以前已经流传广泛的经文外，翻译大小乘三藏经文，将大乘经文的全部，小乘、陀罗尼的一半，悉数译成西夏文，共成 362 帙，总共 820 部，3579 卷。[⑤]

野村博认为，白法信和智光都是中原汉人[⑥]。但是，仅凭僧人的法名是说明不了什么问题的。在我的这部著作中，有这样法名的僧人多达几十个，其中有很多人明显不是中原汉人。应当承认，在我所要叙述的经文当中，还没有遇到法信、智光这两位僧人的名字。史金波提出了一个新思路：在 1247 年撰写的《金光明最胜王经》题记当中曾提到智光的名字，叫作白智光。序文中说："次始奉白高大夏国盛明皇帝、母梁氏皇太后敕，渡解三藏安全国师沙门白智光，译汉为番。"如果该文中所说的白智光与智光是一个人的话，那么他也姓

① Luc Kwanten：*On the Inventor of the Tangut Script—The Journal of American Oriental Studies*,1977, vol.97,No.3.

② 译者注：应指国家图书馆藏西夏文《过去庄严劫千佛名经》。

③ 野村博：《西夏语译经史研究》(1)，见《佛教史学研究》第 19 卷，第 2 号，佛教史学会，1977 年，第 71~120 页。

④ 译者注：克恰诺夫有关时间的描述不是很确切，根据西夏文《过去庄严劫千佛名经》的发愿文，这段话应为"[illegible]"(翻译汉文为：戊寅年中国师白法信及后治平年臣智光等先后三十二人为首依令番译。民安初年，五十三年国内先后大小三乘，半满法皆有盛传，已成三百六十二帙，八百十二部，三千五百七十九卷)。

⑤ 译者注：史金波的《西夏佛教史略》(银川：宁夏人民出版社，1988 年，第 66、321~322 页）中也有此段后记的译文，内容为：夏国风帝信起兴礼式德。戊寅年中，国师白法信及后禀德岁（聂鸿音译为"承道年"）臣智光等，先后三十二人为头，令依蕃译。民安元年，五十三岁，国中先后大小三乘半满教及传中不有者，作成三百六十二帙，八百十二部，三千五百七十九卷。

⑥ 译者注：通过材料证实，白法信和白智光这两位僧人是回鹘人。

白。[①]从时间上推算，白智光在秉常皇帝时期仍在译经，他有可能是白法信的弟弟或是儿子，他们均出自白姓译经世家。[②] 我们在秉常皇帝已知的尊号中根本找不到序文中所提到的这个皇帝尊号："[illegible] 白高大夏国盛明皇帝"，这也许是弄错了，也许是我们尚不清楚的一个尊号，也可以认为它是秉常的父亲凉祚皇帝（1048—1067 年）的尊号。但是由于皇帝的母亲都称作"皇太后"，所以仅凭这一题记想要弄清楚具体所指的究竟是哪一位皇帝，还很难做到。

所幸的是，北京图书馆所藏《现在贤劫千佛名经》经文前面有一幅木刻版画，名曰《西夏译经图》，内容简直令人称奇。译经图上半部分显著位置上画有白智光[③]，他坐在高处，一副很睿智的样子，正在讲经。他前面的桌子上摆着笔、砚台、经文。在他的左右两边各有四僧四俗，共十六人，按僧前俗后的位置排列。译经图上用西夏文题有："相佑助译者，僧俗十六人。"译经图的下半部分，右首坐着秉常皇帝，上面题写有：天之子盛明皇帝。左边坐着母亲梁皇太后，上面题写着：母梁氏皇太后。译经图上画的八名僧人，每个人像上面都标有各自的名字（音译）：北却慧月、越法光、嵬名广愿、昊法明、曹广智、田善尊、西玉智圆、鲁布智云。画中左右两边，每四人前面放一张长条桌，上面摆着笔、墨、砚台和纸张。其中六人右手握笔欲写、左手持经文参详。史金波认为，画中的僧人中有四个人是西夏人，其中的一个僧人嵬名广圆，还具有皇族的姓氏——嵬名（Вэй-мин Нгве-мин），可见，他出身皇族。

根据中国史料记载，1047 年西夏在都城兴庆府建了一座寺庙，称作"高台寺"。寺内有回鹘僧人，他们把元昊从中土赎请回来的佛经译成西夏文[④]，还有与当时西域的龟兹国国王同姓白的僧人。依据以上两点史实，史金波认为，白法信和白智光都是回鹘僧人。[⑤]当时回鹘人在今中国新疆境内建立了统治政权，从西域来的僧人通常称之为回鹘僧人。在本叙录佛经题记中，只提到过译经图中八名僧人当中的两个人的名字，即法明和广智（见西夏特藏第 162 号，馆册第 2311 号），而其余六名译经僧未出现过。

---

① 史金波:《西夏佛教史略》，银川：宁夏人民出版社，1988 年，第 307、311 页。

② 史金波:《西夏佛教史略》，银川：宁夏人民出版社，1988 年，第 74 页。

③ 史金波:《西夏佛教史略》，银川：宁夏人民出版社，1988 年，"插图"。

④ 克恰诺夫:《西夏国史纲》，莫斯科：科学出版社，1968 年，第 287 页。Е.И.Кычанов：*Очеркистории тангутского государства*,стр.287, М.,Наука,1968.

⑤ 史金波:《西夏佛教史略》，银川：宁夏人民出版社，1988 年，第 78~79 页。

西夏译经初始，其境内只存有一部汉文刊本佛经，即开宝年（971—983 年）《开宝藏》，共计 6620 卷。后来，契丹辽国于 1062 年又印制了辽版《契丹藏》。我原则上同意史金波的观点，即大部分译自汉文的西夏文佛经，基本上都是在 11 世纪翻译、校勘、抄写、刊印的。从 12 世纪中叶起，则主要是将藏文佛经译成西夏文，并对以前所翻译出的大量的佛经经文进行了校勘和重译。[①]根据史金波的统计，在此期间，有三百部以上的藏文佛经被译成西夏文。[②]

西夏文佛经虽然是译自汉文或藏文，但译经者在翻译佛经时常常会注意到佛经的梵文原义并对照参详。[③]关于这一点，在佛经题记中已不止一次地提到过。在我们所收录的佛经中，暂时还没有发现由回鹘文翻译成西夏文的佛经。这一点与陆宽田教授的观点是截然不同的，陆宽田则认为："西夏文佛经主要是由汉文和回鹘文字翻译而成，却没有任何证据能说明有哪些西夏文佛经是从藏文翻译过来的。"[④]

从西夏史料记载中，我们可知西夏国内所建的佛寺中，有以党项族僧人为主的佛寺，也有以吐蕃僧人为主的佛寺，还有党项、吐蕃和汉族僧人联合组成的寺院。[⑤]但在我们已知的西夏文佛经文献中从没有提到过西夏境内有什么回鹘僧团。同时，我们还知道，在西夏国，对那些想晋升显赫官职的人来说，如果此官职的职责又与功德司有关，那么，藏语则是其必须要通晓的语言。对功德司官职的候选人员来说，他也必须通晓西夏文、汉文和藏文佛经，并且，党项人认为，不同文字版本佛经的法力是各自独立、各不相同的。[⑥]西夏僧人

---

① 史金波：《西夏佛教史略》，银川：宁夏人民出版社，1988 年，第 71、79、82 页。

② 史金波：《西夏佛教史略》，银川：宁夏人民出版社，1988 年，第 81 页。

③ 译者注："梵"字在汉语中通常指"梵文"，但同音的"凡"在汉语中也泛指一切诸种语言，参见叶尔玛科夫《高僧录——慧乔传，译文、研究及注释》，载《东方写本文献》XCIX.3 卷本，第 1 卷，莫斯科，1991 年，第 201 页。此现象在汉语中似乎不存在混淆的可能，但对俄国学者是有必要加以说明的。

④ Luc Kwanten and Susan Hesse.*Tangut Studies:A Bibliography—Indiana University Uralic and Altaic Series*,vol.137,Indiana University,Bloomington,1980,pp.4,28.

⑤《新法》，第 9 章，俄罗斯科学院东方学研究所馆藏黑水城出土文献，西夏特藏第 56 号，馆册第 827 号，无页码；西夏特藏第 56 号，馆册第 748 号，第 24 页。

⑥ 克恰诺夫：《天盛年改旧定新律令——原文公布、译读、注释及研究》（4 卷本之第 3 卷），莫斯科：科学出版社，1989 年，第 159~161 页。

Е.И.Кычанов. *Измененный и заново утвержденный кодекс девиза царствования Небесное процветание*（*1149—1169*）,Издание текста, перевод с тангутского, исследование и примечания Е.И.Кычанова. В 4-х книгах. Книга 3. Факсимиле, перевод и примечания（глава 8~12）—Памятники письменности ВостокаLXXXI,2.M., Наука,1989,стр.159~161.

要学习梵文，对他们的要求是能够准确、标准、清晰地诵读梵文。[①]经文题记中提到译者时，常常会见到这样的措辞："西夏文译者"，"据藏文本译成西夏文"，"执梵文本对照证义，重译"，等等。译经者中，有些人的西夏文、藏文水平和造诣很高。毫无疑问，西夏佛教界通行语言有西夏语、汉语和藏语，佛经也主要是由汉文和藏文译成西夏文的。据中国史料记载，在西夏译经初期虽有回鹘僧人参与，但我们还没有证据说明哪篇经文是由回鹘文译成西夏文的。在译经过程中，是否曾利用回鹘文经文，还有待于进一步研究和考证。

史金波认为，大部分译自汉文的西夏文佛经都是在西夏前期完成的[②]，我也基本赞同这一观点。12 世纪中期，仁孝皇帝统治时期，译经活动主要转向了校勘以前所译经文。史金波指出，仁孝时期校勘的所有的经文中，都标明仁孝皇帝御校勘，这应是校勘、修订经文时标注上去的。[③]在校勘经文时，西夏利用了南、北《大藏经》作为参考，也就是说参照了宋《开宝藏》、辽《契丹藏》、女真金国《赵城藏》。上述不同的观点和看法，我在绪论中一并简要提出，我个人倾向史金波的观点，以下藏品可证明史金波的观点是正确的：

元昊皇帝时期（？ 或 1031—1048 年）所译经文：

第 78 号：《妙法莲花经》，译经。

秉常皇帝（1067—1086 年在位）和他母亲梁皇太后统治时期所译经文：

第 5 号：《佛说四人世间出现经》，译经。
第 9 号：《大般若波罗蜜多经》，译经。
第 79 号：《妙法莲华经》，译经。
第 85 号：《大方广佛华严经》，译经。
第 97 号：《大宝积经》，译经。

---

① 克恰诺夫：《天盛年改旧定新律令——原文公布、译读、注释及研究》（4 卷本之第 3 卷），莫斯科：科学出版社，1989 年，第 156 页。

Е.И.Кычанов. Измененный и *заново утвержденный кодекс девиза царствования Небесное процветание* (*1149—1169*) ,Издание текста, перевод с тангутского, исследование и примечания Е.И.Кычанова. В 4-х книгах. Книга 3. Факсимиле, перевод и примечания (глава 8~12) —Памятники письменности ВостокаLXXXI,2.М., Наука,1989,стр.156.

② 史金波：《西夏佛教史略》，银川：宁夏人民出版社，1988 年，第 79 页。

③ 史金波：《西夏佛教史略》，银川：宁夏人民出版社，1988 年，第 81~82 页。

第 110 号：《大般涅槃经》，译经。

第 110 号：《大般涅槃经》，校勘。如果题记内容没错的话，这一经文应当是早有译本，或者是重译本。

第 149 号：《观弥勒菩萨足智皇上生观经》（即《观弥勒菩萨上生兜率天经》），译经。

第 159 号：《维摩诘经》，译经。

第 161 号：《维摩诘所说经》，译经。

第 285 号：《拔济苦难陀罗尼经》，译经。

第 310 号：《慈悲道场罪忏法》，译经。

乾顺皇帝（1086—1139[①]年）和他母亲梁皇太后统治时期所译经文：

第 1 号：《佛说长阿含经》，译经。

第 21 号：《圣胜慧到彼岸八千经》，译经。

第 165 号：《佛说宝雨经》，译经。

第 193 号：《大乘圣寿无量经》，译经。

除此以外，再没有发现乾顺时期所译佛经的相关记载。

仁孝皇帝（1139—1193 年）时期所译、校、重译经文：

第 1 号：《佛说长阿含经》，校勘。

第 9 号：《大般若波罗蜜多经》，校勘。

第 10 号：《大般若波罗蜜多经》，译经、校勘。

第 11 号：《大般若波罗蜜多经》，译经、校勘。

第 12 号：《大般若波罗蜜多经》，校勘。

第 13 号：《大般若波罗蜜多经》，校勘。

第 14 号：《大般若波罗蜜多经》，译经、校勘。

第 15 号：《大般若波罗蜜多经》，校勘。

第 16 号：《大般若波罗蜜多经》，校勘。

① 译者注：原文有误，应将 1130 年改为 1139 年，作者已作改正。

第 22 号：《佛说佛母出生三法藏般若波罗蜜多经》，译经。
第 24 号：《佛说佛母出生三法藏般若波罗蜜多经》，校勘。
第 25 号：《佛说佛母出生三法藏般若波罗蜜多经》，校勘。
第 26 号：《佛说佛母出生三法藏般若波罗蜜多经》，校勘。
第 27 号：《佛说佛母出生三法藏般若波罗蜜多经》，校勘。
第 28 号：《佛说佛母出生三法藏般若波罗蜜多经》，校勘。
第 53 号：《金刚般若波罗蜜多经》，译经。
第 61 号：《金刚般若波罗蜜多经》，校勘。
第 70 号：《佛说圣佛母般若波罗蜜多心经》，校勘。
第 77 号：《佛说圣佛母般若波罗蜜多心经》，御览、钦定。
第 78 号：《妙法莲华经》，校勘。
第 82 号：《妙法莲华经观世音菩萨普门品》，校勘。
第 85 号：《大方广佛华严经》，校勘。
第 98 号：《大宝积经》，译经。
第 106 号：《佛说阿弥陀经》，译经。
第 113 号：《大般涅槃经》，译经。
第 128 号：《现在贤劫千佛名经》，校勘。
第 149 号：《观弥勒菩萨足智皇上生观经》，校勘。
第 165 号：《佛说宝雨经》，校勘。
第 171 号：《金光明最胜王经》，校勘。
第 196 号：《佛说大威德炽光诸星宿调伏消灾吉祥陀罗尼经》，校勘。
第 205 号：《种咒王荫大孔雀经》，译经。
第 208 号：《种咒王荫大孔雀经》，校勘。
第 215 号：《圣大乘大千国守护经》，译经。
第 222 号：《圣大乘大千国守护经》，校勘。
第 242 号：《圣大悟荫王求随皆得经》，校勘。
第 245 号：《圣大悟荫王求随皆得经》，译经。
第 263 号：《佛说圣星母陀罗尼经》，译经。
第 265 号：《佛说圣星母陀罗尼经》，御览、钦定。
第 277 号：《大寒林经》，译经。
第 278 号：《大寒林经》，校勘。

第 357 号：《坏有渡[①]母胜慧到彼岸心经》，译经。

第 362 号：《大密咒受持经》，译经。

第 366 号：《大密咒受持经》，校勘。

第 371 号：《圣胜慧到彼岸功德宝颂曰》，重译、校勘。

第 382 号：《佛说圣大乘三归依经》，御览、钦定。

第 399 号：《胜慧到彼岸要论教学现量解庄严论显颂》，校勘。

第 409 号：《等持集品》，校勘。

第 513 号：《佛说如来一切总悉摄受三十五佛忏法事》，校勘。

第 552 号：《佛说圣佛母般若心经诵持顺要论》，御览、钦定。

第 558 号：《佛说圣佛母般若诵持顺要论》，御览、钦定。

这样，根据这些注释判断，在 12 世纪中期以后，译经活动主要是校勘经文，虽然译经工作并没有停止，但重译或者新译经文已不再像以前那么经常进行了。我所指的是官方的、国家政权监控下的译经、校勘及刊印。当然，寺庙和民间的私人译经活动应该也是很多的。但是，着重提到的经文审查制度不得不使人想到，西夏政权尽可能地将当时来说最为重要的“思想工作”置于自己的监督控制之下。

在西夏文中，佛教可解释为：信仰、真理（[illegible]）、清信（净信）（[illegible]）、净善（[illegible]）、大善（[illegible]）。佛教典籍称为净本（[illegible]）。无疑，在 12 世纪中期以前就已经有了三藏（[illegible]）、三乘（[illegible]）的概念。在西夏文佛经题记中常提到某经文来源于汉文、藏文或西夏文的三藏经典。正如我们所见到的，西夏文《三藏经》（[illegible]）成书于 11 世纪至 12 世纪。《佛说长阿含经》（第 1 号）题记中曾经提到过西夏文《大藏经》的情况。

西夏佛教的弘传者主要称之为“师”（[illegible]）。很显然，“师”也分为五级，其中前四级地位较高。我们在经文中可以遇到的有：

1. 帝师（[illegible]）；

2. 国师（[illegible]）；

3. 上师（[illegible]）；

① 译者注：把“坏有渡”改为“出有坏”，指“薄伽梵”，佛陀名号之一。“出”表示超出、超越，指佛陀超越了痛苦轮回和小乘身灭灭智的境界，达到了真正实相。“有”表示拥有、具有，指佛陀具有四无畏、十力、十八不共法的诸功德。“坏”表示摧坏、摧毁，指佛陀已经破除有漏的业障。“出有坏”表示佛陀从诸苦中解脱，具有一切功德，破除一切有漏业障。

4. 大师（[illegible]）；

5. 法师（[illegible]）；

其中国师、上师、法师这三个等级封号，我们在西夏法典《天盛律令》中皆可见到。除了“帝师”外，其余四个师号在黑水城出土的汉文佛经中也都可以看到。[①]在现存的“西夏官职封号表”的残片上，国师的地位排在王公和掌管军、政事务的中书、枢密大臣之后，可见国师地位之高。[②]

在《西夏佛教史略》中，史金波介绍了帝师、国师和法师这三个师号。国师是从印度传入中国的，从北齐时期（550—577 年）开始设立国师。按规定，国师须通晓好多种语言，其中包括梵文，他们翻译和校勘经文。史金波认为，西夏国师是最高级的僧人封号。[③]法师是通晓和善于讲解佛法、翻译佛经、致力于修行传法的僧人。[④]

《天盛律令》中还有一个封号，叫“禅师”，这在别的经文中还尚未发现。

根据佛教宗派的不同，西夏僧人还有以下一些称号：禅师（定师）（[illegible]）、三乘定师（[illegible]）、密宗国师（[illegible]）、妙秘帝师（[illegible]）等。

研究者都十分关注西夏文佛经文献中曾经提到的帝师。西夏文《佛说阿弥陀经》（第 109 号，馆册第 6761 号）刊印时，就有好几位法师参与了校勘、传经等工作。如其中提到了贤觉帝师显胜（Мбу Ну）、至觉国师慧护或慧守（Жиэ Гхвай）、圆和法师智明（Сие Свеы）、觉行法师德慧（Чхиа Жиэ）（后升为觉行国师、智昭国师）。可惜，此经文未标明年款。在写本《如来一切之百字要论》（第 292 号，馆册第 7165 号）中提到一个没有名字、只有封号的贤觉（[illegible]）帝师。在第 109 号《佛说阿弥陀经》中，帝师显胜（Мбу Ну）也有“贤觉帝师”这样的封号。传经者中有贤觉帝师和印度五明法师班智达，在刊本《圣胜慧到彼岸功德宝颂曰》（第 375 号，馆册第 598 号）中提到“贤觉帝

---

① 孟列夫：《黑水城出土汉文文献叙录——科兹洛夫藏品》，附录指南，莫斯科：科学出版社，1984 年。Л.Н.Меньшиков. *Описание китайской части коллекции из Хара-Хото—фонд П.К.Козлова* ,указатели , М., Наука, 1984.

② 克恰诺夫：《西夏国家行政机构史料研究》，载《亚洲民族研究所简报》第 69 期，见《亚洲民族研究所写本与刊本研究》，莫斯科：科学出版社，1965 年，第 193、216 页。

Е.И.Кычанов. *Тангутские источники о государственно-административном аппарате Си Ся* —Краткие сообщения Института народов Азии ,69.

Е.И.Кычанов. *Исследования рукописей и ксилографов Института народов Азии* ,М., Наука ,1965,стр.193, 216.

③ 史金波：《西夏佛教史略》，银川：宁夏人民出版社，1988 年，第 143 页。

④ 史金波：《西夏佛教史略》，银川：宁夏人民出版社，1988 年，第 145 页。

师、讲经律论者、功德司正、偏袒都大提点、嚷卧勒（受具足）沙门波罗显胜（Пу-ра Мбу-нджиу）证义。但此经文题记也没有标明日期。

在《圣观自在大悲心随燃施法事》（第 507 号，馆册第 5989 号）中也提到，帝师贤觉（Ме Ндвэы）传经。但是，贤觉（Ме Ндвэы）有可能不是名字，而是第 109 号《佛说阿弥陀经》中提到过的帝师显胜（Мбу Ну）的封号。

在《于入风气心顺》（第 549 号，馆册第 3708 号）中提到，中国大师、帝师、沙门慧监（ Жиэ Ндзу）（[illegible]）。

在《默有自心自恋要论》（第 566 号，馆册第 6778 号）中提到，贤觉帝师传（Ме Ндвэы），此经作者为第 109 号中提到的帝师 Мбу Ну（显胜）。

在《吉祥上乐轮随狮子卧以定（识）正修顺要论》（第 555 号，馆册第 2521 号）中提到，中国大乘密教帝师、沙门慧称（慧宣）（Жиэ Ндживон）编写。

总之，在目前已知的西夏文佛经题记中总共提到了 6 位帝师：5 位为经文作者，1 位是校勘者。已知道四个人的名字：Мбу Ну（Шэн？）（显胜）、Пу-ра Мбу Нджиу（Шэн Сянь）（胜显或波罗显胜）、Жиэ Ндзу（Хуй Чжу）（慧监）和 Жиэ Ндживон（Хуй Сюань）（慧宣）。如果第 507 号《圣观自在大悲心随燃施法事》提到的贤觉（Ме Ндвэы）不是僧人名字，那么这四名帝师当中的三名都有[illegible]（贤觉）的封号。波罗显胜为功德司正且有“受具足”的官职。在“官职封号表”残片中，“受具足”与大国王同属一级，也说明它的品级很高。[①]这足以证明帝师的社会地位是相当高的。

一般认为，中国帝师制度开始于元朝忽必烈统治时期，大约在 1253 年开始出现的[②]。忽必烈（1215—1294 年）邀请西藏萨迦派僧人八思巴（Пагба-лама）到皇宫，后来封他为帝师，他们之间，即护教者与帝师的关系就好比太阳与月亮一样。[③]公认的所谓帝师制也就从这时开始实行的[④]。

1981 年在北京附近的一所寺庙[⑤]中发现一篇标明是 1447 年用汉、藏文字刊

---

① 克恰诺夫：《西夏国家行政机构史料研究》，载《亚洲民族研究所简报》第 69 期，见《亚洲民族研究所写本与刊本研究》，第 213 页，图版 8，莫斯科：科学出版社，1965 年。

Е.И.Кычанов .*Тангутские источники о государственно-административном аппарате Си Ся —Краткие сообщения Института народов Азии* ,69.

Е.И.Кычанов *Исследования рукописей и ксилографов Института народов Азии* ,М., Наука , 1965,стр.213, рис.8.

② 译者注：此处时间有误，八思巴是 1260 年被元世祖忽必烈封为国师，1270 年才升为帝师的。

③ M.Rossabi.*Khubilai Khan,His life and Times, Berkeley-Los Angeles*,London,1987,p.40~41.

④ 译者注：学界普遍接受罗炤的观点，认为帝师在西夏时期已经出现，并非开始于元代。

⑤ 译者注：即北京房山云居寺。

印的经文。[①]校勘者是西夏仁孝皇帝。而经文的作者是贤觉帝师、讲经律论者、功德司正、偏袒都大提点、嚷卧勒（受具足）沙门波罗显胜。"受具足"用的是西夏文音译"嚷卧勒"，而不是用意译"受具足"。[②]贤觉帝师与第375号中提到的波罗显胜应是同一个人。[③]那么，贤觉帝师显然就是仁孝皇帝时期的帝师了。

提到帝师的同时，也会提到其他的一些人物，如提到了掺耶阿难答（Ндзие-гха Ананда）（见第109号和第375号）。西夏藏品第654号和第657号中，也曾两次提到掺耶阿难答这个名字，但是这些佛经都未出现日期。经文作者和译经者金解国师沙门法慧（Циэ-жиэ）在藏品中至少出现过五次，但均未标明年代。译经者和抄经者至觉国师沙门慧护或慧守（Хуй Шоу）。出身皇族嵬名（Нгве-ми）所译写的经文同样也未标明年款。圆和法师沙门智明（Сие Свеы）的名字只在第109号经文中提到过一次。第109号中还提到著名的僧人德慧（Чхиа Жиэ Дэ Хуй），他的名字在佛经题记中经常可以见到。关于德慧的情况较为确切，他属于仁孝时期的僧人。第375号佛经中还提到了两位僧人的名字阿难答（Нген Ананда）与周慧海（Чие Жиэ Нгон Хуй Хай）。阿难答的名字在其他经文中未见提起。[④]周慧海的名字在第654号和第657号《顶尊胜相总持功德经韵集》中也曾提到过两次，但未标明年代。所以，凭某些间接材料我们可以推断，西夏帝师封号出现于仁孝皇帝统治时期，大约在12世纪后半期。

在《佛说佛母出生三法藏般若波罗蜜多经》（第22号，馆册第206号）经文中提到上师，两位皇帝的上师。其中一篇经文标明的年代为1182年8月22日，即仁孝皇帝统治时期，两位皇帝可能指的是仁孝皇帝与继任者纯祐，也可能指的是乾顺与仁孝，这尚存疑问。但为什么只称这位老师为上师，而非帝师呢？尚无法做出合理的解释，也许帝师封号出现的时间要晚于1182年。

最后，在《和南裴休禅师随缘集》（第669号，馆册第2610号）经文题记

---

① 译者注：即汉藏合璧《圣胜慧到彼岸功德宝集偈》。

② 克恰诺夫：《西夏国家行政机构史料研究》，载《亚洲民族研究所简报》第69期；见《亚洲民族研究所写 本与刊本研究》，莫斯科：科学出版社，1965年，第187页。

Е.И.Кычанов.*Тангутские источники о государственно-административном аппарате Си Ся —Краткие сообщения Института народов Азии* ,69.

Е.И.Кычанов.*Исследования рукописей и ксилографов Института народов Азии* ,М., Наука , 1965,стр.187.

③ 史金波：《西夏佛教史略》，银川：宁夏人民出版社，1988年，第138页。

④ 译者注：阿难答即掺也阿难答，西天五明大般密怛、国师、功德司正、增利益、沙门。他不仅在第375号《圣胜慧到彼岸功德宝颂曰》中出现，在其他佛经中也曾出现，如他还是《佛说阿弥陀经》传经者，见第109号，馆册第6761号；《顶尊胜相总持功德韵集》作者，见第654号，馆册第4078号，第657号，馆册第7592号。

中，提到了皇帝孙子的老师，很遗憾，经文同样也未标有时间。

退一步讲，就算帝师封号因某种原因未列入正式的官职封号表，但它与国师封号一样，都是由国家来册封的，单凭佛教寺庙内部是没有权力册封这样高的封号的。而禅师的封号就不一样，这是佛教内某些流派对法师级僧人的称谓，寺院就有权册封这一称号。虽然我们目前还不知道，在寺院册封禅师时，国家是否进行干预。我在《西夏国佛教寺庙的法律地位》[①]等文章中曾经说过，在远东地区佛教僧众、信徒的活动总是在国家的监督之下进行的。前面我也已提到过，西夏佛寺具有明显的民族特点。我们可以假定，西夏寺院中，有以党项族僧人为主的，有以汉族僧人为主的，也有以藏族僧人为主的。尽管在 11 至 12 世纪的时候，中原汉传佛教与藏传佛教的差别并不是很大，只是到后来这差异才越来越大，但西夏国内还是分汉传佛教和藏传佛教的。现在还很难说黑水城地区的佛教信仰与西夏全国的情况是基本一致的。但是根据从佛塔中发掘出的材料来看，在黑水城中党项僧人为主的寺院即西夏佛教是占第一位的，汉族僧人为主的佛寺即汉传佛教居第二位，而藏族僧人为主的佛寺即藏传佛教却很少。

所有由皇家或者其他僧俗民众施舍刊印或抄写的经文，不管是新版的写本或刊本，还是再版的刊本或抄本，一般都是用西夏文和汉文刊印和抄写的。大部头的经文，通常都是由集体或多人发愿施写或施印的。佛经题记中通常出现“发愿者”（[西夏文]）这个佛教术语，发愿者又根据出资情况分为“大发愿者”（[西夏文]）、“本发愿者”（[西夏文]）、“总发愿者”（[西夏文]）等，这些人很显然是抄写或刊印佛经的施舍大户，和他们一同出资的其他发愿者称为“随喜发愿者”（[西夏文]），他们仅出资捐助经文的某些部分，如“随喜施写者”（[西夏文]）。有的随同发愿者又称作“旁言”（[西夏文]）。有的经文中会明确指出，某某发愿施写经文 5 卷、某某发愿施印经文 1 帙（10 卷）。发愿者的人数情况各异，如《大般若波罗蜜多经》（第 12 号，馆册第 3525 号）中提到有 13 人发愿。《大般若波罗蜜多经》（第 14 号，馆册第 2200 号）中提到的发愿者有

① 克恰诺夫：《西夏国佛教寺庙的法律地位》，载《中世纪中亚与东亚地区的佛教、国家与社会》，莫斯科，1982 年，第 28~62 页。克恰诺夫：《中国唐宋时期国家对佛寺活动的监督作用》，载《远东地区的佛教与国家》，莫斯科，1987 年，第 71~90 页。

Е.И.Кычанов.*Правовое положение буддийских общин в тангутском государстве—Буддизм, государство и общество в странах Центральной и Восточной Азии в средние века*,М.,1982,стр.28~62.

Е.И.Кычанов.*Государственный контроль за деятельностью буддийских общин в Китае в период Тан—Сун —Буддизм и государство на Дальнем Востоке, М.*,1987,стр.71~90.

78 人之多。而有的经文可能仅有两三个人发愿施写，如《佛说佛母出生三法藏般若波罗蜜多经》（第 24 号第 16 卷）贝叶装经文，2 人发愿，每人捐资施写半卷经文。

偶尔会遇到“施者”（[illegible]）这一说法。如《大般若波罗蜜多经》（第 15 号，馆册第 1149 号）题记：某某施写经文。那么施者与发愿者的区别是什么呢？也许，是书写时借用了像“供养人”这一类的外来词汇，这很难断定。施者有可能是在没有具体、明确要求抄写某某经文的情况下直接向抄经僧人施舍财物的人。

如果佛经为写本时，主要参与者就是发愿者和抄经者。佛经为刊本时，参与者除了发愿者、抄经者外，还要有雕版刻印者，他们负责将抄经者已经抄好的经文雕刻到木板上去，用以刊印经书。

在雕刊佛经的过程中还有一个重要的角色，即经文的校勘者（[illegible]）。校勘者的职责是多方面的，他既要检查所译经文没有遗漏和缺失，用词是否准确，又要使译文与原文在内容上尽量保持一致，保证译文准确、纯正、明了。有时候提到佛经的审查者，即经文抄写、刊布的许可者（[illegible]），刊印好的佛经经过审查后才能流通和使用。如《圣柔吉祥之名真实诵》（第 254 号，馆册第 7528 号）中提到嵬祀成茂（Нгве-же Шие-вай）则为允许者、校经文者。我认为，校勘者和审查者，他们的身份、地位各不相同。审查者或者是由国家官吏，其中也包括僧官，或者是寺庙中的僧人充当，可以说，他们的权力是由国家赋予的。

最后，我们说一说佛经的拥有者（[illegible]）。佛经的拥有者也有可能是佛经的施舍发愿者或抄经者，如《六法自体要论》（第 603 号，馆册第 4698 号）。经文题记中还有共同拥有某经文者，如《菩提勇识学所道及果与一顺显释宝炬》（第 473 号，馆册第 4724 号）上提到：酩布鲁（Мин-пу Гхие）和梁禅定者[1]（Лион Дхья-на）两人共同拥有该经文。

凡与中国的象形文字打过交道的人都知道，文中的记号一般都具有重要的意义。藏品中部分佛经用朱砂作为记号，有时还指出作记号的人的姓名，如《胜慧到彼岸要论教学现量解庄严注释疏》（第 500 号，馆册第 4584 号）中提到，嵬名娃娃童（Виа-виа Нджеы）用棕色书写作为记号。

经书破损了，要对其进行修复。有些经文的修复工作在西夏时期就完成

---

① 译者注：此处的“禅定”并不是名字，而是指修习禅定的人，所以加上姓用以称呼某人了。

了，修补的痕迹看上去很明显，佛经中也附带进行了说明，如《大般涅槃经》（第 110 号，馆册第 8014 号）还提到了修复者的名字。

有种情况尚不清楚，不知为什么经题中还提到经文的诵读者（[illegible]）。《大般若波罗蜜多经》（第 17 号，第 270 卷贝叶经）题记提到了大声朗读已写出的一卷经文。朗读地点一般是在寺院里，其目的应该是为了让写经的文字听起来易懂，听众可以是随便找一个人充当，或是与此经文有关的参与者。

12 至 13 世纪上半叶，西夏货币经济十分发达。但是，我们却没有找到有关佛经抄写价格的材料，也同样没有找到发愿雕刊经文的价格。毫无疑问，抄写经文的劳动是一种个体劳动，它的速度有快有慢，抄写出的经文价格也有高有低。在我们缺乏有关写本价格的情况下，却保存有一些关于抄写经文速度方面的记载。《秘密供养根》（第 192 号，馆册第 6771 号）中提到，抄经工作 14 日至 18 日，在 4 天内完成。根据题记，抄经者布清慧海[①]（Пу цхие Жиэ-нгон-ндзие Хуй Хай）抄写《大般若波罗蜜多经》1 帙经文，即第 381—390 卷时，他抄写第 383 卷只用了 3 天多的时间，他 4 月 23 日抄完第 382 卷，27 日完成第 383 卷。剩下的半个月他用于抄写第 384 和 385 卷，于 5 月 14 日完成抄写。之后，他用了 2 周的时间一下子抄写了 5 卷，即第 386—390 卷，整个抄经工作完成于 5 月 28 日（具体内容参见第 14 号，馆册第 1513、1589、1504、1919、2740 号）。毫无疑问，经卷内容的长短、抄经者的技巧、所需时间都各不相同，但在我们看来，抄经速度实在是令人惊奇，抄经者的水平也很专业。

我多次提到过刊本佛经，[②]我们猜测，在西夏不仅有木刻本雕印佛经，而且还有活字版佛经。[③]在我们收录的西夏藏品中也证明西夏的确有活字刊印佛经的存在。如在《胜慧到彼岸要论教学现量解庄严论显颂》（第 393 号，馆册第 5130 号）经文的题记（1216 年）中提到了“印活字”（[illegible]），并提到了“都案头监”的官职，很显然，这是国家官办的刊印机构。大概，西夏的活字印刷是从 12 世纪后半期到 13 世纪上半期才开始出现的，因为在此之前，如西夏的

---

① 译者注：根据题记“布清慧海”为发愿者，不是抄经者。抄经者则是抄经者嵬利善满（Вие-лде Нэы-сэ）。

② 可参见弗鲁克：《中国宋朝时期（10—13 世纪）的书籍印刷史》，莫斯科：列宁格勒，1959 年。
彼得洛娃：《高丽写本文献叙录》，莫斯科：列宁格勒，1956 年，第 1 版。
捷连吉耶夫 - 卡坦斯基：《西夏书籍业》，莫斯科：科学出版社，1981 年。
К.К.Флуг.*История китайской печатной книги сунской эпохи,X—XIII вв. ,М.*—Л.,1959.
О.П.Петрова.*Описание письменных памятников корейской культуры*, вып.1.,М.—Л.,1956.
А.П.Тереньев-Катанский.*Книжное дело в государстве тангутов*,М.,Наука,1981.

③ 格林斯坦德：《西夏文大藏经》（第 1 卷），新德里：1973 年，第 4~6 页。

法典当中，只提到国家印刷机构“刻字司”（𗼇𗫂𗧓）用雕版方式来印刷书籍。皇家的书籍一般都是由“刻字司”来刊印的。但有关私人或寺院刊印佛经或书籍的材料，在西夏文佛经中还没有找到。

按孟列夫的观点，发愿施写或刊印佛经，可分为私人发愿和由皇家代表国家发愿两种情况。[①]发愿的目的无非是祈福消灾。在西夏文《佛说圣佛母般若波罗蜜多心经》（第 77 号，馆册第 6360 号）的后记中提到，发愿刊印经文是为了祭奠仁孝皇帝的生母曹皇太后，[②]时间大约是在 1167 年。皇帝为纪念去年去世的生母，捐资印施经文。孝顺的儿子为感激母亲在很困难的条件下对他生养之恩和爱抚之情，发愿印写经文。在母亲去世一周年之际，皇帝邀请贺兰山中某寺院僧人沙门德慧[③]，执梵本和藏文本将经文重新译成汉文和西夏文，共刊印 20000 卷，散施给民众，皇帝希望他母亲早日超生西方净土世界。[④]

1152 年 6 月，佛教净信弟子梁吉祥狗（Лион Нгиу-ру-кхви）为感激父母的生养爱抚而发愿刊印《佛说父母恩重经》1000 卷。他希望父母早日超生极乐世界，获菩萨正果（见第 184 号，馆册第 759 号）。

1094 年乾顺皇帝从梁氏家族手中夺回权力，亲理朝政。与此同时，他由藏文翻译并刊印了《大乘圣寿无量经》（第 193 号，馆册第 953 号），经文结尾题记中说：抄写和诵读此经可以百病不生。梁皇太后和乾顺皇帝发愿译经并刊印 10000 卷，散施臣民，希望臣子们都忠君爱国，保佑国家不受敌人侵犯，风调雨顺，五谷丰登，生灵免受灾难侵袭，亡魂都能涅槃超升净国。

1188 年，女尼慧度（Пу Жиэ Нгиу Хуй Ду）对照梵本，校订了从汉文译成西夏文的《佛说圣星母陀罗尼经》（见第 266 号，馆册第 705 号），发愿捐资雕印经文，广为散施，希望自己去世的母亲能超生阿弥陀佛净土世界。《圣六字增寿大荫王陀罗尼经》（第 235 号，馆册第 570 号）经文中提到，女发愿者嵬

---

① 孟列夫：《黑水城出土汉文文献叙录——科兹洛夫藏品》，莫斯科：科学出版社，1984 年，第 81~85 页。

Л.Н.Меньшиков.*Описание китайской части коллекции из Хара-Хото—фонд П.К.Козлова* ,стр.81~85, М., Наука, 1984.

② 克恰诺夫：《西夏国史纲》，莫斯科：科学出版社，1968 年，第 236 页。

Е.И.Кычанов.*Очерк истории тангутского государства*,стр.236, М.,Наука,1968.

③ 译者注：兰山觉行国师，后又被封为兰山智昭国师。

④ 孟列夫：《黑水城出土汉文文献叙录——科兹洛夫藏品》，莫斯科：科学出版社，1984 年，第 229~230 页。

Л.Н.Меньшиков.*Описание китайской части коллекции из Хара-Хото—фонд П.К.Козлова* ,стр.229~230, М., Наука, 1984.

哆氏富任（Нгве-жвей Ху-жен）捐资施写经文，其目的是希望她的善行能使菩萨保佑她的亲人，很可能是保佑她的女儿们。在题记中说 Гхиэ Нин-лдиэ 于猪年八月六日夜里分娩，Гхиэ Гхиэ-лхон 于牛年五月二十七日夜分娩。这里明确指出诵读此经文的作用是要保佑她的亲人幸福安康。

《大盖白母之总持诵顺要论》（第 596 号，馆册第 7589 号）经文题记中说：僧人酩布慧明（Мин-пу Жиэ Свеы Хуй Мин）于 1186 年因见经文残缺不全，发愿印施经文，散布十方各处流通。

不论抄写、雕印或者活字印刷佛经，其发愿者的动机，一如在所有宗教中的情况一样，不外乎是关注去世的父母、保佑自己、为国家消灾避难和关心后代，多做佛教徒所说的善行善事，等等。①

在西夏文佛经藏品中出现的年代，大致在 1084 年到 1225 年。其中最早的佛经是刊本《佛说阿弥佗经》（第 108 号，馆册第 4773 号），经文题记载，此经译于大白高国大安十一年八月八日（1084 年 9 月 10 日），传译经典、证义及讲经律论和尚显布（Шиа Пу），对译本证义后刊印，散施各处。抄经者，僧人马智慧（Мбау Сие Жиэ），雕版刻印者李什德（Лие Шиэ-те）和柳奴拏名（Леы Нду）两人。题记中有些不明确的地方，这一佛经可能抄写于 1084 年，刊印时间可能稍晚些，但没有材料能证明这一点，因为题记所提到的人物在所有藏品中仅此一例。我们有理由认为此经文就是我们这批藏品中年代最早的。1094 年，梁皇太后与乾顺皇帝御译《大乘圣寿无量经》。之前由秉常皇帝和其母梁皇太后御译的《维摩诘所说经》也于 1106 年雕刻刊印完成，这三卷经文所标明的年代就说明这些佛经是在仁孝皇帝执政以前已刊印流传了。

在藏品中一些经文标明的年代为 1143—1149 年，这大概是仁孝皇帝执政时期刊印散施的首批佛经。此后，我们可以明显地感觉到佛教典籍的流传散播比以前多得多。我们有些藏品标注的年代为 1151—1158 年，在随后的 1158—1168 年这十年时间当中，有一个短暂的休整期，我们只找到很少的经文标明是 1163 年刊印的。接下来是新一轮的校勘、抄写、刊印佛经的繁盛期，如 1168 年、1170 年、1172—1174 年、1176 年、1178—1180 年、1185 年、1186 年、

---

① 克恰诺夫：《12 世纪下半期至于 13 世纪初期的西夏写本书籍》，莫斯科：科学出版社，1988 年，第 398~401 页。

Е.И.Кычанов.*Тангутская рукописная книга—вторая половинаXII—первая четвертьXIII* в.—Рукописная книга в культуре народов Востока,Книга вторая , стр.398~401,М. ,Наука,1988.

1188—1193 年，以上各个年代都有大量经文刊印流传。仁孝皇帝死后，抄、刊印佛经的活动似乎并没有停止。但是，我们却没有见到蒙古入侵西夏的前几年刊印的佛经，即没有 1201—1206 年的，也没有 1209—1215 年的佛经。西夏藏品中刊印时间最晚的佛经应是 1225 年，这距离西夏灭亡也只剩下两年时间了。

在此我不打算专门探讨西夏文佛经年代的标注方法，捷连吉耶夫 – 卡坦斯基在他的专著《西夏书籍业》[1]中已有详细的论述，不再赘述。只是想提请诸位注意，较为完整的时间不仅指明了年号、年份、月份，还指出具体是哪天、什么时辰。但有些时间和日期，如没有补充资料就根本无法破解。这些时间只标有十二生肖年份，如龙年、猴年、马年等的，或是没有标明年份，只有时间，如一月二十三日等（见第 14 号、馆册第 1919 号；第 304 号、馆册第 739 号；第 68 号、馆册第 4993 号）。

在《西夏佛教史略》中，史金波指出了 27 座寺院，其中包括不确定的黑水城寺庙。[2]他的观点是把西夏佛教活动地点划分为几大中心（应该是六大中心，译者注）：首都兴庆府及周边地区（银川周围一带）、贺兰山地区、凉州地区（武威一带）、甘州地区（张液一带）、瓜沙地区（敦煌安西一带）、黑水城地区（内蒙古额济纳旗一带）。可惜，我们掌握的有关西夏佛寺的材料相当有限，这也反映出黑水城藏品具有一定的地域特性。

佛经题记中共有 11 次提到了五明显生寺（[illegible][3]），根据第 594 号《欲乐圆混令顺要论》残存题记内容推断，五明显生寺就在黑水城内，译经僧人慧照（Жиэ Свеы Хуй Чжао）（在题记中共出现过 7 次）、慧聪（Жиэ Мбау Хуй Цун）（在题记中出现过 2 次）、觉照（Ндвэы Свеы Цзюе Чжао）等都曾在五明显生寺译经弘法。

题记中有 7 次提到了“大度民寺”（[illegible]），国师法狮子（Циэ Кэ-чиeй）（在题记中出现过 5 次）及国师罗向立（Лиа Лдией-гхиа）都曾在大度民寺驻锡弘法。可以推断，大度民寺位于西夏都城或都城附近。仁孝皇帝于 1189 年十月二十六日曾在这里举行祈祷大法会并散施经文《观弥勒菩萨足智皇上生观经》10 万卷。此经还存有汉文译本，但是汉文佛经的题记中未提到大度

---

① 捷连吉耶夫 - 卡坦斯基：《西夏书籍业》，莫斯科：科学出版社，1981 年，第 36~40 页。А.П.Тереньев-Катанский.*Книжное дело в государстве тангутов*,М.,Наука, 1981,стр.36~40.

② 史金波：《西夏佛教史略》，银川：宁夏人民出版社，1988 年，第 118~121 页。

③ 译者注：西夏文中“众宫”即指“寺院”。

民寺。[1]史金波所提到的佛寺中就有大度民寺。[2]

题记中两次提到“天下庆报寺”（[illegible]），天下庆报寺与罗皇后有密切的关系，是她安排将《佛说长阿含经》及《佛说宝雨经》等藏入该寺，作为藏经保存的。她还向天下庆报寺赠送了其他一些佛经典籍，经文上面标有她所赠的记号。天下庆报寺的寺址不详，只能推测，它可能位于都城附近并且为皇室寺院。而孟列夫曾提出一种假设说，寡居的罗皇后是1206年被遣送到黑水城并葬在那座“大佛塔”内[3]，如果事实真相与孟列夫的假设相吻合，那么天下庆报寺也有可能在黑水城。

佛经题记中两次提到了“度民寺之大德凉台”或“度民寺大德坛”（[illegible]）。这是国师宝源（Лдиэ Гхион Бао Юань）讲经传法的地方。度民寺与大德凉台可能都位于都城附近。

“监国寺（[illegible]）”与其所属的“圣寺（[illegible]）”，是沙门法慧（Циэ Жиэ Фа Хуй）修行的寺院，寺址不详。

“妙悦寺”（[illegible]）是沙门周慧海（Жиэ Нгон Хуй Хай）驻锡之寺，寺址不详。

“护国宝塔（[illegible]）”在凉州（武威），史金波称作“护国寺”。[4]

根据藏品提及的寺院，我们又联想到一个问题，即藏品中西夏文佛经文献的来源地及其地域性。众所周知，上述藏品中的大部分是从黑水城西北角那个“大佛塔”中找到的。有一点我们已经反复强调过，科兹洛夫率领的考古队在完成考察基本任务之后，即在黑水城地表进行挖掘、收集了一些材料以后，才开始对佛塔进行发掘的。发掘之初，科兹洛夫本人并不在现场。那么，塔内藏品原本是什么样子呢？是因为匆忙仓促之间扔进去零乱无序的呢，还是它们原本都有序地分别摆放在几个书架上呢？我们无法确切知道。现在有多种设想和观点，科兹洛夫后期曾经说过，藏品原本是放在几个书架上的，也许他说的是

---

① 孟列夫：《黑水城出土汉文文献叙录——科兹洛夫藏品》，莫斯科：科学出版社，1984年，第194~201页。

Л.Н.Меньшиков.*Описание китайской части коллекции из Хара-Хото—фонд П.К.Козлова* ,стр. 194~201, М., Наука, 1984.

② 史金波：《西夏佛教史略》，银川：宁夏人民出版社，1988年，第118页。

③ 孟列夫：《黑水城出土汉文文献叙录——科兹洛夫藏品》，莫斯科：科学出版社，1984年，第75页。

Л.Н.Меньшиков.*Описание китайской части коллекции из Хара-Хото—фонд П.К.Козлова* ,стр. 75, М., Наука, 1984.

④ 史金波：《西夏佛教史略》，银川：宁夏人民出版社，1988年，第120页。

实情。

佛塔是一种祭祀性的建筑，相当于墓碑，是用来埋葬已故圣人的，比如说是埋葬佛陀、高僧等的舍利子。黑水城“大佛塔”也不例外，据初步的分析记录，塔内埋葬着一位女性，塔内发现了她的尸骨，头骨被运往圣彼得堡后，曾被鉴定为女性，但很遗憾，因为这一头骨现在已经遗失，无法再次对其进行鉴定，以确定塔内尸骨的身份。据科兹洛夫说，这架尸骨原是在塔内偏北靠墙附近的高处，她周围有一圈木雕僧人像。雕像都面朝塔心，在雕像与死者之间摆放着很多的佛经。可是，后来科兹洛夫又说佛经是放在架子上的。这样，仅据科兹洛夫的说法，就可以得出相互矛盾的两种观点：

1. 在寺院被毁、神像被推翻之前，这些经书是在慌乱中被扔进塔内避祸而保存下来的，同时扔进来的还有佛像、圣物等。①

2. 佛塔打开时，塔内装满了珍贵的藏品，人们只能一层一层地从上面往下取。发现的藏品都有序地摆放在架子上，经书上面还都包有绸布封面。②

以上两种说法都有可信之处。当塔作为墓葬建起来的时候，内部建有一个供祈祷用的小密室，密室内的高处坐着一位僧人，周围摆放了一圈作诵经状的木雕僧人。塔内所有一切都是很有序的，包括陪葬时放入塔内的经书，都摆放在架子上。这些经书可能属于这位僧人所有，也可能是当地寺院内的经文。塔内的僧人无疑是位高僧或显贵，所建的佛塔、陪葬的经书，还有一尊与真人大小相仿的雕像都说明了这一点。当时因运输困难，这尊大雕像被科兹洛夫留在了当地，并做了标记。第二次他再次去挖掘时，再也没能找到这尊雕像，非常可惜！当时科兹洛夫认为，运输这尊雕像需要花很多钱，可是现存的这些画像、雕像、圣物，哪一件不值钱？我们现在还不能断定，这座佛塔第一次封砌时间是否在1225年底至1226年春，但是根据从塔内发现的材料来看，完全可以确定。第二次往塔内添放物品的时间是在成吉思汗的蒙古大军入侵西夏国的时候。这次又往塔内放了经书、雕像、画像等，可能是从五明显生寺和当地的官府档案库内移存到塔内的。大概这项工作是在夜里偷偷进行的，所以塔内物

---

① 科兹洛夫：《1907—909年蒙古 — 四川旅行记》，俄罗斯科学院地理学会档案，Ф.18, №157。

П.К.Козлов.*Дневник Монголо—сычуаньского путешествия 1907—1909*, Архив Географического общества РАН, Ф.18, №157.

② 科兹洛夫：《1907—1909年蒙古 — 四川旅行记》，俄罗斯科学院地理学会档案，Ф.18, №65。

П.К.Козлов.*Дневник Монголо—сычуаньского путешествия 1907—1909*, Архив Географического общества РАН, Ф.18, №65.

品也就显得很零乱无序。但是，也正是这些工作，才拯救了这样一大批具有很高学术价值的宝藏。

从佛塔内发掘出的藏品是各种各样的，有辞典、经济文书和佛教文献。有些书籍并不完整，也许它们在放入塔内时就是这样。还有一点使事情更为复杂，科兹洛夫把他在塔内发掘出的东西与他在黑水城地表挖掘出的东西都混在了一起。

孟列夫提出一个很浪漫的设想，说佛塔内葬的是罗皇太后。[①] 蒙古第一次入侵西夏以后，纯祐皇帝（1194—1206 年）在其母罗皇太后的参与下被他的堂兄弟安全（1206—1211 年）夺去了王位。襄宗安全在罗皇太后的帮助下巩固了权力以后，就把罗皇太后排挤出了权力中心。后来，罗皇太后的命运不得而知。但据一些资料显示，她后来出家为尼，被遣送到了黑水城。孟列夫仅仅依据塔内所葬是位女性，就认为是罗皇太后，说佛塔中的书籍是罗氏的私人藏书。多亏了这位罗皇太后，黑水城的藏品才得以保存到今天。[②]如果能重新找回那一头骨，并经人类学鉴定后确定是女性头骨，还要有相关资料加以证明这一头骨就是罗皇太后的，那么才能推测塔内的部分经书是她的私人藏书。

孟列夫说佛塔内的所有书籍都是罗皇太后的私人藏书，佛塔则是她的私人图书馆，这一点我不敢苟同。因塔内的藏书和其他东西在时间上都是属于 1225 年之前。当然了，如果罗皇太后不是这一年死的，那么，就只能说佛塔最后一次放置物品的时间是蒙古占领黑水城之前，再后来佛塔就封存起来了。当然也不排除这样的可能性，即佛塔建好后并未封顶，到后来把所有的东西都扔进去了以后，才封上佛塔保存起来。还有一点也表明我不赞同孟列夫的观点，那就是佛塔内的物品，如文件、报告、法律文书等，与一个佛教尼姑的身份并不符合。因为孟列夫只根据有些经书用黄色和红色的纸张，就推测说这是皇家专用纸张，经书也成了皇室藏书。可是，据我们掌握的资料证明，用黄色和红色纸刊印、抄写的佛经并不为皇家所特有，《佛说圣佛母般若心经诵持顺要论》（第 552 号，馆册第 4090、5253 号）题记中提到："儿子们用金色书写经文，祭奠

---

① 孟列夫：《黑水城出土汉文文献叙录——科兹洛夫藏品》，莫斯科：科学出版社，1984 年，第 75 页。Л.Н.Меньшиков.*Описание китайской части коллекции из Хара-Хото—фонд П.К.Козлова* ,стр. 75, М., Наука, 1984.

② 孟列夫：《黑水城出土汉文文献叙录——科兹洛夫藏品》，莫斯科：科学出版社，1984 年，第 75 页。Л.Н.Меньшиков.*Описание китайской части коллекции из Хара-Хото—фонд П.К.Козлова* ,стр. 75, М., Наука, 1984.

他们死去的母亲。在西夏文佛经中只有两次提到罗皇太后，第一次是1194年罗皇太后施写佛经赠送给天下庆报寺（第1号，馆册第150号），经文上的印章则说明了这一点。另一次说她参加散施《仁王护国般若波罗蜜多经》（第66号，馆册第683号）。从以上材料可以看出，佛经是她散施的，按理说，是施散给全国的官吏、信众，在国内流布。但这并不意味着佛经就是罗皇太后私人的，其他皇室成员也这样做过。

可以确定，黑水城发现的部分西夏文佛经是当地刊印的，成书年代都比罗皇太后被罢黜的时间要早。我们发现，佛经发愿者中还有尼姑，那为什么她们当中却无人葬在佛塔中呢？虽然佛经也可能是从别处转运而来，但如果佛经没有标明其刊印地，那么我们只有根据经文所提及的地名、官职、译经者、校勘者、发愿者和抄经者等辅助信息来加以判别。按我们的想法，当时佛经的发愿者、抄经者、雕版刻者等人应该离经文刊印或抄写地不会太远。如果我们注意一下题记，则会发现发愿者中有不少是黑水城的居民。如第16号，1172—1180年抄写的《大般若波罗蜜多经》（贝叶经）地点无疑是在黑水城，经文发愿者：王吉祥全（Вон Нгиу-ру-цхиван）、皇宫内侍梁哆则那嵬（Лион Жиэ-ниа-вай）、僧人没细善明（Ме-си Нэы-свеы Шань Мин）、抄经者令兀呤埋力（Лдие-цай Лхиве-пхе-лдиэ）、僧人酩布（Мин-пу Шиан-ндие）、内宫侍者嵬名乙成（Нгве-ми Гхие-шие）、平尚铁（Пхин-шио Шион）等，他们都是黑水城居民。需要特别指出的是，经文所提到的皇宫内侍，并不意味着他当时一定就在都城皇宫当差，他们也许是已退职的官吏，曾经某个时候确实在皇宫当过差。

黑水城的发愿者中，有转运使嵬哆由牢（Нгве-жвей Гхеы-лхиуо）（见第97号，馆册第363、368号）、黑水城主耶和那征由（Гха-хва Ндон-нджин-гхеы）（见第207号，馆册第5757号；第221号，贝叶经）、黑水城边防使嵬哆山野（ngwe zwei san nie Нгве-жвей Шан-ние）（见第114号，贝叶经）、黑水城主、官吏、御前内侍嵬嵬吉恰（Нгве-нгве Ти-кхва）（见第214号，馆册第916号）等。曾在黑水城抄写经文的人有：王吉祥全（Вон Нгиу-ру-цхиван）（见第201号，馆册第6399号；第214号，馆册第916号；第221号，贝叶经）、梁满殊银（Лион Мбан-шиу-нген）（见第97号，馆册第363号）、布青（Пу Цхие）（第114号，贝叶经）等。

如果五明显生寺即在黑水城，那么沙门慧聪（Жиэ Мбиу）（见第400号，馆册第4827号；第404号，馆册第2621号）、本叙录中收录的10部经文的译者慧照（Лие Жиэ Свеы Хуй Чжао）（见第391号，馆册第810号；第393号，馆册第 5130 号；第 459 号，馆册第 5129 号；第 591 号，馆册第 4984 号；第 593 号，馆册第 5116 号；第 594 号，馆册第 2546 号；第 602 号，馆册第 4858 号；第 606 号，馆册第 2892 号；第 684 号，馆册第 2734 号；第 711 号，馆册第 2543 号）、觉照国师（Ндвэы Свеы Цзюе Чжао）（见第 613 号，馆册第 6792 号）都曾在五明显生寺从事译经活动。

《大般若波罗蜜多经》（第 16 号，贝叶经）的拥有者李僮蓝（Лие Нджеы-лан）也生活在黑水城，这样看来，我们所收藏的经文中有一部分肯定无疑是在“额济纳城”（汉文叫“黑水城”，后来蒙古文叫“哈拉浩特”）当地发愿刊印和抄写的。

从另一个方面讲，翻译和校勘经文的人也不一定非要在黑水城，有不少身份很高的译经、校勘者，他们可能是都城人，甚至还有西夏国以外的人。

我们再来看一看译经者的情况，他们是：1216 年，五台山来的国师杨智幢（Гхион Сие-цие）（见第 393 号，馆册第 5130 号），而这个时期真正的五台山为女真人所占据。在金国的疆域范围内，[①]番译主、善生慧尊（Жиэ Пиу）（见第 629 号，馆册第 4359 号），护国寺三藏知解番、羌语辩才法师、沙门郭法慧（Кво Циэ Жиэ Фа Хуй）（见第 743 号，馆册第 2821 号），大白高国、大德台度民寺法显国师、沙门宝源（Лдиэ Гхион Бао Юань）（见第 53 号，馆册第 3834 号），五台山国师智幢（Сиэ Циэ），传译证义主、讲经律论国师、沙门德源（Чхиа Гхион Дэ Юань）（见第 402 号，馆册第 944 号；第 409 号，馆册第 816 号；第 410 号，馆册第 2852 号），贺兰山国师德慧（Чхиа Жиэ Дэ Хуй）（见第 70 号，馆册第 4336 号；第 77 号，馆册第 5605 号；第 552 号，馆册第 4090 号；第 553 号，馆册第 2829 号）。

经文的校勘、检查者有：御前都头监、中兴府签判、清（秦）原县司检校罔怛义持（Вон Жиэ-гхиве）（见第 393 号，馆册第 5130 号），大度民寺国师鲜卑宝源（Си-пи Лдиэ Гхион Бао Юань）（见第 58 号，馆册第 4099 号；第 63 号，馆册第 689 号），皇孙之师士、番大学院正、群牧司承旨及论师拭力牙（Цией Лдией-гхиа）（见第 669 号，馆册第 2610 号），重证义者、番三学……师子（博士、先生）法宝（Циэ Лдиэ Фа Бао）（见第 669 号，馆册第 2610 号）

① 译者注：这里提到的五台山不是指山西五台山，而是西夏人在贺兰山效仿中原的五台山修建的，这在西夏佛经题记之中可以得到证实。

等，他们翻译和校勘的经文经过抄写、刊印而流通全境。

除黑水城、西夏都城及贺兰山等周边地区以外，黑水城东南方[①]的五台山，自古以来（早在西夏建立之前）就是中原佛教的中心之一。我们还有一些有关甘州抄经者的资料，如净本抄者石甘州（Шие Лие-чие）（见第 9 号，馆册第 1442 号），净本写者、修禅定者甘州的慧侍（Жиэ Цхи）曾在甘州从事译经活动（见第 9 号，馆册第 1712 号）。此处所说的甘州，范围比较宽泛，指甘州和肃州，而甘州实为扼黑水城的咽喉要津之地。

藏品中的部分佛经与皇室有着某种联系。发愿者中有些人与皇室的关系比较近，如新御前庚尼（Кей Нджей Мбие）（见第 713 号，馆册第 7840 号），发愿番汉译主、功德司承旨、节亲主慧胜（Лхие Жиэ Мбиу Хуй Шэн）（见第 10 号，馆册第 1169、1162 号；第 12 号，馆册第 2013、1273 号），新刻（经文）发愿者、新宫御前张尼（Чион Ни）（见第 223 号，馆册第 220 号；第 281 号，馆册第 6024 号；第 416 号，馆册第 6966 号），新宫御前张啰兀尼（Чион Рагони）（见第 359 号，馆册第 6849 号）。抄经者有：嵬名慧护（Нгве-ми Жиэ Гхвай Хуй Ху）（见第 667 号，馆册第 4862 号），为雕版刻印而抄经者、皇宫抄写者、执笔啰末多耶（Ра-шиве Тву-гхиве）（见第 762 号，馆册第 822 号）。校勘者则有：出家功德司正禅师沙门、证义者彭智满（Пхон Сие-сэ Чжи Мань）（见第 393 号，馆册第 5130 号）和前面提到的皇孙之师。如此看来，藏品中部分佛经的刊印与都城皇宫近臣具有一定关系。这既不排除“大佛塔”中经书是罗皇太后私人藏书的可能性，也有另一种可能，即有些经书只不过是从都城流传到了黑水城地区。

我们认为，塔内所藏佛经来源各异，有些是黑水城本地刊印或抄写的，有些是从外地运进来的，这对任何一座寺院的藏经来说都很正常。所以我们对罗皇太后是“大佛塔”墓主和塔内经书是罗皇太后私人藏经的观点，既不反对，也不赞同。如果有充分的证据能证明罗皇太后确实被发配到了黑水城并在那里出家为尼，死后又葬在那个“大佛塔”中，那么事情就好办多了。可惜现在并没有任何证据，所以孟列夫的推测仅仅是一个美丽而又引人入胜的构想。

佛塔中发掘出的地域各异的佛经还包括中原及西藏地区佛教各宗派的佛经，在西夏文佛经中可以找到当时中原佛教主要宗派的经典。史金波分析西夏

① 译者注：原书把五台山视为黑水城之东北方向，有误。

文佛教典籍后，将其划分为大乘佛教的宝积经、般若经、华严经、涅槃经；小乘佛教的阿含经，以及律藏部、显教和密教的各种经文。[①]我们在西夏文佛经中找到了汉传佛教各主要宗派的经文，如《瑜伽师地本母》（第 293 号）是瑜伽宗的经典，《大智度论》（第 290 号）是天台宗的主要经典，《大方广佛华严经》（第 84—90 号）是华严宗的经典，《大乘无量寿经》（第 193—195 号）则属禅宗和净土宗的经典。[②]11 至 12 世纪正是藏传佛教各主要宗派的形成时期，我们在译自藏文的西夏文佛经中也找到了当时传法大师的名字，如那罗巴、巴尔杰卡、玛尔巴等。

最后，我想提出问题供大家探讨，什么是“西夏佛教”？难道它只是由汉文和藏文翻译成西夏文的佛经文献总汇吗？或者是某种较为宽泛的世界观的统一？当时是正在逐渐形成呢，还是已经形成了所谓的“西夏佛教”？佛教仅仅是在西夏有所传播呢，还是已经形成了“西夏佛教”？要想回答这些问题并不是那么简单和容易，在目前来看甚至是不可能回答。佛教在西夏，就如同整个西夏文化一样，是一种混合文化。最初佛教在西夏并没有民族的根基，西夏人翻译了大量的佛经，那么他们在自己撰写的相关作品中是否还表达了自己对佛教独特的感受和认识呢？目前尚不清楚。要弄清这些问题，应当从现存的西夏文佛经当中分拣出确实由西夏党项僧人撰写的相关作品，将它们与同期中原及西藏各宗派僧人撰写的作品进行比较、分析和研究。这项工作是非常浩繁的，但已经有青年学者着手进行研究了。

---

① 史金波：《西夏佛教史略》，银川：宁夏人民出版社，1988 年，第 88~91 页。

② 思源：《中国佛教的宗派》，载《佛教与中国文化》，北京：中华书局，1988 年，第 325~328 页。

经文目录

一、《大正藏》中收录的经文

第 1 号:《佛说长阿含经》
第 2 号:《长阿含经》
第 3 号:《佛说瞻婆比丘经》
第 4 号:《佛说斋经》
第 5 号:《佛说四人出现世间经》
第 6 号:《佛本行集经》
第 7 号:《大庄严本母卷经》
第 8—19 号:《大般若波罗蜜多经》
第 20 号:《摩诃般若波罗蜜多心经》
第 21 号:《圣胜慧到彼岸八千经》
第 22—31 号:《佛说佛母出生三法藏般若波罗蜜多经》
第 32 号:《圣胜慧到彼岸集颂》
第 33 号:《金刚经》
第 34—63 号:《金刚般若波罗蜜多经》
第 64 号:《佛说遍照般若波罗蜜多经》
第 65—67 号:《仁王护国般若波罗蜜多经》
第 68 号:《五十颂》
第 69 号:《佛说帝释般若波罗蜜多经》
第 70—77 号:《佛说圣佛母般若波罗蜜多心经》
第 78—80 号:《妙法莲华经》
第 81 号:《妙法莲华心经》
第 82—83 号:《妙法莲华经观世音菩萨普门品》

第 84—90 号:《大方广佛华严经》
第 91 号:《菩萨业记》
第 92—96 号:《大方广佛华严经普贤行愿品》
第 97—102 号:《大宝积经》
第 103 号:《三十五佛随忏悔要论》
第 104 号:《文殊师利所说不可思议佛境界经》
第 105 号:《佛说大方广善巧方便经》
第 106—109 号:《佛说阿弥陀经》
第 110—117 号:《大般涅槃经》
第 118 号:《大方等大集经》
第 119 号:《佛说诸佛经》
第 120—144 号:《现在贤劫千佛名经》
第 145—148 号:《药师琉璃光七佛之本愿功德经》
第 149—158 号:《观弥勒菩萨兜率天上生观经》
第 159 号:《维摩诘经》
第 160—164 号:《维摩诘所说经》
第 165 号:《佛说宝雨经》
第 166—180 号:《金光明最胜王经》
第 181—185 号:《佛说父母恩重经》
第 186—187 号:《十二缘生瑞相经》
第 188 号:《妙法圣胜住经》
第 189 号:《六道根》
第 190 号:《佛说八大人觉经》
第 191 号:《文殊师利咒藏中数珠功德现量经》
第 192 号:《秘密供养根》
第 193—195 号:《大乘圣寿无量经》
第 196—197 号:《佛说大威德炽光诸星宿调伏灾消吉祥陀罗尼经》
第 198—199 号:《佛说大威德金轮佛顶炽盛光如来陀罗尼经》
第 200 号:《圣如来一切之顶鬘中出白伞佛母他者无大还转明咒大荫王总持》
第 201—213 号:《种咒王荫大孔雀经》
第 214—228 号:《圣大乘大千国守护经》

第229号:《番言圣大乘大千国守护经》
第230号:《圣大乘大千国守护经》
第231号:《圣广大宝楼阁善住妙秘密微王总持经》
第232—233号:《垢无净光总持》
第234—236号:《圣六字增寿大荫王陀罗尼经》
第237号:《大悲心陀罗尼经》
第238号:《十一面神咒心经》
第239—252号:《圣大悟荫王求随皆得经》
第253号:《六哞要论》
第254—257号:《圣柔吉祥之名真实诵》
第258号:《圣摩利天母总持》
第259—267号:《佛说圣曜母陀罗尼经》
第268号:《水食施放顺要论》
第269号:《佛说甘露经》
第270号:《佛说除病疾经》
第271号:《佛说治肛疮病经》
第272号:《七佛八菩萨所说大陀罗尼神咒经》
第273号:《七佛说神咒经》
第274号:《百千印陀罗尼经》
第275—284号:《大寒林经》
第285号:《拔济苦难陀罗尼经》
第286号:《佛说阿鼻地狱智炬陀罗尼经》
第287号:《佛说令息除贼难陀罗尼经》
第288号:《根本说一切有部目得迦》
第289号:《根本说一切有部百一羯磨》
第290号:《大智度本母》
第291号:《阿毗达磨正理与随本母》
第292号:《如来一切之百字要论》
第293号:《瑜伽师地本母》
第294号:《圣法显盛本母》
第295号:《大乘阿毗达磨本母》
第296号:《大乘百法明镜集》

第 297 号:《佛说观无量寿佛经膏药疏》
第 298—299 号:《二十唯识记》
第 300 号:《大乘百法明门本母略释》
第 301 号:《宝藏论》
第 302—303 号:《还源观》
第 304 号:《华严金师子章》
第 305 号:《华严法界观干》
第 306 号:《注华严法界观门深》
第 307—316 号:《慈悲道场罪忏法》
第 317 号:《观心顺》
第 318 号:《西方净土十疑论》
第 319—320 号:《净土求生顺要论》
第 321—323 号:《诸说禅源集都序》
第 324 号:《金刚般若义解记》

二、疑伪经

第 325—330 号:《佛顶心观世音菩萨经》
第 331 号:《佛顶心观世音菩萨治病生法经》
第 332—334 号:《佛顶心观世音菩萨大陀罗尼经》
第 335—340 号:《佛顶心陀罗尼经》
第 341—342 号:《佛说长寿经》
第 343—345 号:《佛说来生经》
第 346 号:《十王经》
第 347—348 号:《金光明总持经》
第 349 号:《阎魔成佛受记经》
第 350 号:《佛说除盖障菩萨所问经》
第 351 号:《最上意经》
第 352 号:《圣大乘利有罗索之央正经》
第 353 号:《佛说金光王童子经》

三、《藏文大藏经正经全目录》收录的经文

第 354—355 号:《呼金刚王本续之记》

第 356—361 号:《出有坏母胜慧到彼岸心经》
第 362—367 号:《大密咒受持经》
第 368 号:《不动总持》
第 369 号:《圣观自在大悲心总持功德经韵集》
第 370 号:《胜慧到彼岸八千颂中受持功德说》
第 371—379 号:《圣胜慧到彼岸功德宝颂曰》
第 380 号:《圣金刚王能断胜慧到彼岸大乘经》
第 381 号:《圣出有坏母胜慧到彼岸之中心曰大乘之经》
第 382—383 号:《佛说圣大乘三归依经》
第 384 号:《聚轮供养作次第》
第 385 号:《十五天母加赞》
第 386—387 号:《道果语录金刚王句之解具记》
第 388 号:《菩提心之念定》
第 389 号:《如来应供真实毕竟正觉恶趣一切真净令威德王释》
第 390 号:《圣柔吉祥之加赞》
第 391 号:《胜住令顺法事》
第 392 号:《顶尊胜相佛母供养根》
第 393—399 号:《胜慧到彼岸要论教学现量解庄严论显颂》
第 400—402 号:《菩提勇识之业中入顺》
第 403—404 号:《于入菩提勇识之业顺记》
第 405—408 号:《于入二谛顺》
第 409—410 号:《等持集品》
第 411 号:《菩提心发法事之诸根》
第 412—420 号:《菩提心久常作可法事》
第 421 号:《七种功德谈》
第 422 号:《心习顺续》
第 423—424 号:《正理滴特殊造》
第 425 号:《正理滴特殊造他利比量品》
第 426—429 号:《正理滴之句义显具》
第 430 号:《见顺伏文》

四、陀罗尼经

第 431—432 号:《顶尊总持》
第 433 号:《金刚王灯炬心中所可持》
第 434 号:《无垢净光总持咒言》

五、本母

第 435 号:《达摩大师心观本母》

六、论

第 436—437 号:《净土十疑论》
第 438 号:《十疑论》
第 439 号:《学当皆集之曰论》

七、颂

第 440—442 号:《集颂》
第 443—444 号:《佛前烧香颂》
第 445 号:《金刚王体中绕之加赞十四颂》
第 446 号:《金刚王勇识大虚显颂》
第 447 号:《三宝加赞颂》
第 448 号:《察入顺记验庄严颂》
第 449 号:《最乐净国求生颂》
第 450 号:《大千国守护吉祥颂》
第 451 号:《罪忏顺颂》
第 452 号:《第三忏罪颂》
第 453 号:《佛等前七叶颂》

八、赞

第 454 号:《菩萨摩诃萨膝掌对颂以佛赞》
第 455 号:《出有坏圣柔吉祥之摄受赞显》
第 456 号:《名善相加赞》

九、释

第 457 号:《胜慧到彼岸之释明》
第 458—486 号:《菩提勇识学所道及果与一顺显释宝炬》
第 487—488 号:《中道真性根释》
第 489—490 号:《正理除暗意之文略释》
第 491 号:《大方广佛华严经注由义释补》
第 492 号:《宝大顶注》
第 493 号:《三身九乘显注》

十、注疏

第 494 号:《二十七品之显疏》
第 495 号:《大虚空智显注》
第 496 号:《大师子四业华注》
第 497—498 号:《大凤凰空明注》

十一、释疏

第 499 号:《圣空行母金刚王舍续之相说疏》
第 500 号:《胜慧到彼岸要论教学现量解庄严注释疏》

十二、义

第 501 号:《究竟一乘元明心义》
第 502 号:《大乘百法明镜集之要释义显》
第 503 号:《大手印之三种义比》
第 504 号:《留伊波之广义》
第 505 号:《七种道恐以四种要义句》

十三、法事、仪轨

第 506 号:《圣观自在之二十七种要论为事》
第 507 号:《圣观自在大悲心随燃施法事》
第 508—511 号:《发菩提心顺亦常作可法事》
第 512 号:《菩提勇识学所道及果与一顺上法》

第 513—518 号:《佛说如来一切总悉摄受三十五佛忏法事》
第 519 号:《深广双入七枝法事》
第 520 号:《常作可法事》
第 521 号:《大盖白母之护摩(烧施)法事》
第 522 号:《金刚光七佛湿围法事》
第 523 号:《金刚亥母之燃施法事》
第 524 号:《圣渡拔母悲感清清明曰为事枝轮圆中入顺法事》
第 525 号:《复清说取法事》

十四、礼拜

第 526 号:《菩提勇识大勇识不价菩萨众之归依礼拜》
第 527 号:《出有坏吉祥普贤之礼拜》
第 528 号:《出有坏金刚王亥母之礼拜》

十五、顺

第 529 号:《依圣幼母供养作顺》
第 530—531 号:《圣多闻天王之宝藏本续随一相十八部供顺》
第 532 号:《圣观自在之因大供养净会为顺》
第 533 号:《圣观自在大仁心求顺》
第 534 号:《主承因教求顺》
第 535 号:《顶尊胜相佛母等之供养忏罪为顺》
第 536 号:《顶尊胜相佛母之千数自记为顺》
第 537 号:《吉祥上乐轮随中有身定入顺要论之要方解释顺》
第 538 号:《吉有世尊之总持紧魔断施调伏顺》
第 539 号:《敕随广大三宝供养为顺》
第 540 号:《德王不文之广供顺》
第 541 号:《金刚亥母随净瓶以亲诵作顺》
第 542 号:《金刚王默有母之思定作顺》
第 543 号:《不动佛随中围作顺》
第 544 号:《番言圣观自在千眼千手之供顺》
第 545—546 号:《三乘烦决顺》
第 547 号:《等持以四主承顺》

第 548 号:《金翅龙王供顺》

第 549—550 号:《于入风气心顺》

第 551 号:《此于已到僧于随归顺》

十六、要论

第 552—553 号:《佛说圣佛母般若心经诵持顺要论》

第 554 号:《解脱道随主承令顺要论》

第 555 号:《吉祥上乐轮随狮子卧以定(识)正修顺要论》

第 556—557 号:《吉祥上乐轮随耶稀鸠稀字咒以前尊习为识过定入顺要论》

第 558 号:《佛说圣佛母般若诵持顺要论》

第 559 号:《中有身要论》

第 560 号:《盖白母随食施法事要论》

第 561—562 号:《本佛会等之名诵礼拜忏罪顺要论》

第 563 号:《自入顺略要论》

第 564 号:《修以觉证顺定愚火要论》《梦见以觉证顺定变身要论》《睡眠以觉证顺定光明要论》《无修以觉证顺识行要论》《中有身要论》《余垣宫于入顺要论》

第 565 号:《四十种空幢要论》

第 566 号:《默有自心自恋要论》

第 567 号:《默有者随胜令住顺要论》

第 568 号:《诸法一心定慧圆满不可思议要论》

第 569—571 号:《正理空幢要论》

第 572 号:《正义空幢要论锁开》

第 573 号:《正立食施放顺要论》

第 574 号:《道之间休止顺要论》

第 575—576 号:《金刚亥母随日夜发愿求教顺要论》

第 577 号:《金刚亥母随集了为定顺要论》

第 578 号:《金刚亥母随食饮受承顺要论》

第 579 号:《金刚亥母随睡眠为定顺要论》

第 580 号:《金刚亥母随略护摩(烧施)作顺要论》

第 581—582 号:《金刚亥母处食施奉顺要论》

第 583 号:《金刚亥母随面手等洗澡顺要论》
第 584 号:《金刚亥母处悉皆忏罪论》
第 585 号:《金刚王默有母随智火供(烧施)造顺要论》
第 586 号:《金刚王空行愈母之供顺要论》
第 587—588 号:《百字咒诵顺要论》
第 589 号:《盛火以大安与混令顺要论》
第 590 号:《禅修要论》
第 591—592 号:《增寿定次主承次要论》
第 593—594 号:《欲乐圆混令顺要论》
第 595 号:《大盖白母之随国舍护顺要论》
第 596—598 号:《大盖白母之总持诵顺要论》
第 599—600 号:《大乘默有者道中入顺大宝聚集要论》
第 600a—601 号:《大手印直入要论》
第 602—605 号:《六法自体要论》
第 606 号:《念定绝害要论》
第 607 号:《默有母随大手印广施作要论》
第 608 号:《听受师说随合略记要论》
第 609 号:《中有要论》
第 610 号:《主持令顺要论》
第 611 号:《大手印于合加过□灭诛要论》
第 612 号:《 舍斡瑜杯啰吃巴师作道到已要论》[①]
第 613 号:《岸求顺略集要论》
第 614 号:《西方求生佛念顺要论》
第 615 号:《念定百字等要论》
第 616 号:《瑞相察顺中最得□要论》

十七、记

第 617 号:《洪州宗师趣注开明要记》
第 618 号:《现前解记》
第 619 号:《于入二谛顺本母之义解记》

---

① 克恰诺夫译作“禽子前今 rie kə pa 师作道到已要论”。

第 620—624 号:《世俗胜义二谛之义释要集记》
第 625—626 号:《诸说禅源集都序择炬记》
第 627 号:《正理滴第一义释记》
第 628 号:《菩萨业空渡记》
第 629 号:《新译常作略记》
第 630 号:《新译留伊波现量悟之所问释记》
第 631 号:《三身亥母之略记》
第 632 号:《大盖白母之三面八手供养顺记》
第 633 号:《兀鲁赞讹(哇)师说仪混谛义记》
第 634—635 号:《金刚般若斡限经颂义解集略记》
第 636 号:《学当皆集记》
第 637 号:《正理垂二血之易释记》
第 638 号:《诸本二谛义释双集记》
第 639 号:《圣大求记》
第 640 号:《黑色天母求顺次说记》

十八、文

第 641—642 号:《近住八斋戒文》
第 643—644 号:《菩提心及常作当法事门一院记文合》
第 645 号:《心地法门文》
第 646 号:《诸说禅源集都序纲文》
第 647 号:《三观九门旋键文》
第 648 号:《应常作法事略解记》
第 649 号:《大手印定引导略文》
第 650 号:《金刚般若略记文》
第 651 号:《净普心信定六义文》
第 652 号:《亥母耳传记文》
第 653 号:《门下大师觉海院明镜略后文》

十九、集

第 654—658 号:《顶尊胜相总持功德经韵集》
第 659 号:《番言胜慧到彼岸功德宝集》

第660号：《金刚经集》
第661—665号：《大印究境要集》
第666—668号：《安立总集》
第669号：《和南裴休禅师随缘集》

二十、次

第670号：《圣观自在意随轮要论随手定次》
第671号：《三昧之修次》
第672—674号：《吉祥上乐轮随中有身定入顺次》
第675号：《正性智重成就中自摄受次》
第676号：《凿手供养作次》
第677号：《共丸道次》
第678号：《正法义次》
第679号：《五佛亥母随略供养作次》
第680号：《金刚王默有母随集轮求记作顺次》
第681号：《不动佛随供养次》
第682号：《呼王九佛中绕随主承顺次》
第683号：《大自在之供顺取手次》
第684—685号：《六法混元道次》

二十一、根、典

第686—687号：《圣星母中道法事供养典》
第688—689号：《依于身中围以四主受顺广典》
第690号：《慧本番罪忏根》
第691号：《四天王护摩（烧施）坛典》
第692—693号：《五佛亥母随略供养典》
第694号：《不动佛随广大供养典》
第695号：《次六法供养善典》
第696号：《新译铜人血拉燃根》
第697号：《番言金刚王乘根》
第698号：《六幼母供养根》
第699号：《开庙典》

二十二、品

第 700—701 号:《自利随量品》
第 702 号:《集品》
第 703 号:《现前品》
第 704 号:《已伯问答二十五品》[①]
第 705 号:《不二解慧品》

二十三、纲

第 706 号:《菩萨业之二节纲》
第 707 号:《明异解脱经之纲》
第 708 号:《吉有恶趣令净本续纲》

二十四、序

第 709 号:《五部法界之都序》

二十五、部分、篇章

第 710 号:《亥母供养根一部》
第 711 号:《药光海生金刚王文二部》
第 712 号:《广大供养典一部》
第 713 号:《三十五佛等同十三部》

二十六、其他内容

第 714 号:《护摩法事曰》
第 715 号:《洪州宗师教仪》
第 716 号:《菩提心》
第 717 号:《十四种根犯堕》
第 718 号:《八种粗重》[②]

---

① 克恰诺夫译作"亦式问答二十五品"。
② 据目录西夏字应为"𥸤",原书的汉文字写为"鹿"字,疑识读错误。

第 719—734 号:《唐长国师住光殿众宫中尔时众人问佛义二十五问答》[1]
第 735—741 号:《二十一种行》
第 742 号:《弱宅》
第 743 号:《伏藏变化解键》
第 744 号:《慧本番中已入作常罪忏》
第 745 号:《八明满》
第 746 号:《正理意之障去》
第 747 号:《菩萨业先录》
第 748 号:《见顺分》
第 749 号:《禅源》
第 750 号:《随定论》(克恰诺夫译为《定道久》)
第 751 号:《天险桑星大镜》
第 752 号:《镜》
第 753 号:《后热佛名诵镜》
第 754 号:《大唐西天三藏》
第 755 号:《大师龙树蕊真之行往》
第 756 号:《灯要三》
第 757 号:《师次因缘》
第 758 号:《大乘六集中道之庄严正性宣具宝大后……》
第 759—760 号:《中华传心地禅门师资承袭图》
第 761 号:《次请佛智》
第 762 号:《信毕国师劝世集》
第 763 号:《吉祥护法大求主集》
第 764 号:《金刚王乘犯堕根》
第 765 号:《金刚王乘十四种犯堕根》
第 766—767 号:《正道心照》
第 768 号:《自体》

① 对克恰诺夫的顺序有所调整。

正文内容

一、《大正新修大藏经》（以下简称《大正藏》）收录的佛经

第1号

西夏特藏第165号

[illegible][①]

《佛说长阿含经》

译自汉文，见《大正藏》第 1 号《长阿含经》(后秦弘始年佛陀耶舍共竺佛念译）[②]；西田龙雄《西夏文佛经目录》[③]（译者注：《西夏文〈华严经〉》第 3 册）第 194 号。

馆册第150号　第12卷

写本经折装，外观尺寸 31 厘米 ×12 厘米，41 页 + 2 页版画，尾残，每页 6 行，每行 17 个字。以淡墨线勾栏，上边距 4 厘米，下边距 3 厘米。经题后有帙号和译经者名字：

[illegible][④][illegible][⑤]

汉典三藏法师佛陀耶舍、竺佛念（t1iei thon ·o Чией Тхон-гхо、1ia tha lə Шиа Тха-лэ）所共译

---

① 译者注：每部经文的名称有西夏文、汉文和俄语的注音三种形式，在文中只保留西夏文和汉文名称，对俄语注音不再标出，因为写成汉语与汉文名称相同，故略去。

② 译者注：在《俄藏黑水城西夏文佛经叙录》中，克恰诺夫给出《大正藏》中收录佛经的标号，在翻译过程中，我们查对《大正藏》，把经文名称加以注明，有的西夏文经名与《大正藏》相同，有的存在一定差异，因为尚无法核对西夏文佛经原文，故经文仍采用西夏文的翻译。

③ 译者注：西田龙雄著：《西夏文华严经》(第三册)，京都大学出版社，1977 年。

④ 译者注：此处西夏文有误，与汉语不对应。

⑤ 译者注：在原文中如出现西夏文内容，编译者把西夏文翻译成汉语。如果西夏文内容和克恰诺夫的俄译基本一致，仅保留西夏文的翻译，并把克恰诺夫给出人名的索夫洛诺夫人注音和俄语注音加以保留。如果西夏文内容与俄译内容有差别，则把克恰诺夫的俄译翻译成汉语，作为注释，以下同，不另作说明。

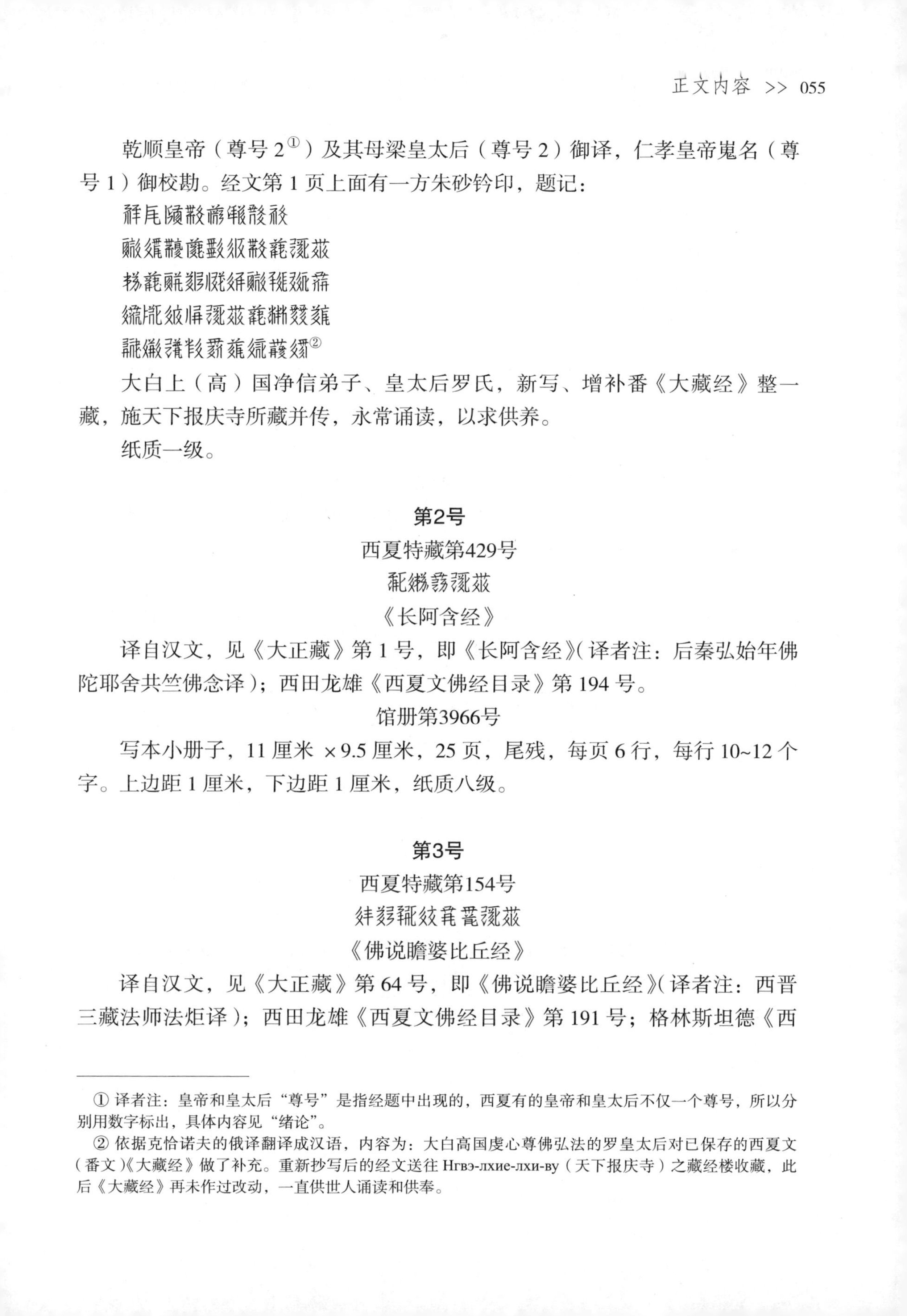

乾顺皇帝（尊号2[①]）及其母梁皇太后（尊号2）御译，仁孝皇帝嵬名（尊号1）御校勘。经文第1页上面有一方朱砂钤印，题记：

[illegible]

[illegible]

[illegible]

[illegible]

[illegible][②]

大白上（高）国净信弟子、皇太后罗氏，新写、增补番《大藏经》整一藏，施天下报庆寺所藏并传，永常诵读，以求供养。

纸质一级。

第2号

西夏特藏第429号

[illegible]

《长阿含经》

译自汉文，见《大正藏》第1号，即《长阿含经》(译者注：后秦弘始年佛陀耶舍共竺佛念译)；西田龙雄《西夏文佛经目录》第194号。

馆册第3966号

写本小册子，11厘米 ×9.5厘米，25页，尾残，每页6行，每行10~12个字。上边距1厘米，下边距1厘米，纸质八级。

第3号

西夏特藏第154号

[illegible]

《佛说瞻婆比丘经》

译自汉文，见《大正藏》第64号，即《佛说瞻婆比丘经》(译者注：西晋三藏法师法炬译)；西田龙雄《西夏文佛经目录》第191号；格林斯坦德《西

---

① 译者注：皇帝和皇太后“尊号”是指经题中出现的，西夏有的皇帝和皇太后不仅一个尊号，所以分别用数字标出，具体内容见“绪论”。

② 依据克恰诺夫的俄译翻译成汉语，内容为：大白高国虔心尊佛弘法的罗皇太后对已保存的西夏文（番文）《大藏经》做了补充。重新抄写后的经文送往 Нгвэ-лхие-лхи-ву（天下报庆寺）之藏经楼收藏，此后《大藏经》再未作过改动，一直供世人诵读和供奉。

夏文大藏经》第 1229—1230 页。

馆册第42号

写本经折装，30 厘米 ×12 厘米，首残，每页 6 行，每行 16~18 个字。上边距 5.2 厘米，下边距 3.7 厘米，结尾处重复书写经题和帙号。题记用草体书写，很不清晰，多无法辨认：𘂤（梅）（即 me Me）……修改。𗥺…𗪘（李…成）（即 lie…sie Лие-…шие）校勘。纸质一级。

第4号

西夏特藏第163号

𗼇𗣼𘓷𗦬𗖵

《佛说斋经》

译自汉文，见《大正藏》第 87 号，译者注：即《佛说斋经》（吴月氏国居士支谦译）；西田龙雄《西夏文佛经目录》第 209 号。

馆册第4446号

写本卷子装，18 厘米 ×41 厘米，仅存经尾，每行 16 个字。上边距 0.8 厘米，下边距 1.4 厘米。经文结尾处重复经题并有帙号，纸质一级。

第5号

西夏特藏第146号

𗼇𗣼𗥃𘓐𗅋𘀗𗖰𗟲𗦬𗖵

《佛说四人出现世间经》

译自汉文，见《大正藏》第 127 号，译者注：即《佛说四人出现世间经》（宋天竺沙门求那跋陀罗译）；西田龙雄《西夏文佛经目录》第 204 号。

馆册第4603号

写本卷子装，24 厘米 ×134 厘米，全文保存，每行 30 个字，用行体书写。开头经题后有秉常皇帝（尊号 1）及其母梁皇太后（尊号 1）御译。结尾用草体书写：第 1 次校勘完毕。纸质 4 级。经卷前端保存不好。

第6号

西夏特藏第135号

𗀋𘜶𗫡𗫂𗗙𗖵

《佛本行集经》

译自汉文，见《大正藏》第 190 号，译者注：即《佛本行集经》(隋天竺三藏阇那崛多译)；西田龙雄《西夏文佛经目录》第 180 号。

馆册第718号　第26卷

写本经折装，外观尺寸 32 厘米 ×12 厘米，67 页，尾残，每页 6 行，每行 17 个字。以极淡的墨线勾栏，上边距 5 厘米，下边距 3.5 厘米。经名后有帙号。经文最后 1 页上涂有红色。纸质一级。

第7号

西夏特藏第352号

𗼇𗧯𗧘𘜶𗵘𗅋𗗙𗖵

《大庄严本母卷经》

译自汉文，见《大正藏》第 201 号，译者注：即《大庄严论经》(马鸣菩萨造，后秦三藏鸠摩罗什译)；西田龙雄《西夏文佛经目录》第 69 号；格林斯坦德《西夏文大藏经》第 1231—1239 页。

馆册第91号　第1卷

写本经折装，30 厘米 ×11.5 厘米，66 页，尾残，每页 6 行，每行 19 个字。上边距 3.5 厘米，下边距 2 厘米。经题后有帙号和经文作者名字：𗧘𗥔𗡶𗢑（马鸣菩萨）(即 ngin ·ei t16n tsin Нгин-гхей Чан-цзин Ма мин пуса Бодхисаттва Авалокитешвара)。纸质一级，经文前几页保存不好。

第8号

西夏特藏第334号

𗼇𘝞𘟙𗒘𗦇𘙇𗑠𗗙𗖵

《大般若波罗蜜多经》

译自汉文，见《大正藏》第 220 号，译者注：即《大般若波罗蜜多经》(三藏法师玄奘译)；西田龙雄《西夏文佛经目录》第 59 号；格林斯坦德《西夏文大藏经》第 16—229、1240—1256 页。

《大般若波罗蜜多经》由唐玄奘法师译成汉文，共600卷。此经分为两部分：第一部分由前400卷组成，第二部分由401—600卷组成。第一部分有单行本流传于世。西夏文有不同译本，共收录了前400卷和第二部分的卷子装中的某些部分。这部佛经很可能没有译完，因为它只保存了第二部分的前50卷经文。第二部分卷子装经文的主发愿者为内宫侍者、僧人、有大威德和全寿封号的梁善茂（lion nəw wai Лион Нэы-вай），还提到一些共同随喜发愿者，他们发愿施舍钱财抄写了第二部分经文的某卷。经文中对翻译、校勘及抄写第二部分内容的时间无任何记载。《大般若波罗蜜多经》第二部分的西夏文译本保存完整的经卷有：第402、403、407、410—413、420、422、423、432、434、441、443、445、447卷。完全佚失的经卷有：第406、415、416、430、433、436—440、446卷。其余经卷仅有部分残存。

馆册第933号　第401卷

写本卷子装，34厘米×945厘米，首残，每行17个字。上边距5厘米，下边距5厘米。纸质一级。

馆册第7213号　第402卷

写本卷子装，34厘米×400厘米，全文保存，每行17个字。上边距4.5厘米，下边距6厘米，纸质一级。

馆册第932号　第403卷

写本卷子装，34厘米×942厘米，全文保存，每行17个字。上边距5厘米，下边距5.5厘米，纸质一级。

馆册第680号　第404卷

写本卷子装，37厘米×953厘米，尾残，每行17个字。上边距7.5厘米，下边距6.5厘米。纸质八级，卷子结尾部分被撕掉。

馆册第922号　第405卷

写本卷子装，34厘米×847厘米，首残，每行17个字。上边距5.6厘米，下边距4.8厘米，纸质一级。

馆册第667号　第407卷

写本卷子装，35厘米×1015厘米，全文保存，每行17个字。上边距5厘米，下边距4.5厘米，纸质一级。

馆册第4750号　第408卷

写本卷子装，34厘米×936厘米，尾残，每行18个字。上边距6厘米，下边距4厘米。纸质一级。

馆册第5092号　第409卷

写本卷子装，34.5 厘米 ×710 厘米，首残，每行 16 个字。上边距 5.5 厘米，下边距 5 厘米，首尾皆残（前面说“首残”，前后矛盾——译者注），纸质一级。

馆册第670号　第409卷

写本卷子装，34.5 厘米 ×945 厘米，全文保存，每行 17 个字。上边距 6 厘米，下边距 4 厘米，纸质一级。

馆册第4701号　第410卷

写本卷子装，34 厘米 ×950 厘米，首残，每行 17 个字。上边距 5.5 厘米，下边距 4.5 厘米，结尾题记：

[illegible]

[illegible][1]

发愿□内侍

随喜写者梁善茂、帕兀示、讹慧崇

纸质一级。

馆册第4702号　第410卷

写本卷子装，35 厘米 ×1010 厘米，全文保存，每行 17 个字。上边距 5.5 厘米，下边距 5 厘米。结尾题记：

[illegible]

[illegible]

净信发愿者、内侍德尊梁善茂（Лион Нэы-вай）

随发愿者嵬昌吃鞑然（ngwe t1hion kə ta niwo Нгве-чхион Кэ-та-ниво）

纸质一级。

馆册第672号　第411卷

写本卷子装。35 厘米 ×875 厘米。全文保存。每行 17 个字。上边距 6 厘米，下边距 4.5 厘米。结尾题记为：

[illegible][2]

发愿者梁善茂（Лион Нэы-вай），内侍随喜发愿抄经者尼责讹慧崇（Нджв

---

① 俄译翻译成汉语：发愿者，内宫侍者，施舍抄写部分经文者、善者 Лион Нэы-вай、ndzwe •o ziə phu、Нджве-гхо Жиэ-пху。

② 译者注：馆册第 672 号的人名应与馆册第 4701 号人名相同，但两处的西夏文题记不同，第 672 号题记比 4701 号少了“[illegible]（帕兀）”两个字，这里肯定有误，因原件尚未公布无法核实。

e-гхо Жиэ-пху）

纸质一级。

馆册第4751号　第412卷

写本卷子装，29.5 厘米 ×1075 厘米，全文保存，每行 23 个字。上边距 5 厘米，下边距 3 厘米。结尾题记中用草体书写发愿者的名字，可能与第 410 卷中所提到的名字一样。纸质一级。

馆册第681号　第413卷

写本卷子装，35 厘米 ×992 厘米，全文保存，每行 17 个字。上边距 4.5 厘米，下边距 5 厘米。结尾题记中用草体书写发愿者的名字，可能与第 410 卷中所提到的名字一样。纸质八级。

馆册第4535号　第414卷

写本卷子装，33.5 厘米 ×720 厘米，首尾皆残（？），每行 17 个字。上边距 4.5 厘米，下边距 5 厘米。卷子开头部分已残破，纸质一级。

馆册第3241号　第417卷

写本卷子装，34.5 厘米 ×53 厘米，仅存经首，每行 17 个字。上边距 5.5 厘米，下边距 4 厘米，纸质一级。

馆册第669号　第417卷

写本卷子装，34.5 厘米 ×986 厘米，首残，每行 17 个字。上边距 5.5 厘米，下边距 4 厘米。结尾题记用草体书写施抄经文发愿者们的名字，纸质一级。

馆册第5035号　第418卷

写本卷子装，34 厘米 ×960 厘米，首残，每行 17 个字。上边距 5.5 厘米，下边距 4.5 厘米，纸质一级。

馆册第682号　第420卷

写本卷子装，37 厘米 ×1006 厘米，全文保存，每行 17 个字。上边距 4 厘米，下边距 4 厘米。结尾题记用草体书写发愿者的名字梁善茂（Лион Нэы-вай），2 帙（即 20 卷）经文发愿施写者慧崇（Нджве-гхо Жиэ-пху）。纸质一级。

馆册第4820号　第421卷

写本卷子装，34 厘米 ×837 厘米，首残，每行 17 个字。上边距 5 厘米，下边距 4.5 厘米。结尾题记：发愿者、内宫侍者梁善茂（Лион Нэы-вай）。经文施写发愿者[illegible]（吟嵬愿照）(lhiə ngwi tiei swew Лхие-нгви Тией-свеы)。纸质一级。

馆册第3422号　第422卷

写本卷子装，34 厘米 ×2929 厘米，全文保存，每行 17 个字。上边距 6 厘米，下边距 6 厘米。结尾题记：发愿者梁善茂（Лион Нэы-вай）。共同发愿者吟嵬愿照（Лхие-нгви Тией-свеы）。纸质八级。

馆册第668号　第423卷

写本卷子装，35 厘米 ×858 厘米，全文保存，每行 17 个字。上边距 6 厘米，下边距 4.5 厘米。经题后有帙号，纸质八级。

馆册第4749号　第424卷

写本卷子装，34 厘米 ×540 厘米，首残，每行 17 个字。上边距 6 厘米，下边距 4 厘米。结尾题记：清信或净信发愿者梁善茂（Лион Нэы-вай）。部分经文施写发愿者吟嵬愿照（Лхие-нгви Тией-свеы），纸质一级。

馆册第6945号　第424卷

写本卷子装，34 厘米 ×52 厘米，仅存经首，每行 17 个字。上边距 6 厘米，下边距 4 厘米，纸质一级。

馆册第926号　第425卷

写本卷子装，34 厘米 ×800 厘米，首残，每行 18 个字。上边距 6 厘米，下边距 5 厘米。经文中间用朱砂勾栏线。结尾题记：

[illegible]

[illegible][1]

净信发愿者内侍僧人梁

全寿善茂，随喜五卷抄写者、善生释子沙门吟嵬愿照

卷子仅存经首已被撕碎，残破严重。纸质一级。

馆册第675号　第426卷

写本卷子装，34 厘米 ×763 厘米，首残，每行 17 个字。上边距 7 厘米，下边距 4 厘米。卷子开头已被撕破，纸质八级。

馆册第4811号　第427卷

写本卷子装，37 厘米 ×850 厘米，尾残，每行 17 个字。上边距 7 厘米，下边距 6 厘米。纸质八级。

---

① 俄译翻译成汉语：清信发愿者、内宫侍者、僧人、全寿梁善茂（Лион Нэы-вай），其中 5 卷经文的施写发愿抄经者、善生、沙门之子吟嵬愿照（Лхиэ-нгви Тией-свеы）。

馆册第4335号　第428卷

写本卷子装，37厘米×453厘米，尾残，每行16个字。上边距7.5厘米，下边距5.5厘米，纸质一级。

馆册第5037号　第431卷

写本卷子装，33.5厘米×840厘米，尾残，每行17个字。上边距5厘米，下边距5厘米。卷子前段已残朽，纸质一级。

馆册第671号　第432卷

写本卷子装，35厘米×839厘米，全文保存，每行18个字。上边距5厘米，下边距5.5厘米，纸质一级。

馆册第674号　第434卷

写本卷子装，35厘米×872厘米，全文保存，每行23个字。上边距5.5厘米，下边距5厘米，纸质八级。

馆册第4821号　第435卷

写本卷子装，33厘米×872厘米，尾残，每行17个字。上边距5厘米，下边距5厘米，纸质一级。

馆册第673号　第441卷

写本卷子装，35厘米×956厘米，全文保存，每行17个字。上边距5.5厘米，下边距4.5厘米。经题后有帙号，纸质一级。

馆册第5036号　第442卷

写本卷子装，34厘米×730厘米，首残，每行17个字。上边距5.5厘米，下边距4.5厘米。卷子已霉烂残破，有的地方被撕坏。纸质七级。

馆册第925号　第443卷

写本卷子装，34.5厘米×1002厘米，全文保存，每行18个字。上边距6厘米，下边距4.5厘米，纸质八级。

馆册第679号　第445卷

写本卷子装，35厘米×880厘米，全文保存，每行17个字。上边距6厘米，下边距4.5厘米。写本开头处的背面用朱砂画有一些粗线条，纸质七级。

馆册第677号　第447卷

写本卷子装，36.5厘米×1457厘米，全文保存，每行17个字。上边距7.5厘米，下边距5.5厘米，纸质八级。

馆册第4813号　第448卷

写本卷子装，37厘米×938厘米，尾残，每行16个字。上边距7.5厘米，下边距 6 厘米，纸质八级。

馆册第676号　第449卷

写本卷子装，37 厘米 ×935 厘米，尾残，每行 17 个字。上边距 7 厘米，下边距 5.5 厘米。经题后有帙号，纸质八级。

馆册第5610号　第450卷

写本卷子装，37 厘米 ×639 厘米，尾残，每行 16—17 个字。上边距 6.5 厘米，下边距 5 厘米，纸质八级。

第9号

[illegible]

《大般若波罗蜜多经》

此佛经是一组小开本的写本书籍，经折装，写成于 1153 年，或者至少经卷的主要部分写成于这个时间。经文中还提到了两个时间：1152 年和 1156 年。主发愿者耶吉狗由（·a ngiu khwi ·ew　Гха-нгиу Кхви-гхеы），可能还有他的三个弟弟，经文题记对此事有所记述。该经是他们在南院（zie ·on Жиэ-гхон Нань-юань）为悼念死去的母亲乐庞（ngai phon Нгай Пхон）而发愿施写的。同时还提到了城堡，即 ngai po Нгай-по（隘堡）。按照惯例，题记中还提到了几个随喜发愿者和抄经者的名字。

此 400 卷《大般若波罗蜜多经》中保存完整的共有 65 卷：第 1、3、4、6、7、8、9、10、13、15、16、17、18、19、20、30、31、33、38、39、46、48、61、62、63、65、66、67、69、70、124、125、126、127、128、130、155、158、160、321、323、327、329、330、333、334、335、336、337、340、351、352、355、356、357、359、360、361、362、365、367、389、390、391、399。完全佚失的共有 299 卷：第 11、12、23、24、25、27、32、34、35、36、42、44、47、51—59、64、71—120、131—153、156、159、161—320、324、325、328、332、338、339、341—350、353、364、366、369、371—380、382—386、388、395、400。其余卷要么只剩下残片，要么只保存了部分内容。

此组佛经在外观上较为统一，并有以下基本特点：写本经折装。蓝布软封面，有时封面上贴有普通形状的标签和帙号（每 10 卷经文共用 1 个帙号）。有时帙号是用黄色直接写在封面上而不是贴上去的。外观尺寸 28.5 厘米 ×13.5 厘米。每页 6 行，每行 18—20 个字。无栏线。上边距 2.5 厘米，下边距 1.5 厘米。经文前面常配有版画或插图，画的内容有佛陀、弟子、龙和护法神等形象。纸质二级。至于每卷经文的不同特点在后面逐一提及。

馆册第2208号　第1卷

蓝布软封面上贴有标签和第 1—10 卷经文的帙号。56 页 +2 页版画，全文保存。经题后有仁孝皇帝（尊号 1）御校勘。结尾处重复经题和帙号，题记为：

[illegible]

[illegible]

《大般若经》发愿抄写者修善耶吉狗由（·a ngiu khwi·ew Гха-нгиу Кхви-гхеы）

净本抄写者泊尚那神（mbə 1io ndon ndzin Мбэ-шио Ндон-нджин）

有第 1 次校勘的标记、第 2 次校勘的标记。

馆册第2207号　第2卷

49 页，首残，结尾写有校勘标记：第 1 次校勘、第 2 次校勘。

馆册第2206号　第3卷

蓝布软封面，65 页 +2 页版画，全文保存，经题后有帙号和仁孝皇帝（尊号 1）御校勘。结尾处重复经题和帙号，题记为：《大般若经》施写发愿者耶吉狗由（Гха-нгиу Кхви-гхеы），净本抄者泊尚那神（Мбэ-шио Ндон-нджин）。有第 1 次校勘、第 2 次校勘的标记。

馆册第2205号　第4卷

蓝布软封面，69 页 +2 页版画，全文保存，经题后有帙号和仁孝皇帝（尊号 1）御校勘。结尾处重复经题和帙号，题记为：发愿者耶吉狗由（Гха-нгиу Кхви-гхеы），抄经者泊尚那神（Мбэ-шио Ндон-нджин）。

馆册第6275号　第5卷

6 页，仅存经尾，结尾处重复经题和帙号，题记为：发愿者耶吉狗由（Гха-нгиу Кхви-гхеы），抄经者泊尚那神（Мбэ-шио Ндон-нджин）。

馆册第1188号　第5卷

蓝布软封面，51 页 +2 页版画，尾残，经题后有帙号和仁孝皇帝（尊号 1）御校勘。

馆册第2203号　第6卷

蓝布软封面上有刊印的标签，标签下用黄色写有第 1—10 卷的帙号。67 页 +2 页版画，全文保存。经题后有仁孝皇帝（尊号 1）御校勘。结尾处重复经题和帙号，题记为：发愿者耶吉狗由（Гха-нгиу Кхви-гхеы），抄经者泊尚那神（Мбэ-шио Ндон-нджин）。有第 1 次校勘、第 2 次校勘的标记。

馆册第987号　第7卷

蓝布软封面上有刊印的标签，标签下用黄色写有第 1—10 卷经文的帙号。68 页 +2 页版画，全文保存。经题后有仁孝皇帝（尊号 1）御校勘。结尾处重复经题和帙号，题记为：发愿者[illegible]（耶吉狗由）(Гха-нгиу Кхви-гхеы)，抄经者[illegible]（泊尚那征）(Мбэ-шио Ндон-нджин)。

馆册第986号　第8卷

蓝布软封面上有刊印的标签，标签下用黄色写有第 1—10 卷经文的帙号。65 页 +2 页版画，全文保存。经题后有仁孝皇帝（尊号 1）御校勘。结尾处重复经题和帙号，题记为：发愿者耶吉狗由（Гха-нгиу Кхви-гхеы），抄经者泊尚那神（Мбэ-шио Ндон-нджин）。有第 1 次校勘、第 2 次校勘的标记。

馆册第1195号　第9卷

65 页 +2 页版画，全文保存。经题后有帙号和仁孝皇帝（尊号 1）御校勘。结尾处重复经题和帙号，题记为：发愿者耶吉狗由（Гха-нгиу Кхви-гхеы），抄经者泊尚那神（Мбэ-шио Ндон-нджин）。有第 1 次校勘、第 2 次校勘的标记。

馆册第984号　第10卷

蓝布软封面上有刊印的标签，标签下用黄色写有第 1—10 卷经文的帙号。64 页 +2 页版画，全文保存。经题后有帙号和仁孝皇帝（尊号 1）御校勘。结尾处重复经题和帙号，题记为：发愿者耶吉狗由（Гха-нгиу Кхви-гхеы），抄经者泊尚那神（Мбэ-шио Ндон-нджин）。有第 1 次校勘、第 2 次校勘的标记。

馆册第981号　第13卷

72 页 +2 页版画，全文保存。经题后有帙号和仁孝皇帝（尊号 1）御校勘。结尾处重复经题和帙号，题记为：

[illegible]

[illegible]①

藏经发愿抄写者，

《大般若经》发愿写者、善亲郢吉祥成。

馆册第979号　第15卷

蓝布软封面上有标签，并用黄色写有第 11—20 卷经文的帙号。76 页 +2 页版画，全文保存。经题后有帙号和仁孝皇帝（尊号 1）中的 4 个字。结尾处

① 俄译翻译成汉语：《大藏经》施写发愿者（名字用草体书写，无法辨认）。《大般若经》施写发愿者、近善 •in ngiu ru sie Гхин-нгиу Ру-шие。抄经者（名字用草体书写，无法辨认）。

重复经题和帙号，题记为：《大般若经》施写发愿者郢吉祥成（Гхин-нгиу Ру-шие）。

馆册第1159号　第16卷

蓝布软封面上有标签，并用黄色写有第 11—20 卷经文的帙号。77 页 +2 页版画，全文保存。经题后有帙号和仁孝皇帝（尊号 1）御校勘。结尾处重复经题和帙号，题记为：《大般若经》施写发愿者郢吉祥成（Гхин-нгиу Ру-шие）。

馆册第1158号　第17卷

蓝布软封面上有标签，并用黄色写有第 11—20 卷经文的帙号。64 页 +2 页版画。全文保存。经题后有帙号和仁孝皇帝（尊号 1）御校勘。结尾处重复经题和帙号，用草体书写发愿者的名字郢吉祥成（Гхин-нгиу Ру-шие）。

馆册第2016号　第18卷

81 页 +2 页版画，全文保存。经题后有帙号和仁孝皇帝（尊号 1）御校勘。结尾处重复经题和帙号，用草体书写发愿者的名字郢吉祥成（Гхин-нгиу Ру-шие）。

馆册第1156号　第19卷

70 页 +2 页版画，全文保存。经题后有帙号和仁孝皇帝（尊号 1）御校勘。结尾处重复经题和帙号，用草体书写发愿者的名字郢吉祥成（Гхин-нгиу Ру-шие）。

馆册第1185号　第20卷

79 页 +2 页版画，全文保存。经题后有帙号和仁孝皇帝（尊号 1）中的 4 个字。结尾处重复经题和帙号，用草体书写发愿者的名字郢吉祥成（Гхин-нгиу Ру-шие），但使用了另外一个称号：修善。

馆册第1712号　第21卷

10 页 +2 页版画，仅存前面几页和后面几页。经题后有帙号和仁孝皇帝（尊号 1）御校勘。结尾处重复经题和帙号，题记为：

[illegible]……[illegible][1]

净本写者、修禅定者石、甘州……慧侍

《大般若经》施写发愿者耶吉狗由（Гха-нгиу Кхви-гхеы）。[2]有第 1 次校勘、第 2 次校勘的标记。

---

① 俄译翻译成汉语：净本抄写者，石州和甘州禅定者 ziə tshi Жиэ Цхи。

② 译者注：克恰诺夫没有给出此句话的西夏文，只有俄文翻译。

馆册第2800号　第22卷

3 页 +2 页版画，仅存经首。经题后有帙号和秉常皇帝（尊号 1）及其母梁皇太后（尊号 1）中的各两个字。

馆册第2805号　第22卷

31 页 + 版画，仅存经尾。结尾处重复经题和帙号，题记为：[illegible]（郢吉祥成），即《大般若经》发愿者 ·in ngiu ngiu ru 1ie Гхин-нгиу ру-шие。抄经者（名字用草体书写，无法辨认）。

馆册第2796号　第26卷

52 页，首残，结尾处重复经题和帙号。用草体书写发愿者和抄经者的名字，无法辨认。经文左上角已残破。

馆册第6276号　第28卷

9 页，仅存经首，经题后有帙号和仁孝皇帝（尊号 1）御校勘。

馆册第2814号　第29卷

21 页，仅存经尾。结尾处重复经题和帙号，用草体书写发愿者和抄经者的名字，无法辨认。

馆册第1160号　第30卷

52 页 +2 页版画，全文保存。经题后有帙号，结尾处重复经题和帙号，题记为：《大藏经》发愿者耶吉狗由（Гха-нгиу Кхви-гхеы），净本抄者（用草体书写，无法辨认），经文校勘者（用草体书写，无法辨认）。有第 1 次校勘、第 2 次校勘的标记。草体书写附注 6—7 个字，只辨认出前 3 个字意思是：这不是 1 帙经文。

馆册第2170号　第31卷

蓝布软封面上有标签，用黄色写有第 31—40 卷经文的帙号。69 页 +2 页版画，全文保存。经题后有帙号和仁孝皇帝（尊号 1）御校勘，结尾处重复经题和帙号，用草体书写发愿者的名字耶吉狗由（Гха-нгиу Кхви-гхеы），抄经者泊尚那神（Мбэ-шио Ндон-нджин）。有第 1 次校勘、第 2 次校勘的标记。

馆册第2132号　第33卷

59 页 +2 页版画，全文保存。经题后有帙号和仁孝皇帝（尊号 1）御校勘，结尾处重复经题和帙号，用草体书写发愿者的名字耶吉狗由（Гха-нгиу Кхви-гхеы），抄经者泊尚那神（Мбэ-шио Ндон-нджин）。有校勘过的记录。

馆册第1109号　第37卷

2 页 +2 页版画，仅存经首。经题后有帙号和仁孝皇帝（尊号 1）御校勘。

馆册第2126号　第38卷

蓝布软封面，66 页，全文保存。经题后有帙号和仁孝皇帝（尊号 1）御校勘。结尾处重复经题和帙号，题记中用草体书写发愿者的名字耶吉狗由（Гха-нгиу Кхви-гхеы），抄经者泊尚那神（Мбэ-шио Ндон-нджин）。

[illegible][1]

酩布、野利等校 1 遍

馆册第2125号　第39卷

蓝布软封面上用黄色写有第 31—40 卷经文的帙号。67 页 +2 页版画，全文保存。经题后有帙号和仁孝皇帝（尊号 1）御校勘。结尾处重复经题和帙号，用草体书写发愿者、抄经者的名字，无法辨认。已校勘。

馆册第2165号　第40卷

蓝布软封面上用黄色写有第 31—40 卷经文的帙号。56 页 +2 页版画，全文保存。经题后有帙号和仁孝皇帝（尊号 1）御校勘。结尾处重复经题和帙号。

馆册第2297号　第41卷

2 页 +2 页版画，仅存经首。经题后有帙号和仁孝皇帝（尊号 1）御校勘。

馆册第7731号　第41卷

8 页，仅存经尾。结尾处重复经题和帙号，题记为：《大般若经》施写发愿者、修善耶吉狗由（Гха-нгиу Кхви-гхеы）。有第 1 次校勘、第 2 次校勘的标记，用草体书写校勘者的名字，但无法辨认。

馆册第2122号　第43卷

7 页 +2 页版画，仅存经首。经题后有帙号和仁孝皇帝（尊号 1）御校勘。

馆册第2195号　第45卷

67 页 +2 页版画，尾残。经题后有帙号和仁孝皇帝（尊号 1）御校勘。

馆册第2157号　第46卷

蓝布软封面，72 页 +2 页版画，全文保存。经题后有帙号和仁孝皇帝（尊号 1）中的前 4 个字。结尾处重复经题和帙号，用草体书写发愿者的名字耶吉狗由（Гха-нгиу Кхви-гхеы）。已校勘。

馆册第2156号　第48卷

蓝布软封面上用黄色写有第 41—50 卷经文的帙号。74 页 +2 页版画，全

---

① 俄译翻译成汉语：min pu •i lion Мин-пу Гхи-лион 与其他人有第 1 次校勘的标记。

文保存。经题后有帙号和仁孝皇帝（尊号 1）御校勘。结尾处重复经题和帙号，抄经者豥繈皦（李善伊）(lie new ·i Лие Нэы-гхи)。

馆册第2808 第49卷

32 页，仅存经首。经题后有帙号和仁孝皇帝（尊号 1）中的前 4 个字。

馆册第1207号　第50卷

3 页 +2 页版画，仅存经首。经题后有帙号和仁孝皇帝（尊号 1）御校勘。

馆册第2133号　第50卷

48 页，首残。结尾处重复经题和帙号。

馆册第640号　第61卷

蓝布软封面，67 页 +1 页无文字、无图形的白纸 +2 页版画，全文保存。经题后有帙号，结尾处重复经题和帙号。

馆册第653号　第62卷

蓝布软封面上用黄色写有第 61—70 卷经文的帙号。60 页 +2 页版画。全文保存。经题后有帙号和仁孝皇帝（尊号 1）御校勘。结尾处重复经题和帙号。用草体书写的题记中抄经者的名字无法辨认。已校勘。

馆册第657号　第63卷

蓝布软封面，75 页 +2 页版画。全文保存。经题后有帙号和仁孝皇帝（尊号 1）御校勘。结尾处重复经题和帙号。题记:《大般若经》施写发愿者、修善耶吉狗由（Гха-нгиу Кхви-гхеы）。随喜发愿者的名字用草体书写，无法辨认。有第 1 次校勘、第 2 次校勘的标记。

馆册第643号　第65卷

66 页 +2 页版画，全文保存。经题后有帙号和仁孝皇帝（尊号 1）御校勘，结尾处重复经题和帙号。

馆册第644号　第66卷

蓝布软封面，63 页，全文保存。经题后有帙号和仁孝皇帝（尊号 1）御校勘。结尾处重复经题和帙号。

馆册第1234号　第67卷

蓝布软封面，67 页 +2 页版画，全文保存。经题后有帙号和仁孝皇帝（尊号 1）御校勘。结尾处重复经题和帙号，用草体书写发愿者和抄经者的名字，但无法辨认。

馆册第1225号　第68卷

2 页，仅存经首。经题后有帙号和仁孝皇帝（尊号 1）中的前 4 个字。

馆册第6454号　第68卷

3页，仅存经尾。重复经题和帙号。

馆册第1124号　第69卷

蓝布软封面上用黄色写有第61—70卷经文的帙号，64页+2页版画，全文保存。经题后有帙号和仁孝皇帝（尊号1）御校勘。结尾处重复经题和帙号，题记为：《大般若经》发愿者修善郢吉祥成（Гхин-нгиу Ру-шие）。

[illegible]

抄写者笔授石法护（1ie kêe ·wai Шие Ке-гхвай）

馆册第1220号　第70卷

蓝布软封面，69页+2页版画，全文保存。经题后有帙号和仁孝皇帝（尊号1）中的前4个字。结尾处重复经题和帙号，用草体书写发愿者的名字郢吉祥成（Гхин-нгиу Ру-шие）。已校勘。

馆册第1473号　第121卷

65页，首残，重复经题和帙号，题记为：

[illegible]

[illegible]

[illegible]?（[illegible]）[illegible]①

天盛癸酉五年，为内勾管使者、乘谛多㖶智成，

《大般若经》发愿写者、善男子耶吉狗由，

依说多？闻天王，写净本者屈明石宝照。

有第1次校勘的标记。

馆册第7172号　第121卷

8页+2页版画，仅存经首，经题后有帙号和仁孝皇帝（尊号1）御校勘。

馆册第2103号　第122卷

35页，首残，结尾处重复经题和帙号。

馆册第3532号　第123卷

18页，仅存经尾，重复经题和帙号，题记为：《大般若经》施写发愿者耶吉狗由（Гха-нгиу Кхви-гхеы），净本抄者石宝照（Шие Лдиэ-свеы）。

---

① 俄译翻译成汉语：隐修者 ton zwei sie 1ie Тон-жвеи Сие-шие，于天盛五年（水鸟年，1153年）完成此项工作。《大般若经》施写发愿者、善男子 Гхин-нгиу Ру-шие（此处的人名的俄译音有误，与西夏文对不上——译者注）。净本抄者、对毗沙门天王有所证悟者 1ie ldiə swew Шие Лдиэ-Свеы。

馆册第1470号　第124卷

71 页，全文保存。经题后有帙号和秉常皇帝（尊号 1）及其母梁皇太后（尊号 1）中的前 4 个字。结尾处重复经题和帙号。用草体书写题记，发愿者耶吉狗由（Гха-нгиу Кхви-гхеы），抄经者石宝照（Шие Лдиэ-свеы）。已校勘。

馆册第2187号　第125卷

62 页，全文保存。经题后有帙号和秉常皇帝（尊号 1）及其母梁皇太后（尊号 1）中的各前两个字。结尾处重复经题和帙号。

馆册第1465号　第125卷

60 页，首残，结尾处重复经题和帙号，题记为：

[illegible]①[illegible]②[illegible]③

天盛癸酉五年，地名南院，给坟母乐庞，耶吉狗由三弟发愿

已校勘。

馆册第1462号　第126卷

蓝布软封面上有标签，用黄色写有第 121—130 卷经文的帙号。51 页 +2 页版画，全文保存。经题后有帙号和秉常皇帝（尊号 1）及其母梁皇太后（尊号 1）中的各前两个字。结尾处重复经题和帙号，用草体书写发愿者的名字耶吉狗由（Гха-нгиу Кхви-гхеы）。

馆册第2190号　第127卷

蓝布软封面上有标签，用黄色写有第 121—130 卷经文的帙号。59 页 +2 页版画，全文保存。经题后有帙号和秉常皇帝（尊号 1）及其母梁皇太后（尊号 1）中的各前两个字。结尾处重复经题和帙号，用草体书写发愿者的名字耶吉狗由（Гха-нгиу Кхви-гхеы），抄经者石法护（Шие Ке-гхвай）。已校勘。

馆册第2183号　第128卷

蓝布软封面，59 页 +2 页版画，全文保存。经题后有帙号和秉常皇帝（尊号 1）及其母梁皇太后（尊号 1）中的各两个字。结尾处重复经题和帙号，用草体书写发愿者的名字耶吉狗由（Гха-нгиу Кхви-гхеы）。

---

① 译者注：此处的“坟母”应指去世的母亲。

② 译者注：馆册第 1462 号，卷 125 号的“[illegible]”与馆册第 1473 号，卷 121 号题记中的“[illegible]”只差一字，怀疑其为同一人，可能西夏文有误。结合克恰诺夫给出的俄译注音，且其他地方皆为“[illegible]”，可能应为“[illegible]”。

③ 俄译翻译成汉语：Гха-нгиу Кхви-гхеы 及其弟共四人于天盛五年（水鸟年，1153 年）在南院 Жиэ-гвон（Нань-юань）发愿将此经献给他们的母亲 ngai phôn Нгаи Пхон。

馆册第2176号　第129卷

42 页 +2 页版画，尾残，经题后有帙号和秉常皇帝（尊号 1）及其母梁皇太后（尊号 1）中的各两个字。仁孝皇帝（尊号 1）御校勘。

馆册第2175号　第129卷

4 页，仅存经尾。经题后有帙号，用草体书写发愿者和抄经者的名字，无法辨认。已校勘。

馆册第2173号　第130卷

65 页 +2 页版画，全文保存。经题后有帙号和秉常皇帝（尊号 1）及其母梁皇太后（尊号 1）中的各两个字。仁孝皇帝（尊号 1）御校勘。结尾处重复经题和帙号，题记为：

[illegible]①

天盛癸酉五年，在“隘堡”的地方抄写。发愿者耶吉狗由（Гха-нгиу Кхви-гхеы）。

馆册第1738号　第154卷

62 页 +2 页版画，全文保存。经题后有帙号和仁孝皇帝（尊号 1）御校勘。结尾处重复经题和帙号，题记为：发愿者、善男子、禅定者郢吉祥成（Гхин-нгиу Ру-шие）及耶吉狗由（Гха-нгиу Кхви-гхеы）。用草体书写抄经者的名字，但无法辨认。经文的有些页面被撕掉，且由于霉烂有残损。

馆册第1720号　第155卷

蓝布软封面，有标签，且用黄色写有第 151—160 卷经文的帙号。59 页 +2 页版画，全文保存。经题后有帙号和仁孝皇帝（尊号 1）中的前 4 个字。结尾处重复经题和帙号，抄经者李善伊（Лие Нэы-гхи）。

馆册第1716号　第157卷

54 页 +2 页版画，尾残。经题后有帙号和仁孝皇帝（尊号 1）中的前 4 个字。经文上粘了一块纸，上面写有修改过的字句，是校勘时粘上去的。

馆册第1724号　第158卷

蓝布软封面上有标签，用黄色写有第 151—160 卷经文的帙号。58 页 +2 页版画，全文保存。经题后有帙号和仁孝皇帝（尊号 1）御校勘。结尾处重复经题和帙号，用草体书写发愿者和抄经者的名字，但无法辨认。

---

① 俄译翻译成汉语：天盛五年，水鸟年（1153 年）抄写完毕于隘堡（ngai po Нгай-по）。

馆册第1763号　第160卷

蓝布软封面上有标签，用黄色写有第151—160卷经文的帙号。52页+2页版画，全文保存。经题后有帙号和仁孝皇帝（尊号1）御校勘。结尾处重复经题和帙号，此经文在西夏时期进行过修补。

馆册第1933号　第321卷

蓝布软封面，71页+2页版画，全文保存。经题后有帙号和仁孝皇帝（尊号1）御校勘。结尾处重复经题和帙号，经文下端由于受潮，页面有粘连。

馆册第1972号　第322卷

6页+2页版画，仅存经首。经题后有帙号和仁孝皇帝（尊号1）御校勘。经文页面被揉皱并沾满了黄土。

馆册第1930号　第323卷

蓝布软封面上有标签，67页+2页版画，全文保存。经题后有帙号和秉常皇帝（尊号1）及其母梁皇太后（尊号1）中的各2个字，还有仁孝皇帝（尊号1）中的前2个字。结尾处重复经题和帙号。经文上端由于受潮，页面有粘连。

馆册第1974号　第326卷

42页+2页版画，尾残，淡墨线勾栏。经题后有帙号和仁孝皇帝（尊号1）中的前6个字。经文前面几页被揉皱且被撕坏了。

馆册第1973号　第326卷

31页，首残，淡墨线勾栏。结尾处重复经题和帙号，用草体书写题记，发愿者的名字无法辨认。已校勘。经文的前几页被揉皱且被撕坏。

馆册第2411号　第327卷

69页+1页版画，全文保存，淡墨线勾栏。经题后有帙号。结尾处用草体书写发愿者的名字，但无法辨认。经文受潮，部分页面被揉皱，还有些页面被撕掉。

馆册第1929号　第329卷

蓝布软封面上有标签，用黄色书写第321—330卷经文的帙号。72页+2页版画，全文保存。经题后有帙号和秉常皇帝（尊号1）及其母梁皇太后（尊号1）中的各两个字。结尾处重复经题和帙号。

馆册第1970号　第330卷

蓝布软封面上有标签和第321—330卷经文的帙号。38页+2页版画，全文保存。经题后有帙号和仁孝皇帝（尊号1）中的前4个字。结尾处重复经题和帙号，题记为：

[illegible]①

梁阿地于鼠年三月十三日抄写《大般若经》完毕也。

用草体书写发愿者的名字，但无法辨认。

馆册第1678号　第331卷

4 页，仅仅存经首。经题后有帙号和仁孝皇帝（尊号 1）中的第 1 个字。经文被撕坏且压皱。

馆册第1858号　第333卷

蓝布软封面上有标签，还粘有一块白纸，上面写着第 331—340 卷经文的帙号。81 页 +3 页版画，全文保存。淡墨线勾栏。经题后有帙号和仁孝皇帝（尊号 1）中的前 4 个字。结尾处重复经题和帙号，经文的边缘有残损。

馆册第1969号　第334卷

蓝布软封面上有标签，92 页 +2 页版画，全文保存，淡墨线勾栏。经题后有帙号和仁孝皇帝（尊号 1）中的前 4 个字。结尾处重复经题和帙号，已校勘。

馆册第1964号　第335卷

蓝布软封面上有标签，粘一块白纸，上写第 331—340 卷经文的帙号。87 页 +2 页版画，全文保存，淡墨线勾栏。经题后有帙号和仁孝皇帝（尊号 1）中的前 4 个字。结尾处重复经题和帙号。

馆册第1965号　第336卷

蓝布软封面，粘一块方形白纸，上写第 331—340 卷经文的帙号。81 页 +3 页版画，全文保存，淡墨线勾栏。经题后有帙号和仁孝皇帝（尊号 1）中的前 4 个字。结尾处重复经题和帙号。

馆册第1968号　第337卷

蓝布软封面上有标签，并用方纸写有第 331—340 卷经文的帙号。43 页 +3 页版画，全文保存，淡墨线勾栏。经题后有帙号和仁孝皇帝（尊号 1）御校勘。结尾处重复经题和帙号。

馆册第1967号　第340卷

41 页 +2 页版画，全文保存，淡墨线勾栏。经题后有帙号和仁孝皇帝（尊号 1）中的前 4 个字。结尾处重复经题和帙号。

---

① 俄译翻译成汉语：抄经者 lion a ti Лион А-ти 于鼠年 3 月 13 日（1155 年 4 月 6 日）抄写《大般若经》完毕。

馆册第1634号　第351卷

蓝布软封面，72 页 +2 页版画，全文保存。经题后有帙号和秉常皇帝（尊号 1）及其母梁皇太后（尊号 1）中的各 2 个字。结尾处重复经题和帙号，用草体书写题记：发愿者[illegible]（耶吉狗由）(Гха-нгиу Кхви-гхеы)。抄经者名字无法辨认。已校勘。

馆册第1916号　第352卷

蓝布软封面上有标签，用黄色书写有第 351—360 卷经文的帙号。79 页 +2 页版画，全文保存。经题后有帙号和秉常皇帝（尊号 1）及其母梁皇太后（尊号 1）中的各 2 个字。结尾处重复经题和帙号，题记为：《大藏经》施写发愿者（其名字及尊号无法辨认）。第二发愿者和抄经者的名字用草体书写，也无法辨认。已校勘。

馆册第1907号　第354卷

23 页，仅仅存经尾。重复经题和帙号，用草体书写题记，发愿者和抄经者名字无法辨认。

馆册第1915号　第355卷

蓝布软封面上有标签，用黄色书写第 351—360 卷经文的帙号。71 页 +2 页版画，全文保存。经题后有帙号和秉常皇帝（尊号 1）及其母梁皇太后（尊号 1）中的各两个字。结尾处重复经题和帙号，题记为：

[illegible]①[illegible]②

发愿写藏经者，12 岁离若面壁病？和尚倪如宝增本。

抄经者名字用草体书写，无法辨认。

馆册第1910号　第356卷

蓝布软封面上有标签，用黄色书写第 351—360 卷经文的帙号。73 页 +2 页版画，全文保存。经题后有帙号和秉常皇帝（尊号 1）及其母梁皇太后（尊号 1）中的各两个字。结尾处重复经题和帙号，用草体书写抄经者的名字，无法辨认。已校勘。

馆册第1897号　第357卷

用旧的写本纸粘成软封面，76 页 +2 页版画，全文保存。经题后有帙号和

---

① 译者注：此处的字有误，结合上下文已改正。

② 俄译翻译成汉语：《大藏经》施写发愿者、12 岁离家隐居在山上的僧人 liwu nie ru Ливу Ние-ру，他对珍贵的经文做了补充。

秉常皇帝（尊号 1）及其母梁皇太后（尊号 1）中的各两个字。结尾处重复经题和帙号。

馆册第6643号　第358卷

3 页，仅仅存经尾，重复经题和帙号，题记为：《大藏经》施写发愿者，12 岁出家隐居僧人倪如宝（Ливу Ние-ру），他对珍贵的经文做了补充。发愿者、德者郢吉祥成（Гхин-нгиу Нгиу-ру-шие）。

馆册第1642号　第359卷

蓝布软封面，73 页 +2 页版画，全文保存。经题后有帙号和秉常皇帝（尊号 1）及其母梁皇太后（尊号 1）中的各 2 个字。结尾处重复经题和帙号，用草体书写发愿者的名字：僧人倪如宝（Ливу Ние-ру）。

馆册第1640号　第360卷

74 页 +2 页版画，全文保存，浓墨线勾栏。经题后有帙号，结尾处重复经题和帙号。发愿者、僧人倪如宝（Ливу Ние-ру）。已校勘。

馆册第1626号　第361卷

蓝布软封面，64 页 +2 页版画，全文保存。经题后有帙号和仁孝皇帝（尊号 1）御校勘。结尾处重复经题和帙号。发愿者耶吉狗由（Гха-нгиу Кхви-гхеы），抄经者泊尚那神（Мбэ-шио Ндон-нджин）。

馆册第1615号　第362卷

69 页，全文保存。经题后有帙号和仁孝皇帝（尊号 1）御校勘。尾题为：发愿者耶吉狗由（Гха-нгиу Кхви-гхеы），抄经者泊尚那神（Мбэ-шио Ндон-нджин），有第 1 次校勘的标记。

馆册第1625号　第365卷

70 页 +2 页版画，全文保存，经题后有帙号和仁孝皇帝（尊号 1）御校勘。结尾处重复经题和帙号。有第 1 次校勘的标记。

馆册第1633号　第367卷

粘胶纸软封面，71 页 +1 页版画，全文保存。经题后有帙号和仁孝皇帝（尊号 1）御校勘。结尾处重复经题和帙号，题记为：发愿者耶吉狗由（Гха-нгиу Кхви-гхеы）。有第 1 次校勘、第 2 次校勘的标记。

馆册第1624号　第368卷

60 页，首残，结尾处重复经题、帙号和发愿者名字中的两个字[illegible]（耶吉)(Гха-нгиу)[1]，抄经者泊尚那神（Мбэ-шио Ндон-нджин）。有第 1 次校勘的标记。

馆册第1616号　第369卷

71 页 +2 页版画，全文保存。经题后有帙号和仁孝皇帝（尊号 1）御校勘。结尾处重复经题和帙号，用草体书写发愿者的名字。

馆册第1568号　第370卷

13 页 +2 页版画，仅存经首。经题后有帙号和仁孝皇帝（尊号 1）御校勘。经文中的第 5 页被撕掉。

馆册第1583号　第381卷

62 页 +2 页版画，尾残，浓墨线勾栏。经题后有帙号和仁孝皇帝（尊号 1）中的前 4 个字。经文的前几页被揉坏、撕烂，经文上端由于受潮，页面有粘连。

馆册第1591号　第387卷

3 页 +2 页版画，仅存经首，浓墨线勾栏。经题后有帙号和仁孝皇帝（尊号 1）中的前两个字。

馆册第1585号　第387卷

56 页，首残，浓墨线勾栏。经题后有帙号，题记为：天盛四年二月二十五日（1152 年 4 月 2 日）。发愿者郢吉祥成（Гхин-нгиу Ру-шие）。

馆册第1598号　第389卷

蓝布软封面上有标签，用黄色书写第 381—390 卷经文的帙号。70 页 +2 页版画，全文保存，浓墨线勾栏。经题后有帙号和仁孝皇帝（尊号 1）中的前 4 个字。结尾处重复经题和帙号，发愿者耶吉狗由（Гха-нгиу Кхви-гхеы）、郢吉祥成（Гхин-нгиу Ру-шие），第 3 个名字无法辨认。有第 1 次校勘、第 2 次校勘的标记。

馆册第1584号　第390卷

66 页 +2 页版画，全文保存。经题后有帙号和仁孝皇帝（尊号 1）御校勘。结尾处重复经题和帙号，题记为：净本抄者𗼨𗏆𘉋𗣛𗹙（酩布般若令）(min pu pa zia lie Мин-пу Па-жиа лие)。

馆册第1450号　第391卷

蓝布软封面，62 页 +2 页版画，全文保存。经题后有帙号和仁孝皇帝（尊号 1）御校勘。结尾处重复经题和帙号，题记为：发愿者郢吉祥成（Гхин-нгиу

① 译者注：此处名字“耶吉”后面的字应为“狗由”，即是“耶吉狗由”。

Ру-шие)，抄经者、出家僧人、修禅定者石法护（Шие Ке-гхвай）。有第 1 次校勘的标记。

馆册第7950号　第392卷

40 页，首残，重复书写的经题后有帙号。题记:《大般若经》施写发愿者、修善羖絺絺觯藞[①]（郢吉祥成）(·a ngiu ngiu ru 1ie Гха-нгиу Нгиу ру-шие)。净本抄者、出家僧、修禅定者石法护（Шие Ке-гхвай）。

馆册第1447号　第393卷

30 页 +2 页版画，尾残，经题后有帙号和仁孝皇帝（尊号 1）御校勘。

馆册第1435号　第394卷

60 页 +2 页版画，尾残，经题后有帙号和秉常皇帝（尊号 1）及其母梁皇太后（尊号 1）中的各两个字。

馆册第1437号　第391卷

4 页，仅存经尾，重复书写的经题后有帙号，题记为:《大般若经》施写发愿者、近善郢吉祥成（Гха-нгиу Нгиу ру-шие）。净本抄者石法护（Шие Ке-гхвай）。

馆册第1446号　第396卷

蓝布软封面上有标签，用黄色书写第 391—400 卷经文的帙号。67 页 +2 页版画，全文保存。经题后有帙号和秉常皇帝（尊号 1）及其母梁皇太后（尊号 1）中的各两个字。结尾处重复经题和帙号。

馆册第1439号　第396卷

3 页，仅存经尾。重复书写的经题后有帙号，题记为：施写发愿者郢吉祥成（Гха-нгиу Нгиу ру-шие），净本抄写者：

羗烿纎彰繸缑臡緋……瓾[②]

住山石师主禅定中……坐

有第 1 次校勘的标记。

馆册第1439号　第397卷

62 页 +2 页版画，尾残。经题后有帙号和仁孝皇帝（尊号 1）御校勘。经文的第 1 页和后面几页被揉坏撕破。

---

① 译者注：怀疑此处多一个字，应为“郢吉祥成”。

② 俄译翻译成汉语：净本抄者，山中修行法师、来自吐蕃（后藏）的入禅定者 Шие。

馆册第1449号　第399卷

62 页 +2 页版画，全文保存。经题后有帙号和仁孝皇帝（尊号 1）御校勘。结尾处重复经题和帙号，题记为：《大般若经》施写发愿者、进善郢吉祥成（Гхи-нгиу Нгиу ру-шие）。净本抄者鑶龍𗂧（石灵州）(1ie lie t1ie Шие Лие-чие)。

第10号

𗖵𗗙𗕪𗄊𗾟𗽀𗚩𗏁𗪙

《大般若波罗蜜多经》

软纸封面，在光滑的纸上书写经文目录。此经文目录是从 400 卷经文当中选出的标明属仁孝皇帝（1149—1193 年）御校勘的内容。仁孝皇帝（尊号 1）可能使用于 1141—1171 年。[①]此经文的发愿者是相当高级别的官吏，即功德司承旨、西夏文和汉文翻译译场勾管、皇族成员嵬名。根据名字判断，这应该是僧人慧胜（lhie ziə mbu Лхие[②] Жиэ-мбу Хуй Шэн）、随喜发愿者郑罗麻（t1en lia ma Чен Лиа-ма）。经文书写极为精美，可作为西夏文书法范例样本。抄经者为僧人慧宝（we ziə ldiə Ве Жиэ-лдиэ Хуй Бао）。

此经中完全保存下来的内容只有总数的八分之一，即第 14、22、29、56、57、62、63、72、79、97、104、107、108、112、115、119、148、149、154、155、158、202、204、206、208、215、217、223、226、229、231、232、234、237、242、243、246、252、253、255、258、259、262、272、276、279、293、295、296、297、298、308、317、339、353、374 卷。

完全佚失的内容几乎占总数的三分之一，即第 1、5、6—10、12、15—18、20、21、31、32、37、41、47—50、54、59—61、65、66、75、76、80、82、86、88、100、113、117、122、126、131—147、150、151、153、161、163、166、171、174、179、181、189—192、194、195、197、198、201、210、211、213、245、247、249、260、261、271、280、283、287、291、302、304—306、313、315、318、321、322、326、328、330、331、333、335、343—345、349—352、356、357、359—373、378、386、390—400 卷。

其余章节要么是保存不完整，要么是只剩下残片。

此佛经经文比较规范一致。残存经文的共同特点是：写本经折装，外观尺

---

① 译者注：其实仁孝“尊号 1”使用的时间可以说一直延续到仁孝晚期，并不是到 1171 年止。

② 译者注：“Лхие”为节亲主的“主”的音，不是姓，所以经文中提到“Лхие”时，应指“慧胜”。

寸 34 厘米 ×12 厘米。每页 6 行，每行 18 个字。上边距 4 厘米，下边距 2 厘米。纸质一级。至于每卷经文的不同特点在后面逐一提及。

馆册第829号　第2卷

3 页，仅存经尾，重复书写的经题后有帙号。

馆册第2676号　第3卷

7 页，仅存经尾，重复书写的经题后有帙号。有第 1 次校勘的标记。

馆册第828号　第3卷

58 页，尾残，经题后有帙号和仁孝皇帝（尊号 1）御校勘。

馆册第796号　第4卷

75 页，尾残，重复书写的经题后有帙号。

馆册第795号　第6卷

79 页，尾残，经题后有帙号和仁孝皇帝（尊号 1）御校勘。

馆册第2781号　第11卷

8 页，仅存经首，经题后有帙号和仁孝皇帝（尊号 1）御校勘。

馆册第2410号　第11卷

34 页，首残，重复书写的经题后有帙号。有第 1 次校勘的标记。

馆册第3163号　第13卷

2 页，仅存经首，经题后有帙号和仁孝皇帝（尊号 1）御校勘。

馆册第3284号　第14卷

17 页，仅存经尾，重复书写的经题后有帙号。有第 1 次校勘的标记。

馆册第980号　第14卷

蓝布软封面，全文保存，每页 6 行，每行 22 个字。重复书写的经题后有帙号，结尾处重复经题和帙号。

馆册第2810号　第19卷

58 页，尾残，经题后有帙号和仁孝皇帝（尊号 1）御校勘。

馆册第2012号　第22卷

86 页，全文保存。经题后有帙号和仁孝皇帝（尊号 1）御校勘。结尾处重复经题和帙号。有第 1 次校勘的标记。

馆册第1169号　第22卷

89 页，全文保存。经题后有帙号和仁孝皇帝（尊号 1）御校勘。结尾处重复经题和帙号，题记为：

[illegible]

[illegible]

[illegible]①

发愿番汉译主、功德司承旨、节亲主

抄写者、和尚慧宝

发愿者郑罗麻

馆册第2011号　第23卷

55 页，首残，结尾处重复经题和帙号。有第 1 次校勘的标记。

馆册第2801号　第24卷

38 页，仅存经首，经题后有帙号和仁孝皇帝（尊号 1）御校勘。

馆册第1851号　第24卷

7 页，仅存经尾，重复书写的经题后有帙号，有第 1 次校勘的标记。

馆册第2799号　第25卷

10 页，仅存经尾，重复书写的经题后有帙号，有第 1 次校勘的标记。

馆册第2694号　第26卷

1 页，仅存经首，经题后有帙号和仁孝皇帝（尊号 1）御校勘。

馆册第2815号　第27卷

37 页，仅存经尾，重复书写的经题后有帙号，有第 1 次校勘的标记。

馆册第3521号　第27卷

1 页，仅存经首，经题后有帙号和仁孝皇帝（尊号 1）御校勘。

馆册第2716号　第28卷

1 页，仅存经首，经题后有帙号和仁孝皇帝（尊号 1）御校勘。

馆册第1162号　第29卷

软纸封面只剩残片，2 页，全文保存。经题后有帙号和仁孝皇帝（尊号 1）御校勘。结尾处重复经题和帙号，题记为：发愿者、西夏文和汉文译场主、功德司承旨、皇族成员（节亲主）慧胜（Жиэ-мбу）。抄经僧人慧宝（Ве Жиэ-лдиэ）。发愿者郑罗麻（Чен Лиа-ма）。

馆册第3530号　第30卷

1 页，仅存经首，经题后有帙号和仁孝皇帝（尊号 1）御校勘。

---

① 俄语译成汉文为：发愿者、西夏文和汉文翻译译场勾管、功德司承旨、皇族 lhie zie mbu Лхие Жиэ-мбу（Хуй Шэн）。抄经者、僧人 we ziə ldiə Ве Жиэ-лдиэ（Хуй Бао）。发愿者 t1en lia ma Чен Лиа-ма。

馆册第1193号　第30卷

54 页，首残，结尾处重复经题和帙号，有第 1 次校勘的标记。

馆册第1199号　第33卷

14 页，仅存经首，经题后有帙号和仁孝皇帝（尊号 1）御校勘。

馆册第1115号　第34卷

4 页，仅存经首，经题后有帙号和仁孝皇帝（尊号 1）御校勘。

馆册第3514号　第35卷

1 页，仅存经首，经题后有帙号和仁孝皇帝（尊号 1）御校勘。

馆册第2130号　第35卷

软纸封面，3 页，仅存经尾。重复书写的经题后有帙号，有第 1 次校勘的标记。

馆册第2365号　第36卷

10 页，仅存经首，经题后有帙号和仁孝皇帝（尊号 1）御校勘。

馆册第2716号　第38卷

4 页，仅存经尾，重复经题和帙号。有第 1 次校勘的标记。

馆册第2691号　第38卷

1 页，仅存经首，经题后有帙号和仁孝皇帝（尊号 1）御校勘。

馆册第1104号　第39卷

66 页，尾残，经题后有帙号和仁孝皇帝（尊号 1）御校勘。

馆册第1105号　第39卷

22 页，仅存经尾，重复书写的经题后有帙号。

馆册第1189号　第40卷

67 页，首残，重复书写的经题后有帙号。

馆册第1198号　第40卷

72 页，全文保存，经题后有帙号和仁孝皇帝（尊号 1）御校勘。结尾处重复经题和帙号，有第 1 次校勘的标记。

馆册第2123号　第42卷

74 页，尾残，经题后有帙号和仁孝皇帝（尊号 1）御校勘。

馆册第2169号　第43卷

82 页，尾残，经题后有帙号和仁孝皇帝（尊号 1）御校勘。

馆册第1202号　第44卷

2 页，仅存经尾，重复书写的经题后有帙号。有第 1 次校勘的标记。

馆册第4380号　第45卷

17 页，仅存经尾，重复书写的经题后有帙号。有第 1 次校勘的标记。

馆册第3117号　第46卷

2 页，仅存经首，经题后有帙号和仁孝皇帝（尊号 1）御校勘。

馆册第3252号　第51卷

8 页，仅存经首，经题后有帙号和仁孝皇帝（尊号 1）御校勘。

馆册第1210号　第52卷

6 页，仅存经首，经题后有帙号和仁孝皇帝（尊号 1）御校勘。

馆册第1211号　第53卷

18 页，仅存经尾，重复书写的经题后有帙号。有第 1 次校勘的标记。

馆册第2122号　第55卷

52 页，尾残，经题后有帙号和仁孝皇帝（尊号 1）御校勘。

馆册第2701号　第55卷

1 页，仅存经尾，重复书写的经题后有帙号。有第 1 次校勘的标记。

馆册第2111号　第56卷

79 页，全文保存（？），不太清楚经文页面有无遗漏。经题后有帙号和仁孝皇帝（尊号 1）御校勘。结尾处重复经题和帙号，有第 1 次校勘的标记。

馆册第1175号　第57卷

77 页，全文保存，经题后有帙号和仁孝皇帝（尊号 1）御校勘。结尾处重复经题和帙号有第 1 次校勘的标记。

馆册第1174号　第58卷

73 页，尾残，经题后有帙号和仁孝皇帝（尊号 1）御校勘。

馆册第652号　第62卷

软纸封面只剩下一半，70 页，全文保存。结尾处重复书写的经题后有帙号。有第 1 次校勘的标记。

馆册第 656 号　第 63 卷

软纸封面只剩下一半，76 页，全文保存。结尾处重复书写的经题后有帙号，有第 1 次校勘的标记。

馆册第 651 号　第 64 卷

74 页，尾残，经题后有帙号和仁孝皇帝（尊号 1）御校勘。

馆册第3524号　第67卷

1 页，仅存经首，经题后有帙号和仁孝皇帝（尊号 1）御校勘。

馆册第1230号　第67卷

69页，首残，重复书写的经题后有帙号，有第1次校勘的标记。

馆册第1226号　第68卷

85页，尾残，经题后有帙号和仁孝皇帝（尊号1）御校勘。

馆册第1222号　第69卷

1页，仅存经首，经题后有帙号和仁孝皇帝（尊号1）御校勘。

馆册第7222号　第69卷

1页，仅存经尾，重复经题和帙号。有第1次校勘的标记。

馆册第7718号　第70卷

1页，仅存经首，经题后有帙号和仁孝皇帝（尊号1）御校勘。

馆册第8304号　第71卷

3页，仅存经尾，重复书写的经题后有帙号。有第1次校勘的标记。

馆册第1006号　第72卷

58页，全文保存，经题后有帙号和仁孝皇帝（尊号1）御校勘。结尾处重复经题和帙号，有第1次校勘的标记。

馆册第1007号　第73卷

69页，尾残，经题后有帙号和仁孝皇帝（尊号1）御校勘。

馆册第1012号　第74卷

8页，仅存经首，经题后有帙号和仁孝皇帝（尊号1）御校勘。

馆册第2019号　第75卷

42页，尾残，经题后有帙号和仁孝皇帝（尊号1）御校勘。

馆册第2032号　第78卷

79页，尾残，经题后有帙号和仁孝皇帝（尊号1）御校勘。

馆册第7718号　第78卷

1页，仅存经尾，重复书写的经题后有帙号。有第1次校勘的标记。

馆册第2031号　第79卷

软纸封面，73页，全文保存。经题后有帙号和仁孝皇帝（尊号1）御校勘。结尾处重复经题和帙号，有第1次校勘的标记。

馆册第1017号　第81卷

69页，尾残，经题后有帙号和仁孝皇帝（尊号1）御校勘。

馆册第1026号　第83卷

62页，尾残，经题后有帙号和仁孝皇帝（尊号1）御校勘。

馆册第1024号　第83卷

5 页，仅存经尾，重复书写的经题后有帙号，有第 1 次校勘的标记。

馆册第1032号　第84卷

2 页，仅存经首，经题后有帙号和仁孝皇帝（尊号 1）御校勘。

馆册第1031号　第84卷

2 页，仅存经尾，重复书写的经题后有帙号。有第 1 次校勘的标记。

馆册第1035号　第85卷

54 页，尾残，经题后有帙号和仁孝皇帝（尊号 1）御校勘。

馆册第2258号　第87卷

3 页，仅存经尾，重复书写的经题后有帙号。

馆册第1047号　第89卷

62 页，尾残，经题后有帙号和仁孝皇帝（尊号 1）御校勘。

馆册第1052号　第90卷

1 页，仅存经首，经题后有帙号和仁孝皇帝（尊号 1）御校勘。

馆册第1079号　第91卷

软纸封面，1 页，仅存经首，经题后有帙号和仁孝皇帝（尊号 1）御校勘。

馆册第1081号　第91卷

38 页，仅存经尾，重复书写的经题后有帙号。有第 1 次校勘的标记。

馆册第1086号　第92卷

软纸封面，2 页，仅存经首，经题后有帙号和仁孝皇帝（尊号 1）御校勘。

馆册第1083号　第92卷

68 页，首残，结尾处重复经题和帙号。有第 1 次校勘的标记。

馆册第1057号　第93卷

34 页，仅存经首，经题后有帙号和仁孝皇帝（尊号 1）御校勘。

馆册第1085号　第93卷

2 页，仅存经尾，重复书写的经题后有帙号。有第 1 次校勘的标记。

馆册第3520号　第94卷

2 页，仅存经尾，重复书写的经题后有帙号。

馆册第1065号　第95卷

2 页，仅存经首，经题后有帙号和仁孝皇帝（尊号 1）御校勘。

馆册第1069号　第96卷

68 页，尾残，经题后有帙号和仁孝皇帝（尊号 1）御校勘。

馆册第1068号　第96卷

2页，仅存经尾，重复书写的经题后有帙号。有第1次校勘的标记。

馆册第1070号　第97卷

70页，全文保存，经题后有帙号和仁孝皇帝（尊号1）御校勘。结尾处重复经题和帙号。有第1次校勘的标记。

馆册第1083号　第98卷

72页，尾残，经题后有帙号和仁孝皇帝（尊号1）御校勘。

馆册第1075号　第99卷

4页，仅存经首，经题后有帙号和仁孝皇帝（尊号1）御校勘。

馆册第1099号　第101卷

4页，仅存经尾，重复书写的经题后有帙号。有第1次校勘的标记。

馆册第1100号　第101卷

软纸封面，50页，仅存经首，经题后有帙号和仁孝皇帝（尊号1）御译。

馆册第1095号　第102卷

软纸封面，73页，经题后有帙号和仁孝皇帝（尊号1）御译。结尾处重复经题和帙号，有第1次校勘的标记。

馆册第1093号　第103卷

62页，尾残，经题后有帙号和仁孝皇帝（尊号1）中的两个字。

馆册第2134号　第104卷

软纸封面，69页，全文保存，经题后有帙号和仁孝皇帝（尊号1）御译。结尾处重复经题和帙号，有第1次校勘的标记。

馆册第2135号　第105卷

57页，首残，结尾处重复经题和帙号。有第1次校勘的标记。

馆册第2142号　第106卷

96页，尾残，经题后有帙号和仁孝皇帝（尊号1）御译。

馆册第2145号　第107卷

76页，全文保存，经题后有帙号和仁孝皇帝（尊号1）御译。结尾处重复经题和帙号，有第1次校勘的标记。

馆册第2148号　第108卷

71页，全文保存，经题后有帙号和仁孝皇帝（尊号1）御译。结尾处重复经题和帙号。有第1次校勘的标记。

馆册第2149号　第109卷

40 页，首残，结尾处重复经题和帙号。有第 1 次校勘的标记。

馆册第2679号　第108卷

2 页，仅存经首，经题后有帙号和仁孝皇帝（尊号 1）御译。

馆册第2084号　第111卷

4 页，仅存经首，经题后有帙号和仁孝皇帝（尊号 1）御译。

馆册第2083号　第111卷

66 页，首残，结尾处重复经题和帙号。有第 1 次校勘的标记。

馆册第2094号　第112卷

软纸封面，74 页，全文保存，经题后有帙号和仁孝皇帝（尊号 1）御译。结尾处重复经题和帙号，有第 1 次校勘的标记。

馆册第7070号　第114卷

软纸封面，8 页，仅存经首，经题后有帙号和仁孝皇帝（尊号 1）御译。

馆册第2114号　第114卷

19 页，仅存经尾，重复书写的经题后有帙号，有第 1 次校勘的标记。

馆册第2101号　第115卷

70 页，全文保存。经题后有帙号和仁孝皇帝（尊号 1）御译。结尾处重复经题和帙号，有第 1 次校勘的标记。

馆册第3442号　第116卷

13 页，仅存经尾，重复书写的经题后有帙号，有第 1 次校勘的标记。

馆册第2076号　第118卷

2 页，仅存经首，经题后有帙号和仁孝皇帝（尊号 1）御译。

馆册第2757号　第119卷

软纸封面上有第 111—120 卷经文的帙号，共 74 页，全文保存。经题后有帙号和仁孝皇帝（尊号 1）御译。结尾处重复经题和帙号，有第 1 次校勘的标记。

馆册第2064号　第120卷

73 页，首残，结尾处重复经题和帙号，有第 1 次校勘的标记。

馆册第1472号　第121卷

69 页，尾残，经题后有帙号和仁孝皇帝（尊号 1）中的前 4 个字。

馆册第1487号　第123卷

1 页，仅存经首，经题后有帙号和仁孝皇帝（尊号 1）中的前几个字。

馆册第1478号　第124卷

2 页，仅存经首，经题后有帙号和仁孝皇帝（尊号 1）御校勘。

馆册第1486号　第124卷

6 页，仅存经尾，重复书写的经题后有帙号。有第 1 次校勘的标记。

馆册第1467号　第125卷

软纸封面，2 页，仅存经首，经题后有帙号和仁孝皇帝（尊号 1）御校勘。

馆册第2192号　第127卷

73 页，尾残，经题后有帙号和仁孝皇帝（尊号 1）御校勘。

馆册第2182号　第128卷

68 页，尾残，经题后有帙号和仁孝皇帝（尊号 1）御校勘。

馆册第2185号　第129卷

软纸封面，2 页，仅存经首，经题后有帙号和仁孝皇帝（尊号 1）御校勘。

馆册第2186号　第129卷

1 页，仅存经尾，重复书写的经题后有帙，有第 1 次校勘的标记。

馆册第2064号　第130卷

软纸封面，58 页，尾残，经题后有帙号和仁孝皇帝（尊号 1）御校勘。

馆册第628号　第148卷

软纸封面，68 页，全文保存。经题后有帙号。结尾处重复经题和帙号，有第 1 次校勘的标记。

馆册第2758号　第149卷

58 页，全文保存。经题后有帙号和仁孝皇帝（尊号 1）中的两个字。结尾处重复经题和帙号，有第 1 次校勘、第 2 次校勘的标记。

馆册第1732号　第152卷

60 页，仅存经首，经题后有帙号。

馆册第3512号　第152卷

1 页，仅存经尾，经题后有帙号，有第 1 次校勘的标记。

馆册第1727号　第154卷

73 页，全文保存。经题后有帙号和仁孝皇帝（尊号 1）御校勘。结尾处重复经题和帙号，有第 1 次校勘的标记。

馆册第1719号　第155卷

软纸封面，65 页，全文保存。经题后有帙号和仁孝皇帝（尊号 1）御校勘。结尾处重复经题和帙号。有第 1 次校勘的标记。

馆册第1718号　第156卷

91 页，尾残，经题后有帙号和仁孝皇帝（尊号 1）御校勘。

馆册第1717号　第157卷

62 页，尾残，经题后有帙号和仁孝皇帝（尊号 1）御校勘。

馆册第1764号　第158卷

47 页，全文保存，经题后有帙号。结尾处重复经题和帙号，有第 1 次校勘的标记。

馆册第2087号　第159卷

2 页，仅存经首。经题后有帙号和仁孝皇帝（尊号 1）御校勘。

馆册第3296号　第159卷

3 页，仅存经尾，重复书写的经题后有帙号，有第 1 次校勘的标记。

馆册第1761号　第160卷

56 页，尾残，经题后有帙号和仁孝皇帝（尊号 1）御校勘。

馆册第1768号　第160卷

4 页，仅存经尾，重复书写的经题后有帙号，有第 1 次校勘的标记。

馆册第1757号　第162卷

67 页，尾残，经题后有帙号和仁孝皇帝（尊号 1）中的几个字。

馆册第1769号　第164卷

69 页，首残，结尾处重复经题和帙号，有第 1 次校勘的标记。

馆册第1745号　第165卷

蓝布软封面，18 页，仅存经首，经题后有帙号和仁孝皇帝（尊号 1）御校勘。

馆册第1697号　第167卷

18 页，仅存经首，经题后有帙号和仁孝皇帝（尊号 1）御校勘。

馆册第1693号　第168卷

70 页，尾残，经题后有帙号和仁孝皇帝（尊号 1）中的几个字。

馆册第2685号　第169卷

2 页，仅存经首，经题后有帙号和仁孝皇帝（尊号 1）御校勘。

馆册第843号　第170卷

46 页，仅存经首。经题后有帙号和仁孝皇帝（尊号 1）御校勘。

馆册第5981号　第170卷

7 页，仅存经尾，重复书写的经题后有帙号，有第 1 次校勘的标记。

馆册第1701号　第172卷

69 页，首残，经题后有帙号，有第 1 次校勘的标记。

馆册第1710号　第173卷

68 页，首残，重复书写的经题后有帙号。有第 1 次校勘、第 2 次校勘的标记。

馆册第1683号　第175卷

47 页，首残，结尾处重复经题和帙号，有第 1 次校勘的标记。

馆册第1574号　第176卷

59 页，首残，结尾处重复经题和帙号，有第 1 次校勘的标记。

馆册第1577号　第177卷

软纸封面，78 页，首残，重复书写的经题后有帙号和仁孝皇帝（尊号 1）御校勘。

馆册第1579号　第178卷

19 页，仅存经尾，结尾处重复经题和帙，有第 1 次校勘的标记。

馆册第860号　第180卷

58 页，首残，结尾处重复经题和帙号，有第 1 次校勘的标记。

馆册第1808号　第182卷

62 页，尾残，经题后有帙号和仁孝皇帝（尊号 1）御校勘。

馆册第7768号　第183卷

54 页，首残，结尾处重复经题和帙号。

馆册第1821号　第184卷

软纸封面，65 页，尾残，经题后有帙号和仁孝皇帝（尊号 1）中的 1 个字。

馆册第7298a号　第185卷

1 页，仅存经首，经题后有帙号和仁孝皇帝（尊号 1）中的 1 个字。

馆册第1817号　第186卷

70 页，尾残，经题后有帙号和仁孝皇帝（尊号 1）御校勘。

馆册第2691号　第187卷

2 页，仅存经首，经题后有帙号和仁孝皇帝（尊号 1）中的 1 个字。

馆册第857号　第187卷

72 页，首残，结尾处重复经题和帙号。经文因受潮有残破，页面有粘连。

馆册第1572号　第188卷

73 页，尾残，经题后有帙号和仁孝皇帝（尊号 1）御校勘。

馆册第1801号　第193卷

2 页，仅存经尾，重复经题和帙号，有第 1 次校勘的标记。

馆册第2922号　第196卷

软纸封面，70 页，尾残，经题后有帙号和仁孝皇帝（尊号 1）御校勘。经文由于受潮，页面有粘连。

馆册第1775号　第199卷

4 页，仅存经首，经题后有帙号和仁孝皇帝（尊号 1）御校勘。

馆册第1776号　第200卷

软纸封面，44 页，首残，结尾处重复经题和帙号。

馆册第1535号　第202卷

67 页，全文保存，经题后有帙号和仁孝皇帝（尊号 1）御校勘，结尾处重复经题和帙号，有第 1 次校勘的标记。

馆册第2991号　第203卷

软纸封面，2 页，仅存经首，经题后有帙号和仁孝皇帝（尊号 1）御校勘。

馆册第1526号　第204卷

软纸封面，65 页，全文保存，经题后有帙号和仁孝皇帝（尊号 1）御校勘。结尾处重复经题和帙号，有第 1 次校勘的标记。

馆册第1525号　第205卷

软纸封面，69 页，尾残，经题后有帙号和仁孝皇帝（尊号 1）御校勘。

馆册第1523号　第206卷

软纸封面，73 页，全文保存，经题后有帙号和仁孝皇帝（尊号 1）御校勘。结尾处重复经题和帙号，有第 1 次校勘的标记。

馆册第6919号　第207卷

19 页，仅存经首，经题后有帙号和仁孝皇帝（尊号 1）御校勘。

馆册第1520号　第207卷

43 页，首残，重复经题和帙号，有第 1 次校勘的标记。

馆册第1886号　第208卷

72 页，全文保存，经题后有帙号和仁孝皇帝（尊号 1）御校勘。结尾处重复经题和帙号，有第 1 次校勘的标记。

馆册第1881号　第209卷

软纸封面，36页，仅存经首，经题后有帙号和仁孝皇帝（尊号1）御校勘。

馆册第1891号　第212卷

软纸封面，2页，仅存经首，经题后有帙号和仁孝皇帝（尊号1）御校勘。

馆册第1890号　第212卷

3页，仅存经尾，重复经题和帙号，有第1次校勘的标记。

馆册第1529号　第214卷

软纸封面，63页，尾残，经题后有帙号和仁孝皇帝（尊号1）御校勘。

馆册第1872号　第215卷

蓝布软封面，65页，全文保存。经题后有帙号和仁孝皇帝（尊号1）御校勘，结尾处重复经题和帙号，有第1次校勘的标记。

馆册第1868号　第217卷

软纸封面，58页，全文保存，经题后有帙号，结尾处重复经题，有第1次校勘的标记。

馆册第1276号　第219卷

22页，仅存经首，经题后有帙号和仁孝皇帝（尊号1）御校勘。

馆册第1400号　第221卷

64页，尾残，经题后有帙号和仁孝皇帝（尊号1）御校勘，经文最后几页被撕掉。

馆册第1398号　第222卷

软纸封面，30页，仅存经首，经题后有帙号和仁孝皇帝（尊号1）御校勘。

馆册第1252号　第222卷

5页，仅存经尾，重复经题和帙号，有第1次校勘的标记。

馆册第1291号　第223卷

软纸封面，67页，全文保存。经题后有帙号和仁孝皇帝（尊号1）御校勘。结尾处重复经题和帙号，有第1次校勘的标记。

馆册第1392号　第225卷

22页，仅存经首，经题后有帙号和仁孝皇帝（尊号1）御校勘。

馆册第7718号　第225卷

1页，仅存经尾，重复经题和帙号，有第1次校勘的标记。

馆册第1389号　第226卷

67 页，全文保存，经题后有帙号和仁孝皇帝（尊号 1）御校勘。结尾处重复经题和帙号，有第 1 次校勘的标记。

馆册第1387号　第227卷

46 页，首残，重复经题和帙号，有第 1 次校勘的标记。

馆册第1384号　第228卷

40 页，首残，重复经题和帙号，有第 1 次校勘的标记。

馆册第1384号　第229卷

软纸封面，76 页，全文保存。经题后有帙号和仁孝皇帝（尊号 1）御校勘。结尾处重复经题和帙号，有第 1 次校勘的标记。

馆册第1377号　第231卷

软纸封面，69 页，全文保存。经题后有帙号和仁孝皇帝（尊号 1）御校勘。结尾处重复经题和帙号，有第 1 次校勘的标记。

馆册第1412号　第232卷

软纸封面，71 页，全文保存。经题后有帙号和仁孝皇帝（尊号 1）御校勘。结尾处重复经题和帙号，有第 1 次校勘的标记。

馆册第1380号　第234卷

软纸封面上有帙号，58 页，全文保存。经题后有帙号，结尾处重复经题和帙号，有第 1 次校勘的标记。

馆册第1423号　第236卷

软纸封面。63 页。尾残。经题后有帙号和仁孝皇帝（尊号 1）御校勘。

馆册第2793号　第237卷

软纸封面。73 页。全文保存。经题后有帙号和仁孝皇帝（尊号 1）御校勘。结尾处重复经题和帙号。有第 1 次校勘的标记。

馆册第2783号　第238卷

软纸封面已经残朽，只剩残片，71 页，尾残，经题后有帙号。

馆册第2782号　第241卷

53 页，尾残，经题后有帙号和仁孝皇帝（尊号 1）御校勘。

馆册第2236号　第242卷

软纸封面，67 页，全文保存，经题后有帙号和仁孝皇帝（尊号 1）御校勘。结尾处重复经题和帙号，有第 1 次校勘的标记。

馆册第2772号 第243卷

70 页，全文保存，经题后有帙号和仁孝皇帝（尊号 1）中的 1 个字。结尾处重复经题和帙号，有第 1 次校勘的标记。

馆册第3526号 第244卷

1 页，仅存经尾，重复经题和帙号，有第 1 次校勘的标记。

馆册第2786号 第246卷

65 页，全文保存，经题后有帙号和仁孝皇帝（尊号 1）御校勘。结尾处重复经题和帙号，有第 1 次校勘的标记。

馆册第4884号 第248卷

64 页，首残，结尾处重复经题和帙号，经文上端已残朽。

馆册第2712号 第250卷

1 页，仅存经首，经题后有帙号和仁孝皇帝（尊号 1）御校勘。

馆册第2216号 第251卷

23 页，仅存经尾，重复经题和帙号，有第 1 次校勘的标记。

馆册第2231号 第252卷

60 页，全文保存，经题后有帙号，结尾处重复经题和帙号，有第 1 次校勘的标记。

馆册第2215号 第253卷

67 页，全文保存，经题后有帙号和仁孝皇帝（尊号 1）御校勘，结尾处重复经题和帙号，有第 1 次校勘的标记。

馆册第2225号 第254卷

56 页，首残，结尾处重复经题和帙号。

馆册第2211号 第255卷

70 页，全文保存，经题后有帙号和仁孝皇帝（尊号 1）御校勘，结尾处重复经题和帙号，有第 1 次校勘的标记。

馆册第2229号 第256卷

软纸封面，44 页，尾残，经题后有帙号和仁孝皇帝（尊号 1）御校勘。

馆册第2217号 第257卷

7 页，仅存经首，经题后有帙号和仁孝皇帝（尊号 1）御校勘。

馆册第2230号 第257卷

2 页，仅存经尾，重复经题和帙号，有第 1 次校勘的标记。

馆册第2221号　第258卷

软纸封面，70 页，全文保存。经题后有帙号和仁孝皇帝（尊号 1）御校勘，结尾处重复经题和帙号，有第 1 次校勘的标记。

馆册第2233号　第259卷

70 页，全文保存。经题后有帙号和仁孝皇帝（尊号 1）御校勘，结尾处重复经题和帙号，有第 1 次校勘的标记。

馆册第1344号　第262卷

软纸封面，66 页，全文保存。经题后有帙号和仁孝皇帝（尊号 1）御校勘。结尾处重复经题和帙号，有第 1 次校勘的标记。

馆册第1346号　第263卷

软纸封面，72 页，尾残，经题后有帙号和仁孝皇帝（尊号 1）御校勘。

馆册第1348号　第264卷

软纸封面，34 页，尾残，经题后有帙号和仁孝皇帝（尊号 1）御校勘。

馆册第1363号　第265卷

61 页，尾残，结尾处重复经题和帙号。

馆册第7073号　第266卷

1 页，仅存经首，经题后有帙号和仁孝皇帝（尊号 1）御校勘。

馆册第1347号　第266卷

软纸封面，72 页，尾残，经题后有帙号和仁孝皇帝（尊号 1）中的几个字。

馆册第1381号　第266卷

2 页，仅存经尾，重复经题和帙号，有第 1 次校勘的标记。

馆册第2977号　第267卷

2 页，仅存经首，经题后有帙号和仁孝皇帝（尊号 1）御校勘。

馆册第2961号　第267卷

65 页，首残，结尾处重复经题和帙号，有第 1 次校勘的标记。

馆册第1345号　第268卷

软纸封面只剩下一部分，66 页，尾残，经题后有帙号和仁孝皇帝（尊号 1）御校勘。

馆册第1356号　第269卷

软纸封面，66 页，尾残，经题后有帙号和仁孝皇帝（尊号 1）御校勘。

馆册第2683号　第269卷

3 页，仅存经尾，重复经题和帙号，有第 1 次校勘的标记。

馆册第1365号　第270卷

软纸封面，1 页，仅存经首，经题后有帙号和仁孝皇帝（尊号 1）御校勘。

馆册第1135号　第272卷

66 页，全文保存。经题后有帙号和仁孝皇帝（尊号 1）御校勘。结尾处重复经题和帙号，有第 1 次校勘的标记。

馆册第1144号　第273卷

2 页，仅存经首，题后有帙号和仁孝皇帝（尊号 1）御校勘。

馆册第1130号　第273卷

66 页，首残，结尾处重复经题和帙号，有第 1 次校勘的标记。

馆册第1147号　第274卷

软纸封面，48 页，尾残，经题后有帙号和仁孝皇帝（尊号 1）御校勘。

馆册第1120号　第274卷

21 页，仅存经尾，结尾处重复经题和帙号，有第 1 次校勘的标记。

馆册第1887号　第275卷

上部为软纸封面，18 页，仅存经首，经题后有帙号和仁孝皇帝（尊号 1）御校勘。

馆册第1126号　第275卷

39 页，首残，结尾处重复经题和帙号，有第 1 次校勘的标记。

馆册第1125号　第276卷

软纸封面，66 页，全文保存。经题后有帙号和仁孝皇帝（尊号 1）御校勘。结尾处重复经题和帙号，有第 1 次校勘的标记。

馆册第1126号　第277卷

66 页，尾残，经题后有帙号和仁孝皇帝（尊号 1）御校勘。

馆册第1141号　第278卷

70 页，尾残，经题后有帙号和仁孝皇帝（尊号 1）御校勘，经文受潮严重。

馆册第1138号　第279卷

软纸封面，63 页，全文保存。经题后有帙号和仁孝皇帝（尊号 1）御校勘。结尾处重复经题和帙号，有第 1 次校勘的标记。

馆册第1263号　第281卷

54 页，尾残，经题后有帙号和仁孝皇帝（尊号 1）御校勘。

馆册第1270号　第282卷

软纸封面，55 页，尾残，经题后有帙号和仁孝皇帝（尊号 1）御校勘。

馆册第1250号　第284卷

74 页，全文保存，经题后有帙号和仁孝皇帝（尊号 1）御校勘，结尾处重复经题和帙号。

馆册第1253号　第285卷

3 页，仅存经首，经题后有帙号和仁孝皇帝（尊号 1）御校勘。

馆册第1241号　第286卷

66 页，尾残，经题后有帙号和仁孝皇帝（尊号 1）御校勘。

馆册第1255号　第288卷

14 页，仅存经首，经题后有帙号和仁孝皇帝（尊号 1）御校勘。

馆册第1824号　第289卷

64 页，尾残，经题后有帙号和仁孝皇帝（尊号 1）御校勘。

馆册第1268号　第290卷

56 页，尾残，经题后有帙号和仁孝皇帝（尊号 1）御校勘，经文受潮严重。

馆册第1302号　第292卷

70 页，尾残，末尾重复经题和帙号，有第 1 次校勘的标记，经文右上角部分受潮。

馆册第1290号　第293卷

软纸封面，72 页，全文保存。经题后有帙号和仁孝皇帝（尊号 1）御校勘。结尾处重复经题和帙号，有第 1 次校勘的标记。

馆册第1297号　第294卷

73 页，全文保存，经题后有帙号和仁孝皇帝（尊号 1）御校勘。结尾处重复经题和帙号，有第 1 次校勘的标记。

馆册第1294号　第295卷

软纸封面，68 页，全文保存。经题后有帙号和仁孝皇帝（尊号 1）御校勘。结尾处重复经题和帙号，有第 1 次校勘的标记。

馆册第1309号　第296卷

软纸封面，72 页，全文保存。经题后有帙号和仁孝皇帝（尊号 1）御校勘。结尾处重复经题和帙号。

馆册第6921号　第297卷

软纸封面，55 页，仅存经首，经题后有帙号和仁孝皇帝（尊号 1）御校勘。

馆册第1310号　第297卷

64 页，首残，结尾处重复经题和帙号，有第 1 次校勘的标记。

馆册第1313号　第298卷

69 页，全文保存，经题后有帙号和仁孝皇帝（尊号 1）御校勘。结尾处重复经题和帙号，有第 1 次校勘的标记。

馆册第1303号　第299卷

35 页，仅存经尾，结尾处重复经题和帙号，有第 1 次校勘的标记。

馆册第1847号　第300卷

62 页，尾残，经题后有帙号和仁孝皇帝尊号中的几个字。

馆册第1839号　第300卷

2 页，仅存经尾，重复经题和帙号，有第 1 次校勘的标记。

馆册第2672号　第301卷

9 页，仅存经首，经题后有帙号和仁孝皇帝（尊号 1）御校勘。

馆册第1836号　第303卷

软纸封面内侧写有藏文，20 页，仅存经首，经题后有帙号和仁孝皇帝（尊号 1）御校勘。

馆册第1108号　第307卷

8 页，仅存经首，经题后有帙号和仁孝皇帝（尊号 1）御校勘，因为所用的帙号是第 31—40 卷的帙号，所以这里帙号有误。经文受潮严重，有残损。

馆册第1113号　第307卷

75 页，首残，结尾处重复经题和帙号，有第 1 次校勘的标记。

馆册第7070号　第308卷

4 页，仅存经首，经题后有帙号和仁孝皇帝（尊号 1）御译。

馆册第1106号　第308卷

76 页，首残，结尾处重复经题和帙号，有第 1 次校勘的标记。

馆册第1842号　第309卷

51 页，首残，结尾处重复经题和帙号，有第 1 次校勘的标记。

馆册第1845号　第310卷

10 页，仅存经首，经题后有帙号和仁孝皇帝（尊号 1）御校勘。

馆册第1854号　第310卷

软纸封面，2 页，仅存经尾，重复经题和帙号，有第 1 次校勘的标记。

馆册第2684号　第311卷

1 页，仅存经首，经题后有帙号和仁孝皇帝（尊号 1）御校勘。

馆册第1333号　第314卷

软纸封面，38 页，尾残，经题后有帙号和仁孝皇帝（尊号 1）御校勘。

馆册第1334号　第316卷

软纸封面，72 页，尾残，经题后有帙号和仁孝皇帝（尊号 1）御校勘。

馆册第1338号　第317卷

软纸封面，76 页，全文保存。经题后有帙号和仁孝皇帝（尊号 1）御校勘。结尾处重复经题和帙号，有第 1 次校勘的标记。

馆册第2990号　第319卷

2 页，仅存经首，经题后有帙号和仁孝皇帝（尊号 1）御校勘，经文已受潮。

馆册第1339号　第320卷

2 页，其中 1 页字很密但无正文，仅存经首。经题后有帙号和仁孝皇帝（尊号 1）御校勘。

馆册第1935号　第323卷

102 页，尾残，经题后有帙号和仁孝皇帝（尊号 1）御校勘。

馆册第1500号　第324卷

3 页，仅存经尾，结尾处重复经题和帙号，有第 1 次校勘的标记。

馆册第3209号　第325卷

61 页，首残，结尾处重复经题和帙号，有第 1 次校勘的标记。

馆册第1950号　第327卷

软纸封面，11 页，仅存经首，经题后有帙号和仁孝皇帝（尊号 1）御校勘。

馆册第2178号　第329卷

2 页，仅存经首，经题后有帙号和仁孝皇帝（尊号 1）御校勘。

馆册第1677号　第332卷

3 页，仅存经尾，结尾处重复经题和帙号，有第 1 次校勘的标记。

馆册第1955号　第334卷

68页，尾残，经题后有帙号和仁孝皇帝（尊号1）御校勘。

馆册第1676号　第336卷

31页，首残，结尾处重复经题和帙号，有第1次校勘的标记。

馆册第7718号　第338卷

1页，仅存经尾，重复经题和帙号，有第1次校勘的标记。

馆册第1961号　第339卷

70页，全文保存，经题后有帙号和仁孝皇帝（尊号1）中的1个字。结尾处重复经题和帙号，有第1次校勘的标记。

馆册第1671号　第340卷

软纸封面，30页，尾残，经题后有帙号和仁孝皇帝（尊号1）御校勘。

馆册第7298号　第341卷

1页，仅存经首，经题后有帙号和仁孝皇帝（尊号1）御校勘。

馆册第1655号　第342卷

10页，仅存经首，经题后有帙号和仁孝皇帝（尊号1）御校勘。

馆册第1651号　第342卷

24页，仅存经尾，经题后有帙号，有第1次校勘的标记。

馆册第1923号　第346卷

42页，首残，经题后有帙号和仁孝皇帝（尊号1）御校勘。

馆册第1656号　第346卷

10页，仅存经尾，结尾处重复经题和帙号。有第1次校勘的标记，页面空白处画有几个长胡须的男子和一个圣贤的头像。

馆册第1288号　第347卷

软纸封面，2页，仅存经首，经题后有帙号和仁孝皇帝（尊号1）御校勘。

馆册第1669号　第348卷

软纸封面，56页，尾残，经题后有帙号和仁孝皇帝（尊号1）御校勘。

馆册第1904号　第353卷

软纸封面，81页，全文保存，经题后有帙号和仁孝皇帝（尊号1）御校勘。结尾处重复经题和帙号，有第1次校勘的标记。

馆册第1905号　第354卷

软纸封面，76页，尾残，经题后有帙号和仁孝皇帝（尊号1）御校勘。

馆册第4644号　第358卷

6 页，仅存经首，经题后有帙号和仁孝皇帝（尊号 1）御校勘。

馆册第7298号　第358卷

14 页，仅存经尾，重复书写的经题后有帙号，有第 1 次校勘的标记。

馆册第1546号　第374卷

69 页，全文保存，经题后有帙号和仁孝皇帝（尊号 1）中的几个字。结尾处重复经题和帙号，有第 1 次校勘的标记。

馆册第1558号　第375卷

60 页，首残，结尾处重复经题和帙号，有第 1 次校勘的标记。

馆册第2680号　第376卷

2 页，仅存经首，经题后有帙号和仁孝皇帝（尊号 1）御校勘。

馆册第6949号　第376卷

33 页，仅存经尾，经题后有帙号并有第 1 次校勘的标记。

馆册第1552号　第377卷

12 页，仅存经首，经题后有帙号和仁孝皇帝（尊号 1）御校勘。

馆册第1553号　第377卷

55 页，首残，结尾处重复经题和帙号。

馆册第1561号　第379卷

2 页，仅存经首，经题后有帙号和仁孝皇帝（尊号 1）御校勘。

馆册第3517号　第380卷

1 页，仅存经首，经题后有帙号和仁孝皇帝（尊号 1）御校勘。

馆册第3523号　第381卷

2 页，仅存经尾，重复经题和帙号，有第 1 次校勘的标记。

馆册第1496号　第382卷

软纸封面，72 页，尾残，经题后有帙号和仁孝皇帝（尊号 1）御译。

馆册第1497号　第383卷

软纸封面，62 页，尾残，经题后有帙号和仁孝皇帝（尊号 1）御校勘。结尾处重复经题和帙号，有第 1 次校勘的标记。

馆册第1503号　第383卷

7 页，仅存经尾，结尾处重复经题和帙号，有第 1 次校勘的标记。

馆册第3396号　第385卷

软纸封面，8 页，仅存经首，经题后有帙号和仁孝皇帝（尊号 1）御译。

馆册第1511号　第387卷

软纸封面，32 页，仅存经首，经题后有帙号和仁孝皇帝（尊号 1）御校勘。

馆册第1593号　第388卷

软纸封面，19 页，仅存经首，经题后有帙号和仁孝皇帝（尊号 1）御校勘。

馆册第859号　第389卷

软纸封面，37 页，仅存经尾，用浓墨勾栏线，结尾处重复经题和帙号。用草体书写的题记、抄经者的名字无法辨认，有校勘标记。

第11号

[illegible]

《大般若波罗蜜多经》

这一组经文封面均为土黄色或鲜绿色。经文外观尺寸较大。墨线勾栏。每页 7 行。

此组经文很可能全是由耶哈（Гха-хва）家族捐助抄写的，因为所有的发愿者都是同一姓氏。另外，按照惯例，还有几个共同发愿者，他们出于对宗教的虔诚，对经文的某一部分进行施舍发愿。经文拥有者为嵬移尼林玉（Нгве-жиай Ние-лдие-нгиу）。经文中无年款。题记中仅有仁孝皇帝的尊号 1。根据这一点，我可以推断，这组经文抄写于 1141—1171 年。

保存完好的经文大约有三分之一，即第 13、14、19、23—28、91—101、103、104、106、107—110、113—122、124、125、127、128、130、141、146、148—150、152—154、156、157、161、162、164、166、167、169、172、173、178—180、182、183、185—190、213、221、226—228、230、234、239、254、281、282、284、286—290、296、299、302、307、308、310、321—324、327、329—331、343、344、346、348—358、360、367—369、371、377、382、383、386—388 卷。

缺失的经文占二分之一，即第 1—10、12、15—18、21、22、31—41、43—90、102、111、112、123、126、131—134、136—140、147、155、158—160、168、176、177、191—212、214—220、222、224、225、229、236—238、240—253、255—280、283、292—295、297、300、305、311—317、319、320、331—340、345、347、361、363、365、370、373—376、378、379、385、

389—400 卷。

其余卷只存残片或是不完整的章节。

此组经文均有以下特点：写本经折装。33.2 厘米 ×14.5 厘米。每页 7 行，每行 21 个字。上边距 2—2.5 厘米，下边距 1.5—2 厘米。纸质一级，纸已发黄。

馆册第792号 第11卷

4 页，仅存经尾，重复经题和帙号，题记为：

𗋚𗚢𗐯𗤋𘉐𗡩𗠰𗔩[①]

随喜写经者、禅修者嵬狄

馆册第2749号 第13卷

黄绸封面已经退色，57 页，全文保存。经题后有帙号和仁孝皇帝（尊号 1）中的前 4 个字。结尾处重复经题和帙号，题记为：部分经文抄者嵬狄禅定者（Нгви-нди Шиан-ндие）。页面上有一些已经干结的霉斑。

馆册第2196号 第14卷

黄绸封面已经退色，58 页，全文保存。经题后有帙号和仁孝皇帝（尊号 1）中的前 4 个字。结尾处重复经题和帙号。

馆册第2015号 第19卷

58 页，全文保存，经题后有帙号和仁孝皇帝（尊号 1）中的前 4 个字。结尾处重复经题和帙号。题记：部分经文抄者嵬狄禅定者（Нгви-нди Шиан-ндие），有第 1 次校勘的标记。

馆册第2807号 第20卷

20 页，仅存经首，经题后有帙号和仁孝皇帝（尊号 1）中的前 4 个字。经文中有些地方将原有内容裁去后粘上纸条，进行改写，或是在行距间用小字添写内容。

馆册第1168号 第23卷

51 页，全文保存，经题后有帙号和仁孝皇帝（尊号 1）中的前 4 个字。结尾处重复经题和帙号，有第 1 次校勘的标记。

馆册第2010号 第24卷

51 页，全文保存，经题后有帙号和仁孝皇帝（尊号 1）御校勘。结尾处重

---

① 俄译翻译成汉语：部分经文抄者、禅修者 ngwi ndi 1ian ndie Нгви-нди Шиан-ндие。

复经题和帙号，题记为：

[illegible]

随喜愿发者耶哈易屈（·a xwa ·iə khwi Гха-хва Гхиэ-кхви）

抄经者嵬狄（Нгви-нди Шиан-ндие）。有第 1 次校勘的标记，内容相符。

馆册第1166号　第25卷

55 页，全文保存，经题后有帙号和仁孝皇帝（尊号 1）中的前 2 个字。结尾处重复经题和帙号。题记：部分经文发愿者[illegible]（耶哈易杰魁）(·a xwa ·iə ndzie khwei Гха-хва Гхиэ-ндзие-кхвей）。有第 1 次校勘的标记。

馆册第1165号　第26卷

52 页，全文保存，经题后有帙号和仁孝皇帝（尊号 1）中的前 4 个字。结尾处重复经题和帙号（写了两遍）。题记为：部分经文发愿者[illegible]（耶哈易杰魁）(Гха-хва Гхиэ-ндзие-кхвей）。

馆册第1164号　第27卷

52 页，全文保存，经题后有帙号和仁孝皇帝（尊号 1）全称。结尾处重复经题和帙号（写了两遍）。题记为：10 卷经文（即 1 帙）发愿者耶哈易杰魁（Гха-хва Гхиэ-ндзие-кхвей），抄经者嵬狄（Нгви-нди Шиан-ндие）。有第 1 次校勘的标记。

馆册第1163号　第28卷

60 页，全文保存，经题后有帙号和仁孝皇帝（尊号 1）中的前 4 个字。结尾处重复经题和帙号。题记为：部分经文发愿者耶哈易杰魁（Гха-хва Гхиэ-ндзие-кхвей）。有第 1 次校勘的标记，内容相符。

馆册第2005号　第29卷

48 页，尾残，经题后有帙号和仁孝皇帝（尊号 1）中的 12 个字。

馆册第2705号　第29卷

3 页，仅存经尾，结尾处重复经题和帙号，题记为：

[illegible]①

随喜发愿者耶哈易精抄写完毕一帙（经文）。

经文已残朽并被撕坏。

馆册第2812号　第30卷

48 页，首残，经题后有帙号，结尾处重复经题和帙号。题记：部分经文

① 俄译翻译成汉语：10 卷经文（一帙）发愿者 ·a xwa ·iə ndzie Гха-хва Гхиэ-ндзие 抄写完毕。

（1 卷）发愿者耶哈易精（Гха-хва Гхиэ-ндзие）施写完毕。有第 1 次校勘、第 2 次校勘的标记。经文最后几页被压皱和撕坏。

馆册第1199号　第42卷

58 页，首残，结尾处重复经题和帙号。题记为：发愿者、德善者的儿子嵬狄（Нгви-нди Шиан-ндие）。经文页面有一半已残朽，并粘连在一起。

馆册第2030号　第70卷

50 页，首残，经题后有帙号和仁孝皇帝（尊号 1）中的前 4 个字。经文的前几页已残朽。

馆册第1078号　第91卷

绿绸封面上用墨写有帙号，61 页，全文保存。经题后有帙号和仁孝皇帝（尊号 1）御校勘，结尾处重复经题和帙号，有第 1 次校勘的标记。

馆册第1080号　第92卷

绿绸软封面上用墨写有帙号，55 页，全文保存。经题后有帙号和仁孝皇帝（尊号 1）中的前 4 个字，结尾处重复经题和帙号，有第 1 次校勘的标记。

馆册第1055号　第93卷

绿绸软封面上用墨写有帙号，54 页，全文保存。经题后有帙号和仁孝皇帝（尊号 1）中的前 4 个字，结尾处重复经题和帙号。有第 1 次校勘、第 2 次校勘的标记。

馆册第1059号　第94卷

绿绸软封面上用墨写有帙号，54 页，全文保存。经题后有帙号和仁孝皇帝（尊号 1）中的 9 个字，结尾处重复经题和帙号。有第 1 次校勘的标记。

馆册第1062号　第95卷

绿绸软封面上用墨写有帙号，51 页，全文保存。经题后有帙号和仁孝皇帝（尊号 1）中的前 4 个字。结尾处重复经题和帙号，题记为：抄经发愿者[illegible]（耶哈那征宝）(·a xwa ndon ndzin ldiə Гха-хва Ндон-нджин-лдиэ)，抄经者的名字被撕坏。有第 1 次校勘的标记。

馆册第1066号　第96卷

绿绸软封面上用墨写有帙号，52 页，全文保存。经题后有帙号和仁孝皇帝（尊号 1）中的前 4 个字。结尾处重复经题和帙号，题记为：《大般若经》发愿者、修禅定者耶哈那征宝（Гха-хва Ндон-нджин-лдиэ），抄经者嵬狄（Нгви-нди Шан-ндие）抄写完毕。经文中有些字被裁掉后，在原处粘上纸条，上面写有改动过的字并带有“+”字形符号。

馆册第1071号　第97卷

绿绸软封面上用墨写有帙号，54 页，全文保存。经题后有帙号和仁孝皇帝（尊号 1）中的前 4 个字，结尾处重复经题和帙号。有第 1 次校勘的标记。经文中有些地方粘有纸条，上面写有改动过的字句。

馆册第1072号　第98卷

绿绸软封面上用墨写有帙号，54 页，全文保存。经题后有帙号和仁孝皇帝（尊号 1）中的 12 个字。结尾处重复经题和帙号，题记只剩残段：发愿者（无名字）。有第 1 次校勘的标记。经文中有些地方粘有纸条，上面写有改动过的字句。

馆册第1076号　第99卷

绿绸软封面上用墨写有帙号，58 页，全文保存。经题后有帙号和仁孝皇帝（尊号 1）中的前 4 个字。结尾处重复经题和帙号，题记为：《大般若经》抄经发愿者耶哈那征宝（Гха-хва Ндон-нджин-лдиэ）。有第 1 次校勘的标记。

馆册第1102号　第100卷

绿绸软封面上用墨写有帙号，53 页，全文保存。经题后有帙号和仁孝皇帝（尊号 1）中的前 4 个字。结尾处重复经题和帙号，题记为：发愿者耶哈那征宝（Гха-хва Ндон-нджин-лдиэ），抄经者嵬狄（Нгви-нди Шиан-ндие）。经文中有些地方粘有纸条，上面写有改动过的字句，经文行距间有添写的小字。

馆册第1098号　第101卷

软纸封面上写有帙号和“第一”，52 页，全文保存。经题后有帙号和仁孝皇帝（尊号 1）中的前 4 个字，结尾处重复经题和帙号。有第 1 次校勘的标记。

馆册第1094号　第103卷

软纸封面上写有帙号和“第三”，47 页，全文保存。经题后有帙号和仁孝皇帝（尊号 1）中的前 4 个字，结尾处重复经题和帙号。有第 1 次校勘的标记。经文行距间有添写的小字。

馆册第1090号　第104卷

48 页，全文保存，经题后有帙号和仁孝皇帝（尊号 1）中的前 4 个字，结尾处重复经题和帙号。

馆册第2137号　第105卷

47 页，经文不全，因为中间有一部分已残朽。经题后有帙号和仁孝皇帝（尊号 1）御校勘，结尾处重复经题和帙号。有第 1 次校勘的标记。

馆册第2138号　第106卷

软纸封面，51 页，全文保存。经题后有帙号和仁孝皇帝（尊号 1）中的前 4 个字，结尾处重复经题和帙号。有第 1 次校勘的标记。经文受潮，页面粘连并有残朽。

馆册第1404号　第107卷

软纸封面，55 页，全文保存。经题后有帙号和仁孝皇帝（尊号 1）中的前 4 个字，结尾处重复经题和帙号。有第 1 次校勘的标记。页面粘连并有残朽。

馆册第2632号　第108卷

软纸封面上用墨写有帙号和“第八”，50 页，全文保存。经题后有帙号和仁孝皇帝（尊号 1）全称，结尾处重复经题和帙号。有第 1 次校勘的标记。

馆册第2151号　第109卷

软纸封面，52 页，全文保存。经题后有帙号和仁孝皇帝（尊号 1）御校勘，结尾处重复经题和帙号。有第 1 次校勘的标记。

馆册第2154号　第110卷

57 页，全文保存，经题后有帙号和仁孝皇帝（尊号 1）御校勘，结尾处重复经题和帙号。题记：《大般若经》施抄发愿者、修善、愚僧耶哈那征宝（Гха-хва Ндон-нджин-лдиэ）。

馆册第2093号　第113卷

53 页，全文保存，经题后有帙号和仁孝皇帝（尊号 1）中的前 4 个字。结尾处重复经题和帙号，题记为：

[illegible]（mbie khe ·ew 1ie Мбие-кхе Гхеы-шие）

《大般若经》一卷，发愿者嗡克由成

馆册第2095号　第114卷

黄绸封面已经褪色，46 页，全文保存。经题后有帙号和仁孝皇帝（尊号 1）中的前 4 个字，结尾处重复经题和帙号。有第 1 次校勘的标记。页面有霉变，部分已经残朽。

馆册第2099号　第115卷

49 页，全文保存，经题后有帙号和仁孝皇帝（尊号 1）中的前 4 个字，结尾处重复经题和帙号。有第 1 次校勘的标记。

馆册第2079号　第116卷

52 页，全文保存，经题后有帙号和仁孝皇帝（尊号 1）中的前 4 个字，结尾处重复经题和帙号。有第 1 次校勘的标记。

馆册第2070号　第117卷

黄绸封面已经褪色，上面用墨写有帙号和“第七”，52 页，全文保存。经题后有帙号和仁孝皇帝（尊号 1）中的前 4 个字，结尾处重复经题和帙号。有第 1 次校勘的标记。

馆册第2071号　第118卷

黄绸封面已经褪色，上面用墨写有帙号和“第八”，47 页，全文保存。经题后有帙号和仁孝皇帝（尊号 1）中的前 4 个字，结尾处重复经题和帙号。有第 1 次校勘的标记。

馆册第2067号　第119卷

黄绸封面已经褪色，上面用墨写有帙号和“第九”，54 页，全文保存。经题后有帙号和仁孝皇帝（尊号 1）中的前 4 个字，结尾处重复经题和帙号。有第 1 次校勘的标记。

馆册第2062号　第120卷

黄绸封面已经褪色，上面用墨写有帙号和“第十”，54 页，经题后有帙号和仁孝皇帝（尊号 1）中的前 4 个字，结尾处重复经题和帙号。有第 1 次校勘的标记。

馆册第1471号　第121卷

软纸封面，55 页，全文保存。经题后有帙号和仁孝皇帝（尊号 1）御校勘。结尾处重复经题和帙号，题记为：

[illegible]

此经拥有者嵬啄尼林玉（ngwe zwei nie ldi ngiu Нгве-жвей Ние-лди-нгиу）

馆册第1474号　第122卷

软纸封面只剩下一部分，53 页，全文保存。经题后有帙号和仁孝皇帝（尊号 1）中的前 4 个字，结尾处重复经题和帙号。有第 1 次校勘的标记。

馆册第1476号　第124卷

52 页，全文保存，经题后有帙号和仁孝皇帝（尊号 1）中的前 4 个字，结尾处重复经题和帙号。有第 1 次校勘的标记。

馆册第1468号　第125卷

软纸封面，51 页，全文保存，经题后有帙号和仁孝皇帝（尊号 1）中的前 4 个字，结尾处重复经题和帙号。有第 1 次校勘的标记。

馆册第1461号　第127卷

软纸封面只剩一半，51 页，全文保存，经题后有帙号和仁孝皇帝（尊号

1）中的 8 个字，结尾处重复经题和帙号。有第 1 次校勘的标记。

馆册第2189号　第128卷

软纸封面上用墨写有帙号和汉文数字八，45 页，全文保存，经题后有帙号和仁孝皇帝（尊号 1）中的 6 个字，结尾处重复经题和帙号。有第 1 次校勘的标记。

馆册第2177号　第129卷

软纸封面，45 页，尾残，经题后有帙号和仁孝皇帝（尊号 1）中的前 4 个字。

馆册第2174号　第130卷

软纸封面只剩一半，49 页，全文保存，经题后有帙号和仁孝皇帝（尊号 1）御校勘。结尾处重复经题和帙号，题记为：《大般若经》施写发愿者耶哈那征宝（Гха-хва Ндон-нджин-лдиэ）。有第 1 次校勘的标记。

馆册第2040号　第135卷

黄纸软封面和贴标签的蓝布软封面，56 页，尾残，经题后有帙号和仁孝皇帝（尊号 1）中的前 4 个字。

馆册第635号　第141卷

41 页，全文保存，经题后有帙号和仁孝皇帝（尊号 1）御校勘，结尾处重复经题和帙号。有第 1 次校勘的标记。

馆册第645号　第142卷

软纸封面上用墨写有帙号和汉文数字二及西夏文数字二，49 页，全文保存，经题后有帙号和仁孝皇帝（尊号 1）中的前 4 个字。结尾处重复经题和帙号。有第 1 次校勘的标记。

馆册第650号　第144卷

软纸封面上用墨写有帙号和汉文数字四，46 页，全文保存，经题后有帙号和仁孝皇帝（尊号 1）中的前 4 个字。结尾处重复经题和帙号。有第 1 次校勘的标记。

馆册第647号　第143卷

软纸封面上用墨写有帙号和汉文数字三及西夏文数字三，48 页，全文保存，经题后有帙号和仁孝皇帝（尊号 1）中的 8 个字。结尾处重复经题和帙号。有第 1 次校勘的标记。

馆册第663号　第145卷

软纸封面上用墨写有帙号和汉文数字五及西夏文数字五，50 页，全文保存，经题后有帙号和仁孝皇帝（尊号 1）中的 7 个字。结尾处重复经题和帙号。有第 1 次校勘的标记。

馆册第665号　第146卷

软纸封面上用墨写有帙号和汉文数字六及西夏文数字六，43 页，全文保存。经题后有帙号和仁孝皇帝（尊号 1）中的前 6 个字。结尾处重复经题和帙号。有第 1 次校勘的标记。

馆册第2760号　第148卷

软纸封面上用墨写有帙号和汉文数字八及西夏文数字八。软纸封面背面写有经文名称和卷号，50 页，全文保存。经题后有帙号和仁孝皇帝（尊号 1）中的 9 个字。结尾处重复经题和帙号。有第 1 次校勘的标记。

馆册第2761号　第149卷

软纸封面上用墨写有帙号和汉文数字九及西夏文数字九，49 页，全文保存。经题后有帙号和仁孝皇帝（尊号 1）中的前 4 个字。结尾处重复经题和帙号。有第 1 次校勘的标记。

馆册第2752号　第150卷

48 页，全文保存，经题后有帙号和仁孝皇帝（尊号 1）御校勘。结尾处重复经题和帙号。题记：《大般若经》施写发愿者、善男子耶哈那征宝（Гха-хва Ндон-нджин-лдиэ）。

馆册第1742号　第151卷

14 页，仅存经首，经题后有帙号和仁孝皇帝（尊号 1）中的前 4 个字。

馆册第1582号　第151卷

33 页，首残，结尾处重复经题和帙号。有第 1 次校勘的标记。

馆册第1735号　第152卷

软纸封面，50 页，全文保存，经题后有帙号和仁孝皇帝（尊号 1）中的前 4 个字。结尾处重复经题和帙号。有第 1 次校勘的标记。

馆册第1731号　第153卷

软纸封面，47 页，全文保存。经题后有帙号和仁孝皇帝（尊号 1）中的前 4 个字。结尾处重复经题和帙号。有第 1 次校勘的标记。

馆册第1728号　第154卷

软纸封面上用墨写有帙号和汉文数字四及西夏文数字四，49 页，全文保存。经题后有帙号和仁孝皇帝（尊号 1）中的前 4 个字。结尾处重复经题和帙号。有第 1 次校勘的标记。

馆册第2100号　第156卷

44 页，全文保存，经题后有帙号和仁孝皇帝（尊号 1）中的 10 个字。结尾处重复经题和帙号。有第 1 次校勘的标记。

馆册第1715号　第157卷

50 页，全文保存，经题后有帙号和仁孝皇帝（尊号 1）中的前 4 个字。结尾处重复经题和帙号。有第 1 次校勘的标记。

馆册第1758号　第161卷

棕灰色的绸封面只剩一半，57 页，全文保存，经题后有帙号和仁孝皇帝（尊号 1）中的前 4 个字。结尾处重复经题和帙号。有第 1 次校勘的标记。

馆册第1756号　第162卷

软纸封面只剩一部分，上面用墨写有帙号和第二，51 页，全文保存。经题后有帙号和仁孝皇帝（尊号 1）中的前 4 个字。结尾处重复经题和帙号。有第 1 次校勘的标记。

馆册第1749号　第163卷

50 页，尾残，经题后有帙号和仁孝皇帝（尊号 1）中的前 4 个字。第 1 页的背面写有第三和帙号。经文边缘已磨破。

馆册第1751号　第164卷

54 页，全文保存，经题后有帙号和仁孝皇帝（尊号 1）中的前 4 个字。结尾处重复经题和帙号。有第 1 次校勘的标记。

馆册第1747号　第165卷

45 页，首残，结尾处重复经题和帙号。有第 1 次校勘、第 2 次校勘的标记。经文最后几页被撕坏。

馆册第1743、1744号　第166卷

56 页，全文保存，经题后有帙号和仁孝皇帝（尊号 1）中的前 4 个字。结尾处重复经题和帙号。有第 1 次校勘的标记。经文前几页和最后几页已磨破。

馆册第1695号　第167卷

54 页，全文保存，经题后有帙号和仁孝皇帝（尊号 1）中的前 4 个字。结尾处重复经题和帙号。有第 1 次校勘的标记。

馆册第1688号　第169卷

58 页，全文保存，经题后有帙号和仁孝皇帝（尊号 1）中的前 4 个字。结尾处重复经题和帙号。经文的前几页和最后几页已磨破。

馆册第1684号　第170卷

53 页，首残，结尾处重复经题和帙号。题记中有草体书写的抄经者的名字，但无法辨认。经文前几页被撕坏。

馆册第1707号　第171卷

50 页，首残，结尾处重复经题和帙号。有第 1 次校勘的标记。第 8 页末尾粘了一幅画有鸟的图画。

馆册第1703、1704号　第172卷

79 页，全文保存，经题后有帙号和仁孝皇帝（尊号 1）御校勘。结尾处重复经题和帙号。有第 1 次校勘的标记。

馆册第1700号　第173卷

49 页，全文保存，经题后有帙号和仁孝皇帝（尊号 1）中的前 4 个字。结尾处重复经题和帙号。有第 1 次校勘的标记。经文左边页面折合处已残朽。

馆册第1711号　第174卷

黄软纸封面，47 页，尾残，经题后有帙号和仁孝皇帝（尊号 1）中的前 4 个字。

馆册第1708号　第175卷

36 页，首残，结尾处重复经题和帙号。有第 1 次校勘的标记。

馆册第1581号　第175卷

54 页，全文保存，经题后有帙号和仁孝皇帝（尊号 1）中的前 4 个字。第 1 页上抄经者误将卷号错写成第 180 卷。结尾处重复经题和帙号，题记中用草体书写发愿者和抄经者的名字，但无法辨认。有第 1 次校勘的标记。经文最后 7 页保存不善。

馆册第1685号　第179卷

59 页，全文保存，经题后有帙号和仁孝皇帝（尊号 1）中的前 4 个字。结尾处重复经题和帙号。有第 1 次校勘的标记。另外，还用草体添写了一些无法辨认的内容。

馆册第1580号　第180卷

51 页，全文保存，经题后有帙号和仁孝皇帝（尊号 1）中的前 4 个字。结尾处重复经题和帙号。有第 1 次校勘的标记。

馆册第1813号　第181卷

52 页，尾残，经题后有帙号和仁孝皇帝（尊号 1）中的前 4 个字。

馆册第1811号　第182卷

灰纸软封面，48 页，全文保存，经题后有帙号和仁孝皇帝（尊号 1）中的前 4 个字。结尾处重复经题和帙号。有第 1 次校勘的标记。

馆册第1806号　第183卷

灰纸软封面，47 页，全文保存，经题后有帙号和仁孝皇帝（尊号 1）中的前 4 个字。结尾处重复经题和帙号。有第 1 次校勘的标记。

馆册第1827号　第184卷

42 页，首残，结尾处重复经题和帙号。有第 1 次校勘的标记。

馆册第1819号　第185卷

软纸封面，48 页，全文保存，经题后有帙号和仁孝皇帝（尊号 1）中的前 4 个字。结尾处重复经题和帙号。有第 1 次校勘的标记。

馆册第1582号　第186卷

灰纸软封面上写有第六。48 页。全文保存。经题后有帙号和仁孝皇帝（尊号 1）中的前 4 个字。结尾处重复经题和帙号。有第 1 次校勘的标记。

馆册第854号　第187卷

软纸封面上写有经文名称和重复书写两遍的第七，49 页，全文保存，经题后有帙号。结尾处重复经题和帙号。有第 1 次校勘的标记。

馆册第840号　第188卷

软纸封面。48 页。全文保存。经题后有帙号和仁孝皇帝（尊号 1）中的前 4 个字。结尾处重复经题和帙号。有第 1 次校勘的标记。

馆册第858号　第189卷

软纸封面上写有第九，41 页，全文保存，经题后有帙号和仁孝皇帝（尊号 1）中的前 4 个字。结尾处重复经题和帙号。有第 1 次校勘的标记。

馆册第1797卷 第190卷

45 页，全文保存，经题后有帙号和仁孝皇帝（尊号 1）中的前 4 个字。结尾处重复经题和帙号，题记为：

[illegible]

抄写者耶哈氏乌门（·a xwa ziə ·u…Гха-хва Жие-гху）是也。

馆册第1889号　第213卷

59 页，全文保存，经题后有帙号和仁孝皇帝（尊号 1）中的前 4 个字。结尾处重复经题。经文处于半残朽状态。

馆册第1401号　第221卷

44 页，全文保存，经题后有帙号和仁孝皇帝（尊号 1）中的前 4 个字。结尾处重复经题和帙号。有第 1 次校勘的标记。

馆册第1394号　第223卷

27 页，尾残，经题后有帙号和仁孝皇帝（尊号 1）中的前 4 个字。

馆册第1397号　第223卷

49 页，首残，经题后有帙号。有第 1 次校勘的标记。

馆册第1388号　第226卷

49 页，全文保存，经题后有帙号和仁孝皇帝（尊号 1）中的前 4 个字。结尾处重复经题和帙号。有第 1 次校勘的标记。

馆册第1386号　第227卷

软纸封面，52 页，全文保存，经题后有帙号和仁孝皇帝（尊号 1）御校勘。结尾处重复经题和帙号。有第 1 次校勘的标记。

馆册第1383号　第228卷

软纸封面，53 页，全文保存，经题后有帙号和仁孝皇帝（尊号 1）中的前 4 个字。结尾处重复经题和帙号。有第 1 次校勘的标记。经文的左下缘处有霉变并有残破。

馆册第1976号　第230卷

43 页，全文保存，经题后有帙号和仁孝皇帝（尊号 1）中的前 4 个字。结尾处重复经题和帙号，题记为：[illegible]（《大般若经》发愿抄写者、住家和尚耶哈那征宝）（Гха-хва Ндон-нджин-лдиэ）。

馆册第1409号　第231卷

47 页，尾残，经题后有帙号和仁孝皇帝（尊号 1）中的前 4 个字。

馆册第1379号　第232卷

21 页，仅存经首，经题后有帙号和仁孝皇帝（尊号 1）中的前 4 个字。

馆册第1367号　第232卷

32 页，首残，结尾处重复经题和帙号。有第 1 次校勘的标记。

馆册第1369号　第233卷

25 页，仅存经首，经题后有帙号和仁孝皇帝（尊号 1）中的前 4 个字。

馆册第6641号　第233卷

8 页，仅存经尾，结尾处重复经题和帙号。有第 1 次校勘的标记。

馆册第1370号　第234卷

50 页，全文保存，经题后有帙号和仁孝皇帝（尊号 1）中的前 4 个字。结尾处重复经题和帙号。有第 1 次校勘的标记。

馆册第1368号　第235卷

40 页，首残，结尾处重复经题和帙号。有第 1 次校勘的标记。

馆册第2792号　第239卷

52 页，全文保存，经题后有帙号和仁孝皇帝（尊号 1）中的前 4 个字。结尾处重复经题和帙号。有第 1 次校勘的标记。

馆册第2222号　第254卷

软纸封面，61 页，全文保存，经题后有帙号和仁孝皇帝（尊号 1）中的前 4 个字。结尾处重复经题。

馆册第1264号　第281卷

51 页，全文保存，经题后有帙号和仁孝皇帝（尊号 1）御校勘。结尾处重复经题和帙号。有第 1 次校勘的标记。

馆册第1271号　第282卷

53 页，全文保存，经题后有帙号和仁孝皇帝（尊号 1）中的前 4 个字。结尾处重复经题和帙号。有第 1 次校勘的标记。

馆册第2969号　第284卷

50 页，全文保存，经题后有帙号和仁孝皇帝（尊号 1）中的前 4 个字。结尾处重复经题和帙号。有第 1 次校勘的标记。

馆册第1266号　第285卷

46 页，尾残，经题后有帙号和仁孝皇帝（尊号 1）中的前 4 个字。

馆册第1235号　第286卷

47 页，全文保存，经题后有帙号和仁孝皇帝（尊号 1）中的前 4 个字。结尾处重复经题和帙号。有第 1 次校勘的标记。

馆册第1243号　第287卷

软纸封面，47 页，全文保存，经题后有帙号和仁孝皇帝（尊号 1）中的前 4 个字。结尾处重复经题和帙号。有第 1 次校勘的标记。

馆册第1256号　第288卷

47 页，全文保存，经题后有帙号和仁孝皇帝（尊号 1）中的前 4 个字。结尾处重复经题和帙号。有第 1 次校勘的标记。

馆册第1259号　第289卷

44 页，全文保存，经题后有帙号和仁孝皇帝（尊号 1）中的前 4 个字。结尾处重复经题和帙号。有第 1 次校勘的标记。经文行距间添写有小字，第 1 页的背面写有第九。

馆册第1267号　第290卷

42 页，全文保存，经题后有帙号和仁孝皇帝（尊号 1）中的前 4 个字。结尾处重复经题和帙号，题记为：[illegible]（《大般若经》发愿写经者、住家禅僧耶哈释释宝）(·a xwa 1iwə 1iwə ldiə Гха-хва Шивэ-шивэ-лдиэ)。有第 1 次校勘的标记。

馆册第2496号　第291卷

软纸封面只剩一半，44 页，首残，结尾处重复经题和帙号。有第 1 次校勘的标记。

馆册第1307号　第296卷

54 页，全文保存，经题后有帙号和仁孝皇帝（尊号 1）中的前 4 个字。结尾处重复经题和帙号。有第 1 次校勘的标记。

馆册第1314号　第298卷

47 页，尾残，经题后有帙号和仁孝皇帝（尊号 1）中的前 4 个字。结尾处重复经题和帙号。有第 1 次校勘的标记。

馆册第1300号　第299卷

软纸封面只剩一半，44 页，全文保存，经题后有帙号和仁孝皇帝（尊号 1）中的前 4 个字。结尾处重复经题和帙号。经文中有些地方粘有纸条，上面写有修改过的字句。

馆册第1112号　第301卷

50 页，首残，结尾处重复经题和帙号。有第 1 次校勘的标记。

馆册第1857号　第302卷

53 页，全文保存，经题后有帙号和仁孝皇帝（尊号 1）中的前 4 个字。结尾处重复经题和帙号。有第 1 次校勘的标记。

馆册第1856号　第303卷

43 页，尾残，经题后有帙号和仁孝皇帝（尊号 1）中的前 4 个字。结尾处重复经题和帙号。有第 1 次校勘的标记。

馆册第1846号　第303卷

57 页，首残，结尾处重复经题和帙号，有第 1 次校勘的标记。

馆册第1116号　第304卷

50 页，首残，结尾处重复经题和帙号，有第 1 次校勘的标记。

馆册第6394号　第306卷

35 页，尾残，经题后有帙号和仁孝皇帝（尊号 1）中的前 4 个字。

馆册第1844号　第307卷

软纸封面只剩一半，59 页，全文保存，经题后有帙号和仁孝皇帝（尊号 1）中的前 4 个字。结尾处重复经题和帙号。有第 1 次校勘的标记。

馆册第1860号　第308卷

软纸封面只剩一半，54 页，全文保存，经题后有帙号和仁孝皇帝（尊号 1）中的前 4 个字。结尾处重复经题和帙号。有第 1 次校勘的标记。

馆册第1863号　第309卷

49 页，首残，结尾处重复经题和帙号，有第 1 次校勘的标记。

馆册第1861号　第310卷

50 页，全文保存，经题后有帙号和仁孝皇帝（尊号 1）中的前 4 个字。结尾处重复经题和帙号。有第 1 次校勘的标记。

馆册第6280号　第318卷

8 页，仅存经尾，结尾处重复经题和帙号，有第 1 次校勘的标记。

馆册第1941号　第321卷

55 页，全文保存，经题后有帙号和仁孝皇帝（尊号 1）中的前 4 个字。结尾处重复经题和帙号。有第 1 次校勘的标记。

馆册第1948号　第322卷

55 页，全文保存，经题后有帙号和仁孝皇帝（尊号 1）中的前 4 个字。结尾处重复经题和帙号。有第 1 次校勘的标记。

馆册第1947号　第323卷

53 页，全文保存，经题后有帙号和仁孝皇帝（尊号 1）中的前 4 个字。结尾处重复经题和帙号。有第 1 次校勘的标记。

馆册第1940号　第324卷

棕黑色的软布封面只剩一部分，52 页，全文保存，经题后有帙号和仁孝皇帝（尊号 1）中的前 4 个字。结尾处重复经题和帙号。有第 1 次校勘的标记。经文中有些地方粘有纸条，上面写着改动过的字句。

馆册第1949号　第325卷

软纸封面只剩一半，52 页，尾残，经题后有帙号和仁孝皇帝（尊号 1）中的前 4 个字。经文上端已残朽。

馆册第1945号　第326卷

软纸封面，46 页，首残，结尾处重复经题和帙号，有第 1 次校勘的标记。

馆册第1944号　第327卷

软纸封面只剩下一半，52 页，全文保存，经题后有帙号和仁孝皇帝（尊号 1）中的前 4 个字。结尾处重复经题和帙号。有第 1 次校勘的标记。在第 1 页的反面写有帙号和第七。

馆册第1951号　第328卷

19 页，仅存经尾，结尾处重复经题和帙号。

馆册第1975号　第329卷

53 页，全文保存，经题后有帙号和仁孝皇帝（尊号 1）中的前 4 个字。结尾处重复经题和帙号，题记为：

[illegible]

[illegible][1]

《大般若经》一帙（经文）的发愿者梁氏卢尼，

一帙（经文）随喜者梁氏由宝。

有第 1 次校勘的标记。

馆册第1926号　第330卷

软纸封面，56 页，全文保存，经题后有帙号和仁孝皇帝（尊号 1）中的前 4 个字。结尾处重复经题和帙号，题记为：1 帙（10 卷）经文女发愿者梁氏卢尼（Лион-жиэ Ливу-тхие），[illegible]（书写者嵬六慧吉七）(ngwi ndi sin ngiu tshi Нгви-нди Син-нгиу-цхи)。有第 1 次校勘的标记。

馆册第1649号　第341卷

59 页，全文保存，经题后有帙号和仁孝皇帝（尊号 1）中的前 4 个字。结尾处重复经题和帙号。有第 1 次校勘的标记。

馆册第1659号　第342卷

48 页，尾残，经题后有帙号和仁孝皇帝（尊号 1）中的前 4 个字。

馆册第1922号　第343卷

软纸封面，51 页，全文保存，经题后有帙号和仁孝皇帝（尊号 1）中的前

---

① 俄译翻译成汉语：《大般若经》一帙（10 卷）经文女发愿者 lion ziə liwu thie Лион-жиэ Ливу-тхие。1 帙（10 卷）经文的随喜女发愿者 lion ziə •ew ldiə Лион-жиэ Гхэы-лдие。

4 个字。结尾处重复经题和帙号。有第 1 次校勘的标记。

馆册第1921号　第344卷

54 页，全文保存，经题后有帙号和仁孝皇帝（尊号 1）中的前 4 个字。结尾处重复经题和帙号。有第 1 次校勘的标记。

馆册第1648号　第346卷

56 页，全文保存，经题后有帙号和仁孝皇帝（尊号 1）中的前 4 个字。结尾处重复经题和帙号。有第 1 次校勘的标记。经文中有些地方粘有纸条，上面写有改动过的字句。

馆册第1665号　第348卷

软纸封面只剩下一部分，51 页，全文保存，经题后有帙号和仁孝皇帝（尊号 1）中的前 4 个字。结尾处重复经题和帙号。

馆册第1667号　第349卷

软纸封面只剩上半部分，55 页，全文保存，经题后有帙号，结尾处重复经题和帙号。有第 1 次校勘的标记。

馆册第1668号　第350卷

49 页，全文保存，经题后有帙号和仁孝皇帝（尊号 1）中的前 6 个字。仅存经尾有题记：《大般若经》施写发愿者、住家愚僧、禅定者耶哈那征宝（Гха-хва Ндон-нджин-лдиэ）。有第 1 次校勘的标记。

馆册第1562号　第350卷

4 页，仅存经首，有第 350 卷的卷号和第 311—320 卷的帙号及仁孝皇帝（尊号 1）中的 8 个字。

馆册第1635号　第351卷

软纸封面只剩下半部分，52 页，首残，结尾处重复经题和帙号。经文中有些地方粘有纸条，上面写有修改过的字句，有的经文行距间添写有小字。

馆册第1911号　第352卷

软纸封面，59 页，全文保存，经题后有帙号和仁孝皇帝（尊号 1）中的前 4 个字。结尾处重复经题和帙号，题记为：《大般若经》一卷经文发愿者[illegible]（得尚乙普那）(tiə 1io ·ie phu nia Тиэ-шио Гхиэ-пху-ниа)。有第 1 次校勘的标记。

馆册第1902号　第353卷

软纸封面，60 页，全文保存，经题后有帙号和仁孝皇帝（尊号 1）中的前 4 个字。结尾处重复经题和帙号。有第 1 次校勘的标记。

馆册第1906号　第354卷

软纸封面上写有西夏文数字四和帙号，57 页，全文保存，经题后有帙号和仁孝皇帝（尊号 1）中的前 4 个字。结尾处重复经题和帙号。有第 1 次校勘的标记。

馆册第1914号　第355卷

软纸封面上写有西夏文数字五和帙号，52 页，全文保存，经题后有帙号和仁孝皇帝（尊号 1）中的前 4 个字。结尾处重复经题和帙号。有第 1 次校勘的标记。

馆册第1909号　第356卷

软纸封面上面写有西夏文数字六和帙号，55 页，全文保存，经题后有帙号和仁孝皇帝（尊号 1）中的前 4 个字。结尾处重复经题和帙号。有第 1 次校勘的标记。经文行距间添写有文字。

馆册第1901号　第357卷

55 页，全文保存，经题后有帙号和仁孝皇帝（尊号 1）中的前 4 个字。结尾处重复经题和帙号。有第 1 次校勘的标记。

馆册第1639号　第358卷

软纸封面，51 页，全文保存，经题后有帙号和仁孝皇帝（尊号 1）中的前 4 个字。结尾处重复经题和帙号。有第 1 次校勘的标记。经文中有些地方粘有纸条，上面写有修改过的字句，有的行距间添写有字。

馆册第1645号　第359卷

19 页，仅存经首，经题后有帙号和仁孝皇帝（尊号 1）中的前 4 个字。经文行距间添写有文字。

馆册第1646号　第359卷

54 页，首残，结尾处重复经题和帙号。有第 1 次校勘的标记。

馆册第1641号　第360卷

软纸封面只剩下一半，上面写有经文名称中的两个字，52 页，全文保存，经题后有帙号和仁孝皇帝（尊号 1）中的前 4 个字。结尾处重复经题和帙号。题记中有发愿者的名字，但此处被撕坏，只剩几个字的左半部分，抄经者[illegible]（嵬狄啰识水）(ngwi ndi tshi sin zie Нгви-нди Цхи-син-жие)。有第 1 次校勘的标记。经文第 1 页背面写有帙号和数字六。

馆册第1603号　第362卷

53 页，尾残，经题后有帙号和仁孝皇帝（尊号 1）中的前 4 个字。经文第

1 页背面写有帙号和第二。

馆册第8307号　第364卷

50 页，尾残，经题后有帙号和仁孝皇帝（尊号 1）中的前 4 个字。第 1 页的背面写有帙号和第四。

馆册第1612号　第366卷

33 页，仅存经首，经题后有帙号和仁孝皇帝（尊号 1）中的前 4 个字。

馆册第1609号　第367卷

软纸封面只剩下一半，上面写有帙号和第四，47 页，全文保存，经题后有帙号和仁孝皇帝（尊号 1）中的前 4 个字。结尾处重复经题和帙号。有第 1 次校勘的标记。

馆册第1608号　第368卷

46 页，全文保存，经题后有帙号和仁孝皇帝（尊号 1）中的前 4 个字。结尾处重复经题和帙号。有第 1 次校勘的标记。经文中有些地方粘有纸条，上面写有修改过的字句，经文行距间有添写的文字。

馆册第1604号　第369卷

51 页，全文保存，经题后有帙号和仁孝皇帝（尊号 1）中的前 4 个字。结尾处重复经题和帙号。有第 1 次校勘的标记。经文第 1 页背面重复书写两遍经文名称。

馆册第1563号　第371卷

54 页，全文保存，经题后有帙号和仁孝皇帝（尊号 1）中的前 4 个字。结尾处重复经题和帙号。有第 1 次校勘的标记。经文中有些地方粘有纸条，上面写有修改过的字句，经文行距间添写有文字。

馆册第1557号　第372卷

56 页，尾残，经题后写有帙号和仁孝皇帝（尊号 1）中的前 4 个字。

馆册第1550号　第377卷

软纸封面只剩下面的一部分，52 页，全文保存，经题后有帙号和仁孝皇帝（尊号 1）中的前 4 个字。结尾处重复经题和帙号。有第 1 次校勘的标记。

馆册第1548号　第380卷

58 页，尾残，经题后有帙号和仁孝皇帝（尊号 1）中的前两个字。

馆册第1492号　第381卷

29 页，仅存经首，经题后有帙号和仁孝皇帝（尊号 1）御译。经文中有些地方粘有纸条，上面写有修改过的字句，部分页面有粘连。

馆册第1507号　第382卷

软纸封面，56 页，全文保存，经题后有帙号和仁孝皇帝（尊号 1）御校勘。结尾处重复经题和帙号。经文中有些地方粘有纸条，上面写有修改过的字句，经文行距间添写有文字。

馆册第1594号　第383卷

56 页，全文保存，经题后有帙号和仁孝皇帝（尊号 1）中的前 4 个字。结尾处重复经题和帙号。

馆册第1619号　第384卷

软纸封面只剩下一半，52 页，尾残，经题后有帙号和仁孝皇帝（尊号 1）中的前 4 个字。经文行距间有添写的小字。

馆册第1508号　第386卷

51 页，全文保存，经题后有帙号和仁孝皇帝（尊号 1）中的前 4 个字。结尾处重复经题和帙号。经文中有些地方粘有纸条，上面写有修改过的字句。

馆册第1506号　第387卷

软纸封面只剩下一部分，48 页，全文保存，经题后有帙号和仁孝皇帝（尊号 1）中的前 4 个字。结尾处重复经题和帙号。部分经文的行距间添写有小字，有些页面有朱砂色勾勒的痕迹。

馆册第1512号　第388卷

软纸封面只剩下一半，52 页，全文保存，经题后有帙号和仁孝皇帝（尊号 1）中的前 4 个字。结尾处重复经题和帙号。经文中的有些字句用朱砂色勾掉。

第12号

[illegible]

《大般若波罗蜜多经》

这组佛经写在白纸或灰纸上面，完成于仁孝皇帝（1139—1193 年）执政时期，根据其中一卷经文中所标明的年款“十年三月”可以推测：如果这个年款为天盛十年，则是 1158 年；如果是乾祐十年，那就是 1179 年。很显然，总发愿者为汉文和西夏文译场主、功德司承旨、皇族慧胜（Лхие）。共同发愿者郑罗麻（Чен Лиа-ма），抄经者嵬慧宝（Ве Жиэ-лдиэ）。第 10 号佛经中曾提及这些人的名字。

除此以外，这组佛经还提到了其他一些发愿者。他们施舍发愿抄写某一部分或某卷经文，抄经者也各不相同。

据我们清理统计，经文全文保存的约占四分之一，而全部佚失的也有约四分之一。全部保存的经卷有：第 21、24、27、33、34、36、37、45、46、47、52、53、62—64、66、68、73、77、78、81、83、88、89、91、92、98、107、109、127、131—134、136、138—140、146、147、151、152、155—158、160、163、167、174、177、181—184、189、191、193、195—201、207、210、214—217、226、228、230—232、239、241—244、248、249、252、253、256、261、263、272、274、280、281、293、294、300、301、304、305、308、313、322—324、344、348、351、360—362、365、369、372、377、378 卷。

全文佚失的卷数有：第 1—20、22、23、28、29、39、51、54、56、58、71、74、90、93、95—97、101、104、108、112、115—117、120、121、123、124、130、142、148、150、161、165、169—173、179、194、202、205、206、211、213、220、225、227、235、247、258、260、262、267、279、282、284—291、296、303、314、315、317、320、321、325、328、332、333、335、339、343、345、349、350、353、355、356、358、359、364、388、391、395、396、397 卷。

其余卷数要么只保存有部分内容，要么只剩下残片。

这组经文具有以下共同特点：写本经折装，外观尺寸规格为 32 厘米 ×11 厘米，每页 6 行，每行 16 个字。上边距 5 厘米，下边距 2.8 厘米。经文中常常缺少帙号和仁孝皇帝的尊号。目录写在两种纸上，纸质一级或八级。

馆册第2013号　第21卷

88 页。全文保存。仅存经尾题记：

[illegible]

[illegible]

[illegible]①

发愿番汉译主、功德司承旨、节亲主（慧胜）

抄写者和尚慧宝

发愿者郑罗麻

馆册第2406号　第24卷

黄纸软封面只剩下一半，87 页，全文保存。纸质一级。

---

① 俄译翻译成汉语：发愿者、西夏文和汉文译场管勾、功德司承旨、皇族 lhie Лхие。抄经者、僧人 we ziə ldiə Be Жиэ-лдиэ（Хуй Бао）慧宝。发愿者 t1en lia ma Чен Лиа-ма。

馆册第 2703 号　第 24 卷

9 页，仅存经尾，题记为：发愿者郑罗麻（Чен Лиа-ма）。残片上有很多瑕疵。纸质一级。

馆册第2009号　第25卷

77 页，首残，题记为：发愿者郑罗麻（Чен Лиа-ма）。纸质一级。

馆册第2979号　第25卷

黄纸软封面只剩下一半，5 页，仅存经首，纸质一级。

馆册第2795号　第26卷

5 页，仅存经首，纸质一级。

馆册第1186号　第27卷

黄纸软封面只剩下一半，81 页，全文保存。题记为：发愿者郑罗麻（Чен Лиа-ма）。纸质一级。

馆册第2811号　第30卷

48 页，首残，仅存经尾，题记为：发愿者郑罗麻（Чен Лиа-ма）。纸质一级。

馆册第2754号　第31卷

38 页，首残，仅存经尾有题记：

发愿者[illegible][illegible][illegible]　[illegible][illegible][illegible]　[illegible][illegible][illegible][illegible]（侯六金　夏娃宝　嵬光因尔）(xew lew ken Хеы Леы-кен，·a wa ldiə Гха Ва-лдиэ，we ko ·ien zie Ве-ко Гхиен-жие)。纸质一级。

馆册第4657号　第32卷

2 页，仅存经尾，纸质一级。

馆册第1155号　第33卷

黄纸软封面只剩下一半，73 页，全文保存，纸质八级。

馆册第1111号　第34卷

黄纸软封面只剩下一半，76 页，全文保存，经题后有仁孝皇帝（尊号 1）御校勘。纸质一级。

馆册第2167号　第35卷

黄纸软封面只剩下一半，23 页，全文保存，经题后有仁孝皇帝（尊号 1）御校勘。纸质一级。

馆册第2169号　第36卷

80 页，全文保存，经题后有帙号和仁孝皇帝（尊号 1）御校勘。纸质

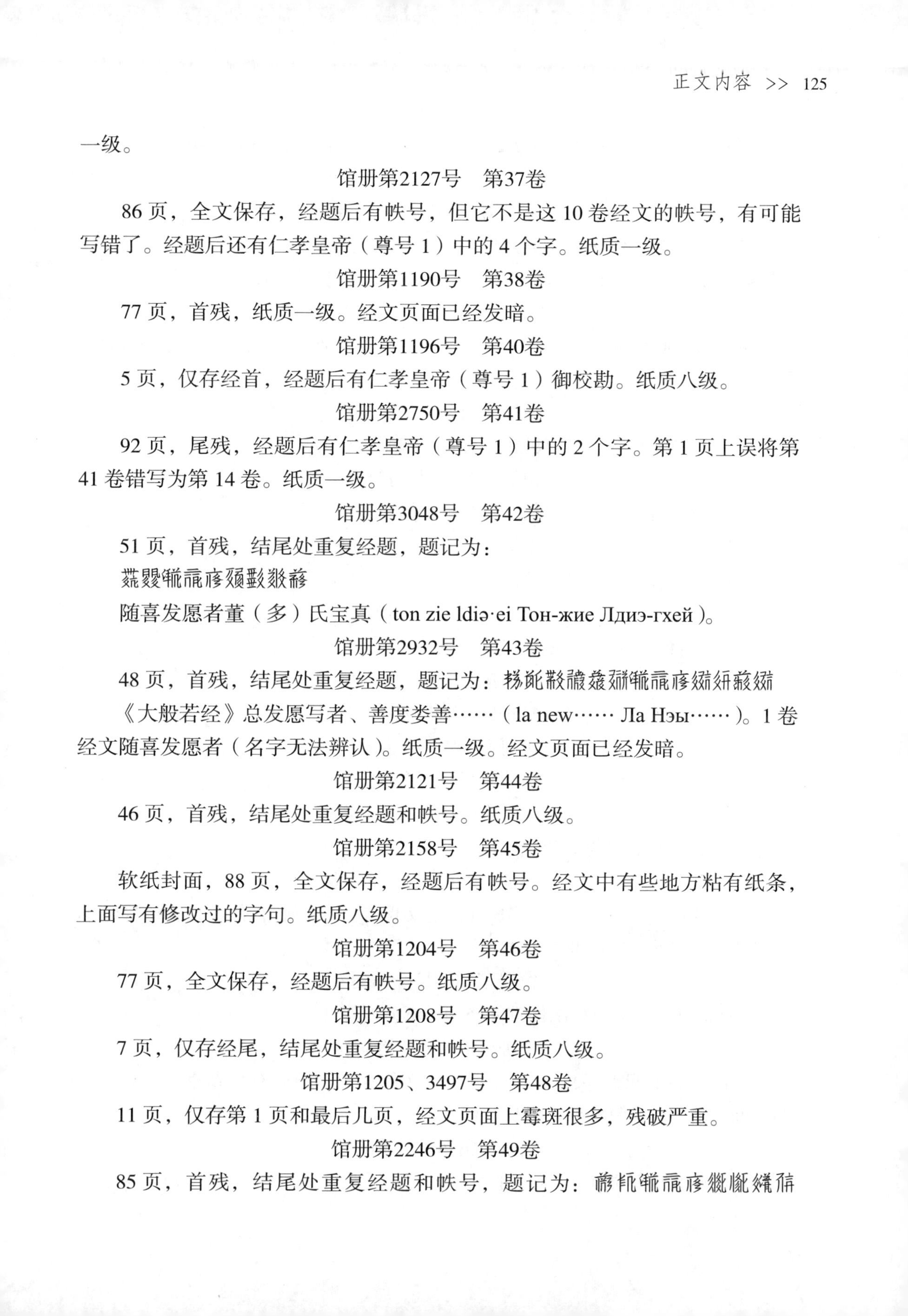

一级。

馆册第2127号　第37卷

86 页，全文保存，经题后有帙号，但它不是这 10 卷经文的帙号，有可能写错了。经题后还有仁孝皇帝（尊号 1）中的 4 个字。纸质一级。

馆册第1190号　第38卷

77 页，首残，纸质一级。经文页面已经发暗。

馆册第1196号　第40卷

5 页，仅存经首，经题后有仁孝皇帝（尊号 1）御校勘。纸质八级。

馆册第2750号　第41卷

92 页，尾残，经题后有仁孝皇帝（尊号 1）中的 2 个字。第 1 页上误将第 41 卷错写为第 14 卷。纸质一级。

馆册第3048号　第42卷

51 页，首残，结尾处重复经题，题记为：

[illegible]

随喜发愿者董（多）氏宝真（ton zie ldiə·ei Тон-жие Лдиэ-гхей）。

馆册第2932号　第43卷

48 页，首残，结尾处重复经题，题记为：[illegible]《大般若经》总发愿写者、善度娄善……（la new…… Ла Нэы……）。1 卷经文随喜发愿者（名字无法辨认）。纸质一级。经文页面已经发暗。

馆册第2121号　第44卷

46 页，首残，结尾处重复经题和帙号。纸质八级。

馆册第2158号　第45卷

软纸封面，88 页，全文保存，经题后有帙号。经文中有些地方粘有纸条，上面写有修改过的字句。纸质八级。

馆册第1204号　第46卷

77 页，全文保存，经题后有帙号。纸质八级。

馆册第1208号　第47卷

7 页，仅存经尾，结尾处重复经题和帙号。纸质八级。

馆册第1205、3497号　第48卷

11 页，仅存第 1 页和最后几页，经文页面上霉斑很多，残破严重。

馆册第2246号　第49卷

85 页，首残，结尾处重复经题和帙号，题记为：[illegible]

（净本发愿者嵬名觉海）（ngwe mi ndwəw ngôn Нгве-ми Ндвэы-нгон 、Цзюе Хай）。纸质八级。

馆册第1206号　第50卷

32 页，首残，结尾处重复经题和帙号，题记为：[illegible]（净本发愿者什慧贤）（1ie zie me Шиэ Жиэ-ме Хуй Сянь）。纸质八级。

馆册第1180号　第52卷

黄纸软封面只剩下一半，86 页，全文保存，经题后有帙号，结尾处重复经题和帙号。

馆册第1179号　第53卷

83 页，全文保存，结尾处重复经题。纸质八级。

馆册第3932号　第55卷

7 页，仅存经尾，结尾处重复经题。纸质八级。

馆册第1213号　第55卷

25 页，仅存经首，纸质八级。

馆册第2109号　第57页

70 页，首残，结尾处重复经题。纸质八级。

馆册第1173号　第59卷

61 页，首残，结尾处重复经题。纸质八级。

馆册第1171号　第60卷

9 页，仅存经尾，结尾处重复经题。纸质八级。

馆册第412号　第61卷

76 页，首残，结尾处重复经题。纸质八级。

馆册第2262号　第62卷

黄纸软封面只剩下一半，76 页，全文保存，经题后有仁孝皇帝（尊号 1）御校勘。结尾处重复经题。纸质八级。

馆册第2803号　第63卷

4 页，仅存经尾，结尾处重复经题。纸质八级。

馆册第658号　第64卷

黄纸软封面只剩下一半，74 页，全文保存，经题后有仁孝皇帝（尊号 1）御校勘。结尾处重复经题。纸质八级。

馆册第636号　第65卷

黄纸软封面只剩下一半，81 页，尾残，经题后有仁孝皇帝（尊号 1）御校勘。纸质八级。

馆册第642号　第66卷

75 页，全文保存，经题后有帙号和仁孝皇帝（尊号 1）御校勘。经文最后几页残损严重。纸质八级。

馆册第651号　第66卷

黄纸软封面只剩下一半，19 页，仅存经首。纸质八级。

馆册第1231号　第67卷

53 页，首残，结尾处重复经题。纸质八级。

馆册第1229号　第68卷

黄纸软封面只剩下一半，74 页，全文保存，经题后有仁孝皇帝（尊号 1）御校勘。结尾处重复经题。纸质八级。

馆册第1223号　第69卷

65 页，首残，结尾处重复经题，经文页面粘连在一起，霉变严重。纸质八级。

馆册第1218号　第70卷

4 页，仅存经尾，结尾处重复经题。纸质八级。

馆册第2708号　第72卷

3 页，仅存经首，经题后有仁孝皇帝（尊号 1）中的 4 个字。纸质八级。

馆册第1002号　第72卷

64 页，首残，结尾处重复经题。有第 1 次校勘的标记，内容相符。经文中有些地方粘有纸条，上面写有修改过的字句。纸质八级。

馆册第1003号　第73卷

黄纸软封面只剩下一半，68 页，全文保存，经题后有帙号，结尾处重复经题。有第 1 次校勘、第 2 次校勘的标记。经文最后几页被撕坏。纸质八级。

馆册第997号　第75卷

65 页，首残，结尾处重复经题和帙号，添写有一行字，内容为：现在抄写此经文可积善行，可得与法身相等同的菩萨业果。纸质八级。

馆册第994号　第76卷

2 页，仅存经尾，结尾处重复经题，题记为：[illegible]（发愿写者和尚咩契智源）(me khin sie ·ion Ме-кхин Сие-гхион)。纸质八级。

馆册第2801号　第77卷

黄纸软封面只剩下一半，64 页，全文保存，经题后有帙号和仁孝皇帝（尊号 1）御校勘。结尾处重复经题。有第 2 次校勘的标记。纸质八级。

馆册第2027号　第78卷

黄纸软封面只剩下一半，77 页，全文保存，经题后有帙号和仁孝皇帝（尊号 1）。结尾处重复经题和帙号。经文中间有部分页面被撕去。纸质八级。

馆册第2023号　第79卷

黄纸软封面只剩下一半，59 页，尾残，经题后有仁孝皇帝（尊号 1）御校勘。纸质八级。

馆册第1011号　第80卷

软纸封面只剩下一半，7 页，仅存经尾，结尾处重复经题。纸质八级。

馆册第1016号　第81卷

黄纸软封面只剩下一半，62 页，全文保存，经题后有帙号，结尾处重复经题。纸质八级。

馆册第1022号　第82卷

66 页，首残，结尾处重复经题和帙号。纸质八级。

馆册第1027号　第83卷

黄纸软封面只剩下一半，73 页，全文保存，结尾处重复经题。经文最后 1 页残破。纸质八级。

馆册第1029号　第84卷

7 页，仅存经尾，结尾处重复经题。纸质八级。

馆册第1034号　第85卷

4 页，仅存经尾，结尾处重复经题。纸质八级。

馆册第1038号　第86卷

57 页，首残，结尾处重复经题和帙号。纸质八级。

馆册第1041号　第87卷

47 页，首残，结尾处重复经题和帙号。纸质八级。

馆册第1042号　第87卷

黄纸软封面只剩下一半，29 页，仅存经首，经题后有帙号。纸质八级。

馆册第1044号　第88卷

黄纸软封面只剩下一半，73 页，全文保存，结尾处重复经题和帙号。纸质八级。

馆册第1048号　第89卷

黄纸软封面只剩下一半，73 页，全文保存，经题后有帙号，结尾处重复经题和帙号。纸质八级。

馆册第1077号 第91卷

黄纸软封面只剩下一部分，77 页，全文保存，经题后有帙号和仁孝皇帝（尊号 1）御校勘。结尾处重复经题和帙号。纸质八级。

馆册第1082号 第92卷

72 页，全文保存，经题后有帙号和仁孝皇帝（尊号 1）御校勘。结尾处重复经题和帙号。纸质八级。

馆册第1187号 第92卷

37 页，仅存经首，经文上端有残破。纸质一级。

馆册第1061号 第94卷

黄纸软封面只剩下一半，32 页，首残，结尾处重复经题和帙号，经文保存不善。纸质八级。

馆册第1067号 第98卷

74 页，全文保存，经题后有帙号和仁孝皇帝（尊号 1）御校勘。结尾处重复经题和帙号。纸质八级。

馆册第1087号 第99卷

黄纸软封面只剩下一半，21 页，仅存经首，经题后有帙号和仁孝皇帝（尊号 1）中的 1 个字。纸质一级。

馆册第7942号 第99卷

4 页，仅存经尾，结尾处重复经题，经文页面被揉皱。纸质八级。

馆册第6277号 第100卷

1 页，仅存经首，经题后有仁孝皇帝（尊号 1）中的 1 个字。纸质一级。

馆册第4055号 第100卷

橄榄绿色的软布封面上贴有艺术味非常浓的标签，50 页，首残，结尾处重复经题。纸质一级。

馆册第1830号 第102卷

9 页，仅存经首，经题后有仁孝皇帝（尊号 1）中的 4 个字。纸质一级。经文页面已经发黄。

馆册第1088号 第103卷

69 页，首残，结尾处重复经题。纸质 8 级。

馆册第2359号 第105卷

1 页，仅存经首，经题后有仁孝皇帝（尊号 1）御校勘。纸质一级。

馆册第2143号 第106卷

1 页，仅存经尾，结尾处重复经题和帙号。有第 1 次校勘的标记。纸质八级。

馆册第2139号 第106卷

72 页，尾残，经题后有帙号，部分经文用草体书写。纸质八级。

馆册第2146号 第107卷

黄纸软封面只剩下一半，84 页，全文保存，结尾处重复经题。纸质八级。

馆册第2150号 第109卷

黄纸软封面只剩下一半，76 页，全文保存，结尾处重复经题。纸质八级。

馆册第2679号 第110卷

6 页，仅存经尾，结尾处重复经题和帙号。纸质八级。

馆册第2085号 第111卷

78 页，尾残，纸质八级。

馆册第2092号 第113卷

69 页，全文保存，结尾处重复经题，题记为：[illegible]（一卷经文的随喜发愿者、和尚左哆才迦）(tson ze ndzie ka Цон-же Ндзие-ка)。纸质一级。

馆册第2096号 第114卷

67 页，首残，结尾处重复经题。纸质八级。

馆册第2098号 第114卷

黄纸软封面只剩下一半，68 页，尾残，经文页面有粘连并有残破。纸质八级。

馆册第2072号 第118卷

黄纸软封面只剩下一半，67 页，尾残。纸质八级。

馆册第2075号 第118卷

2 页，仅存经尾，结尾处重复经题。纸质八级。

馆册第2068号 第119卷

66 页，尾残。纸质八级。

馆册第4831号 第119卷

黄纸软封面只剩下一半，8 页，仅存经尾，结尾处重复经题。纸质八级。

馆册第1482号 第122卷

黄纸软封面只剩下一半，3 页，仅存经首，经题后有帙号和仁孝皇帝（尊号 1）御校勘。纸质八级。

馆册第1485号　第125卷

13 页，仅存经首，经题后有帙号。纸质八级。

馆册第7308号　第126卷

6 页，仅存经尾，结尾处重复经题，纸质一级，经文页面已经发暗。

馆册第2192号　第127卷

74 页，全文保存，经题后有帙号和仁孝皇帝（尊号 1）中的 4 个字。结尾处重复经题。有第 1 次校勘的标记。纸质八级。

馆册第1286号　第128卷

62 页，首残，结尾处重复经题，题记为：[illegible]①（十年三月四日抄写者张禅定者）。纸质八级。

馆册第2042号　第131卷

黄纸软封面只剩下一半，67 页，全文保存，经题后有帙号，结尾处重复经题。纸质一级。

馆册第2043号　第132卷

3 页，仅存经尾，结尾处重复经题。纸质一级。

馆册第2041号　第132卷

黄纸软封面，70 页，全文保存，结尾处重复经题。纸质一级。

馆册第2044号　第133卷

55 页，全文保存，经题后有帙号，结尾处重复经题。纸质一级。

馆册第2050号　第134卷

黄纸软封面只剩下一半，70 页，全文保存，结尾处重复经题。纸质一级。

馆册第2039号　第135卷

黄纸软封面只剩下一半，12 页，仅存经尾，结尾处重复经题。纸质一级。经文页面已经发暗。

馆册第2036号　第136卷

黄纸软封面只剩下一半，73 页，全文保存，结尾处重复经题。纸质一级。经文页面已经发暗。

---

① 俄译翻译成汉语：十年三月四日（1158 年或 1179 年），抄经者、禅定士 t1ion 1ian ndie Чион Шиан-ндие（Чжан дхьяна）。

馆册第2057号　第137卷

73 页，全文保存，结尾处重复经题。纸质一级。

馆册第2053号　第138卷

黄纸软封面只剩下一半，71 页，全文保存，经题后有帙号，结尾处重复经题。纸质一级。

馆册第2052号　第139卷

黄纸软封面，65 页，全文保存，经题后有帙号，结尾处重复经题。纸质一级。

馆册第2049号　第140卷

68 页，全文保存，经题后有帙号，结尾处重复经题。纸质一级。

馆册第649号　第143卷

56 页，尾残，经题后有帙号。纸质八级。

馆册第661号　第144卷

50 页，尾残，纸质八级。

馆册第662号　第145卷

69 页，首残，结尾处重复经题。纸质八级。

馆册第664号　第146卷

黄纸软封面，66 页，全文保存，结尾处重复经题，题记为：发愿者[illegible]（乃兮月狗）(nei ·iə lhiə khwi Ней-гхие Лхиэ-кхви)。纸质八级。经文页面有霉斑，残破严重。

馆册第625号　第147卷

黄纸软封面只剩下一半，72 页，全文保存，结尾处重复经题。纸质八级。

馆册第630号　第148卷

27 页，仅存经首，结尾处重复经题。纸质一级。

馆册第2755号　第149卷

17 页，仅存经尾，结尾处重复经题。纸质一级。

馆册第1737号　第151卷

65 页，全文保存，结尾处重复经题。纸质一级。经文页面上有霉斑。

馆册第1734号　第152卷

1 页，仅存经尾，结尾处重复经题。纸质一级。

馆册第1733号　第152卷

黄纸软封面只剩一半，62 页，全文保存，结尾处重复经题。纸质一级。

馆册第1730号　第153卷

66 页，首残，结尾处重复经题。纸质一级。

馆册第1729号　第153卷

2 页，仅存经首，纸质一级。

馆册第1739号　第154卷

44 页，仅存经尾，结尾处重复经题。纸质一级。经文页面有粘连。

馆册第1723号　第155卷

黄纸软封面只剩一半，61 页，全文保存，结尾处重复经题。纸质一级。

馆册第1721号　第156卷

黄纸软封面只剩一半，63 页，全文保存，结尾处重复经题。纸质一级。

馆册第1714号　第157卷

黄纸软封面，64 页，全文保存，结尾处重复经题。纸质一级。

馆册第1767号　第158卷

黄纸软封面只剩一半，上面写有第八，67 页，全文保存，经题后有仁孝皇帝（尊号 1）御校勘。结尾处重复经题。纸质一级。

馆册第2776号　第159卷

黄纸软封面只剩一半，34 页，仅存经尾，结尾处重复经题。纸质八级。

馆册第1760号　第160卷

黄纸软封面只剩一半，上面写有第十，55 页，全文保存，结尾处重复经题。纸质一级。

馆册第1753号　第162卷

黄纸软封面只剩一半，78 页，首残，结尾处重复经题。纸质八级。

馆册第1750号　第163卷

软纸封面，68 页，全文保存，结尾处重复经题。纸质八级。

馆册第1772号　第164卷

黄纸软封面只剩一半，7 页，仅存经首，纸质八级。残片保存不善。

馆册第638号　第166卷

蓝布软封面上有标签，78 页，尾残。纸质八级。

馆册第1698号　第167卷

软纸封面，70 页，全文保存，结尾处重复经题。纸质八级。经文页面有粘连。

馆册第1689号　第168卷

65 页，首残，结尾处重复经题，题记中用草体书写发愿者的名字。纸质八级。

馆册第1686号　第174卷

75 页，全文保存，结尾处重复经题，题记为：[illegible]（张抄写者）(t1hion Чхион)。纸质八级。

馆册第1682号　第175卷

68 页，尾残，纸质八级。

馆册第1831号　第176卷

4 页，仅存经尾，结尾处重复经题，经文中有些地方被裁掉后又粘上纸条，上面写有修改的字句。纸质八级。

馆册第1576号　第177卷

黄纸软封面，83 页，全文保存，结尾处重复经题。纸质八级。

馆册第1814号　第178卷

12 页，仅存经首，有仁孝皇帝（尊号 1）中的 1 个字。经文中有些地方被裁掉后又粘上纸条，上面写有修改的字句。纸质八级。经文上端有残破。

馆册第2779号　第179卷

29 页，仅存经首。纸质八级。

馆册第7803号　第180卷

6 页，仅存经首，经题后有仁孝皇帝（尊号 1）中的前 4 个字。纸质八级。

馆册第1815号　第181卷

53 页，仅存经首，经题后有仁孝皇帝（尊号 1）御校勘。经文中有些地方被裁掉后又粘上纸条，上面写有修改的字句。纸质一级。经文页面已经发暗。

馆册第1812号　第181卷

85 页，全文保存，结尾处重复经题。纸质八级。

馆册第2113号　第181卷

1 页，仅存经尾，结尾处重复经题，题记为：[illegible]（发愿写《大般若经》者出家僧酩布宝广）(min pu ldiə wa Мин-пу Лдиэ-ва Бао Гуан)。有第 1 次校勘的标记。纸质一级。经文页面已经发暗。

馆册第1809号　第182卷

69 页，全文保存，结尾处重复经题，题记为：[illegible]（写经者嵬名）(ngwe mi Нгве-ми)。纸质一级。

馆册第1807号　第183卷

70 页，全文保存，经题后有帙号，结尾处重复经题和帙号。纸质一级。

馆册第1826号　第184卷

64 页，全文保存，结尾处重复经题，纸质一级。经文页面已经发暗。

馆册第1818号　第185卷

72 页，尾残。纸质 8 级。

馆册第3119号　第186卷

29 页，首残，结尾处重复经题和帙号。纸质八级。经文最后几页有残破。

馆册第856号　第187卷

71 页，仅存经首。纸质一级。

馆册第855号　第187卷

黄纸软封面只剩一半，6 页，仅存经尾，结尾处重复经题和帙号。纸质一级。

馆册第1573号　第188卷

55 页，首残，结尾处重复经题。纸质一级。

馆册第1825号　第189卷

66 页，全文保存，纸质一级。经文上端已残破。

馆册第3375号　第190卷

50 页，首残，结尾处重复经题和帙号。纸质八级。

馆册第1798号　第191卷

70 页，全文保存，经题后有帙号，结尾处重复经题，题记为：发愿者𗾞𗀔𗽀𗉅𗁬（呤怛嘚勒、酩布）(lhiə ·o zwei zie Лхиэ-гхо Жвей-жие 和 min pu Мин-пу)。纸质一级。

馆册第1793号　第191卷

72 页，全文保存，经题后有帙号和仁孝皇帝（尊号 1）御校勘。结尾处重复经题，题记为：发愿者𗾞[1]𗽀𗉅（呤怛嘚勒）(lhiə zwei zie Лхиэ Жвей-жие)。纸质八级。

馆册第1796号　第192卷

31 页，首残，结尾处重复经题，题记为：发愿者𗛱𗍫𗗙（没山由）、𗏁𗥃𗵒（吃〈革〉鞄然）(me 1an ·ew Me Шань-гхеы 和 kə ta niwo Кэ-та Ниво ）于五月……纸质八级。

[1] 译者注：怀疑其后面丢掉一字“𗀔”即“怛”。

馆册第1788号　第193卷

66 页，首残，结尾处重复经题，题记为：发愿者𗼃𗊏𗏁𗥃𗫡（申哇尚山成）(ndzei wa 1ion 1an 1ie Ндзей-ва Шион Шан-шие)。纸质八级。

馆册第6598号　第193卷

19 页，仅存经首，经题后有帙号和仁孝皇帝（尊号 1）御校勘。纸质一级。经文页面已经发黄。

馆册第1789号　第193卷

51 页，首残，结尾处重复经题。纸质一级。经文页面已经发黄。

馆册第1786号　第195卷

软纸封面，77 页，全文保存，结尾处重复经题，题记为：发愿者𗗙𗏁𗦳𗍳（泊尚善宝）(mbə 1io nəw ldiə Мбэ-шио Нэы-лдиэ)。纸质一级。

馆册第1799号　第195卷

79 页，尾残，经题后有仁孝皇帝（尊号 1）御校勘。纸质一级。经文页面已经发黄。

馆册第1785号　第196卷

60 页，首残，结尾处重复经题和帙号。纸质一级。

馆册第1784号　第196卷

73 页，全文保存，结尾处重复经题，题记为：发愿者𗗙𗏁𗫡𗍳（泊尚成娱）(mbe sio sie mbai Мбэ-шио Шие-ибай)。纸质一级。

馆册第1782号　第197卷

黄纸软封面只剩一半，66 页，全文保存，结尾处重复经题。纸质八级。

馆册第1777号　第198卷

黄纸软封面只剩一半，79 页，全文保存，结尾处重复经题，题记为：发愿者𗴂𗹦𗑗（高屈利），𗍳𗍫𗣼𗇋（别玉如麻）(kew khwi ldiə Кеы Кхви-лдиэ 和 Мбай-нгиу Ру-ма)。纸质一级。

馆册第3028号　第199卷

43 页，首残，结尾处重复经题，题记为：发愿者𗕣𗐱𗰛𗗚𗅋𗤶（㖃讹区金令方）、𗕣𗇅𗣼𗍫𗇋（嵬家㖃玉麻）(zwei ·o khin kên ldie Жвей-гхо Кхин-кен-лдие 和 zwei ka zi ngiu ma Жвей-ка Жи-нгиу-ма)。纸质一级。

馆册第1778号　第199卷

37 页，仅存经首，经题后有帙号和仁孝皇帝（尊号 1）御校勘。纸质一级。

馆册第1541号　第200卷

黄纸软封面只剩一半，64 页，全文保存，结尾处重复经题，题记为：发愿者[illegible]（李那征麻）、[illegible]（朱屈利成）、[illegible]（泊你屈哇屈）（lie ndon nei ma Лие-Ндон-нджин-ма 、t1iu khwi ldie sie Чиу-кхви Лдие-шие 和 mbə nin wa khwi Мбэ-нин ва-кхви）。纸质一级。经文页面上涂满了黄色颜料。

馆册第1536号　第201卷

70 页，全文保存，经题后有帙号，结尾处重复经题，经文中有几处页面背后粘有纸条，是西夏时期修补的。纸质八级。

馆册第1531号　第203卷

31 页，仅存经尾，结尾处重复经题。纸质八级。

馆册第1528号　第203卷

42 页，仅存经首，经文页面上有霉斑，残损严重。纸质八级。

馆册第1875号　第204卷

68 页，首残，结尾处重复经题。经文中有些地方粘有纸条，上面写有修改的字句。纸质八级。

馆册第1517号　第207卷

71 页，全文保存，经题后有帙号，结尾处重复经题和帙号，题记为：[illegible]（写经者毗嵬哆耶尚）(1iuo ngwe zi ·iwe 1ion Шиуо-нгве Жи-гхиве-шион)。纸质一级。经文页面已经发暗。

馆册第1516号　第208卷

黄纸软封面只剩一半，15 页，仅存经首，经题后有帙号。纸质一级。经文页面已经发暗。

馆册第1884号　第209卷

70 页，尾残。纸质八级。

馆册第1874号　第210卷

黄纸软封面只剩一半，69 页，全文保存，经题后有帙号。结尾处重复经题和帙号，题记为：

[illegible]

[illegible]

《大般若经》总发愿者娄禅定（la 1ian ndie Ла Шиан-ндие）

随善助愿者伍巴葛（ngu pa ka Нгу Па-ка）

纸质一级。

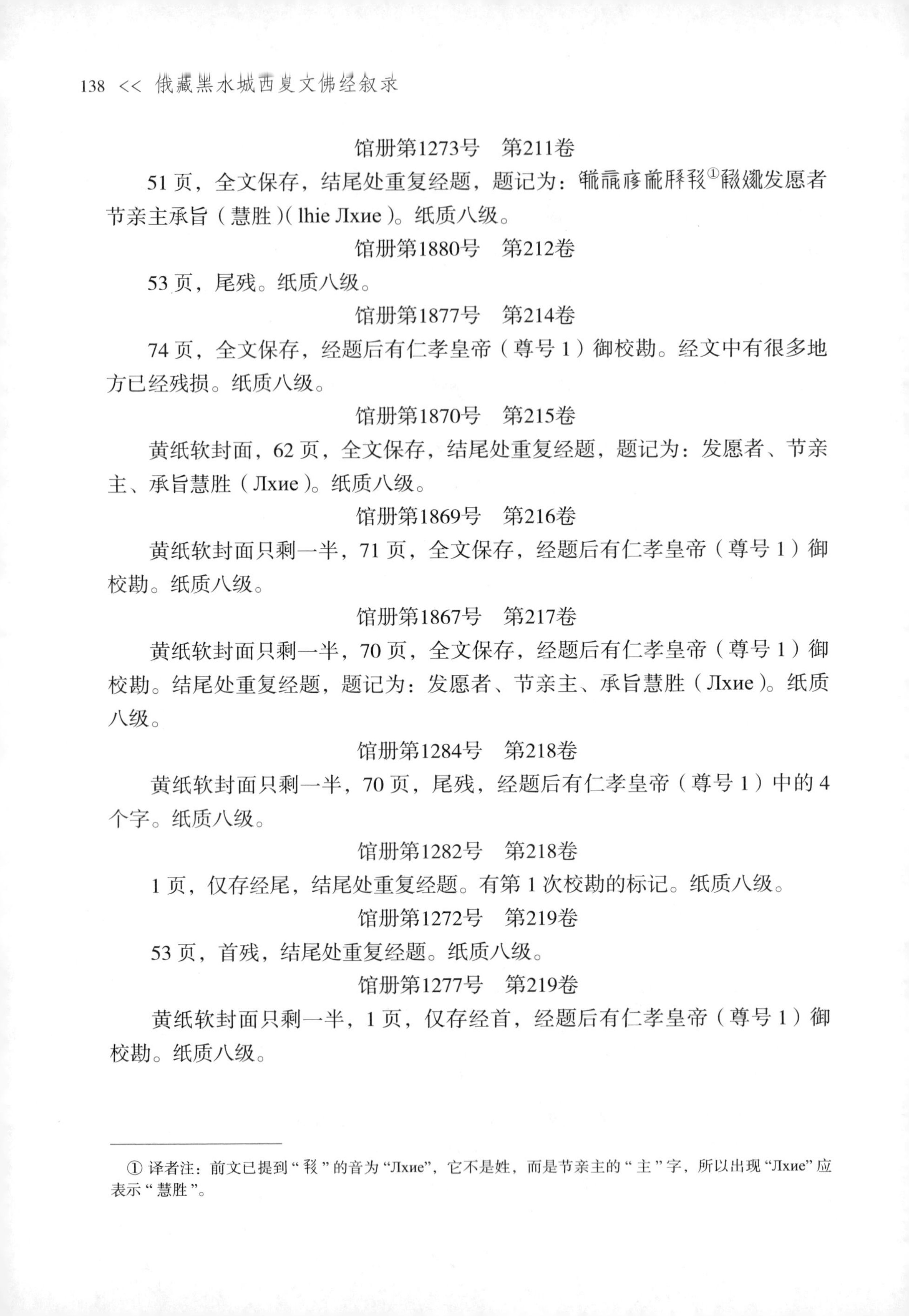

馆册第1273号　第211卷

51 页，全文保存，结尾处重复经题，题记为：[illegible]①[illegible]发愿者节亲主承旨（慧胜）(lhie Лхие)。纸质八级。

馆册第1880号　第212卷

53 页，尾残。纸质八级。

馆册第1877号　第214卷

74 页，全文保存，经题后有仁孝皇帝（尊号 1）御校勘。经文中有很多地方已经残损。纸质八级。

馆册第1870号　第215卷

黄纸软封面，62 页，全文保存，结尾处重复经题，题记为：发愿者、节亲主、承旨慧胜（Лхие）。纸质八级。

馆册第1869号　第216卷

黄纸软封面只剩一半，71 页，全文保存，经题后有仁孝皇帝（尊号 1）御校勘。纸质八级。

馆册第1867号　第217卷

黄纸软封面只剩一半，70 页，全文保存，经题后有仁孝皇帝（尊号 1）御校勘。结尾处重复经题，题记为：发愿者、节亲主、承旨慧胜（Лхие）。纸质八级。

馆册第1284号　第218卷

黄纸软封面只剩一半，70 页，尾残，经题后有仁孝皇帝（尊号 1）中的 4 个字。纸质八级。

馆册第1282号　第218卷

1 页，仅存经尾，结尾处重复经题。有第 1 次校勘的标记。纸质八级。

馆册第1272号　第219卷

53 页，首残，结尾处重复经题。纸质八级。

馆册第1277号　第219卷

黄纸软封面只剩一半，1 页，仅存经首，经题后有仁孝皇帝（尊号 1）御校勘。纸质八级。

---

① 译者注：前文已提到“[illegible]”的音为“Лхие”，它不是姓，而是节亲主的“主”字，所以出现“Лхие”应表示“慧胜”。

馆册第1403号　第221卷

64 页，尾残，经题后有帙号，经文页面上霉斑严重。纸质一级。

馆册第1402号　第221卷

蓝布软封面的标签上写有帙号，2 页，仅存经尾，重复经题和帙号。纸质 8 级。

馆册第7727号　第222卷

18 页，仅存经首。纸质一级。

馆册第1424号　第223卷

原为经折装，后改为卷子装。31.5 厘米 ×360 厘米，尾残。纸质一级。

馆册第1393号　第224卷

62 页，首残，结尾处重复经题。纸质一级。

馆册第1390号　第226卷

软纸封面上写有数字六和帙号，67 页，全文保存，经题后有帙号。结尾处重复经题和帙号。纸质一级。

馆册第1385号　第228卷

70 页，全文保存，结尾处重复经题。纸质一级。

馆册第1980号　第229卷

61 页，尾残。纸质一级。

馆册第1979号　第229卷

15 页，仅存经尾，结尾处重复经题。经文中有些用草体书写的字，无法辨认。纸质一级。

馆册第1410号　第230卷

67 页，全文保存，经题后有帙号，结尾处重复经题和帙号。纸质一级。

馆册第1376号　第231卷

黄纸软封面只剩下一半，72 页，全文保存，结尾处重复经题。纸质八级。

馆册第1411号　第232卷

75 页，全文保存，结尾处重复经题。纸质八级。

馆册第1373号　第233卷

69 页，首残，结尾处重复经题。纸质八级。

馆册第1417号　第234卷

66 页，首残，结尾处重复经题。纸质八级。

馆册第1415号　第236卷

3 页，仅存经首。纸质八级。

馆册第1408号　第237卷

73 页，首残，结尾处重复经题。纸质八级。

馆册第1832号　第238卷

7 页，仅存经首。纸质八级。

馆册第2784号　第238卷

28 页，仅存经尾，结尾处重复经题，题记为：抄经者䋺𠈁（狄布）(sew khwa Сеы Кхва)。纸质八级。

馆册第1371号　第239卷

黄纸软封面只剩下一半，80 页，全文保存，结尾处重复经题。纸质八级。

馆册第2791号　第240卷

12 页，7 页，仅存经首，另 5 页，仅存经尾。结尾处重复经题。纸质一级。

馆册第2237号　第241卷

黄纸软封面只剩下一半，59 页，全文保存，经题后有仁孝皇帝（尊号 1）中的 1 个字。结尾处重复经题，经文页面上霉斑严重。纸质一级。

馆册第2239号　第242卷

60 页，全文保存，经题后有仁孝皇帝（尊号 1）中的 3 个字。结尾处重复经题。纸质一级。

馆册第2775号　第243卷

黄纸软封面，60 页，全文保存，经题后有帙号和仁孝皇帝（尊号 1）中的前 4 个字。结尾处重复经题和帙号。纸质一级。

馆册第2769号　第244卷

黄纸软封面只剩下一半，70 页，全文保存，经题后有仁孝皇帝（尊号 1）中的 2 个字。结尾处重复经题。纸质一级。

馆册第2234号　第245卷

58 页，首残，结尾处重复经题，经文由于受潮和发霉，页面有粘连，有的页面已经残损。纸质八级。

馆册第2238号　第245卷

黄纸软封面只剩一半，41 页，尾残，经题后有仁孝皇帝（尊号 1）中的 1 个字。纸质八级。

馆册第2791号　第246卷

2 页，仅存经尾，结尾处重复经题。纸质八级。

馆册第2770号　第248卷

黄纸软封面，56 页，全文保存，经题后有仁孝皇帝（尊号 1）中的两个字。结尾处重复经题。纸质八级。

馆册第2786号　第249卷

黄纸软封面，65 页，全文保存，经题后有帙号和仁孝皇帝（尊号 1）御校勘。结尾处重复经题。纸质一级。

馆册第2777号　第250卷

黄纸软封面只剩下一半，49 页，尾残，经题后有帙号和仁孝皇帝（尊号 1）御校勘。纸质八级。

馆册第2212号　第251卷

55 页，首残，结尾处重复经题，题记为：抄经者嵬名（ngwe mi Нгве-ми）。纸质一级。

馆册第2254号　第252卷

黄纸软封面只剩下一半，79 页，全文保存，结尾处重复经题，题记为：净本抄者嵬名（Нгве-ми）。纸质一级。

馆册第2227号　第253卷

黄纸软封面，72 页，全文保存，结尾处重复经题，题记为：抄经者嵬名（Нгве-ми）。纸质一级。

馆册第2218号　第254卷

黄纸软封面只剩下一半，76 页，全文保存，结尾处重复经题，题记为：抄经者嵬名（Нгве-ми）。纸质一级。

馆册第2226号　第255卷

66 页，首残，结尾处重复经题，经文页面霉斑严重。纸质一级。

馆册第1127号　第256卷

黄纸软封面，69 页，全文保存，结尾处重复经题，题记为：抄经者嵬名（Нгве-ми）。

馆册第2223号　第257卷

41 页，首残，结尾处重复经题。纸质八级。

馆册第2213号　第258卷

黄纸软封面只剩下一半，55 页，尾残。纸质八级。

馆册第2210号　第259卷

23 页，仅存经尾，结尾处重复经题。纸质八级。

馆册第1350号　第261卷

黄纸软封面只剩下一半，64 页，全文保存，经题后有仁孝皇帝（尊号 1）御校勘。结尾处重复经题。经文由于受潮页面有粘连，且残损严重。纸质一级。

馆册第1351号　第263卷

黄纸软封面只剩下一半，75 页，全文保存，经题后有仁孝皇帝（尊号 1）中的 8 个字。结尾处重复经题。纸质八级。

馆册第1354号　第264卷

68 页，首残，结尾处重复经题。纸质八级。

馆册第8309号　第265卷

原为经折装，后来改为卷子装。31.5×353 厘米，首残，纸质一级。

馆册第1364号　第266卷

70 页，首残，结尾处重复经题，经文前几页由于发霉有残损。纸质 8 级。

馆册第1358号　第268卷

黄纸软封面只剩下一半，68 页，尾残。纸质八级。

馆册第1355号　第269卷

黄纸软封面只剩下一半，11 页，仅存经首。纸质一级。

馆册第1359号　第270卷

46 页，仅存经尾，结尾处重复经题。纸质一级。有的经文行距间添写有小字。

馆册第1142号　第271卷

32 页，仅存经首，纸质八级。经文的最后几页被揉皱了，残损严重。

馆册第1137号　第271卷

66 页，首残，结尾处重复经题。纸质一级。

馆册第1151号　第272卷

66 页，全文保存，经题后有帙号，结尾处重复经题和帙号。纸质一级。经文页面已经发暗。

馆册第1153号　第273卷

3 页，仅存经尾，重复经题和帙号，题记为：发愿者蔽嬿陵祇（娄善葛犬）（la nəw ka khwi Ла-нэы Ка-кхви），抄经者蜀嵬㖅耶尚（Шиуо-нгве Жи-гхиве-

шион)。题记中的字写得很奇怪，每个字的中间留有空隙。纸质一级。经文页面已经发黄。

馆册第1150号 第273卷

34页，仅存经首，经题后有帙号和仁孝皇帝（尊号1）中的前4个字。纸质八级。

馆册第1251号 第274卷

72页，全文保存，经题后有帙号，结尾处重复经题和帙号。纸质八级。

馆册第7769号 第275卷

46页，仅存经尾，结尾处重复经题，经文最后几页被揉皱撕坏。纸质一级。

馆册第1132号 第276卷

1页，仅存经首，经题后有帙号。纸质一级。

馆册第1129号 第276卷

27页，仅存经尾，结尾处重复经题。有第1次校勘的标记。纸质一级。

馆册第1133号 第277卷

40页，仅存经尾，结尾处重复经题。纸质八级。

馆册第1128号 第278卷

68页，首残，结尾处重复经题。纸质八级。

馆册第1137号 第280卷

66页，全文保存，经题后有帙号，结尾处重复经题和帙号。经文最后几页已经残朽。纸质一级。经文页面已经发黄。

馆册第1261号 第281卷

软纸封面，77页，全文保存，结尾处重复经题。纸质八级。

馆册第1247号 第283卷

黄纸软封面只剩下一半，63页，尾残。纸质八级。

馆册第1622号 第292卷

1页，仅存经首，经题后有仁孝皇帝（尊号1）中的前4个字。纸质一级。

馆册第1311号 第292卷

72页，首残，结尾处重复经题。纸质八级。

馆册第1287号 第293卷

黄纸软封面只剩下一半，76页，全文保存，经题后有仁孝皇帝（尊号1）中的6个字。纸质八级。

馆册第1296号　第294卷

黄纸软封面只剩下一半，72 页，全文保存，经题后有仁孝皇帝（尊号 1）中的 4 个字。纸质八级。

馆册第1295号　第295卷

62 页，首残，结尾处重复经题。纸质一级。

馆册第3527号　第297卷

1 页，仅存经首，经题后有仁孝皇帝（尊号 1）中的 4 个字。纸质一级。

馆册第1304号　第297卷

50 页，首残，结尾处重复经题，经文下半部分已经残朽。纸质一级。经文页面已经发暗。

馆册第2756号　第297卷

2 页，仅存经尾，结尾处重复经题，有添加的字，内容为："钟声已经敲响，如果你不快快起来，到护法金刚、善的灵魂守护者的面前，那么你就会招惹神灵发怒。在这世界上，幸福和安宁是如此的不牢靠，死后你将会变成毒蛇。"纸质一级。

馆册第1317号　第298卷

66 页，尾残。纸质 一级。

馆册第1316号　第298卷

黄纸软封面只剩下一半，2 页，仅存经尾，结尾处重复经题，题记为：𗗙𗖻𗣼𗡪𗤶𗉣（随喜发愿者刘）(lew Леы Лю)。纸质八级。

馆册第1865号　第300卷

64 页，全文保存，结尾处重复经题，经文已经硬化，霉斑严重，最后几页的下半部分已经残朽。纸质一级。

馆册第1848号　第301卷

66 页，全文保存，结尾处重复经题。纸质一级。

馆册第1837号　第302卷

3 页，仅存经首。纸质八级。

馆册第1840号　第302卷

41 页，首残，结尾处重复经题，题记为：施写发愿者𗁅𗹙𗉘𗏁𗏡（王葛山那麻）(won kiwe 1an na ma Вон-киве Шань-на-ма)。纸质八级。

馆册第1859号　第304卷

72 页，全文保存，结尾处重复经题，题记为：发愿者𗤋𗦇𗥤𗥃𗂸（没离金

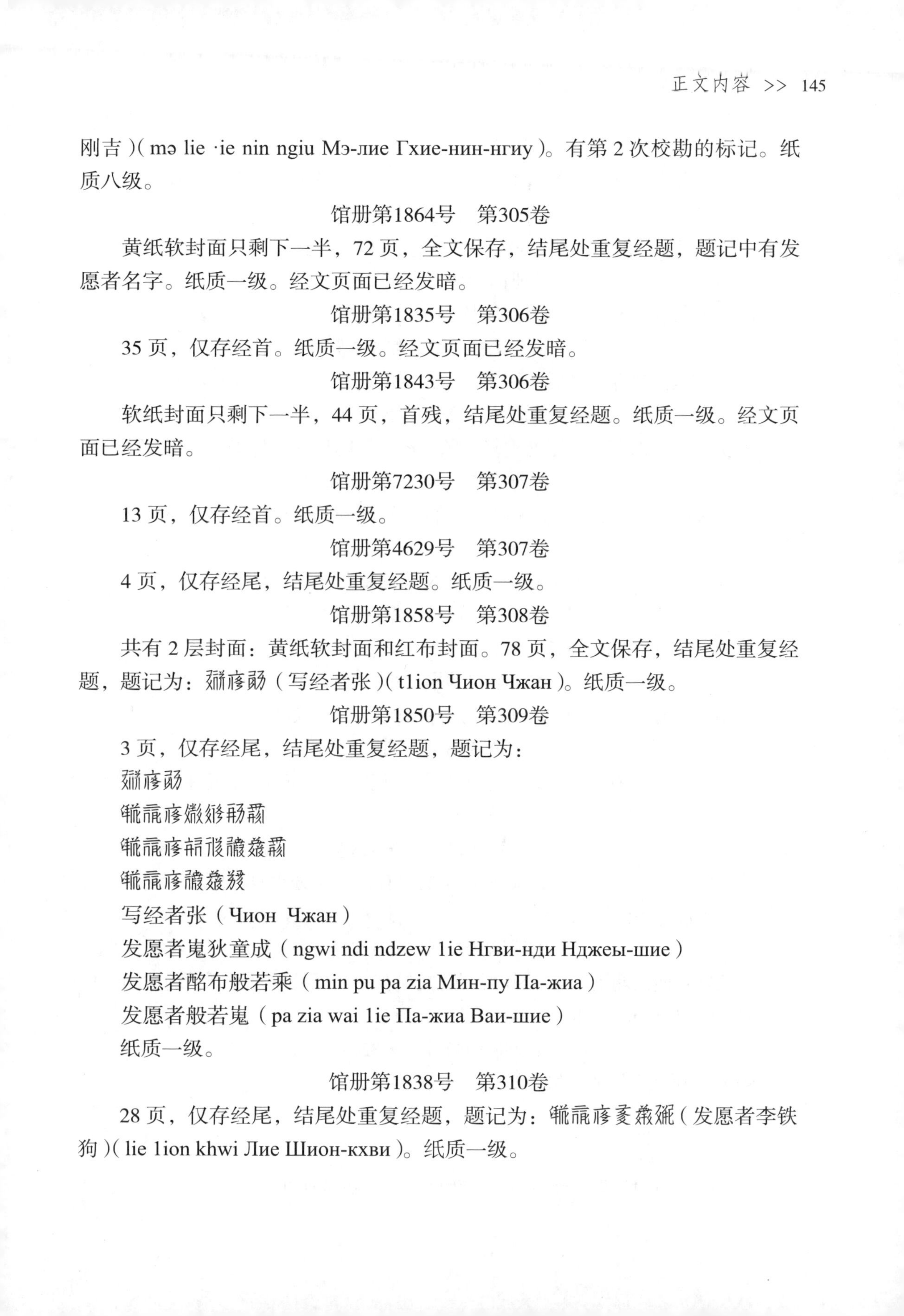

刚吉)(mə lie ·ie nin ngiu Мэ-лие Гхие-нин-нгиу)。有第 2 次校勘的标记。纸质八级。

馆册第1864号　第305卷

黄纸软封面只剩下一半，72 页，全文保存，结尾处重复经题，题记中有发愿者名字。纸质一级。经文页面已经发暗。

馆册第1835号　第306卷

35 页，仅存经首。纸质一级。经文页面已经发暗。

馆册第1843号　第306卷

软纸封面只剩下一半，44 页，首残，结尾处重复经题。纸质一级。经文页面已经发暗。

馆册第7230号　第307卷

13 页，仅存经首。纸质一级。

馆册第4629号　第307卷

4 页，仅存经尾，结尾处重复经题。纸质一级。

馆册第1858号　第308卷

共有 2 层封面：黄纸软封面和红布封面。78 页，全文保存，结尾处重复经题，题记为：[illegible]（写经者张）(t1ion Чион Чжан)。纸质一级。

馆册第1850号　第309卷

3 页，仅存经尾，结尾处重复经题，题记为：

[illegible]

[illegible]

[illegible]

[illegible]

写经者张（Чион Чжан）

发愿者嵬狄童成（ngwi ndi ndzew 1ie Нгви-нди Нджеы-шие）

发愿者酩布般若乘（min pu pa zia Мин-пу Па-жиа）

发愿者般若嵬（pa zia wai 1ie Па-жиа Ваи-шие）

纸质一级。

馆册第1838号　第310卷

28 页，仅存经尾，结尾处重复经题，题记为：[illegible]（发愿者李铁狗）(lie 1ion khwi Лие Шион-кхви)。纸质一级。

馆册第1337号　第311卷

39 页，仅存经首，经题后有帙号。纸质一级。经文页面已经发暗。

馆册第1325号　第312卷

黄纸软封面只剩下一半，80 页，尾残。纸质八级。

馆册第1327号　第312卷

26 页，仅存经尾，结尾处重复经题。纸质八级。

馆册第1330号　第313卷

71 页，全文保存，最后 7 页无栏线，结尾处重复经题。纸质八级。

馆册第1321号　第316卷

69 页，全文保存，结尾处重复经题，经文最后几页被撕坏。纸质八级。

馆册第1341号　第318卷

黄纸软封面只剩下一半，6 页，仅存经首，经文页面霉斑严重。纸质八级。

馆册第1311号　第318卷

72 页，首残，结尾处重复经题，经文页面霉斑严重。纸质八级。

馆册第7796号　第319卷

10 页，仅存经首，经题后用草体书写仁孝皇帝（尊号 1）。纸质八级。

馆册第1329号　第319卷

10 页，仅存经尾，结尾处重复经题和帙号。纸质八级。

馆册第1943号　第322卷

80 页，全文保存，结尾处重复经题，题记为：[illegible][1]（发愿写者拏什禅修者）。有第 1 次校勘的标记。纸质八级。

馆册第1971号　第323卷

黄纸软封面只剩下一半，80 页，全文保存，结尾处重复经题，经文上端有一部分为墨迹所污。纸质一级。

馆册第1927号　第324卷

黄纸软封面只剩下一半，80 页，全文保存，结尾处重复经题，题记为：抄经者[illegible]（张）(Чион)。纸质八级。

馆册第1942号　第326卷

80 页，尾残。纸质八级。

---

① 俄译翻译成汉语：仁慈善良的施写发愿者、禅修者 lie lian mdie Шиэ Шиан-ндие。

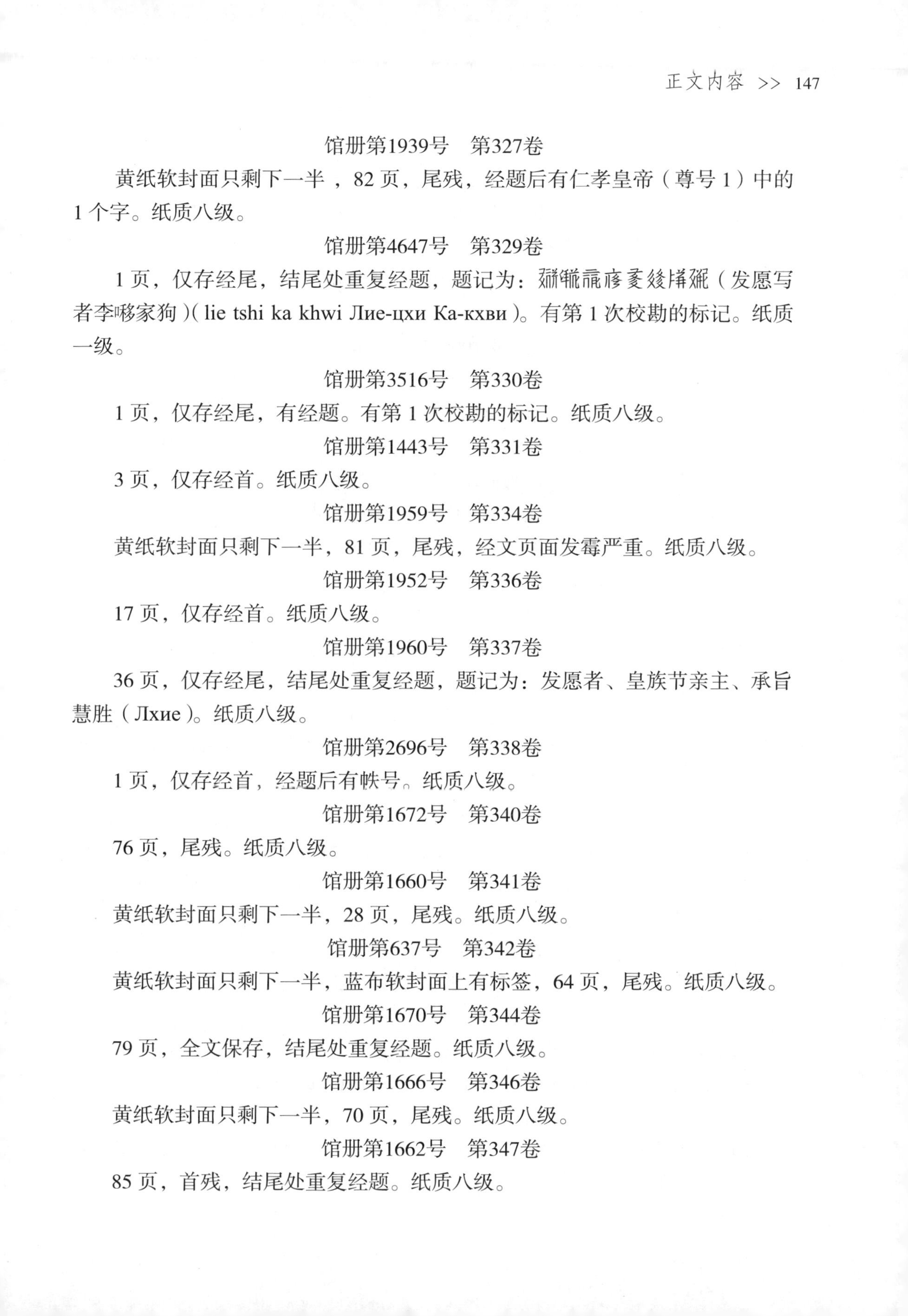

馆册第1939号　第327卷

黄纸软封面只剩下一半，82 页，尾残，经题后有仁孝皇帝（尊号 1）中的 1 个字。纸质八级。

馆册第4647号　第329卷

1 页，仅存经尾，结尾处重复经题，题记为：[illegible]（发愿写者李嗘家狗）(lie tshi ka khwi Лие-цхи Ка-кхви)。有第 1 次校勘的标记。纸质一级。

馆册第3516号　第330卷

1 页，仅存经尾，有经题。有第 1 次校勘的标记。纸质八级。

馆册第1443号　第331卷

3 页，仅存经首。纸质八级。

馆册第1959号　第334卷

黄纸软封面只剩下一半，81 页，尾残，经文页面发霉严重。纸质八级。

馆册第1952号　第336卷

17 页，仅存经首。纸质八级。

馆册第1960号　第337卷

36 页，仅存经尾，结尾处重复经题，题记为：发愿者、皇族节亲主、承旨慧胜（Лхие）。纸质八级。

馆册第2696号　第338卷

1 页，仅存经首，经题后有帙号。纸质八级。

馆册第1672号　第340卷

76 页，尾残。纸质八级。

馆册第1660号　第341卷

黄纸软封面只剩下一半，28 页，尾残。纸质八级。

馆册第637号　第342卷

黄纸软封面只剩下一半，蓝布软封面上有标签，64 页，尾残。纸质八级。

馆册第1670号　第344卷

79 页，全文保存，结尾处重复经题。纸质八级。

馆册第1666号　第346卷

黄纸软封面只剩下一半，70 页，尾残。纸质八级。

馆册第1662号　第347卷

85 页，首残，结尾处重复经题。纸质八级。

馆册第1918号　第348卷

黄纸软封面只剩下一半，74 页，全文保存，结尾处重复经题。纸质八级。

馆册第1636号　第351卷

76 页，全文保存，结尾处重复经题。纸质一级。

馆册第8310号　第352卷

18 页，仅存经首。纸质八级。

馆册第1908号　第354卷

23 页，仅存经首。纸质八级。

馆册第1899号　第357卷

8 页，仅存经首。纸质一级。

馆册第1898号　第357卷

64 页，首残，结尾处重复经题和帙号。纸质八级。

馆册第1643号　第359卷

65 页，首残，结尾处重复经题。纸质八级。

馆册第1614号　第360卷

76 页，全文保存，结尾处重复经题，经文中粘有添写小字的纸条。纸质八级。

馆册第1632号　第361卷

黄纸软封面，76 页，全文保存，结尾处重复经题，经文页面霉斑严重。纸质一级。

馆册第1623号　第362卷

黄纸软封面只剩下一半，74 页，全文保存，经题后有仁孝皇帝（尊号 1）中的 6 个字。结尾处重复经题。经文中粘有纸条，上面写有修改的字句。纸质八级。

馆册第1630号　第363卷

5 页，仅存经尾，结尾处重复经题。纸质八级。

馆册第1600号　第363卷

82 页，全文保存，结尾处重复经题，题记为：𗗙𗢳𗰜𗎘𗹦𗖵𗴂𗓁（发愿施写者泊尚童男）(mbə 1io mdzew zi Мбэ-шио Нджеы-жи)。纸质八级。

馆册第1601号　第365卷

75 页，全文保存，结尾处重复经题。有第 1 次校勘的标记，经文页面上有霉斑。纸质八级。

馆册第1602号　第366卷

黄纸软封面只剩下一半，31 页，仅存经首，经文中有些地方粘有纸条，上面写有修改的字句。纸质八级。

馆册第1599号　第366卷

38 页，仅存经尾，结尾处重复经题，用草体书写：已校勘。纸质八级。经文页面已经发黄。

馆册第1627号　第367卷

70 页，首残，结尾处重复经题。有第 1 次校勘的标记。纸质八级。

馆册第1624号　第368卷

软纸封面，60 页，尾残。经题后有帙号。纸质一级。

馆册第1629号　第369卷

黄纸软封面，76 页，全文保存，经题后有帙号，结尾处重复经题和帙号。经文中有些地方粘有纸条，上面写有修改的字句。纸质八级。

馆册第3194号　第370卷

70 页，首残，结尾处重复经题，经文页面霉斑严重。纸质一级。

馆册第1555号　第371卷

63 页，首残，结尾处重复经题和帙号，题记为：

[illegible]

[illegible]

《大般若经》总发愿者、禅修者娄（Ла Шиан-ндие）

随喜发愿者梁才葛（lion ndzie ka Лион Ндзие-ка）

纸质一级。

馆册第1565号　第372卷

72 页，全文保存，仅存经首题记，后有帙号，结尾处重复经题和帙号，纸质一级。

馆册第2661号　第373卷

51 页，仅存经首，经题后有帙号，纸质八级。

馆册第1543号　第373卷

43 页，首残，结尾处重复经题和帙号，经文前几页被揉皱，纸质八级。

馆册第7816号　第374卷

3 页，仅存经首，经文页面被揉皱，纸质八级。

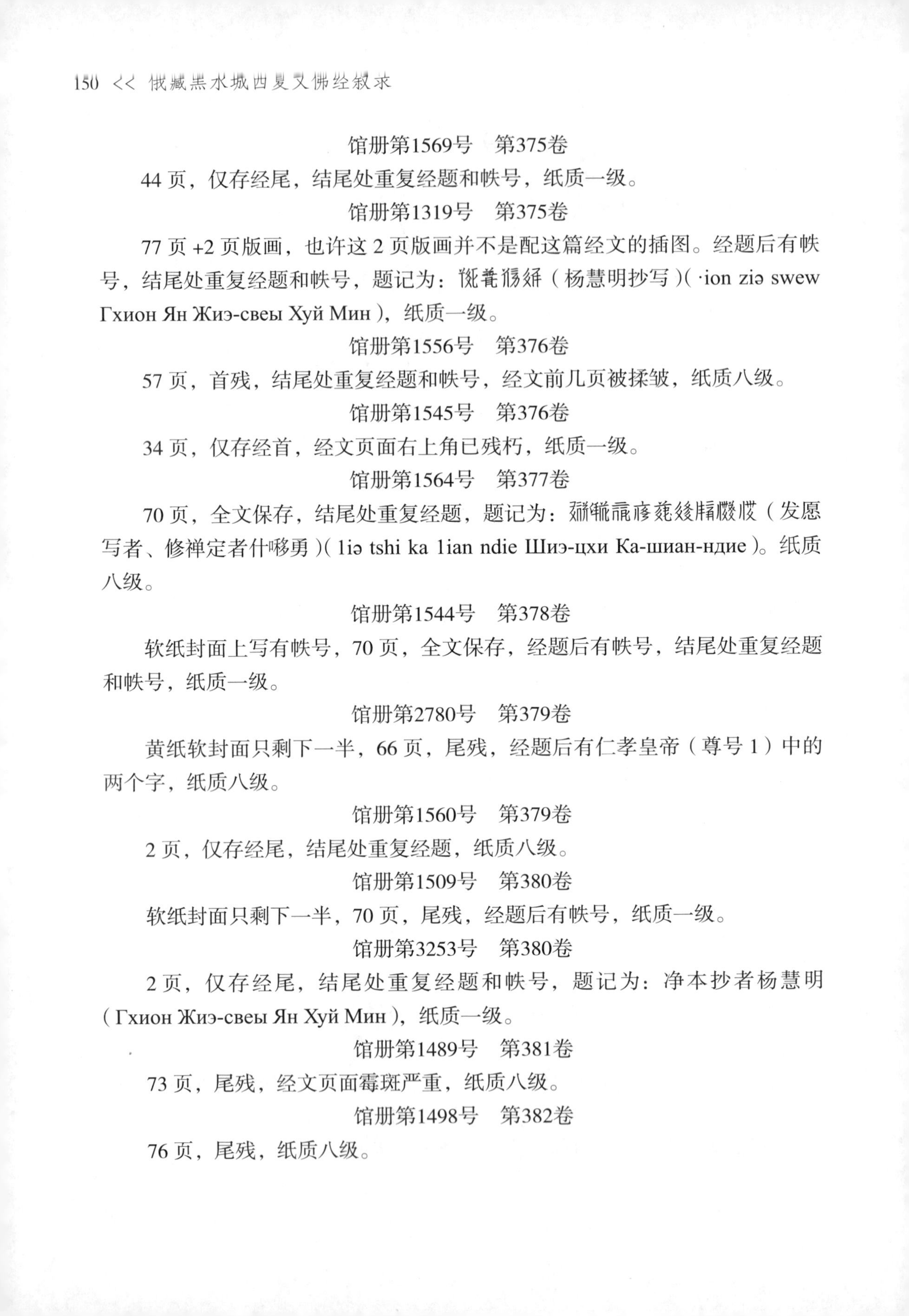

馆册第1569号　第375卷

44 页，仅存经尾，结尾处重复经题和帙号，纸质一级。

馆册第1319号　第375卷

77 页 +2 页版画，也许这 2 页版画并不是配这篇经文的插图。经题后有帙号，结尾处重复经题和帙号，题记为：[illegible]（杨慧明抄写）(·ion ziə swew Гхион Ян Жиэ-свеы Хуй Мин)，纸质一级。

馆册第1556号　第376卷

57 页，首残，结尾处重复经题和帙号，经文前几页被揉皱，纸质八级。

馆册第1545号　第376卷

34 页，仅存经首，经文页面右上角已残朽，纸质一级。

馆册第1564号　第377卷

70 页，全文保存，结尾处重复经题，题记为：[illegible]（发愿写者、修禅定者什哆勇）(1iə tshi ka 1ian ndie Шиэ-цхи Ка-шиан-ндие)。纸质八级。

馆册第1544号　第378卷

软纸封面上写有帙号，70 页，全文保存，经题后有帙号，结尾处重复经题和帙号，纸质一级。

馆册第2780号　第379卷

黄纸软封面只剩下一半，66 页，尾残，经题后有仁孝皇帝（尊号 1）中的两个字，纸质八级。

馆册第1560号　第379卷

2 页，仅存经尾，结尾处重复经题，纸质八级。

馆册第1509号　第380卷

软纸封面只剩下一半，70 页，尾残，经题后有帙号，纸质一级。

馆册第3253号　第380卷

2 页，仅存经尾，结尾处重复经题和帙号，题记为：净本抄者杨慧明（Гхион Жиэ-свеы Ян Хуй Мин)，纸质一级。

馆册第1489号　第381卷

73 页，尾残，经文页面霉斑严重，纸质八级。

馆册第1498号　第382卷

76 页，尾残，纸质八级。

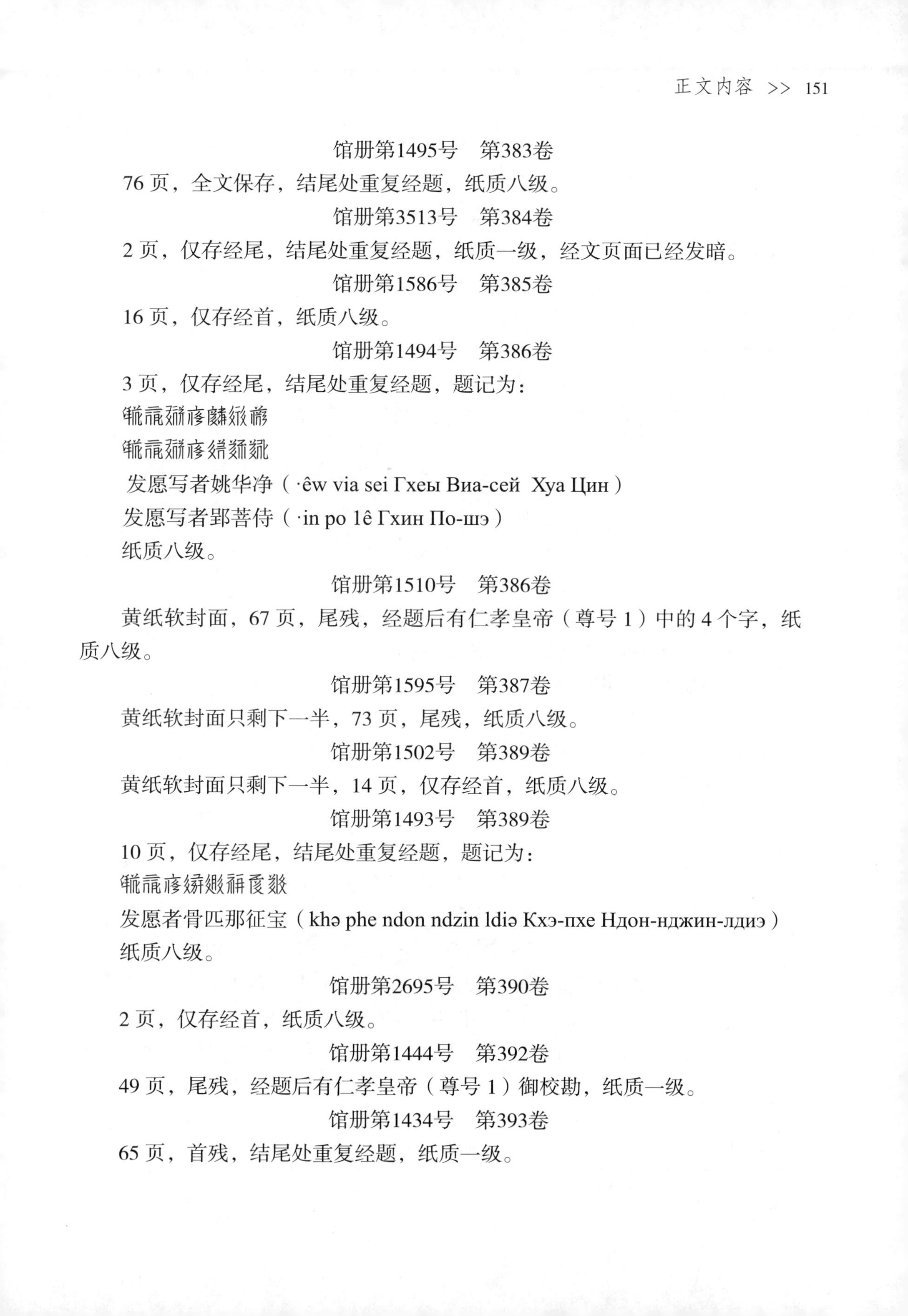

馆册第1495号　第383卷

76 页，全文保存，结尾处重复经题，纸质八级。

馆册第3513号　第384卷

2 页，仅存经尾，结尾处重复经题，纸质一级，经文页面已经发暗。

馆册第1586号　第385卷

16 页，仅存经首，纸质八级。

馆册第1494号　第386卷

3 页，仅存经尾，结尾处重复经题，题记为：

[illegible]

[illegible]

发愿写者姚华净（·êw via sei Гхеы Виа-сей Хуа Цин）

发愿写者郢菩侍（·in po 1ê Гхин По-шэ）

纸质八级。

馆册第1510号　第386卷

黄纸软封面，67 页，尾残，经题后有仁孝皇帝（尊号 1）中的 4 个字，纸质八级。

馆册第1595号　第387卷

黄纸软封面只剩下一半，73 页，尾残，纸质八级。

馆册第1502号　第389卷

黄纸软封面只剩下一半，14 页，仅存经首，纸质八级。

馆册第1493号　第389卷

10 页，仅存经尾，结尾处重复经题，题记为：

[illegible]

发愿者骨匹那征宝（khə phe ndon ndzin ldiə Кхэ-пхе Ндон-нджин-лдиэ）

纸质八级。

馆册第2695号　第390卷

2 页，仅存经首，纸质八级。

馆册第1444号　第392卷

49 页，尾残，经题后有仁孝皇帝（尊号 1）御校勘，纸质一级。

馆册第1434号　第393卷

65 页，首残，结尾处重复经题，纸质一级。

馆册第1426号　第393卷

2 页，仅存经首，纸质一级。

馆册第1431号　第394卷

48 页，首残，结尾处重复经题，纸质一级。

馆册第1442号　第398卷

41 页，仅存经首，经题后有仁孝皇帝（尊号 1）御校勘，纸质一级，经文页面已经发暗。

馆册第1445号　第398卷

23 页，仅存经尾，结尾处重复经题，纸质一级，经文页面已经发黄。

馆册第1440号　第399卷

64 页，首残，结尾处重复经题，纸质一级，经文页面已经发暗。

馆册第3236号　第400卷

黄纸软封面只剩下一半，63 页，尾残，经题后有仁孝皇帝（尊号 1）御校勘。纸质一级，经文页面已经发暗。

馆册第3525号　第400卷

1 页，仅存经尾，结尾处重复经题，题记为：

[illegible]

[illegible]□①

发愿者、禅修者骨匹尼林章

写者韦慧宝、祀□

另有 13 个人名字，用草体书写，纸质一级，经文页面已经发暗。

第13号

[illegible]

《大般若波罗蜜多经》

这一组佛经都有黄色软封面。以前按照外观尺寸大小和其他一些特征将它们与第 12 号经目区分开来，如每一行中字数较多、无栏线，等等。而实际上，正如我们所猜想的那样，这些经文是第 12 号残经的仅存经首部分。这恰好是

① 译者注：此处的发愿者也是禅修者，是一个人，名字是“[illegible]”（骨匹尼林章），克恰诺夫把发愿者和修习禅定者看作两个人，有误。根据俄译翻译成汉文，内容是：发愿者 khə phe nie ldi Кхэ-пхе Ние-лди。禅修者 t1ion 1ian ndiə Чион Шиан-ндие。抄经者慧宝 we zie ldie Ве Жиэ-лдиэ（Хуй Бао）、ze Же。

第 12 号佛经中所缺少的前 20 卷经文。有的经文并不是很符合我们所总结出的共同特点，当然了，这在西夏文佛经当中也属于再正常不过的情况。其中有两至三卷经文的发愿者是郑罗麻（Чен Лиа-ма），在第 12 号佛经中我们已经遇到过这个名字。抄经者是牢玉显匹（Лхиуо-нгиу Щиа-пхи），这个名字还是第 1 次出现。

此组佛经中全文保存的经文有第 3、4、5、12 卷。佚失的经文有第 1、11、14、15、17—20 卷。其余只剩下残片。

这组佛经具有的共同特点是：写本经折装，外观尺寸 31.5 厘米 ×11.5 厘米，每页 6 行，每行 18 个字。上边距 3 厘米，下边距 2.2 厘米。纸质八级。

馆册第830号　第2卷

84 页，首残，结尾处重复经题，题记为：

[illegible]

写经者牢玉显匹（lhiuo ngiu 1ia phi Лхиуо-нгиу Шиа-пхи）

馆册第991号　第3卷

软纸封面只剩下一半，77 页，全文保存，经题后有仁孝皇帝（尊号 1）御校勘。结尾处重复经题，题记中用草体书写发愿者的名字，但无法辨认。

馆册第990号　第4卷

黄纸软封面只剩下一半，79 页，全文保存，结尾处重复经题，题记中用草体书写发愿者的名字，但无法辨认。抄经者牢玉显匹（Лхиуо-нгиу Шиа-пхи）。

馆册第2204号　第5卷

黄纸软封面只剩下一半，79 页，全文保存，结尾处重复经题。

馆册第790号　第6卷

2 页，仅存经尾，结尾处重复经题。

馆册第2202号　第7卷

51 页，尾残，经题后有仁孝皇帝（尊号 1）御校勘。

馆册第1631号　第7卷

12 页，仅存经尾，结尾处重复经题和帙号。有第 1 次校勘的标记。

馆册第2201号　第8卷

52 页，首残，尾处重复经题。

馆册第985号　第9卷

共 2 层封面：黄纸软封面和棕色软布封面。70 页，尾残。经题后有仁孝皇帝（尊号 1）御校勘。

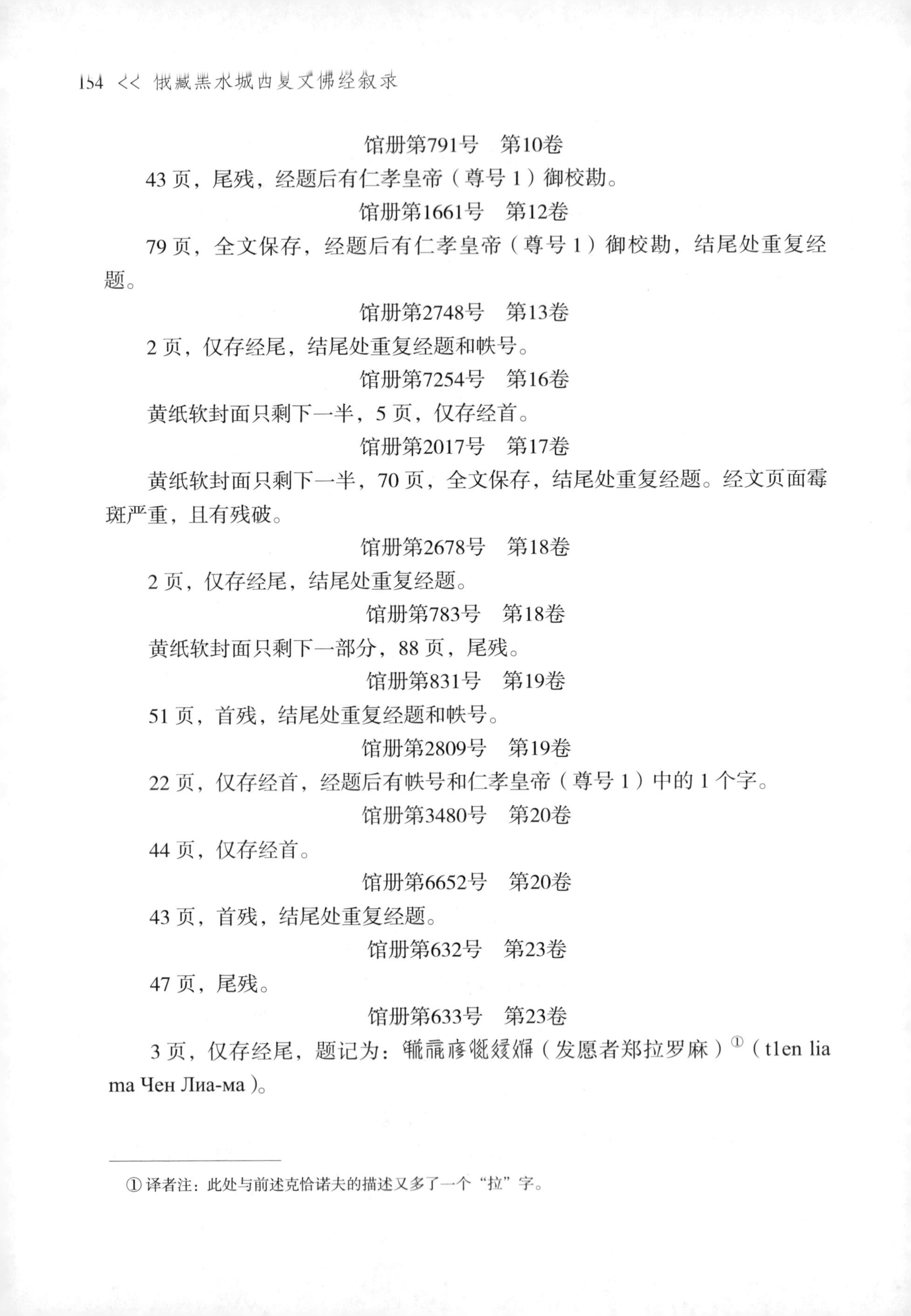

馆册第791号　第10卷

43 页，尾残，经题后有仁孝皇帝（尊号 1）御校勘。

馆册第1661号　第12卷

79 页，全文保存，经题后有仁孝皇帝（尊号 1）御校勘，结尾处重复经题。

馆册第2748号　第13卷

2 页，仅存经尾，结尾处重复经题和帙号。

馆册第7254号　第16卷

黄纸软封面只剩下一半，5 页，仅存经首。

馆册第2017号　第17卷

黄纸软封面只剩下一半，70 页，全文保存，结尾处重复经题。经文页面霉斑严重，且有残破。

馆册第2678号　第18卷

2 页，仅存经尾，结尾处重复经题。

馆册第783号　第18卷

黄纸软封面只剩下一部分，88 页，尾残。

馆册第831号　第19卷

51 页，首残，结尾处重复经题和帙号。

馆册第2809号　第19卷

22 页，仅存经首，经题后有帙号和仁孝皇帝（尊号 1）中的 1 个字。

馆册第3480号　第20卷

44 页，仅存经首。

馆册第6652号　第20卷

43 页，首残，结尾处重复经题。

馆册第632号　第23卷

47 页，尾残。

馆册第633号　第23卷

3 页，仅存经尾，题记为：[illegible]（发愿者郑拉罗麻）[①]（t1en lia ma Чен Лиа-ма）。

① 译者注：此处与前述克恰诺夫的描述又多了一个“拉”字。

第14号

[illegible]

《大般若波罗蜜多经》

根据我们所见到的年款，这一组经目大概写于1201年。经题中指出了一些发愿者的名字，其中提到次数最多的有梁氏家族（Лион Лян）和布青家族（Пу-цхие）。有些经文中粘有纸条，上面用兰查体梵文书写陀有罗尼咒语。这些咒语一般粘贴在经文最后一页的背面。此组佛经通常是蓝布软封面或是白色和黄色的软纸封面。有时候一本经文同时具有软纸封面和布封面两层。此组佛经的外观尺寸在31~33×11~13厘米。一部分经文有栏线，另一部分则没有。

此组佛经完全保存的卷数有：第1、2、4—6、10—12、16、20、21、24、27、30—34、37、40、42、44、46—50、54、55、61、62、65、67、70—72、74—85、87—90、94、95、105、106、109、112、114、118、127、129、131、136、137、142、143、145—148、150、155、157、162、163、168、169、182、184、188、189、191、193、195、196、200、202、205、206、213、215、217、218、226、232、236、237、255、258、264、274、282—284、303、315、319、320、322、337—339、343、373、387、390、391、396卷，也就是说400卷经文中有近四分之一的经文保存完整。

完全佚失的经文卷数有第：14、15、17—19、23、28、29、35、36、38、39、41、43、51—53、56、58—60、66、68、73、91、93、100—104、107、108、110、111、113、115、116、119、120、122、124、125、128、130、132—135、138、140、141、144、149、151—154、156、158—161、164—167、170、173、175—183、185—187、190、192、194、197、199、201、203、204、207—212、214、216、224、225、227—231、233—235、238—242、245、248、250、252、253、254、256、257、259—263、265—271、273、275—277、279—281、285、287、290—295、297—302、304—314、317、318、321、323—328、330、331、333—335、340、341、344—347、349—361、363—369、372、374—381、386、388、389、392—395、397—400卷。

这组佛经中外观尺寸较为标准的经文具有以下特征：写本经折装，32厘米×12厘米，每页7行，每行18个字。上边距3厘米，下边距3厘米。淡墨线勾栏。纸质一级。非标准特征的经文将在叙述时逐个予以说明。

馆册第2209号　第1卷

两层封面：内层为带有朱砂刻印标签的软纸封面，外层是粘有两块黄纸标签的蓝绸封面，1个上面写有经文名称，另1个上面写着前10卷经文的帙号。全文保存，经题后有仁孝皇帝（尊号1）中的4个字。结尾处重复经题和帙号。草体书写的题记中，发愿者的名字无法辨认。有校勘的记录。

馆册第992号　第2卷

两层封面：内层软纸封面上粘贴的标签上用兰查体书写陀罗尼经咒，外层蓝绸封面上粘有两块黄纸标签。73页，全文保存，经题后有仁孝皇帝（尊号1）御校勘。结尾处重复经题。用草体书写的题记无法辨认。经文上有同心圆的花饰图案。

馆册第797号　第3卷

黄纸软封面上贴有标签，63页，首残，结尾处重复经题，用草体书写题记，无法辨认。

馆册第2677号　第4卷

黄纸软封面，1页，仅存经尾，结尾处重复经题和帙号。有第1次校勘的标记。

馆册第1203号　第5卷

黄纸软封面只剩下一半，18页，首残，结尾处重复经题。

馆册第989号　第5卷

两层封面：内层是黄纸软封面，外层是蓝绸封面。67页，全文保存，经题后有帙号和仁孝皇帝（尊号1）御校勘。结尾处重复经题和帙号。

馆册第988号　第6卷

两层封面：内层是软纸封面，外层是蓝绸封面。67页，全文保存，有的地方不符合该组佛经的一般特征，每页7行，每行17个字。经题后有帙号和仁孝皇帝（尊号1）御校勘。结尾处重复经题和帙号，用草体书写：已校勘。经文中有两个大的同心圆花饰图案。

馆册第2692号　第7卷

8页，仅存经首，经题后有仁孝皇帝（尊号1）御校勘。

馆册第6601号　第8卷

12页，仅存经首，经题后仁孝皇帝（尊号1）御校勘。

馆册第1046号　第9卷

7页，仅存经首，每页7行，每行20个字。经题后有仁孝皇帝（尊号1）

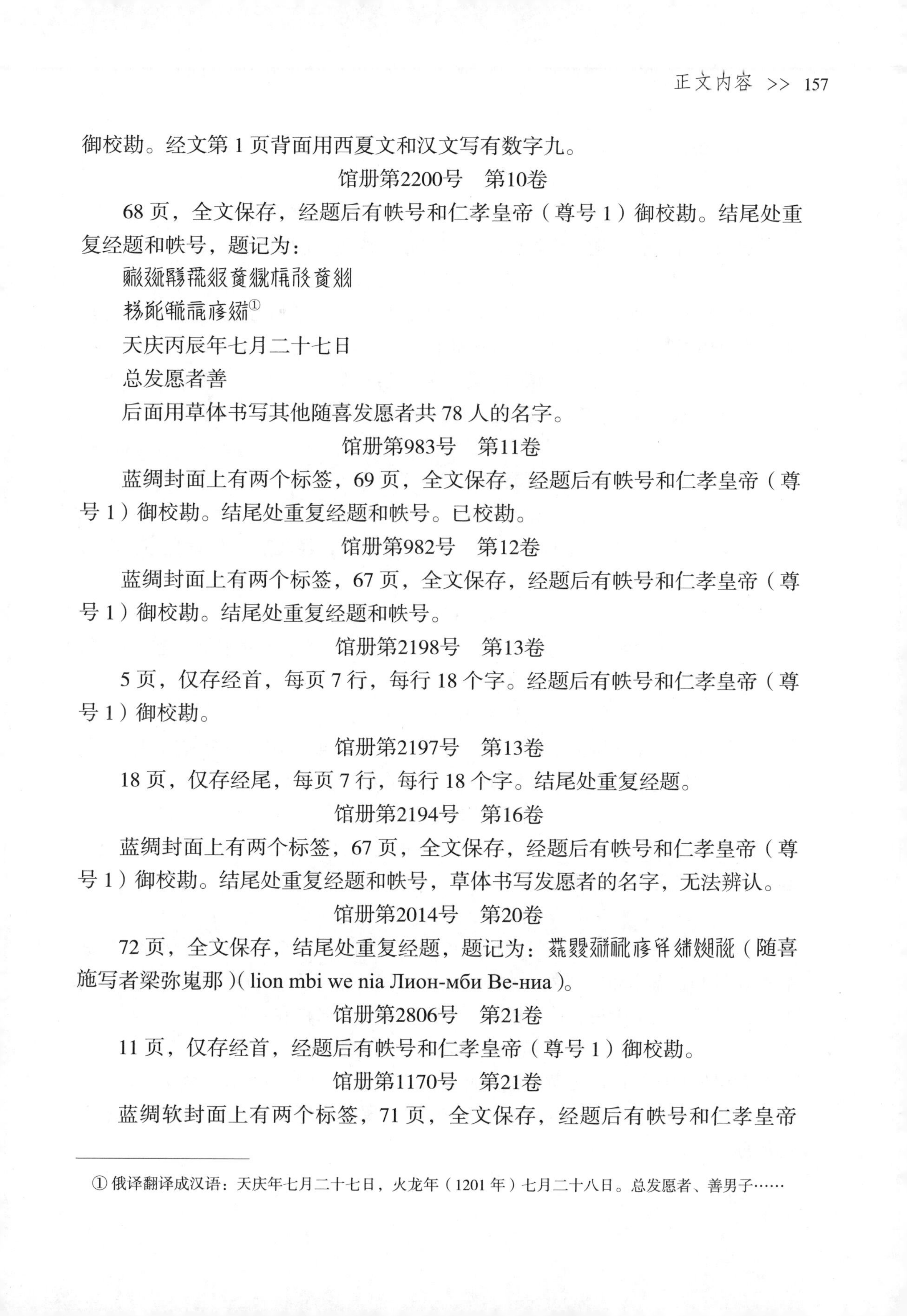

御校勘。经文第 1 页背面用西夏文和汉文写有数字九。

馆册第2200号　第10卷

68 页，全文保存，经题后有帙号和仁孝皇帝（尊号 1）御校勘。结尾处重复经题和帙号，题记为：

[illegible]

[illegible][1]

天庆丙辰年七月二十七日

总发愿者善

后面用草体书写其他随喜发愿者共 78 人的名字。

馆册第983号　第11卷

蓝绸封面上有两个标签，69 页，全文保存，经题后有帙号和仁孝皇帝（尊号 1）御校勘。结尾处重复经题和帙号。已校勘。

馆册第982号　第12卷

蓝绸封面上有两个标签，67 页，全文保存，经题后有帙号和仁孝皇帝（尊号 1）御校勘。结尾处重复经题和帙号。

馆册第2198号　第13卷

5 页，仅存经首，每页 7 行，每行 18 个字。经题后有帙号和仁孝皇帝（尊号 1）御校勘。

馆册第2197号　第13卷

18 页，仅存经尾，每页 7 行，每行 18 个字。结尾处重复经题。

馆册第2194号　第16卷

蓝绸封面上有两个标签，67 页，全文保存，经题后有帙号和仁孝皇帝（尊号 1）御校勘。结尾处重复经题和帙号，草体书写发愿者的名字，无法辨认。

馆册第2014号　第20卷

72 页，全文保存，结尾处重复经题，题记为：[illegible]（随喜施写者梁弥嵬那）(lion mbi we nia Лион-мби Ве-ниа)。

馆册第2806号　第21卷

11 页，仅存经首，经题后有帙号和仁孝皇帝（尊号 1）御校勘。

馆册第1170号　第21卷

蓝绸软封面上有两个标签，71 页，全文保存，经题后有帙号和仁孝皇帝

[1] 俄译翻译成汉语：天庆年七月二十七日，火龙年（1201 年）七月二十八日。总发愿者、善男子……

（尊号 1）御校勘。结尾处重复经题和帙号，题记为：抄经者赮（布）(pu Пy)。有第 1 次校勘的标记。

馆册第634号　第22卷

50 页，尾残，经题后有帙号和仁孝皇帝（尊号 1）御校勘。

馆册第1167号　第24卷

63 页，全文保存，经题后有仁孝皇帝（尊号 1）御校勘。结尾处重复经题，用草体书写附录（题记?），无法辨认。

馆册第2802号　第24卷

13 页，仅存经尾，每页 7 行，每行 19 个字，结尾处重复经题和帙号。

馆册第2798号　第25卷

42 页，仅存经首，经题后有帙号和仁孝皇帝（尊号 1）御校勘。

馆册第2008号　第26卷

蓝绸软封面上有两个标签，61 页，全文保存，经题后有仁孝皇帝（尊号 1）御校勘。结尾处重复经题。

馆册第2007号　第27卷

蓝绸软封面，66 页，全文保存，经题后有帙号，结尾处重复经题和帙号，用草体书写的题记中有发愿者的名字。

馆册第2004号　第30卷

两层软封面：内层为软纸封面，外层为蓝绸封面。64 页，全文保存，经题后有帙号和仁孝皇帝（尊号 1）御校勘。结尾处重复经题和帙号。

馆册第2119号　第31卷

黄纸软封面只剩下一半，67 页，全文保存，经题后有帙号，结尾处重复经题和帙号。经文页面有粘连。

馆册第2171号　第32卷

两层软封面：内层为软纸封面，外层为蓝绸封面。67 页，全文保存，经题后有帙号和仁孝皇帝（尊号 1）御校勘。结尾处重复经题和帙号，有的地方将帙号抄错了。经文中夹有黄纸标签，上面写有经文名称和卷号。

馆册第2172号　第33卷

两层软封面：内层为黄软纸封面，外层为蓝绸封面。66 页，全文保存，经题后有帙号和仁孝皇帝（尊号 1）御校勘。结尾处重复经题，用草体小字书写：已校勘。

馆册第2168号　第34卷

蓝绸封面上有两个黄纸标签，60 页，每页 7 行，每行 20 个字，全文保存，经题后有帙号。结尾处重复经题和帙号。

馆册第2131号　第34卷

两层软封面：内层为软纸封面，外层为蓝绸封面。65 页，全文保存，经题后有帙号。结尾处重复经题和帙号，用草体书写的题记中有发愿者的名字。

馆册第2166号　第37卷

两层软封面：内层为黄软纸封面，外层为蓝绸封面。72 页，全文保存，经题后有帙号和仁孝皇帝（尊号 1）御校勘。结尾处重复经题和帙号。

馆册第2124号　第40卷

两层软封面：内层为黄软纸封面，外层为蓝绸封面。60 页 +2 页版画，全文保存，经题后有帙号和仁孝皇帝（尊号 1）御校勘。结尾处重复经题和帙号，用草体书写的题记无法辨认，内有发愿者名字和已校勘的记录。

馆册第2161号　第42卷

蓝绸软封面，66 页，全文保存，经题后有帙号，结尾处重复经题和帙号。

馆册第2159号　第44卷

两层封面：内层为黄软纸封面，外层为蓝绸封面。73 页，全文保存，经题后有帙号。结尾处重复经题和帙号，题记为：[illegible]（净信发愿者沙门布青）(pu tshie Пу-цхие)。

馆册第2120号　第45卷

蓝绸软封面上有 2 个标签，72 页，尾残，经题后有帙号。

馆册第2119号　第46卷

两层软封面：内层为黄软纸封面，外层为蓝绸封面。72 页，全文保存，结尾处重复经题，经文页面已经残朽。

馆册第2118号　第47卷

两层软封面：内层为黄软纸封面，外层为蓝绸封面。65 页，全文保存，经题后有帙号。结尾处重复经题和帙号。

馆册第1183号　第48卷

两层软封面：内层为黄软纸封面，外层为蓝绸封面。71 页，全文保存，经题后有帙号和仁孝皇帝（尊号 1）御校勘。结尾处重复经题和帙号。

馆册第2753号　第49卷

两层软封面：内层为黄软纸封面，外层为蓝绸封面，上面还有 2 个标签。

55 页，全文保存，经题后有错写的帙号（该帙号不是这 10 卷经文的帙号）和仁孝皇帝（尊号 1）御校勘。结尾处重复经题。

馆册第1181号　第50卷

两层软封面：内层为黄软纸封面，外层为蓝绸封面。59 页 +2 页版画，经题后有帙号。结尾处重复经题和帙号，经文内夹有黄纸标签。

馆册第1178号　第54卷

两层软封面：内层为黄软纸封面，外层为蓝绸封面。69 页，全文保存，经题后有帙号和仁孝皇帝（尊号 1）御校勘。结尾处重复经题和帙号。

馆册第1177号　第55卷

黄纸软封面，69 页，全文保存，经题后有帙号和仁孝皇帝（尊号 1）御校勘。结尾处重复经题和帙号。

馆册第1209号　第57卷

蓝绸软封面只剩下一半，3 页，仅存经首，每页 7 行，每行 19 个字。经题后有帙号和仁孝皇帝（尊号 1）御校勘。经文第 1 页背面写有汉文数字“五十七”。

馆册第639号　第61卷

两层软封面：内层为黄软纸封面，外层为蓝绸封面。65 页，全文保存，经题后有帙号和仁孝皇帝（尊号 1）御校勘。结尾处重复经题和帙号。

馆册第654号　第62卷

黄纸软封面只剩下一半，57 页，全文保存，每页 7 行，每行 18 个字。经题后有帙号。结尾处重复经题和帙号，题记为：[illegible]（随喜发愿者㖡讹尚力）(zwei ·o lion ldiə Жей-гхо Шион-лдиэ)。

馆册第2702号　第63卷

5 页，仅存经尾，结尾处重复经题，题记为：[illegible]（净本写者耶由显五）(·a ·ew lia ngwə Гха-гхеы Шиа-нгве)。

馆册第659号　第64卷

58 页，首残，结尾处重复经题，题记为：部分经文施写发愿者㖡讹尚力(Жей-гхо Шион-лдиэ)。

馆册第660号　第65卷

蓝绸软封面，68 页，全文保存，经题后有帙号和仁孝皇帝（尊号 1）御校勘。结尾处重复经题和帙号。

馆册第1233号　第67卷

58 页，全文保存，经题后有帙号，结尾处重复经题和帙号。

馆册第1232号　第67卷

62 页，全文保存，经题后有帙号，结尾处重复经题和帙号，用草体书写校勘的记录。

馆册第1221号　第69卷

黄纸软封面，51 页，首残，结尾处重复经题，用草体书写校勘的记录。在经文页面的一些地方上画有同心圆边饰图案。

馆册第1219号　第70卷

两层软封面：内层为黄软纸封面，外层为蓝绸封面。66 页，全文保存，经题后有帙号和仁孝皇帝（尊号 1）御校勘。结尾处重复经题和帙号。经文中绘有 2 层的同心圆边饰图案。

馆册第1001号　第71卷

两层软封面：内层为黄软纸封面，外层为绿绸封面。外层封面上粘有黄纸标签，写有经文名称。65 页，全文保存，经题后有帙号和仁孝皇帝（尊号 1）御校勘。结尾处重复经题和帙号。

馆册第1000号　第71卷

黑绸封面上有标签，60 页，首残，结尾处重复经题和帙号。

馆册第1005号　第72卷

软纸封面，58 页，全文保存，经题后有帙号和仁孝皇帝（尊号 1）御校勘。结尾处重复经题和帙号。

馆册第998号　第74卷

两层软封面：内层为黄软纸封面，外层为绿绸封面。外层封面上粘有写着经文名称的白纸标签。66 页，全文保存，经题后有帙号和仁孝皇帝（尊号 1）御校勘。结尾处重复经题和帙号。

馆册第996号　第75卷

两层软封面：内层为黄软纸封面，外层为绿绸封面。外层封面上粘有写着帙号的白纸标签。62 页，全文保存，经题后有帙号和仁孝皇帝（尊号 1）御校勘。结尾处重复经题和帙号。

馆册第2022号　第76卷

两层软封面：内层为黄软纸封面，外层为绿绸封面。55 页，全文保存，经题后有帙号和仁孝皇帝（尊号 1）御校勘。结尾处重复经题和帙号。

馆册第995号　第76卷

21 页，仅存经首，每页 7 行，每行 18 个字。经题后有帙号，经文上端已经残朽。

馆册第2021号　第77卷

两层软封面：内层为黄软纸封面，外层为绿绸封面。58 页，全文保存，经题后有帙号和仁孝皇帝（尊号 1）御校勘。结尾处重复经题和帙号。

馆册第2025号　第78卷

两层软封面：内层为黄软纸封面，外层为绿绸封面。62 页，全文保存，经题后有帙号，结尾处重复经题和帙号。

馆册第2029号　第79卷

两层软封面：内层为黄软纸封面，外层为绿绸封面。外层封面上有写着经文名称的黄纸标签。62 页，全文保存，经题后有帙号，结尾处重复经题和帙号。

馆册第2028号　第80卷

两层软封面：内层为黄软纸封面，外层为绿绸封面。66 页 +2 页版画，经题后有帙号，结尾处重复经题和帙号。经文开头部分的上端已经残朽。

馆册第1019号　第81卷

绿绸软封面上有 2 个标签：黄纸标签上写有经文名称，白纸标签上写有帙号。63 页，全文保存，经题后有帙号和仁孝皇帝（尊号 1）御校勘。结尾处重复经题和帙号。

馆册第1021号　第82卷

52 页，全文保存，每页 7 行，每行 20 个字。经题后有帙号和仁孝皇帝（尊号 1）御校勘。结尾处重复经题和帙号。

馆册第1023号　第82卷

绿绸软封面上有两个标签：黄纸标签上写有经文名称，白纸标签上写有帙号。57 页，全文保存，经题后有帙号和仁孝皇帝（尊号 1）御校勘。结尾处重复经题和帙号。

馆册第1028号　第83卷

绿绸软封面上有两个标签：黄纸标签上写有经文名称，白纸标签上写有帙号。59 页，全文保存，经题后有帙号和仁孝皇帝（尊号 1）御校勘。结尾处重复经题和帙号。

馆册第1025号　第83卷

41 页，尾残，每页 7 行，每行 20 个字。经题后有帙号和仁孝皇帝（尊号

1）御校勘。经文页面有很多粘连。

馆册第1030号 第84卷

10页，仅存经尾，每页7行，每行20—21个字。结尾处重复经题和帙号，经文页面有粘连。

馆册第1033号 第84卷

绿绸软封面上有黄纸标签，上面写有经文名称。61页，全文保存，经题后有帙号和仁孝皇帝（尊号1）御校勘。结尾处重复经题和帙号，用草体书写校勘的记录。

馆册第1036号 第85卷

绿绸软封面，60页，全文保存，经题后有帙号和仁孝皇帝（尊号1）御校勘。结尾处重复经题和帙号，用草体书写校勘的记录。

馆册第1194号 第85卷

53页，首残，每页7行，每行20个字，结尾处重复经题和帙号。

馆册第1037号 第86卷

26页，首残，每页7行，每行20个字，结尾处重复经题。经文最后1页上边角处写有汉文数字六。

馆册第1039号 第87卷

绿绸软封面上有2个标签：黄纸标签上写有经文名称，白纸标签上写有帙号。61页，全文保存，经题后有帙号和仁孝皇帝（尊号1）御校勘。结尾处重复经题，用草体书写的题记无法辨认，内有发愿者的名字和已校勘的记录。

馆册第1040号 第87卷

8页，仅存经首，每页7行，每行20个字。经题后有帙号和仁孝皇帝（尊号1）御校勘。经文第1页的背页写有汉文数字七。

馆册第1043号 第88卷

绿绸软封面上有黄纸标签，上面写有经文名称。59页，全文保存，经题后有帙号和仁孝皇帝（尊号1）御校勘。结尾处重复经题和帙号，用草体书写校勘的记录。

馆册第1049号 第89卷

绿绸软封面上有黄纸标签，上面写有经文名称。60页，全文保存。经题后有仁孝皇帝（尊号1）御校勘。结尾处重复经题，题记为：[illegible]（随喜发愿者梁善吉）（lion nəw ngiu Лион Нэы Нгиу）。经文中夹有写着帙号的白纸标签。

馆册第1045号　第89卷

30 页，首残，每页 7 行，每行 20 个字，结尾处重复经题。

馆册第1050号　第90卷

3 页，仅存经尾，每页 7 行，每行 20 个字。结尾处重复经题，题记为：[illegible]（写者、世间主嵬狄那征屈）(ngwi ndi ndon ndzin khwi Нгви-нди Ндон-нджин-кхви)。

馆册第1051号　第90卷

3 页，仅存经首，每页 7 行，每行 20 个字。经题后有帙号和仁孝皇帝（尊号 1）御校勘。

馆册第1053号　第90卷

绿绸软封面上有写着经文名称的黄色标签，60 页，全文保存。经题后有帙号和仁孝皇帝（尊号 1）御校勘。结尾处重复经题和帙号，用草体书写的题记无法辨认，内有发愿者名字和已校勘的记录。

馆册第1085号　第92卷

7 页，仅存经尾，结尾处重复经题，题记为：[illegible]（随喜发愿者丙讹）(pie ·o Пие-гхо)。有第 1 次校勘的标记。

馆册第1060号　第94卷

黄纸软封面，60 页，全文保存，经题后有帙号。结尾处重复经题和帙号，用草体书写校勘的记录。经文开头几页的上端已经残朽。

馆册第1063号　第95卷

绿绸软封面上有写着经文名称的黄纸标签。58 页，全文保存，经题后有帙号和仁孝皇帝（尊号 1）御校勘。结尾处重复经题和帙号，用草体书写的题记中有抄经者的名字。

馆册第2136号　第105卷

54 页，全文保存，每页 7 行，每行 20 个字。经题后有帙号和仁孝皇帝（尊号 1）御校勘。结尾处重复经题和帙号。

馆册第2144号　第106卷

蓝绸软封面上有写着经文名称的黄纸标签和写有帙号的白纸标签。56 页，全文保存，经题后有帙号和仁孝皇帝（尊号 1）御校勘。结尾处重复经题和帙号。有第 1 次校勘的标记。

馆册第2152号　第109卷

蓝绸软封面上有两个标签，57 页，全文保存，经题后有帙号和仁孝皇帝

（尊号 1）御校勘。结尾处重复经题和帙号。

馆册第2086号　第112卷

64 页，全文保存，经题后有仁孝皇帝（尊号 1）御校勘。结尾处重复经题，题记为：[illegible]（五卷经文的随喜发愿者梁善吉）(lion nəw ngiu ngwə Лион Нэы Нгиу-нгве)。经文中夹 1 张写有帙号的白纸标签。

馆册第2090号　第114卷

软纸封面只剩下一半，62 页，尾残，经题后有帙号和仁孝皇帝（尊号 1）御校勘。

馆册第2097号　第114卷

蓝绸软封面上有 2 个纸标签：黄纸标签上写有经文名称，白纸标签上写有帙号。56 页，全文保存，经题后有帙号，结尾处重复经题和帙号。

馆册第2080号　第117卷

黄纸软封面只剩下一半，56 页，尾残，经题后有帙号和仁孝皇帝（尊号 1）御校勘。

馆册第2069号　第118卷

蓝绸软封面，55 页，全文保存，经题后有帙号和仁孝皇帝（尊号 1）御校勘。结尾处重复经题和帙号。经文中夹有 1 张写着经文名称的标签。

馆册第1484号　第121卷

软纸封面只剩下一半，10 页，仅存经尾，结尾处重复经题和帙号，保存不善。

馆册第2091号　第123卷

软纸封面只剩下一半，68 页，首残，结尾处重复经题和帙号。

馆册第1479号　第126卷

黄纸软封面仅存部分，54 页，首残，结尾处重复经题和帙号。

馆册第1480号　第127卷

黄纸软封面只剩下一半，66 页，全文保存。经题后有帙号和仁孝皇帝（尊号 1）御校勘。结尾处重复经题和帙号。

馆册第2179号　第129卷

黄纸软封面只剩下一半，上面写有经文名称。58 页，全文保存，经题后有帙号和仁孝皇帝（尊号 1）御校勘。结尾处重复经题和帙号。

馆册第2074号　第131卷

蓝布软封面上有标签，49 页，全文保存，每页 7 行，每行 20 个字。经题后有帙号和仁孝皇帝（尊号 1）御校勘。结尾处重复经题和帙号。

馆册第2037号　第136卷

蓝布软封面，54 页，全文保存，每页 7 行，每行 20 个字。经题后有帙号和仁孝皇帝（尊号 1）御校勘。结尾处重复经题和帙号。

馆册第2038号　第136卷

两层软封面：内层为黄软纸封面，外层为蓝绸封面。59 页，全文保存，经题后有帙号和仁孝皇帝（尊号 1）御校勘。结尾处重复经题和帙号。

馆册第2054号　第137卷

蓝布软封面上有标签，52 页，全文保存，每页 7 行，每行 20 个字。经题后有仁孝皇帝（尊号 1）御校勘。结尾处重复经题。

馆册第2035号　第137卷

两层软封面：内层为黄软纸封面，外层为蓝绸封面。59 页，全文保存，仁孝皇帝（尊号 1）御校勘。结尾处重复经题，草体书写的校勘记录。

馆册第2051号　第139卷

黄纸软封面只剩下一半，54 页，尾残，每页 7 行，每行 18 个字，经题后有帙号。

馆册第1454号　第142卷

白纸软封面上写有西夏文数字二和三个重复的帙号。56 页，全文保存，每页 7 行，每行 19 个字。凹线勾栏，经题后有帙号和仁孝皇帝（尊号 1）御校勘。结尾处重复经题和帙号。经文被揉皱，最后几页被撕掉。

馆册第646号　第143卷

蓝布软封面上有 2 个标签。61 页，全文保存，经题后有帙号和仁孝皇帝（尊号 1）御校勘。结尾处重复经题和帙号。

馆册第1453号　第145卷

天蓝色的绸软封面只剩下一半，62 页，全文保存，经题后有帙号和仁孝皇帝（尊号 1）御校勘。结尾处重复经题和帙号。

馆册第2260号　第146卷

两层软封面：内层为黄软纸封面，外层为蓝布软封面，上面有 2 个标签。55 页，全文保存，经题后有帙号和仁孝皇帝（尊号 1）御校勘。结尾处重复经题和帙号。

馆册第666号　第146卷

48 页，尾残，每页 7 行，每行 19—23 页。经题后有仁孝皇帝（尊号 1）

御校勘。经文页面上有植物叶子形的边饰图案，经文因受潮有残损。

馆册第2759号　第147卷

白纸软封面只剩下一半，53 页，全文保存，每页 7 行，每行 20 个字。凹线勾栏，经题后有帙号和仁孝皇帝（尊号 1）御校勘。结尾处重复经题和帙号，用草体书写校勘的记录。

馆册第627号　第147卷

黄纸软封面只剩下一半，59 页，全文保存，每页 7 行，每行 18 个字。经题后有帙号和仁孝皇帝（尊号 1）御校勘。结尾处重复经题和帙号。

馆册第626号　第147卷

白纸软封面上写有汉文数字七和帙号。47 页，全文保存，每页 7 行，每行 23 个字。经题后有帙号和仁孝皇帝（尊号 1）御校勘。结尾处重复经题和帙号。

馆册第1458号　第148卷

两层软封面：内层为黄软纸封面，外层为蓝布封面，上面贴有标签。63 页，全文保存，经题后有仁孝皇帝（尊号 1）御校勘。结尾处重复经题。

馆册第1460号　第150卷

两层软封面：内层为黄软纸封面，封面里面用草体书写校勘记录；外层为蓝布封面，上写贴有标签。63 页，全文保存，经题后有仁孝皇帝（尊号 1）御校勘。结尾处重复经题。

馆册第1722号　第155卷

55 页，全文保存，经题后有帙号和仁孝皇帝（尊号 1）御校勘。结尾处重复经题和帙号，题记为：[illegible]（《大般若经》发愿者布清才葛）(pu tshin ndzie ka Пу-цхин Ндзие-ка)，抄写者梁阿娃（lion a wa Лион А-ва)。

馆册第1733号　第157卷

蓝布软封面上有两个标签，60 页，全文保存，结尾处重复经题。

馆册第1755号　第162卷

两层软封面：内层为黄软纸封面，外层为黑绸封面。58 页，全文保存，经题后有帙号和仁孝皇帝（尊号 1）御校勘。结尾处重复经题和帙号。

馆册第1752号　第163卷

两层软封面：内层为黄软纸封面，外层为黑绸封面。61 页，全文保存，结尾处重复经题。

馆册第1690号　第168卷

两层软封面：内层为黄软纸封面，外层为黑绸封面。61 页，全文保存，经题后有帙号。结尾处重复经题和帙号。经文中部分页面已经残朽。

馆册第1961号　第169卷

两层软封面：内层为黄软纸封面，外层为黑绸封面。68 页，全文保存，经题后有帙号。结尾处重复经题和帙号。

馆册第1709号　第174卷

57 页，首残，每页 7 行，每行 18 个字，结尾处重复经题。

馆册第2088号　第182卷

两层软封面：内层为黄软纸封面，外层为蓝绸封面。58 页，全文保存，经题后有仁孝皇帝（尊号 1）御校勘和帙号，但不是这 10 卷经文的帙号。结尾处重复经题，经题中错将第 182 卷写成 112 卷，后又在旁边更正为第 182 卷。

馆册第1820号　第184卷

两层软封面：内层为黄软纸封面，外层为蓝绸封面。56 页，全文保存，经题后有仁孝皇帝（尊号 1）御校勘。结尾处重复经题。

馆册第1570号　第188卷

白纸软封面，64 页，全文保存，每页 7 行，每行 18—19 个字。经题后有帙号和仁孝皇帝（尊号 1）御校勘。结尾处重复经题和帙号，题记为：[illegible][illegible]（发愿者㖩讹尚嵬）(zwei ·o 1ion wai Жвей-гхо Шион-вай)。

馆册第1822号　第189卷

两层软封面：内层为黄软纸封面，外层为贴有标签的蓝绸封面。54 页，全文保存，经题后有帙号和仁孝皇帝（尊号 1）御校勘。结尾处重复经题和帙号。

馆册第1794号　第191卷

两层软封面：内层为黄软纸封面，外层为黑绸封面。60 页，全文保存，经题后有帙号和仁孝皇帝（尊号 1）御校勘。结尾处重复经题和帙号。

馆册第1790号　第193卷

蓝绸封面，56 页，全文保存，经题后有帙号。结尾处重复经题和帙号。

馆册第1791号　第193卷

两层软封面：内层为黄软纸封面，外层为黑绸封面。57 页，全文保存，结尾处重复经题和帙号。

馆册第1787号　第195卷

蓝布软封面上有 2 个标签。61 页，全文保存，结尾处重复经题，经文上端已经残朽。

馆册第1805号　第196卷

两层软封面：内层为黄软纸封面，外层为黑绸封面。62 页，全文保存，经题后有帙号。结尾处重复经题和帙号，经文中夹有从封面上脱落下来的标签。

馆册第1540号　第200卷

蓝绸软封面上有 2 个标签，50 页，全文保存，经题后有帙号，结尾处重复经题和帙号。

馆册第1533号　第202卷

黄纸软封面只剩下一半，18 页，仅存经尾，每页 7 行，每行 18—19 个字。结尾处重复经题和帙号，但这个帙号不是该 10 卷经文的帙号。

馆册第1534号　第202卷

蓝布软封面，56 页，全文保存，经题后有帙号和仁孝皇帝（尊号 1）御校勘。结尾处重复经题和帙号，题记为：[illegible]……[illegible]……（发愿写经者由……那……）(·ew···ndon··· Гхеы-···Ндон-···)。草体书写校勘记录，大概还有校勘者的名字。

馆册第 1524 号　第 205 卷

蓝布软封面上有 2 个标签，60 页，全文保存，有帙号和仁孝皇帝（尊号 1）御校勘。结尾处重复经题和帙号，草体书写校勘记录及校勘者的名字。

馆册第1521号　第206卷

两层软封面：内层为黄软纸封面，外层为黑绸封面。60 页，全文保存，经题后有帙号，结尾处重复经题和帙号。

馆册第1873号　第213卷

蓝布软封面上有两个标签，59 页，全文保存，经题后有帙号和仁孝皇帝（尊号 1）御校勘。结尾处重复经题和帙号。

馆册第1871号　第215卷

蓝布软封面，56 页，全文保存，经题后有帙号和仁孝皇帝（尊号 1）御校勘。结尾处重复经题和帙号。

馆册第1277号　第217卷

60 页，全文保存，经题后有帙号和仁孝皇帝（尊号 1）御校勘。结尾处重复经题。

馆册第1285号　第218卷

蓝绸软封面，63 页，全文保存，经题后有帙号和仁孝皇帝（尊号 1）御校勘。结尾处重复经题和帙号。

馆册第1274号　第219卷

黄纸软封面，51 页，首残，每页 7 行，每行 18 个字，结尾处重复经题。

馆册第3108号　第220卷

黄纸软封面只剩下一半，26 页，首残，每页 7 行，每行 18—19 个字，结尾处重复经题和帙号。

馆册第1391号　第226卷

蓝布软封面上有 2 个标签，52 页，全文保存，每页 7 行，每行 20 个字。经题后有帙号，结尾处重复经题和帙号。

馆册第1381号　第232卷

蓝布软封面上有 2 个标签，61 页，全文保存，凹线勾栏，经题后有帙号和仁孝皇帝（尊号 1）御校勘。结尾处重复经题和帙号。

馆册第1366号　第236卷

蓝绸软封面，61 页，全文保存，经题后有仁孝皇帝（尊号 1）御校勘。结尾处重复经题，经文部分页面已经残朽。

馆册第2785号　第237卷

用蓝色和灰绿色两种颜色的碎绸子缀成的软封面，封面上有标签。63 页，全文保存，经题后有仁孝皇帝（尊号 1）御校勘。结尾处重复经题。

馆册第2778号　第243卷

黄纸软封面只剩下一半，60 页，首残，结尾处重复经题和帙号。

馆册第2788号　第244卷

黄纸软封面只剩下一半，58 页，首残，每页 7 行，每行 20 个字。结尾处重复经题，题记为：[illegible]（净本清写者梁法照）(lion tsiə swew Лион Циэ-свеы Фа Чжао)。

馆册第 571 号　第 246 卷

软纸封面，2 页，仅存经尾，结尾处重复经题，题记为：

[illegible]

[illegible][1]

净信发愿者出家和尚什

① 俄译翻译成汉语：净信发愿者，出家僧 lie Сие，净信抄者 ngwe tshie sie ziə Нгве-цхие Сие-жиэ（Чжи Хуй）。有可能前后所指的是同一个人。

净信写者嵬清智慧，不二不异及？

馆册第2235号　第247卷

黄纸软封面只剩下一半，23 页，尾残，每页 7 行，每行 18 个字。经题后有仁孝皇帝（尊号 1）御校勘。

馆册第2253号　第249卷

黄纸软封面只剩下一半，39 页，尾残，每页 7 行，每行 17 个字。经题后有仁孝皇帝（尊号 1）御校勘。

馆册第3438号　第251卷

66 页，首残，每页 7 行，每行 18 个字，结尾处重复经题和帙号。

馆册第2232号　第255卷

蓝布软封面，60 页，全文保存，经题后有帙号和仁孝皇帝（尊号 1）御校勘。结尾处重复经题和帙号。

馆册第2214号　第258卷

47 页，全文保存，每页 7 行，每行 18 个字，凹线勾栏，经题后有帙号和仁孝皇帝（尊号 1）御校勘。结尾处重复经题和帙号。

馆册第1349号　第264卷

蓝布软封面上有两个标签，57 页，全文保存，每页 7 行，每行 20 个字，凹线勾栏。经题后有帙号和仁孝皇帝（尊号 1）御校勘。结尾处重复经题和帙号。

馆册第1152号　第272卷

黄纸软封面只剩下一半，47 页，首残，每页 7 行，每行 18 个字。结尾处重复经题和帙号。

馆册第1121号　第274卷

白纸软封面，57 页，全文保存，每页 7 行，每行 18 个字。经题后有帙号和仁孝皇帝（尊号 1）御校勘。结尾处重复经题和帙号。

馆册第1145号　第278卷

白纸软封面只剩下一半，20 页，仅存经首，每页 7 行，每行 18 个字。经题后有帙号和仁孝皇帝（尊号 1）御校勘。

馆册第1272号　第282卷

68 页，全文保存，每页 7 行，每行 19 个字，结尾处重复经题。

馆册第1246号　第283卷

蓝布软封面上有 2 个标签，70 页，全文保存，经题后有帙号，结尾处重复

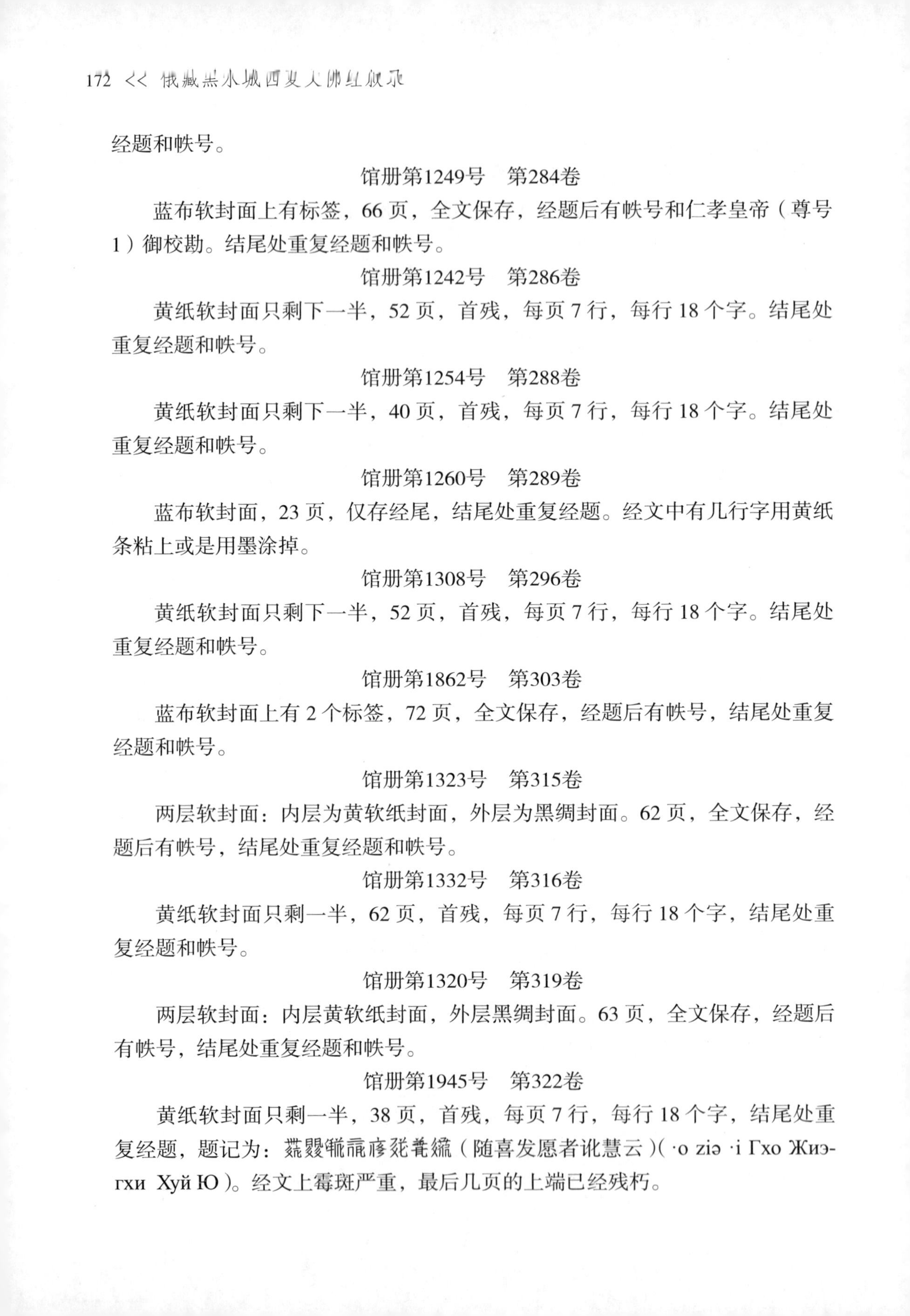

经题和帙号。

馆册第1249号　第284卷

蓝布软封面上有标签，66 页，全文保存，经题后有帙号和仁孝皇帝（尊号 1）御校勘。结尾处重复经题和帙号。

馆册第1242号　第286卷

黄纸软封面只剩下一半，52 页，首残，每页 7 行，每行 18 个字。结尾处重复经题和帙号。

馆册第1254号　第288卷

黄纸软封面只剩下一半，40 页，首残，每页 7 行，每行 18 个字。结尾处重复经题和帙号。

馆册第1260号　第289卷

蓝布软封面，23 页，仅存经尾，结尾处重复经题。经文中有几行字用黄纸条粘上或是用墨涂掉。

馆册第1308号　第296卷

黄纸软封面只剩下一半，52 页，首残，每页 7 行，每行 18 个字。结尾处重复经题和帙号。

馆册第1862号　第303卷

蓝布软封面上有 2 个标签，72 页，全文保存，经题后有帙号，结尾处重复经题和帙号。

馆册第1323号　第315卷

两层软封面：内层为黄软纸封面，外层为黑绸封面。62 页，全文保存，经题后有帙号，结尾处重复经题和帙号。

馆册第1332号　第316卷

黄纸软封面只剩一半，62 页，首残，每页 7 行，每行 18 个字，结尾处重复经题和帙号。

馆册第1320号　第319卷

两层软封面：内层黄软纸封面，外层黑绸封面。63 页，全文保存，经题后有帙号，结尾处重复经题和帙号。

馆册第1945号　第322卷

黄纸软封面只剩一半，38 页，首残，每页 7 行，每行 18 个字，结尾处重复经题，题记为：[illegible]（随喜发愿者讹慧云）(·o ziə ·i Гхо Жиэгхи Хуй Ю)。经文上霉斑严重，最后几页的上端已经残朽。

馆册第1932号　第329卷

黄纸软封面只剩一半，66 页，首残，每页 7 行，每行 18 个字，结尾处重复经题和帙号。

馆册第1953号　第332卷

68 页，全文保存，每页 7 行，每行 18 个字。经题后有帙号，结尾处重复经题和帙号，题记为：[illegible][1]（讹力你为宁族〈尼卒〉，强盛也，此本亲者耶）。

馆册第1962号　第336卷

黄纸软封面只剩一半，59 页，首残，每页 7 行，每行 18 个字，结尾处重复经题。

馆册第1963号　第337卷

蓝绸软封面上有标签，65 页，全文保存，经题后有帙号和仁孝皇帝（尊号 1）御校勘。结尾处重复经题和帙号。

馆册第1679号　第338卷

淡黄色纸封面只剩一部分，65 页，全文保存，每页 7 行，每行 18 个字，经题后有帙号和仁孝皇帝（尊号 1）御校勘。结尾处重复经题和帙号。

馆册第1954号　第339卷

淡黄色软纸封面，64 页，全文保存，每页 7 行，每行 18 个字，经题后有帙号和仁孝皇帝（尊号 1）御校勘。结尾处重复经题和帙号。

馆册第1920号　第343卷

蓝布软封面上有 2 个标签，58 页，全文保存，经题后有帙号，结尾处重复经题和帙号，题记为：[illegible][2]（净本写者力讹哆阿庞）。

馆册第2698号　第348卷

淡黄色的软纸封面只剩一半，5 页，仅存经首，每页 7 行，每行 18 个字，经题后有帙号。

馆册第1931号　第362卷

黄纸软封面只剩一半，66 页，尾残，经题后有帙号，但不是该 10 卷经文的帙号。仁孝皇帝（尊号 1）御校勘。

① 俄译翻译成汉语：•o lhiə nin viei ndin Гхо-лхиэ Нин-виеи-ндин，人……这卷经文从 a Гха 及另 5 个字，从字中间撕掉了。

② 俄译翻译成汉语：净本抄者为来自月亮城（lhiə •won Лхиэ-гвон）的 zwei a phon Жвей-А-пхон。

馆册第1607号　第370卷

淡黄色的软纸封面只剩一半，51 页，首残，每页 7 行，每行 19 个字。结尾处重复经题，题记为：[illegible]（发愿者布青成）(pu tshie 1ie Пу-цхие Шие)。

馆册第1566号　第373卷

淡黄色的软纸封面只剩一半，64 页，全文保存，每页 7 行，每行 18 个字。经题后有帙号和仁孝皇帝（尊号 1）御校勘。结尾处重复经题和帙号。

馆册第1513号　第382卷

65 页，首残，每页 7 行，每行 18 个字，结尾处重复经题，题记为：

[illegible]

[illegible]

[illegible]

龙年四月二十三日写毕

大发愿善者布青慧海师（pu tshie zie ngôn ndzie Пу-цхие Жиэ-нгон-ндзие Хуй Хай）

写经者嵬利善满（vie lde nəw sə Вие-лде Нэы-сэ）

馆册第1589号　第383卷

淡黄色软封面只剩一半，42 页，首残，每页 7 行，每行 18 个字。结尾处重复经题，题记为：主发愿者布青慧海（Пу-цхие Жиэ-нгон-ндзие Хуй Хай）；抄经者嵬利善满（Вие-лде Нэы-сэ），龙年四月二十七日抄写完毕（抄写本卷经文用了 3 天时间）。

馆册第1504号　第384卷

淡黄色软封面只剩一半，43 页，首残，结尾处重复经题，题记为：[illegible]（发愿者麻㖠令成）(ma ndiu ngwə rie 1ie Ма Ндиу-нгве Рие-шие)。

馆册第 1919 号　第 385 卷

淡黄色软纸封面只剩一半，50 页，首残，每页 7 行，每行 19 个字。结尾处重复经题，题记为：发愿者、大善人布青慧海（Пу-цхие Жиэ-нгон-ндзие Хуй Хай）。抄经者嵬利善满（Вие-лде Нэы-сэ），龙年五月二十八日抄写完毕。

馆册第1596号　第387卷

蓝布软封面上有两个标签，62 页，全文保存，经题后有帙号和仁孝皇帝（尊号 1）御校勘。结尾处重复经题和帙号，题记为：净本发愿者麻㖠令成（Ма Ндиу-нгве Рие-шие）。

馆册第2704号　第390卷

淡黄色软纸封面只剩一半，2 页，仅存经尾，每页 7 行，每行 19 个字。结尾处重复经题，题记为：发愿者布青慧海（Пу-цхие Жиэ-нгон-ндзие Хуй Хай）。抄经者嵬利善满（Вие-лде Нэы-сэ），龙年五月二十八日抄写完毕。

馆册第1436号　第391卷

蓝布软封面，58 页，全文保存，每页 7 行，每行 19—20 个字，结尾处重复经题。

馆册第1448号　第396卷

淡黄色软纸封面只剩一半，65 页，全文保存，每页 7 行，每页 19 个字，结尾处重复经题。

第15号

[illegible]

《大般若波罗蜜多经》

写本经折装，这是一些难以断定其究竟属哪一组佛经的经文。此组佛经所保存下来的主要是一些不太完整的经卷。完整保存的内容有：第 18、38、47、56、73、99、101、104、111、116、117、119、143、144、145、166、192、197、201、228、235、254、256、262、306、350、353、358、365、379、382、383、393 卷。

有些经卷的经文中标有[illegible]（昌或张）(t1hion чхион）的音译，这个“昌”或“张”可能与此卷经文有关，也许是地名。

这一组经文有以下特点：经文中有 10 卷经文的西夏文帙号和经文卷节的汉文顺序号。

馆册第3504号　第1卷

黄纸软封面只剩一半，31 厘米 ×13 厘米，1 页，只剩仅存经首，每页 7 行，每行 18 个字。上边距 3.5 厘米，下边距 2 厘米。用淡墨线勾栏，经题后有仁孝皇帝（尊号 1）御校勘。纸质八级。

馆册第3499号　第4卷

32 厘米 ×13 厘米，1 页，仅存经尾，每页 7 行，每行 18 个字。淡墨线勾栏，结尾处重复经题和帙号。纸质一级。

馆册第2199号　第11卷

30 厘米 ×12 厘米，38 页，首残，每页 7 行，每行 18 个字。凹线勾栏，上边距 2 厘米，下边距 3 厘米。结尾处重复经题，题记为：纯洁懂理的发愿者绥㒈𗏁𗆧（察谋成狗）(tsha mbiu 1ie khwi Цха-мбиу Шие-кхви)。纸质一级。

馆册第1157号　第18卷

32 厘米 ×13 厘米，72 页，全文保存，每页 7 行，每行 18 个字。淡墨线勾栏，上边距 3 厘米，下边距 3 厘米。经题后有帙号。结尾处重复经题和帙号，用草体书写题记，无法辨认，内有部分经文施写发愿者的名字，3 个字，只辨认出最后 1 个字𗗙（嵬）(вай)。抄经者的姓名也只能辨认出姓𗍫（梁）(Лион)。

馆册第2861号　第21卷

33 厘米 ×13 厘米，47 页，首残，每页 7 行，每行 18 个字。凹线勾栏，结尾处重复书写的经题后有帙号，题记为：纯洁懂理的发愿者𗆐𗍳𗗚𗐱（没宁别乙）(mbiə nin mbâi ·iə Мбиэ-нин Мбай-гхиэ)。纸质一级。

馆册第631号　第23卷

33 厘米 ×13 厘米，14 页，仅存经尾，每页 7 行，每行 18 个字。墨线勾栏，上边距 5 厘米，下边距 2 厘米。结尾处重复书写的经题后有帙号，题记为：《大般若经》施写发愿者、出家僧𗦻（什）(1ie Шиэ)。纸质一级。

馆册第3505号　第23卷

32.5 厘米 ×12.5 厘米，1 页，仅存经首，每页 7 行，每行 18 个字。上边距 5 厘米，下边距 2.5 厘米，经题后有帙号和仁孝皇帝（尊号 1）中的 5 个字。纸质一级。

馆册第2343号　第25卷

33 厘米 ×13 厘米，24 页，仅存经尾，每页 7 行，每行 18 个字。淡墨线勾栏，上边距 5 厘米，下边距 2.5 厘米，结尾处重复经题和帙号，经文页面中有些地方被裁去后，在空白处背面粘有方形的黄色纸条。经文最后 1 页上有 1 个字昌或是张（чхион）。纸质一级。

馆册第1117号　第33卷

33.5 厘米 ×12 厘米，22 页，仅存经尾，每页 7 行，每行 18 个字。淡墨线勾栏，上边距 3.5 厘米，下边距 3 厘米。结尾处重复经题，经文页面有粘连。纸质一级。

馆册第2074号　第35卷

33 厘米 ×14 厘米，2 页，仅存经首，每页 7 行，每行 19 个字。淡墨线勾栏，上边距 4 厘米，下边距 2.5 厘米，经题后有仁孝皇帝（尊号 1）中的 4 个字，纸质一级。

馆册第2128号　第36卷

32.5 厘米 ×13 厘米，68 页，尾残，每页 7 行，每行 18 个字。淡墨线勾栏，上边距 4 厘米，下边距 2.5 厘米。经题后有仁孝皇帝（尊号 1）中的前 4 个字。纸质一级。

馆册第2162号　第38卷

34 厘米 ×13.5 厘米，62 页，全文保存，每页 7 行，每行 18 个字。凹线勾栏，上边距 6 厘米，下边距 3 厘米。经题后有仁孝皇帝（尊号 1）中的前 3 个字。结尾处重复经题，用草体书写发愿者的名字，无法辨认。页面边空处添写有小字，有的地方还粘有小纸条，上面写有经文。纸质一级。

馆册第1107号　第38卷

31.5 厘米 ×13 厘米，18 页，仅存经尾，每页 7 行，每行 18 个字。淡墨线勾栏，上边距 4.5 厘米，下边距 2.5 厘米。结尾处重复经题。纸质一级。

馆册第2163号　第39卷

32 厘米 ×13 厘米，51 页，首残，每页 7 行，每行 18—19 个字。墨线勾栏，上边距 3.5 厘米，下边距 3 厘米。结尾处重复经题和帙号，题记中有部分经文施写发愿者的名字[illegible]（哆讹尚力）(zwei ·o 1ion ldie Жвей-гхо Шион-лдиэ)。纸质一级。

馆册第2256号　第43卷

32 厘米 ×13 厘米，40 页，仅存经首，每页 7 行，每行 18—19 个字。墨线勾栏，上边距 4 厘米，下边距 2.5 厘米。经题后有仁孝皇帝（尊号 1）中的前 4 个字。经文上端已经残朽，保存不善。纸质一级。

馆册第1184号　第47卷

32 厘米 ×12 厘米，65 页，全文保存，每页 7 行，每行 18 个字。墨线勾栏，上边距 3 厘米，下边距 3.5 厘米。经题后有帙号。结尾处重复经题和帙号。经文最后 1 页背面有字昌或张（чхион），经文页面有粘连。纸质一级。

馆册第1675号　第50卷

33 厘米 ×13 厘米，3 页，仅存经尾，每页 7 行，每行 18 个字。墨线勾栏，上边距 4 厘米，下边距 3 厘米。经题后有帙号，结尾处重复经题。经文最后 1 页上端有帙号和字昌或张（чхион）。

馆册第1192号　第51卷

33 厘米 ×13 厘米，39 页，仅存经尾，每页 7 行，每行 18 个字。墨线勾栏，上边距 3.5 厘米，下边距 3 厘米。结尾处重复经题和帙号。纸质一级。

馆册第2117号　第52卷

32厘米 ×13厘米，16页，仅存经首，每页7行，每行18个字。用浓、淡两种墨线勾栏，上边距3.5厘米，下边距2.5厘米。经题后有帙号和仁孝皇帝（尊号1）中的前4个字。纸质一级。

馆册第2116号　第52卷

32厘米 ×13厘米，55页，首残，淡墨线勾栏，上边距3厘米，下边距2.5厘米。结尾处重复经题。用草体书写的附注无法辨认。纸质一级。

馆册第2115号　第53卷

30厘米 ×13厘米，32页，仅存经尾，每页7行，每行20个字。淡墨线勾栏，上边距3厘米，下边距2.5厘米。结尾处重复经题和帙号。经文最后1页的背面有经文名称中的4个字、西夏文帙号和汉文数字三。纸质一级。

馆册第1212号　第54卷

32厘米 ×13厘米，18页，仅存经尾，每页7行，每行18个字。上边距3.5厘米，下边距2.5厘米。结尾处重复经题。经文最后1页写有西夏文帙号和汉文数字四。经文页边角已经残朽。纸质七级。

馆册第1176号　第56卷

32厘米 ×13厘米，68页，全文保存，每页7行，每行18个字。淡墨线勾栏，上边距3.5厘米，下边距3厘米。经题后有仁孝皇帝（尊号1）中的前4个字。结尾处重复经题。纸质一级。

馆册第1217号　第56卷

32厘米 ×13厘米，24页，仅存经尾，每页7行，每行18个字。淡墨线勾栏，上边距3厘米，下边距2厘米。结尾处重复经题，用草体书写的附注无法辨认。经文最后1页的背面写有西夏文帙号和汉文数字六。纸质一级。

馆册第1216号　第56卷

32厘米 ×13厘米，3页，仅存经首，每页7行，每行18个字。淡墨线勾栏，上边距3厘米，下边距2.5厘米。经题后有帙号和仁孝皇帝（尊号1）中的前4个字。经文第1页的背面有西夏文帙号和汉文数字六。纸质一级。

馆册第2108号　第57卷

32厘米 ×13厘米，29页，仅存经尾，每页7行，每行19个字。淡墨线勾栏，上边距3.5厘米，下边距3厘米。结尾处重复经题。经文最后1页背面有西夏文帙号和汉文数字七。经文中有些字被裁掉后又在背面粘了一块黄色的纸。纸质一级。

馆册第2107号　第58卷

32.5厘米 ×11厘米，1页，仅存经尾，每页6行，每行19个字。淡墨线勾栏，上边距3厘米，下边距3厘米。结尾处重复经题，用草体书写的题记无法辨认。经文页面上霉斑严重。纸质一级。

馆册第1172号　第60卷

31厘米 ×11厘米，53页，首残，每页7行，每行18个字。淡墨线勾栏，上边距3.5厘米，下边距3厘米。结尾处重复经题。经文页面上有玫瑰花形的边饰，有些地方粘有纸条，上面写有经文，页面上霉斑严重。纸质一级。

馆册第2709号　第64卷

32厘米 ×13厘米，3页，仅存经首，每页7行，每行18个字。淡墨线勾栏，上边距4厘米，下边距2.5厘米。经题后有帙号和仁孝皇帝（尊号1）中的8个字。经文中有些地方粘有纸条，上面写有修改过的经文内容。经文受潮严重。纸质一级。

馆册第641号　第65卷

33厘米 ×13厘米，41页，首残，每页7行，每行20个字。淡墨线勾栏，上边距5.5厘米，下边距2厘米。结尾处重复经题和帙号。经文最后1页有字昌或张（чхион）。经文有些页面已硬化。纸质一级。

馆册第1228号　第68卷

33厘米 ×13厘米，54页，首残，每页7行，每行18个字。淡墨线勾栏，上边距3.5厘米，下边距3厘米。结尾处重复经题和帙号，用草体书写的题记中，发愿者的名字无法辨认。有校勘过的记录。经文中有圆圈形和植物叶片形的边饰图案。纸质一级。

馆册第1227号　第68卷

34厘米 ×13厘米，53页，首残，每页7行，每行20个字。上边距5.5厘米，下边距2.5厘米。结尾处重复经题。经文第1页和最后1页的背面有字昌或张（чхион）、帙号和西夏文数字八。纸质一级。

馆册第2519号　第69卷

33.5厘米 ×12.5厘米，1页，仅存经尾，每页6行，每行20个字。淡墨线勾栏，上边距5厘米，下边距2.5厘米。结尾处重复经题。纸质八级。

馆册第1010号　第72卷

33厘米 ×13厘米，16页，仅存经尾，每页7行，每行18个字。淡墨线勾栏，上边距4.5厘米，下边距2厘米。结尾处重复经题。纸质一级。

馆册第1008号　第73卷

33 厘米 ×13 厘米。61 页。全文保存。每页 7 行，每行 18 个字。淡墨线勾栏。上边距 4.5 厘米，下边距 2.5 厘米。结尾处重复经题和帙号。经文第 1 页的背面写有西夏文帙号和汉文数字三。纸质一级。

馆册第999号　第74卷

34 厘米 ×13 厘米，25 页，仅存经尾，每页 7 行，每行 18 个字。淡墨线勾栏，上边距 5.5 厘米，下边距 2.5 厘米。结尾处重复经题和帙号。经文最后 1 页的背面写有西夏文帙号和汉文数字四。纸质一级。

馆册第2020号　第77卷

34 厘米 ×13 厘米，10 页，仅存经尾，每页 7 行，每行 18 个字。淡墨线勾栏，上边距 4 厘米，下边距 3 厘米。结尾处重复经题，用草体书写的题记中，发愿者或是抄经者的名字无法辨认。经文最后 1 页的背面写有西夏文帙号和汉文数字七。纸质一级。

馆册第2034号　第78卷

33.5 厘米 ×13 厘米，49 页，仅存经尾，每页 7 行，每行 18 个字。淡墨线勾栏，上边距 4.5 厘米，下边距 2.5 厘米。上边距为双线勾栏。结尾处重复经题和帙号。经文最后 1 页的背面写有西夏文帙号和汉文数字八。纸质一级。

馆册第2033号　第79卷

33 厘米 ×12 厘米，16 页，仅存经尾，每页 7 行，每行 18 个字。淡墨线勾栏，上边距 4.5 厘米，下边距 2.5 厘米。结尾处重复经题，题记为：净本抄者𗼨𗰜𗢳（张阿千）(t1ion a tsha Чион А-цха)。纸质一级。

馆册第1013号　第80卷

33.5 厘米 ×13 厘米，62 页，首残，每页 7 行，每行 18 个字。淡墨线勾栏，上边距 5 厘米，下边距 2.5 厘米。结尾处重复经题和帙号，题记为：净本抄者𗼨𗰜𗢳（张阿千）(Чион А-цха)。纸质一级。

馆册第7937号　第85卷

31.5 厘米 ×12 厘米，14 页，仅存经首，每页 7 行，每行 18 个字。上边距 4 厘米，下边距 3 厘米。经题后有帙号和仁孝皇帝（尊号 1）中的前 5 个字。纸质一级。

馆册第1084号　第92卷

33.5 厘米 ×13 厘米，7 页，仅存经首，每页 7 行，每行 20 个字。墨线勾栏，上边距 3.5 厘米，下边距 2 厘米。经题后有仁孝皇帝（尊号 1）御校勘。

经文第 1 页的背面写有西夏文帙号和汉文数字二。纸质一级。

馆册第1056号　第93卷

软纸封面只剩下一半，33 厘米 ×13 厘米，54 页，首残，每页 7 行，每行 20 个字。淡墨线勾栏，上边距 3 厘米，下边距 2 厘米。结尾处重复经题，题记为：净本抄者𗆔𗹦𗵑（朱童奴）(t1iu ndzew ndu Чиу Нджеы-нду)。纸质一级。

馆册第1064号　第95卷

33 厘米 ×13 厘米，46 页，首残，每页 7 行，每行 20 个字。淡墨线勾栏，上边距 3 厘米，下边距 2 厘米。结尾处重复经题和帙号，用草体书写的题记中，发愿者的名字已无法辨认。经文的部分页面已经残朽。纸质一级。

馆册第1074号　第99卷

34 厘米 ×13 厘米，63 页，全文保存，每页 7 行，每行 20 个字。淡墨线勾栏，上边距 3.5 厘米，下边距 2 厘米。经题后有帙号和仁孝皇帝（尊号 1）御校勘。结尾处重复经题和帙号，题记为：净本抄者𗆔𗹦𗵑（朱童奴）(Чиу Нджеы-нду)。纸质一级。

馆册第2141号　第100卷

34 厘米 ×13.5 厘米，5 页，仅存经尾，每页 7 行，每行 20 个字。淡墨线勾栏，上边距 3.5 厘米，下边距 2 厘米。结尾处重复经题和帙号，题记为：纯洁信仰的发愿者𗢳𗗙𗊻𗥤𗿷（察谋那征狗）(tsha mbiu ndon ndzin khwi Цха-мбиу Ндон-нджин-кхви)，净本抄者、禅定者朱童奴（Чиу Нджеы-нду）。经文最后 1 页的背面写有西夏文帙号和汉文数字十。纸质一级。

馆册第1103号　第100卷

34 厘米 ×13.5 厘米，34 页，仅存经首，每页 7 行，每行 20 个字。淡墨线勾栏，上边距 3 厘米，下边距 2 厘米。经题后有帙号和仁孝皇帝（尊号 1）御校勘。纸质一级。

馆册第1101号　第101卷

34 厘米 ×13 厘米，36 页，全文保存，每页 7 行，每行 20 个字。用淡墨线和凹线两种勾栏，上边距 5 厘米，下边距 3 厘米。经题后有帙号，结尾处重复经题和帙号。经文最后 1 页背面写有西夏文帙号和汉文数字一。经文中有些字被裁掉后又从背面粘了一块黄纸，有些地方还粘有纸条，上面写有修改过的经文内容。纸质八级。

馆册第1096号　第102卷

34 厘米 ×13 厘米，9 页，仅存经尾，每页 7 行，每行 21 个字。上边距 5

厘米，下边距 2.5 厘米。结尾处重复经题和帙号。第 1 页和最后 1 页的背面有西夏文帙号和汉文数字二。纸质一级。

馆册第1092号　第103卷

33 厘米 ×13 厘米，52 页，首残，每页 7 行，每行 18 个字。用淡墨线和凹线两种勾栏，上边距 3 厘米，下边距 3 厘米。结尾处重复经题和帙号。纸质一级。

馆册第1089号　第104卷

34 厘米 ×13.5 厘米，54 页，全文保存，每页 7 行，每行 20 个字。凹线勾栏，上边距 5 厘米，下边距 2.5 厘米。经题后有帙号和仁孝皇帝（尊号 1）御校勘。结尾处重复经题和帙号。经文第 1 页和最后 1 页的背面写有西夏文帙号和汉文数字四。纸质一级。

馆册第2155号　第107卷

34 厘米 ×13 厘米，34 页，仅存经尾，每页 7 行，每行 20 个字。凹线勾栏，上边距 5 厘米，下边距 3 厘米。结尾处重复经题和帙号。经文第 1 页和最后 1 页的边空处写有西夏文帙号和汉文数字七。经文结尾处有汉文数字七。纸质一级。

馆册第2147号　第108卷

34 厘米 ×13 厘米，44 页，首残，每页 7 行，每行 20 个字。凹线勾栏，上边距 5 厘米，下边距 3 厘米。结尾处重复经题和帙号。经文第 1 页和最后 1 页的边空处写有西夏文帙号和汉文数字八。纸质一级。

馆册第2153号　第110卷

34 厘米 ×13 厘米，57 页，首残，每页 7 行，每行 20 个字。上边距 5 厘米，下边距 3 厘米。结尾处重复经题和帙号。第 1 页边空处写有西夏文帙号和重复两遍的汉文数字十。题记为：主发愿者、僧人䖘（什）（Шиэ）。抄经者、近善𗼨𗗙（嵬狄）(ngwi ndi Нгви-нди)。纸质一级。

馆册第2089号　第111卷

32.5 厘米 ×13.5 厘米，36 页，仅存经首，每页 7 行，每行 18 个字。淡墨线勾栏，上边距 4 厘米，下边距 2 厘米。经题后有帙号和仁孝皇帝（尊号 1）中的两个字。纸质一级。

馆册第2081号　第111卷

32 厘米 ×13 厘米，64 页，全文保存，每页 7 行，每行 18 个字。淡墨线勾栏，上边距 3.5 厘米，下边距 2.5 厘米。结尾处重复经题和帙号。经文最后

1 页的背面写有西夏文帙号和汉文数字一。题记为：纯洁信仰的发愿者、出家僧什（Шиэ），校勘者𗼃𗸦𗹭𗪘𗧓𗫈𗂸（由啼那征长）（·ew ndie ndon ndzin ndzêw Гхеы-ндие Ндон-нджин-нджеы）。有第 1 次校勘、第 2 次校勘、第 3 次校勘的标记。纸质一级。

馆册第2105号　第112卷

32.5 厘米 ×13 厘米，46 页，首残，每页 7 行，每行 18 个字。淡墨线勾栏，上边距 3.5 厘米，下边距 2 厘米。结尾处重复经题。经文最后 1 页的背面写有西夏文帙号和汉文数字二。纸质一级。

馆册第1895号　第113卷

33 厘米 ×13 厘米，16 页，仅存经首，每页 7 行，每行 18 个字。淡墨线勾栏，上边距 4 厘米，下边距 2.5 厘米。经题后有帙号和仁孝皇帝（尊号 1）中的 4 个字。纸质一级。

馆册第1893号　第113卷

33 厘米 ×13 厘米，26 页，仅存经尾，每页 7 行，每行 18 个字。淡墨线勾栏，上边距 4 厘米，下边距 2.5 厘米。结尾处重复经题和帙号。纸质一级。

馆册第2078号　第116卷

32 厘米 ×13 厘米，44 页，仅存经尾，每页 7 行，每行 18 个字。淡墨线勾栏，上边距尺寸不可考，下边距 3 厘米。结尾处重复经题和帙号。经文页边角已经残朽。纸质一级。

馆册第2073号　第116卷

33 厘米 ×13 厘米，52 页，全文保存，每页 7 行，每行 20 个字。淡墨线勾栏，上边距 5 厘米，下边距 3 厘米。经题后有帙号和仁孝皇帝（尊号 1）中的 6 个字。结尾处重复经题。经文第 1 页和最后 1 页的背面写有西夏文帙号和汉文数字六。纸质一级。

馆册第2077号　第117卷

经文上端已经残朽，尺寸规格也很难断定。58 页，全文保存，每页 7 行，每行 9 个字。淡墨线勾栏，上边距尺寸不可考，下边距 2.5 厘米。经题后有帙号。结尾处重复经题，用草体书写的题记无法辨认。经文页面有粘连。纸质一级。

馆册第6391号　第118卷

33 厘米 ×13 厘米，45 页，首残，每页 7 行，每行 20 个字。淡墨线勾栏，上边距 4 厘米，下边距 2 厘米。结尾处重复经题，用草体书写的题记无法辨认。经文最后 1 页的背面写有西夏文帙号和汉文数字八。经文页面霉斑严重。纸质一级。

馆册第2066号　第119卷

33.5 厘米 ×14 厘米，50 页，全文保存，每页 7 行，每行 18 个字。淡墨线勾栏，上边距 5 厘米，下边距 2.5 厘米。经题后有帙号和仁孝皇帝（尊号 1）中的 10 个字。结尾处重复经题，用草体书写𗼃𗼇𗼈（须菩提）(Су-по-тие)。经文第 1 页和最后 1 页背面有西夏文帙号和汉文数字九。有第 1 次校勘、第 2 次校勘、第 3 次校勘的标记。用草体书写校勘者的名字。纸质一级。

馆册第2063号　第120卷

32.5 厘米 ×13 厘米，29 页，仅存经首，每页 7 行，每行 18 个字。淡墨线勾栏，上边距 3.5 厘米，下边距 3.5 厘米。经题后有帙号和仁孝皇帝（尊号 1）中的 4 个字。纸质一级。

馆册第2065号　第120卷

33.5 厘米 ×13 厘米，18 页，仅存经尾，每页 7 行，每行 18 个字。淡墨线勾栏，上边距 6.5 厘米，下边距 2.5 厘米。结尾处重复经题，题记为：纯洁信仰的发愿者、僧人什（Шиэ）。经文中有叶子形边饰图案。纸质一级。

馆册第6725号　第123卷

粘上的软纸封面只剩下一半，33.5 厘米 ×14.5 厘米，55 页，首残，每页 7 行，每行 22 个字。淡墨线勾栏，上边距 3 厘米，下边距 1.5 厘米。结尾处重复经题。纸质一级。

馆册第1477号　第124卷

32.5 厘米 ×13 厘米，37 页，尾残，每页 7 行，每行 18 个字。淡墨线勾栏，上边距 3 厘米，下边距 3.5 厘米。经题后有帙号。经文中有花形边饰，经文中有些地方粘有纸条，上面写有修改的经文内容。纸质一级。

馆册第1483号　第125卷

33 厘米 ×13.5 厘米，24 页，仅存经尾，每页 7 行，每行 20 个字。上边距 4 厘米，下边距 3 厘米。结尾处重复经题和帙号。经文中有莲花形边饰。纸质一级。

馆册第1463号　第126卷

33 厘米 ×13 厘米，16 页，仅存经首，每页 7 行，每行 20 个字。上边距 4 厘米，下边距 2.5 厘米。经题后有帙号和仁孝皇帝（尊号 1）中的 4 个字。纸质一级。

馆册第1469号　第126卷

33 厘米 ×13 厘米，28 页，仅存经尾，每页 7 行，每行 20 个字。上边距 4 厘米，下边距 3 厘米。结尾处重复经题。经文中有些字用朱砂色加了着重号。经文受潮严重。纸质一级。

馆册第2193号　第127卷

33 厘米 ×14 厘米，21 页，仅存经尾，每页 7 行，每行 20 个字。上边距 3 厘米，下边距 2 厘米。结尾处重复经题。纸质二级。

馆册第2181号　第129卷

33 厘米 ×13 厘米，2 页，仅存经首，每页 7 行，每行 20 个字。上边距 4 厘米，下边距 3 厘米。经题后有帙号和仁孝皇帝（尊号 1）中的 4 个字。经文保存不善。纸质一级。

馆册第3120号　第129卷

33 厘米 ×13 厘米，48 页，仅存经尾，每页 7 行，每行 20 个字。上边距 4 厘米，下边距 3 厘米。结尾处重复经题，经文保存不善。纸质一级。

馆册第2060号　第133卷

31 厘米 ×13 厘米，42 页，仅存经首，每页 7 行，每行 20 个字。淡墨线勾栏，上边距 3.5 厘米，下边距 2.5 厘米。经题后有仁孝皇帝（尊号 1）中的 4 个字。经文中有的页面受潮有残损。纸质一级。

馆册第2048号　第133卷

32 厘米 ×13 厘米，8 页，仅存经尾，每页 7 行，每行 21 个字。淡墨线勾栏，上边距 3.5 厘米，下边距 2 厘米。结尾处重复经题和帙号。纸质一级。

馆册第2061号　第138卷

32 厘米 ×13 厘米，42 页，仅存经尾，每页 7 行，每行 20 个字。凹线勾栏，上边距 4 厘米，下边距 2.5 厘米。结尾处重复经题，题记为：抄经者、出家僧、禅修者瓾瓶礤瀧（讹啰法照）(ngwə ra tsiə swew Нгвэ-ра Циэ-свеы Фа Чжао)。经文因发霉、硬化而残损。纸质一级。

馆册第2056号　第139卷

32 厘米 ×13 厘米，4 页，仅存经首，每页 7 行，每行 20 个字。淡墨线勾栏，上边距 4 厘米，下边距 2.5 厘米。经题后有帙号和仁孝皇帝（尊号 1）中的 5 个字。经文第 1 页和最后 1 页的背后写有西夏文帙号和汉文数字九。纸质八级。

馆册第2055号　第139卷

31.5 厘米 ×13 厘米，4 页，仅存经尾，每页 7 行，每行 20 个字。淡墨线勾栏，上边距 4 厘米，下边距 2.5 厘米。结尾处重复经题。经文最后 1 页的背面写有西夏文帙号和汉文数字九。

馆册第1457号　第141卷

32 厘米 ×12 厘米，51 页，首残，每页 7 行，每行 18 个字。淡墨线勾栏，上边距 5 厘米，下边距 1 厘米。结尾处重复经题，题记为：纯洁信仰的发愿者𗥃𗐗𘟣𗣼（野利屈嵬）(·i rie khwi wai Гхи-рие Кхви-вай)。经文部分页面背后写有西夏文帙号和汉文数字一。纸质一级。

馆册第6254号　第142卷

31.5 厘米 ×13.5 厘米，4 页，仅存经尾，每页 6 行，每行 20 个字。凹线勾栏，上边距 3.5 厘米，下边距 2 厘米。结尾处重复经题。纸质一级。

馆册第4266号　第143卷

32.5 厘米 ×13 厘米，3 页，仅存经首，每页 7 行，每行 18 个字。淡墨线勾栏，上边距 5 厘米，下边距 1.5 厘米。经题后有仁孝皇帝（尊号 1）御校勘。纸质一级。

馆册第648号　第143卷

粘上去的软纸封面只剩下一半，31 厘米 ×14 厘米，35 页，全文保存，每页 7 行，每行 20 个字。上边距 5 厘米，下边距 2.4 厘米。经题后有仁孝皇帝（尊号 1）中的 1 个字。结尾处重复经题。有第 1 次校勘、第 2 次校勘的标记。经文中有些地方粘有纸条，上面画有同心圆和植物叶子形边饰图案。纸质七级。

馆册第1456号　第144卷

粘上去的软纸封面只剩下一半，32.5 厘米 ×13.5 厘米，58 页，全文保存，每页 7 行，每行 18 个字。淡墨线勾栏，上边距 4 厘米，下边距 2.5 厘米。经题后有仁孝皇帝（尊号 1）御校勘。结尾处重复经题。纸质一级。

馆册第2789号　第145卷

34 厘米 ×13 厘米，52 页，全文保存，每页 7 行，每行 21 个字。上边距 4.5 厘米，下边距 3 厘米。结尾处重复经题。经文发霉严重。纸质二级。

馆册第3254号　第149卷

31.5 厘米 ×12.5 厘米，11 页，仅存经尾，每页 7 行，每行 20 个字。淡墨线勾栏，上边距 4 厘米，下边距 2.5 厘米。纸质一级。

馆册第629号　第150卷

31.5 厘米 ×13 厘米，65 页，首残，每页 7 行，每行 18 个字。淡墨线勾栏，上边距 4 厘米，下边距 2.5 厘米。结尾处重复经题，题记为：纯洁懂理的发愿者[illegible]（野利屈利嵬）(·i rie khwi ldiə wai Гхи-рие Кхви-лдиэ-вай)，净本发愿者[illegible]（酩布慧威）(min pu zie wai Мин-пу Жиэ-вай Хуй Шэн)。经文页面有粘连。纸质 1 级。

馆册第151号　第151卷

32 厘米 ×13 厘米，26 页，仅存经首，每页 7 行，每行 19 个字。上边距 4 厘米，下边距 2.5 厘米。经题后有仁孝皇帝（尊号 1）御译。卷号之后的品名后面添有新写内容：[illegible]（一遍经文抄写者杨波）(·ion po Гхион-по)。接下来的 3 个字被涂去。还有补写内容：[illegible]（令诵一遍经文）。纸质一级。

馆册第1726号　第154卷

32.5 厘米 ×13.5 厘米，14 页，仅存经尾，每页 7 行，每行 18 个字。上边距 4 厘米，下边距 2.5 厘米。结尾处重复经题。纸质一级。

馆册第6438号　第156卷

32.5 厘米 ×13.5 厘米，22 页，仅存经尾，每页 7 行，每行 18 个字。上边距 4 厘米，下边距 2 厘米。结尾处重复经题。经文最后 1 页有字昌或张（чхион）。还写有：[illegible][1]（为集授毕，不破不断也）。纸质一级。

馆册第7229号　第158卷

33 厘米 ×14 厘米，2 页，仅存经尾，每页 7 行，每行 20 个字。淡墨线勾栏，上边距 3 厘米，下边距 1 厘米。结尾处重复经题和帙号。写有小字：有第 1 次校勘的标记。纸质一级。

馆册第7479号　第158卷

32.5 厘米 ×13 厘米，5 页，仅存经尾，每页 7 行，每行 20—21 个字。淡墨线勾栏，上边距 3 厘米，下边距 1.5 厘米。结尾处重复经题和帙号。纸质一级。

馆册第1705号　第159卷

32.5 厘米 ×13.5 厘米，19 页，仅存经尾，每页 7 行，每行 18 个字。淡墨线勾栏，上边距 4 厘米，下边距 2 厘米。结尾处重复经题。纸质一级。

① 俄译翻译成汉文：收录和改编完成，无重复，无歧义，因为重复和有歧义的经文段落已经删除掉了。

馆册第2682号　第160卷

32.5 厘米 ×13.5 厘米，22 页，仅存经首，每页 7 行，每行 18 个字。淡墨线勾栏，上边距 4 厘米，下边距 2.5 厘米。经题后有仁孝皇帝（尊号 1）中的 4 个字。纸质一级。

馆册第1762号　第160卷

32.5 厘米 ×13 厘米，17 页，仅存经尾，每页 7 行，每行 18 个字。淡墨线勾栏，上边距 3.5 厘米，下边距 3 厘米。结尾处重复经题。纸质一级。

馆册第1748号　第161卷

32.5 厘米 ×13 厘米，9 页，仅存经首，每页 7 行，每行 18 个字。淡墨线勾栏，上边距 3 厘米，下边距 3 厘米。经题后有仁孝皇帝（尊号 1）中的 4 个字。纸质一级。

馆册第1759号　第161卷

32.5 厘米 ×13 厘米，53 页，首残，每页 7 行，每行 18 个字。上边距 3.5 厘米，下边距 3 厘米。结尾处重复经题。纸质一级。

馆册第1773号　第161卷

33.5 厘米 ×13.5 厘米，28 页，仅存经首，每页 7 行，每行 20 个字。淡墨线勾栏，上边距 2.5 厘米，下边距 2 厘米。经题后有仁孝皇帝（尊号 1）中的 4 个字。纸质八级。

馆册第1754号　第162卷

33.5 厘米 ×13 厘米，15 页，仅存经尾，每页 7 行，每行 18 个字。深凹线勾栏，上边距 6 厘米，下边距 3 厘米。结尾处重复经题，题记为：[illegible][1]（对净本发诚心者野利屈利嵬）。经文最后 1 页的背面写有西夏文帙号和汉文数字二。

馆册第2689号　第165卷

32.5 厘米 ×13 厘米，59 页，尾残，每页 7 行，每行 18 个字。淡墨线勾栏，上边距 4 厘米，下边距 2 厘米。经题后有仁孝皇帝（尊号 1）中的 4 个字。纸质八级。

馆册第1770号　第166卷

粘上去的软纸封面只剩下一半，40 厘米 ×13 厘米，9 页，仅存经首，每

① 俄译翻译成汉文：对此经文尽心尽力者 Гхи-рие Кхви-лдиэ-вай。

页 7 行，每行 18 个字。凹线勾栏，上边距 6.5 厘米，下边距 2.5 厘米。经题后有仁孝皇帝（尊号 1）中的两个字。纸质一级。

馆册第1696号　第167卷

34 厘米 ×13.5 厘米，40 页，仅存经首，每页 7 行，每行 19 个字。淡墨线勾栏，上边距 6 厘米，下边距 3 厘米。经题后有仁孝皇帝（尊号 1）御译。纸质一级。

馆册第1742号　第166卷

黄软纸封面只剩下一半，32.5 厘米 ×13 厘米，68 页，全文保存，每页 7 行，每行 18 个字。淡墨线勾栏，上边距 4 厘米，下边距 2.5 厘米。经题后有仁孝皇帝（尊号 1）中的 4 个字。纸质一级。

馆册第1692号　第170卷

34 厘米 ×13 厘米，32 页，仅存经尾，每页 7 行，每行 18 个字。凹线勾栏，上边距 6 厘米，下边距 3 厘米。结尾处重复经题。纸质一级。

馆册第1705号　第171卷

此经文由于自身的缺陷，故难以断定它的规格尺寸和页边距。51 页，首残，每页 7 行，每行 18 个字。凹线勾栏，结尾处重复经题，题记为：纯洁懂理的发愿者、出家僧什（Шиэ）。纸质一级。

馆册第1706号　第171卷

32 厘米 ×12.5 厘米，3 页，仅存经首，每页 7 行，每行 18 个字。淡墨线勾栏，上边距 3.5 厘米，下边距 2.5 厘米。结尾处重复经题。经题后有嵬名皇帝（尊号 1）与其母梁皇太后（尊号 1）中的各 2 个字。纸质八级。

馆册第1703号　第172卷

34 厘米 ×13 厘米，57 页，首残，每页 7 行，每行 18—21 个字。上边距 5 厘米，下边距 3.5 厘米。结尾处重复经题和帙号。经文上端已经残朽。纸质一级。

馆册第4003号　第175卷

34 厘米 ×11.5 厘米，1 页，仅存经首，每行 18 个字。上边距 4 厘米，下边距 2.5 厘米。仁孝皇帝（尊号 1）御校勘。纸质二级。

馆册第7229号　第175卷

33 厘米 ×14 厘米，2 页，仅存经首，每页 7 行，每行 22 个字。淡墨线勾栏，上边距 3 厘米，下边距 2 厘米。经题后有帙号和仁孝皇帝（尊号 1）中的前 4 个字。纸质一级。

馆册第2501号　第179卷

34厘米×13厘米，4页，仅存经首，每页7行，每行18个字。凹线勾栏，上边距6厘米，下边距3厘米。经题后有帙号和仁孝皇帝（尊号1）中的2个字。经文最后1页的背面写有西夏文帙号和汉文数字九。纸质八级。

馆册第853号　第179卷

33.5厘米×13厘米，22页，仅存经尾，每页7行，每行18个字。凹线勾栏，结尾处重复经题。经文最后1页的背面写有西夏文帙号和汉文数字九。纸质七级。

馆册第1020号　第182卷

黄色软纸封面只剩下一半，31厘米×13厘米，3页，仅存经首，每页7行，每行18个字。墨线勾栏，上边距4厘米，下边距2厘米。经题后有帙号和仁孝皇帝（尊号1）御校勘。经文最后1页的上边空处写有西夏文帙号和汉文数字二。纸质七级。

馆册第6393号　第183卷

31.5厘米×13厘米，57页，尾残，每页7行，每行18个字。墨线勾栏，上边距4厘米，下边距2.5厘米。经题后有仁孝皇帝（尊号1）御校勘。经文第1页的背面写有西夏文帙号和汉文数字三。纸质一级。

馆册第1823号　第184卷

32厘米×13.5厘米，55页，首残，每页7行，每行18个字。墨线勾栏，上边距3厘米，下边距2厘米。结尾处重复经题和帙号。经文第1页的边空处写有西夏文帙号和汉文数字四。纸质一级。

馆册第3500号　第184卷

33厘米×15.5厘米，2页，但其中1页上经文未写满。仅存经首，每页8行，每行24个字。上边距2.5厘米，下边距1.5厘米。经题后有仁孝皇帝（尊号1）中的4个字。纸质八级。

馆册第1816号　第186卷

33厘米×13.5厘米，3页，仅存经尾，每页7行，每行21个字。墨线勾栏，上边距4.5厘米，下边距2.5厘米。结尾处重复经题。经文最后1页的边空处写有西夏文帙号和汉文数字六。纸质一级。

馆册第839号　第188卷

32厘米×13厘米，63页，首残，每页7行，每行18个字。墨线勾栏，上边距4厘米，下边距3厘米。结尾处重复经题。经文最后1页的背面写有西夏文帙号和汉文数字八。经文页面霉斑严重。纸质一级。

馆册第1828号　第190卷

32 厘米 ×13 厘米，24 页，仅存经首，每页 7 行，每行 18 个字。墨线勾栏，上边距 4 厘米，下边距 2.5 厘米。经题后有帙号和仁孝皇帝（尊号 1）御校勘。经文第 1 页的背面写有西夏文帙号和汉文数字十。纸质八级。

馆册第1792号　第192卷

32.5 厘米 ×13 厘米，60 页，全文保存，每页 7 行，每行 18 个字。淡墨线勾栏，上边距 3.5 厘米，下边距 3 厘米。经题后有帙号。结尾处重复经题和帙号。经文中夹有 2 个标签：1 个写有经文名称，另 1 个写有帙号。

馆册第1795号　第192卷

32 厘米 ×13 厘米，57 页，首残，每页 7 行，每行 18 个字。淡墨线勾栏，上边距 4 厘米，下边距 2 厘米。结尾处重复经题和帙号。纸质一级。

馆册第1800号　第194卷

32.5 厘米 ×13 厘米，28 页，仅存经尾，每页 7 行，每行 18 个字。淡墨线勾栏，上边距 3.5 厘米，下边距 2.5 厘米。经题后有帙号和仁孝皇帝（尊号 1）御校勘。结尾处重复经题。纸质一级。

馆册第1781号　第197卷

白纸软封面，34 厘米 ×12 厘米，66 页，全文保存，每页 6 行，每行 18 个字。上边距 4 厘米，下边距 3 厘米。经题后有仁孝皇帝（尊号 1）御校勘。结尾处重复经题。有第 1 次校勘的标记。纸质一级。

馆册第1783号　第197卷

32.5 厘米 ×13 厘米，25 页，仅存经尾，每页 7 行，每行 18 个字。淡墨线勾栏，上边距 3.5 厘米，下边距 3 厘米。结尾处重复经题。纸质一级。

馆册第1780号　第198卷

32.5 厘米 ×13 厘米，37 页，仅存经尾，每页 7 行，每行 18 个字。墨线勾栏，上边距 4 厘米，下边距 2 厘米。结尾处重复经题和帙号。经文有些页面上有霉斑。纸质八级。

馆册第1542号　第201卷

33.5 厘米 ×11.7 厘米，5 页，仅存经尾，每页 5 行，每行 18 个字。凹线勾栏，上边距 4.5 厘米，下边距 2.7 厘米。结尾处重复经题和帙号。纸质一级。

馆册第1538号　第201卷

34 厘米 ×13 厘米，50 页，首残，每页 7 行，每行 18 个字。淡墨线勾栏，上边距 4 厘米，下边距 2.5 厘米。结尾处重复经题和帙号。经文最后 1 页的背面写有西夏文帙号和汉文数字一。纸质八级。

馆册第1539号　第201卷

32.5 厘米 ×13.2 厘米，61 页，全文保存，每页 7 行，每行 18 个字。墨线勾栏，上边距 4 厘米，下边距 2.3 厘米。经题后有帙号和仁孝皇帝（尊号 1）中的前 4 个字。结尾处重复经题和帙号。纸质八级。

馆册第1530号　第203卷

32.5 厘米 ×13 厘米，58 页，首残，每页 7 行，每行 18 个字。墨线勾栏，上边距 4 厘米，下边距 2.5 厘米。结尾处重复经题和帙号。经文页面霉斑严重，页面有粘连，页边角有残损。纸质一级。

馆册第2914号　第204卷

34 厘米 ×13.2 厘米，34 页，仅存经尾，每页 7 行，每行 18 个字。墨线勾栏，上边距 4 厘米，下边距 2.5 厘米。结尾处重复经题。经文最后 1 页的背面写有西夏文帙号和汉文数字四。纸质一级。

馆册第1527号　第205卷

32.5 厘米 ×13.2 厘米，50 页，首残，每页 7 行，每行 18 个字。墨线勾栏，上边距 4 厘米，下边距 2 厘米。结尾处重复经题。经文页面有霉斑。纸质八级。

馆册第2681号　第205卷

31.2 厘米 ×11.2 厘米，34 页，仅存经首，每页 7 行，每行 18 个字。墨线勾栏，上边距 4 厘米，下边距 2.5 厘米。经题后有帙号和仁孝皇帝（尊号 1）中的前 4 个字。纸质一级。

馆册第1522号　第206卷

34 厘米 ×13 厘米，61 页，首残，每页 7 行，每行 18 个字。墨线勾栏，上边距 5 厘米，下边距 3 厘米。结尾处重复经题和帙号，并写有汉文数字六。有第 1 次校勘、第 2 次校勘、第 3 次校勘的标记。纸质一级。

馆册第1518号　第207卷

34 厘米 ×13 厘米，43 页，首残，每页 7 行，每行 18 个字。墨线勾栏，上边距 4.5 厘米，下边距 2.5 厘米。结尾处重复经题和帙号，并写有汉文数字七。

馆册第1885号　第208卷

32.5 厘米 ×13.2 厘米，31 页，仅存经尾。每页 7 行，每行 18 个字。墨线勾栏，上边距 4 厘米，下边距 2.5 厘米。结尾处重复经题和帙号。经文页面霉斑严重。纸质八级。

馆册第1515号　第208卷

32.5 厘米 ×13.5 厘米，27 页，仅存经首，每页 7 行，每行 18 个字。淡墨线勾栏，上边距 3.4 厘米，下边距 2.5 厘米。经题后有帙号和仁孝皇帝（尊号 1）中的前 4 个字。纸质一级。

馆册第1867号　第209卷

32.2 厘米 ×11.7 厘米，2 页，仅存经首，每页 6 行，每行 16 个字。淡墨线勾栏，上边距 5 厘米，下边距 2.5 厘米。经题后有仁孝皇帝（尊号 1）御译。纸质一级。

馆册第1888号　第210卷

34 厘米 ×13.3 厘米，33 页，仅存经尾，每页 7 行，每行 18 个字。墨线勾栏，上边距 5.3 厘米，下边距 2.7 厘米。结尾处重复经题，题记为：抄经发愿者由啼那征长（Гхеы-ндие Ндон-нджин-нджэы）。有第 1 次校勘、第 2 次校勘的标记。

馆册第1187号　第210卷

35 厘米 ×14 厘米，18 页，仅存经首，每页 7 行，每行 18 个字。墨线勾栏，上边距 5 厘米，下边距 2.7 厘米。经题后有帙号和仁孝皇帝（尊号 1）御校勘。纸质一级。

馆册第3919号　第211卷

31 厘米 ×12.5 厘米，30 页，仅存经首，每页 6 行，每行 18 个字。墨线勾栏，上边距 5 厘米，下边距 2.5 厘米。经题后有仁孝皇帝（尊号 1）中的两个字。纸质一级。

馆册第1883号　第212卷

31 厘米 ×13.3 厘米，43 页，首残，每页 7 行，每行 18 个字。棕黄色线和墨线勾栏，上边距 3.5 厘米，下边距 3 厘米。结尾处重复经题。经文页面霉斑严重。纸质八级。

馆册第1892号　第212卷

31 厘米 ×13.2 厘米，8 页，仅存经首，每页 7 行，每行 18 个字。棕黄色线勾栏，上边距 3 厘米，下边距 2 厘米。经题后有帙号和仁孝皇帝（尊号 1）中的 2 个字。经文最后 1 页的背面写有西夏文帙号和汉文数字二。经文由于受潮和霉变，页面有残破。纸质八级。

馆册第1878号　第214卷

？×13.2 厘米，56 页，尾残，每页 7 行，每行字数不可考，经文保存不善。纸质一级。

馆册第1876号　第214卷

31 厘米 ×13.2 厘米，58 页，首残，每页 7 行，每行 18 个字。墨线勾栏，上边距 3.5 厘米，下边距 3 厘米。结尾处重复经题。经文最后 1 页的背面写有西夏文帙号和汉文数字四。纸质八级。

馆册第3987号　第215卷

黄纸软封面只剩下一半，31.5 厘米 ×11.5 厘米，8 页，仅存经首，每页 6 行，每行 19 个字。墨线勾栏，上边距 4.5 厘米，下边距 3 厘米。经题后有仁孝皇帝（尊号 1）御校勘。纸质一级。

馆册第1894号　第216卷

31 厘米 ×13.2 厘米，8 页，仅存经首，每页 7 行，每行 18 个字。墨线勾栏，上边距 4 厘米，下边距 3 厘米。经题后有帙号和仁孝皇帝（尊号 1）中的两个字。经文上端已经残朽。纸质八级。

馆册第3498号　第216卷

33 厘米 ×11 厘米，1 页，仅存经首，此页 5 行，每行 18 个字。上边距 4 厘米，下边距 8 厘米。纸质八级。

馆册第1882号　第216卷

31 厘米 ×13 厘米，2 页，仅存经尾，每页 7 行，每行 18 个字。上边距 3 厘米，下边距 3 厘米。结尾处重复经题和帙号。纸质一级。

馆册第1514号　第218卷

34 厘米 ×13.2 厘米，61 页，首残，每页 7 行，每行 18 个字。上边距 5 厘米，下边距 3 厘米。结尾处重复经题。纸质八级。

馆册第2181号　第218卷

33 厘米 ×13.3 厘米，62 页，尾残，每页 7 行，每行 18 个字。墨线勾栏，上边距 3.5 厘米，下边距 2.5 厘米。经题后有帙号和仁孝皇帝（尊号 1）中的 4 个字。纸质八级。

馆册第1280号　第219卷

31.5 厘米 ×13.3 厘米，67 页，尾残，每页 7 行，每行 18 个字。墨线勾栏，上边距 4 厘米，下边距 3 厘米。经题后有帙号和仁孝皇帝（尊号 1）中的 8 个字。经文第 1 页和最后 1 页的背面用草体书写有西夏文帙号和西夏文数字九。纸质八级。

馆册第1278号　第219卷

31.3 厘米 ×13.2 厘米，11 页，仅存经尾，每页 7 行，每行 18 个字。淡墨线勾栏，上边距 4 厘米，下边距 2 厘米。结尾处重复经题。经文最后 1 页的背面写有西夏文帙号和数字九。纸质一级。

馆册第1702号　第220卷

34 厘米 ×14 厘米，44 页，首残，每页 7 行，每行 21—22 个字。淡墨线勾栏，上边距 4.5 厘米，下边距 2.5 厘米。结尾处重复经题。经文中有些页面上画有植物形边饰图案。纸质八级。

馆册第1399号　第221卷

34 厘米 ×13.3 厘米，31 页，仅存经尾，每页 7 行，每行 20 个字。墨线勾栏，上边距 5 厘米，下边距 3 厘米。结尾处重复经题，题记为：纯洁信仰的发愿者、出家僧什（Шиэ）。纸质八级。

馆册第1396号　第224卷

34 厘米 ×13 厘米，2 页，仅存经首，每页 7 行，每行 20 个字。墨线勾栏，上边距 5.5 厘米，下边距 2.2 厘米。结尾处重复经题。经文某些页面的背面写有西夏文帙号和汉文数字四。纸质八级，

馆册第1407号　第224卷

34 厘米 ×13.5 厘米，43 页，仅存经尾，每页 7 行，每行 20 个字。墨线勾栏，上边距 5 厘米，下边距 3 厘米。结尾处重复经题。经文中有些页面的边空处写有西夏文帙号和汉文数字四。纸质一级。

馆册第3363号　第224卷

33 厘米 ×13 厘米，19 页，仅存经首，每页 7 行，每行 18 个字。淡墨线勾栏，上边距 4 厘米，下边距 2.5 厘米。经题后有帙号和仁孝皇帝（尊号 1）中的 4 个字。纸质一级。

馆册第1414号　第225卷

软纸封面只剩下一半，33 厘米 ×13.3 厘米，34 页，仅存经首，每页 7 行，每行 18 个字。淡墨线勾栏，上边距 5.5 厘米，下边距 3 厘米。经题后有帙号和仁孝皇帝（尊号 1）中的 4 个字。纸质一级。

馆册第1413号　第225卷

34 厘米 ×13 厘米，32 页，仅存经尾，每页 7 行，每行 20 个字。墨线勾栏，上边距 5.5 厘米，下边距 3 厘米。结尾处重复经题。经文最后 1 页的背面

写有西夏文帙号和汉文数字五。纸质一级。

馆册第7479号　第225卷

32.5 厘米 ×12.5 厘米，17 页，仅存经尾，每页 7 行，每行 18 个字。墨线勾栏，上边距 5 厘米，下边距 2.5 厘米。结尾处重复经题和帙号。纸质一级。

馆册第1405号　第228卷

34 厘米 ×13.3 厘米，54 页，全文保存，每页 7 行，每行 18 个字。淡墨线勾栏，上边距 5.5 厘米，下边距 2.5 厘米。经题后有帙号。结尾处重复经题和帙号。经文因受潮，页面有粘连。纸质八级。

馆册第4058号　第228卷

33.5 厘米 ×14.5 厘米，48 页，尾残，每页 7 行，每行 23 个字。墨线勾栏，上边距 3 厘米，下边距 1 厘米。经题后有仁孝皇帝（尊号 1）中的 4 个字。纸质八级。

馆册第1406号　第229卷

34 厘米 ×13 厘米，40 页，仅存经首，每页 7 行，每行 20 个字。墨线勾栏，上边距 5.5 厘米，下边距 3.5 厘米。经题后有帙号。经文第 1 页和最后 1 页的背面写有西夏文帙号和汉文数字九。纸质八级。

馆册第1978号　第230卷

34 厘米 ×13 厘米，32 页，首尾皆残，每页 7 行，每行 17 个字。墨线勾栏，上边距 6 厘米，下边距 3 厘米。经文第 1 页和最后 1 页的背面写有西夏文帙号和汉文数字十。纸质一级。

馆册第1977号　第230卷

32.5 厘米 ×13 厘米，46 页，尾残，每页 7 行，每行 18 个字。墨线勾栏，上边距 3.5 厘米，下边距 2.5 厘米。经题后有帙号和仁孝皇帝（尊号 1）御校勘。纸质八级。

馆册第1375号　第231卷

33 厘米 ×13.5 厘米，44 页，仅存经首，每页 7 行，每行 18 个字。墨线勾栏，上边距 3.5 厘米，下边距 2 厘米。经题后有帙号和仁孝皇帝（尊号 1）御校勘。纸质一级。

馆册第1378号　第231卷

34 厘米 ×13.5 厘米，56 页，尾残，每页 7 行，每行 18 个字。墨线勾栏，上边距 4 厘米，下边距 3 厘米。经题后有帙号和仁孝皇帝（尊号 1）御校勘。经文第 1 页的背面写有西夏文帙号和汉文数字一。纸质八级。

馆册第1416号　第232卷

33 厘米 ×13 厘米，27 页，仅存经尾，每页 7 行，每行 18 个字。墨线勾栏，上边距 3 厘米，下边距 3 厘米。结尾处重复经题和帙号。纸质八级。

馆册第1372号　第233卷

33 厘米 ×13 厘米，40 页，仅存经尾，每页 7 行，每行 18 个字。墨线勾栏，上边距 3.5 厘米，下边距 2.5 厘米。结尾处重复经题和帙号。纸质八级。

馆册第1418号　第233卷

33 厘米 ×13 厘米，23 页，仅存经尾，每页 7 行，每行 18 个字。墨线勾栏，上边距 4 厘米，下边距 3 厘米。结尾处重复经题和帙号。有第 1 次校勘的标记。经文第 1 页的背面和最后 1 页的上边空处写有西夏文帙号和汉文数字三。纸质八级。

馆册第1421号　第234卷

34 厘米 ×13.5 厘米，17 页，仅存经尾，每页 7 行，每行 18 个字。淡墨线勾栏，上边距 4 厘米，下边距 3 厘米。结尾处重复经题。经文最后 1 页的上边空处写有帙号。有第 1 次校勘、第 2 次校勘的标记。用草体书写校勘者的名字，但无法辨认。纸质八级。

馆册第1419号　第235卷

33 厘米 ×13.5 厘米，53 页，尾残，每页 7 行，每行 18 个字。墨线勾栏，上边距 4 厘米，下边距 3.5 厘米。经题后有帙号和仁孝皇帝（尊号 1）御校勘。纸质一级。

馆册第1420号　第235卷

34 厘米 ×13 厘米，52 页，全文保存，每页 7 行，每行 18 个字。墨线勾栏，上边距 4 厘米，下边距 3 厘米。经题后有帙号和仁孝皇帝（尊号 1）御校勘。结尾处重复经题和帙号。经文第 1 页和最后 1 页的背面写有西夏文帙号和汉文数字五。有第 1 次校勘、第 2 次校勘的标记。校勘者由啼那征长（Гхеы-ндие Ндон-нджин-нджэы）。纸质八级。

馆册第1422号　第235卷

33 厘米 ×13 厘米，5 页，仅存经尾，每页 7 行，每行 18 个字。墨线勾栏，上边距 4 厘米，下边距 3 厘米。结尾处重复经题和帙号。纸质八级。

馆册第3503号　第236卷

33.5 厘米 ×9 厘米，1 页，仅存经尾，此页共 3 行，每行 13 个字。上边距 4.5 厘米，下边距 2 厘米。结尾处重复经题。有第 1 次校勘的标记。

馆册第6151号　第237卷

32 厘米 ×11.5 厘米，47 页，仅存经尾，每页 6 行，每行 17 个字。墨线勾栏，上边距 4.5 厘米，下边距 3 厘米。结尾处重复经题。纸质一级。

馆册第2376号　第239卷

34 厘米 ×13.5 厘米，19 页，仅存经尾，每页 7 行，每行 9 个字。上边距 5 厘米，下边距 2 厘米。结尾处重复经题。有第 1 次校勘、第 2 次校勘的标记。用草体书写校勘者的名字，但无法辨认。经文因受潮，有残破。纸质一级。

馆册第3940号　第240卷

33 厘米 ×11.5 厘米，10 页，仅存经首，每页 7 行，每行 21 个字。墨线勾栏，上边距 2.5 厘米，下边距 1 厘米。经题后有仁孝皇帝（尊号 1）御校勘。帙号有误。纸质一级。

馆册第6389号　第240卷

32.5 厘米 ×13 厘米，89 页，尾残，每页 7 行，每行 19 个字。上边距 5 厘米，下边距 1.5 厘米。经题后有仁孝皇帝（尊号 1）御校勘。结尾处重复经题和帙号。经文第 1 页的背面写有西夏文帙号和汉文数字十。经文因受潮下端有残破。纸质一级。

馆册第2773号　第242卷

32.5 厘米 ×13 厘米，48 页，全文保存，每页 7 行，每行 18 个字。墨线勾栏，上边距 4 厘米，下边距 2.5 厘米。经题后有帙号和仁孝皇帝（尊号 1）御校勘。结尾处重复经题和帙号。纸质八级。

馆册第2771号　第244卷

黄纸软封面只剩下一半，32.5 厘米 ×13 厘米，60 页，尾残。每页 7 行，每行 18 个字。墨线勾栏，上边距 3.5 厘米，下边距 2.5 厘米。经题后有仁孝皇帝（尊号 1）御校勘。纸质八级。

馆册第2768号　第245卷

33 厘米 ×13 厘米，4 页，仅存经尾，每页 7 行，每行 19—21 个字。墨线勾栏，上边距 5 厘米，下边距 3 厘米。结尾处重复经题。纸质八级。

馆册第4006号　第245卷

33.5 厘米 ×13 厘米，11 页，仅存经首，每页 7 行，每行 18 个字。上边距 6.5 厘米，下边距 2.5 厘米。经题后有仁孝皇帝（尊号 1）御校勘。纸质一级。

馆册第2790号　第246卷

黄纸软封面只剩下一半，32.5 厘米 ×13 厘米，56 页，尾残，每页 7 行，每行 18 个字。墨线勾栏，上边距 3 厘米，下边距 3 厘米。经题后有仁孝皇帝（尊号 1）御校勘。纸质八级。

馆册第2774号 第247卷

32.5 厘米 ×13 厘米，60 页，首残，每页 7 行，每行 18—19 个字。墨线勾栏，上边距 3.5 厘米，下边距 3 厘米。结尾处重复经题。纸质八级。

馆册第1154号 第248卷

33 厘米 ×13.5 厘米，55 页，首残，每页 7 行，每行 17—18 个字。墨线勾栏，上边距 3.5 厘米，下边距 2.5 厘米。结尾处重复经题和帙号。纸质八级。

馆册第2767号 第248卷

33 厘米 ×13 厘米，4 页，仅存经尾，每页 7 行，每行 18 个字。墨线勾栏，上边距 5 厘米，下边距 3.5 厘米。结尾处重复经题，题记为：纯洁懂理的发愿者、出家僧什（Шиэ）。部分经文施写发愿者张阿千（Чион А-цха）。纸质一级。

馆册第7079号 第250卷

31 厘米 ×12 厘米，4 页，仅存经尾，每页 6 行，每行 18 个字。墨线勾栏，上边距 3 厘米，下边距 2.5 厘米。结尾处重复经题和帙号。纸质八级。

馆册第3275号 第253卷

32 厘米 ×13 厘米，57 页，尾残，每页 7 行，每行 18 个字。凹线勾栏，经题后有帙号和仁孝皇帝（尊号 1）御校勘。经文第 1 页背面写有西夏文帙号和汉文数字三。经文折边处已残朽。纸质一级。

馆册第7069号 第254卷

32.5 厘米 ×13 厘米，62 页，全文保存，每页 7 行，每行 18 个字。墨线勾栏，上边距 5 厘米，下边距 2.5 厘米。经题后有帙号和仁孝皇帝（尊号 1）御校勘。结尾处重复经题和帙号。经文最后 1 页的背面写有西夏文帙号和汉文数字四。纸质一级。

馆册第2228号 第255卷

32 厘米 ×13 厘米，59 页，尾残，每页 7 行，每行 18 个字。墨线勾栏，上边距 4 厘米，下边距 2 厘米。经题后有仁孝皇帝（尊号 1）御校勘。纸质八级。

馆册第2219号 第256卷

33 厘米 ×13 厘米，56 页，全文保存，每页 7 行，每行 18 个字。凹线勾栏，上边距 5 厘米，下边距 2.5 厘米。经题后有帙号和仁孝皇帝（尊号 1）御校勘。结尾处重复经题和帙号。经文第 1 页和最后 1 页的背面写有西夏文帙号和汉文数字六。用草体写有 1 个不知其义的符号。纸质八级。

馆册第1357号　第259卷

33 厘米 ×13 厘米，53 页，首残，每页 7 行，每行 18 个字。凹线勾栏，上边距 5 厘米，下边距 2.5 厘米。结尾处重复经题和帙号。经文第 1 页和最后 1 页的背面用草体书写有西夏文帙号和汉文数字九。纸质一级。

馆册第2220号　第260卷

33 厘米 ×13 厘米，26 页，仅存经首，每页 7 行，每行 18 个字。墨线勾栏，上边距 5 厘米，下边距 3 厘米。经题后有帙号和仁孝皇帝（尊号 1）御校勘。经文已经残朽且页面有粘连。纸质一级。

馆册第1361号　第262卷

33 厘米 ×13.5 厘米，57 页，全文保存，每页 7 行，每行 18 个字。凹线勾栏，上边距 5 厘米，下边距 3 厘米。经题后有帙号和仁孝皇帝（尊号 1）御校勘。结尾处重复经题和帙号。纸质八级。

馆册第1353号　第263卷

32.5 厘米 ×13.5 厘米，6 页，仅存经首，每页 7 行，每行 18 个字。上边距 2 厘米，下边距 4 厘米。经题后有仁孝皇帝（尊号 1）御校勘。纸质八级。

馆册第1360号　第265卷

33 厘米 ×13 厘米，21 页，仅存经尾，每页 7 行，每行 18 个字。凹线勾栏，上边距 5 厘米，下边距 3.5 厘米。结尾处重复经题。经文中用草体添写的小字无法辨认。纸质八级。

馆册第1362号　第267卷

33 厘米 ×13 厘米，57 页，首残，每页 7 行，每行 18—21 个字。上边距 5 厘米，下边距 3 厘米。结尾处重复经题。经文最后 1 页的上边空处写有西夏文帙号和汉文数字七。纸质一级。

馆册第6390号　第268卷

33.5 厘米 ×13 厘米，56 页，全文保存，每页 7 行，每行 18 个字。上边距 5 厘米，下边距 3.5 厘米。经题后有帙号和仁孝皇帝（尊号 1）御校勘。结尾处重复经题和帙号。纸质一级。

馆册第1149号　第271卷

34 厘米 ×13 厘米，42 页，首残，每页 7 行，每行 18 个字。墨线勾栏，上边距 4.5 厘米，下边距 2.5 厘米。结尾处重复经题，题记为：[illegible]（施写经文者张阿千)(Чион А-цха)。经文第 1 页的背面写有西夏文帙号和汉文数字一。经文页面有粘连。纸质八级。

馆册第1140号　第272卷

32.5 厘米 ×13 厘米，4 页，仅存经首，每页 7 行，每行 18 个字。墨线勾栏，上边距 4 厘米，下边距 2.5 厘米。经题后有仁孝皇帝（尊号 1）御校勘。纸质八级。

馆册第1143号　第272卷

34 厘米 ×13 厘米，11 页，仅存经首，每页 7 行，每行 18 个字。墨线勾栏，上边距 4.5 厘米，下边距 2.5 厘米。经题后有帙号和仁孝皇帝（尊号 1）御校勘。纸质一级。

馆册第1148号　第275卷

32.5 厘米 ×13 厘米，19 页，仅存经首，每页 7 行，每行 18 个字。墨线勾栏，上边距 3.5 厘米，下边距 3 厘米。经题后有帙号和仁孝皇帝（尊号 1）御校勘。纸质八级。

馆册第1124号　第275卷

34 厘米 ×13 厘米，46 页，全文保存，每页 7 行，每行 18 个字。墨线勾栏，上边距 5 厘米，下边距 3 厘米。经题后有帙号和仁孝皇帝（尊号 1）御校勘。结尾处重复经题和帙号。题记只剩下残片，上面写有发愿者的名字，但名字处被撕破。经文保存不善，页面有粘连。纸质八级。

馆册第1123号　第277卷

34 厘米 ×13 厘米，60 页，尾残，每页 7 行，每行 18 个字。墨线勾栏，上边距 5 厘米，下边距 3 厘米。经题后有帙号。经文保存不善，页面有粘连。纸质八级。

馆册第1547号　第278卷

? ×13 厘米，3 页，仅存经尾，每页 7 行，每行字数不可考。墨线勾栏，上边距尺寸不可考，下边距 2 厘米。结尾处重复经题和帙号。经文上端已残朽。纸质一级。

馆册第3295号　第278卷

34 厘米 ×13 厘米，2 页，仅存经首，每页 7 行，每行 18 个字。墨线勾栏，上边距 5 厘米，下边距 3 厘米。经题后有帙号和仁孝皇帝（尊号 1）御校勘。经文第 1 页的背面写有西夏文帙号和汉文数字八。纸质一级。

馆册第1146号　第278卷

34 厘米 ×13 厘米，34 页，仅存经尾，每页 7 行，每行 18 个字。墨线勾栏，上边距 5 厘米，下边距 3 厘米。结尾处重复经题，题记为：纯洁懂理的发愿者、出家僧[illegible]（什慧普）(sie ziə phu Шиэ Жиэ Пху Хуй Шан)，抄经施写者张阿千（Чион А-цха）。纸质一级。

馆册第1134号　第279卷

33 厘米 ×13 厘米，43 页，仅存经首，每页 7 行，每行 18 个字。上边距 3.5 厘米，下边距 3 厘米。经题后有仁孝皇帝（尊号 1）御校勘。纸质八级。

馆册第1139号　第279卷

34 厘米 ×13 厘米，6 页，仅存经尾，每页 7 行，每行 18 个字。墨线勾栏，上边距 5 厘米，下边距 3 厘米。结尾处重复经题，题记为：抄经施写者张阿千（Чион А-цха）。纸质一级。

馆册第6303号　第279卷

34 厘米 ×19 厘米，24 页，仅存经首，每页 7 行，每行 18 个字。墨线勾栏，上边距 5 厘米，下边距 3 厘米。经题后有帙号和仁孝皇帝（尊号 1）御校勘。经文第 1 页的背面写有西夏文帙号和汉文数字九。纸质一级。

馆册第1265号　第281卷

32 厘米 ×14 厘米，63 页，首残，每页 7 行，每行 18 个字。墨线勾栏，上边距 4 厘米，下边距 2 厘米。结尾处重复经题，经文上端已残朽。纸质八级。

馆册第2690号　第281卷

33 厘米 ×14 厘米，1 页，仅存经尾，每页 7 行，每行 18 个字。上边距 4 厘米，下边距 2 厘米。结尾处重复经题，用草体书写有第 1 次校勘的标记。经文保存不善。纸质八级。

馆册第1272号　第282卷

黄布软封面上绘有植物图案，32.5 厘米 ×13 厘米，65 页，尾残，每页 7 行，每行 18—20 个字。墨线勾栏，上边距 3 厘米，下边距 3 厘米。经题后有帙号。经文由两种笔迹书写。由于受潮，经文有残损。纸质一级。

馆册第1537号　第283卷

33 厘米 ×13 厘米，2 页，仅存经尾，每页 7 行，每行 18 个字。墨线勾栏，上边距 3.5 厘米，下边距 3 厘米。结尾处重复经题和帙号。纸质八级。

馆册第3991号　第283卷

34 厘米 ×11.5 厘米，1 页，仅存经首，每页 6 行，每行 18 个字。上边距 4 厘米，下边距 3 厘米。经题后有仁孝皇帝（尊号 1）御校勘。纸质八级。

馆册第1590号　第285卷

32.5 厘米 ×13 厘米，4 页，仅存经尾，每页 7 行，每行 18 个字。墨线勾栏，上边距 3.5 厘米，下边距 2.7 厘米。纸质一级。

馆册第1215号　第286卷

31 厘米 ×13 厘米，4 页，仅存经尾，每页 7 行，每行 18 个字。墨线勾栏，上边距 4 厘米，下边距 2 厘米。结尾处重复经题和帙号。经文最后 1 页的背面写有西夏文帙号和汉文数字六。纸质一级。

馆册第1214号　第287卷

31 厘米 ×13.5 厘米，8 页，仅存经尾，每页 7 行，每行 18 个字。墨线勾栏，上边距 4 厘米，下边距 2 厘米。结尾处重复经题和帙号。经文最后 1 页的背面写有西夏文帙号和汉文数字七。纸质一级。

馆册第1262号　第288卷

32.5 厘米 ×13 厘米，3 页，仅存经首，每页 7 行，每行 18 个字。墨线勾栏，上边距 5 厘米，下边距 2 厘米。经题后有帙号和仁孝皇帝（尊号 1）御校勘。纸质一级。

馆册第1257号　第288卷

32 厘米 ×13.5 厘米，25 页，仅存经尾，每页 7 行，每行 18 个字。上边距 4 厘米，下边距 2.5 厘米。结尾处重复经题和帙号。经文中有些字被裁掉后粘上黄纸，页面上形成了脱漏。最后 1 页上画有树叶形边饰图案。纸质一级。

馆册第6657号　第290卷

31 厘米 ×13 厘米，9 页，仅存经尾，每页 7 行，每行 18 个字。前 4 页有墨线勾栏，后面页面上缺栏线，上边距 4 厘米，下边距 2 厘米。结尾处重复经题。经文最后 1 页的上边空处写有西夏文帙号和汉文数字十。纸八级。

馆册第1306号　第291卷

33 厘米 ×13.5 厘米，47 页，首残，每页 7 行，每行 18 个字。墨线勾栏，上边距 5 厘米，下边距 3 厘米。结尾处重复经题和帙号。经文最后 1 页的上边空处写有西夏文帙号和汉文数字一。用草体书写校勘的记录。纸质一级。

馆册第7501号　第291卷

32.5 厘米 ×13 厘米，4 页，仅存经首，每页 7 行，每行 18 个字。墨线勾栏，上边距 6 厘米，下边距 3 厘米。经题后有帙号和仁孝皇帝（尊号 1）御校勘。纸质一级。

馆册第7499号　第291卷

32.5 厘米 ×13 厘米，12 页，仅存经尾，每页 7 行，每行 18 个字。墨线勾栏，上边距 4 厘米，下边距 2 厘米。结尾处重复经题和帙号。用草体书写校勘的记录。纸质一级。

馆册第1312号　第292卷

33 厘米 ×13 厘米，31 页，首尾皆残，每页 7 行，每行 18 个字。上边距 5 厘米，下边距 2.5 厘米。经文最后 1 页的背面写有西夏文帙号和汉文数字二。纸质一级。

馆册第1289号　第293卷

黄纸软封面只剩下一半，33 厘米 ×13 厘米，48 页，首残，每页 7 行，每行 18 个字。墨线勾栏，上边距 4 厘米，下边距 2 厘米。结尾处重复经题和帙号。纸质八级。

馆册第6390号　第296卷

33.5 厘米 ×13 厘米，14 页，仅存经首，每页 7 行，每行 18 个字。墨线勾栏，上边距 5 厘米，下边距 3 厘米。经题后有帙号和仁孝皇帝（尊号 1）御校勘。经文第 1 页和最后 1 页的背面写有西夏文帙号和汉文数字六。纸质八级。

馆册第1318号　第297卷

33 厘米 ×13 厘米，56 页，首残，每页 7 行，每行 18 个字。墨线勾栏，上边距 5 厘米，下边距 2.5 厘米。结尾处重复经题和帙号。经文第 1 页和最后 1 页的边空处写有西夏文帙号和汉文数字七。经文边空处写有记号和涂掉的字。纸质一级。

馆册第1315号　第298卷

33 厘米 ×13.5 厘米，36 页，首尾皆残，每页 7 行，每行 18 个字。墨线勾栏，上边距 5.5 厘米，下边距 2.5 厘米。经文最后 1 页写有西夏文帙号和汉文数字八。纸质八级。

馆册第2710号　第300卷

32.5 厘米 ×13 厘米，6 页，仅存经尾，每页 7 行，每行 18 个字。墨线勾栏，上边距 3 厘米，下边距 4 厘米。结尾处重复经题和帙号。纸质八级。

馆册第1853号　第301卷

软纸封面只剩下一半，33 厘米 ×13 厘米，32 页，仅存经尾，每页 7 行，每行 18 个字。墨线勾栏，上边距 3 厘米，下边距 3.5 厘米。结尾处重复经题和帙号，但帙号有误。纸质八级。

馆册第1114号　第304卷

32.5 厘米 ×13 厘米，18 页，仅存经首，每页 7 行，每行 18 个字。墨线勾栏，上边距 4 厘米，下边距 2.5 厘米。经题后有帙号和仁孝皇帝（尊号 1）御校勘，帙号有误。纸质八级。

馆册第1855号　第306卷

33 厘米 ×13 厘米，64 页，全文保存，每页 7 行，每行 18 个字。凹线勾栏，上边距 5.5 厘米，下边距 3 厘米。经题后有帙号。结尾处重复经题和帙号，经文保存不善。纸质八级。

馆册第1866号　第307卷

31.5 厘米 ×13 厘米，32 页，首残，每页 7 行，每行 18 个字。上边距 4 厘米，下边距 2 厘米。结尾处重复经题。纸质一级。

馆册第1852号　第309卷

33 厘米 ×13 厘米，11 页，仅存经尾，每页 7 行，每行 18 个字。上边距 6 厘米，下边距 3 厘米。结尾处重复经题和帙号，用草体书写题记，发愿者的名字已无法辨认。有校勘记录。经文最后 1 页的背面写有西夏文帙号和汉文数字九。纸质八级。

馆册第1340号　第311卷

34 厘米 ×14.5 厘米，6 页，仅存经首，每页 7 行，每行 22 个字。墨线勾栏，上边距 3 厘米，下边距 1 厘米。经题后有帙号和仁孝皇帝（尊号 1）御校勘。纸质八级。

馆册第1324号　第311卷

33 厘米 ×13.5 厘米，27 页，仅存经首，每页 7 行，每行 18 个字。墨线勾栏，上边距 4 厘米，下边距 2 厘米。经题后有帙号。纸质八级。

馆册第1335号　第312卷

33 厘米 ×13 厘米，57 页，首残，每页 7 行，每行 18 个字。上边距 3 厘米，下边距 4 厘米。结尾处重复经题和帙号。纸质八级。

馆册第1322号　第316卷

34 厘米 ×13 厘米，32 页，首尾皆残，每页 7 行，每行 18 个字。上边距 4 厘米，下边距 3 厘米。经文中有很多页面的边空处写有西夏文帙号和汉文数字三百一十六。纸质八级。

馆册第6279号　第319卷

33 厘米 ×14 厘米，6 页，仅存经尾，每页 7 行，每行 22 个字。墨线勾栏，上边距 3.5 厘米，下边距 1.5 厘米。结尾处重复经题和帙号。用草体书写校勘的记录。纸质八级。

馆册第2711号　第320卷

33 厘米 ×13 厘米，4 页，仅存经尾，每页 7 行，每行 18 个字。墨线勾栏，上边距 4 厘米，下边距 2.5 厘米。结尾处重复经题。纸质八级。

馆册第1934号　第321卷

33 厘米 ×13 厘米，19 页，仅存经首部分 +2 页版画（画有护法神和龙，这大概不是该经文所应配的插图）。每页 7 行，每行 18 个字。墨线勾栏，上边距 3.5 厘米，下边距 3 厘米。经题后有帙号。纸质一级。

馆册第1336号　第322卷

33 厘米 ×13 厘米，23 页，仅存经首部分 +2 页版画（画有护法神和龙）。每页 7 行，每行 18 个字。墨线勾栏，上边距 4 厘米，下边距 3 厘米。经题后有帙号。纸质八级。

馆册第1925号　第323卷

31.5 厘米 ×13 厘米，2 页，仅存经首，每页 7 行，每行 18 个字。墨线勾栏，上边距 2.5 厘米，下边距 2 厘米。经题后有帙号和仁孝皇帝（尊号 1）御校勘。纸质八级。

馆册第2059号　第324卷

33 厘米 ×13 厘米，10 页，仅存最后几页，每页 7 行，每行 18 个字。墨线勾栏，上边距 3 厘米，下边距 4 厘米。结尾处重复经题和帙号，用草体书写发愿者名字，是位出家僧人。纸质八级。

馆册第1938号　第328卷

黄纸软封面只剩下一半，外观尺寸 32.5 厘米 ×13 厘米，68 页，首残，每页 7 行，每行 18 个字。上边距 2.5 厘米，下边距 3.5 厘米。结尾处重复经题和帙号，题记为：发愿者[illegible]（嵬哆夏娃吉）(ngwe zwei ·a wa ngiu Нгве-жвей Гха-ва-нгиу)。纸质八级。

馆册第1937号　第330卷

32.5 厘米 ×13 厘米，46 页，仅存经尾，每页 7 行，每行 18 个字。墨线勾栏，上边距 3 厘米，下边距 1.5 厘米。结尾处重复经题，题记为：净本发愿者[illegible]（由啼孛玉）(·ew ndie phə ngiu Гхеы-ндие Пхэ-нгиу)。经文因受潮，有残损。纸质八级。

馆册第1680号　第331卷

32 厘米 ×13 厘米，35 页，仅存经首，每页 7 行，每行 18 个字。墨线勾栏，上边距 3.5 厘米，下边距 2.5 厘米。经题后有仁孝皇帝（尊号 1）御校勘。经文页面被揉皱、撕破。纸质八级。

馆册第3996号　第332卷

33.5 厘米 ×11.5 厘米，2 页，仅存经首，每页 6 行，每行 18 个字。上边距 4 厘米，下边距 3 厘米。经题后有仁孝皇帝（尊号 1）御校勘。纸质一级。

馆册第1681号　第336卷

31.5 厘米 ×12 厘米，21 页，仅存经尾，每页 6—7 行，每行 18 个字。上边距 4 厘米，下边距 2 厘米。结尾处重复经题，题记为：净信发愿者、出家僧什慧普（Шиэ Жиэ-пху），[illegible]（施者吴小狗成）（·u kə ta 1ie Гху-кэ Та-шие）。纸质八级。

馆册第1957号　第339卷

31.5 厘米 ×12.5 厘米，61 页，首残，每页 7 行，每行 18 个字。上边距 4 厘米，下边距 2 厘米。结尾处重复经题。经文最后 1 页的背面写有西夏文帙号和汉文数字九。纸质八级。

馆册第1956号　第340卷

32 厘米 ×13 厘米，61 页，首残，每页 7 行，每行 18 个字。上边距 4 厘米，下边距 2.5 厘米。结尾处重复经题，题记为：[illegible]（耶哈十五宝）（·a xwa 1ie ngwə ldiə Гха-хва Шиэ-нгвэ-лдиэ）。经文页面霉斑严重。纸质一级。

馆册第1699号　第343卷

黄纸软封面只剩下一半，34.5 厘米 ×12.5 厘米，4 页，仅存经尾，每页 6 行，每行 17 个字。墨线勾栏，上边距 4.5 厘米，下边距 3.5 厘米。结尾处重复经题。纸质一级。

馆册第1657号　第344卷

34 厘米 ×13 厘米，3 页，仅存经尾，每页 7 行，每行 18—19 个字。墨线勾栏，上边距 5.5 厘米，下边距 2.5 厘米。结尾处重复经题和帙号。纸质八级。

馆册第1674号　第344卷

32.5 厘米 ×13 厘米，64 页，首残，每页 7 行，每行 18—19 个字。墨线勾栏，上边距 4 厘米，下边距 2.5 厘米。结尾处重复经题和帙号。纸质一级。

馆册第1658号　第344卷

34 厘米 ×13 厘米，9 页，仅存经首，每页 7 行，每行 19 个字。墨线勾栏，上边距 5.5 厘米，下边距 2.5 厘米。经题后有帙号和仁孝皇帝（尊号 1）御校勘。纸质一级。

馆册第1663号　第346卷

34 厘米 ×13 厘米，24 页，仅存经首，每页 7 行，每行 18 个字。上边距 6 厘米，下边距 3 厘米。经题后有帙号。纸质八级。

馆册第1654号　第347卷

软纸封面只剩下一半，32.5 厘米 ×13 厘米，2 页，仅存经尾，每页 7 行，每行 18 个字。墨线勾栏，上边距 3.5 厘米，下边距 3.5 厘米。结尾处重复经题和帙号。纸质八级。

馆册第1924号　第349卷

33.5 厘米 ×13 厘米，50 页，首残，每页 7 行，每行 18 个字。墨线勾栏，上边距 6.5 厘米，下边距 2.5 厘米。结尾处重复经题，题记为：纯洁信仰的发愿者、出家僧什（Шиэ），[西夏文]（写施〈经文〉者姑讹哆那征宝）(·o zwei ndon ndzin ldie Гхо-жвей Ндон-нджин-лдиэ)。经文最后 1 页的上边空处写有西夏文帙号和汉文数字九。纸质八级。

馆册第1917号　第350卷

34.5 厘米 ×13 厘米，59 页，全文保存，每页 7 行，每行 18—19 个字。上边距 6 厘米，下边距 2.5 厘米。经题后有仁孝皇帝（尊号 1）御校勘。结尾处重复经题，题记为：纯洁懂理的发愿者、出家僧什（Шиэ），抄经施写者姑讹哆那征宝（Гхо-жвей Ндон-нджин-лдиэ）。经文第 1 页的背面和最后 1 页的上边空处写有西夏文帙号和汉文数字十。纸质八级。

馆册第1637号　第351卷

31.5 厘米 ×12 厘米，12 页，仅存经首，每页 7 行，每行 18 个字。墨线勾栏，上边距 4 厘米，下边距 2.5 厘米。经题后有帙号和仁孝皇帝（尊号 1）御校勘。纸质八级。

馆册第1903号　第353卷

黄纸软封面，32.5 厘米 ×13 厘米，67 页，全文保存，每页 7 行，每行 18 个字。墨线勾栏，上边距 3.5 厘米，下边距 3 厘米。经题后有帙号和仁孝皇帝（尊号 1）御校勘。结尾处重复经题，题记为：发愿者[西夏文]（嵬哆巴尼麻）(ngwe zwei……ma Нгве-жвей……-ма)。纸质八级。

馆册第1647号　第357卷

32 厘米 ×13 厘米，34 页，仅存经尾，每页 7 行，每行 18 个字。上边距 3 厘米，下边距 3 厘米。结尾处重复经题。纸质八级。

馆册第1638号　第358卷

？ ×13 厘米，67 页，全文保存，每页 7 行，每行字数不可考。墨线勾栏，上边距 4 厘米，下边距尺寸不可考。经题后有帙号和仁孝皇帝（尊号 1）御校勘。结尾处重复经题，经文下端有残朽。纸质一级。

馆册第1645号　第359卷

31 厘米 ×12 厘米，9 页，仅存经首，每页 7 行，每行 19 个字。墨线勾栏，上边距 4 厘米，下边距 2 厘米。经题后有帙号。纸质八级。

馆册第1900号　第360卷

31 厘米 ×12 厘米，2 页，仅存经首，每页 7 行，每行 18 个字。墨线勾栏，上边距 4 厘米，下边距 2 厘米。经题后有帙号。经文第 1 页的上边空处用草体书写帙号。纸质一级。

馆册第1628号　第362卷

31.5 厘米 ×12.5 厘米，47 页，仅存经首，每页 7 行，每行 18 个字。上边距 3 厘米，下边距 3 厘米。经题后有帙号。纸质八级。

馆册第1611号　第365卷

31 厘米 ×13 厘米，61 页，全文保存，每页 7 行，每行 18 个字。上边距 3.5 厘米，下边距 2 厘米。经题后有帙号。结尾处重复经题和帙号。

馆册第1610号　第367卷

32 厘米 ×13 厘米，51 页，尾残，每页 7 行，每行 19 个字。墨线勾栏，上边距 4 厘米。下边距 2.5 厘米。纸质八级。

馆册第1621号　第370卷

32 厘米 ×13 厘米，3 页，仅存经首，每页 7 行，每行 19 个字。墨线勾栏，上边距 4 厘米，下边距 2 厘米。纸质八级。

馆册第3141号　第370卷

31.5 厘米 ×12.5 厘米，13 页，仅存经首，每页 7 行，每行 18 个字。上边距 4 厘米，下边距 3 厘米。经题后有帙号和仁孝皇帝（尊号 1）御校勘。纸质八级。

馆册第2929号　第371卷

32.5 厘米 ×13 厘米，20 页，仅存经首，每页 7 行，每行 18 个字。墨线勾栏，上边距 4.5 厘米，下边距 2.5 厘米。有双层同心圆圈形边饰图案。纸质八级。

馆册第1551号　第374卷

32.5 厘米 ×13 厘米，33 页，仅存经尾，每页 7 行，每行 18 个字。墨线勾栏，上边距 4 厘米，下边距 2 厘米。结尾处重复经题。纸质八级。

馆册第1559号　第374卷

31.5 厘米 ×12 厘米，9 页，仅存经尾，每页 7 行，每行 18 个字。上边距 4 厘米，下边距 2.5 厘米。结尾处重复经题。纸质八级。

馆册第3528号　第375卷

33.5 厘米 ×14 厘米，2 页，仅存经首，每页 7 行，每行 19 个字。墨线勾栏，上边距 2.5 厘米，下边距 2 厘米。纸质一级。

馆册第1567号　第378卷

32.5 厘米 ×13.5 厘米。53 页。首残。每页 7 行，每行 18—19 个字。上边距 4 厘米，下边距 2 厘米。结尾处重复经题。纸质一级。

馆册第1554号　第379卷

31.5 厘米 ×12.5 厘米，60 页，全文保存，每页 7 行，每行 18—19 个字。上边距 4.5 厘米，下边距 2.5 厘米。经题后有帙号和仁孝皇帝（尊号 1）御校勘。结尾处重复经题。经文第 1 页的背面写有西夏文帙号和汉文数字“九”。纸质八级。

馆册第1549号　第380卷

34 厘米 ×14 厘米，4 页，仅存经首，每页 7 行，每行 22—23 个字。墨线勾栏，上边距 3 厘米，下边距 2 厘米。经题后有仁孝皇帝（尊号 1）御校勘。纸质八级。

馆册第1673号　第382卷

31.5 厘米 ×13 厘米，64 页，全文保存，每页 6 行，每行 18 个字。上边距 5 厘米，下边距 2 厘米。经题后有仁孝皇帝（尊号 1）御校勘。结尾处重复经题。纸质八级。

馆册第1488号　第383卷

32 厘米 ×13 厘米，64 页，全文保存，每页 7 行，每行 18 个字。上边距 4.5 厘米，下边距 2.5 厘米。经题后有帙号和仁孝皇帝（尊号 1）御校勘。结尾处重复经题和帙号。纸质八级。

馆册第1597号　第387卷

32 厘米 ×13 厘米，60 页，尾残，每页 7 行，每行 19 个字。墨线勾栏，上边距 4 厘米，下边距 2.5 厘米。经题后有帙号。纸质一级。

馆册第1618号　第389卷

软纸封面只剩一半，34 厘米 ×12 厘米，16 页，仅存经首，每页 6 行，每行 18 个字。上边距 4.5 厘米，下边距 2.5 厘米。经题后有帙号和仁孝皇帝（尊号 1）御校勘。纸质八级。

馆册第1592号　第390卷

32 厘米 ×13 厘米，56 页，尾残，每页 7 行，每行 18 个字。墨线勾栏，上边距 4.5 厘米，下边距 2.5 厘米。经题后有帙号和仁孝皇帝（尊号 1）御校勘。纸质一级。

馆册第1425号　第392卷

31 厘米 ×12 厘米，2 页，仅存经尾，每页 7 行，每 18 个字。墨线勾栏，上边距 4 厘米，下边距 2.5 厘米。结尾处重复经题。纸质一级。

馆册第1430号　第392卷

32 厘米 ×12.5 厘米，32 页，仅存经首，每页 7 行，每行 20 个字。上边距 3.5 厘米，下边距 2 厘米。经题后有帙号和仁孝皇帝（尊号 1）御校勘。纸质八级。

馆册第1428号　第393卷

31 厘米 ×12 厘米，62 页，全文保存，每页 7 行，每行 20 个字。上边距 3 厘米，下边距 2 厘米。经题后有仁孝皇帝（尊号 1）御校勘。结尾处重复经题，题记为：净本抄写者[illegible]（得尚善宝）(tiə 1io nəw ldiə Тиэ-шио Нэылдиэ)。纸质八级。

馆册第1441号　第394卷

32 厘米 ×12 厘米，61 页，尾残，每页 7 行，每行 20 个字。上边距 3.5 厘米，下边距 2 厘米。经题后有帙号和仁孝皇帝（尊号 1）御校勘。纸质八级。

馆册第1433号　第395卷

32 厘米 ×12 厘米，41 页，仅存经尾，每页 7 行，每行 20 个字。上边距 3 厘米，下边距 2 厘米。结尾处重复经题和帙号，题记为：净本抄者[illegible]（嵬狄）(ngwi ndi Нгви-нди)。纸质八级。

馆册第1429号　第398卷

32 厘米 ×12 厘米，52 页，尾残，每页 7 行，每行 20 个字。上边距 4 厘米，下边距 2 厘米。经题后有帙号和仁孝皇帝（尊号 1）御校勘。纸质八级。

馆册第3237号　第400卷

31.5 厘米 ×12.5 厘米，27 页，仅存经首，每页 7 行，每行 18 个字。上边距 3.5 厘米，下边距 2 厘米。经题后有帙号和仁孝皇帝（尊号 1）御校勘。经文第 1 页和最后 1 页的背面写有帙号。

第16号

[illegible]

《大般若波罗蜜多经》

写本，小尺寸的贝叶经，22.3 厘米 ×44.6 厘米，存 3106 页，每页 23 行，每行 16 个字。部分页面上有标签，另一部分则没有。每 1 页贝叶经正面右边角写有帙号和西夏文页码。正反两面书写经文。此组佛经是在不同时期、用不同的馆册号登记造册的。我们在编目时，根据章节卷号和页码将它们合并到了一起。每 1 卷经的页码是独立的，这些页码要么是按卷编排，即每 1 卷有独立的页码号；要么是按帙排列，即每 10 卷经文共用一套页码。每卷经文有独立页码，而留存下来的卷数有：第 3709、3711—3729、3732—3740、3742—3756、5848、5854、5856—5864、5993、6441、7061—7065、7544、7661—7666 卷。

因为经卷是按每卷内容和页数合并在一起的，所以在馆册目录中经卷的页码数量是指分散在整个经文中的不同版本经卷页码的整体数量。此组佛经抄写于 1172—1179 年。年代的断定有一定的根据。抄写如此大规模的佛经最少也需要 7 年时间。经卷中指出了两位总发愿者、在家僧、近德者卧哆那征成（Нгво-же Ндон-нджин-шие）和张慧宝（Чион Жиэ-лдиэ）。按惯例还有一些随喜共同发愿者，这些人当中有一位嵬名乙成（Нгве-ми Гхие-шие）引起了特别的关注，此人是黑水城的居民。这为某种推断提供了根据，即这部经是在其发现地点——黑水城抄写完成的。经文中提到了校勘者布耶哈（Пу 和 Гха-хва）[①]，还提到了经文的拥有者，其中 1 个是法师牟（Мбоу）。保存下来的经文有第 1—388 卷。很多经卷不完整，有的仅剩下几页或只剩 1 页。

第1—10卷

共 83 页，每 1 卷的开头和结尾部分都有帙号。

① 译者注：其实这是一个人，克恰诺夫误认为是两个人。

第 1 卷，第 1—10 页，全文保存，结尾处用草体书写题记，内容为：

[illegible]

[illegible]□[illegible][1]

（经文）总发愿者、出家善亲者卧哆那征成

写经者□令兀呤埋力

第 2 卷，第 2—14 页，全文保存，结尾处用草体书写题记：总发愿者，在家僧、近德者卧哆那征成（Нгво-же Ндон-нджин-шие），发愿者（名字无法辨认），抄经者、出家僧人令兀呤埋力（Лдие-цай Лхиве-пхе-лдиэ）。

第 3 卷，第 2—12 页，全文保存，结尾处用草体书写题记：总发愿者，在家僧、近德者卧哆那征成（Нгво-же Ндон-нджин-шие）。发愿者（名字无法辨认），抄经者、出家僧人令兀呤埋力（Лдие-цай Лхиве-пхе-лдиэ）。

第 4 卷，第 2—12 页，全文保存。

第 5 卷，第 1 页。

第 7 卷，第 1—3 页。

第 8 卷，第 4—7、9—13 页。

第 9 卷，第 1—5、7—13 页，仅存经尾用草体书写题记：总发愿者，在家僧、近德者卧哆那征成（Нгво-же Ндон-нджин-шие）。附注：若不按本经卷的教诲去生活，不尽孝敬父母的义务，将会得到报应。即便是最为蹩脚的抄经者，他的一纸一墨都是珍贵的。《大宝积经》第 1 卷，《大宝积经》第 1 卷（重复经名），《十二国》说：（引文有 3 行半之多，仅存经尾有 2 个字，其中 1 个字的意思是“珍宝”，也许是人的名字）。

第 10 卷，第 1—11 页，全文保存。

第11—20卷

共 121 页，每卷经题后有帙号，每卷结尾处重复经题和帙号。

第 11 卷，第 1—8、12 页。

第 12 卷，第 1—13 页，全文保存。

第 13 卷，第 1—13 页，全文保存。

第 14 卷，第 1—13 页，全文保存。

第 15 卷，第 1—13 页，全文保存。

---

① 俄译翻译成汉语：总发愿者、出家僧、近德者 ngwo zie ndon ndzin 1ie Нгво-же Ндон-нджин-шие，发愿者（名字无法辨认），抄经者、出家僧 ldie tsai lhiwe phê ldie Лдие-цай Лхиве-пхе-лдиэ。

第 16 卷，第 1—11 页，全文保存。

第 17 卷，第 2—12 页，全文保存。

第 18 卷，第 1—11、13、15 页。

第 19 卷，第 1—13 页，全文保存。

第 20 卷，第 1—13 页，全文保存。

第21—30卷

共 102 页，10 卷经文的页码混排在了一起，每卷经题后有帙号，结尾处重复经题和帙号。

第 21 卷，第 1—14 页，全文保存。

第 22 卷，第 15—29 页，全文保存。

第 23—24 卷，有一些页码连在一起，第 30—46 页，全文保存。

第 25 卷，第 53、56 页。

第 26 卷，从头重新排定页码，第 9—26 页，全文保存。

第 27—30 卷，仅存残片，共 36 页，保存不善，无页码。

第31—40卷

共 121 页，每卷经文页码独立，每卷后有经题和帙号，结尾处重复经题和帙号。

第 31 卷，第 2、3、7、14 页。

第 32 卷，第 2—13 页，首残。

第 33 卷，第 1—13 页，全文保存。

第 34 卷，第 1—12 页，全文保存。

第 35 卷，第 1—13 页，全文保存。

第 36 卷，第 1—6、8—13 页。

第 37 卷，第 1—14 页，全文保存。

第 38 卷，第 1—14 页，全文保存。

第 39 卷，第 1—14 页，全文保存。

第 40 卷，第 2、4—10 页。

第41—50卷

共 76 页，每卷页码独立，每卷后有经题和帙号，结尾处重复经题和帙号。

第 41 卷，第 3、4、6、8、9 页。

第 42 卷，第 7—13 页。

第 43 卷，第 3、5、7、9—13 页。

第 44 卷，其中有几页无页码，为第 3、9 页和另外 4 页。

第 45 卷，第 10—12 页。

第 47 卷，第 2—11 页。

第 48 卷，第 3—11 页。

第 49 卷，第 1—5、9—13 页。

第 50 卷，第 2—4、8—11 页。

第51—60卷

共 85 页，每 1 页的右边空白处中间写有帙号。

第 51 卷，第 1、2 页，经题后有仁孝皇帝（尊号 1）中的前 4 个字。

第 52—56 卷，页码混合排列，第 2—6、9—18、19、21、30、32—67 页。第 56 卷结尾处重复经题，题记为：[illegible]（大〈主〉发愿者和尚张〈Чион〉，随喜写〈经〉者酩布〈Мин-пу〉）。有 2 行诗，每行 8 个字："复如来善见守护者，复清净善见守护者（女性）"。

第 57 卷，第 1、3—8 页。

第 58 卷，第 1—10 页，全文保存。

第 59 卷，第 1—8 页。

第 60 卷，第 2、8—10 页。

第61—70卷

共 78 页，每页右边空处有帙号，第 61—62 卷页码共用，其余各卷页码独立。

第 61 卷，第 1—8 页，全文保存。

第 62 卷，第 10—11 页。

第 63 卷，第 2—6、11—13 页。

第 64 卷，第 1—5、10—12 页。

第 65 卷，第 1—12 页，全文保存。

第 66 卷，第 1—4、6、8、10—12 页。

第 67 卷，第 1—12 页，全文保存。

第 68 卷，第 1—7、9—11 页。

第 69 卷，第 1—12 页，全文保存。

第 70 卷，第 8、9 页。

第71—80卷

共 96 页，在每页的右边中间空白处有帙号。

第 71 卷，第 1—12 页，全文保存。

第 72 卷，第 1—11 页，全文保存。

第 73 卷，第 4—11 页。

第 74 卷，第 1—12 页，全文保存。

第 75 卷，第 1、2、8—11 页。

第 76 卷，第 1—11 页，全文保存。

第 77 卷，第 5—10 页，仅存经尾用草体书写抄经者的名字，无法辨认。

第 78 卷，第 1—12 页，全文保存。

第 79 卷，第 3—8 页。

第 80 卷，第 1—11 页，全文保存。

第81—90卷

共 90 页，每卷页码独立，在每页的右边空白处有帙号。

第 81 卷，第 4—11 页。

第 82 卷，第 2—10 页。

第 83 卷，第 1—11 页，全文保存。

第 84 卷，第 1—12 页，全文保存。

第 85 卷，第 1、2、4—11 页。

第 86 卷，第 1—12 页，全文保存。

第 87 卷，第 1—4、6—11 页。

第 88 卷，第 1—11 页，全文保存。

第 89 卷，第 1、3、10 页。

第 90 卷，第 1、2、4—8 页。

第91—100卷

共 73 页，每卷页码独立，每页的右边空白处中间有帙号。

第 91 卷，第 1—11 页，全文保存，经题后有仁孝皇帝（尊号 1）御校勘。

第 92 卷，第 2—7、10—12 页，仅存经尾用草体书写题记，发愿者的名字无法辨认。

第 93 卷，第 1—4、9—10 页。

第 94 卷，第 3—11 页。

第 95 卷，第 2—5、7—9 页。

第 96 卷，第 1、2 页。

第 97 卷，第 2—5、9 页，在结尾题记中两次重复书写发愿者的名字：[illegible]

𗏁𗗙𗖵𗑗𗆄𗵘（发愿写经者卢善明）(lo nəw swew Ло Нэы-свеы Шань Мин)。

第 98 卷，第 2—8、10—12、13 页。

第 99 卷，第 2—7、11—12 页。

第 100 卷，第 1—3、5 页。

第101—110卷

共 84 页，每页的右边空白处中间写有帙号，每卷页码独立。

第 101 卷，第 3、4、6、8 页。

第 102 卷，第 1、5—7、10、12 页。

第 103 卷，第 5—12 页。

第 104 卷，第 3—5、7—11 页。

第 105 卷，第 1—12 页。全文保存。

第 106 卷，第 1—5、8—10 页。

第 107 卷，第 1—3、8—12 页。

第 108 卷，第 1—11 页，全文保存。

第 109 卷，第 1—11 页，全文保存。

第 110 卷，第 1—13 页，全文保存。

第111—120卷

共 76 页，每页右边空白处中间有帙号，每卷页码独立。

第 111 卷，第 2—4、6、8、10 页。

第 112 卷，全部佚失。

第 113 卷，第 2—9、12 页。经尾题记为：𗣼𗰔𗏁𗗙𗋽𗄊𗆄𗵘（信仰发愿者、和尚没细善明）(me si nəw swew Ме-си Нэы-свеы Шань Мин)。

第 114 卷，第 2—10 页。

第 115 卷，第 1—5、8—11 页。结尾有题记：𗗙𗖵𗫂𗪘𗤶𗢳（王吉祥成）(won ngiu ru 1ie Вон Нгиу-ру-шие)。

第 116 卷，第 1—6、9—11 页。结尾题记为：𗡶𗗚𗥃𗤋𗗂𗏣𗏣𗹙𗦇（《大般若经》拥有者嗯嗯才牟）(ndiu ndiu mbow Ндиу-ндиу Мбоы)。

第 117 卷，第 1—4、8—11 页。

第 118 卷，第 2—11 页，结尾处用草体书写题记，无法辨认。

第 119 卷，第 2—9 页。

第 120 卷，第 3、4、6—8、10 页，另有两页无页码。

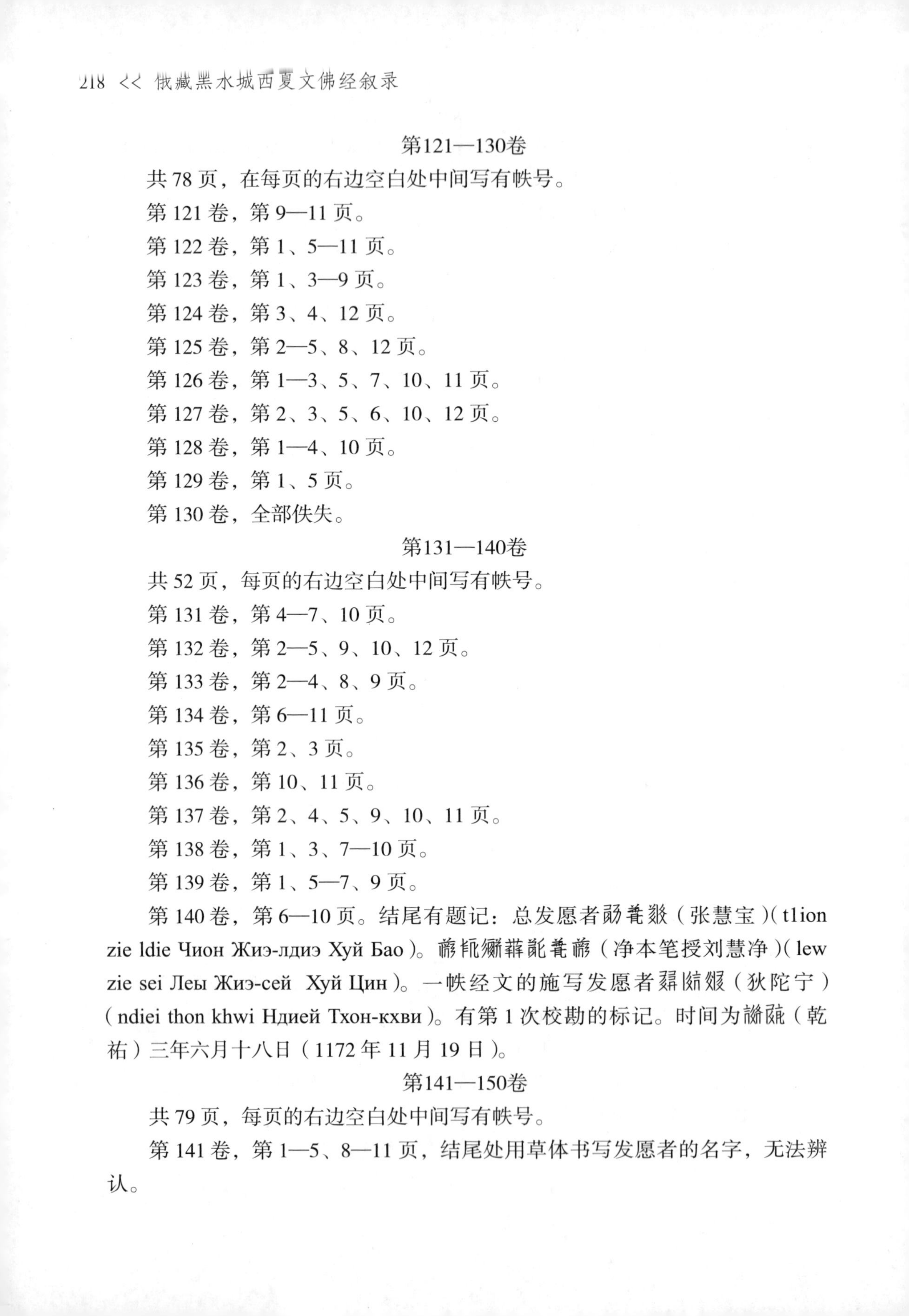

第121—130卷

共 78 页，在每页的右边空白处中间写有帙号。

第 121 卷，第 9—11 页。

第 122 卷，第 1、5—11 页。

第 123 卷，第 1、3—9 页。

第 124 卷，第 3、4、12 页。

第 125 卷，第 2—5、8、12 页。

第 126 卷，第 1—3、5、7、10、11 页。

第 127 卷，第 2、3、5、6、10、12 页。

第 128 卷，第 1—4、10 页。

第 129 卷，第 1、5 页。

第 130 卷，全部佚失。

第131—140卷

共 52 页，每页的右边空白处中间写有帙号。

第 131 卷，第 4—7、10 页。

第 132 卷，第 2—5、9、10、12 页。

第 133 卷，第 2—4、8、9 页。

第 134 卷，第 6—11 页。

第 135 卷，第 2、3 页。

第 136 卷，第 10、11 页。

第 137 卷，第 2、4、5、9、10、11 页。

第 138 卷，第 1、3、7—10 页。

第 139 卷，第 1、5—7、9 页。

第 140 卷，第 6—10 页。结尾有题记：总发愿者[illegible]（张慧宝）（t1ion zie ldie Чион Жиэ-лдиэ Хуй Бао）。[illegible]（净本笔授刘慧净）（lew zie sei Леы Жиэ-сей Хуй Цин）。一帙经文的施写发愿者[illegible]（狄陀宁）（ndiei thon khwi Ндией Тхон-кхви）。有第 1 次校勘的标记。时间为[illegible]（乾祐）三年六月十八日（1172 年 11 月 19 日）。

第141—150卷

共 79 页，每页的右边空白处中间写有帙号。

第 141 卷，第 1—5、8—11 页，结尾处用草体书写发愿者的名字，无法辨认。

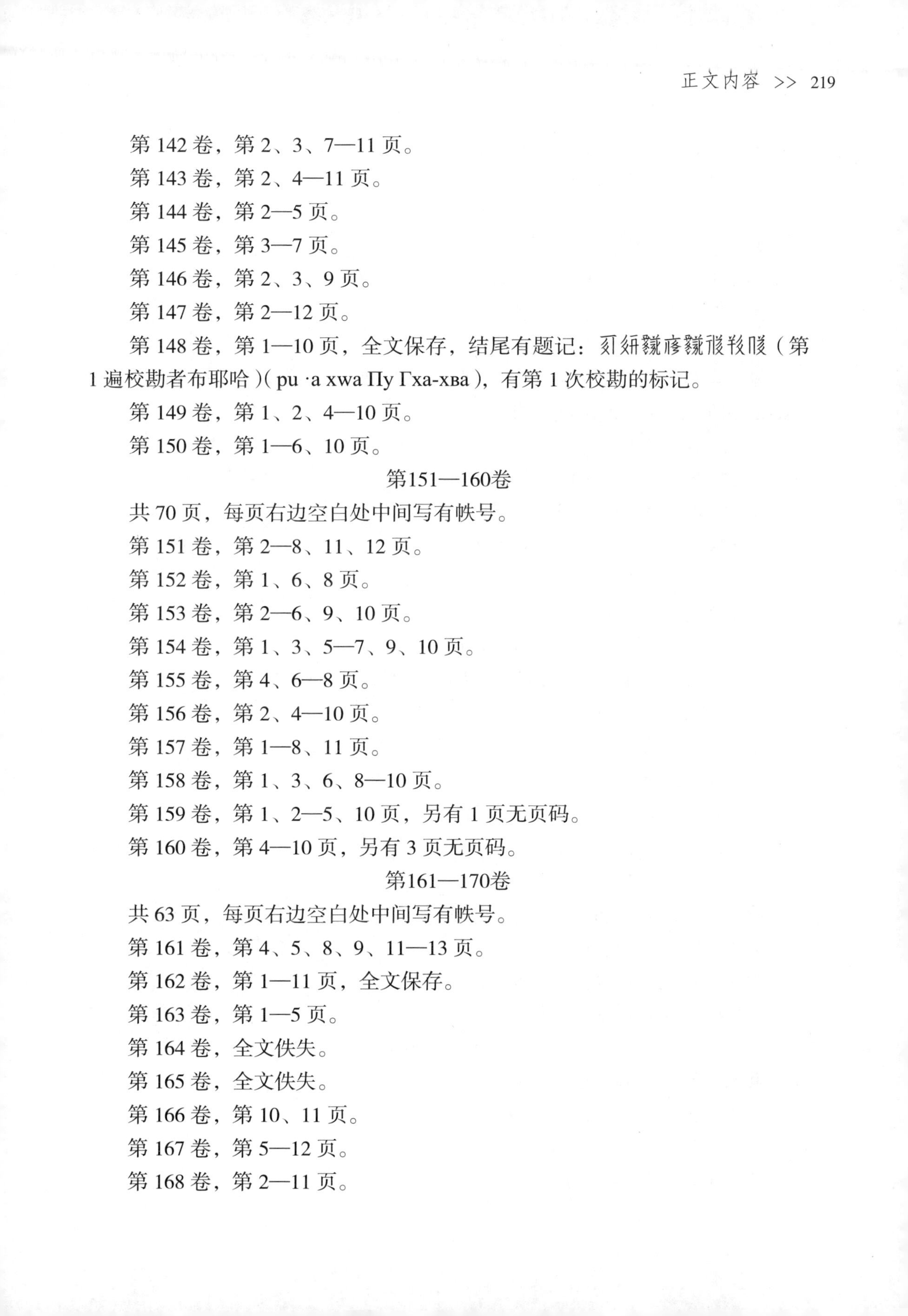

第 142 卷，第 2、3、7—11 页。

第 143 卷，第 2、4—11 页。

第 144 卷，第 2—5 页。

第 145 卷，第 3—7 页。

第 146 卷，第 2、3、9 页。

第 147 卷，第 2—12 页。

第 148 卷，第 1—10 页，全文保存，结尾有题记：[illegible]（第 1 遍校勘者布耶哈）(pu ·a xwa Пу Гха-хва)，有第 1 次校勘的标记。

第 149 卷，第 1、2、4—10 页。

第 150 卷，第 1—6、10 页。

第151—160卷

共 70 页，每页右边空白处中间写有帙号。

第 151 卷，第 2—8、11、12 页。

第 152 卷，第 1、6、8 页。

第 153 卷，第 2—6、9、10 页。

第 154 卷，第 1、3、5—7、9、10 页。

第 155 卷，第 4、6—8 页。

第 156 卷，第 2、4—10 页。

第 157 卷，第 1—8、11 页。

第 158 卷，第 1、3、6、8—10 页。

第 159 卷，第 1、2—5、10 页，另有 1 页无页码。

第 160 卷，第 4—10 页，另有 3 页无页码。

第161—170卷

共 63 页，每页右边空白处中间写有帙号。

第 161 卷，第 4、5、8、9、11—13 页。

第 162 卷，第 1—11 页，全文保存。

第 163 卷，第 1—5 页。

第 164 卷，全文佚失。

第 165 卷，全文佚失。

第 166 卷，第 10、11 页。

第 167 卷，第 5—12 页。

第 168 卷，第 2—11 页。

第 169 卷，第 1—6、9—14 页。

第 170 卷，第 4—11 页。

第171—180卷

共 93 页，每页右边空白处中间写有帙号。

第 171 卷，第 1—11 页，全文保存，经题后有仁孝皇帝（尊号 1）御校勘。

第 172 卷，第 1—4、6—9、11—12 页。

第 173 卷，第 1、10、11 页。

第 174 卷，第 1、3—11 页，结尾有题记：发愿者[illegible]（察哆）(tsha zwei Цха-жвей)。最后两个字无法辨认。

第 175 卷，第 1、2 页。

第 176 卷，第 1—12 页，全文保存。

第 177 卷，第 1—13 页，全文保存。

第 178 卷，第 1—12 页，全文保存。

第 179 卷，第 1—13 页，全文保存。

第 180 卷，第 1—9 页。

第181—190卷

共 72 页，每页的右边空白处中间写有帙号。

第 181 卷，第 1—11 页，全文保存。

第 182 卷，第 1—9 页。

第 183 卷，第 9、10 页。

第 184 卷，第 1—10 页，全文保存。

第 185 卷，第 1—9 页。

第 186 卷，第 2—10 页。

第 187 卷，第 1、6—10、14、15 页。

第 188 卷，第 10、17 页。

第 189 卷，第 1、2、4—8 页。

第 190 卷，第 1、3—10 页。

第191—200卷

共 58 页，每页的右边空白处的中间写有帙号。

第 191 卷，第 1—11 页，全文保存。

第 192 卷，第 1、3—10 页。

第 193 卷，第 1—10 页，全文保存。

第 194 卷，第 1—4 页。

第 195 卷，第 1、6 页。

第 196 卷，全文佚失。

第 197 卷，全文佚失。

第 198 卷，第 11 页，有题记：1 卷经文的抄写者（名字无法辨认）。𗼇𗏁𗾟𗏆𗵬（经文拥有者李童蓝）(lie ndzêw lan Лие Нджеы-лан)。

第 199 卷，第 1—11 页，全文保存，结尾处用草体书写抄经者的名字，无法辨认。

第 200 卷，第 1—10 页，全文保存。

第201—210卷

共 89 页，每页的右边空白处中间写有帙号。

第 201 卷，第 2、4—7 页。

第 202 卷，第 1—4、7、9、10 页。

第 203 卷，第 2—11 页。

第 204 卷，第 2—10 页。

第 205 卷，第 3—10 页。

第 206 卷，第 1—11 页，全文保存。

第 207 卷，第 2—9 页。

第 208 卷，第 2—7、9—12 页。结尾处有附注：纯洁与智慧不是两种东西（二者不可分割），二者是无法区分的。

第 209 卷，第 1—11 页，全文保存。

第 210 卷，第 1—8、11—12 页。

第211—220卷

共 107 页，每页右边空白处中间写有帙号。

第 211 卷，第 1—12 页，全文保存，结尾有题记：𗼃𗏁𗢳𗗙𗖵𘜶𗆧[1]（汉写者、禅修者酩布）。

第 212 卷，第 2—12 页。

第 213 卷，第 1—10 页，全文保存，结尾题记为：发愿者𗁅𗣼𗫂𗗚𗓴（卧哆那征曲）(ngwo ze ndon ndzin Нгво-же Ндон-нджин)。有附注：护持善业，观想了知。

---

① 俄译翻译成汉语：抄经者、汉人、禅修者 min pu 1ian ndie Мин Пу。

第 214 卷，第 1—11 页，全文保存，结尾题记为：发愿者、出家僧、德善者卧□移那征成（Нгво-же Ндон-нджин-шие）。

第 215 卷，第 1—10 页，全文保存，结尾题记为：总发愿者、在家僧人、德善者卧□移那征成（Нгво-же Ндон-нджин-шие）使之抄经。

第 216 卷，第 1—10 页，全文保存。

第 217 卷，第 1—11 页，全文保存。

第 218 卷，第 1、4—11 页。

第 219 卷，第 1、5—12 页。

第 220 卷，第 2—11 页，全文保存，结尾题记为：发愿者、出家僧卧□移那征成（Нгво-же Ндон-нджин-…），最后一个字与上卷经文中总发愿者的名字不同。

第221—230卷

共 61 页，每页的右边空白处中间写有帙号。

第 221 卷，第 1—11 页，全文保存。

第 222 卷，第 1—11 页。全文保存。

第 223 卷，第 1—11 页，全文保存。

第 224 卷，第 1、4、6—10 页。

第 225 卷，第 1—13 页，全文保存。

第 226 卷，第 1—4、8、10、11 页。

第 227、228、229、230 卷，全部佚失。

第231—240卷

共 67 页，每页的右边空白处中间写有帙号。

第 231 卷，第 2、3、5—10 页，结尾题记为：发愿者卧□移那征成……（Нгво-же Ндон-нджин-…）。

第 232 卷，第 1—12 页，全文保存。

第 233—235 卷，这 3 卷页码共用，保存下来的页数有：第 1—5、7—11、16、18、20—22、26、27、29—31 页。

第 236 卷，第 3—11 页。

第 237 卷，第 1、4、5—7、10—12 页。

第 238 卷，第 1、2 页。

第 239 卷，第 10 页。

第 240 卷，第 3—8 页。

第241—250卷

共 90 页，每页的右边空白中间处写有帙号，这 10 卷的页码是混杂在一起的，保存下来的页数有：第 5、8、9、10、13、14、17、18、19、28、30—36、38—45、48—68、73—82、84—102 页。

第 244 卷结尾有题记：[illegible][1]（发愿者御前内侍梁㖤移则那嵬）。

第 249 卷结尾有题记：

[illegible]

[illegible][2]

《胜慧到彼岸》[3]的发愿者、御前内侍梁㖤移则那嵬

一帙经文抄写者嵬名乙成。

第 250 卷结尾有题记：《胜慧到彼岸》的发愿者、御前内侍梁㖤移则那嵬，一帙经文抄写者嵬名乙成（Нгие Гхие-шие）。附注：阿弥陀佛之心，我今天反复称颂阿弥陀佛之名……想超生极乐净土世界，得见阿弥陀佛。

第251—260卷

共 92 页，这 10 卷经文的页码共用，每页右边空白处中间写有帙号，保存下来的页数有第 1—70、72、74—80、87、88、90—101。第 252 卷结尾有附注：第 1 部分道理最难。

第 259 卷结尾处又草体题记：本卷抄经者、德者、汉人没讹小狗（ke ta Кэ-та），抄写完成于 2 月？

第261—270卷

共 92 页，这 10 卷经文的页码共用，每页右边空白处中间写有帙号，保存下来的页数有第 4、5、9—24、29—31、35—39、41—43、47、48、50—60、62、64—68、70—114。

第 263 卷仅存经尾，第 22 页 a 面写有题记：

[illegible]

[illegible]

---

① 俄译翻译成汉语：发愿者、皇宫内侍、黑水城光荣的 lion zie nia wai Лион。

② 俄译翻译成汉语：发愿者、皇宫内侍、黑水城光荣而智慧的波罗蜜多，1 帙经文抄写者 ngwe mi •iə 1ie Нгие Гхие-шие。

③ 译者注：此处指的应是《大般若波罗蜜多经》，因为“波罗”又译为“彼岸”。

[illegible][1]

发愿者善男王吉祥全，

写者御前内侍

嵬㖡牢洪于乾祐戊戌九年十月二十六日抄毕。

第 267 卷结尾题记为：有第 1 次校勘的标记。发愿者于乾祐猪年[2]五月八日（1179 年 6 月 14 日）。抄经者、善男子[illegible]……[illegible]（祀……狗）(ze…ta Же-та)。

第 270 卷结尾题记：

[illegible][3]

[illegible]?

[illegible]

乾祐己亥十年二月七日写毕

一部《大般若经》发愿写者、和尚㗚尼勿泥

一帙经文发愿者善男王吉祥全

抄经者、德善者之子[illegible]（善男子布赵哇写）(Пу Цхиеы-ва)。有第 1 次校勘的标记。

第271—280卷

共 53 页，这 10 卷经文页码共用，每页右边空白处中间写有帙号，保存下来的页面有第 1—14、50、71—82、84、85、87—110 页。

第281—290卷

共 89 页，每卷经文页码独立，每页右边空白处中间写有帙号。

第 281 卷，第 1—11 页，全文保存。

第 282 卷，第 1—10 页，全文保存。

第 284 卷，第 2—11 页。

第 285 卷，第 1—10 页，全文保存。

第 286 卷，第 1—9 页。

---

① 俄译翻译成汉语：发愿者、善男子 won ngiu ru tshiwan Вон Нгиу-ру-цхиван，抄经者、内宫侍者 ngwe zwei khiuo xon Нгве-жвей Кхиуо-хон。年款为乾祐戊戌年（地狗年）九年十月二十六日抄写完毕（1178 年 11 月 7 日）。

② 译者注：汉人称为“己亥”年。

③ 俄译翻译成汉语：抄写完毕于乾祐十年二月七日，即地猪年 1179 年 3 月 16 日。《大般若经》部分经文施写发愿者、僧人 ndiu Ндиу，1 帙经文发愿者、初善 Вон Нгиу-ру-цхиван。

第 287 卷，第 1—10 页，全文保存。

第 288 卷，第 1—10 页，全文保存。

第 289 卷，第 1—8 页，另有 1 页无页码。

第 290 卷，全部佚失。

第291—300卷

共 125 页，这 10 卷经文页码共用，每页右边空白处中间写有帙号，保存下来的页面有第 20—53、55—59、61—79、81—95、97—103 页。

第301—310卷

共 113 页，每卷经文页码独立，每页右边空白处中间写有帙号。

第 301—302 卷，这 2 卷经文页码共用，保存下来的页面有第 1—21、30、31、33—39 页。

第 303 卷，第 11—14 页。

第 304 卷，第 1—11 页，全文保存。

第 305 卷，第 1—4、6—9 页。

第 306 卷，第 2—12 页。

第 307 卷，第 2—11 页。

第 308 卷，第 1—11 页，全文保存。

第 309 卷，第 1—10 页，全文保存。

第 310 卷，第 1—10 页，全文保存。

第311—320卷

共 44 页，这 10 卷经文页码共用，每页右边空白处中间写有帙号，保存下来的页面有第 1—7、54—91 页。

第 319 卷仅存经尾，第 89 页 b 面有题记：净本抄者[illegible]（平尚铁）（phin 1io 1ion Пхин-шио Шион）。有第 1 次校勘的标记。

第321—330卷

共 85 页，这 10 卷经文页码共用，每页右边空白处中间写有帙号，保存下来的页面有第 2—7、10、18、23—25、27、28、33—67、70—73、80—86、89—104、106—115 页，另有 2 页内容重复。

第331—340卷

共 70 页，这 10 卷经文页码共用，每页右边空白处中间写有帙号，保存下来的页面有第 1—26、33—36、38—43、47、49—70、73、74、78—86、92、94—96、98—103 页。

第341—350卷

共 81 页，这 10 卷经文页码共用，每页右边空白处中间写有帙号，保存下来的页面有第 1—26、39—82、90—102 页。

第351—360卷

共 57 页。这 10 卷经文页码共用。每页右边空白处中间写有帙号。保存下来的页面有第 22、43、44、46、53、54、56、57、59—62、66、72—112 页。

第 361—370 卷

共 68 页，各卷经文页码独立，每页右边空白处中间写有帙号。

第 361 卷，第 1、3—12 页。

第 362 卷，第 1—10 页，全文保存。

第 363 卷，第 1—4、6—11 页。

第 364 卷，第 1—6 页。

第 365 卷，第 5—11 页。

第 366 卷，第 1—9 页。

第 367 卷，全部佚失。

第 368 卷，第 5、8、9 页。

第 369 卷，第 1、5、8、9、10 页。

第 370 卷，第 1—7 页。

第371—380卷

共 85 页，这 10 卷经文页码共用，每页右边空白处中间写有帙号，保存下来的页面有第 4、6、7、9—33、35—42、44—50、60、62—89、93—107、110、111 页，另有 2 页无页码。

第 379 卷结尾题记为：抄写完毕于乾祐十年五月五日，地猪年（1179 年 6 月 11 日）。第 1 次仔细校勘，内容相同无误。

第381—390卷

共 58 页，各卷页码独立，每页右边空白处中间写有帙号。

第 381—383 卷，全部佚失。

第 384 卷，第 1 页。

第 385 卷，第 2、5、6—9、12 页。

第 386 卷，第 1—9 页。

第 387 卷，第 3、5—7、11 页。

第 388 卷，第 1—10 页，全文保存。

第389卷，全文佚失。

第390卷，第2、4、5、11—16、18—21页。

第391—400卷

共79页，这10卷经文页码共用，每页右边空白处中间写有帙号，保存下来的页面有第8、10、13—48、60—80页。

另有72页，是被撕下来、拆散，较零乱，无法确定，但是与该组佛经有关联，总共有3106页。

第17号

[illegible]

《大般若波罗蜜多经》

贝叶经 中等规格尺寸

写本贝叶经，19厘米 ×55厘米，共2879页，每页34行，每行13—14个字。每10卷经文页码共用，正反两面书写经文。每页右边空白处中间写有帙号和页码顺序。纸质八级。

当时这组佛经的各部分是分别编目造册的。此后它们一直是当作第1—400卷内容来保存的，所以导致了那些完全混杂起来的页面有着不同的馆册号。这组佛经的馆册号有第4992、5317、5753、5754、5763、5994、6325、6326、6327、6336、7365、7367、7368、7370、7545、7639、7640、7641、7642、7643、7658、7659、7660号。

本佛经的拥有者啰恰成就狗（Ра-кха Шие-гхеы-кхви），其名字下面的时间为应天（1206—1209年）。此年款是这组佛经写成的年代还是与拥有者收藏的时间，尚不清楚。

第1—10卷

共82页，保存下来的页面有第2—16、18—23、27、31—62、65—94页。

第11—20卷

共93页，保存下来的页面有第1—52、54—76、78、81—85、87—97、98页。

第21—30卷

共83页，保存下来的页面有第4—8、11—15、19、20—46、49—95页。

第31—40卷

共88页，保存下来的页面有第1—36、39—66、69、71—82、84—98页。

第41—50卷

共92页，保存下来的页面有第1—51、53—55、58—78、82—99页。

第51—60卷

共56页，保存下来的页面有第2、3、4、6—39、43、50、52—75、77、79—92、94—96页。

第61—70卷

全文佚失。

第71—80卷

共68页，保存下来的页面有第1—33、45—49、51—62、69—73、75—87页。

第81—90卷

共72页，保存下来的页面有第4—46、52—55、57、59、61、62、64—84页。

第91—100卷

全文佚失。

第101—110卷

共77页，保存下来的页面有第1—8、10—18、20—22、24—48、52、54、56—72、74—85、88—90、104页。

第111—120卷

共52页，保存下来的页面有第1—6、8—11、13—23、25、27、30、55—74、78、79、82、83、85、86、87、98页。

第121—130卷

共62页，保存下来的页面有第1—4、9—11、13、14、16、19、21、25—47、59—63、67—70、72—80、83—85、87—90页。

第131—140卷

共57页，保存下来的页面有第6—10、12—14、17—30、33、34、42—47、51—82页。

第141—150卷

共55页。保存下来的页面有第2—14、21—35、44—58、61—69、80—82页。

第151—160卷

共81页，保存下来的页面有第3—84页。

第161—170卷

共 87 页，保存下来的页面有第 1—39、41—88 页。

第171—180卷

共 89 页，保存下来的页面有第 1—84、89—93 页。

第181—190卷

共 58 页，保存下来的页面有第 31—89 页。

第191—200卷

共 59 页，保存下来的页面有第 1—56、85—87 页。

第201—210卷

共 71 页，保存下来的页面有第 1—38、41、42、44—69、75—78、81—84、87 页。

第211—220卷

共 71 页，保存下来的页面有第 1—3、6、7、9—11、15—17、20—24、33—49、51—55、65、66、68、69、71—73、75—89 页。

第221—230卷

共 83 页，保存下来的页面有第 1—20、24—79、81—87 页。

第231—240卷

共 76 页，保存下来的页面有第 1—17、26—75、77—88 页。

第241—250卷

共 74 页，保存下来的页面有第 1—32、35、47—87 页。

第251—260卷

共 76 页，保存下来的页面有第 1、6—70、74—84、87 页。

第261—270卷

共 67 页，保存下来的页面有第 1—8、11—16、30—32、34—87 页。第 87 页上有题记为：[illegible]（所诵读一卷者梁实愚）(lion tshi…Лион Цхи-…)。

第271—280卷

共 84 页，保存下来的页面有第 1—21、23、24、27—82、87 页。

第281—290卷

共 89 页，保存下来的页面有第 1—58、59 页的一部分、60—89 页。

第291—300卷

共 60 页，保存下来的页面有第 1—8、10、14—16、24—71 页。

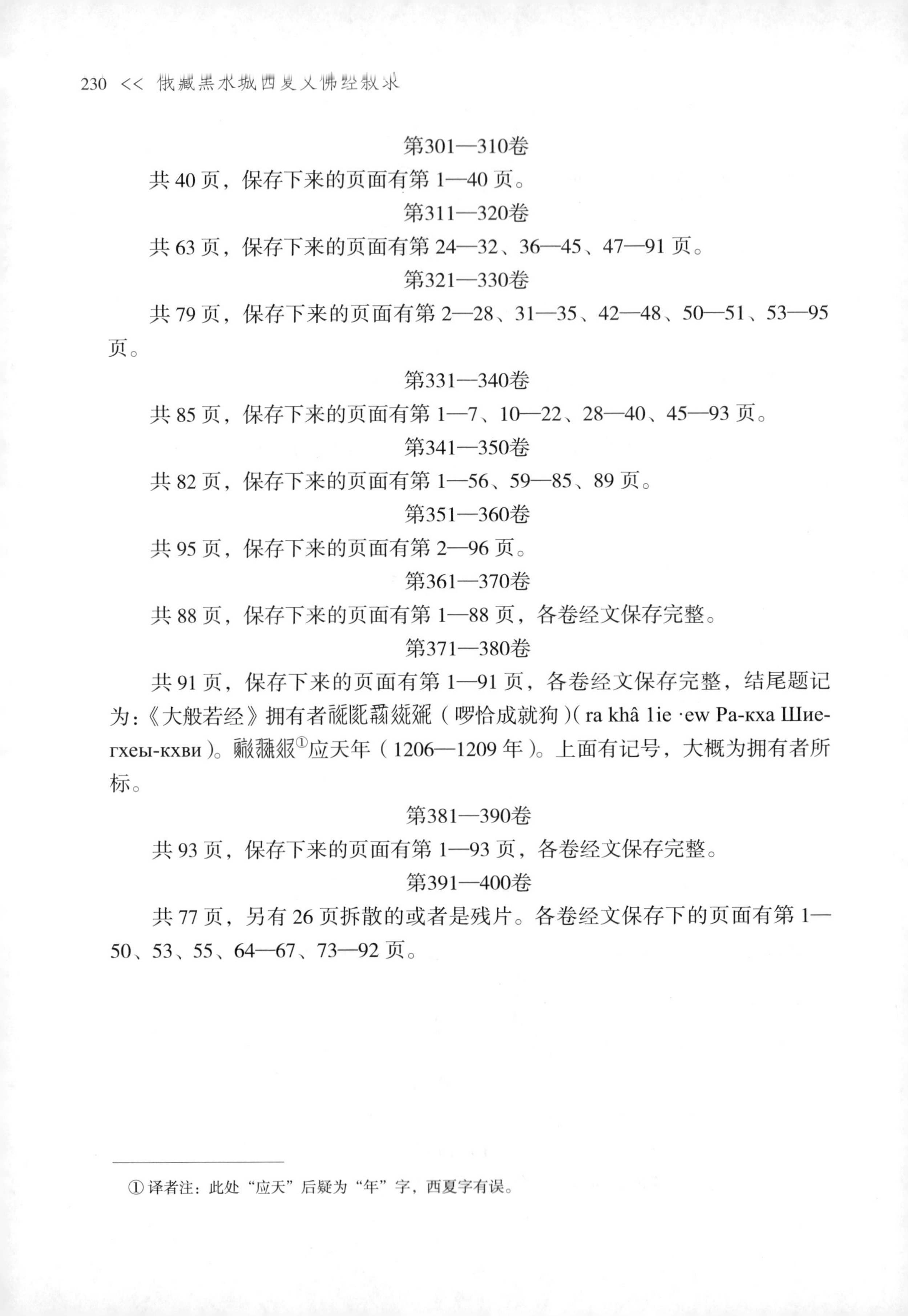

第301—310卷

共 40 页，保存下来的页面有第 1—40 页。

第311—320卷

共 63 页，保存下来的页面有第 24—32、36—45、47—91 页。

第321—330卷

共 79 页，保存下来的页面有第 2—28、31—35、42—48、50—51、53—95 页。

第331—340卷

共 85 页，保存下来的页面有第 1—7、10—22、28—40、45—93 页。

第341—350卷

共 82 页，保存下来的页面有第 1—56、59—85、89 页。

第351—360卷

共 95 页，保存下来的页面有第 2—96 页。

第361—370卷

共 88 页，保存下来的页面有第 1—88 页，各卷经文保存完整。

第371—380卷

共 91 页，保存下来的页面有第 1—91 页，各卷经文保存完整，结尾题记为：《大般若经》拥有者[illegible]（啰恰成就狗）(ra khâ 1ie ·ew Ра-кха Шие-гхеы-кхви)。[illegible][1]应天年（1206—1209 年）。上面有记号，大概为拥有者所标。

第381—390卷

共 93 页，保存下来的页面有第 1—93 页，各卷经文保存完整。

第391—400卷

共 77 页，另有 26 页拆散的或者是残片。各卷经文保存下的页面有第 1—50、53、55、64—67、73—92 页。

① 译者注：此处“应天”后疑为“年”字，西夏字有误。

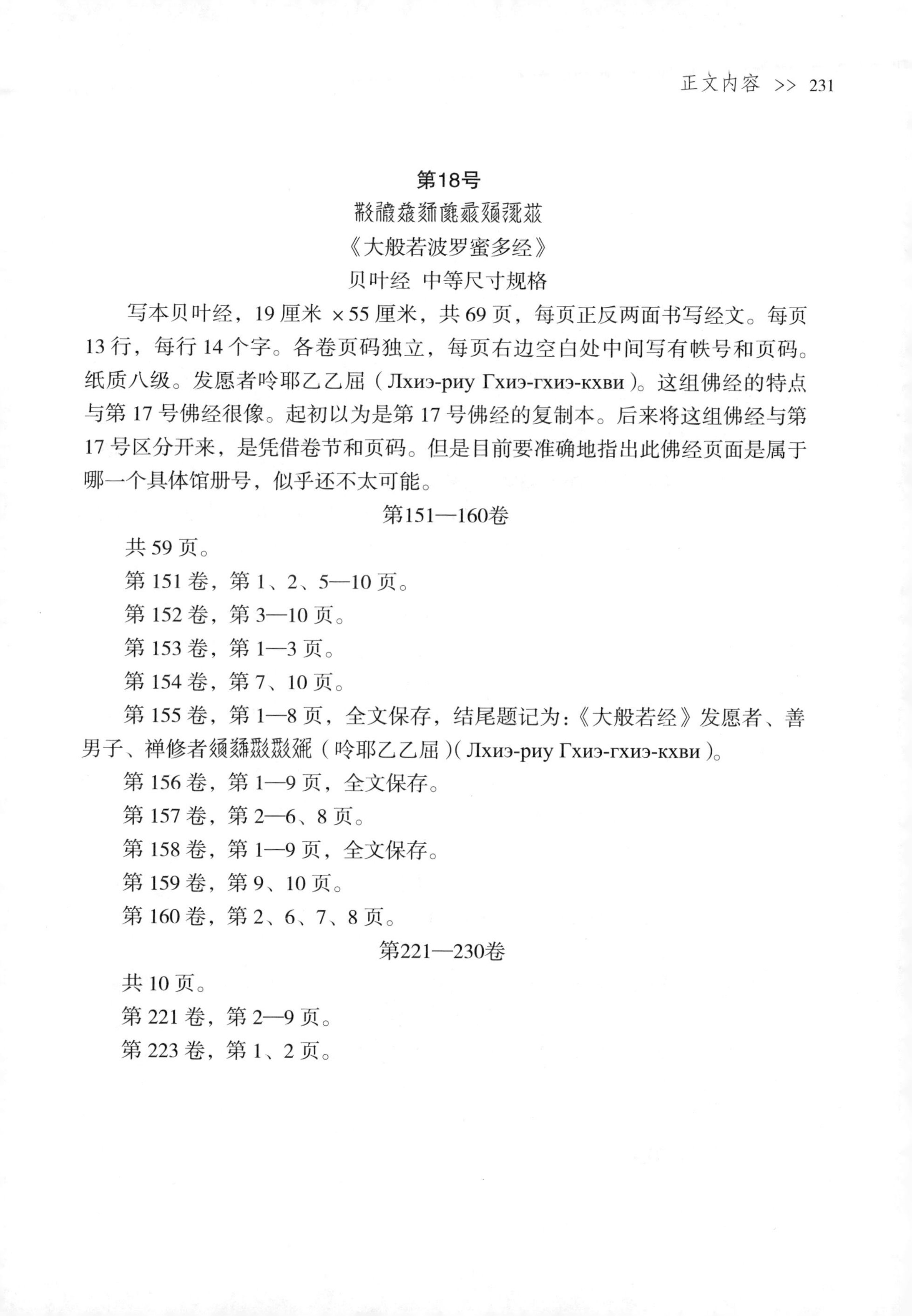

第18号

[illegible]

《大般若波罗蜜多经》

贝叶经 中等尺寸规格

写本贝叶经，19 厘米 ×55 厘米，共 69 页，每页正反两面书写经文。每页 13 行，每行 14 个字。各卷页码独立，每页右边空白处中间写有帙号和页码。纸质八级。发愿者呤耶乙乙屈（Лхиэ-риу Гхиэ-гхиэ-кхви）。这组佛经的特点与第 17 号佛经很像。起初以为是第 17 号佛经的复制本。后来将这组佛经与第 17 号区分开来，是凭借卷节和页码。但是目前要准确地指出此佛经页面是属于哪一个具体馆册号，似乎还不太可能。

第151—160卷

共 59 页。

第 151 卷，第 1、2、5—10 页。

第 152 卷，第 3—10 页。

第 153 卷，第 1—3 页。

第 154 卷，第 7、10 页。

第 155 卷，第 1—8 页，全文保存，结尾题记为：《大般若经》发愿者、善男子、禅修者[illegible]（呤耶乙乙屈）（Лхиэ-риу Гхиэ-гхиэ-кхви）。

第 156 卷，第 1—9 页，全文保存。

第 157 卷，第 2—6、8 页。

第 158 卷，第 1—9 页，全文保存。

第 159 卷，第 9、10 页。

第 160 卷，第 2、6、7、8 页。

第221—230卷

共 10 页。

第 221 卷，第 2—9 页。

第 223 卷，第 1、2 页。

第19号

[illegible]

《大般若波罗蜜多经》

贝叶经 大尺寸规格

写本贝叶经，23 厘米 ×62.5 厘米，共 2252 页。每页正反两面书写经文，每页 29 行，每行 13 个字。墨线勾栏，上边距 3 厘米，下边距 3.5 厘米，b 面边距 4 厘米。每 10 卷经文共用一套页码，每页右边空白处中间写有帙号和页码。纸质二级。

这组佛经在不同时期编目造册有以下馆册号：第 3621、4286、4298、4301—4303、4305、4306、4308、4309、4311、4312、4314—4317、4320、4321、4323、5318、5325、5332、5612—5615、5617—5620、5622—5628、5630—5639、5641—5645、5755、5762、5992、6320、6322、6324、6333—6335、7319、7366、7511、7538、7553、7540、7543 号。

第1—10卷

共 31 页，第 55—71、90—98、100—105 页。

第11—20卷

共 62 页，第 1—11、20—40、46—55、80—99、100、101、103、105—110 页。

第21—30卷

共 71 页， 第 1—36、44、45、49—57、73—77、79—81、85、86、91、93—95、97—108 页。

第31—40卷

共 51 页，第 1、9—18、67—105、107 页。

第41—50卷

共 37 页，第 1—5、13—17、19—30、33—36、60、70、74、96—103 页。

第51—60卷

共 45 页，第 2—4、7—18、20—24、51、77—86、90、91、92—102、105—107 页。

第61—70卷

共 23 页，第 1—4、33—43、76、81、86—90、96 页。

第71—80卷

共75页，第2、4—31、39—56、64—74、82—97页。

第81—90卷

共16页，第68、69、77、83—88、91—97页。

第91—100卷

共47页，第2—5、7、16、19—31、33—54、59、96、100—103页。

第101—110卷

1页，第103页。

第111—120卷

共97页，第1—97页，10卷经文全文保存。

第121—130卷

共93页，第2—35、38—87、89、91—94、96—99页。

第131—140卷

共61页，第1—2、5—20、35、37—61、65—67、69—79、85—87页。

第141—150卷

共67页，第5、12、13、15、20—26、28—30、33—47、52—85、91—94页。

第151—160卷

共59页，第2—23、55—75、77—92页。

第161—170卷

共90页，第1、2、5—14、16—32、34—36、38—49、51—101页。

第171—180卷

共79页，第1—17、40—101、103页。

第181—190卷

共85页，第1—11、25—98页。

第191—200卷

共63页，第1—62、80页。

第201—210卷

第52页，第5—23、25—29、32、39、40、47—54、62、66—68、71—81、83—84页。

第211—220卷

共26页，第2—11、15、39、40、53—59、60—63、98—101页。

第221—230卷

共61页，第1—39、41—44、46、50、51、58、59、63、68、69、74—77、79、80、82—84、100页。

第231—240卷

共85页，第1—5、12—30、36—52、54、57—75、77—91、93、100、102页。

第241—250卷

第56页，第1、2、5—7、12—15、21、23—26、29、38—45、47—60、62—68、70—76、90—96、99页。

第251—260卷

共38页，第10—42、45—47、61、69页。

第261—270卷

共44页，第2—45页。

第271—280卷

共3页，第68、69、99页。

第281—290卷

共8页，第17—23、25页。页面残损严重。

第291—300卷

共37页，保存不善，页面有粘连。

第301—310卷

共44页，第24、29—43、70—87、89、92—100页。

第311—320卷

共83页，第2—33、39—47、50—79、82—93、98—101页。

第321—330卷

共53页，第35—40、45、47—49、51—80、83、95、98—108页。

第331—340卷

共78页，第1—34、36、43、48—50、52—71、74—91、99页。

第341—350卷

共78页，第1—37、51、54—60、62—64、66—96页。

第351—360卷

共87页，第2—39、41—57、60、61、63—68、70、73、75—80、82、93—106、110页。

第361—370卷

共 82 页，第 1—3、5、7—52、56—79、81—91 页。

第371—380卷

共 88 页，第 1—3、5、8—21、23、26—42、44—52、57—101 页。

第381—390卷

共 59 页，第 2、3、5、6、8—19、30—61、86、88—91、93—98 页。

第391—400卷

共 78 页，第 1—18、20、22—25、27—61、63—74、94—103 页。

第20号

西夏特藏第253号

[illegible]

《摩诃般若波罗蜜多心经》

译自汉文，见《大正藏》第 223 号，译者注：即《摩诃般若波罗蜜经》(后秦龟兹国三藏鸠摩罗什译)；西田龙雄《西夏文佛经目录》第 5 号。

刻本蝴蝶装，20 厘米 ×13 厘米，13 页，首尾皆残。在馆册目录中有聂历山对此经所做的鉴定。上边距 3.5 厘米，下边距 2 厘米，b 面边距 1.5 厘米。纸质五级。

第21号

西夏特藏第67号

[illegible]

《圣胜慧到彼岸八千经》

译自藏文，见《译者注大正藏》第 230 号，译者注：即《圣八千颂般若波罗蜜多一百八名真实圆义陀罗尼经》(西天译经三藏朝奉大夫试光禄卿传法大师赐紫臣施护等奉　诏译)，《藏文佛经正经全目录》第 734 号，即《圣八千般若波罗蜜多》；西田龙雄《西夏文佛经目录》第 259 号；格林斯坦德《西夏文大藏经》第 230、1287—1291 页。

馆册第2727号　第4卷

写本经折装，26.8 厘米 ×10 厘米，1 页，仅存经尾，每页 6 行，每行 17 个字。墨线勾栏，上边距 0.7 厘米，下边距 0.7 厘米。结尾处重复经题，用草体书写题记：天盛四年五月十六日（1152 年 6 月 19 日）抄写完毕。有第 2 次校勘的标记，内容相符。页面背面用草体书写发愿者和抄经者的名字，无法辨认。纸质八级。

馆册第102号　第10卷

黑布软封面只剩一半，写本，经折装，27 厘米 ×10 厘米，66 页，全文保存，每页 6 行，每行 17 个字。浓墨线勾栏，上边距 2.8 厘米，下边距 2.6 厘米。经题后有嵬名皇帝（尊号 2）及其母梁皇太后（尊号 2）御译。结尾处重复经题。经文中脱漏缺字，用黑墨补写在字行的侧面或下面。纸质八级。

馆册第896号　第15卷

写本经折装，27 厘米 ×9 厘米，47 页，全文保存，每页 7 行，每行 22 个字。浓墨线勾栏，上边距 1.7 厘米，下边距 1 厘米。结尾处重复经题，题记为：

[illegible]

[illegible]

[illegible][1]

天盛壬辛[2]四年五月四日丁时所写完毕

发愿写经文者善男子臣相（官吏）耶和那征成

经典写者

抄经者（用草体书写名字，无法辨认）。经文中缺字，用黑墨补写在字行的侧面或下面。纸质八级。

馆册第103号　第20卷

写本经折装，26 厘米 ×10 厘米，38 页，全文保存，每页 6—7 行，每行 21 个字。墨线勾栏，上边距 1.5 厘米，下边距 1.3 厘米。结尾处重复经题，题记为：抄写完毕于天盛三年二月五日（1151 年 2 月 22 日），上午 11 时—中午 1 时。施写发愿者、善男子、皇宫内侍（用草体书写的名字无法辨认）。抄经者的名字无法辨认。有第 1 次校勘的标记。经文中缺字，补写在字行的侧面或下面，用朱砂色做标记。纸质八级。

---

① 俄译翻译成汉语：抄写完毕于天盛四年五月四日，铁鼠年（1152 年 6 月 8 日，午时）。施写发愿者、善男子、官吏 •a xwa ndon ndzin 1ie Гха-хва Ндон-нджин-шие。

② 译者注：天盛四年应为“壬申”年，但西夏文却是“壬辛”，可能西夏字有误，应把“[illegible]”换成“[illegible]”。

第22号

西夏特藏第164号

[illegible]

《佛说佛母出生三法藏般若波罗蜜多经》

译自汉文，见《大正藏》第228号，即《佛说佛母出生三法藏般若波罗蜜多经》（译者注：西天译经三藏朝奉大夫试光禄卿传法大师赐紫臣施护奉 诏译）；西田龙雄《西夏文佛经目录》第197号，格林斯坦德《西夏文大藏经》第1257—1487页。写本蝴蝶装，蓝布软封面。

馆册第49号 第1卷

写本蝴蝶装，24厘米×14.5厘米，61页，全文保存，每页6行，每行15—17个字。浓墨线勾栏，上边距2.3厘米，下边距2.1厘米。经题后有仁孝皇帝（尊号2）御译。结尾处重复经题。开头处被撕掉的版画上用汉文题款：如来在鹫峰山（灵鹫山）说《般若经》。纸质八级。

馆册第205号 第2—4卷

写本蝴蝶装，蓝绸软封面，25厘米×15厘米，192页，每卷开头处有版画，全文保存，每页6行，每行16个字。墨线勾栏，上边距2厘米，下边距2厘米。每卷结尾处重复经题。纸质八级。

馆册第206号 第5—7卷

写本蝴蝶装，蓝布软封面，25厘米×15厘米，196页，每卷开头处有版画，全文保存，每页6行，每行16个字。墨线勾栏，在卷首之间有附注：

[illegible]①

南无大慈悲二帝的上师

另外，还有五行抒发善良愿望的话。结尾处重复经题。纸质八级。

馆册第56号 第8卷

写本蝴蝶装，24.8厘米×14.8厘米，54页，全文保存，每页6行，每行15—17个字。墨线勾栏，上边距2.5厘米，下边距2.7厘米。页面上有花形边饰图案。结尾处重复经题。纸质一级。

馆册第5012号 第9卷

写本蝴蝶装，25厘米×15厘米，29页，全文保存，每页6行，每行16

① 俄译翻译成汉文：完全献身于佛陀的仁慈伟大爱民的两位皇帝的上师。

个字。淡墨线勾栏，上边距 2 厘米，下边距 2.5 厘米。结尾处重复经题。纸质八级。

馆册第25号　第10卷

写本蝴蝶装，蓝布软封面只剩一半，24.5 厘米 ×14.5 厘米，39 页，全文保存，每页 6 行，每行 16 个字。淡墨线勾栏，上边距 2.5 厘米，下边距 2 厘米。结尾处重复经题。纸质一级。

馆册第270号　第17—18卷

写本蝴蝶装，25 厘米 ×15 厘米，91 页，尾残，每页 6 行，每行 19 个字。墨线勾栏，上边距 2 厘米，下边距 1.6 厘米。纸质八级。

馆册第8138号　第18卷

写本蝴蝶装，软纸封面，25 厘米 ×15 厘米，48 页，全文保存，每页 6 行，每行 19 个字。淡墨线勾栏，上边距 2 厘米，下边距 2 厘米。结尾处重复经题，用草体书写；有第 1 次校勘的标记。在第 17—18 卷有一段关于借债的汉文，汉文年款为一一八二年八月二十一日或八月二十二日，债主名字的第一个字不是汉人，可能是女真人。纸质八级。

馆册第277号　第20卷

写本蝴蝶装，25 厘米 ×15 厘米，45 页，全文保存，每页 6 行，每行 19 个字。淡墨线勾栏，上边距 2 厘米，下边距 1.6 厘米。结尾处重复经题。纸质八级。

馆册第54号　第21卷

写本蝴蝶装，24.5 厘米 ×15 厘米，63 页，全文保存，每页 6 行，每行 17 个字。淡墨线勾栏，上边距 2.5 厘米，下边距 2.2 厘米。第 1 页粘贴有经文名称缩写和卷号。结尾处重复经题。纸质八级。

馆册第55号　第23卷

写本蝴蝶装，24.5 厘米 ×15 厘米，48 页，全文保存，每页 6 行，每行 18—19 个字。墨线勾栏，上边距 2 厘米，下边距 2 厘米。第 1 页粘贴有经文名称缩写和卷号。结尾处重复经题。纸质八级。

馆册第225号　第25卷

写本蝴蝶装，25 厘米 ×15 厘米，102 页，全文保存，每页 6 行，每行 19 个字。上边距 2 厘米，下边距 1.6 厘米。第 1 页粘贴有经文名称缩写和卷号。结尾处重复经题。纸质八级。

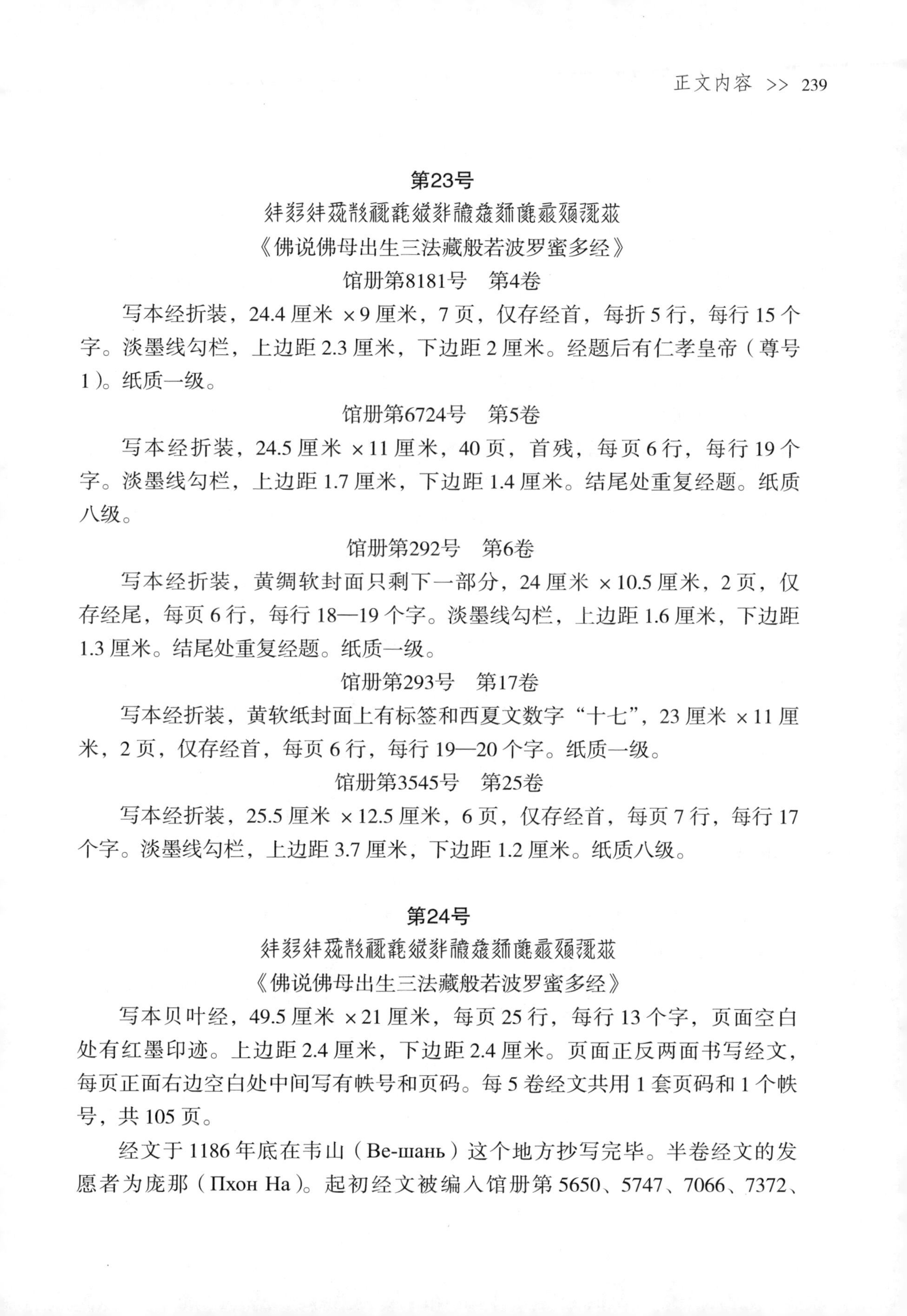

第23号

[illegible]

《佛说佛母出生三法藏般若波罗蜜多经》

馆册第8181号　第4卷

写本经折装，24.4 厘米 ×9 厘米，7 页，仅存经首，每折 5 行，每行 15 个字。淡墨线勾栏，上边距 2.3 厘米，下边距 2 厘米。经题后有仁孝皇帝（尊号 1）。纸质一级。

馆册第6724号　第5卷

写本经折装，24.5 厘米 ×11 厘米，40 页，首残，每页 6 行，每行 19 个字。淡墨线勾栏，上边距 1.7 厘米，下边距 1.4 厘米。结尾处重复经题。纸质八级。

馆册第292号　第6卷

写本经折装，黄绸软封面只剩下一部分，24 厘米 ×10.5 厘米，2 页，仅存经尾，每页 6 行，每行 18—19 个字。淡墨线勾栏，上边距 1.6 厘米，下边距 1.3 厘米。结尾处重复经题。纸质一级。

馆册第293号　第17卷

写本经折装，黄软纸封面上有标签和西夏文数字“十七”，23 厘米 ×11 厘米，2 页，仅存经首，每页 6 行，每行 19—20 个字。纸质一级。

馆册第3545号　第25卷

写本经折装，25.5 厘米 ×12.5 厘米，6 页，仅存经首，每页 7 行，每行 17 个字。淡墨线勾栏，上边距 3.7 厘米，下边距 1.2 厘米。纸质八级。

第24号

[illegible]

《佛说佛母出生三法藏般若波罗蜜多经》

写本贝叶经，49.5 厘米 ×21 厘米，每页 25 行，每行 13 个字，页面空白处有红墨印迹。上边距 2.4 厘米，下边距 2.4 厘米。页面正反两面书写经文，每页正面右边空白处中间写有帙号和页码。每 5 卷经文共用 1 套页码和 1 个帙号，共 105 页。

经文于 1186 年底在韦山（Ве-шань）这个地方抄写完毕。半卷经文的发愿者为庞那（Пхон На）。起初经文被编入馆册第 5650、5747、7066、7372、

7644、7656、7669号当中。后来此经文按卷号和页码排列合并到了一起。纸质八级。

第1—5卷

11页，第6—8、10—12、14、16、20—22页。每页正面右边空白处中间写有帙号和页码。第5卷经题后有仁孝皇帝（尊号1）御校勘。结尾处重复经题。

第6—10卷

42页，第1—9、11—15、17—26、28—35页。每页正面右边空白处中间写有帙号和页码。第6卷经题后有仁孝皇帝（尊号1）中的前4个字。第7卷经题后有仁孝皇帝（尊号1）中的前4个字及仁孝皇帝御校勘。第8卷经题后有仁孝皇帝（尊号1）中的前4个字。第9卷经题后有仁孝皇帝（尊号1）中的前4个字。第10卷经题后有仁孝皇帝（尊号1）中的前4个字。

第11—15卷

1页，第1页，页面正面右边空白处中间写有帙号和页码。第11卷经题后有仁孝皇帝（尊号1）中的前4个字。

第16—20卷

18页，第1、22—30、32—36、38—40页，每页正面右边空白处中间写有帙号和页码。第16卷经题后有仁孝皇帝（尊号1）中的前4个字，御译。结尾处重复经题，题记为：乾祐十七年九月二十五日，即火马年（1186年11月7日）抄写完毕。后半卷经文的发愿者抄写了1帙经文。前半卷经文的抄写者庞那（phon na Пхон На）抄写于韦山。第19卷经题后有仁孝皇帝（尊号1）中的前4个字，御译。第20卷经题后有仁孝皇帝（尊号1）中的4个字。

第21—25卷

28页，第1、4、5、7—22、24、27、32—34、36、38—40页。每页正面右边空白处中间有帙号和页码。第23卷经题后有仁孝皇帝（尊号2）和姓氏嵬名。第24卷经题后有仁孝皇帝（尊号2）中的前4个字。第25卷经题后有仁孝皇帝（尊号2）。另有5页，第36、37、45—47页，可能与第11—15卷有关系。

第25号

[illegible]

《佛说佛母出生三法藏般若波罗蜜多经》

刻本经折装，蓝绸软封面，27 厘米 ×11.5 厘米，每页 6 行，每行 16 个字。上边距 3.5 厘米，下边距 2.5 厘米。仁孝皇帝（尊号 1 或尊号 2）御校勘。纸质一级。

馆册第235号，第1卷

52 页 +3 页版画，全文保存。

馆册第253号，第3卷

54 页，全文保存。

馆册第236号，第5卷

54 页，全文保存。

馆册第271号，第6卷

43 页。全文保存。

馆册第237号，第7卷

48 页 +1 页版画，全文保存。

馆册第256号，第8卷

54 页，全文保存。

馆册第238号，第10卷

36 页，全文保存。

馆册第273号，第12卷

50 页，全文保存。

馆册第239号，第13卷

42 页，全文保存。

馆册第240号，第14卷

44 页，全文保存。

馆册第241号，第16卷

47 页，全文保存。

馆册第275号，第17卷

26 页，全文保存。

馆册第242号，第18卷

48 页，全文保存。

馆册第243号，第19卷

54 页，全文保存。

馆册第244号，第20卷

54 页，全文保存。

馆册第245号，第21卷

47 页，全文保存。

馆册第247号，第22卷

52 页，全文保存。

馆册第249号，第23卷

48 页，全文保存。

馆册第250号，第24卷

51 页，全文保存。

馆册第251号，第25卷

55 页，全文保存。

第26号

[illegible]

《佛说佛母出生三法藏般若波罗蜜多经》

馆册第3493号　第3卷

刻本经折装，26.5 厘米 ×11 厘米，2 页，仅存经首，每页 6 行，每行 16 个字。上边距 3.3 厘米，下边距 2.3 厘米。经题后有仁孝皇帝（尊号 1）御校勘。纸质一级。

馆册第247号　第6卷

刻本经折装，26.5 厘米 ×11 厘米，48 页，首残，每页 6 行，每行 16 个字。上边距 3.3 厘米，下边距 2.3 厘米。结尾处重复经题。纸质一级。

馆册第256号　第8卷

刻本经折装，26.5 厘米 ×11 厘米，46 页，全文保存，每页 6 行，每行 16 个字。上边距 2.6 厘米，下边距 2.5 厘米。纸质一级。

馆册第261号　第10卷

刻本经折装，26.5 厘米 ×11 厘米，37 页，全文保存，每页 6 行，每行 16

个字。上边距 3.2 厘米，下边距 2.6 厘米。纸质一级。

馆册第259号　第19卷

刻本经折装，26.5 厘米 ×11 厘米，60 页，全文保存。每页 6 行，每行 16 个字。经题后有仁孝皇帝（尊号 2）御校勘。纸质一级。

馆册第246号　第21卷

刻本经折装，26.5 厘米 ×11 厘米，52 页，全文保存，每页 6 行，每行 16 个字。上边距 3.2 厘米，下边距 2.4 厘米。纸质一级。

第27号

[illegible]

《佛说佛母出生三法藏般若波罗蜜多经》

馆册第6080号　第6卷

刻本经折装，25 厘米 ×11.7 厘米，8 页，仅存经首，每页 6 行，每行 16 个字。上边距 2 厘米，下边距 1.5 厘米。经题后有仁孝皇帝（尊号 2）。纸质八级。

馆册第6183号　第8卷

刻本经折装，用黑、红、黄色碎布头拼成的封面，24.5 厘米 ×11.5 厘米，71 页，全文保存。每页 6 行，每行 16 个字。上边距 1.2 厘米，下边距 1 厘米。经题后有仁孝皇帝（尊号 2）御校勘。结尾处重复经题。纸质八级。

馆册第224号　第17卷

刻本经折装，黄纸软封面只剩一半，24 厘米 ×11 厘米，54 页，首残，每页 6 行，每行 16 个字。上边距 1.5 厘米，下边距 0.5 厘米。结尾处重复经题。经文上端已经残朽。纸质八级。

馆册第282号　第19卷

刻本经折装，24 厘米 ×11 厘米，61 页，全文保存，每页 6 行，每行 16 个字。上边距 1.7 厘米，下边距 1.1 厘米。经题后有仁孝皇帝（尊号 2）御校勘。经文边角已经残朽。纸质八级。

馆册第813号　第24卷

刻本经折装，24.5 厘米 ×11.5 厘米，56 页，尾残，每页 6 行，每行 16 个字。上边距 1.5 厘米，下边距 1 厘米。纸质八级。

馆册第814号　第25卷

刻本经折装，软纸封面只剩一半，24.5 厘米 ×11.5 厘米，35 页，尾残，每页 6 行，每行 16 个字。上边距 1.5 厘米，下边距 1 厘米。纸质八级。

第28号

《佛说佛母出生三法藏般若波罗蜜多经》

馆册第8317号　第1卷

刻本经折装，28.5 厘米 ×11 厘米，2 页，仅存经首，第页 6 行，每行 16 个字。上边距 5 厘米，下边距 2 厘米。经题后有仁孝皇帝（尊号 2）御校勘，有印章，但较模糊。纸质八级。

馆册第3882号　第3卷

刻本经折装，28.5 厘米 ×11 厘米，25 页，仅存经尾，每页 6 行，每行 16 个字。上边距 3.5 厘米，下边距 3 厘米。结尾处重复经题。纸质八级。

馆册第720号　第6卷

刻本经折装，28.5 厘米 ×11.5 厘米，28 页，仅存经首，每页 6 行，每行 16 个字。上边距 4 厘米，下边距 2.4 厘米。经题后有仁孝皇帝（尊号 2）御校勘。纸质八级。

馆册第3311号　第6卷

刻本经折装，29 厘米 ×11.5 厘米。24 页。首残。每页 6 行，每行 16 个字。上边距 6 厘米，下边距 2 厘米。结尾处重复经题。纸质八级。

馆册第8316号　第7卷

刻本经折装，29 厘米 ×11 厘米，12 页，仅存经首，每页 6 行，每行 16 个字。上边距 4 厘米，下边距 3 厘米。经题后有仁孝皇帝（尊号 2）御校勘。纸质八级。

馆册第264号　第17卷

刻本经折装，29 厘米 ×11.5 厘米，52 页，尾残，每页 6 行，每行 16 个字。上边距 4.5 厘米，下边距 2.9 厘米。经题后有仁孝皇帝（尊号 2）御校勘。纸质八级。

馆册第53号　第23卷

刻本经折装，蓝布软封面，29 厘米 ×11 厘米，56 页，全文保存，每页 6 行，每行 16 个字。上边距 4 厘米，下边距 2.5 厘米。经题后有仁孝皇帝（尊号 2）御校勘。结尾处重复经题。纸质八级。

第29号

[illegible]

《佛说佛母出生三法藏般若波罗蜜多经》

馆册第3883号　第1卷

刻本经折装，26 厘米 ×11.5 厘米，15 页，仅存经尾，每页 7 行，每行 16 个字。上边距 3.3 厘米，下边距 2.2 厘米。结尾处重复经题。纸质一级。

馆册第3312号　第2卷

刻本经折装，26 厘米 ×11 厘米，2 页，仅存经首，每页 7 行，每行 16 个字。上边距 3.5 厘米，下边距 2 厘米。经题后有仁孝皇帝（尊号 1）御校勘。纸质一级。

馆册第22号　第6卷

刻本经折装，26 厘米 ×11.2 厘米，3 页，仅存经尾，每页 7 行，每行 16 个字。上边距 3.3 厘米，下边距 1.9 厘米。结尾处重复经题。纸质一级。

馆册第3896号　第9卷

刻本经折装，26 厘米 ×11 厘米，6 页，仅存经首，每页 7 行，每行 16 个字。上边距 3.5 厘米，下边距 2 厘米。经题后有仁孝皇帝（尊号 1）御校勘。纸质一级。

馆册第8325号　第10卷

刻本经折装，软纸封面只剩一半，26.5 厘米 ×12 厘米，69 页，全文保存，每页 7 行，每行 16 个字。上边距 4 厘米，下边距 2 厘米。结尾处重复经题，封面上有题记：女主人（Шион Цин-хеы）。纸质一级。

馆册第3883号　第15卷

刻本经折装，26 厘米 ×11.3 厘米，8 页，仅存经尾，每页 7 行，每行 16 个字。上边距 3 厘米，下边距 2 厘米。结尾处重复经题。纸质一级。

馆册第278号　第18卷

刻本经折装，26 厘米 ×11 厘米，30 页，尾残，每页 7 行，每行 16 个字。上边距 3.4 厘米，下边距 1.5 厘米。经题后有仁孝皇帝（尊号 1）御校勘。纸质一级。

馆册第3883号　第18卷

刻本经折装，26 厘米 ×11.5 厘米，12 页，仅存经尾，每页 7 行，每行 16 个字。上边距 2.5 厘米，下边距 2.4 厘米。结尾处重复经题，有附注：在生日之际，发愿施写《大般若经》，以求保佑自己。纸质一级。

馆册第266号　第20卷

刻本经折装，26 厘米 ×11.5 厘米，27 页，仅存经尾，每页 7 行，每行 16 个字。上边距 3 厘米，下边距 1.7 厘米。结尾处重复经题。纸质一级。

馆册第23号　第21卷

刻本经折装，26.3 厘米 ×11.3 厘米，11 页，仅存经首，每页 7 行，每行 16 个字。上边距 3.5 厘米，下边距 2 厘米。经题后有仁孝皇帝（尊号 1）御校勘。经文中用颜料做记号。纸质一级。

第30号

[illegible]

《佛说佛母出生三法藏般若波罗蜜多经》

馆册第263号　第19卷

经折装，前 5 页是刻本，其余为写本，26.5 厘米 ×12 厘米，29 页，仅存经首，每页 6 行，每行 16 个字。在写本与刻本当中有一部分经文页面的栏线数量与另一些页面的栏线数不等。写本中以淡墨线勾栏。刻本上边距 2.5 厘米，下边距 2.5 厘米。写本上边距 3.8 厘米，下边距 1 厘米。经题后有仁孝皇帝（尊号 2）御校勘。纸质八级。

第31号

[illegible]

《佛说佛母出生三法藏般若波罗蜜多经》

馆册第7724号　第11卷

刻本经折装，25.3 厘米 ×9 厘米，1 页，仅存经尾，每页 5 行，每行 16 个字。上边距 1.7 厘米，下边距 1.5 厘米。结尾处重复经题，印章很浅淡。纸质八级。

馆册第7724号　第13卷

刻本经折装，25.1 厘米 ×9.5 厘米，1 页，残片，每页 5 行，每行 16 个字。上边距 2 厘米，下边距 1 厘米。页面粘合处有“第 13 卷”。纸质八级。

馆册第7352号　第16卷

刻本经折装，26 厘米 ×8 厘米，3 页，残片，每页 5 行，每行 16 个字。上边距 3.5 厘米，下边距 2 厘米。页面粘合处有“第 16 卷”。残片中另有一页西夏时期修复时粘上去的纸张。纸质八级。

馆册第7724号　第22卷

刻本经折装，25.7 厘米 ×10 厘米，2 页，残片，每页 5 行，每行 16 个字。上边距 2.5 厘米，下边距 1 厘米。页面粘合处有字“第 22 卷”。纸质八级。

第32号

西夏特藏第65号

[illegible]

《圣胜慧到彼岸集颂》

译自藏文，见《大正藏》第 229 号，译者注：即《佛说佛母宝德藏般若波罗蜜经》(译者注：西天译经三藏朝散大夫试光禄卿明教大师臣法贤奉　诏译)；《藏文佛经正经全目录》第 735 号，即《圣般若波罗蜜多辑摄偈》；西田龙雄《西夏文佛经目录》第 257 号。

馆册第806号

刻本蝴蝶装，20 厘米 ×12 厘米，16 页 (第 37 页 a 面—44 页 b 面)，首残，每页 7 行，每行 18 个字。上边距 1.3 厘米，下边距 1.3 厘米。页面空白处有经文名称缩写和汉文页码。结尾处重复经题，有后记和题记：[illegible] [illegible] (座主善生〈沙门〉功德主、金刚王依梵文译，注疏并三校)。纸质八级。

第33号

西夏特藏第381号

[illegible]

《金刚经》

馆册第4164号

见《大正藏》第 235 号，即《金刚般若波罗蜜经》(译者注：姚秦天竺三藏鸠摩罗什译)；格林斯坦德《西夏文大藏经》第 1488—1501 号。

刻本经折装，12.5 厘米 ×6 厘米，8 页，其中有 2 页版画，仅存经首，每页 5 行，每行 10 个字。上边距 2 厘米，下边距 1.5 厘米。纸质八级。

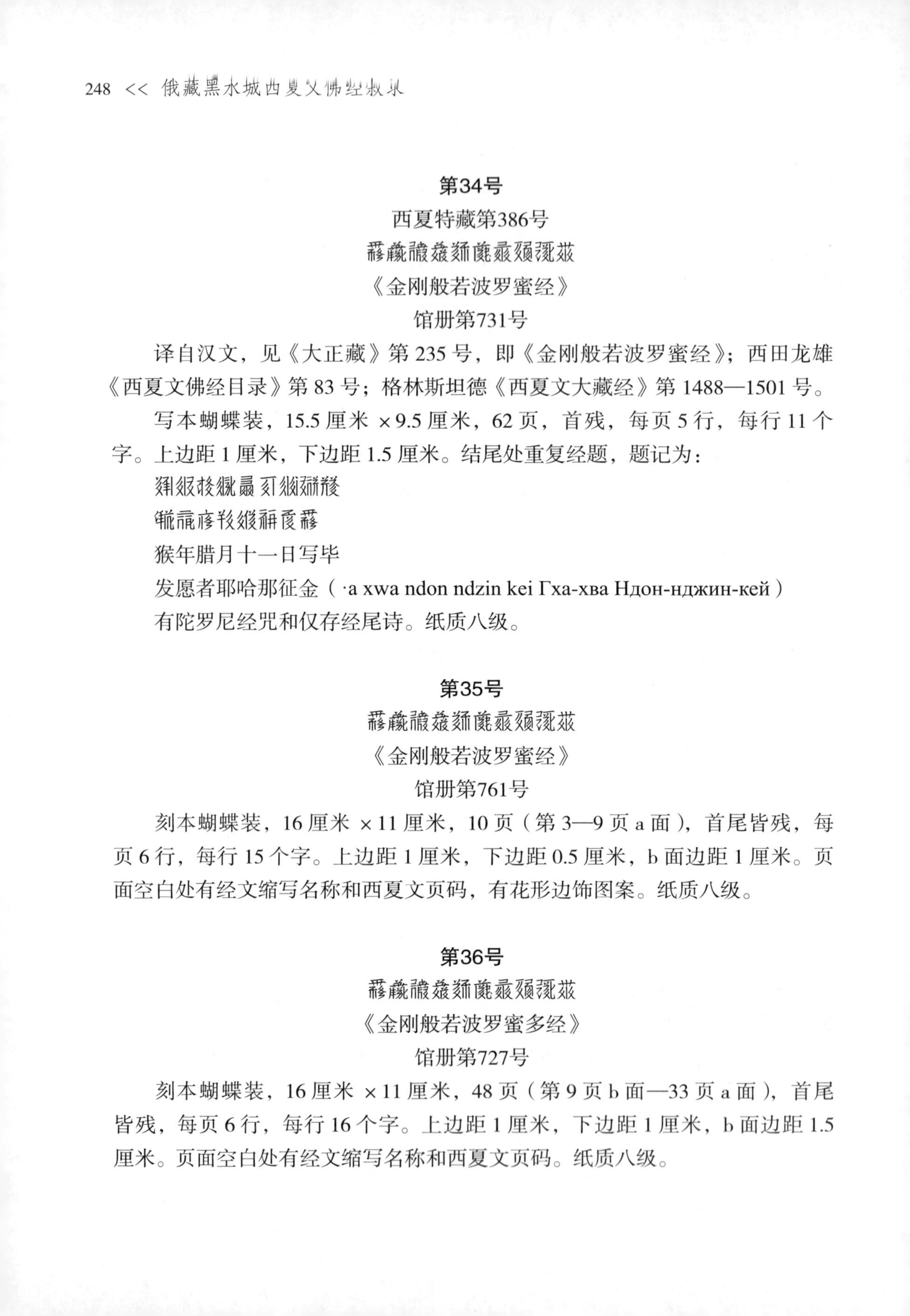

第34号

西夏特藏第386号

[illegible]

《金刚般若波罗蜜经》

馆册第731号

译自汉文，见《大正藏》第235号，即《金刚般若波罗蜜经》；西田龙雄《西夏文佛经目录》第83号；格林斯坦德《西夏文大藏经》第1488—1501号。

写本蝴蝶装，15.5厘米×9.5厘米，62页，首残，每页5行，每行11个字。上边距1厘米，下边距1.5厘米。结尾处重复经题，题记为：

[illegible]

[illegible]

猴年腊月十一日写毕

发愿者耶哈那征金（·a xwa ndon ndzin kei Гха-хва Ндон-нджин-кей）

有陀罗尼经咒和仅存经尾诗。纸质八级。

第35号

[illegible]

《金刚般若波罗蜜经》

馆册第761号

刻本蝴蝶装，16厘米×11厘米，10页（第3—9页a面），首尾皆残，每页6行，每行15个字。上边距1厘米，下边距0.5厘米，b面边距1厘米。页面空白处有经文缩写名称和西夏文页码，有花形边饰图案。纸质八级。

第36号

[illegible]

《金刚般若波罗蜜多经》

馆册第727号

刻本蝴蝶装，16厘米×11厘米，48页（第9页b面—33页a面），首尾皆残，每页6行，每行16个字。上边距1厘米，下边距1厘米，b面边距1.5厘米。页面空白处有经文缩写名称和西夏文页码。纸质八级。

第37号

[西夏文]

《金刚般若波罗蜜经》

馆册第732号

刻本蝴蝶装，17 厘米 ×10.5 厘米，33 页（第 5 页 a 面—12 页 b 面、第 22 页 a 面—29 页 b 面），首尾皆残，每页 6 行，每行 15 个字。上边距 1.5 厘米，下边距 1 厘米，b 面边距 1 厘米。页面空白处有经文缩写名称和西夏文页码。纸质八级。

第38号

[西夏文]

《金刚般若波罗蜜经》

馆册第4083号

刻本蝴蝶装，17 厘米 ×10.5 厘米，4 页，页码不清楚，残片，每页 7 行，每行 17 个字。上边距 1.5 厘米，下边距 0.5 厘米，b 面边距 0.5 厘米。页面空白处有经文缩写名称。纸质八经。

第39号

[西夏文]

《金刚般若波罗蜜经》

馆册第4112号

刻本蝴蝶装，17.5 厘米 ×10 厘米，8 页，残片，每页 7 行，每行 17 个字。上边距 1.5 厘米，下边距 1 厘米，b 面边距不可考。页面空白处有经文缩写名称，页码无法辨识。纸质八级。

馆册第6679号

刻本蝴蝶装，17.5 厘米 ×10 厘米，2 页，残片，每页 7 行，每行 17 个字。上边距 1.5 厘米，下边距 1 厘米。页面空白处有经文缩写名称。页码不清楚。纸质八级。

馆册第7443号

刻本蝴蝶装，17.5 厘米 ×10 厘米，2 页，残片，每页 7 行，每行 17 个字。上边距 1.5 厘米，下边距 1 厘米。页面空白处有经文缩写名称，页码不清。纸

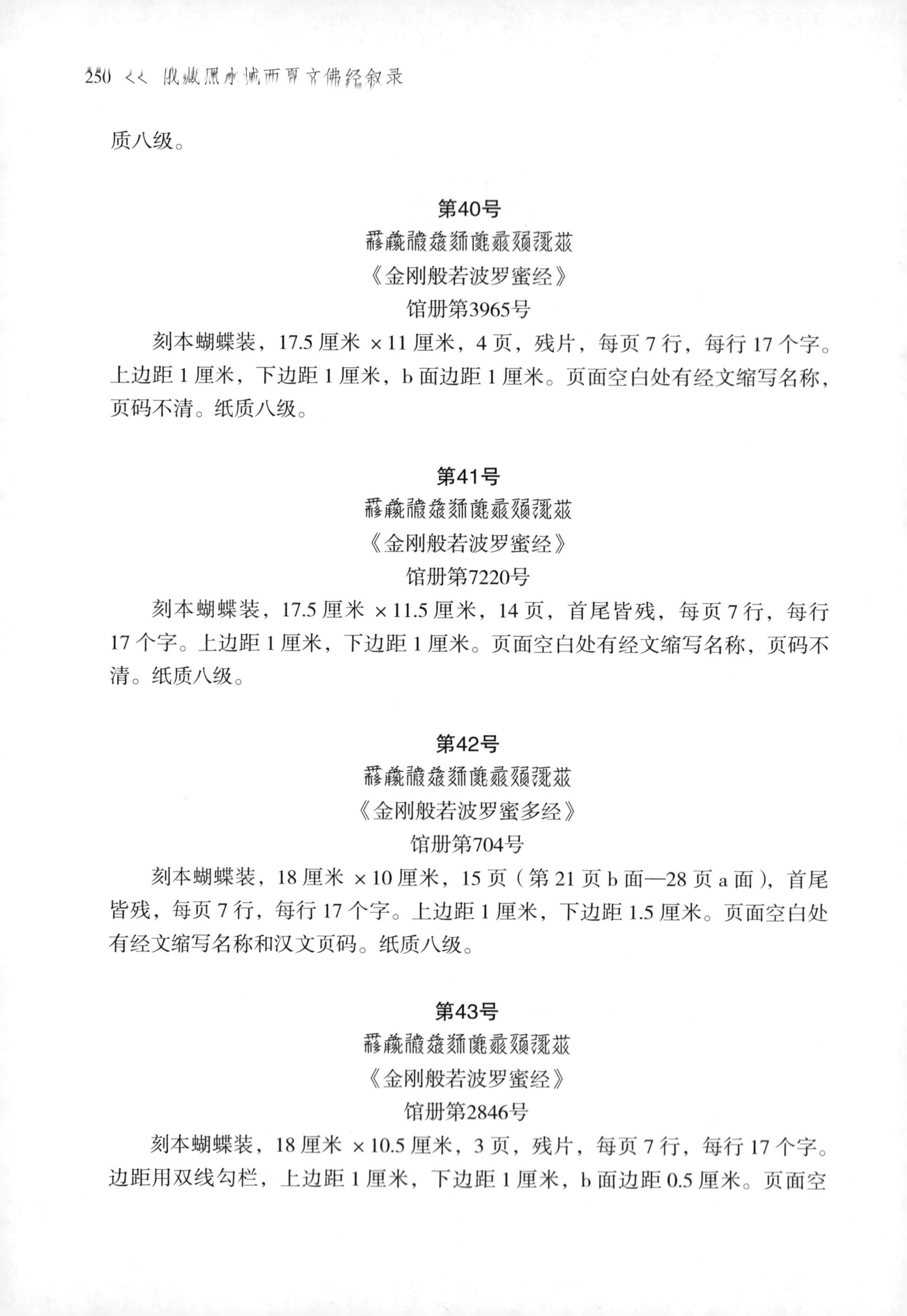

质八级。

第40号

[illegible]

《金刚般若波罗蜜经》

馆册第3965号

刻本蝴蝶装，17.5 厘米 ×11 厘米，4 页，残片，每页 7 行，每行 17 个字。上边距 1 厘米，下边距 1 厘米，b 面边距 1 厘米。页面空白处有经文缩写名称，页码不清。纸质八级。

第41号

[illegible]

《金刚般若波罗蜜经》

馆册第7220号

刻本蝴蝶装，17.5 厘米 ×11.5 厘米，14 页，首尾皆残，每页 7 行，每行 17 个字。上边距 1 厘米，下边距 1 厘米。页面空白处有经文缩写名称，页码不清。纸质八级。

第42号

[illegible]

《金刚般若波罗蜜多经》

馆册第704号

刻本蝴蝶装，18 厘米 ×10 厘米，15 页（第 21 页 b 面—28 页 a 面），首尾皆残，每页 7 行，每行 17 个字。上边距 1 厘米，下边距 1.5 厘米。页面空白处有经文缩写名称和汉文页码。纸质八级。

第43号

[illegible]

《金刚般若波罗蜜经》

馆册第2846号

刻本蝴蝶装，18 厘米 ×10.5 厘米，3 页，残片，每页 7 行，每行 17 个字。边距用双线勾栏，上边距 1 厘米，下边距 1 厘米，b 面边距 0.5 厘米。页面空

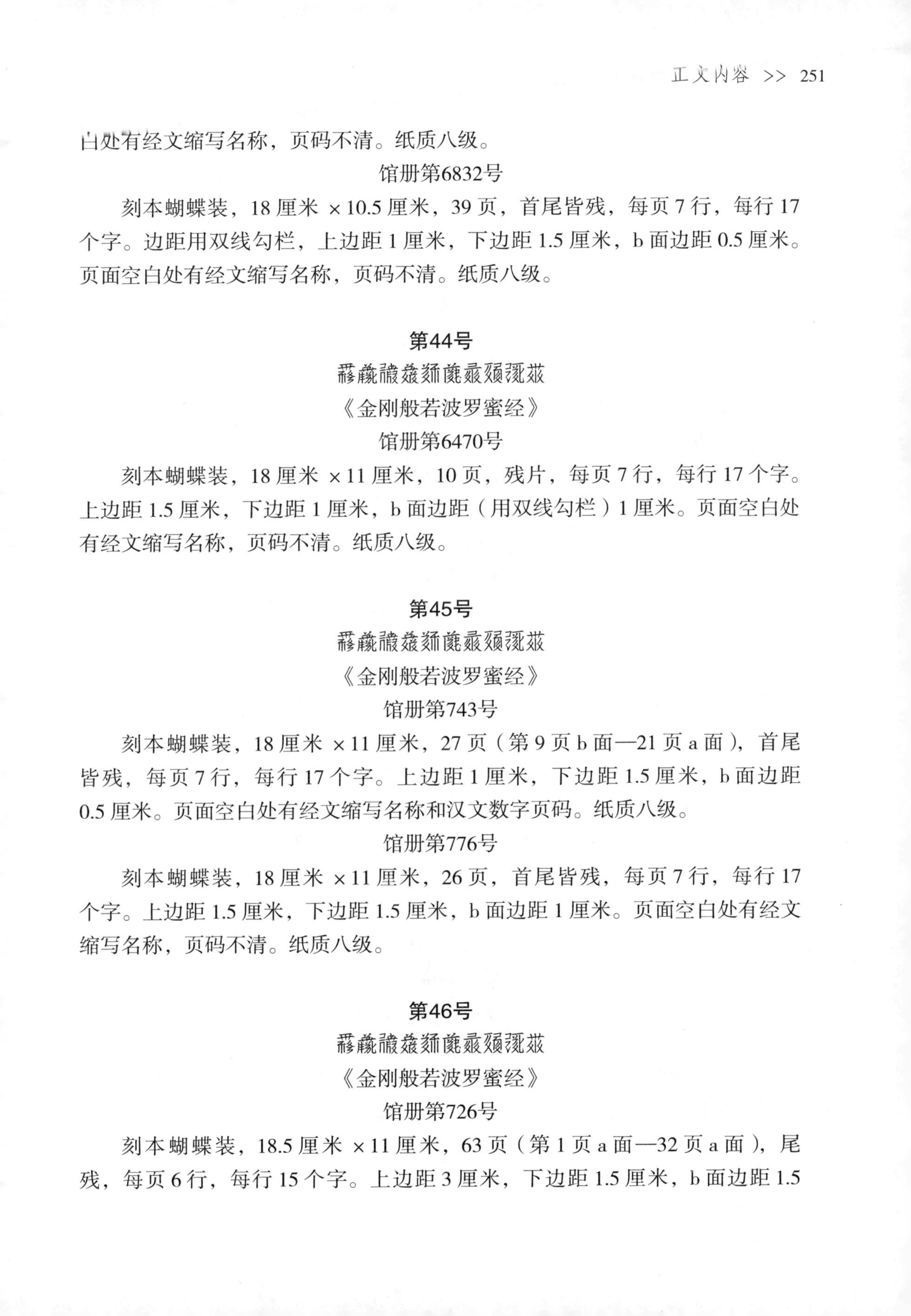

白处有经文缩写名称，页码不清。纸质八级。

馆册第6832号

刻本蝴蝶装，18 厘米 ×10.5 厘米，39 页，首尾皆残，每页 7 行，每行 17 个字。边距用双线勾栏，上边距 1 厘米，下边距 1.5 厘米，b 面边距 0.5 厘米。页面空白处有经文缩写名称，页码不清。纸质八级。

第44号

[illegible]

《金刚般若波罗蜜经》

馆册第6470号

刻本蝴蝶装，18 厘米 ×11 厘米，10 页，残片，每页 7 行，每行 17 个字。上边距 1.5 厘米，下边距 1 厘米，b 面边距（用双线勾栏）1 厘米。页面空白处有经文缩写名称，页码不清。纸质八级。

第45号

[illegible]

《金刚般若波罗蜜经》

馆册第743号

刻本蝴蝶装，18 厘米 ×11 厘米，27 页（第 9 页 b 面—21 页 a 面），首尾皆残，每页 7 行，每行 17 个字。上边距 1 厘米，下边距 1.5 厘米，b 面边距 0.5 厘米。页面空白处有经文缩写名称和汉文数字页码。纸质八级。

馆册第776号

刻本蝴蝶装，18 厘米 ×11 厘米，26 页，首尾皆残，每页 7 行，每行 17 个字。上边距 1.5 厘米，下边距 1.5 厘米，b 面边距 1 厘米。页面空白处有经文缩写名称，页码不清。纸质八级。

第46号

[illegible]

《金刚般若波罗蜜经》

馆册第726号

刻本蝴蝶装，18.5 厘米 ×11 厘米，63 页（第 1 页 a 面—32 页 a 面），尾残，每页 6 行，每行 15 个字。上边距 3 厘米，下边距 1.5 厘米，b 面边距 1.5

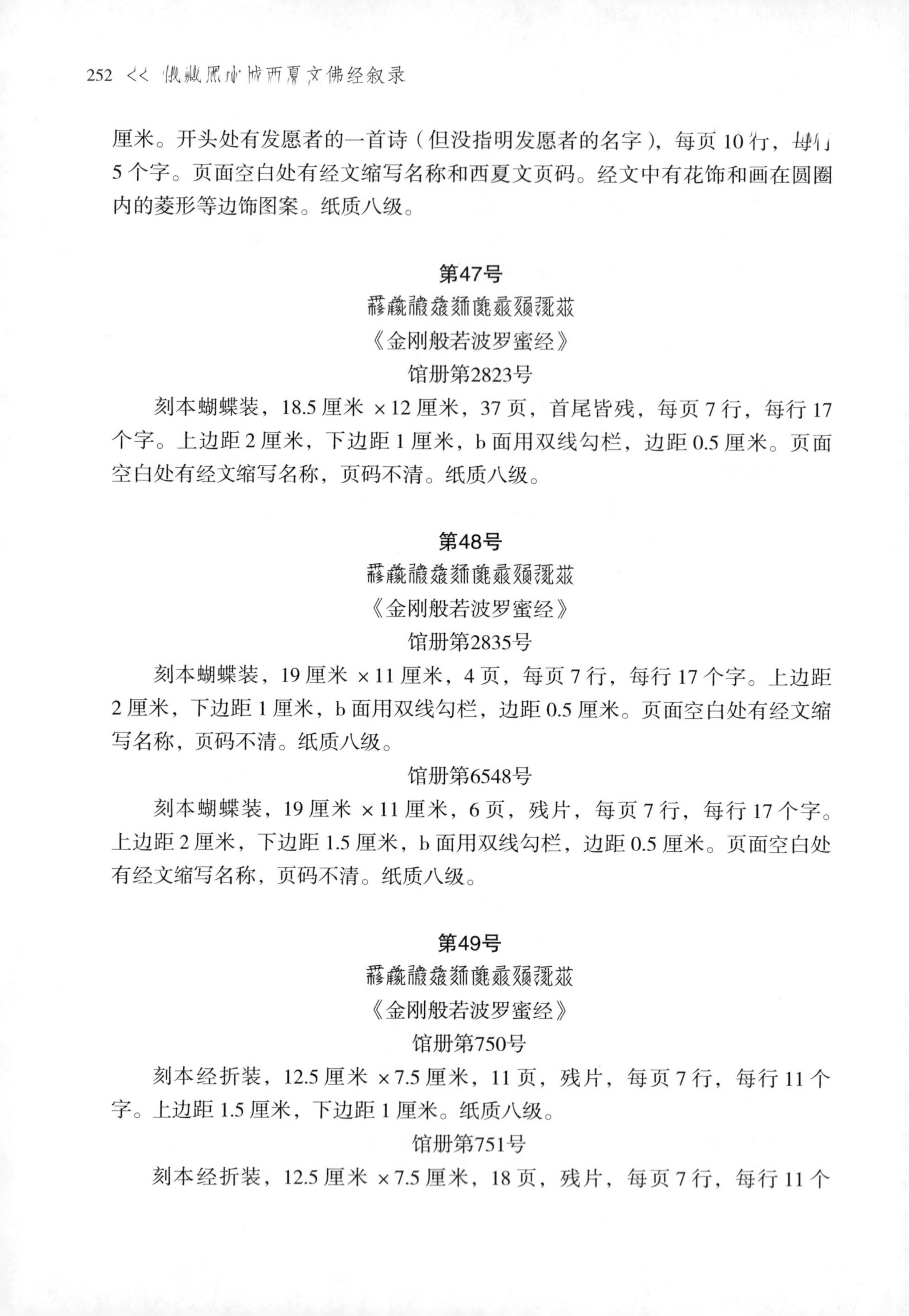

厘米。开头处有发愿者的一首诗（但没指明发愿者的名字），每页10行，每行5个字。页面空白处有经文缩写名称和西夏文页码。经文中有花饰和画在圆圈内的菱形等边饰图案。纸质八级。

第47号

[illegible]

《金刚般若波罗蜜经》

馆册第2823号

刻本蝴蝶装，18.5厘米 ×12厘米，37页，首尾皆残，每页7行，每行17个字。上边距2厘米，下边距1厘米，b面用双线勾栏，边距0.5厘米。页面空白处有经文缩写名称，页码不清。纸质八级。

第48号

[illegible]

《金刚般若波罗蜜经》

馆册第2835号

刻本蝴蝶装，19厘米 ×11厘米，4页，每页7行，每行17个字。上边距2厘米，下边距1厘米，b面用双线勾栏，边距0.5厘米。页面空白处有经文缩写名称，页码不清。纸质八级。

馆册第6548号

刻本蝴蝶装，19厘米 ×11厘米，6页，残片，每页7行，每行17个字。上边距2厘米，下边距1.5厘米，b面用双线勾栏，边距0.5厘米。页面空白处有经文缩写名称，页码不清。纸质八级。

第49号

[illegible]

《金刚般若波罗蜜经》

馆册第750号

刻本经折装，12.5厘米 ×7.5厘米，11页，残片，每页7行，每行11个字。上边距1.5厘米，下边距1厘米。纸质八级。

馆册第751号

刻本经折装，12.5厘米 ×7.5厘米，18页，残片，每页7行，每行11个

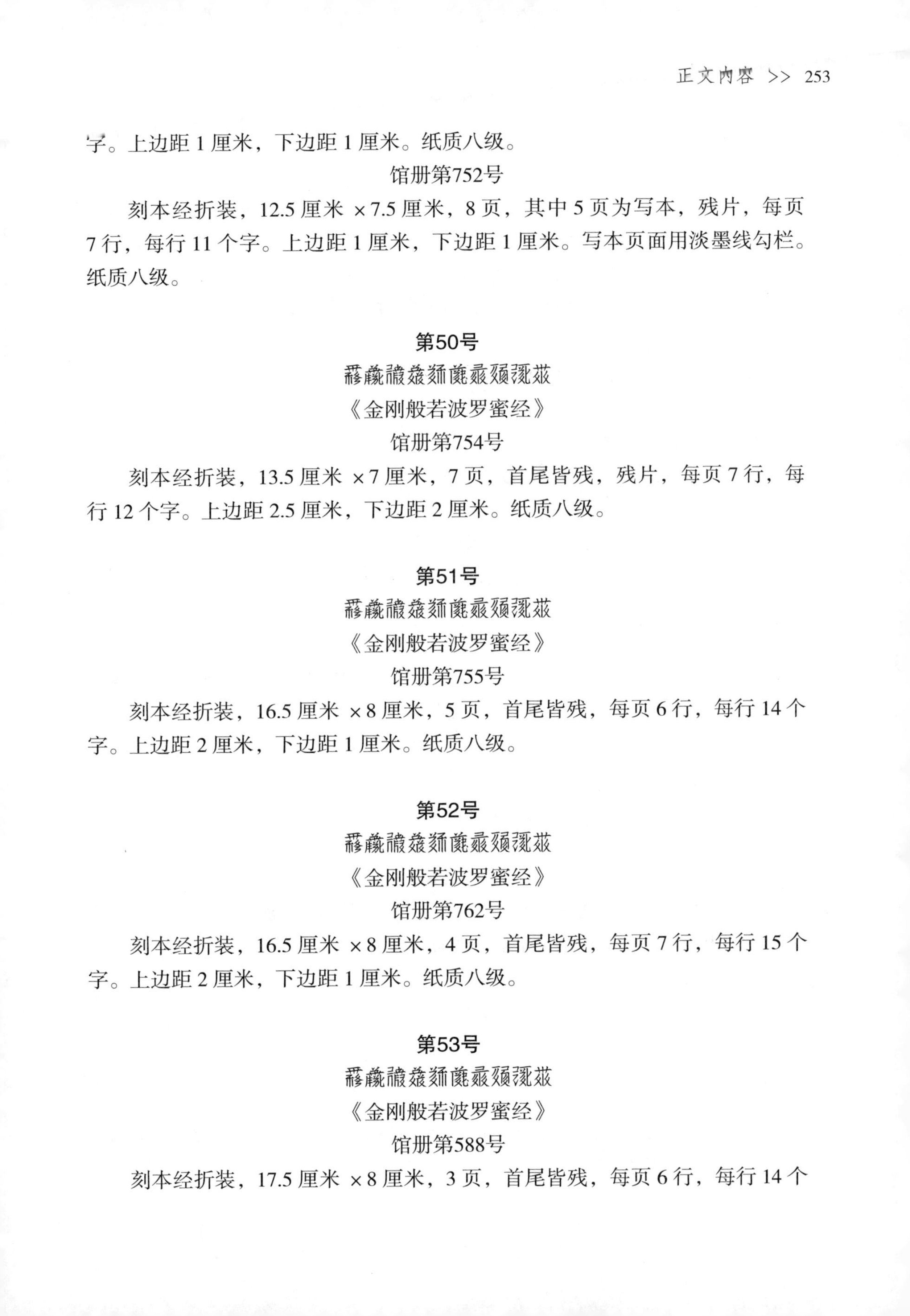

字。上边距 1 厘米，下边距 1 厘米。纸质八级。

馆册第752号

刻本经折装，12.5 厘米 ×7.5 厘米，8 页，其中 5 页为写本，残片，每页 7 行，每行 11 个字。上边距 1 厘米，下边距 1 厘米。写本页面用淡墨线勾栏。纸质八级。

第50号

[illegible]

《金刚般若波罗蜜经》

馆册第754号

刻本经折装，13.5 厘米 ×7 厘米，7 页，首尾皆残，残片，每页 7 行，每行 12 个字。上边距 2.5 厘米，下边距 2 厘米。纸质八级。

第51号

[illegible]

《金刚般若波罗蜜经》

馆册第755号

刻本经折装，16.5 厘米 ×8 厘米，5 页，首尾皆残，每页 6 行，每行 14 个字。上边距 2 厘米，下边距 1 厘米。纸质八级。

第52号

[illegible]

《金刚般若波罗蜜经》

馆册第762号

刻本经折装，16.5 厘米 ×8 厘米，4 页，首尾皆残，每页 7 行，每行 15 个字。上边距 2 厘米，下边距 1 厘米。纸质八级。

第53号

[illegible]

《金刚般若波罗蜜经》

馆册第588号

刻本经折装，17.5 厘米 ×8 厘米，3 页，首尾皆残，每页 6 行，每行 14 个

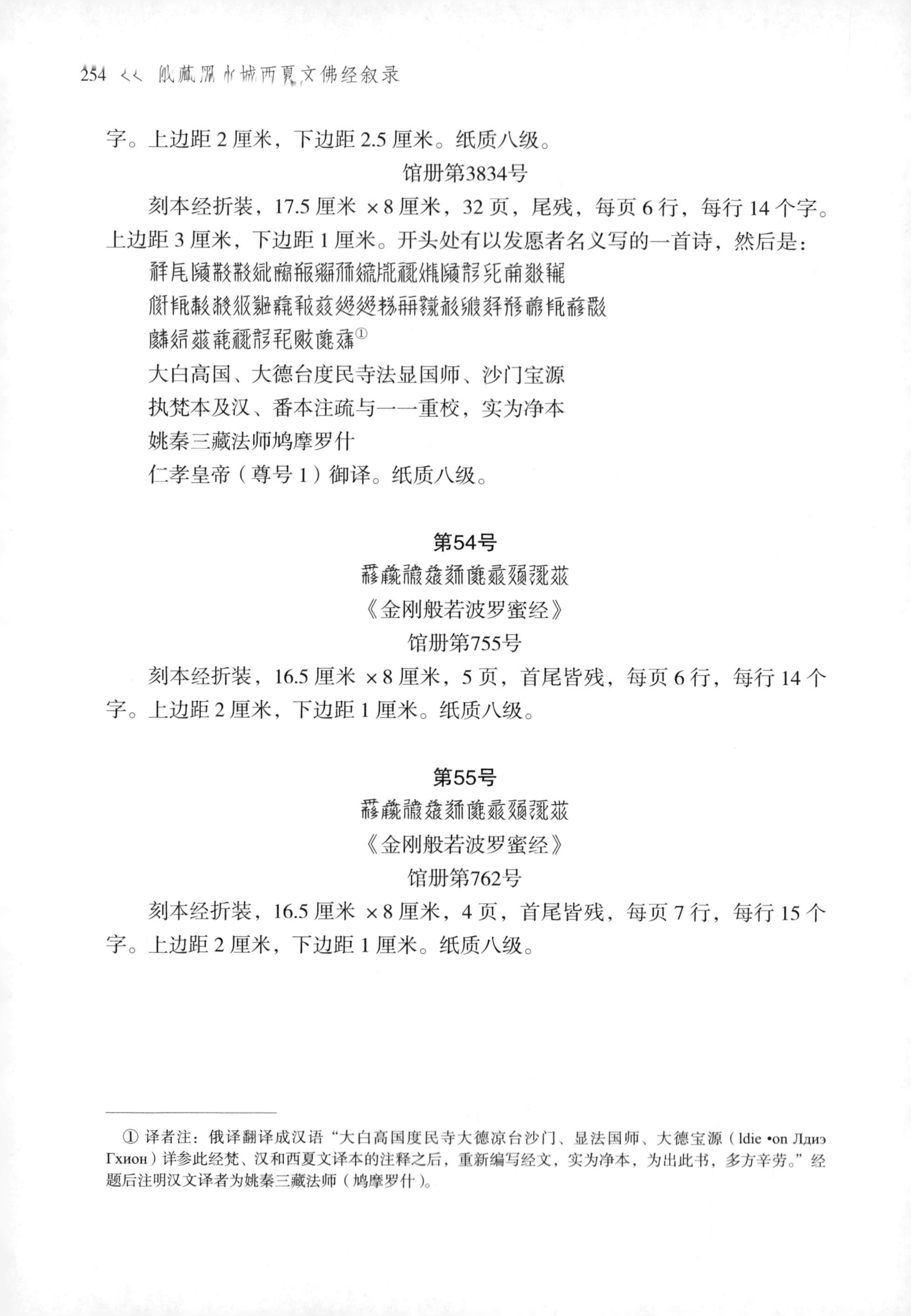

字。上边距 2 厘米，下边距 2.5 厘米。纸质八级。

馆册第3834号

刻本经折装，17.5 厘米 ×8 厘米，32 页，尾残，每页 6 行，每行 14 个字。上边距 3 厘米，下边距 1 厘米。开头处有以发愿者名义写的一首诗，然后是：

[illegible]

[illegible]

[illegible][1]

大白高国、大德台度民寺法显国师、沙门宝源

执梵本及汉、番本注疏与一一重校，实为净本

姚秦三藏法师鸠摩罗什

仁孝皇帝（尊号 1）御译。纸质八级。

第54号

[illegible]

《金刚般若波罗蜜经》

馆册第755号

刻本经折装，16.5 厘米 ×8 厘米，5 页，首尾皆残，每页 6 行，每行 14 个字。上边距 2 厘米，下边距 1 厘米。纸质八级。

第55号

[illegible]

《金刚般若波罗蜜经》

馆册第762号

刻本经折装，16.5 厘米 ×8 厘米，4 页，首尾皆残，每页 7 行，每行 15 个字。上边距 2 厘米，下边距 1 厘米。纸质八级。

---

① 译者注：俄译翻译成汉语“大白高国度民寺大德凉台沙门、显法国师、大德宝源（ldie •on Лдиэ Гхион）详参此经梵、汉和西夏文译本的注释之后，重新编写经文，实为净本，为出此书，多方辛劳。”经题后注明汉文译者为姚秦三藏法师（鸠摩罗什）。

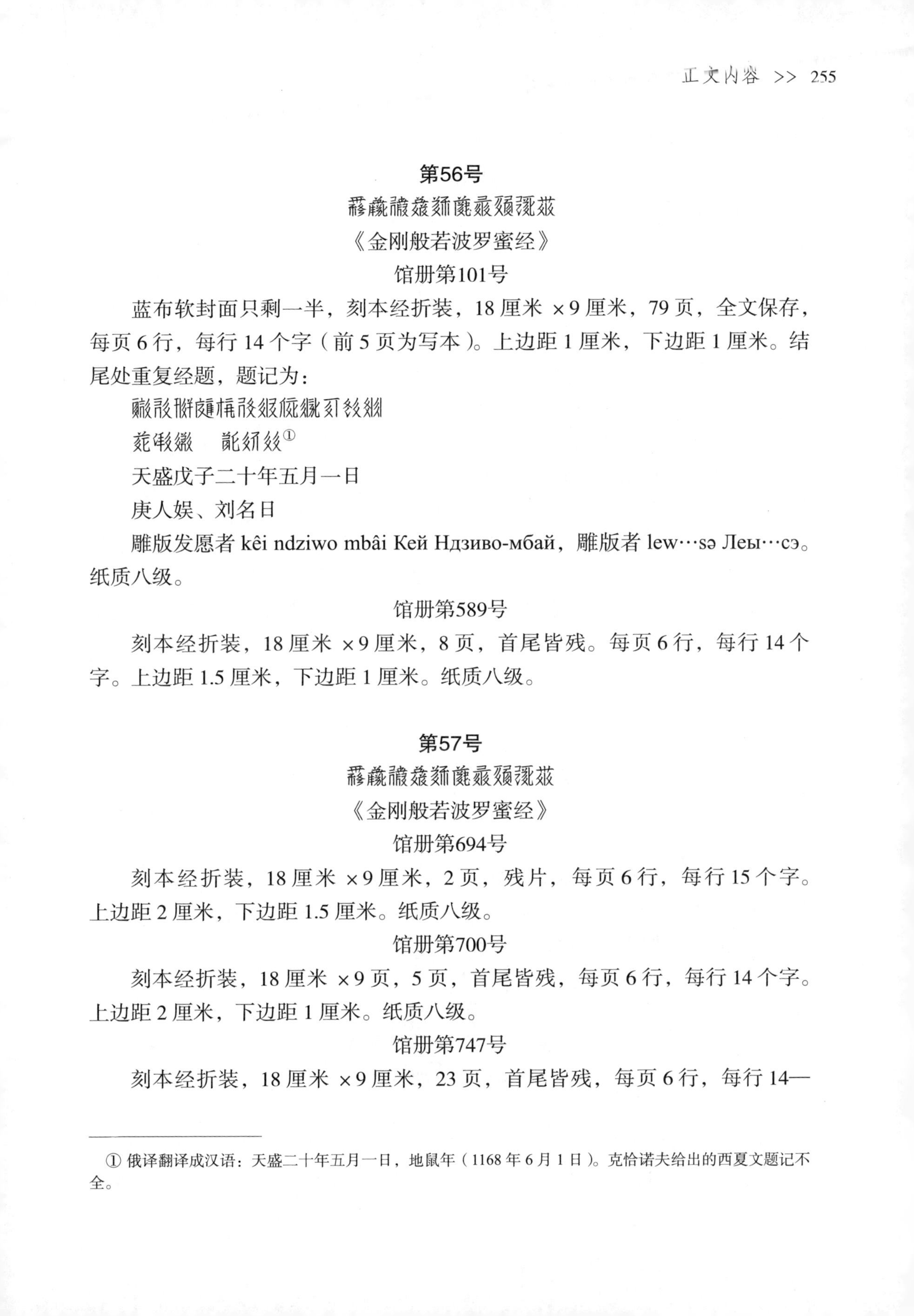

第56号

[illegible]

《金刚般若波罗蜜经》

馆册第101号

蓝布软封面只剩一半，刻本经折装，18 厘米 ×9 厘米，79 页，全文保存，每页 6 行，每行 14 个字（前 5 页为写本）。上边距 1 厘米，下边距 1 厘米。结尾处重复经题，题记为：

[illegible]

[illegible][1]

天盛戊子二十年五月一日

庚人娱、刘名日

雕版发愿者 kêi ndziwo mbâi Кей Ндзиво-мбай，雕版者 lew…sə Леы…сэ。纸质八级。

馆册第589号

刻本经折装，18 厘米 ×9 厘米，8 页，首尾皆残。每页 6 行，每行 14 个字。上边距 1.5 厘米，下边距 1 厘米。纸质八级。

第57号

[illegible]

《金刚般若波罗蜜经》

馆册第694号

刻本经折装，18 厘米 ×9 厘米，2 页，残片，每页 6 行，每行 15 个字。上边距 2 厘米，下边距 1.5 厘米。纸质八级。

馆册第700号

刻本经折装，18 厘米 ×9 页，5 页，首尾皆残，每页 6 行，每行 14 个字。上边距 2 厘米，下边距 1 厘米。纸质八级。

馆册第747号

刻本经折装，18 厘米 ×9 厘米，23 页，首尾皆残，每页 6 行，每行 14—

---

① 俄译翻译成汉语：天盛二十年五月一日，地鼠年（1168 年 6 月 1 日）。克恰诺夫给出的西夏文题记不全。

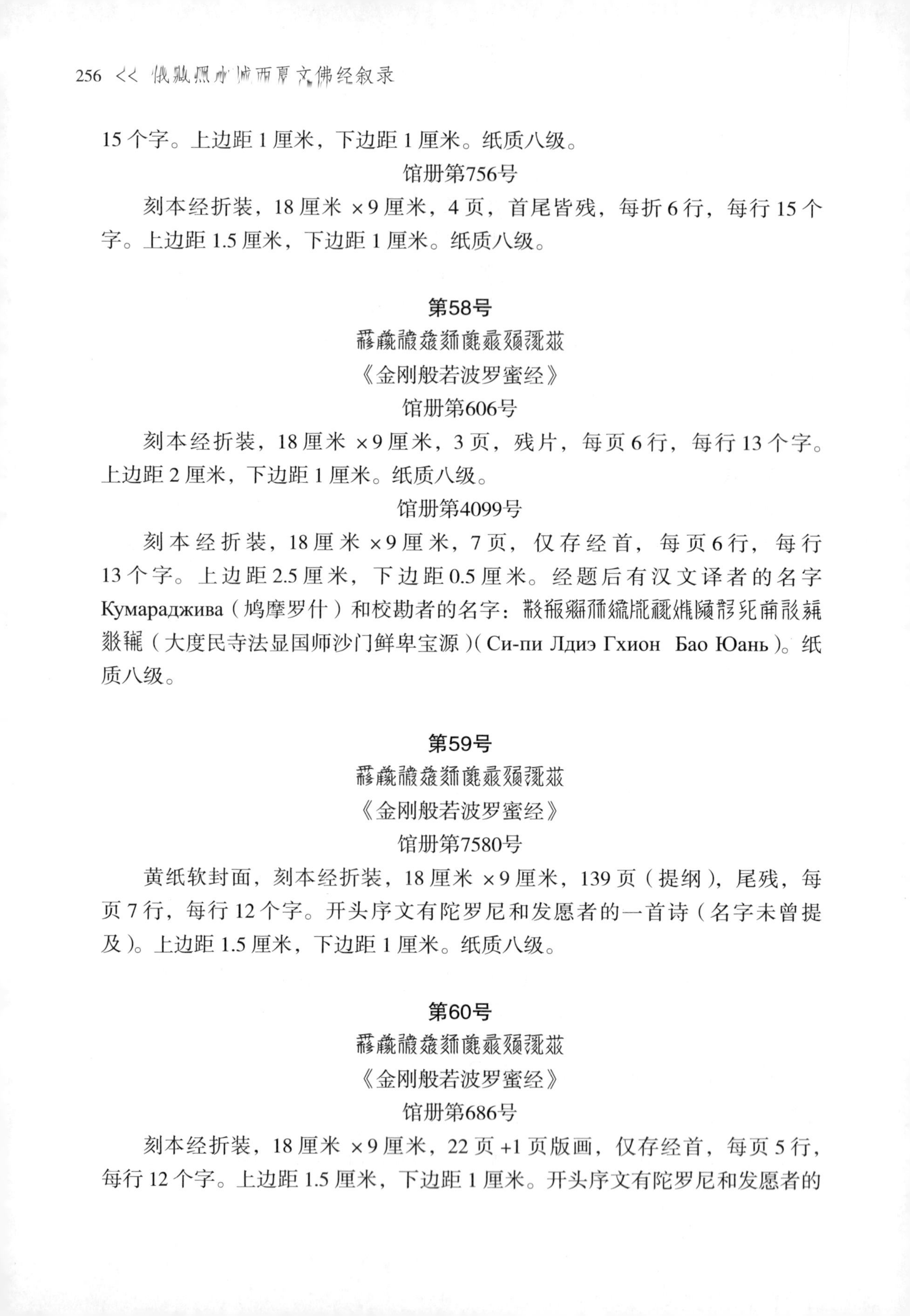

15 个字。上边距 1 厘米，下边距 1 厘米。纸质八级。

馆册第756号

刻本经折装，18 厘米 ×9 厘米，4 页，首尾皆残，每折 6 行，每行 15 个字。上边距 1.5 厘米，下边距 1 厘米。纸质八级。

第58号

[illegible]

《金刚般若波罗蜜经》

馆册第606号

刻本经折装，18 厘米 ×9 厘米，3 页，残片，每页 6 行，每行 13 个字。上边距 2 厘米，下边距 1 厘米。纸质八级。

馆册第4099号

刻本经折装，18 厘米 ×9 厘米，7 页，仅存经首，每页 6 行，每行 13 个字。上边距 2.5 厘米，下边距 0.5 厘米。经题后有汉文译者的名字 Кумараджива（鸠摩罗什）和校勘者的名字：[illegible]（大度民寺法显国师沙门鲜卑宝源）(Си-пи Лдиэ Гхион Бао Юань)。纸质八级。

第59号

[illegible]

《金刚般若波罗蜜经》

馆册第7580号

黄纸软封面，刻本经折装，18 厘米 ×9 厘米，139 页（提纲），尾残，每页 7 行，每行 12 个字。开头序文有陀罗尼和发愿者的一首诗（名字未曾提及）。上边距 1.5 厘米，下边距 1 厘米。纸质八级。

第60号

[illegible]

《金刚般若波罗蜜经》

馆册第686号

刻本经折装，18 厘米 ×9 厘米，22 页 +1 页版画，仅存经首，每页 5 行，每行 12 个字。上边距 1.5 厘米，下边距 1 厘米。开头序文有陀罗尼和发愿者的一首诗（名字未提及）。经题后有汉文译者的名字，经文中绘有金刚和菩萨的画像。纸质八级。

第61号

[illegible]

《金刚般若波罗蜜经》

馆册第106号

刻本经折装，19.5 厘米 ×9 厘米，23 页，首尾皆残，每页 5 行，每行 12 个字。上边距 2.5 厘米，下边距 1 厘米。纸质八级。

馆册第599号

刻本经折装，19.5 厘米 ×9 厘米，2 页，残片，每页 5 行，每行 12 个字。双线勾栏，上边距 2.5 厘米，下边距 1.5 厘米。纸质八级。

馆册第600号

刻本经折装，19.5 厘米 ×9 厘米，4 页，仅存经首，每页 5 行，每行 12 个字。双线勾栏，上边距 2 厘米，下边距 1 厘米。经题后有汉文译者的名字。仁孝皇帝（尊号 1）御校勘。经文中绘有菩萨像。纸质八级。

馆册第691号

刻本经折装，19.5 厘米 ×9 厘米，3 页，残片，每页 5 行，每行 12 个字。上边距 2.5 厘米，下边距 1 厘米。纸质八级。

馆册第701号

刻本经折装。19.5 厘米 ×9 厘米。2 页。残片。每页 5 行，每行 12 个字。双线勾栏，上边距 2.5 厘米，下边距 1 厘米。纸质八级。

馆册第703号

刻本经折装，19.5 厘米 ×9 厘米，14 页，首尾皆残，每页 5 行，每行 12 个字。上边距 2 厘米，下边距 1 厘米。纸质八级。

馆册第753号

刻本经折装，19.5 厘米 ×9 厘米，3 页，残片，每页 5 行，每行 12 个字。双线勾栏，上边距 2 厘米，下边距 1 厘米。纸质八级。

馆册第5375号

刻本经折装，19.5 厘米 ×9 厘米，24 页，仅存经首，每页 5 行，每行 12 个字。双线勾栏，上边距 1.5 厘米，下边距 1 厘米。经题后有仁孝皇帝（尊号 1）御校勘。纸质八级。

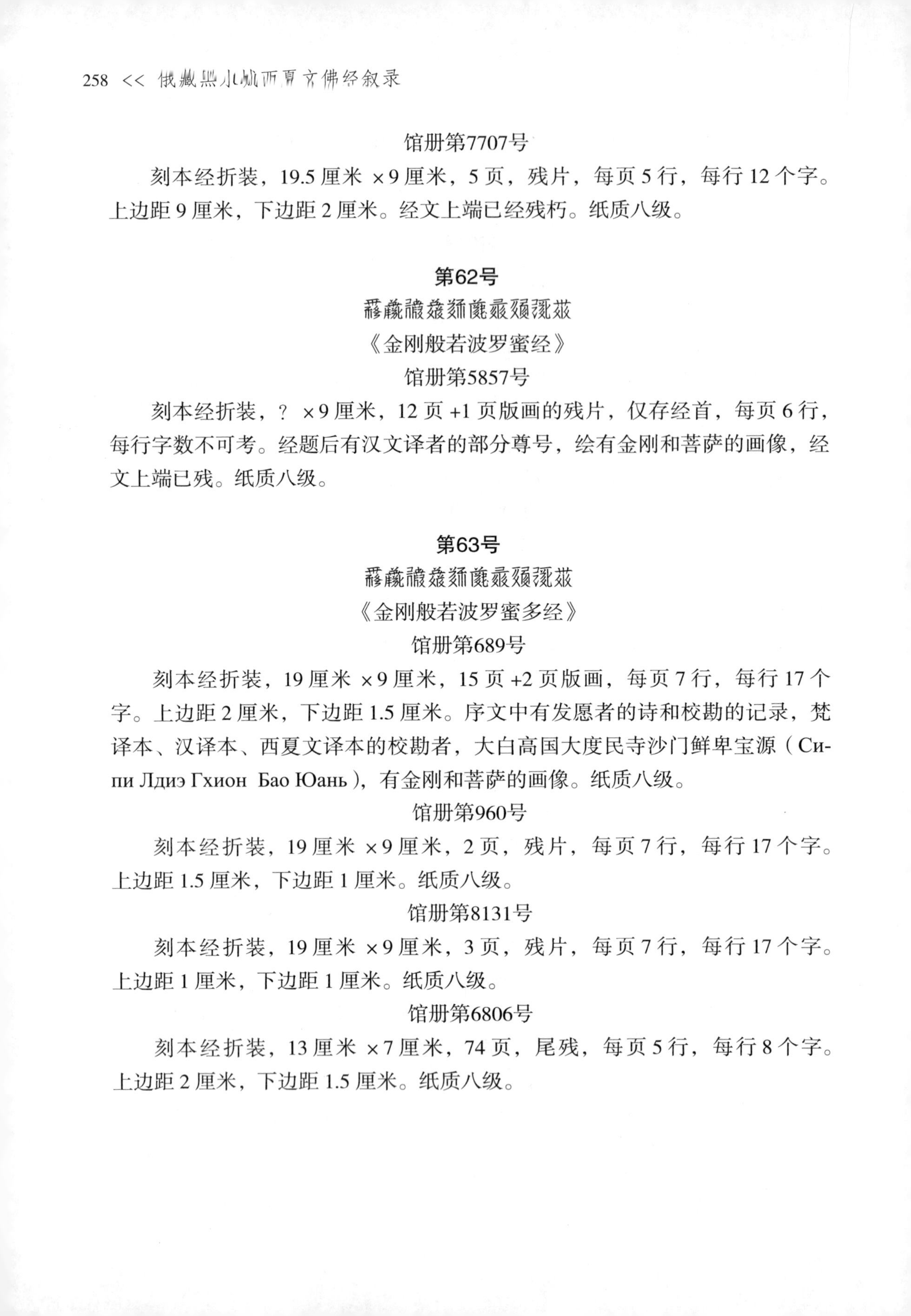

馆册第7707号

刻本经折装，19.5 厘米 ×9 厘米，5 页，残片，每页 5 行，每行 12 个字。上边距 9 厘米，下边距 2 厘米。经文上端已经残朽。纸质八级。

第62号

[illegible]

《金刚般若波罗蜜经》

馆册第5857号

刻本经折装，? ×9 厘米，12 页 +1 页版画的残片，仅存经首，每页 6 行，每行字数不可考。经题后有汉文译者的部分尊号，绘有金刚和菩萨的画像，经文上端已残。纸质八级。

第63号

[illegible]

《金刚般若波罗蜜多经》

馆册第689号

刻本经折装，19 厘米 ×9 厘米，15 页 +2 页版画，每页 7 行，每行 17 个字。上边距 2 厘米，下边距 1.5 厘米。序文中有发愿者的诗和校勘的记录，梵译本、汉译本、西夏文译本的校勘者，大白高国大度民寺沙门鲜卑宝源（Сипи Лдиэ Гхион Бао Юань），有金刚和菩萨的画像。纸质八级。

馆册第960号

刻本经折装，19 厘米 ×9 厘米，2 页，残片，每页 7 行，每行 17 个字。上边距 1.5 厘米，下边距 1 厘米。纸质八级。

馆册第8131号

刻本经折装，19 厘米 ×9 厘米，3 页，残片，每页 7 行，每行 17 个字。上边距 1 厘米，下边距 1 厘米。纸质八级。

馆册第6806号

刻本经折装，13 厘米 ×7 厘米，74 页，尾残，每页 5 行，每行 8 个字。上边距 2 厘米，下边距 1.5 厘米。纸质八级。

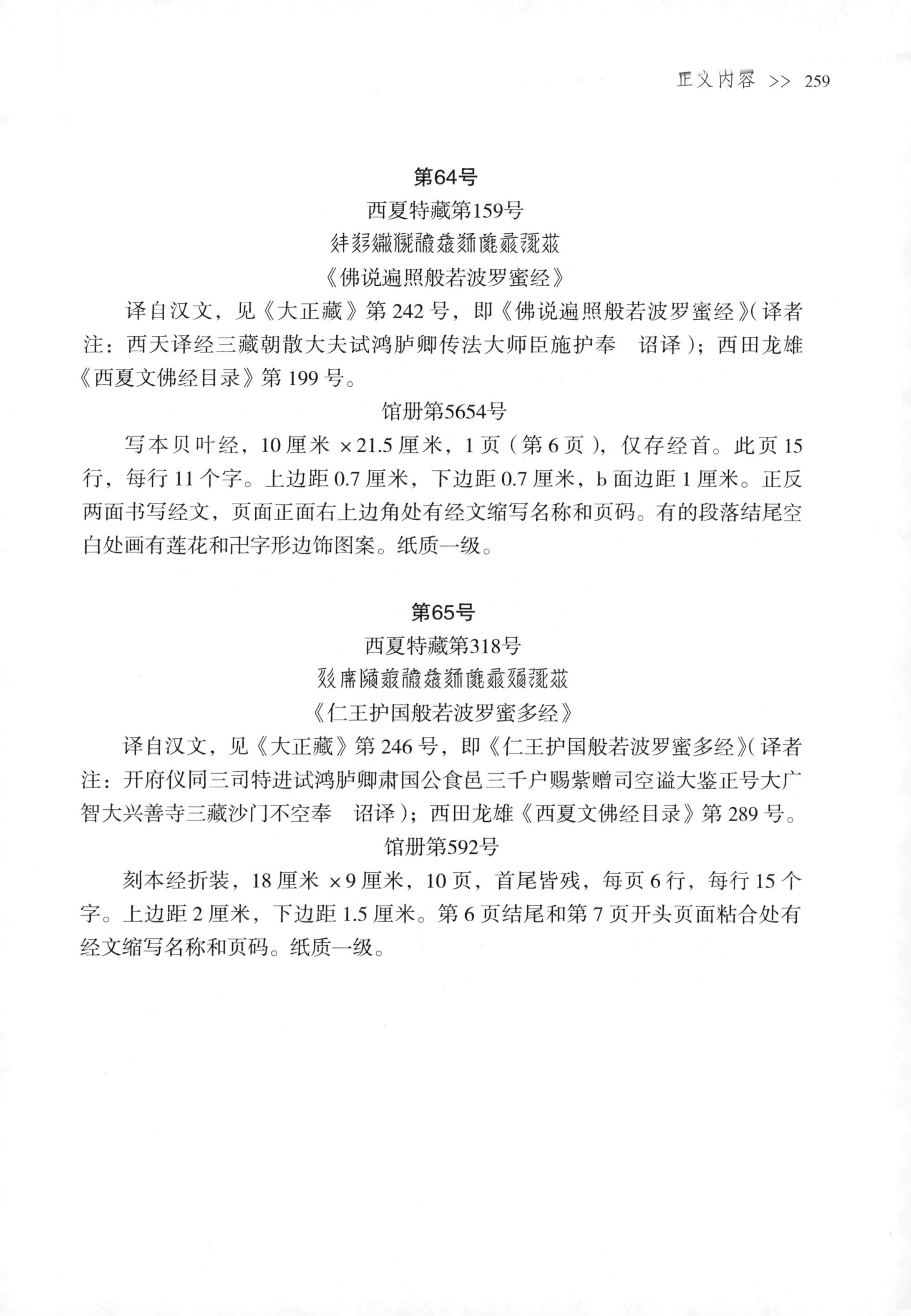

第64号

西夏特藏第159号

[illegible]

《佛说遍照般若波罗蜜经》

译自汉文，见《大正藏》第242号，即《佛说遍照般若波罗蜜经》(译者注：西天译经三藏朝散大夫试鸿胪卿传法大师臣施护奉　诏译)；西田龙雄《西夏文佛经目录》第199号。

馆册第5654号

写本贝叶经，10厘米×21.5厘米，1页（第6页），仅存经首。此页15行，每行11个字。上边距0.7厘米，下边距0.7厘米，b面边距1厘米。正反两面书写经文，页面正面右上边角处有经文缩写名称和页码。有的段落结尾空白处画有莲花和卍字形边饰图案。纸质一级。

第65号

西夏特藏第318号

[illegible]

《仁王护国般若波罗蜜多经》

译自汉文，见《大正藏》第246号，即《仁王护国般若波罗蜜多经》(译者注：开府仪同三司特进试鸿胪卿肃国公食邑三千户赐紫赠司空谥大鉴正号大广智大兴善寺三藏沙门不空奉　诏译)；西田龙雄《西夏文佛经目录》第289号。

馆册第592号

刻本经折装，18厘米×9厘米，10页，首尾皆残，每页6行，每行15个字。上边距2厘米，下边距1.5厘米。第6页结尾和第7页开头页面粘合处有经文缩写名称和页码。纸质一级。

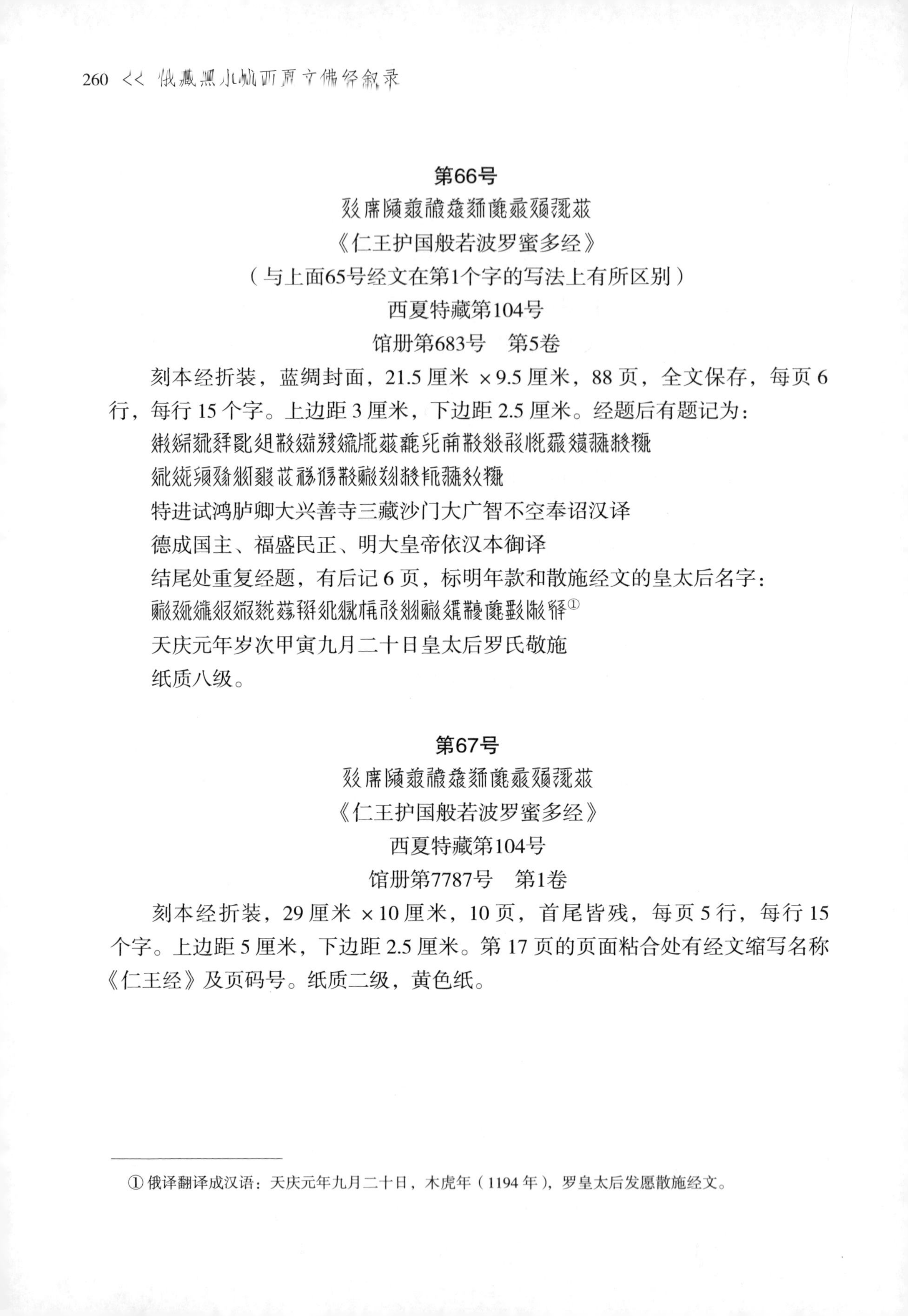

第66号

[illegible]

《仁王护国般若波罗蜜多经》

（与上面65号经文在第1个字的写法上有所区别）

西夏特藏第104号

馆册第683号　第5卷

刻本经折装，蓝绸封面，21.5 厘米 ×9.5 厘米，88 页，全文保存，每页 6 行，每行 15 个字。上边距 3 厘米，下边距 2.5 厘米。经题后有题记为：

[illegible]

[illegible]

特进试鸿胪卿大兴善寺三藏沙门大广智不空奉诏汉译

德成国主、福盛民正、明大皇帝依汉本御译

结尾处重复经题，有后记 6 页，标明年款和散施经文的皇太后名字：

[illegible][1]

天庆元年岁次甲寅九月二十日皇太后罗氏敬施

纸质八级。

第67号

[illegible]

《仁王护国般若波罗蜜多经》

西夏特藏第104号

馆册第7787号　第1卷

刻本经折装，29 厘米 ×10 厘米，10 页，首尾皆残，每页 5 行，每行 15 个字。上边距 5 厘米，下边距 2.5 厘米。第 17 页的页面粘合处有经文缩写名称《仁王经》及页码号。纸质二级，黄色纸。

---

① 俄译翻译成汉语：天庆元年九月二十日，木虎年（1194 年），罗皇太后发愿散施经文。

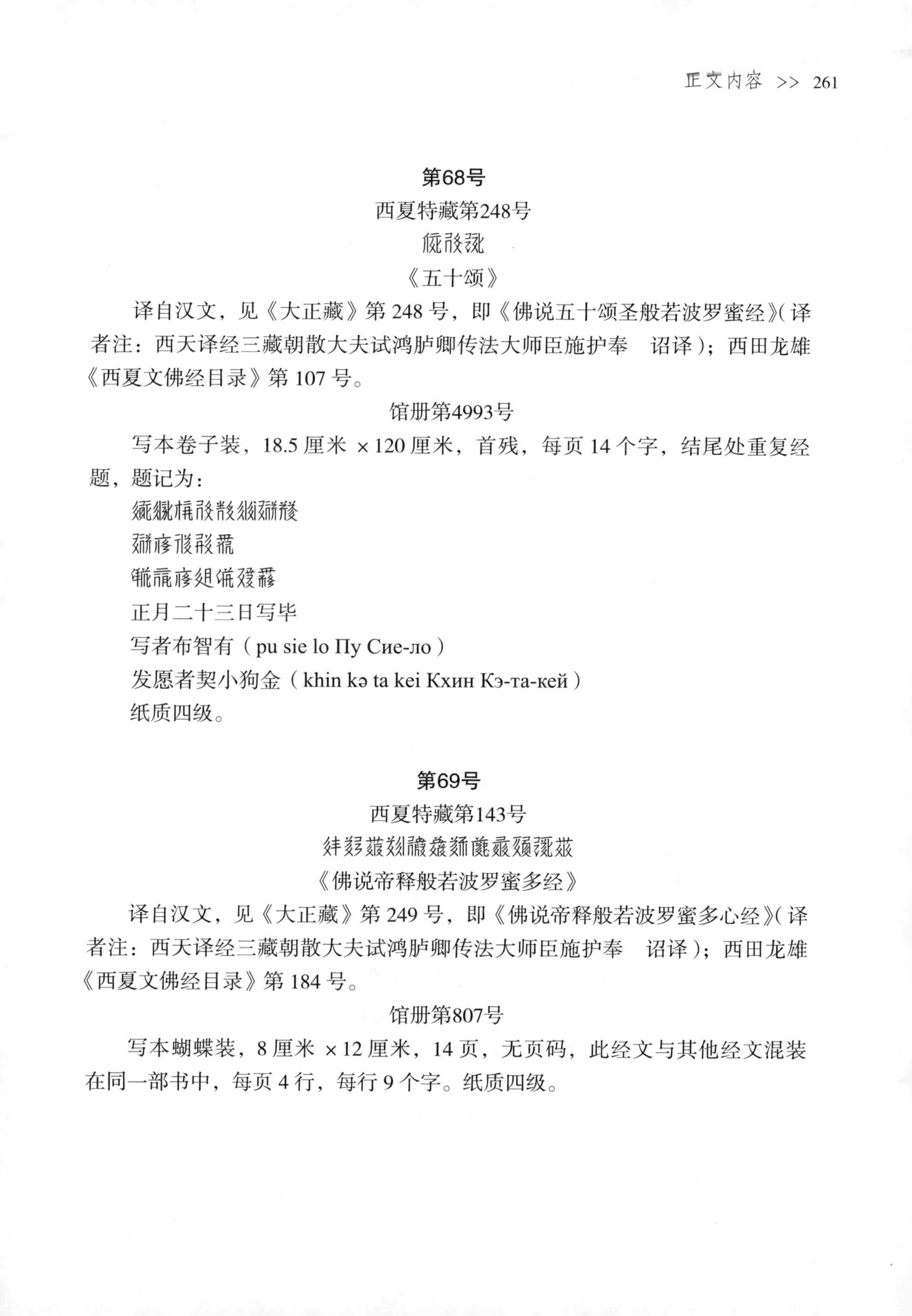

第68号

西夏特藏第248号

[illegible]

《五十颂》

译自汉文，见《大正藏》第 248 号，即《佛说五十颂圣般若波罗蜜经》(译者注：西天译经三藏朝散大夫试鸿胪卿传法大师臣施护奉　诏译)；西田龙雄《西夏文佛经目录》第 107 号。

馆册第4993号

写本卷子装，18.5 厘米 ×120 厘米，首残，每页 14 个字，结尾处重复经题，题记为：

[illegible]

[illegible]

[illegible]

正月二十三日写毕

写者布智有（pu sie lo Пу Сие-ло）

发愿者契小狗金（khin kə ta kei Кхин Кэ-та-кей）

纸质四级。

第69号

西夏特藏第143号

[illegible]

《佛说帝释般若波罗蜜多经》

译自汉文，见《大正藏》第 249 号，即《佛说帝释般若波罗蜜多心经》(译者注：西天译经三藏朝散大夫试鸿胪卿传法大师臣施护奉　诏译)；西田龙雄《西夏文佛经目录》第 184 号。

馆册第807号

写本蝴蝶装，8 厘米 ×12 厘米，14 页，无页码，此经文与其他经文混装在同一部书中，每页 4 行，每行 9 个字。纸质四级。

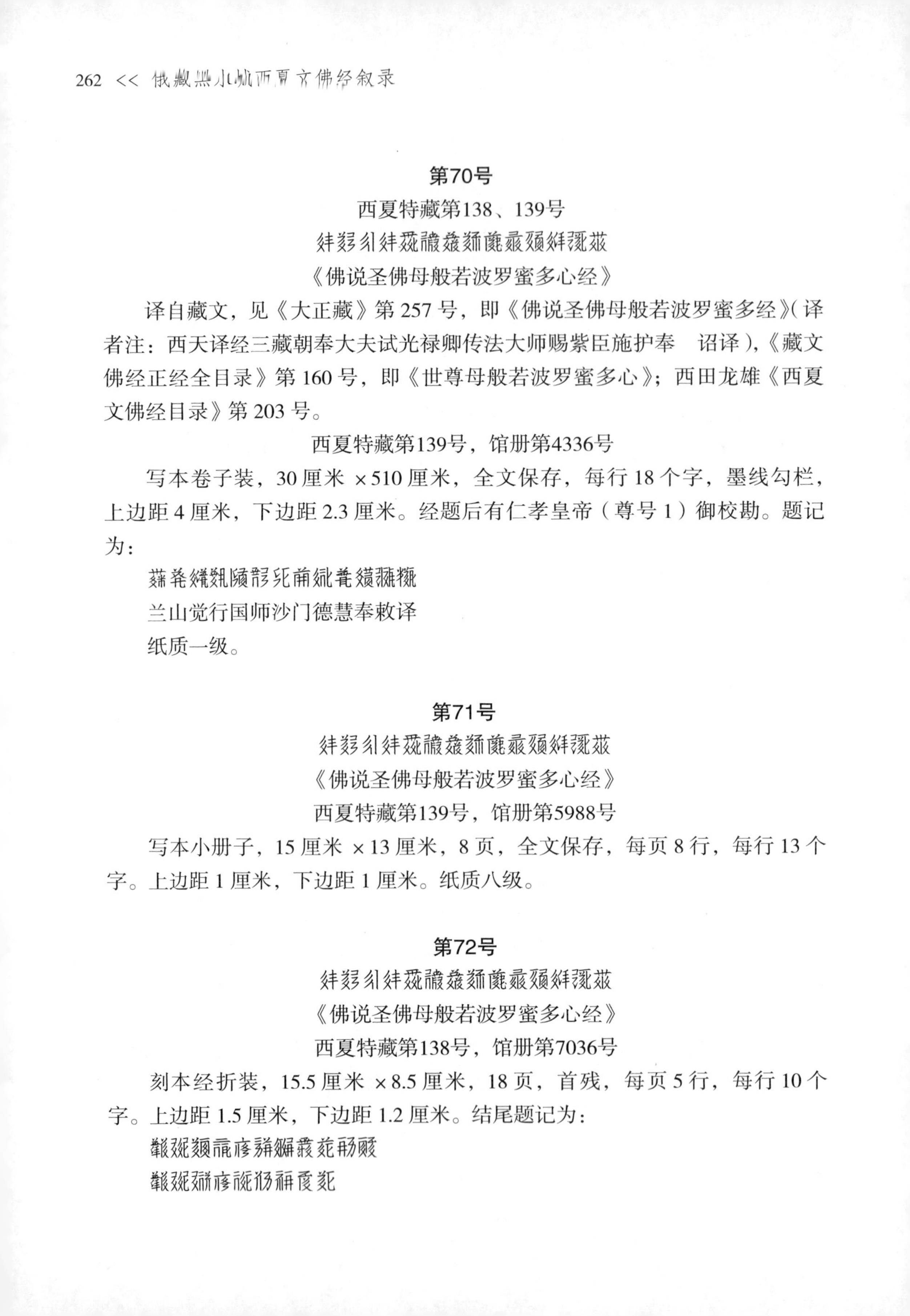

第70号

西夏特藏第138、139号

[illegible]

《佛说圣佛母般若波罗蜜多心经》

译自藏文，见《大正藏》第257号，即《佛说圣佛母般若波罗蜜多经》（译者注：西天译经三藏朝奉大夫试光禄卿传法大师赐紫臣施护奉　诏译），《藏文佛经正经全目录》第160号，即《世尊母般若波罗蜜多心》；西田龙雄《西夏文佛经目录》第203号。

西夏特藏第139号，馆册第4336号

写本卷子装，30厘米×510厘米，全文保存，每行18个字，墨线勾栏，上边距4厘米，下边距2.3厘米。经题后有仁孝皇帝（尊号1）御校勘。题记为：

[illegible]

兰山觉行国师沙门德慧奉敕译

纸质一级。

第71号

[illegible]

《佛说圣佛母般若波罗蜜多心经》

西夏特藏第139号，馆册第5988号

写本小册子，15厘米×13厘米，8页，全文保存，每页8行，每行13个字。上边距1厘米，下边距1厘米。纸质八级。

第72号

[illegible]

《佛说圣佛母般若波罗蜜多心经》

西夏特藏第138号，馆册第7036号

刻本经折装，15.5厘米×8.5厘米，18页，首残，每页5行，每行10个字。上边距1.5厘米，下边距1.2厘米。结尾题记为：

[illegible]

[illegible]

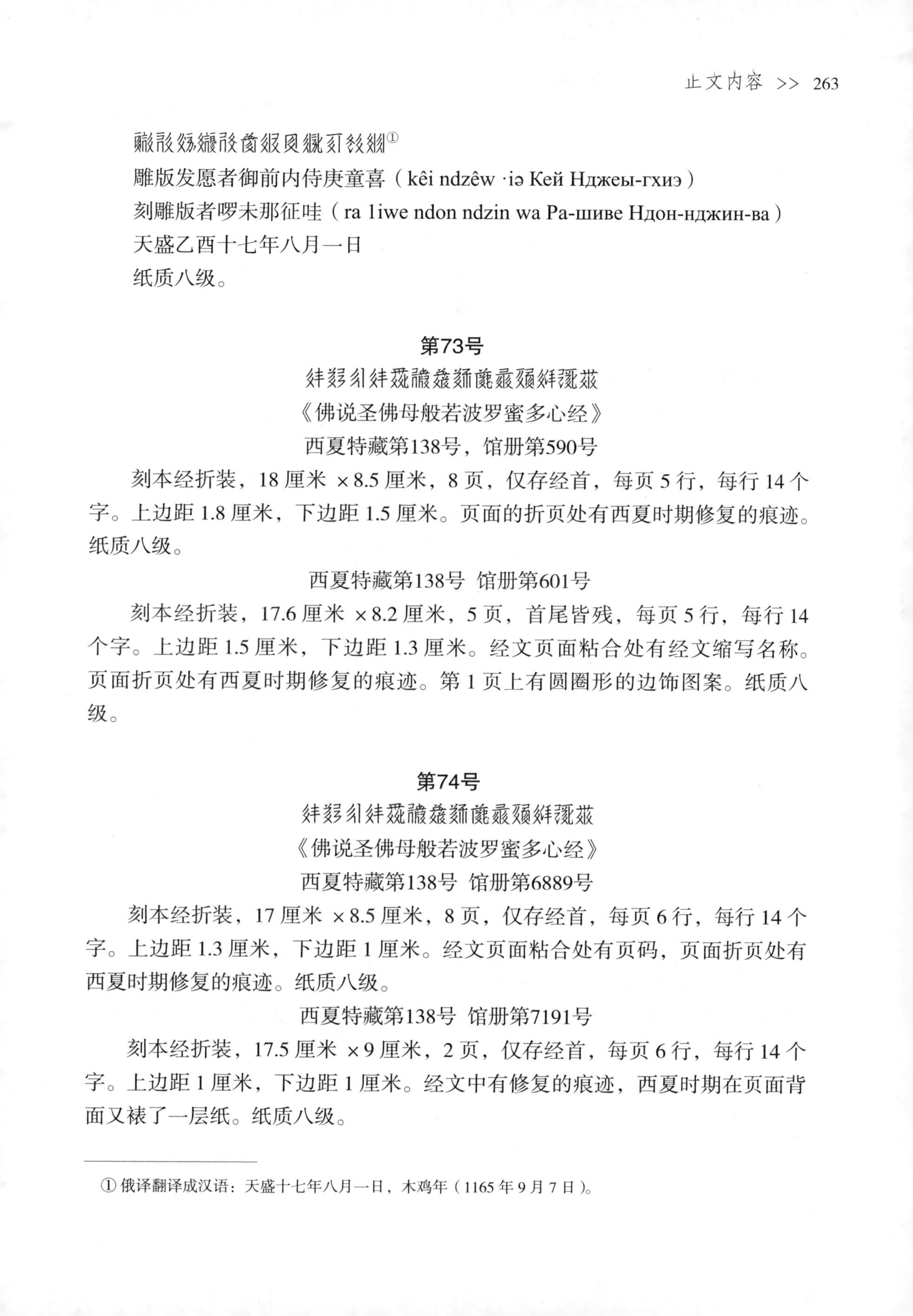

[illegible][1]

雕版发愿者御前内侍庚童喜（kêi ndzêw ·iə Кей Нджеы-гхиэ）

刻雕版者啰未那征哇（ra 1iwe ndon ndzin wa Ра-шиве Ндон-нджин-ва）

天盛乙酉十七年八月一日

纸质八级。

第73号

[illegible]

《佛说圣佛母般若波罗蜜多心经》

西夏特藏第138号，馆册第590号

刻本经折装，18 厘米 ×8.5 厘米，8 页，仅存经首，每页 5 行，每行 14 个字。上边距 1.8 厘米，下边距 1.5 厘米。页面的折页处有西夏时期修复的痕迹。纸质八级。

西夏特藏第138号 馆册第601号

刻本经折装，17.6 厘米 ×8.2 厘米，5 页，首尾皆残，每页 5 行，每行 14 个字。上边距 1.5 厘米，下边距 1.3 厘米。经文页面粘合处有经文缩写名称。页面折页处有西夏时期修复的痕迹。第 1 页上有圆圈形的边饰图案。纸质八级。

第74号

[illegible]

《佛说圣佛母般若波罗蜜多心经》

西夏特藏第138号 馆册第6889号

刻本经折装，17 厘米 ×8.5 厘米，8 页，仅存经首，每页 6 行，每行 14 个字。上边距 1.3 厘米，下边距 1 厘米。经文页面粘合处有页码，页面折页处有西夏时期修复的痕迹。纸质八级。

西夏特藏第138号 馆册第7191号

刻本经折装，17.5 厘米 ×9 厘米，2 页，仅存经首，每页 6 行，每行 14 个字。上边距 1 厘米，下边距 1 厘米。经文中有修复的痕迹，西夏时期在页面背面又裱了一层纸。纸质八级。

---

① 俄译翻译成汉语：天盛十七年八月一日，木鸡年（1165 年 9 月 7 日）。

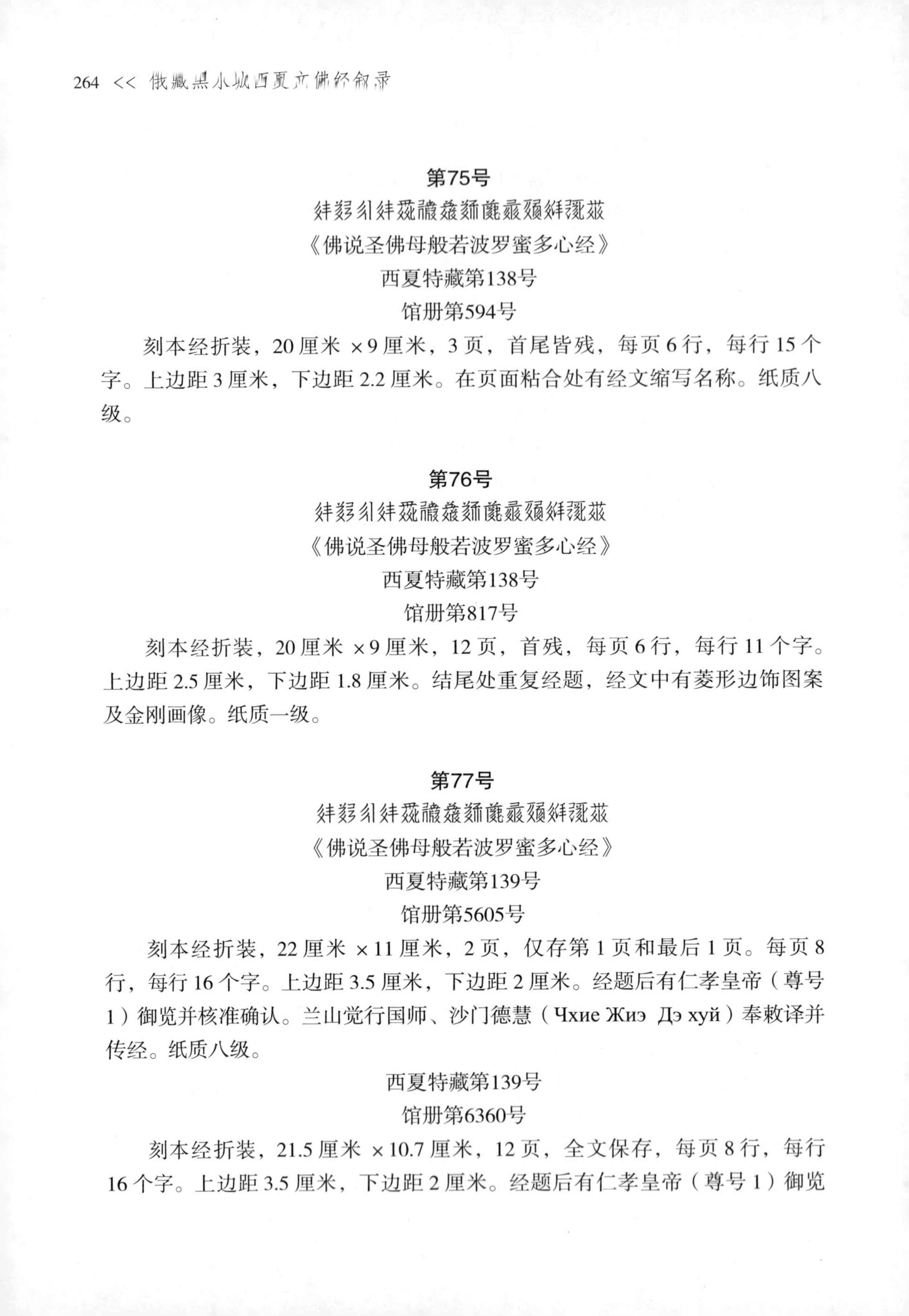

第75号

[illegible]

《佛说圣佛母般若波罗蜜多心经》

西夏特藏第138号

馆册第594号

刻本经折装，20厘米 ×9厘米，3页，首尾皆残，每页6行，每行15个字。上边距3厘米，下边距2.2厘米。在页面粘合处有经文缩写名称。纸质八级。

第76号

[illegible]

《佛说圣佛母般若波罗蜜多心经》

西夏特藏第138号

馆册第817号

刻本经折装，20厘米 ×9厘米，12页，首残，每页6行，每行11个字。上边距2.5厘米，下边距1.8厘米。结尾处重复经题，经文中有菱形边饰图案及金刚画像。纸质一级。

第77号

[illegible]

《佛说圣佛母般若波罗蜜多心经》

西夏特藏第139号

馆册第5605号

刻本经折装，22厘米 ×11厘米，2页，仅存第1页和最后1页。每页8行，每行16个字。上边距3.5厘米，下边距2厘米。经题后有仁孝皇帝（尊号1）御览并核准确认。兰山觉行国师、沙门德慧（Чхие Жиэ Дэ хуй）奉敕译并传经。纸质八级。

西夏特藏第139号

馆册第6360号

刻本经折装，21.5厘米 ×10.7厘米，12页，全文保存，每页8行，每行16个字。上边距3.5厘米，下边距2厘米。经题后有仁孝皇帝（尊号1）御览并钦定。兰山沙门德慧（Чхие Жиэ Дэ хуй）奉敕译。结尾处重复经题，后记为：此经文是仁孝皇帝为纪念他去年去世的母亲而刻印刊出的。他感念母亲在十分艰难的条件下对他的生养和教育之恩。在她去世一周年的日子，作为一个伟大的发愿者邀请兰山沙门德慧（Чхие Жиэ Дэ хуй），将经文重新由梵文和藏文译成西夏文和汉文。经文印刷2万卷，散施民众。皇帝希望母亲在西方净土世界里超生。经文保存不善。纸质一级。

第78号

西夏特藏第218号

𗽀𘎳𗤶𘞃𗖵𗫂

《妙法莲华经》

译自汉文，见《大正藏》第262号，即《妙法莲华经》(译者注：后秦龟兹国三藏法师鸠摩罗什奉 诏译)；西田龙雄《西夏文佛经目录》第229号；格林斯坦德《西夏文大藏经》第238—257、1502—1521页。

馆册第6253号 第1卷

写本经折装，35厘米 ×14厘米，5页，仅存经首，每页7行，每行17个字。上边距6厘米，下边距3厘米。经题后有仁孝皇帝（尊号1）御校勘。序文曰：西夏国有风角城皇帝元昊（1031—1048年在位）秉政时期推行党项风俗和西夏文字。开始将《莲华经》和其他很多经文译成西夏文。纸质一级。

馆册第5838号 第3卷

写本经折装，35厘米 ×14.5厘米，2页，仅存经首。每页7行，每行20个字。墨线勾栏。上边距6.2厘米，下边距3厘米。经题后有仁孝皇帝（尊号1）御校勘。纸质一级。

馆册第3259号 第3卷

写本经折装，15页，仅存经尾，每页7行，每行18个字。上边距5厘米，下边距3.5厘米。结尾处重复经题，题记为：

𗼃𗧓𘙇𗦎𗦇𗪘𗕿

写者嵬狄啰尚赫（ngwi ndi ra 1io we Нгви-нди Ра-шио-ве）

纸质一级。

馆册第64号 第4卷

写本经折装，34厘米 ×14厘米，43页，尾残，每页7行，每行17个字。上边距3.5厘米，下边距4厘米。经题后有仁孝皇帝（尊号1）御校勘。纸质

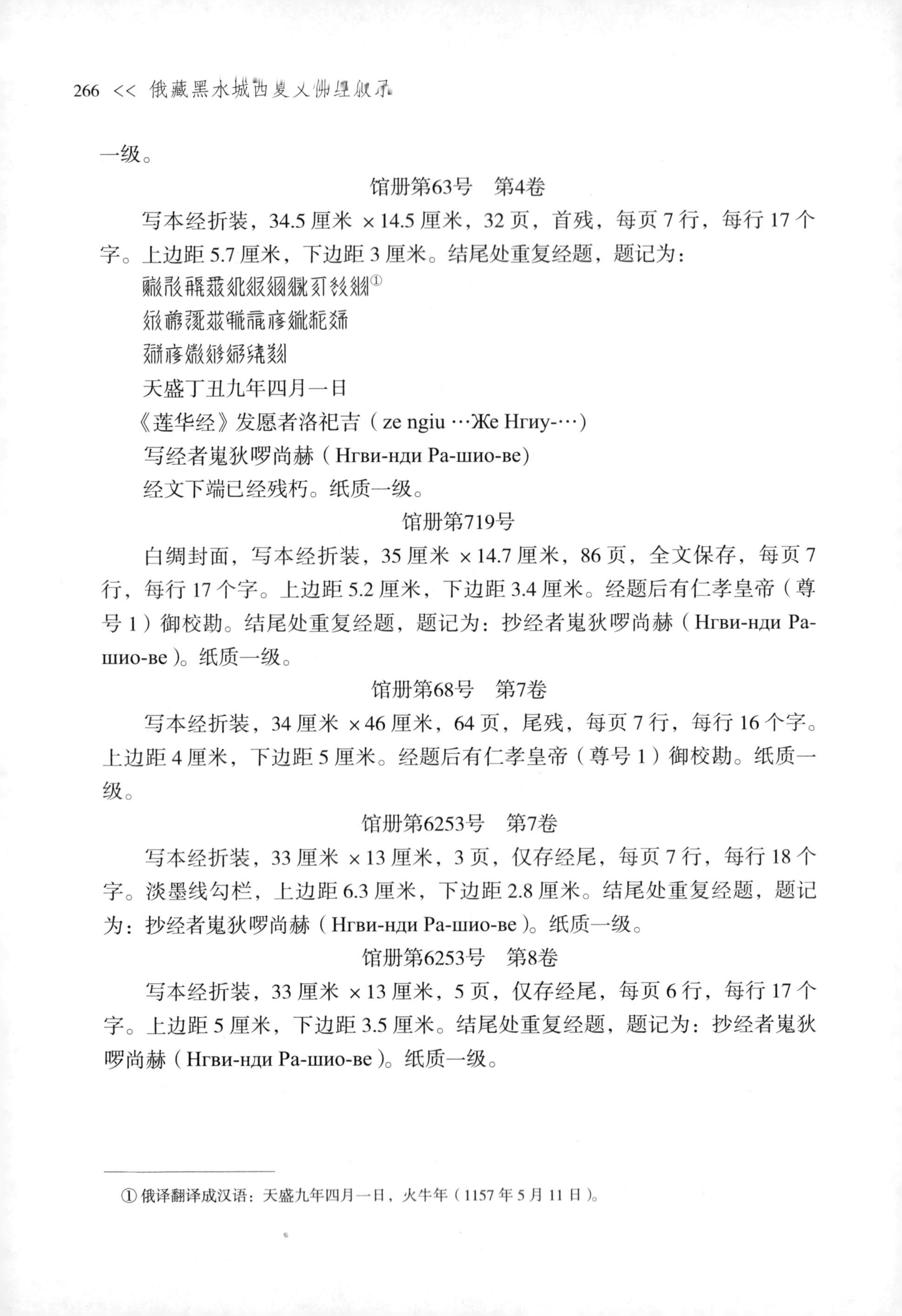

一级。

馆册第63号　第4卷

写本经折装，34.5 厘米 ×14.5 厘米，32 页，首残，每页 7 行，每行 17 个字。上边距 5.7 厘米，下边距 3 厘米。结尾处重复经题，题记为：

[illegible][1]

[illegible]

[illegible]

天盛丁丑九年四月一日

《莲华经》发愿者洛祀吉（ze ngiu …Же Нгиу-…）

写经者嵬狄啰尚赫（Нгви-нди Ра-шио-ве）

经文下端已经残朽。纸质一级。

馆册第719号

白绸封面，写本经折装，35 厘米 ×14.7 厘米，86 页，全文保存，每页 7 行，每行 17 个字。上边距 5.2 厘米，下边距 3.4 厘米。经题后有仁孝皇帝（尊号 1）御校勘。结尾处重复经题，题记为：抄经者嵬狄啰尚赫（Нгви-нди Ра-шио-ве）。纸质一级。

馆册第68号　第7卷

写本经折装，34 厘米 ×46 厘米，64 页，尾残，每页 7 行，每行 16 个字。上边距 4 厘米，下边距 5 厘米。经题后有仁孝皇帝（尊号 1）御校勘。纸质一级。

馆册第6253号　第7卷

写本经折装，33 厘米 ×13 厘米，3 页，仅存经尾，每页 7 行，每行 18 个字。淡墨线勾栏，上边距 6.3 厘米，下边距 2.8 厘米。结尾处重复经题，题记为：抄经者嵬狄啰尚赫（Нгви-нди Ра-шио-ве）。纸质一级。

馆册第6253号　第8卷

写本经折装，33 厘米 ×13 厘米，5 页，仅存经尾，每页 6 行，每行 17 个字。上边距 5 厘米，下边距 3.5 厘米。结尾处重复经题，题记为：抄经者嵬狄啰尚赫（Нгви-нди Ра-шио-ве）。纸质一级。

---

① 俄译翻译成汉语：天盛九年四月一日，火牛年（1157 年 5 月 11 日）。

第79号

[illegible]

《妙法莲华经》

馆册第2436号　第1卷

刻本经折装，30 厘米 ×10.8 厘米，83 页，每页 6 行，每行 16 个字。上边距 4 厘米，下边距 2 厘米。经题后有秉常皇帝（尊号 1）及其母梁皇太后（尊号 2）御译。纸质一级。

馆册第66号　第1卷

刻本经折装，30.2 厘米 ×10.8 厘米，29 页，仅存经尾，每页 5 行，每行 15 个字。上边距 4 厘米，下边距 2 厘米。结尾处重复经题，题记为：为雕版抄经者、[illegible]（道思）、僧人[illegible]（高慧）(niwo ziə Ниво Жиэ　Гао Хуй)。纸质一级。

馆册第564号　第1卷

刻本经折装，29 厘米 ×11 厘米，19 页，首尾皆残，每页 5 行，每行 15 个字。上边距 3.5 厘米，下边距 1.5 厘米。有些页面粘合处有经文名称：《莲华经》第 1 卷第 24—26 页。纸质一级。

馆册第4631号　第1卷

刻本经折装，30 厘米 ×10.5 厘米，3 页，仅存经首，每页 6 行，每行 16 个字。上边距 3.5 厘米，下边距 2.5 厘米。经题后有秉常皇帝（尊号 1）及其母梁皇太后（尊号 2）御译。经文受潮严重。纸质一级。

馆册第4011号　第1卷

刻本经折装，27.5 厘米 ×10.3 厘米，17 页，首尾皆残，每页 5 行，每行 15 个字。上边距 2.5 厘米，下边距 1.5 厘米。经文页面粘合处有：《莲华经》第 1 卷第几页无考。页面上有潮斑。纸质一级。

馆册第6723号　第1卷

刻本经折装，29 厘米 ×11 厘米，17 页，首尾皆残，每页 5 行，每行 16 个字。上边距 2.7 厘米，下边距 1.5 厘米。经文页面粘合处有：《莲华经》第 1 卷第 2 页。经文中有几个字后涂有朱砂。纸质一级。

馆册第4562号　第2卷

刻本经折装，30 厘米 ×11 厘米，22 页，仅存经首，每页 5 行，每行 15 个字。上边距 3.2 厘米，下边距 2.3 厘米。经题后有秉常皇帝（尊号 1）及其母梁皇太后（尊号 2）御译。页面上有潮斑。纸质一级。

馆册第6310号　第2卷

刻本经折装，29.5 厘米 ×11 厘米，8 页，首尾皆残，每页 5 行，每行 15 个字。上边距 4 厘米，下边距 1 厘米。经文页面粘合处有《莲华经》第 2 卷第几页无考。纸质一级。

馆册第7231号　第3卷

刻本经折装，29 厘米 ×10.6 厘米，4 页，首尾皆残，每页 5 行，每行 15 个字。上边距 3.2 厘米，下边距 2 厘米。经文页面粘合处有《莲华经》第 3 卷第几页无考。经文中有些字后面涂有朱砂。纸质一级。

馆册第3900号　第3卷

刻本经折装，30 厘米 ×11 厘米，9 页，仅存经首，每页 5 行，每行 15 个字。上边距 4 厘米，下边距 2 厘米。经题后有秉常皇帝（尊号 1）及其母梁皇太后（尊号 2）御译。纸质一级。

馆册第2317号　第4卷

刻本经折装，30 厘米 ×11 厘米，91 页，尾残，每页 5 行，每行 15 个字。上边距 3.7 厘米，下边距 2.5 厘米。经题后有秉常皇帝（尊号 1）及其母梁皇太后（尊号 2）御译。纸质一级。

馆册第6452号　第4卷

刻本经折装，29 厘米 ×10.7 厘米，26 页，首尾皆残，每页 5 行，每行 15 个字。上边距 2 厘米，下边距 2.5 厘米。经文页面粘合处有《莲华经》第 4 卷第 9 页。经文中有朱砂色做的记号。纸质一级。

馆册第67号　第5卷

刻本经折装，30.2 厘米 ×10.5 厘米，129 页，全文保存，每页 5 行，每行 15 个字。上边距 4 厘米，下边距 2 厘米。经题后有秉常皇帝（尊号 1）及其母梁皇太后（尊号 2）御译。纸质一级。

馆册第927号　第5卷

刻本经折装。29 厘米 ×11 厘米。14 页。首尾皆残。每页 5 行，每行 15 个字。上边距 2 厘米，下边距 2 厘米。经文页面粘合处有《莲华经》第 5 卷。经文中有朱砂做的记号。纸质一级。

馆册第782号　第6卷

刻本经折装，29 厘米 ×10.5 厘米，127 页，尾残，每页 5 行，每行 15 个字。上边距 3 厘米，下边距 2.5 厘米。经题后有秉常皇帝（尊号 1）及其母梁皇太后（尊号 2）御译。经文中有些地方用墨写有改动的字。纸质一级。

馆册第4674号　第6卷

刻本经折装，28 厘米 ×9.7 厘米，2 页，仅存经尾，每页 5 行，每行 15 个字。上边距 2 厘米，下边距 1.7 厘米。结尾处重复经题。纸质一级。

馆册第3901号　第6卷

刻本经折装，29 厘米 ×11 厘米，4 页 +1 页版画，每页 5 行，每行 15 个字。上边距 2.2 厘米，下边距 2.7 厘米。经题后有秉常皇帝（尊号 1）及其母梁皇太后（尊号 2）御译。纸质一级。

馆册第4562号　第7卷

刻本经折装。经文下端被撕坏。保存下来的部分为 23 厘米 ×11 厘米。4 页 +3 页版画。仅存经首。经题后有秉常皇帝（尊号 1）及其母梁皇太后（尊号 2）御译。纸质一级。

馆册第6452号　第7卷

刻本经折装，29.5 厘米 ×11 厘米，59 页，首尾皆残，每页 5 行，每行 15 个字。上边距 2.5 厘米，下边距 2.5 厘米。经文页面装订粘合处有《莲华经》第 7 卷。经文中涂有朱砂色。纸质一级。

馆册第7231号　第8卷

刻本经折装，28.5 厘米 ×10 厘米，3 页 +1 页版画，仅存经首。每页 5 行，每行 15 个字。上边距 3 厘米，下边距 1.5 厘米。经题后有秉常皇帝（尊号 1）及其母梁皇太后（尊号 2）御译。经文页面上涂有朱砂色，有圆圈形边饰图案。纸质一级。

第80号

[illegible]

《妙法莲华经》

馆册第692号　第2卷

刻本经折装，21.5 厘米 ×10 厘米，16 页，首尾皆残。每页 6 行，每行 15 个字。上边距 3 厘米，下边距 2 厘米。经文页面装订粘合处有《莲华经》第 2 卷第 9—12 页。纸质八级。

馆册第805号　第2卷

刻本经折装，21.5 厘米 ×10 厘米，34 页，首尾皆残。每页 6 行，每行 15 个字。上边距 2.3 厘米，下边距 2 厘米。经文页面装订粘合处有《莲华经》第

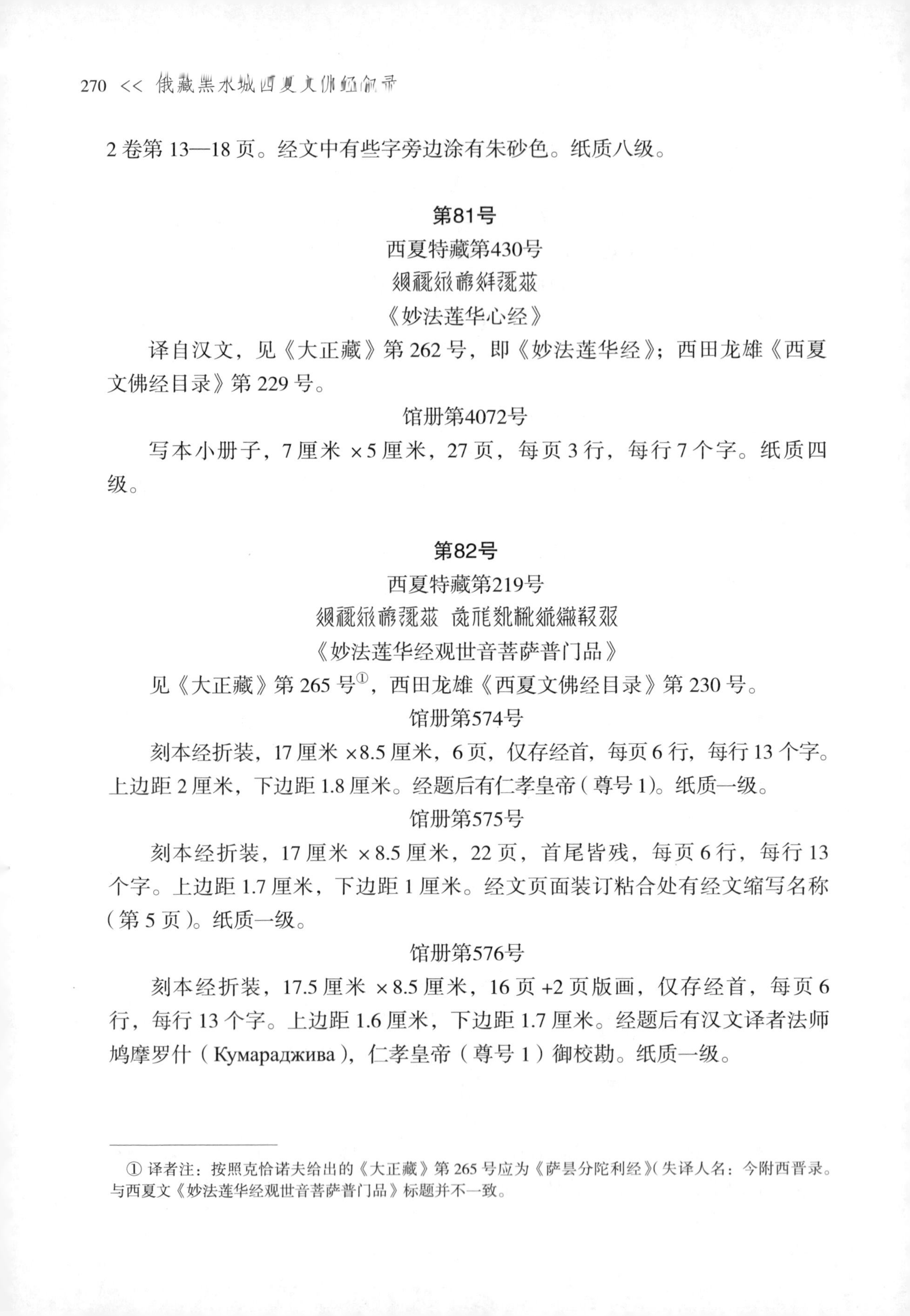

2 卷第 13—18 页。经文中有些字旁边涂有朱砂色。纸质八级。

第81号

西夏特藏第430号

[illegible]

《妙法莲华心经》

译自汉文，见《大正藏》第 262 号，即《妙法莲华经》；西田龙雄《西夏文佛经目录》第 229 号。

馆册第4072号

写本小册子，7 厘米 ×5 厘米，27 页，每页 3 行，每行 7 个字。纸质四级。

第82号

西夏特藏第219号

[illegible]

《妙法莲华经观世音菩萨普门品》

见《大正藏》第 265 号[①]，西田龙雄《西夏文佛经目录》第 230 号。

馆册第574号

刻本经折装，17 厘米 ×8.5 厘米，6 页，仅存经首，每页 6 行，每行 13 个字。上边距 2 厘米，下边距 1.8 厘米。经题后有仁孝皇帝（尊号 1）。纸质一级。

馆册第575号

刻本经折装，17 厘米 ×8.5 厘米，22 页，首尾皆残，每页 6 行，每行 13 个字。上边距 1.7 厘米，下边距 1 厘米。经文页面装订粘合处有经文缩写名称（第 5 页）。纸质一级。

馆册第576号

刻本经折装，17.5 厘米 ×8.5 厘米，16 页 +2 页版画，仅存经首，每页 6 行，每行 13 个字。上边距 1.6 厘米，下边距 1.7 厘米。经题后有汉文译者法师鸠摩罗什（Кумараджива），仁孝皇帝（尊号 1）御校勘。纸质一级。

① 译者注：按照克恰诺夫给出的《大正藏》第 265 号应为《萨昙分陀利经》（失译人名：今附西晋录。与西夏文《妙法莲华经观世音菩萨普门品》标题并不一致。

馆册第757号

刻本经折装，17.5 厘米 ×8.5 厘米，10 页，首尾皆残，每页 6 行，每行 13 个字。上边距 2.6 厘米，下边距 1.1 厘米。经文页面装订粘合处有经文缩写名称“第 3 页”。纸质一级。

馆册第758号

刻本经折装，17.1 厘米 ×8.5 厘米，4 页，首尾皆残，每页 6 行，每行 13 个字。上边距 2 厘米，下边距 1.1 厘米。经文页面装订粘合处有经文缩写名称。纸质一级。

馆册第760号

刻本经折装，17 厘米 ×8.5 厘米，2 页，仅存经首，每页 6 行，每行 13 个字。上边距 2.3 厘米，下边距 1.4 厘米。经题后有仁孝皇帝（尊号 1）。纸质一级。西夏修复时页面后又裱了一层纸。

第83号

[illegible]

《妙法莲华经观世音菩萨普门品》

馆册第221号

刻本经折装，18 厘米 ×9 厘米，17 页，首尾皆残，每页 5 行，每行 10 个字。上边距 3.4 厘米，下边距 1.6 厘米。所有页面上部均有长条形插图。纸质八级。

馆册第586号

刻本经折装，18 厘米 ×9 厘米，4 页，首尾皆残，每页 5 行，每行 10 个字。上边距 1 厘米，下边距 1 厘米。部分页面上部有长条形插图，对此经的判定就是根据这种插图所作的。纸质八级。

馆册第940号

刻本经折装，19 厘米 ×9 厘米，6 页 +2 页观音菩萨像，仅存经首，每页 5 行，每行 10 个字。上边距 2 厘米，下边距 1.6 厘米。所有页面上部均有长条形插图。纸质八级。

第84号

西夏特藏第349号

[illegible]

《大方广佛华严经》

译自汉文，见《大正藏》第 279 号，即《大方广佛华严经》(译者注：唐实叉难陀译)；西田龙雄《西夏文佛经目录》第 63 号；格林斯坦德《西夏文大藏经》第 258—888 页。

蓝色封面，大尺寸幅面的一组经文。

这 40 卷经目中保存完整的只有第 21、22、23、28、32、39 卷。经文中无施写发愿者、抄经者及准确年款等资料，只提到了仁孝皇帝的尊号。这组佛经的共同特点是：写本经折装，32.5 厘米 ×12.5 厘米，每页 7 行，每行 20—21 个字。边距各不相等。这 40 卷经文共用一套帙号。纸质一级。

馆册第88号　第10卷

52 页，尾残，上边距 3.5 厘米，下边距 2 厘米。经题后有仁孝皇帝（尊号 1）中的 4 个字。经文因受潮，页面有霉斑，有残损。

馆册第2728号　第10卷

2 页，仅存经尾，上边距 3.5 厘米，下边距 2 厘米。结尾处重复经题和帙号。

馆册第345号　第12卷

46 页，仅存经首，上边距 4 厘米，下边距 2 厘米。经题后有仁孝皇帝（尊号 1）中的 4 个字。

馆册第2959号　第14卷

42 页，仅存经首，上边距 3 厘米，下边距 1.5 厘米。经题后有帙号和仁孝皇帝（尊号 1）中的 4 个字。

馆册第2976号　第14卷

3 页，仅存经尾，上边距 3.5 厘米，下边距 2 厘米。结尾处重复经题和帙号。

馆册第301号　第15卷

48 页，尾残，上边距 3.5 厘米，下边距 2 厘米。经题后有仁孝皇帝（尊号 1）中的 4 个字。

馆册第346号　第15卷

2 页，仅存经尾，上边距 3 厘米，下边距 1 厘米。结尾处重复经题。

馆册第302号　第16卷

38 页，仅存经首，上边距 3.5 厘米，下边距 2 厘米。经题后有仁孝皇帝（尊号 1）中的 4 个字。

馆册第347号　第17卷

36 页，尾残，上边距 4 厘米，下边距 2 厘米。经题后有帙号和仁孝皇帝（尊号 1）中的 4 个字。

馆册第348号　第18卷

软纸封面上有黄色标签，上面写有经题和卷号。30 页，仅存经首。上边距 3.5 厘米，下边距 2 厘米。经题后有仁孝皇帝（尊号 1）中的 4 个字。

馆册第5930号　第19卷

12 页，仅存经首，上边距 3 厘米，下边距 2 厘米。经题后有仁孝皇帝（尊号 1）中的 4 个字。

馆册第304号　第20卷

5 页，仅存经尾，上边距 3 厘米，下边距 2 厘米。结尾处重复经题。

馆册第305号　第21卷

49 页，全文保存，上边距 3.5 厘米，下边距 1 厘米。经题后有仁孝皇帝（尊号 1）中的 4 个字。结尾处重复经题。

馆册第306号　第22卷

39 页，全文保存，上边距 3 厘米，下边距 3 厘米。经题后有仁孝皇帝（尊号 1）中的 4 个字。结尾处重复经题。

馆册第307号　第23卷

42 页，全文保存，上边距 3 厘米，下边距 3 厘米 。经题后有仁孝皇帝（尊号 1）中的 4 个字。结尾处重复经题，此经文作为这组经目的样本而保存。

馆册第308号　第24卷

48 页，尾残，上边距 3 厘米，下边距 3 厘米。经题后有仁孝皇帝（尊号 1）中的 4 个字。

馆册第349号　第25卷

36 页，尾残，上边距 3 厘米，下边距 2.5 厘米。结尾处重复经题。

馆册第309号　第26卷

3 页，仅存经首，上边距 3 厘米，下边距 2 厘米。

馆册第310号　第26卷

31 页，尾残，上边距 3 厘米，下边距 2 厘米。结尾处重复经题。

馆册第350号　第27卷

3 页，仅存经首，上边距 3 厘米，下边距 2 厘米。经题后有仁孝皇帝（尊号 1）中的两个字。

馆册第311号　第27卷

8 页，仅存经尾，上边距 3 厘米，下边距 2 厘米。结尾处重复经题。

馆册第312号　第28卷

软纸封面上有黄纸标签，上面写有经题和卷号。37 页，全文保存。淡墨线勾栏，上边距 3 厘米，下边距 2 厘米。结尾处重复经题。

馆册第313号　第29卷

48 页，尾残，上边距 3 厘米，下边距 2 厘米。

馆册第4018号　第29卷

2 页，仅存经尾，上边距 3 厘米，下边距 2 厘米。结尾处重复经题。

馆册第6398号　第30卷

15 页，仅存经首，上边距 4 厘米，下边距 2 厘米。

馆册第2719号　第30卷

2 页，仅存经尾，上边距 3.5 厘米，下边距 2 厘米。结尾处重复经题。

馆册第6660号　第31卷

10 页，仅存经尾，淡墨线勾栏，上边距 3 厘米，下边距 2 厘米。结尾处重复经题。

馆册第352号　第32卷

53 页，全文保存，上边距 3 厘米，下边距 2 厘米。经题后有帙号和仁孝皇帝（尊号 1）中的 2 个字。结尾处重复经题和帙号。

馆册第314号　第33卷

27 页，首残，上边距 3 厘米，下边距 2 厘米。结尾处重复经题。第 1 页和最后 1 页被撕掉。

馆册第4018号　第34卷

3 页，仅存经首，淡墨线勾栏。上边距 3.5 厘米，下边距 1.5 厘米。经题后有仁孝皇帝（尊号 1）中的两个字。

馆册第315号　第35卷

2 页，仅存经首，上边距 3.5 厘米，下边距 1 厘米。经题后有仁孝皇帝（尊号 1）中的 2 个字。

馆册第317号　第35卷

10 页，仅存经尾，上边距 4 厘米，下边距 1.5 厘米。结尾处重复经题。

馆册第353号　第36卷

17 页，仅存经首，上边距 3 厘米，下边距 2 厘米。经题后有仁孝皇帝（尊号 1）中的 4 个字。

馆册第356号　第36卷

11 页，仅存经尾，上边距 3 厘米，下边距 2 厘米。结尾处重复经题。经文因受潮残损严重。

馆册第316号　第37卷

18 页，仅存经首，上边距 3 厘米，下边距 2 厘米。经题后有仁孝皇帝（尊号 1）中的 4 个字。

馆册第354号　第38卷

42 页，尾残，上边距 3.5 厘米，下边距 2 厘米。经题后有仁孝皇帝（尊号 1）中的 2 个字。

馆册第355号　第38卷

1 页，仅存经尾，上边距 3.5 厘米，下边距 2 厘米。结尾处重复经题。

馆册第351号　第39卷

软纸封面上有黄纸标签，上面写有经题和卷号。42 页，全文保存。凹线勾栏，上边距 3.5 厘米，下边距 2 厘米。经题后有仁孝皇帝（尊号 1）中的两个字。结尾处重复经题。

馆册第1201号　第40卷

4 页，仅存经尾，上边距 4 厘米，下边距 1 厘米。结尾处重复经题。

第85号

[illegible]

《大方广佛华严经》

这组佛经的经文有各色各样的封面。共 80 卷（唐实叉难陀译），共用 1 套帙号。俄藏西夏文《华严经》有两套帙号标注法。经文曾有一次用草体指出拥有者的名字酩……屈那（Мэ…Кхви-нги），曾有两次用草体指出抄经者名字[口移]尚（mbuo sio мбуо Шио）、啰那征（Ра-ндон-ндзин）。

保存完整的卷数有第 1、4、8、10、13、17、19、20、23、24、26、28、32、35、37、51、54、55、57、72、77、78、79、80 卷。无年款记录。有秉常

皇帝及其母梁皇太后的尊号，说明这组佛经译自 11 世纪中叶。

这组佛经的特点是：写本经折装，规格大体上是 28 厘米 ×12 厘米，但也有例外，将会在叙述时指出。每页行数、每行字数不一，保存不善。有理由推断，在西夏时期，这组佛经是从不同版本中选编出来的。

馆册第2740号　第1卷

红布软封面，68 页 +2 页上面画有毗沙门天王的版画，全文保存，每页 6 行，每行 20 个字。前两页用淡墨线勾栏，后面页面无栏线，上边距 2 厘米，下边距 2 厘米。经题后有仁孝皇帝（尊号 1）中的 3 个字。结尾处重复经题，页面有残朽，并有粘连。纸质六级。

馆册第298号　第2卷

66 页，尾残，每页 6 行，每行 19 个字。上边距 1 厘米，下边距 2 厘米。经题后有帙号和仁孝皇帝（尊号 1）中的 4 个字。纸质六级。

馆册第349号　第4卷

淡色软绸封面，61 页，全文保存，每页 6 行，每行 17—18 个字。上边距 1.5 厘米，下边距 2 厘米。经题后有秉常皇帝（尊号 1）及其母梁皇太后（尊号 1）。结尾处重复经题。纸质六级。

馆册第321号　第4卷

蓝布软封面，63 页，全文保存，每页 6 行，每行 21 个字。上边距 2 厘米，下边距 2 厘米。经题后有帙号和秉常皇帝（尊号 1）及其母梁皇太后（尊号 1）御译。结尾处重复经题。纸质六级。

馆册第6457号　第7卷

21 页，首残，每页 6 行，每行 20 个字，页边距未留出。结尾处重复经题。有一些题记片段，抄经者名字仅辨认出𗁦（何或浪）（ ldion лдион ）。纸质六级。

馆册第249号　第8卷

蓝绿色软布封面，59 页，全文保存，每页 6 行，每行 18 个字。无页边距。经题后有帙号，结尾处重复经题。纸质六级。

馆册第90号　第10卷

由碎布头拼成的暗黄色软封面，61 页 +2 页画有毗沙门的版画，每页 6 行，每行 19—20 个字。最后 2 页用淡墨线勾栏，上边距 2 厘米，下边距 0.5 厘米。经题后有帙号，结尾处重复经题。纸质六级。

馆册第334号　第11卷

44 页，尾残，每页 7 行，每行 17 个字。淡墨线勾栏，上边距 3 厘米。下边距 1.5 厘米。经题后有秉常皇帝（尊号 1）及其母梁皇太后（尊号 1）。经文下端已经残朽。纸质六级。

馆册第89号　第13卷

56 页，全文保存，每页 7 行，每行 18—20 个字。淡墨线勾栏，上边距 2 厘米，下边距 2 厘米。经题后有帙号，结尾处重复经题。纸质六级。

馆册第8326号　第14卷

3 页，仅存经首，每页 6 行，每行 17 个字。淡墨线勾栏，上边距 2 厘米，下边距 1.5 厘米。经题后有秉常皇帝（尊号 1）及其母梁皇太后（尊号 1）御译。纸质六级。

馆册第335号　第15卷

带有白色花的蓝布软封面，上面还有一小块画有植物图案的标签残片。50 页，首残，每页 6 行，每行 21 个字。上边距 1 厘米，下边距 2 厘米。有秉常皇帝（尊号 1）中的几个字。结尾处重复经题。经文在西夏时期修复时裱了一层纸。页面左上角已经残朽。纸质六级。

馆册第2444号　第16卷

黑布软封面，约 60 页，尾残，每页 7 行，每行字数不清楚。经文页面严重残朽。纸质六级。

馆册第336号　第17卷

77 页，全文保存，每页 6 行，每行 20—21 个字。上边距 1 厘米，下边距 2 厘米。经题后有帙号和仁孝皇帝（尊号 1）中的 4 个字。结尾处重复经题。经文在西夏时期修复时裱了一层纸。纸质六级。

馆册第337号　第19卷

带有白色斑点的蓝布软封面，上面还缝有几块红布，上面粘有 2 个带植物图案的黄纸标签，上面写有经文名称和这 10 卷经文的帙号。51 页，全文保存，每页 7 行，每行 22—25 个字。淡墨线勾栏，经题后有帙号，结尾处重复经题和帙号。经文在西夏时期修复时裱了一层纸。纸质六级。

馆册第339号　第20卷

52 页，全文保存，每页 7 行，每行 20—21 个字。淡墨线勾栏，上边距 2 厘米，下边距 1.5 厘米。经题后有秉常皇帝（尊号 1）及其母梁皇太后（尊号 2）御译。结尾处重复经题。纸质六级。

馆册第338号　第20卷

3 页，仅存经尾，每页 7 行，每行 20—21 个字。淡墨线勾栏，上边距 2 厘米，下边距 1.5 厘米。结尾处重复经题。纸质六级。

馆册第340号　第21卷

46 页 +2 页版画，其中一幅画有佛祖说法图，画的左下方还有一群弟子在聆听。每页 6 行，每行 21 个字。凹线勾线，无边距，经题后有帙号。经文在西夏修复时裱了一层纸。纸质六级。

馆册第297号　第23卷

黄绸封面，42 页，全文保存，每页 7 行，每行 18 个字。上边距 3 厘米，下边距 1 厘米。经题后有仁孝皇帝（尊号 1）中的 2 个字。结尾处重复经题，有校勘的记录。保存不善，有些地方已经完全残朽。纸质六级。

馆册第342号　第24卷

红色和棕色碎布拼成的软封面，64 页，全文保存，29.5 厘米 ×13 厘米。每页 6 行，每行 17—21 个字。无页边距，经题后有帙号。结尾处重复经题，有校勘的记录。纸质六级。

馆册第4666号　第25卷

32.5 厘米 ×12.5 厘米，2 页，仅存经首，每页 6 行，每行 20 个字。上边距 3 厘米，下边距 2 厘米。经题后有仁孝皇帝（尊号 1）中的 4 个字。纸质六级。

馆册第341号　第26卷

深蓝色的软封面，66 页，全文保存，29.5 厘米 ×11.5 厘米，每页 6 行，每行 21—22 个字。无页边距，经题后有帙号。结尾处重复经题。经文页面在西夏修复时裱了一层纸。纸质六级。

馆册第343号　第28卷

紫色软布封面，29 厘米 ×11 厘米，75 页，全文保存，每页 7 行，每行 19—21 个字。上边距 2 厘米，下边距 1 厘米。经题后有帙号。结尾处重复经题，用草体书写题记：经文拥有者[illegible]□[illegible][illegible]（酩……屈那）(mə··· khwi ngwi Мэ-···Кхви-нгви)，净本抄者[illegible][illegible]（[illegible]移尚）(mbuo 1io мбуо Шио)。已校勘，内容相符。有第 2 次校勘的标记，内容相符、纯正。有 4 行诗，赞颂此经文并叙述其教义内容。纸质六级。

馆册第2719号　第30卷

2 页，仅存经尾，仅剩下 2 行，每行 20 个字。上边距 3.5 厘米，下边距 2 厘米。结尾处重复经题。纸质六级。

馆册第3360号　第31卷

20 页，仅存经首，每页 7 行，由于经文保存不善，难以确定其每行字数。上边距尺寸不清楚，下边距 2 厘米。经题后有帙号和仁孝皇帝（尊号 1）御校勘。经文已残朽。纸质六级。

馆册第318号　第32卷

红、白、黄色碎绸拼成的封面，29.5 厘米 ×13 厘米，38 页，全文保存，每页 7 行，每行 22 个字。上边距 1.5 厘米，下边距 1.5 厘米。经题后有帙号和秉常皇帝（尊号 1）及其母梁皇太后（尊号 1）御译。结尾处重复经题。纸质六级。

馆册第334号　第35卷

28.5 厘米 ×12 厘米，50 页，全文保存，每页 6 行，每行 20—22 个字。前 6 页用淡墨线勾栏，上边距 1 厘米，下边距 1 厘米。经题后有帙号和仁孝皇帝（尊号 1）中的 4 个字。结尾处重复经题和帙号。纸质六级。

馆册第319号　第37卷

红、白、黄色布拼成的软封面，上面有青色的花。28.5 厘米 ×12.5 厘米，53 页，全文保存。每页 7 行，每行 21 个字。淡墨线勾栏，上边距 1 厘米，下边距 1.2 厘米。经题后有帙号和秉常皇帝（尊号 1）及其母梁皇太后（尊号 1）御译。行距间有时会有帙号和汉文数字“七”。结尾处重复经题。经文页面在西夏修复时裱了一层纸。纸质六级。

馆册第320号　第39卷

带白色条纹的红布和带白条纹的黄布拼成的软封面。29.5 厘米 ×13 厘米，57 页，尾残，每页 7 行，每行 21 个字。淡墨线勾栏，上边距 2.5 厘米，下边距 2.5 厘米。经题后有帙号。纸质六级。

馆册第5929号　第42卷

28 页，仅存经首，每页 6 行，每行 21 个字。上边距 2 厘米，下边距 1.5 厘米。经题后有帙号。纸质六级。

馆册第299号　第45卷

45 页，尾残，每页 6 行，每行 18—20 个字。淡墨线勾栏，上边距 1 厘米，下边距 1.5 厘米。经题后有帙号。纸质六级。

馆册第322号　第51卷

紫色软布封面，66 页，全文保存，每页 6 行，每行 20—21 个字。淡墨线勾栏，上边距 2 厘米，下边距 2 厘米。经题后有帙号。结尾处重复经题，经文页面在西夏修复时又裱了一层纸。纸质六级。

馆册第4017号　第52卷

29.5厘米 ×11厘米，8页，仅存经首，每页6行，每行20个字。淡墨线勾栏，上边距1.5厘米，下边距1.5厘米。经题后有帙号。纸质六级。

馆册第323号　第53卷

66页，尾残，每页6行，每行20—21个字。淡墨线勾栏，上边距2厘米，下边距2厘米。结尾处重复经题。经文页面在西夏修复时又裱了一层纸。纸质六级。

馆册第324号　第54卷

黑布软封面，67页，全文保存，每页6行，每行19—21个字。淡墨线勾栏，上边距4厘米，下边距2厘米。经题后有帙号。结尾处重复经题，经文页面在西夏修复时又裱了一层纸。纸质六级。

馆册第325号　第55卷

黑布软封面，上面粘贴有装饰图案的标签。73页，全文保存，每页6行，每行17—18个字。淡墨线勾栏，上边距3厘米，下边距2厘米。经题后有帙号和秉常皇帝（尊号1）及其母梁皇太后（尊号1）。结尾处重复经题。纸质一级。

馆册第327号　第56卷

黄布和带黄色图案的红布拼成的封面。82页，尾残，每页6行，每行16—17个字。上边距2厘米，下边距2厘米。经题后有帙号。有些行距间有帙号和汉文数字“五”。经文页面在西夏修复时又裱了一层纸。纸质六级。

馆册第328号　第57卷

黄绸封面的标签上写有经文名称和卷号。65页，全文保存，每页6行，每行21—24个字。上边距2.5厘米，下边距2厘米。经题后有帙号和仁孝皇帝（尊号1）中的4个字。结尾处重复经题。纸质六级。

馆册第326号　第62卷

29.5厘米 ×12厘米，42页，首残，每页7行，每行20—24个字。上边距2厘米，下边距1厘米。结尾处重复经题和帙号。纸质六级。

馆册第5900号　第64卷

2页，仅存经尾，仅剩下4行经文。每行字数无法断定，因为经文已经残朽。上边距2厘米，下边距1.5厘米。淡墨线勾栏，结尾处重复经题。纸质六级。

馆册第329号　第72卷

红色和黄色布拼成的软封面。63 页，全文保存，每页 6 行，每行 19—27 个字。前 3 页用淡墨线勾栏，上边距 2 厘米，下边距 1.8 厘米。经题后有帙号。结尾处重复经题。纸质六级。

馆册第3534号　第74卷

28.5 厘米 ×12.5 厘米，1 页，仅存经首，每页 6 行，每行 17 个字。淡墨线勾栏，上边距 2 厘米，下边距 1 厘米。经题后有帙号和仁孝皇帝（尊号 1）中的 4 个字。纸质六级。

馆册第330号　第74卷

49 页，首残，每页 6 行，每行 17—22 个字，第 1 页和最后 2 页用淡墨线勾栏。上边距 2 厘米，下边距 1 厘米。结尾处重复经题和帙号。纸质六级。

馆册第331号　第77卷

蓝色软封面上贴有标签，上面用黄色写有帙号。27 厘米 ×11 厘米，90 页，全文保存，每页 6 行，每行 20—21 个字。上边距 3 厘米，下边距 1 厘米。经题后有帙号。结尾处重复经题和帙号，经文右下角已残朽。纸质六级。

馆册第331号　第78卷

灰绿色软封面，28 厘米 ×13 厘米，92 页，全文保存，每页 6 行，每行 17—20 个字。上边距 4 厘米，下边距 2 厘米。纸质一级。

馆册第332号　第79卷

由不同的红色碎布拼成封面，28 厘米 ×13 厘米，76 页，全文保存，每页 6 行，每行 17—18 个字。上边距 1 厘米，下边距 0.5 厘米。经题后有秉常皇帝（尊号 1）及其母梁皇太后（尊号 2）御译。结尾处重复经题，用草体书写题记：抄经者[illegible]（啰那征）(ra ndon ndzin Ра-Ндон-нджин)。经文在西夏时期做过修复。纸质一级。

馆册第333号　第80卷

杂色碎布头拼成的封面，80 页 +2 页版画，每页 6 行，每行 18—21 个字。上边距 1 厘米，下边距 0.5 厘米。经题后有仁孝皇帝（尊号 1）中的两个字。结尾处重复经题。纸质一级。

第86号

[illegible]

《大方广佛华严经》

馆册第300号　第21卷

写本经折装，30 厘米 ×12 厘米，58 页，尾残，每页 6 行，每行 16 个字。淡墨线勾栏，经文用红棕色书写。上边距 5 厘米，下边距 3 厘米。经题后有仁孝皇帝（尊号 1）中的 2 个字。纸质一级。

第87号

[illegible]

《大方广佛华严经》

馆册第3780号

刻本蝴蝶装，9.5 厘米 ×6 厘米，58 页 +6 页版画，画的内容是佛与阿罗汉。每折 8 行，每行 15 个字。上边距 1 厘米，下边距 1 厘米。结尾有题记：

[illegible]

[illegible][1]

人庆乙丑二年十月十七日

重校施

仁孝皇帝（尊号 1）再御览并散施官吏民众。纸质八级。

第88号

[illegible]

《大方广佛华严经》

写本贝叶经，22 厘米 ×68 厘米，每页 30 行，每行 14 个字。上边距 2 厘米，下边距 2.5 厘米。页面正反两面书写经文，每页正面写有帙号和页码。第 2 卷所用帙号为此 80 卷经文的帙号。每 10 卷经文共用一套页码，共 728 页。发愿者鲁李铁茂（鲁李尚嵬）(Леы-лие Шион-вай)，抄经者麻吉江？宝（Ма-нгиу？-лдиэ）。前 50 卷经文保存完整，第 51—80 卷经文只剩残片。

---

① 人庆二年十月十七日，即木牛年（1145 年 11 月 3 日）。

起初将这些经文编目为馆册第4271—4284、4295、4297、5322、5326、5333、5758、6330、6337、6338、7357、7650、7651号。后来，与所有的贝叶经一样，将它们按卷号排列起来并有了页码。

第1—10卷

81页，第2—82页，全文保存，每页右边角处有帙号和页码，标有秉常皇帝的（尊号1）及其母梁皇太后的（尊号1）。

第11—20卷

87页，第1—87页，全文保存，每页右边角处有帙号和页码。

第21—30卷

88页，第1—88页，每页右边角处有帙号和页码。

第31—40卷

79页，第1—79页，每页右边角处有帙号和页码。

第41—50卷

94页，第1—94页，全文保存，每页右边角处有帙号和页码。第41卷经题后有仁孝皇帝（尊号1）中的前4个字。每页右边角处有帙号和页码。

第51—60卷

90页，第1—87、94—96页，每页右边角处有帙号和页码。

第61—70卷

98页，第1—69页、71—99页，全文基本保存，仅缺1页。每页右边角有帙号和页码。第61卷结尾有题记：

[illegible]

[illegible]？[illegible]

大愿发者鲁李铁茂（鲁李尚嵬）(lew lie sion wai Леы-лие Шион-вай)

写者麻吉江？宝（ma ngiu ？ ldiə Ма-нгиу ？ -лдиэ）

已校勘，内容相符。

第71—80卷

107页，第1—10、12—22、24—109页，全文基本保存，仅缺2页，每页右边角处有帙号和页码。

第89号

[illegible]

《大方广佛华严经》

写本贝叶经，20.5 厘米 ×57.5 厘米，每页 30 行，每行 14 个字。上边距 2 厘米，下边距 2 厘米。页面正反两面书写经文，每页正面有帙号。帙号使用的是经文名称中的字，即使用第 3 套帙号，这正是此组经文的特别之处。每 10 卷经文共用一套页码，共 603 页。发愿者情况不详。两次提到抄经者：金吉祥全（Вон-нгиу Ру-чиван）和另一个人（名字用草体书写，无法辨认）。

起初将这些经文编号为馆册第 4271—4285、4297、5322、5326、5333、5758、6330、6337、6338、7375、7650、7651 号。后来将这组经文按卷号排列，有了页码。纸质八级。

第1—10卷

71 页，第 1—6、9、10、13—41、49—53、56、57、59、62—68 页。每卷经题后有秉常皇帝（尊号 1）及其母梁皇太后（尊号 1）御译。结尾处重复经题，题记为：抄经者[illegible]（金吉祥全）（won ngiu ru tshiwan Вон-нгиу Ру-цхиван）。每页右边角有帙号和页码。

第11—20卷

77 页，第 1—11、15—20、22、23、25—42、44、45、47—54、56—58、63、64、66—73、75—91 页。每卷经题后有秉常皇帝（尊号 1）及其母梁皇太后（尊号 1）御译。结尾有题记：抄经者金吉祥全（Вон-нгиу Ру-чиван）。每页右边角有帙号和页码。

第21—30卷

78 页，第 1—33、39—62、64—69、72—87 页，每页右边角有帙号和页码。

第31—40卷

84 页，第 1、6—9、11—19、21—66、71—91、96 页，每页右边角有帙号和页码。

第41—50卷

75 页，第 1、2、4—8、11、12、14、15—25、27—36、39—53、56—61、69—78、80—91 页，每页右边角有帙号和页码。

第51—60卷

72 页，第 1—22、24—35、42—57、59—67、69—73、76—81、97、99、100 页。第 60 卷仅存经尾有题记，用草体书写抄经者名字，无法辨认。有校勘的记录。每页右边角有帙号和页码。

第61—70卷

63 页，第 6、7、14—24、26—44、45—53、58—62、64—66、71、80、81、85—87、95—98、100—102 页。第 70 卷结尾有附注：以上无一行字，无应有之真理。已校勘，内容相符。再次校勘，内容相符。用草体书写抄经者名字。

第71—80卷

82 页，第 2—58、63、69、72—95 页，每页右边角有帙号和页码。

第90号

[illegible]

《大方广佛华严经》

写本贝叶经，20 厘米 ×51 厘米，每页 22 行，每行 13 个字。上边距 2 厘米，下边距 1.5 厘米。页面正反两面书写经文，每页右边角有帙号和页码，帙号使用第 2 套。每 10 卷经文共用一套页码，共 756 页。发愿者和抄经者的名字用草体书写，无法辨认。以前将这些经文编号为馆册第 5319、5733、5735—5741、7335、7547、7652 号，后来按卷排列并编排了页码。纸质八级。

第1—10卷

86 页，第 1—14、21—24、29、31—37、40—45、57、58、61、62、65、70—81、84、86、87、91、92、99—101、103、105、107—109、111—117 页。每页右边角有帙号和页码，第 1—2 页 b 面为序言。第 1 卷经题后有秉常皇帝（尊号 1）及其母梁皇太后（尊号 1）中各 2 个字。

第11—20卷

105 页，第 3、5—8、10—24、25、27—39、40—53、56—59、61、80、82、84—97、104—113、115、116、118—121 页，每页右边角有帙号和页码。

第21—30卷

98 页，第 9、10、12—18、21—35、37—44、48—53、67、68、70、71、73、77—121、123—133 页，每页右边角有帙号和页码。

第31—40卷

108 页，第 1—5、8—12、15—18、21、25—51、53—59、61—64、67—90、92—105 页，每页右边角有帙号和页码。第 31 卷经题后有仁孝皇帝（尊号 1）中的 4 个字，这 10 卷经文有部分页面被撕坏。

第41—50卷

107 页，第 1—8、10—23（18 页只剩下一半）、40—55、61—69、73、78、79、84、85、87、88、90、91、93、94、97—106、108—126、130、131、135、137、138—142 页，每页右边角有帙号和页码。第 11 卷经题后有仁孝皇帝（尊号 1）中的 2 个字。第 50 卷结尾有题记：散施经文者、贵族（名字无法辨认）。抄经者、汉人𗴂𘀄（林介）(tse kie Це Кие)。

第51—60卷

127 页，第 1—7、9—13、15—50、54—59、61—73、75、76、86—88、93—138、143—150 页，每页右边角有帙号和页码。第 51 卷经题后有秉常皇帝（尊号 1）及其母梁皇太后（尊号 1）中各 2 个字。

第61—70卷

109 页，第 11、12、14、16—18、25—35、37—45、48—70、72—76、81—86、89—101、103—121、123—128、133—142 页，每页右边角有帙号和页码。第 61 卷经题后有秉常皇帝（尊号 1）及其母梁皇太后（尊号 1）中各 2 个字。

第71—80卷

116 页，第 1—13、15—18、23—40、42、44—48、50—55、58、59、63、66—74、79—81、83—89、92—113、115—131、133—137 页，每页右边角有帙号和页码。第 71 卷经题后有仁孝皇帝（尊号 1）中的 1 个字。

第91号

西夏特藏第242号

[西夏文]

《菩萨业记》

译自汉文，见《大正藏》第 281 号，即《佛说菩萨本业经》(译者注：吴月氏优婆塞支谦译)；西田龙雄《西夏文佛经目录》第 155 号。

馆册第5117号

写本卷子装，24.5 厘米 ×90 厘米，62 页，仅存经尾。每行 25 个字。上边

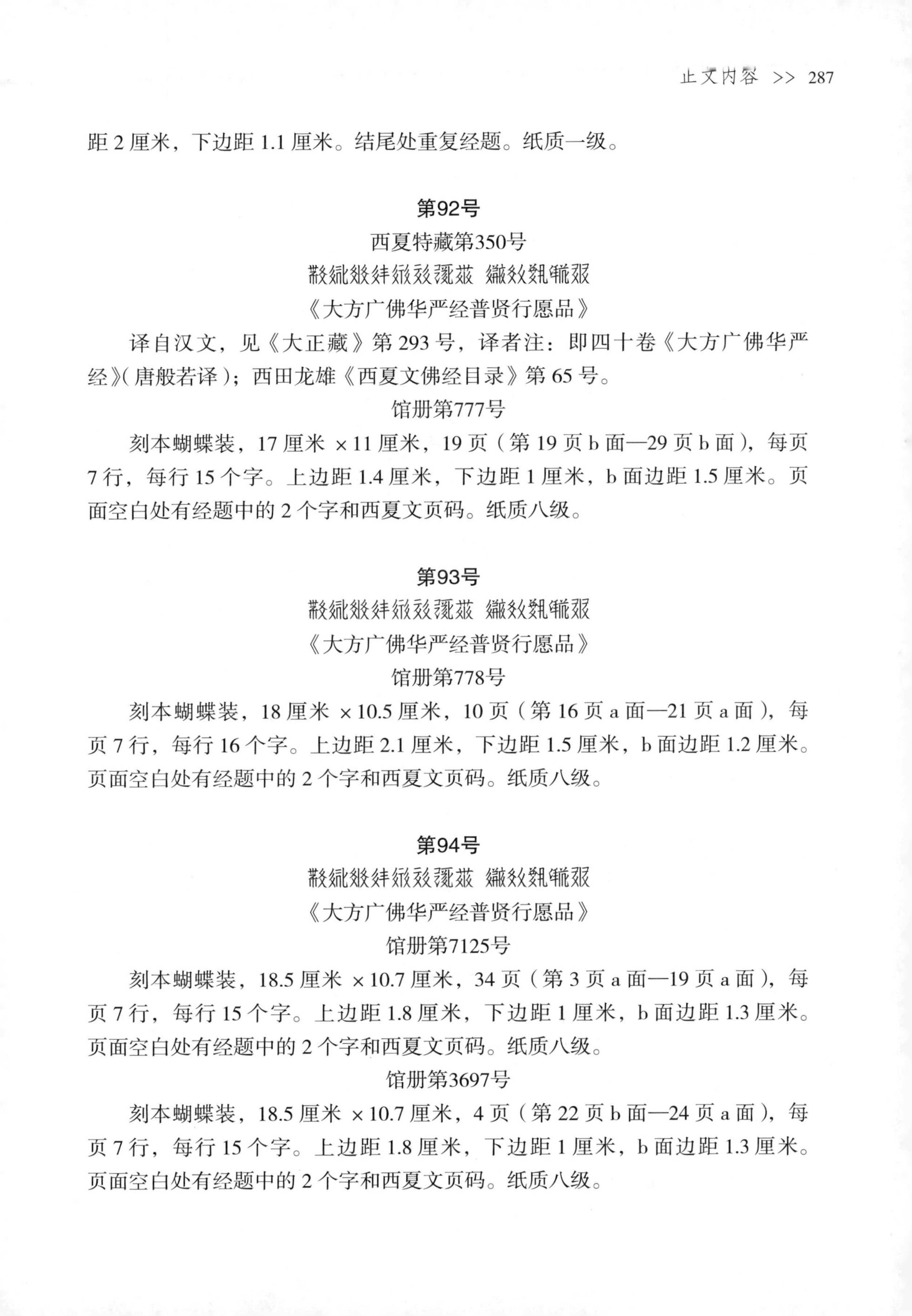

距 2 厘米，下边距 1.1 厘米。结尾处重复经题。纸质一级。

第92号

西夏特藏第350号

[illegible]

《大方广佛华严经普贤行愿品》

译自汉文，见《大正藏》第 293 号，译者注：即四十卷《大方广佛华严经》(唐般若译)；西田龙雄《西夏文佛经目录》第 65 号。

馆册第777号

刻本蝴蝶装，17 厘米 ×11 厘米，19 页（第 19 页 b 面—29 页 b 面），每页 7 行，每行 15 个字。上边距 1.4 厘米，下边距 1 厘米，b 面边距 1.5 厘米。页面空白处有经题中的 2 个字和西夏文页码。纸质八级。

第93号

[illegible]

《大方广佛华严经普贤行愿品》

馆册第778号

刻本蝴蝶装，18 厘米 ×10.5 厘米，10 页（第 16 页 a 面—21 页 a 面），每页 7 行，每行 16 个字。上边距 2.1 厘米，下边距 1.5 厘米，b 面边距 1.2 厘米。页面空白处有经题中的 2 个字和西夏文页码。纸质八级。

第94号

[illegible]

《大方广佛华严经普贤行愿品》

馆册第7125号

刻本蝴蝶装，18.5 厘米 ×10.7 厘米，34 页（第 3 页 a 面—19 页 a 面），每页 7 行，每行 15 个字。上边距 1.8 厘米，下边距 1 厘米，b 面边距 1.3 厘米。页面空白处有经题中的 2 个字和西夏文页码。纸质八级。

馆册第3697号

刻本蝴蝶装，18.5 厘米 ×10.7 厘米，4 页（第 22 页 b 面—24 页 a 面），每页 7 行，每行 15 个字。上边距 1.8 厘米，下边距 1 厘米，b 面边距 1.3 厘米。页面空白处有经题中的 2 个字和西夏文页码。纸质八级。

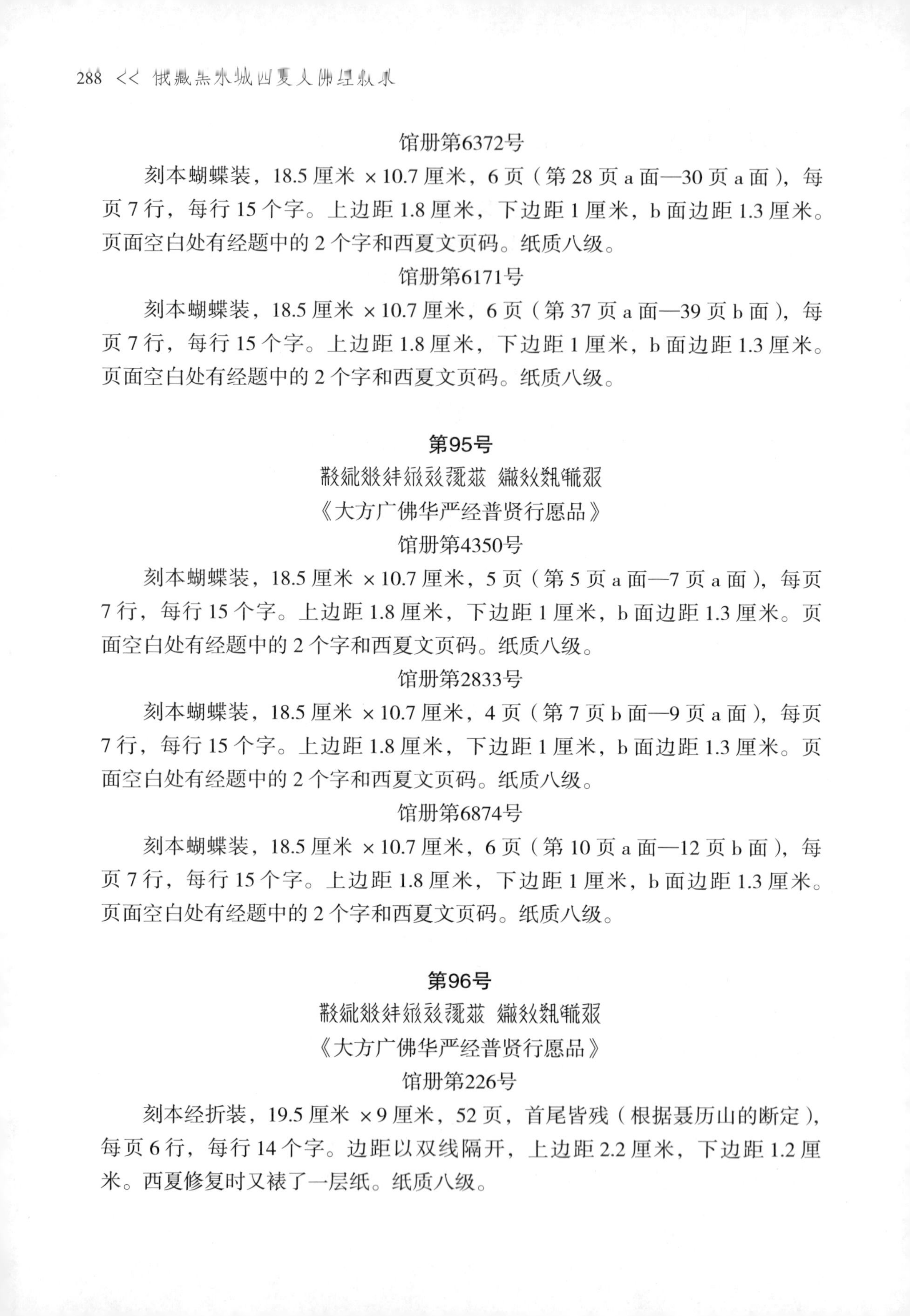

馆册第6372号

刻本蝴蝶装，18.5 厘米 ×10.7 厘米，6 页（第 28 页 a 面—30 页 a 面），每页 7 行，每行 15 个字。上边距 1.8 厘米，下边距 1 厘米，b 面边距 1.3 厘米。页面空白处有经题中的 2 个字和西夏文页码。纸质八级。

馆册第6171号

刻本蝴蝶装，18.5 厘米 ×10.7 厘米，6 页（第 37 页 a 面—39 页 b 面），每页 7 行，每行 15 个字。上边距 1.8 厘米，下边距 1 厘米，b 面边距 1.3 厘米。页面空白处有经题中的 2 个字和西夏文页码。纸质八级。

第95号

[illegible]

《大方广佛华严经普贤行愿品》

馆册第4350号

刻本蝴蝶装，18.5 厘米 ×10.7 厘米，5 页（第 5 页 a 面—7 页 a 面），每页 7 行，每行 15 个字。上边距 1.8 厘米，下边距 1 厘米，b 面边距 1.3 厘米。页面空白处有经题中的 2 个字和西夏文页码。纸质八级。

馆册第2833号

刻本蝴蝶装，18.5 厘米 ×10.7 厘米，4 页（第 7 页 b 面—9 页 a 面），每页 7 行，每行 15 个字。上边距 1.8 厘米，下边距 1 厘米，b 面边距 1.3 厘米。页面空白处有经题中的 2 个字和西夏文页码。纸质八级。

馆册第6874号

刻本蝴蝶装，18.5 厘米 ×10.7 厘米，6 页（第 10 页 a 面—12 页 b 面），每页 7 行，每行 15 个字。上边距 1.8 厘米，下边距 1 厘米，b 面边距 1.3 厘米。页面空白处有经题中的 2 个字和西夏文页码。纸质八级。

第96号

[illegible]

《大方广佛华严经普贤行愿品》

馆册第226号

刻本经折装，19.5 厘米 ×9 厘米，52 页，首尾皆残（根据聂历山的断定），每页 6 行，每行 14 个字。边距以双线隔开，上边距 2.2 厘米，下边距 1.2 厘米。西夏修复时又裱了一层纸。纸质八级。

馆册第746号

刻本经折装，20 厘米 ×9 厘米，71 页，首尾皆残（根据聂历山的断定），每页 6 行，每行 14 个字。边距以双线隔开，上边距 2.2 厘米，下边距 1.5 厘米。西夏修复时又裱了一层纸。纸质一级。

第97号

西夏特藏第357号

[illegible]

《大宝积经》

译自汉文，见《大正藏》第 310 号，即《大宝积经》(译者注：大唐三藏法师菩提流志奉　诏译、西晋三藏竺法护奉　诏译、梁三藏曼陀罗译、大唐三藏法师玄奘奉　诏译、大唐三藏义净译、北齐三藏那连提耶舍译、隋天竺三藏阇那崛多译、北凉沙门释道龚译、梁三藏曼陀罗仙译)；西田龙雄《西夏文佛经目录》第 70 号；格林斯坦德《西夏文大藏经》第 1730—1913 页。

这组经文是写在结实的纸上经折装，写本。基本规格为 34.5 厘米 ×13.5 厘米，但也有例外，后面再叙述。每页基本上是 7 行，每行 21 个字。淡墨线勾栏，上边距 4.5 厘米，下边距 2 厘米。纸质一级。

有依据可以说明，这组经文发愿者为黑水城转运使嵬䫻由牢（Нгве-жвей Гхеы-лхиуо），抄经者梁满殊银（Лион Мбан-шиу-нген），并指出校勘者。抄经完成于 1162 年 8 月底，马年。这组经文完全保存下来的卷数有：第 2、9、12、14、15、19、27、29、33、39、47、49、50、53、54、56、58、61、63、64、65、66、68、69、71、72、74、78、79、91、93、97、99、102、103、104、109、115、118、120 卷。

完全佚失的卷数是：第 26、34、35、38、41、42、44、46、52、59、62、67、81—90、107、117 卷。其余卷要么是保存不全，要么只剩下残片。

馆册第363号　第1卷

41 页，首残，结尾处重复经题，题记为：

[illegible]

[illegible]

[illegible]①

天盛壬午十四年七月十三日写毕

发愿写经文者黑水城转运使嵬□移由牢

写经者梁满殊银，重校野利宝成

馆册第365号　第2卷

64 页，全文保存。

馆册第368号　第3卷

蓝布封面上有带白色回纹图案的标签，上面写有经文名称和卷号。61 页，全文保存，每页 7 行，每行 20 个字。经题后有秉常皇帝（尊号 1）及其母梁皇太后（尊号 1）御译。结尾处重复经题，题记为：发愿者嵬□移由牢（Нгве-жвей Гхеы-лхиуо）。抄经者名字用草体书写，无法辨认，但不是第 1 卷经文的抄经者。

馆册第369号　第4卷

25 页，仅存经首，34 厘米 ×13 厘米，上边 4.5 厘米，下边距 2.7 厘米。

馆册第371号　第4卷

25 页，仅存经尾，34 厘米 ×13 厘米，上边距 4.5 厘米，下边距 2.7 厘米。结尾处重复经题，仅存经尾用草体书写抄经者名字，无法辨认。已第 2 次校勘。

馆册第2746号　第5卷

16 页，仅存经首，34 厘米 ×14 厘米，每页 7 行，每行 17 个字。上边距 5.3 厘米，下边距 3.3 厘米。经题后有仁孝皇帝（尊号 1）御译。

馆册第3364号　第5卷

5 页，仅存经尾，34.7 厘米 ×13 厘米。上边距 4.6 厘米，下边距 2.8 厘米。结尾处重复经题。已第 2 次校勘。

馆册第372号　第6卷

52 页，首残，每页 7 行，每行 20 个字，结尾处重复经题，已校勘。

馆册第3469号　第6卷

23 页，仅存经首，每页 7 行，每行 21—22 个字，经文硬化严重。

---

① 俄译翻译成汉语：抄写完毕于天盛十四年七月十三日，马年（1162 年）8 月 25 日。施写发愿者黑水城转运使 ngwe zwei •ew lhiuo Нгве-жвей Гхеы-лхиуо。抄经者 lion mban 1iu ngên Лион Мбан-шиу-нген。已校勘，内容相符，校勘者 •i rie ldiə 1ie Гхи-рие Лдиэ-шие。

馆册第554号　第7卷

48 页，首尾皆残，经文装订粘合处有经文名称，上边距 5.1 厘米，下边距 2 厘米。

馆册第374号　第8卷

23 页，仅存经首，上边距 3.3 厘米，下边距 2.5 厘米。

馆册第553号　第8卷

19 页，首尾皆残。经文装订粘合处有经文名称。上边距 4.5 厘米，下边距 2.5 厘米。某些页面的行距间有经文名称和卷号，有的地方粘有纸条，上面写有经文内容。

馆册第376号　第9卷

蓝绸封面上有白纸标签，标签上面有回纹花饰，写有经文名称和卷号。59 页，全文保存。结尾处重复经题。已校勘 2 次，校勘者野利（Гхи-рие）。

馆册第2386号　第10卷

8 页，首尾皆残，经文装订粘合处有经文名称和卷号，上边距 4 厘米，下边距 2.8 厘米。经文上端已残朽。

馆册第398号　第11卷

54 页，首残，结尾处重复经题，已校勘，最后几页已被撕坏。

馆册第401号　第12卷

48 页，全文保存，结尾处重复经题，已校勘 2 次。

馆册第2742号　第13卷

7 页，首尾皆残，经文装订处有经文名称和卷号。

馆册第3071号　第13卷

4 页，首尾皆残，经文装订处有经文名称和卷号。

馆册第3097号　第13卷

6 页，首尾皆残，上边距 4.5 厘米，下边距 2.5 厘米，经文装订处有经文名称和卷号。

馆册第405号　第14卷

蓝布软封面，51 页，全文保存，已校勘 2 次。

馆册第407号　第15卷

59 页，全文保存，上边距 5 厘米，下边距 1.7 厘米，结尾处重复经题，已校勘 2 次。

馆册第409号　第16卷

64 页，首残，每页 7 行，每行 21—23 个字。上边距 3.8 厘米，下边距 3.3 厘米。第 1 页和最后 1 页上边角处用朱砂色写有无法辨认的一些内容。

馆册第413号　第17卷

43 页，首残，上边距 5 厘米，下边距 1.8 厘米。

馆册第3274号　第17卷

10 页，首尾皆残，最后 1 页上写有《宝积经》第 17 卷。

馆册第414号　第18卷

44 页，首尾皆残，每页 7 行，每行 21—22 个字。上边距 4.5 厘米，下边距 2.6 厘米。结尾处重复经题，已校勘 2 次。

馆册第415号　第19卷

蓝布封面，55 页，全文保存，上边距 5 厘米，下边距 2 厘米。已校勘 2 次。

馆册第2664号　第20卷

23 页，首尾皆残，经文装订粘合处有经文名称和卷号。

馆册第3133号　第21卷

2 页，上边距 4 厘米，下边距 2 厘米。

馆册第3278号　第21卷

49 页，首尾皆残，经文页面装订处有经文名称和卷号。上边距 4.5 厘米，下边距 2.3 厘米。

馆册第3540号　第21卷

1 页，仅存经尾，上边距 5 厘米，下边距 1.2 厘米。重复经题，题记为：[illegible]（嵬名孝番校）(ngwe mi we mi Нгве-ми Ве-ми)，已校勘 2 次。

馆册第5848号　第21卷

7 页，首尾皆残，经文页面装订处有经文名称和卷号。每页 7 行，每行 22 个字。上边距 4.7 厘米，下边距 2 厘米。

馆册第2724号　第22卷

1 页，仅存经首，每页 7 行，每行 22 个字。

馆册第2729号　第22卷

1 页，仅存经尾，34.2 厘米 ×13.2 厘米，上边距 4.5 厘米，下边距 1.7 厘米。结尾处重复经题，已校勘 2 次。

馆册第429号　第22卷

41 页，首尾皆残，经文页面装订处有经文名称和卷号。每页 7 行，每行 20—22 个字。上边距 4.5 厘米，下边距 1.7 厘米。

馆册第4021号　第23卷

3 页，仅存经尾，34 厘米 ×13 厘米，每页 7 行，每行 20 个字。上边距 4.5 厘米，下边距 1.5 厘米。结尾处重复经题。已校勘 2 次。

馆册第433号　第24卷

47 页，首残，每页 7 行，每行 20—21 个字。

馆册第552号　第25卷

40 页，首尾皆残，经文页面装订处有经文名称和卷号。每页 7 行，每行 21—22 个字。上边距 4.9 厘米，下边距 2 厘米。

馆册第6271号　第25卷

13 页，仅存经尾，34 厘米 ×13 厘米，每页 7 行，每行 22 个字。上边距 4.8 厘米，下边距 2.1 个厘米。结尾处重复经题。已 2 次校勘。

馆册第436号　第27卷

蓝布软封面，43 页，全文保存，上边距 4.3 厘米，下边距 2.5 厘米。结尾处重复经题。已第 2 次校勘，页面受潮有粘连。

馆册第437号　第28卷

蓝布封面上用黑墨写有第八，68 页，尾残，上边距 3.7 厘米，下边距 1.7 厘米。页面受潮有粘连。

馆册第439号　第29卷

蓝布封面上用黑墨写有第九，34 页，全文保存，上边距 2.6 厘米，下边距 3.4 厘米。结尾处重复经题。已第 2 次校勘。

馆册第2396号　第30卷

12 页，首尾皆残，经文页面装订处有经文名称和卷号。上边距 4.8 厘米，下边距 2.3 厘米。经文中有些地方粘有纸条，上面写有经文或是画有花饰。

馆册第6397号　第30卷

31 页，仅存经尾，33.5 厘米 ×12 厘米，上边距 4 厘米，下边距 2 厘米。结尾处重复经题。已第 2 次校勘。

馆册第568号　第31卷

43 页，首尾皆残，经文页面装订处有经文名称和卷号，上边角处有 3 个无法辨认的字。

馆册第443号　第32卷

45 页，首残，上边距 4.2 厘米，下边距 2.5 厘米。结尾处重复经题，已第 2 次校勘。

馆册第444号　第33卷

46 页，全文保存，每页 7 行，每行 20—22 个字。上边距 3 厘米，下边距 4 厘米。

馆册第3537号　第36卷

1 页，仅存经尾，上边距 4 厘米，下边距 3 厘米。结尾处重复经题，有第 1 次校勘的标记。

馆册第450号　第39卷

蓝布封面上用黑墨写有卷号，55 页，全文保存，上边距 4 厘米，下边距 2.3 厘米。结尾处重复经题。有第 1 次校勘的标记。

馆册第3579号　第40卷

43 页，首尾皆残，经文页面粘合处有经文名称和卷号。经文尺寸规格为 33.5 厘米 ×13.3 厘米。

馆册第455号　第43卷

55 页，尾残，上边距 4.5 厘米，下边距 2.5 厘米，经文上端已残朽。

馆册第500号　第45卷

蓝布封面，62 页，尾残，上边距 5.3 厘米，下边距 1.8 厘米。

馆册第481号　第47卷

63 页，全文保存，上边距 5.3 厘米，下边距 2 厘米。经题后有秉常皇帝（尊号 1）及其母梁皇太后（尊号 2）御译。页面行距间有新添写的字，经文中有些地方有改动。

馆册第480号　第48卷

28 页，仅存经首，上边距 4 厘米，下边距 3 厘米，经文已发霉，页面有粘连。

馆册第479号　第48卷

29 页，仅存经尾，上边距 5.7 厘米，下边距 1.5 厘米。结尾处重复经题。有第 1 次校勘的标记，内容相符。

馆册第477号　第49卷

蓝布封面，64 页，全文保存，上边距 4.3 厘米，下边距 2.6 厘米。经文受潮严重，页面上有霉斑，经文残损严重。

馆册第104号　第50卷

蓝绸封面的标签上写有经文名称和卷号，52 页，全文保存。上边距 3.8 厘米，下边距 2.4 厘米。页面边角处有带光环的圆形边饰。

馆册第475号　第51卷

蓝布封面，55 页，首残，34 厘米 ×13.5 厘米，每页 7 行，每行 20 个字，结尾处重复经题。

馆册第473号　第53卷

蓝布封面上用墨写有卷号，62 页，全文保存，每页 7 行，每行 20—21 个字。上边距 5 厘米，下边距 1.8 厘米。结尾处重复经题，抄经者名字已磨损，无法辨认。

馆册第472号　第54卷

蓝布封面，64 页，全文保存。上边距 4.7 厘米，下边距 2.2 厘米。结尾处重复经题。有第 1 次校勘的标记，内容相符，翻译无误。

馆册第2385号　第55卷

6 页，首尾皆残，页面装订粘合处有经文名称和卷号。上边距 5.2 厘米，下边距 1.3 厘米。经文受潮严重，页边角已残朽。

馆册第465号　第56卷

蓝布封面上用墨写有卷号，55 页，全文保存。上边距 5.3 厘米，下边距 1.3 厘米。结尾处重复经题。有第 1 次校勘的标记，内容相符，翻译无误。已第 2 次校勘。

馆册第464号　第57卷

55 页，首尾皆残，经文页面装订粘合处有经文名称和卷号。

馆册第460号　第58卷

42 页，全文保存，上边距 4.2 厘米，下边距 1.7 厘米。

馆册第483号　第61卷

46 页，全文保存，每页 7 行，每行 20—21 个字。上边距 4.6 厘米，下边距 2.3 厘米。经题后有秉常皇帝（尊号 1）及其母梁皇太后（尊号 2）御译。

馆册第485号　第63卷

蓝布封面上贴有标签，上面写有经文名称和卷号。50 页，全文保存，每页 7 行，每行 20—21 个字。上边距 4.2 厘米，下边距 2.5 厘米。结尾处重复经题。有第 1 次校勘的标记。

馆册第488号　第64卷

蓝布封面上贴有标签，上面写有经文名称和卷号。34 页，全文保存。每页 7 行，每行 20—21 个字。上边距 3.7 厘米，下边距 3 厘米。结尾处重复经题。有第 1 次校勘的标记。

馆册第490号　第65卷

蓝布封面的标签上写有经文名称和卷号。34 页，全文保存。上边距 3.8 厘米，下边距 3 厘米。结尾处重复经题。有第 1 次校勘的标记。

馆册第491号　第66卷

41 页，全文保存，34.5 厘米 ×13 厘米，上边距 4.5 厘米，下边距 2.5 厘米。

馆册第495号　第68卷

40 页，全文保存，结尾处重复经题。有第 1 次校勘的标记。经文上端受潮，有洇湿痕迹。

馆册第497号　第69卷

蓝布封面的标签上写有经文名称和卷号。41 页，全文保存，上边距 4.3 厘米，下边距 2.3 厘米。

馆册第498号　第70卷

55 页，首尾皆残，每页 7 行，每行 20 个字。上边距 4.7 厘米，下边距 2 厘米。结尾处重复经题。

馆册第502号　第71卷

蓝布封面的标签上写有经文名称和卷号。74 页，全文保存，每页 7 行，每行 20 个字。上边距 4 厘米，下边距 2.7 厘米。经题后有秉常皇帝（尊号 1）及其母梁皇太后（尊号 2）御译。结尾处重复经题，校勘者野利宝成（Гхи-рие Лдиэ-шие）。已第 2 次校勘，内容相符。

馆册第504号　第72卷

蓝布封面的标签上写有经文名称和卷号。42 页，全文保存，上边距 4.8 厘米，下边距 2 厘米。结尾处重复经题，有第 1 次校勘的标记。

馆册第506号　第73卷

49 页，首尾皆残，每页 7 行，每行 20—22 个字。结尾处重复经题，经文因受潮页面有粘连。

馆册第507号　第74卷

50 页，全文保存，每页 7 行，每行 20—21 个字。结尾处重复经题，题记为：已第 2 次校勘，抄经者𗹦𗽢𗏹𗼃（耶哈哇由）(·a xwa wa ·ew Гха-хва Ва-гхеы)。

馆册第3301号　第75卷

7 页，仅存经尾，每页 7 行，每行 21—22 个字。上边距 4.5 厘米，下边距 2.4 厘米。结尾处重复经题。已第 2 次校勘。

馆册第509号　第76卷

60 页，尾残，上边距 3.8 厘米，下边距 2.2 厘米。

馆册第4021号　第77卷

4 页，首尾皆残，经文页面粘合处有经文名称和卷号。页面尺寸规格 33.7 厘米 ×13 厘米。上边距 5 厘米，下边距 2 厘米。经文页面硬化严重。

馆册第510号　第78卷

蓝布封面，63 页，全文保存，经题后有帙号。

馆册第513号　第79卷

71 页，全文保存，上边距 4.8 厘米，下边距 1.8 厘米。经题后有帙号，结尾处重复经题。已第 2 次校勘。

馆册第515号　第80卷

65 页，首尾皆残，经文页面装订粘合处有经文名称和卷号。上边距 4.7 厘米，下边距 1.5 厘米。

馆册第520号　第91卷

蓝布封面，43 页，全文保存，上边距 4.2 厘米，下边距 2.8 厘米。结尾处重复经题。已第 2 次校勘。

馆册第3298号　第92卷

5 页，首尾皆残，经文页面装订粘合处有经文名称和卷号。页面尺寸规格 34.5 厘米 ×13 厘米。上边距 4.5 厘米，下边距 2.5 厘米。

馆册第523号　第93卷

44 页，全文保存，上边距 4.5 厘米，下边距 2.3 厘米。经题后有帙号和秉常皇帝（尊号 1）及其母梁皇太后（尊号 1）中各 2 个字。结尾处重复经题，已校勘。

馆册第524号　第94卷

38 页，尾残，每页 7 行，每行 21—22 个字。上边距 4.2 厘米，下边距 2.5 厘米。经题后有帙号。

馆册第7797号　第95卷

7页，首尾皆残，经文页面装订粘合处有经文名称和卷号，34厘米 ×13厘米，上边距3.4厘米，下边距3厘米。

馆册第3540号　第96卷

1页，仅存经首，上边距4.7厘米，下边距2厘米。

馆册第527号　第97卷

36页，全文保存，每页7行，每行20—23个字。上边距4.5厘米，下边距2.2厘米。结尾处重复经题，已校勘2次。

馆册第3279号　第98卷

30页，首尾皆残，经文页面粘合处有经文名称和卷号。页面尺寸规格34厘米 ×13.2厘米，每页7行，每行21—22个字。上边距9厘米，下边距1.8厘米。经文上端已残朽。

馆册第529号　第99卷

55页，全文保存，每页7行，每行20—22个字。上边距5厘米，下边距2厘米。经题后有帙号。结尾处重复经题。已第2次校勘。

馆册第551号　第100卷

41页，首尾皆残，经文页面粘合处有经文名称和卷号。上边距4厘米，下边距2.5厘米。

馆册第550号　第100卷

38页，首尾皆残，经文页面粘合处有经文名称和卷号。上边距4厘米，下边距2.5厘米。

馆册第3397号　第101卷

8页，首尾皆残，经文页面粘合处有经文名称和卷号。上边距4.5厘米，下边距2.2厘米。

馆册第556号　第101卷

11页，首尾皆残，经文页面粘合处有经文名称和卷号。上边距4.3厘米，下边距2.2厘米。

馆册第2730号　第101卷

2页，仅存经尾，上边距4.2厘米，下边距2.1厘米。结尾处重复经题。已第2次校勘。

馆册第532号　第102卷

蓝布软封面，52页，全文保存，上边距3.8厘米，下边距2.8厘米。经题后有帙号，结尾处重复经题。

馆册第533号　第103卷

蓝布封面，56 页，全文保存，上边距 4.7 厘米，下边距 2.2 厘米。经题后有帙号，结尾处重复经题。已校勘，添写有附注：指出一家人六年来的因果报应的事情，感谢菩萨摩诃萨（Бодхисаттва-махасаттва）。

馆册第534号　第104卷

蓝布封面上用黑墨写有卷号和帙号。54 页，全文保存，34.7 厘米 ×13 厘米。上边距 5 厘米，下边距 2 厘米。结尾处重复经题。有第 1 次校勘的标记。

馆册第557号　第105卷

44 页，首尾皆残，经文页面粘合处有经文名称和卷号，上边距 4.8 厘米，下边距 1.7 厘米。

馆册第536号　第106卷

29 页，首尾皆残。经文页面粘合处有经文名称和卷号。34.5 厘米 ×13 厘米，上边距 6.1 厘米，下边距 0.7 厘米，经文下端已残朽。

馆册第537号　第108卷

49 页，首残，页面尺寸规格 34.5 厘米 ×13 厘米，上边距 4.8 厘米，下边距 1.9 厘米。结尾处重复经题，有第 1 次校勘的标记。

馆册第539号　第109卷

蓝绸封面上写有卷号和帙号，54 页，全文保存。上边距 5.2 厘米，下边距 1.6 厘米。结尾处重复经题，有第 1 次校勘的标记。

馆册第540号　第110卷

33 页，首残，每页 7 行，每行 20—21 个字。上边距 5.2 厘米，下边距 1.5 厘米。结尾处重复经题。有第 1 次校勘、第 2 次校勘的标记，用草体书写校勘者的名字，无法辨认。

馆册第558号　第111卷

12 页，首尾皆残，经文页面粘合处有经文名称和卷号。

馆册第2439号　第112卷

19 页，首尾皆残，经文页面粘合处有经文名称和卷号，页面尺寸规格 34.8 厘米 ×13.2 厘米。上边距 4.2 厘米，下边距 2.5 厘米。

馆册第402号　第113卷

59 页，首尾皆残，经文页面粘合处有经文名称和卷号，上边距 4 厘米，下边距 2.8 厘米。

馆册第2482号　第114卷

32 页，首尾皆残，经文页面粘合处有经文名称和卷号，33.2 厘米 ×13.3 厘米，每页 7 行，每行 18 个字。上边距 4.8 厘米，下边距 2.7 厘米。

馆册第546号　第115卷

48 页，全文保存，每页 7 行，每行 20—21 个字。上边距 4.8 厘米，下边距 2 厘米。经题后有仁孝皇帝（尊号 1）中的 3 个字。结尾处重复经题，有第 1 次校勘的标记。

馆册第545号　第116卷

21 页，仅存经首，上边距 3.5 厘米，下边距 3.3 厘米。经文页面硬化严重，页面有粘连。

馆册第544号　第118卷

蓝布封面上的标签上写有经文名称和卷号，79 页，全文保存，上边距 4.8 厘米，下边距 2 厘米。结尾处重复经题，题记为：[illegible]（2 遍校勘者野利才力）(·i rie ndzie lhi Гхи-рие Ндзие-лхи)。

馆册第543号　第119卷

蓝布封面，61 页，尾残，上边距 4.2 厘米，下边距 1.7 厘米，经文前几页被撕坏。

馆册第542号　第120卷

蓝布封面上的标签上写有经文名称和卷号，69 页，全文保存，34.5 厘米 ×13 厘米。上边距 5 厘米，下边距 2 厘米。经题后有帙号。结尾处重复经题，题记为：第 2 次校勘经文者为野利宝成（Гхи-рие Лдие-шие）。

第98号

[illegible]

《大宝积经》

一组深色软封面的经折装经文，每页 6 行。

写本经折装，33—33.5 厘米 ×12 厘米，每页 6 行，每行 19 个字。淡墨线勾栏，每卷页边距都不一致。纸质一级。

这组经文没有标明年款，总发愿者的名字也没有保存下来，只指出部分经文施写发愿者的名字、边防使嵬㖸移（Нгве-жвей），抄经者刘老生（Леы Лачиве），部分经文校勘者德善春狗（Чхион Кхви）。

完全保存下来的卷数有：第 1、3、7、9、12、14、17、20、21、22、24—

29、31、32、33、36、37、42—45、47、49、50、52、58、59、61—66、69、70、72、73、74、78、79、80、83、84、85、93、97、99、105、109卷。

完全佚失的卷数是：第5、6、19、38、39、40、46、51、53、54、67、75、77、81、82、86、89、90、91、98、102、107、108、110、111、114—120卷。

其他卷数只剩下残片。

馆册第354号　第1卷

黑布封面的标签上绘有回纹花饰，标签上写有经文名称、卷号和帙号。54页，全文保存。上边距4.3厘米，下边距3厘米。经题后有帙号和仁孝皇帝（尊号1）御译。结尾处重复经题，有第1次校勘的标记。

馆册第6272号　第2卷

17页，仅存经尾，页面尺寸规格33厘米×12厘米，上边距4.5厘米，下边距2.5厘米。结尾处重复经题和帙号。经文页面被揉皱并被撕坏。

馆册第365号　第2卷

86页，尾残，上边距4厘米，下边距3厘米。经题后有帙号和仁孝皇帝（尊号1）中的4个字。

馆册第367号　第3卷

黑布封面的标签上绘有回纹花饰，标签上面写有帙号。86页，全文保存，上边距4厘米，下边距3厘米。经题后有帙号和仁孝皇帝（尊号1）中的4个字。

馆册第370号　第4卷

5页，仅存经尾，上边距4.5厘米，下边距2.8厘米，结尾处重复经题和帙号。

馆册第373号　第7卷

71页，全文保存，上边距4.5厘米，下边距2.7厘米。经题后有帙号和仁孝皇帝（尊号1）中的前4个字。结尾处重复经题和帙号。

馆册第375号　第8卷

41页，首残，上边距4.5厘米，下边距2.5厘米，结尾处重复经题和帙号。

馆册第377号　第9卷

黑布封面上有一块标签的残片，82页，全文保存，上边距4.5厘米，下边距2.7厘米。经题后有帙号和仁孝皇帝（尊号1）中的前4个字。结尾处重复经题和帙号。经文页面霉斑严重，有些页面已残朽。

馆册第399号　第11卷

72页，尾残，上边距4.5厘米，下边距2.5厘米。经题后有帙号和仁孝皇帝（尊号1）中的前4个字。经文上端某些地方已经残朽。

馆册第400号　第12卷

66页，全文保存，上边距4.7厘米，下边距2.5厘米。经题后有帙号和仁孝皇帝（尊号1）中的前4个字。结尾处重复经题和帙号，经文前几页上端已经残朽。

馆册第403号　第13卷

41页，仅存经首，上边距4.5厘米，下边距2.5厘米。经题后有仁孝皇帝（尊号1）中的前4个字。经文上端已残朽。

馆册第404号　第13卷

30页，仅存经尾，上边距4.6厘米，下边距2.3厘米。结尾处重复经题和帙号。

馆册第406号　第14卷

71页，全文保存，上边距4.6厘米，下边距2.5厘米。经题后有帙号和仁孝皇帝（尊号1）中的前4个字。结尾处重复经题和帙号。

馆册第2723号　第15卷

5页，仅存经首，上边距4.5厘米，下边距2.7厘米。经题后有帙号和仁孝皇帝（尊号1）中的前4个字。经文页面硬化严重。

馆册第408号　第15卷

9页，仅存经尾，上边距4.3厘米，下边距2.7厘米，结尾处重复经题和帙号。

馆册第410号　第16卷

90页，尾残，上边距4.3厘米，下边距2.7厘米。经题后有帙号和仁孝皇帝（尊号1）中的前4个字。经文受潮严重，页面上布满霉斑且有粘连。

馆册第411号　第17卷

黑布封面的标签上绘有回纹花饰，标签上写有经文名称和卷号。75页，全文保存，上边距4厘米，下边距2.7厘米。经题后有帙号和仁孝皇帝（尊号1）中的前4个字。结尾处重复经题和帙号。

馆册第555号　第18卷

40页，仅存经首，上边距4.2厘米，下边距2.6厘米。经题后有帙号和仁孝皇帝（尊号1）中的前4个字。

馆册第416号 第20卷

83 页，全文保存，上边距 4.5 厘米，下边距 2.2 厘米。经题后有帙号和仁孝皇帝（尊号 1）中的前 4 个字。结尾处重复经题和帙号，经文最后几页上端已残朽。

馆册第427号 第21卷

黑布封面的标签上有回纹花饰，标签上写有经文名称和卷号。86 页，全文保存。上边距 4.2 厘米，下边距 2.9 厘米。经题后有帙号和仁孝皇帝（尊号 1）中的前 4 个字。结尾处重复经题和帙号，有第 1 次校勘的标记。

馆册第428号 第22卷

黑布封面，62 页，全文保存，上边距 4.5 厘米，下边距 2.7 厘米。经题后有帙号和仁孝皇帝（尊号 1）中的前 4 个字。结尾处重复经题和帙号，有第 1 次校勘的标记。

馆册第430号 第23卷

58 页，尾残，上边距 4.2 厘米，下边距 3 厘米。经题后有帙号和仁孝皇帝（尊号 1）中的前 4 个字。

馆册第431号 第23卷

7 页，每折 6 行，每行 15 个字，上边距 3.8 厘米，下边距 3 厘米。结尾处重复经题和帙号，有第 1 次校勘的标记。

馆册第432号 第24卷

61 页，全文保存，上边距 4 厘米，下边距 3 厘米。经题后有帙号和仁孝皇帝（尊号 1）中的前 4 个字。结尾处重复经题和帙号，有第 1 次校勘的标记。

馆册第434号 第25卷

黑布封面，72 页，全文保存，上边距 4.7 厘米，下边距 2.3 厘米。经题后有帙号和仁孝皇帝（尊号 1）中的前 4 个字。结尾处重复经题和帙号。

馆册第435号 第26卷

黑布封面的标签上绘有回纹花饰，标签上写有经文名称和卷号。58 页，全文保存，上边距 4 厘米，下边距 3 厘米。经题后有帙号和仁孝皇帝（尊号 1）中的前 4 个字。结尾处重复经题和帙号，有第 1 次校勘的标记。

馆册第723号 第27卷

黑布封面上有 2 个标签，上面绘有回纹花饰、写有经文名称和卷号及帙号。58 页，全文保存，页面尺寸规格 34 厘米 ×12 厘米，上边距 4.9 厘米，下边距 3.5 厘米。经题后有帙号和仁孝皇帝（尊号 1）中的前 4 个字。结尾处重复经题和帙号，有第 1 次校勘的标记。

馆册第438号　第28卷

黑布封面的标签上绘有回纹花饰，写有经文名称及卷号。108 页，全文保存，上边距 4 厘米，下边距 2.8 厘米。经题后有帙号和仁孝皇帝（尊号 1）中的前 4 个字。结尾处重复经题和帙号，抄经者[illegible]（没）(me Mэ)。

馆册第519号　第29卷

50 页，全文保存，上边距 4.5 厘米，下边距 3 厘米。经题后有帙号和仁孝皇帝（尊号 1）中的前 4 个字。结尾处重复经题和帙号。

馆册第440号　第30卷

10 页，仅存经尾，上边距 4.5 厘米，下边距 2 厘米，结尾处重复经题。

馆册第441号　第31卷

黑布封面上有 2 个标签，标签上绘有回纹花饰，写有经文名称、卷号及帙号。73 页，全文保存，上边距 4 厘米，下边距 3 厘米。经题后有帙号和仁孝皇帝（尊号 1）中的前 4 个字。结尾处重复经题和帙号。有第 1 次校勘的标记，内容相符。

馆册第442号　第32卷

72 页，全文保存，上边距 4.4 厘米，下边距 2.8 厘米。经题后有帙号和仁孝皇帝（尊号 1）中的前 4 个字。结尾处重复经题和帙号。有第 1 次校勘的标记，内容相符。经文第 1 页受潮严重。

馆册第445号　第33卷

69 页，全文保存，每页 6 行，每行 20 个字。上边距 5 厘米，下边距 2.5 厘米。经题后有帙号。结尾处重复经题和帙号。

馆册第449号　第34卷

71 页，首残，上边距 4 厘米，下边距 3 厘米。结尾处重复经题和帙号。有第 1 次校勘的标记，内容相符。

馆册第448号　第35卷

黑布封面上的标签只剩下残片，104 页，尾残，上边距 4.3 厘米，下边距 2.8 厘米。经题后有帙号和仁孝皇帝（尊号 1）中的前 4 个字。经文页面受潮严重，有霉斑，有粘连，部分页面已经残朽。

馆册第447号　第36卷

黑布封面的标签上绘有回纹，上面写有经文名称和卷号。65 页，全文保存，上边距 4.3 厘米，下边距 3.1 厘米。经题后有帙号和仁孝皇帝（尊号 1）中的前

4 个字。结尾处重复经题和帙号。有第 1 次校勘的标记，内容相符。经文下端已残朽，页面有粘连。

馆册第446号　第37卷

96 页，全文保存，每页 6 行，每行 18—20 个字，上边距 4.7 厘米，下边距 2.6 厘米。经题后有帙号和仁孝皇帝（尊号 1）中的前 4 个字。结尾处重复经题和帙号。有第 1 次校勘的标记，内容相符。

馆册第451号　第41卷

69 页，尾残，上边距 4 厘米，下边距 3 厘米。经题后有帙号和仁孝皇帝（尊号 1）中的前 4 个字。

馆册第452号　第41卷

7 页，仅存经尾，上边距 3.5 厘米，下边距 3.5 厘米，结尾处重复经题和帙号。

馆册第453号　第42卷

用黑色的和深蓝色的碎布拼成的软封面上有 2 个标签的残片。96 页，全文保存，上边距 4.3 厘米，下边距 2.8 厘米。经题后有帙号和仁孝皇帝（尊号 1）中的前 4 个字。结尾处重复经题和帙号。

馆册第454号　第43卷

用黑色和深蓝色的碎布拼成的软封面上有 2 个绘有回纹花饰的标签，上面写有经文名称和卷号。82 页，全文保存，上边距 4 厘米，下边距 3.2 厘米。经题后有帙号和仁孝皇帝（尊号 1）中的前 4 个字。结尾处重复经题和帙号。

馆册第456号　第44卷

用黑色和深蓝色的碎布拼成的软封面上有标签的残片。79 页，全文保存，上边距 4.6 厘米，下边距 2.7 厘米。经题后有帙号和仁孝皇帝（尊号 1）中的前 4 个字。结尾处重复经题和帙号。

馆册第457号　第45卷

用黑色和深蓝色的碎布拼成的软封面。87 页，全文保存，上边距 4.2 厘米，下边距 2.8 厘米。经题后有帙号和仁孝皇帝（尊号 1）中的前 4 个字。结尾处重复经题和帙号。

馆册第1236号　第47卷

用黑色和深蓝色的碎布拼成的软封面。91 页，全文保存，上边距 3.8 厘米，下边距 3 厘米。经题后有帙号和仁孝皇帝（尊号 1）中的前 4 个字。结尾处重复经题和帙号。

馆册第1292号　第48卷

3页，仅存经尾，上边距5.2厘米，下边距2.5厘米，结尾处重复经题和帙号。

馆册第478号　第49卷

86页，全文保存，上边距4.2厘米，下边距3.3厘米。经题后有帙号和仁孝皇帝（尊号1）中的前4个字。结尾处重复经题和帙号。

馆册第476号　第50卷

用黑色和深蓝色的碎布拼成的软封面上有2个绘有回纹的标签，上面写有经文名称、卷号和帙号。73页，全文保存，上边距4.2厘米，下边距2.8厘米。经题后有帙号和仁孝皇帝（尊号1）中的前4个字。结尾处重复经题和帙号。

馆册第474号　第52卷

用黑色的深蓝色碎布拼成的软封面上有绘有回纹花饰的标签，上面写有经文名称和卷号。85页，全文保存，页面尺寸规格33.5厘米×11.5厘米，上边距4.2厘米，下边距2.8厘米。经题后有帙号。结尾处重复经题和帙号。

馆册第466号　第55卷

黑布封面的标签上绘有回纹花饰，上面写有经文名称和卷号。62页，尾残，上边距4.3厘米，下边距2.5厘米。经题后有帙号和仁孝皇帝（尊号1）中的前4个字。

馆册第6397号　第56卷

4页，仅存经首，33厘米×12厘米，上边距4厘米，下边距3厘米。经题后有帙号和仁孝皇帝（尊号1）中的前4个字。

馆册第463号　第57卷

80页，尾残，上边距3.8厘米，下边距2.5厘米。经题后有帙号和仁孝皇帝（尊号1）中的前4个字。经文最后几页被撕坏并有残朽。

馆册第462号　第58卷

黑色碎布拼成的软封面上有2个绘有回纹花饰的标签，上面写有经文名称、卷号和帙号。59页，全文保存，页面尺寸规格33.5厘米×11.8厘米，上边距4.7厘米，下边距2.4厘米。经题后有帙号和仁孝皇帝（尊号1）中的前4个字。结尾处重复经题和帙号。

馆册第459号　第59卷

黑色碎布拼成的封面上有2个绘有回纹花饰的标签，上面写有经文名称、卷号和帙号。73页，全文保存，上边距4.7厘米，下边距2.3厘米。经题后有帙号和仁孝皇帝（尊号 1）中的前 4 个字。结尾处重复经题和帙号。经文页面受潮并有粘连。

馆册第458号　第60卷

64 页，首残，页面尺寸规格 33.5 厘米 ×11.5 厘米，上边距 4 厘米，下边距 2.7 厘米。结尾处重复经题和帙号。

馆册第482号　第61卷

黑布和深蓝色纸做成的 2 层软封面上绘有回纹花饰的标签，上面写有经文帙号。67 页，全文保存，上边距 4 厘米，下边距 3 厘米。经题后有帙号和仁孝皇帝（尊号 1）中的前 4 个字。结尾处重复经题和帙号。

馆册第484号　第62卷

用黑布和深蓝色纸做成的 2 层软封面上绘有回纹花饰的标签，上面写有经文帙号。85 页，全文保存，上边距 3.7 厘米，下边距 3.2 厘米。经题后有帙号和仁孝皇帝（尊号 1）中的前 4 个字。结尾处重复经题和帙号。

馆册第486号　第63卷

灰纸封面，75 页，全文保存，页面尺寸规格 33.5 厘米 ×11.5 厘米，上边距 4.5 厘米，下边距 2.7 厘米。经题后有帙号和仁孝皇帝（尊号 1）中的前 4 个字。结尾处重复经题和帙号。

馆册第487号　第64卷

黑布封面，53 页，全文保存，上边距 4.2 厘米，下边距 2.5 厘米。经题后有帙号和仁孝皇帝（尊号 1）中的前 4 个字。结尾处重复经题和帙号。

馆册第489号　第65卷

黑布和灰纸 2 层做成的软封面，56 页，全文保存，页面尺寸规格 33.5 厘米 ×11.5 厘米，上边距 4.2 厘米，下边距 2.5 厘米。经题后有帙号和仁孝皇帝（尊号 1）中的前 4 个字。结尾处重复经题和帙号。

馆册第492号　第66卷

灰纸封面，62 页，全文保存，页面尺寸规格 33.5 厘米 ×11.5 厘米，上边距 4.2 厘米，下边距 2.5 厘米。经题后有帙号和仁孝皇帝（尊号 1）中的前 4 个字。结尾处重复经题和帙号。

馆册第493号　第68卷

38 页，仅存经首，页面尺寸规格 33.5 厘米 ×11.5 厘米，上边距 4.4 厘米，下边距 2.5 厘米。经题后有帙号和仁孝皇帝（尊号 1）中的前 4 个字。

馆册第496号　第69卷

粘上去的纸封面，63页，全文保存，上边距4.2厘米，下边距3厘米。经题后有帙号和仁孝皇帝（尊号1）中的前4个字。结尾处重复经题和帙号。

馆册第499号　第70卷

灰绿色纸封面的标签上绘有回纹花饰，上面写有经文名称和卷号。101页，全文保存，页面尺寸规格33.5厘米×11.7厘米，上边距3.8厘米，下边距3厘米。经题后有帙号和仁孝皇帝（尊号1）中的前4个字。结尾处重复经题和帙号。

馆册第3361号　第71卷

65页。尾残。上边距4厘米，下边距2.7厘米。经题后有帙号和仁孝皇帝（尊号1）中的前4个字。

馆册第503号　第72卷

黑布软封面的标签上绘有回纹花饰，上面写着经文名称和卷号。59页，全文保存，页面尺寸规格33.5厘米×11.7厘米，上边距4.1厘米，下边距2.7厘米。经题后有帙号。结尾处重复经题和帙号。

馆册第505号　第73卷

黑布封面上有两个回纹花饰的标签，上面写有经文名称和卷号及帙号。64页，全文保存，上边距4.5厘米，下边距2.8厘米。经题后有帙号和仁孝皇帝（尊号1）中的前4个字。结尾处重复经题和帙号。

馆册第508号　第74卷

黑布封面上绘有回纹花饰的标签，上面写有经文名称和卷号。70页，全文保存，每页6行，每行18—19个字。上边距4.5厘米，下边距2.5厘米。经题后有帙号和仁孝皇帝（尊号1）中的前4个字。结尾处重复经题和帙号。

馆册第6252号　第76卷

4页，仅存经首，页面尺寸规格33.5厘米×11.7厘米，每页6行，每行19个字。上边距6厘米，下边距3厘米。经题后有帙号和仁孝皇帝（尊号1）中的前4个字。

馆册第511号　第78卷

黑布封面的标签上绘有回纹花饰，上页写有经文名称和卷号。92页，全文保存，页面尺寸规格33.5厘米×11.5厘米，上边距5.5厘米，下边距3.3厘米。经题后有帙号和仁孝皇帝（尊号1）中的前4个字。结尾处重复经题和帙号。

馆册第512号　第79卷

用黑布和灰纸 2 层做成的软封面，99 页，全文保存，页面尺寸规格 33.5 厘米 ×11.5 厘米，上边距 4 厘米，下边距 2.5 厘米。经题后有帙号和仁孝皇帝（尊号 1）中的前 4 个字。结尾处重复经题和帙号。

馆册第514号　第80卷

黑布封面的标签上绘有回纹花饰，上面写有帙号，106 页，全文保存，页面尺寸规格 33.5 厘米 ×11.5 厘米，上边距 5.5 厘米，下边距 3.3 厘米。经题后有帙号和仁孝皇帝（尊号 1）中的前 4 个字。结尾处重复经题和帙号。

馆册第516号　第83卷

37 页，全文保存，页面尺寸规格 33.5 厘米 ×11.5 厘米，上边距 6 厘米，下边距 3 厘米。经题后有帙号。结尾处重复经题和帙号，题记为：

[illegible]

随喜者边防使嵬□移（ngwe zwei Нгве-жвей），净本写者刘老生（lew la t1iwe Леы Ла-чиве）

馆册第517号　第84卷

42 页，全文保存，页面尺寸规格 35.5 厘米 ×11.5 厘米，上边距 6 厘米，下边距 3 厘米。经题后有帙号和仁孝皇帝（尊号 1）。结尾处重复经题和帙号。

馆册第518号　第85卷

软纸封面，81 页，全文保存，上边距 6 厘米，下边距 2.5 厘米。经题后有帙号和仁孝皇帝（尊号 1）。结尾处重复经题和帙号。有第 1 次校勘、第 2 次校勘的标记。

馆册第1491号　第87卷

52 页，首残，上边距 5.8 厘米，下边距 3.3 厘米。经题后有帙号，题记为：有第 1 次校勘的标记，抄经文者[illegible]（梁麻秉）(lion ma pie Лион Ма-пие)。

馆册第1490号　第88卷

13 页，仅存经首，页面尺寸规格 33.3 厘米 ×11.8 厘米，每页 6 行，每行 19 个字。上边距 6 厘米，下边距 3 厘米。经题后有帙号和仁孝皇帝（尊号 1）中的前 4 个字。

馆册第521号　第92卷

21 页，仅存经尾，页面尺寸规格 33.5 厘米 ×11.8 厘米，上边距 5.8 厘米，下边距 3.2 厘米。经题后有帙号。

馆册第522号　第93卷

黑布封面的标签上绘有回纹花饰，上面写有经文名称和卷号。59 页，全文保存，页面尺寸规格 33.5 厘米 ×11.5 厘米，上边距 5.8 厘米，下边距 3.3 厘米。经题后有帙号和仁孝皇帝（尊号 1）中的 1 个字。结尾处重复经题和帙号。有第 1 次校勘的标记。

馆册第3536号　第94卷

1 页，仅存经首，上边距 3.5 厘米，下边距 3.3 厘米。经题后有帙号和仁孝皇帝（尊号 1）中的 1 个字。

馆册第2722号　第94卷

1 页，仅存经尾，上边距 3.5 厘米，下边距 3.3 厘米，结尾处重复经题和帙号。

馆册第525号　第95卷

37 页，仅存经尾，上边距 5.8 厘米，下边距 3.1 厘米，结尾处重复经题和帙号。

馆册第6252号　第96卷

2 页，仅存经首，每页 6 行，每行 17 个字，上边距 6 厘米，下边距 3.2 厘米。经题后有帙号和仁孝皇帝（尊号 1）中的前 4 个字。

馆册第2791号　第97卷

3 页，仅存经尾，每页 6 行，每行 19 个字，上边距 5.7 厘米，下边距 3.3 厘米。结尾处重复经题和帙号。

馆册第526号　第97卷

黑布封面的标签上绘有回纹花饰，上面写有经文名称和卷号。51 页，全文保存，页面尺寸规格 33.6 厘米 ×11.8 厘米，上边距 5.2 厘米，下边距 3.7 厘米。经题后有帙号，结尾处重复经题和帙号。

馆册第528号　第99卷

纸封面只剩下一半，75 页，全文保存，页面尺寸规格 33.5 厘米 ×11.5 厘米，上边距 6 厘米，下边距 3 厘米。经题后有帙号和仁孝皇帝（尊号 1）中的前 4 个字。结尾处重复经题和帙号。

馆册第530号　第101卷

55 页，尾残，上边距 4 厘米，下边距 2.8 厘米。经题后有帙号和仁孝皇帝（尊号 1）中的前 4 个字。

馆册第531号　第101卷

32 页，仅存经尾，上边距 4.5 厘米，下边距 2.5 厘米。结尾处重复经题和帙号，题记：

[illegible]（随喜校者、善者春狗）(t1hion khwi Чхион Кхви)。有第 1 次校勘的标记。

馆册第549号　第103卷

蓝色碎布拼成的封面上绘有回纹花饰的两个标签，上面写有经文名称、卷号和帙号。62 页，首残，上边距 6 厘米，下边距 3 厘米。经文最后几页无栏线。结尾处重复经题和帙号。

馆册第547号　第104卷

6 页，仅存经尾，31 厘米 ×11.5 厘米，每页 6 行，每行 17 个字。上边距 4.7 厘米，下边距 3.8 厘米。结尾处重复经题。

馆册第548号　第105卷

62 页，全文保存，上边距 4 厘米，下边距 2.7 厘米。经题后有帙号和仁孝皇帝（尊号 1）中的前 4 个字。结尾处重复经题和帙号。

馆册第535号　第106卷

15 页，仅存经尾，33 厘米 ×11.5 厘米，上边距 4.5 厘米，下边距 2.7 厘米。结尾处重复经题。

馆册第538号　第109卷

粘上去的纸封面，75 页，全文保存，上边距 4.5 厘米，下边距 2.8 厘米。经题后有帙号和仁孝皇帝（尊号 1）全称。结尾处重复经题和帙号。

馆册第2725号　第112卷

5 页，仅存经首，页面尺寸规格 31 厘米 ×11.8 厘米，每页 6 行，每行 17 个字。上边距 5.1 厘米，下边距 3.5 厘米。经题后有帙号和西夏文“皇帝”这个词中的 1 个字。

馆册第541号　第113卷

68 页，尾残，页面尺寸规格 31 厘米 ×11.8 厘米，每页 6 行，每行 17 个字。上边距 4.7 厘米，下边距 3.5 厘米。经题后有帙号和仁孝皇帝（尊号 1）。

第99号

[illegible]

《大宝积经》

馆册第7377号

写本贝叶经，页面尺寸规格32.5厘米×50厘米，828页，每页26行，每行19个字。每页右边角处有帙号和页码。每10卷经文共用一套页码。很多卷的经题后有秉常皇帝（尊号1）及其母梁皇太后（尊号2）御译。这组经文中没有任何发愿者、抄经者和校勘者的情况，也无年款。纸质八级。

第1—10卷

78页，第1—27、34—82页，每页右边角写有帙号和页码。

第11—20卷

77页，第1—77页，全文保存，每页右边角写有帙号和页码。

第21—30卷

69页，第1—36、38—70页，几乎是全文保存，每页右边角写有帙号和页码。

第31—40卷

77页，第1—77页，全文保存，每页右边角写有帙号和页码。

第41—50卷

94页，第1—94页，全文保存，每页右边角写有帙号和页码。

第51—60卷

82页，第1—82页，全文保存，每页右边角写有帙号和页码。

第61—70卷

64页，第1—64页，全文保存，每页右边角写有帙号和页码。

第71—80卷

90页，第1—90页，全文保存，每页右边角写有帙号和页码。

第81—90卷

78页，第1—78页，全文保存，每页右边角写有帙号和页码。

第91—100卷

1页，第13页，此页上写有帙号，但不是这10卷经文的帙号，也许，此页根本就不是这篇经文上的页面。

第101—110卷

76 页，第 2—77 页，差不多全文保存，每页右边角写有帙号和页码。

第111—120卷

101 页，第 1—101 页，全文保存，每页右边角写有帙号和页码。

第100号

[illegible]

《大宝积经》

写本贝叶经，页面尺寸规格 19.5 厘米 ×54.5 厘米，882 页，仅存经尾，每页 29 行，每行 13 个字。上边距 2.2 厘米，下边距 2.6 厘米。总发愿者、边防使、百夫长（西夏文译作“行主”— 译注）嵬𠯋移山布（Нгве-жвей Шан-пу），抄经者芷嵬（Чией Нгве-вай）。此组经文抄写于 1190—1191 年。

每 10 卷经文共用一套页码，每页正面右边角处写有帙号和页码，页面正反两页书写经文。以前将此经目中的部分经文编入馆册第 5734、5744、5866、6328、7334、7546、7647、7648、7657、7670、7755 号，后来才单独归列为一组经目。

第1—10卷

92 页，第 6—8、10、11、13—52、54—66、68—90、91、92—102 页。每页正面右边角处写有帙号和页码。第 3 卷的经题后有仁孝皇帝（尊号 1）中的前 4 个字。第 10 卷经题后有仁孝皇帝（尊号 1）全称和题记，已第 2 次校勘，内容相符。

[illegible]

随喜三卷写者近男芷嵬（t1iei ngwe Чией Нгве）

经文中粘有用草体书写的陀罗尼经。

第11—20卷

97 页，第 1、2、4—15、17—30、32、35—77、80—103 页。第 11 卷经题后有仁孝皇帝（尊号 1）中的前 4 个字。

第21—30卷

85 页，第 1—4、6—10、12、13、20、21、24、25、28、30—37、39—60、64—72、78—88、89—93 页。每页正面右边角处写有帙号和页码。第 28 卷经题后有发愿者名字：净本发愿者嵬㖷（Нгве-жвей）。第 30 卷经文结尾处重复经题，题记为：

[illegible]

[illegible]

经文总发愿者行主嵬哆（Нгве-жвей）

随发愿活字写者善近贾（kâ Ka）

第 21—30 卷经文卷号后有帙号。

第31—40卷

78 页，第 1—3、5、7—15、21—53、57—73、75、78—84、86、87、98、100、103、104 页。每页正面右边角处写有帙号和卷号。第 31 卷经题后有仁孝皇帝（尊号 1）全称。

第41—50卷

98 页，第 2—14、16—38、40—74、80、81、83—107、115、116 页。每页正面右边角处写有帙号和页码。

第51—60卷

69 页，第 4—14、16—42、44—51、54、57、71—86、88—92 页。每页正面右边角处写有帙号和页码。

第61—70卷

64 页，第 2—10、12—51、53—65、80、85、87 页。每页正面右边角写有帙号和页码。

第71—80卷

80 页，第 5—10、13—17、19—24、29—30、32—43、46、47、50—56、61—66、68—71、73—77、79—84、86—101、103 页。每页正面右边角处写有帙号和页码。第 78 卷重复经题后有题记，内容为：

[illegible]

[illegible]

发愿者嵬□移山布（ngwe zwei 1an pu Нгве-жвей Шан-пу）

写者布青喽清（pu tshie lhew tshin Пу-цхие Лхеы-цхин）

第81—90卷

59 页，第 2—12、17—19、24—34、53—66、69—72、74、76—86、88 页。每页正面右边角处写有帙号和页码。

第91—100卷

77 页，第 3—15、21、22、24、25、27、28、31—49、51—78、82—91、98 页。每页正面右边角处写有帙号和页码。第 100 卷重复经题后有题记，内容

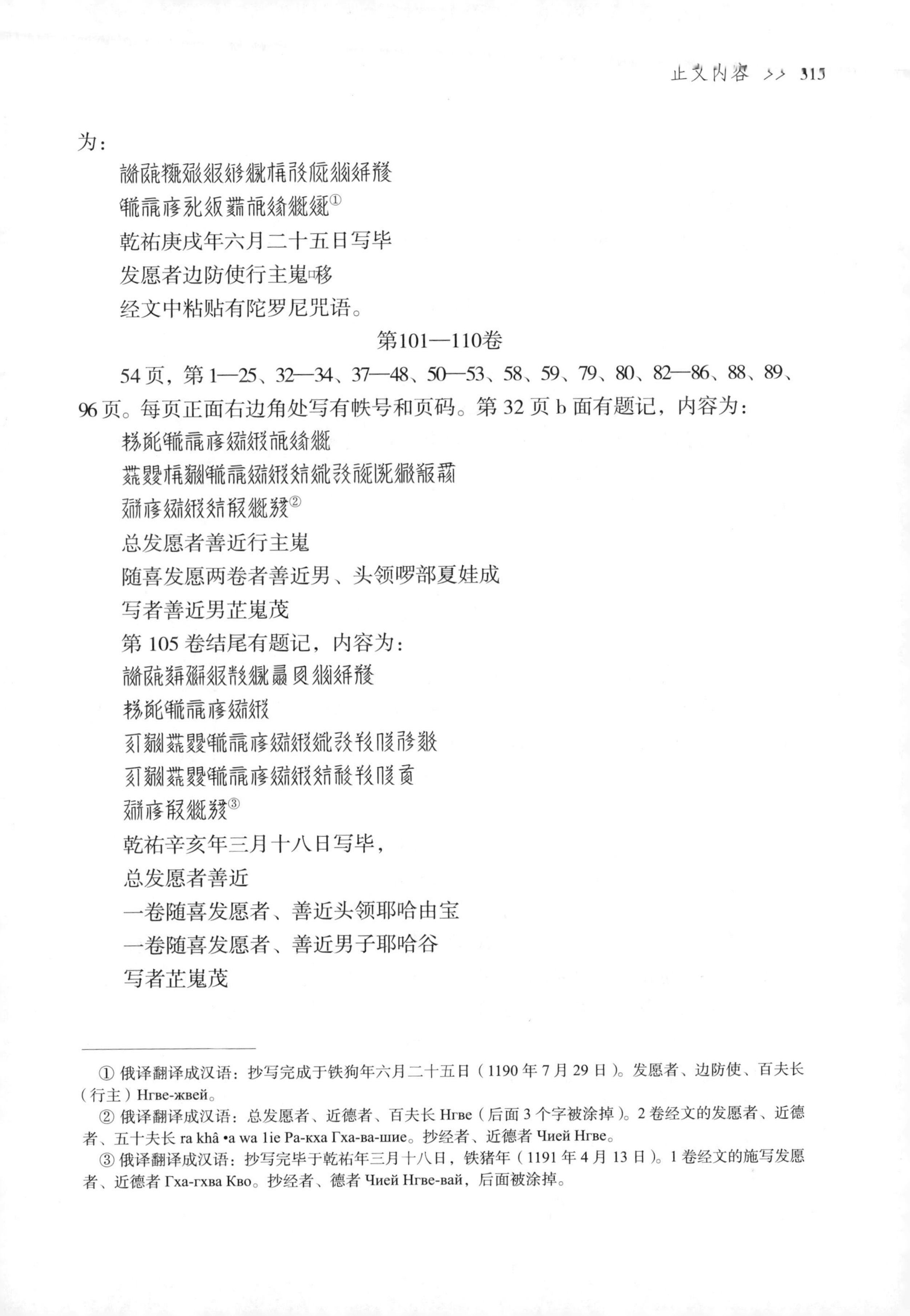

为：

[illegible]

[illegible][1]

乾祐庚戌年六月二十五日写毕

发愿者边防使行主嵬□移

经文中粘贴有陀罗尼咒语。

第101—110卷

54 页，第 1—25、32—34、37—48、50—53、58、59、79、80、82—86、88、89、96 页。每页正面右边角处写有帙号和页码。第 32 页 b 面有题记，内容为：

[illegible]

[illegible]

[illegible][2]

总发愿者善近行主嵬

随喜发愿两卷者善近男、头领啰部夏娃成

写者善近男芷嵬茂

第 105 卷结尾有题记，内容为：

[illegible]

[illegible]

[illegible]

[illegible]

[illegible][3]

乾祐辛亥年三月十八日写毕，

总发愿者善近

一卷随喜发愿者、善近头领耶哈由宝

一卷随喜发愿者、善近男子耶哈谷

写者芷嵬茂

---

① 俄译翻译成汉语：抄写完成于铁狗年六月二十五日（1190 年 7 月 29 日）。发愿者、边防使、百夫长（行主）Нгве-жвей。

② 俄译翻译成汉语：总发愿者、近德者、百夫长 Нгве（后面 3 个字被涂掉）。2 卷经文的发愿者、近德者、五十夫长 ra khâ •a wa 1ie Ра-кха Гха-ва-шие。抄经者、近德者 Чией Нгве。

③ 俄译翻译成汉语：抄写完毕于乾祐年三月十八日，铁猪年（1191 年 4 月 13 日）。1 卷经文的施写发愿者、近德者 Гха-гхва Кво。抄经者、德者 Чией Нгве-вай，后面被涂掉。

第111—120卷

31页，第2—4、6—16、18、21—24、26—28、56—58、65—68页。每页正面右边角处写有帙号和页码。第58页b面写有抄经者名字：𗴂𗴂𗴂𗴂𗴂𗴂𗴂（写经者布青尼玉嵬）(pu tshie nie ngiu wai Пу-цхие Ние-нгиу-вай)。

第101卷

𗴂𗴂𗴂𗴂𗴂

《大宝积经》

馆册第6880号　第90卷

刻本经折装，页面尺寸规格17.5厘米 ×8厘米，8页，仅存经尾，每页6行，每行13个字。上边距2.5厘米，下边距1厘米。结尾处重复经题。纸质八级。

第102卷

𗴂𗴂𗴂𗴂𗴂

《大宝积经》

馆册第7424号　第90卷

刻本经折装，页面尺寸规格19厘米 ×8.5厘米，3页，仅存经尾，每页5行，每行11个字。上边距3.5厘米，下边距2厘米。纸质八级。

第103号

西夏特藏第301号

𗴂𗴂𗴂𗴂𗴂𗴂𗴂𗴂𗴂

《三十五佛随忏悔要论》

译自汉文，见《大正藏》第326号，即《三十五佛名礼忏文》(译者注：开府仪同三司特进试鸿胪卿肃国公食邑三千户赐紫赠司空谥大鉴正号大广智大兴善寺三藏沙门不空奉　诏译)；西田龙雄《西夏文佛经目录》第137号。

馆册第880号

写本卷子装，20.5厘米 ×176厘米，尾残，每行17个字。经题后有作者：

𗴂𗴂𗴂𗴂𗴂𗴂𗴂𗴂

觉行法师德慧造（t1hia zie Чхиа Жиэ Дэ Хуй）

纸质八级。

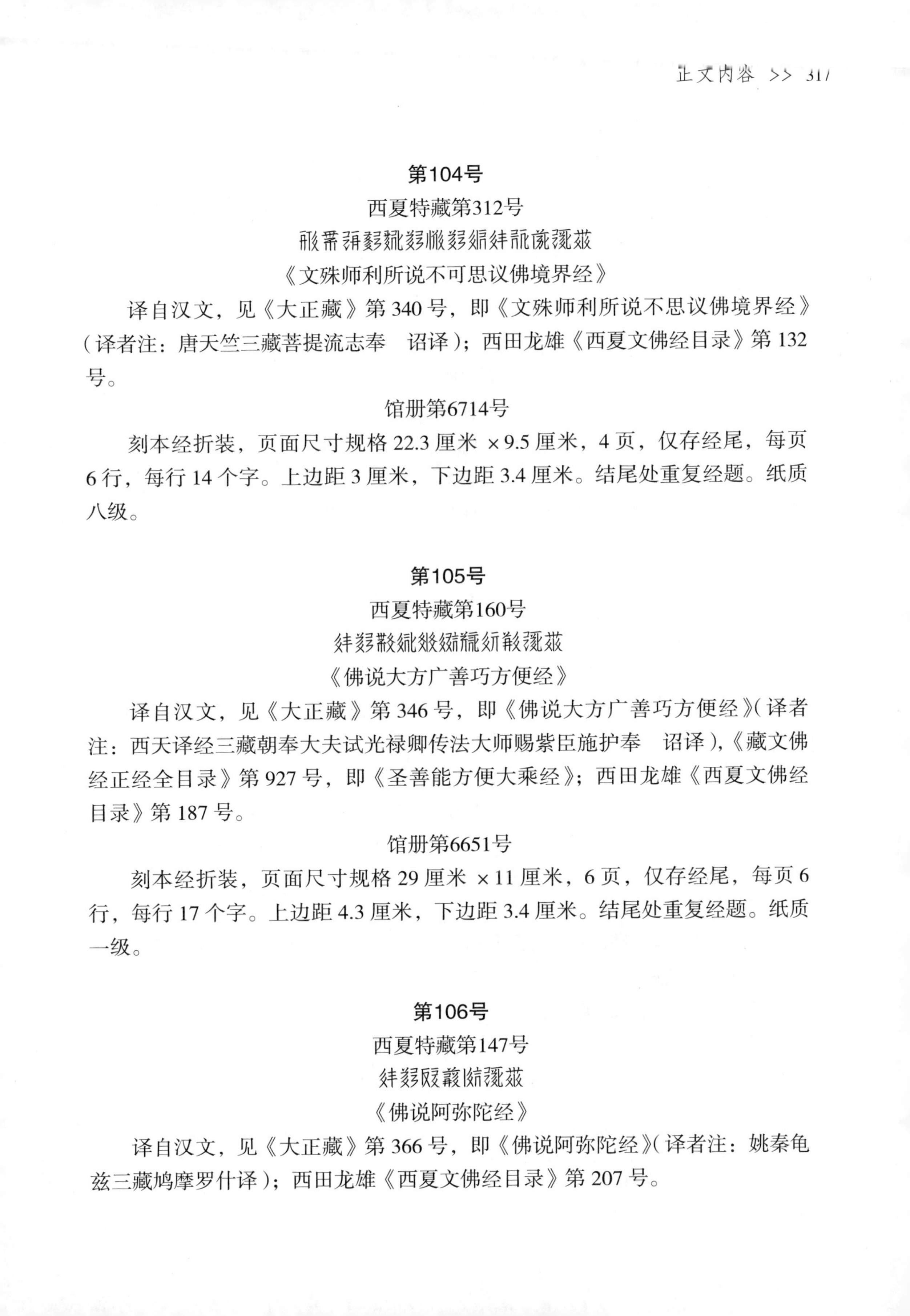

第104号

西夏特藏第312号

[illegible]

《文殊师利所说不可思议佛境界经》

译自汉文，见《大正藏》第 340 号，即《文殊师利所说不思议佛境界经》（译者注：唐天竺三藏菩提流志奉　诏译）；西田龙雄《西夏文佛经目录》第 132 号。

馆册第6714号

刻本经折装，页面尺寸规格 22.3 厘米 ×9.5 厘米，4 页，仅存经尾，每页 6 行，每行 14 个字。上边距 3 厘米，下边距 3.4 厘米。结尾处重复经题。纸质八级。

第105号

西夏特藏第160号

[illegible]

《佛说大方广善巧方便经》

译自汉文，见《大正藏》第 346 号，即《佛说大方广善巧方便经》（译者注：西天译经三藏朝奉大夫试光禄卿传法大师赐紫臣施护奉　诏译），《藏文佛经正经全目录》第 927 号，即《圣善能方便大乘经》；西田龙雄《西夏文佛经目录》第 187 号。

馆册第6651号

刻本经折装，页面尺寸规格 29 厘米 ×11 厘米，6 页，仅存经尾，每页 6 行，每行 17 个字。上边距 4.3 厘米，下边距 3.4 厘米。结尾处重复经题。纸质一级。

第106号

西夏特藏第147号

[illegible]

《佛说阿弥陀经》

译自汉文，见《大正藏》第 366 号，即《佛说阿弥陀经》（译者注：姚秦龟兹三藏鸠摩罗什译）；西田龙雄《西夏文佛经目录》第 207 号。

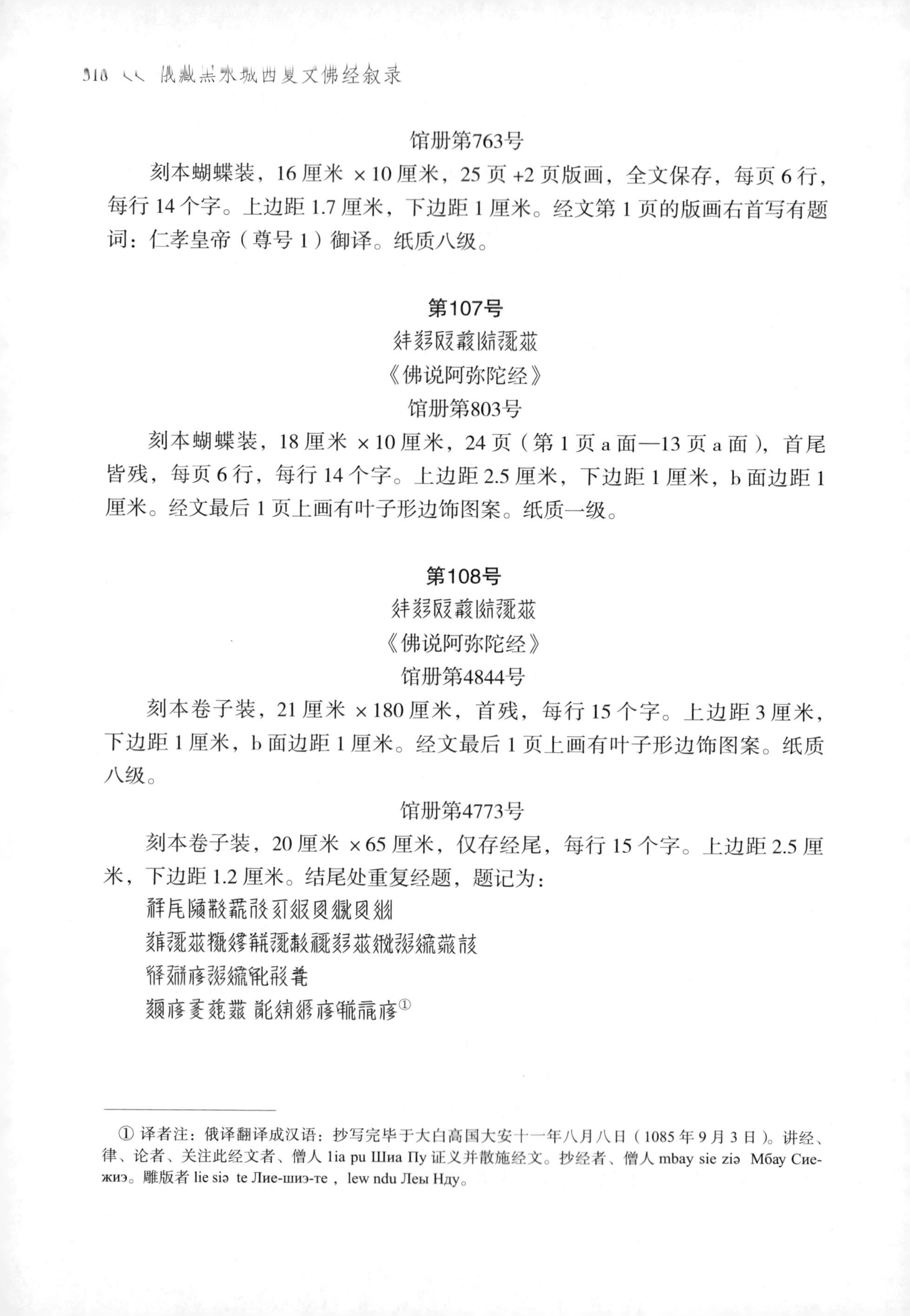

馆册第763号

刻本蝴蝶装，16 厘米 ×10 厘米，25 页 +2 页版画，全文保存，每页 6 行，每行 14 个字。上边距 1.7 厘米，下边距 1 厘米。经文第 1 页的版画右首写有题词：仁孝皇帝（尊号 1）御译。纸质八级。

第107号

[illegible]

《佛说阿弥陀经》

馆册第803号

刻本蝴蝶装，18 厘米 ×10 厘米，24 页（第 1 页 a 面—13 页 a 面），首尾皆残，每页 6 行，每行 14 个字。上边距 2.5 厘米，下边距 1 厘米，b 面边距 1 厘米。经文最后 1 页上画有叶子形边饰图案。纸质一级。

第108号

[illegible]

《佛说阿弥陀经》

馆册第4844号

刻本卷子装，21 厘米 ×180 厘米，首残，每行 15 个字。上边距 3 厘米，下边距 1 厘米，b 面边距 1 厘米。经文最后 1 页上画有叶子形边饰图案。纸质八级。

馆册第4773号

刻本卷子装，20 厘米 ×65 厘米，仅存经尾，每行 15 个字。上边距 2.5 厘米，下边距 1.2 厘米。结尾处重复经题，题记为：

[illegible]

[illegible]

[illegible]

[illegible]①

---

① 译者注：俄译翻译成汉语：抄写完毕于大白高国大安十一年八月八日（1085 年 9 月 3 日）。讲经、律、论者、关注此经文者、僧人 lia pu Шиа Пу 证义并散施经文。抄经者、僧人 mbay sie ziə Мбау Сиежиэ。雕版者 lie siə te Лие-шиэ-те，lew ndu Леы Нду。

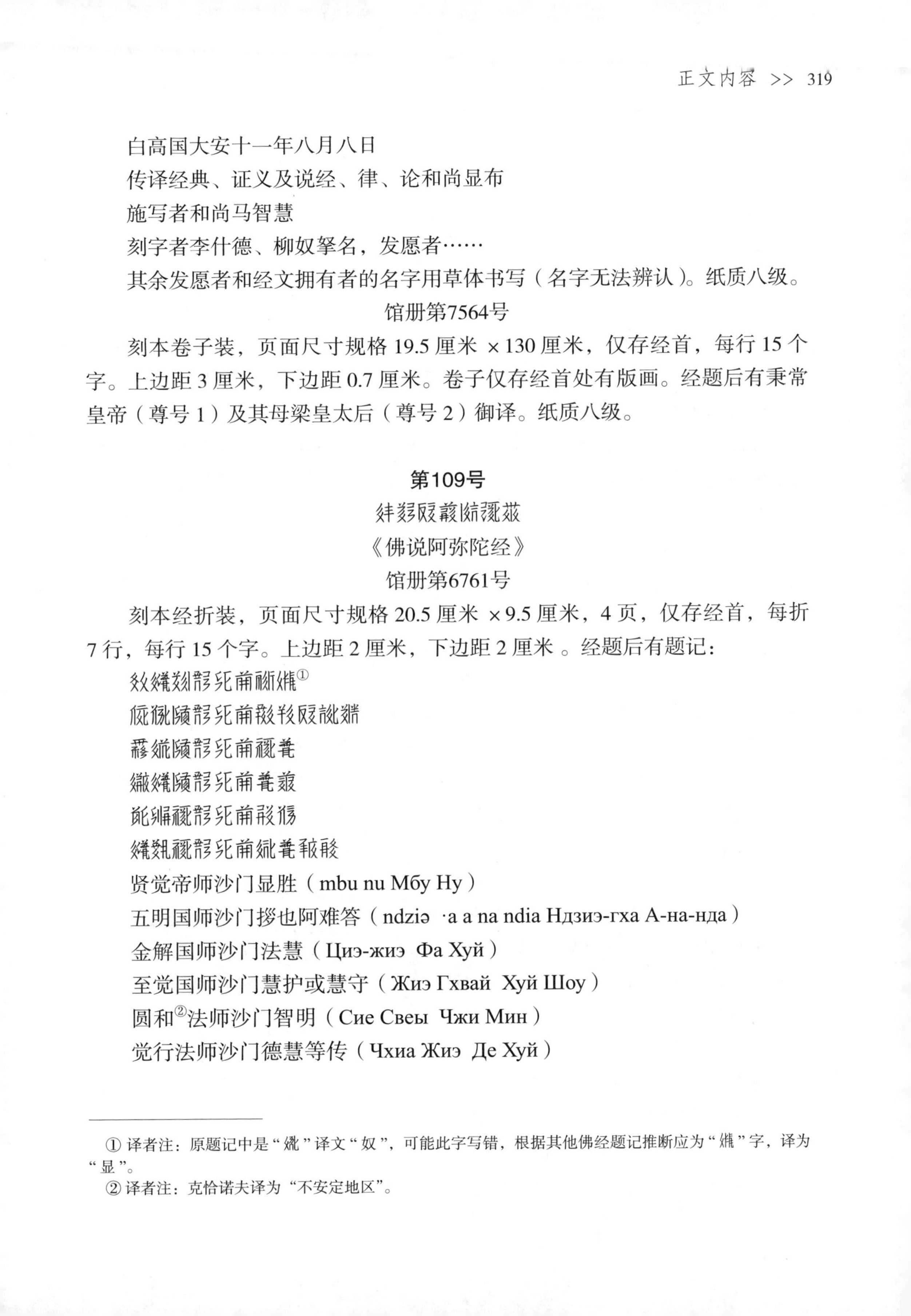

白高国大安十一年八月八日

传译经典、证义及说经、律、论和尚显布

施写者和尚马智慧

刻字者李什德、柳奴拏名，发愿者……

其余发愿者和经文拥有者的名字用草体书写（名字无法辨认）。纸质八级。

馆册第7564号

刻本卷子装，页面尺寸规格 19.5 厘米 ×130 厘米，仅存经首，每行 15 个字。上边距 3 厘米，下边距 0.7 厘米。卷子仅存经首处有版画。经题后有秉常皇帝（尊号 1）及其母梁皇太后（尊号 2）御译。纸质八级。

第109号

[illegible]

《佛说阿弥陀经》

馆册第6761号

刻本经折装，页面尺寸规格 20.5 厘米 ×9.5 厘米，4 页，仅存经首，每折 7 行，每行 15 个字。上边距 2 厘米，下边距 2 厘米 。经题后有题记：

[illegible][1]

[illegible]

[illegible]

[illegible]

[illegible]

[illegible]

贤觉帝师沙门显胜（mbu nu Мбу Ну）

五明国师沙门拶也阿难答（ndziə ·a a na ndia Ндзиэ-гха А-на-нда）

金解国师沙门法慧（Циэ-жиэ Фа Хуй）

至觉国师沙门慧护或慧守（Жиэ Гхвай Хуй Шоу）

圆和[2]法师沙门智明（Сие Свеы Чжи Мин）

觉行法师沙门德慧等传（Чхиа Жиэ Де Хуй）

---

① 译者注：原题记中是“[illegible]”译文“奴”，可能此字写错，根据其他佛经题记推断应为“[illegible]”字，译为“显”。

② 译者注：克恰诺夫译为“不安定地区”。

纸质八级。

第110号

西夏特藏第335号

[illegible]

《大般涅槃经》

译自汉文，见《大正藏》第 374 号，即《大般涅槃经》(译者注：东晋平阳沙门释法显译)；西田龙雄《西夏文佛经目录》第 60 号；格林斯坦德《西夏文大藏经》第 1914—1995 页。

卷子装，蓝色软布封面。这组经文很明显是由梁氏家族在 12 世纪后半期开始时发愿抄写的。此经文于 13 世纪初进行过修复。题记中很少提到修复者的名字。

40 卷经文中佚失的卷数有第 1—7、9、12、15、17、19、21、31、37 卷。完全保存下来的卷数有第 8、16、18、20、23、35 卷。这组佛经的很多经卷开头处都有残缺，这是此组佛经的共同缺憾。但这组佛经中较好的卷子堪称卷子中的典型样本，有的可长达 12—15 米。

馆册第86号　第8卷

系有绳扣的蓝布封面上有标签，上面写有部分帙号和卷号。写本卷子装，27 厘米 ×1232 厘米，全文保存，每行 16 个字。淡墨线勾栏，上边距 3.5 厘米，下边距 2.5 厘米。经题后有秉常皇帝（尊号 1）及其母梁皇太后（尊号 2）御译。结尾处重复经题。有第 1 次校勘的标记，经卷在西夏修复时曾裱了一层纸。纸质八级。

馆册第5075号　第10卷

写本卷子装，28 厘米 ×1230 厘米，首残，每行 15 个字。边距无栏线，上边距 5 厘米，下边距 2 厘米。结尾处重复经题。有第 1 次校勘的标记。有一方朱砂印，可惜只剩下一半。卷子前端被撕坏，经卷在西夏修复时曾裱了一层纸。纸质八级。

馆册第5019号　第11卷

写本卷子装，28 厘米 ×830 厘米，首残，每行 16 个字。结尾处重复经题。卷子在西夏修复时曾裱了一层纸。纸质八级。

馆册第5163号　第13卷

写本卷子装，28.5 厘米 ×1080 厘米，首残，每行 16 个字。淡墨线勾栏，上边距 3 厘米，下边距 5 厘米。结尾处重复经题。经卷仅存经首被撕掉，经卷在西夏修复时又裱了一层纸。纸质八级。

馆册第4878号　第14卷

写本卷子装，27.5 厘米 ×1000 厘米，首残，每行 17 个字。淡墨线勾栏，上边距 4 厘米，下边距 3.5 厘米。结尾处重复经题。有第 1 次校勘的标记。用草体书写长篇题记，其中可能有年款：乾祐七年四月（1176 年 4 月 23 日—5 月 22 日）。发愿者 2 人：……[illegible]……（乘）……（…лхиуо…）和[illegible][illegible][illegible][illegible][illegible]（嵬啰合藏成）（Нгве-жвей Гве-цхон-лхиуо）。第二发愿者……[illegible][illegible]……（啰你）（…Pa-гхо），发愿者[illegible][illegible][illegible]（梁善成）（lion nəw 1ie　Лион Нэы-шие），随喜发愿者[illegible]……[illegible]（梁……狗）（lion…kə　Лион …кэ）。已第 2 次校勘。发愿者[illegible]……（蒜……）（Ma……），以下全然无法辨认。经卷背面有一半朱砂印卷，还有手写的文字：穿过……经卷在西夏修复时又裱了一层纸。纸质八级。

馆册第4574号　第16卷

带绳扣的蓝布封面上有一块标签残片，上面写有数字“六”。写本，卷子装，27 厘米 ×1250 厘米，全文保存，每行 16 个字。墨线勾栏，上边距 3.5 厘米，下边距 2.5 厘米。经题后有秉常皇帝（尊号 1）及其母梁皇太后（尊号 2）御校勘。仅存经尾在新粘上去的页面上重复书写经题。经卷在西夏修复时又裱了一层纸。纸质八级。

馆册第780号　第18卷

写本卷子装，带绳扣的蓝布封面上有标签的残片。29 厘米 ×1265 厘米，全文保存，每行 16 个字。上边距 3 厘米，下边距 2 厘米。经题后有秉常皇帝（尊号 1）及其母梁皇太后（尊号 2）御译。结尾处重复经题，在行距间用草体添写文字：“宽的”音译应该是“пхин”。经文中缺 2 个字“涅槃”，校订时也补写上了。已第 2 次校勘。题记中再次强调修改过此经文。最后 5 个字被勾掉了。经卷在西夏修复时又裱了一层纸。纸质八级。

馆册第4733号　第20卷

写本卷子装，蓝布封面上有标签的残片。29 厘米 ×1500 厘米，全文保存，每行 16 个字。淡墨线勾栏。上边距 2 厘米，下边距 2 厘米。经题后有秉常皇帝（尊号 3）御译。结尾处重复经题和帙号。有第 1 次校勘的标记，内容相符。经文中有 4 行字被勾掉。经卷的结尾是后来粘上去的。纸质八级。

馆册第4757号　第22卷

写本卷子装，28.5 厘米 ×730 厘米，首残，每行 20 个字。淡墨线勾栏，上边距 2.5 厘米，下边距 1.5 厘米。结尾处重复经题和帙号。经卷在西夏修复时又裱了一层纸，在裱糊纸的接头处有半边朱砂印章，想必是对修复的确认。纸质八级。

馆册第5068号　第23卷

写本卷子装，28.5 厘米 ×1170 厘米，全文保存，每行 16 个字。淡墨线勾栏，上边距 2 厘米，下边距 1.5 厘米。结尾处重复经题和帙号。经卷在西夏修复时曾裱了一层纸，经卷开头被撕坏，经文页面上有霉斑。纸质八级。

馆册第6025号　第24卷

写本卷子装，蓝布封面上有标签的残片，28 厘米 ×1300 厘米，全文保存，每行 20 个字。上边距 3 厘米，下边距 1.5 厘米。经题后有仁孝皇帝（尊号 1）中的 4 个字。结尾处重复经题和帙号。经文中有两大处地方用朱砂勾掉。经卷在西夏时期修复时又裱了一层纸。纸质八级。

馆册第5131号　第25卷

写本卷子装，28.5 厘米 ×1380 厘米，首残，每行 17 个字。淡墨线勾栏，上边距 5 厘米，下边距 1 厘米。结尾处重复经题。部分经文（随喜）发愿者、德者、头领……[illegible][illegible][illegible]（……勒房浩）(…ldə xion xai …-лде Хион-хай)。经文中有些字用朱砂色勾掉。纸质八级。经文硬化严重，有残损。

馆册第4381号　第26卷

写本卷子装，29 厘米 ×800 厘米，首残，每行 20 个字。上边距 2.3 厘米，下边距 1.4 厘米。结尾处重复经题和帙号。经卷在西夏修复时又裱了一层纸。纸质八级。

馆册第4731号　第27卷

写本卷子装，29 厘米 ×50 厘米，首残，每行 18 个字。上边距 3 厘米，下边距 3 厘米。结尾处重复经题，题记为：发愿者和散施经文者、德者嵬□移合藏成（Нгве-жвей Гве-цхон-лхиуо）。天盛六年十一月九日（1154 年 11 月 18 日—12 月 17 日）抄写完毕。经文在西夏修复时又裱了一层纸。纸质八级。

馆册第5072号　第28卷

写本卷子装，28 厘米 ×1080 厘米，全文保存，每行 16 个字。边距无栏线，上边距 4 厘米，下边距 7 厘米。结尾处重复经题，用草体书写发愿者的名字，但无法辨认。经卷中有 2 枚印章。经卷的结尾是修复时粘上去的，但将卷号误写为第 22 卷，实为 28 卷。页面空白处有朱砂色添写文字。经卷在西夏修复时又裱了一层纸。纸质八级。

馆册第920号　第29卷

写本卷子装，29 厘米 ×1107 厘米，首残，每行 20 个字。淡墨线勾栏，上边距 2.5 厘米，下边距 1.8 厘米。结尾处重复经题，日期为：

[illegible]

应天龙年四月四日写毕[①]

[illegible]

此本发愿写者梁善茂（lion nəw wai Лион Нэы-вай）

纸质八级。

馆册第6929号　第30卷

写本卷子装，28 厘米 ×125 厘米，仅存经首，每行 19 个字。上边距 2.5 厘米，下边距 2.5 厘米。经题后有仁孝皇帝（尊号 1）中的 6 个字。残片上粘有纸条，其中一张纸条上钤有红印章。经卷在西夏时曾被修复过。纸质八级。

馆册第5017号　第30卷

写本卷子装，29.5 厘米 ×1080 厘米，首残，每行 14 个字。上边距 4.4 厘米，下边距 4.2 厘米。结尾处重复经题和帙号。有些文字用朱砂色勾掉。经卷在西夏修复时曾裱了一层纸，裱糊的地方钤有朱砂印章。纸质八级。

馆册第4850号　第32卷

写本卷子装，29 厘米 ×828 厘米，首残，每行 26 个字。边距无栏线，上边距 1.5 厘米，下边距 1.5 厘米。结尾处重复经题，题记为：有第 1 次校勘的标记。发愿者、僧人、德者梁善成（Лион Неы-шие）。纸质八级。

馆册第5183号　第33卷

写本卷子装，29.8 厘米 ×510 厘米，首残，每行 19 个字。上边距 1.5 厘米，下边距 1 厘米。结尾处重复经题，题记为：发愿者、虔信德者[illegible]（梁善小）（lion nəw tsi Лион Нэы-ци）。经卷保存不善，卷子上端已残朽。纸质八级。

馆册第5018号　第34卷

写本卷子装，28.5 厘米 ×600 厘米，首残，每行 14 个字。淡墨线勾栏，上边距 3.5 厘米，下边距 3.5 厘米。结尾处重复经题，经卷在西夏修复时曾裱过一层纸。纸质八级。

---

① 龙年（1208 年 4 月 20 日）。

馆册第4758号　第35卷

写本卷子装，29.5 厘米 ×935 厘米，全文保存，每行 20 个字。淡墨线勾栏，上边距 2.5 厘米，下边距 1.5 厘米。结尾处重复经题，用草体书写抄经者名字絺“兀”（ tsai Цай ）。经卷在西夏修复时曾裱过一层纸。纸质八级。

馆册第5182号　第36卷

写本卷子装，26.5 厘米 ×590 厘米，仅存经尾，每行 22 个字。淡墨线勾栏，上边距 2.5 厘米，下边距 1.5 厘米。结尾处重复经题，日期为：抄写完毕于天盛十五年十一月十九日（1163 年 12 月 26 日）。用草体书写发愿者的名字。部分经文发愿者、积德者、向各方诸佛及圣人祈祷者覢纚䋭……（浪觉涅……）（ ru ndwəw ne··· Ру-ндвэы Не-··· ）。经卷前端被撕掉。保存不善。纸质八级。

馆册第4726号　第36卷

写本卷子装，28.5 厘米 ×925 厘米，首残，每行 15 个字。上边距 3.5 厘米，下边距 3.5 厘米。结尾处重复经题，用草体书写题记，有发愿者和抄经者的名字及校勘的记录，但无法辨认。经卷在西夏修复时裱了一层纸。经卷背面有一些草体书写一些无法辨认的内容。纸质八级。

馆册第7574号　第39卷

写本卷子装，9 厘米 ×145 厘米，首残，整个经卷上端已经残朽。纸质八级。

馆册第5053号　第40卷

写本卷子装，26 厘米 ×840 厘米，首残，每行 19 个字。上边距 1 厘米，下边距 1.3 厘米。

结尾处重复经题。有第 1 次校勘的标记。纸质八级。

馆册第8014号　卷数未识别

写本卷子装，24 厘米 ×66 厘米，首残，每行 17 个字。上边距 3.7 厘米，下边距 2.7 厘米。用斜体（草体——译者注）书写，结尾处用草体书写 2 名发愿者的名字：䋽緐䚯䶱（梁善喜围）(lion nəw ldi···Лион Нэы-лди)、䋽緐……（梁善）……（ lion nəw Лион Нэы ）。㲉𥚃䋽緵䋸（修复者梁盛权）(lion kion kaw Лион Кион-каы)。纸质八级。

第111号

𗴺𗏁𗨁𗆧𗨳𗖰

《大般涅槃经》

（经折装，一组写在黄色纸上的经文）

写本经折装，27 厘米 ×12 厘米，每页 6 行，每行 16 个字。淡墨线勾栏，边距不规则。写经纸质是一种少见的黄色纸（即 2 级纸）。有资料表明，这组经文译写于秉常皇帝执政时期（1067—1086 年），但经文写成具体时间不详。这组经文在当时来讲是非常奢华的，可惜保存不善。完整保存至今的卷数有第 37、38 卷。佚失的卷数有第 1、4、8、9、12、13、17、21、22、25、27、29、30、31、35、39 卷。其余卷数只剩下残片，无发愿者的相关情况。

馆册第976号　第2卷

32 页，首残，上边距 1.8 厘米，下边距 1.9 厘米。结尾处重复经题。经文中有些地方被裁掉后，上面再贴上纸条，写有经文内容，结尾处粘有红纸条。

馆册第974号　第3卷

蓝布封面只剩下一半，35 页，首残，上边距 2.5 厘米，下边距 1.5 厘米。经题后有秉常皇帝（尊号 2）及其母梁皇太后（尊号 3）御译。

馆册第977号　第3卷

66 页，首残，上边距 1.9 厘米，下边距 1.9 厘米，结尾处重复经题。

馆册第973号　第5卷

14 页，仅存经尾，上边距 2.3 厘米，下边距 3.5 厘米，结尾处重复经题。

馆册第975号　第6卷

12 页，仅存经尾，上边距 2.2 厘米，下边距 1.8 厘米，结尾处重复经题。

馆册第972号　第7卷

16 页，仅存经尾，上边距 2.3 厘米，下边距 1.1 厘米。结尾处重复经题，题记为：净本抄者𗗚[①]𗏹𗗙（狄心波）(…nie po …Ние-по)。有第 1 次校勘的标记，内容相符。

馆册第3189号　第7卷

蓝布封面，48 页，尾残，上边距 2 厘米，下边距 2 厘米。经题后有秉常皇帝（尊号 3）及其母梁皇太后（尊号 2）御译。

---

① 译者注：克恰诺夫给出的西夏字无法辨识，我们找到相似的西夏字“𗗚”(童)，音“低、谛、狄”。

馆册第971号　第10卷

72 页，首残，上边距 2.5 厘米，下边距 1.6 厘米，结尾处重复经题。

馆册第1986号　第11卷

2 页，仅存经首，上边距 3.5 厘米，下边距 1 厘米。经题后有帙号和秉常皇帝（尊号 3）及其母梁皇太后（尊号 3）御译。经文残片在西夏修复时裱了一层纸。

馆册第2002号　第14卷

20 页，仅存经尾，上边距 3 厘米，下边距 1.5 厘米。结尾处重复经题，用草体书写抄经者的名字：净本抄者、僧人[illegible]……[illegible]（柔……鲁少）(ziew…lu 1iow Жиеы-…Лу-шиоы)。

馆册第1987号　第15卷

38 页，仅存经首，上边距 3 厘米，下边距 1.2 厘米。经题后有秉常皇帝（尊号 3）及其母梁皇太后（尊号 3）御译。

馆册第1981号　第16卷

蓝布封面只剩一半，42 页，尾残，上边距 2.8 厘米，下边距 1 厘米。经题后有秉常皇帝（尊号 3）及其母梁皇太后（尊号 3）御译。

馆册第1989号　第18卷

蓝布封面只剩一半，28 页，仅存经首，上边距 2.2 厘米，下边距 1.3 厘米。经题后有秉常皇帝（尊号 3）及其母梁皇太后（尊号 3）御译。

馆册第5790号　第18卷

1 页，仅存经尾，上边距 2 厘米，下边距 1.8 厘米，结尾处重复经题。

馆册第1985号　第19卷

64 页，首残，上边距 2 厘米，下边距 1.8 厘米，结尾处重复经题。

馆册第1991号　第20卷

11 页，仅存经尾，上边距 2.2 厘米，下边距 1.4 厘米。结尾处重复经题。经文最后 1 页的背面写有题记：《涅槃经》1 部。

馆册第2003号　第20卷

20 页，仅存经尾，上边距 2.5 厘米，下边距 1.5 厘米。结尾处重复经题，经文最后几页被撕坏。

馆册第1997号　第23卷

50 页，首残，上边距 2 厘米，下边距 1.5 厘米，结尾处重复经题。

馆册第1992号　第24卷

6 页，仅存经尾，上边距 1.8 厘米，下边距 1.5 厘米，结尾处重复经题。

馆册第6312号　第24卷

蓝布封面只剩一半，8 页，仅存经首，上边距 3 厘米，下边距 0.5 厘米。经题后有秉常皇帝（尊号 3）及其母梁皇太后（尊号 3）御译。

馆册第8308号　第26卷

5 页，仅存经首，上边距 2.8 厘米，下边距 1.2 厘米。经题后有秉常皇帝（尊号 3）及其母梁皇太后（尊号 3）御译。

馆册第2000号　第28卷

4 页，仅存经首，上边距 2.5 厘米，下边距 1.3 厘米。经题后有秉常皇帝（尊号 3）及其母梁皇太后（尊号 3）御译。

馆册第1199号　第28卷

19 页，仅存经尾，上边距 2.5 厘米，下边距 1.3 厘米，结尾处重复经题。

馆册第1239号　第32卷

蓝布封面只剩下一部分，49 页，首残，上边距 2.5 厘米，下边距 1.6 厘米，结尾处重复经题。

馆册第1988号　第33卷

蓝布封面只剩一半，31 页，仅存经首，上边距 2.8 厘米，下边距 1.3 厘米。经题后有秉常皇帝（尊号 3）及其母梁皇太后（尊号 3）御译。经文第 1 页用红纸书写。

馆册第7725号　第33卷

2 页，仅存经尾，上边距 3.5 厘米，下边距 0.5 厘米，结尾处重复经题。

馆册第978号　第34卷

4 页，仅存经尾，上边距 1.8 厘米，下边距 1.7 厘米，结尾处重复经题。

馆册第1240号　第36卷

2 页，仅存经尾，上边距 2.5 厘米，下边距 1.5 厘米。结尾处重复经题。最后 1 页有半张是黄纸，半张是红纸，红纸上画着一幅漂亮的莲花。

馆册第1984号　第37卷

蓝布封面上有标签贴过的痕迹。88 页，全文保存，上边距 2.5 厘米，下边距 1.5 厘米。经题后有秉常皇帝（尊号 3）及其母梁皇太后（尊号 3）御译。结尾处重复经题。

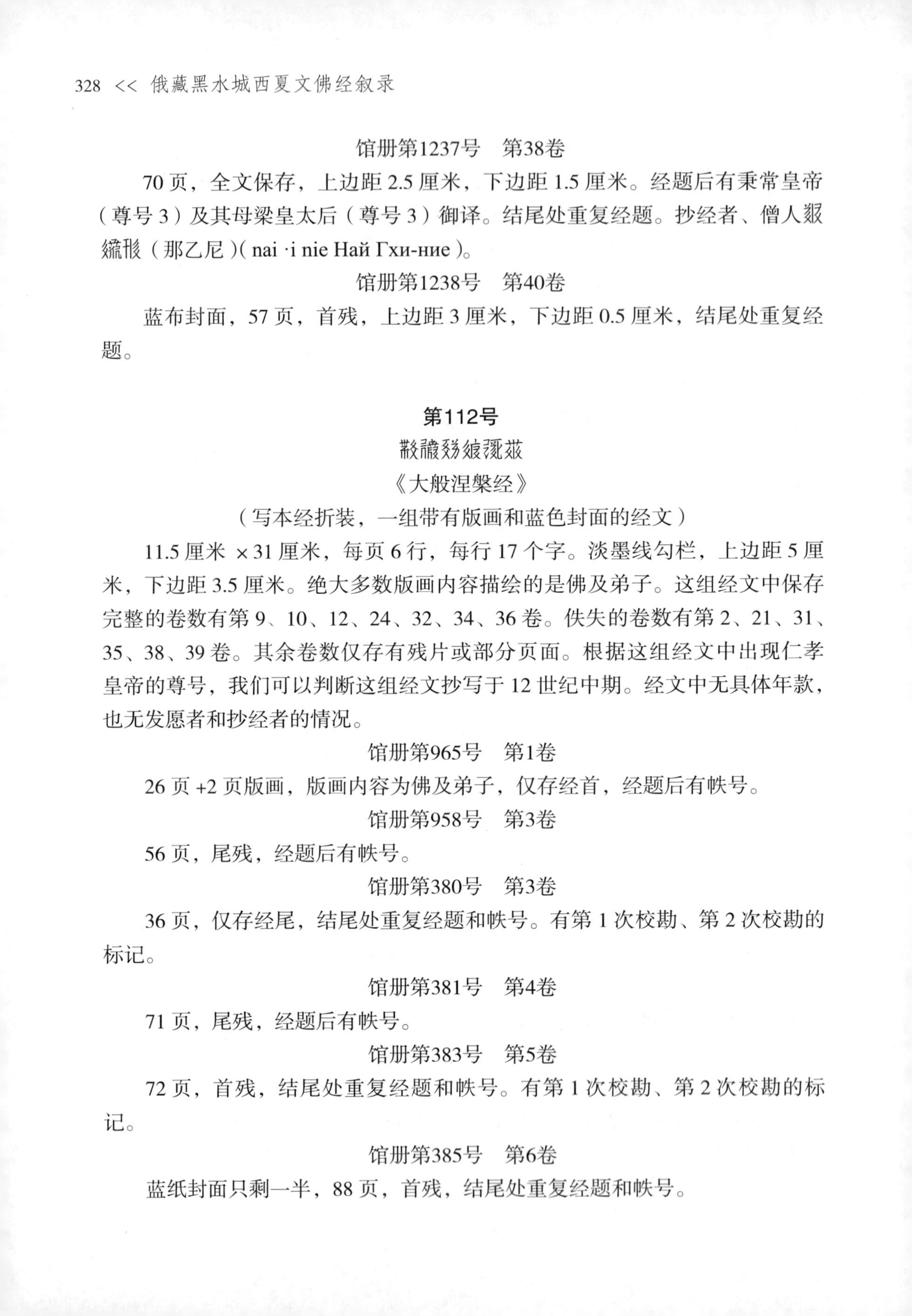

馆册第1237号　第38卷

70 页，全文保存，上边距 2.5 厘米，下边距 1.5 厘米。经题后有秉常皇帝（尊号 3）及其母梁皇太后（尊号 3）御译。结尾处重复经题。抄经者、僧人[illegible]（那乙尼）(nai ·i nie Най Гхи-ние)。

馆册第1238号　第40卷

蓝布封面，57 页，首残，上边距 3 厘米，下边距 0.5 厘米，结尾处重复经题。

第112号

[illegible]

《大般涅槃经》

（写本经折装，一组带有版画和蓝色封面的经文）

11.5 厘米 ×31 厘米，每页 6 行，每行 17 个字。淡墨线勾栏，上边距 5 厘米，下边距 3.5 厘米。绝大多数版画内容描绘的是佛及弟子。这组经文中保存完整的卷数有第 9、10、12、24、32、34、36 卷。佚失的卷数有第 2、21、31、35、38、39 卷。其余卷数仅存有残片或部分页面。根据这组经文中出现仁孝皇帝的尊号，我们可以判断这组经文抄写于 12 世纪中期。经文中无具体年款，也无发愿者和抄经者的情况。

馆册第965号　第1卷

26 页 +2 页版画，版画内容为佛及弟子，仅存经首，经题后有帙号。

馆册第958号　第3卷

56 页，尾残，经题后有帙号。

馆册第380号　第3卷

36 页，仅存经尾，结尾处重复经题和帙号。有第 1 次校勘、第 2 次校勘的标记。

馆册第381号　第4卷

71 页，尾残，经题后有帙号。

馆册第383号　第5卷

72 页，首残，结尾处重复经题和帙号。有第 1 次校勘、第 2 次校勘的标记。

馆册第385号　第6卷

蓝纸封面只剩一半，88 页，首残，结尾处重复经题和帙号。

馆册第2733号　第7卷

1页+2页版画，版画内容为佛及弟子，仅存经首，经题后有帙号。

馆册第964号　第7卷

87页，首残，结尾处重复经题和帙号。

馆册第3490号　第8卷

带白色植物图案的蓝色封面，95页，版画只剩残片，尾残，经文保存不善，整个经文下端已经残朽。

馆册第387号　第9卷

蓝布封面，99页+2页版画，版画内容为佛及弟子，全文保存。经题后有帙号，结尾处重复经题。

馆册第960号　第10卷

深蓝色的布封面上粘有标签，上面写有经文名称、卷号及帙号。85页+2页版画，版画内容为佛及弟子，但与前几卷中的版画样式不同。全文保存，经题后有帙号，结尾处重复经题和帙号。

馆册第3173号　第11卷

10页，仅存经首，经题后有帙号和仁孝皇帝（尊号1）中的4个字。

馆册第7502号　第12卷

蓝布封面，63页+1页版画，内容为佛及弟子，全文保存。保存不善，经文有一半已经残朽。

馆册第394号　第13卷

5页，仅存经首，经题后有帙号。

馆册第969号　第14卷

48页+2页版画，内容为佛及弟子，尾残，经题后有帙号。

馆册第393号　第14卷

2页，仅存经尾，结尾处重复经题，已第2次校勘。

馆册第100号　第15卷

深蓝布封面上有黄纸标签，上面绘有回纹花饰，2页+2页版画，内容为佛及弟子，仅存经首，经题后有帙号。

馆册第391号　第15卷

蓝纸封面只剩一半，2页，仅存经尾，重复经题。

馆册第4019号　第16卷

20页，仅存经首，经题前有帙号，经题后有仁孝皇帝（尊号1）中的4个字。

馆册第2731号　第16卷

4 页，仅存经首。

馆册第6270号　第17卷

已经褪色的浅蓝色纸封面只剩一半，5 页，仅存经尾，结尾处重复经题和帙号。已第 2 次校勘。

馆册第1996号　第18卷

2 页，仅存经首，经题后有帙号。

馆册第930号　第19卷

5 页 +2 页画有佛及弟子的版画，仅存经首，经题后有帙号。

馆册第6650号　第20卷

2 页，仅存经首。

馆册第420号　第22卷

72 页 +2 页画有佛及弟子的版画，尾残，经题后有帙号和仁孝皇帝（尊号 1）中的 4 个字。

馆册第6650号　第22卷

3 页，仅存经尾，重复经题和帙号，有第 1 次校勘的标记。

馆册第3256号　第23卷

94 页 +2 页画有佛及弟子的版画，尾残，经题后有仁孝皇帝（尊号 1）中的 4 个字。经文保存不善，部分页面已经半残朽。

馆册第959号　第24卷

存褪色的蓝布封面，97 页 +2 页画有佛及弟子的版画，全文保存。经题后有帙号，结尾处重复经题。有第 1 次校勘、第 2 次校勘的标记。

馆册第3544号　第25卷

1 页，仅存经首，经题后有帙号和仁孝皇帝（尊号 1）中的 2 个字。

馆册第419号　第25卷

蓝纸封面只剩一半，1 页，仅存经尾，重复经题和帙号。有第 1 次校勘、第 2 次校勘的标记。

馆册第962号　第26卷

66 页，尾残，经题后有帙号和仁孝皇帝（尊号 1）中的 1 个字。

馆册第7716号　第27卷

4 页，仅存经首，经题后有帙号和仁孝皇帝（尊号 1）中的 1 个字。

馆册第424号　第27卷

8 页，仅存经尾，结尾处重复经题。有第 1 次校勘、第 2 次校勘的标记。

馆册第425号　第28卷

10 页，仅存经首，经题后有帙号和仁孝皇帝（尊号 1）中的 1 个字。

馆册第966号　第29卷

2 页，仅存经尾，经题后有帙号和仁孝皇帝（尊号 1）中的 1 个字。有第 1 次校勘、第 2 次校勘的标记。

馆册第2697号　第30卷

2 页，仅存经首，经题后有帙号和仁孝皇帝（尊号 1）中的 1 个字。

馆册第464号　第32卷

蓝纸封面只剩一半，95 页，结尾处重复经题。有第 1 次校勘、第 2 次校勘的标记。

馆册第967号　第33卷

蓝纸封面只剩一半，41 页，仅存经尾且首残。结尾处重复经题和帙号，已第 2 次校勘。经文页面的左上角已经残朽。

馆册第7717号　第33卷

4 页，仅存经首，经文页面霉斑严重。

馆册第471号　第34卷

蓝纸封面只剩一半，72 页，全文保存，结尾处重复经题和帙号。已第 2 次校勘。经文页面右上角被火烧过。

馆册第963号　第36卷

98 页，全文保存，经题后有帙号和仁孝皇帝（尊号 1）中的 1 个字。结尾处重复经题和帙号。有第 1 次校勘、第 2 次校勘的标记。经文中有 1 页被火烧过。

馆册第3543号　第37卷

1 页，仅存经首，经题后有帙号和仁孝皇帝（尊号 1）中的 1 个字。

馆册第467号　第37卷

深蓝色的纸封面只剩一半，81 页，首残，结尾处重复经题和帙号。有第 1 次校勘、第 2 次校勘的标记。

馆册第6401号　第40卷

20 页 +1 页版画，仅存经首，经题后有帙号。有几页粘有手写的陀罗尼，经文上端被火烧过。

第113号

[illegible]

《大般涅槃经》

这组经文的深蓝色封面已经褪色。经文中有栏线和陀罗尼。写本经折装，页面尺寸规格32厘米 ×11厘米，每页行数、每行字数及页边距不一致，各有不同。用淡墨线勾栏，发愿者、德者嵬𠼽移山基由（Нгве-жвей Шан-кие-гхеы），抄经者般若嵬（pa zia wai Па-жиа Вай）。还有随同发愿者的名字。经文拥有者的名字用草体书写，无法辨认。无日期。保存完整的卷数有第2、4—6、12、17、18、21、22、24—27、30、32、33、38卷。完全佚失的卷数有第1、9、14、23、29、31、37、39卷。

馆册第379号　第2卷

深蓝色封面的标签上绘有回纹花饰，97页，全文保存，每页6行，每行19个字。上边距4.8厘米，下边距3厘米。经题后有帙号，结尾处重复经题和帙号。有第1次校勘的标记。经文中粘有用红色朱砂书写的陀罗尼。纸质八级。

馆册第956号　第3卷

82页，尾残，每页6行，每行19个字。上边距4.8厘米，下边距3.5厘米。经题后有帙号。纸质八级。

馆册第382号　第4卷

深蓝色的布封面上有标签，67页，全文保存，每页6行，每行19个字。上边距5厘米，下边距3.2厘米。经题后有帙号，结尾处重复经题和帙号。有第1次校勘的标记。纸质一级。

馆册第384号　第5卷

深蓝色的布封面上有标签，87页，全文保存，每页6行，每行19个字。上边距3.7厘米，下边距3.7厘米。经题后有帙号，结尾处重复经题和帙号。有第1次校勘的标记。纸质一级。

馆册第968号　第5卷

24页，仅存经首，每页6行，每行19个字。上边距尺寸不可考，下边距3.3厘米。经题后有帙号。经文上端已经残朽。纸质一级。

馆册第957号　第6卷

深蓝色的布封面上有标签，78页，全文保存，每页6行，每行19个字。

上边距 4.8 厘米，下边距 3.2 厘米。经题后有帙号。结尾处重复经题和帙号。纸质一级。

馆册第386号　第7卷

深蓝色的布封面上有标签，4 页，全文保存，每页 6 行，每行 19 个字。上边距 4.8 厘米，下边距 3.3 厘米。经题后有帙号。纸质一级。

馆册第6702号　第8卷

纸封面只剩一半，3 页，仅存经首，每页 6 行，每行 19 个字。上边距 5 厘米，下边距 2.5 厘米。经题后有帙号和仁孝皇帝（尊号 1）中的 4 个字。纸质八级。

馆册第388号　第10卷

42 页，仅存经首，每页 6 行，每行 19 个字。上边距 5.2 厘米，下边距 3 厘米。经题后有帙号。纸质八级。

馆册第2764号　第10卷

46 页，仅存经尾，每页 6 行，每行 19 个字。上边距 4.8 厘米，下边距 3.2 厘米。结尾处重复经题和帙号。有第 1 次校勘的标记。经文最后 1 页上粘有用朱砂书写的陀罗尼。纸质八级。

馆册第397号　第11卷

纸封面只剩一半，2 页，仅存经首，每页 6 行，每行 22 个字。上边距 3.2 厘米，下边距 1 厘米。经题后有帙号和仁孝皇帝（尊号 1）御译。纸质一级。

馆册第2732号　第11卷

2 页，仅存经尾，每页 6 行，每行 21 个字。上边距 1.6 厘米，下边距 4 厘米。结尾处重复经题和帙号。有第 1 次校勘的标记。纸质一级。经文页面硬化严重。

馆册第369号　第12卷

纸封面和黄布封面共 2 层，78 页，全文保存，每页 6 行，每行 20—21 个字。上边距 4.5 厘米，下边距 3.3 厘米。经题后有帙号和仁孝皇帝（尊号 1）中的 4 个字。结尾处重复经题和帙号，有第 1 次校勘的标记。纸质一级。

馆册第395号　第13卷

68 页，尾残，每页 6 行，每行 20—21 个字。上边距 4.1 厘米，下边距 3.4 厘米。经题后有帙号和仁孝皇帝（尊号 1）中的 4 个字。经文行距间有帙号和汉文数字“三”，还添写了以前遗漏掉的字。经文第 1 页上粘有用朱砂色书写的陀罗尼。纸质一级。

馆册第417号　第13卷

3 页，仅存经尾，每页 6 行，每行 20—21 个字。上边距 4.1 厘米，下边距 3.4 厘米。结尾处重复经题和帙号，已校勘。抄经者[illegible]（寂旭喜奴）（ndzə swi viə ndu Ндзэ-сви Виэ-нду）。纸质一级。

馆册第392号　第15卷

48 页，仅存经首，每页 5—6 行，每行 19—21 个字。上边距 5 厘米，下边距 3.7 厘米。经题后有帙号和仁孝皇帝（尊号 1）中的 4 个字。经文页面已经开胶，在接缝处有帙号、卷号和页码，经文行距间添写有字。纸质一级。

馆册第1995号　第16卷

87 页，首残，每页 5 行，每行 18 个字。上边距 4 厘米，下边距 4 厘米。结尾处重复经题和帙号。有第 1 次校勘的标记。经文第 4—18 页处已经脱胶，页边角已残朽。纸质一级。

馆册第1191号　第17卷

75 页，全文保存，每页 5 行，每行 21 个字。边距无栏线，上边距 3.3 厘米，下边距 4.8 厘米。经题后有仁孝皇帝（尊号 1）中的两个字。结尾处重复经题。有第 1 次校勘的标记。经文页面因开胶，第 1—15 页已脱页。经文页面有粘连，页边角已残朽。纸质一级。

馆册第390号　第18卷

92 页，全文保存，每页 5 行，每行 20—21 个字。上边距 3.5 厘米，下边距 4.7 厘米。经题后有帙号和仁孝皇帝（尊号 1）御译。结尾处重复经题，有第 1 次校勘的标记。经文页面因开胶，第 1—20 页已脱页，可以看到最初写在里面的顺序号。纸质一级。

馆册第389号　第19卷

61 页，尾残，每页 5 行，每行 20—21 个字。上边距 4 厘米，下边距 4 厘米。经题后有帙号和仁孝皇帝（尊号 1）中的两个字。经文页面装订处已散开，第 1—13 页已脱页，可看到原来的顺序号。纸质一级。

馆册第599号　第20卷

66 页，尾残，每页 5 行，每行 20—21 个字。边距无栏线，上边距 3.5 厘米，下边距 4 厘米。经题后有仁孝皇帝（尊号 1）中的 4 个字。经文页面装订处已散开，第 1—13 页已脱落，可见其原来的顺序号。纸质一级。

馆册第422号　第21卷

黑布封面上有标签的残片，91 页，全文保存，每页 5 行，每行 20—22 个字。边距无栏线，上边距 3 厘米，下边距 4.7 厘米。经题后有仁孝皇帝（尊号 1）中的 2 个字。结尾处重复经题。有第 1 次校勘的标记，内容相符。经文中粘有用朱砂书写的陀罗尼。纸质一级。

馆册第421号　第22卷

78 页，全文保存，每页 5 行，每行 20—21 个字。边距无栏线，上边距 5.5 厘米，下边距 3.3 厘米。经题后有帙号和仁孝皇帝（尊号 1）中的 2 个字。结尾处重复经题。有第 1 次校勘的标记。纸质一级。

馆册第3868号　第24卷

78 页，全文保存，每页 6 行，每行 19 个字。上边距 4.5 厘米，下边距 3.5 厘米。经题后有帙号，结尾处重复经题。有第 1 次校勘的标记。纸质八级。

馆册第1994号　第25卷

深蓝色的布封面上贴有标签，上面绘有回纹花饰，写有经文名称、卷号和帙号。92 页，全文保存，每页 6 行，每行 19 个字。上边距 5 厘米，下边距 3.4 厘米。经题后有帙号，结尾处重复经题和帙号。纸质八级。

馆册第418号　第26卷

深蓝色的布封面上贴有标签，上面绘有回纹花饰，写有经文名称、卷号和帙号。63 页，全文保存，每页 6 行，每行 19 个字。上边距 4.5 厘米，下边距 2.6 厘米。经题后有帙号，结尾处重复经题和帙号。有第 1 次校勘的标记。纸质一级。

馆册第423号　第27卷

蓝布封面，87 页，全文保存，每页 6 行，每行 19 个字。上边距 4.2 厘米，下边距 3.3 厘米。经题后有帙号，结尾处重复经题和帙号。有第 1 次校勘的标记。纸质一级。

馆册第961号　第28卷

浅色绸封面，92 页，全文保存，每页 6 行，每行 19 个字。上边距 4.2 厘米，下边距 2.8 厘米。经题后有帙号，结尾处重复经题和帙号。有第 1 次校勘的标记。经文严重残朽。纸质一级。

馆册第426号　第30卷

70 页，全文保存，每页 6 行，每行 22—24 个字。上边距 2.4 厘米，下边距 1.1 厘米。经题后有帙号和仁孝皇帝（尊号 1）中的 6 个字。结尾处重复经题和帙号，但将第 31—40 卷经文的帙号误写成了第 30 卷经文的帙号。纸质一级。

馆册第1982号　第32卷

86页，全文保存，每页6行，每行19个字。上边距4.2厘米，下边距3.3厘米。经题后有帙号。结尾处重复经题和帙号。有第1次校勘的标记。纸质八级。

馆册第1983号　第33卷

48页，全文保存，每页6行，每行22个字。上边距2.8厘米，下边距3.3厘米。结尾处重复经题。有第1次校勘的标记。

馆册第6639号　第34卷

3页，全文保存，每页5行，每行21个字。边距无栏线，上边距5厘米，下边距3.5厘米。经题后有仁孝皇帝（尊号1）中的4个字。纸质一级。

馆册第470号　第35卷

55页，全文保存，每页6行，每行21—23个字。边距无栏线，上边距6厘米，下边距2厘米。结尾处重复经题。有第1次校勘的标记。纸质二级。

馆册第7814号　第35卷

4页，首残，每页6行，每行21个字。边距无栏线，上边距4.5厘米，下边距2.5厘米。经文页面被撕坏。纸质一级。

馆册第469号　第36卷

48页，首残，每页6行，每行20—21个字。边距无栏线，上边距4.5厘米，下边距2.5厘米。结尾处重复经题，用草体书写题记：此经文拥有者、广积德者……部分经文（随喜）发愿者𗏁𗥤（法海）(tsiə ngon Циэ Нгон Фа Хуй，此处原文写作法海，而不是法慧——译注），勇猛的、禅修定……抄经者、新文献体弱的……著名写经大师𗏸𗗚𗑶（般若嵬）(pa zia wai Па-жиа Вай)，没有损坏经文内容，近德者……有第1次校勘的标记。纸质八级。

馆册第468号　第38卷

57页，全文保存，每页6行，每行19—20个字。上边距4.3厘米，下边距3.8厘米。经题后有秉常皇帝（尊号1）及其母梁皇太后（尊号1）中各两个字。结尾处重复经题，第1—12页编有页码。有第1次校勘的标记。纸质八级。

馆册第970号　第40卷

81页，全文保存，每页6行，每行20—23个字。上边距4.6厘米，下边距2.2厘米。经题后有帙号和仁孝皇帝（尊号1）中的6个字，但帙号有误。结尾处重复经题，题记为：《涅槃经》发愿者、德者𗑶𗗙𗪘𗖵𗢳（嵬▫移山基由）

(ngwe zwei 1an kie ·ew Нгве-жвей Шан-кие-гхеы)。随喜女发愿者[illegible](尚平氏都麻)(1io phin zie ndew ma Шио-пхин Ндеы-ма)。纸质一级。

第114号

[illegible]

《大般涅槃经》

馆册第6331、6339、5331号 第1—40卷

写本贝叶经，页面尺寸规格 19.5 厘米 ×68 厘米，每页 31 行，每行 13 个字。淡墨线勾栏，上边距 3.3 厘米，下边距 2.8 厘米。归整到一起的页数共有 286 页，页面正反两面书写经文，正面右边角处写有帙号和页码。每 10 卷经文共用 1 个帙号。引人注目的是：这组经文抄写于其发现地—— “黑水城”，发愿者为当地的军人。

1—10卷

页面正面右边角处写有帙号和页码。保存下来的页面有第 1—10、23—35、37—74、76—98、103—106、111—115、117—122、125—128 页。

第 1 卷经题后有仁孝皇帝（尊号 1）中的前 4 个字。

第 2 卷经题后有仁孝皇帝（尊号 1）中的前 2 个字。

第 4 卷经题后有仁孝皇帝（尊号 1）中的前 2 个字。

第 5 卷经题后有仁孝皇帝（尊号 1）中的 4 个字，御译。

第 10 卷，128 页 a 面，结尾处重复经题，有题记：

[illegible]

（经文）总发愿者、黑水城边防使、嵬𠰘移山野（ngwe zwei 1an nie Нгве-жвей Шан-ние)。

第11—20卷

第 1—70、72—95、97—113 页。

第 11 卷经题后有秉常皇帝（尊号 1）及其母梁皇太后（尊号 1）中各 2 个字。

第 12 卷经题后有仁孝皇帝（尊号 1）中的前 4 个字。

第 20 卷结尾处重复经题（第 113 页 b 面），题记为：

[illegible]

[illegible]

[illegible]

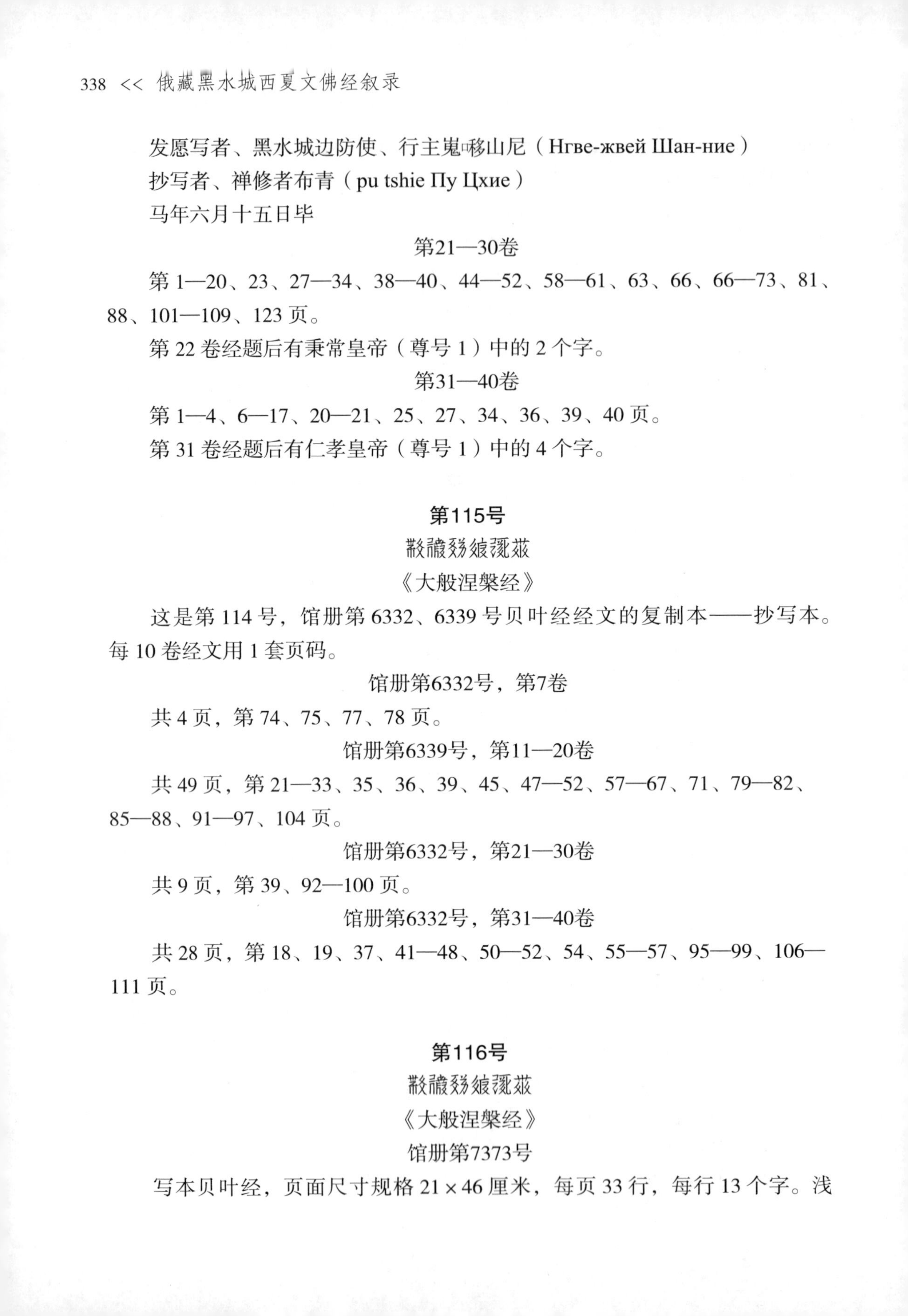

发愿写者、黑水城边防使、行主嵬[口移]山尼（Нгве-жвей Шан-ние）

抄写者、禅修者布青（pu tshie Пу Цхие）

马年六月十五日毕

第21—30卷

第 1—20、23、27—34、38—40、44—52、58—61、63、66、66—73、81、88、101—109、123 页。

第 22 卷经题后有秉常皇帝（尊号 1）中的 2 个字。

第31—40卷

第 1—4、6—17、20—21、25、27、34、36、39、40 页。

第 31 卷经题后有仁孝皇帝（尊号 1）中的 4 个字。

第115号

[illegible]

《大般涅槃经》

这是第 114 号，馆册第 6332、6339 号贝叶经经文的复制本——抄写本。每 10 卷经文用 1 套页码。

馆册第6332号，第7卷

共 4 页，第 74、75、77、78 页。

馆册第6339号，第11—20卷

共 49 页，第 21—33、35、36、39、45、47—52、57—67、71、79—82、85—88、91—97、104 页。

馆册第6332号，第21—30卷

共 9 页，第 39、92—100 页。

馆册第6332号，第31—40卷

共 28 页，第 18、19、37、41—48、50—52、54、55—57、95—99、106—111 页。

第116号

[illegible]

《大般涅槃经》

馆册第7373号

写本贝叶经，页面尺寸规格 21×46 厘米，每页 33 行，每行 13 个字。浅

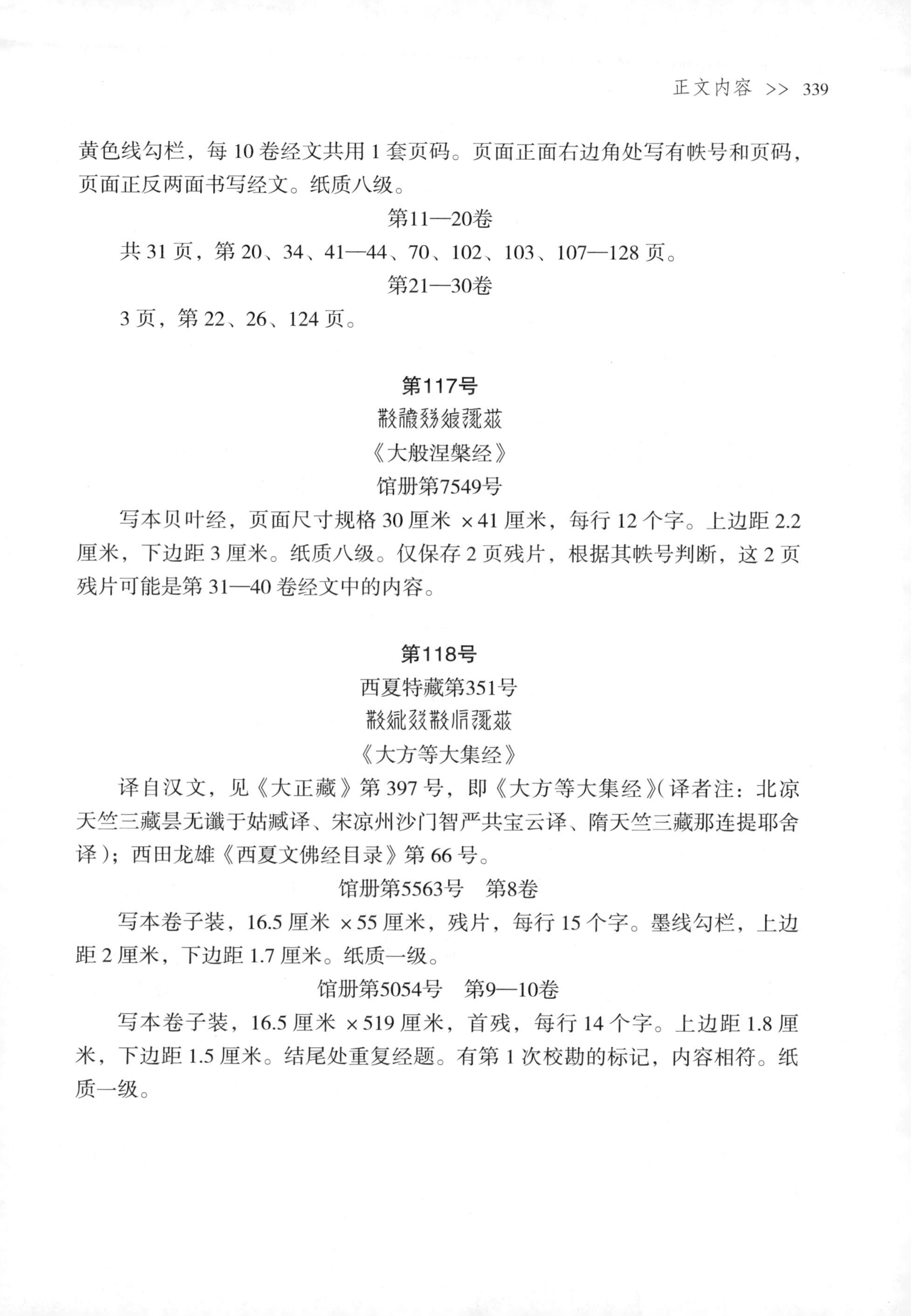

黄色线勾栏，每 10 卷经文共用 1 套页码。页面正面右边角处写有帙号和页码，页面正反两面书写经文。纸质八级。

第11—20卷

共 31 页，第 20、34、41—44、70、102、103、107—128 页。

第21—30卷

3 页，第 22、26、124 页。

第117号

[illegible]

《大般涅槃经》

馆册第7549号

写本贝叶经，页面尺寸规格 30 厘米 ×41 厘米，每行 12 个字。上边距 2.2 厘米，下边距 3 厘米。纸质八级。仅保存 2 页残片，根据其帙号判断，这 2 页残片可能是第 31—40 卷经文中的内容。

第118号

西夏特藏第351号

[illegible]

《大方等大集经》

译自汉文，见《大正藏》第 397 号，即《大方等大集经》(译者注：北凉天竺三藏昙无谶于姑臧译、宋凉州沙门智严共宝云译、隋天竺三藏那连提耶舍译)；西田龙雄《西夏文佛经目录》第 66 号。

馆册第5563号　第8卷

写本卷子装，16.5 厘米 ×55 厘米，残片，每行 15 个字。墨线勾栏，上边距 2 厘米，下边距 1.7 厘米。纸质一级。

馆册第5054号　第9—10卷

写本卷子装，16.5 厘米 ×519 厘米，首残，每行 14 个字。上边距 1.8 厘米，下边距 1.5 厘米。结尾处重复经题。有第 1 次校勘的标记，内容相符。纸质一级。

第119号

西夏特藏第151号

[illegible]

《佛说诸佛经》

译自汉文，见《大正藏》第439号，即《佛说诸佛经》(译者注：西天译经三藏朝散大夫试鸿胪卿传法大师臣施护奉　诏译)，西田龙雄《西夏文佛经目录》第189号。

馆册第359号

写本经折装，页面尺寸规格29.5厘米×12厘米，13页，仅存经尾，每页6行，每行18个字。墨线勾栏，上边距4厘米，下边距2.7厘米。结尾处重复经题和帙号。纸质一级。

第120号

西夏特藏第194号

[illegible]

《现在贤劫千佛名经》

见《大正藏》第447号，即《现在贤劫千佛名经》(译者注：亦名《集诸佛大功德山》。阙译人名，今附梁录、开元拾遗附梁录)；西田龙雄《西夏文佛经目录》第158号；格林斯坦德《西夏文大藏经》第1999—2024页。

此经文曾大量流布，现存有很多的残片。大量的经文残片规格尺寸不大，说明写、印此组经文是为信奉者提供日常诵读方便的口袋书。本组经文比较容易辨认，因为基本内容都是描绘诸佛及其名号的。佛像是刻印在经文页面上的，或是一排，或是两排，呈水平状将页面对等分成两半。虽然这组经文大多数未能得以完整地保存下来，但是却有相当多的残片，可以断定为是属于这组经文的。印、写经文时将佛像直接用雕版刻印到页面上，这样可以避免错误。页面空白处(即原来的页面粘合处)标有经文名称缩写、卷号和页码。如果是经文完好无损地保存下来的话，这些装帧技术一般是看不到的，因为它们被粘住了。但是，当经文保存不善而导致经文粘合处散开、页面脱落开裂时，就可以看到这些原装帧技术了。正是如此，我在以下叙述中会指明经文的卷数、卷号、上部或是下部，等等。但有些无此装帧标记的残片只能根据上面的某些标识来判断了。

馆册第7777、8098号　下部

写本经折装，页面尺寸规格 26 厘米 ×12 厘米，95 页，无正文内容。彩印的佛像坐在莲台上。纸质一级。1923 年，科兹洛夫把此经文交付给原来的亚洲博物馆。科兹洛夫在信中说道："尊敬的亚历山大·彼得洛夫，请允许我给您一个惊喜，现在我把这件手稿带给您。请归入黑水城文献中去吧。此前我一直留着它，是为了识读佛像下的名号。再见，您的 П·科兹洛夫。1923 年 6 月 24 日，写于彼得格勒。"

第121号

𗣼𗋽𗢳𗌭𗪘𗂧𗢯𘝵𗥤

《现在贤劫千佛名经》

馆册第7845号　哪部无识别

刻本经折装，页面尺寸规格 14.5 厘米 ×8.6 厘米，仅存 2 页半，每页 6 行，每行 11 个字。上边距 1 厘米，下边距 1.5 厘米。画有诸佛像及其名号。纸质 8 级。经文页面被揉皱，保存不善。

第122号

《现在贤劫千佛名经》

𗣼𗋽𗢳𗌭𗪘𗂧𗢯𘝵𗥤

馆册第611号　哪部无识别

刻本经折装，页面尺寸规格 17.2 厘米 ×9 厘米，26 页，每页 5 行，每行 15 个字。上边距 1.5 厘米，下边距 1.2 厘米。画有诸佛像及其名号。纸质一级。

馆册第8029号　上部

刻本经折装，页面尺寸规格 17.2 厘米 ×9 厘米，5 页，无正文。上边距 2 厘米，下边距 1.5 厘米。画有诸佛像及其名号。根据写在经文页面粘合处的页码可以断定它是上部。纸质八级。

第123号

𗣼𗋽𗢳𗌭𗪘𗂧𗢯𘝵𗥤

《现在贤劫千佛名经》

馆册第938号　哪部无识别

刻本经折装，页面尺寸规格 18 厘米 ×9 厘米，3 页，无正文，上边距 2.7

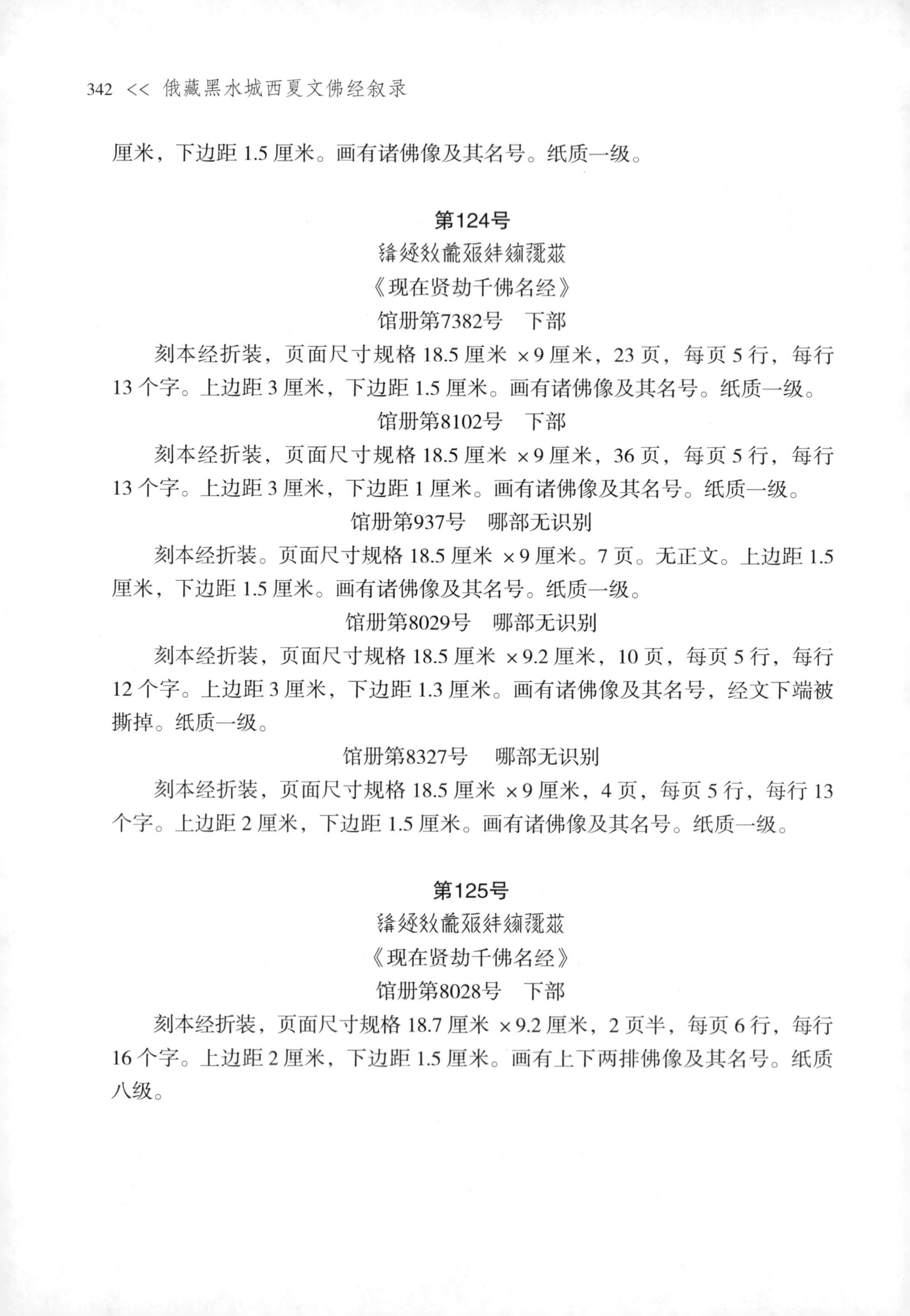

厘米，下边距 1.5 厘米。画有诸佛像及其名号。纸质一级。

第124号

[illegible]

《现在贤劫千佛名经》

馆册第7382号　下部

刻本经折装，页面尺寸规格 18.5 厘米 ×9 厘米，23 页，每页 5 行，每行 13 个字。上边距 3 厘米，下边距 1.5 厘米。画有诸佛像及其名号。纸质一级。

馆册第8102号　下部

刻本经折装，页面尺寸规格 18.5 厘米 ×9 厘米，36 页，每页 5 行，每行 13 个字。上边距 3 厘米，下边距 1 厘米。画有诸佛像及其名号。纸质一级。

馆册第937号　哪部无识别

刻本经折装。页面尺寸规格 18.5 厘米 ×9 厘米。7 页。无正文。上边距 1.5 厘米，下边距 1.5 厘米。画有诸佛像及其名号。纸质一级。

馆册第8029号　哪部无识别

刻本经折装，页面尺寸规格 18.5 厘米 ×9.2 厘米，10 页，每页 5 行，每行 12 个字。上边距 3 厘米，下边距 1.3 厘米。画有诸佛像及其名号，经文下端被撕掉。纸质一级。

馆册第8327号　哪部无识别

刻本经折装，页面尺寸规格 18.5 厘米 ×9 厘米，4 页，每页 5 行，每行 13 个字。上边距 2 厘米，下边距 1.5 厘米。画有诸佛像及其名号。纸质一级。

第125号

[illegible]

《现在贤劫千佛名经》

馆册第8028号　下部

刻本经折装，页面尺寸规格 18.7 厘米 ×9.2 厘米，2 页半，每页 6 行，每行 16 个字。上边距 2 厘米，下边距 1.5 厘米。画有上下两排佛像及其名号。纸质八级。

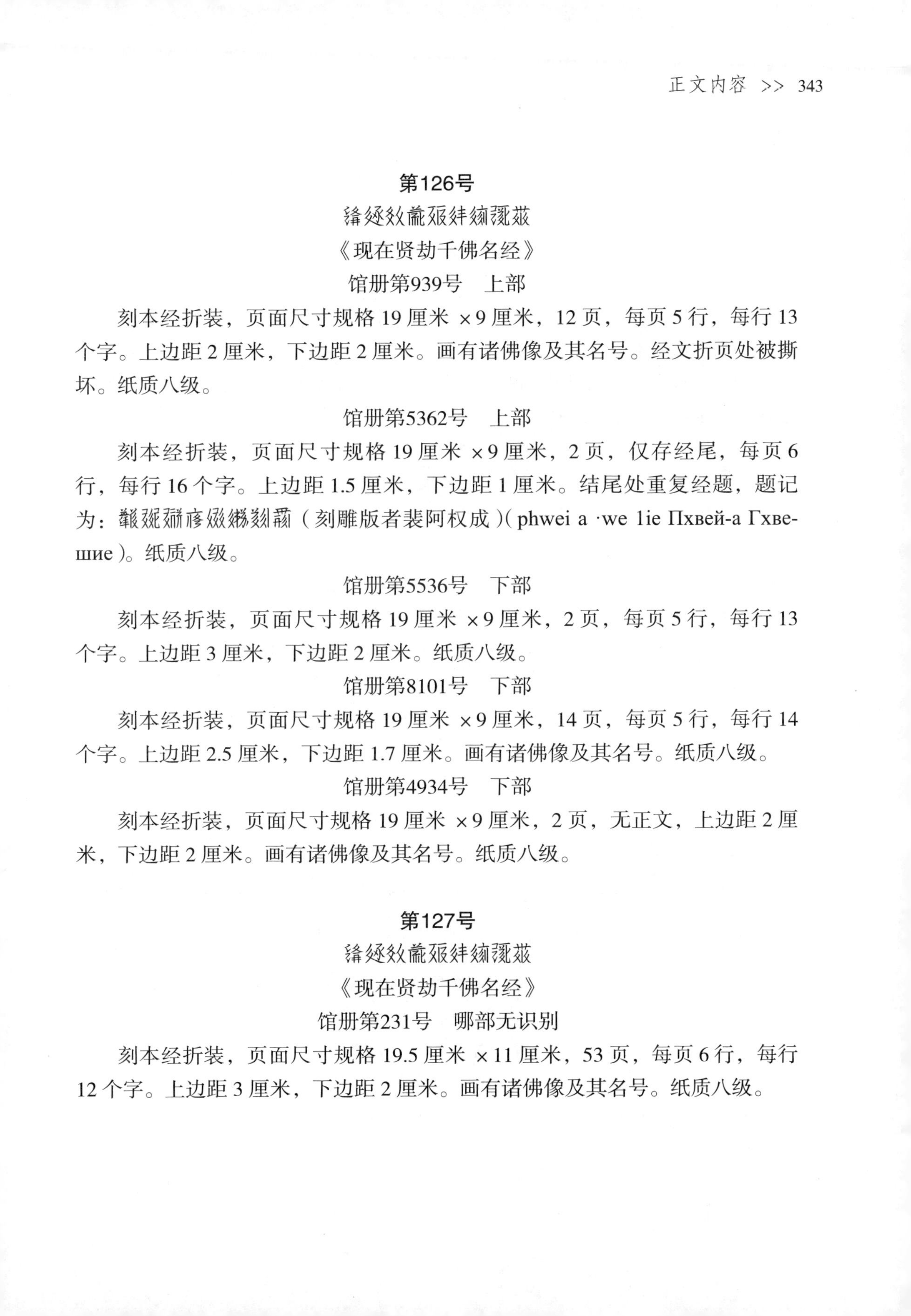

第126号

[illegible]

《现在贤劫千佛名经》

馆册第939号　上部

刻本经折装，页面尺寸规格 19 厘米 ×9 厘米，12 页，每页 5 行，每行 13 个字。上边距 2 厘米，下边距 2 厘米。画有诸佛像及其名号。经文折页处被撕坏。纸质八级。

馆册第5362号　上部

刻本经折装，页面尺寸规格 19 厘米 ×9 厘米，2 页，仅存经尾，每页 6 行，每行 16 个字。上边距 1.5 厘米，下边距 1 厘米。结尾处重复经题，题记为：[illegible]（刻雕版者裴阿权成）(phwei a ·we 1ie Пхвей-а Гхве-шие)。纸质八级。

馆册第5536号　下部

刻本经折装，页面尺寸规格 19 厘米 ×9 厘米，2 页，每页 5 行，每行 13 个字。上边距 3 厘米，下边距 2 厘米。纸质八级。

馆册第8101号　下部

刻本经折装，页面尺寸规格 19 厘米 ×9 厘米，14 页，每页 5 行，每行 14 个字。上边距 2.5 厘米，下边距 1.7 厘米。画有诸佛像及其名号。纸质八级。

馆册第4934号　下部

刻本经折装，页面尺寸规格 19 厘米 ×9 厘米，2 页，无正文，上边距 2 厘米，下边距 2 厘米。画有诸佛像及其名号。纸质八级。

第127号

[illegible]

《现在贤劫千佛名经》

馆册第231号　哪部无识别

刻本经折装，页面尺寸规格 19.5 厘米 ×11 厘米，53 页，每页 6 行，每行 12 个字。上边距 3 厘米，下边距 2 厘米。画有诸佛像及其名号。纸质八级。

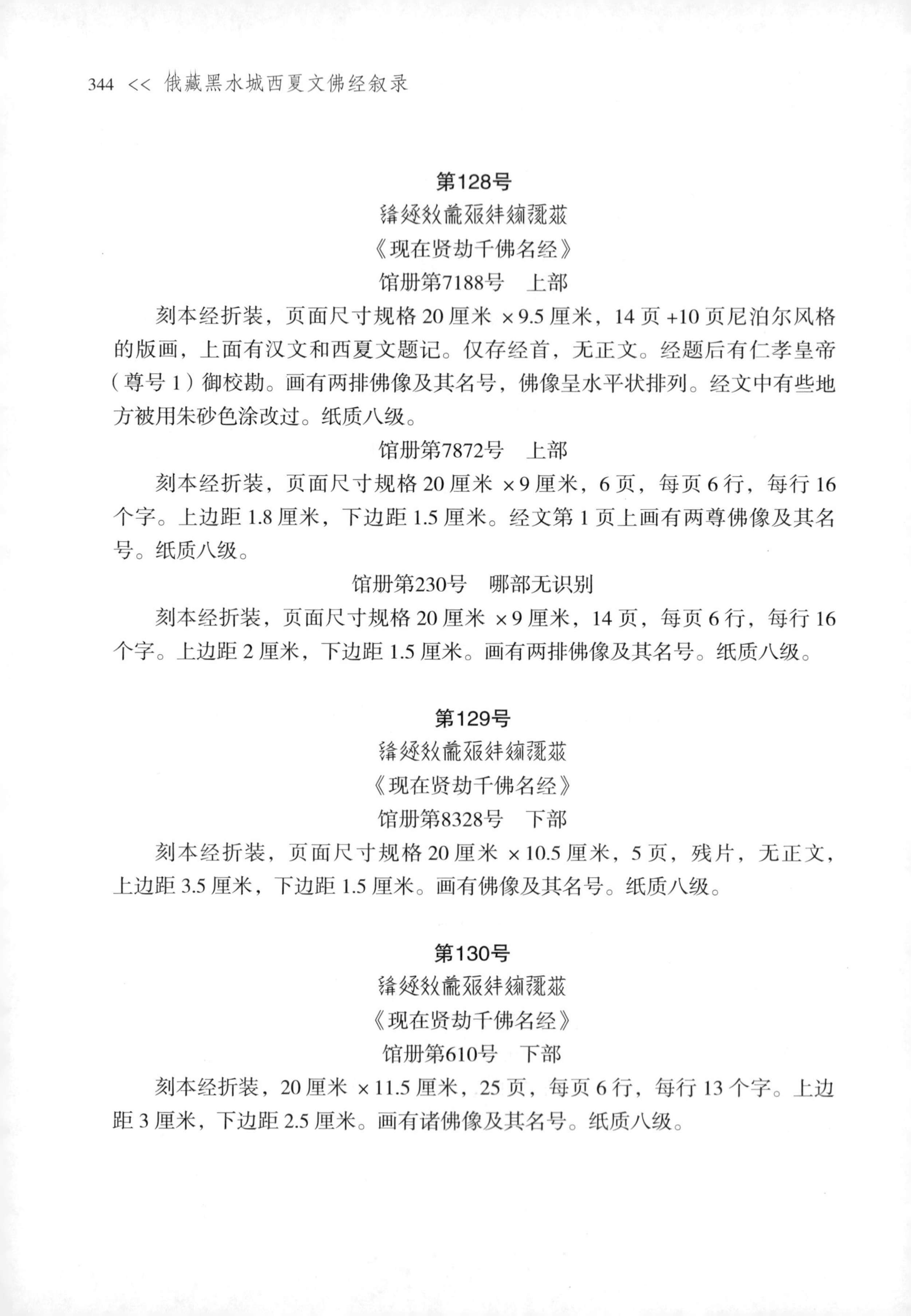

第128号

[illegible]

《现在贤劫千佛名经》

馆册第7188号　上部

刻本经折装，页面尺寸规格 20 厘米 ×9.5 厘米，14 页 +10 页尼泊尔风格的版画，上面有汉文和西夏文题记。仅存经首，无正文。经题后有仁孝皇帝（尊号 1）御校勘。画有两排佛像及其名号，佛像呈水平状排列。经文中有些地方被用朱砂色涂改过。纸质八级。

馆册第7872号　上部

刻本经折装，页面尺寸规格 20 厘米 ×9 厘米，6 页，每页 6 行，每行 16 个字。上边距 1.8 厘米，下边距 1.5 厘米。经文第 1 页上画有两尊佛像及其名号。纸质八级。

馆册第230号　哪部无识别

刻本经折装，页面尺寸规格 20 厘米 ×9 厘米，14 页，每页 6 行，每行 16 个字。上边距 2 厘米，下边距 1.5 厘米。画有两排佛像及其名号。纸质八级。

第129号

[illegible]

《现在贤劫千佛名经》

馆册第8328号　下部

刻本经折装，页面尺寸规格 20 厘米 ×10.5 厘米，5 页，残片，无正文，上边距 3.5 厘米，下边距 1.5 厘米。画有佛像及其名号。纸质八级。

第130号

[illegible]

《现在贤劫千佛名经》

馆册第610号　下部

刻本经折装，20 厘米 ×11.5 厘米，25 页，每页 6 行，每行 13 个字。上边距 3 厘米，下边距 2.5 厘米。画有诸佛像及其名号。纸质八级。

第131号

[illegible]

《现在贤劫千佛名经》

馆册第936号　哪部无识别

刻本经折装，20.5 厘米 ×9 厘米，3 页，无正文，画有两排呈水平排列的诸佛像及其名号。纸质级。

馆册第935号　哪部无识别

刻本经折装，20.5 厘米 ×9 厘米，3 页，每页 6 行，每行 15 个字。上边距 2 厘米，下边距 2 厘米。画有两排佛像及其名号。纸质一级。

第132号

[illegible]

《现在贤劫千佛名经》

馆册第7381号　下部

刻本经折装，20.5 厘米 ×9.5 厘米，28 页，上边距 2.5 厘米，下边距 2.5 厘米，无正文。画有两排佛像及其名号。纸质一级。

第133号

[illegible]

《现在贤劫千佛名经》

馆册第7381号　哪部无识别

刻本经折装，20.7 厘米 ×10 厘米，10 页，每页 5 行，每行 15 个字。上边距 0.5 厘米，下边距 1.7 厘米。画有两排佛像及其名号。纸质八级。

第134号

[illegible]

《现在贤劫千佛名经》

馆册第736号　上部

刻本经折装，21 厘米 ×10 厘米，70 页，每页 6 行，每行 16 个字。上边距 1.2 厘米，下边距 1.2 厘米。画有两排佛像及其名号。纸质八级。

第135号

[illegible]

《现在贤劫千佛名经》

馆册第7381号　上部

刻本经折装，21.3 厘米 ×9.6 厘米，65 页，每页 6 行，每行 15 个字。上边距 1 厘米，下边距 1.5 厘米。画有两排佛像及其名号。纸质八级。

第136号

[illegible]

《现在贤劫千佛名经》

馆册第6547号　下部

刻本经折装，21.5 厘米 ×9 厘米，4 页，每页 6 行，每行 16 个字。上边距 7 厘米，下边距 1.5 厘米。画有两排佛像及其名号。纸质八级。

馆册第7381号　哪部无识别

刻本经折装，21.5 厘米 ×9 厘米，23 页，每页 6 行，每行 16 个字。上边距 1.5 厘米，下边距 1 厘米。画有两排佛像及其名号。纸质一级。

第137号

[illegible]

《现在贤劫千佛名经》

馆册第612号　哪部无识别

刻本经折装，21.5 厘米 ×9.7 厘米，5 页，每页 6 行，每行 16 个字。上边距 1.5 厘米，下边距 1.3 厘米。画有两排佛像及其名号。纸质一级。

馆册第613号　哪部无识别

刻本经折装，21.5 厘米 ×9.7 厘米，6 页，每页 6 行，每行 15 个字。上边距 1.5 厘米，下边距 1.4 厘米。画有两排佛像及其名号。纸质一级。

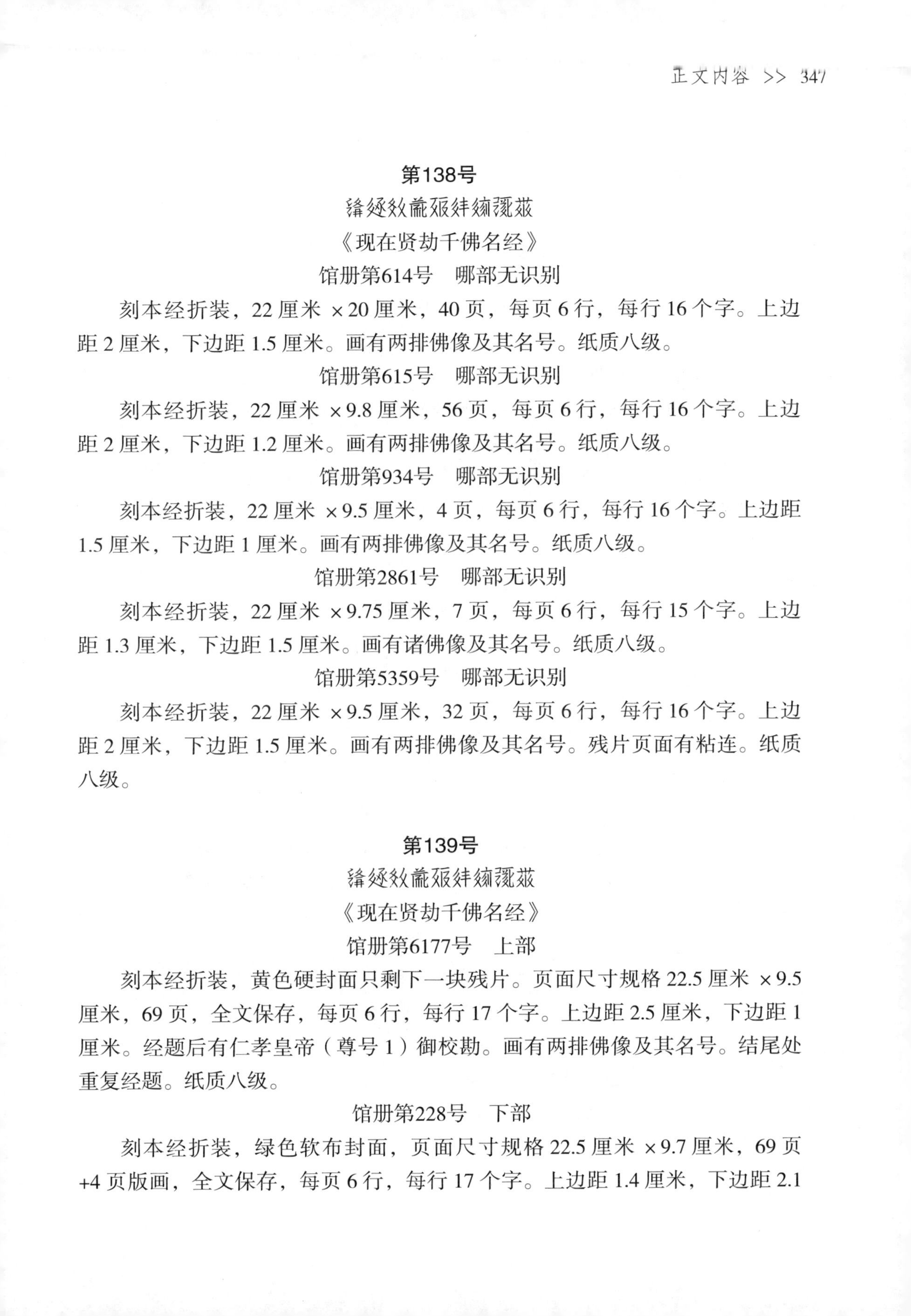

第138号

[illegible]

《现在贤劫千佛名经》

馆册第614号　哪部无识别

刻本经折装，22 厘米 ×20 厘米，40 页，每页 6 行，每行 16 个字。上边距 2 厘米，下边距 1.5 厘米。画有两排佛像及其名号。纸质八级。

馆册第615号　哪部无识别

刻本经折装，22 厘米 ×9.8 厘米，56 页，每页 6 行，每行 16 个字。上边距 2 厘米，下边距 1.2 厘米。画有两排佛像及其名号。纸质八级。

馆册第934号　哪部无识别

刻本经折装，22 厘米 ×9.5 厘米，4 页，每页 6 行，每行 16 个字。上边距 1.5 厘米，下边距 1 厘米。画有两排佛像及其名号。纸质八级。

馆册第2861号　哪部无识别

刻本经折装，22 厘米 ×9.75 厘米，7 页，每页 6 行，每行 15 个字。上边距 1.3 厘米，下边距 1.5 厘米。画有诸佛像及其名号。纸质八级。

馆册第5359号　哪部无识别

刻本经折装，22 厘米 ×9.5 厘米，32 页，每页 6 行，每行 16 个字。上边距 2 厘米，下边距 1.5 厘米。画有两排佛像及其名号。残片页面有粘连。纸质八级。

第139号

[illegible]

《现在贤劫千佛名经》

馆册第6177号　上部

刻本经折装，黄色硬封面只剩下一块残片。页面尺寸规格 22.5 厘米 ×9.5 厘米，69 页，全文保存，每页 6 行，每行 17 个字。上边距 2.5 厘米，下边距 1 厘米。经题后有仁孝皇帝（尊号 1）御校勘。画有两排佛像及其名号。结尾处重复经题。纸质八级。

馆册第228号　下部

刻本经折装，绿色软布封面，页面尺寸规格 22.5 厘米 ×9.7 厘米，69 页 +4 页版画，全文保存，每页 6 行，每行 17 个字。上边距 1.4 厘米，下边距 2.1

厘米。画有两排佛像及其名号。结尾处重复经题。经文页面折页处已残且被撕坏。纸质八级。

第140号

繂娫敘藏殘絆緰蹝菝

《现在贤劫千佛名经》

馆册第227号　上部

刻本经折装，23 厘米 ×9.8 厘米，9 页，每页 6 行，每行 16 个字。上边距 2 厘米，下边距 1.8 厘米。画有两排佛像及其名号。纸质八级。

馆册第4934号　上部

刻本经折装，23 厘米 ×10 厘米，83 页，每页 6 行，每行 16 个字。上边距 2 厘米，下边距 1.5 厘米。画有两排佛像及其名号。纸质八级。

第141号

繂娫敘藏殘絆緰蹝菝

《现在贤劫千佛名经》

馆册第60号　上部

刻本经折装，23.2 厘米 ×9.7 厘米，69 页 +2 页版画，全文保存，每页 6 行，每行 16—17 个字。上边距 2.5 厘米，下边距 1 厘米。经题后有仁孝皇帝（尊号 1）御校勘。画有两排佛像及其名号。纸质八级。

馆册第61号　下部

刻本经折装，23.2 厘米 ×9.7 厘米，46 页，每页 6 行，每行 16 个字。上边距 2.5 厘米，下边距 1.5 厘米。画有两排佛像及其名号。纸质八级。

第142号

繂娫敘藏殘絆緰蹝菝

《现在贤劫千佛名经》

馆册第7189号　上部

刻本经折装，23.5 厘米 ×10 厘米，28 页，仅存经首，每页 6 行，每行 11—12 个字。上边距 2.5 厘米，下边距 1.8 厘米。经题后有仁孝皇帝（尊号 1）御校勘。画有两排佛像及其名号。纸质八级。

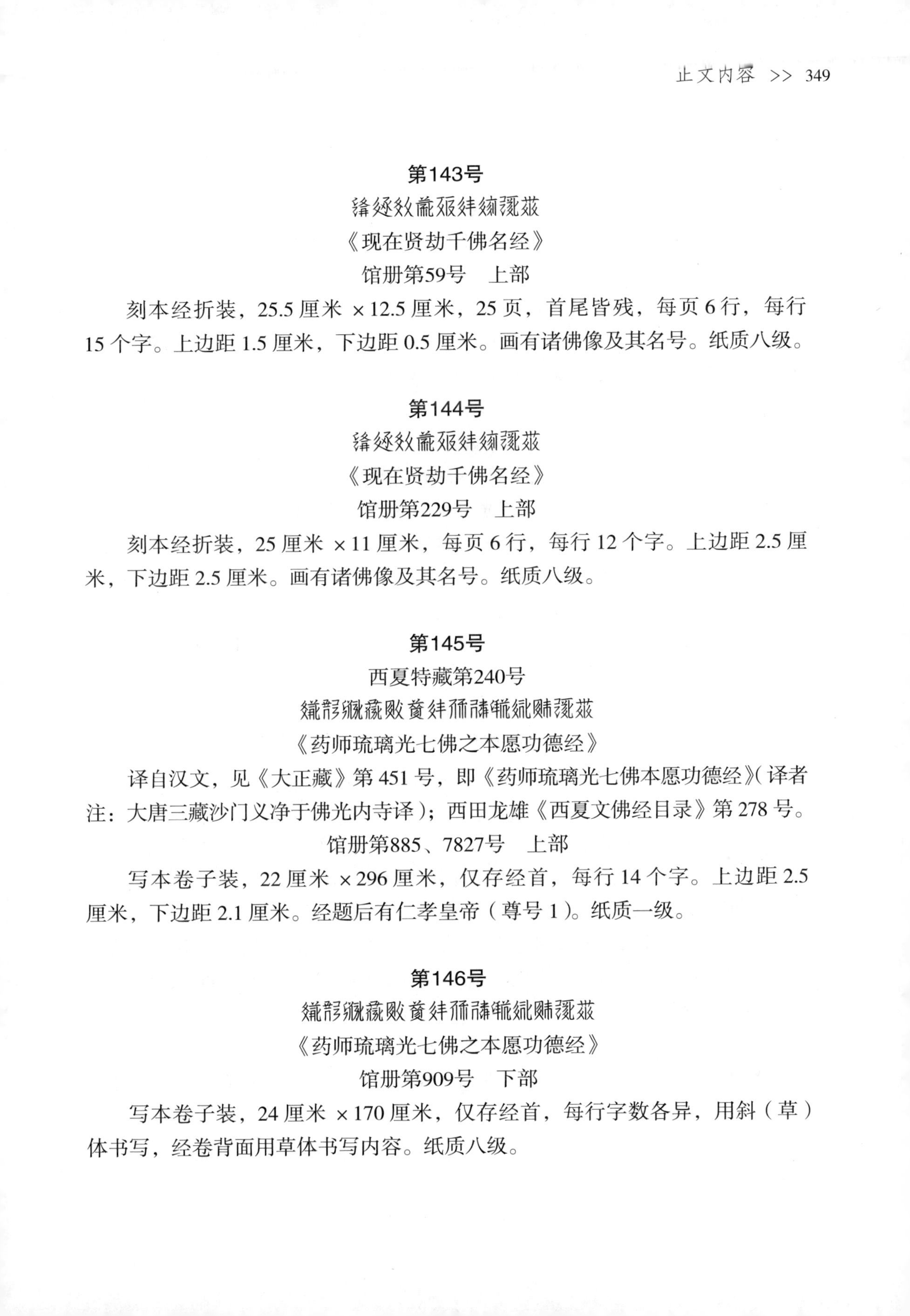

第143号

[illegible]

《现在贤劫千佛名经》

馆册第59号　上部

刻本经折装，25.5 厘米 ×12.5 厘米，25 页，首尾皆残，每页 6 行，每行 15 个字。上边距 1.5 厘米，下边距 0.5 厘米。画有诸佛像及其名号。纸质八级。

第144号

[illegible]

《现在贤劫千佛名经》

馆册第229号　上部

刻本经折装，25 厘米 ×11 厘米，每页 6 行，每行 12 个字。上边距 2.5 厘米，下边距 2.5 厘米。画有诸佛像及其名号。纸质八级。

第145号

西夏特藏第240号

[illegible]

《药师琉璃光七佛之本愿功德经》

译自汉文，见《大正藏》第 451 号，即《药师琉璃光七佛本愿功德经》(译者注：大唐三藏沙门义净于佛光内寺译)；西田龙雄《西夏文佛经目录》第 278 号。

馆册第885、7827号　上部

写本卷子装，22 厘米 ×296 厘米，仅存经首，每行 14 个字。上边距 2.5 厘米，下边距 2.1 厘米。经题后有仁孝皇帝（尊号 1）。纸质一级。

第146号

[illegible]

《药师琉璃光七佛之本愿功德经》

馆册第909号　下部

写本卷子装，24 厘米 ×170 厘米，仅存经首，每行字数各异，用斜（草）体书写，经卷背面用草体书写内容。纸质八级。

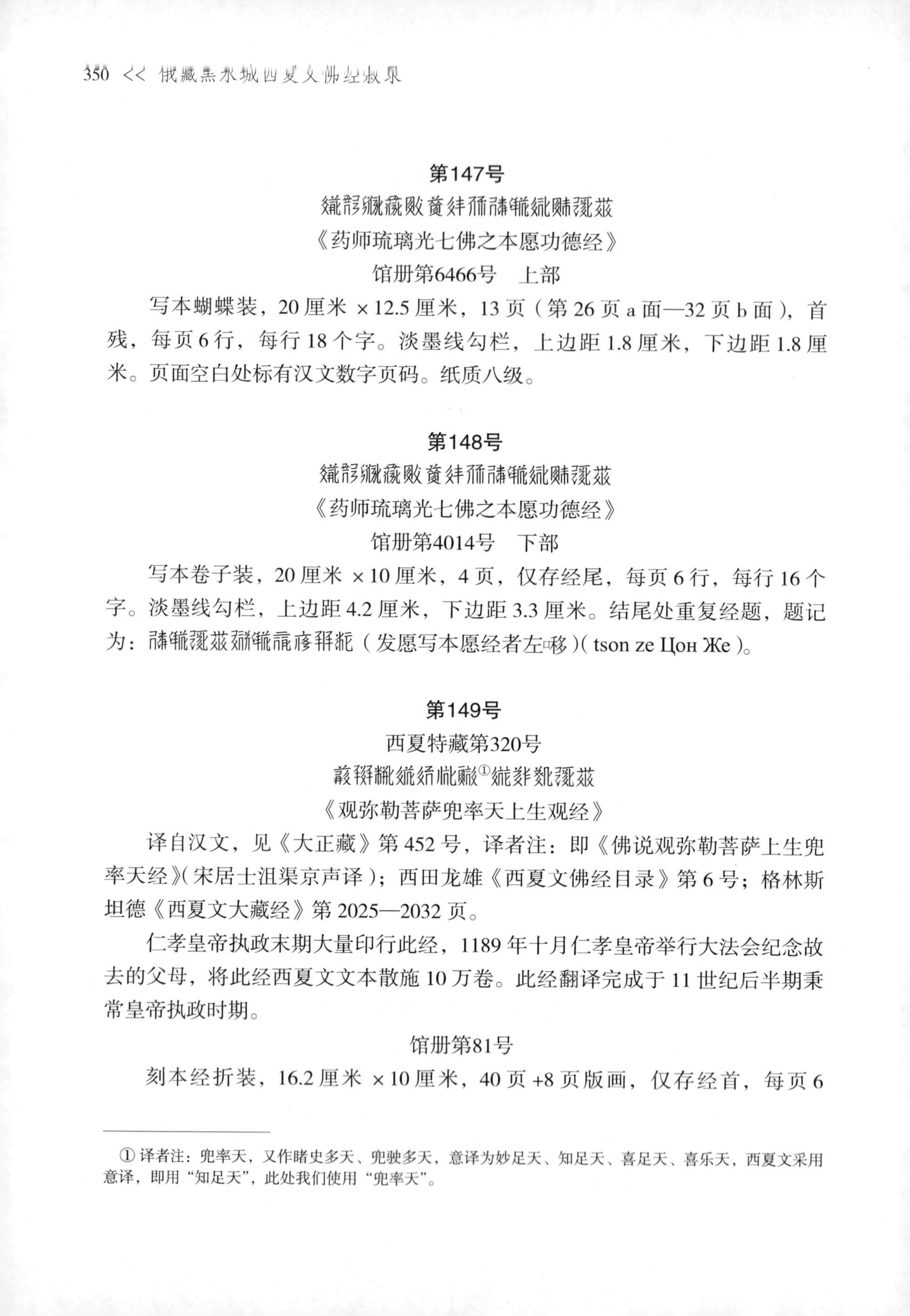

第147号

[illegible]

《药师琉璃光七佛之本愿功德经》

馆册第6466号　上部

写本蝴蝶装，20 厘米 ×12.5 厘米，13 页（第 26 页 a 面—32 页 b 面），首残，每页 6 行，每行 18 个字。淡墨线勾栏，上边距 1.8 厘米，下边距 1.8 厘米。页面空白处标有汉文数字页码。纸质八级。

第148号

[illegible]

《药师琉璃光七佛之本愿功德经》

馆册第4014号　下部

写本卷子装，20 厘米 ×10 厘米，4 页，仅存经尾，每页 6 行，每行 16 个字。淡墨线勾栏，上边距 4.2 厘米，下边距 3.3 厘米。结尾处重复经题，题记为：[illegible]（发愿写本愿经者左▫移）(tson ze Цон Же)。

第149号

西夏特藏第320号

[illegible][1][illegible]

《观弥勒菩萨兜率天上生观经》

译自汉文，见《大正藏》第 452 号，译者注：即《佛说观弥勒菩萨上生兜率天经》(宋居士沮渠京声译)；西田龙雄《西夏文佛经目录》第 6 号；格林斯坦德《西夏文大藏经》第 2025—2032 页。

仁孝皇帝执政末期大量印行此经，1189 年十月仁孝皇帝举行大法会纪念故去的父母，将此经西夏文文本散施 10 万卷。此经翻译完成于 11 世纪后半期秉常皇帝执政时期。

馆册第81号

刻本经折装，16.2 厘米 ×10 厘米，40 页 +8 页版画，仅存经首，每页 6

---

① 译者注：兜率天，又作睹史多天、兜驶多天，意译为妙足天、知足天、喜足天、喜乐天，西夏文采用意译，即用“知足天”，此处我们使用“兜率天”。

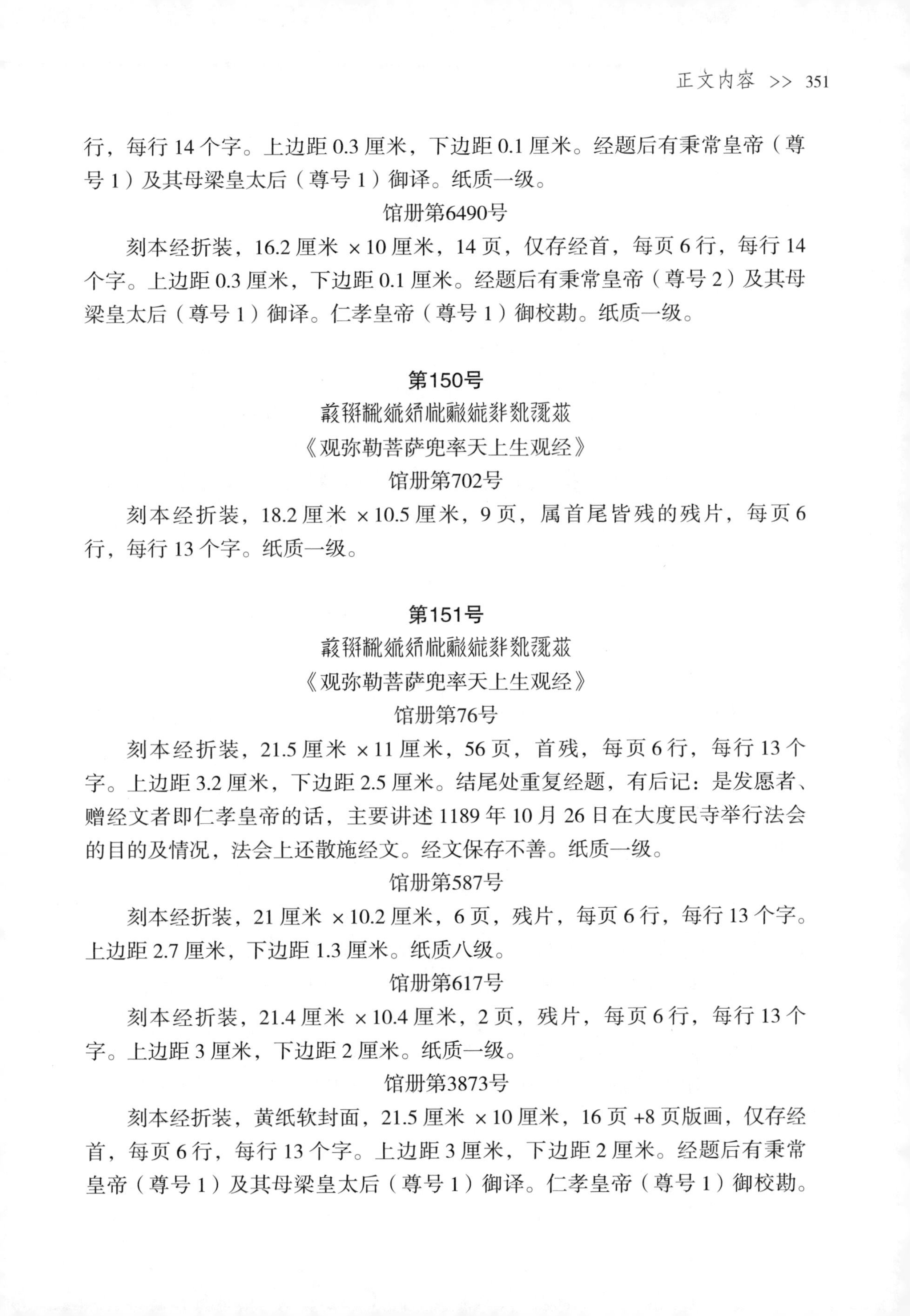

行，每行 14 个字。上边距 0.3 厘米，下边距 0.1 厘米。经题后有秉常皇帝（尊号 1）及其母梁皇太后（尊号 1）御译。纸质一级。

馆册第6490号

刻本经折装，16.2 厘米 ×10 厘米，14 页，仅存经首，每页 6 行，每行 14 个字。上边距 0.3 厘米，下边距 0.1 厘米。经题后有秉常皇帝（尊号 2）及其母梁皇太后（尊号 1）御译。仁孝皇帝（尊号 1）御校勘。纸质一级。

第150号

[illegible]

《观弥勒菩萨兜率天上生观经》

馆册第702号

刻本经折装，18.2 厘米 ×10.5 厘米，9 页，属首尾皆残的残片，每页 6 行，每行 13 个字。纸质一级。

第151号

[illegible]

《观弥勒菩萨兜率天上生观经》

馆册第76号

刻本经折装，21.5 厘米 ×11 厘米，56 页，首残，每页 6 行，每行 13 个字。上边距 3.2 厘米，下边距 2.5 厘米。结尾处重复经题，有后记：是发愿者、赠经文者即仁孝皇帝的话，主要讲述 1189 年 10 月 26 日在大度民寺举行法会的目的及情况，法会上还散施经文。经文保存不善。纸质一级。

馆册第587号

刻本经折装，21 厘米 ×10.2 厘米，6 页，残片，每页 6 行，每行 13 个字。上边距 2.7 厘米，下边距 1.3 厘米。纸质八级。

馆册第617号

刻本经折装，21.4 厘米 ×10.4 厘米，2 页，残片，每页 6 行，每行 13 个字。上边距 3 厘米，下边距 2 厘米。纸质一级。

馆册第3873号

刻本经折装，黄纸软封面，21.5 厘米 ×10 厘米，16 页 +8 页版画，仅存经首，每页 6 行，每行 13 个字。上边距 3 厘米，下边距 2 厘米。经题后有秉常皇帝（尊号 1）及其母梁皇太后（尊号 1）御译。仁孝皇帝（尊号 1）御校勘。

纸质一级。

第152号

[illegible]

《观弥勒菩萨兜率天上生观经》

馆册第20号

刻本经折装，22 厘米 ×10.7 厘米，29 页，仅存经首，每页 6 行，每行 13 个字。上边距 3 厘米，下边距 2.2 厘米。经题后有秉常皇帝（尊号 1）及其母梁皇太后（尊号 1）御译。仁孝皇帝（尊号 1）御校勘。纸质八级。

馆册第71号

刻本经折装，22 厘米 ×10.7 厘米，52 页 +5 页版画，全文保存，仅缺后记。经题后有秉常皇帝（尊号 1）及其母梁皇太后（尊号 1）御译。仁孝皇帝（尊号 1）御校勘。纸质一级。

馆册第72号

刻本经折装，22 厘米 ×10.5 厘米，23 页，残片，每页 6 行，每行 13 个字。上边距 3.5 厘米，下边距 2 厘米。纸质八级。

馆册第73号

刻本经折装，22 厘米 ×10.2 厘米，48 页，首残，每页 6 行，每行 13 个字。上边距 3 厘米，下边距 2.4 厘米。结尾处重复经题，有后记。纸质八级。

馆册第74号

刻本经折装，22 厘米 ×10.5 厘米，9 页，残片，每页 6 行，每行 13 个字。上边距 3.2 厘米，下边距 2 厘米。纸质八级。

馆册第85号

刻本经折装，22 厘米 ×10.6 厘米，2 页 +8 页版画，仅存经首，每页 6 行，每行 13 个字。上边距 3 厘米，下边距 2.1 厘米。经题后有秉常皇帝（尊号 1）及其母梁皇太后（尊号 1）御译。仁孝皇帝（尊号 1）御校勘。纸质一级。

馆册第584号

刻本经折装，22 厘米 ×10.5 厘米，38 页，仅存经尾，每页 6 行，每行 13 个字。上边距 3.3 厘米，下边距 2.1 厘米。结尾处重复经题，有后记。纸质一级。

馆册第941号

刻本经折装，蓝布封面，页面尺寸规格 22 厘米 ×10.5 厘米，56 页 +8 页版画，全文保存，每页6行，每行13个字。上边距3.5厘米，下边距2.5厘米。经题后有秉常皇帝（尊号1）及其母梁皇太后（尊号1）御译。仁孝皇帝（尊号1）御校勘。结尾处重复经题，有后记。此经文是1189年刊印佛经中品相较好的一种，保存较好，可作为范本。纸质一级。

馆册第5491号

刻本经折装，22厘米 ×10.5厘米，18页+6页版画，仅存经首，每页6行，每行13个字。上边距3厘米，下边距2.3厘米。经题后有秉常皇帝（尊号1）及其母梁皇太后（尊号1）御译。仁孝皇帝（尊号1）御校勘。纸质八级。

第153号

[illegible]

《观弥勒菩萨兜率天上生观经》

馆册第77号

刻本经折装，24.5厘米 ×10.5厘米，1页+6页版画，仅存经首，每页6行，每行18个字。边距以双线隔开，上边距0.8厘米，下边距0.8厘米。经题后有秉常皇帝（尊号1）及其母梁皇太后（尊号1）御译。仁孝皇帝（尊号1）御校勘。纸质一级。

第154号

[illegible]

《观弥勒菩萨兜率天上生观经》

馆册第3330号

刻本经折装，25厘米 ×10.5厘米，14页，残片，每页6行，每行18个字。边距以双线隔开，上边距1厘米，下边距1厘米。纸质一级。

馆册第3332号

刻本经折装，22厘米 ×11厘米，7页，仅存经尾，每页6行，每行18个字。边距以双线隔开，上边距1厘米，下边距1厘米。结尾处重复经题。纸质一级。

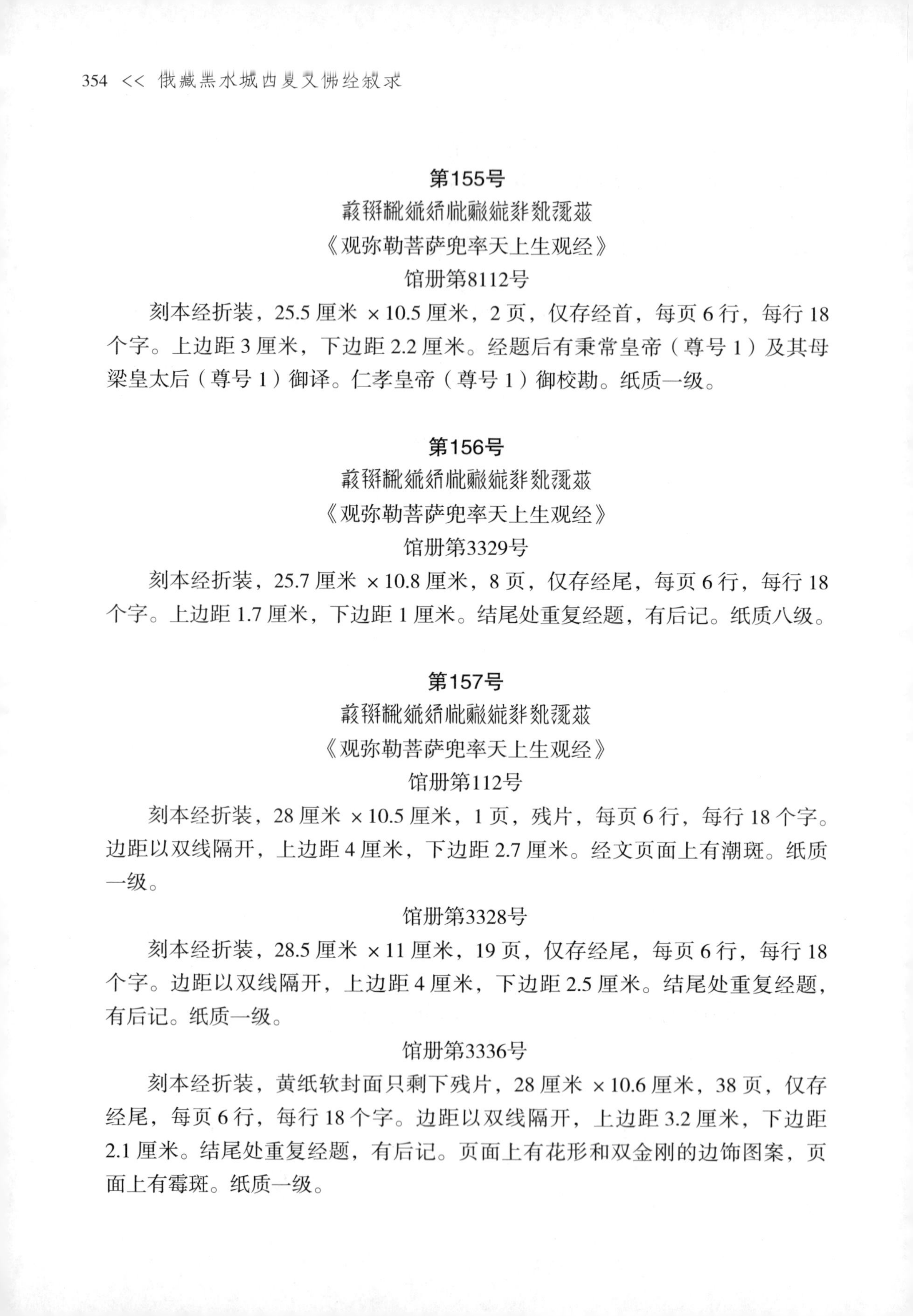

第155号

[illegible]

《观弥勒菩萨兜率天上生观经》

馆册第8112号

刻本经折装，25.5 厘米 ×10.5 厘米，2 页，仅存经首，每页 6 行，每行 18 个字。上边距 3 厘米，下边距 2.2 厘米。经题后有秉常皇帝（尊号 1）及其母梁皇太后（尊号 1）御译。仁孝皇帝（尊号 1）御校勘。纸质一级。

第156号

[illegible]

《观弥勒菩萨兜率天上生观经》

馆册第3329号

刻本经折装，25.7 厘米 ×10.8 厘米，8 页，仅存经尾，每页 6 行，每行 18 个字。上边距 1.7 厘米，下边距 1 厘米。结尾处重复经题，有后记。纸质八级。

第157号

[illegible]

《观弥勒菩萨兜率天上生观经》

馆册第112号

刻本经折装，28 厘米 ×10.5 厘米，1 页，残片，每页 6 行，每行 18 个字。边距以双线隔开，上边距 4 厘米，下边距 2.7 厘米。经文页面上有潮斑。纸质一级。

馆册第3328号

刻本经折装，28.5 厘米 ×11 厘米，19 页，仅存经尾，每页 6 行，每行 18 个字。边距以双线隔开，上边距 4 厘米，下边距 2.5 厘米。结尾处重复经题，有后记。纸质一级。

馆册第3336号

刻本经折装，黄纸软封面只剩下残片，28 厘米 ×10.6 厘米，38 页，仅存经尾，每页 6 行，每行 18 个字。边距以双线隔开，上边距 3.2 厘米，下边距 2.1 厘米。结尾处重复经题，有后记。页面上有花形和双金刚的边饰图案，页面上有霉斑。纸质一级。

馆册第4008号

刻本经折装，27.5 厘米 ×11 厘米，4 页，仅存经首，每页 6 行，每行 18 个字。边距以双线隔开，上边距 4 厘米，下边距 1.8 厘米。经题后有秉常皇帝（尊号 1）及其母梁皇太后（尊号 1）御译。仁孝皇帝（尊号 1）御校勘。纸质一级。

第158号

[illegible]

《观弥勒菩萨兜率天上生观经》

馆册第78号

刻本经折装，29.2 厘米 ×11 厘米，42 页 +8 页版画，全文保存，每页 6 行，每行 18 个字。边距以双线隔开，上边距 3.7 厘米，下边距 2.5 厘米。经题后有秉常皇帝（尊号 1）及其母梁皇太后（尊号 1）御译。仁孝皇帝（尊号 1）御校勘。结尾处重复经题，有后记。后记前有 2 篇陀罗尼，经文中有十字形的金刚杵和菱形图案的花边饰。纸质一级。

馆册第79号

刻本经折装，29.5 厘米 ×11 厘米，19 页，仅存经尾，每页 6 行，每行 18 个字。边距以双线隔开，上边距 4 厘米，下边距 2.5 厘米。结尾处重复经题。页面上有霉斑。纸质一级。

馆册第80号

刻本经折装，29.5 厘米 ×11 厘米，15 页，仅存经首，每页 6 行，每行 18 个字。边距以双线隔开，上边距 3.5 厘米，下边距 3 厘米。经题后有秉常皇帝（尊号 1）及其母梁皇太后（尊号 1）御译。仁孝皇帝（尊号 1）御校勘。经文保存不善。纸质一级。

馆册第81—82号

刻本经折装，29 厘米 ×11 厘米，13 页 +8 页版画，仅存经首，每页 6 行，每行 18 个字。边距以双线隔开，上边距 4.5 厘米，下边距 2.1 厘米。经题后有秉常皇帝（尊号 1）及其母梁皇太后（尊号 1）御译。仁孝皇帝（尊号 1）御校勘。经文页面折页处有霉斑，页面有损。纸质一级。

馆册第83号

刻本经折装，29 厘米 ×11 厘米，44 页 +8 页版画，全文保存，还有 1 页后记。每页 6 行，每行 18 个字。上边距 3.5 厘米，下边距 2.7 厘米。经题后有秉常皇帝（尊号 1）及其母梁皇太后（尊号 1）御译。仁孝皇帝（尊号 1）御校勘。结尾处重复经题，有 1 页后记。纸质一级。

馆册第721号

刻本经折装，29 厘米 ×11 厘米，13 页，仅存经首，每页 6 行，每行 18 个字。边距以双线隔开，上边距 4 厘米，下边距 2.5 厘米。经题后有秉常皇帝（尊号 1）及其母梁皇太后（尊号 1）御译。仁孝皇帝（尊号 1）御校勘。经文保存不善。纸质八级。

馆册第2308号

刻本经折装，29 厘米 ×11 厘米，30 页，仅存经首，每页 6 行，每行 18 个字。边距以双线隔开，上边距 4.5 厘米，下边距 2 厘米。经题后有秉常皇帝（尊号 1）及其母梁皇太后（尊号 1）御译。仁孝皇帝（尊号 1）御校勘。纸质一级。

馆册第2314号

刻本经折装，黄纸软封面只剩下一半，29 厘米 ×11 厘米，6 页 +6 页版画，仅存经首，每页 6 行，每行 18 个字。边距以双线隔开，上边距 3.1 厘米，下边距 2 厘米。经题后有秉常皇帝（尊号 1）及其母梁皇太后（尊号 1）御译。仁孝皇帝（尊号 1）御校勘。纸质一级。

馆册第2315号

刻本经折装，29 厘米 ×11 厘米，44 页 +8 页版画，全文保存，每页 6 行，每行 18 个字。边距以双线隔开，上边距 4 厘米，下边距 2.7 厘米。经题后有秉常皇帝（尊号 1）及其母梁皇太后（尊号 1）御译。仁孝皇帝（尊号 1）御校勘。结尾处重复经题，有后记。纸质一级。

馆册第2448号

刻本经折装，29.2 厘米 ×11 厘米，40 页，经文结尾无后记。经文页面右上角已残朽。纸质一级。

馆册第2461号

刻本经折装，29.7 厘米 ×11 厘米，14 页，系前几页和后几页，每页 6 行，每行 18 个字。边距以双线隔开，上边距 4 厘米，下边距 2.5 厘米。经题后有秉常皇帝（尊号 1）及其母梁皇太后（尊号 1）御译。仁孝皇帝（尊号 1）御校勘。经文保存不善。纸质一级。

馆册第3897号

刻本经折装，29 厘米 ×10.5 厘米，12 页，仅存经尾，每页 6 行，每行 18

个字。边距以双线隔开，上边距 4 厘米，下边距 2.5 厘米。结尾处重复经题，有后记。纸质一级。

馆册第3899号

刻本经折装，29 厘米 ×11 厘米，3 页，仅存经首，每页 6 行，每行 18 个字，边距以双线隔开，上边距 4 厘米，下边距 2.5 厘米。经题后有秉常皇帝（尊号 1）及其母梁皇太后（尊号 1）御译。仁孝皇帝（尊号 1）御校勘。纸质一级。

馆册第5674号

刻本经折装，29.3 厘米 ×11 厘米，3 页 +2 页版画，仅存经首，每页 6 行，每行 18 个字。边距以双线隔开，上边距 4 厘米，下边距 2.5 厘米。经题后有秉常皇帝（尊号 1）及其母梁皇太后（尊号 1）御译。仁孝皇帝（尊号 1）御校勘。纸质一级。页面严重发黄。

馆册第7207号

刻本经折装，29 厘米 ×11 厘米，14 页，仅存经尾，每页 6 行，每行 18 个字。边距以双线隔开，上边距 4 厘米，下边距 2.2 厘米。结尾处重复经题。残片页边角已残朽，保存不善。纸质一级。

馆册第7359号

刻本经折装。29 厘米 ×11 厘米。89 页。仅存经尾。每页 6 行，每行 18 个字。边距以双线隔开，上边距 3.7 厘米，下边距 2.3 厘米。结尾处重复经题。保存不善。纸质一级。

第159号

西夏特藏第172号

[illegible]

《维摩诘经》

译自汉文，见《大正藏》第 474 号，即《佛说维摩诘经》（维摩诘所说不思议法门之称一名佛法普入道门三昧经）（译者注：吴月氏优婆塞支谦译）；西田龙雄《西夏文佛经目录》第 113 号。

此经文翻译于秉常皇帝执政时期，即 11 世纪后半期。保存至今的经文残片有 3 部分，即分属于上、中、下 3 部分。

馆册第7762号　上部

写本蝴蝶装，20 厘米 ×13 厘米，5 页，仅存经首，每页 7 行，每行 17 个字。上边距 2 厘米，下边距 2 厘米。经题后有秉常皇帝（尊号 1）及其母梁皇

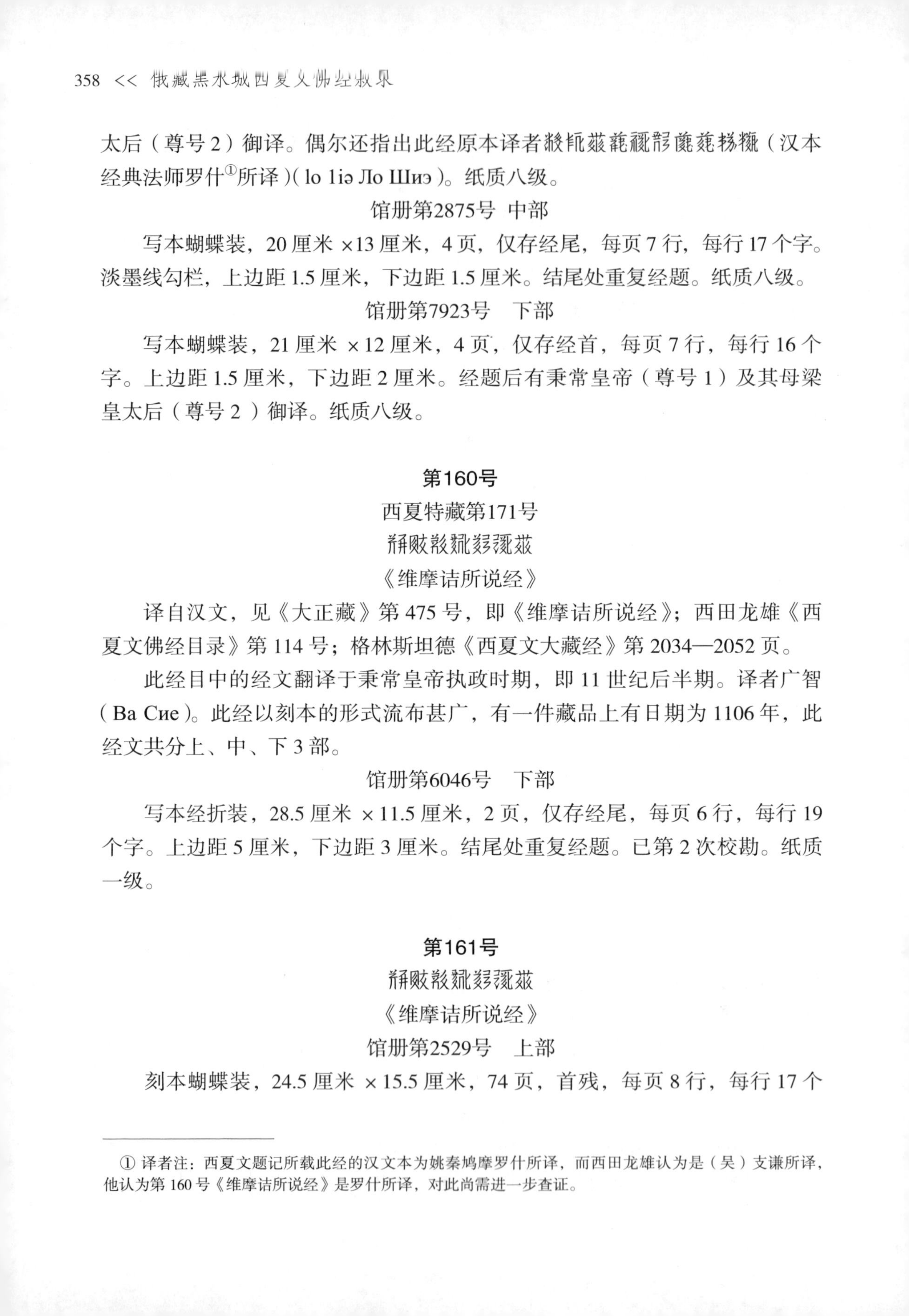

太后（尊号 2）御译。偶尔还指出此经原本译者[illegible]（汉本经典法师罗什[1]所译）(lo 1iə Ло Шиэ)。纸质八级。

馆册第2875号 中部

写本蝴蝶装，20 厘米 ×13 厘米，4 页，仅存经尾，每页 7 行，每行 17 个字。淡墨线勾栏，上边距 1.5 厘米，下边距 1.5 厘米。结尾处重复经题。纸质八级。

馆册第7923号 下部

写本蝴蝶装，21 厘米 ×12 厘米，4 页，仅存经首，每页 7 行，每行 16 个字。上边距 1.5 厘米，下边距 2 厘米。经题后有秉常皇帝（尊号 1）及其母梁皇太后（尊号 2 ）御译。纸质八级。

第160号

西夏特藏第171号

[illegible]

《维摩诘所说经》

译自汉文，见《大正藏》第 475 号，即《维摩诘所说经》；西田龙雄《西夏文佛经目录》第 114 号；格林斯坦德《西夏文大藏经》第 2034—2052 页。

此经目中的经文翻译于秉常皇帝执政时期，即 11 世纪后半期。译者广智（Ва Сие）。此经以刻本的形式流布甚广，有一件藏品上有日期为 1106 年，此经文共分上、中、下 3 部。

馆册第6046号 下部

写本经折装，28.5 厘米 ×11.5 厘米，2 页，仅存经尾，每页 6 行，每行 19 个字。上边距 5 厘米，下边距 3 厘米。结尾处重复经题。已第 2 次校勘。纸质一级。

第161号

[illegible]

《维摩诘所说经》

馆册第2529号 上部

刻本蝴蝶装，24.5 厘米 ×15.5 厘米，74 页，首残，每页 8 行，每行 17 个

① 译者注：西夏文题记所载此经的汉文本为姚秦鸠摩罗什所译，而西田龙雄认为是（吴）支谦所译，他认为第 160 号《维摩诘所说经》是罗什所译，对此尚需进一步查证。

字。上边距 1.8 厘米，下边距 1 厘米。页面空白处有经文名称缩写和页码。结尾处重复经题，经文前几页被撕坏。纸质八级。

馆册第709号 中部

刻本蝴蝶装，纸和蓝绸子做成的硬封面只剩下残片。24.5 厘米 ×15.5 厘米，全文保存，80 页，第 1 页 a 面—40 页 b 面。经题后有秉常皇帝（尊号 1）及其母梁皇太后（尊号 2）御译。页面空白处有经文名称缩写和页码。结尾处重复经题。部分页面左下角已残朽。纸质八级。

馆册第119号

刻本蝴蝶装，24.5 厘米 ×15.5 厘米，20 页，第 19 页 a 面—29 页 b 面，全文保存，经题后有秉常皇帝（尊号 1）及其母梁皇太后（尊号 2）御译。页面空白处有经文名称缩写和页码。结尾处重复经题，有题记为：

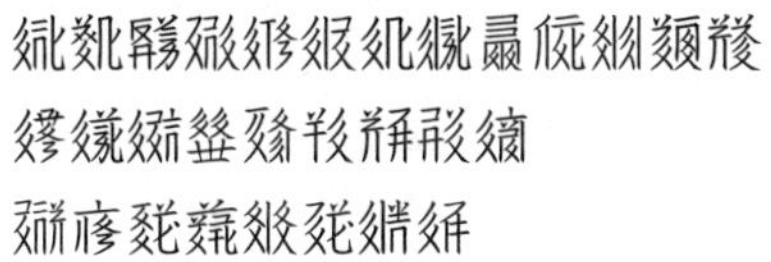

贞观丙戌六年九月十五日刻毕[①]

观义、善生（比丘）、座主耶韦智宣（·a vie sie ndziwon Гха-вие Сие-ндживон）

刻写者赐绯僧斡讹平（wa ·o phin Ва Гхо-пхин）

纸质八级。

馆册第2560号　下部

刻本蝴蝶装，24.5 厘米 ×15.5 厘米，18 页，残片，页码不详，页面空白处有经文名称缩写。纸质八级。

馆册第2881号　下部

刻本蝴蝶装，24.5 厘米 ×15.5 厘米，16 页，第 12 页 b 面—20 页 a 面，残片，页面空白处有页码和经文名称缩写。纸质八级。

① 即火狗年（1106 年 10 月 9 日）。

第162号

𗋕𗌭𘟣𗥤𘎳𗽀𗖻

《维摩诘所说经》

馆册第2311号　上部

刻本蝴蝶装，蓝布软封面，27 厘米 ×16 厘米，80 页，第 1 页 a 面—40 页 b 面，全文保存，每页 8 行，每行 17 个字。上边距 3.2 厘米，下边距 1.8 厘米。经题后有秉常皇帝（尊号 1）及其母梁皇太后（尊号 1）御译。有题记：𘝦𗏁𗤁𘟂𗡺𘏚（沙门广智所译）(wa sie Ba Сие)。页面空白处有页码和经文名称缩写。结尾处重复经题和抄经者的名字：𗅋𗍊𗣼𗅋𗑗𗇋（赐绯僧第讹平玉）(·i ·o phin ngiu Гхи –гхо Пхин-нгиу)。纸质八级。

第163号

𗋕𗌭𘟣𗥤𘎳𗽀𗖻

《维摩诘所说经》

馆册第5727号

刻本经折装。31 厘米 ×18.5 厘米。4 页，第 1 页 a 面—第 2 页 b 面。仅存经首。每页 8 行，每行 17 个字。上边距 5 厘米，下边距 5 厘米。经题后有秉常皇帝（尊号 1）及其母梁皇太后（尊号 2）御译。页面空白处有页码和经文名称缩写。纸质八级。

第164号

𗋕𗌭𘟣𗥤𘎳𗽀𗖻

《维摩诘所说经》

刻本经折装，经文刊印于仁孝皇帝执政时期，即 12 世纪中期。

馆册第233号　上部

刻本经折装，27.5 厘米 ×11.5 厘米，49 页，仅存经首，每页 7 行，每行 17 个字。经题后有仁孝皇帝（尊号 1）。经文保存不善。纸质八级。

馆册第4236号　上部

刻本经折装，27.5 厘米 ×11.5 厘米，2 页，仅存经尾，每页 7 行，每行 17 个字。上边距？厘米，下边距 2.5 厘米。结尾处重复经题。残片上端被撕掉。纸质八级。

馆册第232号 中部

刻本经折装，27.5 厘米 ×11.5 厘米，86 页，首尾皆残，每页 7 行，每行 17 个字。上边距 3.3 厘米，下边距 2.5 厘米。经文前几页被撕坏。纸质一级。

馆册第361号 中部

刻本经折装，27.5 厘米 ×11.5 厘米，52 页，首尾皆残，每页 7 行，每行 17 个字。上边距 3.3 厘米，下边距 2.5 厘米。经文前几页被撕坏。页面空白处用棕色写有汉文数字“二”至“二十”。纸质一级。

馆册第362号 中部

刻本经折装，27.5 厘米 ×11.5 厘米，35 页，首尾皆残，每页 7 行，每行 17 个字。边距？因为经文上部已经残朽。纸质一级。

馆册第2310号 中部

刻本经折装，27.5 厘米 ×11.5 厘米，85 页，尾残，每页 7 行，每行 17 个字。上边距 3.3 厘米，下边距 2.5 厘米。经题后有仁孝皇帝（尊号 1）。纸质一级。

馆册第737号　下部

刻本经折装，27.5 厘米 ×11.5 厘米，11 页，仅存经首，每页 7 行，每行 17 个字。上边距 3.3 厘米，下边距 2.5 厘米。经题后有仁孝皇帝（尊号 1）。纸质一级。

第165号

西夏特藏第153号

[illegible]

《佛说宝雨经》

译自汉文，见《大正藏》第 660 号，即《佛说宝雨经》(译者注：唐天竺三藏达摩流支译）；西田龙雄《西夏文佛经目录》第 206 号；格林斯坦德《西夏文大藏经》第 2053—2057 页。

馆册第87号　第10卷

写本经折装，31 厘米 ×12 厘米，33 页 +2 页版画，仅存经首，每页 6 行，每行 17 个字。上边距 4.3 厘米，下边距 3.2 厘米。经题后有帙号和乾顺皇帝（尊号 2）及其母梁皇太后（尊号 2）御译。仁孝皇帝（尊号 1）御校勘。经文第 1 页上钤有朱砂印章：大白高国罗皇太后、忠实的女弟子对《大藏经》经文用西夏文补充了一部分，并全部重新抄写一遍。经文送往[illegible]（天下报庆寺）永久收藏并接受供奉。纸质一级。

第166号

西夏特藏第376号

𗼃𘟂𗣼𗗚𗥤𗗾𘗠𗎘

《金光明最胜王经》

译自汉文，见《大正藏》第665号，即《金光明最胜王经》（译者注：大唐三藏沙门义净奉　制译）；西田龙雄《西夏文佛经目录》第87号；格林斯坦德《西夏文大藏经》第917—1026页、第2058—2086页。

其中10卷经文收录入列宁格勒（现圣彼得堡）东方研究所的写本目录并已经出版。这组经文有各种尺寸规格的卷子。完全缺失的有第2、5、7卷，其余的保存不完整。部分经文发愿者为承旨耶尕（Гxa-тве）。

馆册第4873号　第1卷

写本卷子装，21厘米×542厘米，仅存经尾，每行16个字。上边距2.5厘米，下边距2厘米。结尾处重复经题和帙号。卷子已经被撕坏，保存不善。纸质一级。

馆册第902号　第3卷

写本卷子装，22厘米×558厘米，首残，每行16个字。上边距2.5厘米，下边距2厘米。结尾处重复经题。

馆册第4730、6383号　第4卷

写本卷子装，21厘米×183厘米，首残，每行17个字。上边距6厘米，下边距不可考（因卷子下端被撕掉）。结尾处重复经题。纸质一级。

馆册第4819号 第6卷

写本卷子装，31厘米×665厘米，首残，每行16个字。上边距6厘米，下边距4.5厘米。结尾处重复经题和发愿者的名字：𗧓𗁅𘝞𘚔（耶尕承旨）(·a twe Гxa-тве)。纸质一级。

馆册第905号 第6卷

写本卷子装，22厘米×886厘米，首残，每行15个字。上边距2厘米，下边距1厘米。结尾处重复经题。纸质一级。

馆册第4765号　第6卷

写本卷子装，23厘米×730厘米，首残，每行15个字。上边距2厘米，下边距1厘米。结尾处重复经题。纸质一级。

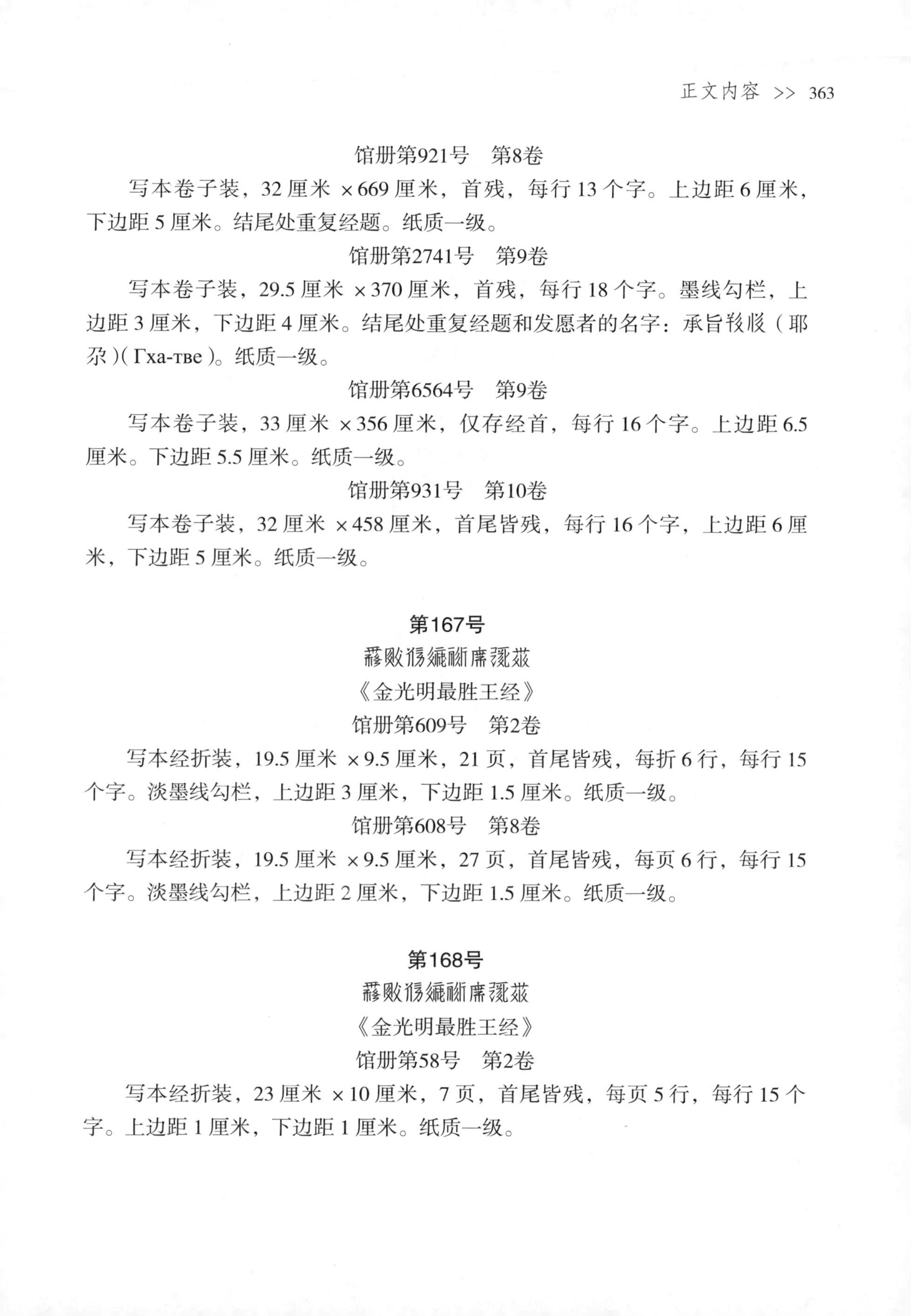

馆册第921号　第8卷

写本卷子装，32 厘米 ×669 厘米，首残，每行 13 个字。上边距 6 厘米，下边距 5 厘米。结尾处重复经题。纸质一级。

馆册第2741号　第9卷

写本卷子装，29.5 厘米 ×370 厘米，首残，每行 18 个字。墨线勾栏，上边距 3 厘米，下边距 4 厘米。结尾处重复经题和发愿者的名字：承旨[illegible]（耶尕）(Гха-тве)。纸质一级。

馆册第6564号　第9卷

写本卷子装，33 厘米 ×356 厘米，仅存经首，每行 16 个字。上边距 6.5 厘米。下边距 5.5 厘米。纸质一级。

馆册第931号　第10卷

写本卷子装，32 厘米 ×458 厘米，首尾皆残，每行 16 个字，上边距 6 厘米，下边距 5 厘米。纸质一级。

第167号

[illegible]

《金光明最胜王经》

馆册第609号　第2卷

写本经折装，19.5 厘米 ×9.5 厘米，21 页，首尾皆残，每折 6 行，每行 15 个字。淡墨线勾栏，上边距 3 厘米，下边距 1.5 厘米。纸质一级。

馆册第608号　第8卷

写本经折装，19.5 厘米 ×9.5 厘米，27 页，首尾皆残，每页 6 行，每行 15 个字。淡墨线勾栏，上边距 2 厘米，下边距 1.5 厘米。纸质一级。

第168号

[illegible]

《金光明最胜王经》

馆册第58号　第2卷

写本经折装，23 厘米 ×10 厘米，7 页，首尾皆残，每页 5 行，每行 15 个字。上边距 1 厘米，下边距 1 厘米。纸质一级。

第169号

[illegible]

《金光明最胜王经》

馆册第4009号　第8卷

写本经折装，26 厘米 ×10.5 厘米，17 页，首尾皆残，每页 6 行，每行 17 个字。墨线勾栏，上边距 3.5 厘米，下边距 3 厘米。纸质一级。

第170号

[illegible]

《金光明最胜王经》

馆册第97号　第2卷

写本经折装，29 厘米 ×11 厘米，29 页，首尾皆残，每页 6 行，每行 16 个字。墨线勾栏，边距以双线隔开，上边距 4 厘米，下边距 3 厘米。纸质一级。

馆册第4669号　第3卷

写本经折装，28 厘米 ×11.5 厘米，6 页，每页 6 行，每行 16 个字。墨线勾栏，边距以双线隔开，上边距 4 厘米，下边距 2.5 厘米。纸质一级。

馆册第3535号　第6卷

写本经折装，29 厘米 ×11.5 厘米，1 页，仅存经尾，每页 6 行，每行 16 个字。墨线勾栏，边距以双线隔开，上边距 4 厘米，下边距 3 厘米。结尾处重复经题和部分经文施写发愿者的名字：僧人[illegible]（什骏祀宝）(1ie mai pa ldiə Шиэ-май Па-лдиэ)。纸质一级。

第171号

[illegible]

《金光明最胜王经》

馆册第6647号　第6卷

写本经折装，28.5 厘米 ×10 厘米，2 页，仅存经首，每页 6 行，每行 16 个字。上边距 5 厘米，下边距 4 厘米。经题后有仁孝皇帝（尊号 1）御校勘。纸质一级。

第172号

[illegible]

《金光明最胜王经》

馆册第4670号　第8卷

写本经折装，28 厘米 ×11.5 厘米，22 页，仅存经首，每页 6 行，每行 16 个字。墨线勾栏，上边距 4 厘米，下边距 2.5 厘米。经文上端已经残朽。纸质一级。

第173号

[illegible]

《金光明最胜王经》

馆册第3427号　第3卷

写本经折装，29 厘米 ×11 厘米，3 页，仅存经尾，每页 6 行，每行 17 个字。淡墨线勾栏，边距以双线隔开，上边距 4 厘米，下边距 2 厘米。结尾处重复经题。纸质一级。

馆册第2641号　第8卷

写本经折装，28.5 厘米 ×11 厘米，75 页，全文保存，每页 6 行，每行 17 个字。墨线勾栏，边距以双线隔开，上边距 3.5 厘米，下边距 3 厘米。经文页面有粘连，保存不善。纸质一级。

馆册第98、6319号

写本经折装，29 厘米 ×11.5 厘米，37 页，首尾皆残，每页 6 行，每行 17 个字。墨线勾栏，边距以双线隔开，上边距 4 厘米，下边距 3 厘米。纸质一级。

第174号

[illegible]

《金光明最胜王经》

馆册第722号　第4卷

写本经折装，31.5 厘米 ×11.5 厘米，63 页 +2 页版画，全文保存，每页 6 行，每行 17 个字。墨线勾栏，上边距 5 厘米，下边距 4 厘米。结尾处重复经题。纸质一级。

第175号

[illegible]

《金光明最胜王经》

馆册第92号　第5卷

写本经折装，28.5 厘米 ×11.5 厘米，22 页，仅存经尾，每页 6 行，每行 19—20 个字。墨线勾栏，边距以双线隔开，上边距 3 厘米，下边距 2 厘米。结尾处重复经题。纸质一级。

第176号

[illegible]

《金光明最胜王经》

馆册第99号　第5卷

写本经折装，28.5 厘米 ×11 厘米，3 页，仅存经尾，每页 6 行，每行 20 个字。上边距 3 厘米，下边距 2.5 厘米。结尾处重复经题。有第 1 次校勘、第 2 次校勘的标记。纸质一级。

第177号

[illegible]

《金光明最胜王经》

馆册第7067、7667号

写本贝叶经（原文作经折装，与前面判定相矛盾——译注），22 厘米 ×33.5 厘米，14 页，仅存经尾，每 10 卷经文页码共用。保存下来的页面有第 19、22、25、33、34、50—54、67、84、89、91 页。只剩下各卷的残片，每页 17 行，每行 14—15 个字。页面正面的右上角写有帙号和页码。纸质八级。

第178号

[illegible]

《金光明最胜王经》

馆册第 5323、5748、6329、7371、7548、7654、7669 号

写本贝叶经，21 厘米 ×46 厘米，132 页，每卷经文页码独立，每页 23 行，每行 12 个字。页面正面右上角写有帙号和页码。纸质八级。

第 1 卷共 13 页：第 1—6、9—11 页，其中第 1—3 页的一半被撕掉，内容是经文序文。正文从第 4 页开始。

第 2 卷共 15 页：第 1—15 页。

第 3 卷共 9 页：第 1—6、9—11 页，页面有一半被撕掉。

第 4 卷共 12 页：第 1—12 页，页面左面被撕掉。

第 5 卷共 6 页：第 1—4、14—15 页，页面左面被撕掉。

第 6 卷共 13 页：第 1—10、13—15 页。

第 7 卷共 14 页：第 1—14 页。

第 8 卷共 15 页：第 1—15 页，结尾处写有第 1 次校勘的标记。

第 9 卷共 17 页：第 1—17 页。

第 10 卷共 16 页：第 1—16 页，结尾处重复经题和发愿者、抄经者的名字：即发愿者[illegible]（嵬名哆）(ngwe mi zi Нгве-ми Жи)、抄经者[illegible]（李小狗男）(lie kə ta zi Лие Кэ-та-жи)。

第179号

[illegible]

《金光明最胜王经》

馆册第 5323、5748、6329、7331、7548、7654、7669 号

写本贝叶经，22 厘米 ×54.5 厘米，90 页，每卷页码独立，每页 31 行，每行 13 个字。上边距 2.5 厘米，下边距 2.5 厘米。页面正面右上角写有帙号和页码。纸质八级。

第 1 卷共 8 页：第 2—9 页。结尾处重复经题，题记为：《金光明最胜王经》的发愿者、僧人[illegible]（嗯嗯）(ndiu ndiu Ндиу Ндиу)，抄经者[illegible]（浪讹吉祥茂）(ru ngwə ngiu ru wai Ру-нгвэ Нгиу-ру-вай)。

第 2 卷共 9 页：第 1—9 页，经题后有秉常皇帝（尊号 3）及其母梁皇太后的尊号中各 2 个字。结尾处重复经题，已第 2 次校勘和第 3 次校勘。

第 3 卷共 9 页：1—9 页，第 9 页背面无经文内容。经题后有秉常皇帝（尊号 3）与其母梁皇太后尊号中的各 2 个字。结尾处重复经题，已第 2 次校勘。用草体书写校勘者的名字，但无法辨认。

第 4 卷共 9 页：第 1—9 页，其中第 6—9 页已经残朽。经题后有秉常皇帝（尊号 3）及其母梁皇太后尊号中各 2 个字。结尾处重复经题，已第 2 次校勘。

第 5 卷共 9 页：第 1—9 页，经题后有秉常皇帝（尊号 3）及其母梁皇太后

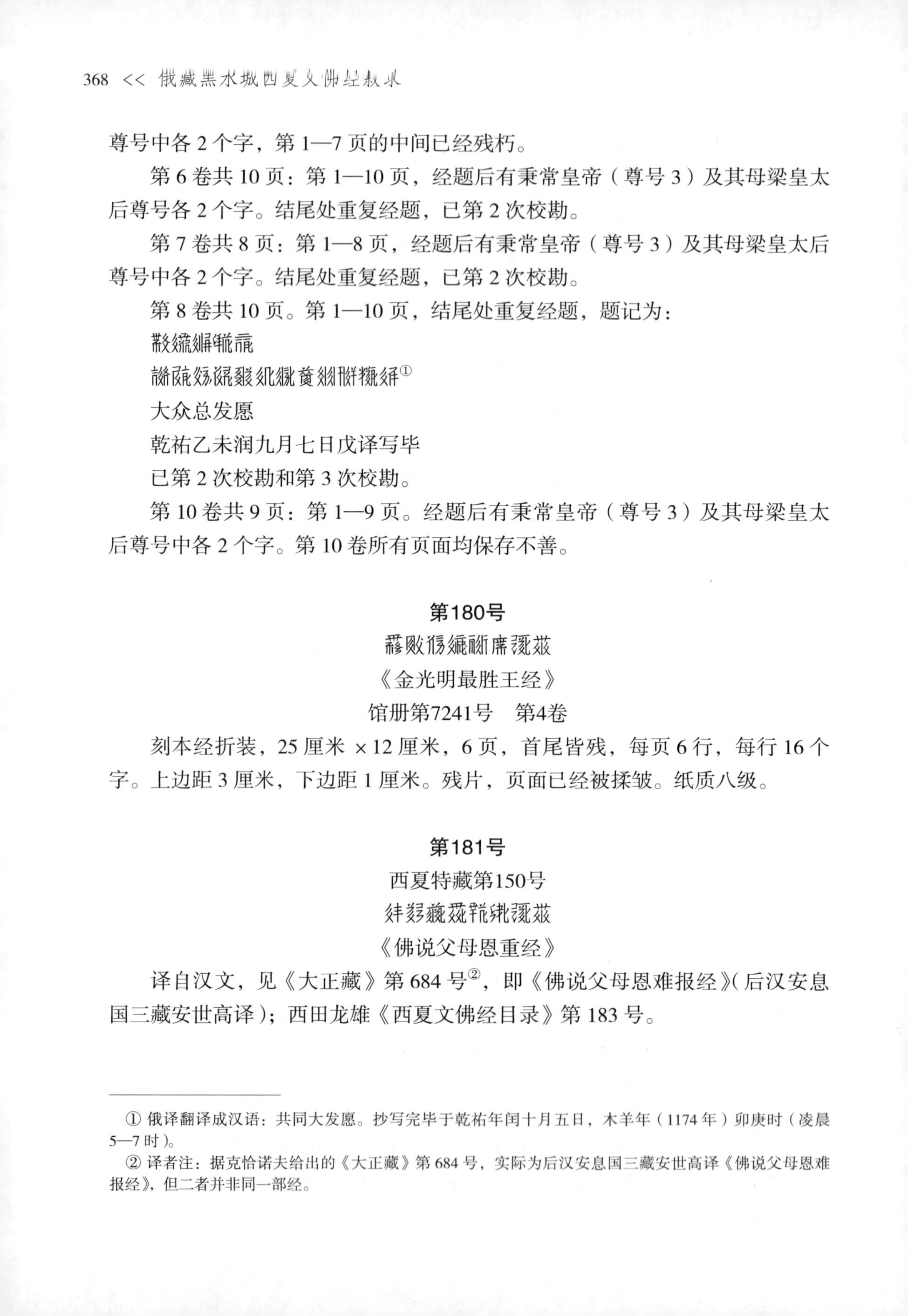

尊号中各 2 个字，第 1—7 页的中间已经残朽。

第 6 卷共 10 页：第 1—10 页，经题后有秉常皇帝（尊号 3）及其母梁皇太后尊号各 2 个字。结尾处重复经题，已第 2 次校勘。

第 7 卷共 8 页：第 1—8 页，经题后有秉常皇帝（尊号 3）及其母梁皇太后尊号中各 2 个字。结尾处重复经题，已第 2 次校勘。

第 8 卷共 10 页。第 1—10 页，结尾处重复经题，题记为：

[illegible]

[illegible][1]

大众总发愿

乾祐乙未润九月七日戊译写毕

已第 2 次校勘和第 3 次校勘。

第 10 卷共 9 页：第 1—9 页。经题后有秉常皇帝（尊号 3）及其母梁皇太后尊号中各 2 个字。第 10 卷所有页面均保存不善。

第180号

[illegible]

《金光明最胜王经》

馆册第7241号　第4卷

刻本经折装，25 厘米 ×12 厘米，6 页，首尾皆残，每页 6 行，每行 16 个字。上边距 3 厘米，下边距 1 厘米。残片，页面已经被揉皱。纸质八级。

第181号

西夏特藏第150号

[illegible]

《佛说父母恩重经》

译自汉文，见《大正藏》第 684 号[2]，即《佛说父母恩难报经》(后汉安息国三藏安世高译)；西田龙雄《西夏文佛经目录》第 183 号。

---

① 俄译翻译成汉语：共同大发愿。抄写完毕于乾祐年闰十月五日，木羊年（1174 年）卯庚时（凌晨 5—7 时）。

② 译者注：据克恰诺夫给出的《大正藏》第 684 号，实际为后汉安息国三藏安世高译《佛说父母恩难报经》，但二者并非同一部经。

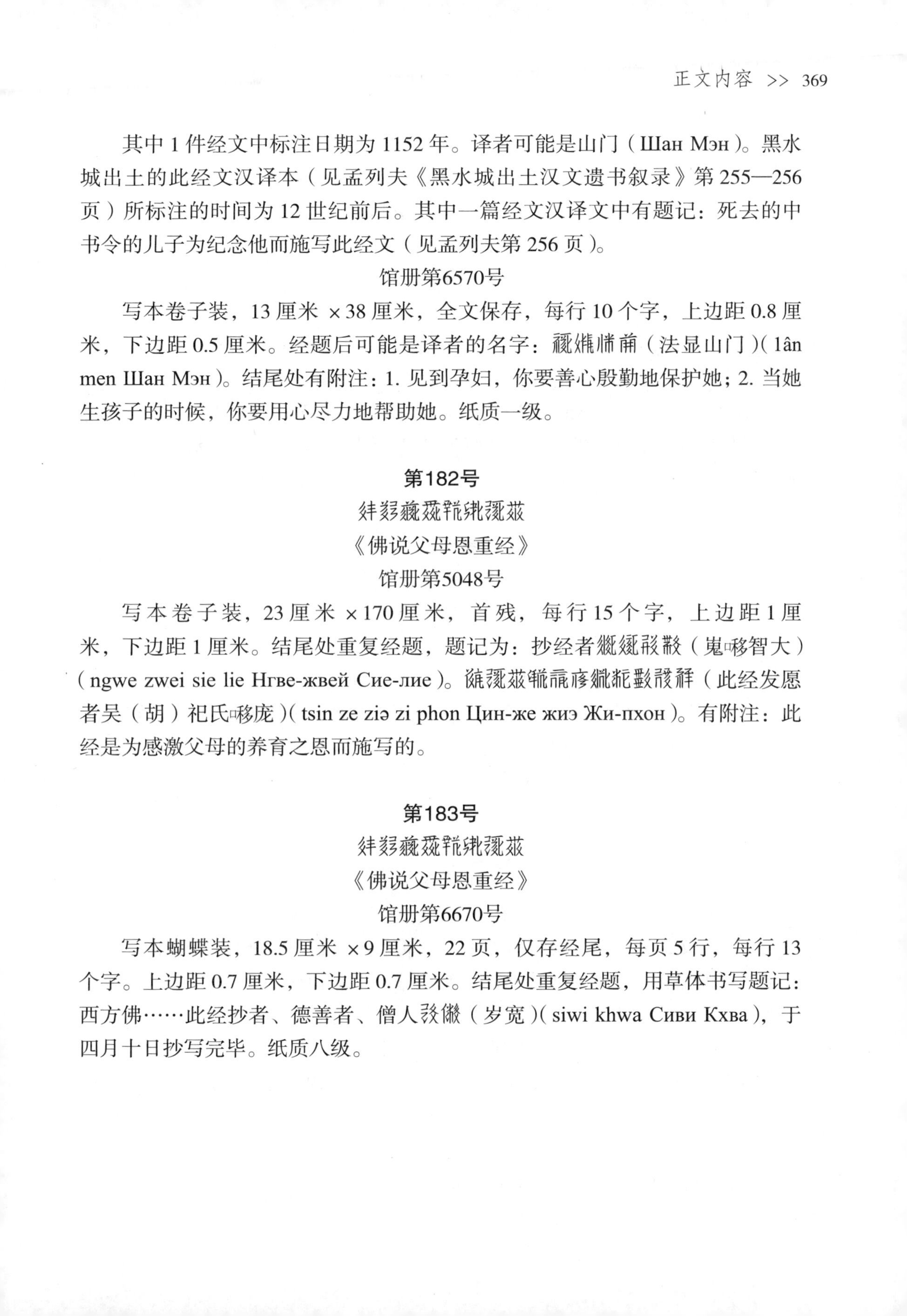

其中 1 件经文中标注日期为 1152 年。译者可能是山门（Шан Мэн）。黑水城出土的此经文汉译本（见孟列夫《黑水城出土汉文遗书叙录》第 255—256 页）所标注的时间为 12 世纪前后。其中一篇经文汉译文中有题记：死去的中书令的儿子为纪念他而施写此经文（见孟列夫第 256 页）。

馆册第6570号

写本卷子装，13 厘米 ×38 厘米，全文保存，每行 10 个字，上边距 0.8 厘米，下边距 0.5 厘米。经题后可能是译者的名字：[illegible]（法显山门）（lân men Шан Мэн）。结尾处有附注：1. 见到孕妇，你要善心殷勤地保护她；2. 当她生孩子的时候，你要用心尽力地帮助她。纸质一级。

第182号

[illegible]

《佛说父母恩重经》

馆册第5048号

写本卷子装，23 厘米 ×170 厘米，首残，每行 15 个字，上边距 1 厘米，下边距 1 厘米。结尾处重复经题，题记为：抄经者[illegible]（嵬□移智大）（ngwe zwei sie lie Нгве-жвей Сие-лие）。[illegible]（此经发愿者吴（胡）祀氏□移庞）（tsin ze ziə zi phon Цин-же жиэ Жи-пхон）。有附注：此经是为感激父母的养育之恩而施写的。

第183号

[illegible]

《佛说父母恩重经》

馆册第6670号

写本蝴蝶装，18.5 厘米 ×9 厘米，22 页，仅存经尾，每页 5 行，每行 13 个字。上边距 0.7 厘米，下边距 0.7 厘米。结尾处重复经题，用草体书写题记：西方佛……此经抄者、德善者、僧人[illegible]（岁宽）（siwi khwa Сиви Кхва），于四月十日抄写完毕。纸质八级。

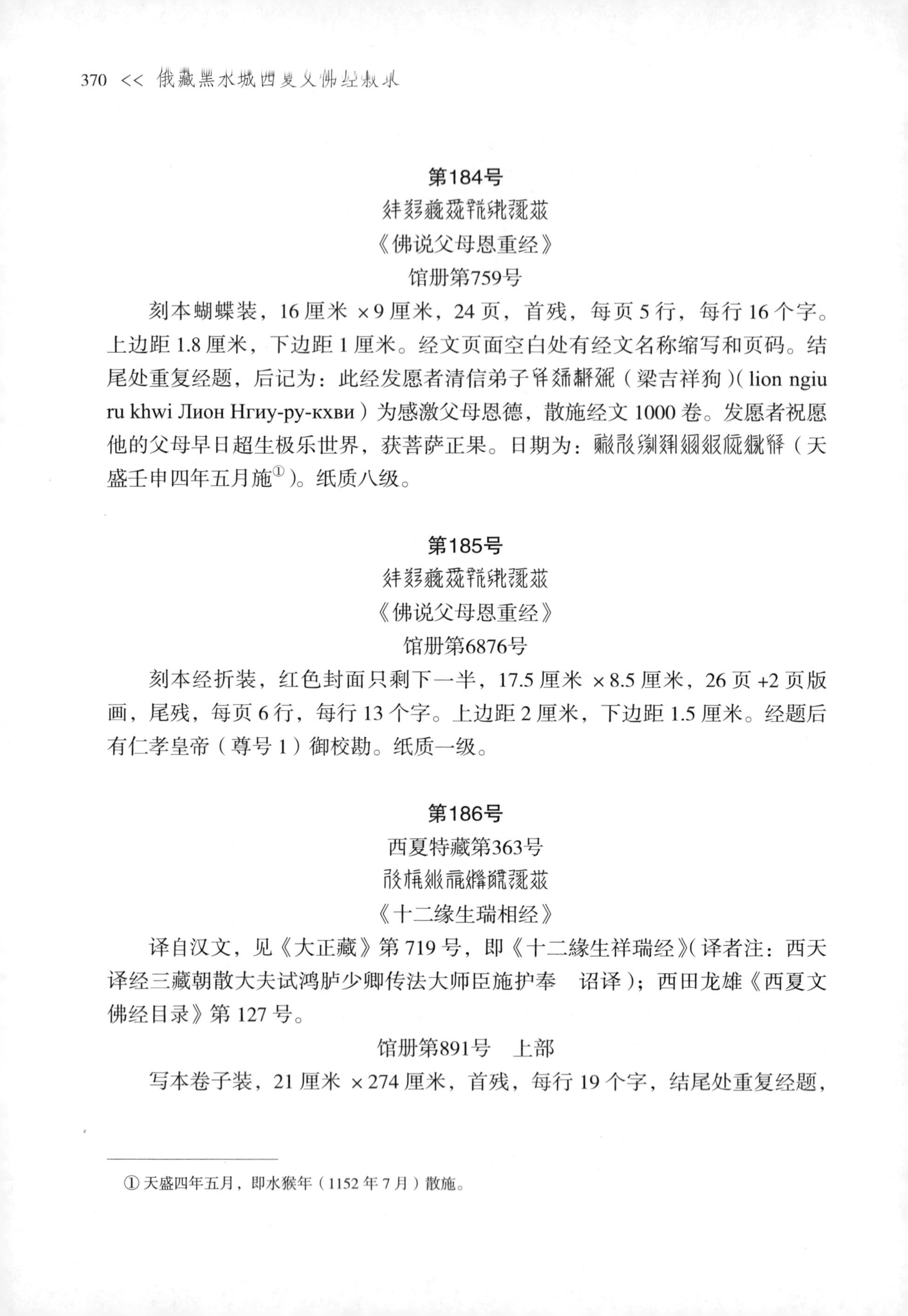

第184号

[illegible]

《佛说父母恩重经》

馆册第759号

刻本蝴蝶装，16 厘米 ×9 厘米，24 页，首残，每页 5 行，每行 16 个字。上边距 1.8 厘米，下边距 1 厘米。经文页面空白处有经文名称缩写和页码。结尾处重复经题，后记为：此经发愿者清信弟子[illegible]（梁吉祥狗）(lion ngiu ru khwi Лион Нгиу-ру-кхви）为感激父母恩德，散施经文 1000 卷。发愿者祝愿他的父母早日超生极乐世界，获菩萨正果。日期为：[illegible]（天盛壬申四年五月施[1]）。纸质八级。

第185号

[illegible]

《佛说父母恩重经》

馆册第6876号

刻本经折装，红色封面只剩下一半，17.5 厘米 ×8.5 厘米，26 页 +2 页版画，尾残，每页 6 行，每行 13 个字。上边距 2 厘米，下边距 1.5 厘米。经题后有仁孝皇帝（尊号 1）御校勘。纸质一级。

第186号

西夏特藏第363号

[illegible]

《十二缘生瑞相经》

译自汉文，见《大正藏》第 719 号，即《十二缘生祥瑞经》(译者注：西天译经三藏朝散大夫试鸿胪少卿传法大师臣施护奉　诏译）；西田龙雄《西夏文佛经目录》第 127 号。

馆册第891号　上部

写本卷子装，21 厘米 ×274 厘米，首残，每行 19 个字，结尾处重复经题，

---

① 天盛四年五月，即水猴年（1152 年 7 月）散施。

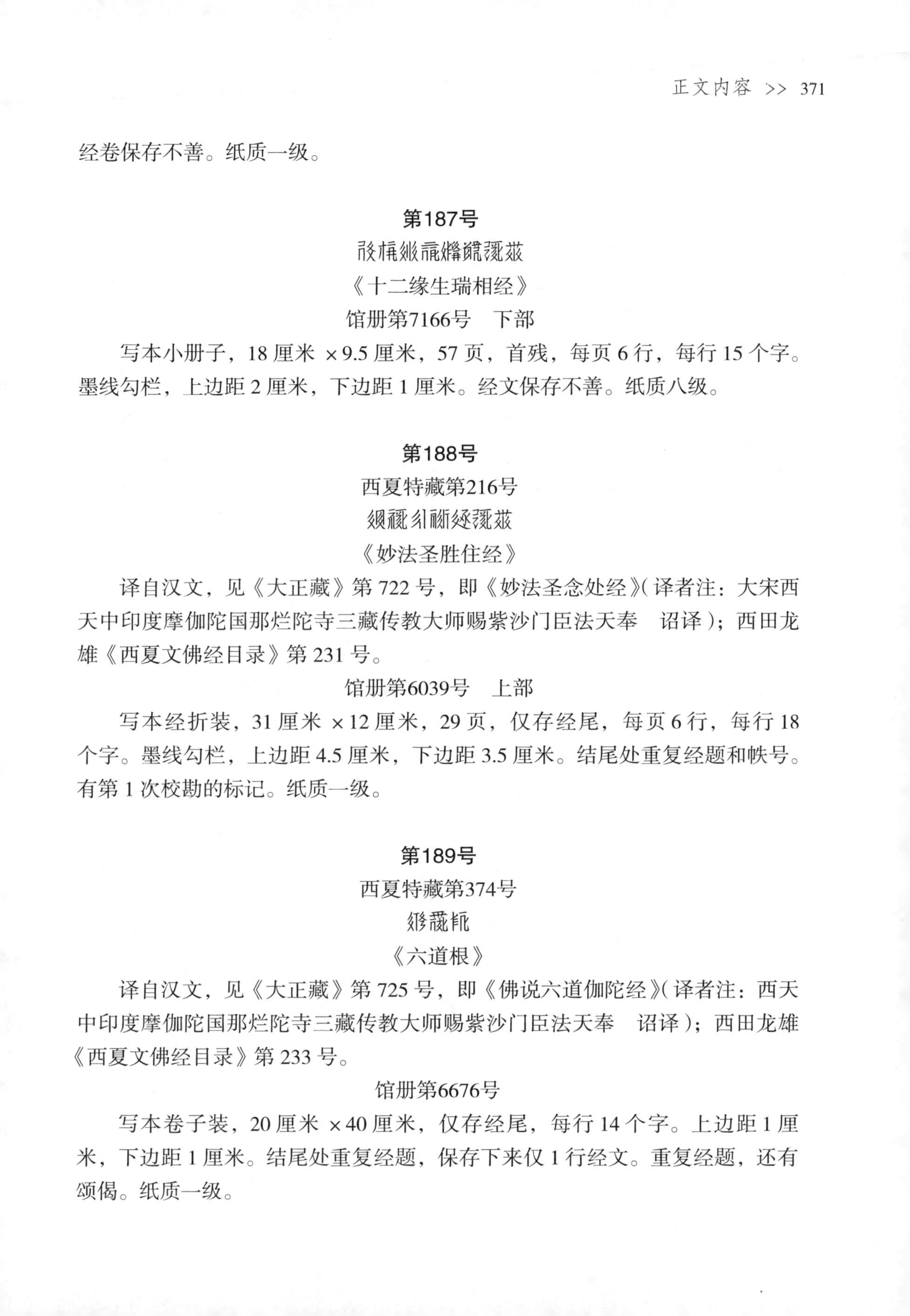

经卷保存不善。纸质一级。

第187号

[illegible]

《十二缘生瑞相经》

馆册第7166号　下部

写本小册子，18 厘米 ×9.5 厘米，57 页，首残，每页 6 行，每行 15 个字。墨线勾栏，上边距 2 厘米，下边距 1 厘米。经文保存不善。纸质八级。

第188号

西夏特藏第216号

[illegible]

《妙法圣胜住经》

译自汉文，见《大正藏》第 722 号，即《妙法圣念处经》(译者注：大宋西天中印度摩伽陀国那烂陀寺三藏传教大师赐紫沙门臣法天奉　诏译)；西田龙雄《西夏文佛经目录》第 231 号。

馆册第6039号　上部

写本经折装，31 厘米 ×12 厘米，29 页，仅存经尾，每页 6 行，每行 18 个字。墨线勾栏，上边距 4.5 厘米，下边距 3.5 厘米。结尾处重复经题和帙号。有第 1 次校勘的标记。纸质一级。

第189号

西夏特藏第374号

[illegible]

《六道根》

译自汉文，见《大正藏》第 725 号，即《佛说六道伽陀经》(译者注：西天中印度摩伽陀国那烂陀寺三藏传教大师赐紫沙门臣法天奉　诏译)；西田龙雄《西夏文佛经目录》第 233 号。

馆册第6676号

写本卷子装，20 厘米 ×40 厘米，仅存经尾，每行 14 个字。上边距 1 厘米，下边距 1 厘米。结尾处重复经题，保存下来仅 1 行经文。重复经题，还有颂偈。纸质一级。

第190号

西夏特藏第152号

绯刕敥㣟圆纕骚菽

《佛说八大人觉经》

译自汉文，见《大正藏》第779号，译者注：即《佛说八大人觉经》(后汉安息国三藏安世高译)；西田龙雄《西夏文佛经目录》第185号。

馆册第569号

写本经折装，13.7厘米×6.8厘米，10页，仅存经尾，每页4行，每行11—13个字。墨线勾栏，上边距1.3厘米，下边距1厘米。结尾处重复经题，用草体书写题记：发愿者名字无法辨认，抄经者、住家僧荛禓（慧明）(zie swew Жиэ Свеы Хуй Мин)。有一幅绘有宝塔立于莲花座上的画。纸质八级。

第191号

西夏特藏第313号

形霈蒴刻缅蘢缵豥辫舐赇脩豨骚菽

《文殊师利咒藏中数珠功德现量经》

译自汉文。见《大正藏》第787号，译者注：即《曼殊室利咒藏中校量数珠功德经》(大唐三藏沙门释义净译)；西田龙雄《西夏文佛经目录》第131号。

馆册第6064号

写本经折装，29.5厘米×12.5厘米，8页，全文保存，每页6行，每行19个字。上边距3厘米，下边距3厘米。经文最后几页上端已被撕掉。纸质八级。

第192号

西夏特藏第185号

䌟婖蓊蘶忛

《秘密供养根》

译自汉文见《大正藏》第859号，即《供养仪式》；西田龙雄《西夏文佛经目录》第11号。

馆册第6771号

写本经折装，10.5厘米×10厘米，105页，全文保存，每页6行，每行8—9个字。结尾处重复经题，题记为：经文发愿者纞葹煅脨（苏长古山）(su ndzêw ku san Су-нджеы Ку-шан)。抄写开始于天盛年十二月一日，即火年（1156 年 12 月 14 日），完成于五日（12 月 18 日 ）。抄经者[illegible]（跖哆乙乙未)(t1ie zwei ·iə ·iə tie Чиэ-жвей Гиэ-гхиэ-тие ）。经文拥有者苏长古山（Су-нджеы Ку-шан），于五日抄完。纸质五级。

第193号

西夏特藏第342号

[illegible]

《大乘圣寿无量经》

译自藏文，见《大正藏》第 936 号，即《大乘无量寿经》(译者注：唐法成译)；西田龙雄《西夏文佛经目录》第 37 号。

馆册第812号

刻本经折装，18 厘米 ×9 厘米，10 页，保存有序文及经文前一部分内容。每页 6 行，每行 11 个字。上边距 1.5 厘米，下边距 1 厘米。开头 4 页为序文，大致是讲此经译自藏文，散施信众。经文的梵文名称有西夏文音译和意译两种。经题后有：乾顺皇帝（尊号 2）及其母梁皇太后（尊号 2）御译。经文背面粘有西夏修复时粘上的一层纸。纸质八级。

馆册第953号

刻本经折装，18 厘米 ×9 厘米，6 页（最后 1 页经文和 5 页后记），每页 6 行，每行 11 个字。上边距 0.5 厘米，下边距 2 厘米。结尾处重复经题，后记中讲：诵读和抄写此经文能避除病灾。所以乾顺皇帝和梁皇太后发愿，令刻印经文 1 万卷，散施民众。他们希望官吏能忠于国家、勤于政务，国家能不受敌人侵害，五谷丰登，一切生灵皆能避免灾难。天祐民安年（1094 年）。抄经者[illegible]（寿智净)(ziew sie sei Жиеы Сие-сей ）。纸质八级。

第194号

[illegible]

《大乘圣寿无量经》

馆册第697号

刻本经折装，蓝布软封面只剩下一半，20 厘米 ×10.5 厘米，7 页，每页 6 行，每行 11 个字。上边距 2 厘米，下边距 2 厘米。结尾处重复经题，有后记，内容与第 953 号后记相类似。日期为 1094 年。抄经者[illegible]（寿智清)(Жиеы Сие-сей ）。纸质一级。

馆册第6943号

刻本经折装，20 厘米 ×10.5 厘米，43 页，尾残，每页 6 行，每行 10 个字。上边距 1.5 厘米，下边距 3 厘米。经文的梵文名称有西夏文音译和意译两种。经题后有乾顺皇帝（尊号 2）及其母梁皇太后（尊号 2）御译。经文受潮严重。纸质一级。

第195号

西夏特藏第409号

𗼃𗖵𘟙𗧓𗏁

《大乘圣寿无量经》

馆册第2309号　下部

写本经折装，28 厘米 ×12 厘米，83 页，首残，每页 6 行，每行 17 个字。上边距 3.5 厘米，下边距 2.5 厘米。结尾处重复经题，先后两次校勘，校勘者、法师𗏹（威）（vie Вие）。纸质一级。

第196号

西夏特藏第157号

𗼃𗖵𘟙𗧓𗏁𗼃𗖵𘟙𗧓𗏁𗼃𗖵𘟙𗧓𗏁𗼃𗖵𘟙𗧓𗏁

《佛说大威德炽光诸星宿调伏灾消吉祥陀罗尼经》

译自汉文，见《大正藏》第 963 号，即《佛说炽盛光大威德消灾吉祥陀罗尼经》（译者注：唐特进试鸿胪卿三藏沙门大广智不空奉　诏译）；西田龙雄《西夏文佛经目录》第 186 号。

馆册第5402号

刻本经折装，19.5 厘米 ×8.8 厘米，10 页，仅存经首，每页 5 行，每行 11 个字。上边距 2 厘米，下边距 1.5 厘米。经题后有仁孝皇帝（尊号 1）御校勘。纸质八级。

第197号

𗼃𗖵𘟙𗧓𗏁𗼃𗖵𘟙𗧓𗏁𗼃𗖵𘟙𗧓𗏁𗼃𗖵𘟙𗧓𗏁

《佛说大威德炽光诸星宿调伏灾消吉祥陀罗尼经》

馆册第7038号

刻本经折装，19.7 厘米 ×9 厘米，3 页 +5 页版画，仅存经首，每页 5 行，

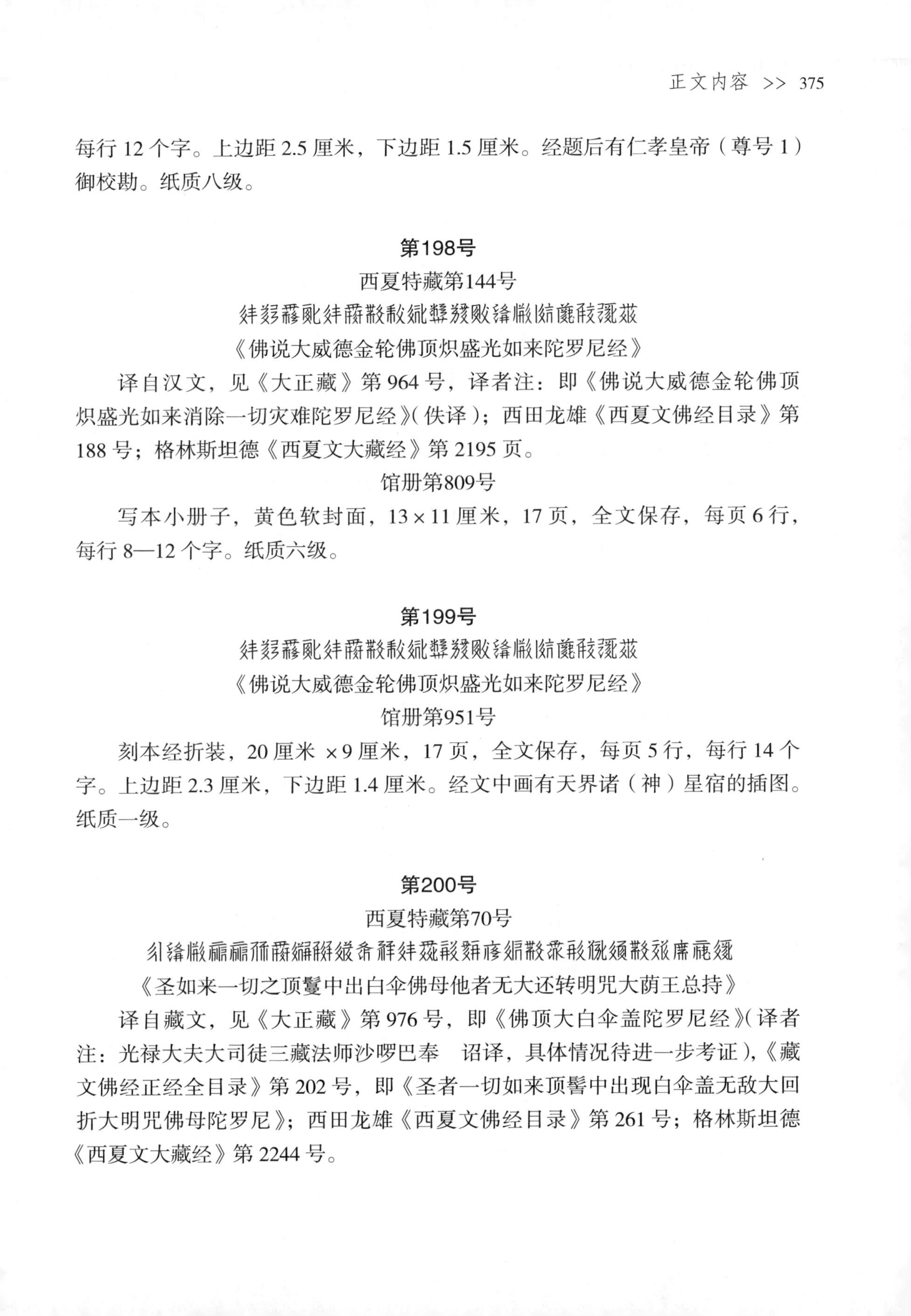

每行 12 个字。上边距 2.5 厘米，下边距 1.5 厘米。经题后有仁孝皇帝（尊号 1）御校勘。纸质八级。

第198号

西夏特藏第144号

[illegible]

《佛说大威德金轮佛顶炽盛光如来陀罗尼经》

译自汉文，见《大正藏》第 964 号，译者注：即《佛说大威德金轮佛顶炽盛光如来消除一切灾难陀罗尼经》(佚译)；西田龙雄《西夏文佛经目录》第 188 号；格林斯坦德《西夏文大藏经》第 2195 页。

馆册第809号

写本小册子，黄色软封面，13 × 11 厘米，17 页，全文保存，每页 6 行，每行 8—12 个字。纸质六级。

第199号

[illegible]

《佛说大威德金轮佛顶炽盛光如来陀罗尼经》

馆册第951号

刻本经折装，20 厘米 ×9 厘米，17 页，全文保存，每页 5 行，每行 14 个字。上边距 2.3 厘米，下边距 1.4 厘米。经文中画有天界诸（神）星宿的插图。纸质一级。

第200号

西夏特藏第70号

[illegible]

《圣如来一切之顶鬘中出白伞佛母他者无大还转明咒大荫王总持》

译自藏文，见《大正藏》第 976 号，即《佛顶大白伞盖陀罗尼经》(译者注：光禄大夫大司徒三藏法师沙啰巴奉　诏译，具体情况待进一步考证)，《藏文佛经正经全目录》第 202 号，即《圣者一切如来顶髻中出现白伞盖无敌大回折大明咒佛母陀罗尼》；西田龙雄《西夏文佛经目录》第 261 号；格林斯坦德《西夏文大藏经》第 2244 号。

馆册第2899、7605号

刻本经折装，19 厘米 ×9 厘米，50 页 +9 页佛像画，还有拜佛的题记，尾残，每页 6 行，每行 14 个字。上边距 2.5 厘米，下边距 1.5 厘米。纸质一级。

第201号

西夏特藏第61号

[illegible]

《种咒王荫大孔雀经》

译自藏文，见《大正藏》第 982 号，即《佛母大孔雀明王经》(译者注：汉文本为开府仪同三司特进试鸿胪卿肃国公食邑三千户赐紫赠司空谥大鉴正号大广智大兴善寺三藏沙门不空奉　诏译),《藏文佛经正经全目录》第 178 号，即《大孔雀明咒王》；西田龙雄《西夏文佛经目录》第 313 号；格林斯坦德《西夏文大藏经》第 1027—1037 页。一般称其为《孔雀经》，共上、中、下三部。

馆册第6399号　上部

写本卷子装，34.5 厘米 ×140 厘米，仅存经尾，每行 21 个字。墨线勾栏，上边距 4 厘米，下边距 2 厘米。结尾处重复经题和抄经者的名字：抄经者[illegible]（王吉祥全）(won ngiu ru tshiwan Вон-нгиу Ру-цхиваян)。已第 2 次校勘。经文页面上写有第“四”，西夏时曾做过修复，经文保存不善。纸质一级。

第202号

[illegible]

《种咒王荫大孔雀经》

馆册第11号　上部

写本小册子，用绳子装订，2 层软封面：黄绸封面和带黄色圆圈及植物图案的红绸封面。13.5 厘米 ×21.5 厘米，53 页，全文保存，每页 7—8 行，每行 18—19 个字。用近似于斜体的笔体书写。经文的梵文名称有西夏文音译和意译 2 种。经题后有仁孝皇帝（尊号 2）中的 4 个字。结尾处重复经题，有第 1 次校勘的标记，经文内容相符。经文中有朱砂色修改的痕迹和西夏修复时留下的痕迹。纸质八级。

馆册第946号 中部

写本小册子，纸封面只剩下一半，上面还带有 1 块黄布残片。14.5 厘米 ×22.5 厘米，41 页，全文保存，每页 7—8 行，每行 18—19 个字。上边距 1.5

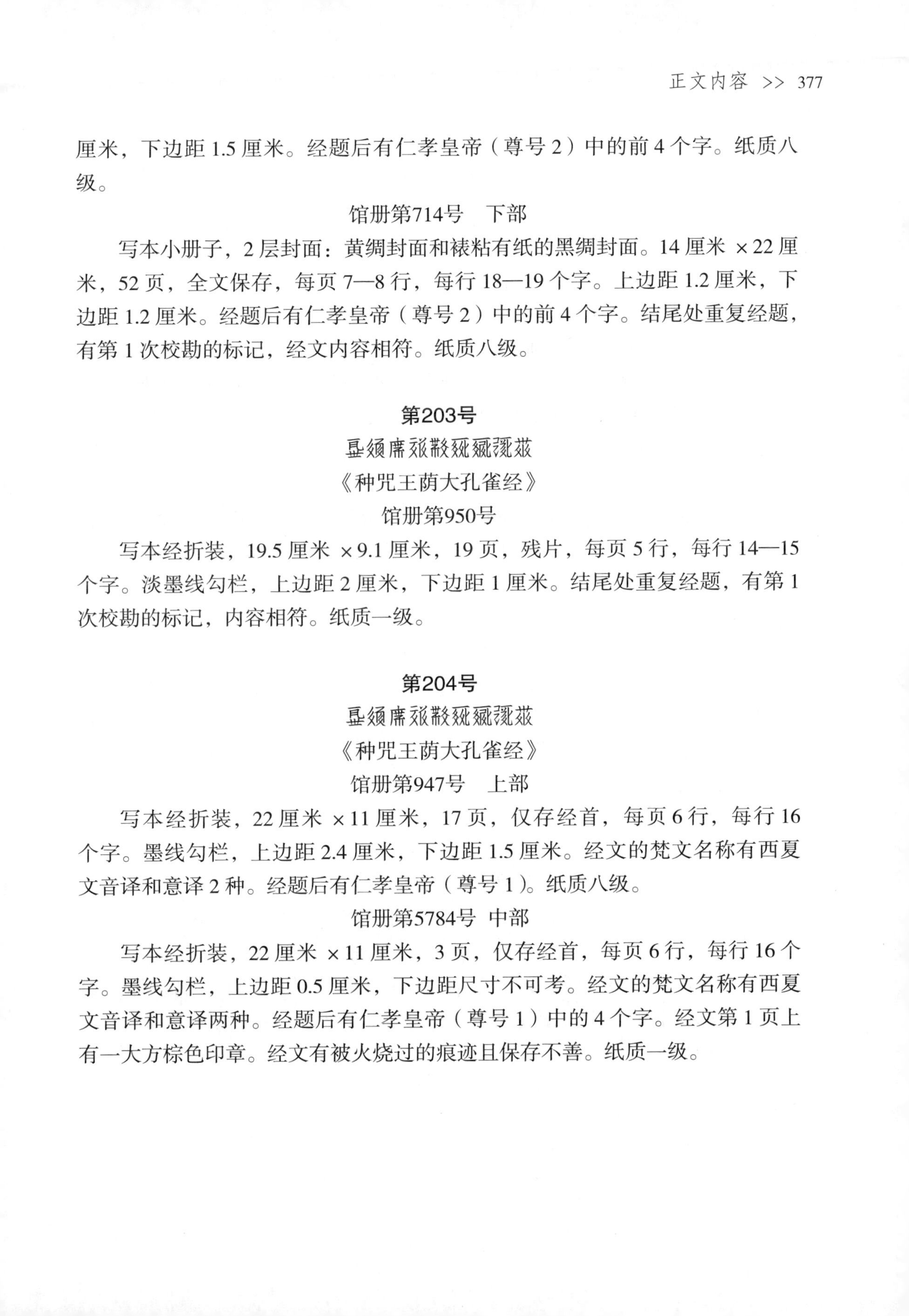

厘米，下边距 1.5 厘米。经题后有仁孝皇帝（尊号 2）中的前 4 个字。纸质八级。

馆册第714号　下部

写本小册子，2 层封面：黄绸封面和裱粘有纸的黑绸封面。14 厘米 ×22 厘米，52 页，全文保存，每页 7—8 行，每行 18—19 个字。上边距 1.2 厘米，下边距 1.2 厘米。经题后有仁孝皇帝（尊号 2）中的前 4 个字。结尾处重复经题，有第 1 次校勘的标记，经文内容相符。纸质八级。

第203号

[illegible]

《种咒王荫大孔雀经》

馆册第950号

写本经折装，19.5 厘米 ×9.1 厘米，19 页，残片，每页 5 行，每行 14—15 个字。淡墨线勾栏，上边距 2 厘米，下边距 1 厘米。结尾处重复经题，有第 1 次校勘的标记，内容相符。纸质一级。

第204号

[illegible]

《种咒王荫大孔雀经》

馆册第947号　上部

写本经折装，22 厘米 ×11 厘米，17 页，仅存经首，每页 6 行，每行 16 个字。墨线勾栏，上边距 2.4 厘米，下边距 1.5 厘米。经文的梵文名称有西夏文音译和意译 2 种。经题后有仁孝皇帝（尊号 1）。纸质八级。

馆册第5784号　中部

写本经折装，22 厘米 ×11 厘米，3 页，仅存经首，每页 6 行，每行 16 个字。墨线勾栏，上边距 0.5 厘米，下边距尺寸不可考。经文的梵文名称有西夏文音译和意译两种。经题后有仁孝皇帝（尊号 1）中的 4 个字。经文第 1 页上有一大方棕色印章。经文有被火烧过的痕迹且保存不善。纸质一级。

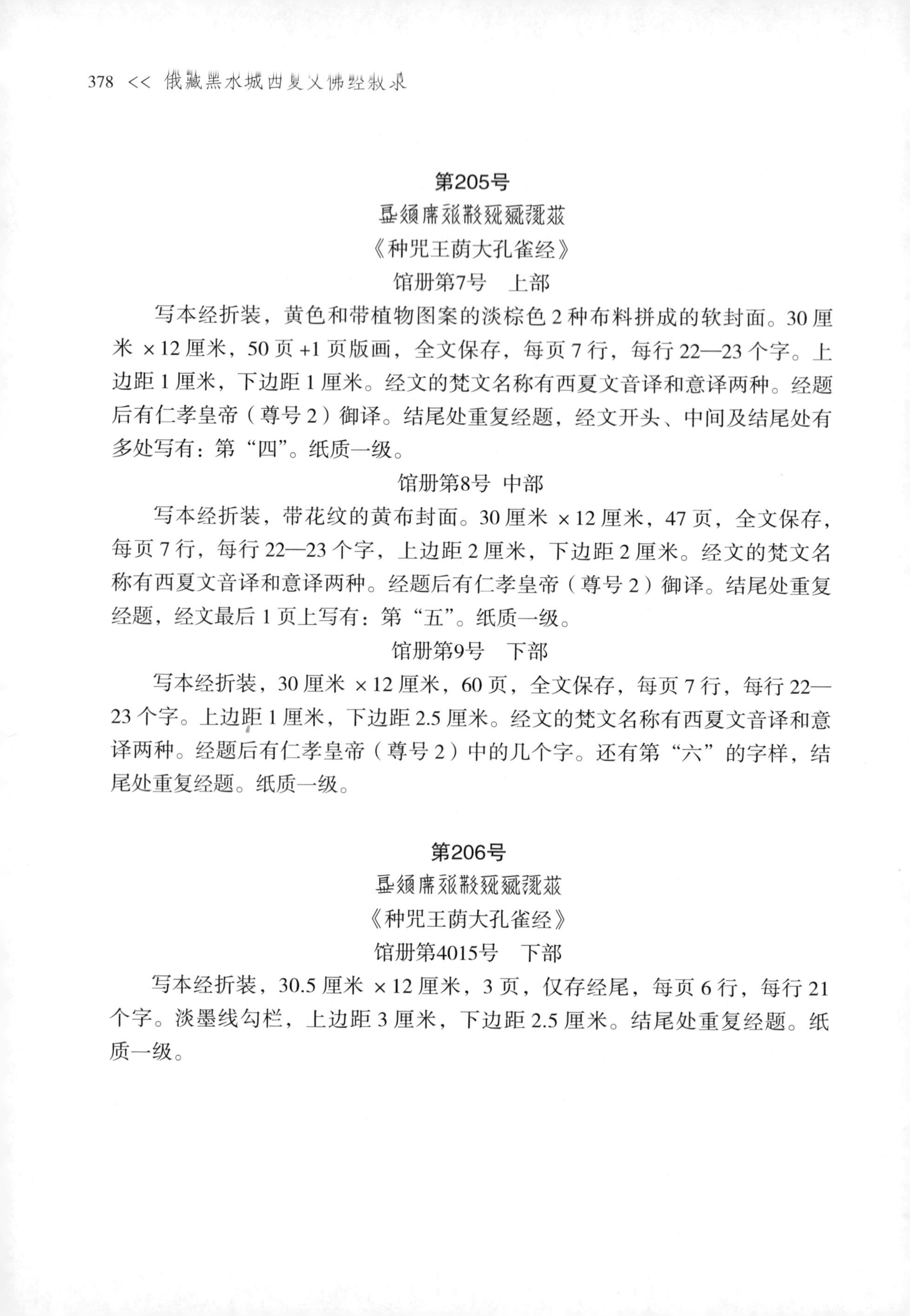

第205号

[illegible]

《种咒王荫大孔雀经》

馆册第7号　上部

写本经折装，黄色和带植物图案的淡棕色2种布料拼成的软封面。30厘米×12厘米，50页+1页版画，全文保存，每页7行，每行22—23个字。上边距1厘米，下边距1厘米。经文的梵文名称有西夏文音译和意译两种。经题后有仁孝皇帝（尊号2）御译。结尾处重复经题，经文开头、中间及结尾处有多处写有：第“四”。纸质一级。

馆册第8号　中部

写本经折装，带花纹的黄布封面。30厘米×12厘米，47页，全文保存，每页7行，每行22—23个字，上边距2厘米，下边距2厘米。经文的梵文名称有西夏文音译和意译两种。经题后有仁孝皇帝（尊号2）御译。结尾处重复经题，经文最后1页上写有：第“五”。纸质一级。

馆册第9号　下部

写本经折装，30厘米×12厘米，60页，全文保存，每页7行，每行22—23个字。上边距1厘米，下边距2.5厘米。经文的梵文名称有西夏文音译和意译两种。经题后有仁孝皇帝（尊号2）中的几个字。还有第“六”的字样，结尾处重复经题。纸质一级。

第206号

[illegible]

《种咒王荫大孔雀经》

馆册第4015号　下部

写本经折装，30.5厘米×12厘米，3页，仅存经尾，每页6行，每行21个字。淡墨线勾栏，上边距3厘米，下边距2.5厘米。结尾处重复经题。纸质一级。

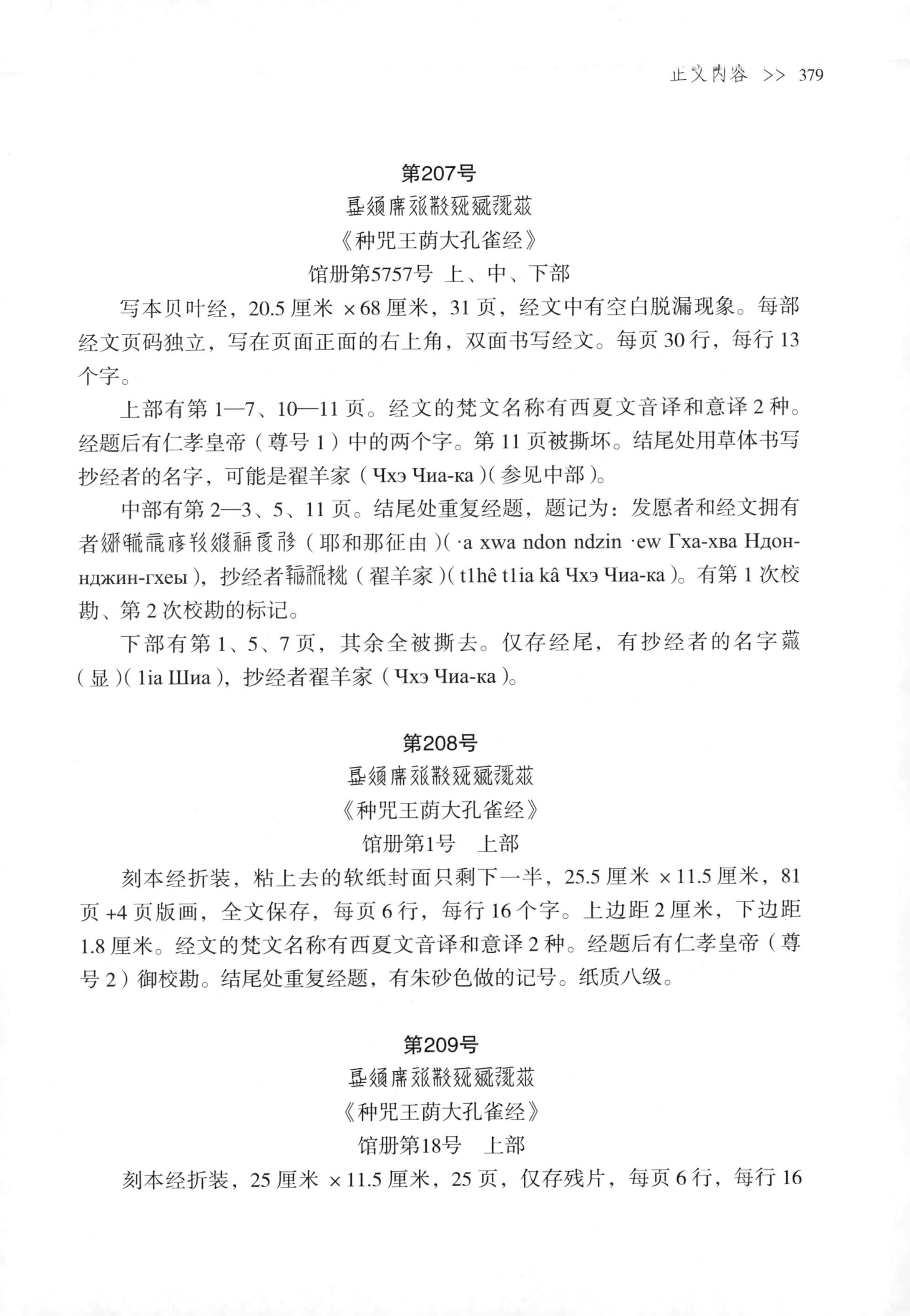

第207号

[illegible]

《种咒王荫大孔雀经》

馆册第5757号 上、中、下部

写本贝叶经，20.5 厘米 ×68 厘米，31 页，经文中有空白脱漏现象。每部经文页码独立，写在页面正面的右上角，双面书写经文。每页 30 行，每行 13 个字。

上部有第 1—7、10—11 页。经文的梵文名称有西夏文音译和意译 2 种。经题后有仁孝皇帝（尊号 1）中的两个字。第 11 页被撕坏。结尾处用草体书写抄经者的名字，可能是翟羊家（Чхэ Чиа-ка）(参见中部)。

中部有第 2—3、5、11 页。结尾处重复经题，题记为：发愿者和经文拥有者[illegible]（耶和那征由）(·a xwa ndon ndzin ·ew Гха-хва Ндон-нджин-гхеы)，抄经者[illegible]（翟羊家）(t1hê t1ia kâ Чхэ Чиа-ка)。有第 1 次校勘、第 2 次校勘的标记。

下部有第 1、5、7 页，其余全被撕去。仅存经尾，有抄经者的名字[illegible]（显）(1ia Шиа)，抄经者翟羊家（Чхэ Чиа-ка）。

第208号

[illegible]

《种咒王荫大孔雀经》

馆册第1号　上部

刻本经折装，粘上去的软纸封面只剩下一半，25.5 厘米 ×11.5 厘米，81 页 +4 页版画，全文保存，每页 6 行，每行 16 个字。上边距 2 厘米，下边距 1.8 厘米。经文的梵文名称有西夏文音译和意译 2 种。经题后有仁孝皇帝（尊号 2）御校勘。结尾处重复经题，有朱砂色做的记号。纸质八级。

第209号

[illegible]

《种咒王荫大孔雀经》

馆册第18号　上部

刻本经折装，25 厘米 ×11.5 厘米，25 页，仅存残片，每页 6 行，每行 16

个字。边距用双线隔开，上边距 2 厘米，下边距 1 厘米。经文页面的空白处画有卍字形纹饰及菱形纹边饰。纸质一级。

第210号

[illegible]

《种咒王荫大孔雀经》

馆册第8355号　上部

刻本经折装，27 厘米 ×10 厘米，3 页，仅存经首，每页 6 行，每行 16 个字。上边距 3.5 厘米，下边距 3 厘米。经文的梵文名称有西夏文音译和意译两种。经题后有仁孝皇帝（尊号 1）御校勘。纸质一级。

第211号

[illegible]

《种咒王荫大孔雀经》

馆册第6400号　上部

刻本经折装，27.5 厘米 ×10.5 厘米，11 页，仅存经尾，每页 6 行，每行 16 个字。上边距 3.8 厘米，下边距 3 厘米。结尾处重复经题，经文中绘有金刚杵形花饰图案。纸质八级。

馆册第3317号　中部

刻本经折装，27 厘米 ×11 厘米，16 页，仅存经尾，每页 6 行，每行 16 个字。上边距 3.7 厘米，下边距 2 厘米。结尾处重复经题，经文中有朱砂色印记。纸质八级。

馆册第2738号　中部

刻本经折装，27 厘米 ×11 厘米，13 页，仅存经首，每页 6 行，每行 14—16 个字。上边距 3.5 厘米，下边距 1.5 厘米。经文的梵文名称有西夏文音译和意译两种。经题后有仁孝皇帝（尊号 1）御校勘。经文中有朱砂色印记。纸质八级。

馆册第3884号　中部

刻本经折装，27.5 厘米 ×12 厘米，7 页，仅存经尾，每页 6 行，每行 16 个字。上边距 4.5 厘米，下边距 2 厘米。结尾处重复经题。纸质八级。

第212号

[illegible]

《种咒王荫大孔雀经》

馆册第2号　上部

刻本经折装，28 厘米 ×11 厘米，81 页 +4 页版画，尾残，每页 6 行，每行 16 个字。上边距 4 厘米，下边距 2.5 厘米。经文的梵文名称有西夏文音译和意译两种。纸质八级。

馆册第3号　上部

刻本经折装，28 厘米 ×11 厘米，79 页 +2 页版画，尾残，每页 6 行，每行 16 个字。上边距 4 厘米，下边距 2.5 厘米。经文的梵文名称有西夏文音译和意译两种。纸质八级。

馆册第6056号　上部

刻本经折装，28.5 厘米 ×11 厘米，4 页，仅存经首，每页 6 行，每行 16 个字。上边距 5 厘米，下边距 2 厘米。经文的梵文名称有西夏文音译和意译两种。纸质八级。

馆册第5号 中部

刻本经折装，黑色软封面只剩一半，28 厘米 ×11 厘米，77 页，全文保存，每页 6 行，每行 16 个字。上边距 4 厘米，下边距 3 厘米。经文的梵文名称有西夏文音译和意译两种。经题后有仁孝皇帝（尊号 2）御校勘。结尾处重复经题。纸质八级。

馆册第2319号 中部

刻本经折装，28.5 厘米 ×11 厘米，46 页，仅存经首，每页 6 行，每行 15—16 个字。上边距 4 厘米，下边距 2.5 厘米。经文的梵文名称有西夏文音译和意译两种。经题后有仁孝皇帝（尊号 1）御校勘。纸质八级。

馆册第6号　下部

刻本经折装，黑布软封面，28 厘米 ×11 厘米，83 页，首残，每页 6 行，每行 16 个字。上边距 4 厘米，下边距 2.5 厘米。结尾处重复经题。纸质八级。

馆册第29号　下部

刻本经折装，28 厘米 ×11 厘米，85 页，全文保存，每页 6 行，每行 16 个字。上边距 3.5 厘米，下边距 3 厘米。经文的梵文名称有西夏文音译和意译两种。经题后有仁孝皇帝（尊号 1）御校勘。结尾处重复经题。纸质八级。

第213号

[illegible]

《种咒王荫大孔雀经》

馆册第3316号　下部

刻本经折装，29.3 厘米 ×11.5 厘米，2 页，仅存经首，每页 6 行，每行 16 个字。上边距 4.5 厘米，下边距 2 厘米。经文的梵文名称有西夏文音译和意译两种。经题后有仁孝皇帝（尊号 1）御校勘。纸质八级。

第214号

西夏特藏第74号

[illegible]

《圣大乘大千国守护经》

译自藏文，见《大正藏》第 999 号，即《佛说守护大千国土经》(译者注：汉文本为西天北印度乌填曩国帝释宫寺传法大师三藏沙门赐紫臣施护奉　诏译)，《藏文佛经正经全目录》第 177 号，即《摧破大千经》；西田龙雄《西夏文佛经目录》第 250 号；格林斯坦德《西夏文大藏经》第 2087—2131 页。

馆册第916号　上部

写本卷子装，35 厘米 ×607 厘米，首残，每行 21 个字。墨线勾栏，结尾处重复经题，题记为：

[illegible]

[illegible][①]

乾祐庚子年六月十日午时写毕

发愿抄写者黑水城主、官员、御前内侍

已第 2 次校勘，经文内容相符。纸质一级。

馆册第4778号　下部

写本卷子装，32 厘米 ×170 厘米，首残，每行 18 个字。结尾处重复经题，已第 2 次校勘。抄经者、初善王吉祥全（Вон-нгиу Ру-цхи-ван）。经文在修复

---

① 译者注：克恰诺夫给出的西夏文题记不完整，此段俄译翻译成汉语：抄写完毕于乾祐年六月十日，地鼠年午时（1180 年 6 月 10 日）。施写发愿者黑水城主、官吏、御前内侍[illegible]（嵬嵬丁恰）(ngwe ngwe ti khwâ Нгве-нгве Ти-кхва)。抄经者、德者[illegible]（王吉祥全）(won ngiu ru tshiwan Вон-нгиу Ру-цхи-ван)。

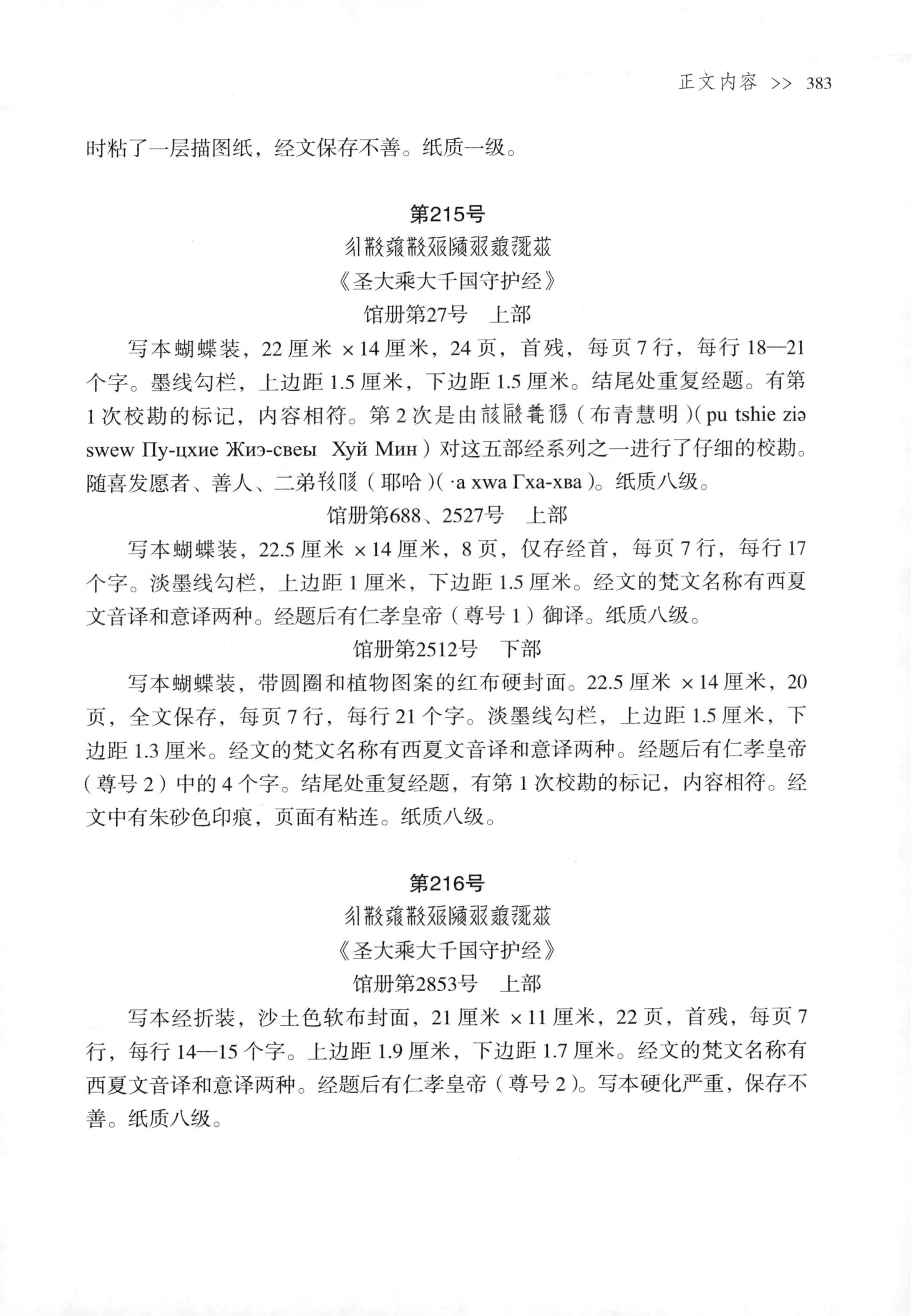

时粘了一层描图纸，经文保存不善。纸质一级。

第215号

[illegible]

《圣大乘大千国守护经》

馆册第27号　上部

写本蝴蝶装，22 厘米 ×14 厘米，24 页，首残，每页 7 行，每行 18—21 个字。墨线勾栏，上边距 1.5 厘米，下边距 1.5 厘米。结尾处重复经题。有第 1 次校勘的标记，内容相符。第 2 次是由[illegible]（布青慧明）(pu tshie ziə swew Пу-цхие Жиэ-свеы Хуй Мин) 对这五部经系列之一进行了仔细的校勘。随喜发愿者、善人、二弟[illegible]（耶哈）(·a xwa Гха-хва)。纸质八级。

馆册第688、2527号　上部

写本蝴蝶装，22.5 厘米 ×14 厘米，8 页，仅存经首，每页 7 行，每行 17 个字。淡墨线勾栏，上边距 1 厘米，下边距 1.5 厘米。经文的梵文名称有西夏文音译和意译两种。经题后有仁孝皇帝（尊号 1）御译。纸质八级。

馆册第2512号　下部

写本蝴蝶装，带圆圈和植物图案的红布硬封面。22.5 厘米 ×14 厘米，20 页，全文保存，每页 7 行，每行 21 个字。淡墨线勾栏，上边距 1.5 厘米，下边距 1.3 厘米。经文的梵文名称有西夏文音译和意译两种。经题后有仁孝皇帝（尊号 2）中的 4 个字。结尾处重复经题，有第 1 次校勘的标记，内容相符。经文中有朱砂色印痕，页面有粘连。纸质八级。

第216号

[illegible]

《圣大乘大千国守护经》

馆册第2853号　上部

写本经折装，沙土色软布封面，21 厘米 ×11 厘米，22 页，首残，每页 7 行，每行 14—15 个字。上边距 1.9 厘米，下边距 1.7 厘米。经文的梵文名称有西夏文音译和意译两种。经题后有仁孝皇帝（尊号 2）。写本硬化严重，保存不善。纸质八级。

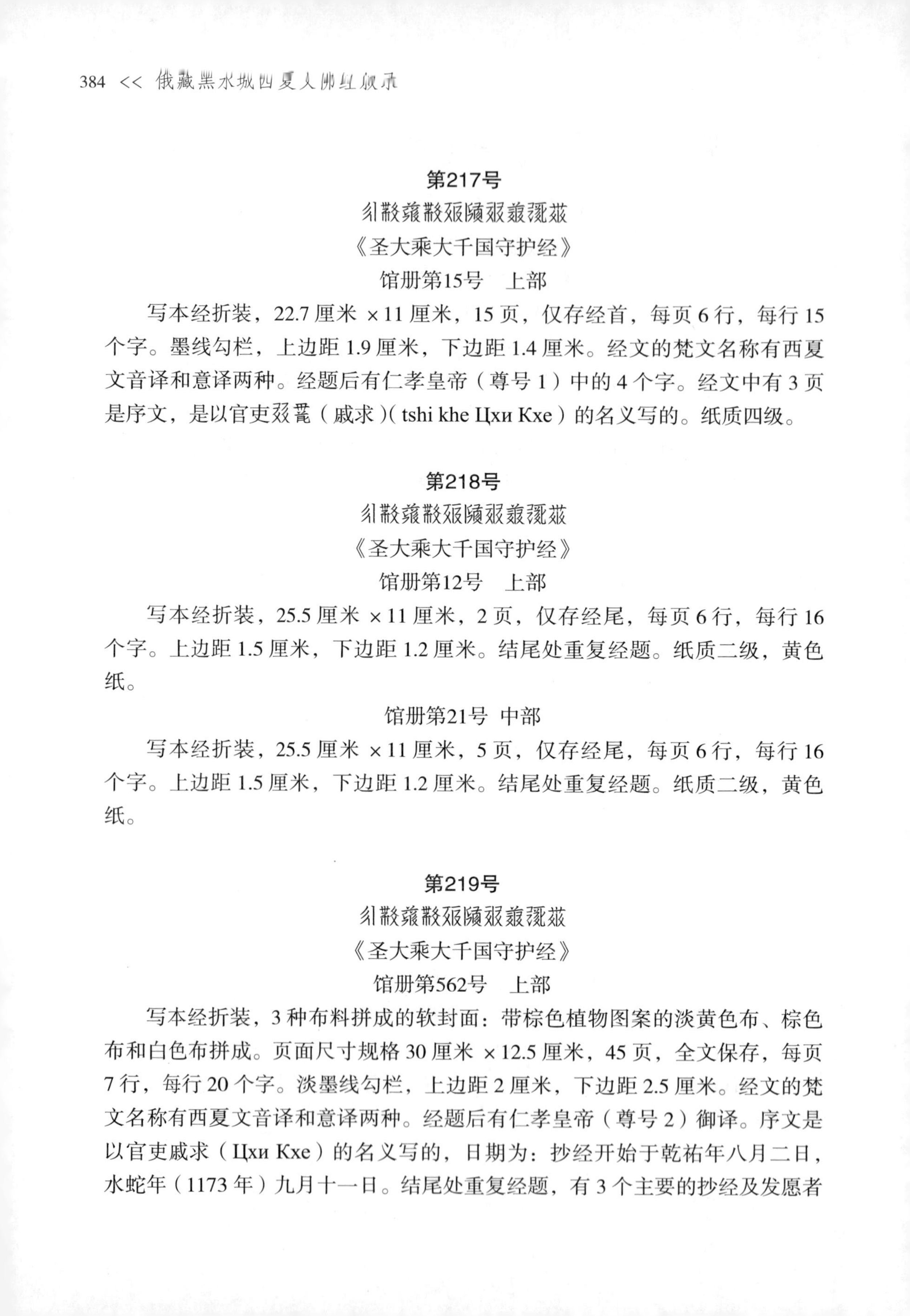

第217号

[illegible]

《圣大乘大千国守护经》

馆册第15号　上部

写本经折装，22.7厘米×11厘米，15页，仅存经首，每页6行，每行15个字。墨线勾栏，上边距1.9厘米，下边距1.4厘米。经文的梵文名称有西夏文音译和意译两种。经题后有仁孝皇帝（尊号1）中的4个字。经文中有3页是序文，是以官吏[illegible]（戚求）（tshi khe Цхи Кхе）的名义写的。纸质四级。

第218号

[illegible]

《圣大乘大千国守护经》

馆册第12号　上部

写本经折装，25.5厘米×11厘米，2页，仅存经尾，每页6行，每行16个字。上边距1.5厘米，下边距1.2厘米。结尾处重复经题。纸质二级，黄色纸。

馆册第21号　中部

写本经折装，25.5厘米×11厘米，5页，仅存经尾，每页6行，每行16个字。上边距1.5厘米，下边距1.2厘米。结尾处重复经题。纸质二级，黄色纸。

第219号

[illegible]

《圣大乘大千国守护经》

馆册第562号　上部

写本经折装，3种布料拼成的软封面：带棕色植物图案的淡黄色布、棕色布和白色布拼成。页面尺寸规格30厘米×12.5厘米，45页，全文保存，每页7行，每行20个字。淡墨线勾栏，上边距2厘米，下边距2.5厘米。经文的梵文名称有西夏文音译和意译两种。经题后有仁孝皇帝（尊号2）御译。序文是以官吏戚求（Цхи Кхе）的名义写的，日期为：抄经开始于乾祐年八月二日，水蛇年（1173年）九月十一日。结尾处重复经题，有3个主要的抄经及发愿者的名字：第 1 个没有保存下来，第 2 个出家僧、禅修者夌纚㤴（李禅定）(lie 1ian ndie Лие Шиан-ндие)，第 3 个是女信众巁䒦誐祇（令巴吃那）(lie pa ki nia Лие-па Ки-ниа)。经文保存不善。纸质八级。

馆册第34号 中部

写本经折装，用带棕色植物图案的淡黄色布、棕色及白色布 3 种拼成的软封面。30 厘米 ×11 厘米，45 页，全文保存，每页 6—7 行，每行 22—23 个字。上边距 2 厘米，下边距 2 厘米。经文的梵文名称有音译和意译两种。结尾处重复经题。纸质八级。

馆册第35号　下部

写本经折装，用带棕色植物图案的淡黄色布、白布和棕色布 3 种拼成软封面。30 厘米 ×12 厘米，41 页，全文保存，每页 7 行，每行 21—22 个字。墨线勾栏，上边距 2 厘米，下边距 2 厘米。经文的梵文名称有西夏文音译和意译两种。经题后有仁孝皇帝（尊号 2）御译。结尾处重复经题。纸质八级。

第220号

纟𢇍蘱𢇍殧隫㲉蕤䍀茲

《圣大乘大千国守护经》

馆册第2726号 中部

写本经折装，31.2 厘米 ×12.5 厘米，6 页，仅存经首，每页 6 行，每行 19 个字。淡墨线勾栏，上边距 4 厘米，下边距 2 厘米。有两方红色印章。纸质八级。

馆册第4016号　下部

写本经折装，29 厘米 ×10.5 厘米，4 页，仅存经首，每页 6 行，每行 19 个字。淡墨线勾栏，上边距 3 厘米，下边距 2 厘米。有棕色印章的残迹。纸质八级。

第221号

纟𢇍蘱𢇍殧隫㲉蕤䍀茲

《圣大乘大千国守护经》

馆册第5757号 上、中、下部

写本贝叶经，20.5 厘米 ×68 厘米，18 页，仅存经首，每页 30 行，每页 13 个字。上边距 2.5 厘米，下边距 2 厘米。页面正面右上角有页码，经文双面书写。

上部留存第1—6、8页。结尾题记为：施写发愿者、黑水城主耶和那征由（Гха-хва Ндон-нджин-гхеы）。抄经者、德者王吉祥全（Вон-нгиу Ру-цхиван）。发愿者以自己的尊严和工作、劳动获得了发愿施舍资金。有第1次校勘的标记，内容相符。已第2次校勘。

中部仅留存2页，其余都被撕掉，页码不清楚。

下部留存第1、3、7—9页。纸质一级。

第222号

𗼇𗖵𗒘𗖵𗒹𗌮𗪘𗘁𗫂𗓱

《圣大乘大千国守护经》

馆册第13—14号　上部

刻本经折装，25.8厘米×11厘米，51页+3页版画，尾残，每页6行，每行16个字。上边距2.5厘米，下边距1厘米。序文中说：刊印此五部经系列，此经由梵文译成。经文的梵文名称有西夏文音译和意译两种。经题后有仁孝皇帝（尊号1）御校勘。最后一行为手写而成。纸质二级。

馆册第32号　中部

刻本经折装，66页+4页版画，25.8厘米×11厘米，尾残，每页6行，每行16个字。上边距2.5厘米，下边距1厘米。最后一行为手写而成。纸质二级。

馆册第2306号　下部

刻本经折装，双层软封面：内层为黄纸封面，外层为蓝纸封面，有绳扣。25.5厘米×11.5厘米，64页+4页版画，全文保存，每页6行，每行16个字。上边距1.5厘米，下边距1.5厘米。经题后有仁孝皇帝（尊号2）御校勘。结尾处重复经题，最后3页为手写而成，上面用墨线勾栏。纸质二级。

第223号

𗼇𗖵𗒘𗖵𗒹𗌮𗪘𗘁𗫂𗓱

《圣大乘大千国守护经》

馆册第220号　中部

刻本经折装，25.8厘米×11.4厘米，62页，全文保存，每页6行，每行16个字。边距以双线隔开，上边距2.5厘米，下边距1.3厘米。经题后有仁孝

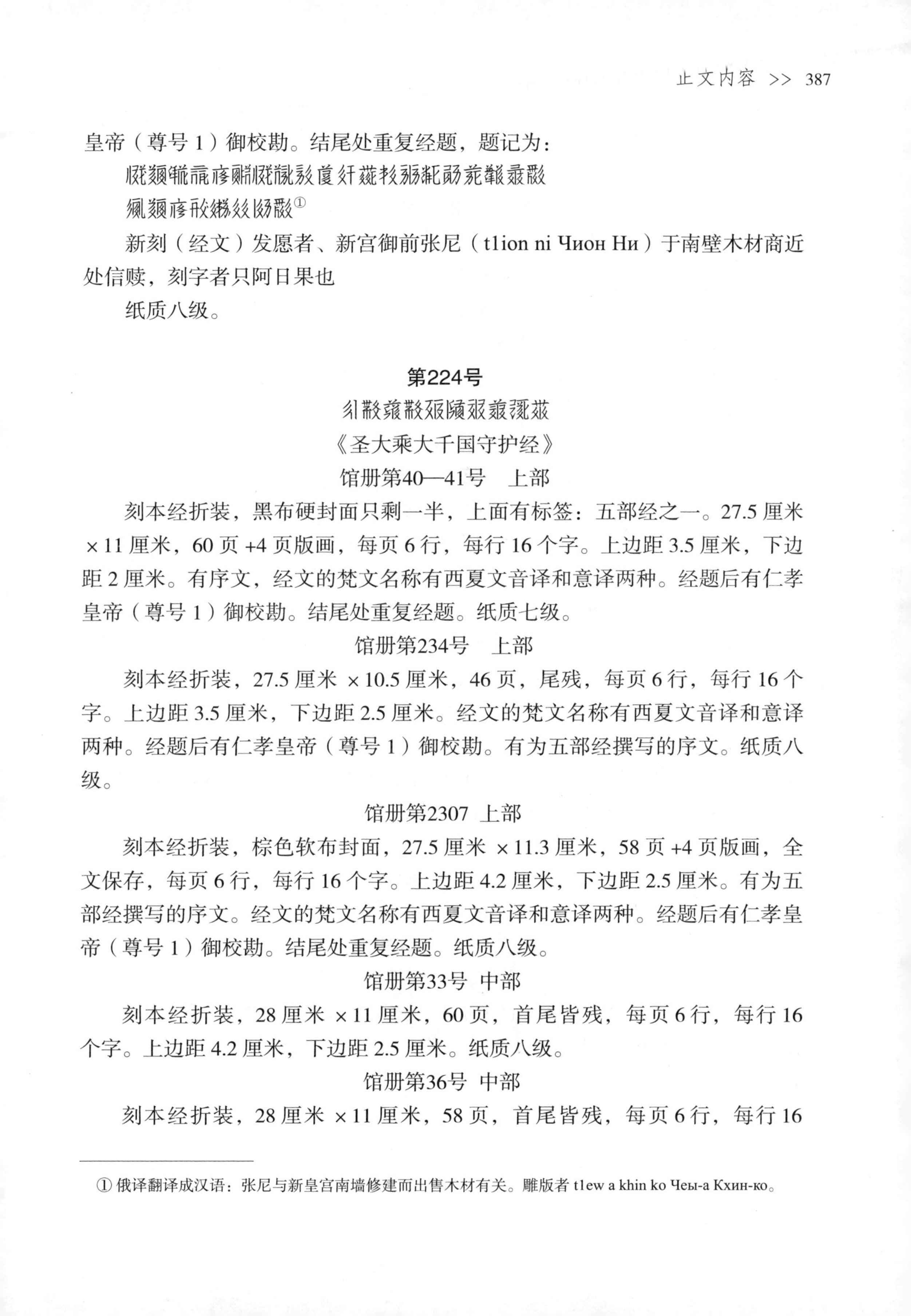

皇帝（尊号 1）御校勘。结尾处重复经题，题记为：

[illegible]

[illegible][1]

新刻（经文）发愿者、新宫御前张尼（t1ion ni Чион Ни）于南壁木材商近处信赎，刻字者只阿日果也

纸质八级。

第224号

[illegible]

《圣大乘大千国守护经》

馆册第40—41号　上部

刻本经折装，黑布硬封面只剩一半，上面有标签：五部经之一。27.5 厘米 ×11 厘米，60 页 +4 页版画，每页 6 行，每行 16 个字。上边距 3.5 厘米，下边距 2 厘米。有序文，经文的梵文名称有西夏文音译和意译两种。经题后有仁孝皇帝（尊号 1）御校勘。结尾处重复经题。纸质七级。

馆册第234号　上部

刻本经折装，27.5 厘米 ×10.5 厘米，46 页，尾残，每页 6 行，每行 16 个字。上边距 3.5 厘米，下边距 2.5 厘米。经文的梵文名称有西夏文音译和意译两种。经题后有仁孝皇帝（尊号 1）御校勘。有为五部经撰写的序文。纸质八级。

馆册第2307 上部

刻本经折装，棕色软布封面，27.5 厘米 ×11.3 厘米，58 页 +4 页版画，全文保存，每页 6 行，每行 16 个字。上边距 4.2 厘米，下边距 2.5 厘米。有为五部经撰写的序文。经文的梵文名称有西夏文音译和意译两种。经题后有仁孝皇帝（尊号 1）御校勘。结尾处重复经题。纸质八级。

馆册第33号 中部

刻本经折装，28 厘米 ×11 厘米，60 页，首尾皆残，每页 6 行，每行 16 个字。上边距 4.2 厘米，下边距 2.5 厘米。纸质八级。

馆册第36号 中部

刻本经折装，28 厘米 ×11 厘米，58 页，首尾皆残，每页 6 行，每行 16

---

① 俄译翻译成汉语：张尼与新皇宫南墙修建而出售木材有关。雕版者 t1ew a khin ko Чеы-а Кхин-ко。

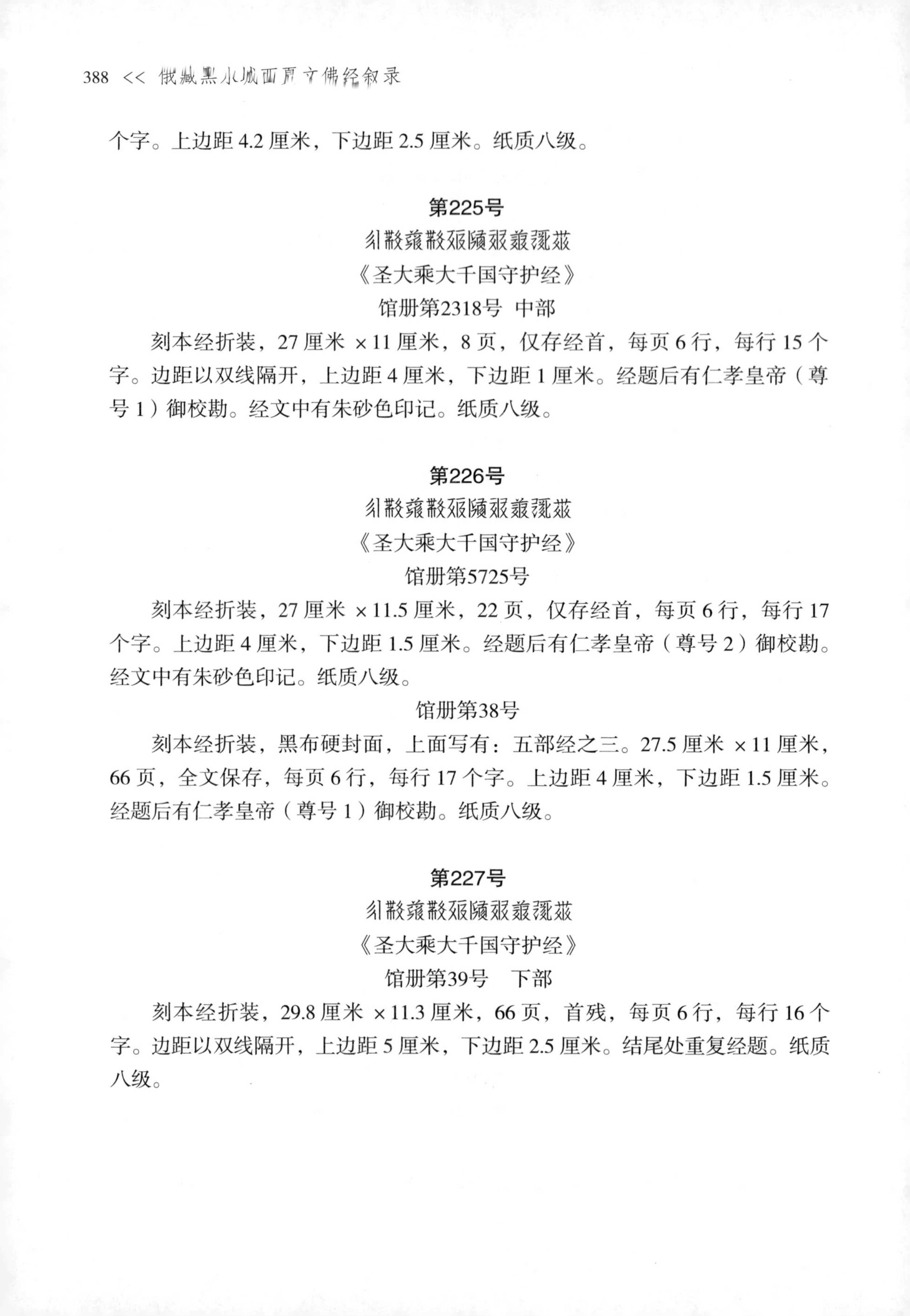

个字。上边距 4.2 厘米，下边距 2.5 厘米。纸质八级。

第225号

[illegible]

《圣大乘大千国守护经》

馆册第2318号 中部

刻本经折装，27 厘米 ×11 厘米，8 页，仅存经首，每页 6 行，每行 15 个字。边距以双线隔开，上边距 4 厘米，下边距 1 厘米。经题后有仁孝皇帝（尊号 1）御校勘。经文中有朱砂色印记。纸质八级。

第226号

[illegible]

《圣大乘大千国守护经》

馆册第5725号

刻本经折装，27 厘米 ×11.5 厘米，22 页，仅存经首，每页 6 行，每行 17 个字。上边距 4 厘米，下边距 1.5 厘米。经题后有仁孝皇帝（尊号 2）御校勘。经文中有朱砂色印记。纸质八级。

馆册第38号

刻本经折装，黑布硬封面，上面写有：五部经之三。27.5 厘米 ×11 厘米，66 页，全文保存，每页 6 行，每行 17 个字。上边距 4 厘米，下边距 1.5 厘米。经题后有仁孝皇帝（尊号 1）御校勘。纸质八级。

第227号

[illegible]

《圣大乘大千国守护经》

馆册第39号　下部

刻本经折装，29.8 厘米 ×11.3 厘米，66 页，首残，每页 6 行，每行 16 个字。边距以双线隔开，上边距 5 厘米，下边距 2.5 厘米。结尾处重复经题。纸质八级。

第228号

纟敉蕤敉豞陑豖蘒瓾蔽

《圣大乘大千国守护经》

馆册第7353号 上、中、下部

刻本经折装，28.5 厘米 ×11 厘米，184 页，此三部经文均只剩残片，每页 6 行，每行 16 个字。上边距 4—4.5 厘米，下边距 2.5—3 厘米。经题后有仁孝皇帝（尊号 1）御校勘。纸质一级。

第229号

西夏特藏第449号

纵形纟敉蕤敉豞陑豖蘒瓾蔽

《番言圣大乘大千国守护经》

译自藏文，见《大正藏》第 999 号，即《佛说守护大千国土经》；《藏文佛经正经全目录》第 177 号，即《摧破大千经》；西田龙雄《西夏文佛经目录》第 250 号。

馆册第4814号　上部

写本卷子装，38.5 厘米 ×648 厘米，仅剩序文和经文开头部分，每行 19 个字，边距以双线隔开，上边距 7.5 厘米，下边距 5 厘米。纸质一级。

第230号

西夏特藏第249号

纟敉蕤敉豞陑豖蘒瓾蔽

《圣大乘大千国守护经》

译自藏文，见《大正藏》第 999 号，《藏文佛经正经全目录》第 177 号，西田龙雄《西夏文佛经目录》第 250 号；格林斯坦德《西夏文大藏经》第 2087—2184 页，还可参见西田龙雄《西夏文佛经目录》第 105 号，收录有整个五部经的目录。[①]

---

① 译者注：这五部经典是《大护明陀罗纪经典》《圣大乘大千国守护经》《种咒王荫大孔雀经》《圣大悟荫王随求皆得经》《大寒林经》。

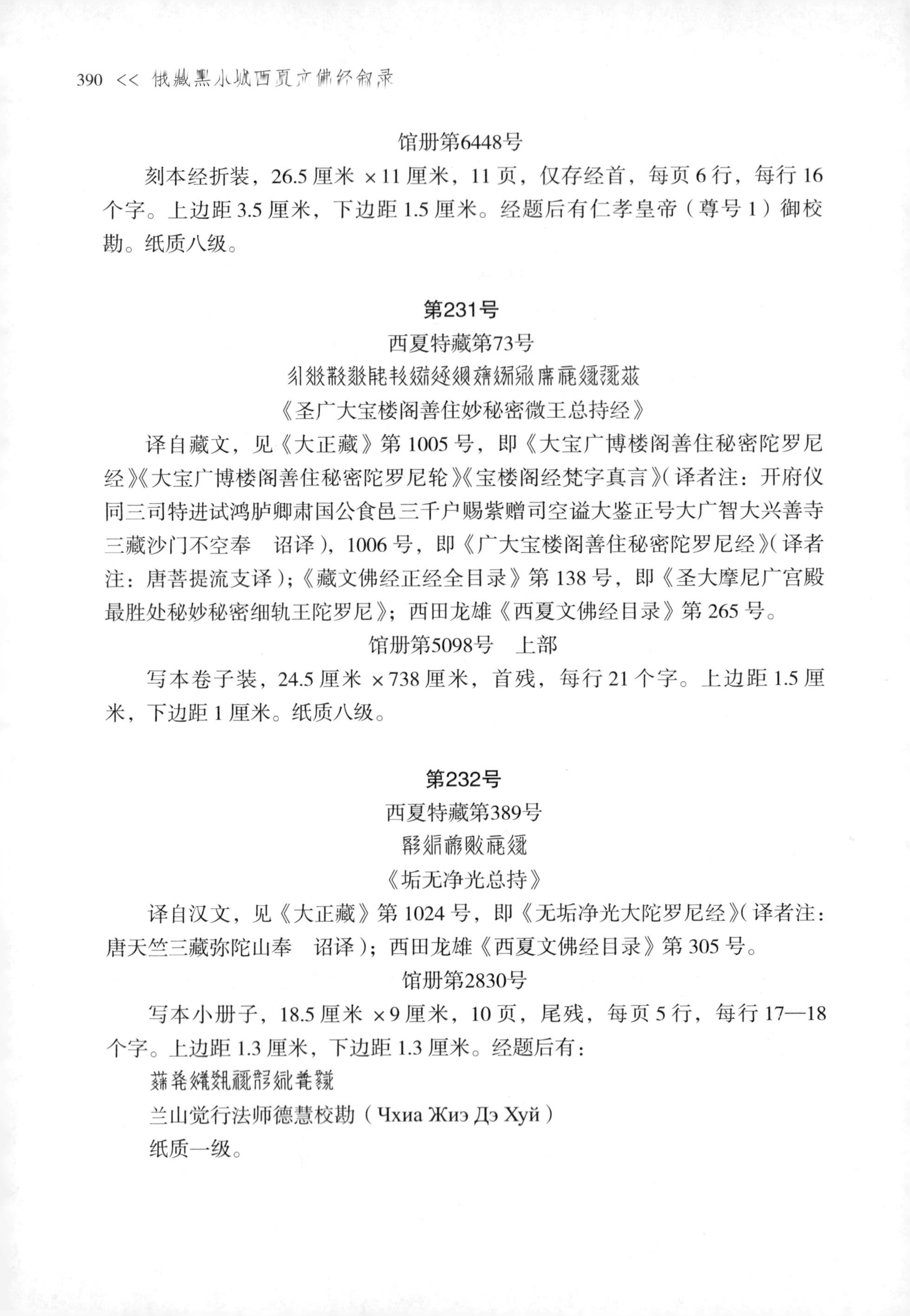

馆册第6448号

刻本经折装，26.5 厘米 ×11 厘米，11 页，仅存经首，每页 6 行，每行 16 个字。上边距 3.5 厘米，下边距 1.5 厘米。经题后有仁孝皇帝（尊号 1）御校勘。纸质八级。

第231号

西夏特藏第73号

[illegible]

《圣广大宝楼阁善住妙秘密微王总持经》

译自藏文，见《大正藏》第 1005 号，即《大宝广博楼阁善住秘密陀罗尼经》《大宝广博楼阁善住秘密陀罗尼轮》《宝楼阁经梵字真言》(译者注：开府仪同三司特进试鸿胪卿肃国公食邑三千户赐紫赠司空谥大鉴正号大广智大兴善寺三藏沙门不空奉　诏译)，1006 号，即《广大宝楼阁善住秘密陀罗尼经》(译者注：唐菩提流支译)；《藏文佛经正经全目录》第 138 号，即《圣大摩尼广宫殿最胜处秘妙秘密细轨王陀罗尼》；西田龙雄《西夏文佛经目录》第 265 号。

馆册第5098号　上部

写本卷子装，24.5 厘米 ×738 厘米，首残，每行 21 个字。上边距 1.5 厘米，下边距 1 厘米。纸质八级。

第232号

西夏特藏第389号

[illegible]

《垢无净光总持》

译自汉文，见《大正藏》第 1024 号，即《无垢净光大陀罗尼经》(译者注：唐天竺三藏弥陀山奉　诏译)；西田龙雄《西夏文佛经目录》第 305 号。

馆册第2830号

写本小册子，18.5 厘米 ×9 厘米，10 页，尾残，每页 5 行，每行 17—18 个字。上边距 1.3 厘米，下边距 1.3 厘米。经题后有：

[illegible]

兰山觉行法师德慧校勘（Чхиа Жиэ Дэ Хуй）

纸质一级。

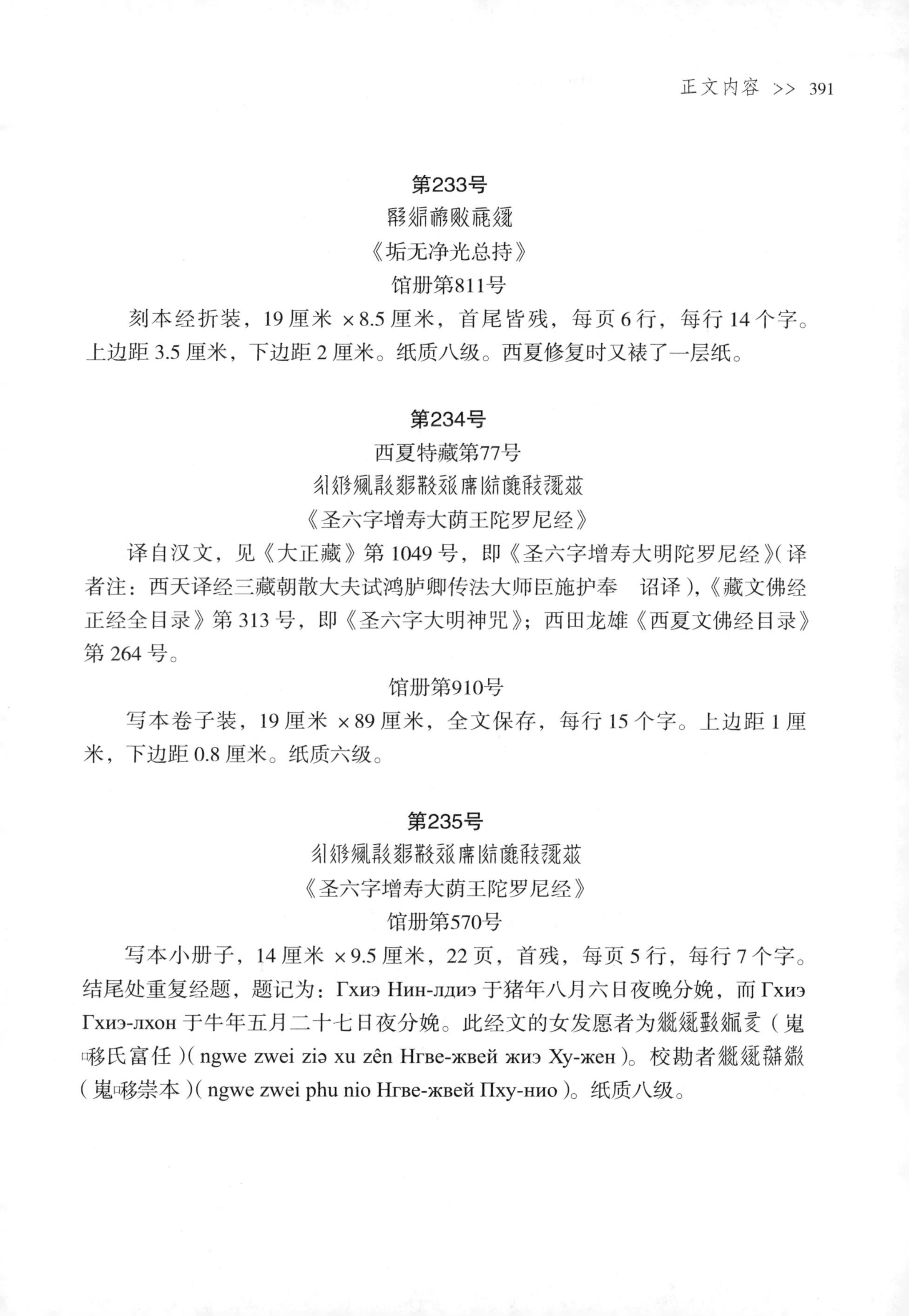

第233号

[illegible]

《垢无净光总持》

馆册第811号

刻本经折装，19 厘米 ×8.5 厘米，首尾皆残，每页 6 行，每行 14 个字。上边距 3.5 厘米，下边距 2 厘米。纸质八级。西夏修复时又裱了一层纸。

第234号

西夏特藏第77号

[illegible]

《圣六字增寿大荫王陀罗尼经》

译自汉文，见《大正藏》第 1049 号，即《圣六字增寿大明陀罗尼经》(译者注：西天译经三藏朝散大夫试鸿胪卿传法大师臣施护奉　诏译)，《藏文佛经正经全目录》第 313 号，即《圣六字大明神咒》；西田龙雄《西夏文佛经目录》第 264 号。

馆册第910号

写本卷子装，19 厘米 ×89 厘米，全文保存，每行 15 个字。上边距 1 厘米，下边距 0.8 厘米。纸质六级。

第235号

[illegible]

《圣六字增寿大荫王陀罗尼经》

馆册第570号

写本小册子，14 厘米 ×9.5 厘米，22 页，首残，每页 5 行，每行 7 个字。结尾处重复经题，题记为：Гхиэ Нин-лдиэ 于猪年八月六日夜晚分娩，而 Гхиэ Гхиэ-лхон 于牛年五月二十七日夜分娩。此经文的女发愿者为[illegible]（嵬□移氏富任）(ngwe zwei ziə xu zên Нгве-жвей жиэ Ху-жен)。校勘者[illegible]（嵬□移崇本）(ngwe zwei phu nio Нгве-жвей Пху-нио)。纸质八级。

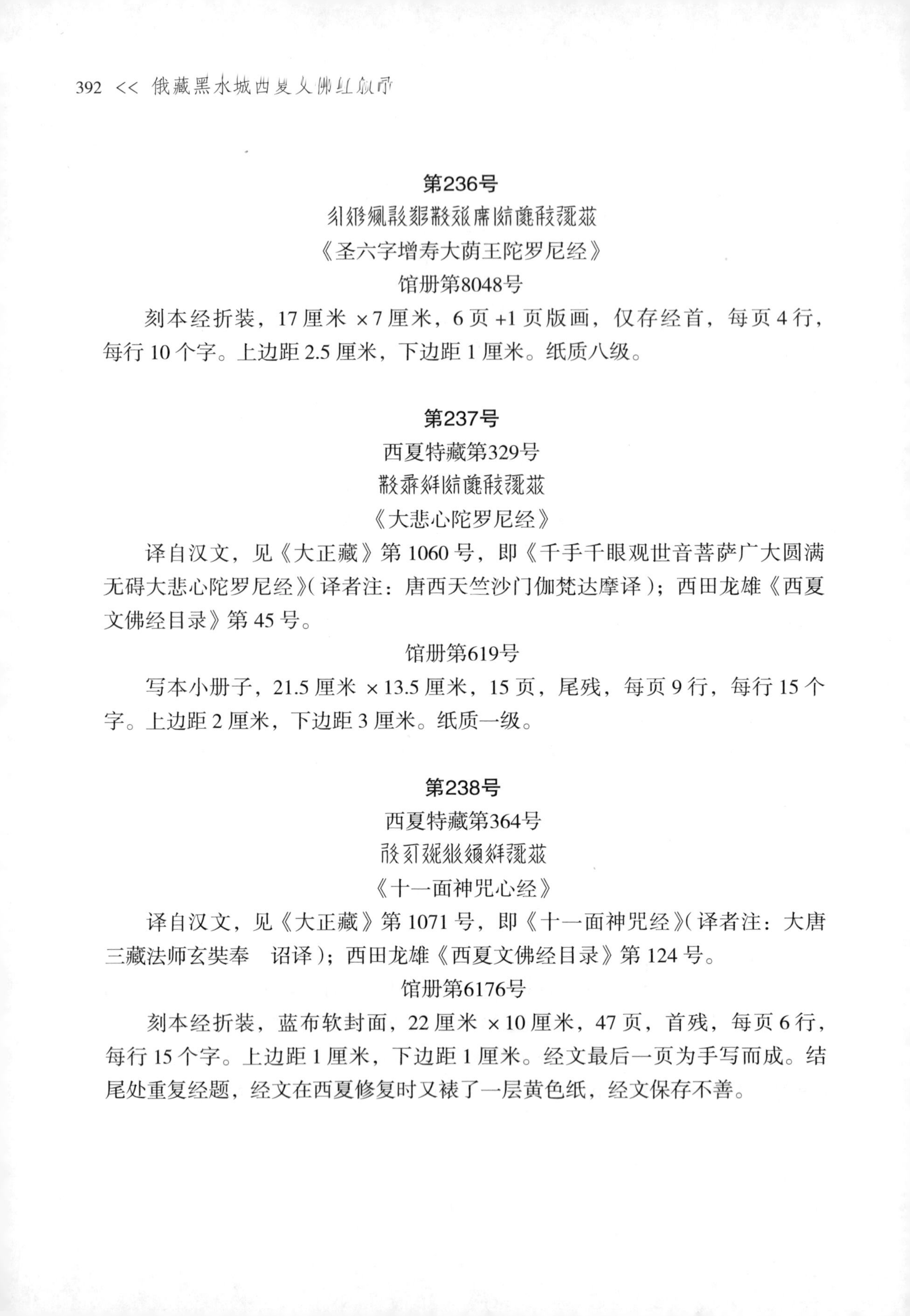

第236号

[illegible]

《圣六字增寿大荫王陀罗尼经》

馆册第8048号

刻本经折装，17 厘米 ×7 厘米，6 页 +1 页版画，仅存经首，每页 4 行，每行 10 个字。上边距 2.5 厘米，下边距 1 厘米。纸质八级。

第237号

西夏特藏第329号

[illegible]

《大悲心陀罗尼经》

译自汉文，见《大正藏》第 1060 号，即《千手千眼观世音菩萨广大圆满无碍大悲心陀罗尼经》（译者注：唐西天竺沙门伽梵达摩译）；西田龙雄《西夏文佛经目录》第 45 号。

馆册第619号

写本小册子，21.5 厘米 ×13.5 厘米，15 页，尾残，每页 9 行，每行 15 个字。上边距 2 厘米，下边距 3 厘米。纸质一级。

第238号

西夏特藏第364号

[illegible]

《十一面神咒心经》

译自汉文，见《大正藏》第 1071 号，即《十一面神咒经》（译者注：大唐三藏法师玄奘奉　诏译）；西田龙雄《西夏文佛经目录》第 124 号。

馆册第6176号

刻本经折装，蓝布软封面，22 厘米 ×10 厘米，47 页，首残，每页 6 行，每行 15 个字。上边距 1 厘米，下边距 1 厘米。经文最后一页为手写而成。结尾处重复经题，经文在西夏修复时又裱了一层黄色纸，经文保存不善。

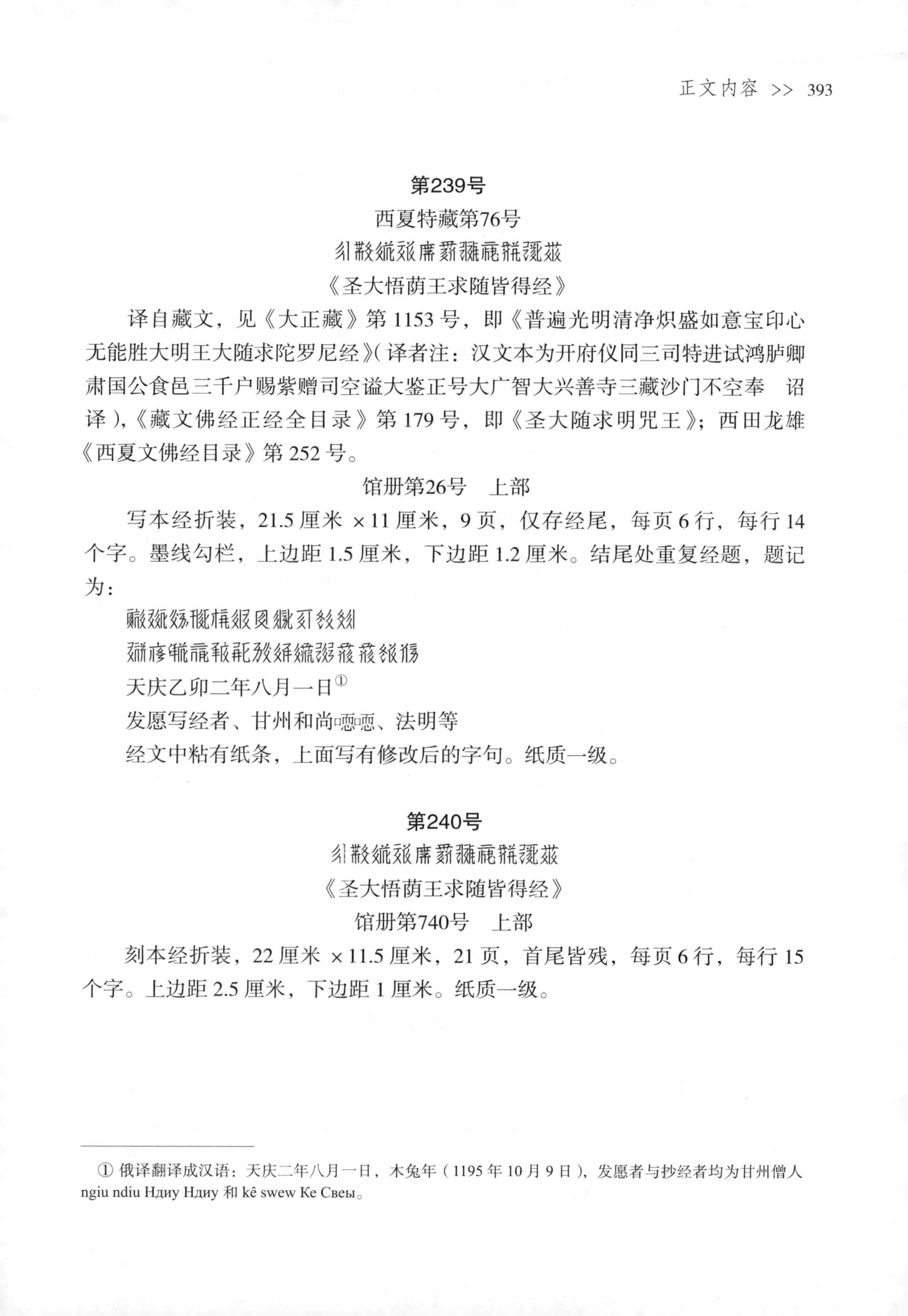

第239号

西夏特藏第76号

[illegible]

《圣大悟荫王求随皆得经》

译自藏文，见《大正藏》第1153号，即《普遍光明清净炽盛如意宝印心无能胜大明王大随求陀罗尼经》（译者注：汉文本为开府仪同三司特进试鸿胪卿肃国公食邑三千户赐紫赠司空谥大鉴正号大广智大兴善寺三藏沙门不空奉　诏译），《藏文佛经正经全目录》第179号，即《圣大随求明咒王》；西田龙雄《西夏文佛经目录》第252号。

馆册第26号　上部

写本经折装，21.5厘米×11厘米，9页，仅存经尾，每页6行，每行14个字。墨线勾栏，上边距1.5厘米，下边距1.2厘米。结尾处重复经题，题记为：

[illegible]

[illegible]

天庆乙卯二年八月一日①

发愿写经者、甘州和尚噁噁、法明等

经文中粘有纸条，上面写有修改后的字句。纸质一级。

第240号

[illegible]

《圣大悟荫王求随皆得经》

馆册第740号　上部

刻本经折装，22厘米×11.5厘米，21页，首尾皆残，每页6行，每行15个字。上边距2.5厘米，下边距1厘米。纸质一级。

---

① 俄译翻译成汉语：天庆二年八月一日，木兔年（1195年10月9日），发愿者与抄经者均为甘州僧人ngiu ndiu Ндиу Ндиу 和 kê swew Ке Свеы。

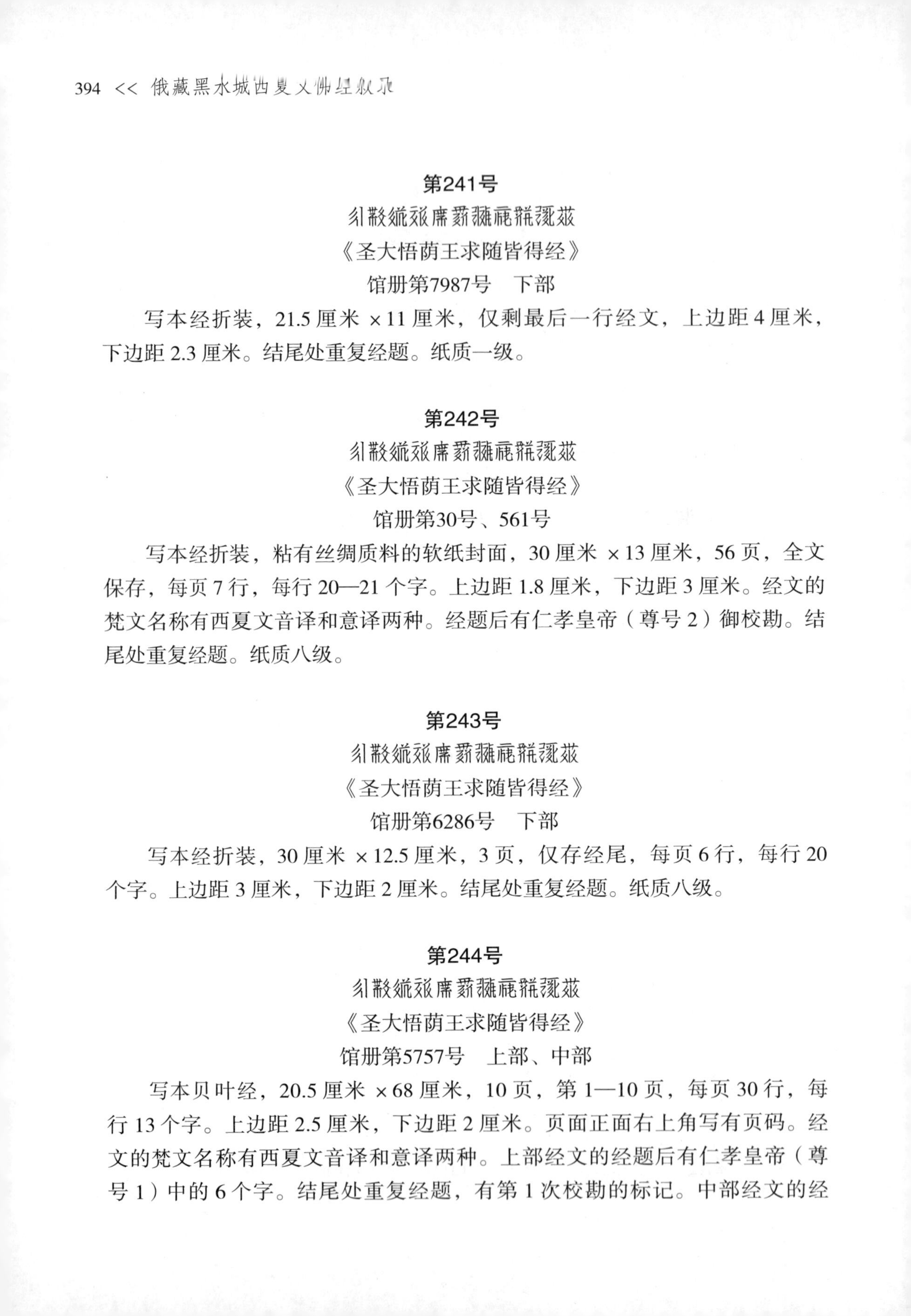

第241号

[illegible]

《圣大悟荫王求随皆得经》

馆册第7987号　下部

写本经折装，21.5 厘米 ×11 厘米，仅剩最后一行经文，上边距 4 厘米，下边距 2.3 厘米。结尾处重复经题。纸质一级。

第242号

[illegible]

《圣大悟荫王求随皆得经》

馆册第30号、561号

写本经折装，粘有丝绸质料的软纸封面，30 厘米 ×13 厘米，56 页，全文保存，每页 7 行，每行 20—21 个字。上边距 1.8 厘米，下边距 3 厘米。经文的梵文名称有西夏文音译和意译两种。经题后有仁孝皇帝（尊号 2）御校勘。结尾处重复经题。纸质八级。

第243号

[illegible]

《圣大悟荫王求随皆得经》

馆册第6286号　下部

写本经折装，30 厘米 ×12.5 厘米，3 页，仅存经尾，每页 6 行，每行 20 个字。上边距 3 厘米，下边距 2 厘米。结尾处重复经题。纸质八级。

第244号

[illegible]

《圣大悟荫王求随皆得经》

馆册第5757号　上部、中部

写本贝叶经，20.5 厘米 ×68 厘米，10 页，第 1—10 页，每页 30 行，每行 13 个字。上边距 2.5 厘米，下边距 2 厘米。页面正面右上角写有页码。经文的梵文名称有西夏文音译和意译两种。上部经文的经题后有仁孝皇帝（尊号 1）中的 6 个字。结尾处重复经题，有第 1 次校勘的标记。中部经文的经

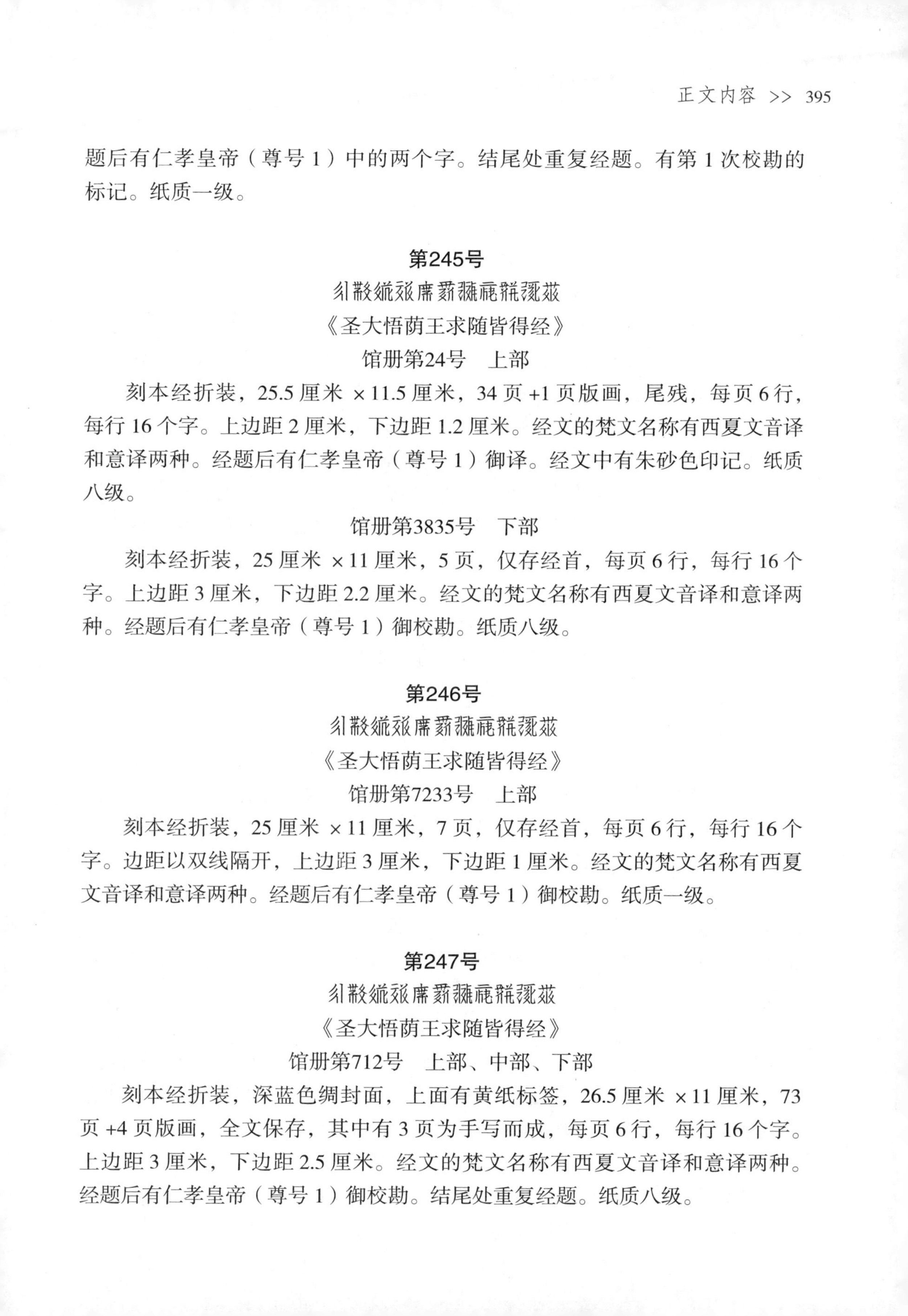

题后有仁孝皇帝（尊号 1）中的两个字。结尾处重复经题。有第 1 次校勘的标记。纸质一级。

第245号

[illegible]

《圣大悟荫王求随皆得经》

馆册第24号　上部

刻本经折装，25.5 厘米 ×11.5 厘米，34 页 +1 页版画，尾残，每页 6 行，每行 16 个字。上边距 2 厘米，下边距 1.2 厘米。经文的梵文名称有西夏文音译和意译两种。经题后有仁孝皇帝（尊号 1）御译。经文中有朱砂色印记。纸质八级。

馆册第3835号　下部

刻本经折装，25 厘米 ×11 厘米，5 页，仅存经首，每页 6 行，每行 16 个字。上边距 3 厘米，下边距 2.2 厘米。经文的梵文名称有西夏文音译和意译两种。经题后有仁孝皇帝（尊号 1）御校勘。纸质八级。

第246号

[illegible]

《圣大悟荫王求随皆得经》

馆册第7233号　上部

刻本经折装，25 厘米 ×11 厘米，7 页，仅存经首，每页 6 行，每行 16 个字。边距以双线隔开，上边距 3 厘米，下边距 1 厘米。经文的梵文名称有西夏文音译和意译两种。经题后有仁孝皇帝（尊号 1）御校勘。纸质一级。

第247号

[illegible]

《圣大悟荫王求随皆得经》

馆册第712号　上部、中部、下部

刻本经折装，深蓝色绸封面，上面有黄纸标签，26.5 厘米 ×11 厘米，73 页 +4 页版画，全文保存，其中有 3 页为手写而成，每页 6 行，每行 16 个字。上边距 3 厘米，下边距 2.5 厘米。经文的梵文名称有西夏文音译和意译两种。经题后有仁孝皇帝（尊号 1）御校勘。结尾处重复经题。纸质八级。

第248号

[illegible]

《圣大悟荫王求随皆得经》

馆册第3342号、3348号　上部、中部、下部

刻本经折装，26.5厘米×11.5厘米，69页，全文保存，每页7行，每行16个字。上边距4.5厘米，下边距2厘米。经文的梵文名称有西夏文音译和意译两种。经题后有仁孝皇帝（尊号1）御校勘。结尾处重复经题。纸质八级。

馆册第6404号　上部、中部

刻本，经折装，27厘米×11厘米，57页+5页版画，尾残，每页7行，每行16个字。上边距4厘米，下边距2.5厘米。经文的梵文名称有西夏文音译和意译两种。经题后有仁孝皇帝（尊号1）御校勘。结尾处重复经题。纸质八级。

第249号

[illegible]

《圣大悟荫王求随皆得经》

馆册第3881号　上部

刻本经折装，28厘米×11厘米，13页，仅存经首，每页6行，每行16个字。上边距5.1厘米，下边距3.5厘米。经文的梵文名称有西夏文音译和意译两种。经题后有仁孝皇帝（尊号1）御校勘。结尾处重复经题。纸质一级。

馆册第28号　上部、中部、下部

刻本经折装，28厘米×11厘米，74页+2页版画，全文保存，每页6行，每行16个字。上边距3.5厘米，下边距2.5厘米。经文的梵文名称有西夏文音译和意译两种。经题后有仁孝皇帝（尊号1）御校勘。结尾处重复经题。纸质一级。

馆册第7783号　上部

刻本经折装，28厘米×11厘米，36页，全文保存，每页6行，每行16个字。上边距3.5厘米，下边距2.5厘米。经文的梵文名称有西夏文音译和意译两种。经题后有仁孝皇帝（尊号1）御校勘。经文保存不善。纸质一级。

馆册第31号　上部、中部、下部

刻本经折装，28厘米×11厘米，86页，全文保存，每页6行，每行16

个字。上边距 3.5 厘米，下边距 2.5 厘米。经文的梵文名称有西夏文音译和意译两种。结尾处重复经题。纸质八级。

馆册第6618号　下部

刻本经折装，28 厘米 ×11 厘米，20 页，仅存经首，每页 6 行，每行 16 个字。上边距 3.5 厘米，下边距 2.5 厘米。经文的梵文名称有西夏文音译和意译两种。经题后有仁孝皇帝（尊号 1）御校勘。纸质一级。

第250号

[illegible]

《圣大悟荫王求随皆得经》

馆册第6055号　上部

刻本经折装，29 厘米 ×11.5 厘米，18 页，仅存经尾，每页 6 行，每行 16 个字。上边距 5.5 厘米，下边距 2.5 厘米。结尾处重复经题。纸质一级。

第251号

[illegible]

《圣大悟荫王求随皆得经》

馆册第561号　上部、中部、下部

刻本经折装，30 厘米 ×13 厘米，56 页，全文保存，每页 7 行，每行 20 个字。经文的梵文名称有西夏文音译和意译两种名称。有记载说，这本经文是“五部经”中的一部。经题后有仁孝皇帝（尊号 1）御校勘。结尾处重复经题。纸质一级。

第252号

[illegible]

《圣大悟荫王求随皆得经》

馆册第7790号　下部

刻本经折装，4.5 厘米 ×26 厘米，5 页，第 6、7、8 页，还有 2 页无页码，每页 22 行，每行 16 个字。页面正面右上角有页码。无页码的其中 1 页为手写而成，绘有卍字形纹饰和花边饰图案。另 1 页上标有“第 8 部分（品）”“五部经”。纸质六级。

第253号

西夏特藏第369号

[illegible]

《六哞要论》

译自藏文，见《大正藏》第 1180 号，译者注：即《六字神咒经》(南天竺国三藏菩提流志奉　诏译)；西田龙雄《西夏文佛经目录》第 239 号。

馆册第4805号

写本卷子装，20 厘米 ×400 厘米，首残，每行 15 个字，用标准体和半斜体两种笔体书写。上边距 2 厘米，下边距 1 厘米。结尾处重复经题，绘有曼陀罗画。纸质四级。

第254号

西夏特藏第63号

[illegible]

《圣柔吉祥之名真实诵》

译自藏文，见《大正藏》第 1190 号，即《圣妙吉祥真实名经》(译者注：西夏讲经律论习密教吐番译主聂崖沙门释智译)，《藏文佛经正经全目录》第 2116 号；西田龙雄《西夏文佛经目录》第 267 号。

馆册第7578号

写本小册子，用红线装订，9 厘米 ×7.5 厘米，64 页 +2 页插图，插图上画有法轮和神灵。全文保存，每页 7 行，每行 14 个字。凹线勾栏，上边距 0.7 厘米，下边距 0.4 厘米。经文的梵文名称有西夏文音译和意译两种。结尾处重复经题，用草体书写的题记，内容为：净本抄经者的名字（无法辨认）、陀罗尼和经文检校者的名字，[illegible]（允许者、校经文者嵬祀成茂）(ngwe ze 1ie wai Нгве-же Шие-вай)。纸质四级。

第255号

[illegible]

《圣柔吉祥之名真实诵》

馆册第728号

刻本经折装，用蓝线装订，16.5 厘米 ×10 厘米，77 页 +2 页版画（第 1 页

a 面—第 39 页 a 面），全文保存，每页 7 行，每行 15 个字。上边距 1.8 厘米，下边距 1.8 厘米。页面空白处有经文名称中的 1 个字、西夏文页码和汉文数字页码。经文的梵文名称有西夏文音译和意译两种。结尾处重复经题。纸质八级。

第256号

[illegible]

《圣柔吉祥之名真实诵》

馆册第695号

刻本经折装，19 厘米 ×9 厘米，7 页 +1 页版画，首残，每页 7 行，每行 14 个字。上边距 2.5 厘米，下边距 1.4 厘米。经文的梵文名称有西夏文音译和意译两种。纸质八级。

第257号

[illegible]

《圣柔吉祥之名真实诵》

馆册第707号

刻本经折装，黄绸封面只剩一半，19 厘米 ×9 厘米，20 页 +2 页尼泊尔风格的版画，尾残，上边距 1.8 厘米，下边距 1.4 厘米。经文的梵文名称有西夏文音译和意译两种。经文中有黑墨印记，其中 1 幅版画在西夏修复时进行过裱糊。纸质二级。

第258号

西夏特藏第83号

[illegible]

《圣摩利天母总持》

译自藏文，见《大正藏》第 1256 号，译者注：即《佛说摩利支天陀罗尼咒经》(大兴善寺三藏沙门不空奉　诏译)，《藏文佛经正经全目录》第 182 号，即《圣摩利支天陀罗尼》；西田龙雄《西夏文佛经目录》第 269 号。

馆册第6841号

写本贝叶经，8.5 厘米 ×25 厘米，4 页（第 5、6、13、14 页），仅存经首，上边距 0.8 厘米，下边距 1 厘米。每页 17 行，每行 7 个字，边距以红线隔开。

页面正面右上角有页码。纸质一级。

第259号

西夏特藏第142号

[西夏文]

《佛说圣曜母陀罗尼经》

译自汉文，见《大正藏》第 1303 号，即《佛说圣曜母陀罗尼经》（译者注：西天译经三藏朝散大夫试鸿胪卿传教大师臣法天奉　诏译）；西田龙雄《西夏文佛经目录》第 201 号。

馆册第571号

写本蝴蝶装，11.3 厘米 ×10 厘米，12 页，尾残，每页 6 行，每行 8 个字。用棕色朱砂勾栏，上边距 2.5 厘米，下边距 1 厘米。纸质一级。

第260号

[西夏文]

《佛说圣曜母陀罗尼经》

馆册第2528号

写本蝴蝶装，12 厘米 ×10.5 厘米，13 页，首残，每页 6 行，每行 10—11 个字。上边距 1 厘米，下边距 1.3 厘米。结尾处重复经题，题记为：抄经完毕于天庆年八月十五日，木兔年（1195 年 9 月 20 日），抄经者、官吏[西夏文]（杨阿茂）（·ion a wai Гхион А-вай）。

第261号

[西夏文]

《佛说圣曜母陀罗尼经》

馆册第6484号

刻本经折装，16.5 厘米 ×8.5 厘米，19 页，仅存经尾，每页 6 行，每行 14 个字。上边距 1 厘米，下边距 1 厘米。结尾处重复经题。纸质八级。

第262号

[illegible]

《佛说圣曜母陀罗尼经》

馆册第572号

刻本经折装，17 厘米 ×7 厘米，25 页，首残，每页 5 行，每行 15 个字。上边距 2 厘米，下边距 1.2 厘米。结尾处重复经题。经文中有一半为手写而成。纸质一级。

第263号

[illegible]

《佛说圣曜母陀罗尼经》

馆册第6879号

刻本经折装，17 厘米 ×7.5 厘米，14 页 +2 页版画，仅存经首，每页 5 行，每行 12 个字。上边距 2 厘米，下边距 1 厘米。经题后有仁孝皇帝（尊号 2）御校勘。纸质八级。

馆册第577号

刻本经折装，17.5 厘米 ×7.5 厘米，6 页，首尾皆残，每页 5 行，每行 12 个字。上边距 2 厘米，下边距 1.5 厘米。纸质八级。

第264号

[illegible]

《佛说圣曜母陀罗尼经》

馆册第6541号

刻本经折装，17.5 厘米 ×7.5 厘米，10 页 +1 页版画，每页 5 行，每行 12 个字。上边距 2.5 厘米，下边距 2 厘米。纸质八级。

第265号

[illegible]

《佛说圣曜母陀罗尼经》

馆册第696号

刻本经折装，18.5 厘米 ×8.5 厘米，2 页，仅存经首，每页 5 行，每行 12

个字。上边距 2 厘米，下边距 0.5 厘米。经题后有仁孝皇帝（尊号 1）御览并确定经文内容。纸质八级。

第266号

[西夏文]

《佛说圣曜母陀罗尼经》

馆册第705号

刻本经折装，19.5 厘米 ×8.5 厘米，6 页，仅存经尾，每页 5 行，每行 12 个字。上边距 2.5 厘米，下边距 1 厘米。结尾有后记，内容为：女发愿者[西夏文]（布氏慧度）（pu ziə ziə ngiu Пу-жиэ-жиэ-нгиу），校勘了由梵文译成的文，为雕版刻印发愿施舍并散施经文，以祈求自己的母亲能早日超生西方净土世界。序文中有日期，为[西夏文]（乾祐戊申十九年九月 日，即地猴年（1188 年 10 月 23 日—11 月 21 日）。雕版发愿者、离家女尼[西夏文]（尼僧人讹布氏）（·o pu ziə ngiu Гхо-пу Жиэ-нгиу）。刻雕版者[西夏文]（李阿聚）（lie a ndziu Лие А-дзиу）。纸质八级。

馆册第699号

刻本经折装，19.5 厘米 ×8.5 厘米，4 页，首尾皆残，每页 5 行，每行 12 个字。上边距 2.7 厘米，下边距 1.2 厘米。纸质八级。

馆册第706号

刻本经折装，20 厘米 ×8.5 厘米，6 页，首尾皆残，每页 5 行，每行 12 个字。上边距 2.5 厘米，下边距 1.2 厘米。纸质八级。

第267号

[西夏文]

《佛说圣曜母陀罗尼经》

馆册第5402号

刻本经折装，19.5 厘米 ×8.8 厘米，3 页 +1 页绘有天宫诸星宿版画，仅存经首，每页 5 行，每行 11 个字。上边距 2 厘米，下边距 1.5 厘米。纸质八级。

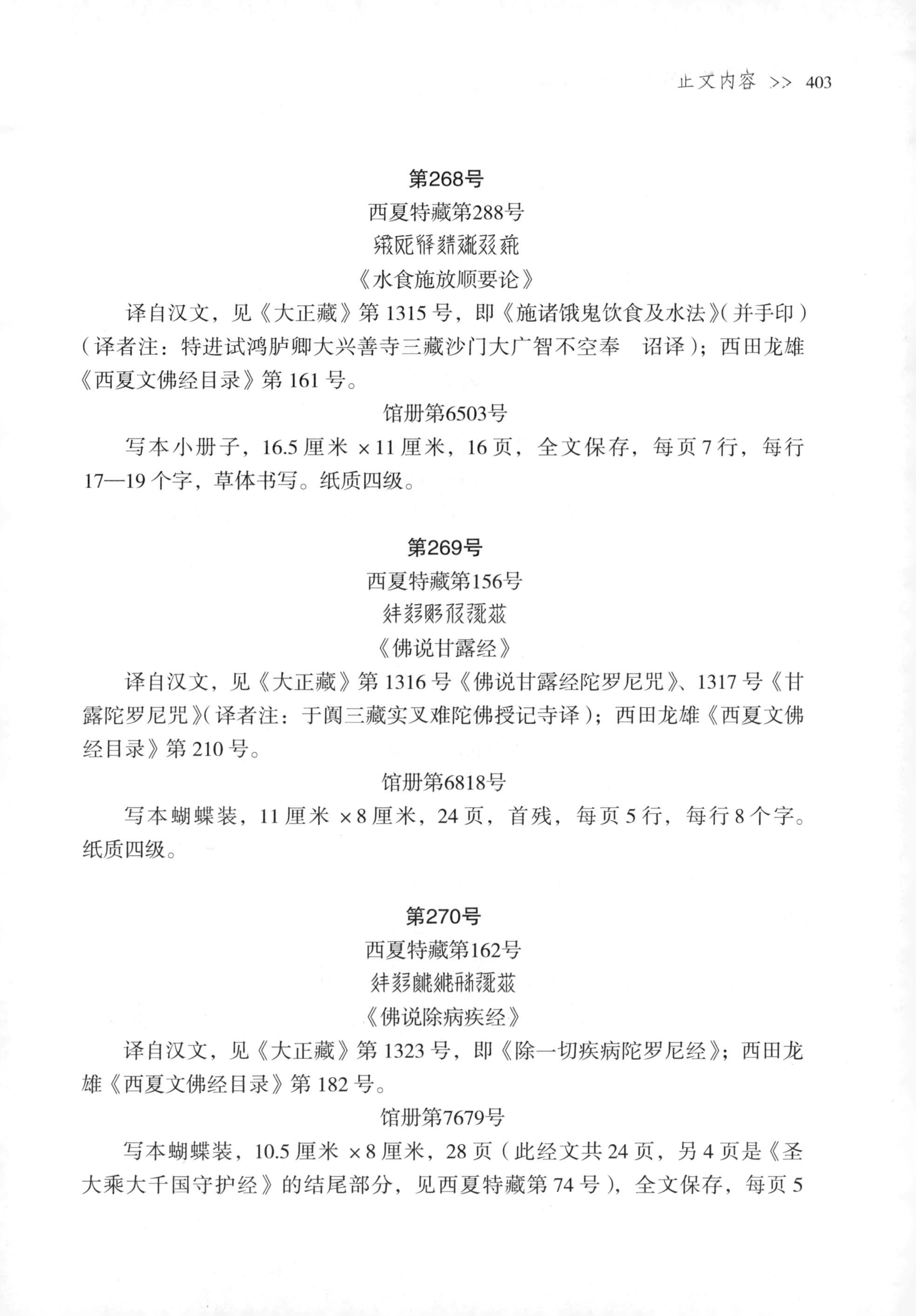

第268号

西夏特藏第288号

[illegible]

《水食施放顺要论》

译自汉文，见《大正藏》第 1315 号，即《施诸饿鬼饮食及水法》(并手印)(译者注：特进试鸿胪卿大兴善寺三藏沙门大广智不空奉　诏译)；西田龙雄《西夏文佛经目录》第 161 号。

馆册第6503号

写本小册子，16.5 厘米 ×11 厘米，16 页，全文保存，每页 7 行，每行 17—19 个字，草体书写。纸质四级。

第269号

西夏特藏第156号

[illegible]

《佛说甘露经》

译自汉文，见《大正藏》第 1316 号《佛说甘露经陀罗尼咒》、1317 号《甘露陀罗尼咒》(译者注：于阗三藏实叉难陀佛授记寺译)；西田龙雄《西夏文佛经目录》第 210 号。

馆册第6818号

写本蝴蝶装，11 厘米 ×8 厘米，24 页，首残，每页 5 行，每行 8 个字。纸质四级。

第270号

西夏特藏第162号

[illegible]

《佛说除病疾经》

译自汉文，见《大正藏》第 1323 号，即《除一切疾病陀罗尼经》；西田龙雄《西夏文佛经目录》第 182 号。

馆册第7679号

写本蝴蝶装，10.5 厘米 ×8 厘米，28 页（此经文共 24 页，另 4 页是《圣大乘大千国守护经》的结尾部分，见西夏特藏第 74 号），全文保存，每页 5

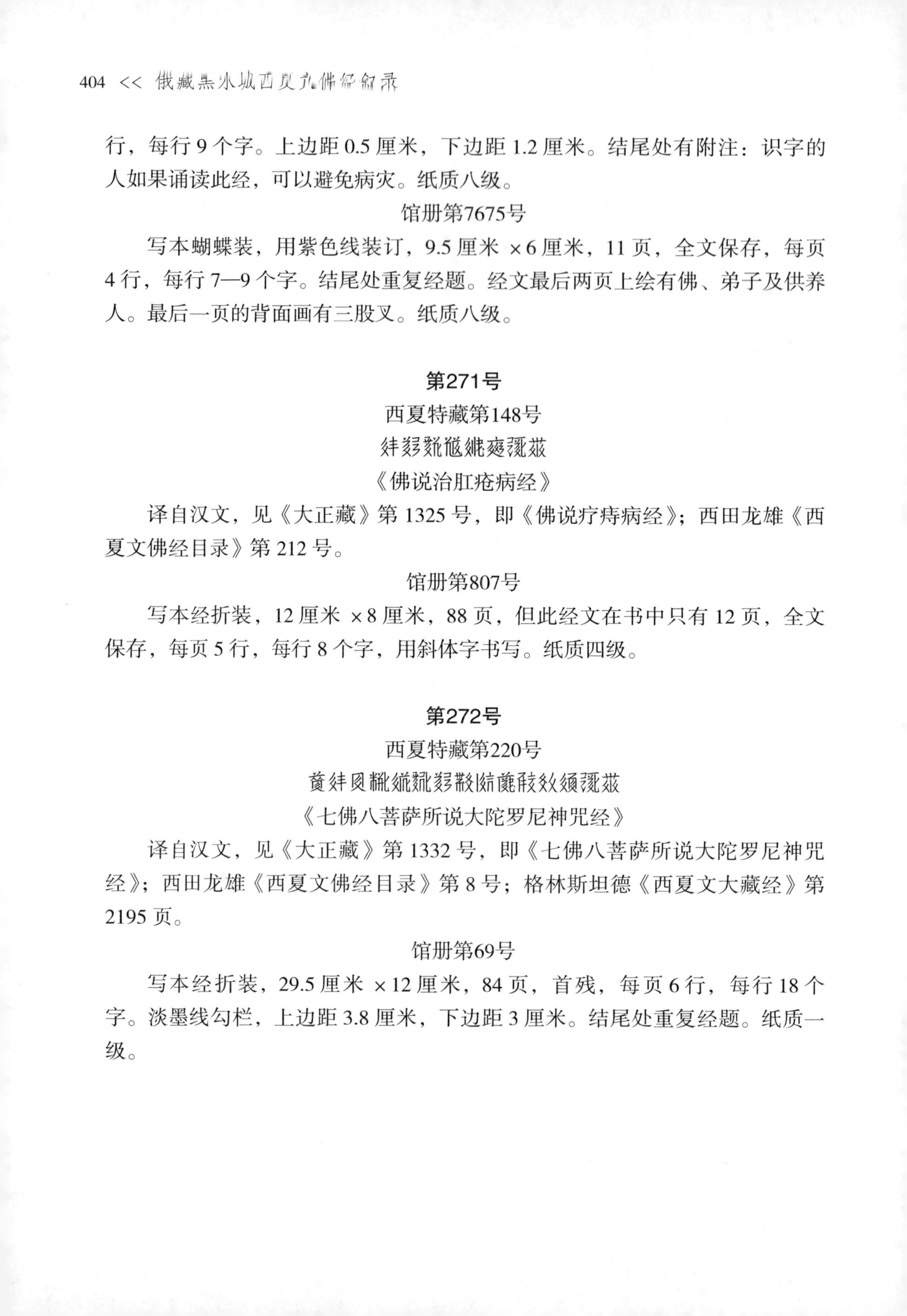

行，每行 9 个字。上边距 0.5 厘米，下边距 1.2 厘米。结尾处有附注：识字的人如果诵读此经，可以避免病灾。纸质八级。

馆册第7675号

写本蝴蝶装，用紫色线装订，9.5 厘米 ×6 厘米，11 页，全文保存，每页 4 行，每行 7—9 个字。结尾处重复经题。经文最后两页上绘有佛、弟子及供养人。最后一页的背面画有三股叉。纸质八级。

第271号

西夏特藏第148号

[illegible]

《佛说治肛疮病经》

译自汉文，见《大正藏》第 1325 号，即《佛说疗痔病经》；西田龙雄《西夏文佛经目录》第 212 号。

馆册第807号

写本经折装，12 厘米 ×8 厘米，88 页，但此经文在书中只有 12 页，全文保存，每页 5 行，每行 8 个字，用斜体字书写。纸质四级。

第272号

西夏特藏第220号

[illegible]

《七佛八菩萨所说大陀罗尼神咒经》

译自汉文，见《大正藏》第 1332 号，即《七佛八菩萨所说大陀罗尼神咒经》；西田龙雄《西夏文佛经目录》第 8 号；格林斯坦德《西夏文大藏经》第 2195 页。

馆册第69号

写本经折装，29.5 厘米 ×12 厘米，84 页，首残，每页 6 行，每行 18 个字。淡墨线勾栏，上边距 3.8 厘米，下边距 3 厘米。结尾处重复经题。纸质一级。

第273号

西夏特藏第422号

[illegible]

《七佛说神咒经》

译自汉文，见《大正藏》第 1332 号，即《七佛八菩萨所说大陀罗尼神咒经》；西田龙雄《西夏文佛经目录》第 8 号。

馆册第3331号　第4卷

写本经折装，28 厘米 ×15 厘米，1 页，即最后 1 页，此页共 5 行，每行 18 个字。上边距 4 厘米，下边距 2.5 厘米。结尾处重复经题。纸质一级。

第274号

西夏特藏第279号

[illegible]

《百千印陀罗尼经》

译自汉文，见《大正藏》第 1369 号，即《百千印陀罗尼经》；西田龙雄《西夏文佛经目录》第 285 号；格林斯坦德《西夏文大藏经》第 2195 页。

馆册第6064号

写本经折装，29.5 厘米 ×12.5 厘米，14 页，全文保存，每页 6 行，每行 19 个字。淡墨线勾栏，上边距 3 厘米，下边距 3 厘米。结尾处重复经题。经文上端已经残朽，保存不善。纸质一级。

第275号

西夏特藏第343号

[illegible]

《大寒林经》

译自藏文，见《大正藏》第 1392 号，即《大寒林圣难拏陀罗尼经》；西田龙雄《西夏文佛经目录》第 47 号；格林斯坦德《西夏文大藏经》第 2184—2194 页。

馆册第917号

写本卷子装，35 厘米 ×561 厘米，首残，每行 18 个字，上边距 5 厘米，下边距 2 厘米。结尾处重复经题，题记为：抄经者[illegible]（翟牛家）(t1hə

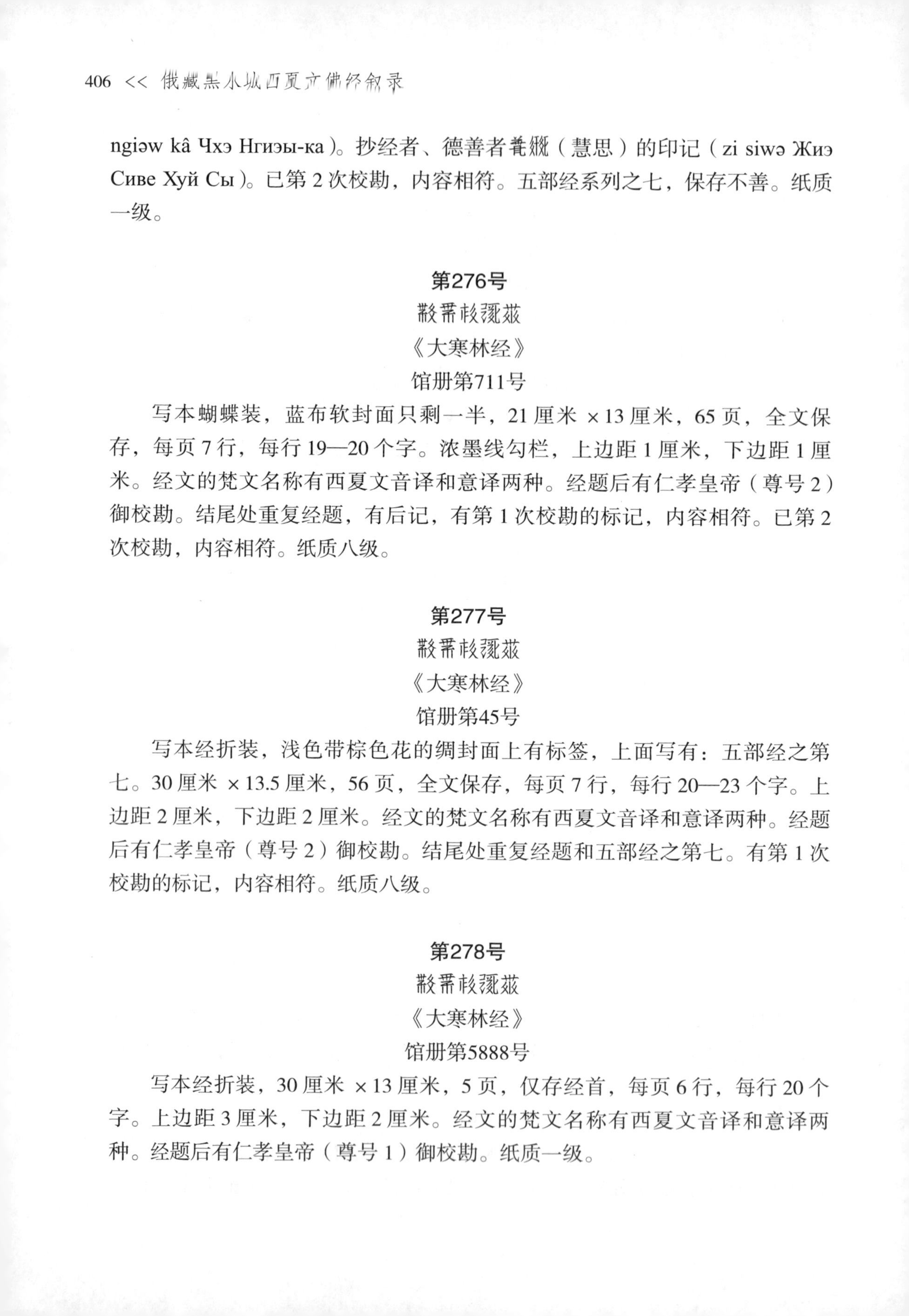

ngiəw kâ Чхэ Нгиэы-ка)。抄经者、德善者[illegible]（慧思）的印记（zi siwə Жиэ Сиве Хуй Сы)。已第 2 次校勘，内容相符。五部经系列之七，保存不善。纸质一级。

第276号

[illegible]

《大寒林经》

馆册第711号

写本蝴蝶装，蓝布软封面只剩一半，21 厘米 ×13 厘米，65 页，全文保存，每页 7 行，每行 19—20 个字。浓墨线勾栏，上边距 1 厘米，下边距 1 厘米。经文的梵文名称有西夏文音译和意译两种。经题后有仁孝皇帝（尊号 2）御校勘。结尾处重复经题，有后记，有第 1 次校勘的标记，内容相符。已第 2 次校勘，内容相符。纸质八级。

第277号

[illegible]

《大寒林经》

馆册第45号

写本经折装，浅色带棕色花的绸封面上有标签，上面写有：五部经之第七。30 厘米 ×13.5 厘米，56 页，全文保存，每页 7 行，每行 20—23 个字。上边距 2 厘米，下边距 2 厘米。经文的梵文名称有西夏文音译和意译两种。经题后有仁孝皇帝（尊号 2）御校勘。结尾处重复经题和五部经之第七。有第 1 次校勘的标记，内容相符。纸质八级。

第278号

[illegible]

《大寒林经》

馆册第5888号

写本经折装，30 厘米 ×13 厘米，5 页，仅存经首，每页 6 行，每行 20 个字。上边距 3 厘米，下边距 2 厘米。经文的梵文名称有西夏文音译和意译两种。经题后有仁孝皇帝（尊号 1）御校勘。纸质一级。

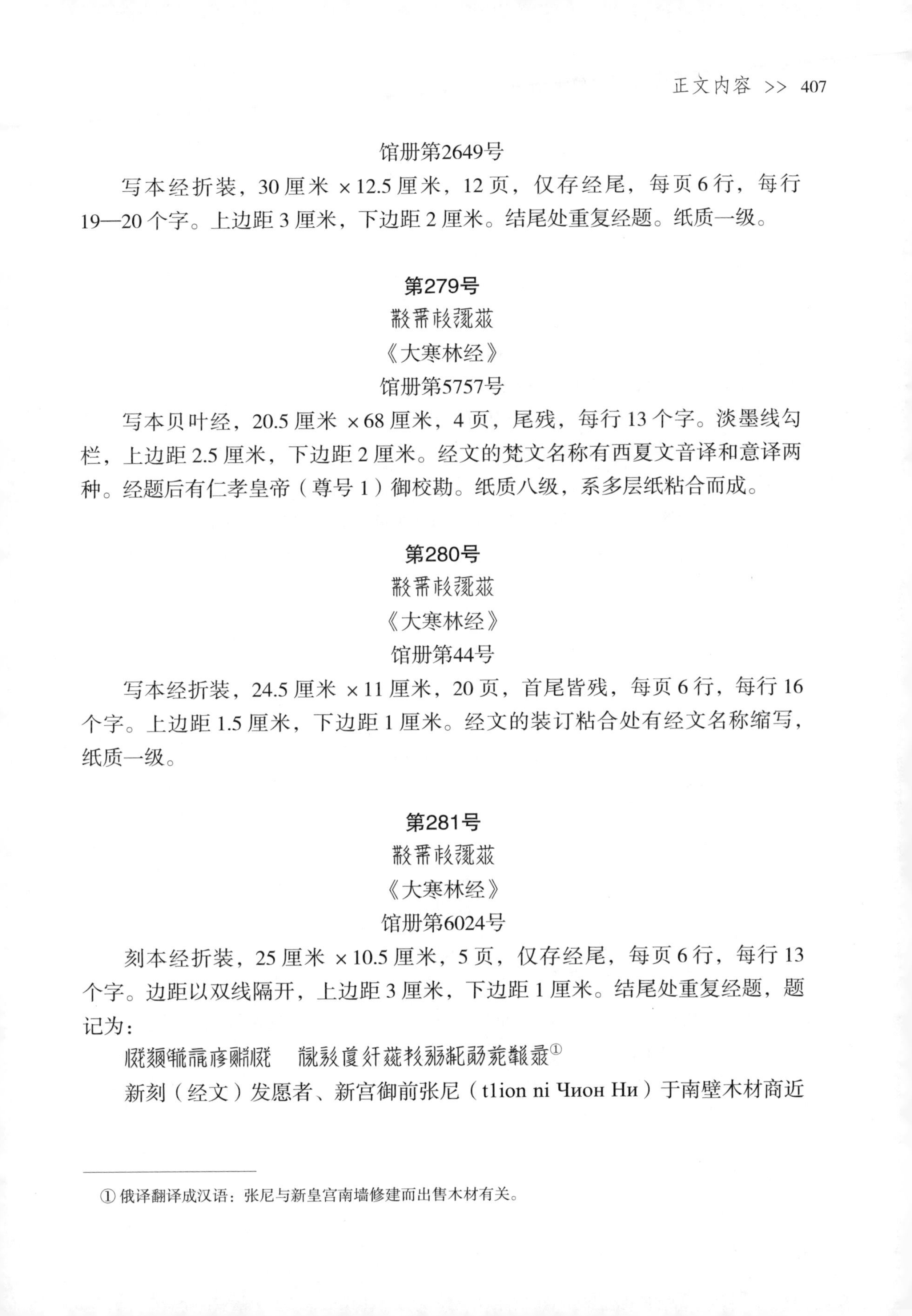

馆册第2649号

写本经折装，30 厘米 ×12.5 厘米，12 页，仅存经尾，每页 6 行，每行 19—20 个字。上边距 3 厘米，下边距 2 厘米。结尾处重复经题。纸质一级。

第279号

[illegible]

《大寒林经》

馆册第5757号

写本贝叶经，20.5 厘米 ×68 厘米，4 页，尾残，每行 13 个字。淡墨线勾栏，上边距 2.5 厘米，下边距 2 厘米。经文的梵文名称有西夏文音译和意译两种。经题后有仁孝皇帝（尊号 1）御校勘。纸质八级，系多层纸粘合而成。

第280号

[illegible]

《大寒林经》

馆册第44号

写本经折装，24.5 厘米 ×11 厘米，20 页，首尾皆残，每页 6 行，每行 16 个字。上边距 1.5 厘米，下边距 1 厘米。经文的装订粘合处有经文名称缩写，纸质一级。

第281号

[illegible]

《大寒林经》

馆册第6024号

刻本经折装，25 厘米 ×10.5 厘米，5 页，仅存经尾，每页 6 行，每行 13 个字。边距以双线隔开，上边距 3 厘米，下边距 1 厘米。结尾处重复经题，题记为：

[illegible]　[illegible]①

新刻（经文）发愿者、新宫御前张尼（t1ion ni Чион Ни）于南壁木材商近

---

① 俄译翻译成汉语：张尼与新皇宫南墙修建而出售木材有关。

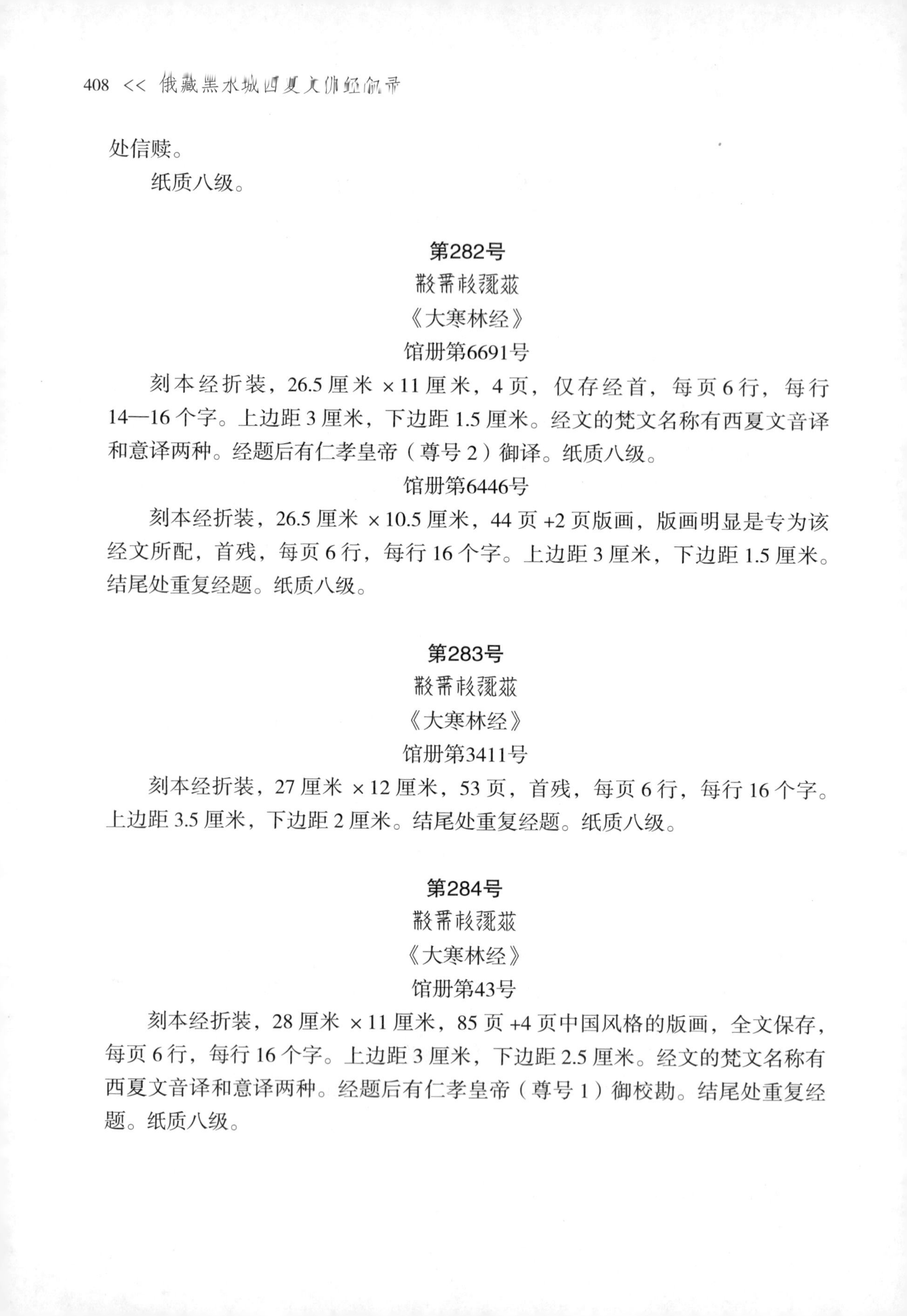

处信赎。

纸质八级。

第282号

[illegible]

《大寒林经》

馆册第6691号

刻本经折装，26.5 厘米 ×11 厘米，4 页，仅存经首，每页 6 行，每行 14—16 个字。上边距 3 厘米，下边距 1.5 厘米。经文的梵文名称有西夏文音译和意译两种。经题后有仁孝皇帝（尊号 2）御译。纸质八级。

馆册第6446号

刻本经折装，26.5 厘米 ×10.5 厘米，44 页 +2 页版画，版画明显是专为该经文所配，首残，每页 6 行，每行 16 个字。上边距 3 厘米，下边距 1.5 厘米。结尾处重复经题。纸质八级。

第283号

[illegible]

《大寒林经》

馆册第3411号

刻本经折装，27 厘米 ×12 厘米，53 页，首残，每页 6 行，每行 16 个字。上边距 3.5 厘米，下边距 2 厘米。结尾处重复经题。纸质八级。

第284号

[illegible]

《大寒林经》

馆册第43号

刻本经折装，28 厘米 ×11 厘米，85 页 +4 页中国风格的版画，全文保存，每页 6 行，每行 16 个字。上边距 3 厘米，下边距 2.5 厘米。经文的梵文名称有西夏文音译和意译两种。经题后有仁孝皇帝（尊号 1）御校勘。结尾处重复经题。纸质八级。

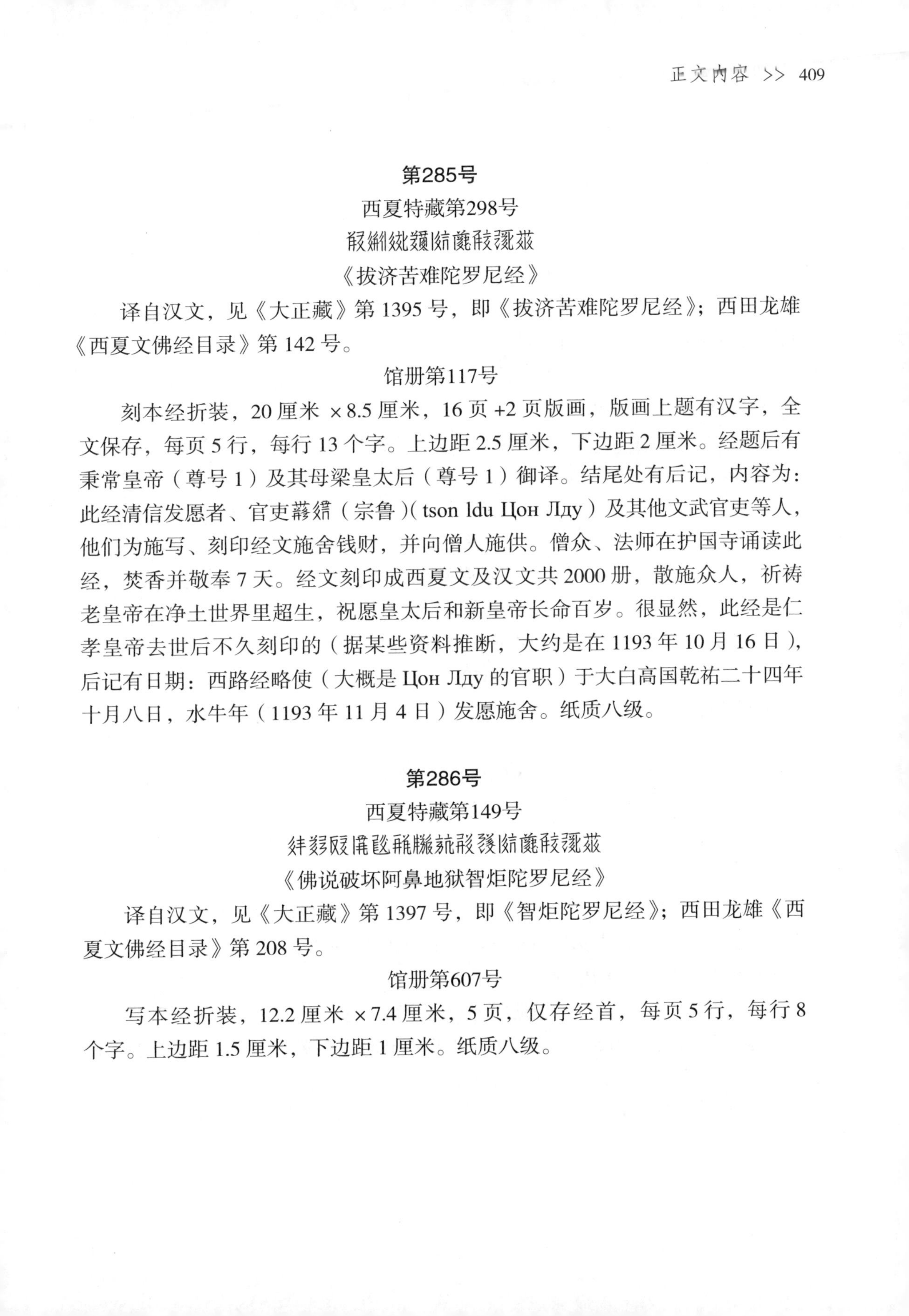

第285号

西夏特藏第298号

[illegible]

《拔济苦难陀罗尼经》

译自汉文，见《大正藏》第 1395 号，即《拔济苦难陀罗尼经》；西田龙雄《西夏文佛经目录》第 142 号。

馆册第117号

刻本经折装，20 厘米 ×8.5 厘米，16 页 +2 页版画，版画上题有汉字，全文保存，每页 5 行，每行 13 个字。上边距 2.5 厘米，下边距 2 厘米。经题后有秉常皇帝（尊号 1）及其母梁皇太后（尊号 1）御译。结尾处有后记，内容为：此经清信发愿者、官吏[illegible]（宗鲁）(tson ldu Цон Лду ）及其他文武官吏等人，他们为施写、刻印经文施舍钱财，并向僧人施供。僧众、法师在护国寺诵读此经，焚香并敬奉 7 天。经文刻印成西夏文及汉文共 2000 册，散施众人，祈祷老皇帝在净土世界里超生，祝愿皇太后和新皇帝长命百岁。很显然，此经是仁孝皇帝去世后不久刻印的（据某些资料推断，大约是在 1193 年 10 月 16 日），后记有日期：西路经略使（大概是 Цон Лду 的官职）于大白高国乾祐二十四年十月八日，水牛年（1193 年 11 月 4 日）发愿施舍。纸质八级。

第286号

西夏特藏第149号

[illegible]

《佛说破坏阿鼻地狱智炬陀罗尼经》

译自汉文，见《大正藏》第 1397 号，即《智炬陀罗尼经》；西田龙雄《西夏文佛经目录》第 208 号。

馆册第607号

写本经折装，12.2 厘米 ×7.4 厘米，5 页，仅存经首，每页 5 行，每行 8 个字。上边距 1.5 厘米，下边距 1 厘米。纸质八级。

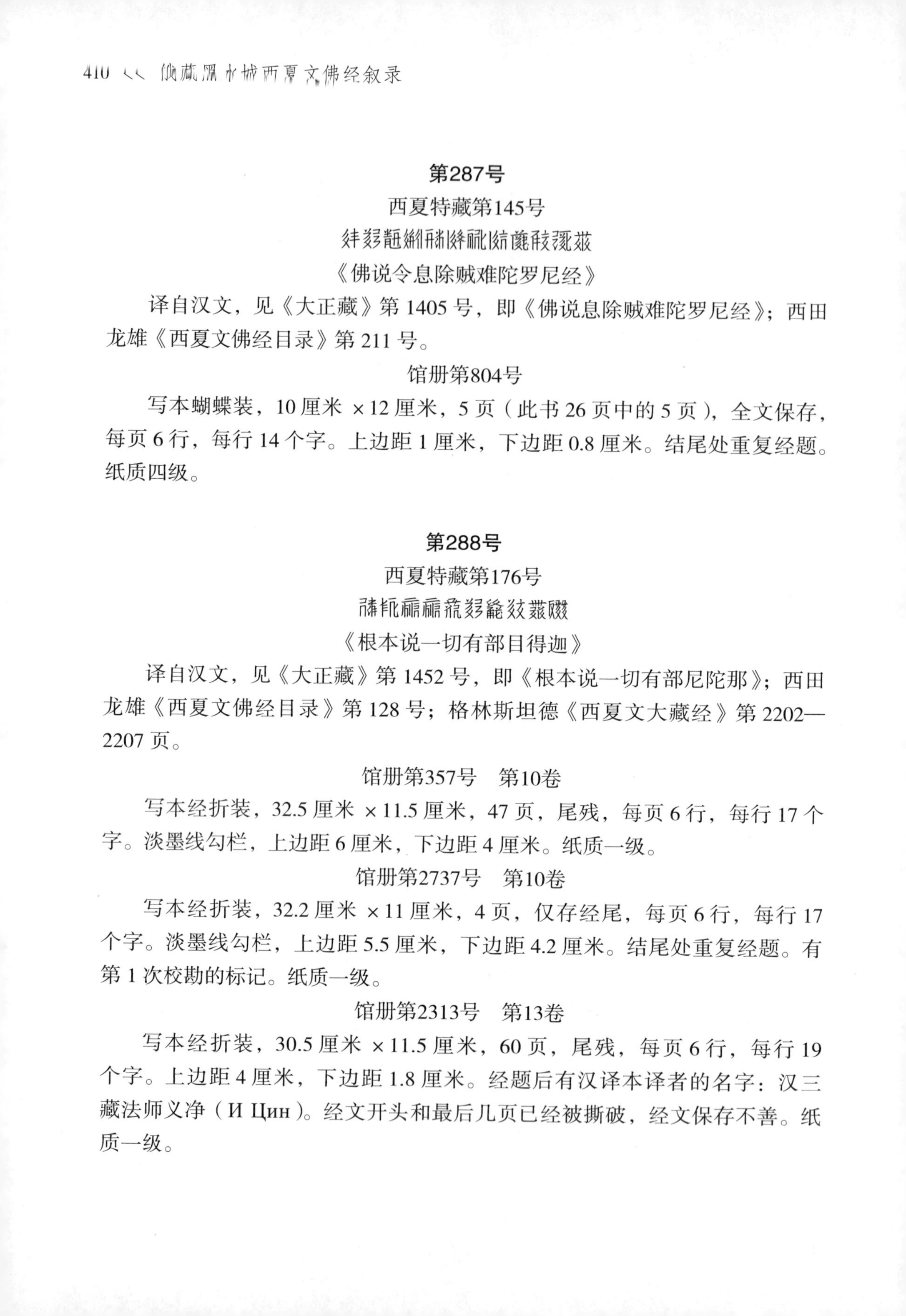

第287号

西夏特藏第145号

[illegible]

《佛说令息除贼难陀罗尼经》

译自汉文，见《大正藏》第 1405 号，即《佛说息除贼难陀罗尼经》；西田龙雄《西夏文佛经目录》第 211 号。

馆册第804号

写本蝴蝶装，10 厘米 ×12 厘米，5 页（此书 26 页中的 5 页），全文保存，每页 6 行，每行 14 个字。上边距 1 厘米，下边距 0.8 厘米。结尾处重复经题。纸质四级。

第288号

西夏特藏第176号

[illegible]

《根本说一切有部目得迦》

译自汉文，见《大正藏》第 1452 号，即《根本说一切有部尼陀那》；西田龙雄《西夏文佛经目录》第 128 号；格林斯坦德《西夏文大藏经》第 2202—2207 页。

馆册第357号　第10卷

写本经折装，32.5 厘米 ×11.5 厘米，47 页，尾残，每页 6 行，每行 17 个字。淡墨线勾栏，上边距 6 厘米，下边距 4 厘米。纸质一级。

馆册第2737号　第10卷

写本经折装，32.2 厘米 ×11 厘米，4 页，仅存经尾，每页 6 行，每行 17 个字。淡墨线勾栏，上边距 5.5 厘米，下边距 4.2 厘米。结尾处重复经题。有第 1 次校勘的标记。纸质一级。

馆册第2313号　第13卷

写本经折装，30.5 厘米 ×11.5 厘米，60 页，尾残，每页 6 行，每行 19 个字。上边距 4 厘米，下边距 1.8 厘米。经题后有汉译本译者的名字：汉三藏法师义净（И Цин）。经文开头和最后几页已经被撕破，经文保存不善。纸质一级。

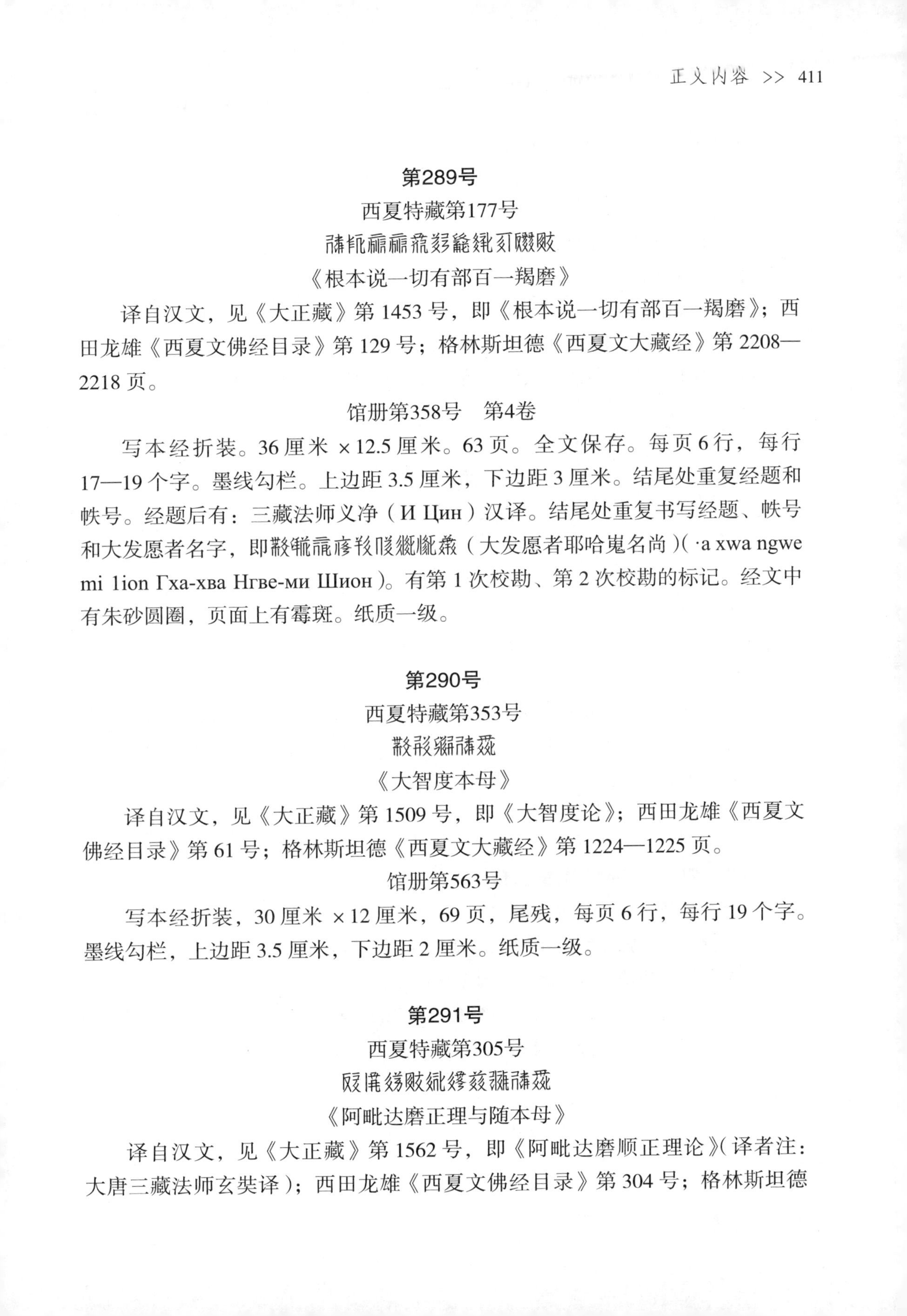

第289号

西夏特藏第177号

[illegible]

《根本说一切有部百一羯磨》

译自汉文，见《大正藏》第 1453 号，即《根本说一切有部百一羯磨》；西田龙雄《西夏文佛经目录》第 129 号；格林斯坦德《西夏文大藏经》第 2208—2218 页。

馆册第358号　第4卷

写本经折装。36 厘米 ×12.5 厘米。63 页。全文保存。每页 6 行，每行 17—19 个字。墨线勾栏。上边距 3.5 厘米，下边距 3 厘米。结尾处重复经题和帙号。经题后有：三藏法师义净（И Цин）汉译。结尾处重复书写经题、帙号和大发愿者名字，即[illegible]（大发愿者耶哈嵬名尚）(·a xwa ngwe mi 1ion Гха-хва Нгве-ми Шион)。有第 1 次校勘、第 2 次校勘的标记。经文中有朱砂圆圈，页面上有霉斑。纸质一级。

第290号

西夏特藏第353号

[illegible]

《大智度本母》

译自汉文，见《大正藏》第 1509 号，即《大智度论》；西田龙雄《西夏文佛经目录》第 61 号；格林斯坦德《西夏文大藏经》第 1224—1225 页。

馆册第563号

写本经折装，30 厘米 ×12 厘米，69 页，尾残，每页 6 行，每行 19 个字。墨线勾栏，上边距 3.5 厘米，下边距 2 厘米。纸质一级。

第291号

西夏特藏第305号

[illegible]

《阿毗达磨正理与随本母》

译自汉文，见《大正藏》第 1562 号，即《阿毗达磨顺正理论》(译者注：大唐三藏法师玄奘译)；西田龙雄《西夏文佛经目录》第 304 号；格林斯坦德

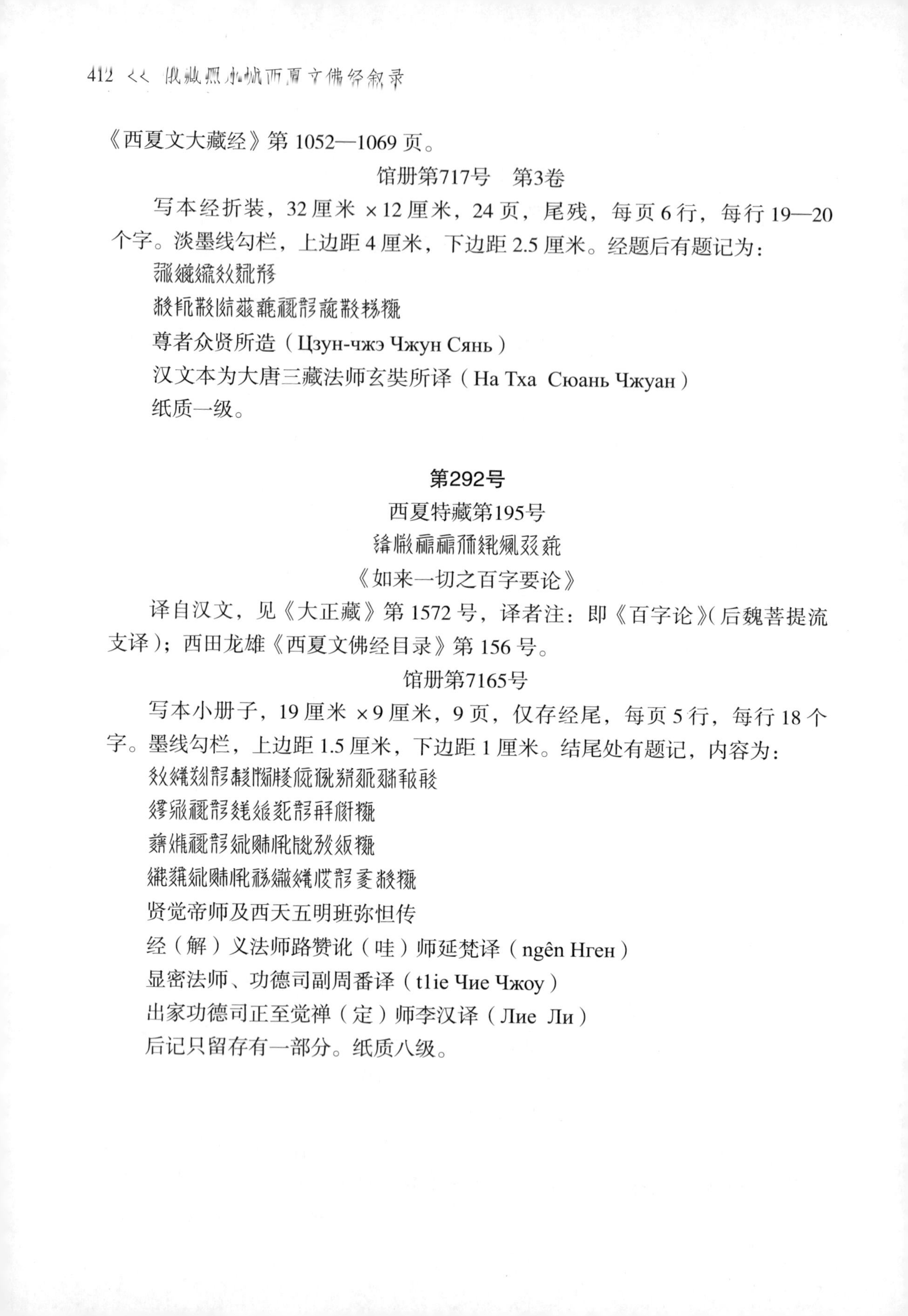

《西夏文大藏经》第 1052—1069 页。

馆册第717号　第3卷

写本经折装，32 厘米 ×12 厘米，24 页，尾残，每页 6 行，每行 19—20 个字。淡墨线勾栏，上边距 4 厘米，下边距 2.5 厘米。经题后有题记为：

[illegible]

[illegible]

尊者众贤所造（Цзун-чжэ Чжун Сянь）

汉文本为大唐三藏法师玄奘所译（На Тха Сюань Чжуан）

纸质一级。

第292号

西夏特藏第195号

[illegible]

《如来一切之百字要论》

译自汉文，见《大正藏》第 1572 号，译者注：即《百字论》(后魏菩提流支译)；西田龙雄《西夏文佛经目录》第 156 号。

馆册第7165号

写本小册子，19 厘米 ×9 厘米，9 页，仅存经尾，每页 5 行，每行 18 个字。墨线勾栏，上边距 1.5 厘米，下边距 1 厘米。结尾处有题记，内容为：

[illegible]

[illegible]

[illegible]

[illegible]

贤觉帝师及西天五明班弥怛传

经（解）义法师路赞讹（哇）师延梵译（ngên Нген）

显密法师、功德司副周番译（t1ie Чие Чжоу）

出家功德司正至觉禅（定）师李汉译（Лие Ли）

后记只留存有一部分。纸质八级。

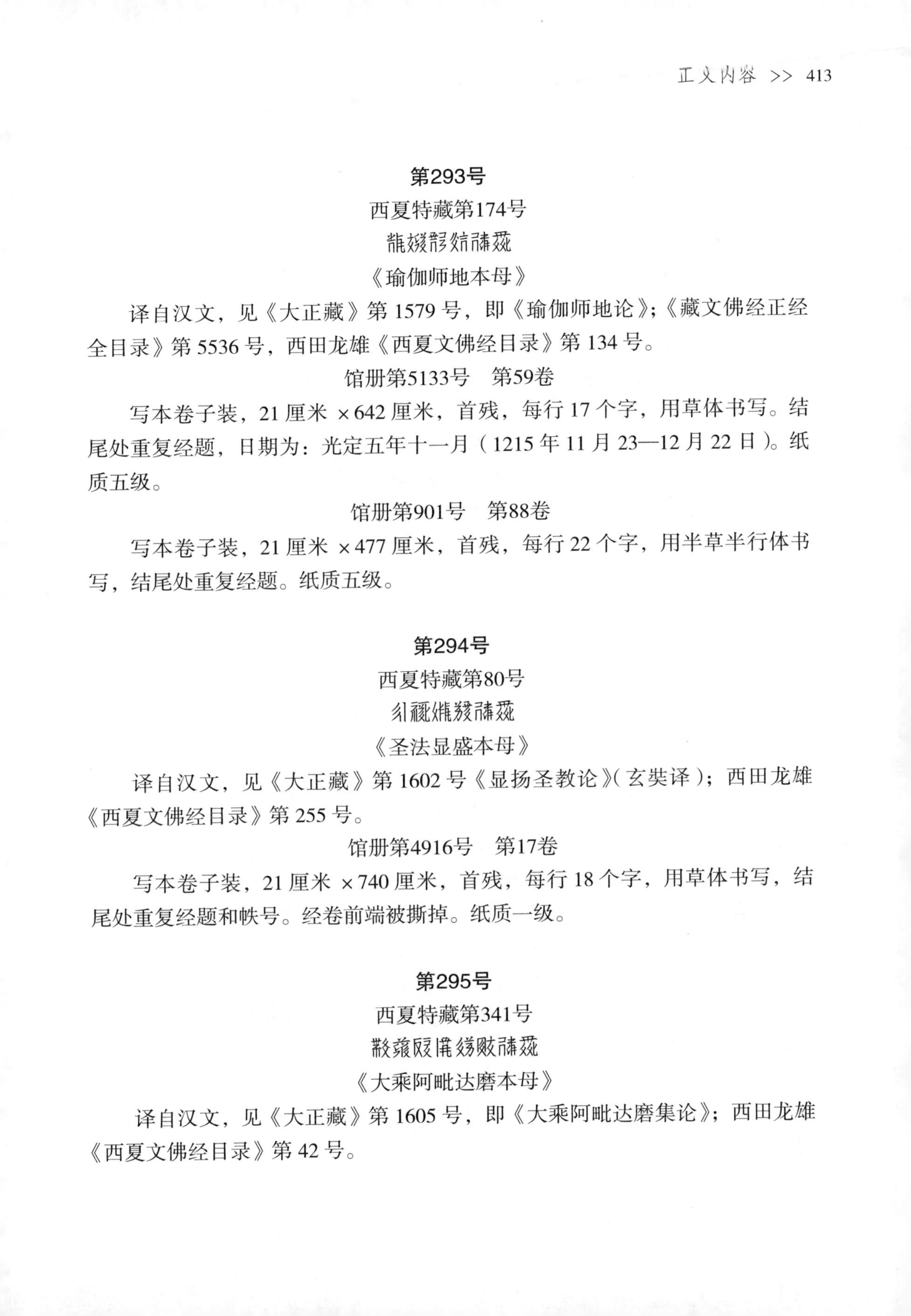

第293号

西夏特藏第174号

[illegible]

《瑜伽师地本母》

译自汉文，见《大正藏》第 1579 号，即《瑜伽师地论》；《藏文佛经正经全目录》第 5536 号，西田龙雄《西夏文佛经目录》第 134 号。

馆册第5133号　第59卷

写本卷子装，21 厘米 ×642 厘米，首残，每行 17 个字，用草体书写。结尾处重复经题，日期为：光定五年十一月（1215 年 11 月 23—12 月 22 日）。纸质五级。

馆册第901号　第88卷

写本卷子装，21 厘米 ×477 厘米，首残，每行 22 个字，用半草半行体书写，结尾处重复经题。纸质五级。

第294号

西夏特藏第80号

[illegible]

《圣法显盛本母》

译自汉文，见《大正藏》第 1602 号《显扬圣教论》（玄奘译）；西田龙雄《西夏文佛经目录》第 255 号。

馆册第4916号　第17卷

写本卷子装，21 厘米 ×740 厘米，首残，每行 18 个字，用草体书写，结尾处重复经题和帙号。经卷前端被撕掉。纸质一级。

第295号

西夏特藏第341号

[illegible]

《大乘阿毗达磨本母》

译自汉文，见《大正藏》第 1605 号，即《大乘阿毗达磨集论》；西田龙雄《西夏文佛经目录》第 42 号。

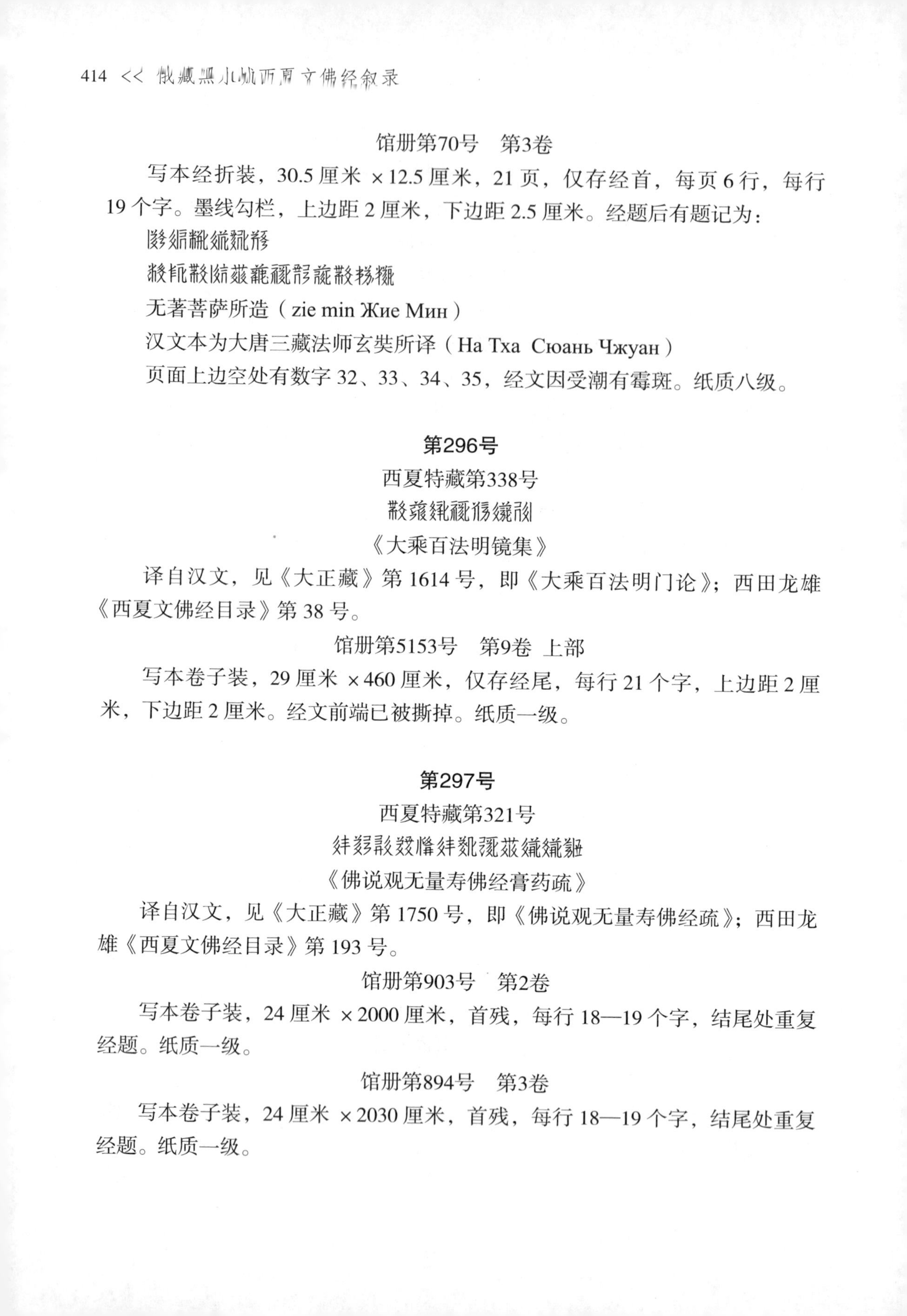

馆册第70号　第3卷

写本经折装，30.5 厘米 ×12.5 厘米，21 页，仅存经首，每页 6 行，每行 19 个字。墨线勾栏，上边距 2 厘米，下边距 2.5 厘米。经题后有题记为：

[illegible]

[illegible]

无著菩萨所造（zie min Жие Мин）

汉文本为大唐三藏法师玄奘所译（Ha Txa Сюань Чжуан）

页面上边空处有数字 32、33、34、35，经文因受潮有霉斑。纸质八级。

第296号

西夏特藏第338号

[illegible]

《大乘百法明镜集》

译自汉文，见《大正藏》第 1614 号，即《大乘百法明门论》；西田龙雄《西夏文佛经目录》第 38 号。

馆册第5153号　第9卷 上部

写本卷子装，29 厘米 ×460 厘米，仅存经尾，每行 21 个字，上边距 2 厘米，下边距 2 厘米。经文前端已被撕掉。纸质一级。

第297号

西夏特藏第321号

[illegible]

《佛说观无量寿佛经膏药疏》

译自汉文，见《大正藏》第 1750 号，即《佛说观无量寿佛经疏》；西田龙雄《西夏文佛经目录》第 193 号。

馆册第903号　第2卷

写本卷子装，24 厘米 ×2000 厘米，首残，每行 18—19 个字，结尾处重复经题。纸质一级。

馆册第894号　第3卷

写本卷子装，24 厘米 ×2030 厘米，首残，每行 18—19 个字，结尾处重复经题。纸质一级。

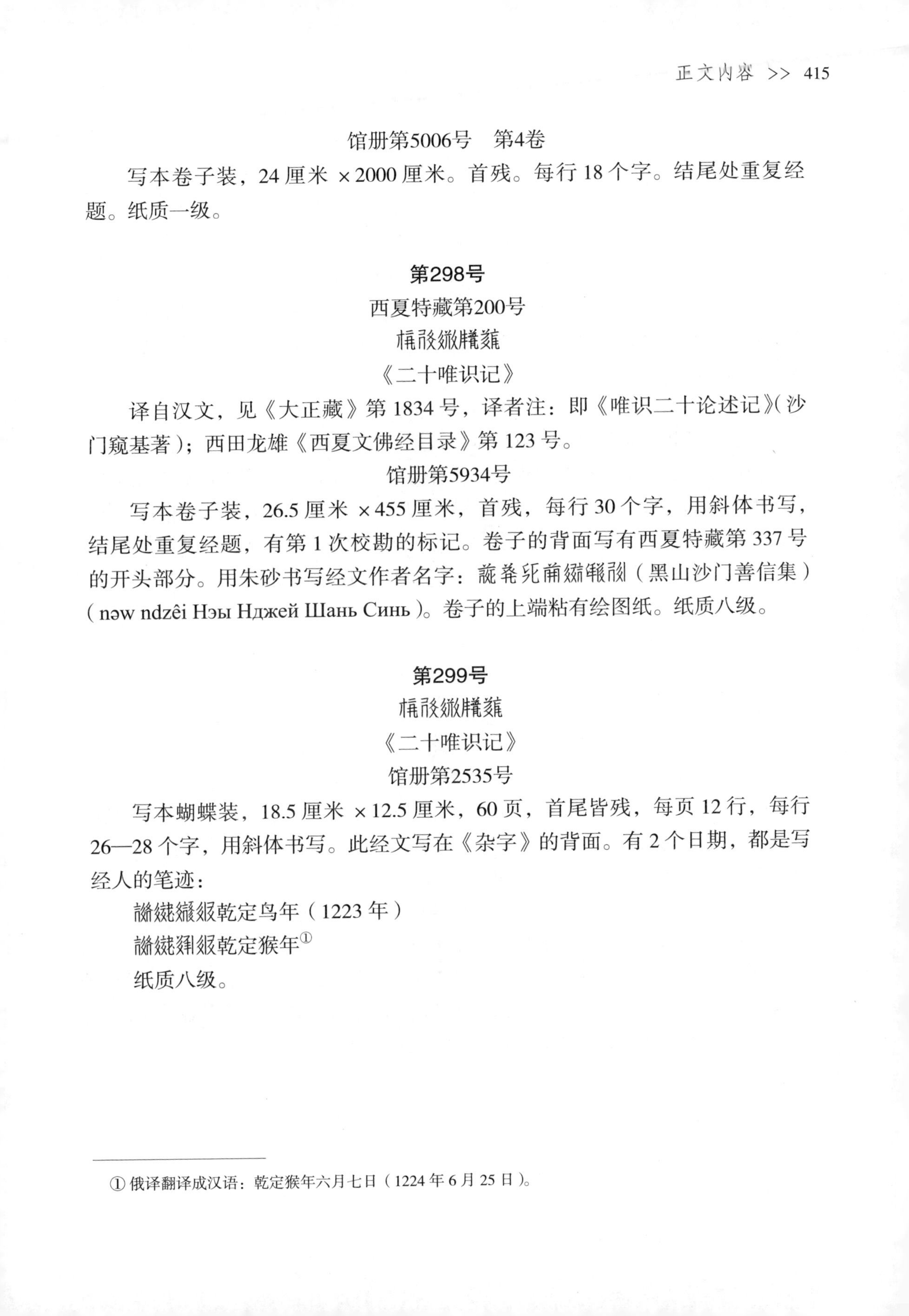

馆册第5006号　第4卷

写本卷子装，24 厘米 ×2000 厘米。首残。每行 18 个字。结尾处重复经题。纸质一级。

第298号

西夏特藏第200号

[illegible]

《二十唯识记》

译自汉文，见《大正藏》第 1834 号，译者注：即《唯识二十论述记》(沙门窥基著)；西田龙雄《西夏文佛经目录》第 123 号。

馆册第5934号

写本卷子装，26.5 厘米 ×455 厘米，首残，每行 30 个字，用斜体书写，结尾处重复经题，有第 1 次校勘的标记。卷子的背面写有西夏特藏第 337 号的开头部分。用朱砂书写经文作者名字：[illegible]（黑山沙门善信集）（nəw ndzêi Нэы Нджей Шань Синь）。卷子的上端粘有绘图纸。纸质八级。

第299号

[illegible]

《二十唯识记》

馆册第2535号

写本蝴蝶装，18.5 厘米 ×12.5 厘米，60 页，首尾皆残，每页 12 行，每行 26—28 个字，用斜体书写。此经文写在《杂字》的背面。有 2 个日期，都是写经人的笔迹：

[illegible]乾定鸟年（1223 年）

[illegible]乾定猴年[1]

纸质八级。

① 俄译翻译成汉语：乾定猴年六月七日（1224 年 6 月 25 日）。

第300号

西夏特藏第337号

𗴂𘜶𗏁𘓐𗫂𗗙𗏹𘔼𗼃𗡶

《大乘百法明门本母略释》

译自汉文，见《大正藏》第1836、1837号，即《大乘百法明门论解》（译者注：玄奘弟子大乘光译）、《大乘百法明门论疏》；西田龙雄《西夏文佛经目录》第40号。

馆册第897号

写本卷子装，24厘米 ×600厘米，首残，每行28—29个字，用草体书写。结尾处重复经题，有抄写者和校勘校改者的名字。第1个抄经者的名字无法辨认，姓 Нгве-жвей，第2个抄经者𗼨𗫶𘂆（嵬宝女）（wai ldiə thei Вай Лдиэ-тхей）。经文校对者（Нгве-жвей）、𗹙𗧘𗫂（舍善明）（1ie nəw swew Шие Нэы Свэы），参加校对者𗧘𗰔（善海）（nəw ngôn Нэы Нгон）。接下来有12行颂偈。纸质八级。

第301号

西夏特藏第359号

𗫶𘝞𘄴

《宝藏论》

译自汉文，见《大正藏》第1857号，即《宝藏论》（译者注：长安沙门释僧肇）；西田龙雄《西夏文佛经目录》第300号；格林斯坦德《西夏文大藏经》第2222—2225页。

馆册第46号

刻本蝴蝶装，20厘米 ×16厘米，16页（第42页a面—50页a面），首残，每页7行，每行15个字。上边距1.5厘米，下边距2厘米。页面空白处写有西夏文和汉文数字页码。结尾处重复经题，题记为：𘅞𘊳𗖌𗐱𗅋𗖵𘚐（雕刻面版者岁讹尼）（siwi ·o ni Сиви Гхо-ни）。纸质一级。

第302号

西夏特藏第287号

𗢭𘄒𗉋

《还源观》

译自汉文，见《大正藏》第 1876 号，译者注：即《修华严奥旨妄尽还源观》；西田龙雄《西夏文佛经目录》第 115 号。

馆册第6174号

刻本蝴蝶装，20.6 厘米 ×10.5 厘米，44 页（第 3 页 b 面—25 页 a 面），首尾皆残，每页 6 行，每行 17 个字。上边距 1.6 厘米，下边距 2 厘米。页面空白处写有西夏文和汉文数字页码。纸质八级。

第303号

𗢭𘄒𗉋

《还源观》

馆册第2850号

刻本蝴蝶装，21.5 厘米 ×13 厘米，22 页（第 8 页 a 面—第 17 页 b 面 +2 页页码不清的）。首尾皆残，每页 6 行，每行 17 个字。上边距 3 厘米，下边距 1.5 厘米。页面空白处有西夏文数字页码。纸质八级。

第304号

西夏特藏第323号

𗼃𗴂𘝯𗬩𘕣𗈪

《华严金师子章》

译自汉文，见《大正藏》第 1881 号，译者注：即《华严经金师子章注》；西田龙雄《西夏文佛经目录》第 240 号。

馆册第739号

刻本蝴蝶装，20 厘米 ×14 厘米，34 页（第 2 页 b 面—第 6 页 a 面、第 7 页 b 面—20 页 a 面），首尾皆残，每页 6 行，每行 6 个大字或 12 个小字。有序文（第 2 页 b 面结尾处）。序文结尾处有日期：𗖵𗏁𗥃𗭩（猴年四月）。纸质八级。

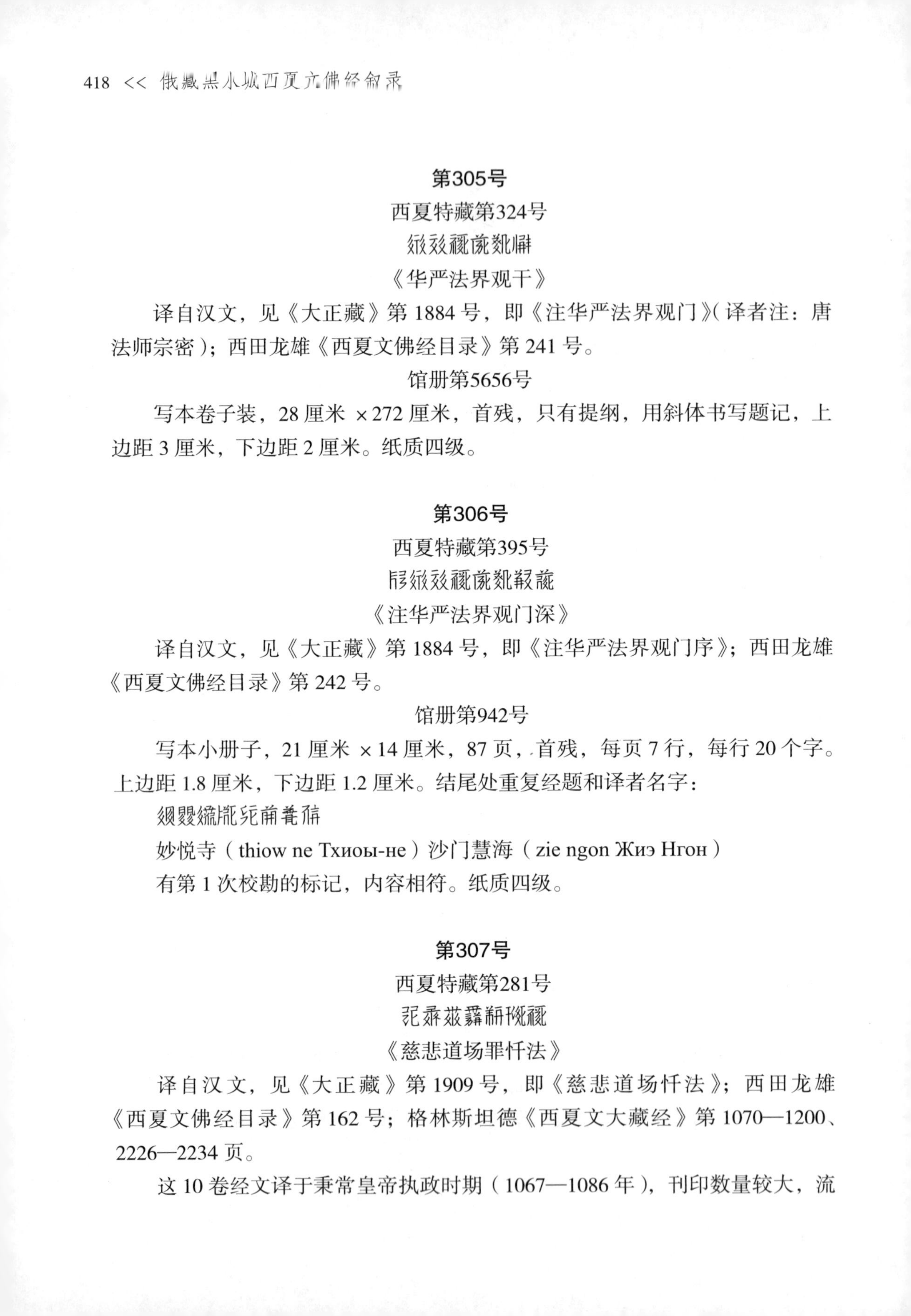

第305号

西夏特藏第324号

[illegible]

《华严法界观干》

译自汉文，见《大正藏》第 1884 号，即《注华严法界观门》(译者注：唐法师宗密)；西田龙雄《西夏文佛经目录》第 241 号。

馆册第5656号

写本卷子装，28 厘米 ×272 厘米，首残，只有提纲，用斜体书写题记，上边距 3 厘米，下边距 2 厘米。纸质四级。

第306号

西夏特藏第395号

[illegible]

《注华严法界观门深》

译自汉文，见《大正藏》第 1884 号，即《注华严法界观门序》；西田龙雄《西夏文佛经目录》第 242 号。

馆册第942号

写本小册子，21 厘米 ×14 厘米，87 页，首残，每页 7 行，每行 20 个字。上边距 1.8 厘米，下边距 1.2 厘米。结尾处重复经题和译者名字：

[illegible]

妙悦寺（thiow ne Тхиоы-не）沙门慧海（zie ngon Жиэ Нгон）

有第 1 次校勘的标记，内容相符。纸质四级。

第307号

西夏特藏第281号

[illegible]

《慈悲道场罪忏法》

译自汉文，见《大正藏》第 1909 号，即《慈悲道场忏法》；西田龙雄《西夏文佛经目录》第 162 号；格林斯坦德《西夏文大藏经》第 1070—1200、2226—2234 页。

这 10 卷经文译于秉常皇帝执政时期（1067—1086 年），刊印数量较大，流布甚广。

馆册第 4288、5752、7645、7655 号

写本贝叶经，21.5 厘米 ×57.5 厘米，一般 1—10 卷经文放在一起，部分页面有页码，而另一部分则没有页码，共 93 页，每页 26 行，每行 13 个字。上边距 2.5 厘米，下边距 3 厘米。完全保存的页面正面右上角有经文名称缩写和页码（如有页码）。

第 1 卷，共计 12 页，第 1、3—10、12—14 页。经文内容是拜九佛的。① 经题后有秉常皇帝（尊号 1）及其母梁皇太后（尊号 1）各 2 个。序文内容为：此经是梁武帝在其皇后郗氏死后翻译的（见克平译文）。②

第 2 卷，共 7 页，第 1、3—8 页。

第 3 卷，共 12 页，第 1—12 页。

第 4 卷，共 10 页，第 1—10 页。

第 5 卷，共 8 页，第 1、2、4—9 页，第 9 页的背面重复经题，用草体书写施写随喜发愿者的名字，但无法辨认。

第 6—8 卷，此 3 卷经文页码共用。

第 6 卷，共 6 页，第 1—4、8、9 页，第 1 页经题后有仁孝皇帝（尊号 1）中的 4 个字。

第 7 卷，共 9 页，第 10—18 页。

第 8 卷，共 7 页，第 19、21—26 页，第 18 页背面经题后有仁孝皇帝（尊号 1）全称。第 26 页背面有题记：

[illegible]

天庆甲寅元年五月十三日③

抄经者[illegible]（蜀嵬嵬尚）(1iuo ngwe wai 1ion Шиуо-нгве Вай-шион)。其中 1 卷经文的施写发愿者的名字未标出。

第 9 卷，共 10 页，第 1—10 页，结尾处重复经题，题记为：抄写完成于天庆元年七月十日，木虎年（1194 年 6 月 29 日）。发愿者、德者、去世者（即将转世的者）[illegible]（耶和吉山）(·a xwa ngi 1an Гха-хва Нгиу-шан)。

---

① 译者注：如此解释卷一的内容可能欠妥。

② 译者注：克恰诺夫要表达的意思正是《慈悲道场罪忏法》序文中的“此忏者梁武帝为皇后郗氏所集也，郗氏崩后数月，帝常追悼之”。

③ 天庆一年五月十三日即木虎年（1194 年 6 月 3 日）。

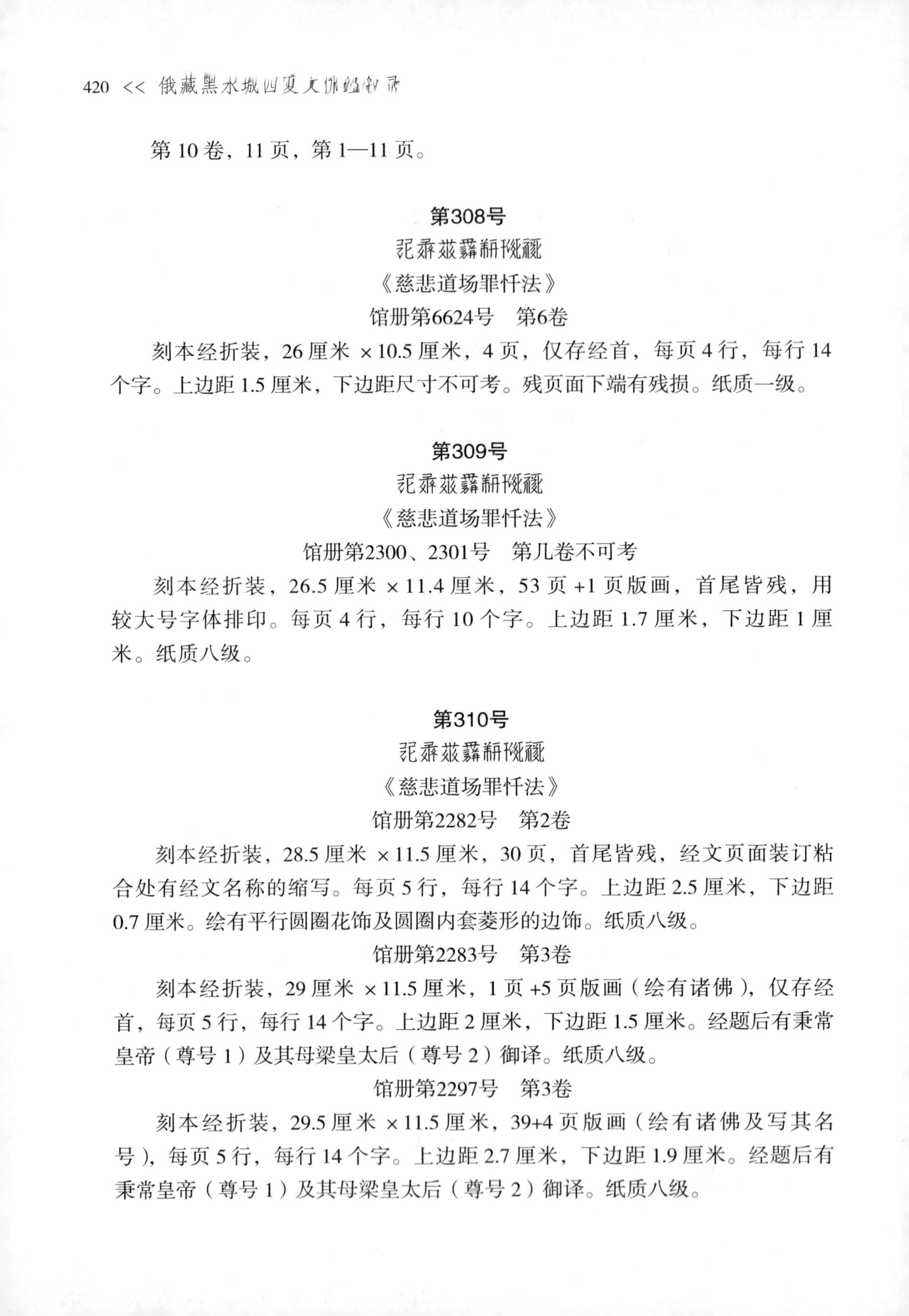

第 10 卷，11 页，第 1—11 页。

第308号

[illegible]

《慈悲道场罪忏法》

馆册第6624号　第6卷

刻本经折装，26 厘米 ×10.5 厘米，4 页，仅存经首，每页 4 行，每行 14 个字。上边距 1.5 厘米，下边距尺寸不可考。残页面下端有残损。纸质一级。

第309号

[illegible]

《慈悲道场罪忏法》

馆册第2300、2301号　第几卷不可考

刻本经折装，26.5 厘米 ×11.4 厘米，53 页 +1 页版画，首尾皆残，用较大号字体排印。每页 4 行，每行 10 个字。上边距 1.7 厘米，下边距 1 厘米。纸质八级。

第310号

[illegible]

《慈悲道场罪忏法》

馆册第2282号　第2卷

刻本经折装，28.5 厘米 ×11.5 厘米，30 页，首尾皆残，经文页面装订粘合处有经文名称的缩写。每页 5 行，每行 14 个字。上边距 2.5 厘米，下边距 0.7 厘米。绘有平行圆圈花饰及圆圈内套菱形的边饰。纸质八级。

馆册第2283号　第3卷

刻本经折装，29 厘米 ×11.5 厘米，1 页 +5 页版画（绘有诸佛），仅存经首，每页 5 行，每行 14 个字。上边距 2 厘米，下边距 1.5 厘米。经题后有秉常皇帝（尊号 1）及其母梁皇太后（尊号 2）御译。纸质八级。

馆册第2297号　第3卷

刻本经折装，29.5 厘米 ×11.5 厘米，39+4 页版画（绘有诸佛及写其名号），每页 5 行，每行 14 个字。上边距 2.7 厘米，下边距 1.9 厘米。经题后有秉常皇帝（尊号 1）及其母梁皇太后（尊号 2）御译。纸质八级。

馆册第7713号　第3卷

刻本经折装，29.5 厘米 ×11 厘米，11 页，首尾皆残，经文页面装订粘合处有经文名称的缩写，每页 5 行，每行 14 个字。上边距 2.7 厘米，下边距 2 厘米。纸质八级。

馆册第2281号　第4卷

刻本经折装，29 厘米 ×11.5 厘米，10 页 +3 页版画（绘有诸佛及写其名号），每页 5 行，每行 14 个字。上边距 2 厘米，下边距 2 厘米。经题后有秉常皇帝（尊号 1）及其母梁皇太后（尊号 2）御译。纸质八级。

馆册第7785号　第6卷

刻本经折装，30 厘米 ×13 厘米，34 页，首尾皆残，经文页面装订粘合处有经文名称的缩写，每页 5 行，每行 14 个字。上边距 3 厘米，下边距 1.5 厘米。纸质八级。

馆册第2298号　第7卷

刻本经折装，28.5 厘米 ×12 厘米，8 页，首尾皆残，经文页面装订粘合处有经文名称的缩写，每页 5 行，每行 14 个字。上边距 2.5 厘米，下边距 1 厘米。纸质八级。

馆册第2299号　第8卷

刻本经折装，蓝布软封面，29 厘米 ×12 厘米，31 页 +2 页版画（诸佛像），尾残，每页 5 行，每行 14 个字。上边距 2 厘米，下边距 1.7 厘米。经题后有秉常皇帝（尊号 1）及其母梁皇太后（尊号 2）御译。纸质八级。

馆册第2304号　第9卷

刻本经折装，带白色条纹图案的蓝布软封面，只剩一部分。29 厘米 ×12 厘米，尾残，每页 5 行，每行 14 个字。上边距 2 厘米，下边距 2 厘米。经文保存不善。纸质八级。

馆册第2296号　第10卷

刻本经折装，29.5 厘米 ×12.5 厘米，54 页 +3 页版画（诸佛像），尾残，每页 5 行，每行 14 个字。上边距 2.7 厘米，下边距 2 厘米。经题后有秉常皇帝（尊号 1）及其母梁皇太后（尊号 2）御译。经文中有朱砂印迹。纸质八级。

第311号

[illegible]

《慈悲道场罪忏法》

馆册第2275号　第1卷

刻本经折装，31 厘米 ×13 厘米，22 页，首尾皆残，经文页面装订粘合处有经文名称的缩写，每页 5 行，每行 15 个字。边距以双线隔开，上边距 3 厘米，下边距 1.5 厘米。纸质一级。

馆册第2277号　第1卷

刻本经折装，31 厘米 ×13 厘米，28 页，首尾皆残，经文页面装订粘合处有经文名称的缩写，每页 5 行，每行 14 个字。边距以双线隔开，上边距 3 厘米，下边距 1.5 厘米。纸质一级。

馆册第2273号　第2卷

刻本经折装，31 厘米 ×12.5 厘米，3 页，首尾皆残。经文页面装订粘合处有经文名称的缩写，边距以双线隔开，上边距 2 厘米，下边距 2 厘米。纸质一级。

馆册第3850号　第2卷

刻本，经折装，30.5 厘米 ×13 厘米，22 页，首尾皆残，经文页面装订粘合处有经文名称的缩写，每页 5 行，每行 15 个字。边距以双线隔开，上边距 2 厘米，下边距 1.5 厘米。纸质一级。

馆册第3856号　第2卷

刻本经折装，31 厘米 ×13 厘米，23 页，仅存经首，每页 5 行，每行 15 个字。边距以双线隔开，上边距 2.5 厘米，下边距 2 厘米。经题后有秉常皇帝（尊号 1）及其母梁皇太后（尊号 2）御译。纸质一级。

馆册第3859号　第2卷

刻本经折装，29.5 厘米 ×13 厘米，15 页，首尾皆残，经文页面装订粘合处有经文名称的缩写，每页 5 行，每行 15 个字。边距以双线隔开，上边距 2 厘米，下边距 1.3 厘米。纸质一级。

馆册第3852号　第3卷

刻本经折装，30 厘米 ×13 厘米，4 页，首尾皆残，经文页面装订粘合处有经文名称的缩写，每页 5 行，每行 15 个字。边距以双线隔开，上边距 2.5 厘米，下边距 1.5 厘米。经文在西夏修复时又裱了一层纸。纸质一级。

馆册第3854号　第3卷

刻本经折装，30 厘米 ×13 厘米，29 页，首尾皆残，经文页面装订粘合处有经文名称的缩写，每页 5 行，每行 15 个字。边距以双线隔开，上边距 2 厘米，下边距 1.3 厘米。经文在西夏修复时又裱了一层纸。纸质一级。

馆册第2274号　第4卷

刻本经折装，30 厘米 ×13 厘米，29 页，首尾皆残。经文页面装订粘合处有经文名称的缩写，每页 5 行，每行 15 个字。边距以双线隔开，上边距 3 厘米，下边距 2 厘米。纸质一级。

馆册第2279号　第4卷

刻本经折装，30 厘米 ×13 厘米，33 页，首尾皆残。经文页面装订粘合处有经文名称的缩写，每页 5 行，每行 15 个字。边距以双线隔开，上边距 3 厘米，下边距 1.7 厘米。纸质一级。

馆册第7784号　第4卷

刻本经折装，30 厘米 ×13 厘米，页面因受潮而粘连，经文修复前无法断定页数。仅存经首，每页 5 行，每行 15 个字。边距以双线隔开，上边距 2.5 厘米，下边距 1.5 厘米。经题后有秉常皇帝（尊号 1）及其母梁皇太后（尊号 2）御译。纸质一级。

馆册第2305号　第5卷

刻本经折装，30 厘米 ×13 厘米，37 页 +2 页版画（诸佛像），首残，每页 5 行，每行 15 个字。边距以双线隔开，上边距 2.3 厘米，下边距 1.5 厘米。结尾处重复经题。经文在西夏修复时又裱了一层纸，经文保存不善。纸质一级。

馆册第2268号　第6卷

刻本经折装，31 厘米 ×13 厘米，28 页，首尾皆残，经文页面装订粘合处有经文名称的缩写，每页 5 行，每行 15 个字。边距以双线隔开，上边距 2.5 厘米，下边距 2 厘米。纸质八级。

馆册第7714号　第6卷

刻本经折装，30 厘米 ×11 厘米，3 页，仅存经尾，每页 5 行，每行 15 个字。边距以双线隔开，上边距 3.5 厘米，下边距 2 厘米。结尾处重复经题，题记为：抄经者、赐绯僧[illegible]（裴慧净）(phuwei ziə sei Пхвей Жиэ-сей Хуй Цин)。纸质一级。

馆册第2266号　第7卷

刻本经折装，30.5 厘米 ×13 厘米，14 页 +3 页版画（诸佛像），仅存经首，每页 5 行，每行 15 个字。边距以双线隔开，上边距 3 厘米，下边距 2 厘米。经题后有秉常皇帝（尊号 1）及其母梁皇太后（尊号 2）御译。纸质一级。

馆册第2278号　第7卷

刻本经折装，31 厘米 ×13 厘米，70 页，首尾皆残，经文页面装订粘合处有经文名称的缩写，每页 5 行，每行 15 个字。边距以双线隔开，上边距 3 厘米，下边距 2 厘米。纸质一级。

馆册第3854号　第7卷

刻本经折装，30 厘米 ×13 厘米，22 页，首尾皆残，经文页面装订粘合处有经文名称的缩写，每页 5 行，每行 15 个字。边距以双线隔开，上边距 2 厘米，下边距 2 厘米。纸质一级。

馆册第3869号　第8卷

刻本经折装，30 厘米 ×11.5 厘米，4 页，仅存经首，每页 5 行，每行 15 个字。边距以双线隔开，上边距 2 厘米，下边距 1 厘米。经题后有秉常皇帝（尊号 1）及其母梁皇太后（尊号 2）御译。纸质一级。

馆册第2267号　第9卷

刻本经折装，30 厘米 ×12 厘米，5 页，仅存经尾，每页 5 行，每行 15 个字。边距以双线隔开，上边距 3 厘米，下边距 1 厘米。结尾处重复经题，题记为：抄经者、赐绯僧裴慧净（Пхвей Жиэ-сей）。纸质一级。

馆册第2269号　第9卷

刻本经折装，31 厘米 ×13 厘米，79 页，首尾皆残，经文页面装订粘合处有经文名称的缩写，每页 5 行，每行 15 个字。边距以双线隔开，上边距 3 厘米，下边距 1.5 厘米。纸质一级。

馆册第2272号　第9卷

刻本经折装，30 厘米 ×13 厘米，3 页，首尾皆残，经文页面装订粘合处有经文名称的缩写，每页 5 行，每行 15 个字。边距以双线隔开，上边距 3 厘米，下边距 1 厘米。纸质一级。

馆册第2276号　第9卷

刻本经折装，31 厘米 ×12.5 厘米，10 页 +2 页版画（诸佛像），仅存经首，每页 5 行，每行 15 个字。边距以双线隔开，上边距 3 厘米，下边距 1.5 厘米。经题后有秉常皇帝（尊号 1）及其母梁皇太后（尊号 2）御译。纸质一级。

馆册第2302号　第9卷

刻本经折装，30 厘米 ×13 厘米，18 页 +1 页版画（诸佛像），仅存经首，

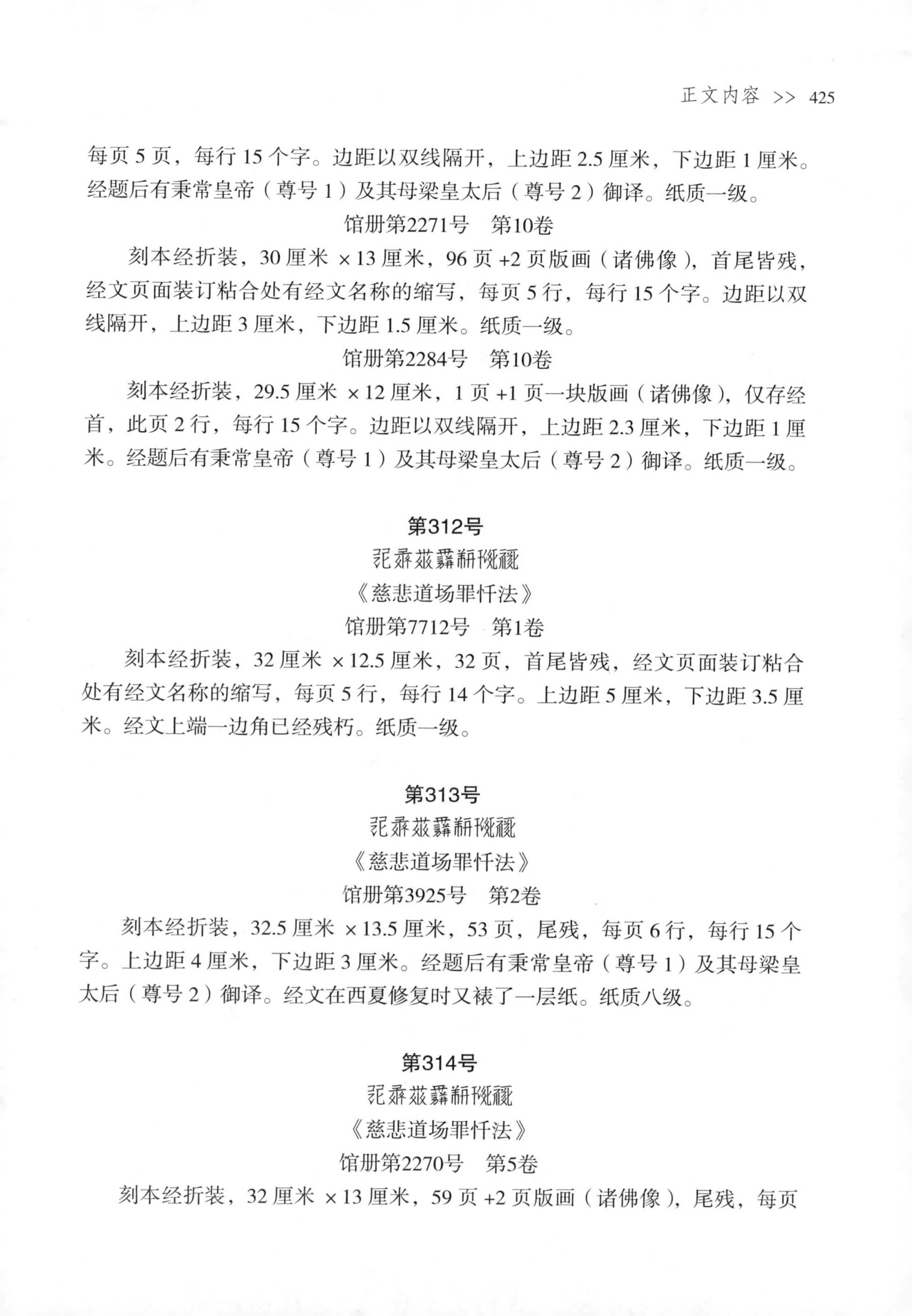

每页 5 页，每行 15 个字。边距以双线隔开，上边距 2.5 厘米，下边距 1 厘米。经题后有秉常皇帝（尊号 1）及其母梁皇太后（尊号 2）御译。纸质一级。

馆册第2271号　第10卷

刻本经折装，30 厘米 ×13 厘米，96 页 +2 页版画（诸佛像），首尾皆残，经文页面装订粘合处有经文名称的缩写，每页 5 行，每行 15 个字。边距以双线隔开，上边距 3 厘米，下边距 1.5 厘米。纸质一级。

馆册第2284号　第10卷

刻本经折装，29.5 厘米 ×12 厘米，1 页 +1 页一块版画（诸佛像），仅存经首，此页 2 行，每行 15 个字。边距以双线隔开，上边距 2.3 厘米，下边距 1 厘米。经题后有秉常皇帝（尊号 1）及其母梁皇太后（尊号 2）御译。纸质一级。

第312号

[illegible]

《慈悲道场罪忏法》

馆册第7712号　第1卷

刻本经折装，32 厘米 ×12.5 厘米，32 页，首尾皆残，经文页面装订粘合处有经文名称的缩写，每页 5 行，每行 14 个字。上边距 5 厘米，下边距 3.5 厘米。经文上端一边角已经残朽。纸质一级。

第313号

[illegible]

《慈悲道场罪忏法》

馆册第3925号　第2卷

刻本经折装，32.5 厘米 ×13.5 厘米，53 页，尾残，每页 6 行，每行 15 个字。上边距 4 厘米，下边距 3 厘米。经题后有秉常皇帝（尊号 1）及其母梁皇太后（尊号 2）御译。经文在西夏修复时又裱了一层纸。纸质八级。

第314号

[illegible]

《慈悲道场罪忏法》

馆册第2270号　第5卷

刻本经折装，32 厘米 ×13 厘米，59 页 +2 页版画（诸佛像），尾残，每页

6行，每行14个字。上边距5.2厘米，下边距3厘米。经题后有秉常皇帝（尊号1）及其母梁皇太后（尊号2）御译。纸质八级。

第315号

[illegible]

《慈悲道场罪忏法》

馆册第7972号

刻本经折装，25厘米 ×41厘米，3页，首尾皆残，每页16行，每行15个字。上边距2厘米，下边距尺寸不可考。经文下端被撕掉，页面右上角有经文名称缩写。纸质一级。

第316号

[illegible]

《慈悲道场罪忏法》

馆册第107、108、109、110、7068、7550、7667号

刻本贝叶经，25.3厘米 ×43厘米，每页18行，每行14个字。页面正面右上角有经文名称缩写和页码，残片。

第1卷，16页，第3—18页，部分经文在西夏时期用手写体做过修补。

第2—10卷，共52页，第19—22、24—28、30、33—35、40、41、54—58、66—71、89、100—103、108、112、114、115、117、120—123、125—128、140—144、147—149页，另有3页无页码，还有1页是馆册第4536号的内容。

第9卷结尾有题记：[illegible][①]（雕印净本者□恧智海）

第149卷题记：允许净本经文者、关心此经文者、僧人[illegible]（智忠）(sie twu Сие Тву Чжи Чжун)。后记残片中有发愿者名字：[illegible]（智广）(sie wa Жиэ Сие-ва Чжи Гуан）为高尚的母亲或是为纪念女尼而发愿。所发之愿即译经、雕版、印经、散施都已实现。纸质一级。

---

① 译者注：此句西夏文不全，俄译翻译成汉语如下：允许雕版刻印者、赐绯僧 ndiu sie ngôn Ндиу Сие-нгон（Чжи Хай）。

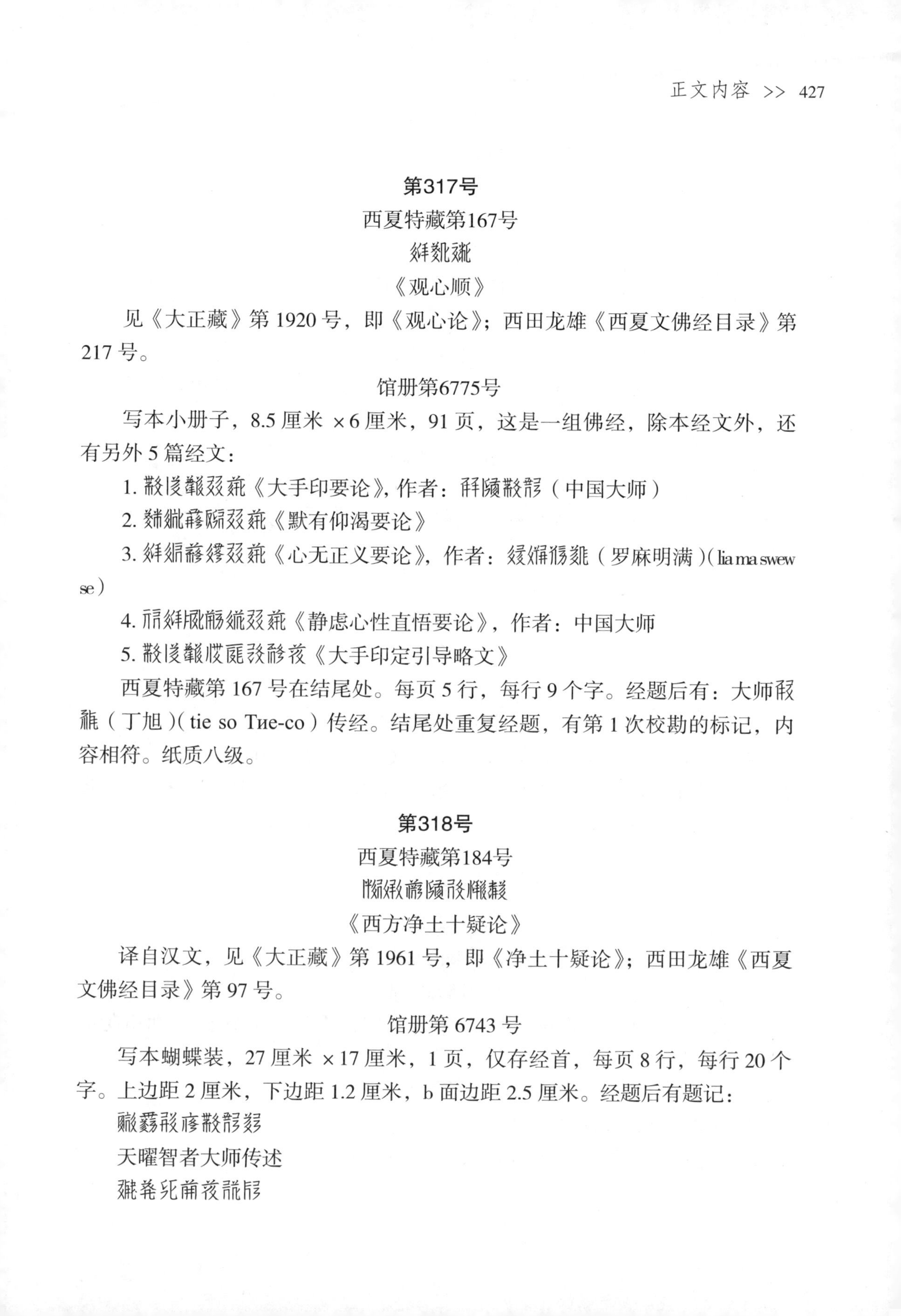

第317号

西夏特藏第167号

[illegible]

《观心顺》

见《大正藏》第 1920 号，即《观心论》；西田龙雄《西夏文佛经目录》第 217 号。

馆册第6775号

写本小册子，8.5 厘米 ×6 厘米，91 页，这是一组佛经，除本经文外，还有另外 5 篇经文：

1. [illegible]《大手印要论》，作者：[illegible]（中国大师）

2. [illegible]《默有仰渴要论》

3. [illegible]《心无正义要论》，作者：[illegible]（罗麻明满）(lia ma swew se）

4. [illegible]《静虑心性直悟要论》，作者：中国大师

5. [illegible]《大手印定引导略文》

西夏特藏第 167 号在结尾处。每页 5 行，每行 9 个字。经题后有：大师[illegible]（丁旭）(tie so Тие-co）传经。结尾处重复经题，有第 1 次校勘的标记，内容相符。纸质八级。

第318号

西夏特藏第184号

[illegible]

《西方净土十疑论》

译自汉文，见《大正藏》第 1961 号，即《净土十疑论》；西田龙雄《西夏文佛经目录》第 97 号。

馆册第 6743 号

写本蝴蝶装，27 厘米 ×17 厘米，1 页，仅存经首，每页 8 行，每行 20 个字。上边距 2 厘米，下边距 1.2 厘米，b 面边距 2.5 厘米。经题后有题记：

[illegible]

天曜智者大师传述

[illegible]

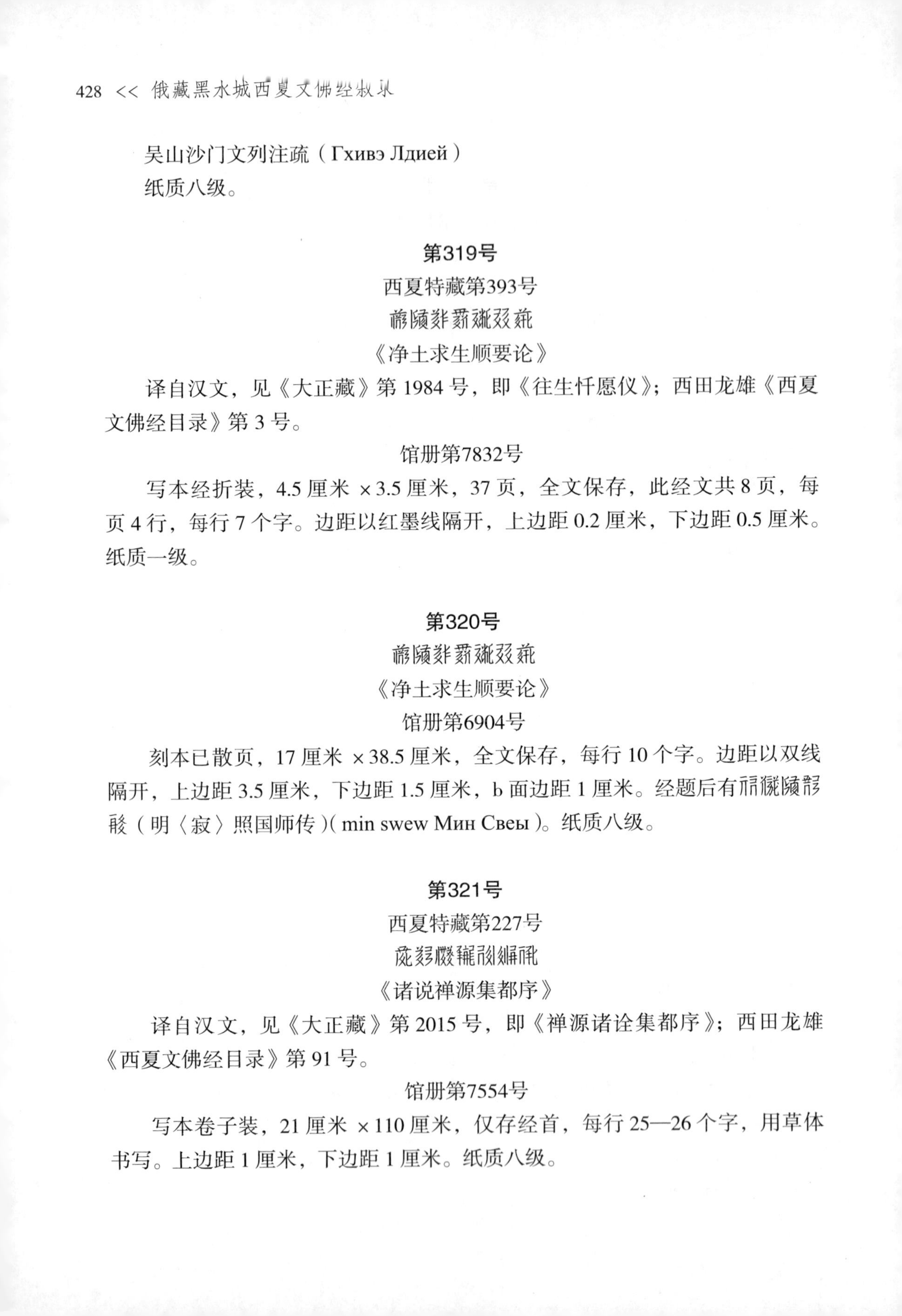

吴山沙门文列注疏（Гхивэ Лдией）

纸质八级。

第319号

西夏特藏第393号

[illegible]

《净土求生顺要论》

译自汉文，见《大正藏》第 1984 号，即《往生忏愿仪》；西田龙雄《西夏文佛经目录》第 3 号。

馆册第7832号

写本经折装，4.5 厘米 ×3.5 厘米，37 页，全文保存，此经文共 8 页，每页 4 行，每行 7 个字。边距以红墨线隔开，上边距 0.2 厘米，下边距 0.5 厘米。纸质一级。

第320号

[illegible]

《净土求生顺要论》

馆册第6904号

刻本已散页，17 厘米 ×38.5 厘米，全文保存，每行 10 个字。边距以双线隔开，上边距 3.5 厘米，下边距 1.5 厘米，b 面边距 1 厘米。经题后有[illegible]（明〈寂〉照国师传）(min swew Мин Свеы)。纸质八级。

第321号

西夏特藏第227号

[illegible]

《诸说禅源集都序》

译自汉文，见《大正藏》第 2015 号，即《禅源诸诠集都序》；西田龙雄《西夏文佛经目录》第 91 号。

馆册第7554号

写本卷子装，21 厘米 ×110 厘米，仅存经首，每行 25—26 个字，用草体书写。上边距 1 厘米，下边距 1 厘米。纸质八级。

馆册第5172号

写本卷子装，21 厘米 ×723 厘米，仅存经尾，每行 25—26 个字，用草体书写。上边距 1 厘米，下边距 1 厘米。结尾处重复经题，经文保存不善。纸质八级。

第322号

[illegible]

《诸说禅源集都序》

馆册第4731号

刻本卷子装，24 厘米 ×30 厘米，仅存经尾，页数、行数不详，仅有提纲。上边距 2 厘米，下边距 1.5 厘米。结尾处重复经题，题记为：[illegible]（刻字者申好狗）（lên xai tsiei Шен Хай-цией）。纸质一级。

第323号

[illegible]

《诸说禅源集都序》

馆册第735号

刻本蝴蝶装，蓝布软封面，22 厘米 ×14 厘米，99 页，全文保存，每页 6 行，每行 13 个字。上边距 5 厘米，下边距 2 厘米。经题后有：[illegible]（静州刺史吕传）（ldiu Лдиу）。结尾处重复经题。纸质八级。

第324号

西夏特藏第385号

[illegible]

《金刚般若义解记》

译自汉文，见《大正藏》第 2740 号，即《金刚般若义记》；西田龙雄《西夏文佛经目录》第 82 号。

馆册第929号　第2卷

写本卷子装，29 厘米 ×1460 厘米，全文保存，每行 23 个字，用草体书写。边距以红线隔开，上边距 1 厘米，下边距 1 厘米。结尾处重复经题。纸质五级。

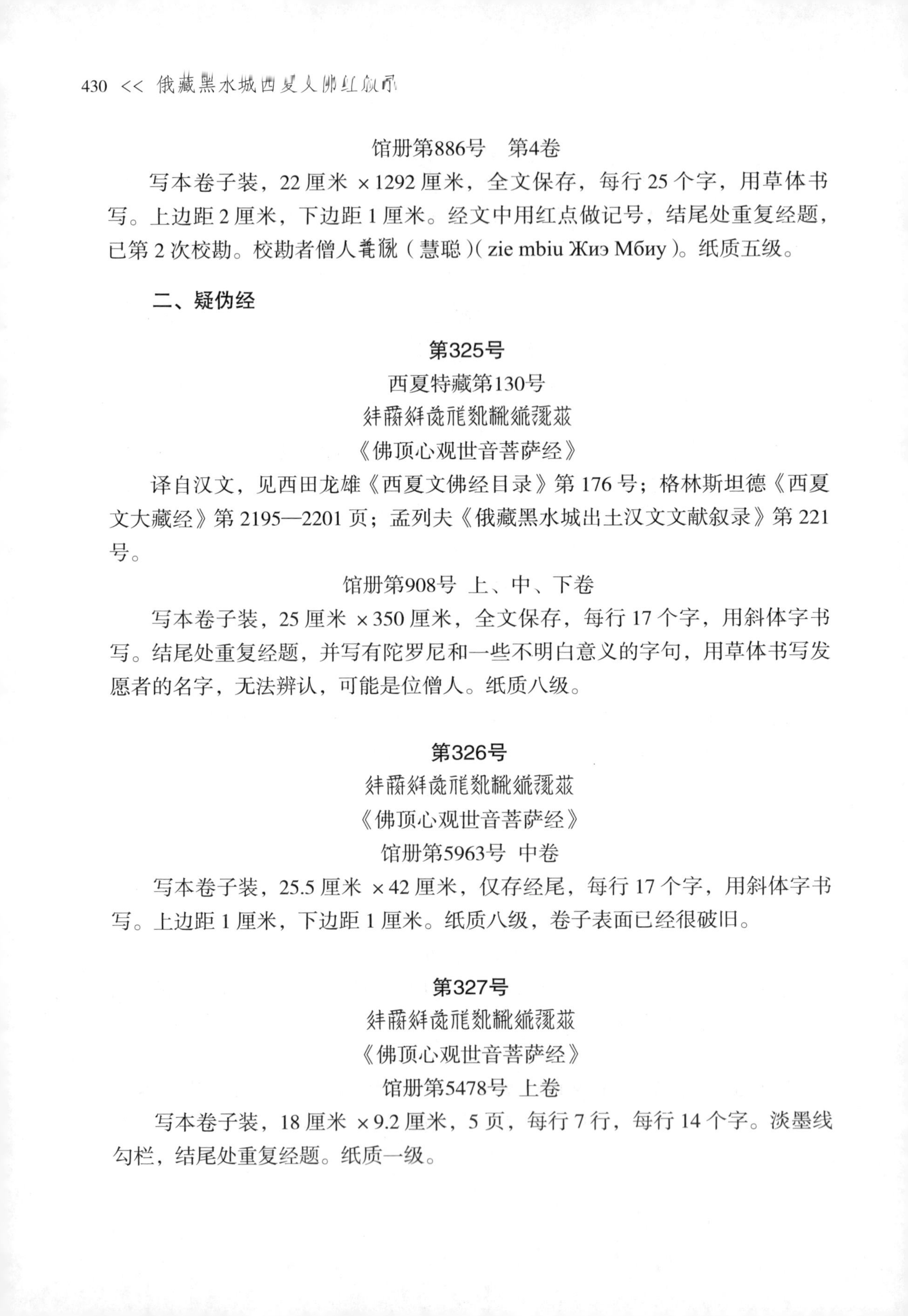

馆册第886号　第4卷

写本卷子装，22 厘米 ×1292 厘米，全文保存，每行 25 个字，用草体书写。上边距 2 厘米，下边距 1 厘米。经文中用红点做记号，结尾处重复经题，已第 2 次校勘。校勘者僧人[illegible]（慧聪）(zie mbiu Жиэ Мбиу)。纸质五级。

二、疑伪经

第325号

西夏特藏第130号

[illegible]

《佛顶心观世音菩萨经》

译自汉文，见西田龙雄《西夏文佛经目录》第 176 号；格林斯坦德《西夏文大藏经》第 2195—2201 页；孟列夫《俄藏黑水城出土汉文文献叙录》第 221 号。

馆册第908号　上、中、下卷

写本卷子装，25 厘米 ×350 厘米，全文保存，每行 17 个字，用斜体字书写。结尾处重复经题，并写有陀罗尼和一些不明白意义的字句，用草体书写发愿者的名字，无法辨认，可能是位僧人。纸质八级。

第326号

[illegible]

《佛顶心观世音菩萨经》

馆册第5963号　中卷

写本卷子装，25.5 厘米 ×42 厘米，仅存经尾，每行 17 个字，用斜体字书写。上边距 1 厘米，下边距 1 厘米。纸质八级，卷子表面已经很破旧。

第327号

[illegible]

《佛顶心观世音菩萨经》

馆册第5478号　上卷

写本卷子装，18 厘米 ×9.2 厘米，5 页，每行 7 行，每行 14 个字。淡墨线勾栏，结尾处重复经题。纸质一级。

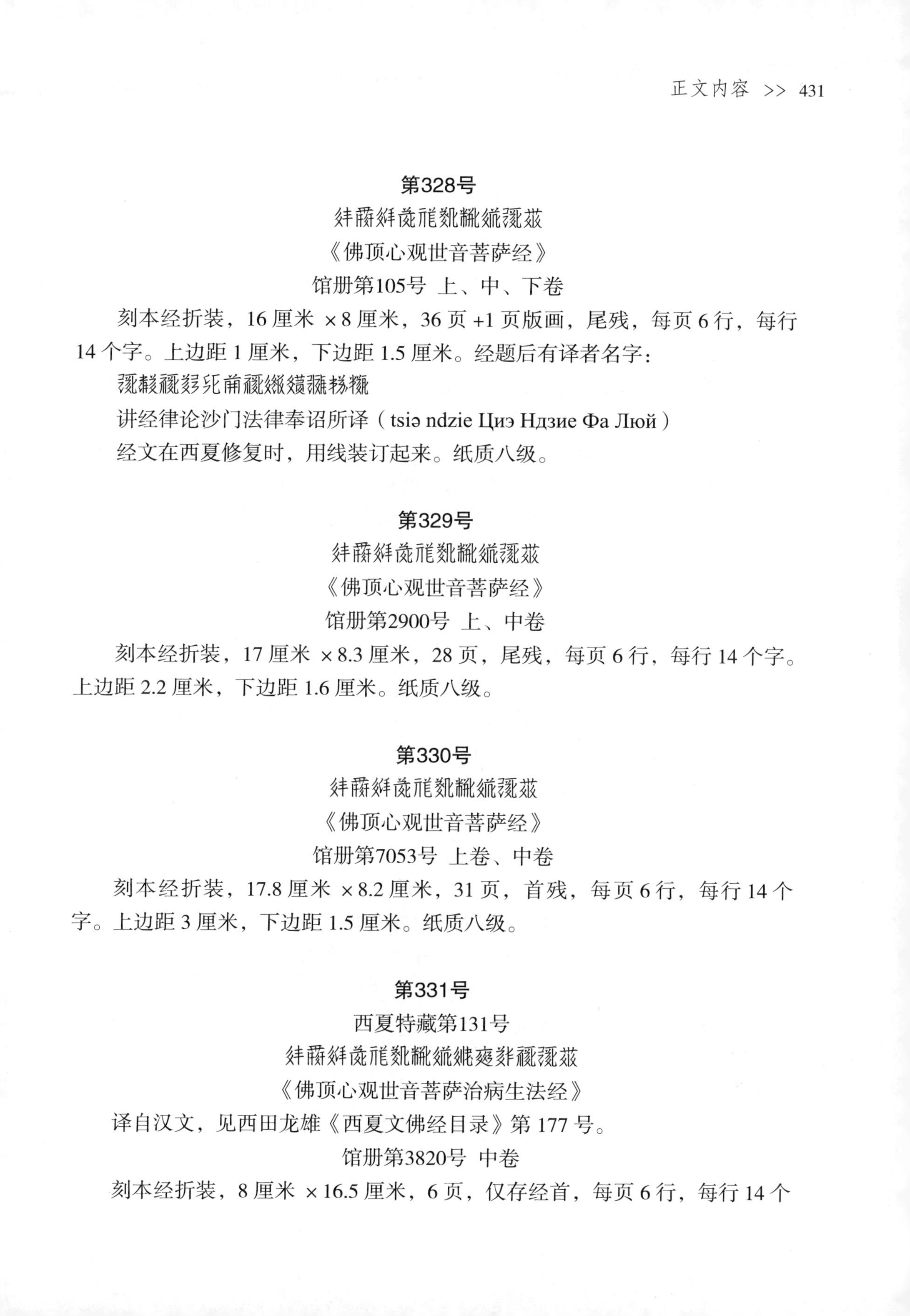

第328号

[illegible]

《佛顶心观世音菩萨经》

馆册第105号 上、中、下卷

刻本经折装，16 厘米 ×8 厘米，36 页 +1 页版画，尾残，每页 6 行，每行 14 个字。上边距 1 厘米，下边距 1.5 厘米。经题后有译者名字：

[illegible]

讲经律论沙门法律奉诏所译（tsiə ndzie Цию Ндзие Фа Люй）

经文在西夏修复时，用线装订起来。纸质八级。

第329号

[illegible]

《佛顶心观世音菩萨经》

馆册第2900号 上、中卷

刻本经折装，17 厘米 ×8.3 厘米，28 页，尾残，每页 6 行，每行 14 个字。上边距 2.2 厘米，下边距 1.6 厘米。纸质八级。

第330号

[illegible]

《佛顶心观世音菩萨经》

馆册第7053号 上卷、中卷

刻本经折装，17.8 厘米 ×8.2 厘米，31 页，首残，每页 6 行，每行 14 个字。上边距 3 厘米，下边距 1.5 厘米。纸质八级。

第331号

西夏特藏第131号

[illegible]

《佛顶心观世音菩萨治病生法经》

译自汉文，见西田龙雄《西夏文佛经目录》第 177 号。

馆册第3820号 中卷

刻本经折装，8 厘米 ×16.5 厘米，6 页，仅存经首，每页 6 行，每行 14 个

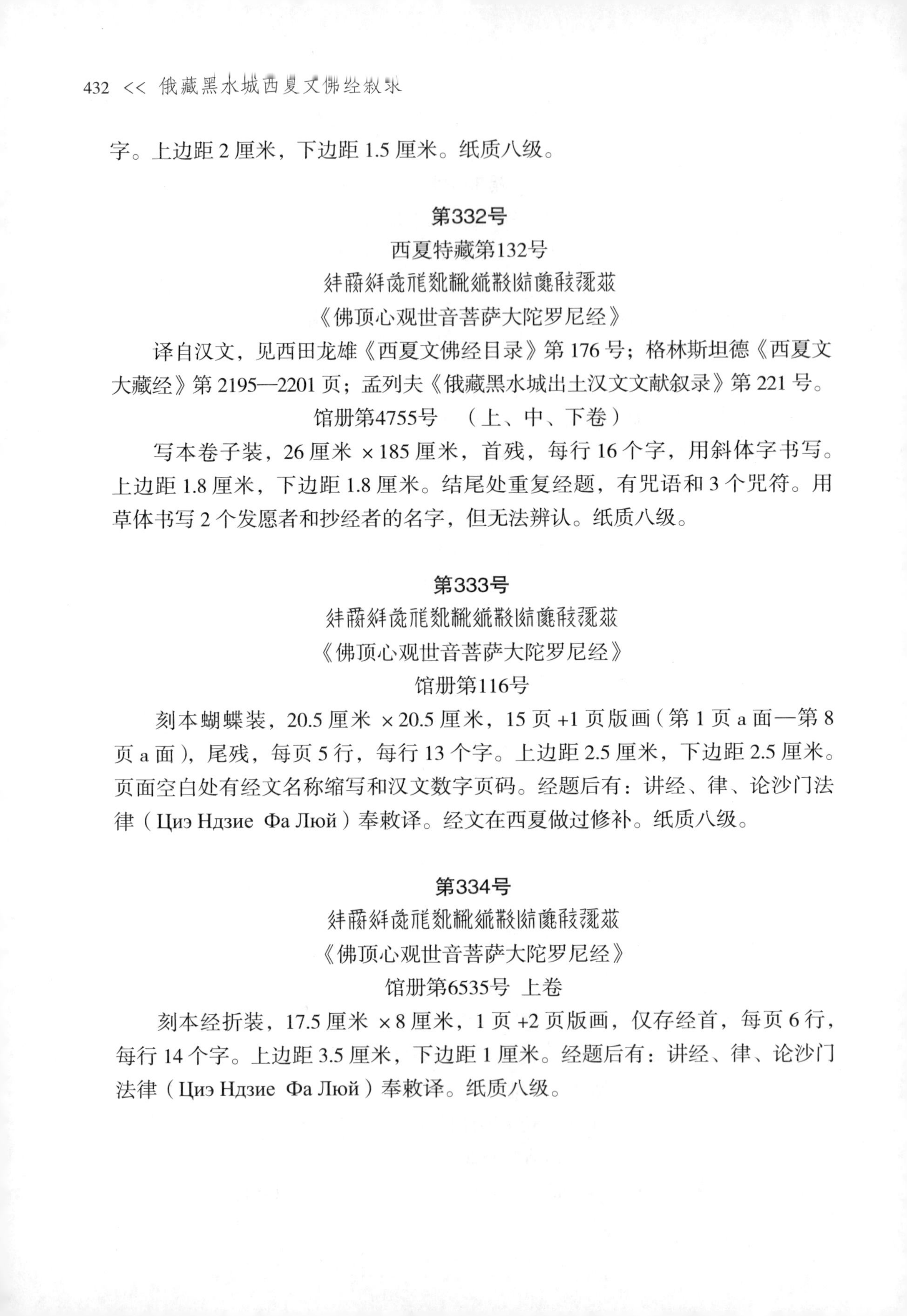

字。上边距 2 厘米，下边距 1.5 厘米。纸质八级。

第332号

西夏特藏第132号

[illegible]

《佛顶心观世音菩萨大陀罗尼经》

译自汉文，见西田龙雄《西夏文佛经目录》第 176 号；格林斯坦德《西夏文大藏经》第 2195—2201 页；孟列夫《俄藏黑水城出土汉文文献叙录》第 221 号。

馆册第4755号　（上、中、下卷）

写本卷子装，26 厘米 ×185 厘米，首残，每行 16 个字，用斜体字书写。上边距 1.8 厘米，下边距 1.8 厘米。结尾处重复经题，有咒语和 3 个咒符。用草体书写 2 个发愿者和抄经者的名字，但无法辨认。纸质八级。

第333号

[illegible]

《佛顶心观世音菩萨大陀罗尼经》

馆册第116号

刻本蝴蝶装，20.5 厘米 ×20.5 厘米，15 页 +1 页版画（第 1 页 a 面—第 8 页 a 面），尾残，每页 5 行，每行 13 个字。上边距 2.5 厘米，下边距 2.5 厘米。页面空白处有经文名称缩写和汉文数字页码。经题后有：讲经、律、论沙门法律（Циэ Ндзие Фа Люй）奉敕译。经文在西夏做过修补。纸质八级。

第334号

[illegible]

《佛顶心观世音菩萨大陀罗尼经》

馆册第6535号 上卷

刻本经折装，17.5 厘米 ×8 厘米，1 页 +2 页版画，仅存经首，每页 6 行，每行 14 个字。上边距 3.5 厘米，下边距 1 厘米。经题后有：讲经、律、论沙门法律（Циэ Ндзие Фа Люй）奉敕译。纸质八级。

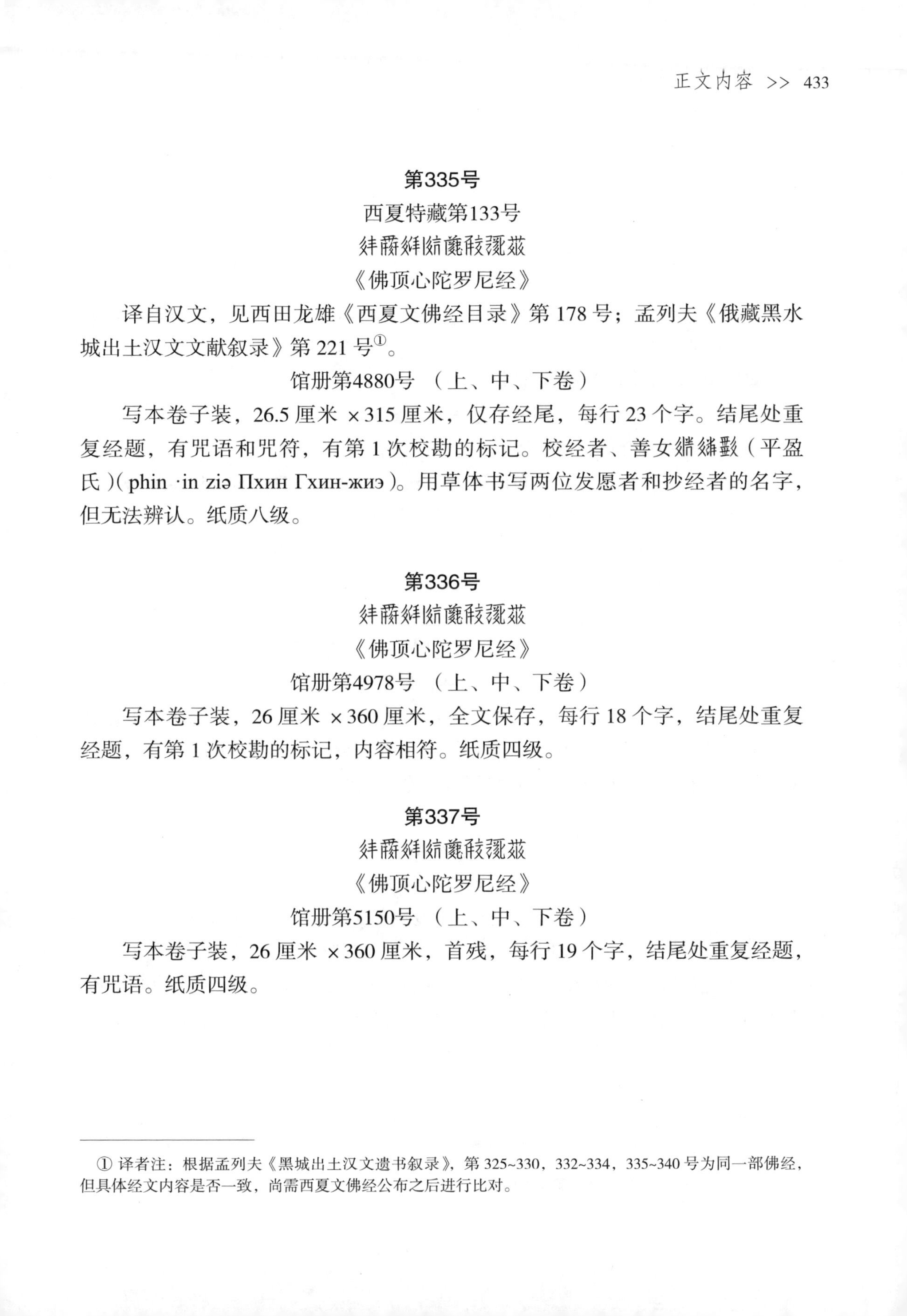

第335号

西夏特藏第133号

[illegible]

《佛顶心陀罗尼经》

译自汉文，见西田龙雄《西夏文佛经目录》第 178 号；孟列夫《俄藏黑水城出土汉文文献叙录》第 221 号[①]。

馆册第4880号 （上、中、下卷）

写本卷子装，26.5 厘米 ×315 厘米，仅存经尾，每行 23 个字。结尾处重复经题，有咒语和咒符，有第 1 次校勘的标记。校经者、善女[illegible]（平盈氏）(phin ·in ziə Пхин Гхин-жиэ)。用草体书写两位发愿者和抄经者的名字，但无法辨认。纸质八级。

第336号

[illegible]

《佛顶心陀罗尼经》

馆册第4978号 （上、中、下卷）

写本卷子装，26 厘米 ×360 厘米，全文保存，每行 18 个字，结尾处重复经题，有第 1 次校勘的标记，内容相符。纸质四级。

第337号

[illegible]

《佛顶心陀罗尼经》

馆册第5150号 （上、中、下卷）

写本卷子装，26 厘米 ×360 厘米，首残，每行 19 个字，结尾处重复经题，有咒语。纸质四级。

---

① 译者注：根据孟列夫《黑城出土汉文遗书叙录》，第 325~330，332~334，335~340 号为同一部佛经，但具体经文内容是否一致，尚需西夏文佛经公布之后进行比对。

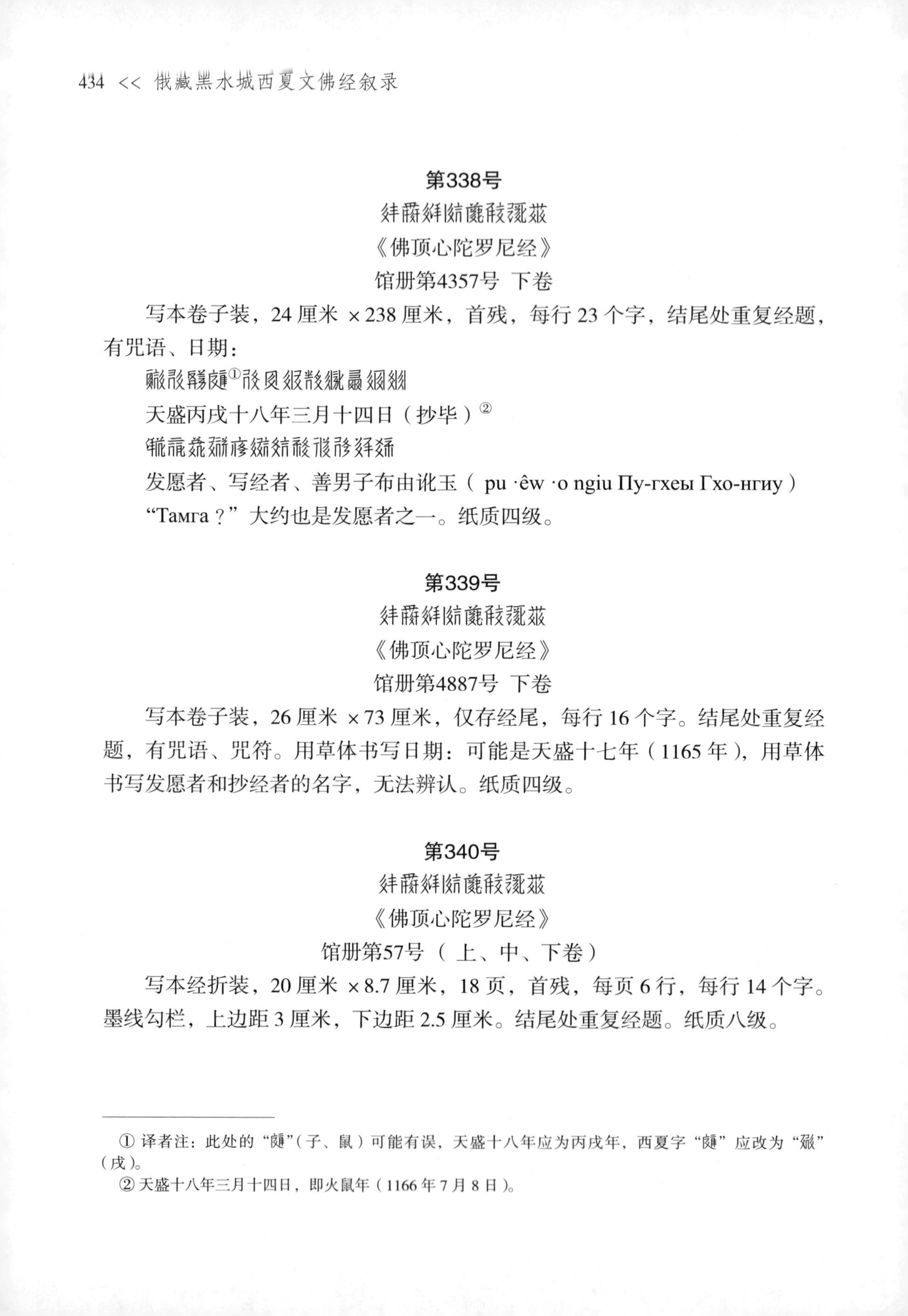

第338号

[illegible]

《佛顶心陀罗尼经》

馆册第4357号 下卷

写本卷子装，24 厘米 ×238 厘米，首残，每行 23 个字，结尾处重复经题，有咒语、日期：

[illegible]①[illegible]

天盛丙戌十八年三月十四日（抄毕）②

[illegible]

发愿者、写经者、善男子布由讹玉（ pu ·êw ·o ngiu Пу-гхеы Гхо-нгиу）

“Тамга？”大约也是发愿者之一。纸质四级。

第339号

[illegible]

《佛顶心陀罗尼经》

馆册第4887号 下卷

写本卷子装，26 厘米 ×73 厘米，仅存经尾，每行 16 个字。结尾处重复经题，有咒语、咒符。用草体书写日期：可能是天盛十七年（1165 年），用草体书写发愿者和抄经者的名字，无法辨认。纸质四级。

第340号

[illegible]

《佛顶心陀罗尼经》

馆册第57号（ 上、中、下卷）

写本经折装，20 厘米 ×8.7 厘米，18 页，首残，每页 6 行，每行 14 个字。墨线勾栏，上边距 3 厘米，下边距 2.5 厘米。结尾处重复经题。纸质八级。

---

① 译者注：此处的“[illegible]”（子、鼠）可能有误，天盛十八年应为丙戌年，西夏字“[illegible]”应改为“[illegible]”（戌）。

② 天盛十八年三月十四日，即火鼠年（1166 年 7 月 8 日）。

第341号

西夏特藏第158号

𗼇𗟲𗣼𗴂𗗙𘓐

《佛说长寿经》

译自汉文，见西田龙雄《西夏文佛经目录》第 192 号；孟列夫《俄藏黑水城出土汉文文献叙录》第 278 号。

馆册第5507号

写本蝴蝶装，18.5 厘米 ×9 厘米，16 页，此经文只有 7 页。其余的是𗿒𗤓𘓺𗗙𗗙𗗙𗗙𗗙𗗙𗗙《番言圣大乘胜意菩萨经》，全文保存，每页 4 页，每行 10 个字。上边距 1.5 厘米，下边距 2 厘米。经文边缘已经被撕掉，保存不善。纸质四级。

第342号

𗼇𗟲𗣼𗴂𗗙𘓐

《佛说长寿经》

馆册第7832号

写本经折装，4.2 厘米 ×3.5 厘米，共 46 页，此经文共 35 页，其余为空白页。每页 4 行，每行 7 个字，用斜体字书写。上边距 0.2 厘米，下边距 0.5 厘米。结尾处重复经题。纸质八级。

第343号

西夏特藏第161号

𗼇𗟲𗗙𗗙𗗙𘓐

《佛说来生经》

译自汉文，见西田龙雄《西夏文佛经目录》第 213 号。

馆册第6867号

写本蝴蝶装，16 厘米 ×11.5 厘米，22 页，全文保存，每页 6 行，每行 10 个字。上边距 2.3 厘米，下边距 1 厘米。结尾处重复经题，题记为：抄写完毕于乾祐鼠年十月八日（1180 年 10 月 28 日或 1192 年 11 月 14 日）。用草体书写发愿者和抄经者的名字𗗙𗗙（酩布）(min pu Мин-пу)，𗗙𗗙（耶哈）(·a xwa Гха хва)。纸质四级。

第344号

[illegible]

《佛说来生经》

馆册第7151号

写本蝴蝶装，20.5 厘米 ×13 厘米，40 页，尾残，每页 6 行，每行 16 个字。上边距 1 厘米，下边距 1 厘米。有一幅有关密教内容的画。纸质八级。

第345号

[illegible]

《佛说来生经》

馆册第6832号

写本小册子，12 厘米 ×9.5 厘米，65 页，尾残，每页 6 行，每行 9 个字。经文中用三种不同的笔迹书写。每段经文开头前有花体形括号。纸质八级。

第346号

西夏特藏第362号

[illegible]

《十王经》

译自汉文，见西田龙雄《西夏文佛经目录》第 125 号。

馆册第4976号

写本卷子装，29 厘米 ×600 厘米，首残，每行 22 个字，上边距 2 厘米，下边距 2 厘米。结尾处重复经题，题记为：

[illegible]

番本译者、座主、赐绯沙门法海（tsiə ngôn Цизэ Нгон Фа Хай）

卷子下端被撕坏。纸质一级。

第347号

西夏特藏第377号

[illegible]

《金光明总持经》

译自汉文，见西田龙雄《西夏文佛经目录》第 88 号。

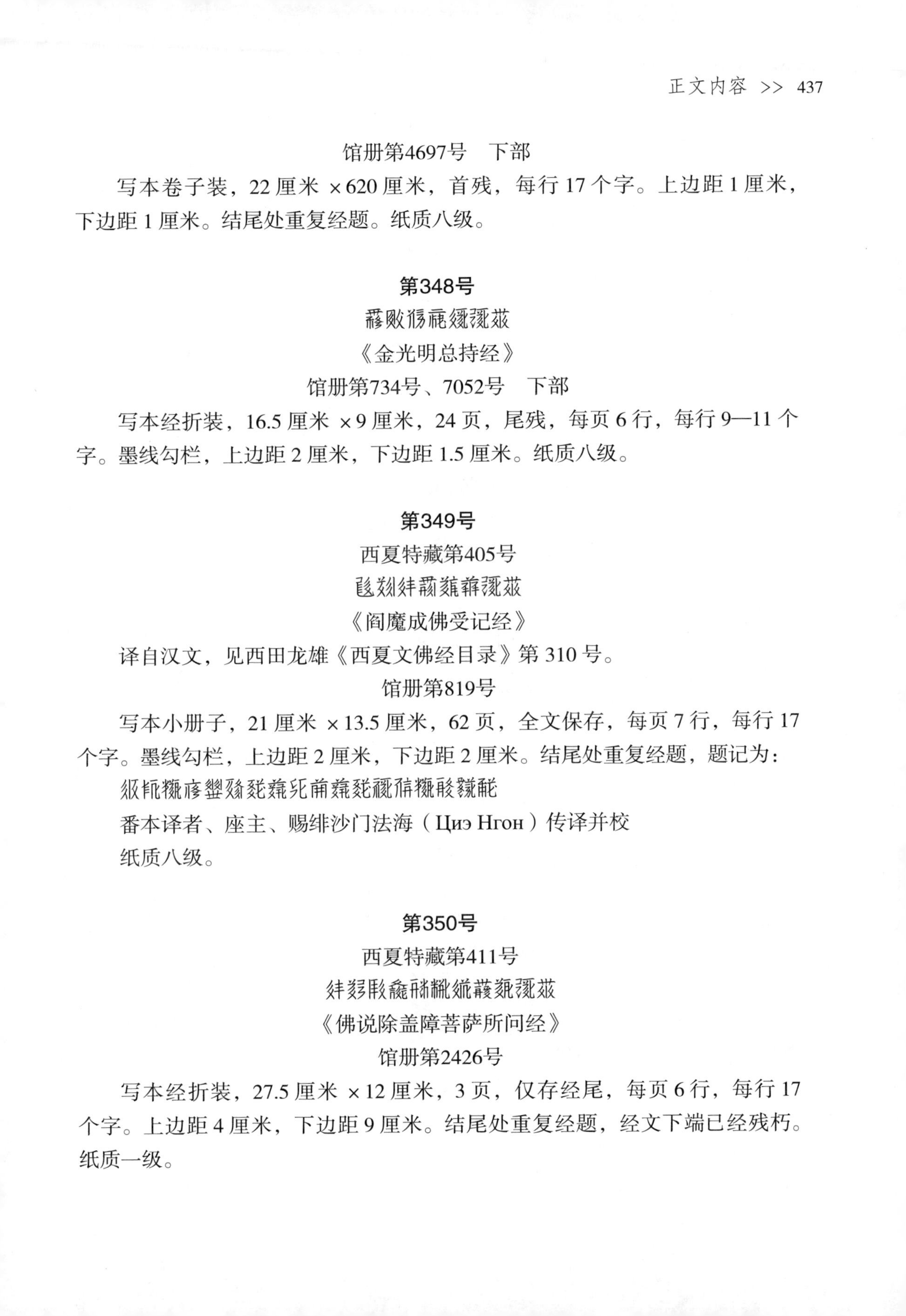

馆册第4697号　下部

写本卷子装，22 厘米 ×620 厘米，首残，每行 17 个字。上边距 1 厘米，下边距 1 厘米。结尾处重复经题。纸质八级。

第348号

[illegible]

《金光明总持经》

馆册第734号、7052号　下部

写本经折装，16.5 厘米 ×9 厘米，24 页，尾残，每页 6 行，每行 9—11 个字。墨线勾栏，上边距 2 厘米，下边距 1.5 厘米。纸质八级。

第349号

西夏特藏第405号

[illegible]

《阎魔成佛受记经》

译自汉文，见西田龙雄《西夏文佛经目录》第 310 号。

馆册第819号

写本小册子，21 厘米 ×13.5 厘米，62 页，全文保存，每页 7 行，每行 17 个字。墨线勾栏，上边距 2 厘米，下边距 2 厘米。结尾处重复经题，题记为：

[illegible]

番本译者、座主、赐绯沙门法海（Циэ Нгон）传译并校

纸质八级。

第350号

西夏特藏第411号

[illegible]

《佛说除盖障菩萨所问经》

馆册第2426号

写本经折装，27.5 厘米 ×12 厘米，3 页，仅存经尾，每页 6 行，每行 17 个字。上边距 4 厘米，下边距 9 厘米。结尾处重复经题，经文下端已经残朽。纸质一级。

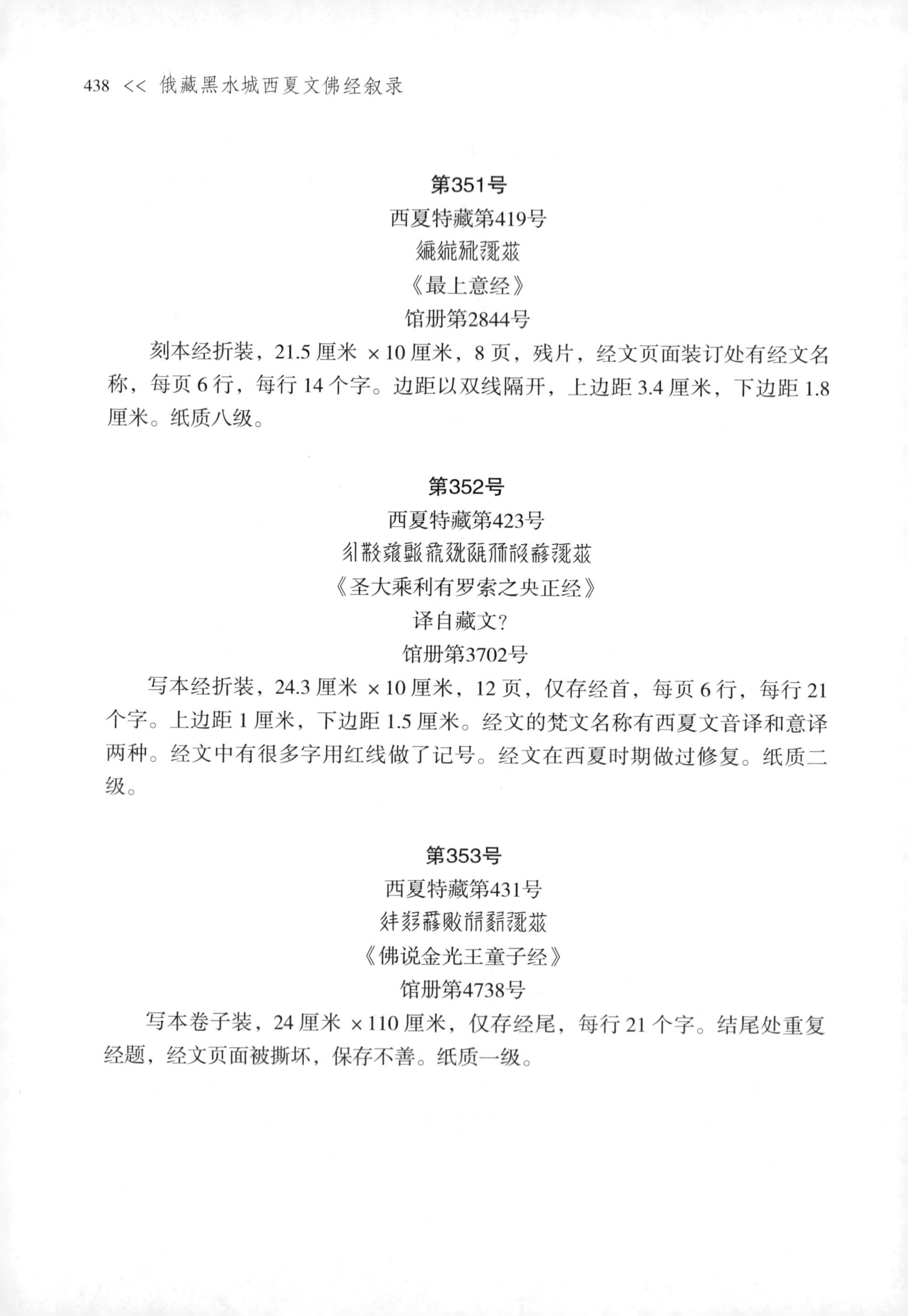

第351号

西夏特藏第419号

[illegible]

《最上意经》

馆册第2844号

刻本经折装，21.5 厘米 ×10 厘米，8 页，残片，经文页面装订处有经文名称，每页 6 行，每行 14 个字。边距以双线隔开，上边距 3.4 厘米，下边距 1.8 厘米。纸质八级。

第352号

西夏特藏第423号

[illegible]

《圣大乘利有罗索之央正经》

译自藏文?

馆册第3702号

写本经折装，24.3 厘米 ×10 厘米，12 页，仅存经首，每页 6 行，每行 21 个字。上边距 1 厘米，下边距 1.5 厘米。经文的梵文名称有西夏文音译和意译两种。经文中有很多字用红线做了记号。经文在西夏时期做过修复。纸质二级。

第353号

西夏特藏第431号

[illegible]

《佛说金光王童子经》

馆册第4738号

写本卷子装，24 厘米 ×110 厘米，仅存经尾，每行 21 个字。结尾处重复经题，经文页面被撕坏，保存不善。纸质一级。

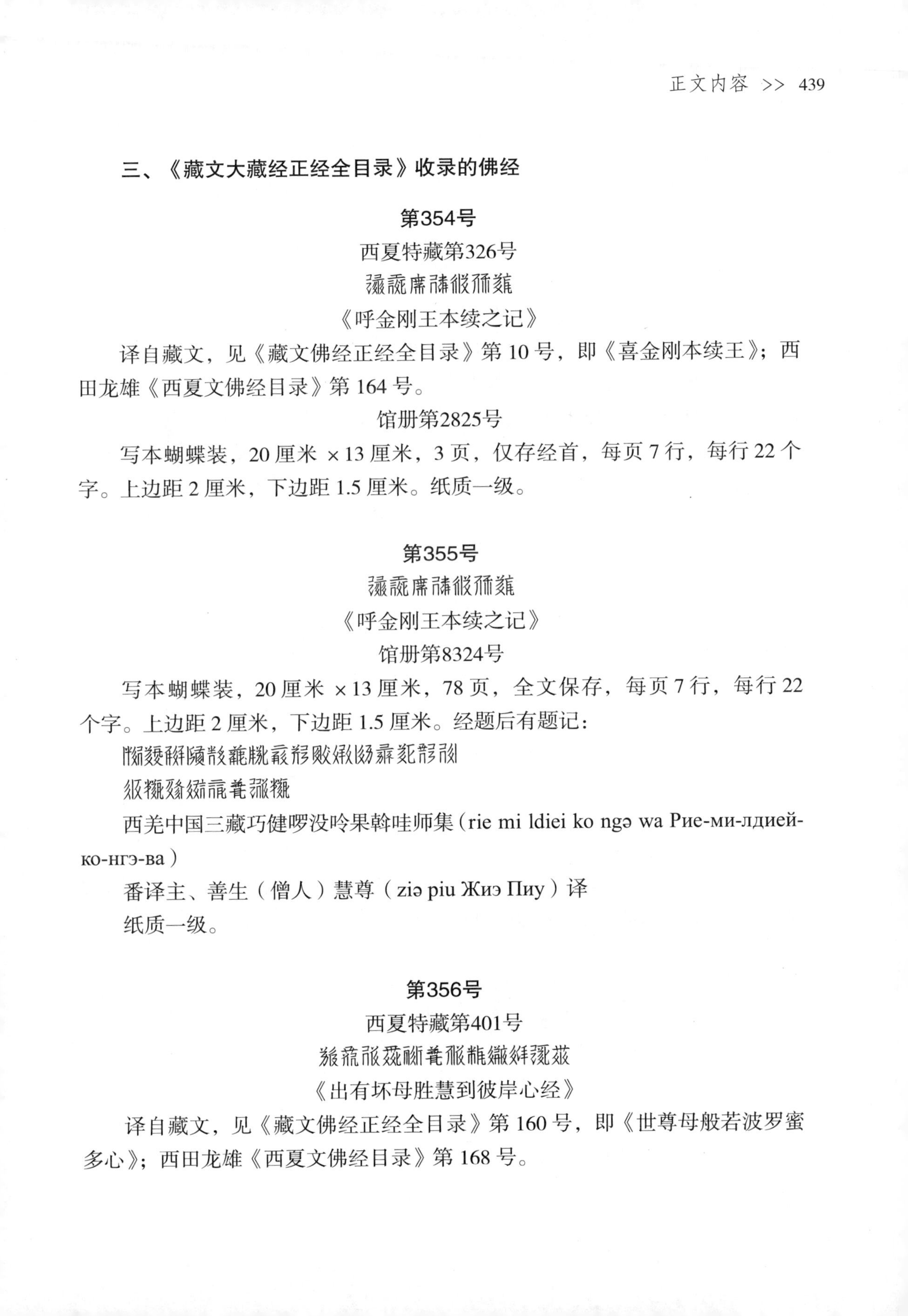

三、《藏文大藏经正经全目录》收录的佛经

第354号

西夏特藏第326号

[illegible]

《呼金刚王本续之记》

译自藏文，见《藏文佛经正经全目录》第 10 号，即《喜金刚本续王》；西田龙雄《西夏文佛经目录》第 164 号。

馆册第2825号

写本蝴蝶装，20 厘米 ×13 厘米，3 页，仅存经首，每页 7 行，每行 22 个字。上边距 2 厘米，下边距 1.5 厘米。纸质一级。

第355号

[illegible]

《呼金刚王本续之记》

馆册第8324号

写本蝴蝶装，20 厘米 ×13 厘米，78 页，全文保存，每页 7 行，每行 22 个字。上边距 2 厘米，下边距 1.5 厘米。经题后有题记：

[illegible]

[illegible]

西羌中国三藏巧健啰没呤果斡哇师集（rie mi ldiei ko ngə wa Рие-ми-лдией-ко-нгэ-ва）

番译主、善生（僧人）慧尊（ziə piu Жиэ Пиу）译

纸质一级。

第356号

西夏特藏第401号

[illegible]

《出有坏母胜慧到彼岸心经》

译自藏文，见《藏文佛经正经全目录》第 160 号，即《世尊母般若波罗蜜多心》；西田龙雄《西夏文佛经目录》第 168 号。

馆册第808号

写本蝴蝶装，14.5 厘米 ×12 厘米，12 页，首残，每页 5—6 行，每行 11—12 个字。结尾处重复经题，有陀罗尼。纸质一级。

第357号

[illegible]

《出有坏母胜慧到彼岸心经》

馆册第3888号

刻本经折装，25 厘米 ×10.5 厘米，4 页，仅存经首，每页 6 行，每行 16 个字。上边距 5 厘米，下边距 1 厘米。经文的梵文名称有西夏文音译和意译两种。经题后有：仁孝皇帝（尊号 1）御译。经文中有一行字系手写而成。纸质八级。

馆册第4013号

刻本经折装，25 厘米 ×10.5 厘米，5 页，仅存经尾，每页 6 行，每行 16 个字。上边距 5 厘米，下边距 1 厘米。结尾处重复经题，经文中有两页系手写而成。纸质八级。

第358号

[illegible]

《出有坏母胜慧到彼岸心经》

馆册第3334号

刻本经折装，25 厘米 ×13 厘米，28 页，首残，每页 7 行，每行 16 个字。上边距 2.5 厘米，下边距 0.5 厘米。结尾处重复经题，经文最后一页系手写而成。经文在西夏时期已做过修复。纸质八级。

第359号

[illegible]

《出有坏母胜慧到彼岸心经》

馆册第744号

刻本经折装，27 厘米 ×11 厘米，40 页，首残，每页 6 行，每行 16 个字。上边距 3 厘米，下边距 2.5 厘米。结尾处重复经题，有附注：第 10 卷，五部密续经。纸质八级。

馆册第745号

刻本经折装，27 厘米 ×11 厘米，8 页，仅存经尾，每页 6 行，每行 16 个字。上边距 4 厘米，下边距 1.5 厘米。结尾处重复经题。纸质八级。

馆册第6054号

刻本经折装，27 厘米 ×11 厘米，16 页，仅存经首，每页 6 行，每行 16 个字。上边距 2 厘米，下边距 3 厘米。纸质八级。

馆册第6849号

刻本经折装，27 厘米 ×11 厘米，33 页，全文保存，上边距已残朽，下边距 2 厘米。经题下方在花饰中有陀罗尼咒语。结尾处重复经题，题记为：

[illegible]

[illegible][1]

九月二十日

新宫御前张啰兀尼于木材商铺近处刻毕

由于经文保存不善，共同发愿者的名字无法辨认，经文上端已经残朽。纸质八级。

第360号

[illegible]

《出有坏母胜慧到彼岸心经》

馆册第2735号

刻本经折装，27 厘米 ×11 厘米，39 页 +4 页版画，尾残，每页 7 行，每行 16 个字。上边距 4 厘米，下边距 1 厘米。经文的梵文名称有西夏文音译和意译两种。经题后有仁孝皇帝（尊号 1）御译。纸质一级。

---

① 译者注：此句西夏文不完整，克恰诺夫的俄译翻译成汉语：雕版完成于天庆三年九月二十日，火龙年（1196 年）10 月 12 日，发愿者是为新皇宫采购木材者 phu pha Пху-пха 、t1ion ra •o ni Гион Ра-гхон-ни。此处应为一人，而克恰诺夫认为是两个人。

第361号

[illegible]

《出有坏母胜慧到彼岸心经》

馆册第6449号

刻本经折装，25 厘米 ×10.5 厘米，4 页 +3 页版画，仅存经首，每页 6 行，每行 16 个字。上边距 4 厘米，下边距 1 厘米。经文的梵文名称有西夏文音译和意译两种。经题后有仁孝皇帝（尊号 1）御译。纸质一级。

第362号

西夏特藏第328、344号

[illegible]

《大密咒受持经》

译自藏文，见《藏文佛经正经全目录》第 181 号，即《大真言随持经》；西田龙雄《西夏文佛经目录》第 43 号。

馆册第4763号

写本卷子装，10 厘米 ×266 厘米，全文保存。每行 11—12 个字。结尾处重复经题，题记为：抄经者[illegible]（嵬狄哆家宝）(ngwi ndi tshi ka ldiə Нгви-нди Ка-лдиэ)。纸质八级。

馆册第4770号

写本卷子装，10 厘米 ×450 厘米，首残，此卷子中还有一篇经文：[illegible]《顶尊总持》。每行 11—15 个字。纸质八级。

第363号

[illegible]

《大密咒受持经》

馆册第4191号

写本卷子装，35 厘米 ×315 厘米，首残，每行 20 个字。墨线勾栏，上边距 4.5 厘米，下边距 2.5 厘米。结尾处重复经题，已第 2 次校勘，内容相符。纸质一级。

第364号

[illegible]

《大密咒受持经》

馆册第560号

写本经折装，带棕色花图案的浅绸软封面，29 厘米 ×13 厘米，32 页，全文保存，每页 6—7 行，每行 19 个字。上边距 1 厘米，下边距 1.5 厘米。经文的梵文名称有西夏文音译和意译两种。经题后有仁孝皇帝（尊号 2）御译。结尾处重复经题，有第 1 次校勘的标记。纸质八级。

第365号

[illegible]

《大密咒受持经》

馆册第2499号

写本经折装，31 厘米 ×12 厘米，31 页，尾残，每页 6 行，每行 20 个字。墨线勾栏，上边距 3.5 厘米，下边距 2.5 厘米。经文的梵文名称有西夏文音译和意译两种。经题后有仁孝皇帝（尊号 2）。有些页面上有朱砂印章，经文右上角被火烧过。纸质一级。

馆册第5840号

写本经折装，31 厘米 ×12 厘米，2 页，仅存经尾，每页 6 行，每行 20 个字。上边距 4 厘米，下边距 2 厘米。结尾处重复经题。纸质一级。

第366号

[illegible]

《大密咒受持经》

馆册第5757号

写本贝叶经，40 厘米 ×68 厘米，5 页（第 1—5 页），全文保存，每行 13 个字。墨线勾栏，上边距 2.5 厘米，下边距 2 厘米。经题后有仁孝皇帝（尊号 1）御译。结尾处重复经题，页面正面右上角有页码。结尾处标有：第 10 卷，五部密续经。纸质八级。

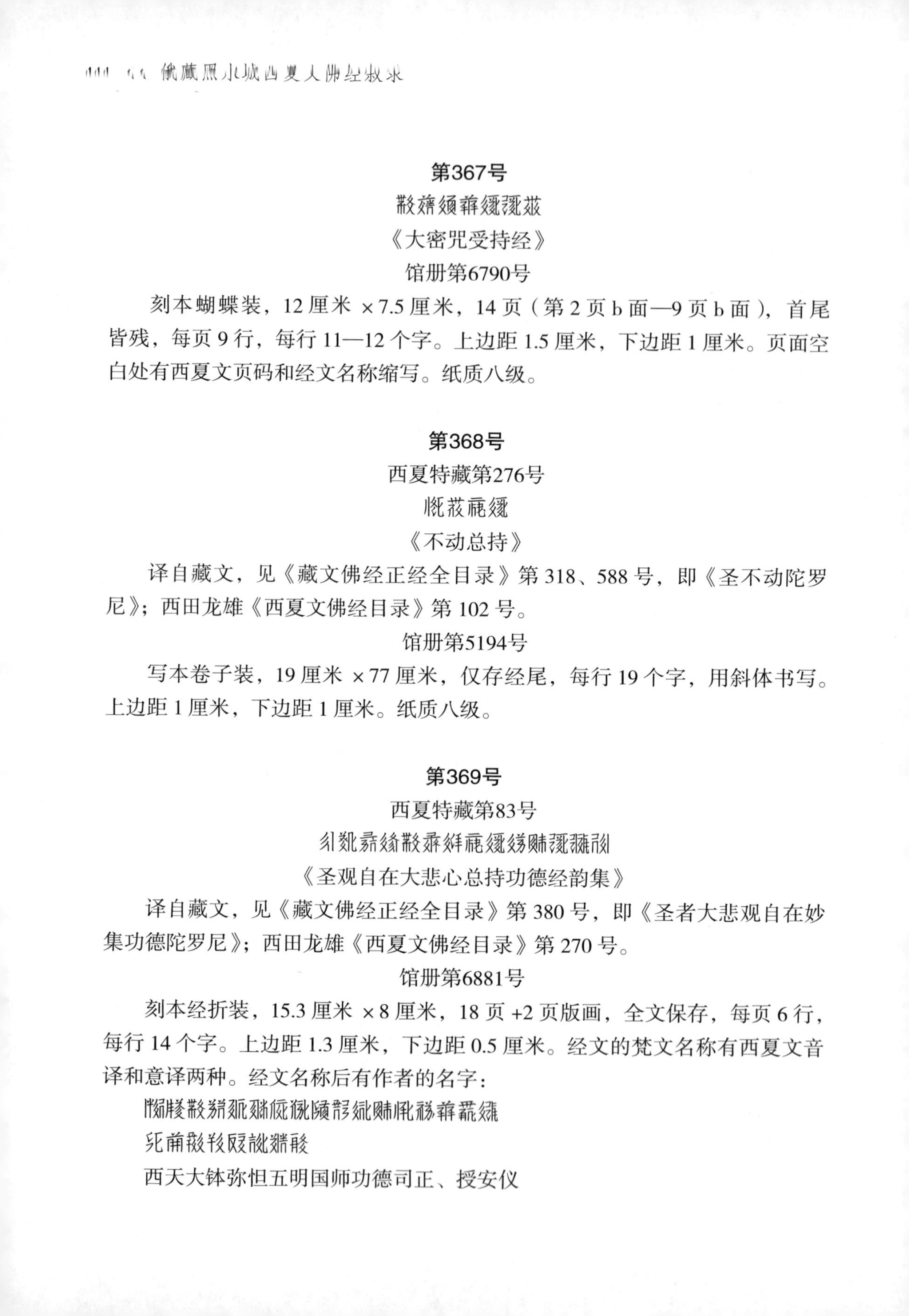

第367号

[illegible]

《大密咒受持经》

馆册第6790号

刻本蝴蝶装，12 厘米 ×7.5 厘米，14 页（第 2 页 b 面—9 页 b 面），首尾皆残，每页 9 行，每行 11—12 个字。上边距 1.5 厘米，下边距 1 厘米。页面空白处有西夏文页码和经文名称缩写。纸质八级。

第368号

西夏特藏第276号

[illegible]

《不动总持》

译自藏文，见《藏文佛经正经全目录》第 318、588 号，即《圣不动陀罗尼》；西田龙雄《西夏文佛经目录》第 102 号。

馆册第5194号

写本卷子装，19 厘米 ×77 厘米，仅存经尾，每行 19 个字，用斜体书写。上边距 1 厘米，下边距 1 厘米。纸质八级。

第369号

西夏特藏第83号

[illegible]

《圣观自在大悲心总持功德经韵集》

译自藏文，见《藏文佛经正经全目录》第 380 号，即《圣者大悲观自在妙集功德陀罗尼》；西田龙雄《西夏文佛经目录》第 270 号。

馆册第6881号

刻本经折装，15.3 厘米 ×8 厘米，18 页 +2 页版画，全文保存，每页 6 行，每行 14 个字。上边距 1.3 厘米，下边距 0.5 厘米。经文的梵文名称有西夏文音译和意译两种。经文名称后有作者的名字：

[illegible]

[illegible]

西天大钵弥怛五明国师功德司正、授安仪

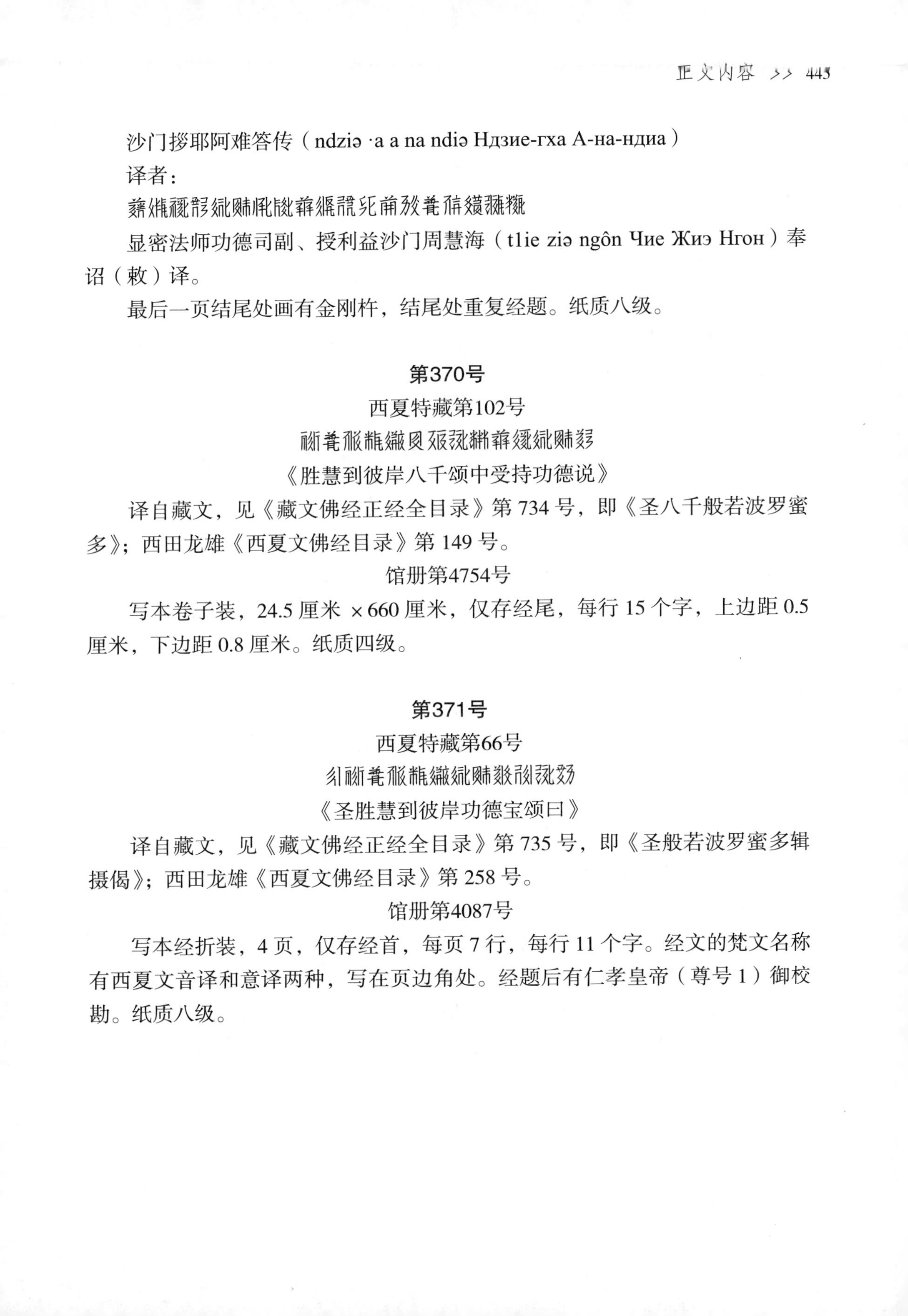

沙门拶耶阿难答传（ndziə ·a a na ndiə Ндзие-гха А-на-ндиа）

译者：

[illegible]

显密法师功德司副、授利益沙门周慧海（t1ie ziə ngôn Чие Жиэ Нгон）奉诏（敕）译。

最后一页结尾处画有金刚杵，结尾处重复经题。纸质八级。

第370号

西夏特藏第102号

[illegible]

《胜慧到彼岸八千颂中受持功德说》

译自藏文，见《藏文佛经正经全目录》第 734 号，即《圣八千般若波罗蜜多》；西田龙雄《西夏文佛经目录》第 149 号。

馆册第4754号

写本卷子装，24.5 厘米 ×660 厘米，仅存经尾，每行 15 个字，上边距 0.5 厘米，下边距 0.8 厘米。纸质四级。

第371号

西夏特藏第66号

[illegible]

《圣胜慧到彼岸功德宝颂曰》

译自藏文，见《藏文佛经正经全目录》第 735 号，即《圣般若波罗蜜多辑摄偈》；西田龙雄《西夏文佛经目录》第 258 号。

馆册第4087号

写本经折装，4 页，仅存经首，每页 7 行，每行 11 个字。经文的梵文名称有西夏文音译和意译两种，写在页边角处。经题后有仁孝皇帝（尊号 1）御校勘。纸质八级。

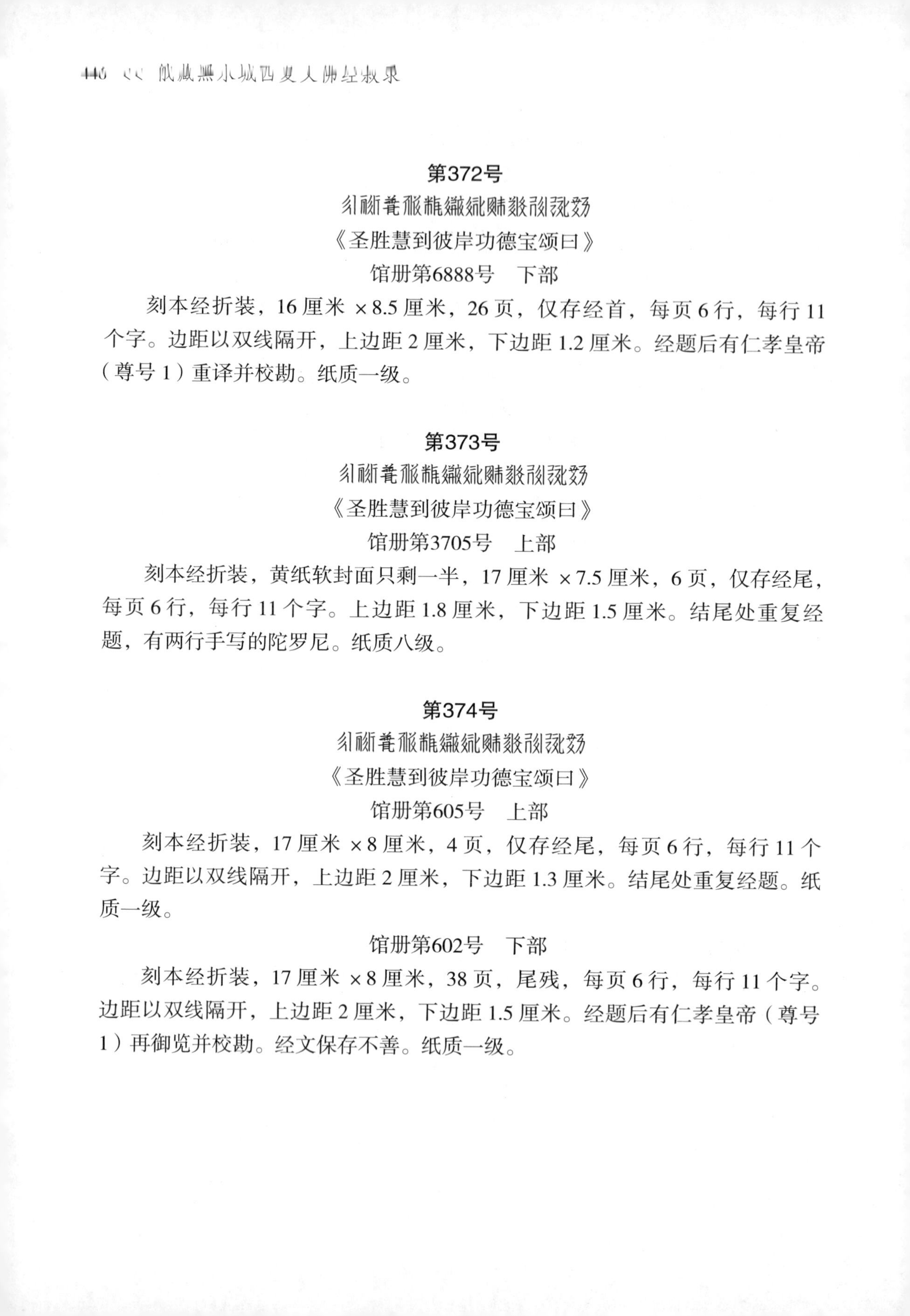

第372号

[illegible]

《圣胜慧到彼岸功德宝颂曰》

馆册第6888号　下部

刻本经折装，16 厘米 ×8.5 厘米，26 页，仅存经首，每页 6 行，每行 11 个字。边距以双线隔开，上边距 2 厘米，下边距 1.2 厘米。经题后有仁孝皇帝（尊号 1）重译并校勘。纸质一级。

第373号

[illegible]

《圣胜慧到彼岸功德宝颂曰》

馆册第3705号　上部

刻本经折装，黄纸软封面只剩一半，17 厘米 ×7.5 厘米，6 页，仅存经尾，每页 6 行，每行 11 个字。上边距 1.8 厘米，下边距 1.5 厘米。结尾处重复经题，有两行手写的陀罗尼。纸质八级。

第374号

[illegible]

《圣胜慧到彼岸功德宝颂曰》

馆册第605号　上部

刻本经折装，17 厘米 ×8 厘米，4 页，仅存经尾，每页 6 行，每行 11 个字。边距以双线隔开，上边距 2 厘米，下边距 1.3 厘米。结尾处重复经题。纸质一级。

馆册第602号　下部

刻本经折装，17 厘米 ×8 厘米，38 页，尾残，每页 6 行，每行 11 个字。边距以双线隔开，上边距 2 厘米，下边距 1.5 厘米。经题后有仁孝皇帝（尊号 1）再御览并校勘。经文保存不善。纸质一级。

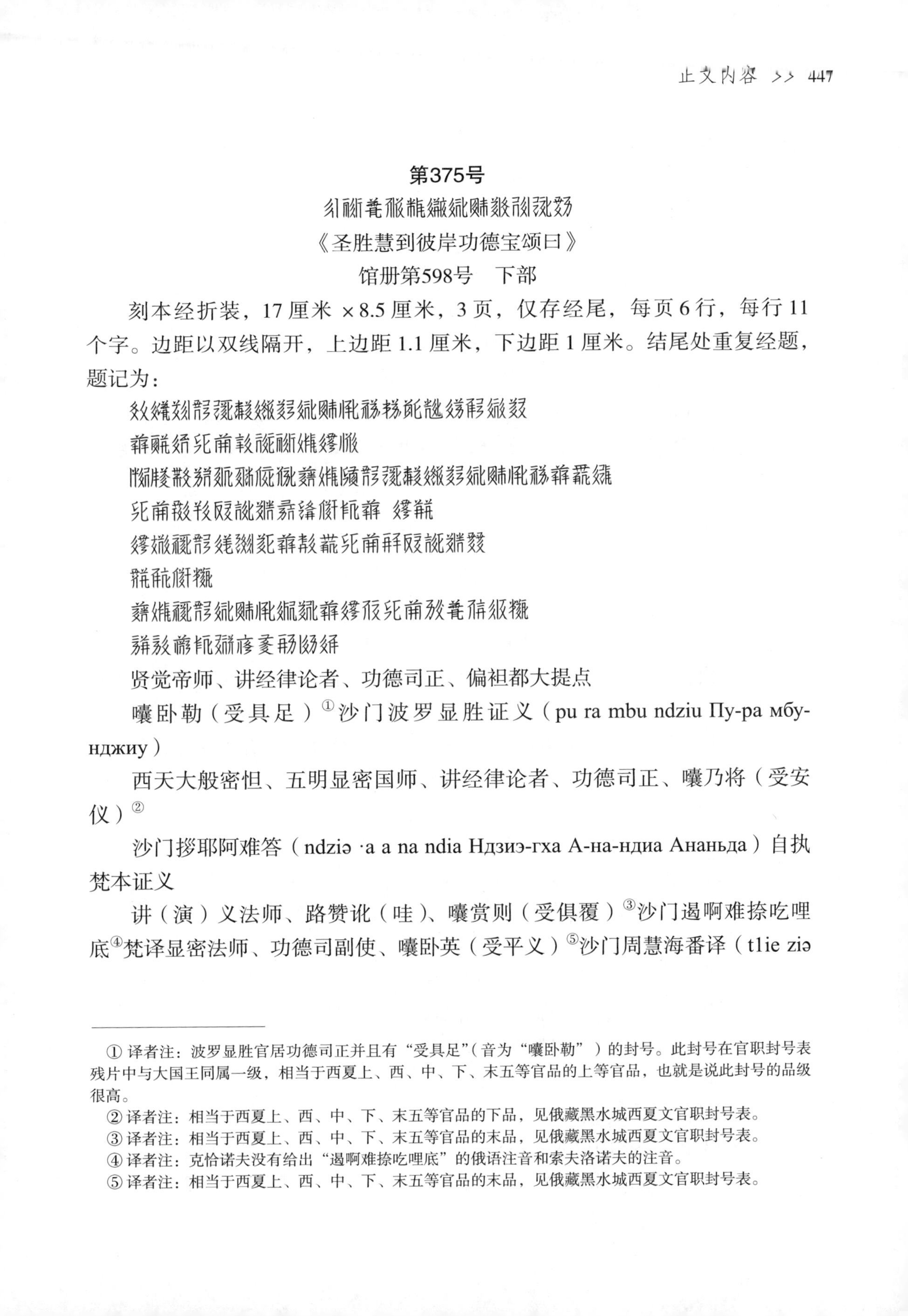

第375号

[illegible]

《圣胜慧到彼岸功德宝颂曰》

馆册第598号　下部

刻本经折装，17 厘米 ×8.5 厘米，3 页，仅存经尾，每页 6 行，每行 11 个字。边距以双线隔开，上边距 1.1 厘米，下边距 1 厘米。结尾处重复经题，题记为：

[illegible]

[illegible]

[illegible]

[illegible]

[illegible]

[illegible]

[illegible]

[illegible]

贤觉帝师、讲经律论者、功德司正、偏袒都大提点

嚷卧勒（受具足）[①]沙门波罗显胜证义（pu ra mbu ndziu Пу-ра мбу-нджиу）

西天大般密怛、五明显密国师、讲经律论者、功德司正、嚷乃将（受安仪）[②]

沙门拶耶阿难答（ndziə ·a a na ndia Ндзиэ-гха А-на-ндиа Ананьда）自执梵本证义

讲（演）义法师、路赞讹（哇）、嚷赏则（受俱覆）[③]沙门遏啊难捺吃哩底[④]梵译显密法师、功德司副使、嚷卧英（受平义）[⑤]沙门周慧海番译（t1ie ziə

① 译者注：波罗显胜官居功德司正并且有“受具足”（音为“嚷卧勒”）的封号。此封号在官职封号表残片中与大国王同属一级，相当于西夏上、西、中、下、末五等官品的上等官品，也就是说此封号的品级很高。

② 译者注：相当于西夏上、西、中、下、末五等官品的下品，见俄藏黑水城西夏文官职封号表。

③ 译者注：相当于西夏上、西、中、下、末五等官品的末品，见俄藏黑水城西夏文官职封号表。

④ 译者注：克恰诺夫没有给出“遏啊难捺吃哩底”的俄语注音和索夫洛诺夫的注音。

⑤ 译者注：相当于西夏上、西、中、下、末五等官品的末品，见俄藏黑水城西夏文官职封号表。

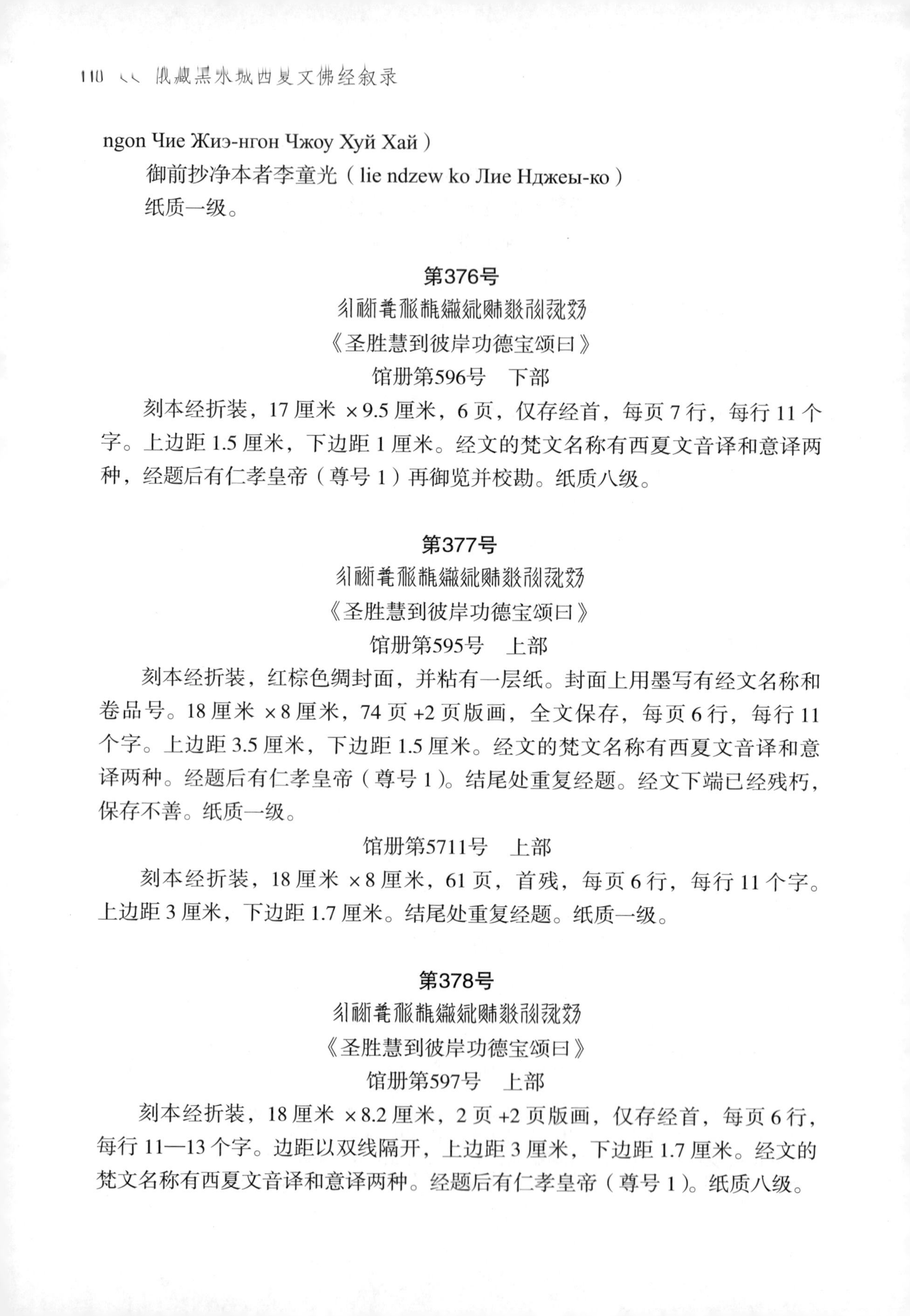

ngon Чие Жиэ-нгон Чжоу Хуй Хай）

御前抄净本者李童光（lie ndzew ko Лие Нджеы-ко）

纸质一级。

第376号

[illegible]

《圣胜慧到彼岸功德宝颂曰》

馆册第596号　下部

刻本经折装，17 厘米 ×9.5 厘米，6 页，仅存经首，每页 7 行，每行 11 个字。上边距 1.5 厘米，下边距 1 厘米。经文的梵文名称有西夏文音译和意译两种，经题后有仁孝皇帝（尊号 1）再御览并校勘。纸质八级。

第377号

[illegible]

《圣胜慧到彼岸功德宝颂曰》

馆册第595号　上部

刻本经折装，红棕色绸封面，并粘有一层纸。封面上用墨写有经文名称和卷品号。18 厘米 ×8 厘米，74 页 +2 页版画，全文保存，每页 6 行，每行 11 个字。上边距 3.5 厘米，下边距 1.5 厘米。经文的梵文名称有西夏文音译和意译两种。经题后有仁孝皇帝（尊号 1）。结尾处重复经题。经文下端已经残朽，保存不善。纸质一级。

馆册第5711号　上部

刻本经折装，18 厘米 ×8 厘米，61 页，首残，每页 6 行，每行 11 个字。上边距 3 厘米，下边距 1.7 厘米。结尾处重复经题。纸质一级。

第378号

[illegible]

《圣胜慧到彼岸功德宝颂曰》

馆册第597号　上部

刻本经折装，18 厘米 ×8.2 厘米，2 页 +2 页版画，仅存经首，每页 6 行，每行 11—13 个字。边距以双线隔开，上边距 3 厘米，下边距 1.7 厘米。经文的梵文名称有西夏文音译和意译两种。经题后有仁孝皇帝（尊号 1）。纸质八级。

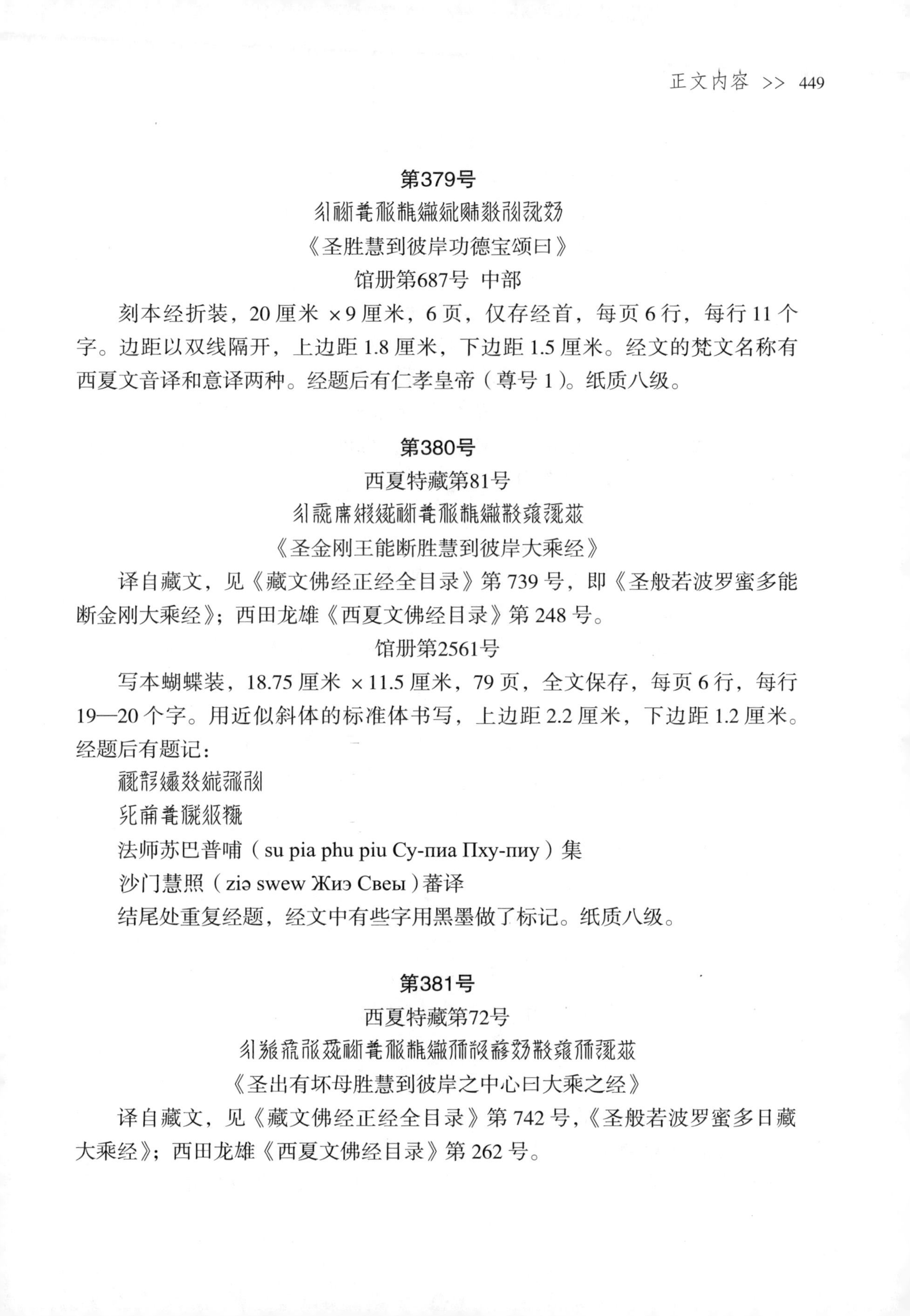

第379号

[illegible]

《圣胜慧到彼岸功德宝颂曰》

馆册第687号 中部

刻本经折装，20 厘米 ×9 厘米，6 页，仅存经首，每页 6 行，每行 11 个字。边距以双线隔开，上边距 1.8 厘米，下边距 1.5 厘米。经文的梵文名称有西夏文音译和意译两种。经题后有仁孝皇帝（尊号 1）。纸质八级。

第380号

西夏特藏第81号

[illegible]

《圣金刚王能断胜慧到彼岸大乘经》

译自藏文，见《藏文佛经正经全目录》第 739 号，即《圣般若波罗蜜多能断金刚大乘经》；西田龙雄《西夏文佛经目录》第 248 号。

馆册第2561号

写本蝴蝶装，18.75 厘米 ×11.5 厘米，79 页，全文保存，每页 6 行，每行 19—20 个字。用近似斜体的标准体书写，上边距 2.2 厘米，下边距 1.2 厘米。经题后有题记：

[illegible]

[illegible]

法师苏巴普哺（su pia phu piu Су-пиа Пху-пиу）集

沙门慧照（ziə swew Жиэ Свеы）蕃译

结尾处重复经题，经文中有些字用黑墨做了标记。纸质八级。

第381号

西夏特藏第72号

[illegible]

《圣出有坏母胜慧到彼岸之中心曰大乘之经》

译自藏文，见《藏文佛经正经全目录》第 742 号，《圣般若波罗蜜多日藏大乘经》；西田龙雄《西夏文佛经目录》第 262 号。

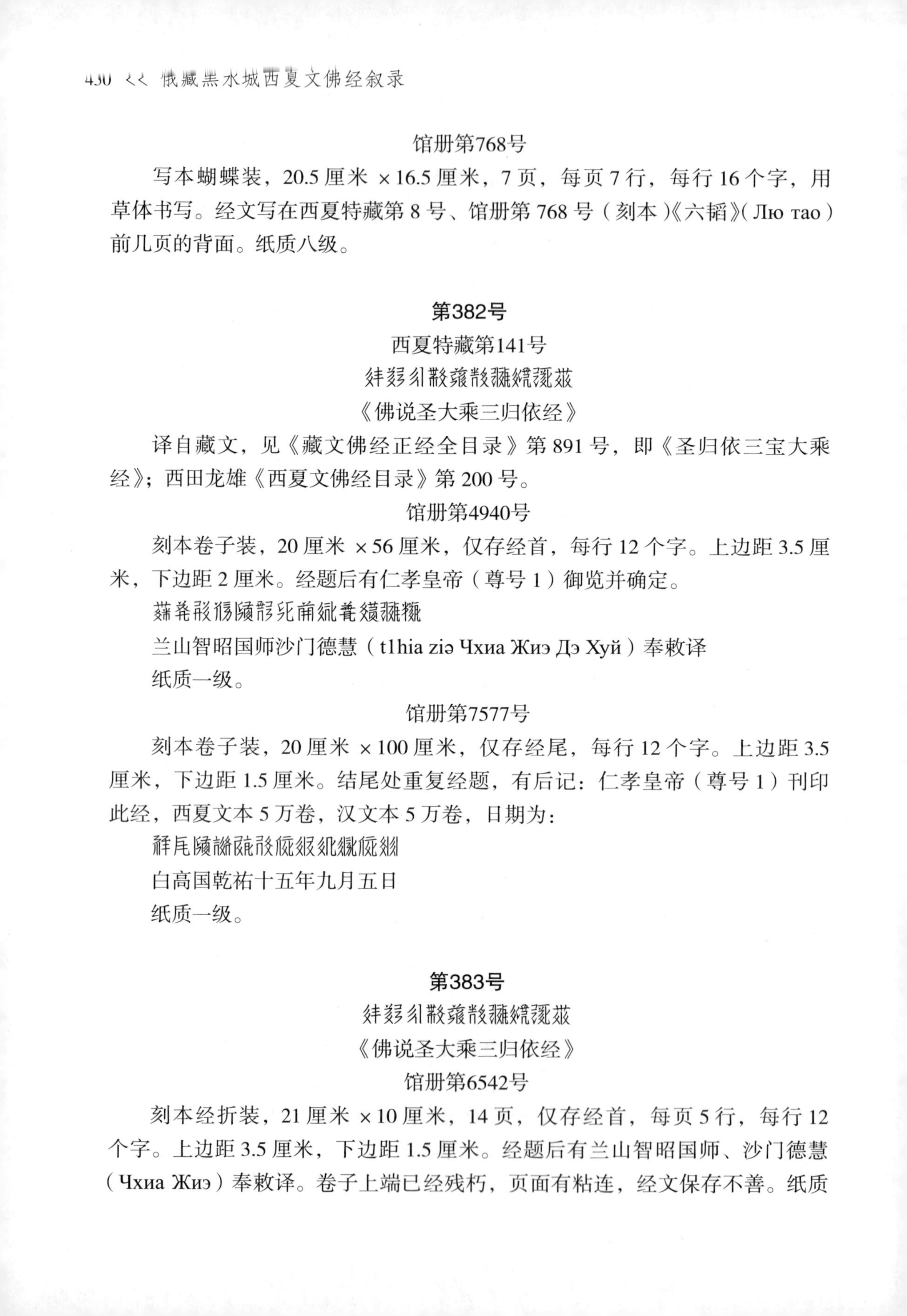

馆册第768号

写本蝴蝶装，20.5 厘米 ×16.5 厘米，7 页，每页 7 行，每行 16 个字，用草体书写。经文写在西夏特藏第 8 号、馆册第 768 号（刻本）《六韬》(Лю тао）前几页的背面。纸质八级。

第382号

西夏特藏第141号

[illegible]

《佛说圣大乘三归依经》

译自藏文，见《藏文佛经正经全目录》第 891 号，即《圣归依三宝大乘经》；西田龙雄《西夏文佛经目录》第 200 号。

馆册第4940号

刻本卷子装，20 厘米 ×56 厘米，仅存经首，每行 12 个字。上边距 3.5 厘米，下边距 2 厘米。经题后有仁孝皇帝（尊号 1）御览并确定。

[illegible]

兰山智昭国师沙门德慧（t1hia ziə Чхиа Жиэ Дэ Хуй）奉敕译

纸质一级。

馆册第7577号

刻本卷子装，20 厘米 ×100 厘米，仅存经尾，每行 12 个字。上边距 3.5 厘米，下边距 1.5 厘米。结尾处重复经题，有后记：仁孝皇帝（尊号 1）刊印此经，西夏文本 5 万卷，汉文本 5 万卷，日期为：

[illegible]

白高国乾祐十五年九月五日

纸质一级。

第383号

[illegible]

《佛说圣大乘三归依经》

馆册第6542号

刻本经折装，21 厘米 ×10 厘米，14 页，仅存经首，每页 5 行，每行 12 个字。上边距 3.5 厘米，下边距 1.5 厘米。经题后有兰山智昭国师、沙门德慧（Чхиа Жиэ）奉敕译。卷子上端已经残朽，页面有粘连，经文保存不善。纸质

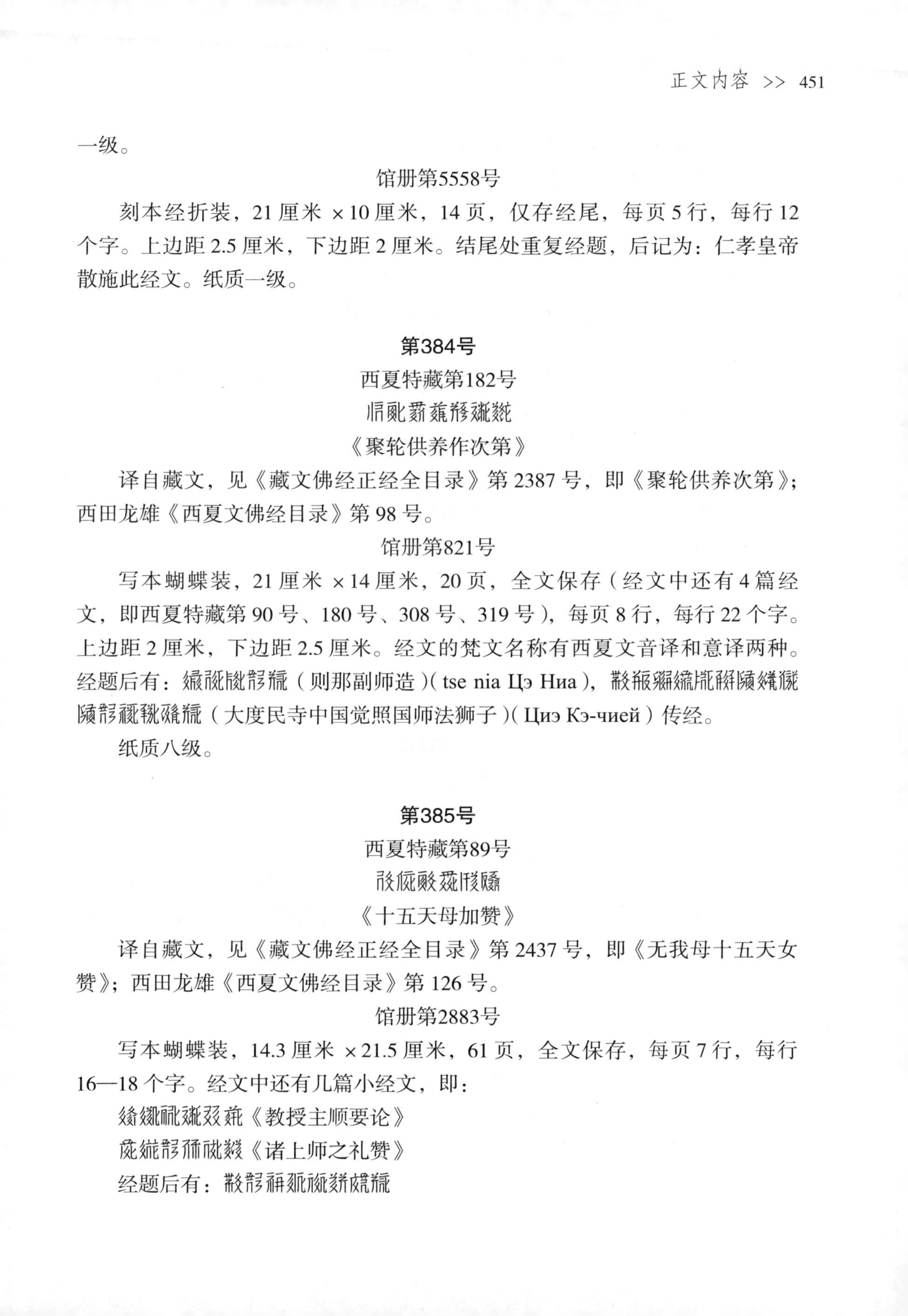

一级。

馆册第5558号

刻本经折装，21厘米 ×10厘米，14页，仅存经尾，每页5行，每行12个字。上边距2.5厘米，下边距2厘米。结尾处重复经题，后记为：仁孝皇帝散施此经文。纸质一级。

第384号

西夏特藏第182号

[illegible]

《聚轮供养作次第》

译自藏文，见《藏文佛经正经全目录》第2387号，即《聚轮供养次第》；西田龙雄《西夏文佛经目录》第98号。

馆册第821号

写本蝴蝶装，21厘米 ×14厘米，20页，全文保存（经文中还有4篇经文，即西夏特藏第90号、180号、308号、319号），每页8行，每行22个字。上边距2厘米，下边距2.5厘米。经文的梵文名称有西夏文音译和意译两种。经题后有：[illegible]（则那副师造）(tse nia Цэ Ниа)，[illegible]（大度民寺中国觉照国师法狮子）(Циэ Кэ-чией）传经。

纸质八级。

第385号

西夏特藏第89号

[illegible]

《十五天母加赞》

译自藏文，见《藏文佛经正经全目录》第2437号，即《无我母十五天女赞》；西田龙雄《西夏文佛经目录》第126号。

馆册第2883号

写本蝴蝶装，14.3厘米 ×21.5厘米，61页，全文保存，每页7行，每行16—18个字。经文中还有几篇小经文，即：

[illegible]《教授主顺要论》

[illegible]《诸上师之礼赞》

经题后有：[illegible]

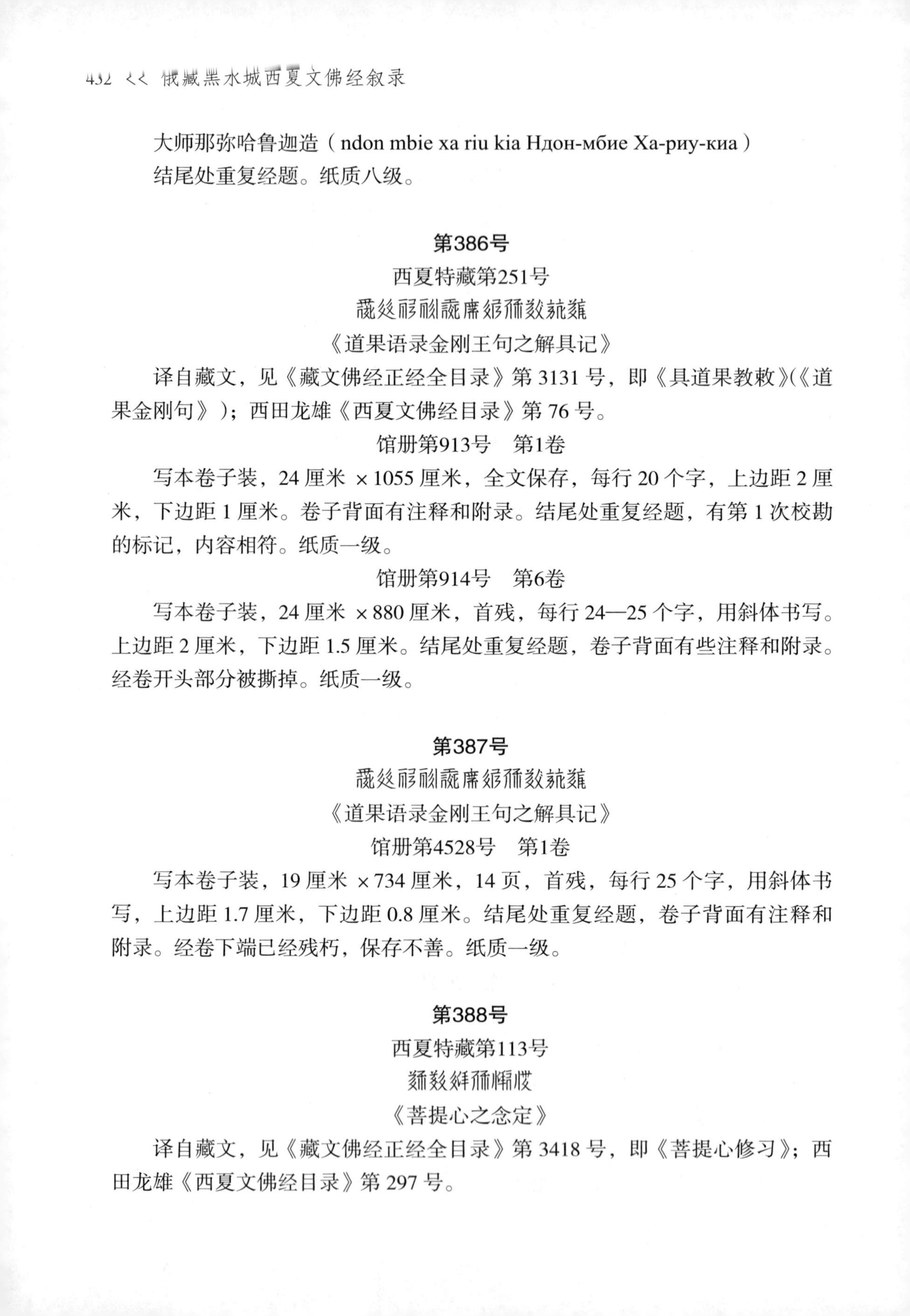

大师那弥哈鲁迦造（ndon mbie xa riu kia Ндон-мбие Ха-риу-киа）

结尾处重复经题。纸质八级。

第386号

西夏特藏第251号

[illegible]

《道果语录金刚王句之解具记》

译自藏文，见《藏文佛经正经全目录》第 3131 号，即《具道果教敕》(《道果金刚句》）；西田龙雄《西夏文佛经目录》第 76 号。

馆册第913号　第1卷

写本卷子装，24 厘米 ×1055 厘米，全文保存，每行 20 个字，上边距 2 厘米，下边距 1 厘米。卷子背面有注释和附录。结尾处重复经题，有第 1 次校勘的标记，内容相符。纸质一级。

馆册第914号　第6卷

写本卷子装，24 厘米 ×880 厘米，首残，每行 24—25 个字，用斜体书写。上边距 2 厘米，下边距 1.5 厘米。结尾处重复经题，卷子背面有些注释和附录。经卷开头部分被撕掉。纸质一级。

第387号

[illegible]

《道果语录金刚王句之解具记》

馆册第4528号　第1卷

写本卷子装，19 厘米 ×734 厘米，14 页，首残，每行 25 个字，用斜体书写，上边距 1.7 厘米，下边距 0.8 厘米。结尾处重复经题，卷子背面有注释和附录。经卷下端已经残朽，保存不善。纸质一级。

第388号

西夏特藏第113号

[illegible]

《菩提心之念定》

译自藏文，见《藏文佛经正经全目录》第 3418 号，即《菩提心修习》；西田龙雄《西夏文佛经目录》第 297 号。

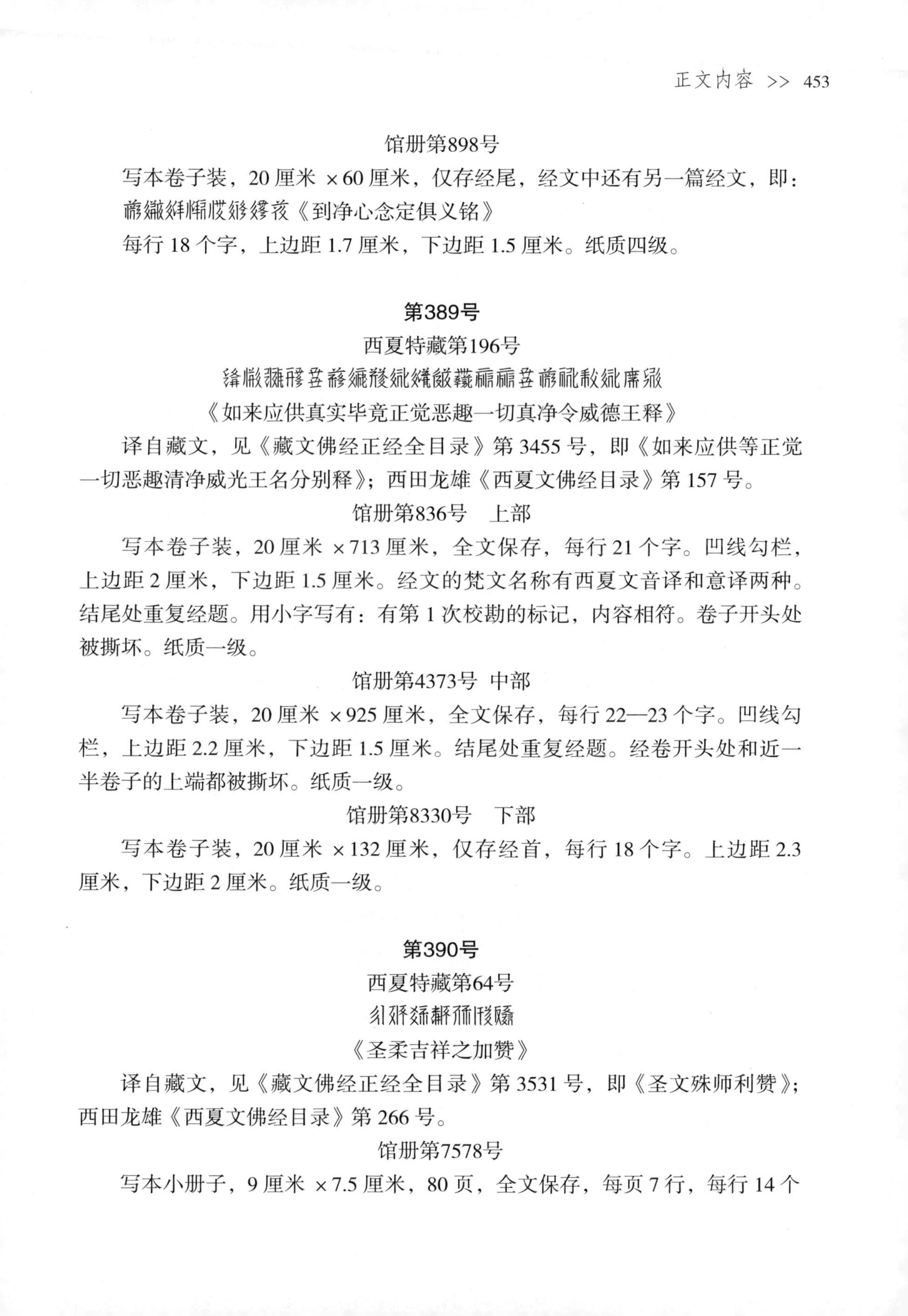

馆册第898号

写本卷子装，20 厘米 ×60 厘米，仅存经尾，经文中还有另一篇经文，即：[illegible]《到净心念定俱义铭》

每行 18 个字，上边距 1.7 厘米，下边距 1.5 厘米。纸质四级。

第389号

西夏特藏第196号

[illegible]

《如来应供真实毕竟正觉恶趣一切真净令威德王释》

译自藏文，见《藏文佛经正经全目录》第 3455 号，即《如来应供等正觉一切恶趣清净威光王名分别释》；西田龙雄《西夏文佛经目录》第 157 号。

馆册第836号　上部

写本卷子装，20 厘米 ×713 厘米，全文保存，每行 21 个字。凹线勾栏，上边距 2 厘米，下边距 1.5 厘米。经文的梵文名称有西夏文音译和意译两种。结尾处重复经题。用小字写有：有第 1 次校勘的标记，内容相符。卷子开头处被撕坏。纸质一级。

馆册第4373号　中部

写本卷子装，20 厘米 ×925 厘米，全文保存，每行 22—23 个字。凹线勾栏，上边距 2.2 厘米，下边距 1.5 厘米。结尾处重复经题。经卷开头处和近一半卷子的上端都被撕坏。纸质一级。

馆册第8330号　下部

写本卷子装，20 厘米 ×132 厘米，仅存经首，每行 18 个字。上边距 2.3 厘米，下边距 2 厘米。纸质一级。

第390号

西夏特藏第64号

[illegible]

《圣柔吉祥之加赞》

译自藏文，见《藏文佛经正经全目录》第 3531 号，即《圣文殊师利赞》；西田龙雄《西夏文佛经目录》第 266 号。

馆册第7578号

写本小册子，9 厘米 ×7.5 厘米，80 页，全文保存，每页 7 行，每行 14 个

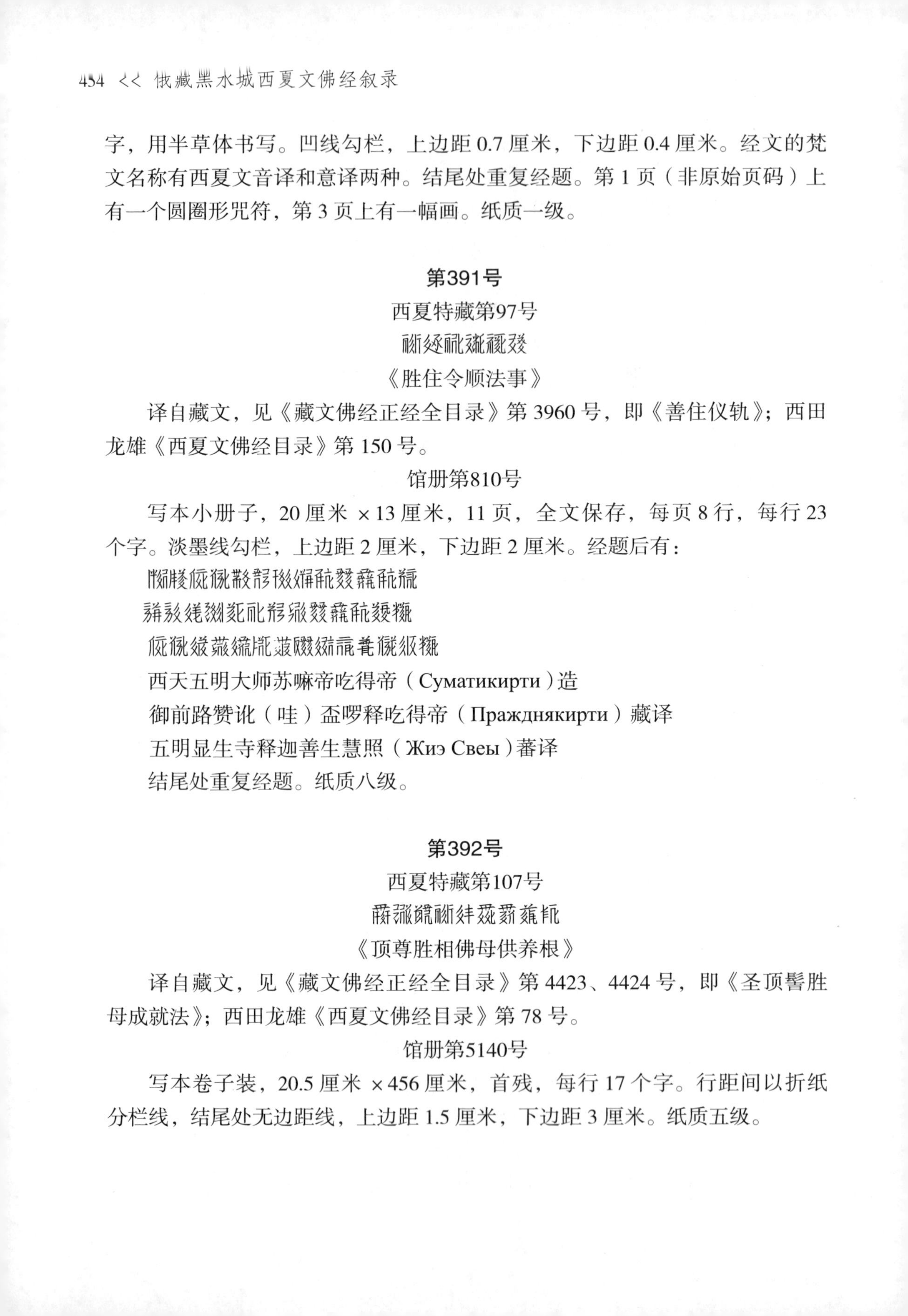

字，用半草体书写。凹线勾栏，上边距 0.7 厘米，下边距 0.4 厘米。经文的梵文名称有西夏文音译和意译两种。结尾处重复经题。第 1 页（非原始页码）上有一个圆圈形咒符，第 3 页上有一幅画。纸质一级。

第391号

西夏特藏第97号

[illegible]

《胜住令顺法事》

译自藏文，见《藏文佛经正经全目录》第 3960 号，即《善住仪轨》；西田龙雄《西夏文佛经目录》第 150 号。

馆册第810号

写本小册子，20 厘米 ×13 厘米，11 页，全文保存，每页 8 行，每行 23 个字。淡墨线勾栏，上边距 2 厘米，下边距 2 厘米。经题后有：

[illegible]

[illegible]

[illegible]

西天五明大师苏嚩帝吃得帝（Суматикирти）造

御前路赞讹（哇）盃啰释吃得帝（Праждинякирти）藏译

五明显生寺释迦善生慧照（Жиэ Свеы）蕃译

结尾处重复经题。纸质八级。

第392号

西夏特藏第107号

[illegible]

《顶尊胜相佛母供养根》

译自藏文，见《藏文佛经正经全目录》第 4423、4424 号，即《圣顶髻胜母成就法》；西田龙雄《西夏文佛经目录》第 78 号。

馆册第5140号

写本卷子装，20.5 厘米 ×456 厘米，首残，每行 17 个字。行距间以折纸分栏线，结尾处无边距线，上边距 1.5 厘米，下边距 3 厘米。纸质五级。

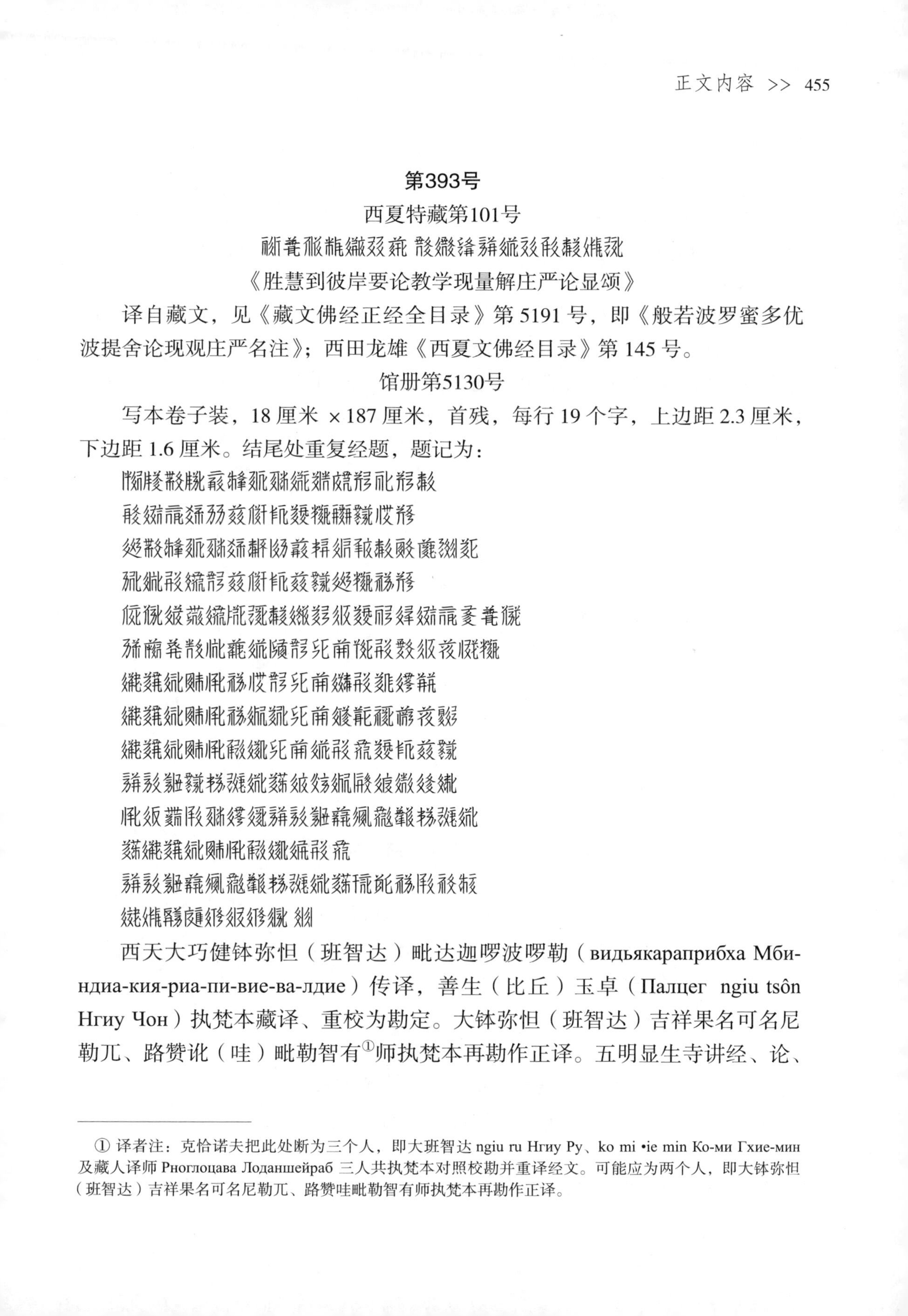

第393号

西夏特藏第101号

[illegible]

《胜慧到彼岸要论教学现量解庄严论显颂》

译自藏文，见《藏文佛经正经全目录》第 5191 号，即《般若波罗蜜多优波提舍论现观庄严名注》；西田龙雄《西夏文佛经目录》第 145 号。

馆册第5130号

写本卷子装，18 厘米 ×187 厘米，首残，每行 19 个字，上边距 2.3 厘米，下边距 1.6 厘米。结尾处重复经题，题记为：

[illegible]
[illegible]
[illegible]
[illegible]
[illegible]
[illegible]
[illegible]
[illegible]
[illegible]
[illegible]
[illegible]
[illegible]
[illegible]
[illegible]
[illegible]

西天大巧健钵弥怛（班智达）毗达迦啰波啰勒（видьякараприбха Мбиндиа-кия-риа-пи-вие-ва-лдие）传译，善生（比丘）玉卓（Палцег ngiu tsôn Нгиу Чон）执梵本藏译、重校为勘定。大钵弥怛（班智达）吉祥果名可名尼勒兀、路赞讹（哇）毗勒智有[①]师执梵本再勘作正译。五明显生寺讲经、论、

① 译者注：克恰诺夫把此处断为三个人，即大班智达 ngiu ru Нгиу Ру、ko mi •ie min Ко-ми Гхие-мин 及藏人译师 Рноглоцава Лоданшейраб 三人共执梵本对照校勘并重译经文。可能应为两个人，即大钵弥怛（班智达）吉祥果名可名尼勒兀、路赞哇毗勒智有师执梵本再勘作正译。

律，辩番藏语善生李慧照（lie ziə swew Лие Жиэ-свеы），五台山知解三藏国师沙门杨智幢（·ion sie tsie Гхион сие-цие）新译番文，出家功德司正禅师沙门彭智满（phon sie sə Пхон Сие-сэ）证义，出家功德司正副使沙门没藏法净（me ndzwon tsiə sei Ме-ндзвон Циэ Сей）缀文，出家功德司承旨沙门尹智有（ziu sie ndiu Жу Сие-ндиу）执藏本校，御前都头监、中兴府签判、清（秦）原县（Нио-гхон）司检校罔怛义持（Вон-та ·iwe Гхиве）所疏校，御前疏补、印活字都案头监、出家德功司承旨尹智有（zu sie ndiu Жу Сие-ндиу），御前疏补所印活字都案头监工院正罔忠敬（won twu mbiu Вон Тву-мбиу），光定丙子 六年六月　日（克恰诺夫推算日期为：鼠年 1216 年 6 月 17 日—7 月 17 日）。

纸质八级。

第394号

[illegible]

《胜慧到彼岸要论教学现量解庄严论显颂》

馆册第4722号　第1卷

写本卷子装，20.5 厘米 ×300 厘米，首残，每行 21 个字，用斜体书写，上边距 2 厘米，下边距 3 厘米。结尾处重复经题。经文中有很多小字的附注。纸质八级。

第395号

[illegible]

《胜慧到彼岸要论教学现量解庄严论显颂》

馆册第5179号　第1卷

写本卷子装，21 厘米 ×834 厘米，首残，每行 22 个字，上边距 2.3 厘米，下边距 1.3 厘米。纸质八级。

第396号

[illegible]

《胜慧到彼岸要论教学现量解庄严论显颂》

馆册第5164号　第5卷

写本卷子装，缠绕在一根小棍子上（有卷轴——译注），30 厘米 ×527 厘

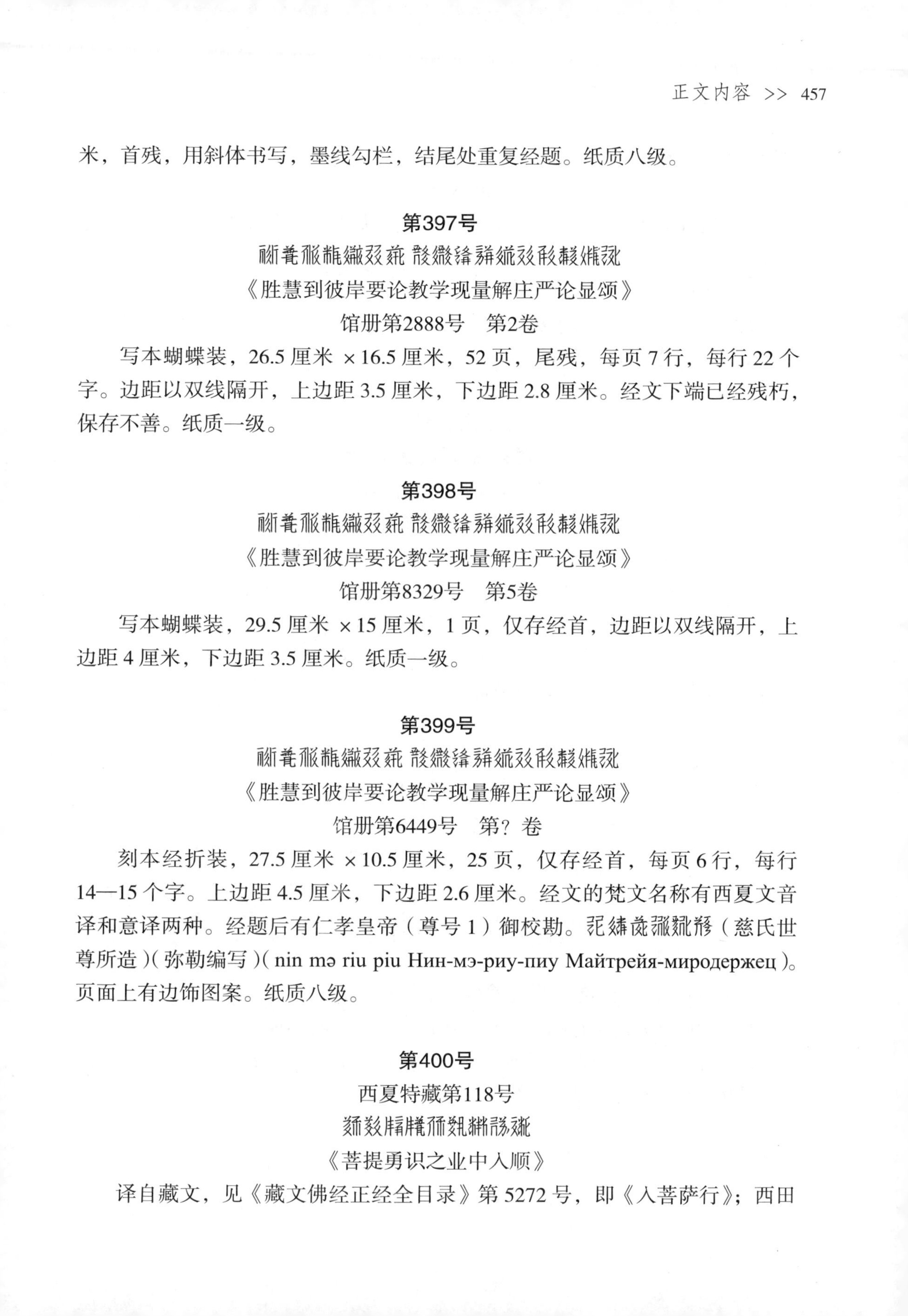

米，首残，用斜体书写，墨线勾栏，结尾处重复经题。纸质八级。

第397号

[illegible]

《胜慧到彼岸要论教学现量解庄严论显颂》

馆册第2888号　第2卷

写本蝴蝶装，26.5 厘米 ×16.5 厘米，52 页，尾残，每页 7 行，每行 22 个字。边距以双线隔开，上边距 3.5 厘米，下边距 2.8 厘米。经文下端已经残朽，保存不善。纸质一级。

第398号

[illegible]

《胜慧到彼岸要论教学现量解庄严论显颂》

馆册第8329号　第5卷

写本蝴蝶装，29.5 厘米 ×15 厘米，1 页，仅存经首，边距以双线隔开，上边距 4 厘米，下边距 3.5 厘米。纸质一级。

第399号

[illegible]

《胜慧到彼岸要论教学现量解庄严论显颂》

馆册第6449号　第？卷

刻本经折装，27.5 厘米 ×10.5 厘米，25 页，仅存经首，每页 6 行，每行 14—15 个字。上边距 4.5 厘米，下边距 2.6 厘米。经文的梵文名称有西夏文音译和意译两种。经题后有仁孝皇帝（尊号 1）御校勘。[illegible]（慈氏世尊所造）（弥勒编写）（nin mə riu piu Нин-мэ-риу-пиу Майтрейя-миродержец）。页面上有边饰图案。纸质八级。

第400号

西夏特藏第118号

[illegible]

《菩提勇识之业中入顺》

译自藏文，见《藏文佛经正经全目录》第 5272 号，即《入菩萨行》；西田

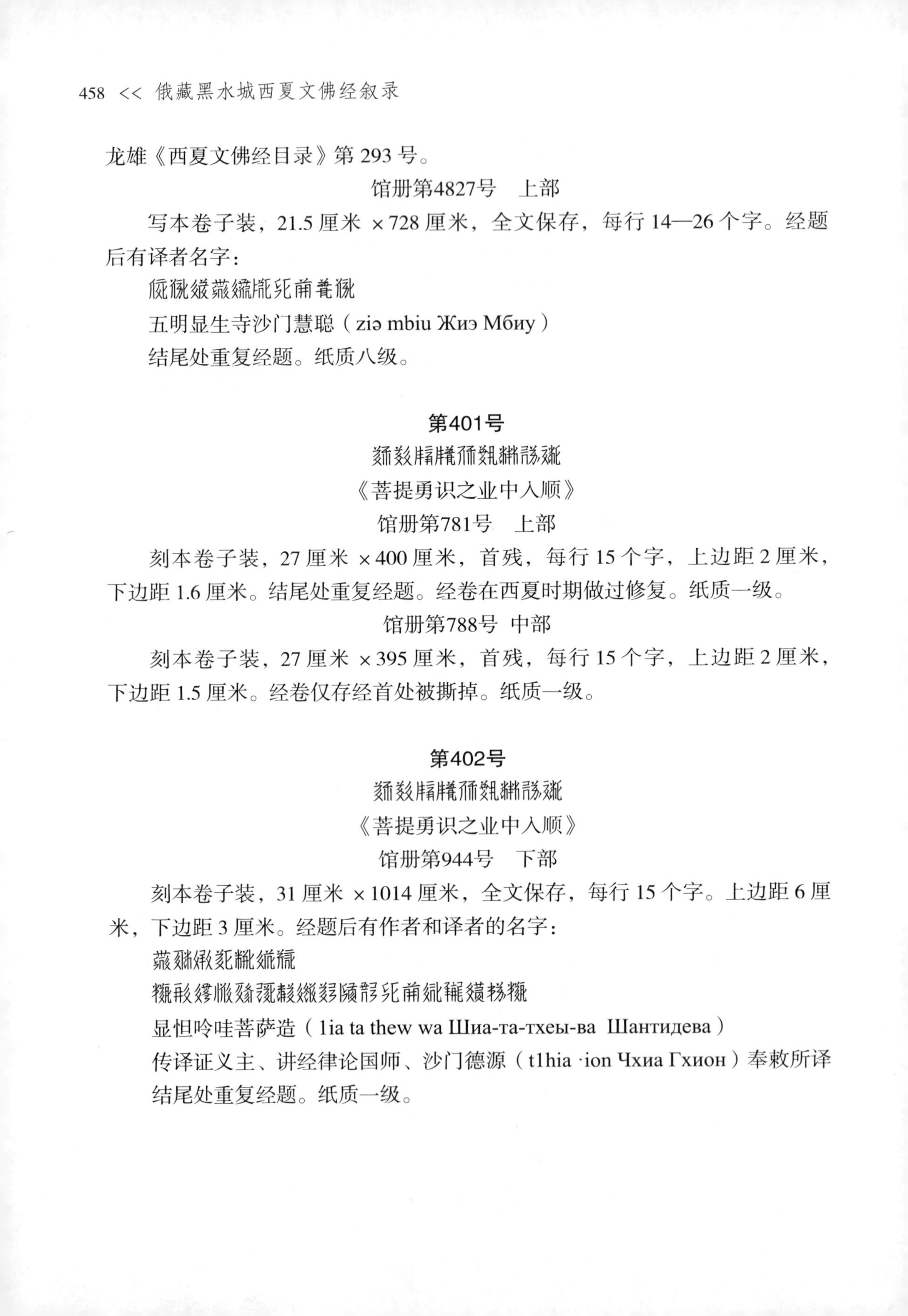

龙雄《西夏文佛经目录》第 293 号。

馆册第4827号　上部

写本卷子装，21.5 厘米 ×728 厘米，全文保存，每行 14—26 个字。经题后有译者名字：

[illegible]

五明显生寺沙门慧聪（ziə mbiu Жиэ Мбиу）

结尾处重复经题。纸质八级。

第401号

[illegible]

《菩提勇识之业中入顺》

馆册第781号　上部

刻本卷子装，27 厘米 ×400 厘米，首残，每行 15 个字，上边距 2 厘米，下边距 1.6 厘米。结尾处重复经题。经卷在西夏时期做过修复。纸质一级。

馆册第788号　中部

刻本卷子装，27 厘米 ×395 厘米，首残，每行 15 个字，上边距 2 厘米，下边距 1.5 厘米。经卷仅存经首处被撕掉。纸质一级。

第402号

[illegible]

《菩提勇识之业中入顺》

馆册第944号　下部

刻本卷子装，31 厘米 ×1014 厘米，全文保存，每行 15 个字。上边距 6 厘米，下边距 3 厘米。经题后有作者和译者的名字：

[illegible]

[illegible]

显怛吟哇菩萨造（1ia ta thew wa Шиа-та-тхеы-ва Шантидева）

传译证义主、讲经律论国师、沙门德源（t1hia ·ion Чхиа Гхион）奉敕所译

结尾处重复经题。纸质一级。

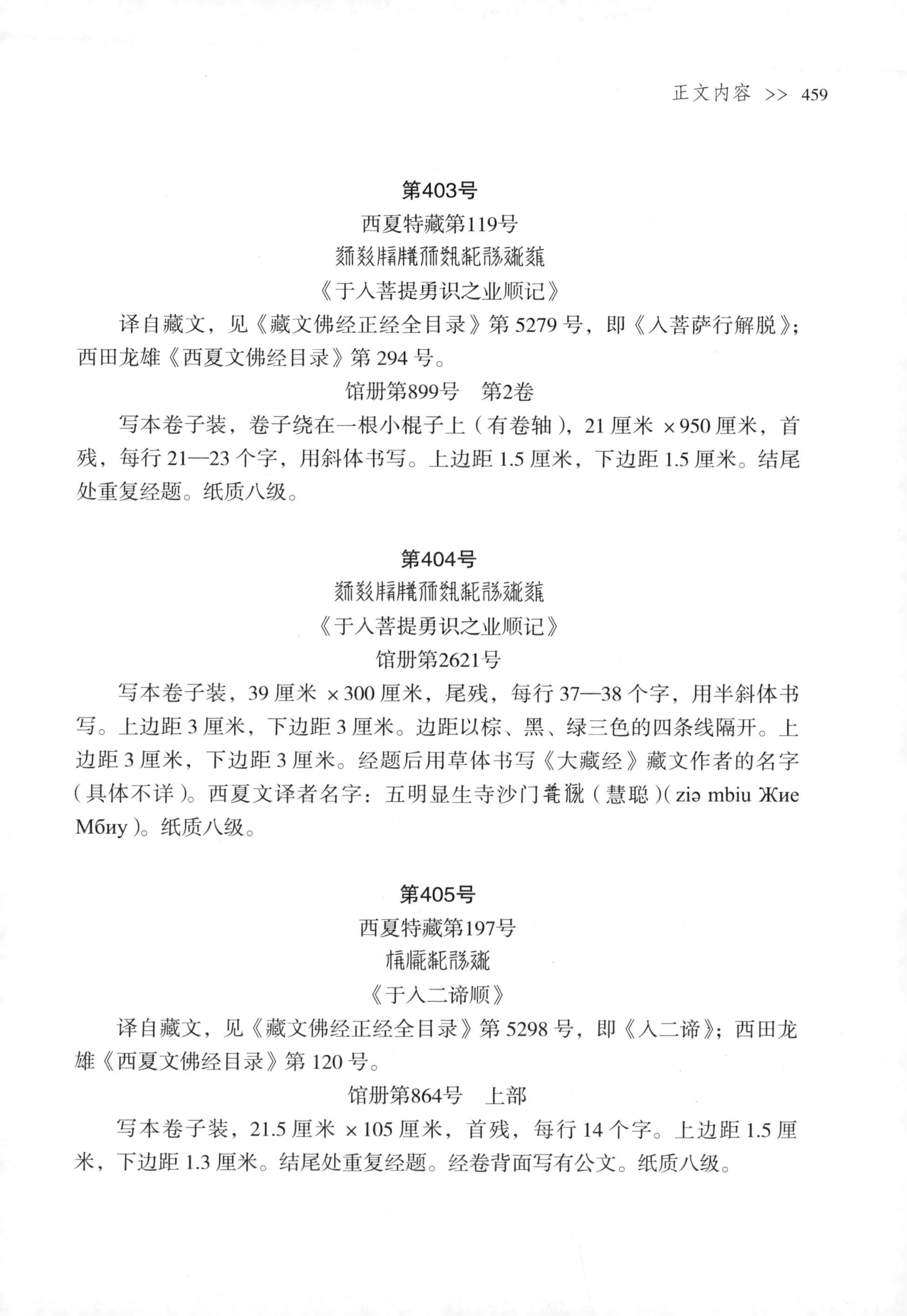

第403号

西夏特藏第119号

[illegible]

《于入菩提勇识之业顺记》

译自藏文，见《藏文佛经正经全目录》第 5279 号，即《入菩萨行解脱》；西田龙雄《西夏文佛经目录》第 294 号。

馆册第899号　第2卷

写本卷子装，卷子绕在一根小棍子上（有卷轴），21 厘米 ×950 厘米，首残，每行 21—23 个字，用斜体书写。上边距 1.5 厘米，下边距 1.5 厘米。结尾处重复经题。纸质八级。

第404号

[illegible]

《于入菩提勇识之业顺记》

馆册第2621号

写本卷子装，39 厘米 ×300 厘米，尾残，每行 37—38 个字，用半斜体书写。上边距 3 厘米，下边距 3 厘米。边距以棕、黑、绿三色的四条线隔开。上边距 3 厘米，下边距 3 厘米。经题后用草体书写《大藏经》藏文作者的名字（具体不详）。西夏文译者名字：五明显生寺沙门[illegible]（慧聪）（ziə mbiu Жие Мбиу）。纸质八级。

第405号

西夏特藏第197号

[illegible]

《于入二谛顺》

译自藏文，见《藏文佛经正经全目录》第 5298 号，即《入二谛》；西田龙雄《西夏文佛经目录》第 120 号。

馆册第864号　上部

写本卷子装，21.5 厘米 ×105 厘米，首残，每行 14 个字。上边距 1.5 厘米，下边距 1.3 厘米。结尾处重复经题。经卷背面写有公文。纸质八级。

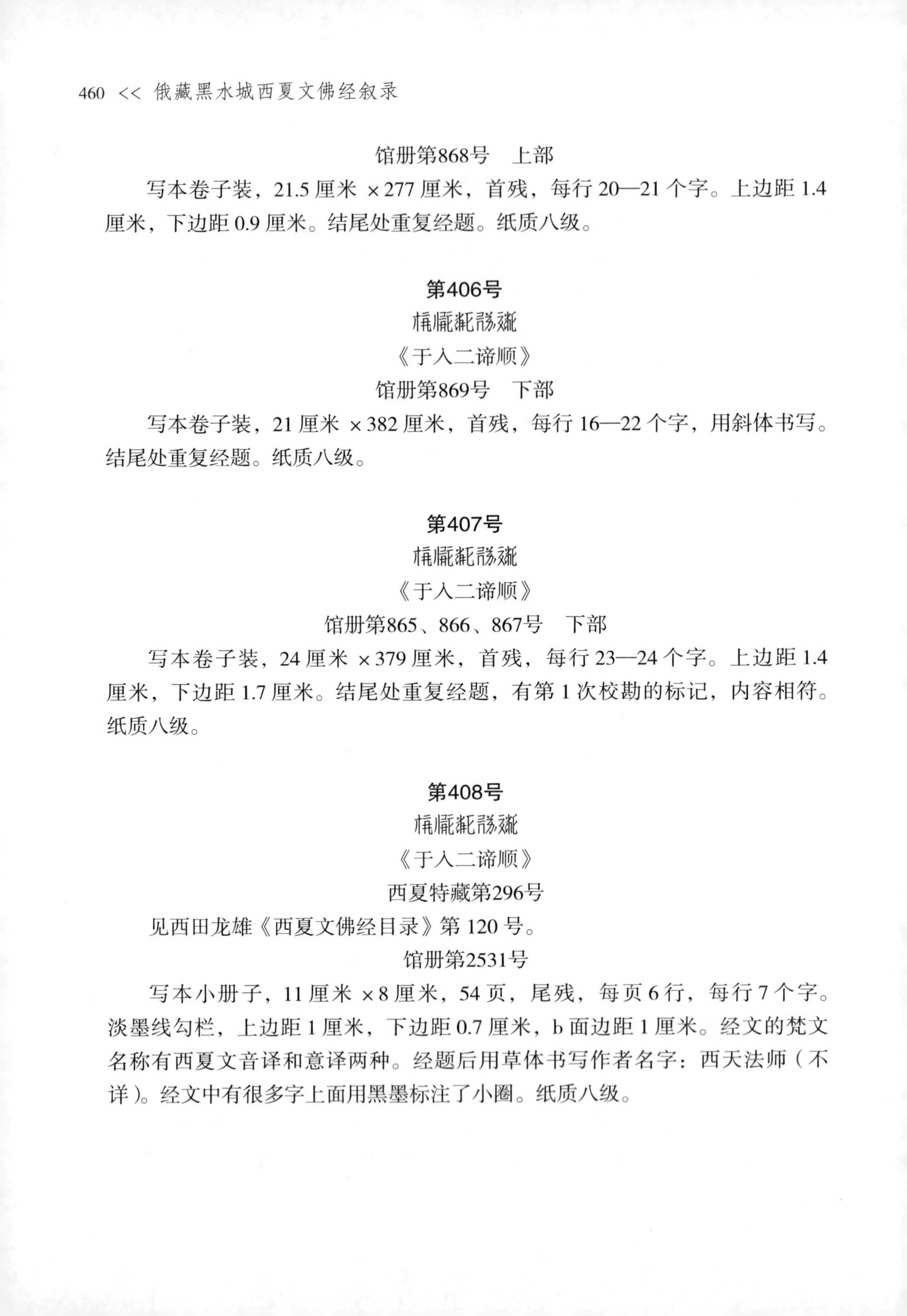

馆册第868号　上部

写本卷子装，21.5 厘米 ×277 厘米，首残，每行 20—21 个字。上边距 1.4 厘米，下边距 0.9 厘米。结尾处重复经题。纸质八级。

第406号

[illegible]

《于入二谛顺》

馆册第869号　下部

写本卷子装，21 厘米 ×382 厘米，首残，每行 16—22 个字，用斜体书写。结尾处重复经题。纸质八级。

第407号

[illegible]

《于入二谛顺》

馆册第865、866、867号　下部

写本卷子装，24 厘米 ×379 厘米，首残，每行 23—24 个字。上边距 1.4 厘米，下边距 1.7 厘米。结尾处重复经题，有第 1 次校勘的标记，内容相符。纸质八级。

第408号

[illegible]

《于入二谛顺》

西夏特藏第296号

见西田龙雄《西夏文佛经目录》第 120 号。

馆册第2531号

写本小册子，11 厘米 ×8 厘米，54 页，尾残，每页 6 行，每行 7 个字。淡墨线勾栏，上边距 1 厘米，下边距 0.7 厘米，b 面边距 1 厘米。经文的梵文名称有西夏文音译和意译两种。经题后用草体书写作者名字：西天法师（不详）。经文中有很多字上面用黑墨标注了小圈。纸质八级。

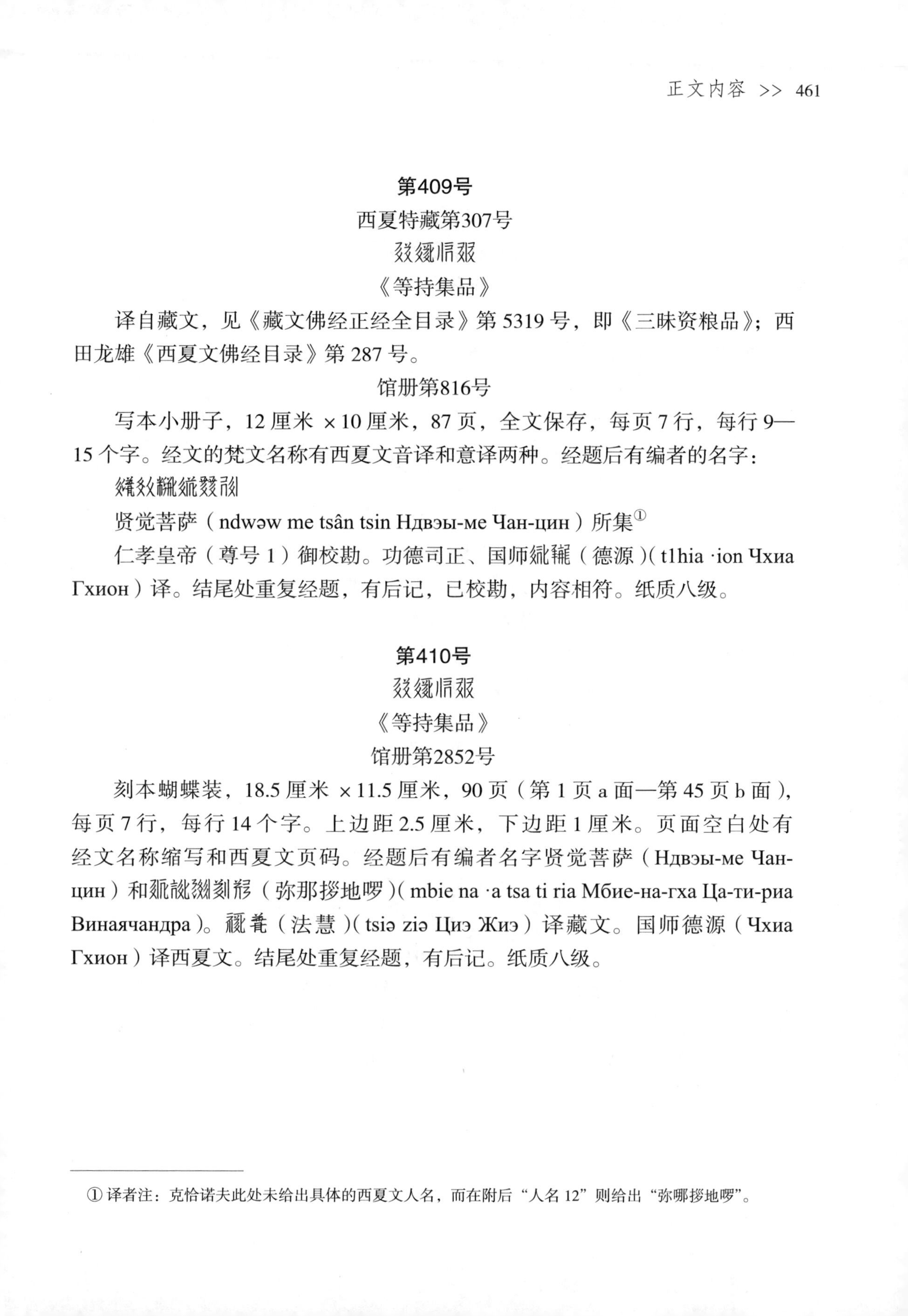

第409号

西夏特藏第307号

[illegible]

《等持集品》

译自藏文，见《藏文佛经正经全目录》第 5319 号，即《三昧资粮品》；西田龙雄《西夏文佛经目录》第 287 号。

馆册第816号

写本小册子，12 厘米 ×10 厘米，87 页，全文保存，每页 7 行，每行 9—15 个字。经文的梵文名称有西夏文音译和意译两种。经题后有编者的名字：

[illegible]

贤觉菩萨（ndwəw me tsân tsin Ндвэы-ме Чан-цин）所集①

仁孝皇帝（尊号 1）御校勘。功德司正、国师[illegible]（德源）(t1hia ·ion Чхиа Гхион）译。结尾处重复经题，有后记，已校勘，内容相符。纸质八级。

第410号

[illegible]

《等持集品》

馆册第2852号

刻本蝴蝶装，18.5 厘米 ×11.5 厘米，90 页（第 1 页 a 面—第 45 页 b 面），每页 7 行，每行 14 个字。上边距 2.5 厘米，下边距 1 厘米。页面空白处有经文名称缩写和西夏文页码。经题后有编者名字贤觉菩萨（Ндвэы-ме Чан-цин）和[illegible]（弥那拶地啰）(mbie na ·a tsa ti ria Мбие-на-гха Ца-ти-риа Винаячандра）。[illegible]（法慧）(tsiə ziə Циэ Жиэ）译藏文。国师德源（Чхиа Гхион）译西夏文。结尾处重复经题，有后记。纸质八级。

---

① 译者注：克恰诺夫此处未给出具体的西夏文人名，而在附后“人名 12”则给出“弥哪拶地啰”。

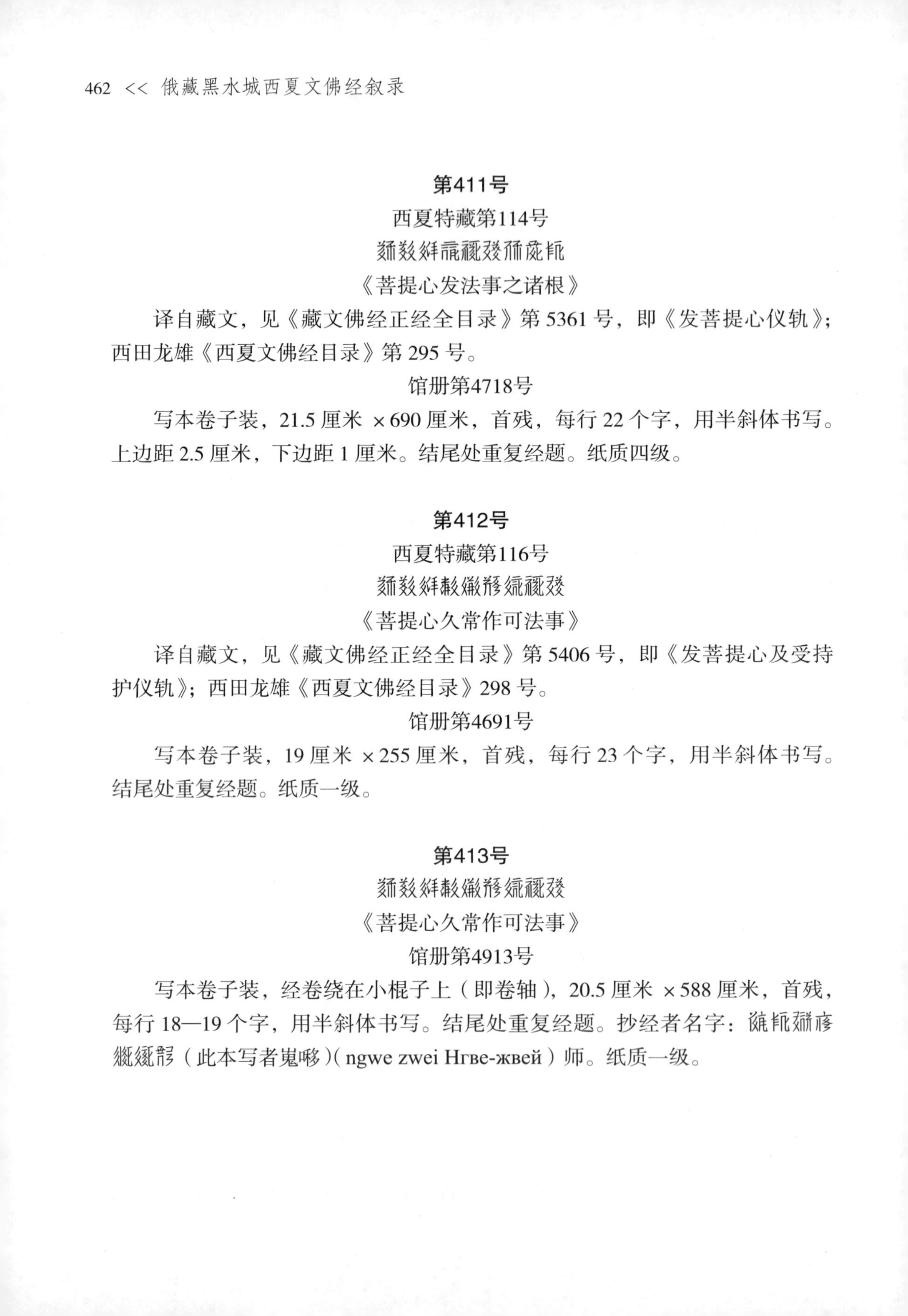

第411号

西夏特藏第114号

[illegible]

《菩提心发法事之诸根》

译自藏文，见《藏文佛经正经全目录》第 5361 号，即《发菩提心仪轨》；西田龙雄《西夏文佛经目录》第 295 号。

馆册第4718号

写本卷子装，21.5 厘米 ×690 厘米，首残，每行 22 个字，用半斜体书写。上边距 2.5 厘米，下边距 1 厘米。结尾处重复经题。纸质四级。

第412号

西夏特藏第116号

[illegible]

《菩提心久常作可法事》

译自藏文，见《藏文佛经正经全目录》第 5406 号，即《发菩提心及受持护仪轨》；西田龙雄《西夏文佛经目录》298 号。

馆册第4691号

写本卷子装，19 厘米 ×255 厘米，首残，每行 23 个字，用半斜体书写。结尾处重复经题。纸质一级。

第413号

[illegible]

《菩提心久常作可法事》

馆册第4913号

写本卷子装，经卷绕在小棍子上（即卷轴），20.5 厘米 ×588 厘米，首残，每行 18—19 个字，用半斜体书写。结尾处重复经题。抄经者名字：[illegible]（此本写者嵬𠼼）(ngwe zwei Нгве-жвей）师。纸质一级。

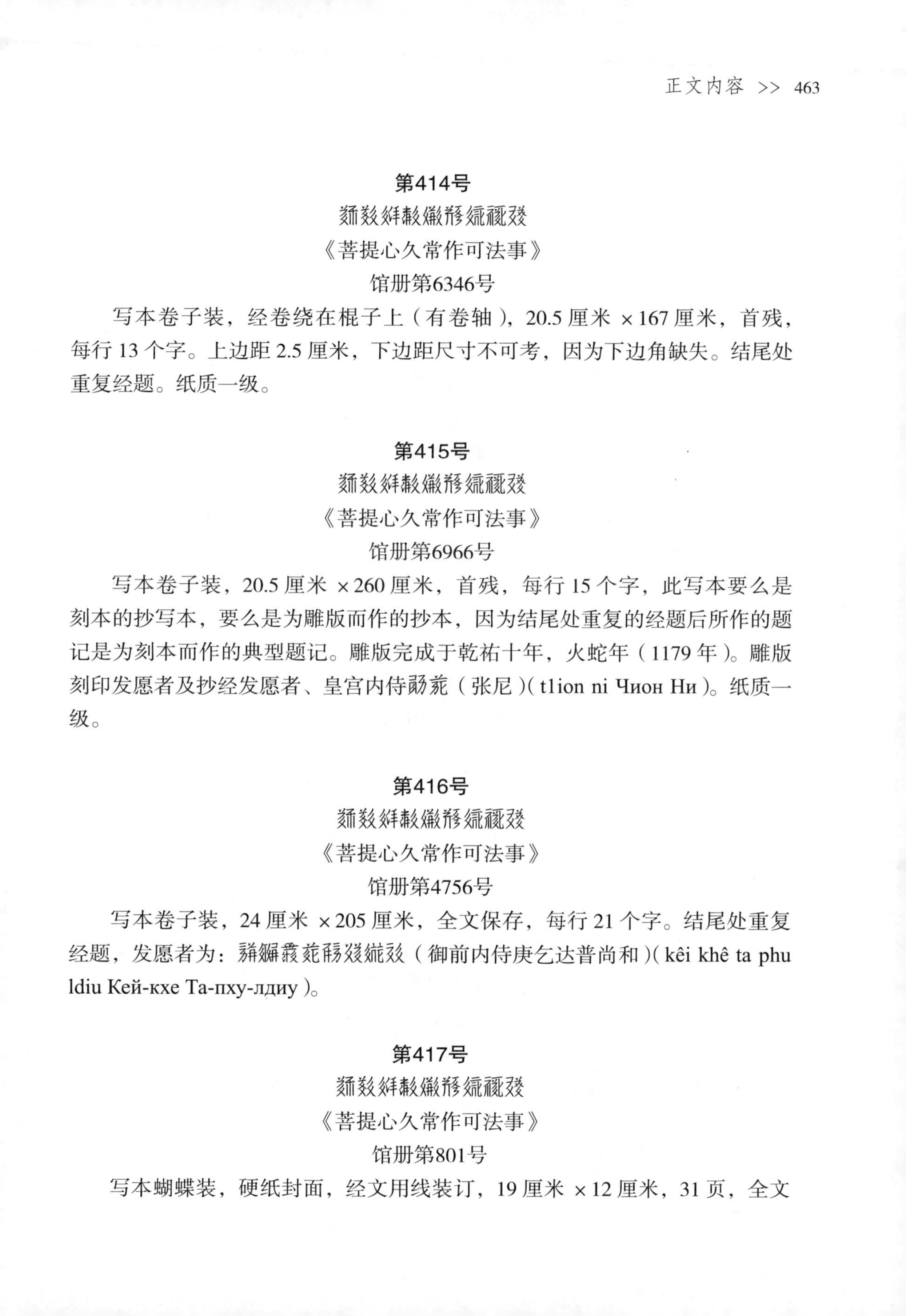

第414号

[illegible]

《菩提心久常作可法事》

馆册第6346号

写本卷子装，经卷绕在棍子上（有卷轴），20.5 厘米 ×167 厘米，首残，每行 13 个字。上边距 2.5 厘米，下边距尺寸不可考，因为下边角缺失。结尾处重复经题。纸质一级。

第415号

[illegible]

《菩提心久常作可法事》

馆册第6966号

写本卷子装，20.5 厘米 ×260 厘米，首残，每行 15 个字，此写本要么是刻本的抄写本，要么是为雕版而作的抄本，因为结尾处重复的经题后所作的题记是为刻本而作的典型题记。雕版完成于乾祐十年，火蛇年（1179 年）。雕版刻印发愿者及抄经发愿者、皇宫内侍[illegible]（张尼）(t1ion ni Чион Ни)。纸质一级。

第416号

[illegible]

《菩提心久常作可法事》

馆册第4756号

写本卷子装，24 厘米 ×205 厘米，全文保存，每行 21 个字。结尾处重复经题，发愿者为：[illegible]（御前内侍庚乞达普尚和）(kêi khê ta phu ldiu Кей-кхе Та-пху-лдиу)。

第417号

[illegible]

《菩提心久常作可法事》

馆册第801号

写本蝴蝶装，硬纸封面，经文用线装订，19 厘米 ×12 厘米，31 页，全文

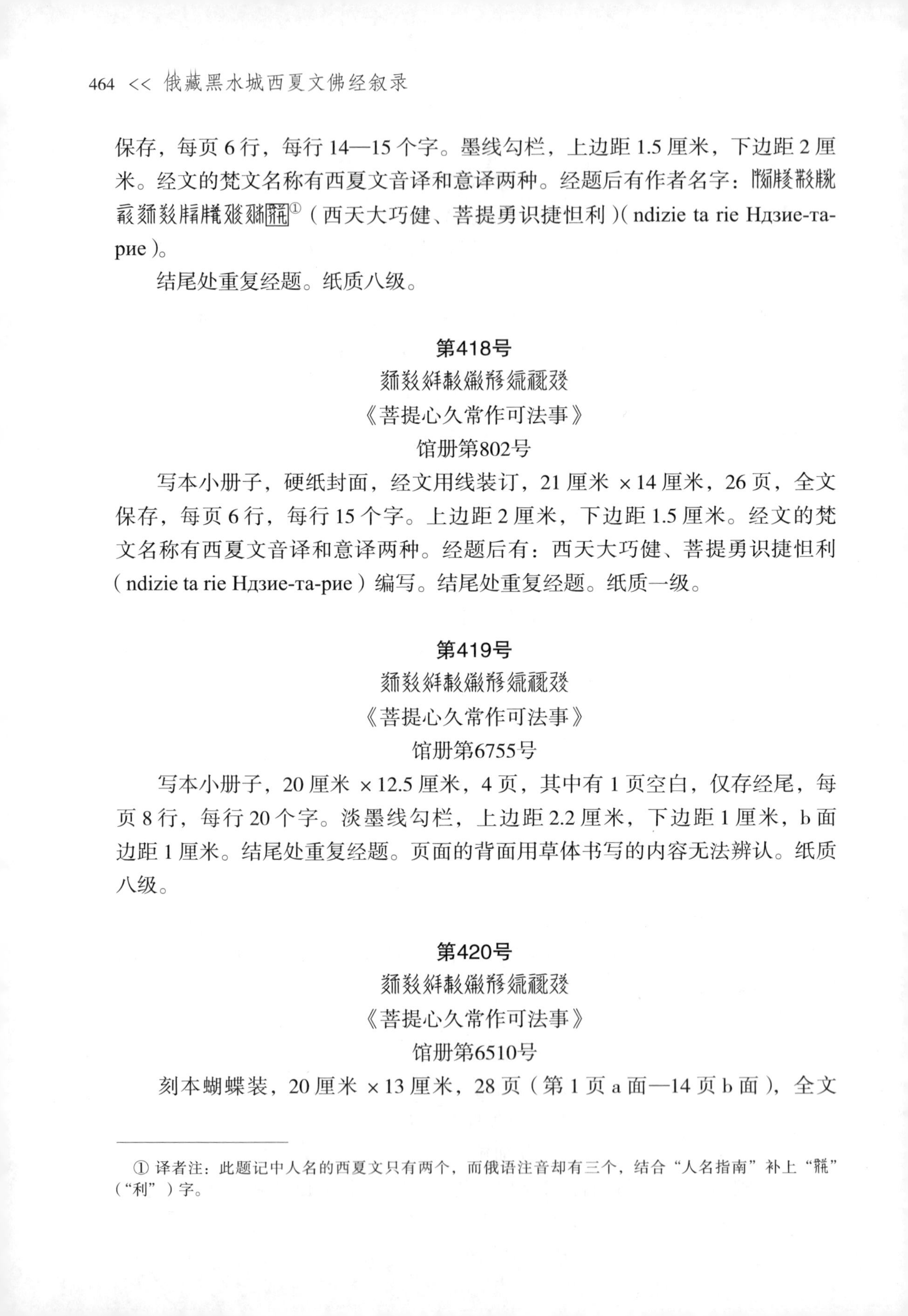

保存，每页 6 行，每行 14—15 个字。墨线勾栏，上边距 1.5 厘米，下边距 2 厘米。经文的梵文名称有西夏文音译和意译两种。经题后有作者名字：[illegible][1]（西天大巧健、菩提勇识捷怛利）(ndizie ta rie Ндзие-та-рие)。

结尾处重复经题。纸质八级。

第418号

[illegible]

《菩提心久常作可法事》

馆册第802号

写本小册子，硬纸封面，经文用线装订，21 厘米 ×14 厘米，26 页，全文保存，每页 6 行，每行 15 个字。上边距 2 厘米，下边距 1.5 厘米。经文的梵文名称有西夏文音译和意译两种。经题后有：西天大巧健、菩提勇识捷怛利（ndizie ta rie Ндзие-та-рие）编写。结尾处重复经题。纸质一级。

第419号

[illegible]

《菩提心久常作可法事》

馆册第6755号

写本小册子，20 厘米 ×12.5 厘米，4 页，其中有 1 页空白，仅存经尾，每页 8 行，每行 20 个字。淡墨线勾栏，上边距 2.2 厘米，下边距 1 厘米，b 面边距 1 厘米。结尾处重复经题。页面的背面用草体书写的内容无法辨认。纸质八级。

第420号

[illegible]

《菩提心久常作可法事》

馆册第6510号

刻本蝴蝶装，20 厘米 ×13 厘米，28 页（第 1 页 a 面—14 页 b 面），全文

① 译者注：此题记中人名的西夏文只有两个，而俄语注音却有三个，结合“人名指南”补上“𗼻”（“利”）字。

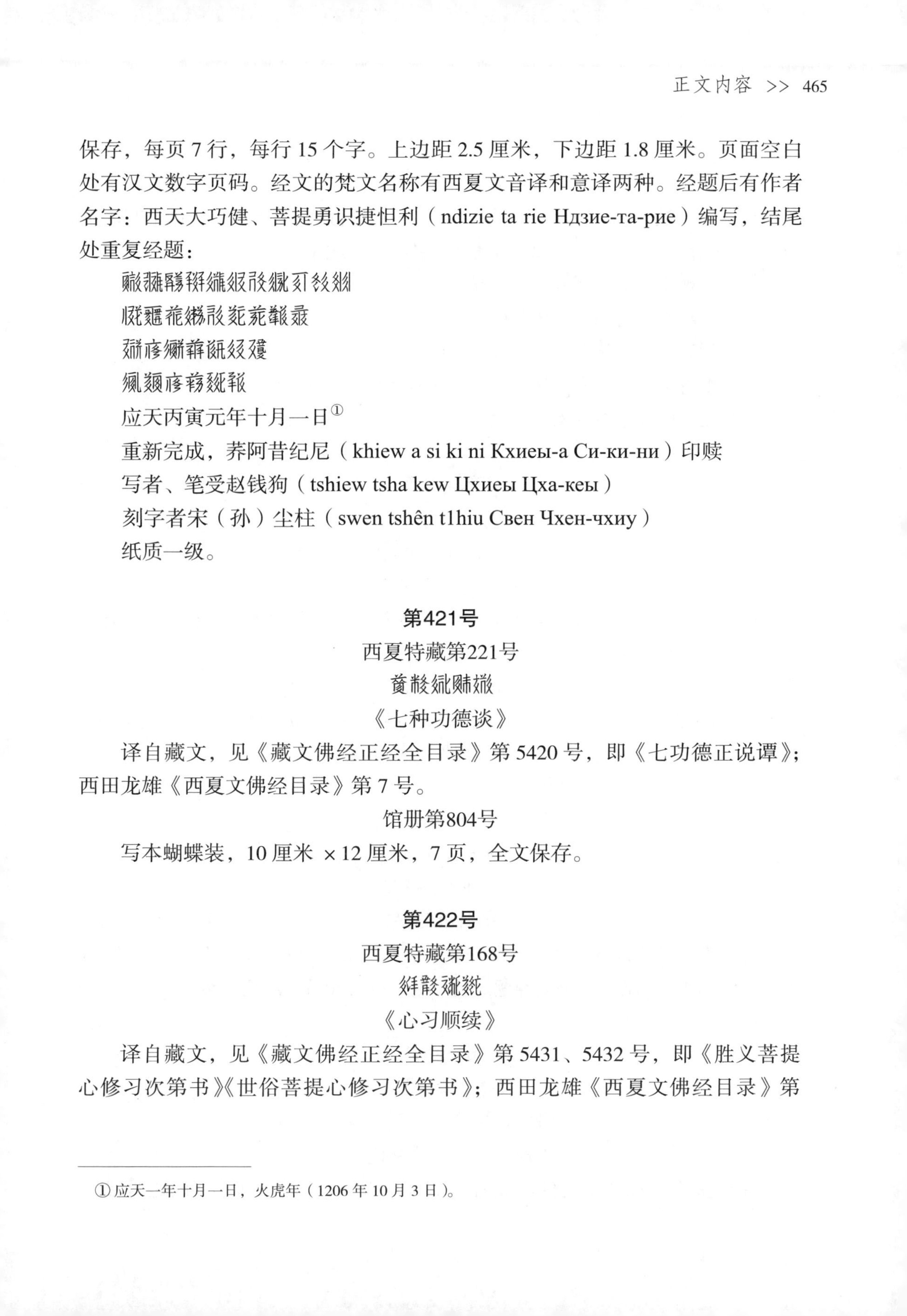

保存，每页 7 行，每行 15 个字。上边距 2.5 厘米，下边距 1.8 厘米。页面空白处有汉文数字页码。经文的梵文名称有西夏文音译和意译两种。经题后有作者名字：西天大巧健、菩提勇识捷怛利（ndizie ta rie Ндзие-та-рие）编写，结尾处重复经题：

[illegible]

[illegible]

[illegible]

[illegible]

应天丙寅元年十月一日[①]

重新完成，荞阿昔纪尼（khiew a si ki ni Кхиеы-а Си-ки-ни）印赎

写者、笔受赵钱狗（tshiew tsha kew Цхиеы Цха-кеы）

刻字者宋（孙）尘柱（swen tshên t1hiu Свен Чхен-чхиу）

纸质一级。

第421号

西夏特藏第221号

[illegible]

《七种功德谈》

译自藏文，见《藏文佛经正经全目录》第 5420 号，即《七功德正说谭》；西田龙雄《西夏文佛经目录》第 7 号。

馆册第804号

写本蝴蝶装，10 厘米 ×12 厘米，7 页，全文保存。

第422号

西夏特藏第168号

[illegible]

《心习顺续》

译自藏文，见《藏文佛经正经全目录》第 5431、5432 号，即《胜义菩提心修习次第书》《世俗菩提心修习次第书》；西田龙雄《西夏文佛经目录》第

① 应天一年十月一日，火虎年（1206 年 10 月 3 日）。

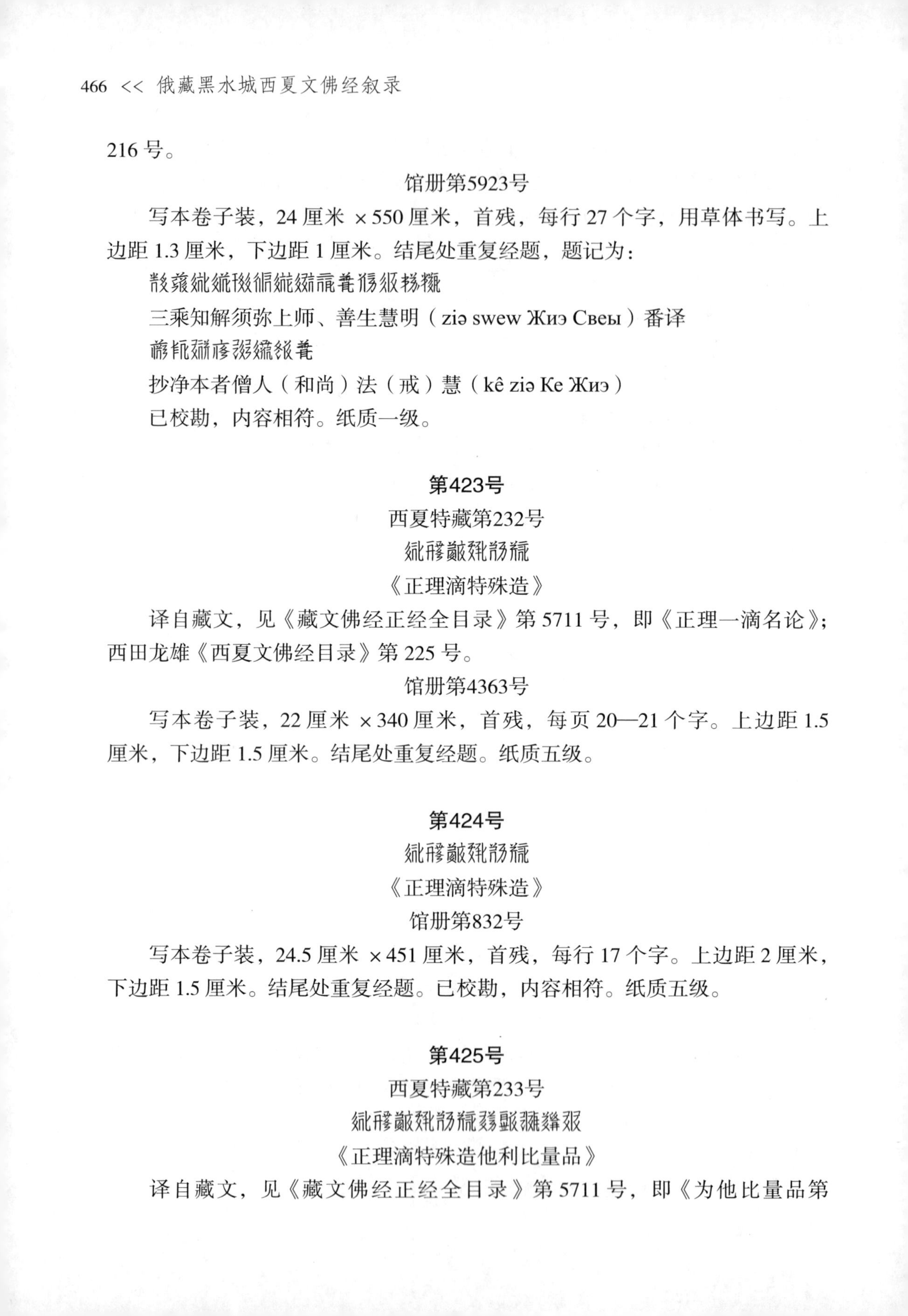

216 号。

馆册第5923号

写本卷子装，24 厘米 ×550 厘米，首残，每行 27 个字，用草体书写。上边距 1.3 厘米，下边距 1 厘米。结尾处重复经题，题记为：

[illegible]

三乘知解须弥上师、善生慧明（ziə swew Жиэ Свеы）番译

[illegible]

抄净本者僧人（和尚）法（戒）慧（kê ziə Ке Жиэ）

已校勘，内容相符。纸质一级。

第423号

西夏特藏第232号

[illegible]

《正理滴特殊造》

译自藏文，见《藏文佛经正经全目录》第 5711 号，即《正理一滴名论》；西田龙雄《西夏文佛经目录》第 225 号。

馆册第4363号

写本卷子装，22 厘米 ×340 厘米，首残，每页 20—21 个字。上边距 1.5 厘米，下边距 1.5 厘米。结尾处重复经题。纸质五级。

第424号

[illegible]

《正理滴特殊造》

馆册第832号

写本卷子装，24.5 厘米 ×451 厘米，首残，每行 17 个字。上边距 2 厘米，下边距 1.5 厘米。结尾处重复经题。已校勘，内容相符。纸质五级。

第425号

西夏特藏第233号

[illegible]

《正理滴特殊造他利比量品》

译自藏文，见《藏文佛经正经全目录》第 5711 号，即《为他比量品第

三》；西田龙雄《西夏文佛经目录》第 226 号。

馆册第5609号　第3卷

写本卷子装，23 厘米 ×192 厘米，仅存经尾，每行 18 个字。结尾处重复经题。已校勘，内容相符。纸质八级。

第426号

[illegible]

西夏特藏第231号

《正理滴之句义显具》

译自藏文，见《藏文佛经正经全目录》第 5732 号，即《正理一滴摄义》；西田龙雄《西夏文佛经目录》第 224 号。

馆册第862号　上部

写本卷子装，22.5 厘米 ×997 厘米，全文保存，每行 24 个字。结尾处重复经题和抄经者的名字：[illegible]（哆移讹吉祥尚）(zwei ·o ngiu ru 1ion Жвей-гхо Нгиу-ру-шион)。有附注：当一个聪明的有才华的人读此经文时，那么……这些文字是很重要的……（后面的内容被撕掉了）。纸质八级。

第427号

[illegible]

《正理滴之句义显具》

馆册第863号

写本卷子装，23.5 厘米 ×982 厘米，首残，每行 23 个字。结尾处重复经题。纸质八级。

第428号

[illegible]

《正理滴之句义显具》

馆册第861号

写本卷子装，24 厘米 ×980 厘米，尾残，每行 22—23 个字。上边距 1 厘米，下边距 1 厘米。经题后有编者名字：[illegible]（羌中国善生慧赫大师）(ziə ·wê Жиэ Гхве) 集。

纸质八级。

第429号

[illegible]

《正理滴之句义显具》

馆册第5022号

写本卷子装，24 厘米 ×790 厘米，首残，每行 21 个字。结尾处重复经题。经卷前端被撕掉。纸质八级。

第430号

西夏特藏第289号

[illegible]

《见顺伏文》

译自藏文，见《藏文佛经正经全目录》第 5843 号，即《见次第说示》；西田龙雄《西夏文佛经目录》第 73 号。

馆册第2544号

写本小册子，21 厘米 ×12 厘米，53 页，全文保存，每页 8 行，每行 18—23 个字。墨线勾栏，上边距 2 厘米，下边距 2 厘米，b 面边距 1 厘米。经题后有作者和抄经者的名字：

[illegible]

圣化身洛胜纪（ldo mbu ki Лдо-мбу-ки）传

圣寺沙门法慧（tsiə ziə Циэ Жиэ）译校

页面行距间经常有小字注释。结尾处重复经题。纸质八级。

四、陀罗尼经

第431号

西夏特藏第109号a面

[illegible]

《顶尊总持》

馆册第4763号

写本卷子装，10.8 厘米 ×266 厘米，仅存经首，每行 11—12 个字，用斜体书写。纸质五级。

馆册第432号

[illegible]

《顶尊总持》

馆册第5986号

写本卷子装，10.5 厘米 ×200 厘米，全文保存（?）。每行 12—13 个字，用斜体书写。结尾处重复经题，有第 1 次校勘的标记。纸质五级。

第433号

西夏特藏第269号

[illegible]

《金刚王灯炬心中所可持》

译自藏文，见西田龙雄《西夏文佛经目录》第 16 号。

馆册第2882号

写本小册子，25 厘米 ×16 厘米，67 页，全文保存，每行 18—21 个字，用斜体书写。结尾处重复经题，有第 1 次校勘的标记。纸质八级。

第434号

西夏特藏第390号

[illegible]

《无垢净光总持咒言》

馆册第698号

写本经折装，20 厘米 ×8.2 厘米，9 页，仅存经尾，每页 6 行，每行 12—16 个字。边距用双线隔开，有第 1 次校勘的标记，日期为：

[illegible]

[illegible]

天盛丙子八年六月十一日写毕[①]

梁写新成（lion sie siew 1ie Лион-сие Сиеы-шие）

纸质一级。

---

① 天盛八年六月十一日，火鼠年（1156 年 6 月 30 日）。

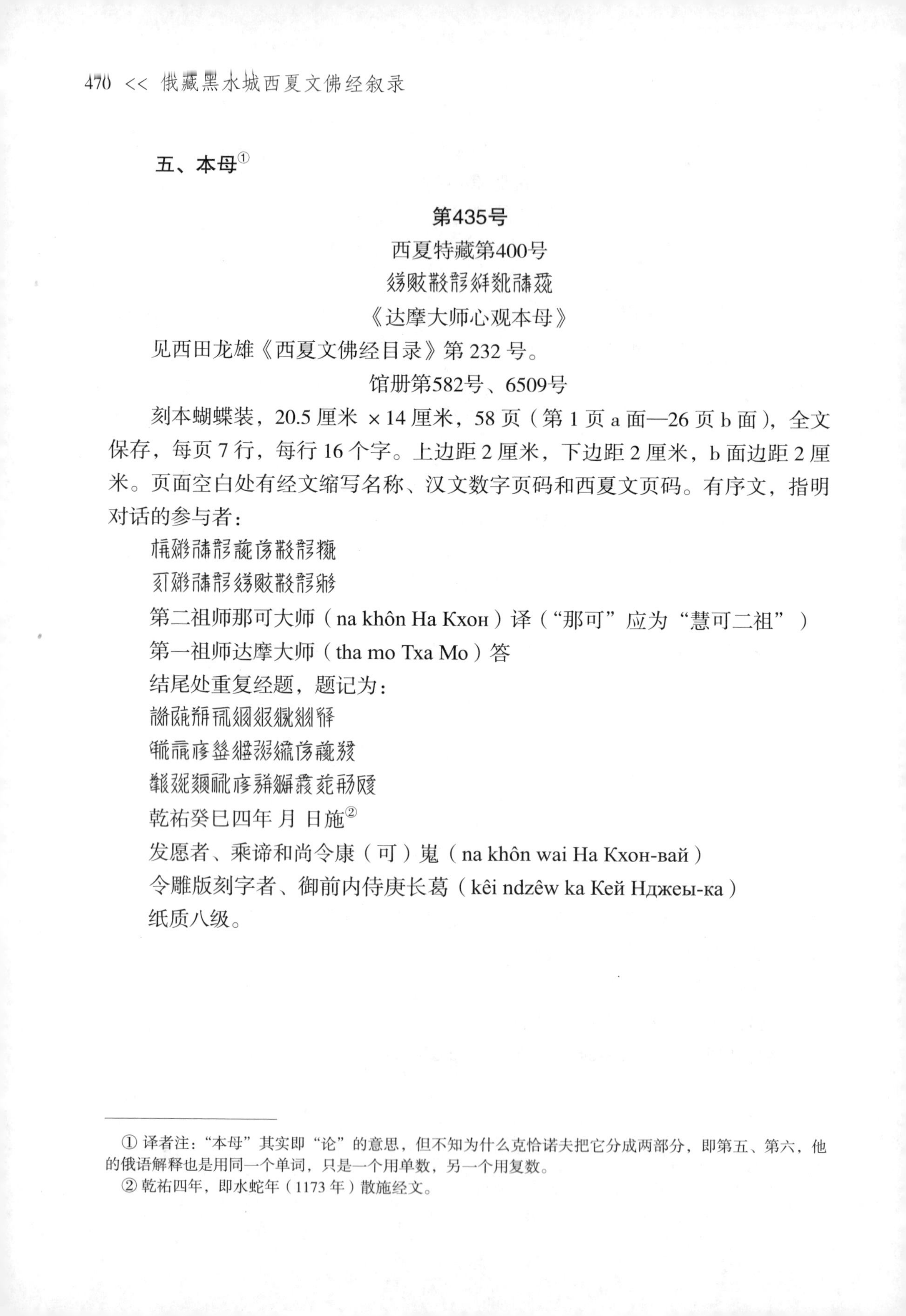

五、本母[1]

第435号

西夏特藏第400号

[illegible]

《达摩大师心观本母》

见西田龙雄《西夏文佛经目录》第 232 号。

馆册第582号、6509号

刻本蝴蝶装，20.5 厘米 ×14 厘米，58 页（第 1 页 a 面—26 页 b 面），全文保存，每页 7 行，每行 16 个字。上边距 2 厘米，下边距 2 厘米，b 面边距 2 厘米。页面空白处有经文缩写名称、汉文数字页码和西夏文页码。有序文，指明对话的参与者：

[illegible]

[illegible]

第二祖师那可大师（na khôn Ha Кхон）译（“那可”应为“慧可二祖”）

第一祖师达摩大师（tha mo Тха Мо）答

结尾处重复经题，题记为：

[illegible]

[illegible]

[illegible]

乾祐癸巳四年 月 日施[2]

发愿者、乘谛和尚令康（可）嵬（na khôn wai Ha Кхон-вай）

令雕版刻字者、御前内侍庚长葛（kêi ndzêw ka Кей Нджеы-ка）

纸质八级。

---

① 译者注：“本母”其实即“论”的意思，但不知为什么克恰诺夫把它分成两部分，即第五、第六，他的俄语解释也是用同一个单词，只是一个用单数，另一个用复数。

② 乾祐四年，即水蛇年（1173 年）散施经文。

六、论

第436号

西夏特藏第392号

𗼃𗈪𗰗𗋕𘄿

《净土十疑论》

馆册第825号

刻本蝴蝶装，27.5 厘米 ×17.5 厘米，2 页（第 1 页 b 面—第 2 页 a 页），残片，主要内容每行 16 个字，注释每行 20 个字。上边距 1.7 厘米，下边距 1.6 厘米，b 面边距 2.2 厘米。页面空白处有经文缩写名称和西夏文页码。纸质一级。

第437号

𗼃𗈪𗰗𗋕𘄿

《净土十疑论》

馆册第708号

刻本蝴蝶装，27.5 厘米 ×18 厘米，6 页（第 2 页 b 面—5 页 a 面），残片，主要内容每行 16 个字，注释每行 20 个字。边距用双线隔开，上边距 1.7 厘米，下边距 1.6 厘米。页面空白处有经文缩写名称和西夏文页码。纸质一级。

第438号

西夏特藏第365号

𗰗𗋕𘄿

《十疑论》

馆册第2324号

刻本蝴蝶装，28 厘米 ×18 厘米，14 页（第 2 页 b 面—9 页 a 面），首尾皆残，每页 5 行，每行 16 个字。边距用双线隔开，上边距 2 厘米，下边距 1 厘米，b 面边距 2 厘米。页面空白处有经文缩写名称和西夏文页码。纸质一级。

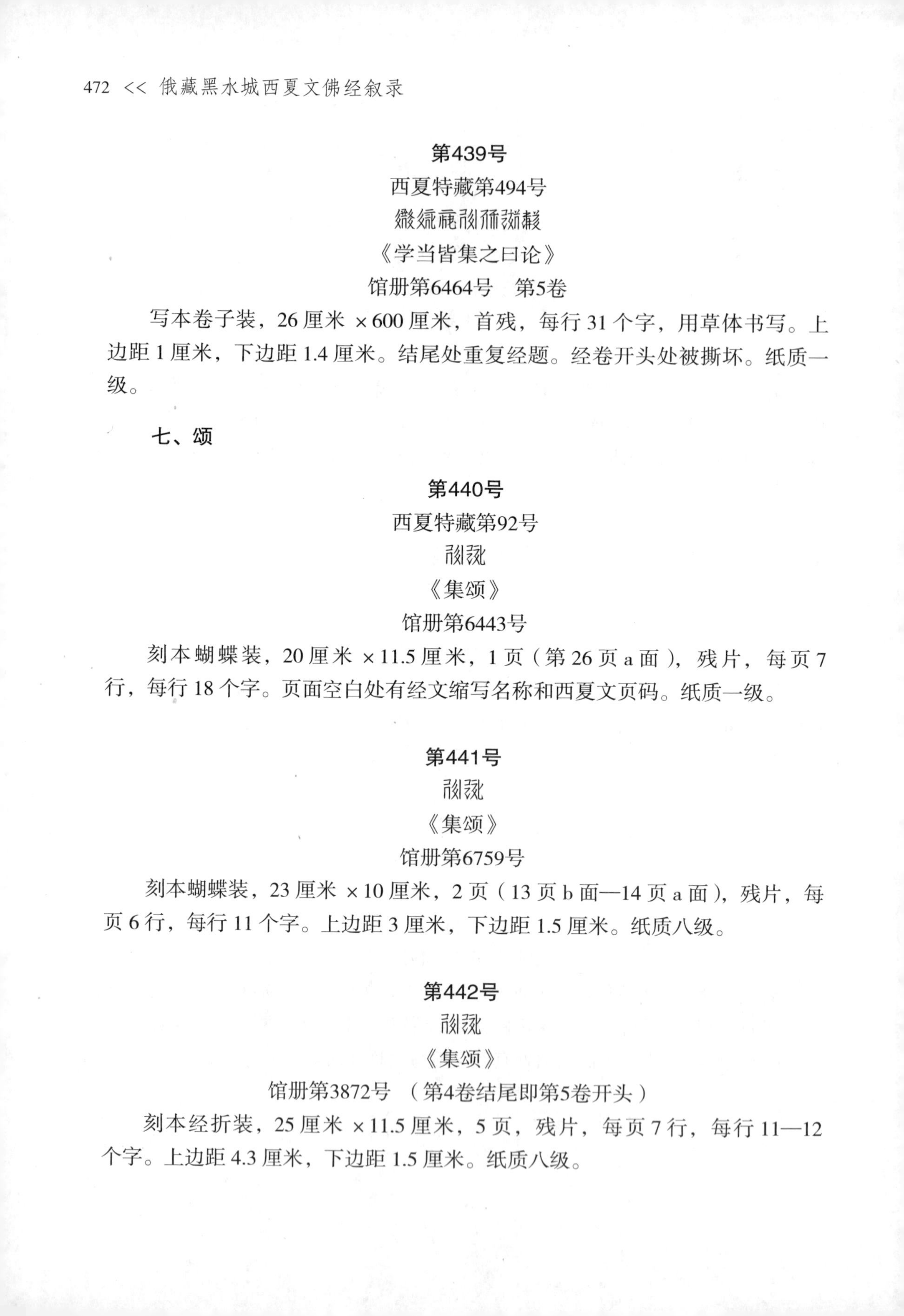

第439号

西夏特藏第494号

[illegible]

《学当皆集之曰论》

馆册第6464号　第5卷

写本卷子装，26 厘米 ×600 厘米，首残，每行 31 个字，用草体书写。上边距 1 厘米，下边距 1.4 厘米。结尾处重复经题。经卷开头处被撕坏。纸质一级。

七、颂

第440号

西夏特藏第92号

[illegible]

《集颂》

馆册第6443号

刻本蝴蝶装，20 厘米 ×11.5 厘米，1 页（第 26 页 a 面），残片，每页 7 行，每行 18 个字。页面空白处有经文缩写名称和西夏文页码。纸质一级。

第441号

[illegible]

《集颂》

馆册第6759号

刻本蝴蝶装，23 厘米 ×10 厘米，2 页（13 页 b 面—14 页 a 面），残片，每页 6 行，每行 11 个字。上边距 3 厘米，下边距 1.5 厘米。纸质八级。

第442号

[illegible]

《集颂》

馆册第3872号（第4卷结尾即第5卷开头）

刻本经折装，25 厘米 ×11.5 厘米，5 页，残片，每页 7 行，每行 11—12 个字。上边距 4.3 厘米，下边距 1.5 厘米。纸质八级。

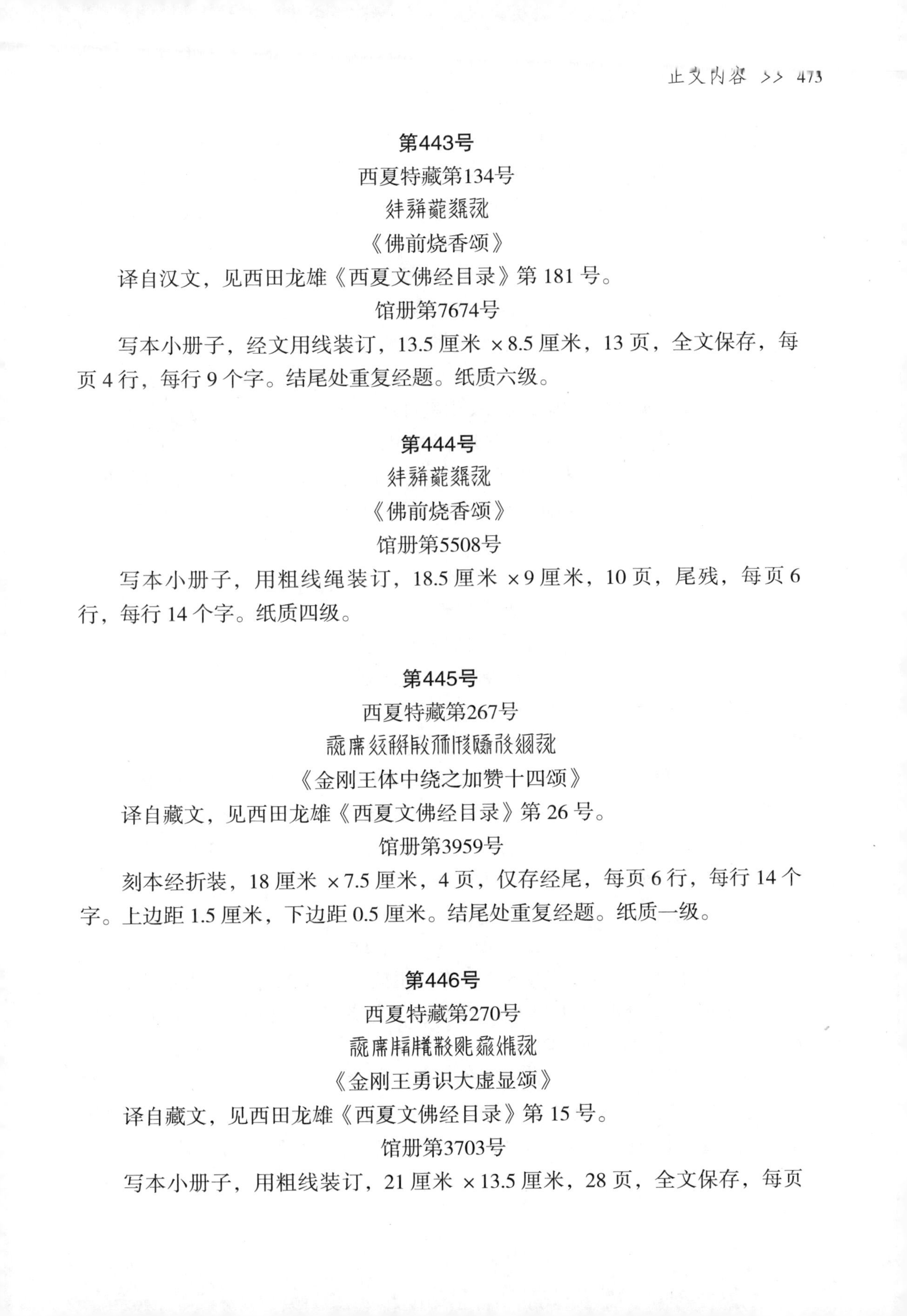

第443号

西夏特藏第134号

[illegible]

《佛前烧香颂》

译自汉文，见西田龙雄《西夏文佛经目录》第 181 号。

馆册第7674号

写本小册子，经文用线装订，13.5 厘米 ×8.5 厘米，13 页，全文保存，每页 4 行，每行 9 个字。结尾处重复经题。纸质六级。

第444号

[illegible]

《佛前烧香颂》

馆册第5508号

写本小册子，用粗线绳装订，18.5 厘米 ×9 厘米，10 页，尾残，每页 6 行，每行 14 个字。纸质四级。

第445号

西夏特藏第267号

[illegible]

《金刚王体中绕之加赞十四颂》

译自藏文，见西田龙雄《西夏文佛经目录》第 26 号。

馆册第3959号

刻本经折装，18 厘米 ×7.5 厘米，4 页，仅存经尾，每页 6 行，每行 14 个字。上边距 1.5 厘米，下边距 0.5 厘米。结尾处重复经题。纸质一级。

第446号

西夏特藏第270号

[illegible]

《金刚王勇识大虚显颂》

译自藏文，见西田龙雄《西夏文佛经目录》第 15 号。

馆册第3703号

写本小册子，用粗线装订，21 厘米 ×13.5 厘米，28 页，全文保存，每页

7 行，每行 21—22 个字。墨线勾栏，上边距 1.5 厘米，下边距 1.5 厘米。经文的梵文名称有西夏文音译和意译两种。第 1 页上有记号，最后 1 页有名字[illegible]（尼末师）(nin mba Нин Мба)。经文左上角已经残朽。纸质四级。

第447号

西夏特藏第303号

[illegible]

《三宝加赞颂》

译自汉文，见西田龙雄《西夏文佛经目录》第 139 号。

馆册第6750号

写本小册子，19 厘米 ×21 厘米，2 页，仅存经首，每页 7 行，每行 9 个字。上边距 1.2 厘米，下边距 0.8 厘米。2 页上边都有螺旋形的符号。纸质八级。

第448号

西夏特藏第314号

[illegible]

《察入顺记验庄严颂》

译自藏文。

馆册第5114号　第1卷

写本卷子装。21 厘米 ×64 厘米。仅存经首。每行 21 个字。用斜体书写。经文的梵文名称有西夏文音译和意译两种。经题后有经文作者名字：

[illegible]

西羌中国菩提勤师（ po tie ·iə По-тие-гхиэ ）。

纸质一级。

馆册第5073号　第2卷

写本卷子装，19.5 厘米 ×593 厘米，尾残，每行 22 个字，用草体书写。上边距 1.7 厘米，下边距 1.3 厘米。经题后有作者名字：西羌中国法师菩提勤（ По-тие-гхиэ ）编写。纸质四级。

馆册第5801号　第2卷

写本卷子装，19.5 厘米 ×51 厘米，仅存经尾，每行 22—23 个字，用斜体书写。上边距 1.7 厘米，下边距 1.3 厘米。结尾处重复经题。纸质四级。

馆册第7905号　第8卷

写本卷子装，20 厘米 ×487 厘米，仅存经首，每行 26 个字，用草体书写。边距用双线隔开，上边距 1 厘米，下边距 1.2 厘米。经题后有作者的名字：西羌中国法师菩提勤（По-тие-гхиэ）编写。经文保存不善。纸质四级。

第449号

西夏特藏第408号

[illegible]

《最乐净国求生颂》

译自藏文。

馆册第2265号

刻本经折装，32 厘米 ×9 厘米，4 页，仅存经首，每页 6 行，每行 15 个字。上边距 2 厘米，下边距 2 厘米。经题后有作者名字：

[illegible]

讲经律论、羌国大法师沙门龙幢（we ndzion Be Нджион）集传

纸质二级，黄色纸。

第450号

西夏特藏第477号

[illegible]

《大千国守护吉祥颂》

馆册第7100号

写本经折装，11.8 厘米 ×8 厘米，4 页，仅存经尾，每页 6 行，每行 9 个字。上边距 1.7 厘米，下边距 1 厘米。结尾处重复经题。纸质八级。

第451号

西夏特藏第478号

[illegible]

《罪忏顺颂》

馆册第7112号

写本小册子，12 厘米 ×8.5 厘米，83 页，全文保存，每页 6 行，每行 13 个字。上边距 1 厘米，下边距 1 厘米。结尾处重复经题。某些页面的背面画有

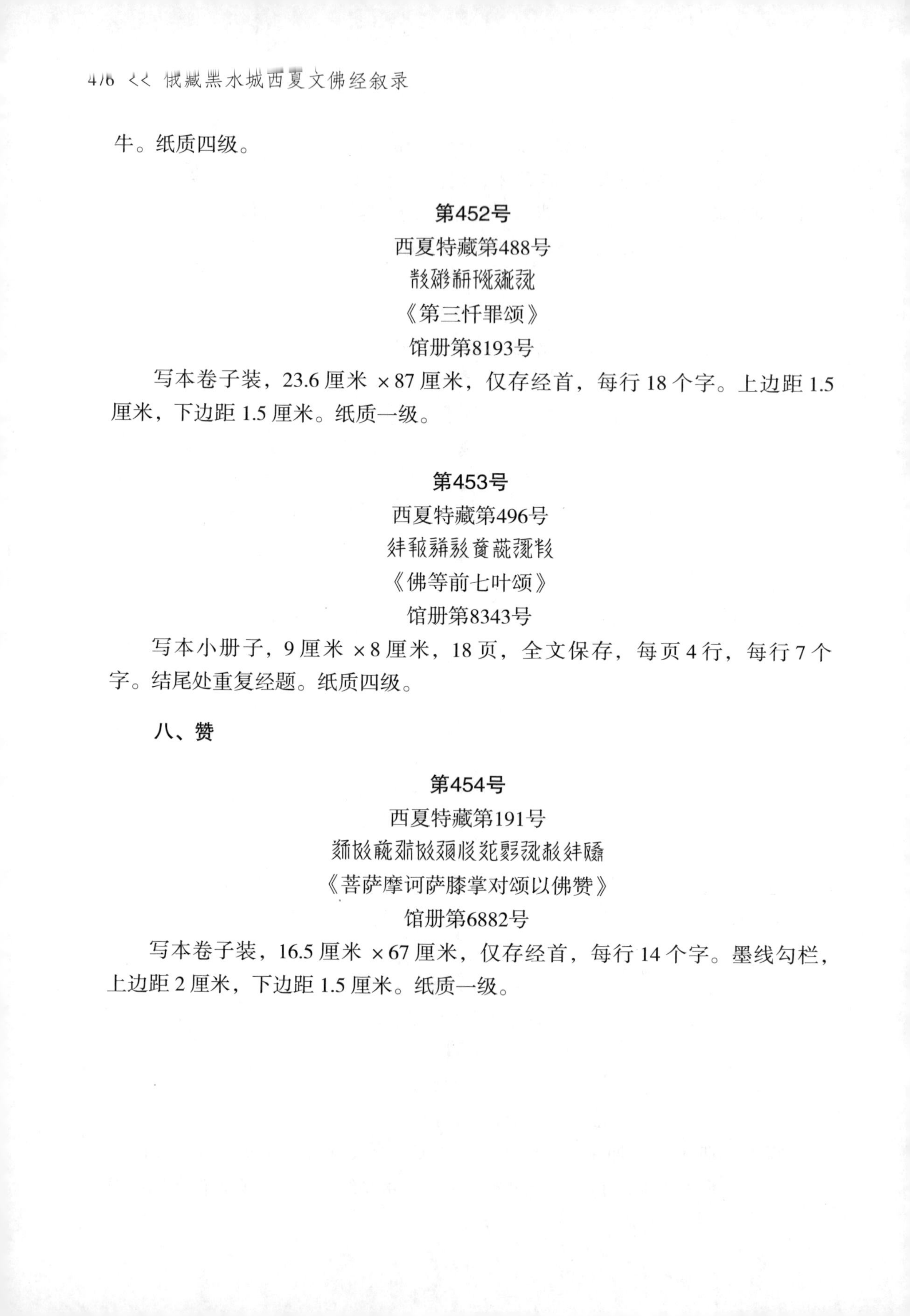

牛。纸质四级。

第452号

西夏特藏第488号

[illegible]

《第三忏罪颂》

馆册第8193号

写本卷子装，23.6厘米×87厘米，仅存经首，每行18个字。上边距1.5厘米，下边距1.5厘米。纸质一级。

第453号

西夏特藏第496号

[illegible]

《佛等前七叶颂》

馆册第8343号

写本小册子，9厘米×8厘米，18页，全文保存，每页4行，每行7个字。结尾处重复经题。纸质四级。

八、赞

第454号

西夏特藏第191号

[illegible]

《菩萨摩诃萨膝掌对颂以佛赞》

馆册第6882号

写本卷子装，16.5厘米×67厘米，仅存经首，每行14个字。墨线勾栏，上边距2厘米，下边距1.5厘米。纸质一级。

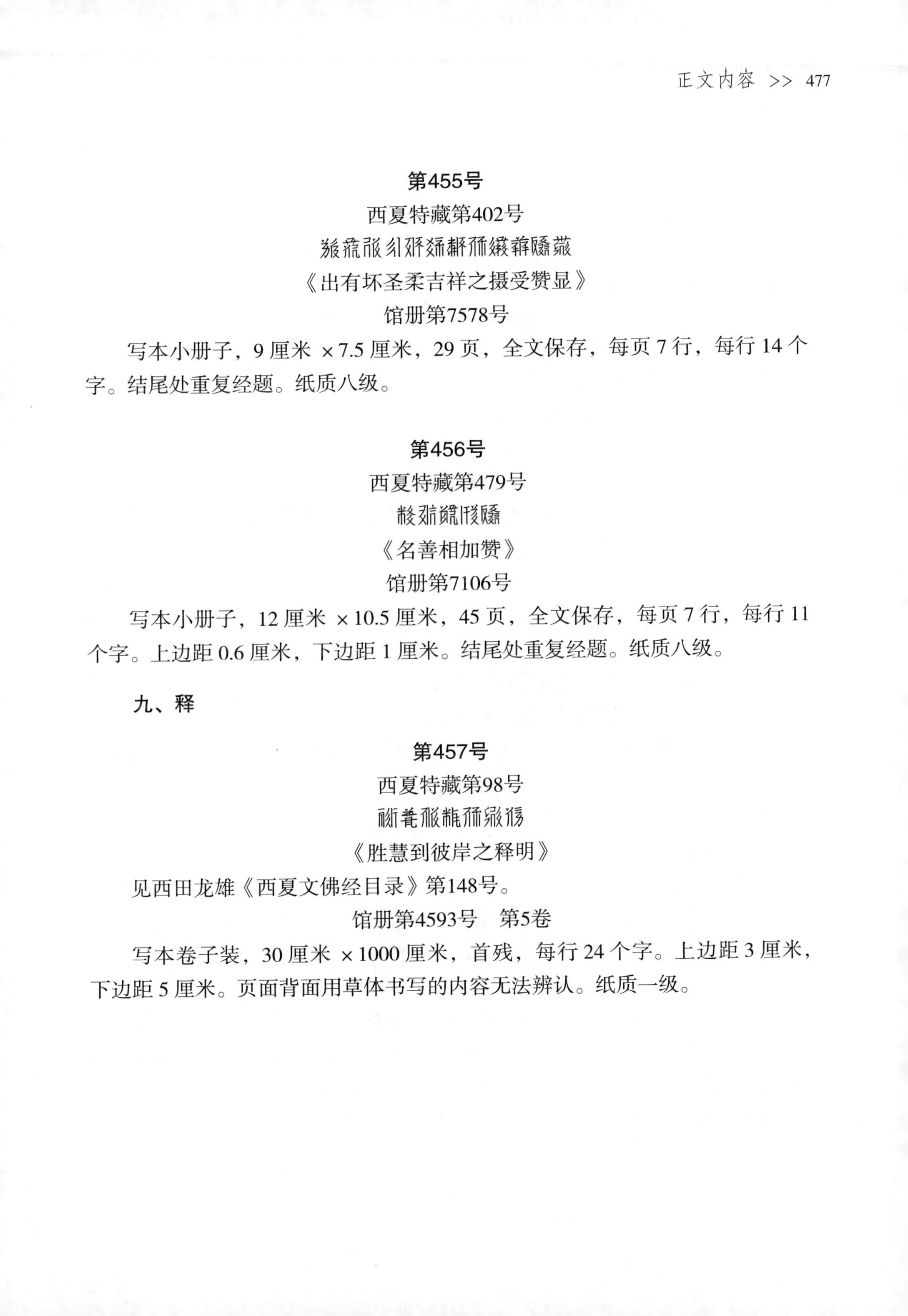

第455号

西夏特藏第402号

[illegible]

《出有坏圣柔吉祥之摄受赞显》

馆册第7578号

写本小册子，9 厘米 ×7.5 厘米，29 页，全文保存，每页 7 行，每行 14 个字。结尾处重复经题。纸质八级。

第456号

西夏特藏第479号

[illegible]

《名善相加赞》

馆册第7106号

写本小册子，12 厘米 ×10.5 厘米，45 页，全文保存，每页 7 行，每行 11 个字。上边距 0.6 厘米，下边距 1 厘米。结尾处重复经题。纸质八级。

九、释

第457号

西夏特藏第98号

[illegible]

《胜慧到彼岸之释明》

见西田龙雄《西夏文佛经目录》第148号。

馆册第4593号　第5卷

写本卷子装，30 厘米 ×1000 厘米，首残，每行 24 个字。上边距 3 厘米，下边距 5 厘米。页面背面用草体书写的内容无法辨认。纸质一级。

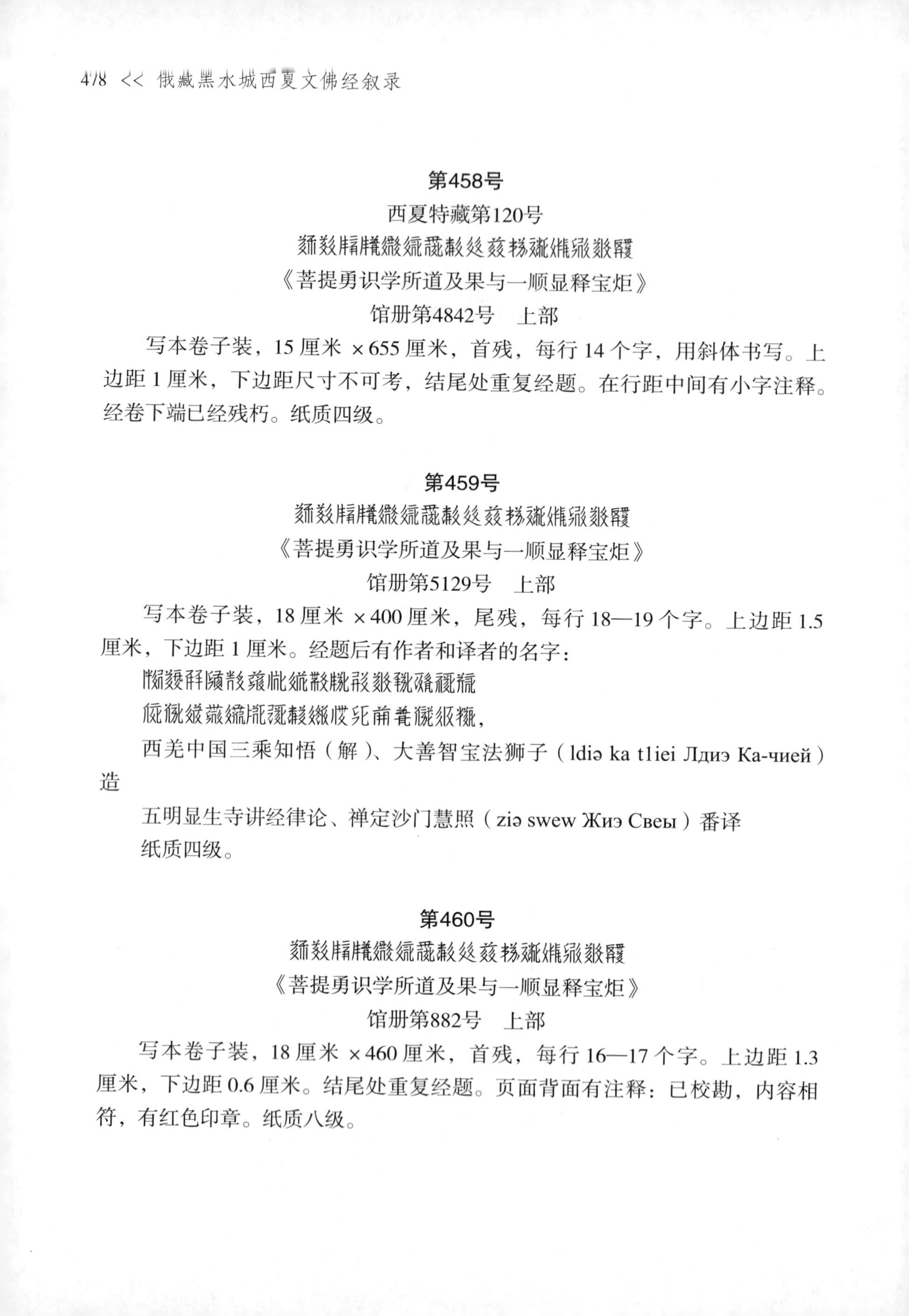

第458号

西夏特藏第120号

[illegible]

《菩提勇识学所道及果与一顺显释宝炬》

馆册第4842号　上部

写本卷子装，15 厘米 ×655 厘米，首残，每行 14 个字，用斜体书写。上边距 1 厘米，下边距尺寸不可考，结尾处重复经题。在行距中间有小字注释。经卷下端已经残朽。纸质四级。

第459号

[illegible]

《菩提勇识学所道及果与一顺显释宝炬》

馆册第5129号　上部

写本卷子装，18 厘米 ×400 厘米，尾残，每行 18—19 个字。上边距 1.5 厘米，下边距 1 厘米。经题后有作者和译者的名字：

[illegible]

[illegible]，

西羌中国三乘知悟（解）、大善智宝法狮子（ldiə ka t1iei Лдиэ Ка-чией）造

五明显生寺讲经律论、禅定沙门慧照（ziə swew Жиэ Свеы）番译

纸质四级。

第460号

[illegible]

《菩提勇识学所道及果与一顺显释宝炬》

馆册第882号　上部

写本卷子装，18 厘米 ×460 厘米，首残，每行 16—17 个字。上边距 1.3 厘米，下边距 0.6 厘米。结尾处重复经题。页面背面有注释：已校勘，内容相符，有红色印章。纸质八级。

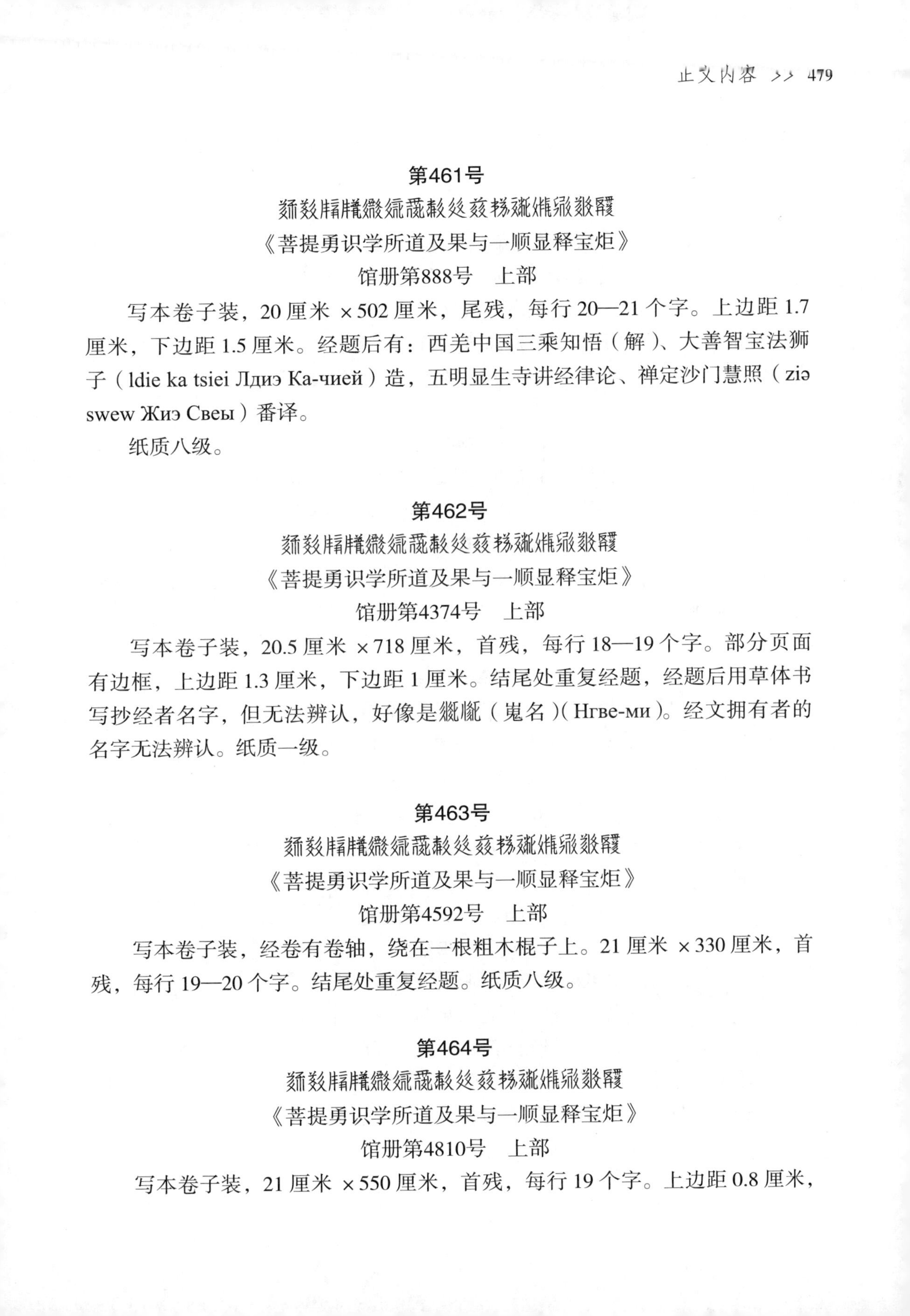

第461号

[illegible]

《菩提勇识学所道及果与一顺显释宝炬》

馆册第888号　上部

写本卷子装，20 厘米 ×502 厘米，尾残，每行 20—21 个字。上边距 1.7 厘米，下边距 1.5 厘米。经题后有：西羌中国三乘知悟（解）、大善智宝法狮子（ldie ka tsiei Лдиэ Ка-чией）造，五明显生寺讲经律论、禅定沙门慧照（ziə swew Жиэ Свеы）番译。

纸质八级。

第462号

[illegible]

《菩提勇识学所道及果与一顺显释宝炬》

馆册第4374号　上部

写本卷子装，20.5 厘米 ×718 厘米，首残，每行 18—19 个字。部分页面有边框，上边距 1.3 厘米，下边距 1 厘米。结尾处重复经题，经题后用草体书写抄经者名字，但无法辨认，好像是[illegible]（嵬名）(Нгве-ми)。经文拥有者的名字无法辨认。纸质一级。

第463号

[illegible]

《菩提勇识学所道及果与一顺显释宝炬》

馆册第4592号　上部

写本卷子装，经卷有卷轴，绕在一根粗木棍子上。21 厘米 ×330 厘米，首残，每行 19—20 个字。结尾处重复经题。纸质八级。

第464号

[illegible]

《菩提勇识学所道及果与一顺显释宝炬》

馆册第4810号　上部

写本卷子装，21 厘米 ×550 厘米，首残，每行 19 个字。上边距 0.8 厘米，

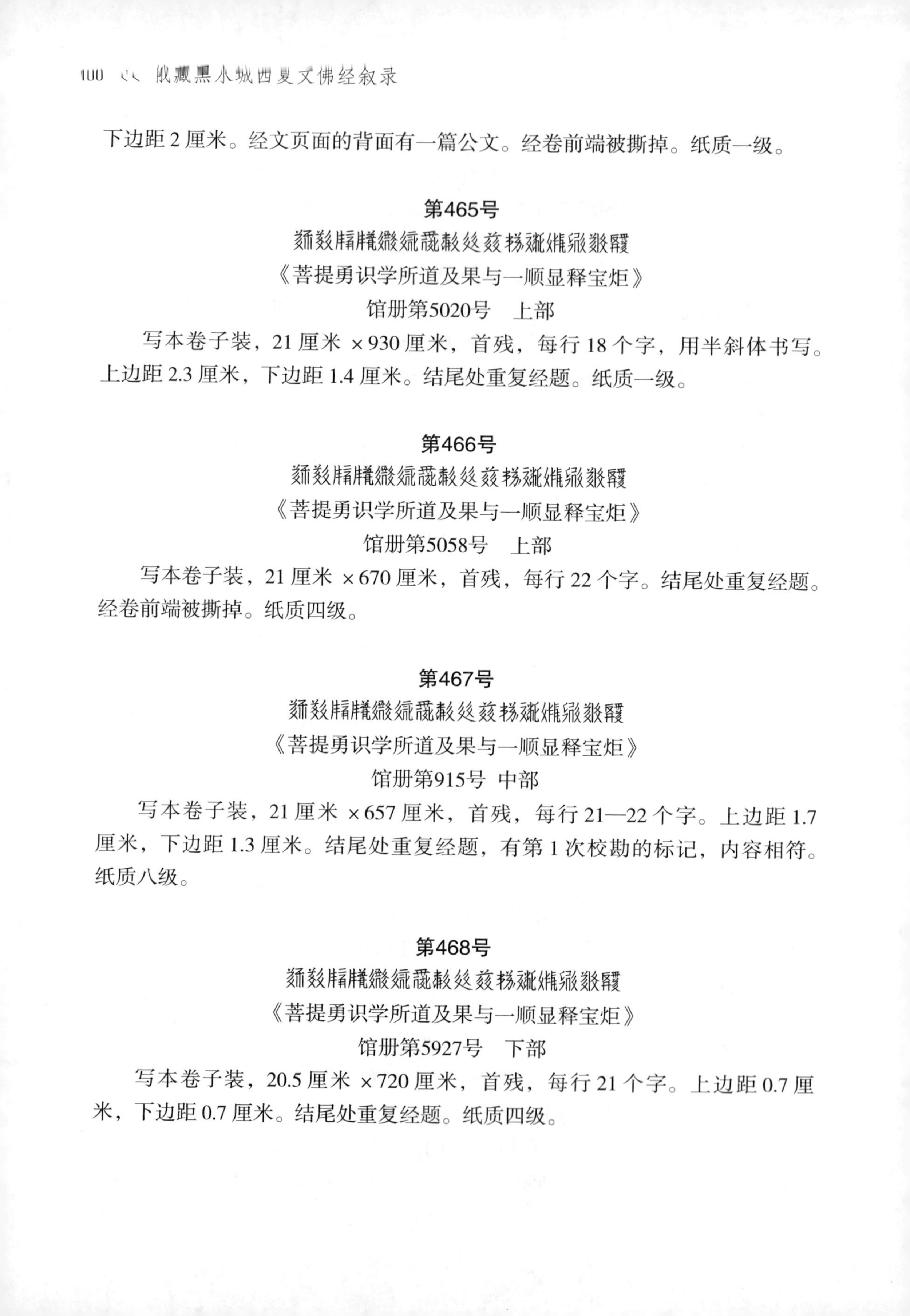

下边距 2 厘米。经文页面的背面有一篇公文。经卷前端被撕掉。纸质一级。

第465号

[illegible]

《菩提勇识学所道及果与一顺显释宝炬》

馆册第5020号 上部

写本卷子装，21 厘米 ×930 厘米，首残，每行 18 个字，用半斜体书写。上边距 2.3 厘米，下边距 1.4 厘米。结尾处重复经题。纸质一级。

第466号

[illegible]

《菩提勇识学所道及果与一顺显释宝炬》

馆册第5058号 上部

写本卷子装，21 厘米 ×670 厘米，首残，每行 22 个字。结尾处重复经题。经卷前端被撕掉。纸质四级。

第467号

[illegible]

《菩提勇识学所道及果与一顺显释宝炬》

馆册第915号 中部

写本卷子装，21 厘米 ×657 厘米，首残，每行 21—22 个字。上边距 1.7 厘米，下边距 1.3 厘米。结尾处重复经题，有第 1 次校勘的标记，内容相符。纸质八级。

第468号

[illegible]

《菩提勇识学所道及果与一顺显释宝炬》

馆册第5927号 下部

写本卷子装，20.5 厘米 ×720 厘米，首残，每行 21 个字。上边距 0.7 厘米，下边距 0.7 厘米。结尾处重复经题。纸质四级。

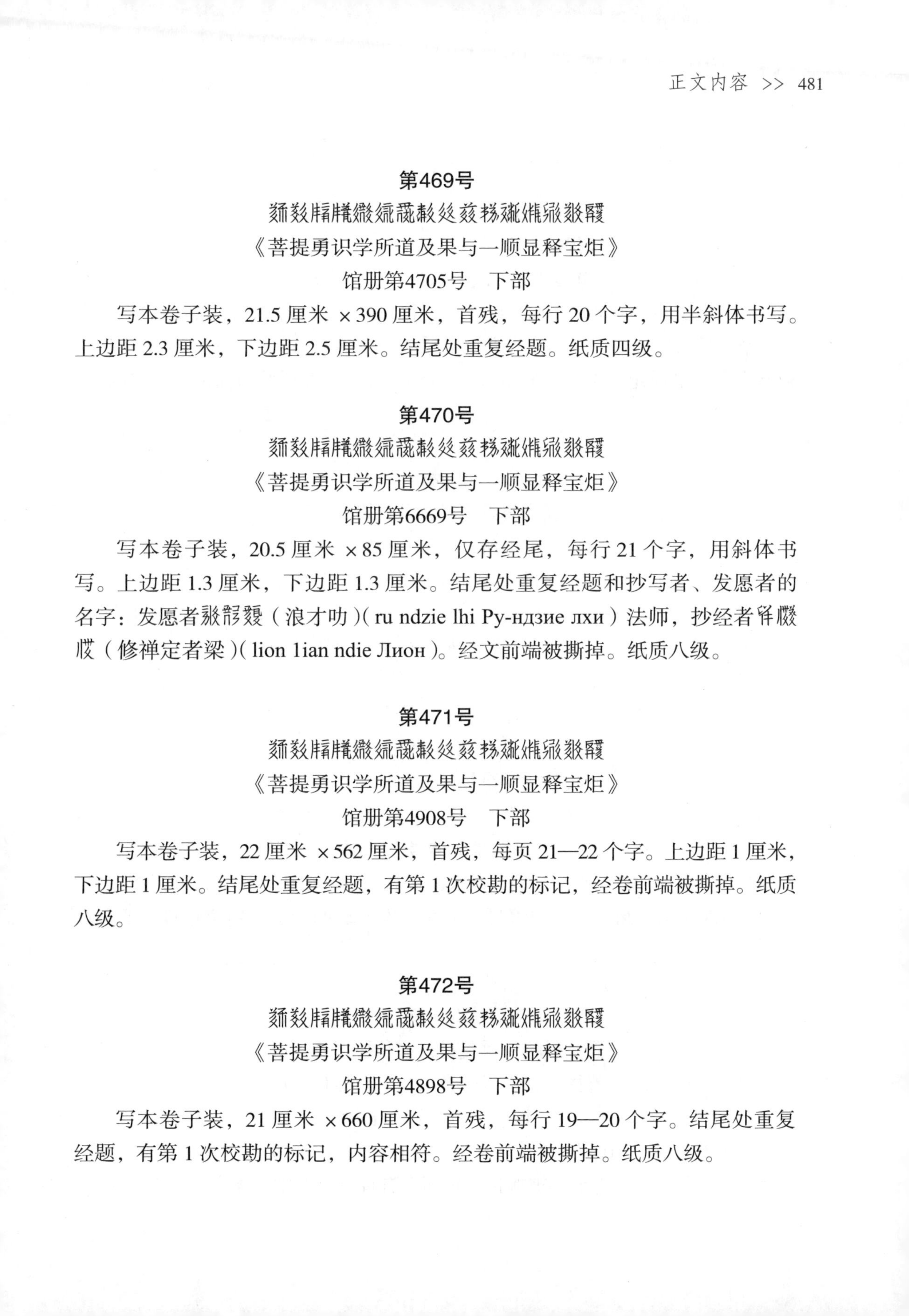

第469号

[illegible]

《菩提勇识学所道及果与一顺显释宝炬》

馆册第4705号　下部

写本卷子装，21.5 厘米 ×390 厘米，首残，每行 20 个字，用半斜体书写。上边距 2.3 厘米，下边距 2.5 厘米。结尾处重复经题。纸质四级。

第470号

[illegible]

《菩提勇识学所道及果与一顺显释宝炬》

馆册第6669号　下部

写本卷子装，20.5 厘米 ×85 厘米，仅存经尾，每行 21 个字，用斜体书写。上边距 1.3 厘米，下边距 1.3 厘米。结尾处重复经题和抄写者、发愿者的名字：发愿者[illegible]（浪才叻）(ru ndzie lhi Ру-ндзие лхи) 法师，抄经者[illegible]（修禅定者梁）(lion 1ian ndie Лион)。经文前端被撕掉。纸质八级。

第471号

[illegible]

《菩提勇识学所道及果与一顺显释宝炬》

馆册第4908号　下部

写本卷子装，22 厘米 ×562 厘米，首残，每页 21—22 个字。上边距 1 厘米，下边距 1 厘米。结尾处重复经题，有第 1 次校勘的标记，经卷前端被撕掉。纸质八级。

第472号

[illegible]

《菩提勇识学所道及果与一顺显释宝炬》

馆册第4898号　下部

写本卷子装，21 厘米 ×660 厘米，首残，每行 19—20 个字。结尾处重复经题，有第 1 次校勘的标记，内容相符。经卷前端被撕掉。纸质八级。

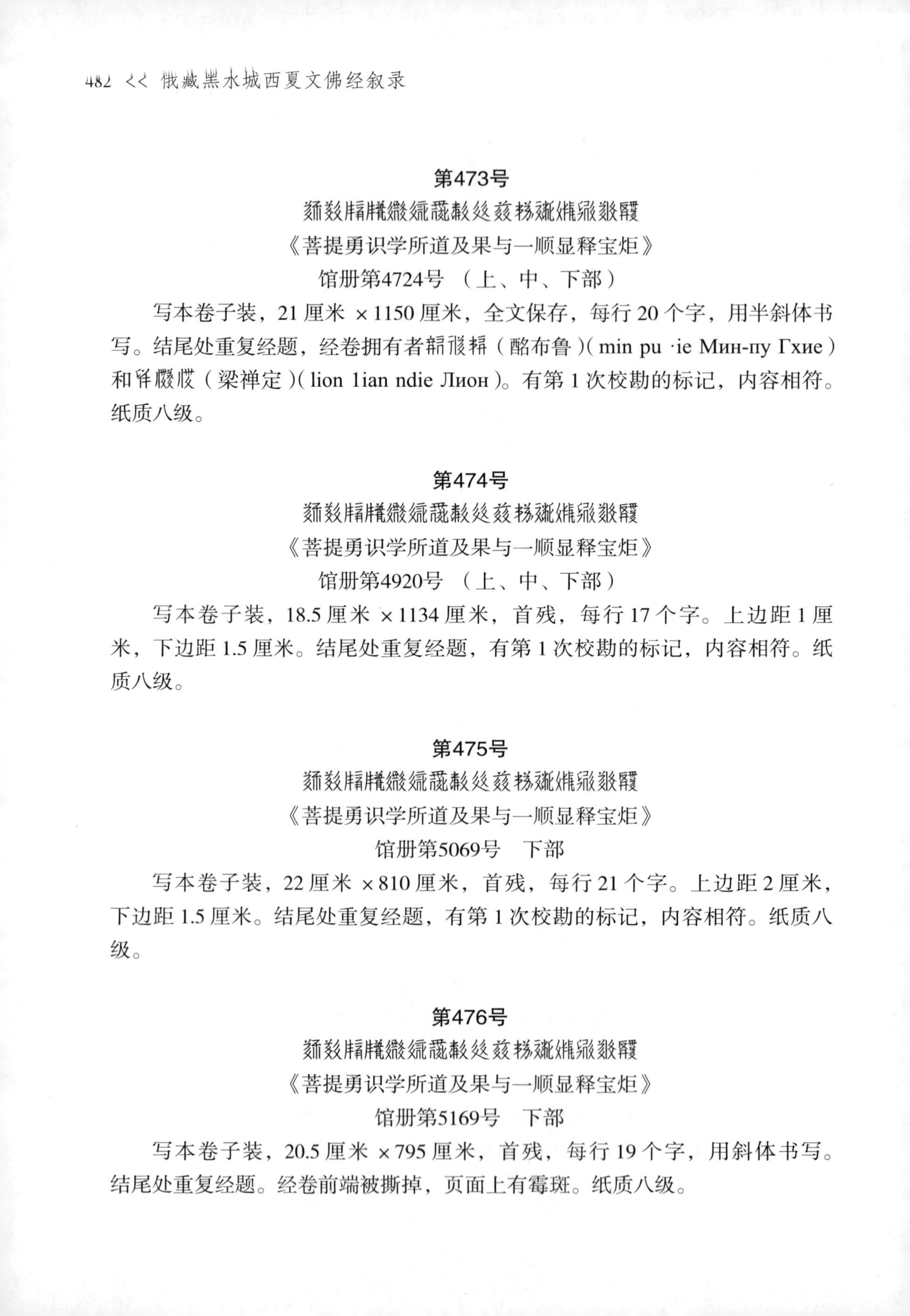

第473号

[illegible]

《菩提勇识学所道及果与一顺显释宝炬》

馆册第4724号 （上、中、下部）

写本卷子装，21 厘米 ×1150 厘米，全文保存，每行 20 个字，用半斜体书写。结尾处重复经题，经卷拥有者[illegible]（酩布鲁）(min pu ·ie Мин-пу Гхие) 和[illegible]（梁禅定）(lion 1ian ndie Лион)。有第 1 次校勘的标记，内容相符。纸质八级。

第474号

[illegible]

《菩提勇识学所道及果与一顺显释宝炬》

馆册第4920号 （上、中、下部）

写本卷子装，18.5 厘米 ×1134 厘米，首残，每行 17 个字。上边距 1 厘米，下边距 1.5 厘米。结尾处重复经题，有第 1 次校勘的标记，内容相符。纸质八级。

第475号

[illegible]

《菩提勇识学所道及果与一顺显释宝炬》

馆册第5069号 下部

写本卷子装，22 厘米 ×810 厘米，首残，每行 21 个字。上边距 2 厘米，下边距 1.5 厘米。结尾处重复经题，有第 1 次校勘的标记，内容相符。纸质八级。

第476号

[illegible]

《菩提勇识学所道及果与一顺显释宝炬》

馆册第5169号 下部

写本卷子装，20.5 厘米 ×795 厘米，首残，每行 19 个字，用斜体书写。结尾处重复经题。经卷前端被撕掉，页面上有霉斑。纸质八级。

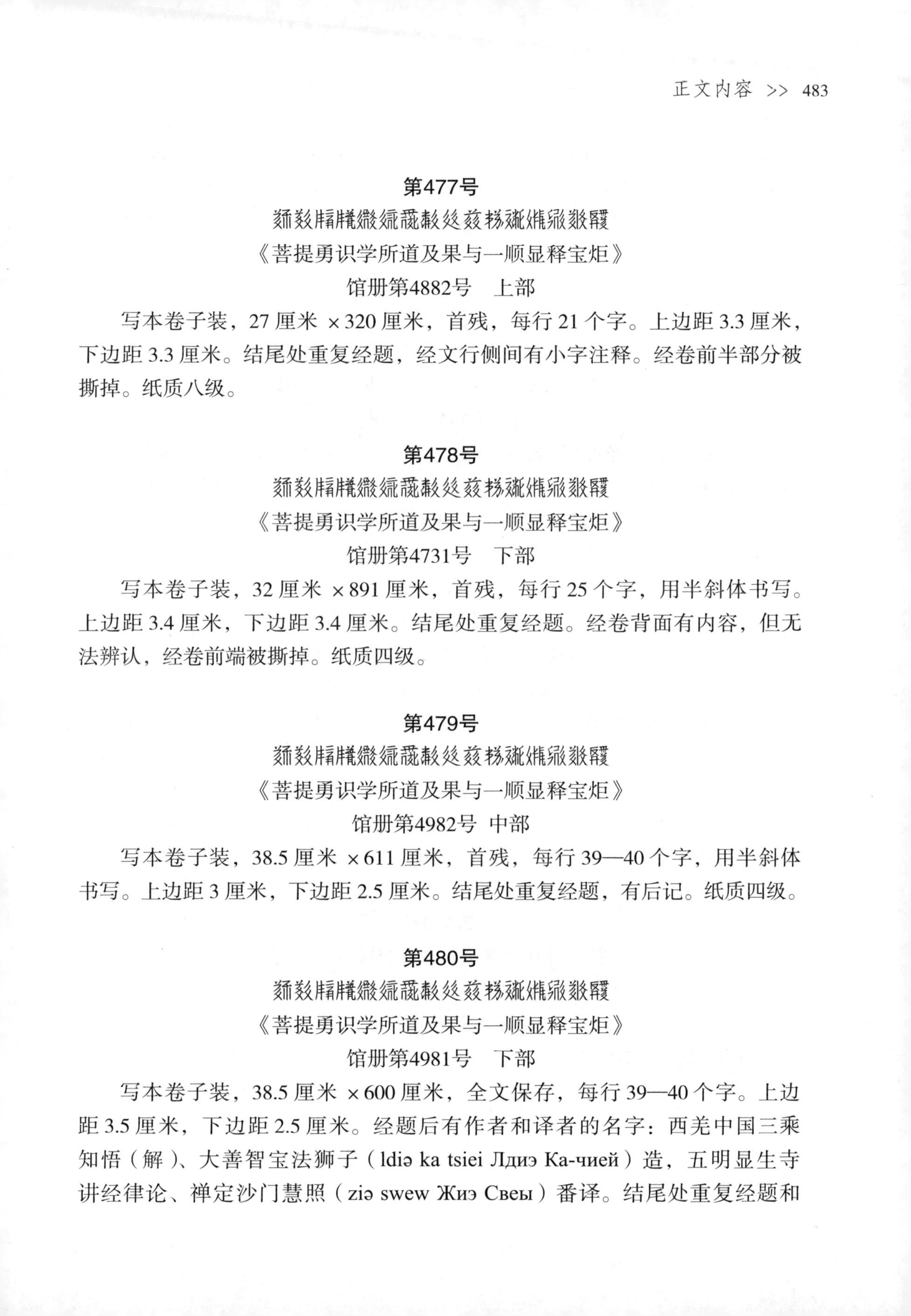

第477号

[illegible]

《菩提勇识学所道及果与一顺显释宝炬》

馆册第4882号　上部

写本卷子装，27 厘米 ×320 厘米，首残，每行 21 个字。上边距 3.3 厘米，下边距 3.3 厘米。结尾处重复经题，经文行侧间有小字注释。经卷前半部分被撕掉。纸质八级。

第478号

[illegible]

《菩提勇识学所道及果与一顺显释宝炬》

馆册第4731号　下部

写本卷子装，32 厘米 ×891 厘米，首残，每行 25 个字，用半斜体书写。上边距 3.4 厘米，下边距 3.4 厘米。结尾处重复经题。经卷背面有内容，但无法辨认，经卷前端被撕掉。纸质四级。

第479号

[illegible]

《菩提勇识学所道及果与一顺显释宝炬》

馆册第4982号 中部

写本卷子装，38.5 厘米 ×611 厘米，首残，每行 39—40 个字，用半斜体书写。上边距 3 厘米，下边距 2.5 厘米。结尾处重复经题，有后记。纸质四级。

第480号

[illegible]

《菩提勇识学所道及果与一顺显释宝炬》

馆册第4981号　下部

写本卷子装，38.5 厘米 ×600 厘米，全文保存，每行 39—40 个字。上边距 3.5 厘米，下边距 2.5 厘米。经题后有作者和译者的名字：西羌中国三乘知悟（解）、大善智宝法狮子（ldiə ka tsiei Лдиэ Ка-чией）造，五明显生寺讲经律论、禅定沙门慧照（ziə swew Жиэ Свеы）番译。结尾处重复经题和

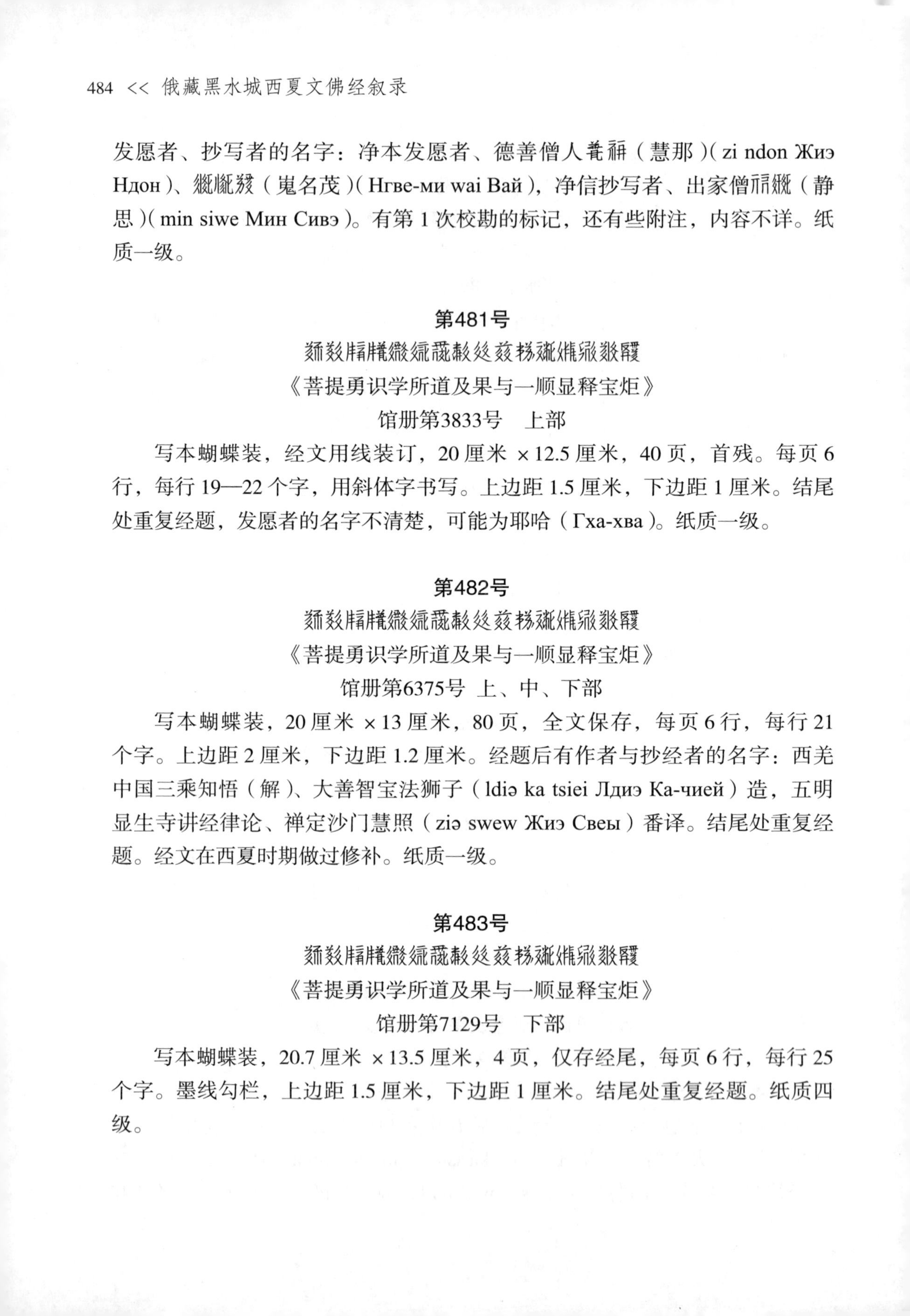

发愿者、抄写者的名字：净本发愿者、德善僧人[illegible]（慧那）(zi ndon Жиэ Ндон)、[illegible]（嵬名茂）(Нгве-ми wai Вай)，净信抄写者、出家僧[illegible]（静思）(min siwe Мин Сивэ)。有第 1 次校勘的标记，还有些附注，内容不详。纸质一级。

第481号

[illegible]

《菩提勇识学所道及果与一顺显释宝炬》

馆册第3833号　上部

写本蝴蝶装，经文用线装订，20 厘米 ×12.5 厘米，40 页，首残。每页 6 行，每行 19—22 个字，用斜体字书写。上边距 1.5 厘米，下边距 1 厘米。结尾处重复经题，发愿者的名字不清楚，可能为耶哈（Гха-хва）。纸质一级。

第482号

[illegible]

《菩提勇识学所道及果与一顺显释宝炬》

馆册第6375号　上、中、下部

写本蝴蝶装，20 厘米 ×13 厘米，80 页，全文保存，每页 6 行，每行 21 个字。上边距 2 厘米，下边距 1.2 厘米。经题后有作者与抄经者的名字：西羌中国三乘知悟（解）、大善智宝法狮子（ldiə ka tsiei Лдиэ Ка-чией）造，五明显生寺讲经律论、禅定沙门慧照（ziə swew Жиэ Свеы）番译。结尾处重复经题。经文在西夏时期做过修补。纸质一级。

第483号

[illegible]

《菩提勇识学所道及果与一顺显释宝炬》

馆册第7129号　下部

写本蝴蝶装，20.7 厘米 ×13.5 厘米，4 页，仅存经尾，每页 6 行，每行 25 个字。墨线勾栏，上边距 1.5 厘米，下边距 1 厘米。结尾处重复经题。纸质四级。

第484号

[illegible]

《菩提勇识学所道及果与一顺显释宝炬》

馆册第2880号　上、中、下部

写本蝴蝶装，23 厘米 ×16 厘米，109 页，尾残，每页 8 行，每行 23—27 个字。上边距 1.5 厘米，下边距 1 厘米。经题后有作者和抄经者的名字：西羌中国三乘知悟（解）、大善智宝法狮子（ldiə ka tsiei Лдиэ Ка-чией）造，五明显生寺讲经律论、禅定沙门慧照（ziə swew Жиэ Свеы）番译。纸质一级。

第485号

[illegible]

《菩提勇识学所道及果与一顺显释宝炬》

馆册第2903号　上、中、下部

写本蝴蝶装，软纸封面，23 厘米 ×16 厘米，95 页，尾残，每页 8 行，每行 23—27 个字。上边距 1.5 厘米，下边距 1 厘米。经题后有作者与译者的名字：西羌中国三乘知悟（解）、大善智宝法狮子（ldiə ka tsiei Лдиэ Ка-чией）造，五明显生寺讲经律论、禅定沙门慧照（ziə swew Жиэ Свеы）番译。纸质一级。

第486号

[illegible]

《菩提勇识学所道及果与一顺显释宝炬》

馆册第5568号　下部

写本蝴蝶装，23 厘米 ×16 厘米，4 页，仅存经尾，每页 7 行，每行 30 个字，用斜体书写。上边距 2 厘米，下边距 2 厘米。结尾处重复经题。纸质八级。

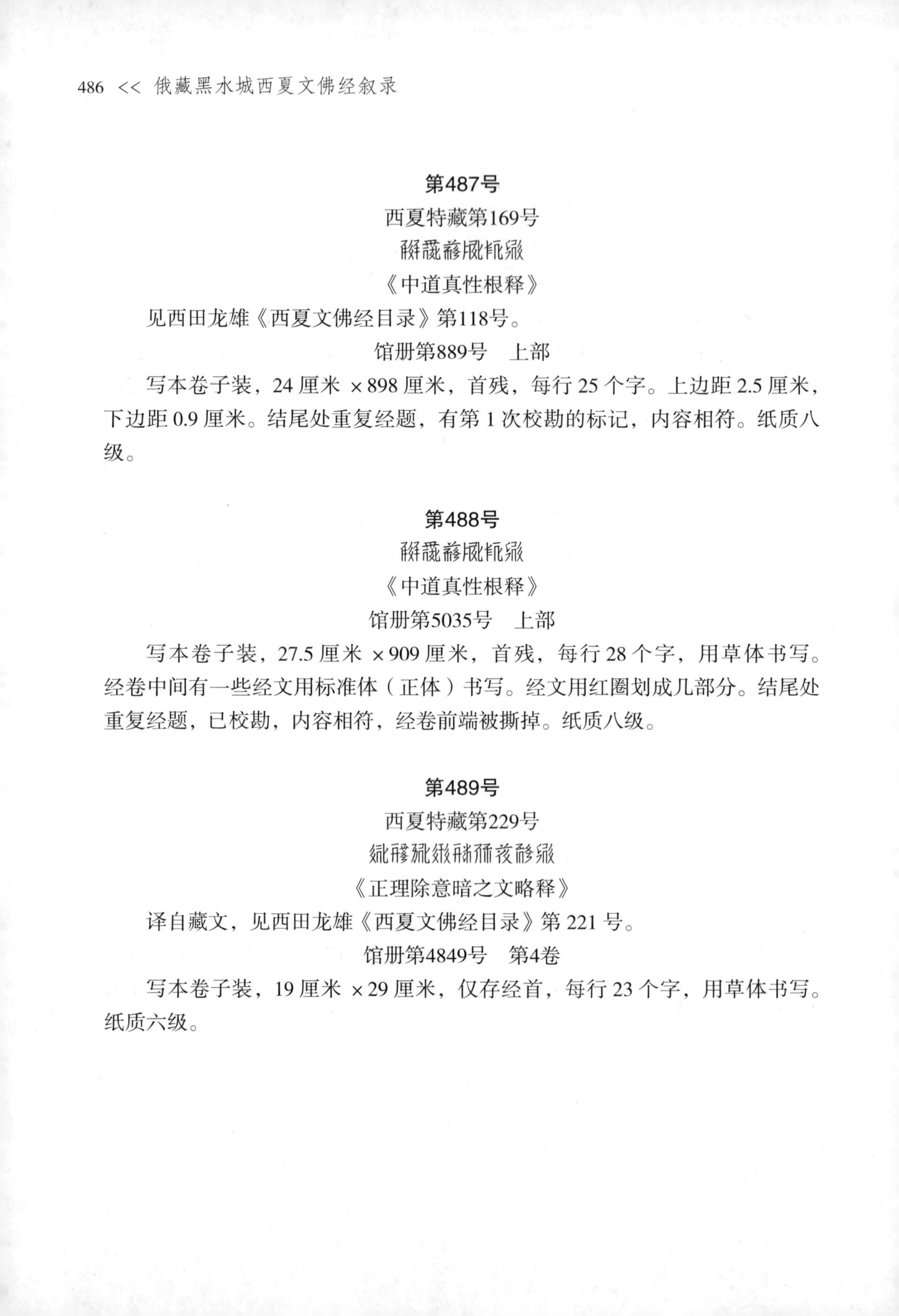

第487号

西夏特藏第169号

[illegible]

《中道真性根释》

见西田龙雄《西夏文佛经目录》第118号。

馆册第889号　上部

写本卷子装，24 厘米 ×898 厘米，首残，每行 25 个字。上边距 2.5 厘米，下边距 0.9 厘米。结尾处重复经题，有第 1 次校勘的标记，内容相符。纸质八级。

第488号

[illegible]

《中道真性根释》

馆册第5035号　上部

写本卷子装，27.5 厘米 ×909 厘米，首残，每行 28 个字，用草体书写。经卷中间有一些经文用标准体（正体）书写。经文用红圈划成几部分。结尾处重复经题，已校勘，内容相符，经卷前端被撕掉。纸质八级。

第489号

西夏特藏第229号

[illegible]

《正理除意暗之文略释》

译自藏文，见西田龙雄《西夏文佛经目录》第 221 号。

馆册第4849号　第4卷

写本卷子装，19 厘米 ×29 厘米，仅存经首，每行 23 个字，用草体书写。纸质六级。

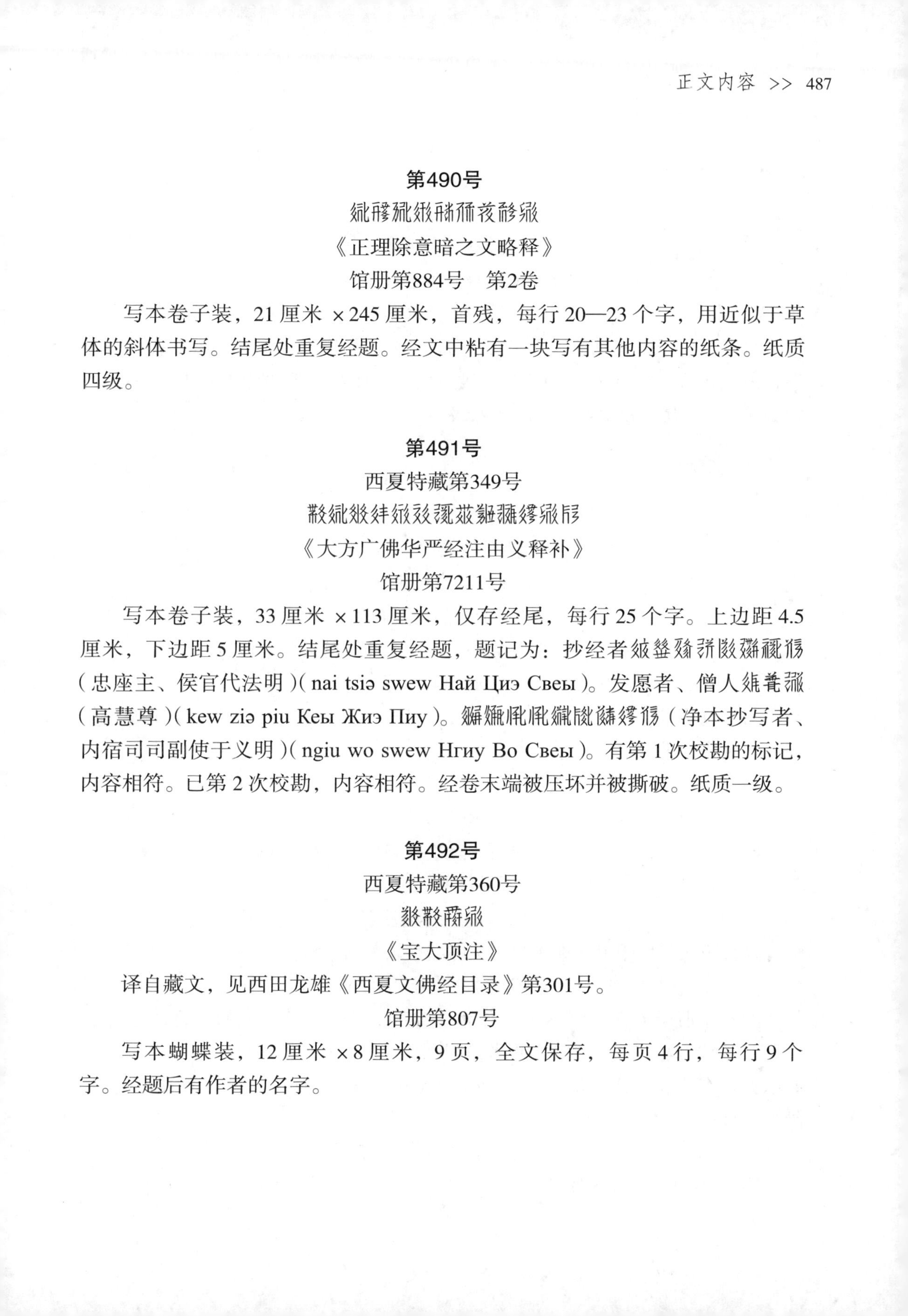

第490号

[illegible]

《正理除意暗之文略释》

馆册第884号　第2卷

写本卷子装，21 厘米 ×245 厘米，首残，每行 20—23 个字，用近似于草体的斜体书写。结尾处重复经题。经文中粘有一块写有其他内容的纸条。纸质四级。

第491号

西夏特藏第349号

[illegible]

《大方广佛华严经注由义释补》

馆册第7211号

写本卷子装，33 厘米 ×113 厘米，仅存经尾，每行 25 个字。上边距 4.5 厘米，下边距 5 厘米。结尾处重复经题，题记为：抄经者[illegible]（忠座主、侯官代法明）(nai tsiə swew Най Циэ Свеы)。发愿者、僧人[illegible]（高慧尊）(kew ziə piu Кеы Жиэ Пиу)。[illegible]（净本抄写者、内宿司司副使于义明）(ngiu wo swew Нгиу Во Свеы)。有第 1 次校勘的标记，内容相符。已第 2 次校勘，内容相符。经卷末端被压坏并被撕破。纸质一级。

第492号

西夏特藏第360号

[illegible]

《宝大顶注》

译自藏文，见西田龙雄《西夏文佛经目录》第301号。

馆册第807号

写本蝴蝶装，12 厘米 ×8 厘米，9 页，全文保存，每页 4 行，每行 9 个字。经题后有作者的名字。

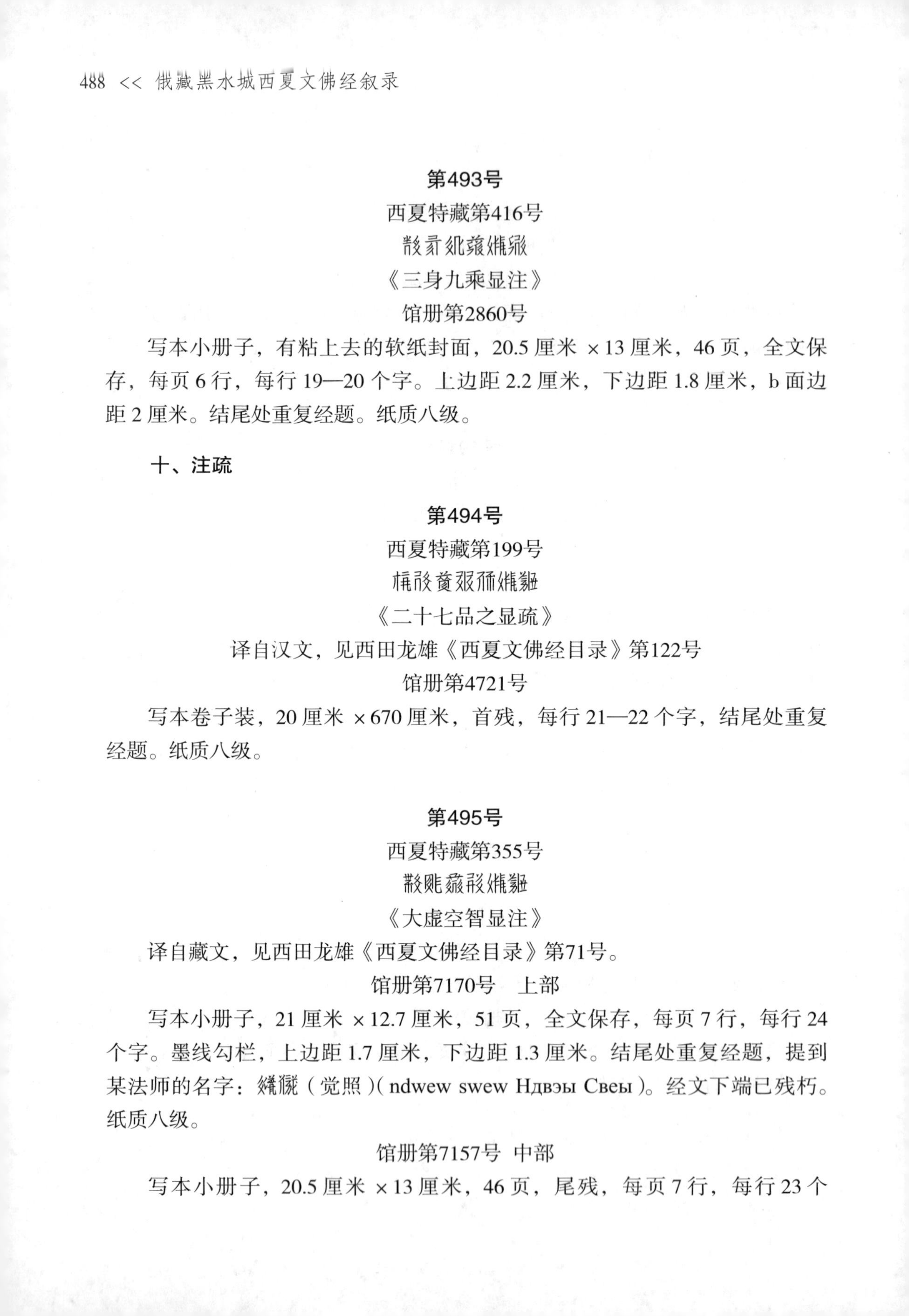

第493号

西夏特藏第416号

[illegible]

《三身九乘显注》

馆册第2860号

写本小册子，有粘上去的软纸封面，20.5 厘米 ×13 厘米，46 页，全文保存，每页 6 行，每行 19—20 个字。上边距 2.2 厘米，下边距 1.8 厘米，b 面边距 2 厘米。结尾处重复经题。纸质八级。

十、注疏

第494号

西夏特藏第199号

[illegible]

《二十七品之显疏》

译自汉文，见西田龙雄《西夏文佛经目录》第122号

馆册第4721号

写本卷子装，20 厘米 ×670 厘米，首残，每行 21—22 个字，结尾处重复经题。纸质八级。

第495号

西夏特藏第355号

[illegible]

《大虚空智显注》

译自藏文，见西田龙雄《西夏文佛经目录》第71号。

馆册第7170号　上部

写本小册子，21 厘米 ×12.7 厘米，51 页，全文保存，每页 7 行，每行 24 个字。墨线勾栏，上边距 1.7 厘米，下边距 1.3 厘米。结尾处重复经题，提到某法师的名字：[illegible]（觉照）(ndwew swew Ндвэы Свеы)。经文下端已残朽。纸质八级。

馆册第7157号　中部

写本小册子，20.5 厘米 ×13 厘米，46 页，尾残，每页 7 行，每行 23 个

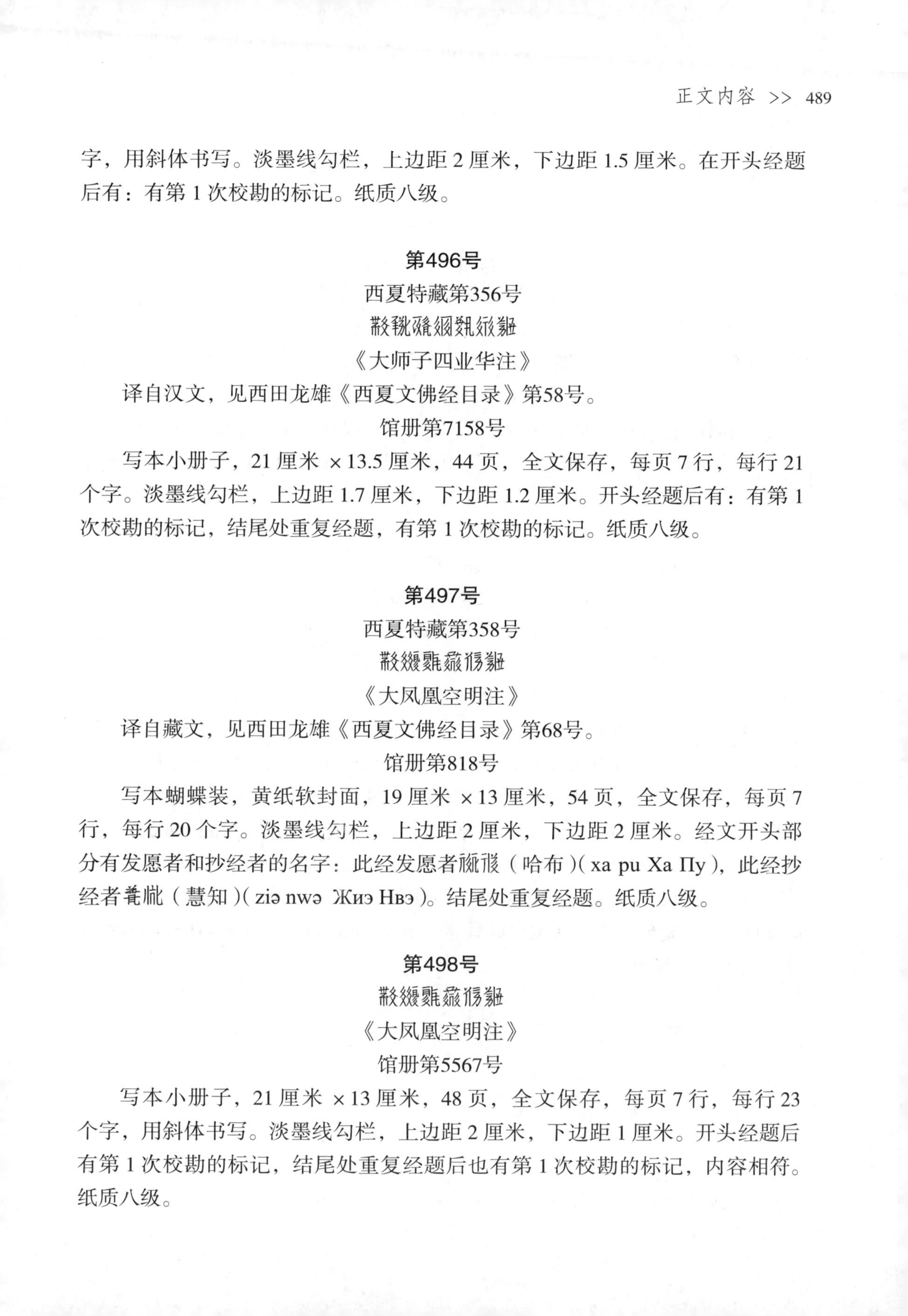

字，用斜体书写。淡墨线勾栏，上边距 2 厘米，下边距 1.5 厘米。在开头经题后有：有第 1 次校勘的标记。纸质八级。

第496号

西夏特藏第356号

[illegible]

《大师子四业华注》

译自汉文，见西田龙雄《西夏文佛经目录》第58号。

馆册第7158号

写本小册子，21 厘米 ×13.5 厘米，44 页，全文保存，每页 7 行，每行 21 个字。淡墨线勾栏，上边距 1.7 厘米，下边距 1.2 厘米。开头经题后有：有第 1 次校勘的标记，结尾处重复经题，有第 1 次校勘的标记。纸质八级。

第497号

西夏特藏第358号

[illegible]

《大凤凰空明注》

译自藏文，见西田龙雄《西夏文佛经目录》第68号。

馆册第818号

写本蝴蝶装，黄纸软封面，19 厘米 ×13 厘米，54 页，全文保存，每页 7 行，每行 20 个字。淡墨线勾栏，上边距 2 厘米，下边距 2 厘米。经文开头部分有发愿者和抄经者的名字：此经发愿者[illegible]（哈布）(xa pu Xa Пу)，此经抄经者[illegible]（慧知）(ziə nwə Жиэ Нвэ)。结尾处重复经题。纸质八级。

第498号

[illegible]

《大凤凰空明注》

馆册第5567号

写本小册子，21 厘米 ×13 厘米，48 页，全文保存，每页 7 行，每行 23 个字，用斜体书写。淡墨线勾栏，上边距 2 厘米，下边距 1 厘米。开头经题后有第 1 次校勘的标记，结尾处重复经题后也有第 1 次校勘的标记，内容相符。纸质八级。

十一、释疏

第499号

西夏特藏第71号

[西夏文]

《圣空行母金刚王舍续之相说疏》

译自藏文，见西田龙雄《西夏文佛经目录》第253号。

馆册第5501号　第1卷

写本小册子，20.5 厘米 ×12.5 厘米，3 页，仅存经尾，每页 7 行，每行 22 个字，用斜体书写。墨线勾栏，上边距 2 厘米，下边距 1.5 厘米。结尾处重复经题。纸质八级。

第500号

西夏特藏第96号

[西夏文]

《胜慧到彼岸要论教学现量解庄严注释疏》

馆册第4584号　第5卷

写本卷子装，20.5 厘米 ×960 厘米，首残，每行 22 个字，用半斜体书写。上边距 1 厘米，下边距 0.8 厘米。经文中用棕色画了很多记号，经文行距间有很多小字补注。结尾处重复经题，题记为：[西夏文]（应天丁巳四年内五月中写）。[1]抄经者[西夏文]（契狄光金）(khin ndiei ko kei Кхин-ндией Ко-кей)、[西夏文]…[西夏文]（㖨…勒）(tshi…ldiə Цхи…лдиэ)、[西夏文]（丙讹吉祥茂）(pie ·o ngiu ru sion Пие-гхо Нгиу-ру-шион)。下面用棕色书写[西夏文]（主写者嵬名娃娃童）(ngwe mi via via ndzew Нгве-ми Виа-виа-нджеы)。纸质一级。

---

[1] 抄写完毕于应天四年五月，即火蛇年（1209 年 6 月 4 日—7 月 3 日）。

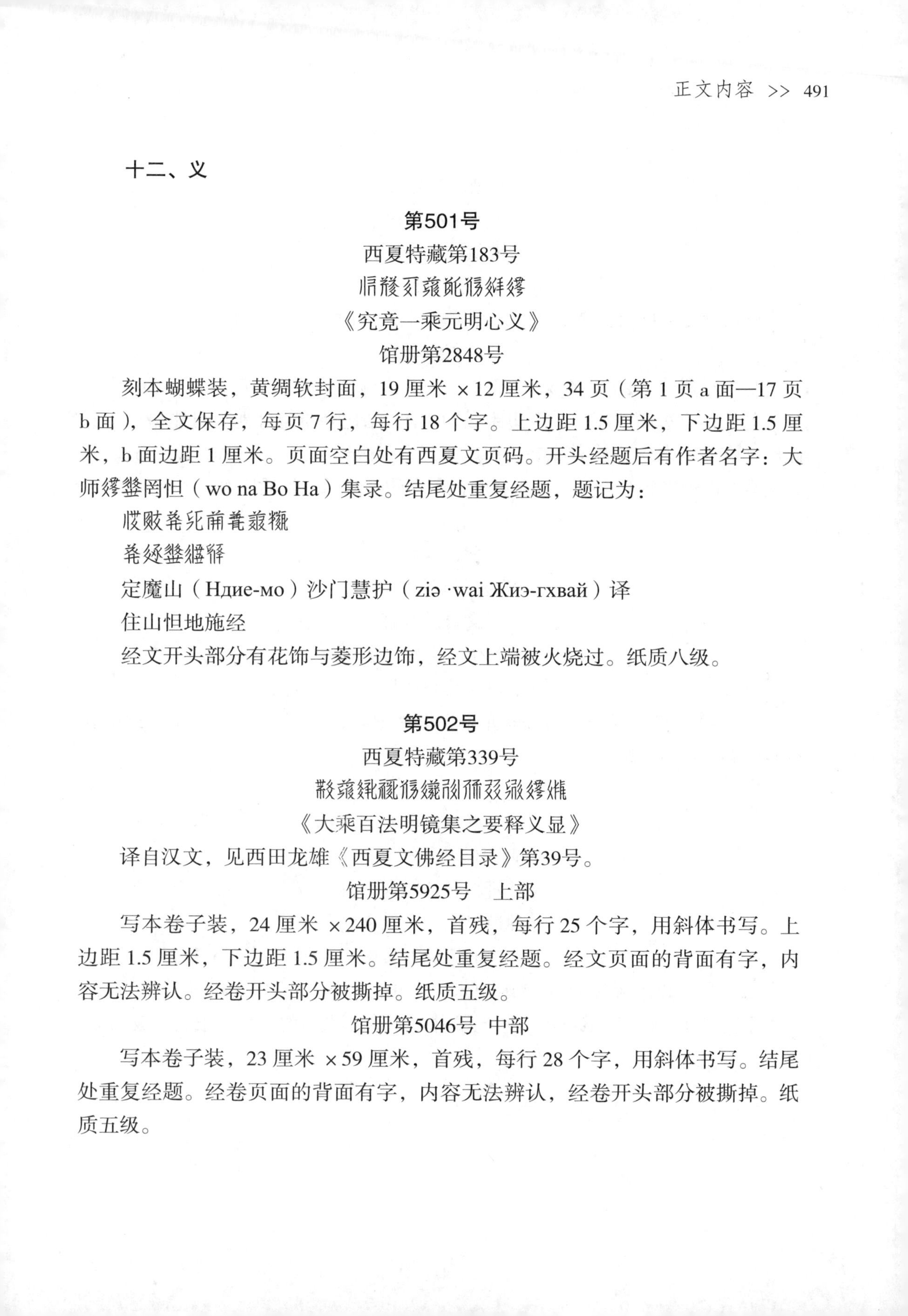

十二、义

第501号

西夏特藏第183号

[illegible]

《究竟一乘元明心义》

馆册第2848号

刻本蝴蝶装，黄绸软封面，19 厘米 ×12 厘米，34 页（第 1 页 a 面—17 页 b 面），全文保存，每页 7 行，每行 18 个字。上边距 1.5 厘米，下边距 1.5 厘米，b 面边距 1 厘米。页面空白处有西夏文页码。开头经题后有作者名字：大师缪嬖罔怛（wo na Bo Ha）集录。结尾处重复经题，题记为：

[illegible]

[illegible]

定魔山（Ндие-мо）沙门慧护（ziə ·wai Жиэ-гхвай）译

住山怛地施经

经文开头部分有花饰与菱形边饰，经文上端被火烧过。纸质八级。

第502号

西夏特藏第339号

[illegible]

《大乘百法明镜集之要释义显》

译自汉文，见西田龙雄《西夏文佛经目录》第39号。

馆册第5925号　上部

写本卷子装，24 厘米 ×240 厘米，首残，每行 25 个字，用斜体书写。上边距 1.5 厘米，下边距 1.5 厘米。结尾处重复经题。经文页面的背面有字，内容无法辨认。经卷开头部分被撕掉。纸质五级。

馆册第5046号　中部

写本卷子装，23 厘米 ×59 厘米，首残，每行 28 个字，用斜体书写。结尾处重复经题。经卷页面的背面有字，内容无法辨认，经卷开头部分被撕掉。纸质五级。

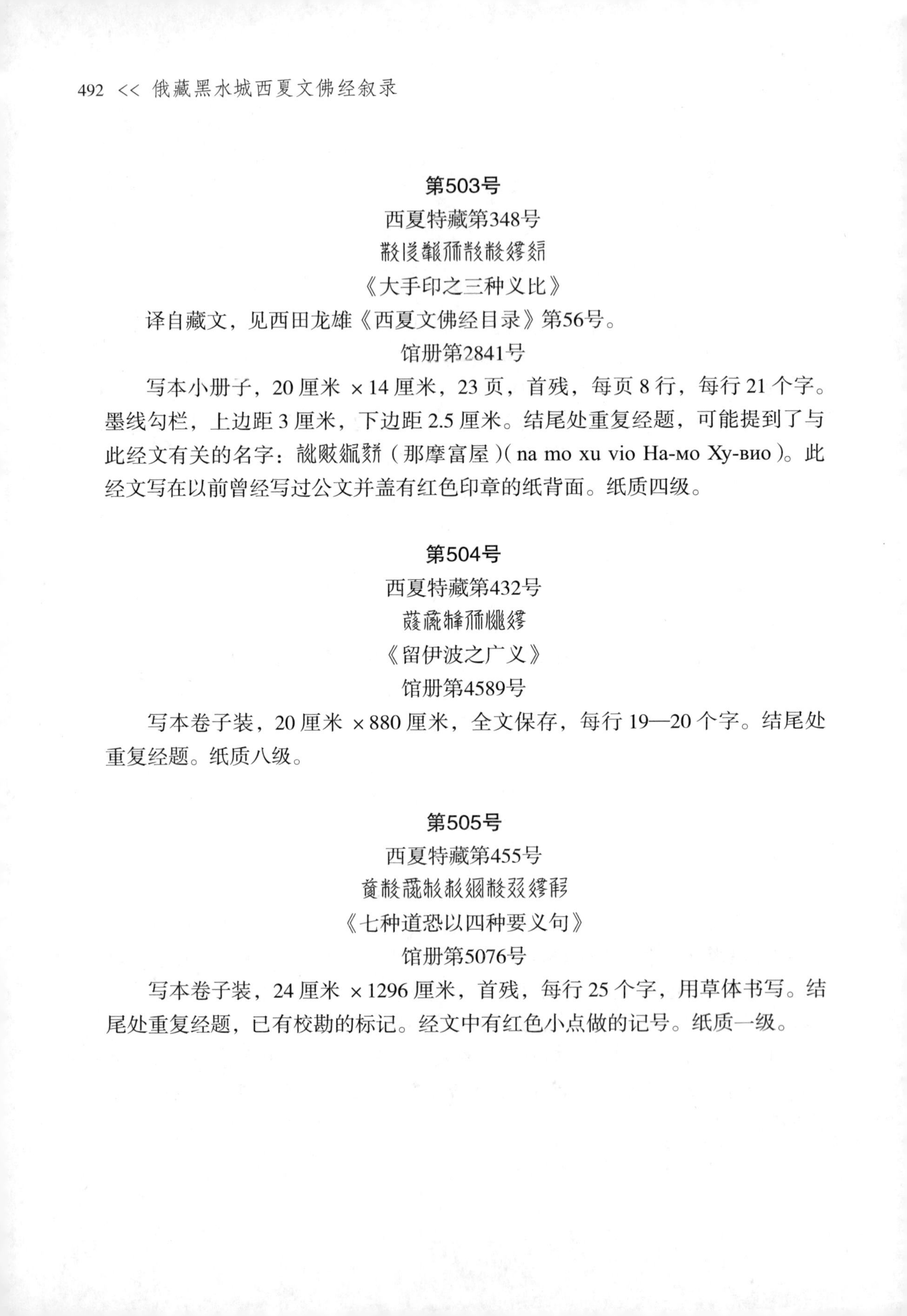

第503号

西夏特藏第348号

[illegible]

《大手印之三种义比》

译自藏文，见西田龙雄《西夏文佛经目录》第56号。

馆册第2841号

写本小册子，20 厘米 ×14 厘米，23 页，首残，每页 8 行，每行 21 个字。墨线勾栏，上边距 3 厘米，下边距 2.5 厘米。结尾处重复经题，可能提到了与此经文有关的名字：[illegible]（那摩富屋）(na mo xu vio На-мо Ху-вио)。此经文写在以前曾经写过公文并盖有红色印章的纸背面。纸质四级。

第504号

西夏特藏第432号

[illegible]

《留伊波之广义》

馆册第4589号

写本卷子装，20 厘米 ×880 厘米，全文保存，每行 19—20 个字。结尾处重复经题。纸质八级。

第505号

西夏特藏第455号

[illegible]

《七种道恐以四种要义句》

馆册第5076号

写本卷子装，24 厘米 ×1296 厘米，首残，每行 25 个字，用草体书写。结尾处重复经题，已有校勘的标记。经文中有红色小点做的记号。纸质一级。

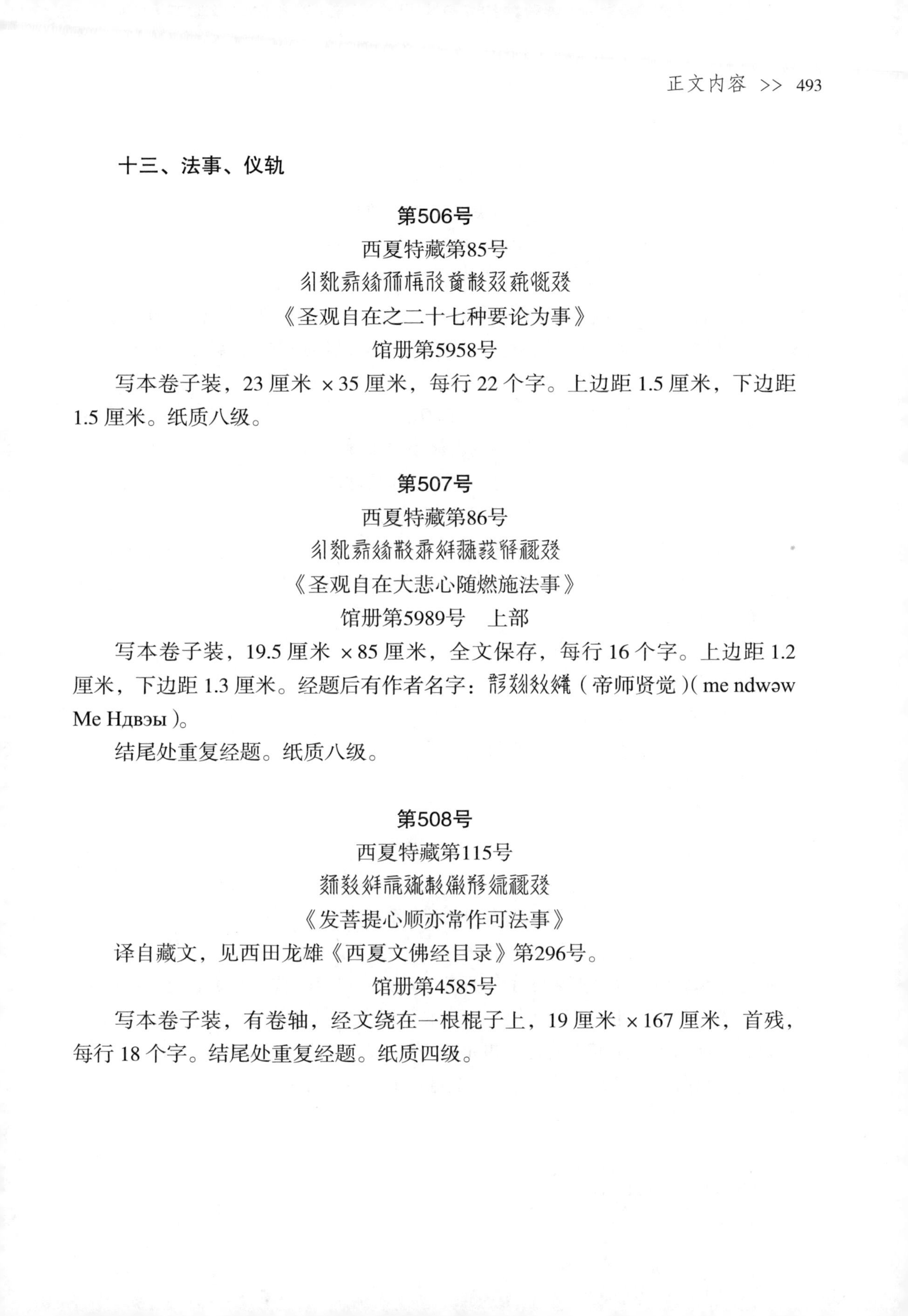

十三、法事、仪轨

第506号

西夏特藏第85号

[西夏文]

《圣观自在之二十七种要论为事》

馆册第5958号

写本卷子装，23 厘米 ×35 厘米，每行 22 个字。上边距 1.5 厘米，下边距 1.5 厘米。纸质八级。

第507号

西夏特藏第86号

[西夏文]

《圣观自在大悲心随燃施法事》

馆册第5989号　上部

写本卷子装，19.5 厘米 ×85 厘米，全文保存，每行 16 个字。上边距 1.2 厘米，下边距 1.3 厘米。经题后有作者名字：[西夏文]（帝师贤觉）(me ndwəw Me Ндвэы)。

结尾处重复经题。纸质八级。

第508号

西夏特藏第115号

[西夏文]

《发菩提心顺亦常作可法事》

译自藏文，见西田龙雄《西夏文佛经目录》第296号。

馆册第4585号

写本卷子装，有卷轴，经文绕在一根棍子上，19 厘米 ×167 厘米，首残，每行 18 个字。结尾处重复经题。纸质四级。

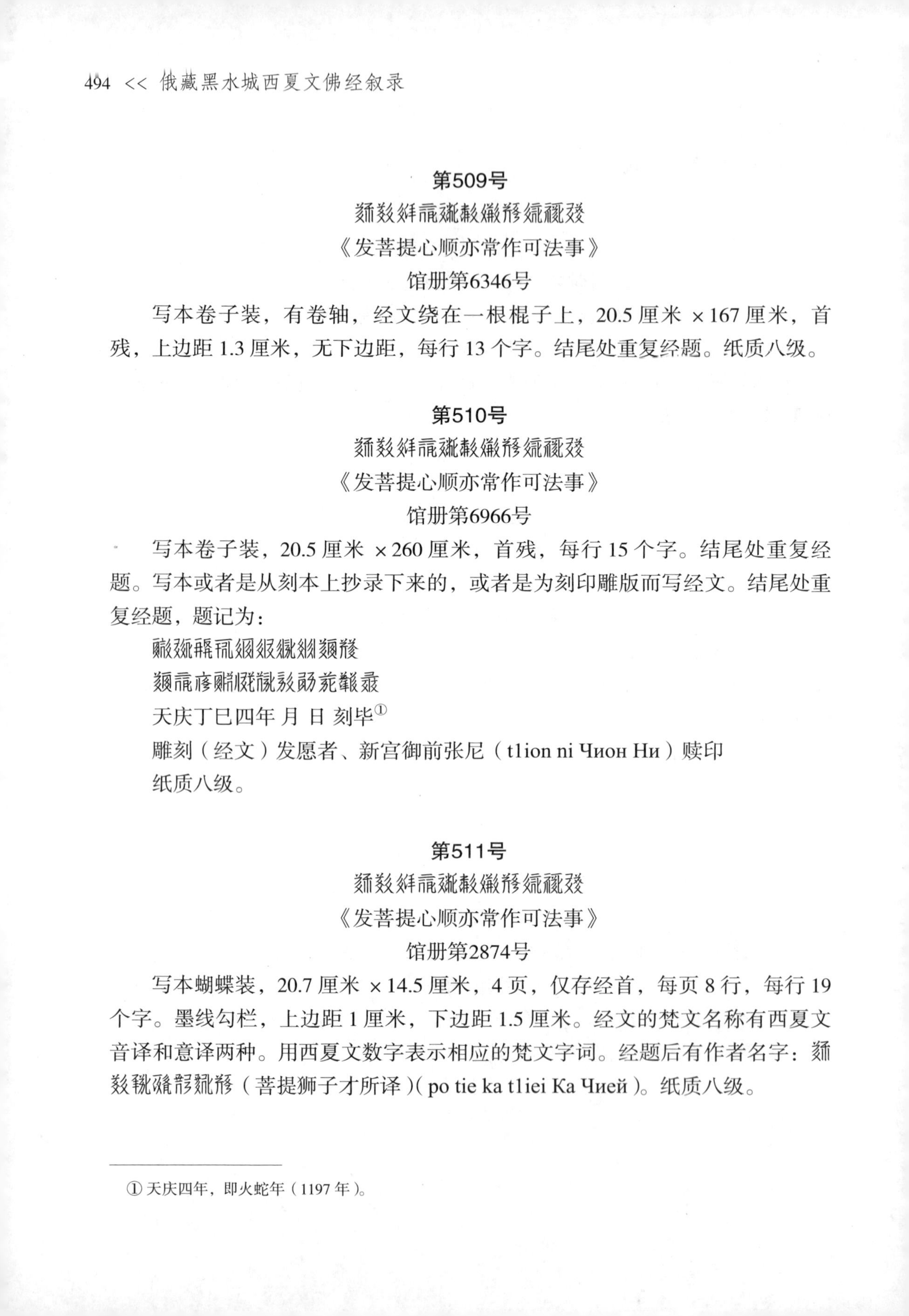

第509号

[illegible]

《发菩提心顺亦常作可法事》

馆册第6346号

写本卷子装，有卷轴，经文绕在一根棍子上，20.5 厘米 ×167 厘米，首残，上边距 1.3 厘米，无下边距，每行 13 个字。结尾处重复经题。纸质八级。

第510号

[illegible]

《发菩提心顺亦常作可法事》

馆册第6966号

写本卷子装，20.5 厘米 ×260 厘米，首残，每行 15 个字。结尾处重复经题。写本或者是从刻本上抄录下来的，或者是为刻印雕版而写经文。结尾处重复经题，题记为：

[illegible]

[illegible]

天庆丁巳四年 月 日 刻毕[①]

雕刻（经文）发愿者、新宫御前张尼（t1ion ni Чион Ни）赎印

纸质八级。

第511号

[illegible]

《发菩提心顺亦常作可法事》

馆册第2874号

写本蝴蝶装，20.7 厘米 ×14.5 厘米，4 页，仅存经首，每页 8 行，每行 19 个字。墨线勾栏，上边距 1 厘米，下边距 1.5 厘米。经文的梵文名称有西夏文音译和意译两种。用西夏文数字表示相应的梵文字词。经题后有作者名字：[illegible]（菩提狮子才所译）(po tie ka t1iei Ка Чией)。纸质八级。

---

① 天庆四年，即火蛇年（1197 年）。

第512号

西夏特藏第121号

[illegible]

《菩提勇识学所道及果与一顺上法》

馆册第4725号

写本卷子装，20 厘米 ×140 厘米，首残，每行 22—23 个字，用半斜体书写。上边距 1 厘米，下边距 1 厘米。结尾处重复经题。纸质四级。

第513号

西夏特藏第136号

[illegible]

《佛说如来一切总悉摄受三十五佛忏法事》

译自汉文，见西田龙雄《西夏文佛经目录》第196号。

馆册第6386号

刻本经折装，17.5 厘米 ×9 厘米，15 页，仅存经首，每页 6 行，每行 13 个字。上边距 1.2 厘米，下边距 1.2 厘米。经题后有仁孝皇帝（尊号 1）御校勘。经文中多画佛与佛塔。纸质八级。

第514号

[illegible]

《佛说如来一切总悉摄受三十五佛忏法事》

馆册第5299号

刻本经折装，18 厘米 ×8.5 厘米，2 页，仅存经首，每页 5 行，每行 14 个字。上边距 2 厘米，下边距 0.7 厘米。经题后有仁孝皇帝（尊号 1）御校勘。经文中有卍字形边饰。纸质八级。

第515号

[illegible]

《佛说如来一切总悉摄受三十五佛忏法事》

馆册第7591号

刻本经折装，19 厘米 ×9 厘米，35 页，尾残，每页 6 行，每行 14 个字。

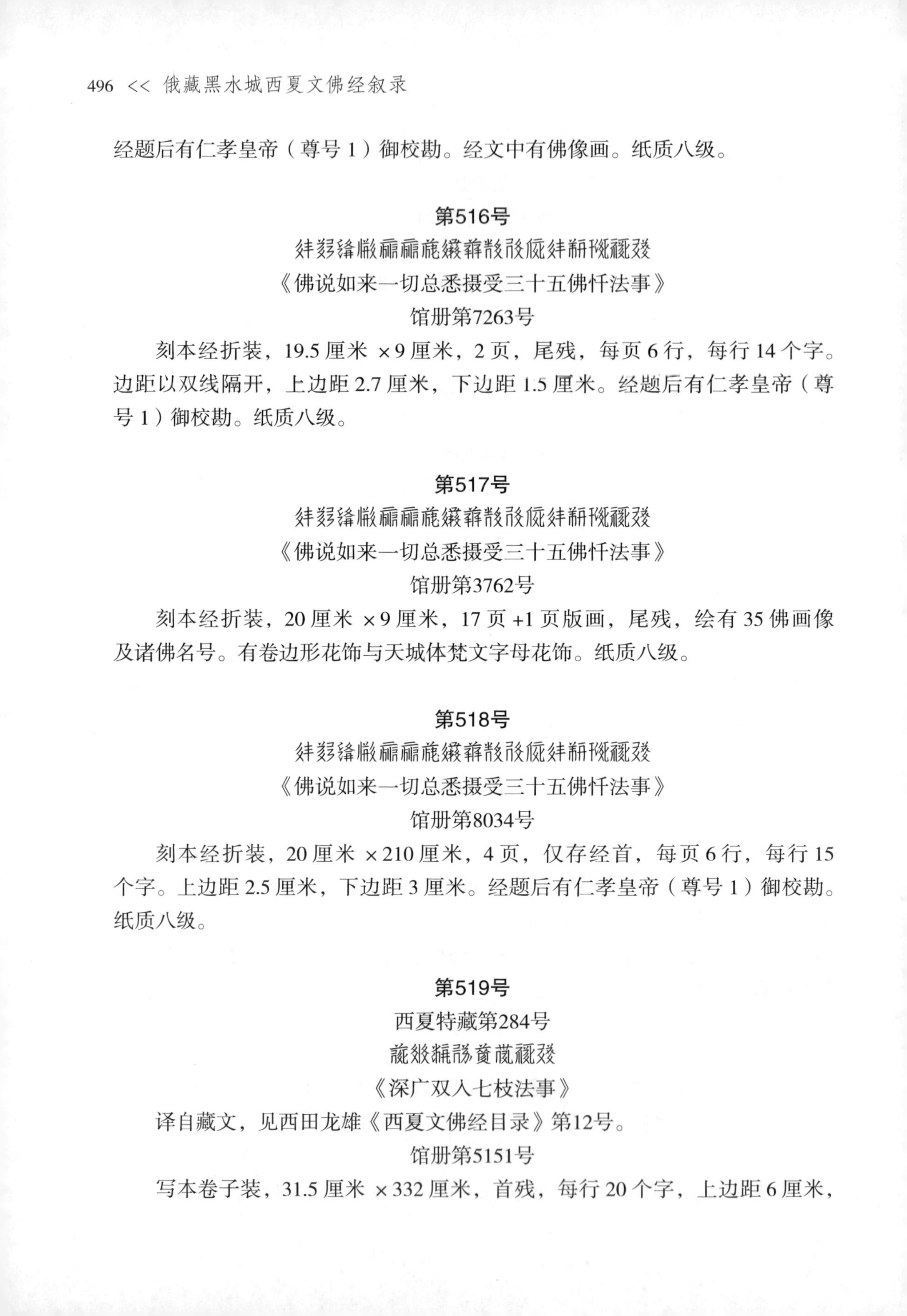

经题后有仁孝皇帝（尊号 1）御校勘。经文中有佛像画。纸质八级。

第516号

[illegible]

《佛说如来一切总悉摄受三十五佛忏法事》

馆册第7263号

刻本经折装，19.5 厘米 ×9 厘米，2 页，尾残，每页 6 行，每行 14 个字。边距以双线隔开，上边距 2.7 厘米，下边距 1.5 厘米。经题后有仁孝皇帝（尊号 1）御校勘。纸质八级。

第517号

[illegible]

《佛说如来一切总悉摄受三十五佛忏法事》

馆册第3762号

刻本经折装，20 厘米 ×9 厘米，17 页 +1 页版画，尾残，绘有 35 佛画像及诸佛名号。有卷边形花饰与天城体梵文字母花饰。纸质八级。

第518号

[illegible]

《佛说如来一切总悉摄受三十五佛忏法事》

馆册第8034号

刻本经折装，20 厘米 ×210 厘米，4 页，仅存经首，每页 6 行，每行 15 个字。上边距 2.5 厘米，下边距 3 厘米。经题后有仁孝皇帝（尊号 1）御校勘。纸质八级。

第519号

西夏特藏第284号

[illegible]

《深广双入七枝法事》

译自藏文，见西田龙雄《西夏文佛经目录》第12号。

馆册第5151号

写本卷子装，31.5 厘米 ×332 厘米，首残，每行 20 个字，上边距 6 厘米，下边距 5 厘米。结尾处重复经题，有第 1 次校勘的标记，内容相符。纸质一级。

第520号

西夏特藏第316号

[illegible]

《常作可法事》

译自藏文，见西田龙雄《西夏文佛经目录》第171号。

馆册第5128号

写本卷子装，18.5 厘米 ×233 厘米，首残，每行 17 个字。结尾处重复经题。纸质五级。

第521号

西夏特藏第332号

[illegible]

《大盖白母之护摩（烧施）法事》

译自藏文，见西田龙雄《西夏文佛经目录》第50号。

馆册第5060号

写本卷子装，19 厘米 ×140 厘米，首残，每行 19 个字，用斜体书写。结尾处重复经题，有附注，内容无法辨认，可能是人名“[illegible]”(阿)(a A)。经卷前端被撕坏。纸质一级。

第522号

西夏特藏第456号

[illegible]

《金刚光七佛湿围法事》

馆册第5167号　第6卷

写本卷子装，30 厘米 ×300 厘米，首残，每行 22 个字，上边距 3 厘米，下边距 3 厘米。结尾处重复经题，已校勘，内容相符。经文上端已经残朽。纸质一级。

第523号

西夏特藏第459号

[illegible]

《金刚亥母之燃施法事》

馆册第5132号

写本卷子装，20 厘米 ×215 厘米，首残，每行 19 个字。结尾处重复经题。纸质八级。

第524号

西夏特藏第465号

[illegible]

《圣渡拔母悲感清清明曰为事枝轮圆中入顺法事》

馆册第6267号　第9卷

写本卷子装，17 厘米 ×48 厘米，首残，每行 20 个字。用草体书写。结尾处重复经题。纸质一级。

第525号

西夏特藏第486号

[illegible]

《复清说取法事》

馆册第8210号

写本小册子，白绸软封面，13.3 厘米 ×8 厘米，34 页，全文保存，另有 8 页没写经文的空白纸。每页 6 行，每行 15 个字，用草体书写。上边距 1 厘米，下边距 1 厘米，b 面边距 1 厘米。经文的梵文名称有西夏文音译和意译两种。结尾处重复经题。纸质一级。

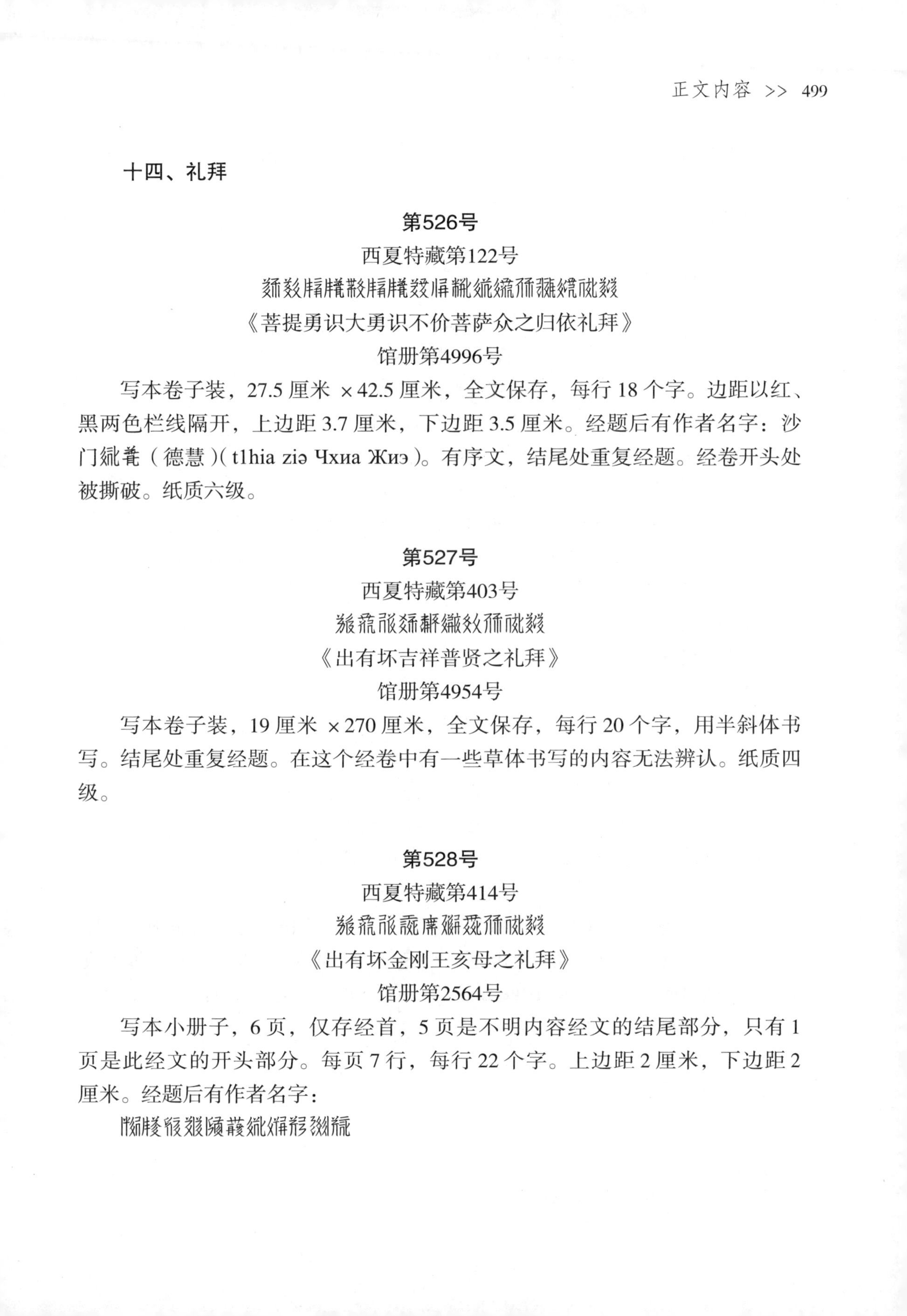

十四、礼拜

第526号

西夏特藏第122号

[illegible]

《菩提勇识大勇识不价菩萨众之归依礼拜》

馆册第4996号

写本卷子装，27.5 厘米 ×42.5 厘米，全文保存，每行 18 个字。边距以红、黑两色栏线隔开，上边距 3.7 厘米，下边距 3.5 厘米。经题后有作者名字：沙门[illegible]（德慧）(t1hia ziə Чхиа Жиэ)。有序文，结尾处重复经题。经卷开头处被撕破。纸质六级。

第527号

西夏特藏第403号

[illegible]

《出有坏吉祥普贤之礼拜》

馆册第4954号

写本卷子装，19 厘米 ×270 厘米，全文保存，每行 20 个字，用半斜体书写。结尾处重复经题。在这个经卷中有一些草体书写的内容无法辨认。纸质四级。

第528号

西夏特藏第414号

[illegible]

《出有坏金刚王亥母之礼拜》

馆册第2564号

写本小册子，6 页，仅存经首，5 页是不明内容经文的结尾部分，只有 1 页是此经文的开头部分。每页 7 行，每行 22 个字。上边距 2 厘米，下边距 2 厘米。经题后有作者名字：

[illegible]

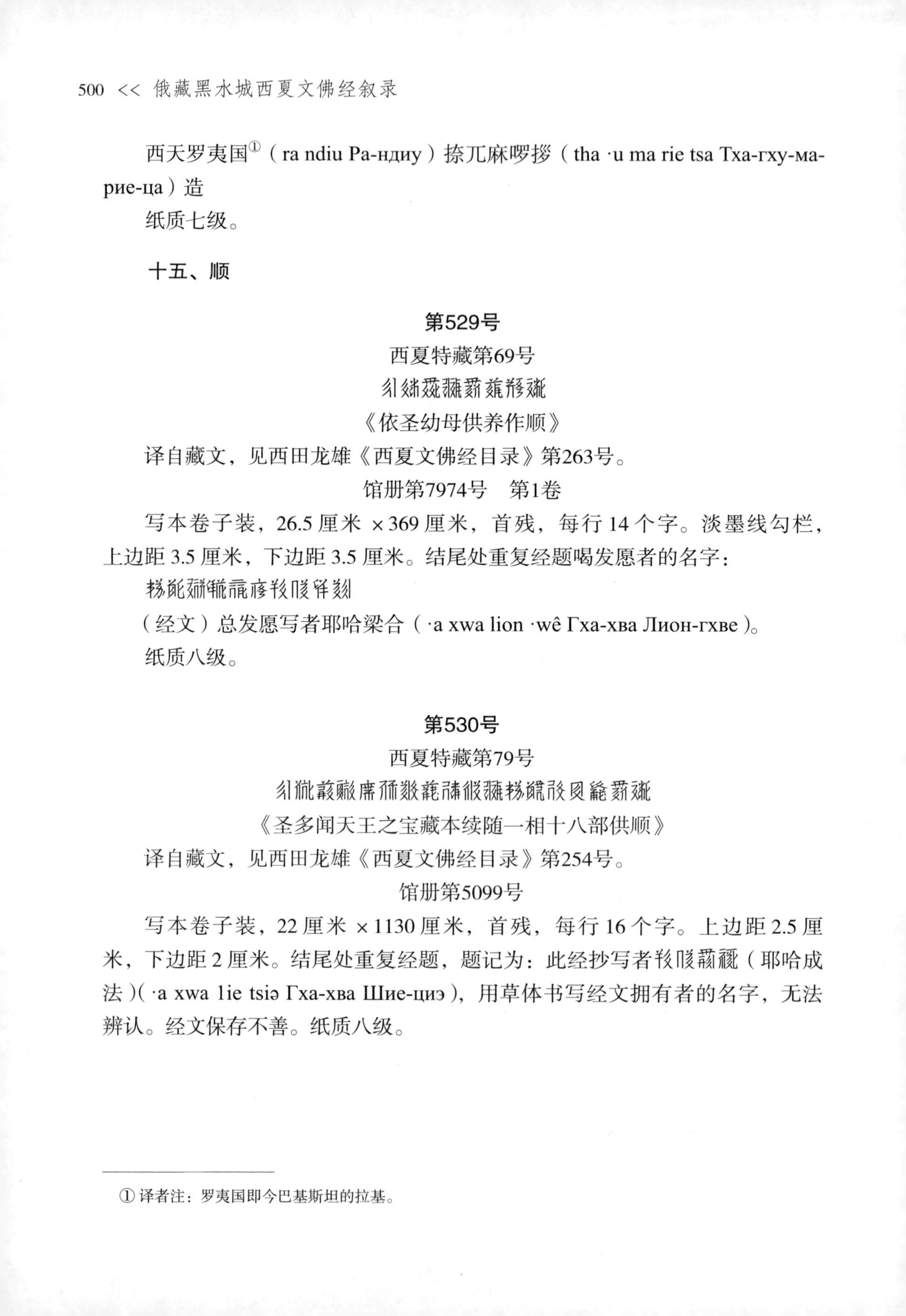

西天罗夷国[1]（ra ndiu Ра-ндиу）捺兀麻啰搓（tha ·u ma rie tsa Тха-гху-ма-рие-ца）造

纸质七级。

十五、顺

第529号

西夏特藏第69号

[illegible]

《依圣幼母供养作顺》

译自藏文，见西田龙雄《西夏文佛经目录》第263号。

馆册第7974号　第1卷

写本卷子装，26.5 厘米 ×369 厘米，首残，每行 14 个字。淡墨线勾栏，上边距 3.5 厘米，下边距 3.5 厘米。结尾处重复经题喝发愿者的名字：

[illegible]

（经文）总发愿写者耶哈梁合（·a xwa lion ·wê Гха-хва Лион-гхве）。

纸质八级。

第530号

西夏特藏第79号

[illegible]

《圣多闻天王之宝藏本续随一相十八部供顺》

译自藏文，见西田龙雄《西夏文佛经目录》第254号。

馆册第5099号

写本卷子装，22 厘米 ×1130 厘米，首残，每行 16 个字。上边距 2.5 厘米，下边距 2 厘米。结尾处重复经题，题记为：此经抄写者[illegible]（耶哈成法）(·a xwa 1ie tsiə Гха-хва Шие-циэ)，用草体书写经文拥有者的名字，无法辨认。经文保存不善。纸质八级。

---

① 译者注：罗夷国即今巴基斯坦的拉基。

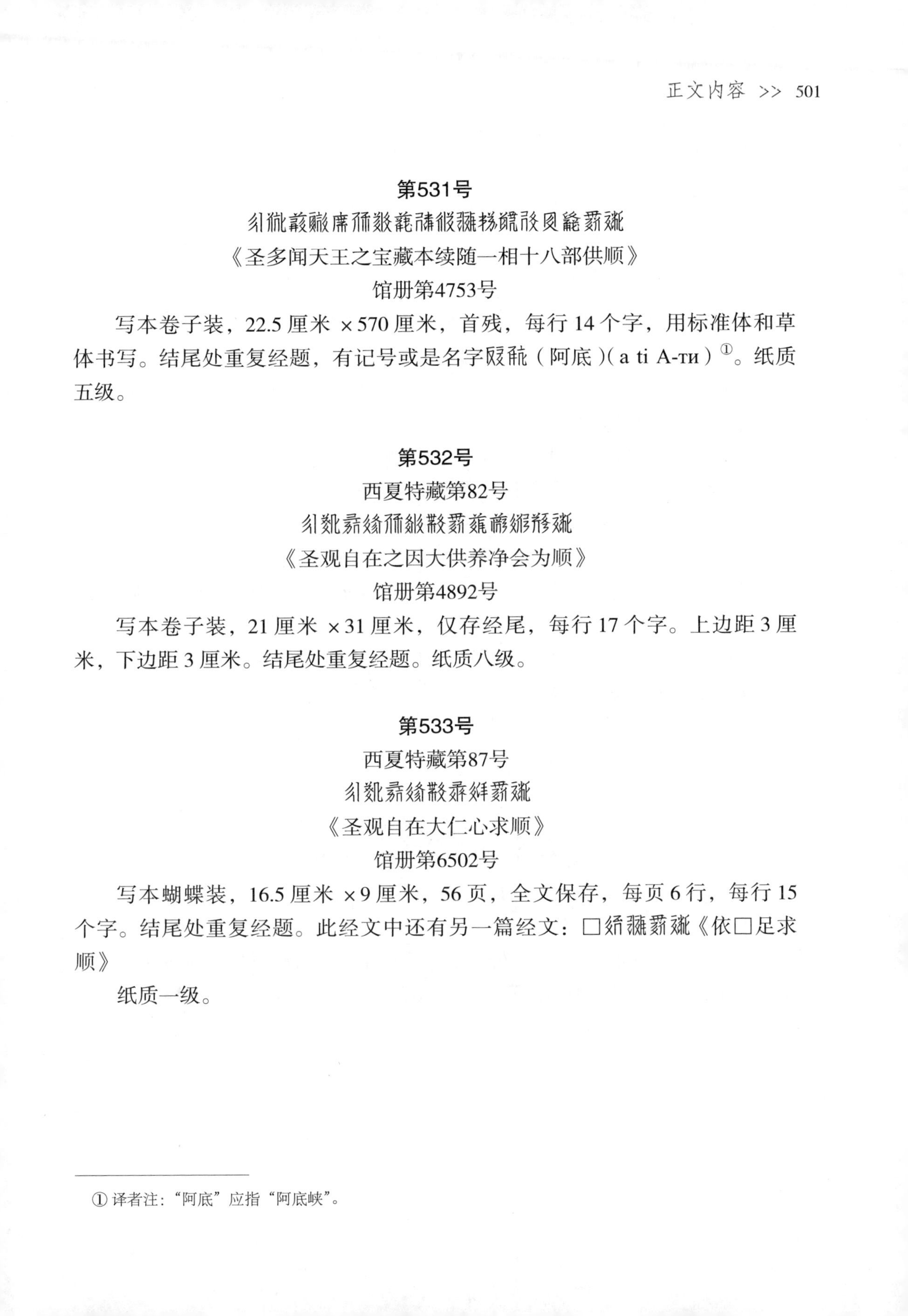

第531号

[illegible]

《圣多闻天王之宝藏本续随一相十八部供顺》

馆册第4753号

写本卷子装，22.5 厘米 ×570 厘米，首残，每行 14 个字，用标准体和草体书写。结尾处重复经题，有记号或是名字[illegible]（阿底）(a ti А-ти)[①]。纸质五级。

第532号

西夏特藏第82号

[illegible]

《圣观自在之因大供养净会为顺》

馆册第4892号

写本卷子装，21 厘米 ×31 厘米，仅存经尾，每行 17 个字。上边距 3 厘米，下边距 3 厘米。结尾处重复经题。纸质八级。

第533号

西夏特藏第87号

[illegible]

《圣观自在大仁心求顺》

馆册第6502号

写本蝴蝶装，16.5 厘米 ×9 厘米，56 页，全文保存，每页 6 行，每行 15 个字。结尾处重复经题。此经文中还有另一篇经文：□[illegible]《依□足求顺》

纸质一级。

---

① 译者注："阿底"应指"阿底峡"。

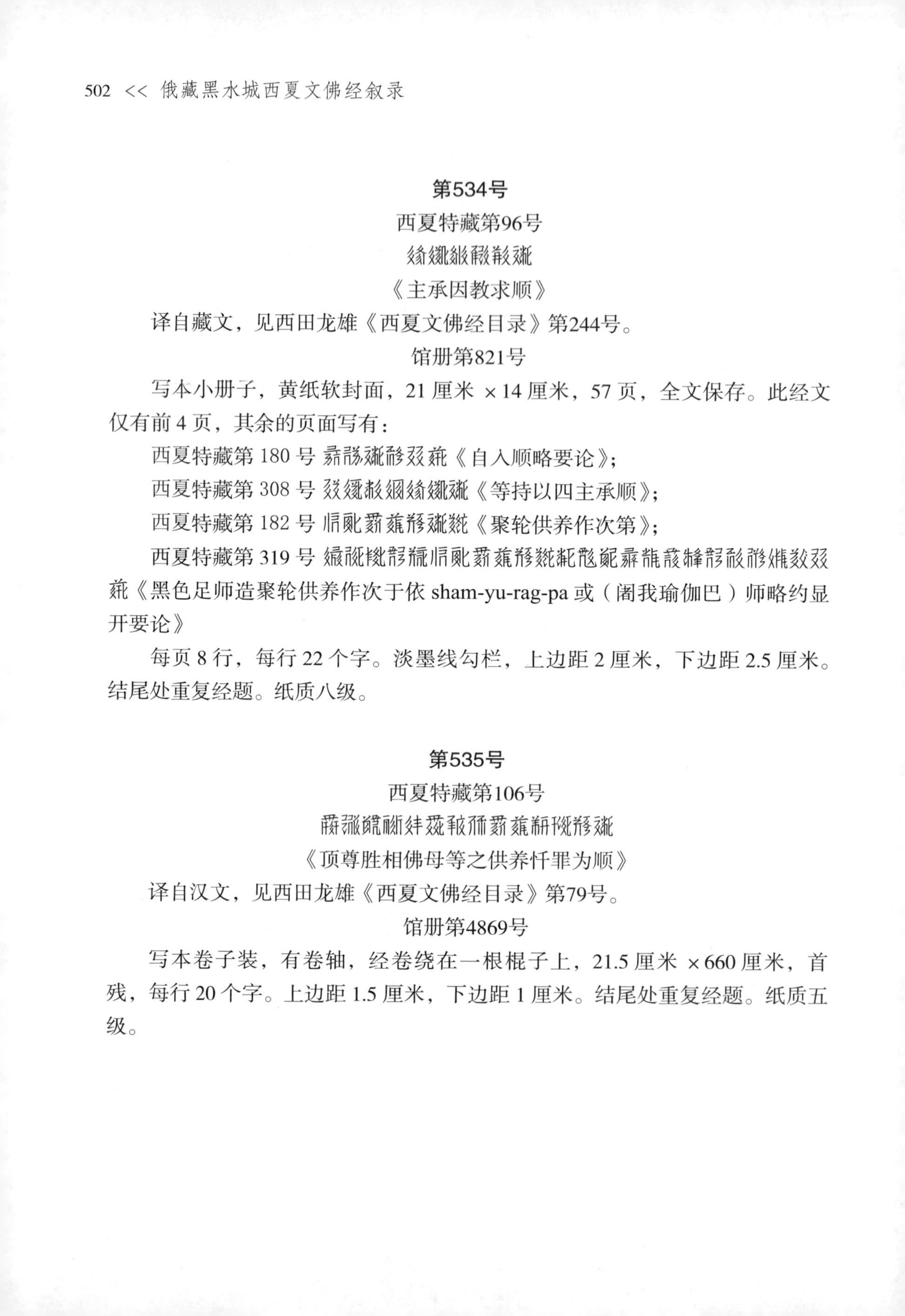

第534号

西夏特藏第96号

[illegible]

《主承因教求顺》

译自藏文，见西田龙雄《西夏文佛经目录》第244号。

馆册第821号

写本小册子，黄纸软封面，21 厘米 ×14 厘米，57 页，全文保存。此经文仅有前 4 页，其余的页面写有：

西夏特藏第 180 号 [illegible]《自入顺略要论》；

西夏特藏第 308 号 [illegible]《等持以四主承顺》；

西夏特藏第 182 号 [illegible]《聚轮供养作次第》；

西夏特藏第 319 号 [illegible]《黑色足师造聚轮供养作次于依 sham-yu-rag-pa 或（阇我瑜伽巴）师略约显开要论》

每页 8 行，每行 22 个字。淡墨线勾栏，上边距 2 厘米，下边距 2.5 厘米。结尾处重复经题。纸质八级。

第535号

西夏特藏第106号

[illegible]

《顶尊胜相佛母等之供养忏罪为顺》

译自汉文，见西田龙雄《西夏文佛经目录》第79号。

馆册第4869号

写本卷子装，有卷轴，经卷绕在一根棍子上，21.5 厘米 ×660 厘米，首残，每行 20 个字。上边距 1.5 厘米，下边距 1 厘米。结尾处重复经题。纸质五级。

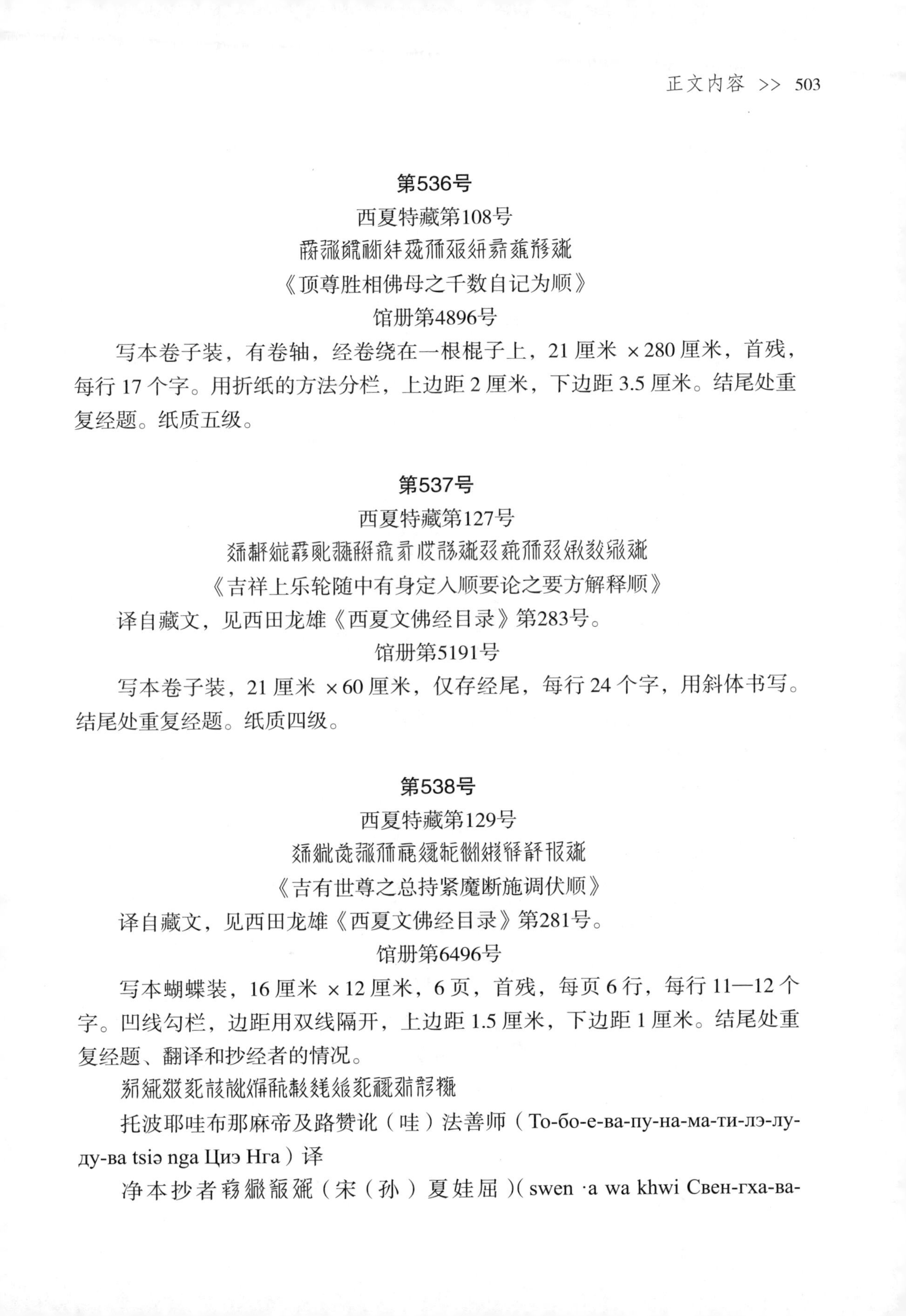

第536号

西夏特藏第108号

[illegible]

《顶尊胜相佛母之千数自记为顺》

馆册第4896号

写本卷子装，有卷轴，经卷绕在一根棍子上，21 厘米 ×280 厘米，首残，每行 17 个字。用折纸的方法分栏，上边距 2 厘米，下边距 3.5 厘米。结尾处重复经题。纸质五级。

第537号

西夏特藏第127号

[illegible]

《吉祥上乐轮随中有身定入顺要论之要方解释顺》

译自藏文，见西田龙雄《西夏文佛经目录》第283号。

馆册第5191号

写本卷子装，21 厘米 ×60 厘米，仅存经尾，每行 24 个字，用斜体书写。结尾处重复经题。纸质四级。

第538号

西夏特藏第129号

[illegible]

《吉有世尊之总持紧魔断施调伏顺》

译自藏文，见西田龙雄《西夏文佛经目录》第281号。

馆册第6496号

写本蝴蝶装，16 厘米 ×12 厘米，6 页，首残，每页 6 行，每行 11—12 个字。凹线勾栏，边距用双线隔开，上边距 1.5 厘米，下边距 1 厘米。结尾处重复经题、翻译和抄经者的情况。

[illegible]

托波耶哇布那麻帝及路赞讹（哇）法善师（То-бо-е-ва-пу-на-ма-ти-лэ-лу-ду-ва tsiə nga Циэ Нга）译

净本抄者[illegible]（宋（孙）夏娃屈）(swen ·a wa khwi Свен-гха-ва-

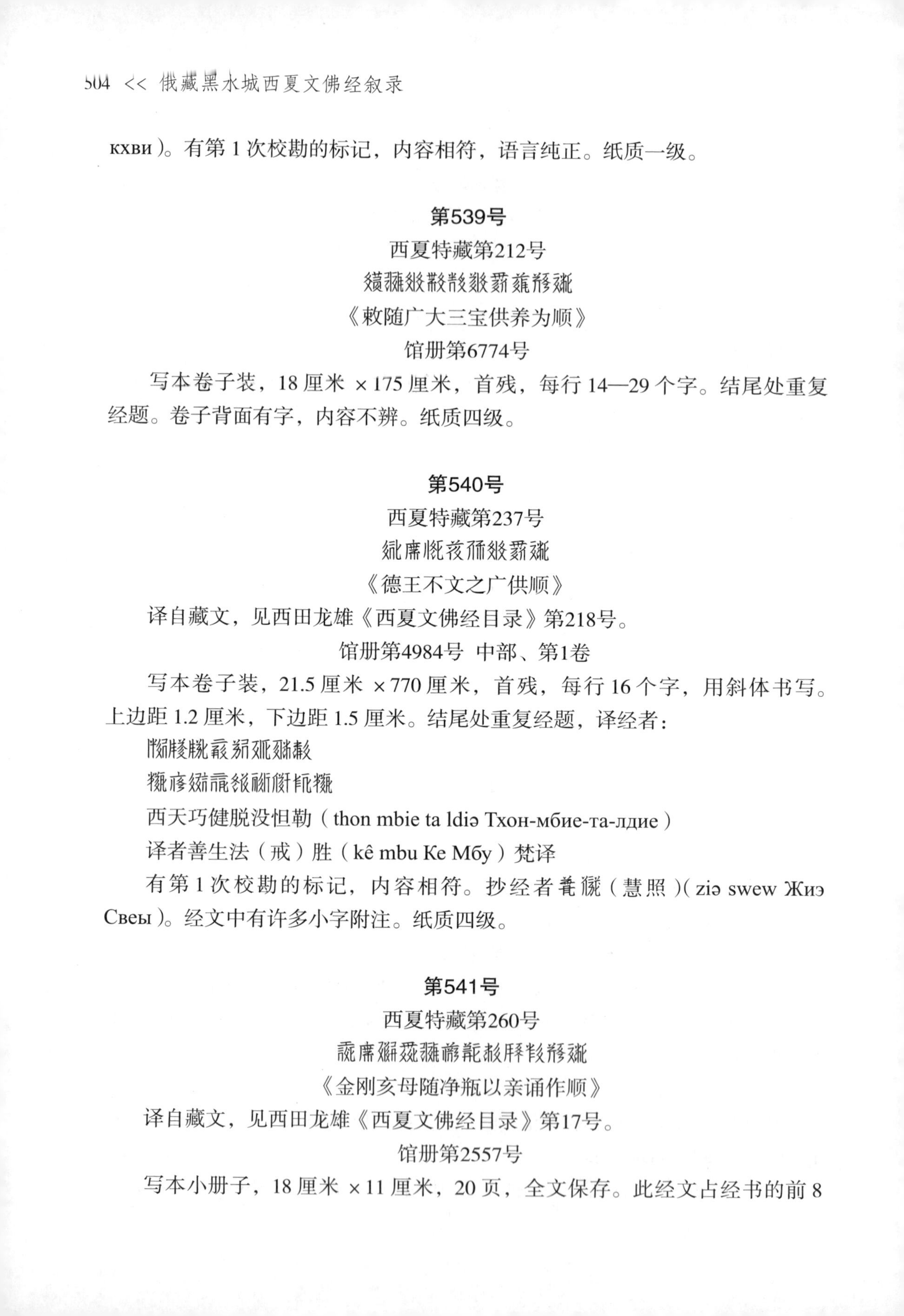

кхви）。有第 1 次校勘的标记，内容相符，语言纯正。纸质一级。

第539号

西夏特藏第212号

[illegible]

《敕随广大三宝供养为顺》

馆册第6774号

写本卷子装，18 厘米 ×175 厘米，首残，每行 14—29 个字。结尾处重复经题。卷子背面有字，内容不辨。纸质四级。

第540号

西夏特藏第237号

[illegible]

《德王不文之广供顺》

译自藏文，见西田龙雄《西夏文佛经目录》第218号。

馆册第4984号 中部、第1卷

写本卷子装，21.5 厘米 ×770 厘米，首残，每行 16 个字，用斜体书写。上边距 1.2 厘米，下边距 1.5 厘米。结尾处重复经题，译经者：

[illegible]

[illegible]

西天巧健脱没怛勒（thon mbie ta ldiə Тхон-мбие-та-лдие）

译者善生法（戒）胜（kê mbu Ке Мбу）梵译

有第 1 次校勘的标记，内容相符。抄经者[illegible]（慧照）（ziə swew Жиэ Свеы）。经文中有许多小字附注。纸质四级。

第541号

西夏特藏第260号

[illegible]

《金刚亥母随净瓶以亲诵作顺》

译自藏文，见西田龙雄《西夏文佛经目录》第17号。

馆册第2557号

写本小册子，18 厘米 ×11 厘米，20 页，全文保存。此经文占经书的前 8

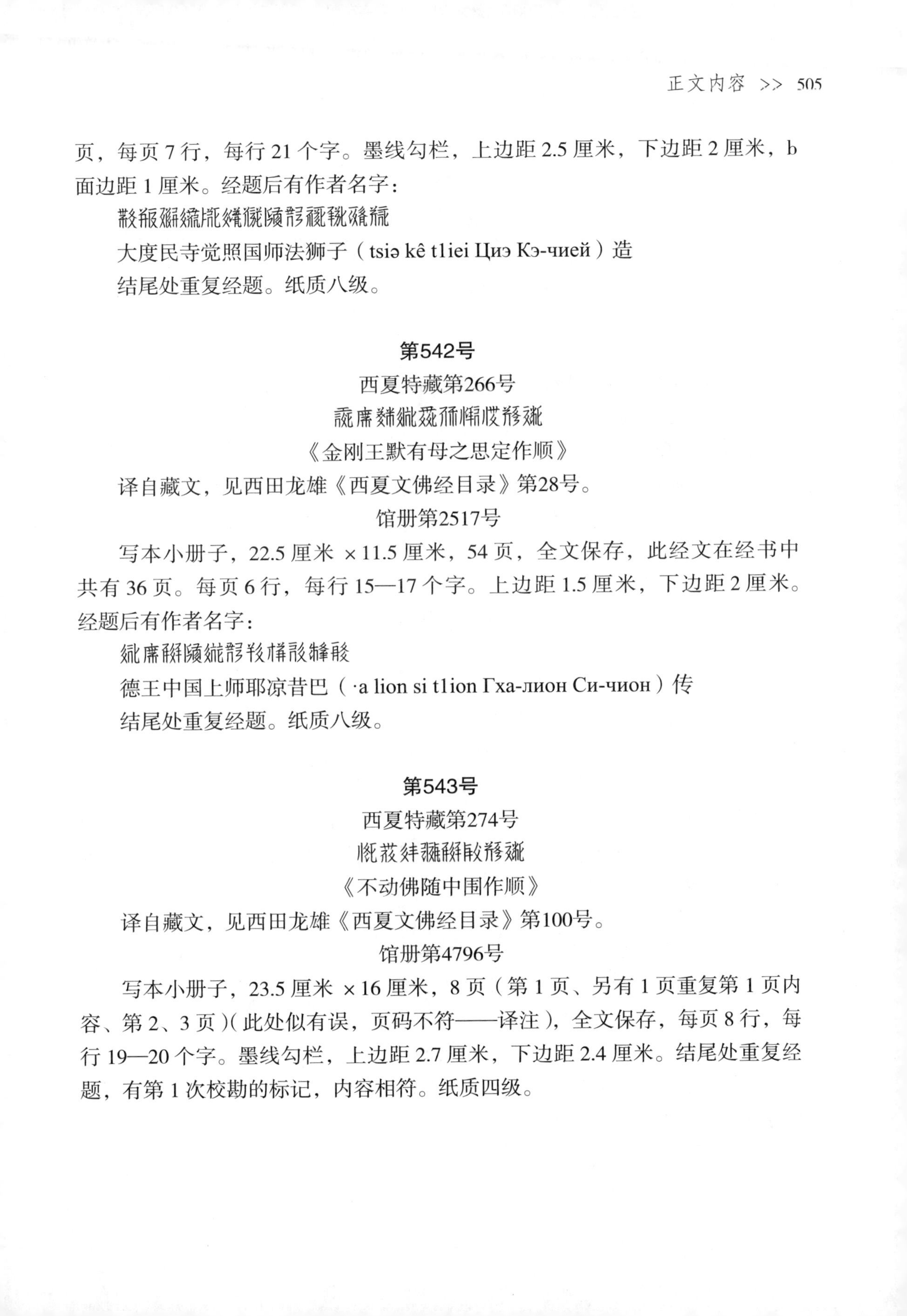

页，每页 7 行，每行 21 个字。墨线勾栏，上边距 2.5 厘米，下边距 2 厘米，b 面边距 1 厘米。经题后有作者名字：

[illegible]

大度民寺觉照国师法狮子（tsiə kê t1iei Циэ Кэ-чиeй）造

结尾处重复经题。纸质八级。

第542号

西夏特藏第266号

[illegible]

《金刚王默有母之思定作顺》

译自藏文，见西田龙雄《西夏文佛经目录》第28号。

馆册第2517号

写本小册子，22.5 厘米 ×11.5 厘米，54 页，全文保存，此经文在经书中共有 36 页。每页 6 行，每行 15—17 个字。上边距 1.5 厘米，下边距 2 厘米。经题后有作者名字：

[illegible]

德王中国上师耶凉昔巴（·a lion si t1ion Гха-лион Си-чион）传

结尾处重复经题。纸质八级。

第543号

西夏特藏第274号

[illegible]

《不动佛随中围作顺》

译自藏文，见西田龙雄《西夏文佛经目录》第100号。

馆册第4796号

写本小册子，23.5 厘米 ×16 厘米，8 页（第 1 页、另有 1 页重复第 1 页内容、第 2、3 页）(此处似有误，页码不符——译注)，全文保存，每页 8 行，每行 19—20 个字。墨线勾栏，上边距 2.7 厘米，下边距 2.4 厘米。结尾处重复经题，有第 1 次校勘的标记，内容相符。纸质四级。

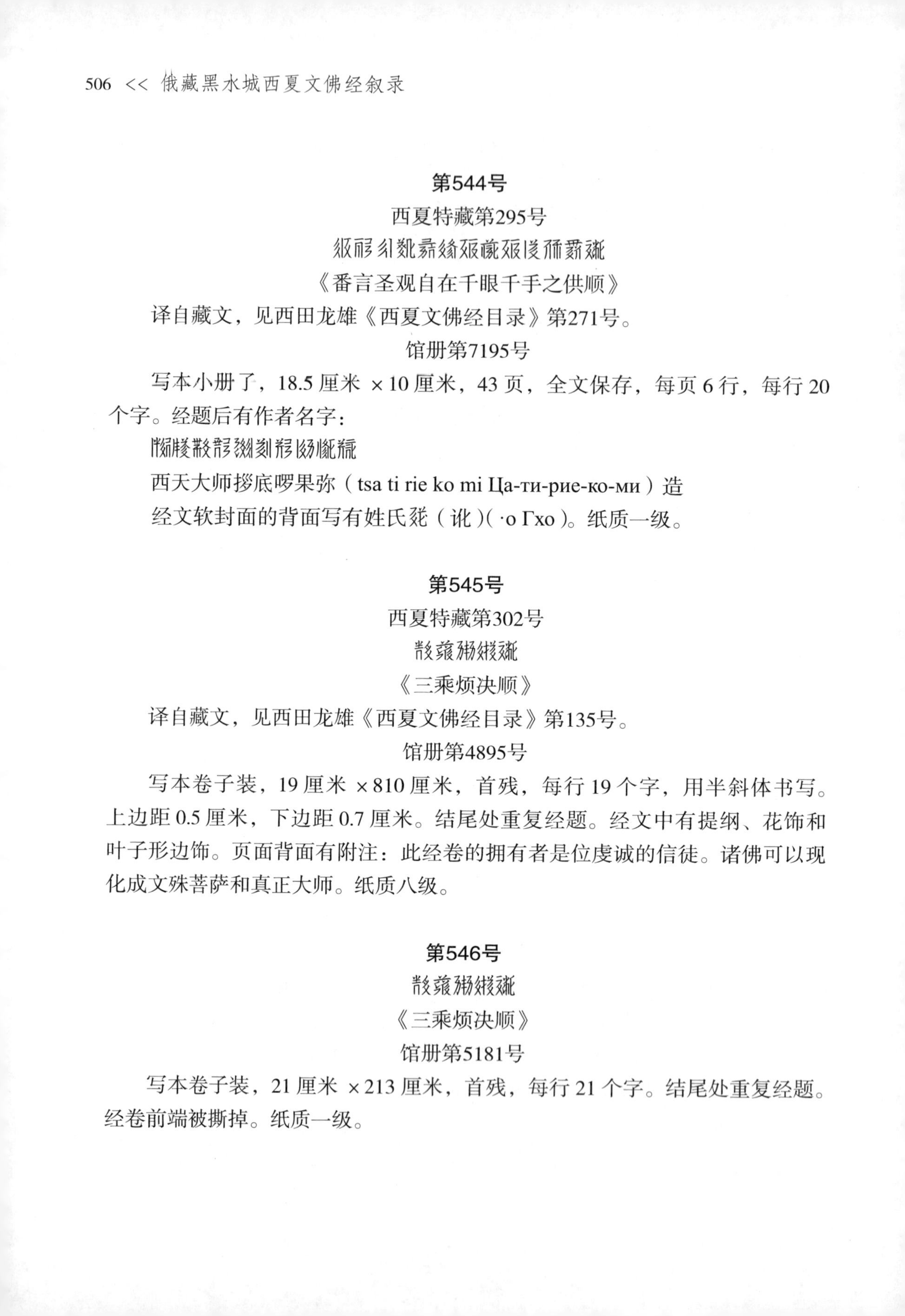

第544号

西夏特藏第295号

[illegible]

《番言圣观自在千眼千手之供顺》

译自藏文，见西田龙雄《西夏文佛经目录》第271号。

馆册第7195号

写本小册了，18.5 厘米 ×10 厘米，43 页，全文保存，每页 6 行，每行 20 个字。经题后有作者名字：

[illegible]

西天大师拶底啰果弥（tsa ti rie ko mi Ца-ти-рие-ко-ми）造

经文软封面的背面写有姓氏[illegible]（讹）(·o Гxo)。纸质一级。

第545号

西夏特藏第302号

[illegible]

《三乘烦决顺》

译自藏文，见西田龙雄《西夏文佛经目录》第135号。

馆册第4895号

写本卷子装，19 厘米 ×810 厘米，首残，每行 19 个字，用半斜体书写。上边距 0.5 厘米，下边距 0.7 厘米。结尾处重复经题。经文中有提纲、花饰和叶子形边饰。页面背面有附注：此经卷的拥有者是位虔诚的信徒。诸佛可以现化成文殊菩萨和真正大师。纸质八级。

第546号

[illegible]

《三乘烦决顺》

馆册第5181号

写本卷子装，21 厘米 ×213 厘米，首残，每行 21 个字。结尾处重复经题。经卷前端被撕掉。纸质一级。

第547号

西夏特藏第308号

𗏁𗍳𗆐𗘂𗗚𗗶𗋕

《等持以四主承顺》

译自藏文，见西田龙雄《西夏文佛经目录》第288号。

馆册第821号

写本蝴蝶装，14 厘米 ×21 厘米，23 页，全文保存（此经文在整个经文中共 18 页），每页 8 行，每行 21—23 个字。上边距 2.5 厘米，下边距 2.3 厘米。经题后有作者名字：

𗍫𗐱𗃮𗗙𗗋𗉣𗧓𗅆𗍺

耶凉昔巴法狮子传（·a lion si tsion tsie kə tsiei Гха-лион Си-чион Циэ Кэ-чией）

结尾处重复经题，有附注：法狮子（Циэ Кэ-чией）集，仅存经尾部分。纸质八级。

第548号

西夏特藏第375号

𗏹𗆻𗔊𗴮𗖵𗋕

《金翅龙王供顺》

译自藏文，见西田龙雄《西夏文佛经目录》第89号。

馆册第807号

写本小册子，12 厘米 ×8 厘米，88 页（此经文在整部经书中共 36 页），每页 4 行，每行 9 个字，首残，结尾处重复经题。纸质一级。

第549号

西夏特藏第425号

𗁅𗋽𗍊𗢳𗧓𗋕

《于入风气心顺》

馆册第3708号

写本小册子，22 厘米 ×11 厘米，40 页，全文保存，每页 8 行，每行 22—23 个字，用草体书写。上边距 2 厘米，下边距 1.5 厘米。作者：

𘏒𗯨𗇋𘒣𗤶𘒣𗂧𗐱𘌽𘃡
中国大师、帝师、沙门慧监（ziə ndzu Жиэ Ндзу）
结尾处重复经题。纸质八级。

第550号

𗫡𘐀𗓁𗵆𗤶𘓿

《于入风气心顺》

馆册第3808号

写本小册子，22厘米×13厘米，30页，全文保存，每页6—7行，每行18个字，用草体书写。上边距1.7厘米，下边距1.2厘米。译者：兰山沙门𗢳𘌽（德慧）（tshia ziə Чхиа Жиэ）。结尾处重复经题。纸质八级。

第551号

西夏特藏第452号

𗐯𗵆𘝦𗖵𘑗𗁅𗧓𗫡𘓿

《此于已到僧于随归顺》

馆册第5002号

写本卷子装，32厘米×135厘米，首残，每行38个字。结尾处重复经题。用草体书写附注，内容无法辨认。纸质一级。

十六、要论

第552号

西夏特藏第68号

𗗙𗣼𗰜𗗙𗤶𘃡𗏁𗓁𗢯𗹙𗭪𗖵𘓿𗔇𗍊

《佛说圣佛母般若心经诵持顺要论》

译自藏文，见西田龙雄《西夏文佛经目录》第202号。

馆册第4090、5253号

写本经折装，19厘米×9.5厘米，13页，全文保存，每页6行，每行16个字。墨线勾栏，上边距2.7厘米，下边距2.2厘米。经题后有：兰山觉行国师、沙门德慧（Чхиа Жиэ）奉敕译。仁孝皇帝（尊号1）御览并钦定。结尾处重复经题，题记为：为了报答父亲𗋕𗋕（勤勤）（·iə ·iə Гхиэ-гхиэ）和母亲𗂹𗐬（耶哈）（·a xwa Гха-хва）对上侍奉其父母之敬顺、对下养育我们之

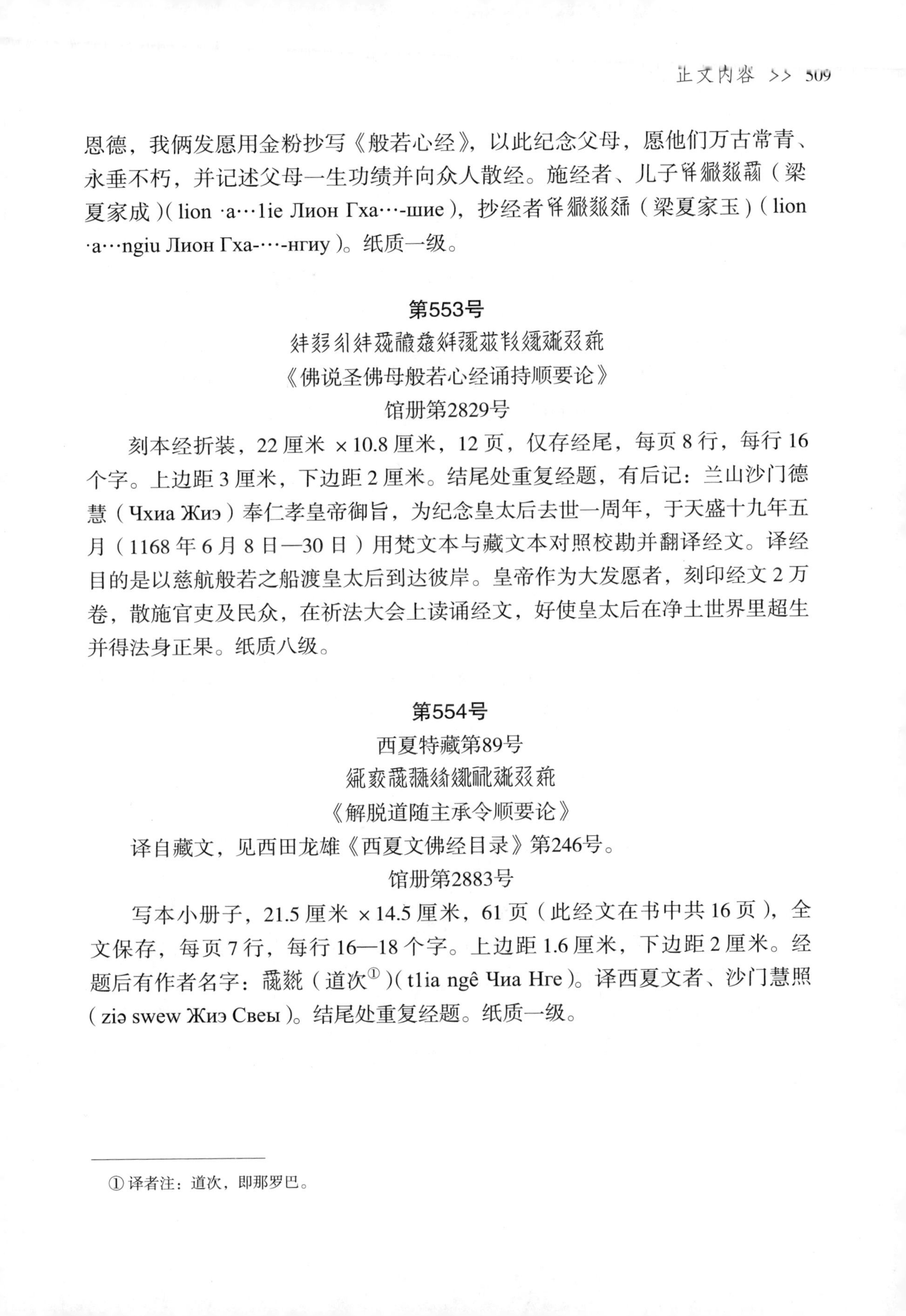

恩德，我俩发愿用金粉抄写《般若心经》，以此纪念父母，愿他们万古常青、永垂不朽，并记述父母一生功绩并向众人散经。施经者、儿子[illegible]（梁夏家成）(lion ·a…1ie Лион Гха…-шие)，抄经者[illegible]（梁夏家玉）(lion ·a…ngiu Лион Гха-…-нгиу)。纸质一级。

第553号

[illegible]

《佛说圣佛母般若心经诵持顺要论》

馆册第2829号

刻本经折装，22 厘米 ×10.8 厘米，12 页，仅存经尾，每页 8 行，每行 16 个字。上边距 3 厘米，下边距 2 厘米。结尾处重复经题，有后记：兰山沙门德慧（Чхиа Жиэ）奉仁孝皇帝御旨，为纪念皇太后去世一周年，于天盛十九年五月（1168 年 6 月 8 日—30 日）用梵文本与藏文本对照校勘并翻译经文。译经目的是以慈航般若之船渡皇太后到达彼岸。皇帝作为大发愿者，刻印经文 2 万卷，散施官吏及民众，在祈法大会上读诵经文，好使皇太后在净土世界里超生并得法身正果。纸质八级。

第554号

西夏特藏第89号

[illegible]

《解脱道随主承令顺要论》

译自藏文，见西田龙雄《西夏文佛经目录》第246号。

馆册第2883号

写本小册子，21.5 厘米 ×14.5 厘米，61 页（此经文在书中共 16 页），全文保存，每页 7 行，每行 16—18 个字。上边距 1.6 厘米，下边距 2 厘米。经题后有作者名字：[illegible]（道次[1]）(t1ia ngê Чиа Нге)。译西夏文者、沙门慧照(ziə swew Жиэ Свеы)。结尾处重复经题。纸质一级。

---

① 译者注：道次，即那罗巴。

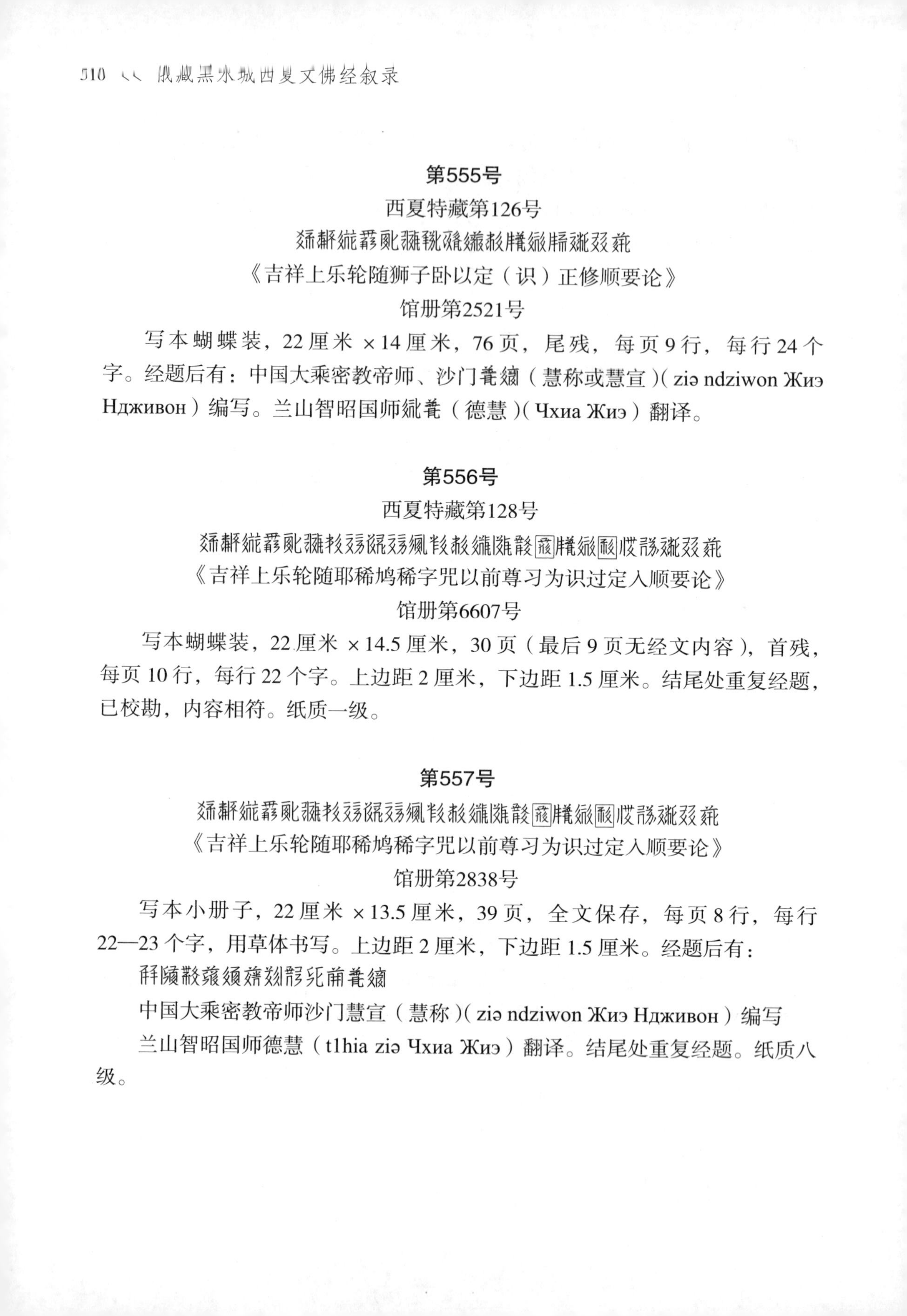

第555号

西夏特藏第126号

[illegible]

《吉祥上乐轮随狮子卧以定（识）正修顺要论》

馆册第2521号

写本蝴蝶装，22 厘米 ×14 厘米，76 页，尾残，每页 9 行，每行 24 个字。经题后有：中国大乘密教帝师、沙门[illegible]（慧称或慧宣）(ziə ndziwon Жиэ Ндживон ）编写。兰山智昭国师[illegible]（德慧)(Чхиа Жиэ ）翻译。

第556号

西夏特藏第128号

[illegible]

《吉祥上乐轮随耶稀鸠稀字咒以前尊习为识过定入顺要论》

馆册第6607号

写本蝴蝶装，22 厘米 ×14.5 厘米，30 页（最后 9 页无经文内容），首残，每页 10 行，每行 22 个字。上边距 2 厘米，下边距 1.5 厘米。结尾处重复经题，已校勘，内容相符。纸质一级。

第557号

[illegible]

《吉祥上乐轮随耶稀鸠稀字咒以前尊习为识过定入顺要论》

馆册第2838号

写本小册子，22 厘米 ×13.5 厘米，39 页，全文保存，每页 8 行，每行 22—23 个字，用草体书写。上边距 2 厘米，下边距 1.5 厘米。经题后有：

[illegible]

中国大乘密教帝师沙门慧宣（慧称)(ziə ndziwon Жиэ Ндживон ）编写

兰山智昭国师德慧（t1hia ziə Чхиа Жиэ ）翻译。结尾处重复经题。纸质八级。

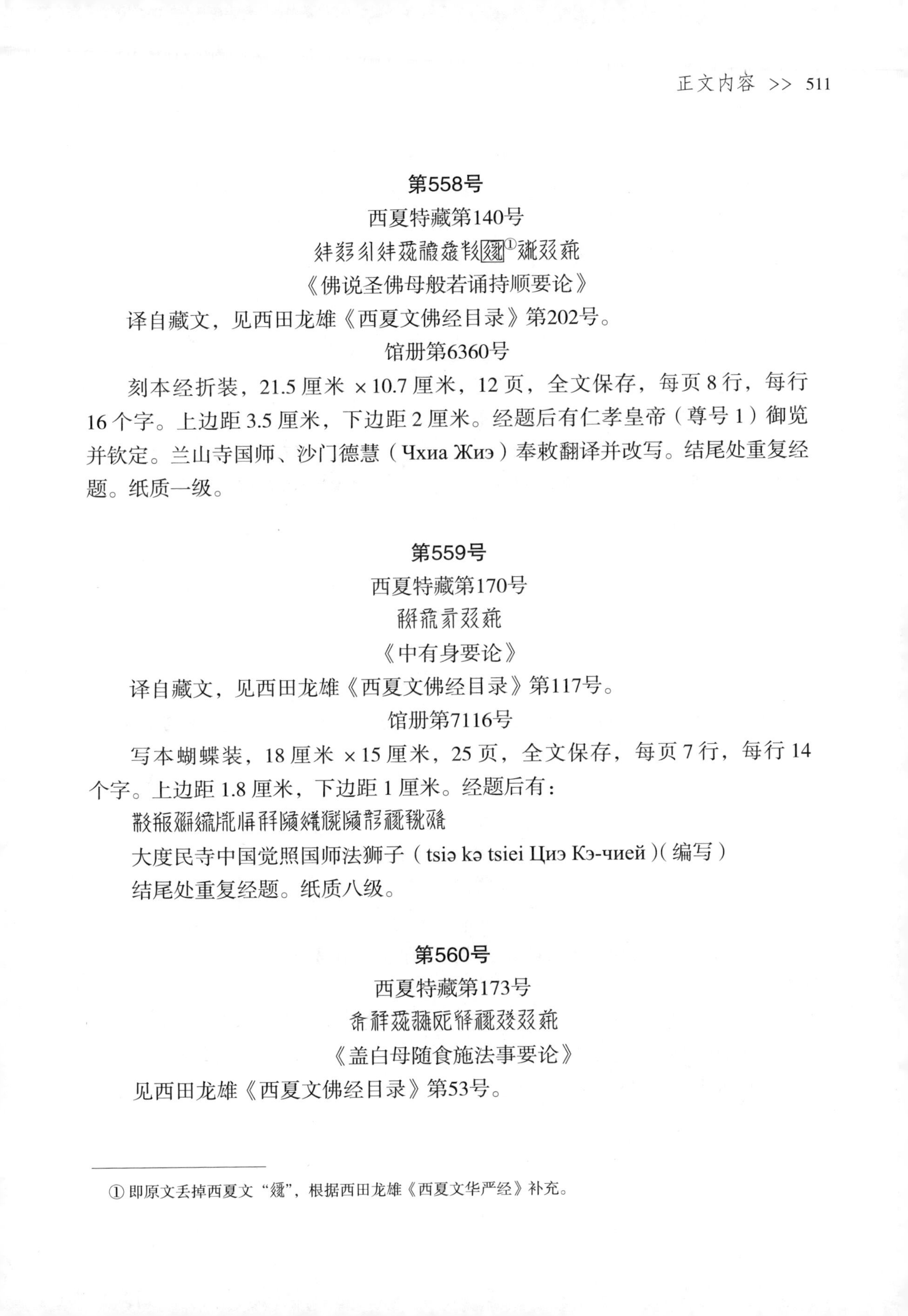

第558号

西夏特藏第140号

[illegible][1][illegible]

《佛说圣佛母般若诵持顺要论》

译自藏文，见西田龙雄《西夏文佛经目录》第202号。

馆册第6360号

刻本经折装，21.5 厘米 ×10.7 厘米，12 页，全文保存，每页 8 行，每行 16 个字。上边距 3.5 厘米，下边距 2 厘米。经题后有仁孝皇帝（尊号 1）御览并钦定。兰山寺国师、沙门德慧（Чхиа Жиэ）奉敕翻译并改写。结尾处重复经题。纸质一级。

第559号

西夏特藏第170号

[illegible]

《中有身要论》

译自藏文，见西田龙雄《西夏文佛经目录》第117号。

馆册第7116号

写本蝴蝶装，18 厘米 ×15 厘米，25 页，全文保存，每页 7 行，每行 14 个字。上边距 1.8 厘米，下边距 1 厘米。经题后有：

[illegible]

大度民寺中国觉照国师法狮子（tsiə kə tsiei Циэ Кэ-чией）(编写)

结尾处重复经题。纸质八级。

第560号

西夏特藏第173号

[illegible]

《盖白母随食施法事要论》

见西田龙雄《西夏文佛经目录》第53号。

---

① 即原文丢掉西夏文“[illegible]”，根据西田龙雄《西夏文华严经》补充。

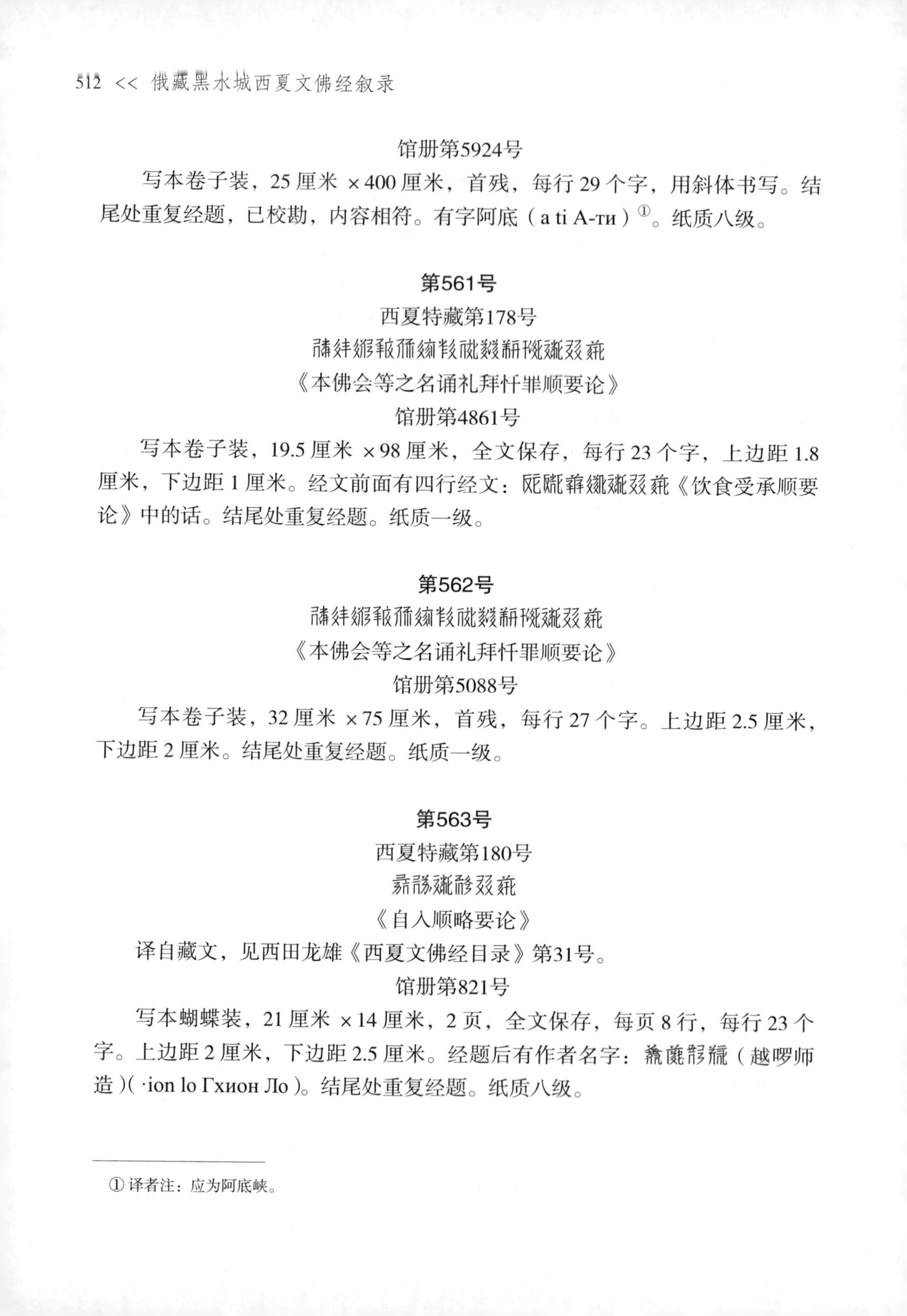

馆册第5924号

写本卷子装，25 厘米 ×400 厘米，首残，每行 29 个字，用斜体书写。结尾处重复经题，已校勘，内容相符。有字阿底（a ti А-ти）[①]。纸质八级。

第561号

西夏特藏第178号

[illegible]

《本佛会等之名诵礼拜忏罪顺要论》

馆册第4861号

写本卷子装，19.5 厘米 ×98 厘米，全文保存，每行 23 个字，上边距 1.8 厘米，下边距 1 厘米。经文前面有四行经文：[illegible]《饮食受承顺要论》中的话。结尾处重复经题。纸质一级。

第562号

[illegible]

《本佛会等之名诵礼拜忏罪顺要论》

馆册第5088号

写本卷子装，32 厘米 ×75 厘米，首残，每行 27 个字。上边距 2.5 厘米，下边距 2 厘米。结尾处重复经题。纸质一级。

第563号

西夏特藏第180号

[illegible]

《自入顺略要论》

译自藏文，见西田龙雄《西夏文佛经目录》第31号。

馆册第821号

写本蝴蝶装，21 厘米 ×14 厘米，2 页，全文保存，每页 8 行，每行 23 个字。上边距 2 厘米，下边距 2.5 厘米。经题后有作者名字：[illegible]（越啰师造）(·ion lo Гхион Ло)。结尾处重复经题。纸质八级。

---

① 译者注：应为阿底峡。

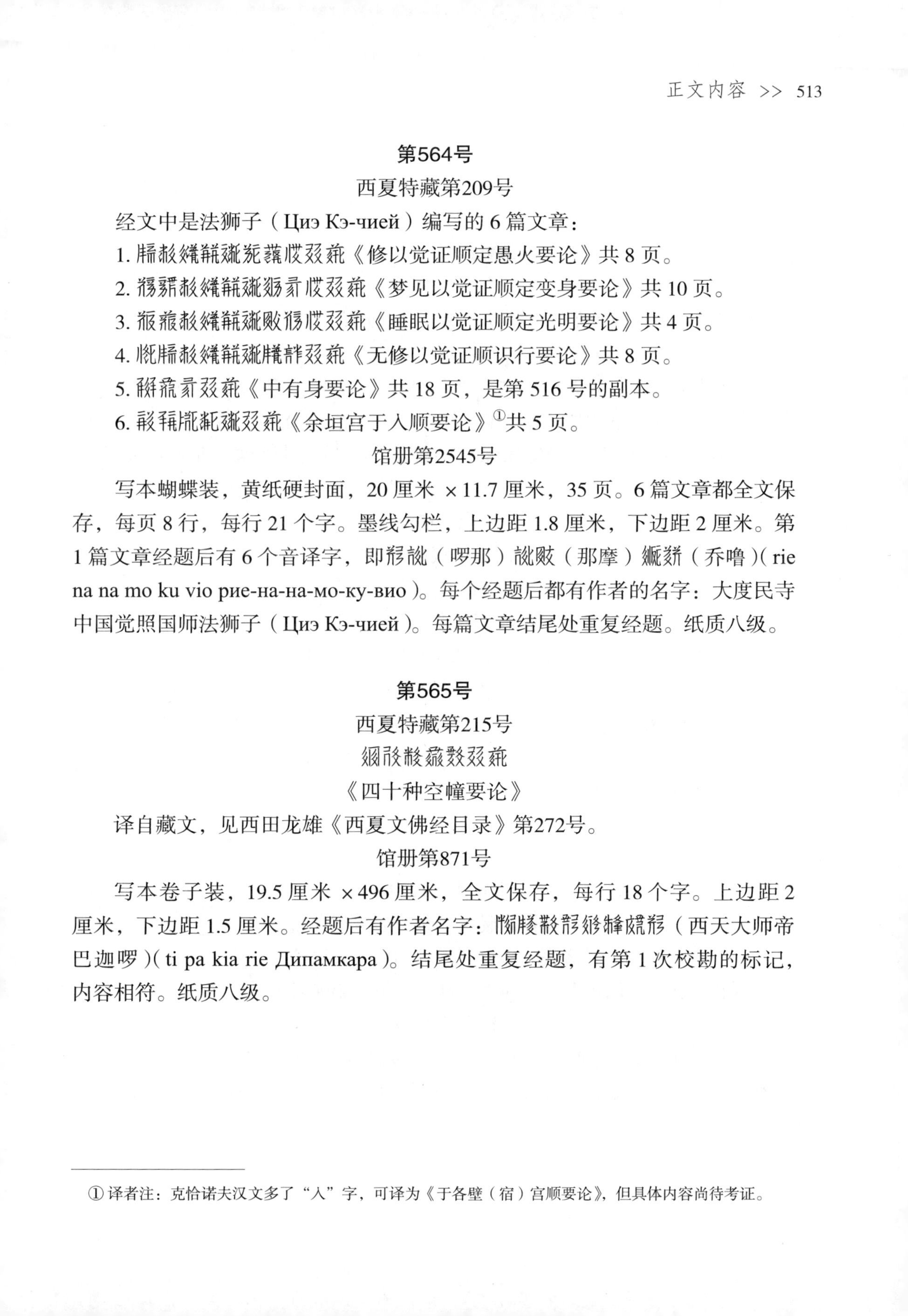

第564号

西夏特藏第209号

经文中是法狮子（Циэ Кэ-чией）编写的 6 篇文章：

1. [illegible]《修以觉证顺定愚火要论》共 8 页。

2. [illegible]《梦见以觉证顺定变身要论》共 10 页。

3. [illegible]《睡眠以觉证顺定光明要论》共 4 页。

4. [illegible]《无修以觉证顺识行要论》共 8 页。

5. [illegible]《中有身要论》共 18 页，是第 516 号的副本。

6. [illegible]《余垣宫于入顺要论》[1]共 5 页。

馆册第2545号

写本蝴蝶装，黄纸硬封面，20 厘米 ×11.7 厘米，35 页。6 篇文章都全文保存，每页 8 行，每行 21 个字。墨线勾栏，上边距 1.8 厘米，下边距 2 厘米。第 1 篇文章经题后有 6 个音译字，即[illegible]（啰那）[illegible]（那摩）[illegible]（乔噜）(rie na na mo ku vio рие-на-на-мо-ку-вио)。每个经题后都有作者的名字：大度民寺中国觉照国师法狮子（Циэ Кэ-чией）。每篇文章结尾处重复经题。纸质八级。

第565号

西夏特藏第215号

[illegible]

《四十种空幢要论》

译自藏文，见西田龙雄《西夏文佛经目录》第272号。

馆册第871号

写本卷子装，19.5 厘米 ×496 厘米，全文保存，每行 18 个字。上边距 2 厘米，下边距 1.5 厘米。经题后有作者名字：[illegible]（西天大师帝巴迦啰）(ti pa kia rie Дипамкара)。结尾处重复经题，有第 1 次校勘的标记，内容相符。纸质八级。

① 译者注：克恰诺夫汉文多了"人"字，可译为《于各壁（宿）宫顺要论》，但具体内容尚待考证。

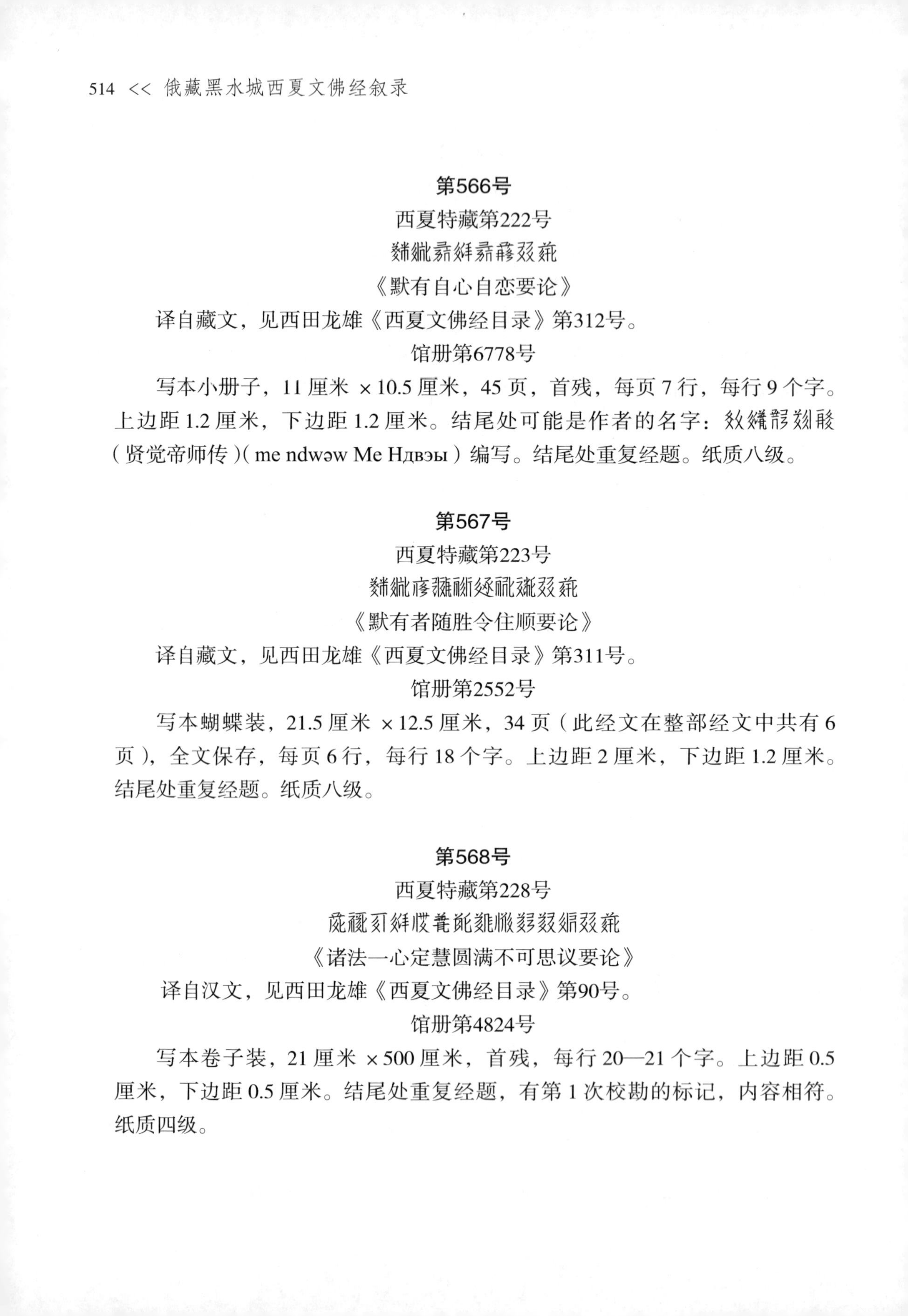

第566号

西夏特藏第222号

[illegible]

《默有自心自恋要论》

译自藏文，见西田龙雄《西夏文佛经目录》第312号。

馆册第6778号

写本小册子，11 厘米 ×10.5 厘米，45 页，首残，每页 7 行，每行 9 个字。上边距 1.2 厘米，下边距 1.2 厘米。结尾处可能是作者的名字：[illegible]（贤觉帝师传）(me ndwəw Me Hдвэы ）编写。结尾处重复经题。纸质八级。

第567号

西夏特藏第223号

[illegible]

《默有者随胜令住顺要论》

译自藏文，见西田龙雄《西夏文佛经目录》第311号。

馆册第2552号

写本蝴蝶装，21.5 厘米 ×12.5 厘米，34 页（此经文在整部经文中共有 6 页），全文保存，每页 6 行，每行 18 个字。上边距 2 厘米，下边距 1.2 厘米。结尾处重复经题。纸质八级。

第568号

西夏特藏第228号

[illegible]

《诸法一心定慧圆满不可思议要论》

译自汉文，见西田龙雄《西夏文佛经目录》第90号。

馆册第4824号

写本卷子装，21 厘米 ×500 厘米，首残，每行 20—21 个字。上边距 0.5 厘米，下边距 0.5 厘米。结尾处重复经题，有第 1 次校勘的标记，内容相符。纸质四级。

第569号

西夏特藏第230号

緗䉲䕧䕦𗂧𗗙

《正理空幢要论》

馆册第834号

写本卷子装，22 厘米 ×400 厘米，首残，每行 29—31 个字。结尾处重复经题，题记为：𗏹𗧓𗤶𗢳𗣼𗖰𗥃（经文拥有者□移讹尚力）(zwei ·o 1ion ldiə Жвей-гхо Шион-лдиэ)，一月三十日抄写完毕，抄经者𗢳𗣼𗖰𗒘（□移讹尚那）(zwei ·o 1ion nia Жвей-гхо Шион-ниа)。纸质八级。

第570号

緗䉲䕧䕦𗂧𗗙

《正理空幢要论》

馆册第890号

写本卷子装，22 厘米 ×288 厘米，首残，每行 28 个字。结尾处重复经题，题记为：𗨁𗥤𗏹𗧓𗤶𗢳𗣼𗿲𗨉𗥃此经文拥有者（□移讹成由宝）(zwei ·o 1ie ·êw ldiə Жвей-гхо Шие-гхеы-лдиэ)，经文拥有者应保证经文的抄写完成。经卷前端被撕掉。纸质五级。

第571号

緗䉲䕧䕦𗂧𗗙

《正理空幢要论》

馆册第835号

写本卷子装，24 厘米 ×674 厘米，首残，每行 19—21 个字，用斜体书写。结尾处重复经题和抄经者的名字：抄经者𗖰（梁）(lion Лион)。纸质五级。

第572号

西夏特藏第236号

緗𗾈䕧䕦𗂧𗗙𗫂𗡶

《正义空幢要论锁开》

译自藏文，见西田龙雄《西夏文佛经目录》第227号。

馆册第912号

写本卷子装，23 厘米 ×300 厘米，首残，每行 16 个字，用斜体书写。上边距 2 厘米，下边距 0.5 厘米。结尾处重复经题。纸质四级。

第573号

西夏特藏第238号

[illegible]

《正立食施放顺要论》

译自藏文，见西田龙雄《西夏文佛经目录》第228号。

馆册第6781号

写本小册子，9.5 厘米 ×6.5 厘米，13 页，全文保存，每页 3 行，每行 9 个字。结尾处重复经题。纸质八级。

第574号

西夏特藏第252号

[illegible]

《道之间休止顺要论》

馆册第3823号

写本小册子，黄纸硬封面，20 厘米 ×13 厘米，19 页，全文保存，每页 8 行，每行 20—21 个字，用斜体书写。上边距 2 厘米，下边距 2 厘米。经题后有作者和译者名字：

[illegible]

[illegible]

大度民寺中国觉照国师法狮子（tsiə kə t1iei Циэ Кэ-чией）传

出家功德司承旨沙门德妙（t1hia thiow Чхиа Тхиоы）译

结尾处重复经题。纸质八级。

第575号

西夏特藏第255号

[illegible]

《金刚亥母随日夜发愿求教顺要论》

译自藏文，见西田龙雄《西夏文佛经目录》第21号。

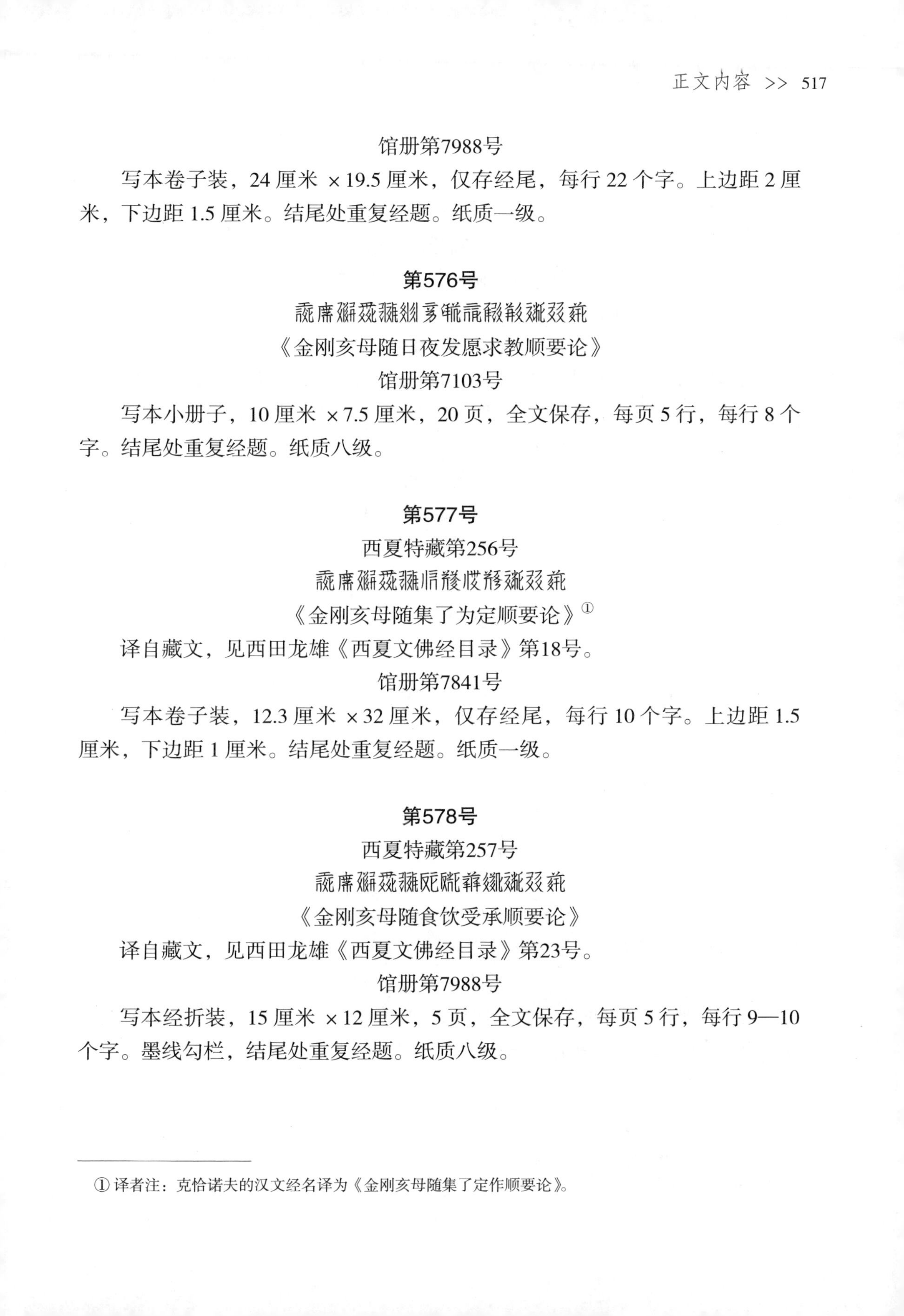

馆册第7988号

写本卷子装，24 厘米 ×19.5 厘米，仅存经尾，每行 22 个字。上边距 2 厘米，下边距 1.5 厘米。结尾处重复经题。纸质一级。

第576号

[illegible]

《金刚亥母随日夜发愿求教顺要论》

馆册第7103号

写本小册子，10 厘米 ×7.5 厘米，20 页，全文保存，每页 5 行，每行 8 个字。结尾处重复经题。纸质八级。

第577号

西夏特藏第256号

[illegible]

《金刚亥母随集了为定顺要论》[①]

译自藏文，见西田龙雄《西夏文佛经目录》第18号。

馆册第7841号

写本卷子装，12.3 厘米 ×32 厘米，仅存经尾，每行 10 个字。上边距 1.5 厘米，下边距 1 厘米。结尾处重复经题。纸质一级。

第578号

西夏特藏第257号

[illegible]

《金刚亥母随食饮受承顺要论》

译自藏文，见西田龙雄《西夏文佛经目录》第23号。

馆册第7988号

写本经折装，15 厘米 ×12 厘米，5 页，全文保存，每页 5 行，每行 9—10 个字。墨线勾栏，结尾处重复经题。纸质八级。

---

① 译者注：克恰诺夫的汉文经名译为《金刚亥母随集了定作顺要论》。

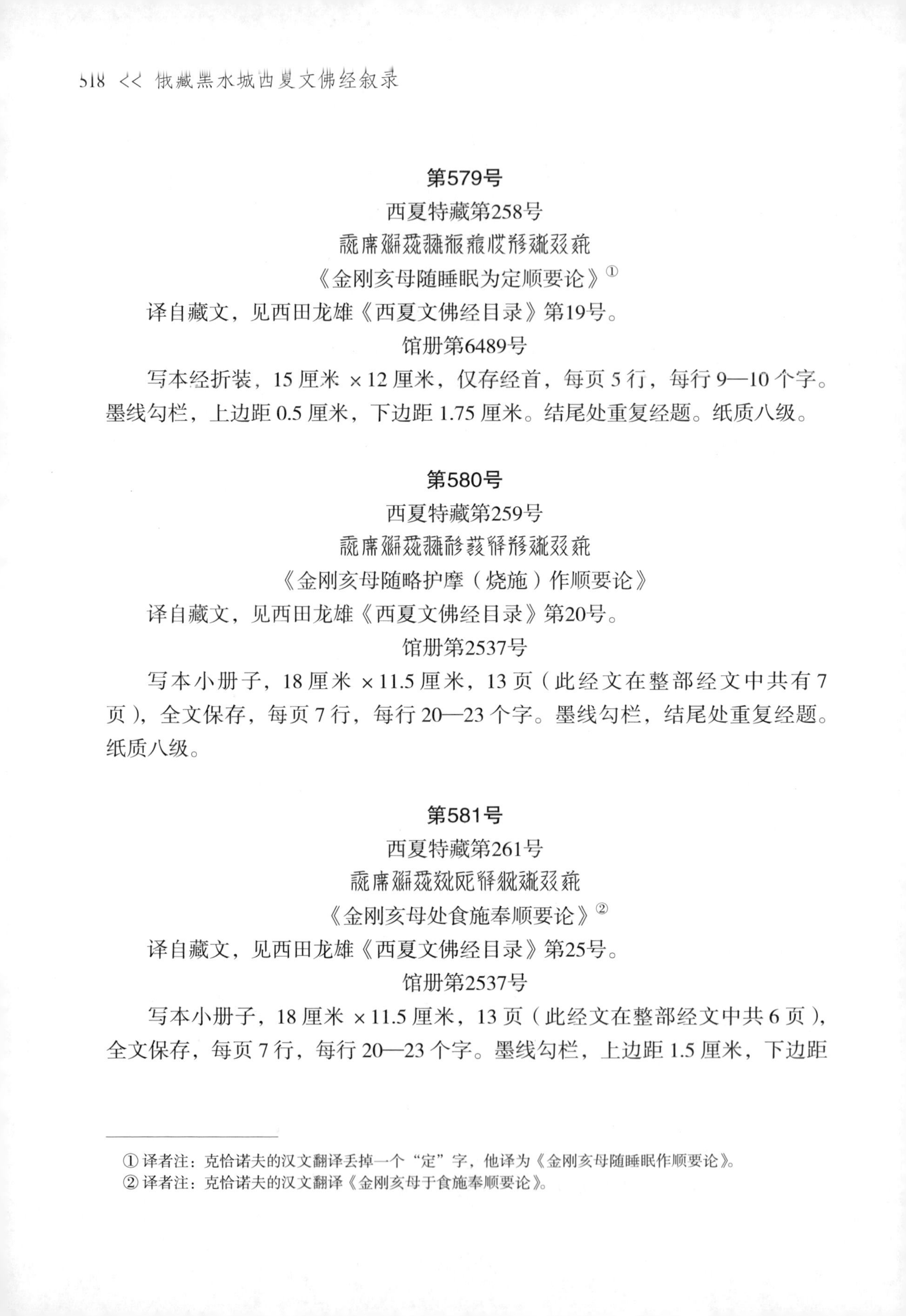

第579号

西夏特藏第258号

[illegible]

《金刚亥母随睡眠为定顺要论》[1]

译自藏文，见西田龙雄《西夏文佛经目录》第19号。

馆册第6489号

写本经折装，15厘米 ×12厘米，仅存经首，每页5行，每行9—10个字。墨线勾栏，上边距0.5厘米，下边距1.75厘米。结尾处重复经题。纸质八级。

第580号

西夏特藏第259号

[illegible]

《金刚亥母随略护摩（烧施）作顺要论》

译自藏文，见西田龙雄《西夏文佛经目录》第20号。

馆册第2537号

写本小册子，18厘米 ×11.5厘米，13页（此经文在整部经文中共有7页），全文保存，每页7行，每行20—23个字。墨线勾栏，结尾处重复经题。纸质八级。

第581号

西夏特藏第261号

[illegible]

《金刚亥母处食施奉顺要论》[2]

译自藏文，见西田龙雄《西夏文佛经目录》第25号。

馆册第2537号

写本小册子，18厘米 ×11.5厘米，13页（此经文在整部经文中共6页），全文保存，每页7行，每行20—23个字。墨线勾栏，上边距1.5厘米，下边距

---

① 译者注：克恰诺夫的汉文翻译丢掉一个“定”字，他译为《金刚亥母随睡眠作顺要论》。

② 译者注：克恰诺夫的汉文翻译《金刚亥母于食施奉顺要论》。

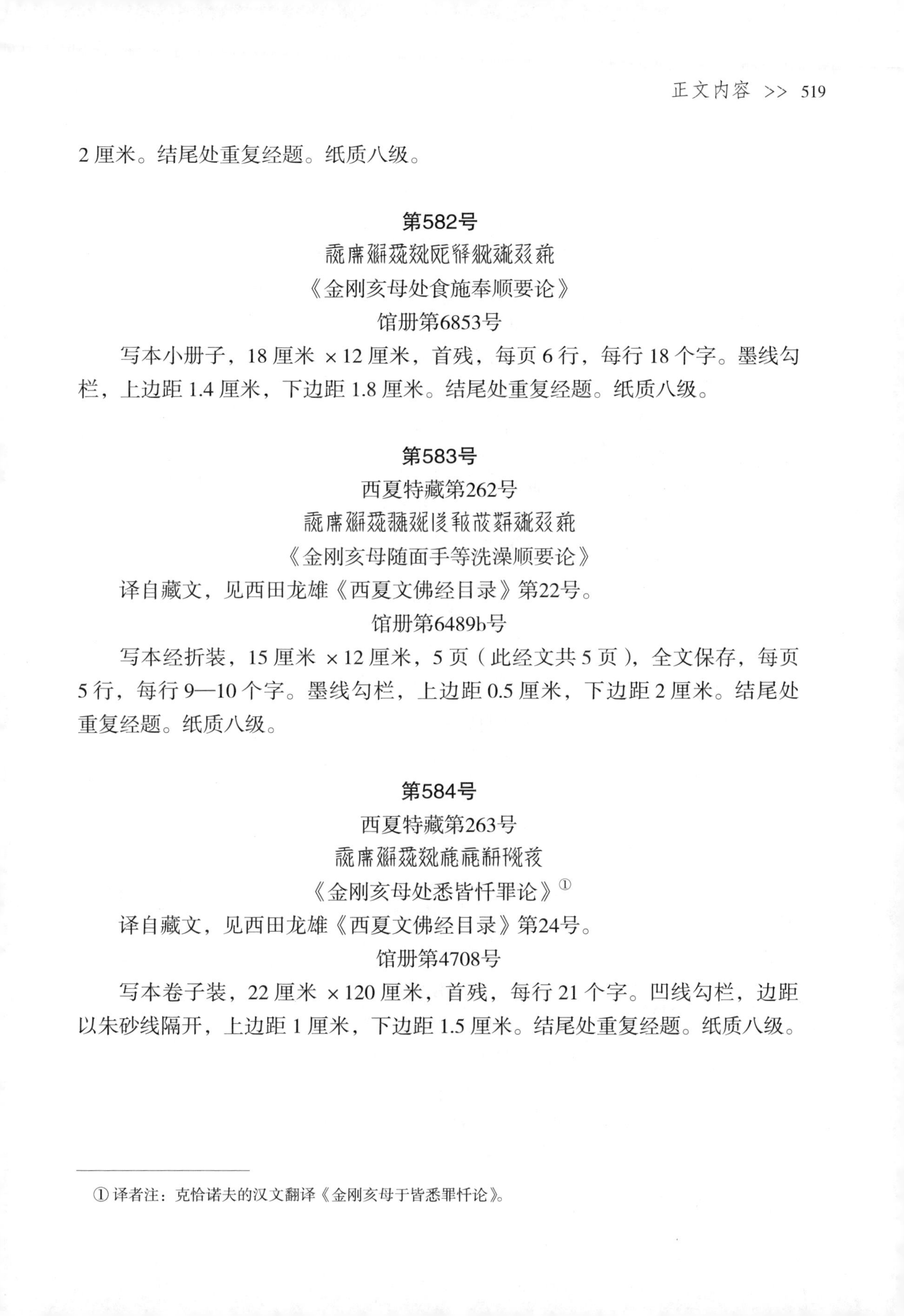

2 厘米。结尾处重复经题。纸质八级。

第582号

[illegible]

《金刚亥母处食施奉顺要论》

馆册第6853号

写本小册子，18 厘米 ×12 厘米，首残，每页 6 行，每行 18 个字。墨线勾栏，上边距 1.4 厘米，下边距 1.8 厘米。结尾处重复经题。纸质八级。

第583号

西夏特藏第262号

[illegible]

《金刚亥母随面手等洗澡顺要论》

译自藏文，见西田龙雄《西夏文佛经目录》第22号。

馆册第6489b号

写本经折装，15 厘米 ×12 厘米，5 页（此经文共 5 页），全文保存，每页 5 行，每行 9—10 个字。墨线勾栏，上边距 0.5 厘米，下边距 2 厘米。结尾处重复经题。纸质八级。

第584号

西夏特藏第263号

[illegible]

《金刚亥母处悉皆忏罪论》[①]

译自藏文，见西田龙雄《西夏文佛经目录》第24号。

馆册第4708号

写本卷子装，22 厘米 ×120 厘米，首残，每行 21 个字。凹线勾栏，边距以朱砂线隔开，上边距 1 厘米，下边距 1.5 厘米。结尾处重复经题。纸质八级。

---

① 译者注：克恰诺夫的汉文翻译《金刚亥母于皆悉罪忏论》。

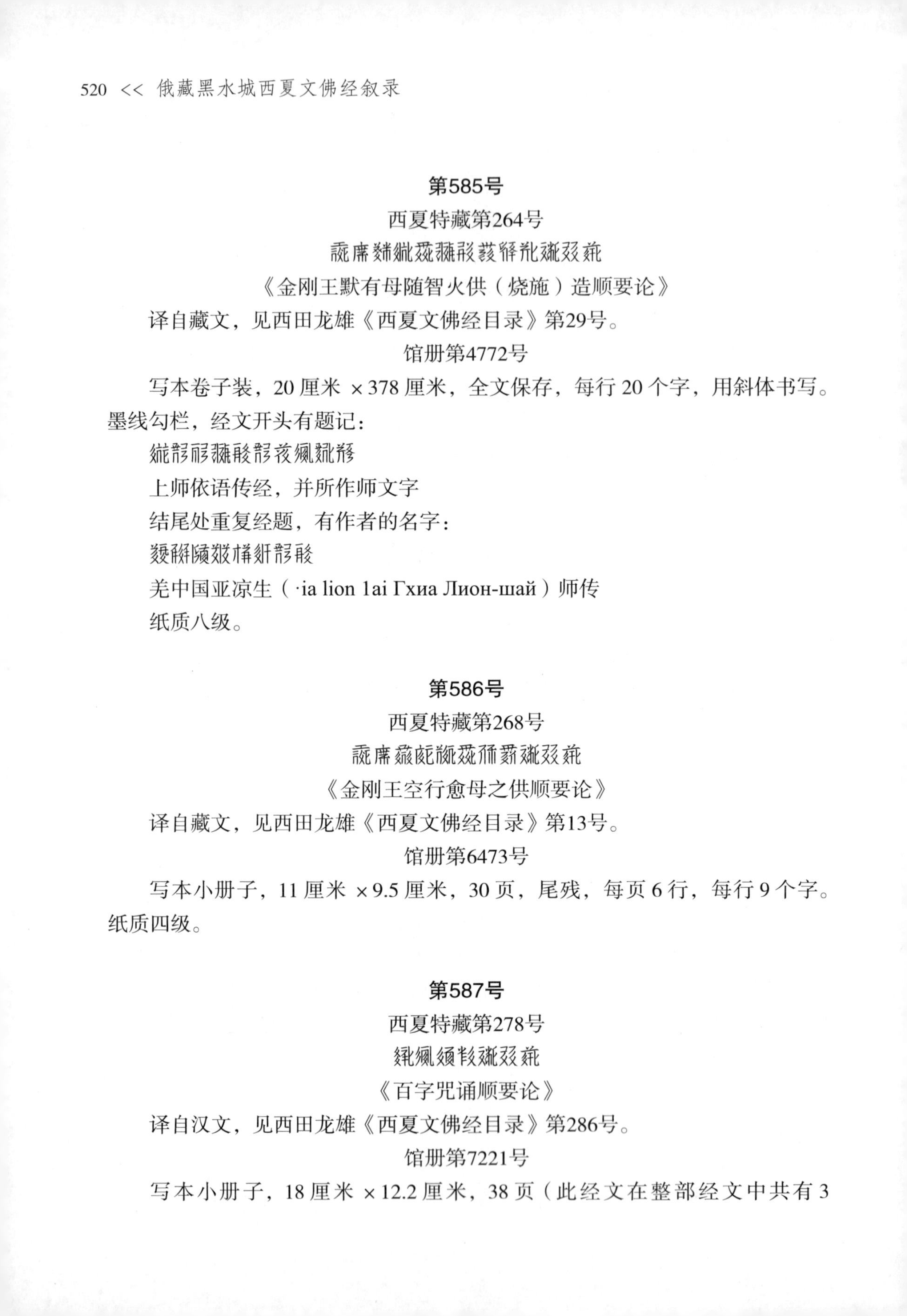

第585号

西夏特藏第264号

[illegible]

《金刚王默有母随智火供（烧施）造顺要论》

译自藏文，见西田龙雄《西夏文佛经目录》第29号。

馆册第4772号

写本卷子装，20 厘米 ×378 厘米，全文保存，每行 20 个字，用斜体书写。墨线勾栏，经文开头有题记：

[illegible]

上师依语传经，并所作师文字

结尾处重复经题，有作者的名字：

[illegible]

羌中国亚凉生（·ia lion 1ai Гхиа Лион-шай）师传

纸质八级。

第586号

西夏特藏第268号

[illegible]

《金刚王空行愈母之供顺要论》

译自藏文，见西田龙雄《西夏文佛经目录》第13号。

馆册第6473号

写本小册子，11 厘米 ×9.5 厘米，30 页，尾残，每页 6 行，每行 9 个字。纸质四级。

第587号

西夏特藏第278号

[illegible]

《百字咒诵顺要论》

译自汉文，见西田龙雄《西夏文佛经目录》第286号。

馆册第7221号

写本小册子，18 厘米 ×12.2 厘米，38 页（此经文在整部经文中共有 3

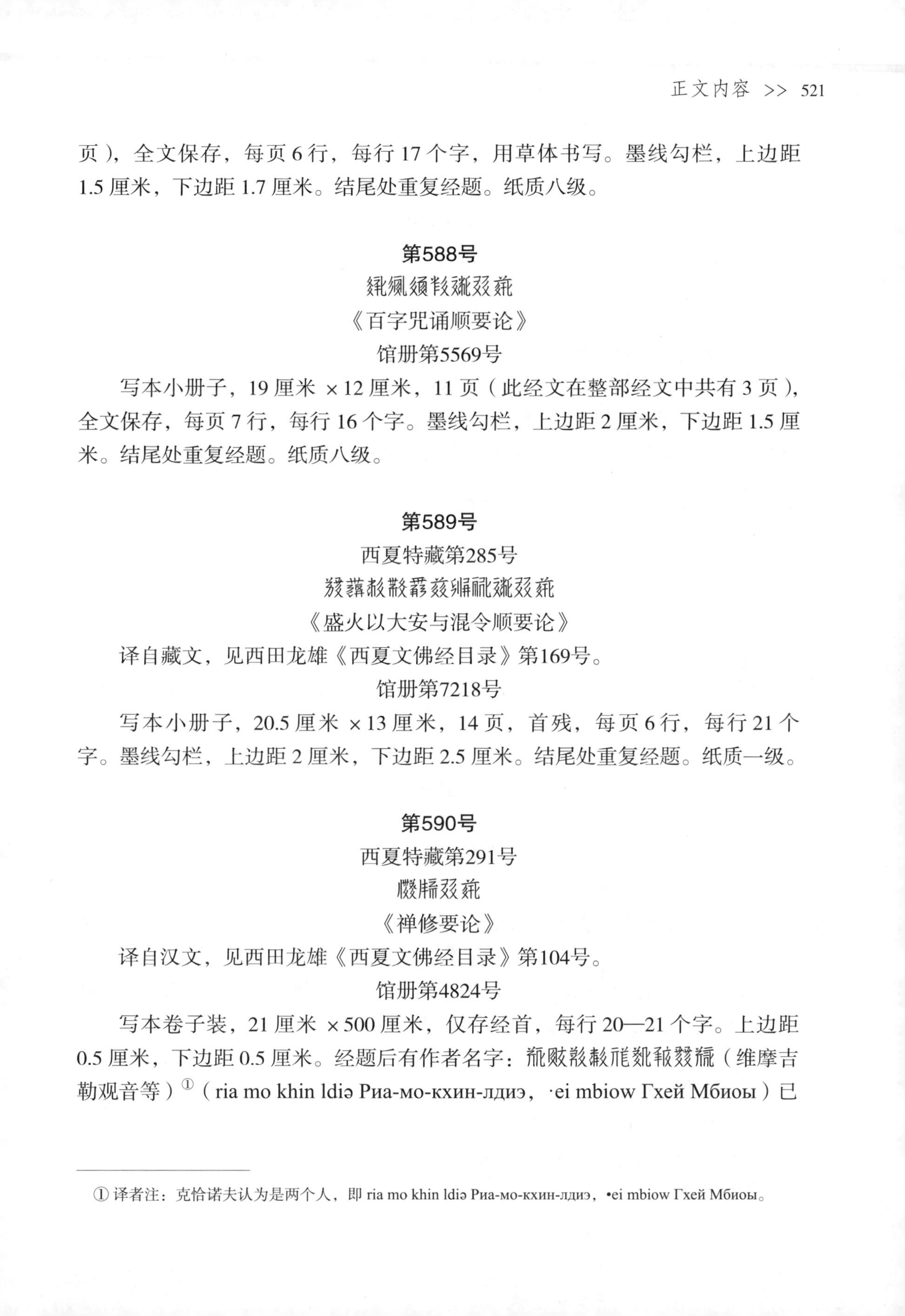

页），全文保存，每页 6 行，每行 17 个字，用草体书写。墨线勾栏，上边距 1.5 厘米，下边距 1.7 厘米。结尾处重复经题。纸质八级。

第588号

[illegible]

《百字咒诵顺要论》

馆册第5569号

写本小册子，19 厘米 ×12 厘米，11 页（此经文在整部经文中共有 3 页），全文保存，每页 7 行，每行 16 个字。墨线勾栏，上边距 2 厘米，下边距 1.5 厘米。结尾处重复经题。纸质八级。

第589号

西夏特藏第285号

[illegible]

《盛火以大安与混令顺要论》

译自藏文，见西田龙雄《西夏文佛经目录》第169号。

馆册第7218号

写本小册子，20.5 厘米 ×13 厘米，14 页，首残，每页 6 行，每行 21 个字。墨线勾栏，上边距 2 厘米，下边距 2.5 厘米。结尾处重复经题。纸质一级。

第590号

西夏特藏第291号

[illegible]

《禅修要论》

译自汉文，见西田龙雄《西夏文佛经目录》第104号。

馆册第4824号

写本卷子装，21 厘米 ×500 厘米，仅存经首，每行 20—21 个字。上边距 0.5 厘米，下边距 0.5 厘米。经题后有作者名字：[illegible]（维摩吉勒观音等）[1]（ria mo khin ldiə Риа-мо-кхин-лдиэ，·ei mbiow Гхей Мбиоы）已

---

[1] 译者注：克恰诺夫认为是两个人，即 ria mo khin ldiə Риа-мо-кхин-лдиэ，•ei mbiow Гхей Мбиоы。

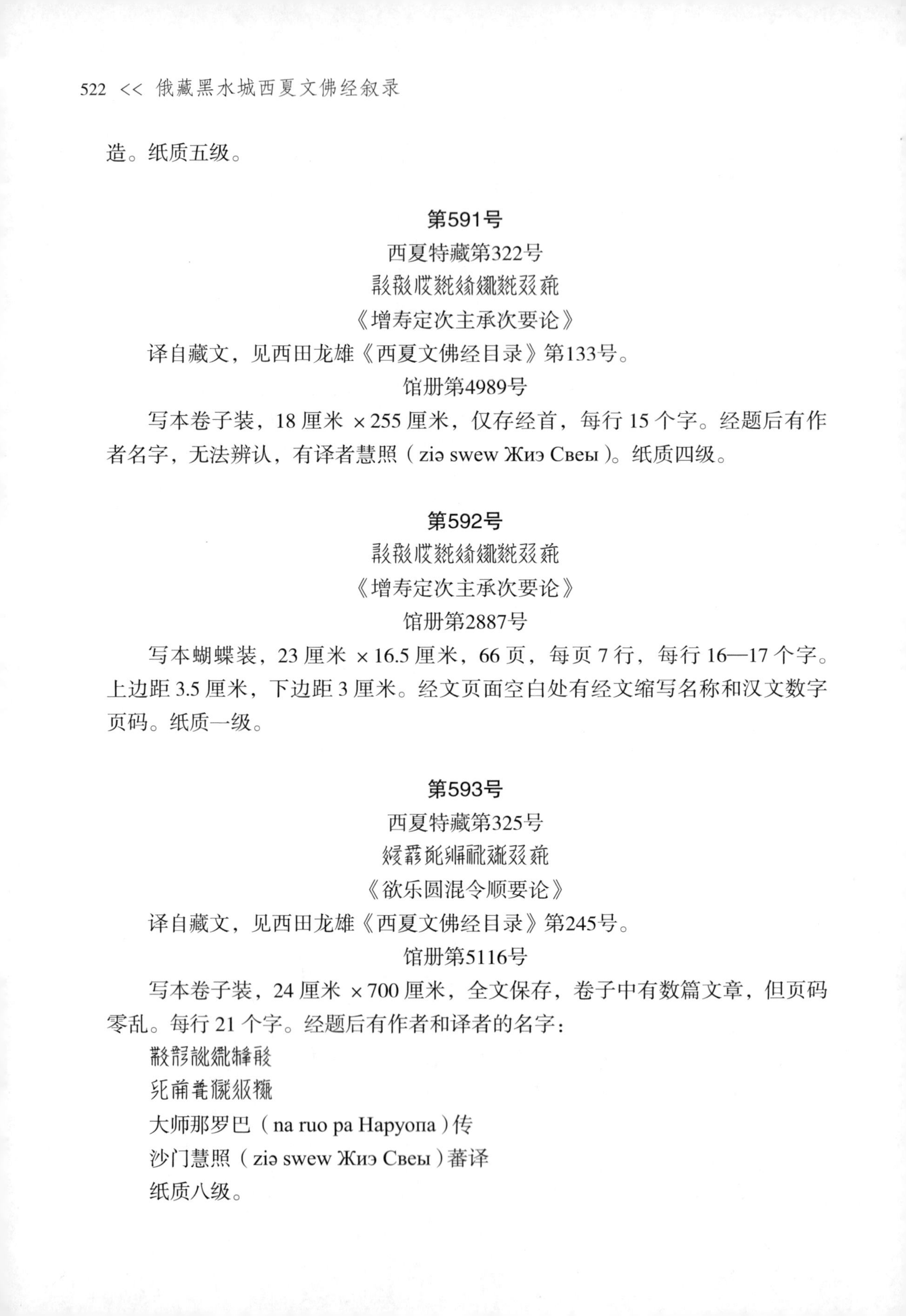

造。纸质五级。

第591号

西夏特藏第322号

[illegible]

《增寿定次主承次要论》

译自藏文，见西田龙雄《西夏文佛经目录》第133号。

馆册第4989号

写本卷子装，18 厘米 ×255 厘米，仅存经首，每行 15 个字。经题后有作者名字，无法辨认，有译者慧照（ziə swew Жиэ Свеы）。纸质四级。

第592号

[illegible]

《增寿定次主承次要论》

馆册第2887号

写本蝴蝶装，23 厘米 ×16.5 厘米，66 页，每页 7 行，每行 16—17 个字。上边距 3.5 厘米，下边距 3 厘米。经文页面空白处有经文缩写名称和汉文数字页码。纸质一级。

第593号

西夏特藏第325号

[illegible]

《欲乐圆混令顺要论》

译自藏文，见西田龙雄《西夏文佛经目录》第245号。

馆册第5116号

写本卷子装，24 厘米 ×700 厘米，全文保存，卷子中有数篇文章，但页码零乱。每行 21 个字。经题后有作者和译者的名字：

[illegible]

[illegible]

大师那罗巴（na ruo pa Наруопа）传

沙门慧照（ziə swew Жиэ Свеы）蕃译

纸质八级。

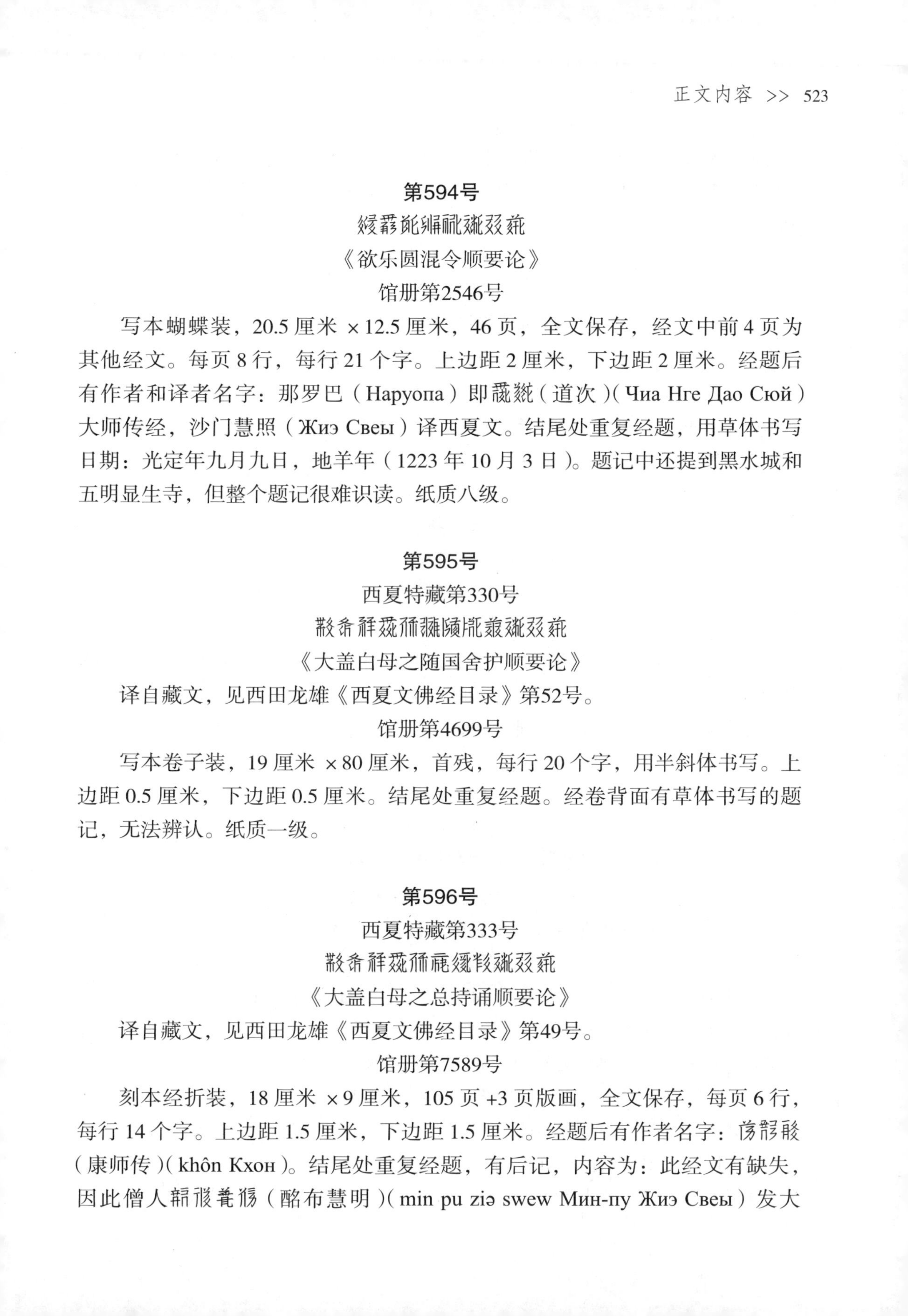

第594号

[illegible]

《欲乐圆混令顺要论》

馆册第2546号

写本蝴蝶装，20.5 厘米 ×12.5 厘米，46 页，全文保存，经文中前 4 页为其他经文。每页 8 行，每行 21 个字。上边距 2 厘米，下边距 2 厘米。经题后有作者和译者名字：那罗巴（Наруопа）即[illegible]（道次）（Чиа Нге Дао Сюй）大师传经，沙门慧照（Жиэ Свеы）译西夏文。结尾处重复经题，用草体书写日期：光定年九月九日，地羊年（1223 年 10 月 3 日）。题记中还提到黑水城和五明显生寺，但整个题记很难识读。纸质八级。

第595号

西夏特藏第330号

[illegible]

《大盖白母之随国舍护顺要论》

译自藏文，见西田龙雄《西夏文佛经目录》第52号。

馆册第4699号

写本卷子装，19 厘米 ×80 厘米，首残，每行 20 个字，用半斜体书写。上边距 0.5 厘米，下边距 0.5 厘米。结尾处重复经题。经卷背面有草体书写的题记，无法辨认。纸质一级。

第596号

西夏特藏第333号

[illegible]

《大盖白母之总持诵顺要论》

译自藏文，见西田龙雄《西夏文佛经目录》第49号。

馆册第7589号

刻本经折装，18 厘米 ×9 厘米，105 页 +3 页版画，全文保存，每页 6 行，每行 14 个字。上边距 1.5 厘米，下边距 1.5 厘米。经题后有作者名字：[illegible]（康师传）（khôn Кхон）。结尾处重复经题，有后记，内容为：此经文有缺失，因此僧人[illegible]（酩布慧明）（min pu ziə swew Мин-пу Жиэ Свеы）发大

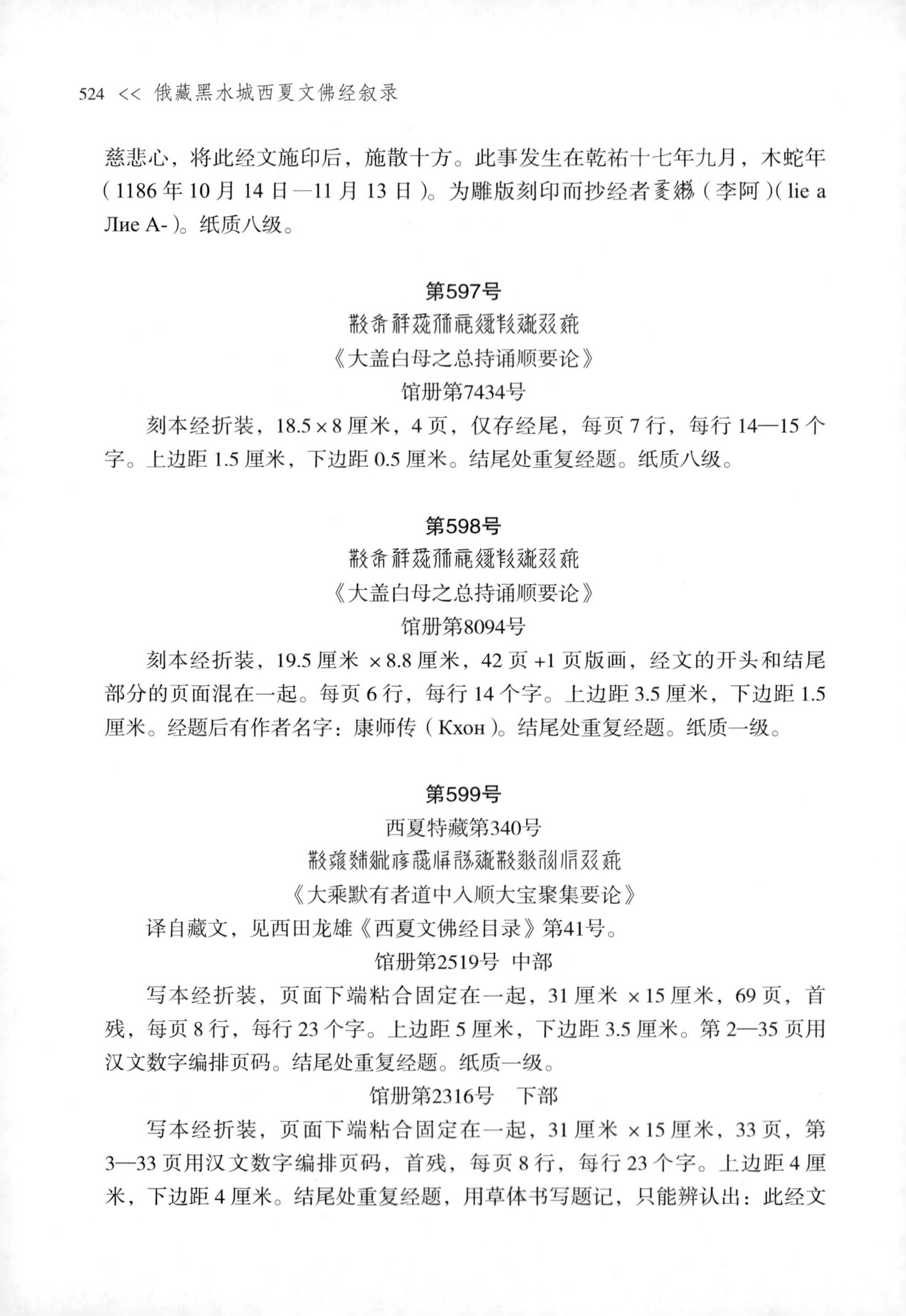

慈悲心，将此经文施印后，施散十方。此事发生在乾祐十七年九月，木蛇年（1186 年 10 月 14 日—11 月 13 日）。为雕版刻印而抄经者[illegible]（李阿）(lie a Лие А-)。纸质八级。

第597号

[illegible]

《大盖白母之总持诵顺要论》

馆册第7434号

刻本经折装，18.5×8 厘米，4 页，仅存经尾，每页 7 行，每行 14—15 个字。上边距 1.5 厘米，下边距 0.5 厘米。结尾处重复经题。纸质八级。

第598号

[illegible]

《大盖白母之总持诵顺要论》

馆册第8094号

刻本经折装，19.5 厘米 ×8.8 厘米，42 页 +1 页版画，经文的开头和结尾部分的页面混在一起。每页 6 行，每行 14 个字。上边距 3.5 厘米，下边距 1.5 厘米。经题后有作者名字：康师传（Кхон）。结尾处重复经题。纸质一级。

第599号

西夏特藏第340号

[illegible]

《大乘默有者道中入顺大宝聚集要论》

译自藏文，见西田龙雄《西夏文佛经目录》第41号。

馆册第2519号 中部

写本经折装，页面下端粘合固定在一起，31 厘米 ×15 厘米，69 页，首残，每页 8 行，每行 23 个字。上边距 5 厘米，下边距 3.5 厘米。第 2—35 页用汉文数字编排页码。结尾处重复经题。纸质一级。

馆册第2316号 下部

写本经折装，页面下端粘合固定在一起，31 厘米 ×15 厘米，33 页，第 3—33 页用汉文数字编排页码，首残，每页 8 行，每行 23 个字。上边距 4 厘米，下边距 4 厘米。结尾处重复经题，用草体书写题记，只能辨认出：此经文写于乾祐年间（1170—1193 年）。纸质一级。

第600号

𗴺𘜶𗗚𗶷𗌭𘜶𗗉𗅋𗌭𘜶𗗉𗅋𗌭𗗉𗅋𘜶

《大乘默有者道中入顺大宝聚集要论》

馆册第5031号　上部

刻本卷子装，31.5 厘米 ×850 厘米，全文保存，组成卷子的页面按汉语的说法叫“上部”。顺序号从上第 1 卷到上第 17 卷。每行 21 个字，边距以双线隔开，上边距 5 厘米，下边距 2 厘米。经题后有译者名字：兰山沙门德慧（Чхиа Жиэ）。经卷中的名字被撕掉。结尾处重复经题，题记为：

𗗚𗶷𗌭𘜶𗗉𗅋𗌭𘜶𗗉𗅋𗌭𗗉𗅋𘜶

𗶷𗌭𘜶𗗉𗅋𗌭𘜶𗗉𗅋𗌭𗗉𗅋

刻印发愿者、御前长住边工匠张啰兀（tsion ra ·a Чион Ра-гхо）

雕刻者、笔受李阿苏（lie a 1ia Лие А-шиа），经文拥有者苏慧德（su ziə t1hia Су Жиэ Чхиа）

纸质八级。

馆册第5149号 中部

刻本卷子装，31 厘米 ×1000 厘米，全文保存，组成卷子的页面按汉语的说法叫“中部”。顺序号从中第 1 卷到中第 19 卷。每行 21 个字，边距以双线隔开，上边距 4.5 厘米，下边距 2.5 厘米。经题后有译者名字：兰山沙门𗶷𗌭（德慧）（t1hia ziə Чхиа Жиэ Дэ Хуй）。结尾处重复经题。经文译者名字：𗗉𗅋𘜶（梁勤宝）（lion ·ie ldiə Лион Гхиэ-лдиэ），经文拥有者苏慧德（Су Жиэ Чхиа）。纸质八级。

馆册第4530号　下部

刻本卷子装，31 厘米 ×254 厘米，首残，经卷下端被撕坏，但可以明显看出，它与上、中部是一样的版本。结尾处重复经题，有一段题记残文，提到雕版发愿者，他住在皇宫，名字没有保存下来。下部抄经者、执笔李阿苏（lie a 1ia Лие А-шиа），雕版刻工𗌭𘜶𗗉（尹单啰）（·ien 1ia ria Гхион Шиа-риа）。纸质八级。

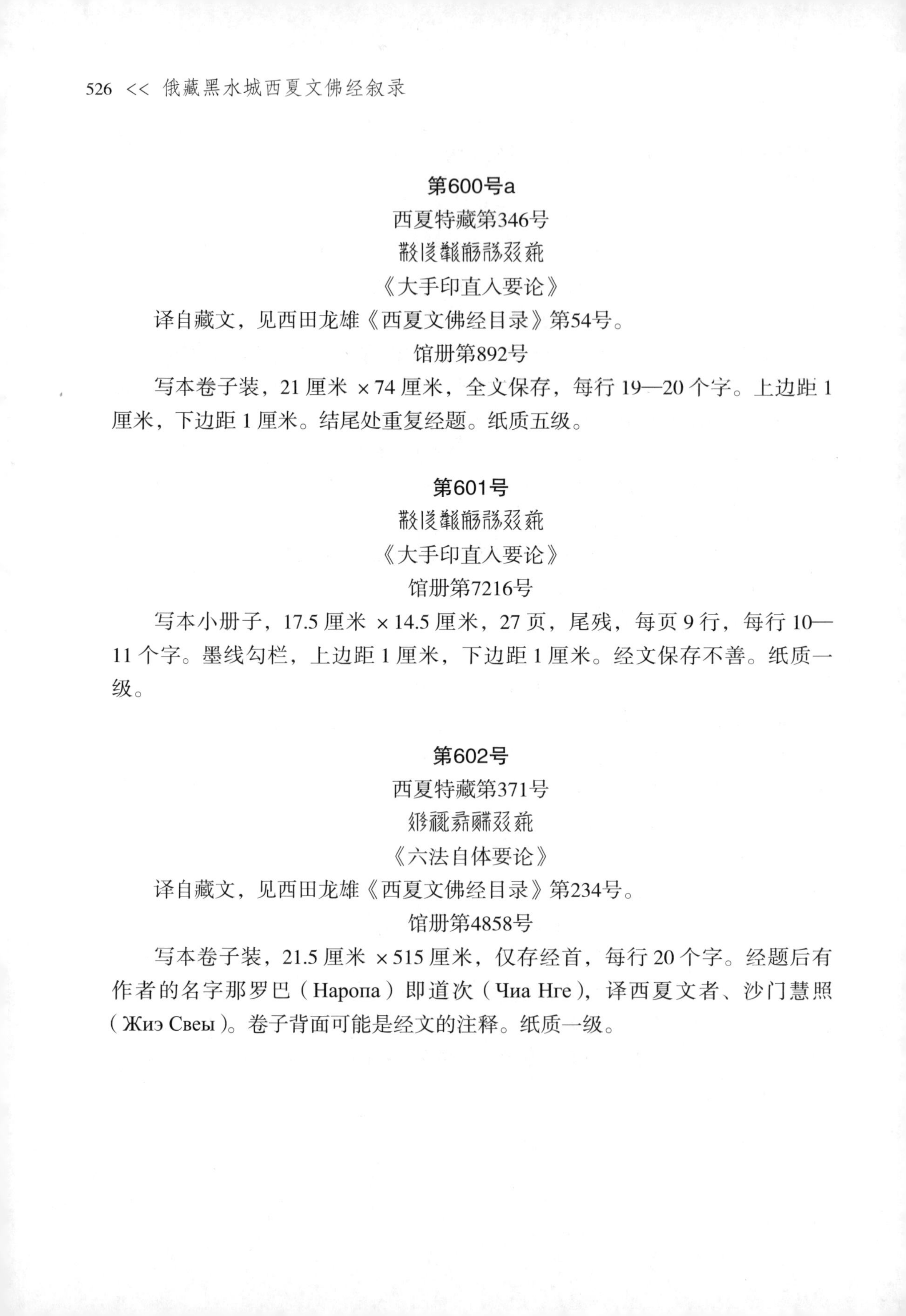

第600号a

西夏特藏第346号

[illegible]

《大手印直入要论》

译自藏文，见西田龙雄《西夏文佛经目录》第54号。

馆册第892号

写本卷子装，21 厘米 ×74 厘米，全文保存，每行 19—20 个字。上边距 1 厘米，下边距 1 厘米。结尾处重复经题。纸质五级。

第601号

[illegible]

《大手印直入要论》

馆册第7216号

写本小册子，17.5 厘米 ×14.5 厘米，27 页，尾残，每页 9 行，每行 10—11 个字。墨线勾栏，上边距 1 厘米，下边距 1 厘米。经文保存不善。纸质一级。

第602号

西夏特藏第371号

[illegible]

《六法自体要论》

译自藏文，见西田龙雄《西夏文佛经目录》第234号。

馆册第4858号

写本卷子装，21.5 厘米 ×515 厘米，仅存经首，每行 20 个字。经题后有作者的名字那罗巴（Наропа）即道次（Чиа Нге），译西夏文者、沙门慧照（Жиэ Свеы）。卷子背面可能是经文的注释。纸质一级。

第603号

[illegible]

《六法自体要论》

馆册第4698号

写本卷子装，22 厘米 ×1100 厘米，首残，每行 17 个字，用半斜体书写。上边距 2.5 厘米，下边距 2 厘米。结尾处重复经题，经文抄写者、拥有者的名字：[illegible]（苏慧德）(su ziə t1hia Су Жиэ Чхиа) 抄写并拥有经文。

卷子背面可能是经文的注释。纸质一级。

第604号

[illegible]

《六法自体要论》

馆册第7983号

写本卷子装，23 厘米 ×721 厘米，仅存经首，每行 21—23 个字。经题后有作者名字那罗巴（Наропа）即道次（Чиа Нге），译西夏文者、沙门慧照（Жиэ Свеы）。纸质一级。

第605号

[illegible]

《六法自体要论》

馆册第2542号

写本小册子，用蓝丝线装订，22 厘米 ×14 厘米，90 页，全文保存，每页 7 行，每行 20—21 个字。上边距 2 厘米，下边距 1 厘米。经题后有作者名字那罗巴（Наропа）即道次（Чиа Нге），译西夏文者、沙门慧照（Жиэ Свеы）。结尾处重复经题，有附注：在这幸福的时光里，你会得到感悟。有第 1 次校勘的标记，内容相符，语言纯正。纸质八级。

第606号

西夏特藏第415号

[illegible]

《念定绝害要论》

馆册第2892号

写本蝴蝶装，23 厘米 ×16.5 厘米，48 页（第 1 页 a 面—24 页 b 面），全文保存，每页 7 行，每行 14—17 个字。淡墨线勾栏，上边距 4 厘米，下边距 3 厘米，b 面边距 3 厘米。经题后有作者名字：那罗巴（Наропа）即道次（Чиа Нге），译西夏文者、沙门慧照（Жиэ Свеы）。结尾处重复经题。纸质一级。

第607号

西夏特藏第417号

[illegible][1][illegible]

《默有母随大手印广施作要论》

馆册第2857号

写本小册子，白绸软封面，20.8 厘米 ×11.5 厘米，47 页，全文保存，每页 7 行，每行 20 个字。上边距 1.7 厘米，下边距 1 厘米。结尾处重复经题，已校勘，内容相符。纸质八级。

第608号

西夏特藏第424号

[illegible]

《听受师说随合略记要论》[2]

馆册第3700号

写本小册子，用黄丝线装订，23.8 厘米 ×14.5 厘米，9 页，全文保存，每页 10 行，每行 28—30 个字，用半草体书写。结尾处重复经题，有第 1 次校勘的标记，内容相符。纸质八级。

---

① 译者注：克恰诺夫此西夏字译为"村"字，讲不通，这个字还有"广大"之意，故将此译为"广"。

② 译者注：克恰诺夫汉译为《师说听持合随略记要论》。

第609号

西夏特藏第434号

[illegible]

《中有要论》

馆册第4442号

写本卷子装，22 厘米 ×58 厘米，仅存经尾，每行 22 个字。结尾处重复经题。纸质八级。

第610号

西夏特藏第444号

[illegible]

《主持令顺要论》

馆册第4974号

写本卷子装，23.5 厘米 ×545 厘米，首残，每行 21 个字。上边距 1 厘米，下边距 0.6 厘米。结尾处重复经题。纸质五级。

第611号

西夏特藏第447号

[illegible]

《大手印于合加过□灭诛要论》

馆册第4977号

写本卷子装，21.5 厘米 ×180 厘米，仅存经尾，每行 20—21 个字，用斜体书写。上边距 1 厘米，下边距 2 厘米。结尾处重复经题。纸质八级。

第612号

西夏特藏第450号

[illegible]

舍斡瑜盃啰吃巴师作道到已要论[①]

馆册第4806号

写本卷子装，19 厘米 ×500 厘米，首残，每行 14 个字，上边距 1.5 厘米，下边距 1 厘米。结尾处重复经题，还有几行诗，视为“发愿者的话”。纸质四级。

第613号

西夏特藏第469号

[illegible]

《岸求顺略集要论》

馆册第6972号

写本小册子，10 厘米 ×8.5 厘米，14 页，全文保存，每页 5 行，每行 8 个字。经题后有作者名字：

[illegible]

舍斡阿啰吃巴（ngə rie kə pa）造

经文译者：五明显生寺中国国师[illegible]（觉照）(ndwəw swew Ндвэы Свеы) 译。结尾处重复经题。纸质一级。

第614号

西夏特藏第470号

[illegible]

《西方求生佛念顺要论》

馆册第6833号

写本小册子，9.5 厘米 ×8.5 厘米，33 页，全文保存，每页 6 行，每行 8 个字。上边距 0.8 厘米，下边距 1 厘米，b 面边距 0.7 厘米。经题后有作者名

---

① 译者注：克恰诺夫译作《禽子前今 rie kə pa 师作道到已要论》。

字：

[illegible]

马蹄山法乘定师僧（sen Сен）传

结尾处重复经题。纸质一级。

第615号

西夏特藏第476号

[illegible]

《念定百字等要论》

馆册第7102号

写本小册子，9.5 厘米 ×7 厘米，20 页，全文保存，每页 4 行，每行 7 个字。上边距 0.5 厘米，下边距 0.5 厘米。结尾处重复经题。纸质八级。

第616号

西夏特藏第484号

[illegible]

《瑞相察顺中最得□要论》

馆册第8019号

写本卷子装，21 厘米 ×40 厘米，仅存经尾，每行 22 个字，用斜体书写。上边距 1.5 厘米，下边距 1.5 厘米。结尾处重复经题。纸质五级。

十七、记

第617号

西夏特藏第112号

[illegible]

《洪州宗师趣注开明要记》

译自汉文，见西田龙雄《西夏文佛经目录》第290号。

馆册第2540号

写本蝴蝶装，20.5 厘米 ×12.75 厘米，44 页，全文保存，每页 6 行，每行 20—22 个字。墨线勾栏，上边距 2 厘米，下边距 1 厘米。经题后有作者名字：

[illegible]

源回沙门法永（tsiə kie mbie Цизэ Кие-мбие）注疏

结尾处重复经题。纸质四级。

第618号

西夏特藏第193号

[illegible]

《现前解记》

馆册第895号

写本卷子装，24 厘米 ×400 厘米，首残，每行 40 个字。结尾处重复经题。纸质四级。

第619号

西夏特藏第198号

[illegible]

《于入二谛顺本母之义解记》

译自藏文，见西田龙雄《西夏文佛经目录》第121号。

馆册第833号

写本卷子装，22 厘米 ×1166 厘米，首残，每行 16—19 个字。上边距 2.3 厘米，下边距 1.5 厘米。结尾处重复经题，题记为：

[illegible]

[illegible]

[illegible]

菩提狮子才哩（Кэ-чией）造

乾祐狗年三月十五日此经净本一卷写毕

此经拥有者地悟慧照（ti ngu ziə swew Ти-нгу Жиэ Свеы）也

纸质一级。

第620号

西夏特藏第225号

[illegible]

《世俗胜义二谛之义释要集记》

译自汉文，见西田龙雄《西夏文佛经目录》第34号。

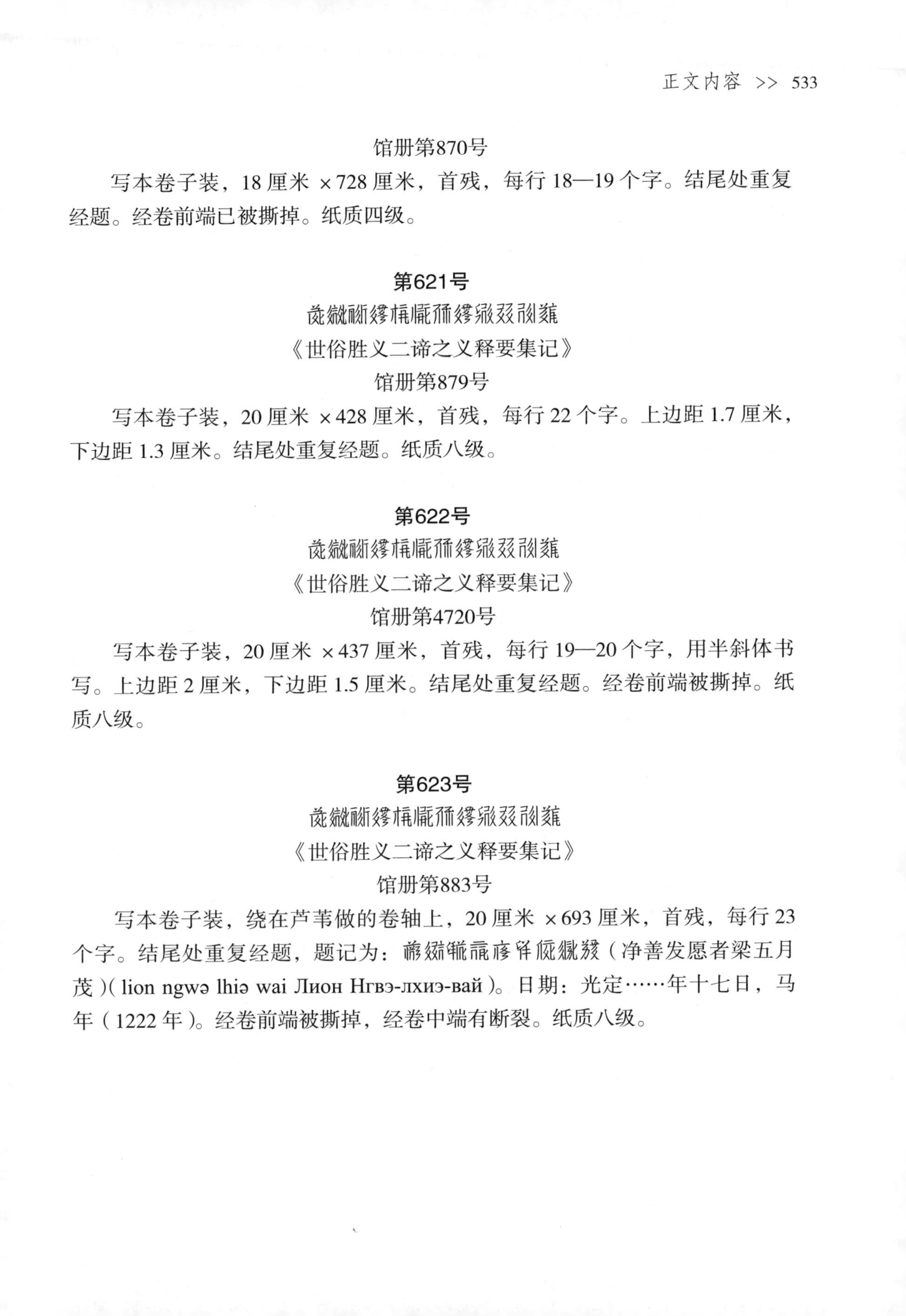

馆册第870号

写本卷子装，18 厘米 ×728 厘米，首残，每行 18—19 个字。结尾处重复经题。经卷前端已被撕掉。纸质四级。

第621号

[illegible]

《世俗胜义二谛之义释要集记》

馆册第879号

写本卷子装，20 厘米 ×428 厘米，首残，每行 22 个字。上边距 1.7 厘米，下边距 1.3 厘米。结尾处重复经题。纸质八级。

第622号

[illegible]

《世俗胜义二谛之义释要集记》

馆册第4720号

写本卷子装，20 厘米 ×437 厘米，首残，每行 19—20 个字，用半斜体书写。上边距 2 厘米，下边距 1.5 厘米。结尾处重复经题。经卷前端被撕掉。纸质八级。

第623号

[illegible]

《世俗胜义二谛之义释要集记》

馆册第883号

写本卷子装，绕在芦苇做的卷轴上，20 厘米 ×693 厘米，首残，每行 23 个字。结尾处重复经题，题记为：[illegible]（净善发愿者梁五月茂）(lion ngwə lhiə wai Лион Нгвэ-лхиэ-вай)。日期：光定……年十七日，马年（1222 年）。经卷前端被撕掉，经卷中端有断裂。纸质八级。

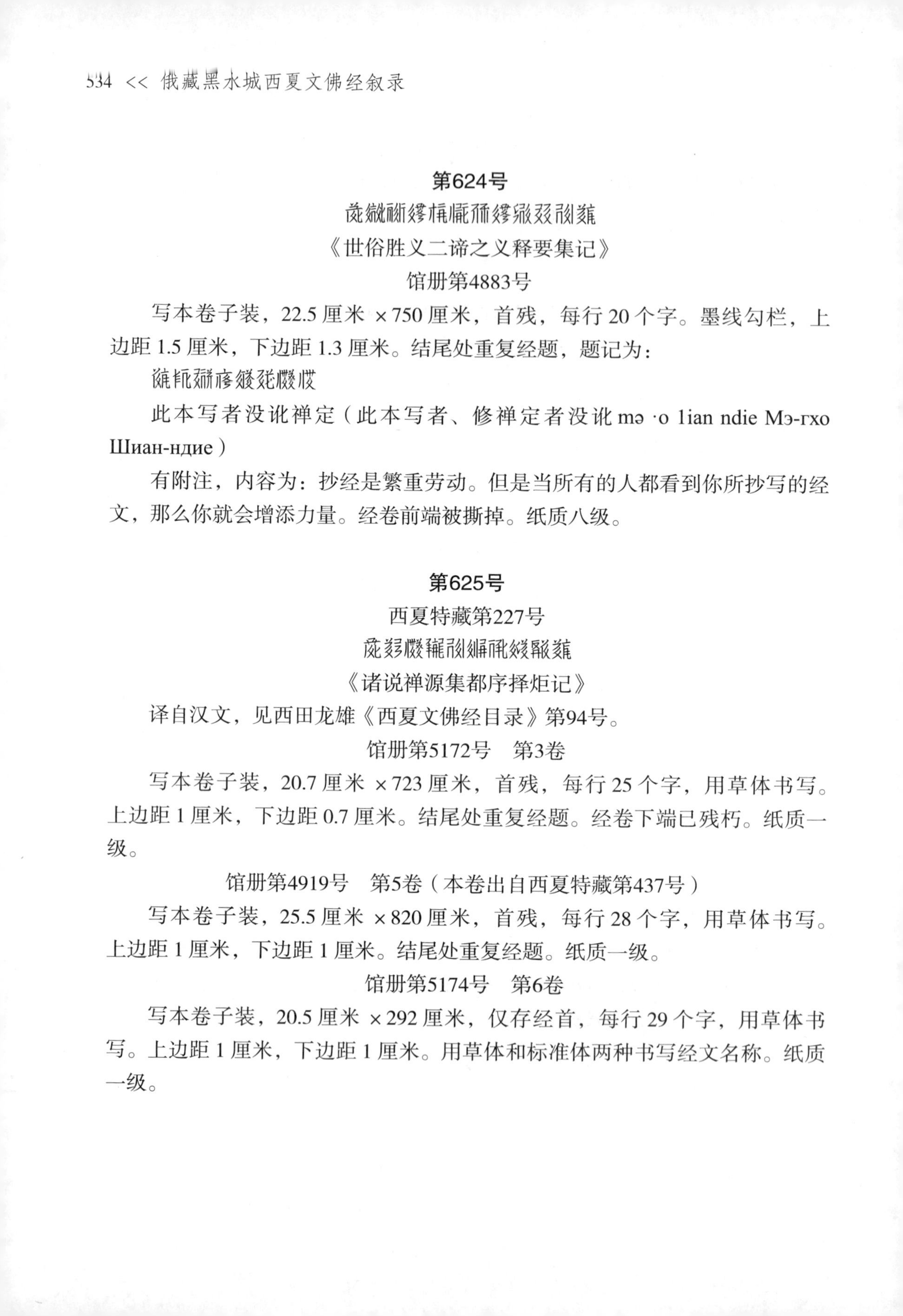

第624号

[illegible]

《世俗胜义二谛之义释要集记》

馆册第4883号

写本卷子装，22.5 厘米 ×750 厘米，首残，每行 20 个字。墨线勾栏，上边距 1.5 厘米，下边距 1.3 厘米。结尾处重复经题，题记为：

[illegible]

此本写者没讹禅定（此本写者、修禅定者没讹 mə ·o lian ndie Мэ-гхо Шиан-ндие）

有附注，内容为：抄经是繁重劳动。但是当所有的人都看到你所抄写的经文，那么你就会增添力量。经卷前端被撕掉。纸质八级。

第625号

西夏特藏第227号

[illegible]

《诸说禅源集都序择炬记》

译自汉文，见西田龙雄《西夏文佛经目录》第94号。

馆册第5172号　第3卷

写本卷子装，20.7 厘米 ×723 厘米，首残，每行 25 个字，用草体书写。上边距 1 厘米，下边距 0.7 厘米。结尾处重复经题。经卷下端已残朽。纸质一级。

馆册第4919号　第5卷（本卷出自西夏特藏第437号）

写本卷子装，25.5 厘米 ×820 厘米，首残，每行 28 个字，用草体书写。上边距 1 厘米，下边距 1 厘米。结尾处重复经题。纸质一级。

馆册第5174号　第6卷

写本卷子装，20.5 厘米 ×292 厘米，仅存经首，每行 29 个字，用草体书写。上边距 1 厘米，下边距 1 厘米。用草体和标准体两种书写经文名称。纸质一级。

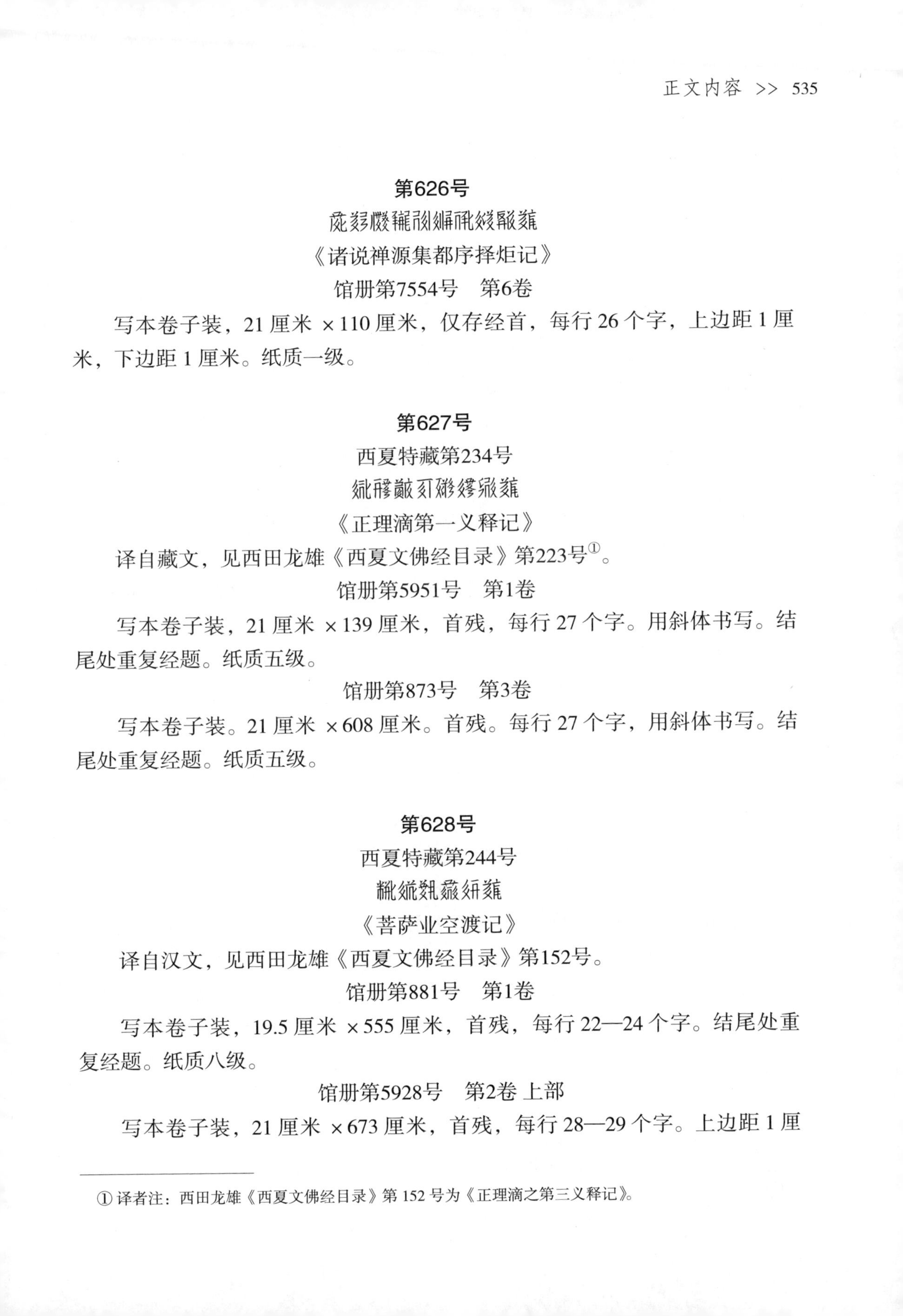

第626号

[illegible]

《诸说禅源集都序择炬记》

馆册第7554号　第6卷

写本卷子装，21 厘米 ×110 厘米，仅存经首，每行 26 个字，上边距 1 厘米，下边距 1 厘米。纸质一级。

第627号

西夏特藏第234号

[illegible]

《正理滴第一义释记》

译自藏文，见西田龙雄《西夏文佛经目录》第223号[1]。

馆册第5951号　第1卷

写本卷子装，21 厘米 ×139 厘米，首残，每行 27 个字。用斜体书写。结尾处重复经题。纸质五级。

馆册第873号　第3卷

写本卷子装。21 厘米 ×608 厘米。首残。每行 27 个字，用斜体书写。结尾处重复经题。纸质五级。

第628号

西夏特藏第244号

[illegible]

《菩萨业空渡记》

译自汉文，见西田龙雄《西夏文佛经目录》第152号。

馆册第881号　第1卷

写本卷子装，19.5 厘米 ×555 厘米，首残，每行 22—24 个字。结尾处重复经题。纸质八级。

馆册第5928号　第2卷 上部

写本卷子装，21 厘米 ×673 厘米，首残，每行 28—29 个字。上边距 1 厘

---

① 译者注：西田龙雄《西夏文佛经目录》第 152 号为《正理滴之第三义释记》。

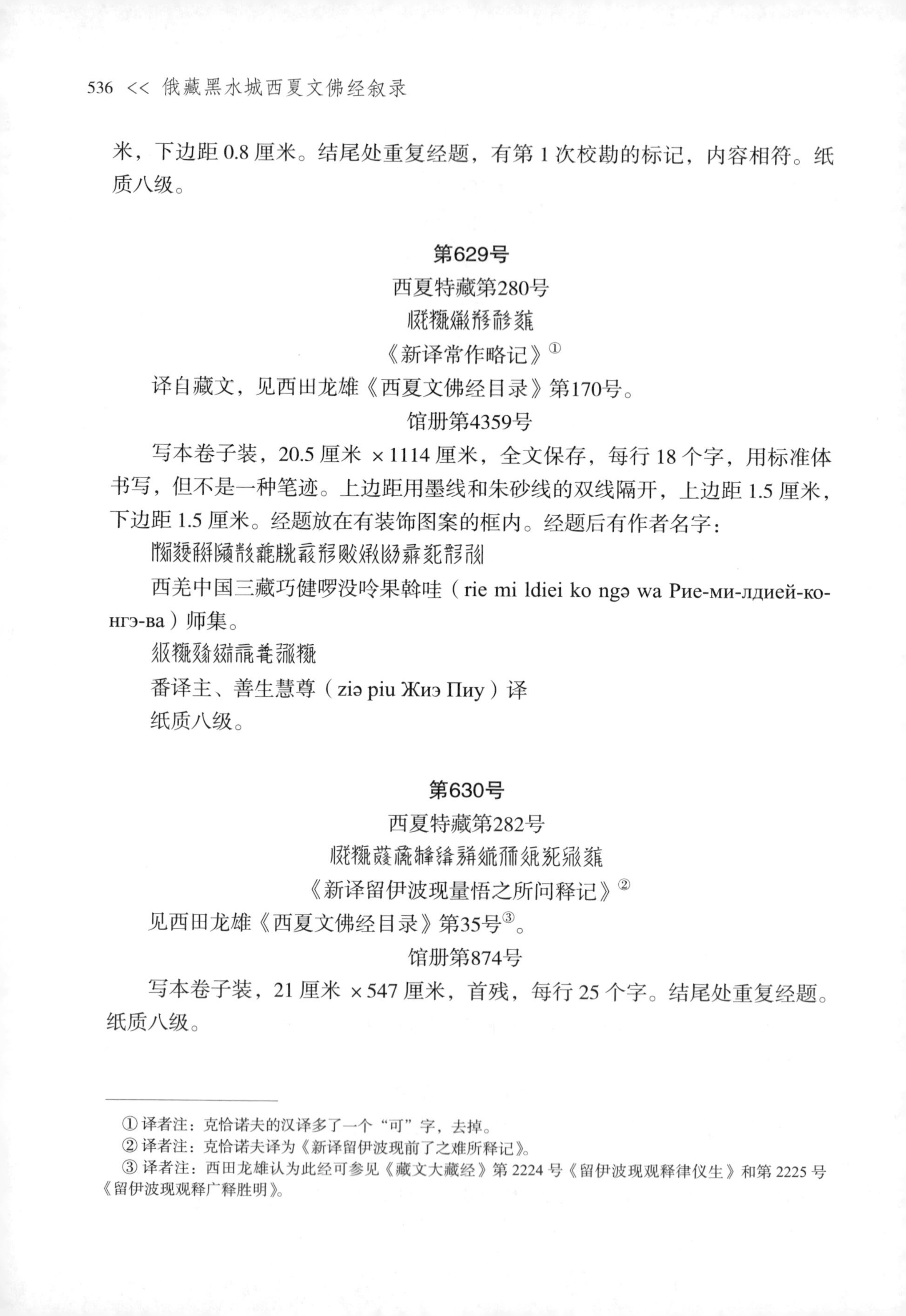

米，下边距 0.8 厘米。结尾处重复经题，有第 1 次校勘的标记，内容相符。纸质八级。

第629号

西夏特藏第280号

[illegible]

《新译常作略记》①

译自藏文，见西田龙雄《西夏文佛经目录》第170号。

馆册第4359号

写本卷子装，20.5 厘米 ×1114 厘米，全文保存，每行 18 个字，用标准体书写，但不是一种笔迹。上边距用墨线和朱砂线的双线隔开，上边距 1.5 厘米，下边距 1.5 厘米。经题放在有装饰图案的框内。经题后有作者名字：

[illegible]

西羌中国三藏巧健啰没呤果斡哇（rie mi ldiei ko ngə wa Рие-ми-лдией-ко-нгэ-ва）师集。

[illegible]

番译主、善生慧尊（ziə piu Жиэ Пиу）译

纸质八级。

第630号

西夏特藏第282号

[illegible]

《新译留伊波现量悟之所问释记》②

见西田龙雄《西夏文佛经目录》第35号③。

馆册第874号

写本卷子装，21 厘米 ×547 厘米，首残，每行 25 个字。结尾处重复经题。纸质八级。

---

① 译者注：克恰诺夫的汉译多了一个“可”字，去掉。

② 译者注：克恰诺夫译为《新译留伊波现前了之难所释记》。

③ 译者注：西田龙雄认为此经可参见《藏文大藏经》第 2224 号《留伊波现观释律仪生》和第 2225 号《留伊波现观释广释胜明》。

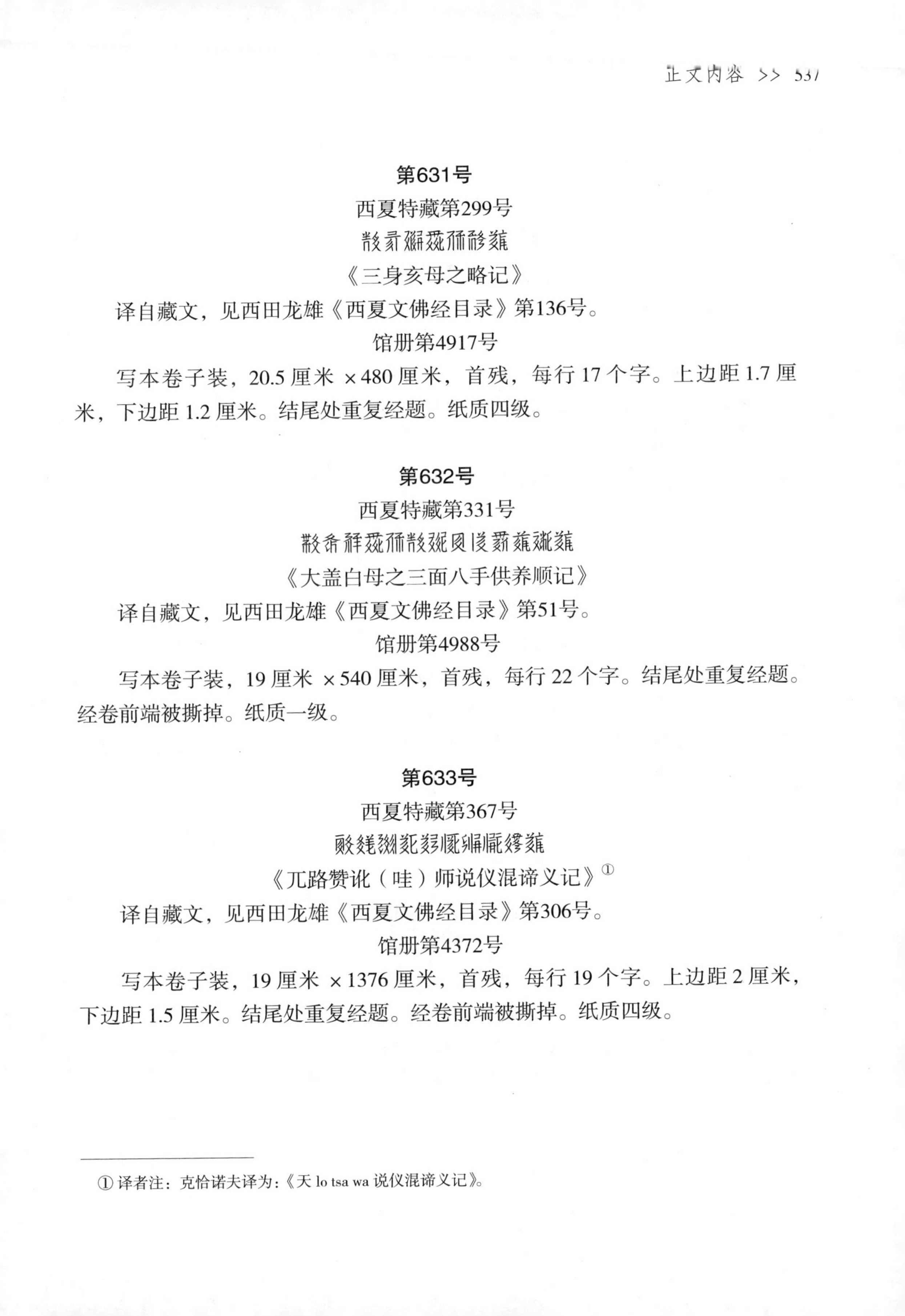

第631号

西夏特藏第299号

[illegible]

《三身亥母之略记》

译自藏文，见西田龙雄《西夏文佛经目录》第136号。

馆册第4917号

写本卷子装，20.5 厘米 ×480 厘米，首残，每行 17 个字。上边距 1.7 厘米，下边距 1.2 厘米。结尾处重复经题。纸质四级。

第632号

西夏特藏第331号

[illegible]

《大盖白母之三面八手供养顺记》

译自藏文，见西田龙雄《西夏文佛经目录》第51号。

馆册第4988号

写本卷子装，19 厘米 ×540 厘米，首残，每行 22 个字。结尾处重复经题。经卷前端被撕掉。纸质一级。

第633号

西夏特藏第367号

[illegible]

《兀路赞讹（哇）师说仪混谛义记》[1]

译自藏文，见西田龙雄《西夏文佛经目录》第306号。

馆册第4372号

写本卷子装，19 厘米 ×1376 厘米，首残，每行 19 个字。上边距 2 厘米，下边距 1.5 厘米。结尾处重复经题。经卷前端被撕掉。纸质四级。

---

① 译者注：克恰诺夫译为：《天 lo tsa wa 说仪混谛义记》。

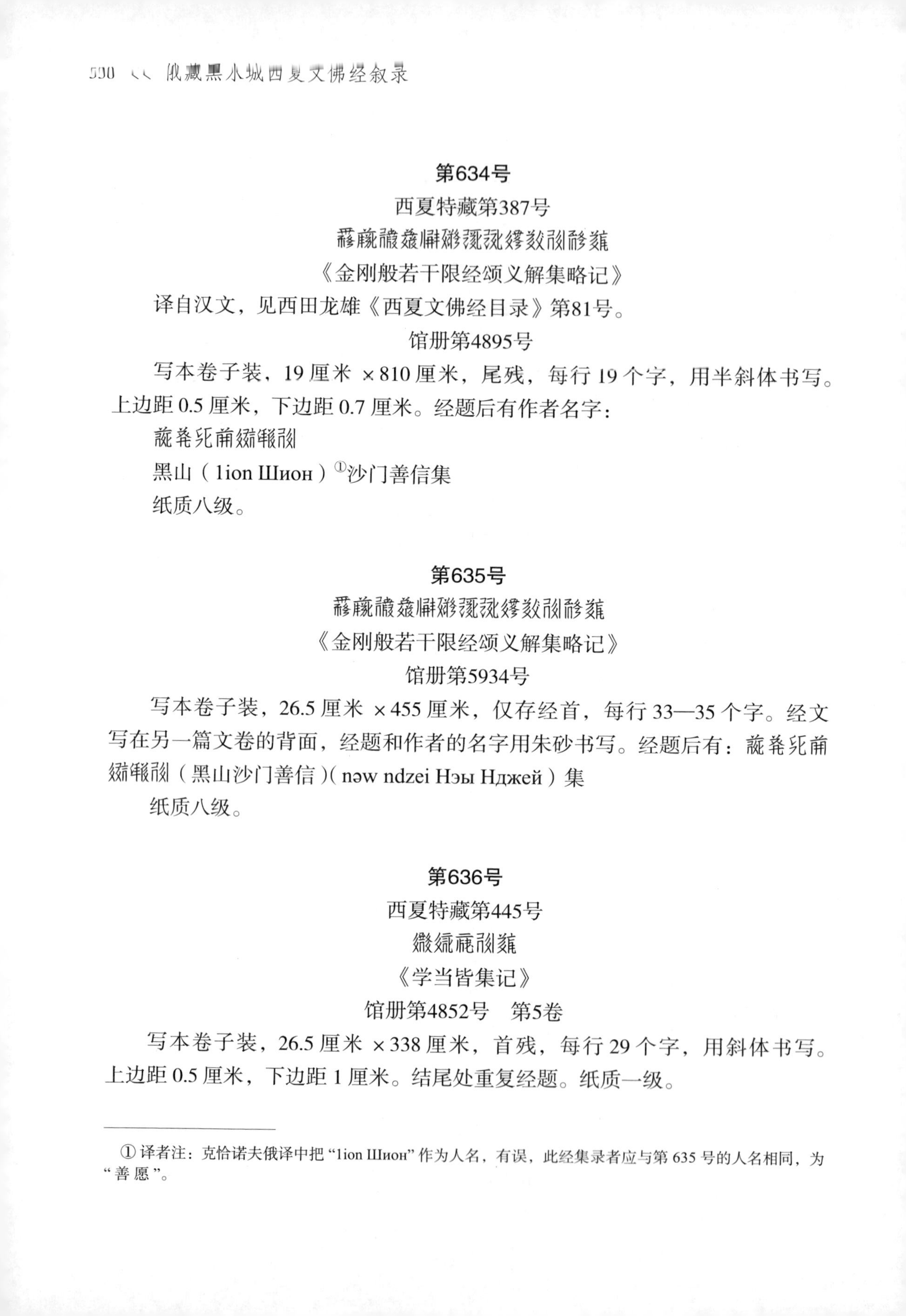

第634号

西夏特藏第387号

[illegible]

《金刚般若干限经颂义解集略记》

译自汉文，见西田龙雄《西夏文佛经目录》第81号。

馆册第4895号

写本卷子装，19 厘米 ×810 厘米，尾残，每行 19 个字，用半斜体书写。上边距 0.5 厘米，下边距 0.7 厘米。经题后有作者名字：

[illegible]

黑山（1ion Шион）[①]沙门善信集

纸质八级。

第635号

[illegible]

《金刚般若干限经颂义解集略记》

馆册第5934号

写本卷子装，26.5 厘米 ×455 厘米，仅存经首，每行 33—35 个字。经文写在另一篇文卷的背面，经题和作者的名字用朱砂书写。经题后有：[illegible]（黑山沙门善信）（nəw ndzei Нэы Нджей）集

纸质八级。

第636号

西夏特藏第445号

[illegible]

《学当皆集记》

馆册第4852号　第5卷

写本卷子装，26.5 厘米 ×338 厘米，首残，每行 29 个字，用斜体书写。上边距 0.5 厘米，下边距 1 厘米。结尾处重复经题。纸质一级。

---

① 译者注：克恰诺夫俄译中把 “1ion Шион” 作为人名，有误，此经集录者应与第 635 号的人名相同，为 “善 愿”。

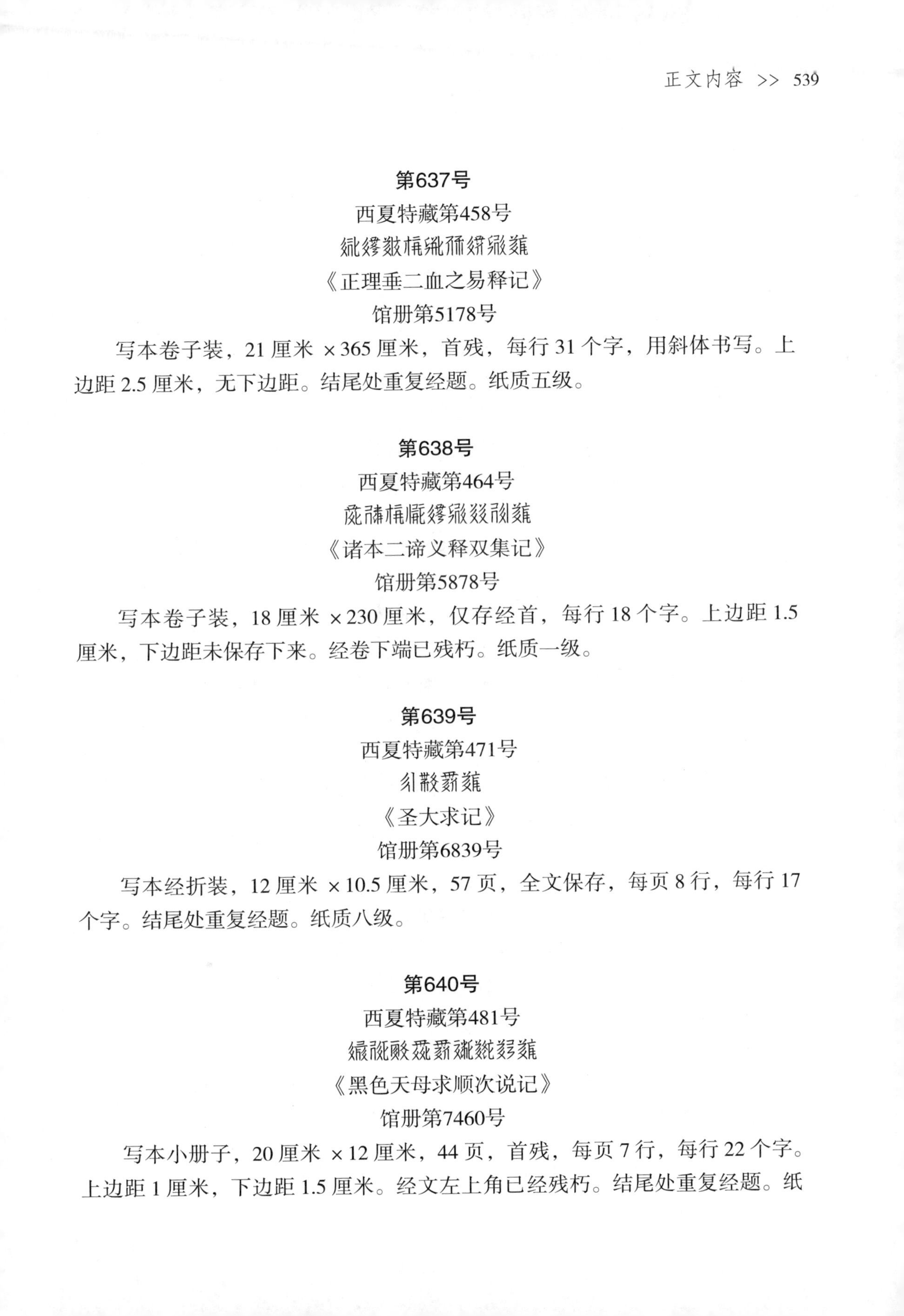

第637号

西夏特藏第458号

[illegible]

《正理垂二血之易释记》

馆册第5178号

写本卷子装，21 厘米 ×365 厘米，首残，每行 31 个字，用斜体书写。上边距 2.5 厘米，无下边距。结尾处重复经题。纸质五级。

第638号

西夏特藏第464号

[illegible]

《诸本二谛义释双集记》

馆册第5878号

写本卷子装，18 厘米 ×230 厘米，仅存经首，每行 18 个字。上边距 1.5 厘米，下边距未保存下来。经卷下端已残朽。纸质一级。

第639号

西夏特藏第471号

[illegible]

《圣大求记》

馆册第6839号

写本经折装，12 厘米 ×10.5 厘米，57 页，全文保存，每页 8 行，每行 17 个字。结尾处重复经题。纸质八级。

第640号

西夏特藏第481号

[illegible]

《黑色天母求顺次说记》

馆册第7460号

写本小册子，20 厘米 ×12 厘米，44 页，首残，每页 7 行，每行 22 个字。上边距 1 厘米，下边距 1.5 厘米。经文左上角已经残朽。结尾处重复经题。纸

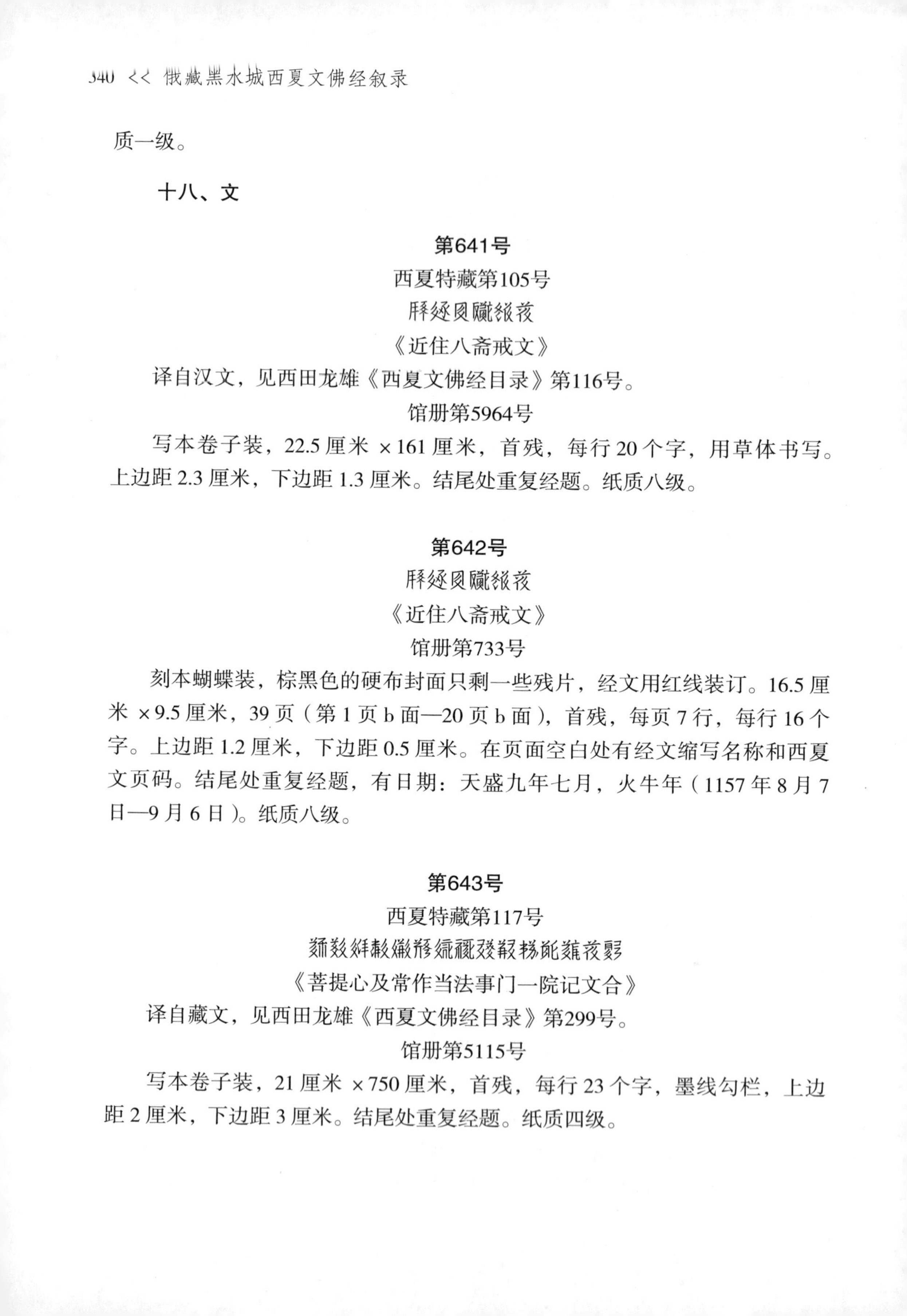

质一级。

十八、文

第641号

西夏特藏第105号

[illegible]

《近住八斋戒文》

译自汉文，见西田龙雄《西夏文佛经目录》第116号。

馆册第5964号

写本卷子装，22.5 厘米 ×161 厘米，首残，每行 20 个字，用草体书写。上边距 2.3 厘米，下边距 1.3 厘米。结尾处重复经题。纸质八级。

第642号

[illegible]

《近住八斋戒文》

馆册第733号

刻本蝴蝶装，棕黑色的硬布封面只剩一些残片，经文用红线装订。16.5 厘米 ×9.5 厘米，39 页（第 1 页 b 面—20 页 b 面），首残，每页 7 行，每行 16 个字。上边距 1.2 厘米，下边距 0.5 厘米。在页面空白处有经文缩写名称和西夏文页码。结尾处重复经题，有日期：天盛九年七月，火牛年（1157 年 8 月 7 日—9 月 6 日）。纸质八级。

第643号

西夏特藏第117号

[illegible]

《菩提心及常作当法事门一院记文合》

译自藏文，见西田龙雄《西夏文佛经目录》第299号。

馆册第5115号

写本卷子装，21 厘米 ×750 厘米，首残，每行 23 个字，墨线勾栏，上边距 2 厘米，下边距 3 厘米。结尾处重复经题。纸质四级。

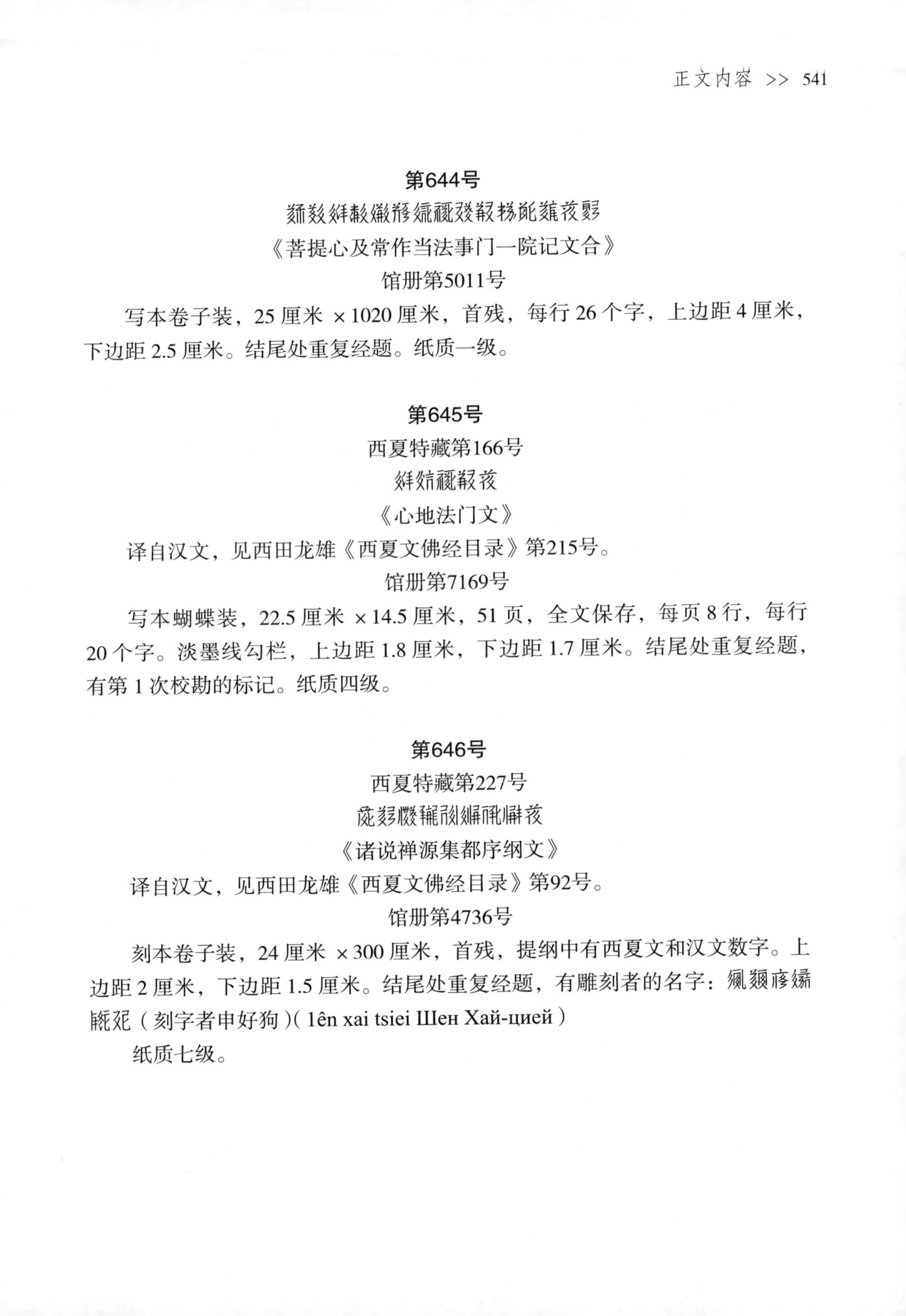

第644号

[illegible]

《菩提心及常作当法事门一院记文合》

馆册第5011号

写本卷子装，25 厘米 ×1020 厘米，首残，每行 26 个字，上边距 4 厘米，下边距 2.5 厘米。结尾处重复经题。纸质一级。

第645号

西夏特藏第166号

[illegible]

《心地法门文》

译自汉文，见西田龙雄《西夏文佛经目录》第215号。

馆册第7169号

写本蝴蝶装，22.5 厘米 ×14.5 厘米，51 页，全文保存，每页 8 行，每行 20 个字。淡墨线勾栏，上边距 1.8 厘米，下边距 1.7 厘米。结尾处重复经题，有第 1 次校勘的标记。纸质四级。

第646号

西夏特藏第227号

[illegible]

《诸说禅源集都序纲文》

译自汉文，见西田龙雄《西夏文佛经目录》第92号。

馆册第4736号

刻本卷子装，24 厘米 ×300 厘米，首残，提纲中有西夏文和汉文数字。上边距 2 厘米，下边距 1.5 厘米。结尾处重复经题，有雕刻者的名字：[illegible]（刻字者申好狗）(1ên xai tsiei Шен Хай-цией)

纸质七级。

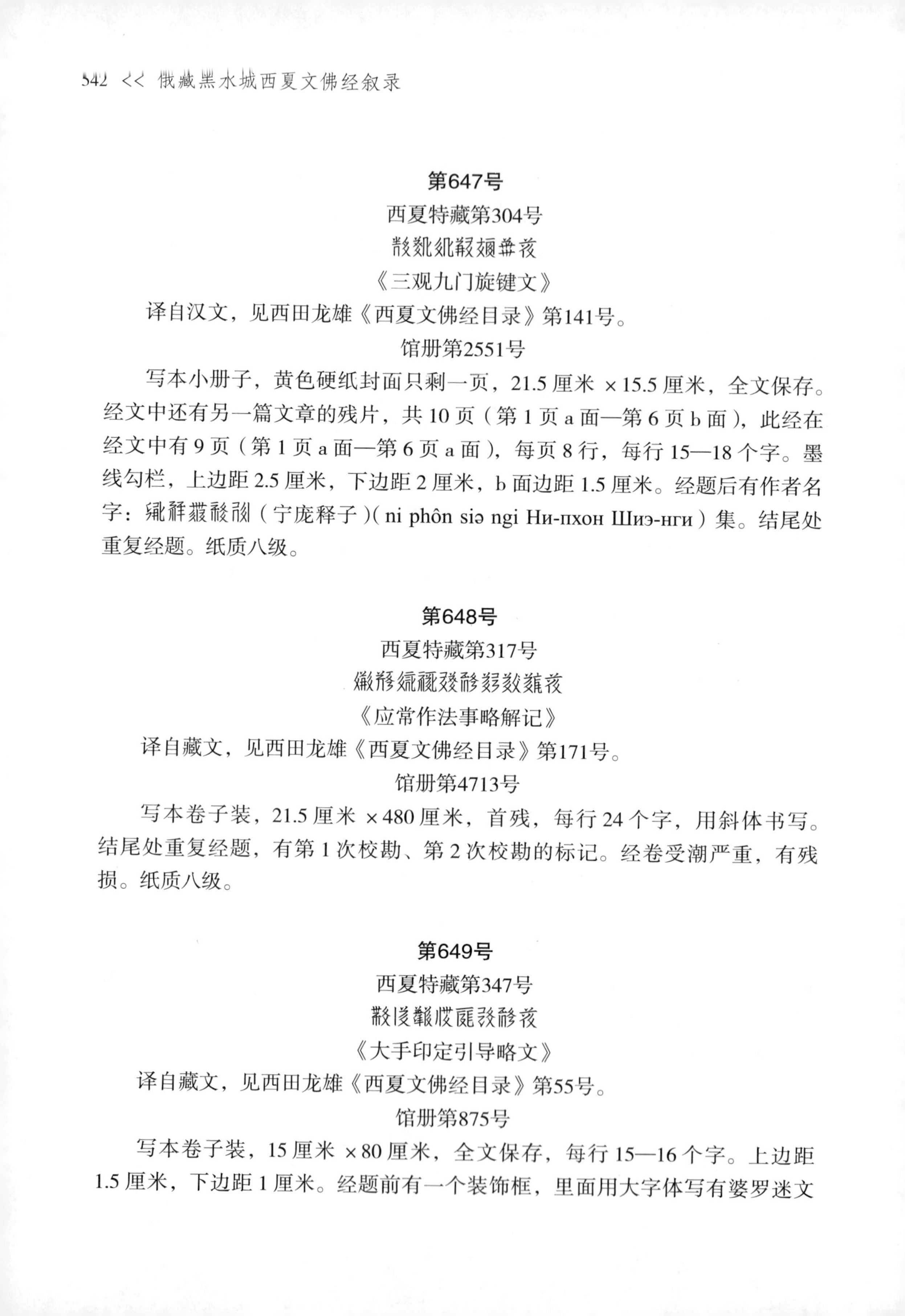

第647号

西夏特藏第304号

[illegible]

《三观九门旋键文》

译自汉文，见西田龙雄《西夏文佛经目录》第141号。

馆册第2551号

写本小册子，黄色硬纸封面只剩一页，21.5 厘米 ×15.5 厘米，全文保存。经文中还有另一篇文章的残片，共 10 页（第 1 页 a 面—第 6 页 b 面），此经在经文中有 9 页（第 1 页 a 面—第 6 页 a 面），每页 8 行，每行 15—18 个字。墨线勾栏，上边距 2.5 厘米，下边距 2 厘米，b 面边距 1.5 厘米。经题后有作者名字：[illegible]（宁庞释子）(ni phôn siə ngi Ни-пхон Шиэ-нги) 集。结尾处重复经题。纸质八级。

第648号

西夏特藏第317号

[illegible]

《应常作法事略解记》

译自藏文，见西田龙雄《西夏文佛经目录》第171号。

馆册第4713号

写本卷子装，21.5 厘米 ×480 厘米，首残，每行 24 个字，用斜体书写。结尾处重复经题，有第 1 次校勘、第 2 次校勘的标记。经卷受潮严重，有残损。纸质八级。

第649号

西夏特藏第347号

[illegible]

《大手印定引导略文》

译自藏文，见西田龙雄《西夏文佛经目录》第55号。

馆册第875号

写本卷子装，15 厘米 ×80 厘米，全文保存，每行 15—16 个字。上边距 1.5 厘米，下边距 1 厘米。经题前有一个装饰框，里面用大字体写有婆罗迷文

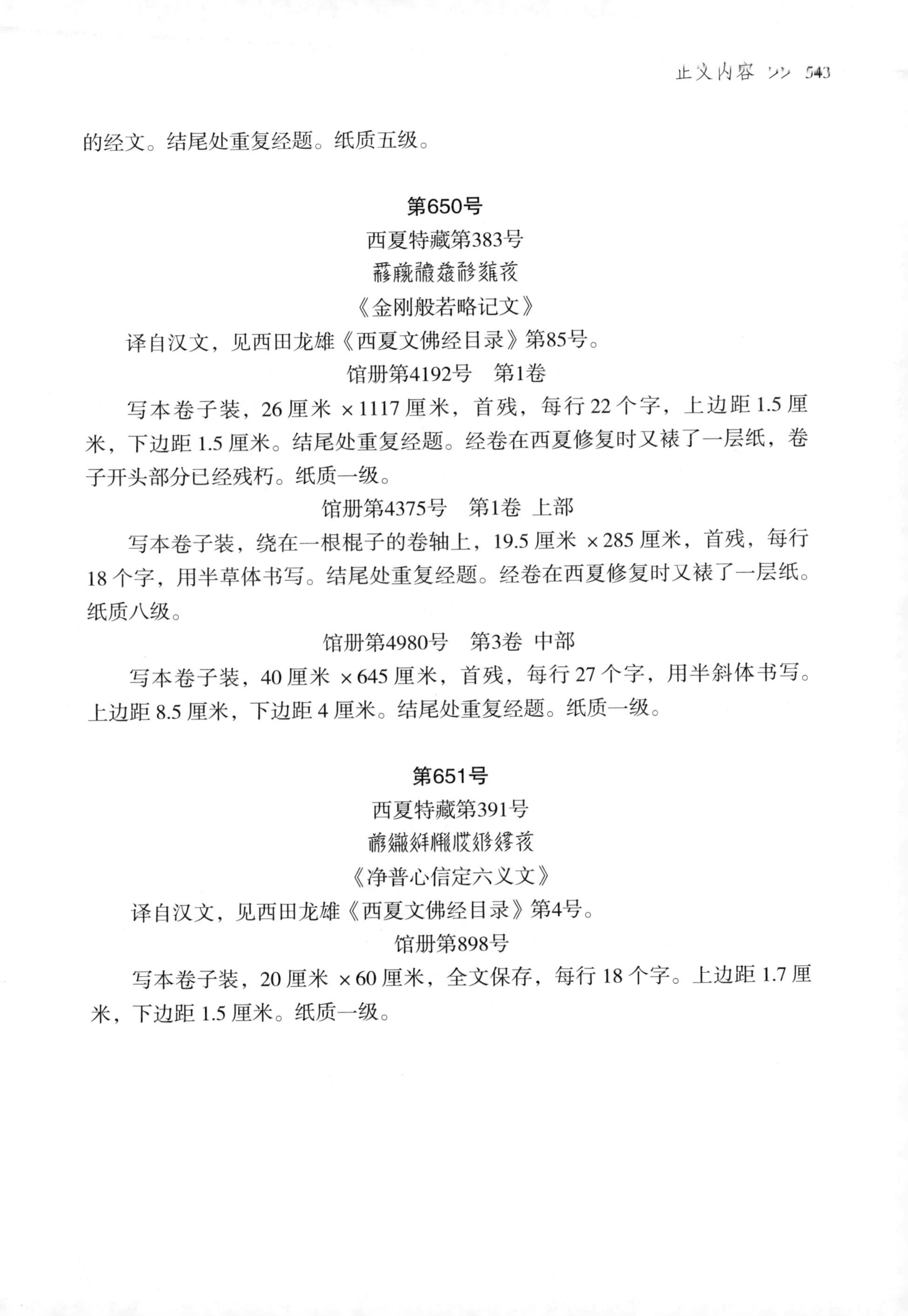

的经文。结尾处重复经题。纸质五级。

第650号

西夏特藏第383号

[illegible]

《金刚般若略记文》

译自汉文，见西田龙雄《西夏文佛经目录》第85号。

馆册第4192号　第1卷

写本卷子装，26 厘米 ×1117 厘米，首残，每行 22 个字，上边距 1.5 厘米，下边距 1.5 厘米。结尾处重复经题。经卷在西夏修复时又裱了一层纸，卷子开头部分已经残朽。纸质一级。

馆册第4375号　第1卷 上部

写本卷子装，绕在一根棍子的卷轴上，19.5 厘米 ×285 厘米，首残，每行 18 个字，用半草体书写。结尾处重复经题。经卷在西夏修复时又裱了一层纸。纸质八级。

馆册第4980号　第3卷 中部

写本卷子装，40 厘米 ×645 厘米，首残，每行 27 个字，用半斜体书写。上边距 8.5 厘米，下边距 4 厘米。结尾处重复经题。纸质一级。

第651号

西夏特藏第391号

[illegible]

《净普心信定六义文》

译自汉文，见西田龙雄《西夏文佛经目录》第4号。

馆册第898号

写本卷子装，20 厘米 ×60 厘米，全文保存，每行 18 个字。上边距 1.7 厘米，下边距 1.5 厘米。纸质一级。

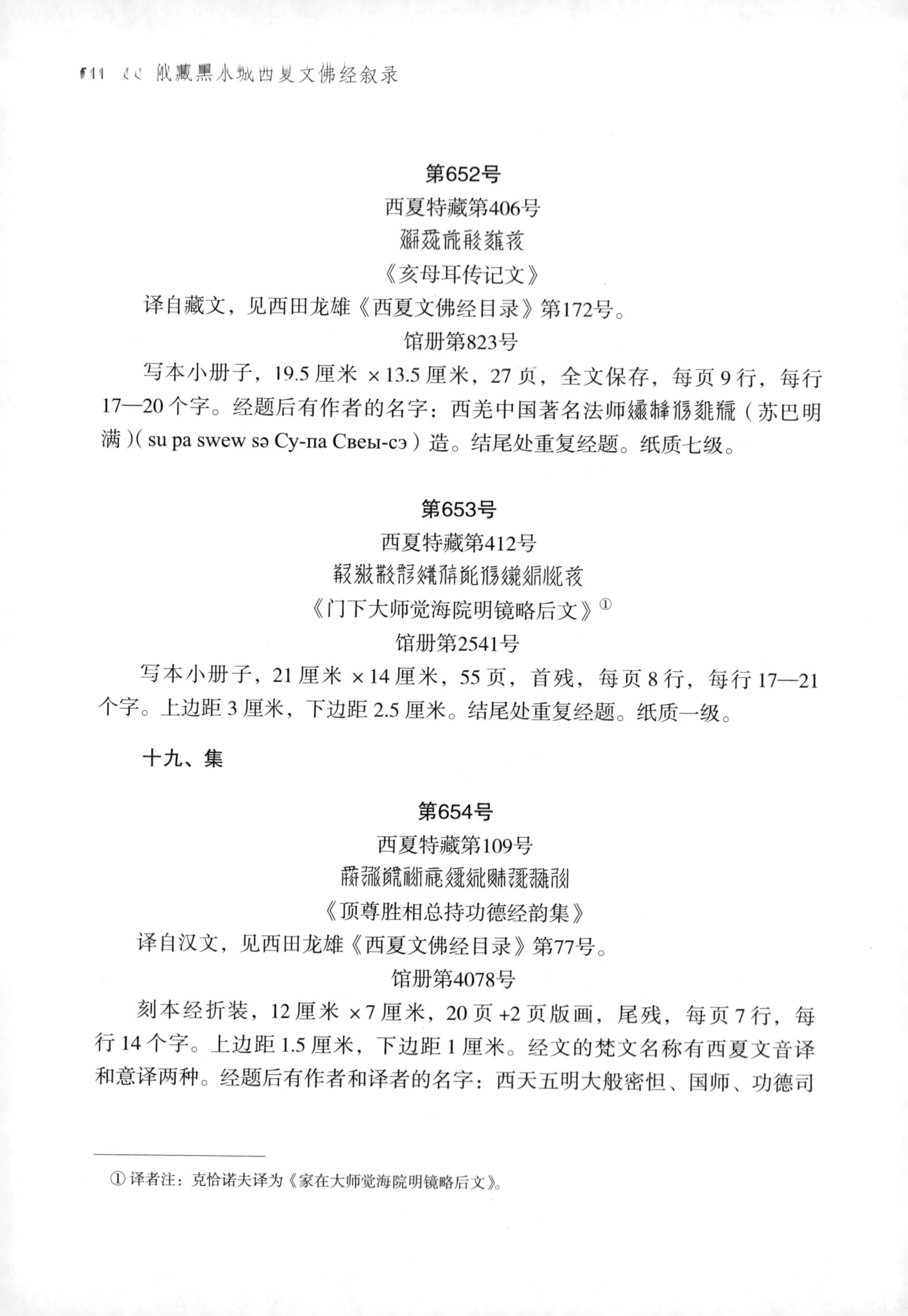

第652号

西夏特藏第406号

[illegible]

《亥母耳传记文》

译自藏文，见西田龙雄《西夏文佛经目录》第172号。

馆册第823号

写本小册子，19.5厘米 ×13.5厘米，27页，全文保存，每页9行，每行17—20个字。经题后有作者的名字：西羌中国著名法师[illegible]（苏巴明满）(su pa swew sə Су-па Свеы-сэ）造。结尾处重复经题。纸质七级。

第653号

西夏特藏第412号

[illegible]

《门下大师觉海院明镜略后文》[1]

馆册第2541号

写本小册子，21厘米 ×14厘米，55页，首残，每页8行，每行17—21个字。上边距3厘米，下边距2.5厘米。结尾处重复经题。纸质一级。

十九、集

第654号

西夏特藏第109号

[illegible]

《顶尊胜相总持功德经韵集》

译自汉文，见西田龙雄《西夏文佛经目录》第77号。

馆册第4078号

刻本经折装，12厘米 ×7厘米，20页+2页版画，尾残，每页7行，每行14个字。上边距1.5厘米，下边距1厘米。经文的梵文名称有西夏文音译和意译两种。经题后有作者和译者的名字：西天五明大般密怛、国师、功德司

---

① 译者注：克恰诺夫译为《家在大师觉海院明镜略后文》。

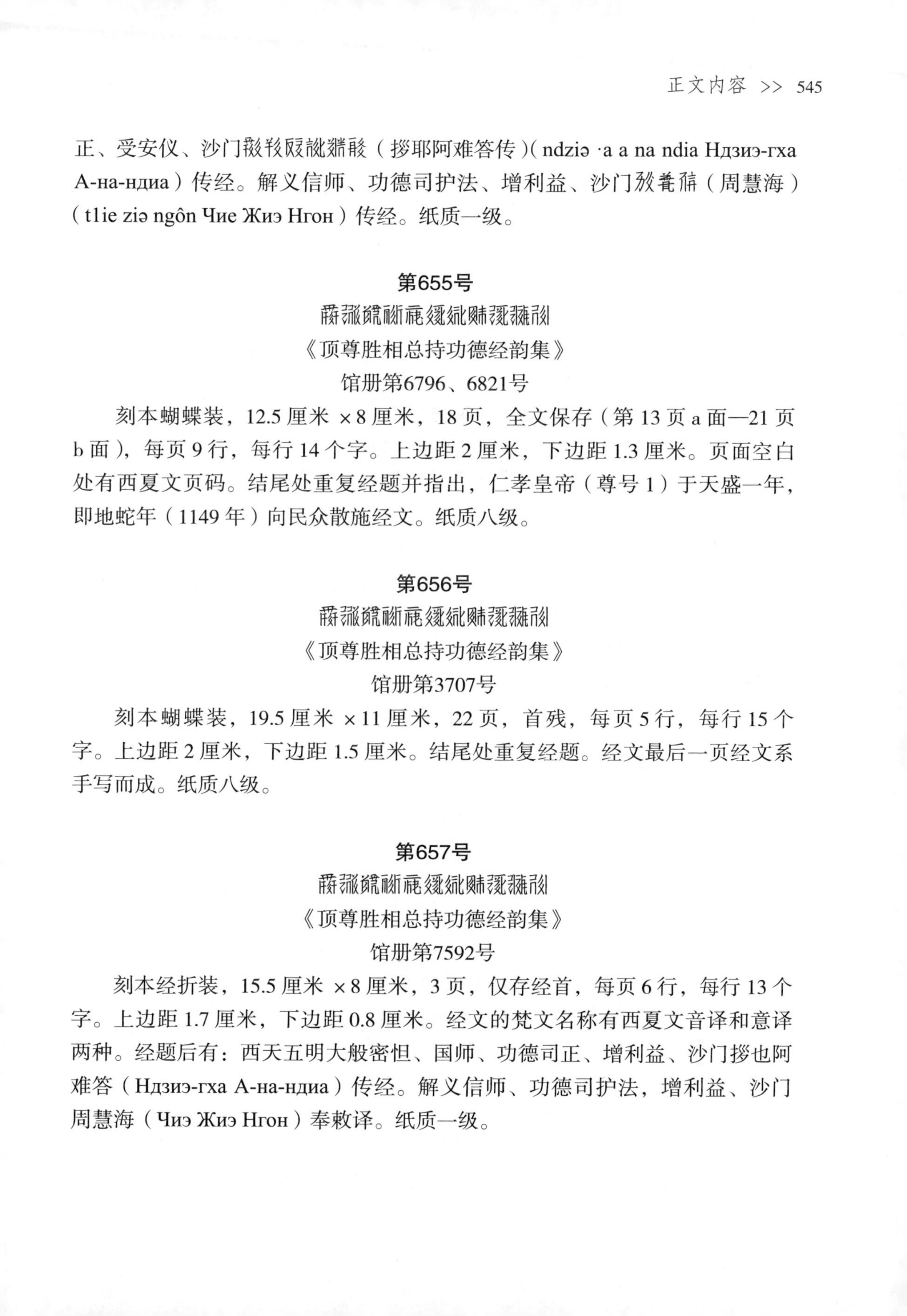

正、受安仪、沙门[illegible]（拶耶阿难答传）(ndziə ·a a na ndia Ндзиэ-гха А-на-ндиа) 传经。解义信师、功德司护法、增利益、沙门[illegible]（周慧海）(t1ie ziə ngôn Чие Жиэ Нгон) 传经。纸质一级。

第655号

[illegible]

《顶尊胜相总持功德经韵集》

馆册第6796、6821号

刻本蝴蝶装，12.5 厘米 ×8 厘米，18 页，全文保存（第 13 页 a 面—21 页 b 面），每页 9 行，每行 14 个字。上边距 2 厘米，下边距 1.3 厘米。页面空白处有西夏文页码。结尾处重复经题并指出，仁孝皇帝（尊号 1）于天盛一年，即地蛇年（1149 年）向民众散施经文。纸质八级。

第656号

[illegible]

《顶尊胜相总持功德经韵集》

馆册第3707号

刻本蝴蝶装，19.5 厘米 ×11 厘米，22 页，首残，每页 5 行，每行 15 个字。上边距 2 厘米，下边距 1.5 厘米。结尾处重复经题。经文最后一页经文系手写而成。纸质八级。

第657号

[illegible]

《顶尊胜相总持功德经韵集》

馆册第7592号

刻本经折装，15.5 厘米 ×8 厘米，3 页，仅存经首，每页 6 行，每行 13 个字。上边距 1.7 厘米，下边距 0.8 厘米。经文的梵文名称有西夏文音译和意译两种。经题后有：西天五明大般密怛、国师、功德司正、增利益、沙门拶也阿难答（Ндзиэ-гха А-на-ндиа）传经。解义信师、功德司护法，增利益、沙门周慧海（Чиэ Жиэ Нгон）奉敕译。纸质一级。

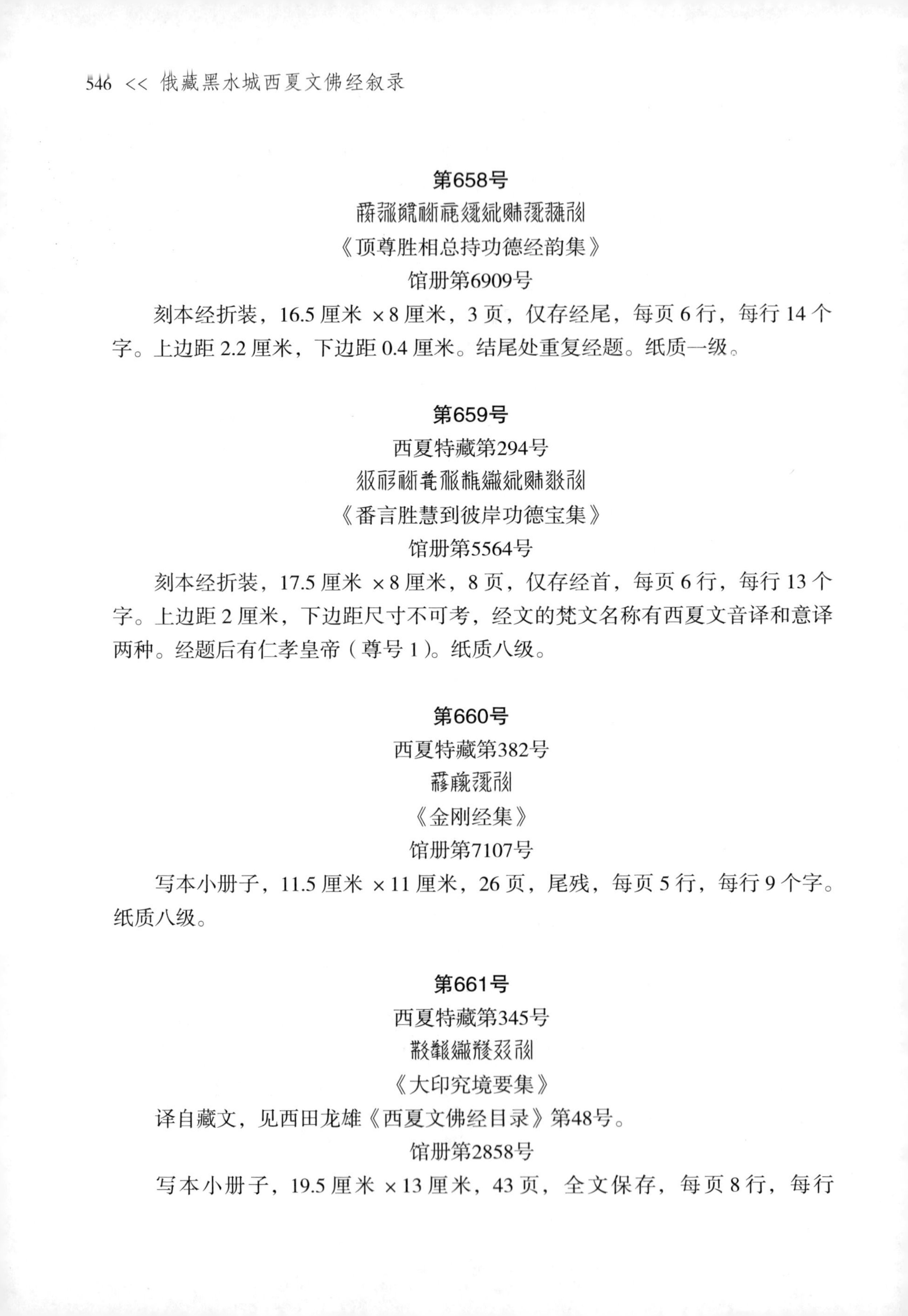

第658号

[illegible]

《顶尊胜相总持功德经韵集》

馆册第6909号

刻本经折装，16.5 厘米 ×8 厘米，3 页，仅存经尾，每页 6 行，每行 14 个字。上边距 2.2 厘米，下边距 0.4 厘米。结尾处重复经题。纸质一级。

第659号

西夏特藏第294号

[illegible]

《番言胜慧到彼岸功德宝集》

馆册第5564号

刻本经折装，17.5 厘米 ×8 厘米，8 页，仅存经首，每页 6 行，每行 13 个字。上边距 2 厘米，下边距尺寸不可考，经文的梵文名称有西夏文音译和意译两种。经题后有仁孝皇帝（尊号 1）。纸质八级。

第660号

西夏特藏第382号

[illegible]

《金刚经集》

馆册第7107号

写本小册子，11.5 厘米 ×11 厘米，26 页，尾残，每页 5 行，每行 9 个字。纸质八级。

第661号

西夏特藏第345号

[illegible]

《大印究境要集》

译自藏文，见西田龙雄《西夏文佛经目录》第48号。

馆册第2858号

写本小册子，19.5 厘米 ×13 厘米，43 页，全文保存，每页 8 行，每行

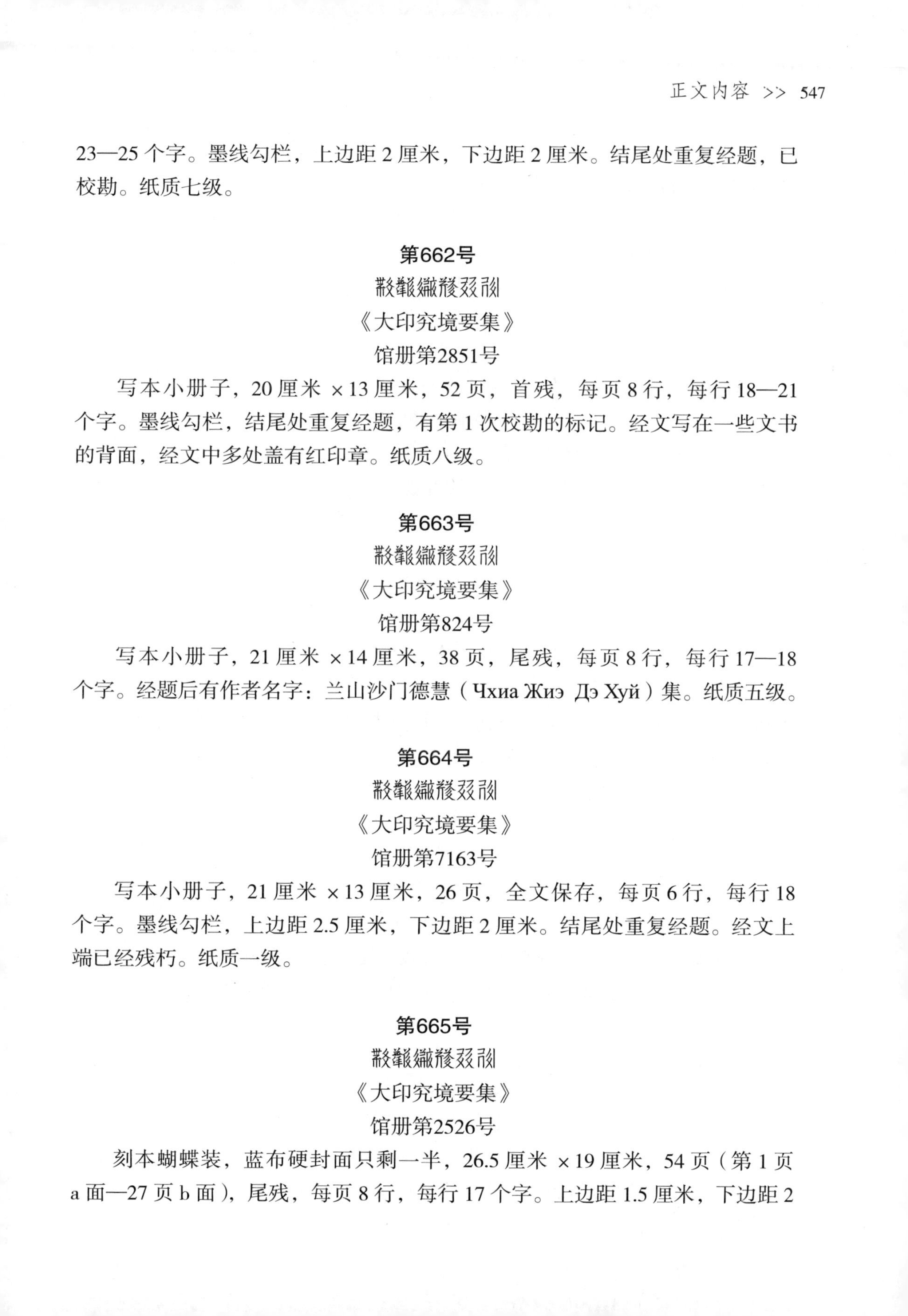

23—25 个字。墨线勾栏，上边距 2 厘米，下边距 2 厘米。结尾处重复经题，已校勘。纸质七级。

第662号

[illegible]

《大印究境要集》

馆册第2851号

写本小册子，20 厘米 ×13 厘米，52 页，首残，每页 8 行，每行 18—21 个字。墨线勾栏，结尾处重复经题，有第 1 次校勘的标记。经文写在一些文书的背面，经文中多处盖有红印章。纸质八级。

第663号

[illegible]

《大印究境要集》

馆册第824号

写本小册子，21 厘米 ×14 厘米，38 页，尾残，每页 8 行，每行 17—18 个字。经题后有作者名字：兰山沙门德慧（Чхиа Жиэ Дэ Хуй）集。纸质五级。

第664号

[illegible]

《大印究境要集》

馆册第7163号

写本小册子，21 厘米 ×13 厘米，26 页，全文保存，每页 6 行，每行 18 个字。墨线勾栏，上边距 2.5 厘米，下边距 2 厘米。结尾处重复经题。经文上端已经残朽。纸质一级。

第665号

[illegible]

《大印究境要集》

馆册第2526号

刻本蝴蝶装，蓝布硬封面只剩一半，26.5 厘米 ×19 厘米，54 页（第 1 页 a 面—27 页 b 面），尾残，每页 8 行，每行 17 个字。上边距 1.5 厘米，下边距 2

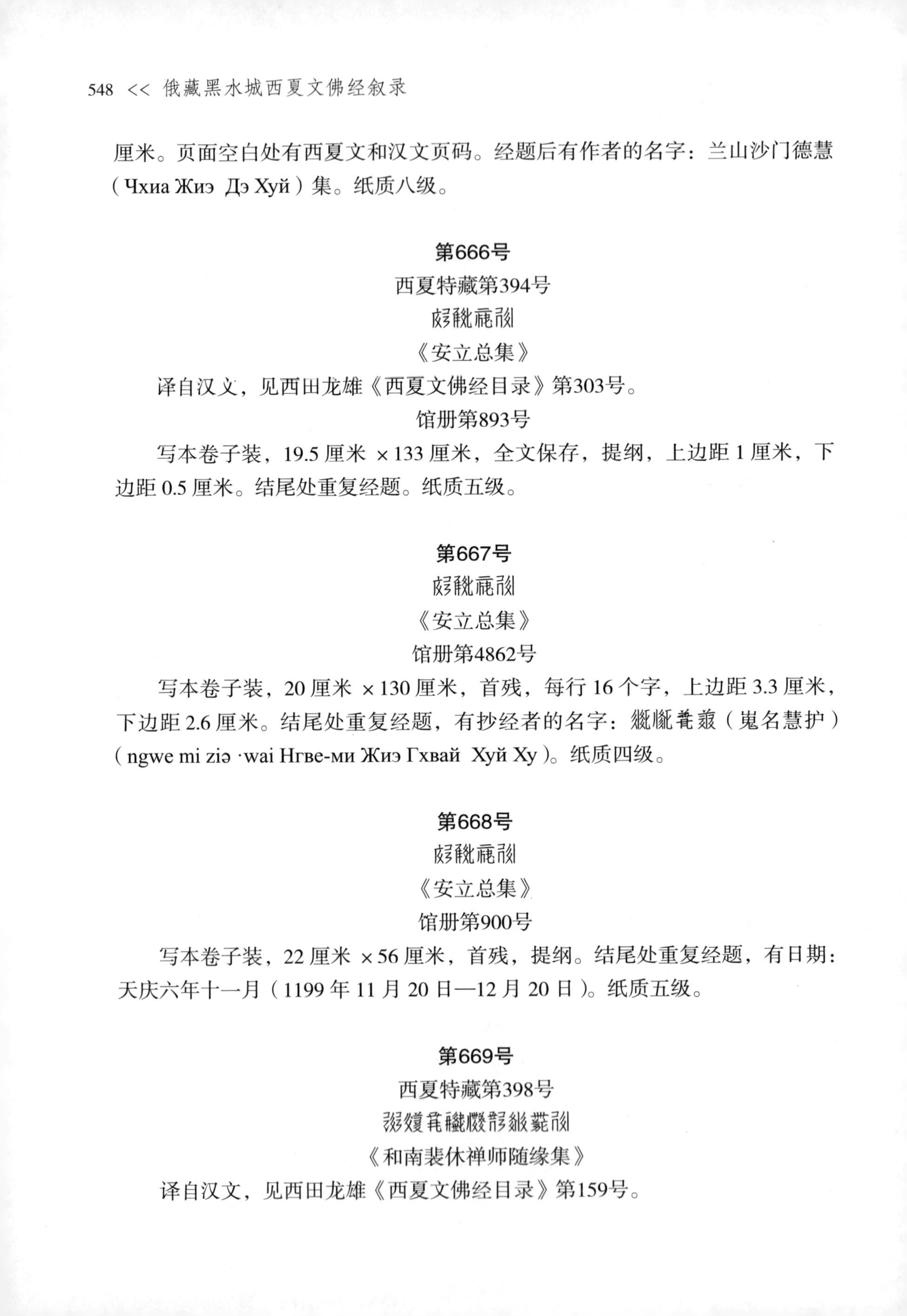

厘米。页面空白处有西夏文和汉文页码。经题后有作者的名字：兰山沙门德慧（Чхиа Жиэ Дэ Хуй）集。纸质八级。

第666号

西夏特藏第394号

[illegible]

《安立总集》

译自汉文，见西田龙雄《西夏文佛经目录》第303号。

馆册第893号

写本卷子装，19.5 厘米 ×133 厘米，全文保存，提纲，上边距 1 厘米，下边距 0.5 厘米。结尾处重复经题。纸质五级。

第667号

[illegible]

《安立总集》

馆册第4862号

写本卷子装，20 厘米 ×130 厘米，首残，每行 16 个字，上边距 3.3 厘米，下边距 2.6 厘米。结尾处重复经题，有抄经者的名字：[illegible]（嵬名慧护）（ngwe mi ziə ·wai Нгве-ми Жиэ Гхвай Хуй Ху）。纸质四级。

第668号

[illegible]

《安立总集》

馆册第900号

写本卷子装，22 厘米 ×56 厘米，首残，提纲。结尾处重复经题，有日期：天庆六年十一月（1199 年 11 月 20 日—12 月 20 日）。纸质五级。

第669号

西夏特藏第398号

[illegible]

《和南裴休禅师随缘集》

译自汉文，见西田龙雄《西夏文佛经目录》第159号。

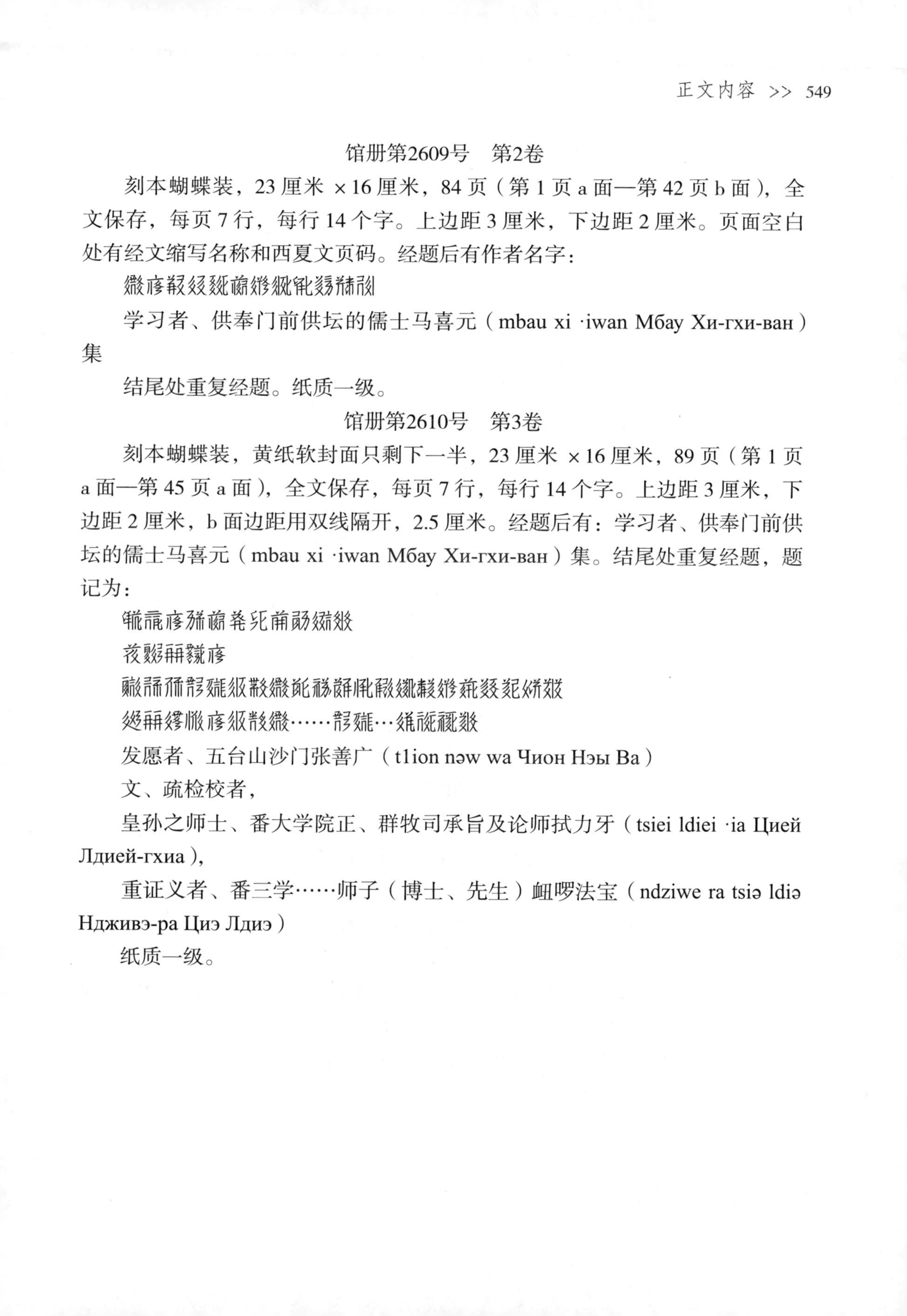

馆册第2609号　第2卷

刻本蝴蝶装，23 厘米 ×16 厘米，84 页（第 1 页 a 面—第 42 页 b 面），全文保存，每页 7 行，每行 14 个字。上边距 3 厘米，下边距 2 厘米。页面空白处有经文缩写名称和西夏文页码。经题后有作者名字：

[illegible]

学习者、供奉门前供坛的儒士马喜元（mbau xi ·iwan Мбау Хи-гхи-ван）集

结尾处重复经题。纸质一级。

馆册第2610号　第3卷

刻本蝴蝶装，黄纸软封面只剩下一半，23 厘米 ×16 厘米，89 页（第 1 页 a 面—第 45 页 a 面），全文保存，每页 7 行，每行 14 个字。上边距 3 厘米，下边距 2 厘米，b 面边距用双线隔开，2.5 厘米。经题后有：学习者、供奉门前供坛的儒士马喜元（mbau xi ·iwan Мбау Хи-гхи-ван）集。结尾处重复经题，题记为：

[illegible]

[illegible]

[illegible]

[illegible]……[illegible]…[illegible]

发愿者、五台山沙门张善广（t1ion nəw wa Чион Нэы Ва）

文、疏检校者，

皇孙之师士、番大学院正、群牧司承旨及论师拭力牙（tsiei ldiei ·ia Циеи Лдиеи-гхиа），

重证义者、番三学……师子（博士、先生）岨啰法宝（ndziwe ra tsiə ldiə Нджывэ-ра Циэ Лдиэ）

纸质一级。

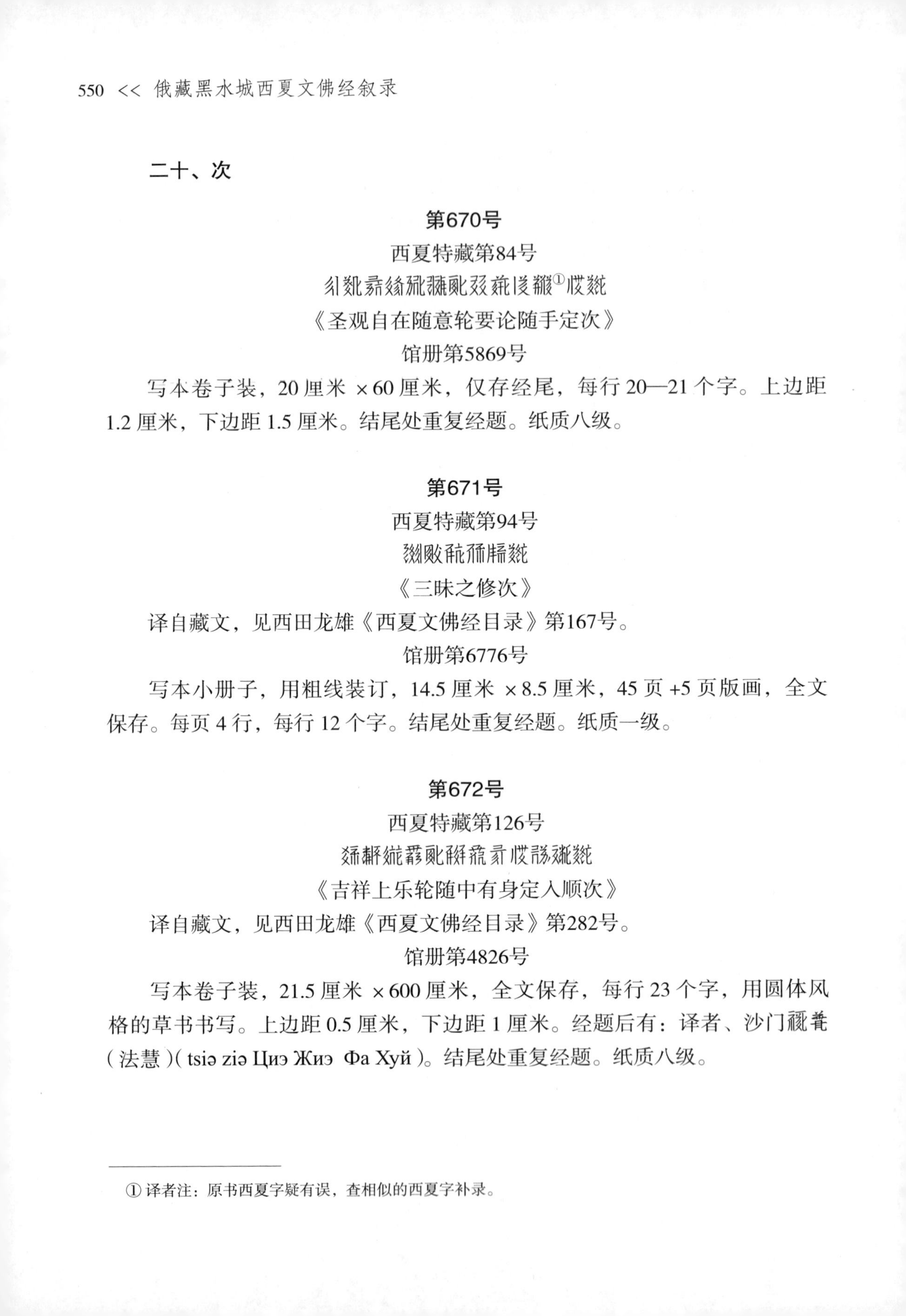

二十、次

第670号

西夏特藏第84号

[illegible][1]

《圣观自在随意轮要论随手定次》

馆册第5869号

写本卷子装，20 厘米 ×60 厘米，仅存经尾，每行 20—21 个字。上边距 1.2 厘米，下边距 1.5 厘米。结尾处重复经题。纸质八级。

第671号

西夏特藏第94号

[illegible]

《三昧之修次》

译自藏文，见西田龙雄《西夏文佛经目录》第167号。

馆册第6776号

写本小册子，用粗线装订，14.5 厘米 ×8.5 厘米，45 页 +5 页版画，全文保存。每页 4 行，每行 12 个字。结尾处重复经题。纸质一级。

第672号

西夏特藏第126号

[illegible]

《吉祥上乐轮随中有身定入顺次》

译自藏文，见西田龙雄《西夏文佛经目录》第282号。

馆册第4826号

写本卷子装，21.5 厘米 ×600 厘米，全文保存，每行 23 个字，用圆体风格的草书书写。上边距 0.5 厘米，下边距 1 厘米。经题后有：译者、沙门[illegible]（法慧）(tsiə ziə Циэ Жиэ Фа Хуй)。结尾处重复经题。纸质八级。

---

① 译者注：原书西夏字疑有误，查相似的西夏字补录。

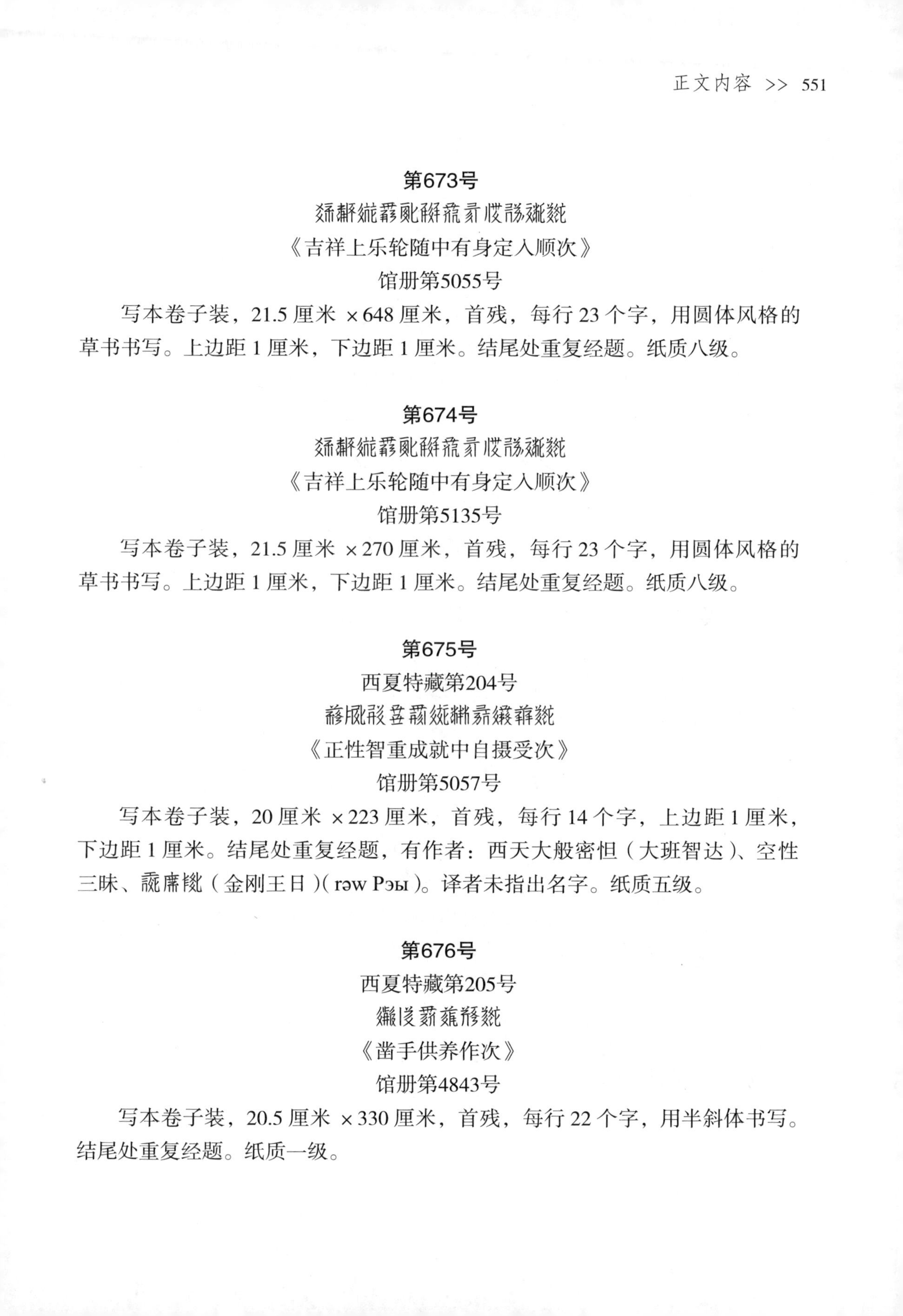

第673号

[illegible]

《吉祥上乐轮随中有身定入顺次》

馆册第5055号

写本卷子装，21.5 厘米 ×648 厘米，首残，每行 23 个字，用圆体风格的草书书写。上边距 1 厘米，下边距 1 厘米。结尾处重复经题。纸质八级。

第674号

[illegible]

《吉祥上乐轮随中有身定入顺次》

馆册第5135号

写本卷子装，21.5 厘米 ×270 厘米，首残，每行 23 个字，用圆体风格的草书书写。上边距 1 厘米，下边距 1 厘米。结尾处重复经题。纸质八级。

第675号

西夏特藏第204号

[illegible]

《正性智重成就中自摄受次》

馆册第5057号

写本卷子装，20 厘米 ×223 厘米，首残，每行 14 个字，上边距 1 厘米，下边距 1 厘米。结尾处重复经题，有作者：西天大般密怛（大班智达）、空性三昧、[illegible]（金刚王日）(rəw Рэы)。译者未指出名字。纸质五级。

第676号

西夏特藏第205号

[illegible]

《凿手供养作次》

馆册第4843号

写本卷子装，20.5 厘米 ×330 厘米，首残，每行 22 个字，用半斜体书写。结尾处重复经题。纸质一级。

第677号

西夏特藏第206号

[illegible]

《共丸道次》

馆册第7153号

写本蝴蝶装，21 厘米 ×14 厘米，20 页，首残，每页 6 行，每行 18 个字。上边距 1.7 厘米，下边距 2.4 厘米。结尾处重复经题，已校勘，内容相符。纸质一级。

第678号

西夏特藏第239号

[illegible]

《正法义次》

译自藏文，见西田龙雄《西夏文佛经目录》第219号。

馆册第2843号　第8卷

写本小册子，白绸软封面，19.5 厘米 ×12.5 厘米，33 页，首残，每页 6 行，每行 21 个字。上边距 1.8 厘米，下边距 0.9 厘米。封面上用墨写有经文名称和卷号。结尾处重复经题，还有一些祝愿的话。

第679号

西夏特藏第246号

[illegible]

《五佛亥母随略供养作次》

译自藏文，见西田龙雄《西夏文佛经目录》第108号。

馆册第837号

写本卷子装，19 厘米 ×320 厘米，首残，每行 18 个字。上边距 0.9 厘米，下边距 0.5 厘米。结尾处重复经题。经文中有些字被裁掉后，在粘贴的纸上又写了修改的字句。纸质四级。

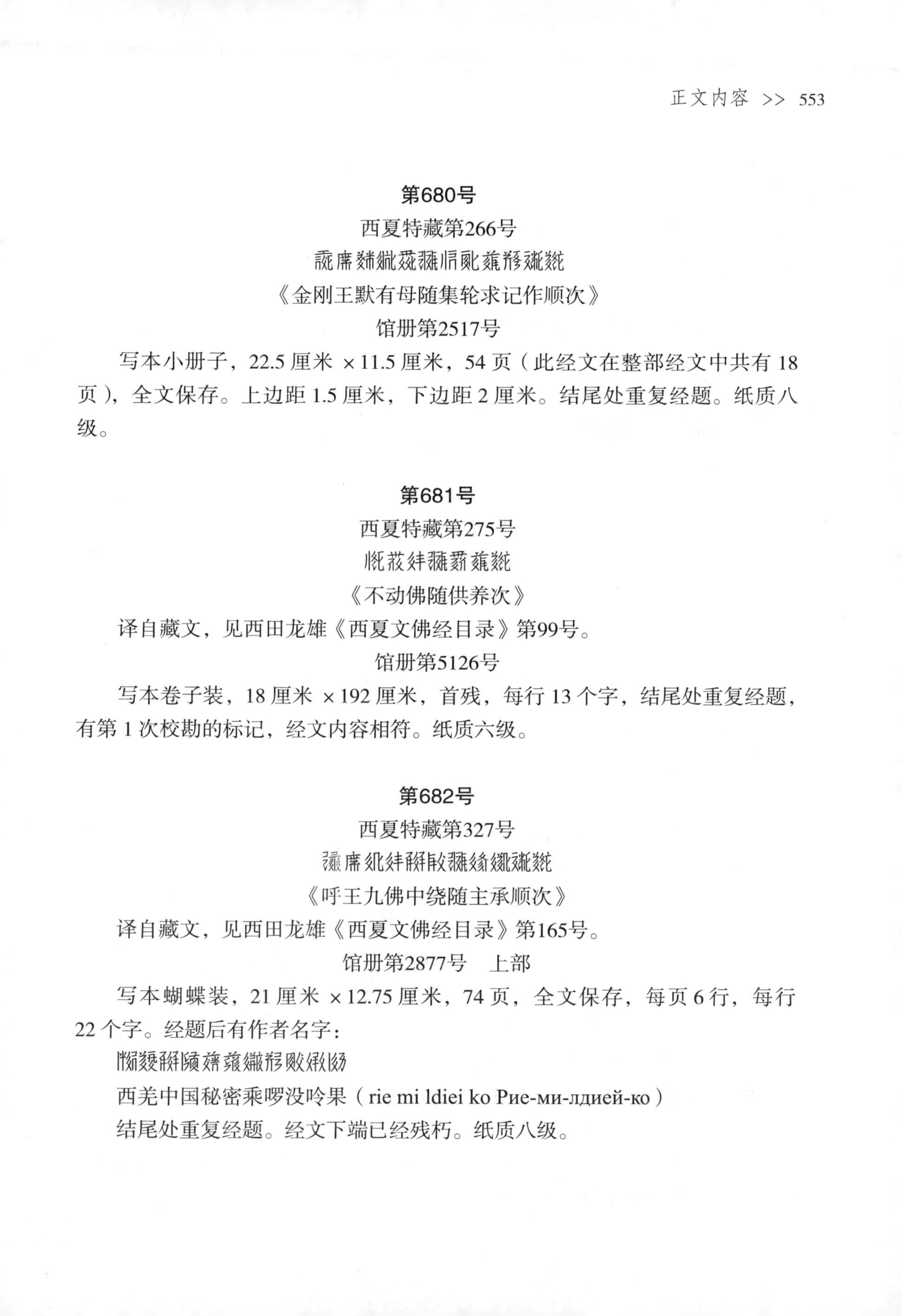

第680号

西夏特藏第266号

[illegible]

《金刚王默有母随集轮求记作顺次》

馆册第2517号

写本小册子，22.5 厘米 ×11.5 厘米，54 页（此经文在整部经文中共有 18 页），全文保存。上边距 1.5 厘米，下边距 2 厘米。结尾处重复经题。纸质八级。

第681号

西夏特藏第275号

[illegible]

《不动佛随供养次》

译自藏文，见西田龙雄《西夏文佛经目录》第99号。

馆册第5126号

写本卷子装，18 厘米 ×192 厘米，首残，每行 13 个字，结尾处重复经题，有第 1 次校勘的标记，经文内容相符。纸质六级。

第682号

西夏特藏第327号

[illegible]

《呼王九佛中绕随主承顺次》

译自藏文，见西田龙雄《西夏文佛经目录》第165号。

馆册第2877号　上部

写本蝴蝶装，21 厘米 ×12.75 厘米，74 页，全文保存，每页 6 行，每行 22 个字。经题后有作者名字：

[illegible]

西羌中国秘密乘啰没呤果（rie mi ldiei ko Рие-ми-лдией-ко）

结尾处重复经题。经文下端已经残朽。纸质八级。

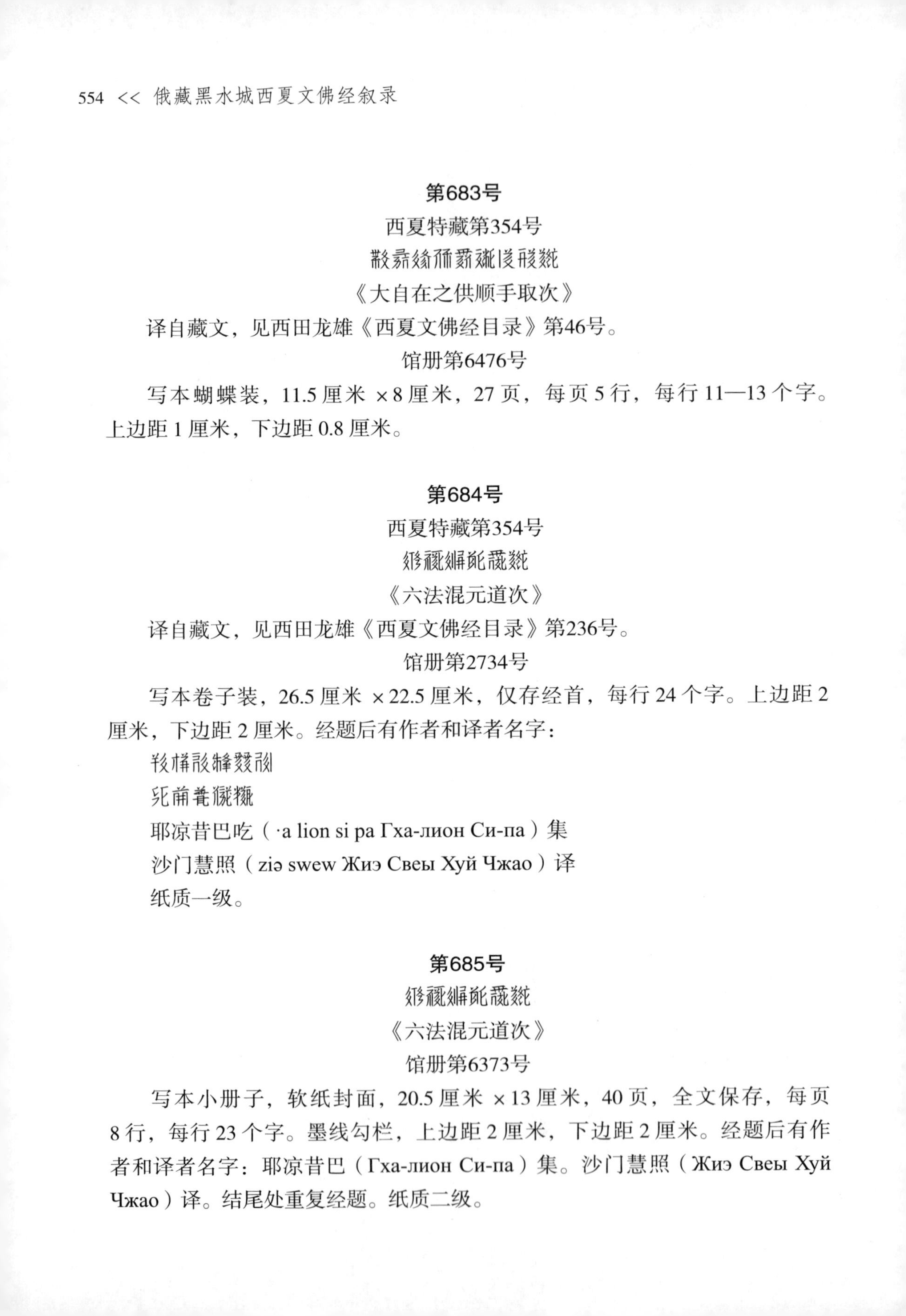

第683号

西夏特藏第354号

[illegible]

《大自在之供顺手取次》

译自藏文，见西田龙雄《西夏文佛经目录》第46号。

馆册第6476号

写本蝴蝶装，11.5 厘米 ×8 厘米，27 页，每页 5 行，每行 11—13 个字。上边距 1 厘米，下边距 0.8 厘米。

第684号

西夏特藏第354号

[illegible]

《六法混元道次》

译自藏文，见西田龙雄《西夏文佛经目录》第236号。

馆册第2734号

写本卷子装，26.5 厘米 ×22.5 厘米，仅存经首，每行 24 个字。上边距 2 厘米，下边距 2 厘米。经题后有作者和译者名字：

[illegible]

[illegible]

耶凉昔巴吃（·a lion si pa Гха-лион Си-па）集

沙门慧照（ziə swew Жиэ Свеы Хуй Чжао）译

纸质一级。

第685号

[illegible]

《六法混元道次》

馆册第6373号

写本小册子，软纸封面，20.5 厘米 ×13 厘米，40 页，全文保存，每页 8 行，每行 23 个字。墨线勾栏，上边距 2 厘米，下边距 2 厘米。经题后有作者和译者名字：耶凉昔巴（Гха-лион Си-па）集。沙门慧照（Жиэ Свеы Хуй Чжао）译。结尾处重复经题。纸质二级。

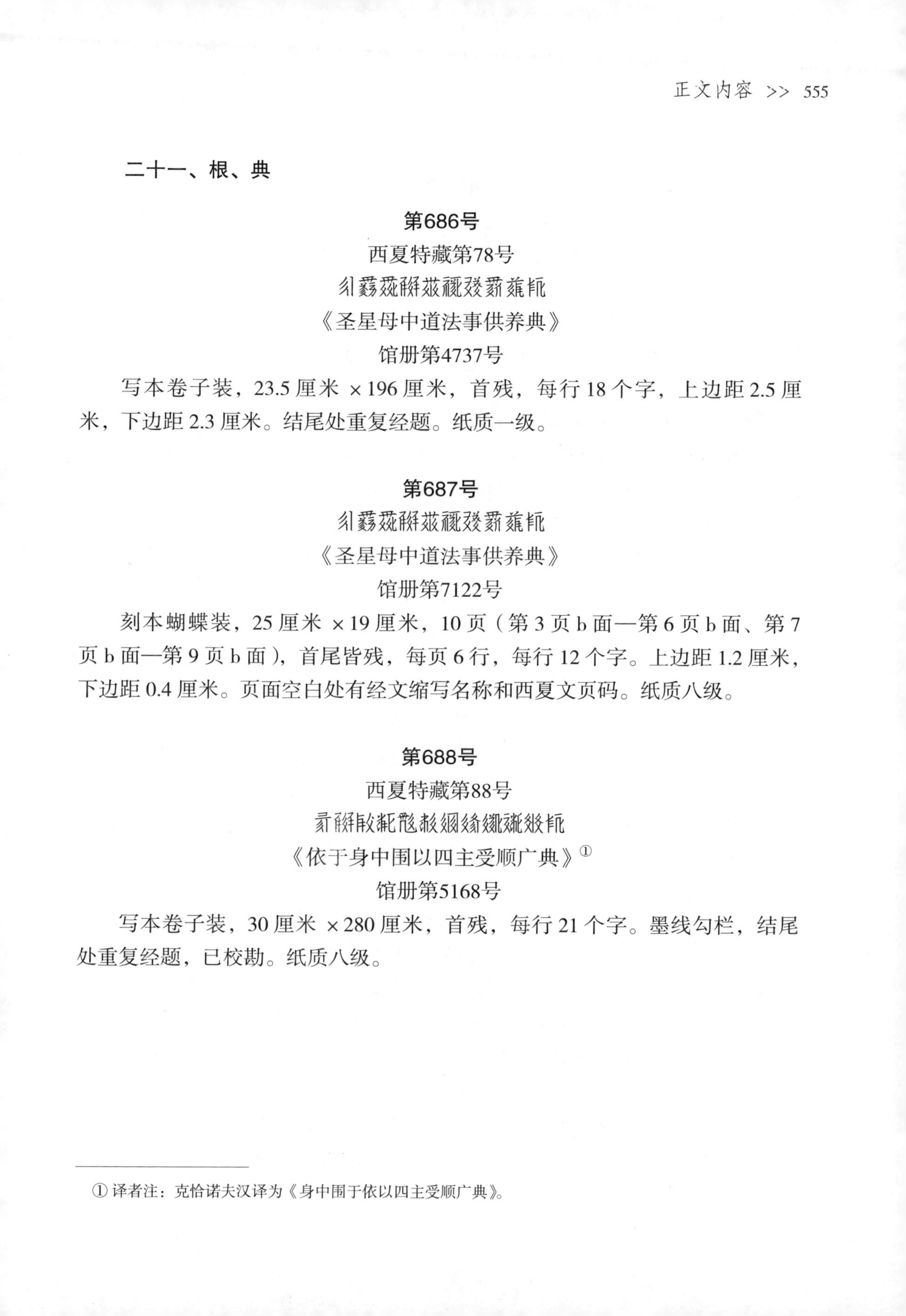

二十一、根、典

第686号

西夏特藏第78号

[illegible]

《圣星母中道法事供养典》

馆册第4737号

写本卷子装，23.5 厘米 ×196 厘米，首残，每行 18 个字，上边距 2.5 厘米，下边距 2.3 厘米。结尾处重复经题。纸质一级。

第687号

[illegible]

《圣星母中道法事供养典》

馆册第7122号

刻本蝴蝶装，25 厘米 ×19 厘米，10 页（第 3 页 b 面—第 6 页 b 面、第 7 页 b 面—第 9 页 b 面），首尾皆残，每页 6 行，每行 12 个字。上边距 1.2 厘米，下边距 0.4 厘米。页面空白处有经文缩写名称和西夏文页码。纸质八级。

第688号

西夏特藏第88号

[illegible]

《依于身中围以四主受顺广典》①

馆册第5168号

写本卷子装，30 厘米 ×280 厘米，首残，每行 21 个字。墨线勾栏，结尾处重复经题，已校勘。纸质八级。

---

① 译者注：克恰诺夫汉译为《身中围于依以四主受顺广典》。

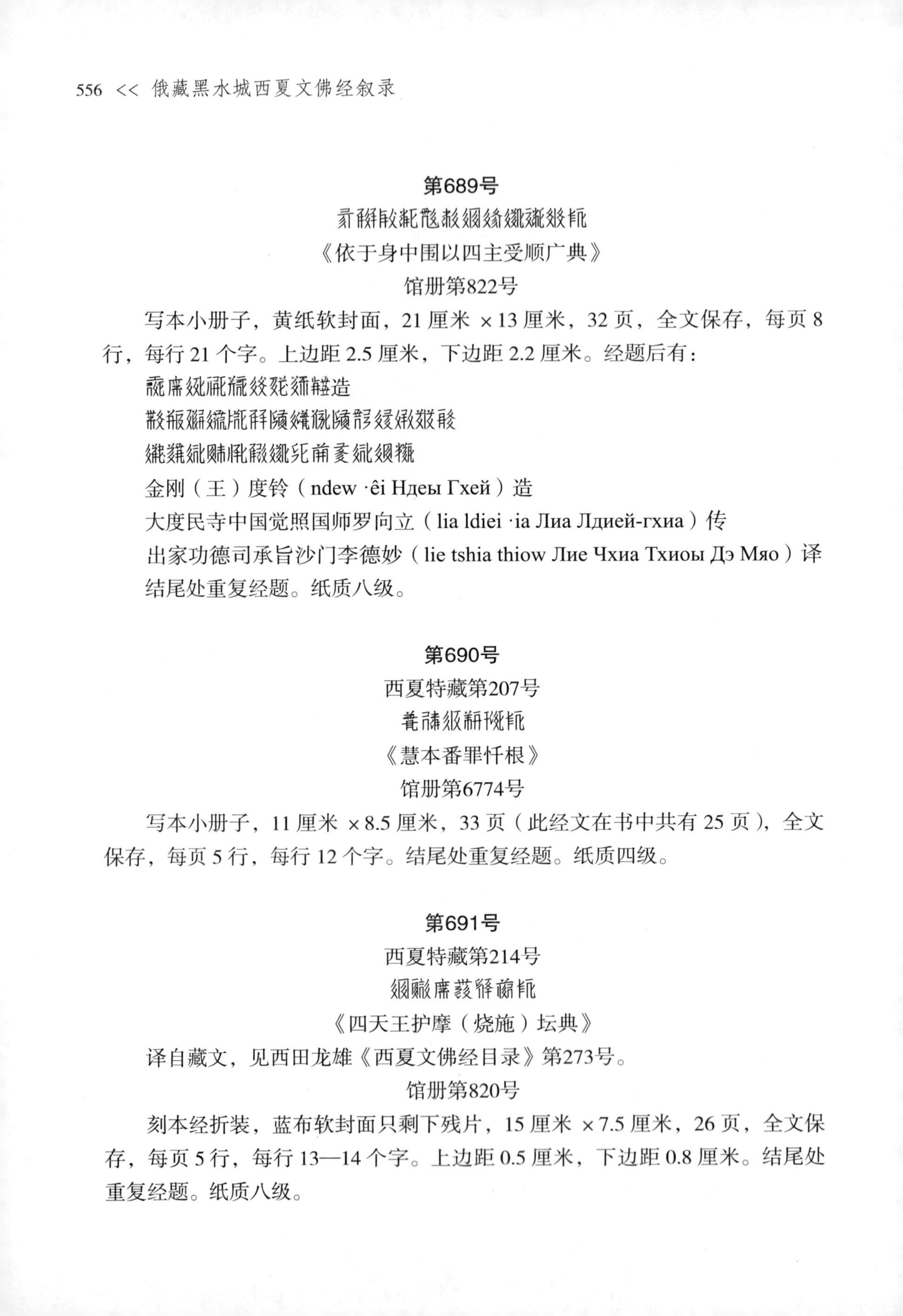

第689号

[illegible]

《依于身中围以四主受顺广典》

馆册第822号

写本小册子，黄纸软封面，21 厘米 ×13 厘米，32 页，全文保存，每页 8 行，每行 21 个字。上边距 2.5 厘米，下边距 2.2 厘米。经题后有：

[illegible]造

[illegible]

[illegible]

金刚（王）度铃（ndew ·êi Ндеы Гхей）造

大度民寺中国觉照国师罗向立（lia ldiei ·ia Лиа Лдией-гхиа）传

出家功德司承旨沙门李德妙（lie tshia thiow Лие Чхиа Тхиоы Дэ Мяо）译

结尾处重复经题。纸质八级。

第690号

西夏特藏第207号

[illegible]

《慧本番罪忏根》

馆册第6774号

写本小册子，11 厘米 ×8.5 厘米，33 页（此经文在书中共有 25 页），全文保存，每页 5 行，每行 12 个字。结尾处重复经题。纸质四级。

第691号

西夏特藏第214号

[illegible]

《四天王护摩（烧施）坛典》

译自藏文，见西田龙雄《西夏文佛经目录》第273号。

馆册第820号

刻本经折装，蓝布软封面只剩下残片，15 厘米 ×7.5 厘米，26 页，全文保存，每页 5 行，每行 13—14 个字。上边距 0.5 厘米，下边距 0.8 厘米。结尾处重复经题。纸质八级。

第692号

西夏特藏第247号

[illegible]

《五佛亥母随略供养典》

译自藏文，见西田龙雄《西夏文佛经目录》第109号。

馆册第4704号　第1卷

写本卷子装，18.5 厘米 ×265 厘米，尾残，每行 18 个字，上边距 1 厘米，下边距 1 厘米。经题后有两个字，可能是作者名字：[illegible]（金幢）(ndzin··· Ндзин···)。纸质八级。

第693号

[illegible]

《五佛亥母随略供养典》

馆册第5052号　第1卷

写本卷子装，28 厘米 ×450 厘米，首残，每行 18 个字，上边距 4.5 厘米，下边距 2.5 厘米。结尾处重复经题，题记为：

[illegible]

[illegible]

[illegible]

修秘密乘者、发愿施写者、在家和尚娄慧宝（la ziə ldie rew ndzie Ла Жиэ Лдиэ Рэы-ндзие Хуй Бао）日写，

写者□家□六持福增狗（t1hio lio lhu khwi Чхио-лио Лху-кхви），

光定狗年六月八日写毕[1]

经卷前端被撕掉。保存不善。纸质一级。

---

① 光定年六月八日，即狗年（1216 年 6 月 24 日）。

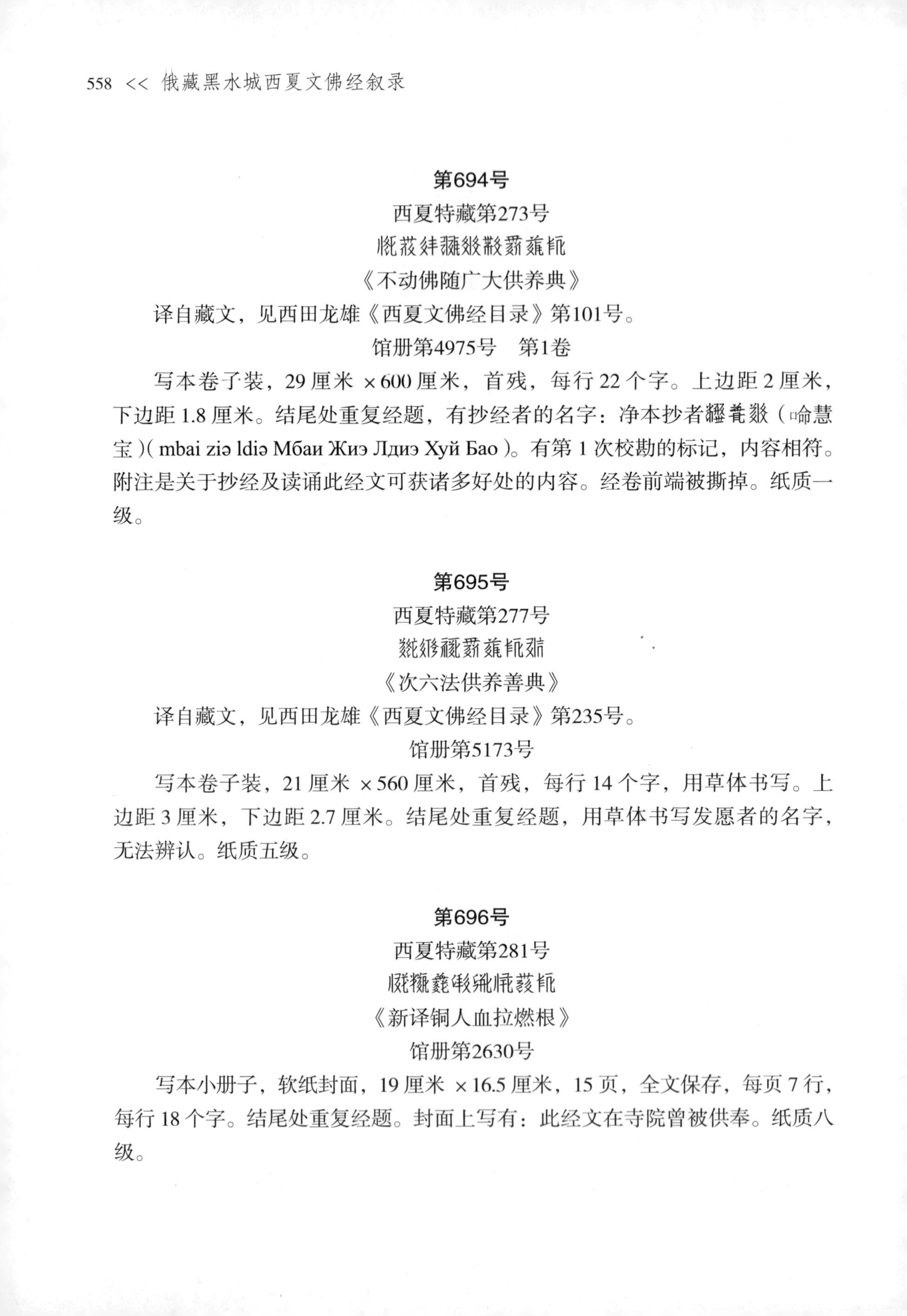

第694号

西夏特藏第273号

[illegible]

《不动佛随广大供养典》

译自藏文，见西田龙雄《西夏文佛经目录》第101号。

馆册第4975号　第1卷

写本卷子装，29 厘米 ×600 厘米，首残，每行 22 个字。上边距 2 厘米，下边距 1.8 厘米。结尾处重复经题，有抄经者的名字：净本抄者[illegible]（口命慧宝）(mbai ziə ldiə Мбаи Жиэ Лдиэ Хуй Бао)。有第 1 次校勘的标记，内容相符。附注是关于抄经及读诵此经文可获诸多好处的内容。经卷前端被撕掉。纸质一级。

第695号

西夏特藏第277号

[illegible]

《次六法供养善典》

译自藏文，见西田龙雄《西夏文佛经目录》第235号。

馆册第5173号

写本卷子装，21 厘米 ×560 厘米，首残，每行 14 个字，用草体书写。上边距 3 厘米，下边距 2.7 厘米。结尾处重复经题，用草体书写发愿者的名字，无法辨认。纸质五级。

第696号

西夏特藏第281号

[illegible]

《新译铜人血拉燃根》

馆册第2630号

写本小册子，软纸封面，19 厘米 ×16.5 厘米，15 页，全文保存，每页 7 行，每行 18 个字。结尾处重复经题。封面上写有：此经文在寺院曾被供奉。纸质八级。

第697号

西夏特藏第293号

緻彨蘒蔴蕹毻

《番言金刚王乘根》

馆册第4900号

写本卷子装，19 厘米 ×11 厘米，8 页（此经文共有 5 页），尾残，每页 6 行，每行 10 个字。经题后有作者名字：马鸣菩萨（Боддисаттва Ашвагоша）造。纸质一级。

第698号

西夏特藏第370号

繆絺蕞蕱蘶毻

《六幼母供养根》

译自藏文，见西田龙雄《西夏文佛经目录》第238号。

馆册第4911号

写本卷子装，20.5 厘米 ×650 厘米，首残，每行 14 个字，用略带斜体特征的标准体书写。结尾处重复经题，有经文拥有者的名字：豵豖㑇絖（浪亿贾精）(ru ngi ka tsin Ру-нги Ка-цин)。纸质一级。

第699号

西夏特藏第482号

牖纚敥毻

《开庙典》

馆册第7835号

写本小册子，25.5 厘米 ×11 厘米，63 页（此经文可能仅有 51 页），首残，每页 6 行，每行 7 个字。上边距 1.5 厘米，下边距 1.5 厘米。结尾处重复经题。如果此名称不是经文中某一部分经文（卷或品）的名称的话，那么至少还有 12 页内容是另外两篇经文的内容：

1. 繃緕豨毻《绕神作典》；①

① 译者注：克恰诺夫译为《请寺作典》。

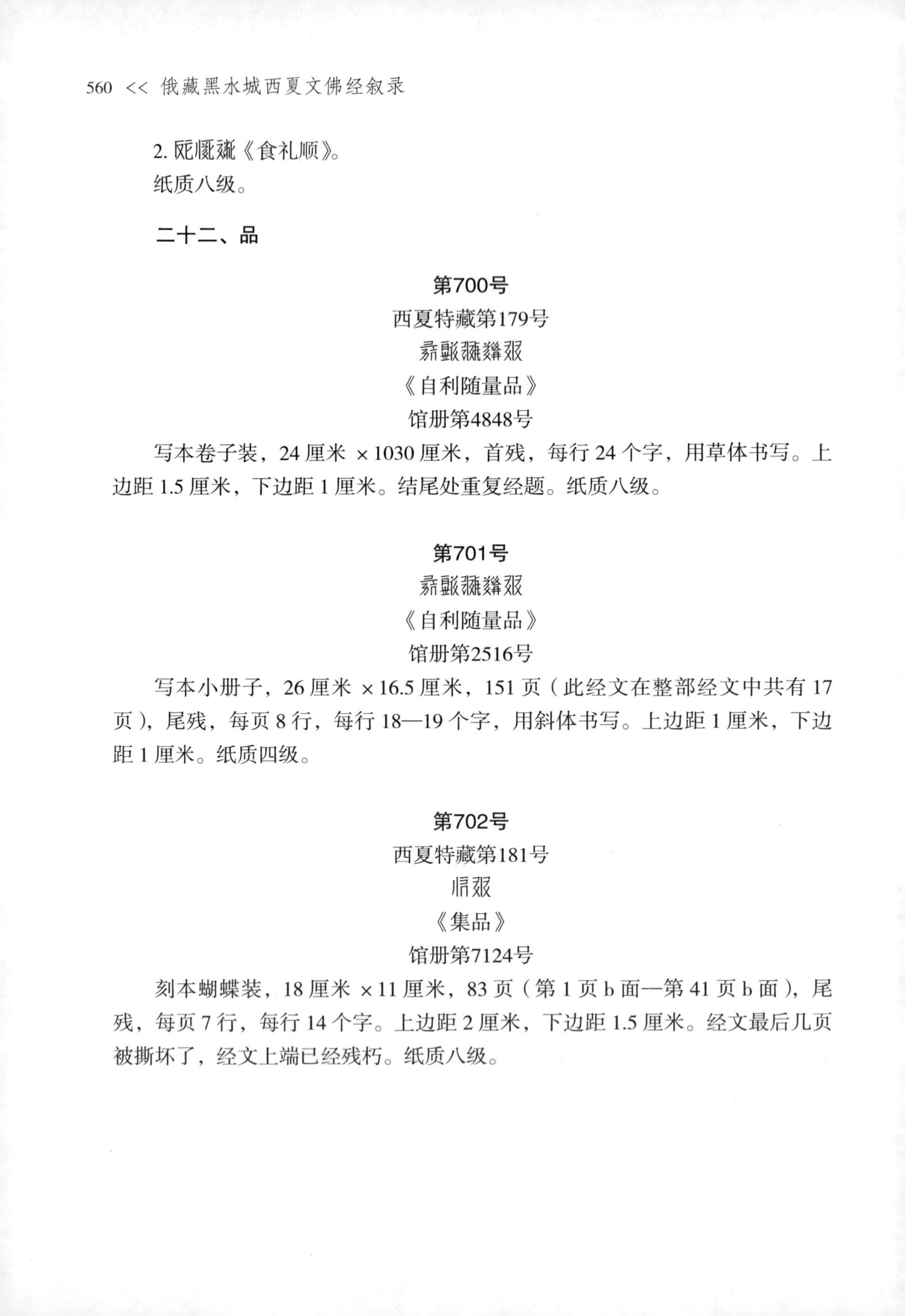

2. [Tangut]《食礼顺》。

纸质八级。

二十二、品

第700号

西夏特藏第179号

[Tangut]

《自利随量品》

馆册第4848号

写本卷子装，24 厘米 ×1030 厘米，首残，每行 24 个字，用草体书写。上边距 1.5 厘米，下边距 1 厘米。结尾处重复经题。纸质八级。

第701号

[Tangut]

《自利随量品》

馆册第2516号

写本小册子，26 厘米 ×16.5 厘米，151 页（此经文在整部经文中共有 17 页），尾残，每页 8 行，每行 18—19 个字，用斜体书写。上边距 1 厘米，下边距 1 厘米。纸质四级。

第702号

西夏特藏第181号

[Tangut]

《集品》

馆册第7124号

刻本蝴蝶装，18 厘米 ×11 厘米，83 页（第 1 页 b 面—第 41 页 b 面），尾残，每页 7 行，每行 14 个字。上边距 2 厘米，下边距 1.5 厘米。经文最后几页被撕坏了，经文上端已经残朽。纸质八级。

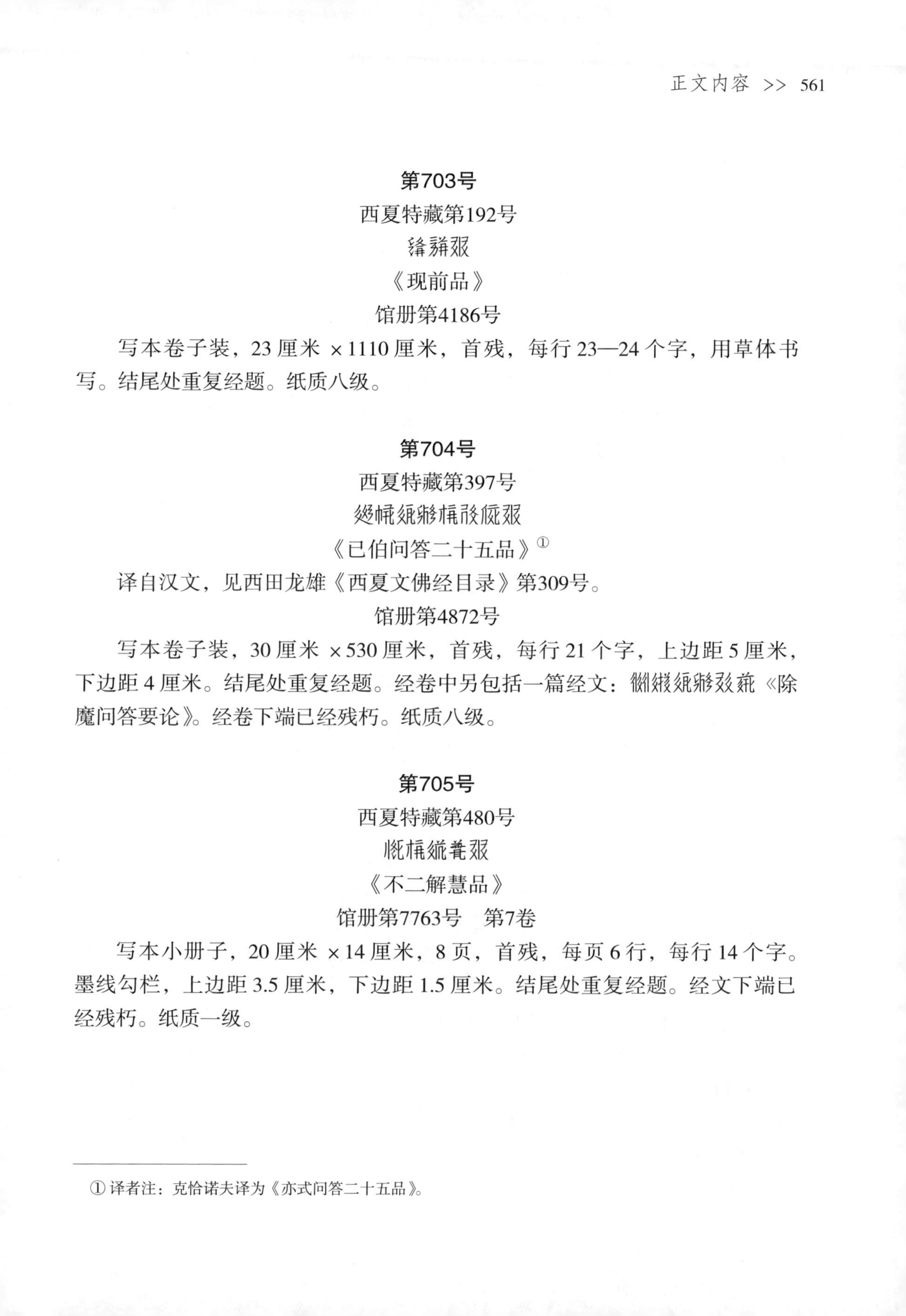

第703号

西夏特藏第192号

𗗚𗖰𗑗

《现前品》

馆册第4186号

写本卷子装，23厘米×1110厘米，首残，每行23—24个字，用草体书写。结尾处重复经题。纸质八级。

第704号

西夏特藏第397号

[illegible]

《已伯问答二十五品》[1]

译自汉文，见西田龙雄《西夏文佛经目录》第309号。

馆册第4872号

写本卷子装，30厘米×530厘米，首残，每行21个字，上边距5厘米，下边距4厘米。结尾处重复经题。经卷中另包括一篇经文：[illegible]《除魔问答要论》。经卷下端已经残朽。纸质八级。

第705号

西夏特藏第480号

[illegible]

《不二解慧品》

馆册第7763号　第7卷

写本小册子，20厘米×14厘米，8页，首残，每页6行，每行14个字。墨线勾栏，上边距3.5厘米，下边距1.5厘米。结尾处重复经题。经文下端已经残朽。纸质一级。

---

① 译者注：克恰诺夫译为《亦式问答二十五品》。

二十三、纲

第706号

西夏特藏第245号

[illegible]

《菩萨业之二节纲》

译自汉文，见西田龙雄《西夏文佛经目录》第153号。

馆册第906号

写本卷子装，22.5 厘米 ×233 厘米，首残，有提纲说明，但无连贯经文。结尾处重复经题。纸质八级。

第707号

西夏特藏第272号

[illegible]

《明异解脱经之纲》

译自汉文，见西田龙雄《西夏文佛经目录》第112号。

馆册第5166号

写本卷子装，20.5 厘米 ×42 厘米，首残，只有说明提纲，而无连贯经文。用草体书写。结尾处重复经题。已校勘，内容相符。纸质八级。

第708号

西夏特藏第309号

[illegible]

《吉有恶趣令净本续纲》

译自藏文，见西田龙雄《西夏文佛经目录》第302号。

馆册第7909号

写本卷子装，19 厘米 ×77 厘米，仅存经首，有说明提纲，但无连贯经文。用西夏文和汉文数字表明要点内容。上边距 0.7 厘米，下边距已残损。经题后有作者和译者名字：

[illegible]

[illegible]

羌中国大隐修者（大瑜伽者）哩酩长师（·iə mie ndziwon Гхиэ Миендживон）集

瑞云山慧净国师沙门法慧（tsiə ziə Циэ Жиэ Фа Хуй）译。

二十四、序

第709号

西夏特藏第250号

[illegible]

《五部法界之都序》

译自汉文，见西田龙雄《西夏文佛经目录》第106号。

馆册第7160号　第3卷

写本小册子，软纸封面，用粗绿线装订，21.5 厘米 ×13 厘米，47 页，全文保存，每页 7 行，每行 25 个字。墨线勾栏，上边距 2 厘米，下边距 1.5 厘米。封面正面有经文名称和卷号，还有边饰图案。经文中有字阿底（А-ти）[①]。结尾处重复经题，有抄经者的名字：

[illegible]此抄经者尚法师（kêi tsiə Кей Циэ Цзе Фа[②]）

纸质八级。

二十五、部分、篇章

第710号

西夏特藏第188号

[illegible]

《亥母供养根一部》

译自藏文，见西田龙雄《西夏文佛经目录》第173号。

馆册第5050号

写本卷子装，19 厘米 ×650 厘米，首残，结尾处重复经题。经卷下端已经残朽。纸质五级。

① 译者注：应为阿底峡。

② 译者注：克恰诺夫译为“择法”。

第711号

西夏特藏第241号

[illegible]

《药光海生金刚王文二部》

译自藏文，见西田龙雄《西夏文佛经目录》第277号。

馆册第2543号

写本小册子，20.5 厘米 ×12 厘米，52 页（此经文在整部经文中共有 20 页），全文保存，每页 7 行，每行 22 个字。墨线勾栏，上边距 2 厘米，下边距 2 厘米。经文的梵文名称有西夏文音译和意译两种。经题后有作者名字：[illegible]（何没哈底迦）(·a mbie xa riu ka Гха-мбие-ха-риу-ка)。佛道儒三学讲师、沙门李慧照（Жиэ Свеы Хуй Чжао Лие）译西夏文。结尾处重复经题。纸质六级。

第712号

西夏特藏第361号

[illegible]

《广大供养典一部》

译自汉文，见西田龙雄《西夏文佛经目录》第276号。

馆册第4922号

写本卷子装，20 厘米 ×9 厘米，经卷保存不善，如果不损坏卷子是无法断定它的长度的。首残，每行 14 个字。纸质八级。

第713号

西夏特藏第483号

[illegible]

《三十五佛等同十三部》

馆册第7840号

刻本经折装，20 厘米 ×9 厘米，34 页，全文保存，每页 6 行，每行 15 个字。上边距 3 厘米，下边距 1.5 厘米。经文中有版画，内容主要描绘诸佛与弟子、八大金刚、四大菩萨。结尾处重复经题，题记为：

[illegible]先有（皇）上复校净本、真本也，

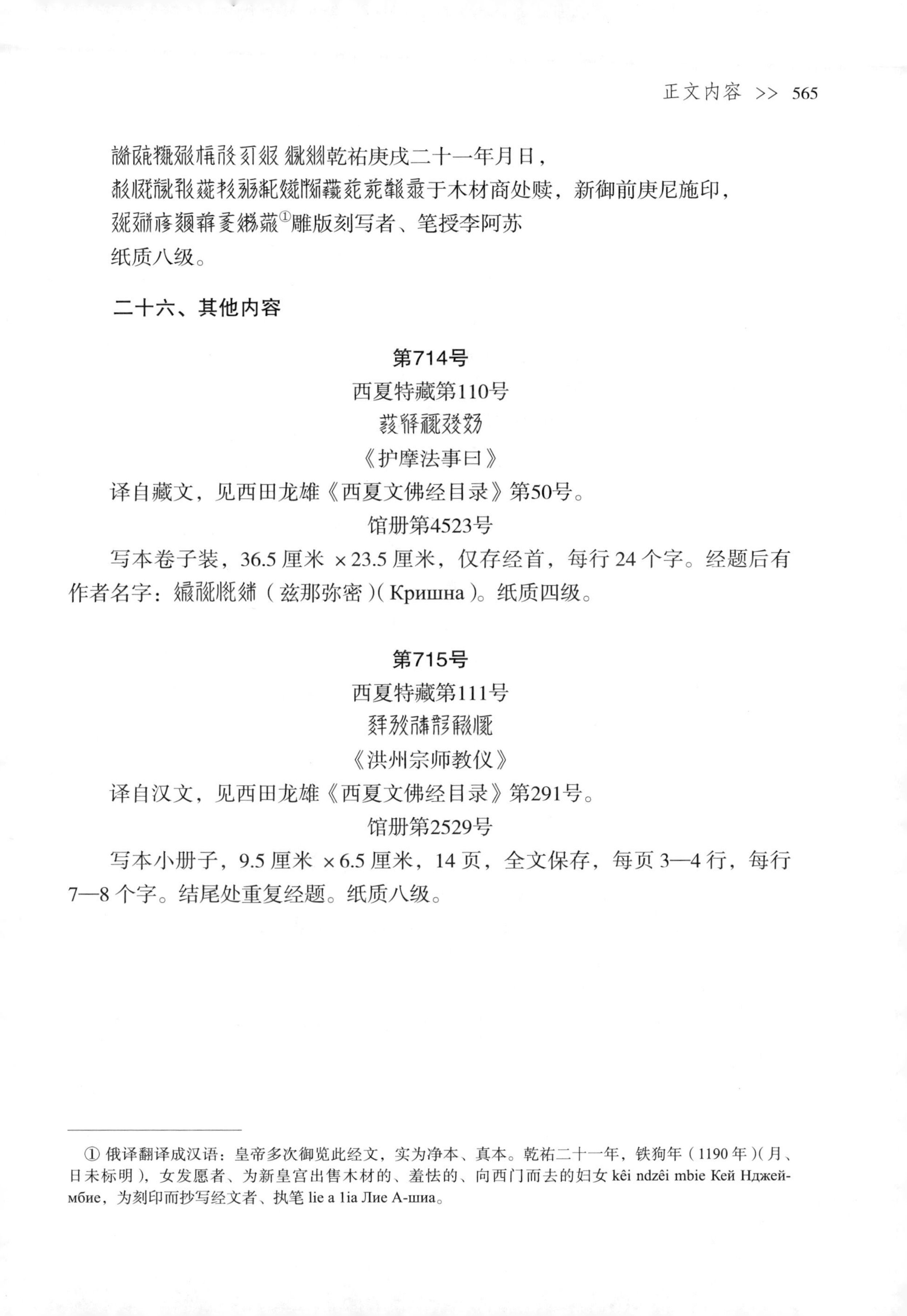

[illegible]乾祐庚戌二十一年月日，
[illegible]于木材商处赎，新御前庚尼施印，
[illegible][①]雕版刻写者、笔授李阿苏
纸质八级。

二十六、其他内容

第714号

西夏特藏第110号

[illegible]

《护摩法事曰》

译自藏文，见西田龙雄《西夏文佛经目录》第50号。

馆册第4523号

写本卷子装，36.5 厘米 ×23.5 厘米，仅存经首，每行 24 个字。经题后有作者名字：[illegible]（兹那弥密）(Кришна)。纸质四级。

第715号

西夏特藏第111号

[illegible]

《洪州宗师教仪》

译自汉文，见西田龙雄《西夏文佛经目录》第291号。

馆册第2529号

写本小册子，9.5 厘米 ×6.5 厘米，14 页，全文保存，每页 3—4 行，每行 7—8 个字。结尾处重复经题。纸质八级。

---

① 俄译翻译成汉语：皇帝多次御览此经文，实为净本、真本。乾祐二十一年，铁狗年（1190 年）(月、日未标明），女发愿者、为新皇宫出售木材的、羞怯的、向西门而去的妇女 kêi ndzêi mbie Кей Нджей-мбие，为刻印而抄写经文者、执笔 lie a 1ia Лие А-шиа。

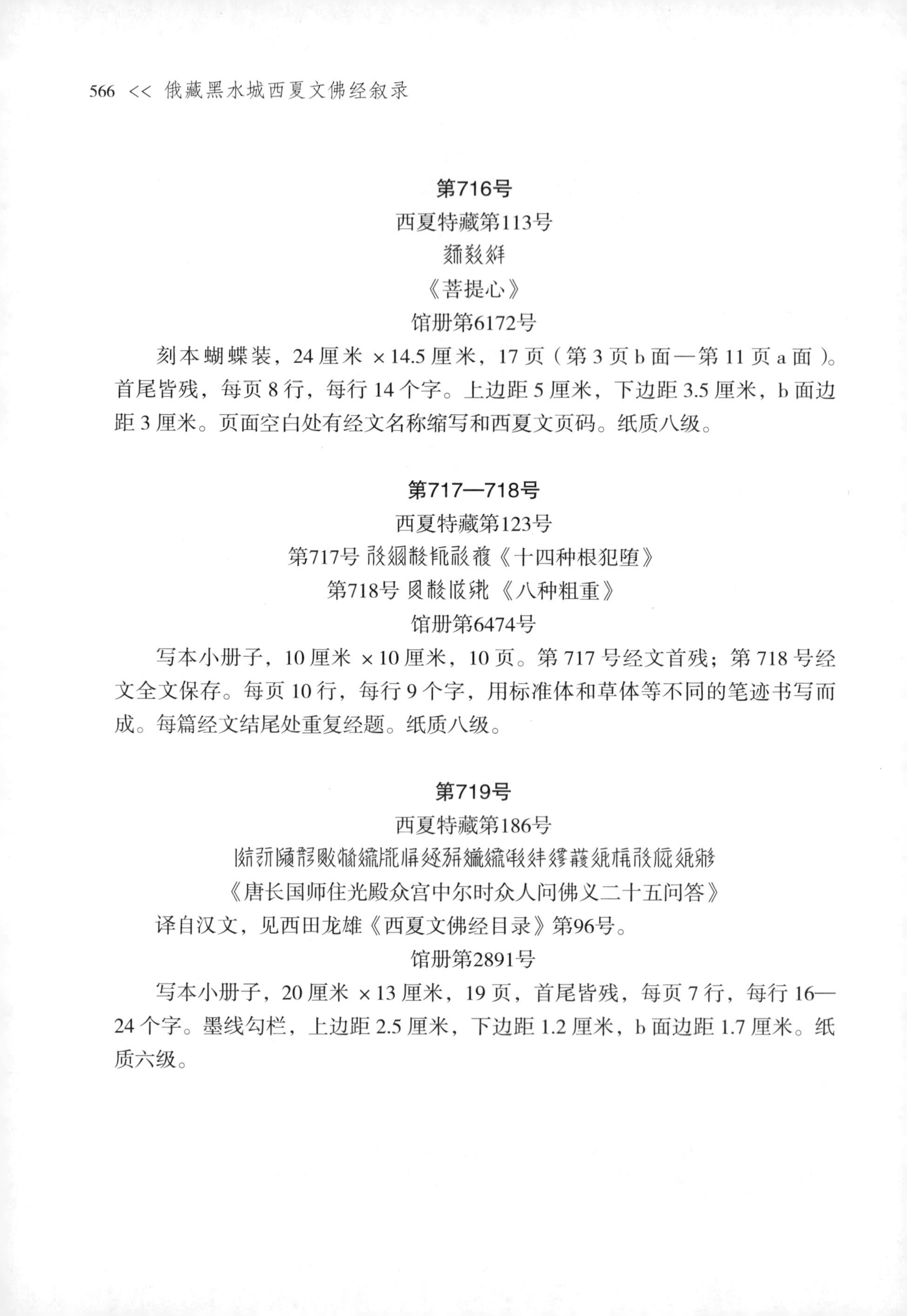

第716号

西夏特藏第113号

[illegible]

《菩提心》

馆册第6172号

刻本蝴蝶装，24厘米 ×14.5厘米，17页（第3页b面—第11页a面）。首尾皆残，每页8行，每行14个字。上边距5厘米，下边距3.5厘米，b面边距3厘米。页面空白处有经文名称缩写和西夏文页码。纸质八级。

第717—718号

西夏特藏第123号

第717号 [illegible]《十四种根犯堕》

第718号 [illegible]《八种粗重》

馆册第6474号

写本小册子，10厘米 ×10厘米，10页。第717号经文首残；第718号经文全文保存。每页10行，每行9个字，用标准体和草体等不同的笔迹书写而成。每篇经文结尾处重复经题。纸质八级。

第719号

西夏特藏第186号

[illegible]

《唐长国师住光殿众宫中尔时众人问佛义二十五问答》

译自汉文，见西田龙雄《西夏文佛经目录》第96号。

馆册第2891号

写本小册子，20厘米 ×13厘米，19页，首尾皆残，每页7行，每行16—24个字。墨线勾栏，上边距2.5厘米，下边距1.2厘米，b面边距1.7厘米。纸质六级。

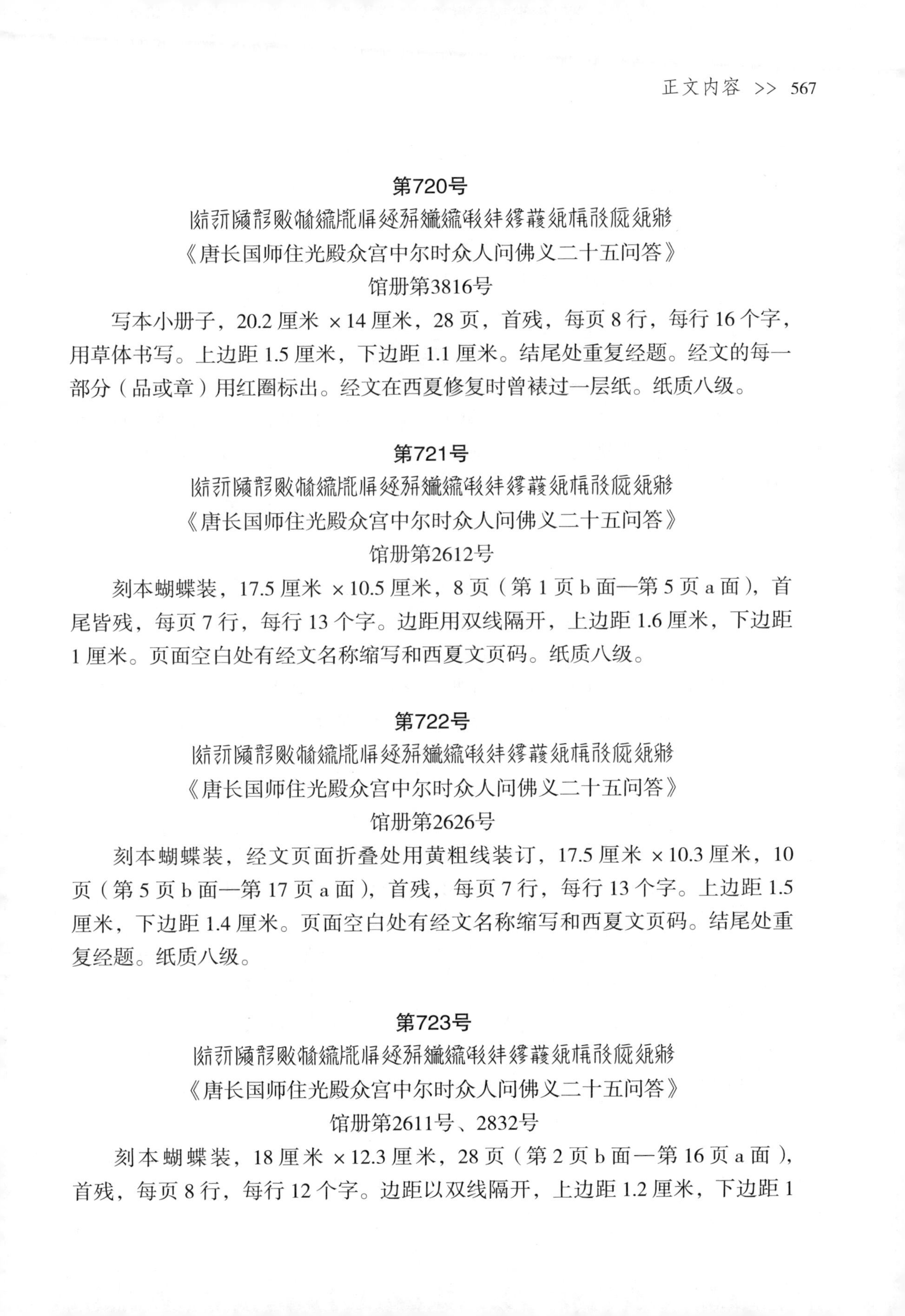

第720号

[illegible]

《唐长国师住光殿众宫中尔时众人问佛义二十五问答》

馆册第3816号

写本小册子，20.2 厘米 ×14 厘米，28 页，首残，每页 8 行，每行 16 个字，用草体书写。上边距 1.5 厘米，下边距 1.1 厘米。结尾处重复经题。经文的每一部分（品或章）用红圈标出。经文在西夏修复时曾裱过一层纸。纸质八级。

第721号

[illegible]

《唐长国师住光殿众宫中尔时众人问佛义二十五问答》

馆册第2612号

刻本蝴蝶装，17.5 厘米 ×10.5 厘米，8 页（第 1 页 b 面—第 5 页 a 面），首尾皆残，每页 7 行，每行 13 个字。边距用双线隔开，上边距 1.6 厘米，下边距 1 厘米。页面空白处有经文名称缩写和西夏文页码。纸质八级。

第722号

[illegible]

《唐长国师住光殿众宫中尔时众人问佛义二十五问答》

馆册第2626号

刻本蝴蝶装，经文页面折叠处用黄粗线装订，17.5 厘米 ×10.3 厘米，10 页（第 5 页 b 面—第 17 页 a 面），首残，每页 7 行，每行 13 个字。上边距 1.5 厘米，下边距 1.4 厘米。页面空白处有经文名称缩写和西夏文页码。结尾处重复经题。纸质八级。

第723号

[illegible]

《唐长国师住光殿众宫中尔时众人问佛义二十五问答》

馆册第2611号、2832号

刻本蝴蝶装，18 厘米 ×12.3 厘米，28 页（第 2 页 b 面—第 16 页 a 面），首残，每页 8 行，每行 12 个字。边距以双线隔开，上边距 1.2 厘米，下边距 1

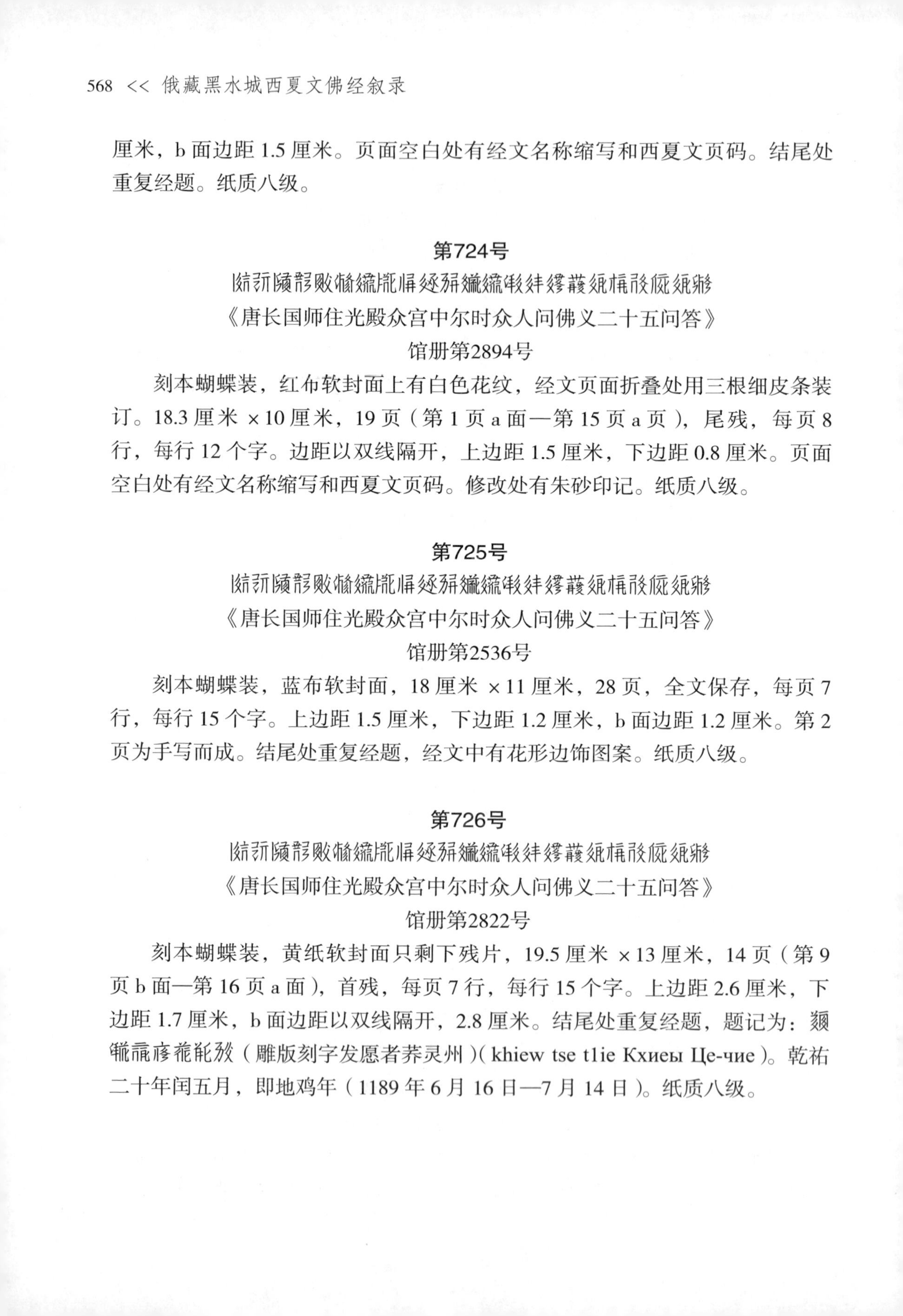

厘米，b 面边距 1.5 厘米。页面空白处有经文名称缩写和西夏文页码。结尾处重复经题。纸质八级。

第724号

[illegible]

《唐长国师住光殿众宫中尔时众人问佛义二十五问答》

馆册第2894号

刻本蝴蝶装，红布软封面上有白色花纹，经文页面折叠处用三根细皮条装订。18.3 厘米 ×10 厘米，19 页（第 1 页 a 面—第 15 页 a 页），尾残，每页 8 行，每行 12 个字。边距以双线隔开，上边距 1.5 厘米，下边距 0.8 厘米。页面空白处有经文名称缩写和西夏文页码。修改处有朱砂印记。纸质八级。

第725号

[illegible]

《唐长国师住光殿众宫中尔时众人问佛义二十五问答》

馆册第2536号

刻本蝴蝶装，蓝布软封面，18 厘米 ×11 厘米，28 页，全文保存，每页 7 行，每行 15 个字。上边距 1.5 厘米，下边距 1.2 厘米，b 面边距 1.2 厘米。第 2 页为手写而成。结尾处重复经题，经文中有花形边饰图案。纸质八级。

第726号

[illegible]

《唐长国师住光殿众宫中尔时众人问佛义二十五问答》

馆册第2822号

刻本蝴蝶装，黄纸软封面只剩下残片，19.5 厘米 ×13 厘米，14 页（第 9 页 b 面—第 16 页 a 面），首残，每页 7 行，每行 15 个字。上边距 2.6 厘米，下边距 1.7 厘米，b 面边距以双线隔开，2.8 厘米。结尾处重复经题，题记为：[illegible]（雕版刻字发愿者荠灵州）(khiew tse t1ie Кхиеы Це-чие)。乾祐二十年闰五月，即地鸡年（1189 年 6 月 16 日—7 月 14 日）。纸质八级。

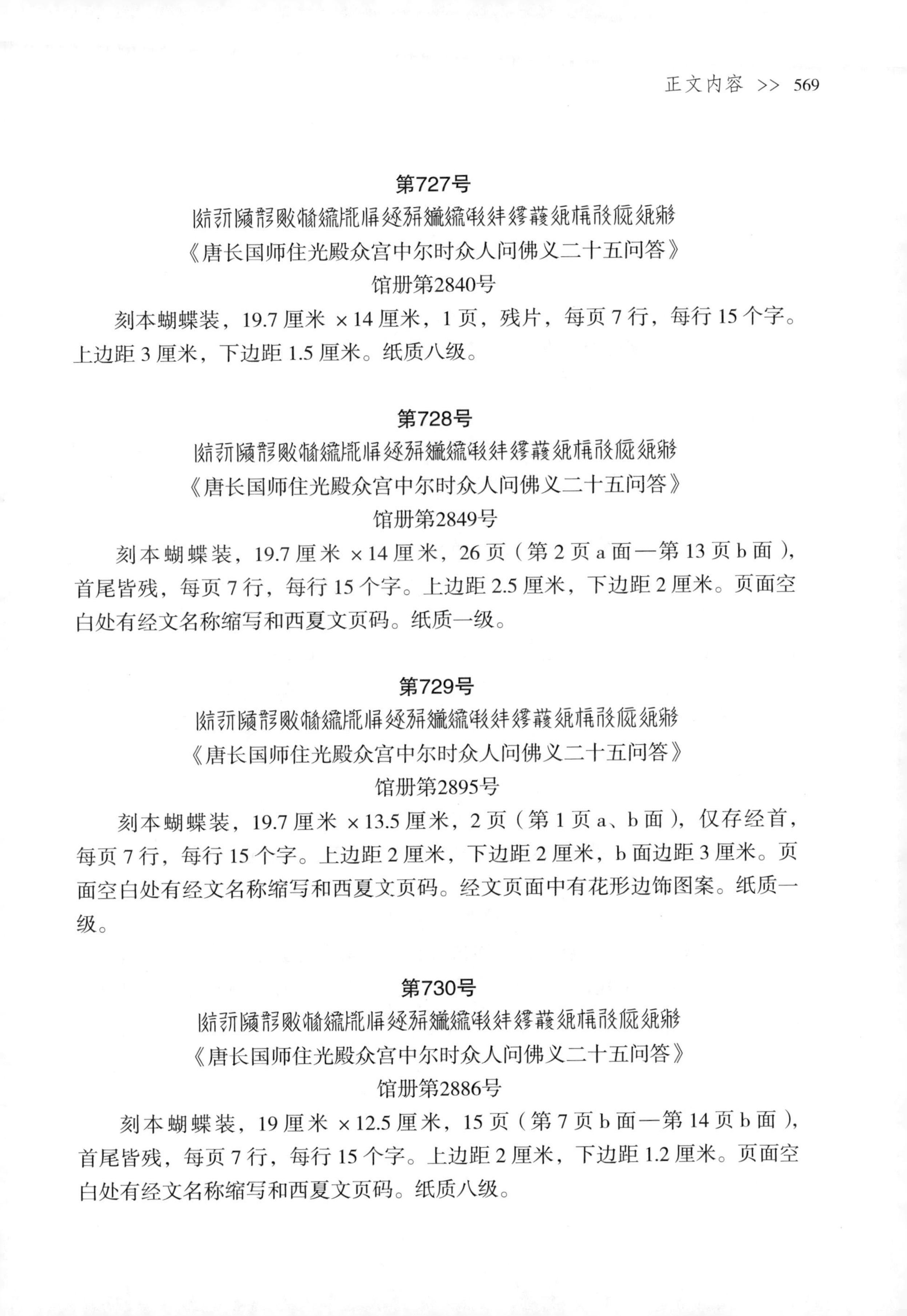

第727号

[illegible]

《唐长国师住光殿众宫中尔时众人问佛义二十五问答》

馆册第2840号

刻本蝴蝶装，19.7 厘米 ×14 厘米，1 页，残片，每页 7 行，每行 15 个字。上边距 3 厘米，下边距 1.5 厘米。纸质八级。

第728号

[illegible]

《唐长国师住光殿众宫中尔时众人问佛义二十五问答》

馆册第2849号

刻本蝴蝶装，19.7 厘米 ×14 厘米，26 页（第 2 页 a 面—第 13 页 b 面），首尾皆残，每页 7 行，每行 15 个字。上边距 2.5 厘米，下边距 2 厘米。页面空白处有经文名称缩写和西夏文页码。纸质一级。

第729号

[illegible]

《唐长国师住光殿众宫中尔时众人问佛义二十五问答》

馆册第2895号

刻本蝴蝶装，19.7 厘米 ×13.5 厘米，2 页（第 1 页 a、b 面），仅存经首，每页 7 行，每行 15 个字。上边距 2 厘米，下边距 2 厘米，b 面边距 3 厘米。页面空白处有经文名称缩写和西夏文页码。经文页面中有花形边饰图案。纸质一级。

第730号

[illegible]

《唐长国师住光殿众宫中尔时众人问佛义二十五问答》

馆册第2886号

刻本蝴蝶装，19 厘米 ×12.5 厘米，15 页（第 7 页 b 面—第 14 页 b 面），首尾皆残，每页 7 行，每行 15 个字。上边距 2 厘米，下边距 1.2 厘米。页面空白处有经文名称缩写和西夏文页码。纸质八级。

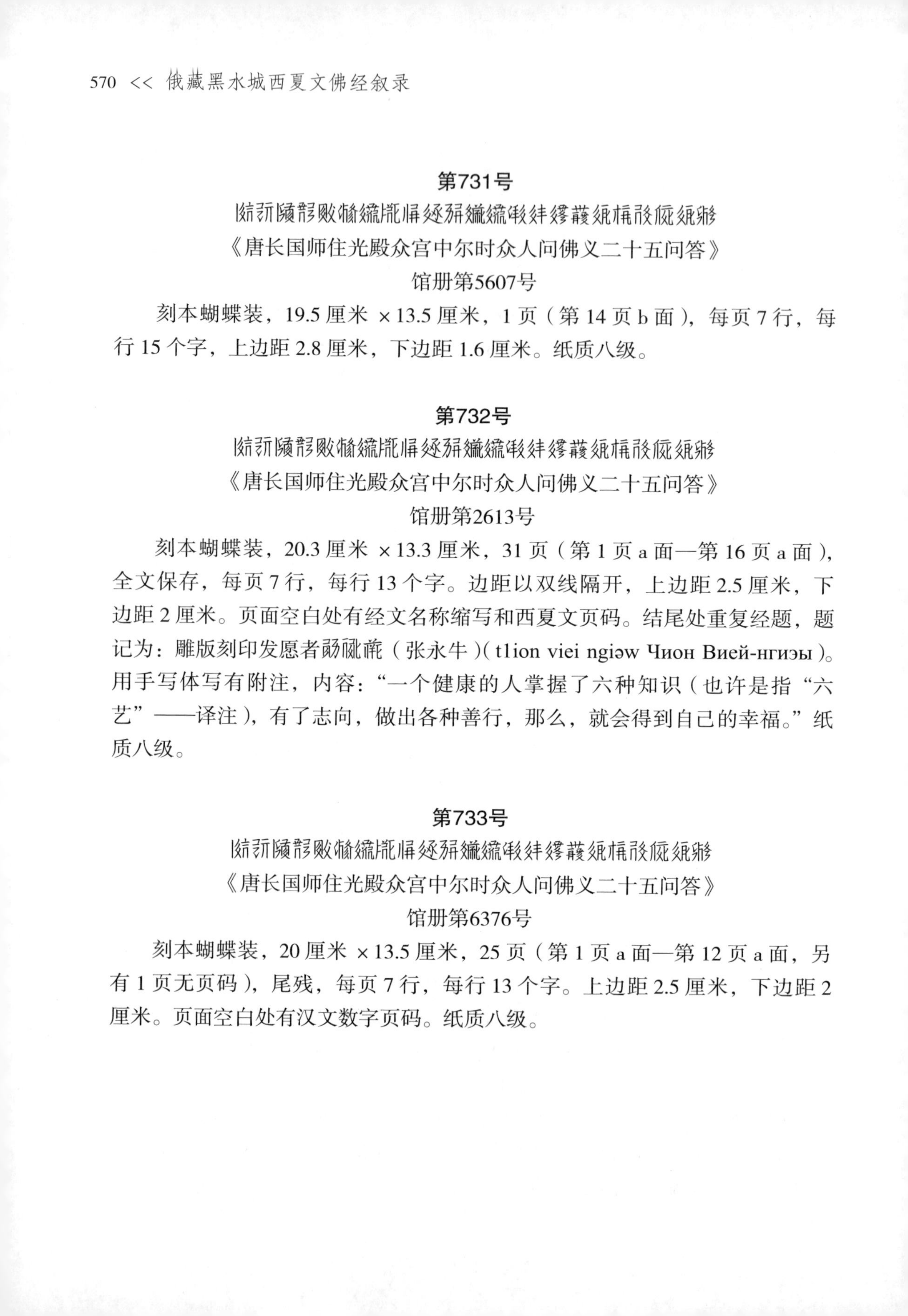

第731号

[illegible]

《唐长国师住光殿众宫中尔时众人问佛义二十五问答》

馆册第5607号

刻本蝴蝶装，19.5 厘米 ×13.5 厘米，1 页（第 14 页 b 面），每页 7 行，每行 15 个字，上边距 2.8 厘米，下边距 1.6 厘米。纸质八级。

第732号

[illegible]

《唐长国师住光殿众宫中尔时众人问佛义二十五问答》

馆册第2613号

刻本蝴蝶装，20.3 厘米 ×13.3 厘米，31 页（第 1 页 a 面—第 16 页 a 面），全文保存，每页 7 行，每行 13 个字。边距以双线隔开，上边距 2.5 厘米，下边距 2 厘米。页面空白处有经文名称缩写和西夏文页码。结尾处重复经题，题记为：雕版刻印发愿者[illegible]（张永牛）(t1ion viei ngiəw Чион Вией-нгиэы)。用手写体写有附注，内容："一个健康的人掌握了六种知识（也许是指"六艺"——译注），有了志向，做出各种善行，那么，就会得到自己的幸福。"纸质八级。

第733号

[illegible]

《唐长国师住光殿众宫中尔时众人问佛义二十五问答》

馆册第6376号

刻本蝴蝶装，20 厘米 ×13.5 厘米，25 页（第 1 页 a 面—第 12 页 a 面，另有 1 页无页码），尾残，每页 7 行，每行 13 个字。上边距 2.5 厘米，下边距 2 厘米。页面空白处有汉文数字页码。纸质八级。

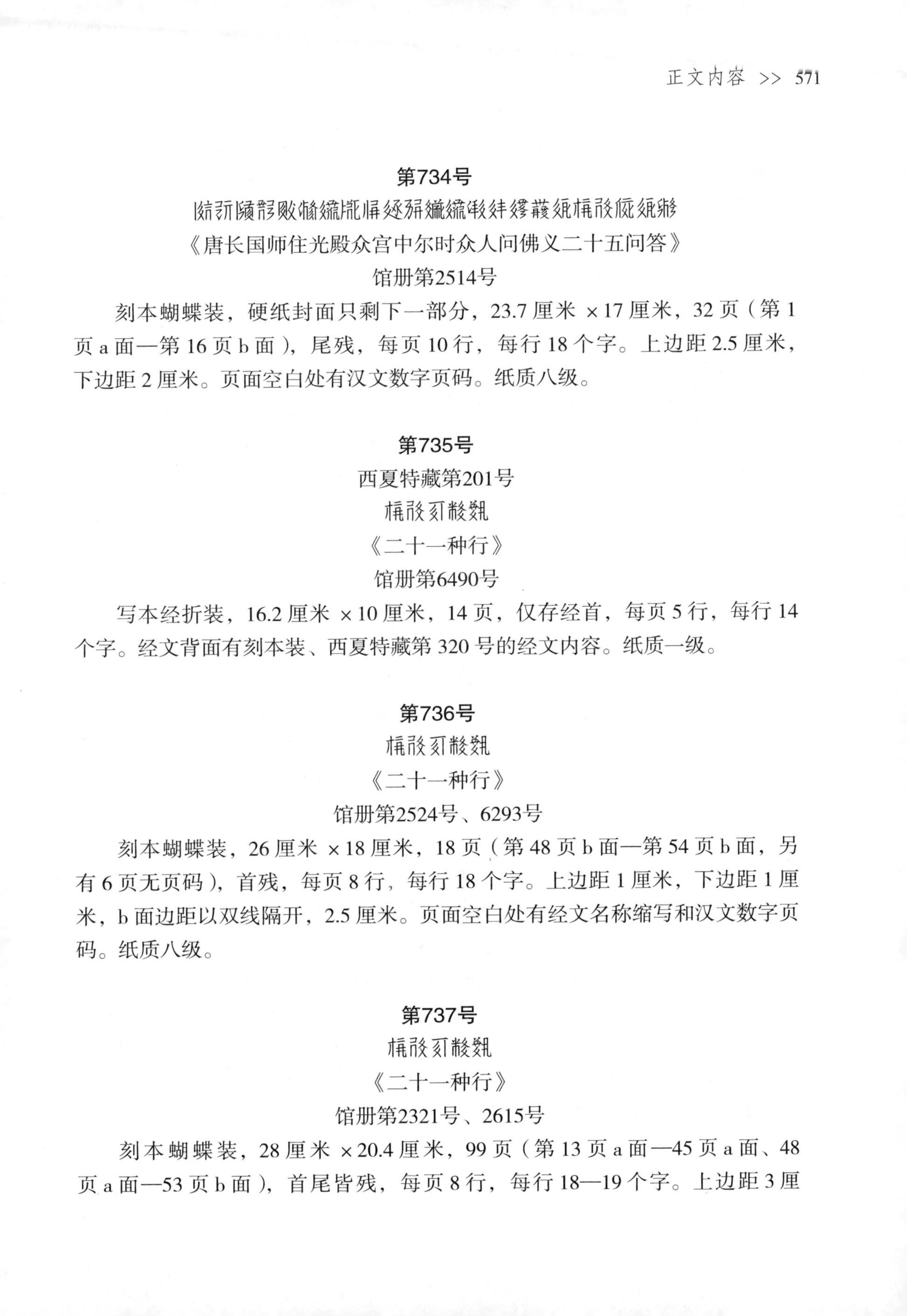

第734号

[illegible]

《唐长国师住光殿众宫中尔时众人问佛义二十五问答》

馆册第2514号

刻本蝴蝶装，硬纸封面只剩下一部分，23.7 厘米 ×17 厘米，32 页（第 1 页 a 面—第 16 页 b 面），尾残，每页 10 行，每行 18 个字。上边距 2.5 厘米，下边距 2 厘米。页面空白处有汉文数字页码。纸质八级。

第735号

西夏特藏第201号

[illegible]

《二十一种行》

馆册第6490号

写本经折装，16.2 厘米 ×10 厘米，14 页，仅存经首，每页 5 行，每行 14 个字。经文背面有刻本装、西夏特藏第 320 号的经文内容。纸质一级。

第736号

[illegible]

《二十一种行》

馆册第2524号、6293号

刻本蝴蝶装，26 厘米 ×18 厘米，18 页（第 48 页 b 面—第 54 页 b 面，另有 6 页无页码），首残，每页 8 行，每行 18 个字。上边距 1 厘米，下边距 1 厘米，b 面边距以双线隔开，2.5 厘米。页面空白处有经文名称缩写和汉文数字页码。纸质八级。

第737号

[illegible]

《二十一种行》

馆册第2321号、2615号

刻本蝴蝶装，28 厘米 ×20.4 厘米，99 页（第 13 页 a 面—45 页 a 面、48 页 a 面—53 页 b 面），首尾皆残，每页 8 行，每行 18—19 个字。上边距 3 厘

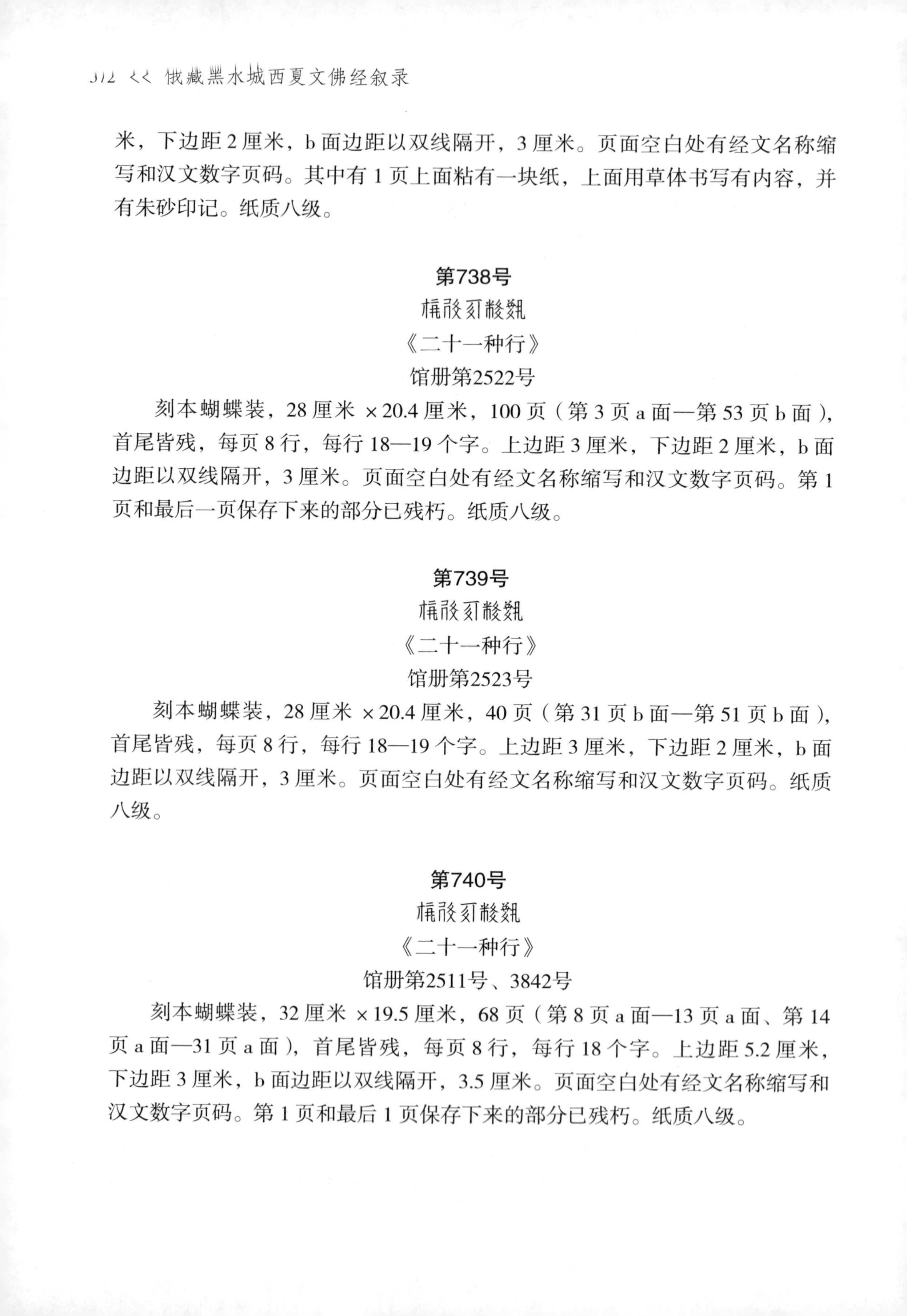

米，下边距 2 厘米，b 面边距以双线隔开，3 厘米。页面空白处有经文名称缩写和汉文数字页码。其中有 1 页上面粘有一块纸，上面用草体书写有内容，并有朱砂印记。纸质八级。

第738号

[illegible]

《二十一种行》

馆册第2522号

刻本蝴蝶装，28 厘米 ×20.4 厘米，100 页（第 3 页 a 面—第 53 页 b 面），首尾皆残，每页 8 行，每行 18—19 个字。上边距 3 厘米，下边距 2 厘米，b 面边距以双线隔开，3 厘米。页面空白处有经文名称缩写和汉文数字页码。第 1 页和最后一页保存下来的部分已残朽。纸质八级。

第739号

[illegible]

《二十一种行》

馆册第2523号

刻本蝴蝶装，28 厘米 ×20.4 厘米，40 页（第 31 页 b 面—第 51 页 b 面），首尾皆残，每页 8 行，每行 18—19 个字。上边距 3 厘米，下边距 2 厘米，b 面边距以双线隔开，3 厘米。页面空白处有经文名称缩写和汉文数字页码。纸质八级。

第740号

[illegible]

《二十一种行》

馆册第2511号、3842号

刻本蝴蝶装，32 厘米 ×19.5 厘米，68 页（第 8 页 a 面—13 页 a 面、第 14 页 a 面—31 页 a 面），首尾皆残，每页 8 行，每行 18 个字。上边距 5.2 厘米，下边距 3 厘米，b 面边距以双线隔开，3.5 厘米。页面空白处有经文名称缩写和汉文数字页码。第 1 页和最后 1 页保存下来的部分已残朽。纸质八级。

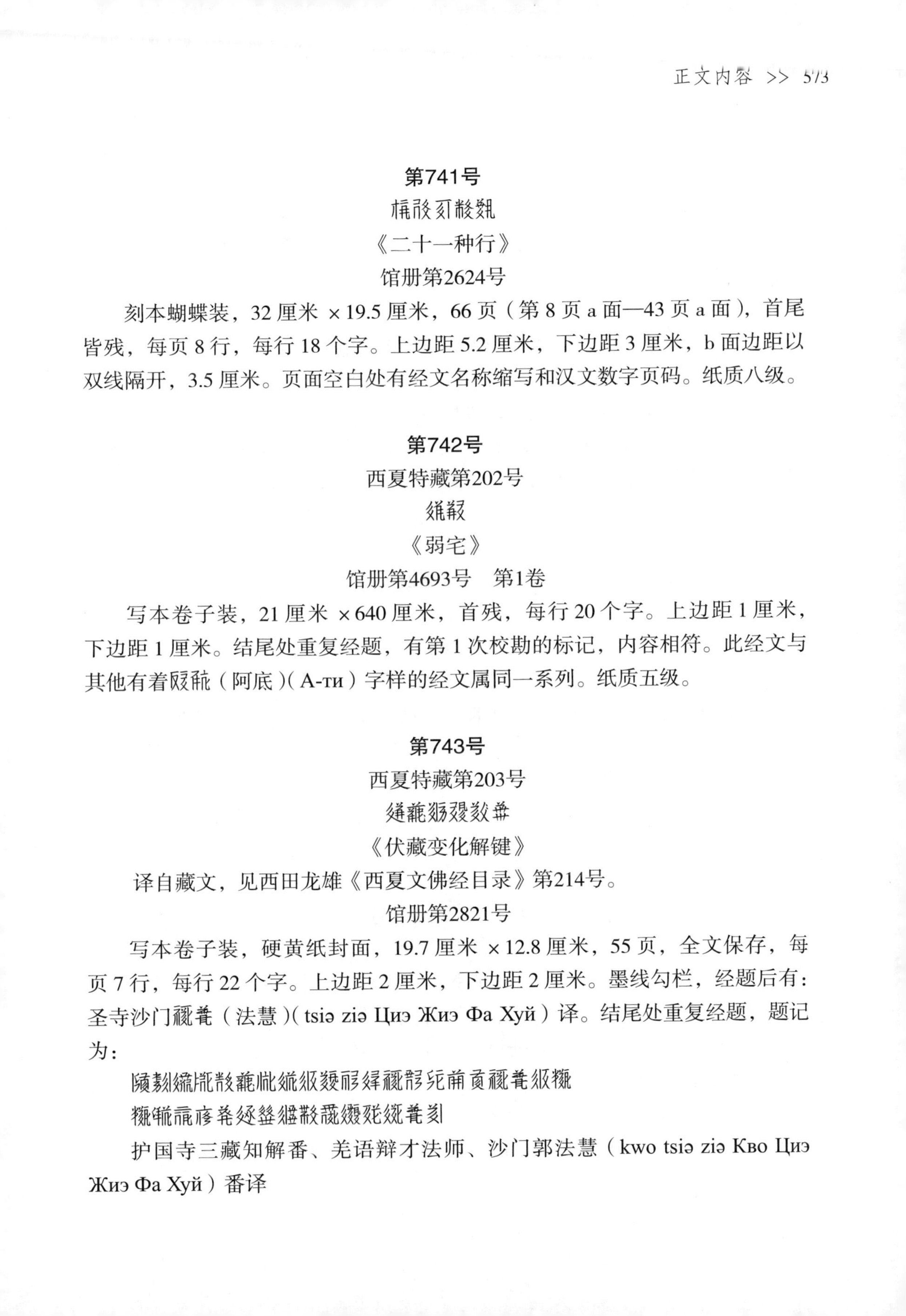

第741号

[illegible]

《二十一种行》

馆册第2624号

刻本蝴蝶装，32 厘米 ×19.5 厘米，66 页（第 8 页 a 面—43 页 a 面），首尾皆残，每页 8 行，每行 18 个字。上边距 5.2 厘米，下边距 3 厘米，b 面边距以双线隔开，3.5 厘米。页面空白处有经文名称缩写和汉文数字页码。纸质八级。

第742号

西夏特藏第202号

[illegible]

《弱宅》

馆册第4693号　第1卷

写本卷子装，21 厘米 ×640 厘米，首残，每行 20 个字。上边距 1 厘米，下边距 1 厘米。结尾处重复经题，有第 1 次校勘的标记，内容相符。此经文与其他有着[illegible]（阿底）（А-ти）字样的经文属同一系列。纸质五级。

第743号

西夏特藏第203号

[illegible]

《伏藏变化解键》

译自藏文，见西田龙雄《西夏文佛经目录》第214号。

馆册第2821号

写本卷子装，硬黄纸封面，19.7 厘米 ×12.8 厘米，55 页，全文保存，每页 7 行，每行 22 个字。上边距 2 厘米，下边距 2 厘米。墨线勾栏，经题后有：圣寺沙门[illegible]（法慧）（tsiə ziə Цип Жиэ Фа Хуй）译。结尾处重复经题，题记为：

[illegible]

[illegible]

护国寺三藏知解番、羌语辩才法师、沙门郭法慧（kwo tsiə ziə Кво Циэ Жиэ Фа Хуй）番译

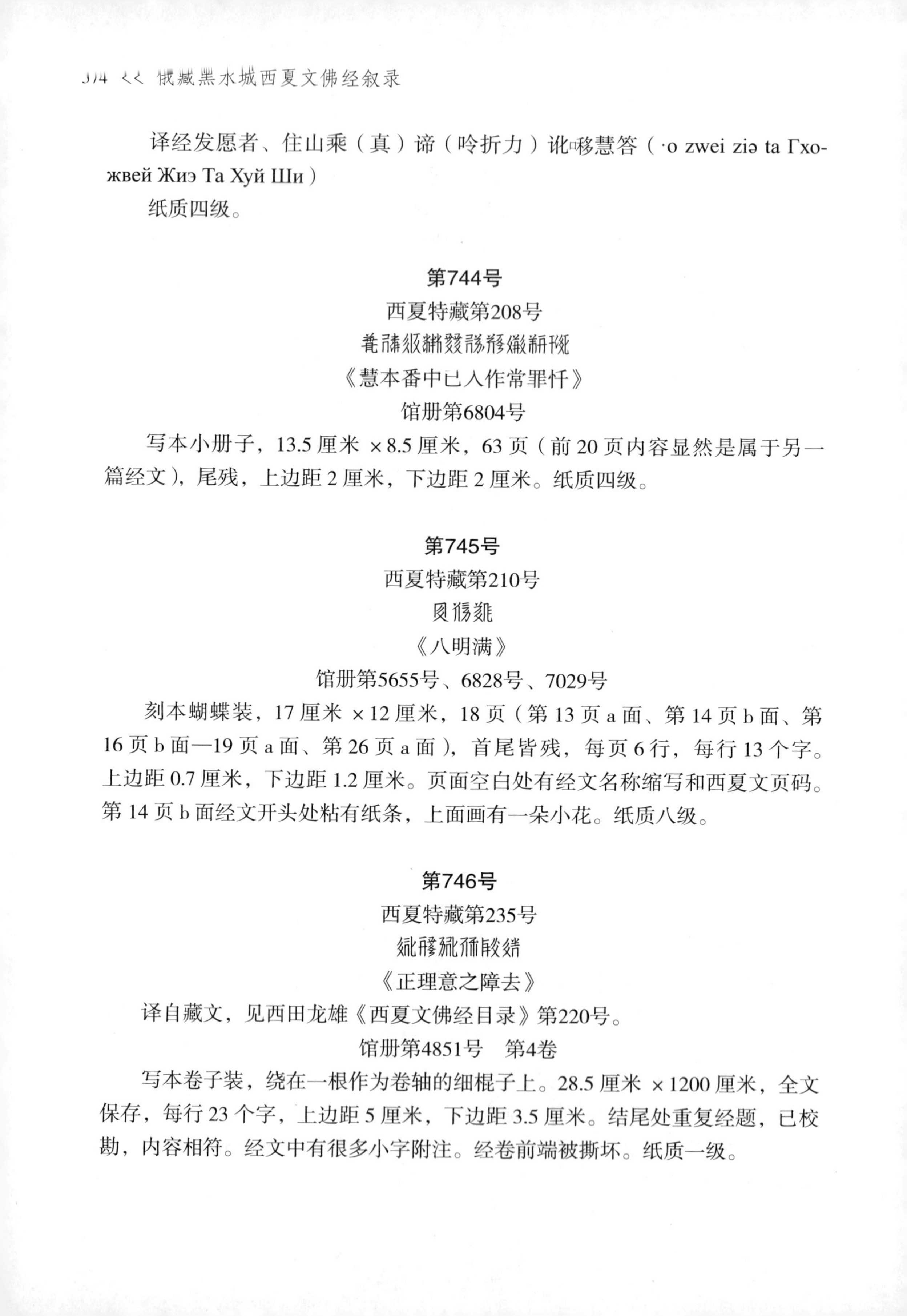

译经发愿者、住山乘（真）谛（吟折力）讹口移慧答（·o zwei ziə ta Гхо-жвей Жиэ Та Хуй Ши）

纸质四级。

第744号

西夏特藏第208号

[illegible]

《慧本番中已入作常罪忏》

馆册第6804号

写本小册子，13.5 厘米 ×8.5 厘米，63 页（前 20 页内容显然是属于另一篇经文），尾残，上边距 2 厘米，下边距 2 厘米。纸质四级。

第745号

西夏特藏第210号

[illegible]

《八明满》

馆册第5655号、6828号、7029号

刻本蝴蝶装，17 厘米 ×12 厘米，18 页（第 13 页 a 面、第 14 页 b 面、第 16 页 b 面—19 页 a 面、第 26 页 a 面），首尾皆残，每页 6 行，每行 13 个字。上边距 0.7 厘米，下边距 1.2 厘米。页面空白处有经文名称缩写和西夏文页码。第 14 页 b 面经文开头处粘有纸条，上面画有一朵小花。纸质八级。

第746号

西夏特藏第235号

[illegible]

《正理意之障去》

译自藏文，见西田龙雄《西夏文佛经目录》第220号。

馆册第4851号　第4卷

写本卷子装，绕在一根作为卷轴的细棍子上。28.5 厘米 ×1200 厘米，全文保存，每行 23 个字，上边距 5 厘米，下边距 3.5 厘米。结尾处重复经题，已校勘，内容相符。经文中有很多小字附注。经卷前端被撕坏。纸质一级。

馆册第5933号　第5卷

写本卷子装，绕在一根作为卷轴的细棍子上，28.5 厘米 ×734 厘米，首残，每行 27 个字。上边距 5 厘米，下边距 3.5 厘米。结尾处重复经题。经卷中有很多小字附注。经卷前端被撕掉。纸质一级。

馆册第5923号　第6卷

写本卷子装，绕在一根作为卷轴的细棍子上，28.5 厘米 ×960 厘米，首残，每行 30 个字。上边距 5.7 厘米，下边距 3.3 厘米。结尾处重复经题。经卷中有很多小字附注。纸质一级。

第747号

西夏特藏第243号

[illegible]

《菩萨业先录》

译自汉文，见西田龙雄《西夏文佛经目录》第154号。

馆册第4590号

写本卷子装，19 厘米 ×28 厘米，仅存经尾，每行 21—22 个字，用半斜体书写。结尾处重复经题，有日期：十二月五日完成。纸质七级。

第748号

西夏特藏第290号

[illegible]

《见顺分》

译自藏文，见西田龙雄《西夏文佛经目录》第74号。

馆册第4522号

写本卷子装，21 厘米 ×600 厘米，首残，每行 21 个字。上边距 1 厘米，下边距 1 厘米。结尾处重复经题。纸质四级。

第749号

西夏特藏第292号

𘀛𘀜

《禅源》

馆册第7119号

刻本小册子，22厘米×14厘米，13页（第59页b面—第65页b面），首尾皆残，每页6行，每行13个字。上边距4.5厘米，下边距2厘米。页面空白处有经文名称缩写和汉文数字页码。纸质八级。

第750号

西夏特藏第297号

𘀝𘀞𘀟

《随定论》

馆册第2530号

写本小册子，两层软封面：内层为纸封面，外层为沙土色的绸封面，33页，全文保存，也许，此名称为西夏特藏第346号经文的总名称，见第8号。每页6行，每行8—9个字。结尾处重复经题，经文中有陀罗尼咒语。纸质八级。

第751号

西夏特藏第315号

𘀠𘀡𘀢𘀣𘀤𘀥

《天险桑星大镜》

译自藏文，见西田龙雄《西夏文佛经目录》第307号。

馆册第6382号

写本小册子，21厘米×11.5厘米，34页（此经文在书中共有10页，其余内容为西夏特藏第283号经文，见第696号），全文保存，每页7行，每行16个字，用斜体书写。上边距2.5厘米，下边距1.8厘米。结尾处重复经题。纸质八级。

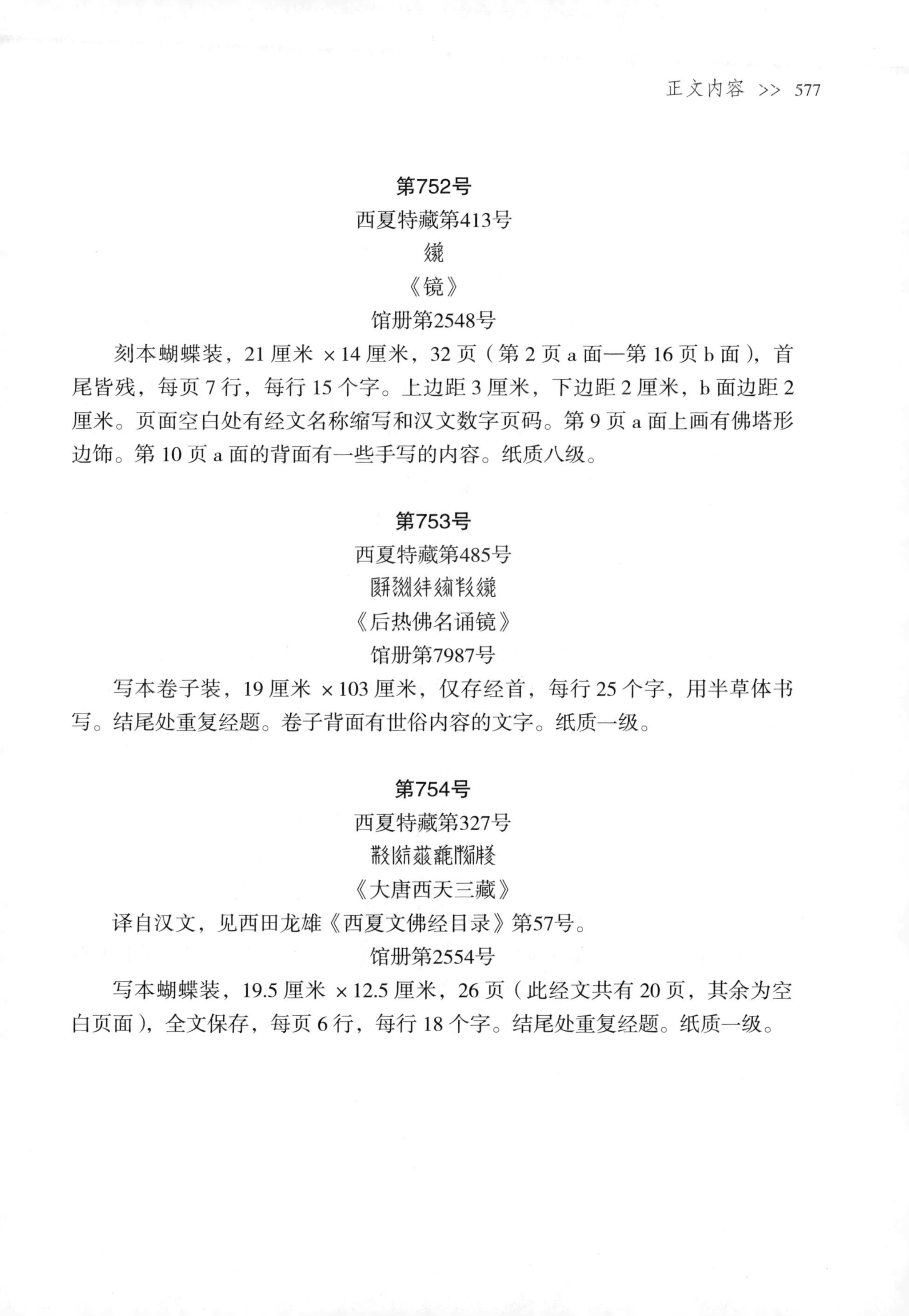

第752号

西夏特藏第413号

[illegible]

《镜》

馆册第2548号

刻本蝴蝶装，21 厘米 ×14 厘米，32 页（第 2 页 a 面—第 16 页 b 面），首尾皆残，每页 7 行，每行 15 个字。上边距 3 厘米，下边距 2 厘米，b 面边距 2 厘米。页面空白处有经文名称缩写和汉文数字页码。第 9 页 a 面上画有佛塔形边饰。第 10 页 a 面的背面有一些手写的内容。纸质八级。

第753号

西夏特藏第485号

[illegible]

《后热佛名诵镜》

馆册第7987号

写本卷子装，19 厘米 ×103 厘米，仅存经首，每行 25 个字，用半草体书写。结尾处重复经题。卷子背面有世俗内容的文字。纸质一级。

第754号

西夏特藏第327号

[illegible]

《大唐西天三藏》

译自汉文，见西田龙雄《西夏文佛经目录》第57号。

馆册第2554号

写本蝴蝶装，19.5 厘米 ×12.5 厘米，26 页（此经文共有 20 页，其余为空白页面），全文保存，每页 6 行，每行 18 个字。结尾处重复经题。纸质一级。

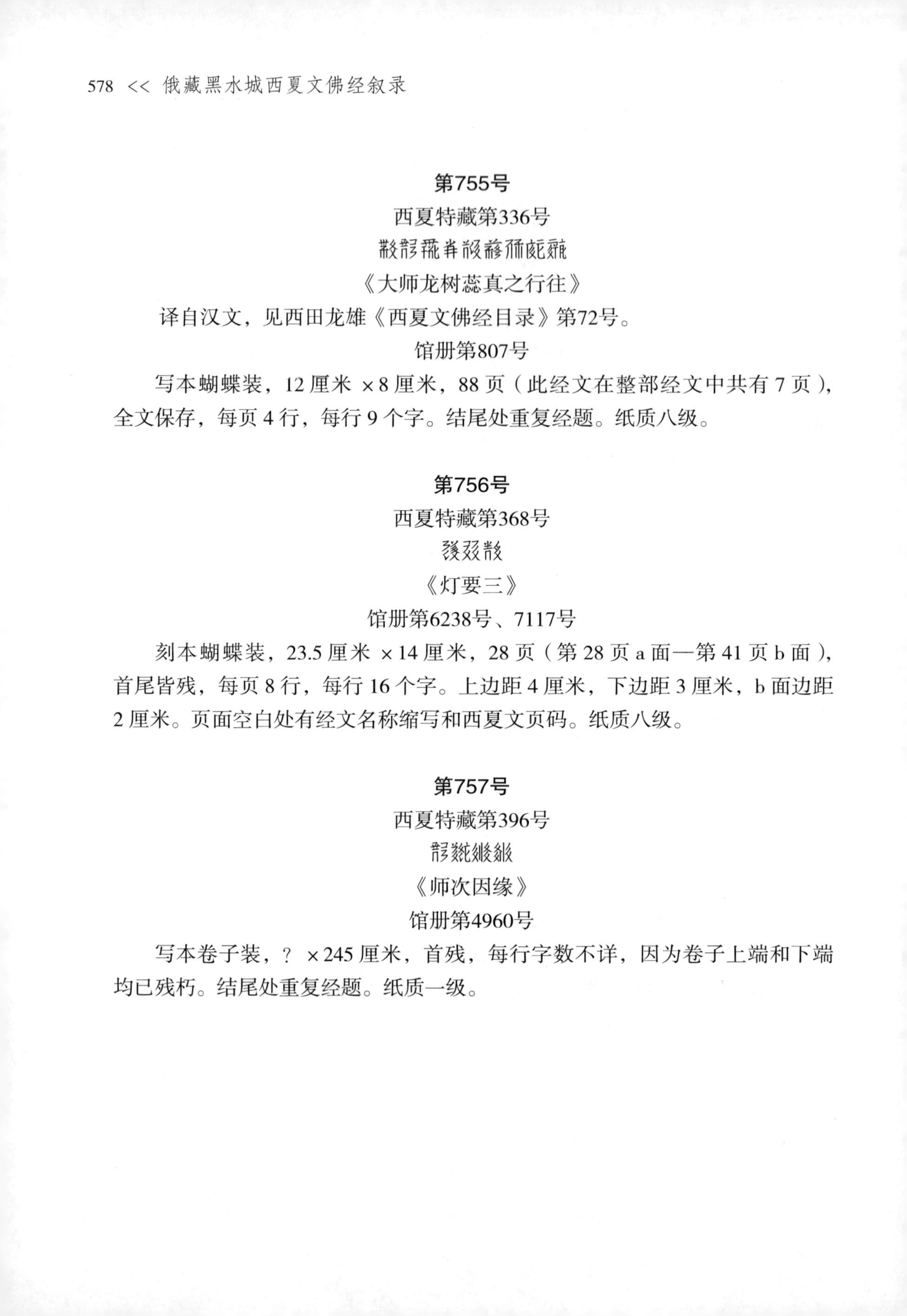

第755号

西夏特藏第336号

[illegible]

《大师龙树蕊真之行往》

译自汉文，见西田龙雄《西夏文佛经目录》第72号。

馆册第807号

写本蝴蝶装，12 厘米 ×8 厘米，88 页（此经文在整部经文中共有 7 页），全文保存，每页 4 行，每行 9 个字。结尾处重复经题。纸质八级。

第756号

西夏特藏第368号

[illegible]

《灯要三》

馆册第6238号、7117号

刻本蝴蝶装，23.5 厘米 ×14 厘米，28 页（第 28 页 a 面—第 41 页 b 面），首尾皆残，每页 8 行，每行 16 个字。上边距 4 厘米，下边距 3 厘米，b 面边距 2 厘米。页面空白处有经文名称缩写和西夏文页码。纸质八级。

第757号

西夏特藏第396号

[illegible]

《师次因缘》

馆册第4960号

写本卷子装，？ ×245 厘米，首残，每行字数不详，因为卷子上端和下端均已残朽。结尾处重复经题。纸质一级。

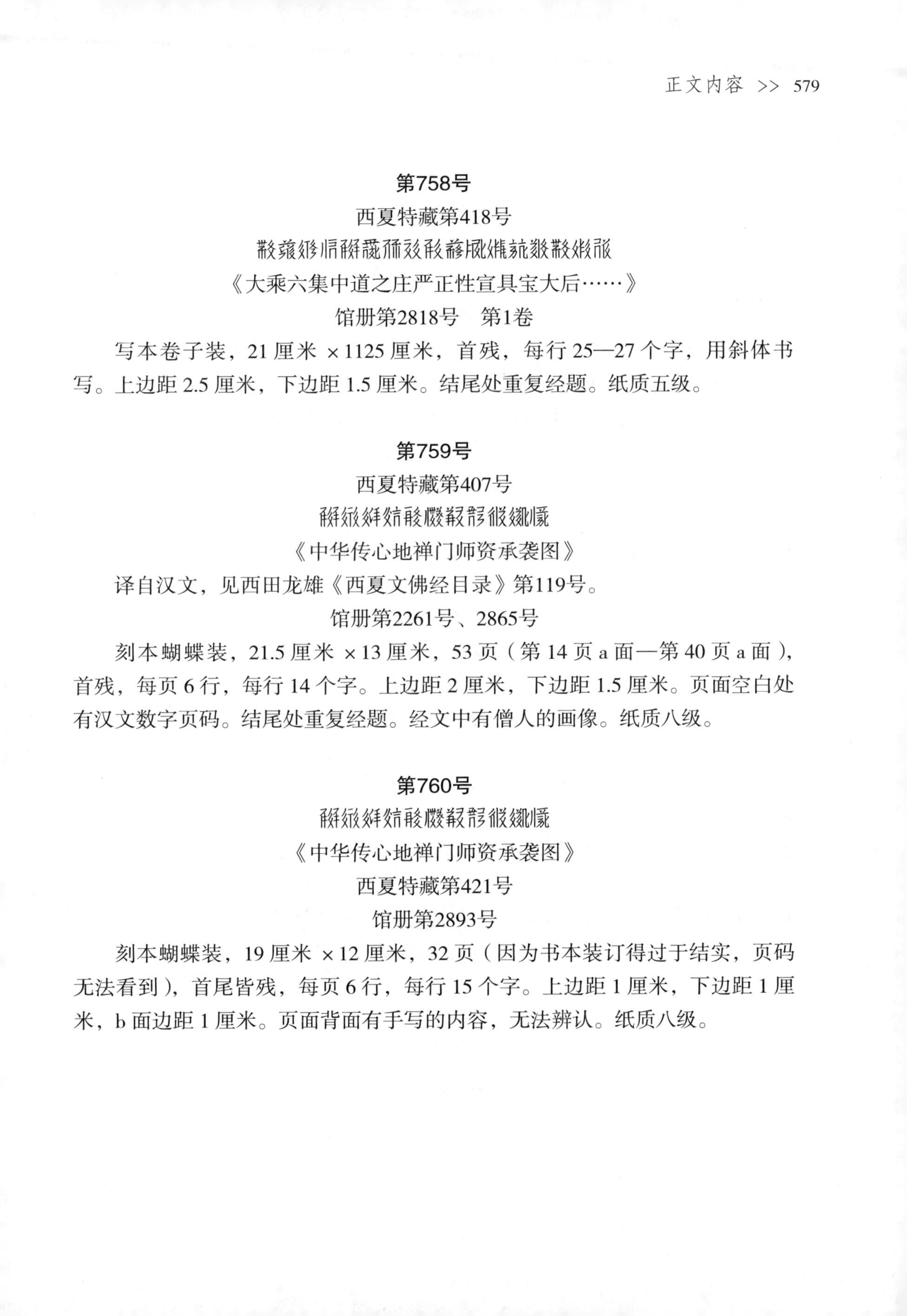

第758号

西夏特藏第418号

[illegible]

《大乘六集中道之庄严正性宣具宝大后……》

馆册第2818号　第1卷

写本卷子装，21厘米 ×1125厘米，首残，每行25—27个字，用斜体书写。上边距2.5厘米，下边距1.5厘米。结尾处重复经题。纸质五级。

第759号

西夏特藏第407号

[illegible]

《中华传心地禅门师资承袭图》

译自汉文，见西田龙雄《西夏文佛经目录》第119号。

馆册第2261号、2865号

刻本蝴蝶装，21.5厘米 ×13厘米，53页（第14页a面—第40页a面），首残，每页6行，每行14个字。上边距2厘米，下边距1.5厘米。页面空白处有汉文数字页码。结尾处重复经题。经文中有僧人的画像。纸质八级。

第760号

[illegible]

《中华传心地禅门师资承袭图》

西夏特藏第421号

馆册第2893号

刻本蝴蝶装，19厘米 ×12厘米，32页（因为书本装订得过于结实，页码无法看到），首尾皆残，每页6行，每行15个字。上边距1厘米，下边距1厘米，b面边距1厘米。页面背面有手写的内容，无法辨认。纸质八级。

第761号

西夏特藏第427号

𘄡𘟙𘗠𘃡

《次请佛智》

馆册第3817号

写本小册子，15.5 厘米 ×11.5 厘米，57 页（前 14 页或是属于另一篇经文结尾，或许是此经文前言的结尾，尚不确定），全文保存，每页 6 行，每行 7 个字。上边距 1.8 厘米，下边距 1.7 厘米，b 面边距 1.5 厘米。经题后有经文作者名字：

𘝞𘏀𘞋𘔼𘏀𘂆𘟗𘉅𘓺𘄽𘘂𘅁𘀍𘐀𘒥𘒅

折讹路赞讹（哇）之学子啰安氏沃兀那然布（·o lo tsa wa rie ·an ziə ngon ngwe na zia pu …гхо ло-цза-ва，Рие-гхан-жиэ-нгон-нгвэ-на-жиа-пу）造。

第762号

西夏特藏第428号

𘟙𘄴𘉞𘘚𘍊𘐍𘛇

《信毕国师世劝集》

馆册第3706号

刻本蝴蝶装，18 厘米 ×13 厘米，2 页，即第 1 页和最后 1 页，无正文内容。上边距 2 厘米，下边距 1.5 厘米。第 1 页上有一幅版画，描绘一位著名的僧人及其随从。结尾处重复经题，题记为：乾祐十九年二月十五日（1188 年 3 月 14 日）。发愿者、僧人𘜘𘝯𘝵（杨慧广）(·ion ziə wa Гхион Жиэ Ва Хуй Гуан)。为雕版刻印而抄经者、皇宫抄写者、执笔𘘂𘕿𘓺𘈷（啰末多耶）(ra 1iwe twu ·iwe Ра-шиве Тву-гхиве)。纸质八级。

第763号

西夏特藏第442号

𘑗𘗽𘍦𘟣𘛛𘅝𘞪𘛇

《吉祥护法大求主集》

馆册第4994号

写本卷子装，22.5 厘米 ×632 厘米，全文保存，每行 19 个字。经题后有译者的名字：兰山沙门德慧（Чхиа Жиэ Дэ Хуй）。结尾处重复经题。纸质一级。

第764号

西夏特藏第448号

𗣫𗢳𗥫𗂧𗗂𗋸

《金刚王乘犯堕根》

馆册第4822号

写本卷子装，15.2 厘米 ×84 厘米，仅存经首，每行 13 个字，上边距 2 厘米，下边距 2 厘米。纸质一级。

第765号

西夏特藏第468号

𗣫𗢳𗥫𗂧𗍫𗖵𗗂𗋸

《金刚王乘十四种犯堕根》

馆册第6736号

写本小册子，11.5 厘米 ×7 厘米，36 页，全文保存，每页 5 行，每行 11 个字。上边距 0.5 厘米，下边距 0.5 厘米。结尾处重复经题。纸质一级。

第766号

西夏特藏第489号

𗧓𗨁𗤻𗼃

《正道心照》

馆册第8121号

写本小册子，17 厘米 ×10 厘米，12 页（此经文共有 5 页，另外 7 页属于另一篇经文𗎘𗧊𗏹𗓱《灭时要论》），每页 4—6 行，每行 10—12 个字。上边距 1.5 厘米，下边距 0.4 厘米。结尾处重复经题。最后一页上画有十字形或是漂浮在波浪上木头的样子。纸质八级。

第767号

𗏹𗑗𘅍𗯝

《正道心照》

馆册第6778号

写本蝴蝶装，10.5 厘米 ×11 厘米，45 页（此经文在整部经文中共有 19 页），全文保存，每页 7 行，每行 9 个字。经题后有译者名字：沙门𗨁𗨀（善海）(nəw ngôn Нэы Нгон Шань Хай）奉敕译。纸质五级。

第768号

西夏特藏第492号

𘓐𘉞

《自体》

馆册第7280号

写本卷子装，26.5 厘米 ×85 厘米，仅存经尾，每行 28 个字，上边距 3 厘米，下边距 2.5 厘米。结尾处重复经题，用草体书写发愿者名字：𗐱𗙼𗗙𗦫𗍫（布卢朔没名）(pu lwə 1iwa mei me Пу-лвэ Шива-мей-ме）。有第 1 次校勘的标记，内容相符。纸质一级。

附录与指南

一、西夏文佛经题记中出现的年号

1. [illegible]（大安）（1074—1084年），从[illegible]（甲寅年）到[illegible]（甲子年）。

2. [illegible]（天祐民安）（1090—1097年），从[illegible]（庚午年）到[illegible]（丁丑年）。

3. [illegible]（贞观）（1101—1113年），从[illegible]（辛巳年）到[illegible]（癸巳年）。

4. [illegible]（人庆）（1144—1148年），从[illegible]（甲子年）到[illegible]（戊辰年）。

5. [illegible]（天盛）（1149—1169年），从[illegible]（己巳年）到[illegible]（己丑年）。

6. [illegible]（乾祐）（1170—1193年），从[illegible]（庚寅年）到[illegible]（癸丑年）。

7. [illegible]（天庆）（1194—1205年），从[illegible]（甲寅年）到[illegible]（乙丑年）。

8. [illegible]（应天）（1206—1209年），从[illegible]（丙寅年）到[illegible]（己巳年）。

9. [illegible]（光定）（1211—1223年），从[illegible]（辛未年）到[illegible]（癸未年）。

10. [illegible]（乾定）（1224—1226年），从[illegible]（甲申年）到[illegible]（丙戌年）。

二、十二生肖与年份的西夏文和汉文对应表

1. [illegible] 鼠 子
2. [illegible] 牛 丑
3. [illegible] 虎 寅
4. [illegible] 兔 卯
5. [illegible] 龙 辰
6. [illegible] 蛇 巳
7. [illegible] 马 午
8. [illegible] 羊 未
9. [illegible] 猴 申

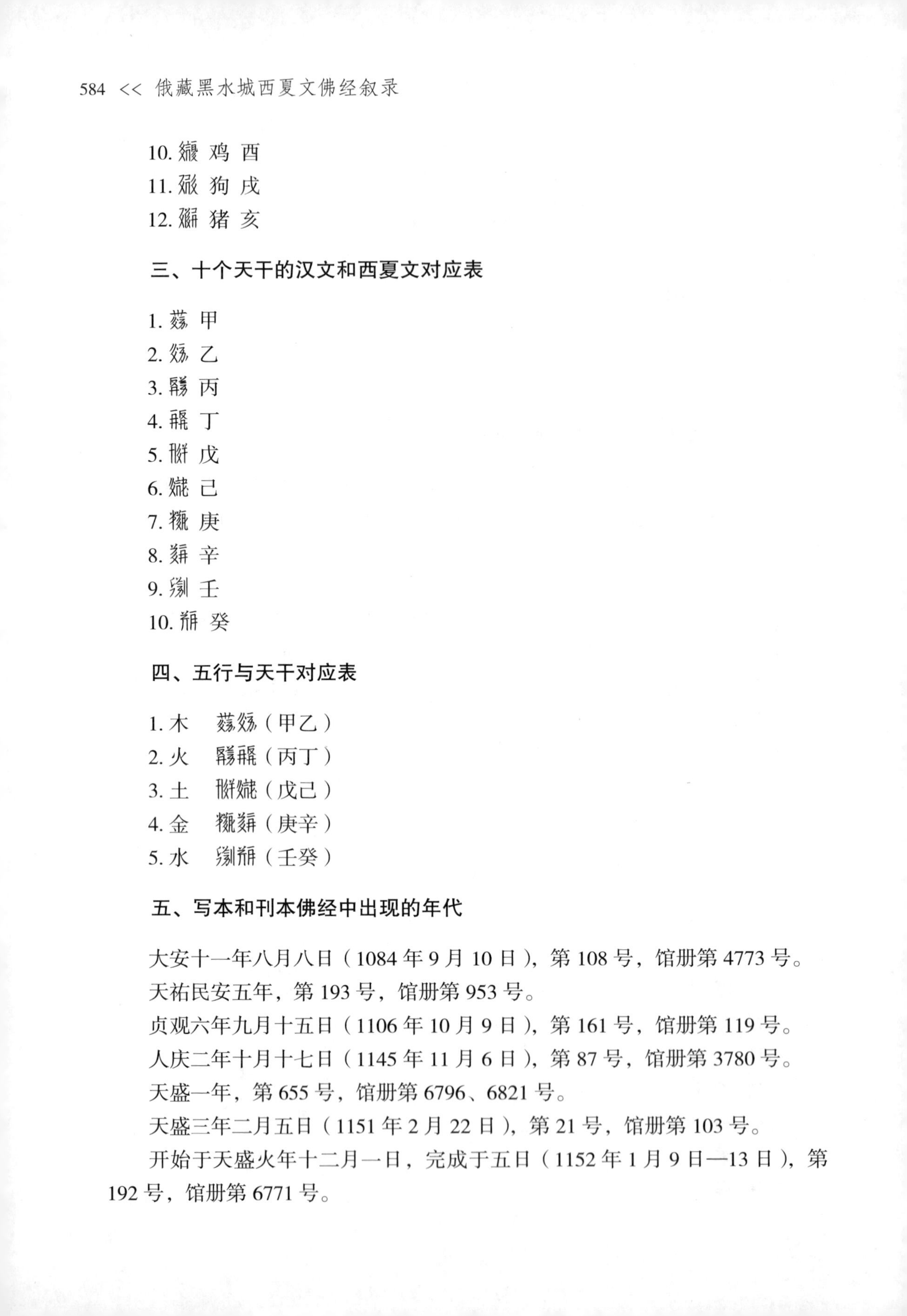

10. [illegible] 鸡 酉
11. [illegible] 狗 戌
12. [illegible] 猪 亥

三、十个天干的汉文和西夏文对应表

1. [illegible] 甲
2. [illegible] 乙
3. [illegible] 丙
4. [illegible] 丁
5. [illegible] 戊
6. [illegible] 己
7. [illegible] 庚
8. [illegible] 辛
9. [illegible] 壬
10. [illegible] 癸

四、五行与天干对应表

1. 木　[illegible]（甲乙）
2. 火　[illegible]（丙丁）
3. 土　[illegible]（戊己）
4. 金　[illegible]（庚辛）
5. 水　[illegible]（壬癸）

五、写本和刊本佛经中出现的年代

大安十一年八月八日（1084 年 9 月 10 日），第 108 号，馆册第 4773 号。

天祐民安五年，第 193 号，馆册第 953 号。

贞观六年九月十五日（1106 年 10 月 9 日），第 161 号，馆册第 119 号。

人庆二年十月十七日（1145 年 11 月 6 日），第 87 号，馆册第 3780 号。

天盛一年，第 655 号，馆册第 6796、6821 号。

天盛三年二月五日（1151 年 2 月 22 日），第 21 号，馆册第 103 号。

开始于天盛火年十二月一日，完成于五日（1152 年 1 月 9 日—13 日），第 192 号，馆册第 6771 号。

天盛四年二月二十五日（1152 年 4 月 2 日），第 9 号，馆册第 1585 号。

天盛四年五月四日（1152 年 6 月 8 日），第 21 号，馆册第 891 号。

天盛四年五月十六日（1152 年 6 月 19 日），第 21 号，馆册第 2727 号。

天盛四年五月（1152 年 6 月 5 日—7 月 4 日），第 184 号，馆册第 759 号。

天盛五年，第 9 号，馆册第 1473 号。

天盛五年，第 9 号，馆册第 1465 号。

天盛五年，第 9 号，馆册第 2173 号。

天盛六年十一月九日（1154 年 12 月 15 日），第 110 号，馆册第 5072 号。

鼠年三月十三日（1155 年 4 月 6 日），第 9 号，馆册第 1970 号。

天盛八年五月十一日（1156 年 6 月 30 日），第 434 号，馆册第 698 号。

天盛九年四月一日（1157 年 5 月 11 日），第 78 号，馆册第 63 号。

天盛九年七月（1157 年 8 月 7 日—9 月 6 日），第 642 号，馆册第 733 号。

天盛十年三月四日（1158 年 4 月 5 日），第 12 号，馆册第 1286 号。

天盛十年七月十三日（1158 年 8 月 22 日），第 97 号，馆册第 363 号。

天盛十五年十一月十九日（1163 年 12 月 26 日），第 110 号，馆册第 5182 号。

天盛十七年八月二十五日（1165 年 9 月 12 日），第 24 号，贝叶经第 16 卷。

天盛十七年八月一日（1165 年 8 月 18 日）。[①]

天盛十八年三月十四日（1166 年 4 月 24 日），第 338 号，馆册第 4357 号。

天盛二十年五月一日（1168 年 7 月 1 日）。

乾祐（1170—1193 年），第 599 号，馆册第 2519 日。

乾祐三年六月，十八日（1172 年 7 月 19 日），第 16 号，贝叶经第 140 卷。

乾祐水蛇年八月二日（1173 年 9 月 11 日），第 219 号，馆册第 562 号。

乾祐木羊年闰九月七日卯庚时（1174 年 10 月 5 日晨 5—7 时），第 179 号，贝叶经第 10 卷。

乾祐七年四月（1176 年 5 月 11 日—6 月 9 日），第 110 号，馆册第 4878 号。

乾祐九年十月二十六日（1179 年 1 月 9 日）。

---

① 译者注：天盛十七年后面的月份可能有疑问，待考。

乾祐狗年三月十五日（1178年4月5日），第619号，馆册第832号。

乾祐十年二月七日（1179年2月27日），第16号，贝叶经第270卷。

乾祐十年五月五日（1179年6月11日），第16号，贝叶经第379卷。

乾祐十年三月四日（1179年4月13日），第12号，馆册第1286号。

乾祐地鼠年六月十日（1180年6月6日），第214号，馆册第916号。

乾祐地鼠年十月八日（1180年10月28日），第343号，馆册第6867号。

乾祐十五年九月五日（1185年10月10日），第382号，馆册第7577号。

乾祐十五年九月（1185年9月26日—10月25日），第596号，馆册第7589号。

乾祐十九年二月十五日（1188年3月14日），第762号，馆册第3706号。

乾祐十九年九月（1188年9月23日—10月22日），第266号，馆册第705号。

乾祐二十年闰五月（1189年6月16日—7月25日），第726号，馆册第2822号。

乾祐二十年十月二十六日，第151号，馆册第76号。

乾祐狗年（1190年），第713号，馆册第7840号。

乾祐铁狗年六月二十五日（1190年7月29日），第100号，贝叶经第100卷。

乾祐铁猪年三月十八日（1191年4月15日），第100号，贝叶经第105卷。

乾祐鼠年十月八日（1192年11月14日），第343号，馆册第6867号。

乾祐二十四年十月八日（1193年11月4日），第285号，馆册第117号。

天庆一年五月十三日（1194年6月5日），第307号，贝叶经第8卷。

天庆一年七月十日（1194年7月29日），第307号，馆册号不可考。

天庆一年九月二十日（1194年10月6日），第66号，馆册第683号。

天庆二年八月一日（1195年9月6日），第239号，馆册第26号。

天庆木兔年八月十五日（1195年9月20日），第260号，馆册第2528号。

天庆四年（1197年），第510号，馆册第6966号；第415号，馆册第6966号。

天庆六年十一月（1199年11月20日—12月20日），第668号，馆册第900号。

天庆火龙年七月二十七日（1201年8月29日），第14号，馆册第2200

号。

应天一年十月一日（1206 年 11 月 2 日），第 420 号，馆册第 6510 号。

应天（1206—1209 年），第 17 号，贝叶经第 380 卷。

应天四年五月（1209 年 6 月 4 日—7 月 4 日），第 500 号，馆册第 4584 号。

光定狗年六月八日（1216 年 7 月 16 日），第 692 号，馆册第 5052 号。

光定五年十一月（1215 年 11 月 23 日—12 月 22 日），第 293 号，馆册第 5133 号。

光定六年六月（1216 年 6 月 17 日—7 月 16 日），第 393 号，馆册第 5130 号。

光定马年（1222 年），第 623 号，馆册第 883 号。

光定羊年九月九日（1223 年 10 月 3 日），第 594 号，馆册第 2546 号。

乾定猴年六月七日（1224 年 6 月 26 日），第 299 号，馆册第 2535 号。

乾定鸟年（1225 年），第 299 号，馆册第 2535 号。

龙年四月二十三日，第 14 号，馆册第 1513 号。

龙年五月十四日，第 14 号，馆册第 1919 号。

龙年五月二十八日，第 14 号，馆册第 2704 号。

猴年十二月十一日，第 34 号，馆册第 731 号。

猴年四月，第 304 号，馆册第 739 号。

马年六月十五日，第 114 号，贝叶经第 20 卷。

一月二十三日，第 68 号，馆册第 4993 号。

一月三十日，第 569 号，馆册第 834 号。

十二月五日，第 747 号，馆册第 4590 号。

六、人名指南[①]

1. [illegible] 斡讹平 Ba Гхо-пхин

赐绯僧，1106 年《维摩诘所说经》抄者，见第 161 号，馆册第 119 号。

2. [illegible] 广智 Ba Сие（Гуан Чжи）

① 译者注：在“人名指南”共出现 447 个人名，克恰诺夫分为两个表，一个是俄文的，一个是西夏文和索夫洛诺夫注音转写的，我将两个表合而为一，把俄文和西夏文译成汉语，未采用索夫洛诺夫注音转写，因为在佛经原文中已经出现过。

沙门，《维摩诘所说经》译者，见第 162 号，馆册第 2311 号。

3. [illegible] 嵬宝女 Вай Лдиэ-тхей

《大乘百法明门本母略释》抄者，见第 300 号，馆册第 897 号。

4. [illegible] 金刚（王）度铃 Ваджра Ван（Гхие-нин）(Ндеы Гхей)

法师，《依于身中围以四主受顺广典》作者，见第 689 号，馆册第 822 号。

5. [illegible][1] 金刚（王）日 Ваджра Ван（Гхие-нин）(Рэы)

西天大般密怛（大班智达）、空性三昧，《正性智重成就中自摄受次》作者，见第 675 号，馆册第 5057 号。

6. [illegible] 嵬慧宝 Ве Жиэ Лдиэ（Хуй Бао）

僧人，1179 年《大般若波罗蜜多经》抄者，见第 10 号，馆册第 1162、1169 号；第 12 号，馆册第 2013、3525 号。

7. [illegible] 龙幢 Ве Нджион

讲经律论、羌国大法师、沙门，《最乐净国求生颂》作者，见第 449 号，馆册第 2265 号。

8. [illegible] 嵬光因尔 Ве-ко Гхиен-жие

1179 年《大般若波罗蜜多经》发愿者，见第 12 号，馆册第 2754 号。

9. [illegible][2] 毗达迦啰波啰勒 Видьякара-прабха Мби-ндиа-киа-рие-пи

西天大巧健钵弥怛（班智达），《胜慧到彼岸要论教学现量解庄严论显颂》译者。见第 393 号，馆册第 5130 号。

10. [illegible] 威 Вие

法师，《大乘圣寿无量经》校勘检查者，见第 195 号，馆册第 2309 号。

11. [illegible] 嵬利善满 Ви-лде Нэы Сэ（Шань Мань）

1201 年《大般若波罗蜜多经》抄者，见第 14 号，馆册第 1513、1589、1919、2704 号。

12. [illegible] 弥那拶地啰 Винайячандра（Ндвэы ме Чанцин）

《等持集品》作者，见第 409 号，馆册第 816 号[3]；第 410 号，馆册第

---

① 译者注：此处"[illegible]"（"金刚王日"）应与"人名指南"第 340 号的"[illegible]"为同一人。

② 译者注：克恰诺夫认为"[illegible]"（译为"毗达迦啰波"）为人名，但根据第 393 号，馆册第 5130 号题记判定"[illegible]"（译为"毗达迦啰波啰勒"）为人名。

③ 译者注：此经题记中没有出现"[illegible]"（"弥那拶地啰"）人名。

2852 号。

13. 纅鑾 罔怛 Bo на（И Тун）

大师，《究竟一乘元明心义》作者，见第 501 号，馆册第 2848 号。

14. 秖𗣼𗁅𗕪𗖵 王葛山那麻 Вон-киве Шан-на-ма

1179 年《大般若波罗蜜多经》发愿者，见第 12 号，馆册第 1840 号。

15. 秖𗤶𗥃𗦀 王吉祥全 Вон Нгиу-ру-цхиван

黑水城善男，1180 年《大般若波罗蜜多经》发愿者，见第 16 号，贝叶经；《种咒王荫大孔雀经》抄者，见第 201 号，馆册第 6399 号；《圣大乘大千国守护经》抄者，见第 214 号，馆册第 916 号、4778 号；第 221 号，贝叶经。

16. 秖𗤶𗥃𗦁 王吉祥成 Вон Нгиу-ру-шие

1179 年《大般若波罗蜜多经》抄者，见第 16 号，贝叶经。

17. 𗧓𗨁𗩃[1] 罔怛持 Вон-та Гхиве

御前都头监、中兴府签判、清（秦）原县（Нио-гхон）司检校罔怛义持（Вон-та ·iwe Гхиве）所疏校，1216 年《胜慧到彼岸要论教学现量解庄严论显颂》校勘检查者，见第 393 号，馆册第 5130 号。

18. 𗧓𗪅𗫁 罔忠敬 Вон-Тву Мбиу（Чжун Чи）

御前疏补所印字活都案头监工院正罔忠敬，1216 年《胜慧到彼岸要论教学现量解庄严论显颂》校勘者，见第 393 号，馆册第 5130 号。

19. 𗬀 耶 a Гха

1201 年《大般若波罗蜜多经》提及此人，见第 14 号，馆册第 1953 号。

20. 𗭁𗮂𗯃 夏娃宝 Гха Ва-лдиэ

1179 年《大般若波罗蜜多经》发愿者，见第 12 号，馆册第 2754 号。

21. 𗬀𗰄𗱅𗲆 耶韦智宣 Гха-вие Сие-ндживон

观义、善生（比丘）、座主，1106 年《维摩诘所说经》校勘者，见第 161 号，馆册第 119 号。

22. 𗬀𗳇𗴈𗵉 耶由显五 Гха-гхеы Шиа-нгвэ

1201 年《大般若波罗蜜多经》抄者，见第 14 号，馆册第 2702 号。

23. 𗶊𗷋𗸌𗹍𗺎𗻏 何没哈底迦 Гха-мбие Ха-риу-ка

① 译者注：在“人名指南”中为“𗧓𗨁𗩃”（译为“罔怛持”），而第 393 号，馆册第 5130 号题记中则为“𗧓𗨁纅𗩃”（译为“罔怛义持”）。

法师，《药观海生金刚王文二部》作者，见第 711 号，馆册第 2543 号。

24. [西夏文] 耶凉昔巴 Гха лион Си-чион（Сипа）

德王、中国上师，《金刚王默有母之思定作顺》作者，见第 542 号，馆册第 2517 号；《等持以四主承顺》作者，见第 547 号，馆册第 821 号①；《六法混元道次》作者，见第 684 号，馆册第 2734 号、第 685 号，馆册第 6373 号。

25. [西夏文] 耶吉狗由 Гха нгиу Кхви-гхеы

发愿抄写者、修善，1153 年《大般若波罗蜜多经》发愿者，见第 9 号，馆册第 657、984、986、987、1160、1195、1462、1465、1598、1615、1624、1626、1633、1634、1712、1738、2126、2132、2157、2170、2173、2183、2190、2203、2205、2206、2208、3532、6275、7731 号。

26. [西夏文] 耶吉祥成 Гха-нгиу Ру-шие

发愿者、近善，1152—1156 年《大般若波罗蜜多经》发愿者，见第 9 号，馆册第 1437、1439、7950 号。

27. [西夏文] 耶尕 Гха Тве

承旨，《金光明最胜王经》发愿者，见第 166 号，馆册第 2741、4819 号。

28. [西夏文] 耶哈 Гха-хва

①随喜发愿者、善人，1180—1192 年《圣大乘大千国守护经》发愿者，见第 215 号，馆册第 27 号；《佛说来生经》抄者，见第 343 号，馆册第 6867 号；《菩提勇识学所道及果与一顺显释宝炬》发愿者，见第 481 号，馆册第 3833 号。

②妇女，她的儿子们为纪念她的生养之恩，用金字抄写《佛说圣佛母般若波罗蜜多心经》，见第 552 号，馆册第 4090、5253 号。

29. [西夏文] 耶哈哇由 Гха-хва Ва-гхеы

1162 年《大宝积经》抄者，见第 97 号，馆册第 507 号。

30. [西夏文] 耶哈由宝 Гха-хва Гхеы-лдиэ

随喜发愿者、善近、头领，1190—1191 年《大宝积经》发愿者，见第 100 号，贝叶经。

31. [西夏文] 耶哈易屈 Гха-хва Гхиэ-кхви

---

① 译者注：在第 547 号，馆册第 821 号中僧人名称为"[西夏文]"，比第 542 号，馆册第 2517 号多出"[西夏文]"（法狮子）三个字。在第 684 号，馆册第 2734 号中有名字为"[西夏文]"，译为"耶凉昔巴吃"，比第 542 号，馆册第 2517 号又多出一个字"[西夏文]"。

《大般若波罗蜜多经》发愿者，见第 11 号，馆册第 2010 号。

32. [illegible] 耶哈易精 Гха-хва Гхиэ-ндзие

《大般若波罗蜜多经》发愿者，见第 11 号，馆册第 2705、2812 号。

33. [illegible] 耶哈易杰魁 Гха-хва Гхиэ-ндзие-кхвей

《大般若波罗蜜多经》发愿者，见第 11 号，馆册第 1164、1165、1166 号。

34. [illegible] 耶哈氏乌门 Гха-хва Жиэ-гху…

《大般若波罗蜜多经》抄者，见第 11 号，馆册第 1797 号。

35. [illegible] 耶哈谷 Гха-хва Кво

喜发愿者、善近男子, 1191 年《大宝积经》发愿者，见第 100 号，贝叶经。

36. [illegible] 耶哈梁合 Гха-хва Лион-гхве

《随圣幼母供养作顺》发愿者，见第 529 号，馆册第 7974 号。

37. [illegible] 耶哈嵬名尚 Гха-хва Нгве-ми-шион

《根本一切有说部百一羯磨》发愿者，见第 289 号，馆册第 358 号。

38. [illegible] 耶和吉山 Гха-хва Нгиу-шан

发愿者、德者，1194 年《慈悲道场罪忏法》发愿者，见第 307 号，贝叶经。

39. [illegible] 耶和那征由 Гха-хва Ндон-нджин-гхеы

黑水城城主《种咒王荫大孔雀经》发愿者和经文拥有者，见第 207 号，馆册第 5757 号;《圣大乘大千国守护经》发愿者，见第 221 号，贝叶经。

40. [illegible] 耶哈那征宝 Гха-хва Ндон-нджин-лдиэ

善男子、发愿者、修禅定者、住家僧,《大般若波罗蜜多经》发愿者，见第 11 号，馆册第 1062、1066、1076、1102、1668、1976、2154、2174、2752 号。

41. [illegible] 耶哈释释宝 Гха-хва Шивэ-шивэ-лдиэ

住家僧、修禅定者,《大般若波罗蜜多经》发愿者，见第 11 号，馆册第 1267 号。

42. [illegible] 耶哈成法 Гха-хва Шие Циэ（Чэн Фа）

《圣多闻天王之宝藏本续随一院十八部供顺》抄者，见第 530 号，馆册第 5099 号。

43. [illegible] 耶哈十五宝 Гха-хва Шиэ-нгвэ-лдиэ

《大般若波罗蜜多经》发愿者，见第 15 号，馆册第 1956 号。

44. [illegible][①] 观音 Гхей-мбиоы (Гуаньинь , Авалокитешвара)

《禅修要论》作者，见第 590 号，馆册第 4824 号。

45. [illegible] 姚华净 Гхеы Виа Сей (Хуа Цин)

《大般若波罗蜜多经》发愿者，见第 11 号，馆册第 1494 号。

46. [illegible] 由啼那征长 Гхеы-ндие Ндон-нджин-нджеы

《大般若波罗蜜多经》校勘者、发愿者，见第 15 号，馆册第 1888、2081 号。

47. [illegible] 由啼孛玉 Гхеы-ндие Пхэ-нгиу

《大般若波罗蜜多经》发愿者，见第 15 号，馆册第 1937 号。

48. [illegible]……[illegible]…… 由……那……Гхеы…Ндон

1201 年《大般若波罗蜜多经》发愿者，见第 14 号，馆册第 1534 号。

49. [illegible] 亚凉生 Гхиа Лион шай

羌中国法师。《金刚王默有母随智火供造顺要论》作者，见第 585 号，馆册第 4772 号。

50. [illegible] 文列 Гхивэ Лдией

吴山沙门，《西方净土十疑论》注释者，见第 318 号，馆册第 6743 号。

51. [illegible] 第讹平玉 Гхи-гхо Пхин-нгиу

赐绯僧，《维摩诘所说经》抄者，见第 162 号，馆册第 2311 号。

52. [illegible] 尹单啰 Гхиен Шиа-риа

《大乘默有者道中入顺大宝聚集要论》雕版刻者，见第 600 号，馆册第 4530 号。

53. [illegible][②][illegible] 郢吉吉祥成 Гхин Нгиу-нгиу-ру-шие

发愿者、近善，1152—1156 年《大般若波罗蜜多经》发愿者，见第 9 号，馆册第 1449、1450、2805、7950 号。

54. [illegible] 郢吉祥成 Гхин-нгиу Ру-шие

善男子、近善、修禅定者，1152 年《大般若波罗蜜多经》发愿者，见第 9 号，馆册第 979、981、1156、1158、1159、1185、1473、1585、1598、

---

① 译者注：与"人名指南"第 332 号可能为同一人。

② 译者注：在第 9 号，馆册第 7950 号题记中"[illegible]"，译为"耶吉祥成"，而在"人名指南"中克恰诺夫又把"[illegible]"写成"[illegible]"，这两处有一处应是错误的，需要等原文佛经公布后核实。另外在馆册 1449 和 1450 号中克恰诺夫只给人名的俄译音，克恰诺夫认为这两处出现的人名和馆册第 7950 和 2805 号是一个人，但从克恰诺夫人给出的俄译音看，并非同一人。

1738、2016、6643 号。

55. [illegible] 郢菩侍 Гхин По-шэ

1179 年《大般若波罗蜜多经》发愿者，见第 12 号，馆册第 1494 号。

56. [illegible] 杨阿茂 Гхион А-вай

官吏，1195 年《佛说圣星母陀罗尼经》抄者，见第 260 号，馆册第 2528 号。

57. [illegible] 杨慧广 Гхион Жиэ Ва（Хуй Гуан）

僧人，1188 年《信毕国师集世劝》发愿者，见第 762 号，馆册第 3706 号。

58. [illegible] 杨慧明 Гхион Жиэ Свеы（Хуй Мин）

1179 年《大般若波罗蜜多经》抄者，见第 12 号，馆册第 1319、3253 号。

59. [illegible] 越啰 Гхион Ло

法师，《自入顺略要论》作者，见第 563 号，馆册第 821 号。

60. [illegible] 杨波 Гхион По

《大般若波罗蜜多经》抄者，见第 15 号，馆册第 151 号。

61. [illegible][1] 杨智幢 Гхион Сие-цие

五台山知解三藏国师、沙门，1216 年《胜慧到彼岸要论教学现量解庄严论显颂》番译者，见第 393 号，馆册第 5130 号。

62. [illegible] 野利屈嵬 Гхи-рие Кхви-вай

《大般若波罗蜜多经》发愿者，见第 15 号，馆册第 1457 号。

63. [illegible] 野利屈利嵬 Гхи-рие Кхви-лдиэ-вай

纯洁懂理之人，《大般若波罗蜜多经》发愿者，见第 15 号，馆册第 629、1754 号。

64. [illegible] 野利宝成 Гхи-рие Лдиэ-шие

1158 年《大宝积经》重校者，见第 97 号，馆册第 363、376、502、542 号。

65. [illegible] 野利才力 Гхи-рие Ндзие-лхи

1158 年《大宝积经》二遍校勘者，见第 97 号，馆册第 544 号。

66. [illegible] 勤勤 Гхиэ Гхиэ

男子，儿子们为纪念这位父亲发愿抄写《佛说圣佛母般若心经诵持顺要论》，见第 552 号，馆册第 4090、5253 号。

67. [illegible] 哩酩长 Гхиэ Мие Ндживон（Мин Сюань）

① 译者注：与“人名指南”第 354 号人名为同一个人。

羌中国大隐修者（大瑜伽者），《吉有恶趣净令本断纲》作者，见第 708 号，馆册第 7909 号。

68. 𗼃 讹 Гхо

《番言圣观自在千眼千手之供顺》经文封面上提及的姓氏，见第 544 号，馆册第 7195 号。

69. 𗼃𘟙𗏁𗍳 讹口移慧答 Гхо-жвей Жиэ Та（Хуй Ши）

隐修者，《伏藏变化解键》发愿者，见第 743 号，馆册第 2821 号。

70. 𗆧𗼃𘟙𗢳𗐯𗫶[1] 姑讹口移那征宝 Гхо-жвей Ндон-нджин-лдиэ

写施（经文）者，《大般若波罗蜜多心经》发愿者，见第 15 号，馆册第 1924 号。

71. 𗼃𗏁𗴮 讹慧云 Гхо Жиэ Гхи（Хуй Ю）

1201 年《大般若波罗蜜多经》发愿者，见第 14 号，馆册第 1945 号。

72. 𗼃𗤶𗼃𗗙𗩨 讹力尼为宁 Гхо-лхиэ Нин-виеи-ндин

《大般若波罗蜜多经》提及此人，见第 14 号，馆册第 1953 号。

73. 𗹬𗼻𗋒𗽇 吴小狗成 Гху-кэ Та-шие

《大般若波罗蜜多经》供养者，见第 15 号，馆册第 1681 号。

74. 𘟙𗂧𗼑[2] 口移阿庞 Жвей А-пхон

净本写者，1201 年《大般若波罗蜜多经》抄者，见第 14 号，馆册第 1920 号。

75. 𘟙𗼃𗆮𗂸𗌭𗬩 口移讹区金令方 Жвей-гхо Кхиу-кен-лдиэ

1179 年《大般若波罗蜜多经》发愿者，见第 12 号，馆册第 3028 号。

76. 𘟙𗼃𗣼𗧓𗥓 口移讹吉祥尚 Жвей-гхо Нгиу-ру-шион

《正理滴之句义显具》抄者，见第 426 号，馆册第 862 号。

77. 𘟙𗼃𗽇𗦇𗫶 口移讹成由宝 Жвей-гхо Шие-гхеы-лдиэ

《正理空幢要论》发愿者，经文拥有者，见第 570 号，馆册第 890 号。

78. 𘟙𗼃𗥓𗼈 口移讹尚嵬 Жвей-гхо Шион-вай

1201 年《大般若波罗蜜多经》发愿者，见第 14 号，馆册第 1570 号。

79. 𘟙𗼃𗥓𗫶 口移讹尚力 Жвей-гхо Шион-лдиэ

① 译者注：在“人名指南”中人名仅有“𗼃𘟙𗢳𗐯𗫶”（“姑讹口移那征宝”），而在题记中却多个“𗆧”字。

② 译者注：与“人名指南”第 195 号“𗤶𗼃𘟙𗂧𗼑”（“力讹口移阿庞”）为同一人。

1201 年《大般若波罗蜜多经》发愿者，见第 14 号，馆册第 654、659 号；《正理空幢要论》经文拥有者，见第 569 号，馆册第 834 号，第 15 号，馆册第 2163 号。

80. 緂𗼃𘇂𗑗 口移讹尚那 Жвей-гхо Шион-ниа

《正理空幢要论》抄者，见第 569 号，馆册第 834 号。

81. 𗽀… 祀… Же

1179 年《大般若波罗蜜多经》抄者，见第 12 号，馆册第 3525 号。

82. 𗽀……𗆧 祀……犬（軴）Же……та

善男子，1179 年《大般若波罗蜜多经》抄者，见第 16 号，贝叶经。

83. 𗆧𗧓𗨁 寿智净 Жиеы Сие Сей（Чжи Цин）

1094 年《大乘圣寿无量经》抄者，见第 193 号，馆册第 953 号，第 194 号，馆册第 697 号。

84. 𗒹……𗏁𗑗 柔……鲁少 Жиеы… Лу-шиоы

净本抄者、僧人，《大般涅槃经》抄者，见第 111 号，馆册第 2002 号。

85. 𗼻𗓑[①]慧广 Жиэ Ва Хуй Гуан

《金刚王乘根犯堕》发愿者，见第 764 号，馆册第 4822 号。

86. 𗼻𘒣 慧护（守）Жиэ Гхвай（Хуй Ху）

至觉国师，禅摩山沙门，拥有皇族姓氏嵬名者，《佛说阿弥陀经》传经者，见第 109 号，馆册第 6761 号；《究竟一乘元明心义》译者，见第 501 号，馆册第 2848 号；《安立总集》抄者，见第 667 号，馆册第 4862 号。

87. 𗼻𗰭 慧赫 Жиэ Гхве（Хуй Ши）

羌中国善生，《正理滴之句义显具》作者，见第 428 号，馆册第 861 号。

88. 𗼻𗓑 慧宝 Жиэ Лдиэ（Хуй Бао）

1216 年《五佛亥母随略供养根》发愿者，见第 692 号，馆册第 5052 号[②]；《不动佛随广大供养根》抄者，见第 694 号，馆册第 4975 号。

89. 𗼻𗧊 慧聪 Жиэ Мбиу（Хуй Цун）

僧人，五明显生寺沙门，《金刚般若义解记》校勘者，见第 324 号，馆册第 886 号，《菩提勇识之业中入顺》译者，见第 400 号，馆册第 4827 号；《于

---

① 译者注：在第 764 号，馆册第 4822 号题记中没有找到“𗼻𗓑”（“慧广”），而在第 762 号，馆册第 3706 号题记中 出现“𗏁𗼻𗓑”（“杨慧广”），不知是否指同一人。

② 译者注：第 692 号，馆册第 5052 号为“𗆫𗼻𗓑”（“娄慧宝”），而《不动佛随广大供养根》抄者，见第 694 号，馆册第 4975 号为“𗇋𗼻𗓑”（“口命慧宝”），二者不应是同一个人。

入菩提勇识之业顺记》译者，见第 404 号，馆册第 2621 号。

90. 毳毗 慧知 Жиэ Нвэ（Хуй Чжи）

《大凤凰空明注》抄者，见第 497 号，馆册第 818 号。

91. 毳𢓐[①] 慧海 Жиэ Нгон（Хуй Хай）

显密法师、功德司副使、囔卧英（受平义）、妙悦寺沙门，《注华严法界观门深》译者，见第 306 号，馆册第 942 号；《顶尊胜相总持功德韵集》译者，见第 654 号，馆册第 4078 号；第 657 号，馆册第 7592 号。

92. 毳嫡 慧称或慧宣 Жиэ Ндживон（Хуй Сюань）

大乘密教中国帝师，《吉祥上乐轮随狮子卧以定（识）正修顺要论》作者，见第 555 号，馆册第 2521 号，第 557 号，馆册第 2838 号。

93. 毳綫 慧监 Жиэ Ндзу（Хуй Чжу）

中国大师，帝师，沙门，《于入风气心顺》作者，见第 549 号，馆册第 3708 号。

94. 毳禘 慧那 Жиэ Ндон（Хуй Се）

净本发愿者、德善僧人，《菩提勇识学所道及果与一顺显释宝炬》发愿者，见第 480 号，馆册第 4981 号。

95. 毳𣵀 慧尊 Жиэ Пиу（Хуй Цзунь）

番译主、善生，《新译常作略记》译者，见第 629 号，馆册第 4359 号。

96. 毳𢓜[②]慧明 Жиэ Свеы（Хуй Мин）

三乘知解须弥上师、善生、住家僧，《佛说大人八觉经》抄者，见第 190 号，馆册第 569 号；《圣大乘大千国守护经》校勘者，见第 215 号，馆册第 27 号；《心习顺续》译者，见第 422 号，馆册第 5923 号。

97. 毳㣽[③] 慧照 Жиэ Свеы（Хуй Чжао）

五明显生寺法师、释迦善生、讲经律论者、西夏语和藏语语言大师，修禅定者、1223 年黑水城沙门，《圣金刚王能断胜慧到彼岸大乘经》译者，见第 380 号，馆册第 2561 号，《胜住令顺法事》译者，见第 391 号，馆册第 810 号；《胜慧到彼岸要论教学现量解庄严论显颂》译者，见第 393 号，馆册

① 译者注：与“人名指南”第 397 号“周慧海”为同一人。

② 译者注：与“人名指南”第 317 号的“布青慧明”为同一人。

③ 译者注：克恰诺夫认为此处的“慧照”与“人名指南”第 149 号和第 360 号的“李慧照”和“地悟慧照”是同一人，此观点尚待考证。

第 5130 号；《菩提勇识学所道及果与一顺显释宝炬》译者，见第 459 号，馆册第 5129 号；《增寿定次主承次要论》译者，见第 591 号，馆册第 4989 号；1223 年《欲乐元混令顺要论》译者，见第 593 号，馆册第 5116 号，第 594 号，馆册第 2546 号；《六法自体要论》译者，见第 602 号，馆册第 4858 号；《念定绝害要论》译者，见第 606 号，馆册第 2892 号；1178 年《于人二谛顺本母之义解记》经文拥有者，见第 619 号，馆册第 833 号；《六法混元道次》译者，见第 684 号，馆册第 2734 号。

98. 𗟻𗠁 慧思 Жиэ Сивэ（Хуй Сы）

善男子，《大寒林经》抄者，见第 275 号，馆册第 917 号。

99. 𗟻𗤁[①] 慧答 Жиэ Та（Хуй Ши）

隐修者，《伏藏变化解键》发愿者，见第 743 号，馆册第 2821 号。

100. 𗟻𗖵 慧侍 Жиэ Цхи

净本写者、修禅定者，1152—1156 年《大般若波罗蜜多经》抄者，见第 9 号，馆册第 1712 号。

101. 𗟻𗍊[②] 慧德 Жиэ Чхиа（Хуй Дэ）

《大乘默有者道中入顺大宝聚集要论》经文拥有者，见第 600 号，馆册第 5031 号；《六法自体要论》抄者和经文拥有者，见第 603 号，馆册第 4698 号。

102. 𗍊𗤋𗌭 尹智有 Жу Сие Ндиу（Чжи Ю）

出家功德司承旨、沙门执藏本校，御前疏补、印字活都案头监，1216 年《胜慧到彼岸要论教学现量解庄严论显颂》校勘者，见第 393 号，馆册第 5130 号。

103. 𗑗 贾 Ка

近善，《大宝积经》发愿者，见第 100 号，贝叶经。

104. 𗒘𗟲𗟻 郭法慧 Кво Циэ Жиэ（Фа Хуй）

护国寺三藏知解番、羌语辩才法师、沙门，《伏藏变化解键》译者，见第 743 号，馆册第 2821 号。

105. 𗓱𗟻 法（戒）慧 Ке Жиэ（Син Хуй）

僧人，《心习顺续》抄者，见第 422 号，馆册第 5923 号。

---

① 译者注：与“人名指南”第 69 号为同一人。

② 译者注：此处的“慧德”与第 355 号的“苏德慧”应为同一人。

106. [illegible] 法（戒）胜 Ке Мбу（Син Шэн）

译经者、善生，《德王不文之广供顺》抄者，见第 540 号，馆册第 4984 号。

107. [illegible] 法（戒）明 Ке Свеы

1195 年甘州僧人，《圣大悟荫王求随皆得经》发愿者，见第 239 号，馆册第 26 号。

108. [illegible] 庚乞达普尚和 Кей-кхе-та Пху-лдиу

御前内侍，《菩提心久常作可法事》发愿者，见第 416 号，馆册第 4756 号。

109. [illegible][1][illegible] 庚尼 Кей-ни Нджей Мбие（Син Хао）

新御前，1190 年《三十五佛等同十三部》发愿者，见第 713 号，馆册第 7840 号。

110. [illegible][2] 庚童喜 Кей Нджеы-гхие

雕版发愿者、御前内侍，1156 年《佛说圣佛母般若波罗蜜多心经》雕版刻工，见第 72 号，馆册第 7036 号。

111. [illegible] 庚人娱 Кей Ндзиво-мбай

1168 年《金刚般若波罗蜜多经》发愿者，见第 56 号，馆册第 101 号。

112. [illegible][3][illegible] 尚法师 Кей Циэ（Цзе Фа）

法师，《五部法界之都序》抄者，见第 709 号，馆册第 7160 号。

113. [illegible] 高慧尊 Кеы Жиэ Пиу

僧人，《大方广佛华严经注由义释补》发愿者，见第 491 号，馆册第 7211 号。

114. [illegible] 高屈利 Кеы Кхви-лдиэ

《大般若波罗蜜多经》发愿者，见第 12 号，馆册第 1777 号。

115. [illegible][4] 果名可名 Ко-ми Гхие-мин

1216 年大钵弥怛（班智达）、执梵本再勘作正译，《胜慧到彼岸要论教学

---

① 译者注：在“人名指南”中克恰诺夫把“[illegible]”（“庚尼印赎”）作为人名，有误。其实人名只有两个字即“[illegible]”（庚尼），另两个字“[illegible]”（印赎），表示赎经刊印。

② 译者注：在“人名指南”为“[illegible]”（庚童喜）与第 72 号，馆册第 7036 号题记中的“[illegible]”（庚金喜）有一个字不同，但结合克恰诺夫给出的俄语标音推测为“[illegible]”（“童”）。

③ 译者注：编译者认为此处只有“[illegible]”（尚），“人名指南”中将“[illegible]”作为人名有误，“[illegible]”与后面“[illegible]”组成法师，此人应为“尚法师”。

④ 译者注：克恰诺夫认为“[illegible]”为人名，译为“果弥可名”，但根据佛经题记内容判定，“[illegible]”，译为“果弥可名尼勒兀”，与克恰诺夫的观点不同。

现量解庄严论显颂》译者，见第 393 号，馆册第 5130 号。

116. 緣祇𗧯𗗙 兹那弥密 Кришна（Це-ниа-ми…）

西天大师，《护摩法事曰》作者，见第 714 号，馆册第 4523 号。

117. 𗏁𗀔𗈪𗍫 鸠摩罗什 Кумараджива（Кеы-мо-ло…）

姚秦三藏法师，《金刚般若波罗蜜多经》汉文译者，见第 53 号，馆册第 3834 号；《妙法莲华经观世音菩萨普门品》汉文译者，见第 82 号，馆册第 576 号。

118. 𗂧𗤶𗅉𗗚𗚩 荞阿昔纪尼 Кхиеы А-си-ки-ни

1206 年《菩提心久常作可法事》发愿者，见第 420 号，馆册第 6510 号。

119. 𗂧𗥃𗈞 荞灵州 Кхиеы Це-чие

1189 年《唐长国师住光殿众宫中尔时众人问佛义二十五问答》雕版刻字发愿者，见第 726 号，馆册第 2822 号。

120. 𗴂𗧓𗥤𗏹 契小狗金 Кхин Кэ-та-кеи

《五十颂》发愿者，见第 68 号，馆册第 4993 号。

121. 𗴂𗦺𗣼𗏹 契狄光金 Кхин-ндией Ко-кей

抄经者，1209 年《胜慧到彼岸要论教学现量解庄严注释疏》抄者，见第 500 号，馆册第 4584 号。

122. 𗼃 康 Кхон

法师，1186 年《大盖白母之总持诵顺要论》传经者，见第 596 号，馆册第 7589 号，第 598 号，馆册第 8094 号。

123. 𗓽𗓱𗤒𗤎𗫨 骨匹那征宝 Кхэ-пхэ Ндон-нджин-лдиэ

1179 年《大般若波罗蜜多经》发愿者，见第 12 号，馆册第 1493 号。

124. 𗓽𗓱𗗿𗧊[①] 骨匹尼林 Кхэ-пхэ Ние-лди

发愿者、禅修者，1179 年《大般若波罗蜜多经》发愿者，见第 12 号，馆册第 3525 号。

125. 𗧓𗥤 小狗 Кэ Та

抄经者、德者、汉人，1179 年《大般若波罗蜜多经》抄者，见第 16 号，贝叶经。

126. 𗧓𗥤𗫨 小狗然 Кэ-та Ниво

① 译者注：在佛经题记中应为“𗓽𗓱𗗿𗧊𗖵”（译为“骨匹尼林章”），克恰诺夫在“人名指南”中仅有“𗓽𗓱𗗿𗧊”，可能把“𗖵”丢掉了。

1179 年《大般若波罗蜜多经》发愿者，见第 16 号，贝叶经。

127. [illegible] 娄慧宝 Ла Жиэ-лдиэ（Хуй Бао）

修秘密乘者、发愿施写者、在家和尚，1216 年《五佛亥母随略供养典》发愿者，见第 692 号，馆册第 5052 号。

128. [illegible] 娄善葛犬 Ла Нэы-ка-кхви

发愿写者、善度，1179 年《大般若波罗蜜多经》发愿者，见第 12 号，馆册第 1153 号。

129. [illegible] 娄善 Ла Нэы…

善友，1179 年《大般若波罗蜜多经》发愿者，见第 12 号，馆册第 2932 号。

130. [illegible] 娄禅定 Ла Шиан-ндие

修禅定者，1179 年《大般若波罗蜜多经》发愿者，见第 12 号，馆册第 1555、1874 号。

131. [illegible] 令兀吟埋力 Лдие-цай Лхиве-пхе-лдиэ

1179 年黑水城出家僧，《大般若波罗蜜多经》抄者，见第 16 号，贝叶经。

132. [illegible] 吕 Лдиу

静州刺史，《诸说禅源集都序》作者，见第 323 号，馆册第 735 号。

133. [illegible] 宝源 Лдиэ Гхион（Бао Юань）

大白高国、大德台度民寺法显国师、沙门，对《金刚般若波罗蜜多经》各种文本进行参照比较及翻译者，见第 53 号，馆册第 3834 号。

134. [illegible][1] 智宝法狮子 Лдиэ Ка-чией

西羌中国三乘知悟（解）、大善，《菩提勇识学所道及果与一顺显释宝炬》作者，见第 459 号，馆册第 5129 号，第 461 号，馆册第 888 号，第 480 号，馆册第 4981 号，第 482 号，馆册第 6375 号，第 484 号，馆册第 2880 号，第 485 号，馆册第 2903 号。

135. [illegible] 洛胜纪 Лдо-мбу-ки

圣化身，《见顺伏文》作者，见第 430 号，馆册第 2544 号。

136. [illegible] 刘 Леы（Лю）

1179 年《大般若波罗蜜多经》发愿者，见第 12 号，馆册第 1316 号。

---

① 译者注：在“人名指南”中仅把“[illegible]”（“宝狮子”）作为人名，而根据第 459 号，馆册第 5129 号等佛经题记判定，应为“[illegible]”（“智宝法狮子”）。

137. 𗍳𗢳𗑗 刘慧净 Леы Жиэ Сей（Хуй Цин）

净本笔授，1172 年《大般若波罗蜜多经》抄者，见第 16 号，贝叶经。

138. 𗍳𗽀𗖰 刘老生 Леы Ла-чиве

《大宝积经》抄者，见第 98 号，馆册第 516 号。

139. 𗏁𘃡𗘂𗪺 鲁李铁茂（鲁李尚嵬）Леы Лие Шион-вай

《大方广佛华严经》发愿者，见第 88 号，贝叶经。

140. 𗍳𗒹𗔓𗦇[1] 刘奴挐名 Леы Нду

1084 年《佛说阿弥陀经》雕版刻工，见第 108 号，馆册第 4773 号。

141. 𗍳𗦇𗥃 刘名日 Леы…сэ

1168 年《金刚般若波罗蜜多经》雕版刻工，见第 56 号，馆册第 101 号。

142. 𗏁𗢛𗗙 罗向立 Лиа Лдией-гхиа

大度民寺中国觉照国师，《依于身中围以四主受顺广典》作者，见第 689 号，馆册第 822 号。

143. 𗏁𗓱𗣼𗡡[2] 罗麻明满 Лиа-ма Свеы Сэ（Мин Мань）

《心无正义要论》的作者，见第 317 号，馆册第 6775 号。

144. 𗏹𗤁𗼃 倪茹宝 Ливу Ние-ру

发愿写藏经者，12 岁出家乘谛僧人，1152—1156 年《大般若波罗蜜多经》发愿者，见第 9 号，馆册第 1640、1642、1915、6643 号。

145. 𘃡 李 Лие

出家功德司正、至觉禅（定）师，《如来一切之百字要论》译者，见第 292 号，馆册第 7165 号。

146. 𘃡𗴂𗏴 李阿聚 Лие А-ндзиу

刻雕版者，1188 年《佛说圣星母陀罗尼经》抄者，见第 266 号，馆册第 705 号。

147. 𘃡𗴂𗼻 李阿苏 Лие А-шиа

雕刻者、笔受，1190 年《大乘默有者道中入顺大宝聚集要论》抄者，见第 600 号，馆册第 5031 号；《三十五佛等同十三部》抄者，见第 713 号，馆册第 7840 号。

---

① 译者注：在“人名指南”中仅将“𗍳𗒹”（“刘奴”）作为人名，根据题记内容应把“𗍳𗒹𗔓𗦇”（“刘奴挐名”）作为人名。

② 译者注：与第 317 号，馆册第 6775 号提到的“明满”为同一人，此人名是第二次出现。

148. [illegible] 李阿 Лие А…

为雕版刻印而抄经者，1186 年《大盖白母之总持诵顺要论》抄者，见第 596 号，馆册第 7589 号。

149. [illegible] 李慧照 Лие Жиэ Свеы（Хуй Чжао）

五明显生寺讲经、论、律，辩番藏语善生，《胜慧到彼岸要论教学现量解庄严论显颂》译者，见第 393 号，馆册第 5130 号；《药光海生金刚王文二部》译者，见第 711 号，馆册第 2543 号。

150. [illegible] 李小狗男 Лие Кэ-та-жи

《金光明最胜王经》抄者，见第 178 号，贝叶经。

151. [illegible] 李童光 Лие Нджеы-ко

御前抄净本者，《圣胜慧到彼岸功德宝颂曰》抄者，见第 375 号，馆册第 598 号。

152. [illegible] 李童蓝 Лие Нджеы-лан

1172—1179 年黑水城《大般若波罗蜜多经》经文拥有者，见第 16 号，贝叶经。

153. [illegible] 李那征麻 Лие Ндон-нджин-ма

发愿者，1179 年《大般若波罗蜜多经》发愿者，见第 12 号，馆册第 1541 号。

154. [illegible] 李善伊 Лие Нэы-гхи

1152—1156 年《大般若波罗蜜多经》抄者，见第 9 号，馆册第 1720、2156 号。

155. [illegible] 令巴吃那 Лие-па Ки-ниа

女信众，1173 年《圣大乘大千国守护经》发愿者和抄经者，见第 219 号，馆册第 562 号。

156. [illegible] 李□移家狗 Лие Цхи-ка-кхви

发愿写者，1179 年《大般若波罗蜜多经》发愿者，见第 12 号，馆册第 4647 号。

157. [illegible] 李德妙 Лие Чхиа Тхиоы（Дэ Мао）

出家功德司承旨、沙门，《依于身中围以四主受顺广典》译者，见第 689 号，馆册第 822 号。

158. [illegible]…[illegible] 李……成 Лие Шие

《佛说瞻婆比丘经》校勘者，见第 3 号，馆册第 42 号。

159. [illegible] 李禅定 Лие Шиан-ндие

出家僧、修禅定者，1173 年《圣大乘大千国守护经》发愿者，抄者，见第 219 号，馆册第 562 号。

160. [illegible] 李铁狗 Лие Шион-кхви

发愿者，1179 年《大般若波罗蜜多经》发愿者，见第 12 号，馆册第 1838 号。

161. [illegible] 李什德 Лие Шиэ-те

1085 年《佛说阿弥陀经》雕版刻工，见第 108 号，馆册第 4773 号。

162. [illegible] 梁 Лион

《大般若波罗蜜多经》抄者，见第 15 号，馆册第 1157 号；《正理空幢要论》抄者，见第 571 号，馆册第 835 号。

163. [illegible] 梁阿娃 Лион А-ва

1201 年《大般若波罗蜜多经》抄者，见第 14 号，馆册第 1722 号。

164. [illegible] 梁阿地 Лион А-ти

1155 年《大般若波罗蜜多经》抄者，见第 9 号，馆册第 1970 号。

165. [illegible] 梁夏家玉 Лион Гха-ен-нгиу

用金字抄写《佛说圣佛母般若心经诵持顺要论》者，见第 552 号，馆册第 4090、5253 号。

166. [illegible] 梁夏家成 Лион Гха-ен-шие

为纪念父母而施赠《佛说圣佛母般若心经诵持顺要论》者，见第 552 号，馆册第 4090、5253 号。

167. [illegible] 梁勤宝 Лион Гхиэ-лдиэ

《大乘默有者道中入顺大宝聚集要论》抄者，见第 600 号，馆册第 5149 号。

168. [illegible] 梁氏右利 Лион-жиэ Гхеы-лдиэ

《大般若波罗蜜多经》女发愿者，见第 11 号，馆册第 1975 号。

169. [illegible] 梁氏卢尼 Лион-жиэ Ливу-тхие

《大般若波罗蜜多经》女发愿者，见第 11 号，馆册第 1926、1975 号。

170. [illegible] 梁□移则那嵬 Лион Жиэ-ниа-вай

发愿者御前内侍，1172—1179 年黑水城《大般若波罗蜜多经》发愿者，见第 16 号，贝叶经。

171. [illegible] 梁盛权 Лион Кион-каы

1176 年《大般涅槃经》经文修复者，见第 110 号，馆册第 8014 号。

172. 𗵒𗧓𗏵 梁麻秉 Лион Ма-пие

《大宝积经》抄写者，见第 98 号，馆册第 1491 号。

173. 𗵒𗢳𗤋𗰖 梁满殊银 Лион Мбан-шиу-нген

1162 年黑水城《大宝积经》抄者，见第 97 号，馆册第 363 号。

174. 𗵒𗼃𗏁𗡞 梁弥嵬那 Лион Мби-ве-ниа

1201 年《大般若波罗蜜多经》发愿者，见第 14 号，馆册第 2014 号。

175. 𗵒𗏁𗰗𗏵 梁五月茂 Лион Нгвэ-лхиэ-вай

1222 年《世俗胜义二谛之义释要集记》发愿者，见第 623 号，馆册第 883 号。

176. 𗵒𗼻𗵘𗍫 梁吉祥狗 Лион Нгиу-ру-кхви

虔信弟子，1152 年《佛说父母恩重经》发愿者，见第 184 号，馆册第 759 号。

177. 𗵒𗢯𗒘 梁才葛 Лион Нджие-ка

1179 年《大般若波罗蜜多经》发愿者，见第 12 号，馆册第 1555 号。

178. 𗵒𗾞 梁善 Лион Нэы

1176 年《大般涅槃经》发愿者，见第 110 号，馆册第 8014 号。

179. 𗵒𗾞𗏵 梁善茂 Лион Нэы-вай

内宫侍者、僧人、大威德、长寿或福寿，《大般若波罗蜜多经》发愿者，见第 8 号，馆册第 672、682、4701、926、3422、4702、4749、4820 号。

180. 𗵒𗾞𗧓𗗙 梁善喜围 Лион Нэы-лди…

1176 年《大般涅槃经》发愿者，见第 110 号，馆册第 8014 号。

181. 𗵒𗾞𗼻𗏁𗰗[①] 梁善吉 Лион Нэы-нгиу-нгвэ…

1201 年《大般若波罗蜜多经》发愿者，见第 14 号，馆册第 2086 号。

182. 𗵒𗾞𗤶 梁善小 Лион Нэы-ци

发愿者、虔信德者，1176 年《大般涅槃经》发愿者，见第 110 号，馆册第 5183 号。

183. 𗵒𗾞𗫡 梁善成 Лион Нэы-шие（Шань Чэн）

发愿者、僧人、德者，1176 年《大般涅槃经》发愿者，见第 110 号，馆

① 译者注：克恰诺夫把五个西夏字“𗵒𗾞𗼻𗏁𗰗”作为人名，应译为“梁善吉五卷”，而根据原佛经题记判定，我认为只有“𗵒𗾞𗼻”是人名，译为“梁善吉”，“𗏁𗰗”译为“五卷”，即梁善吉随喜发愿抄写的五卷经文。

册第 4850、4878 号。

184. 㣈婖㶎㶕 梁写新成[1] Лион Сие Сиеы-шие

1156 年《垢无净光总持咒言》抄者，见第 434 号，馆册第 698 号。

185. 㣈禵㵍 梁法照 Лион Циэ Свеы（Фа Чжао）

清信者，1201 年《大般若波罗蜜多经》抄者，见第 14 号，馆册第 2788 号。

186. 㣈敍肩 梁实愚 Лион Цхи…

1206—1209 年《大般若波罗蜜多经》诵读者，见第 17 号，贝叶经。

187. 㣈㵬㤥 梁禅定 Лион Шиан-ндие

修禅定者，《菩提勇识学所道及果与一顺显释宝炬》抄者和经文拥有者，见第 470 号，馆册第 6669 号，第 473 号，馆册第 4724 号。

188. 㣈 □ 㣉 梁 □ 狗 Лион…кэ

1176 年《大般涅槃经》发愿者，见第 110 号，馆册第 4878 号。

189. 䕮㲊 罗氏 Ло-жиэ

大白上（高）国大净信、忠教皇太后，1194 年《佛说长阿含经》刊本发愿者，见第 1 号，馆册第 150 号；《仁王护国般若波罗蜜多经》经文散施者，见第 66 号，馆册第 683 号。

190. 㶜㶝㣂 卢善明 Ло Нэы Свеы（Шань Мин）

1172—1179 年《大般若波罗蜜多经》发愿者，见第 16 号，贝叶经。

191. 䕮㽮 罗什[2] Ло Шиэ

姚秦三藏法师，《维摩诘经》译者，见第 159 号，馆册第 7762 号。

192. 䄊[3]主 Лхие

发愿者、西夏文和汉文译场勾管、功德司承旨、皇族成员（节亲主），1179 年《大般若波罗蜜多经》发愿者，见第 12 号，馆册第 1273、1867、1870、1960、2013 号。

193. 䄊[4]㽵㳹 慧胜 Лхие Жиэ Мбу（Хуй Шэн）

---

① 译者注：佛经题记中为四个西夏字“㣈婖㶎㶕”，译为“梁写新成”，而在“人名指南”中有三个西夏字“㣈㶎㶕”，译“梁新成”，但克恰诺夫却给出四个字音，具体情况如何尚待俄藏西夏文佛经公布之后才能核实。

② 译者注：与“人名指南”第 117 号的“鸠摩罗什”（Кумараджива Кеы-мо-ло…）为同一人，克恰诺夫重复录入。

③ 译者注：在第 12 号，馆册第 1273 号佛经题记中，“䄊”不是一个人名，而是“䕭㬹䄊”（节亲主）的“主“字。

④ 译者注：此处的“䄊”（“主”）字并不是姓，而应与第 10 号，馆册第 1169 号佛经题记中的“䕭㬹”组成“节亲主”，只有“慧胜”为人名。

发愿者、西夏文和汉文译场勾管、功德司承旨、皇族成员（节亲主），《大般若波罗蜜多经》发愿者，见第 10 号，馆册第 1162、1169 号。

194. [illegible] 牢玉显匹 Лхиуо-нгиу Шиа-пхи

《大般若波罗蜜多经》抄者，见第 13 号，馆册第 830、990 号。

195. [illegible][1] 力讹口移阿庞 Лхиэ-гвон Жвей А-пхон

净本写者，1201 年《大般若波罗蜜多经》抄者，见第 14 号，馆册第 1920 号。

196. [illegible] 吟怛口移勒 Лхиэ-гхо Жвей-жиэ

1179 年《大般若波罗蜜多经》发愿者，见第 12 号，馆册第 1798 号。

197. [illegible] 吟嵬愿照 Лхиэ-нгви Тией-свеы

善生释子、沙门，《大般若波罗蜜多经》抄者和发愿者，见第 8 号，馆册第 926、3422、4749、4820 号。

198. [illegible] 吟耶乙乙屈 Лхиэ-риу Гхиэ-гхиэ-кхви

善男子，修禅定者，《大般若波罗蜜多经》发愿者，见第 18 号，贝叶经。

199. [illegible] 麻口恧？令成 Ма-ндиу Нгвэ-рие-шие

1201 年《大般若波罗蜜多经》发愿者，见第 14 号，馆册第 1504、1596 号。

200. [illegible]？[illegible] 麻吉江？宝 Ма-нгиу…лдиэ

《大方广佛华严经》抄者，见第 88 号，贝叶经。

201. [illegible] 口命慧宝 Мбай Жиэ Лдиэ（Хуй Бао）

《不动佛随广大供养典》抄者，见第 694 号，馆册第 4975 号。

202. [illegible] 别玉如麻 Мбай Нгиу-ру-ма

1179 年《大般若波罗蜜多经》发愿者，见第 12 号，馆册第 1777 号。

203. [illegible] 马智慧 Мбау Сиэ Жиэ

僧人，1085 年《佛说阿弥陀经》抄者，见第 108 号，馆册第 4773 号。

204. [illegible] 马喜元 Мбау Хи-гхиван

佛坛献供弟子，汇集《和南裴休禅师随缘集》，见第 669 号，馆册第 2609 号。

205. [illegible]（[illegible]）[2] 毗达迦啰波啰勒（哇）Мби-ндиа-киа-риа-

---

① 译者注：与“人名指南”第 74 号“口移阿庞”应为同一人。

② 译者注：与“人名指南”第 9 号为同一人名，但经文题记的人名为“[illegible]”（“毗达迦啰波啰勒”），而在“人名指南”中“[illegible]”字又写成“[illegible]”字。

пи-вие-ва Видьякарапрабха

西天大巧健钵弥怛（班智达），1216 年《胜慧到彼岸要论教学现量解庄严论显颂》译者，见第 393 号，馆册第 5130 号。

206. [illegible] 口命克由成 Мбие-кхе Гхеы-шие

《大般若波罗蜜多经》发愿者，见第 11 号，馆册第 2093 号。

207. [illegible] 显胜 Мбу Ну

贤觉帝师、沙门，《佛说阿弥陀经》校勘者，见第 109 号，馆册第 6761 号。

208. [illegible] 泊你屈哇屈 Мбэ-нин…ва-кхви

1179 年《大般若波罗蜜多经》发愿者，见第 12 号，馆册第 1541 号。

209. [illegible] 泊尚童男 Мбэ-шио Нджеы-жи

1179 年《大般若波罗蜜多经》发愿者，见第 12 号，馆册第 1600 号。

210. [illegible] 泊尚那征 Мбэ-шио Ндон-нджин

1152—1156 年《大般若波罗蜜多经》抄者，见第 9 号，馆册第 984、986、987、1195、1615、1624、1626、2126、2132、2170、2203、2205、2206、2208、6275 号。

211. [illegible] 泊尚善宝 Мбэ-шио Нэы-лдиэ

1179 年《大般若波罗蜜多经》发愿者，见第 12 号，馆册第 1786 号。

212. [illegible] 泊尚成娱 Мбэ-шио Шие-мбай

1179 年《大般若波罗蜜多经》发愿者，见第 12 号，馆册第 1784 号。

213. [illegible] 咩契智源 Ме-кхин Сие-гхион

僧人，1179 年《大般若波罗蜜多经》发愿者，见第 12 号，馆册第 994 号。

214. [illegible][①] 贤觉 Ме Ндвэы（Сянь Цзюе）

帝师、讲经律论者、功德司正、偏袒都大提点，《圣观自在大悲心随燃施法事》作者，见第 507 号，馆册第 5989 号；《默有自心自恋要论》作者，见第 566 号，馆册第 6778 号。

215. [illegible] 没山由 Ме-шан Гхеы

1179 年《大般若波罗蜜多经》发愿者，见第 12 号，馆册第 1796 号。

216. [illegible] 不空 Ми Нга（Бу Кун）

特进试鸿胪卿大兴善寺三藏沙门大广智，《仁王护国般若波罗蜜多经》汉

---

① 译者注：此处的“贤觉”只是一个称号，他的名字是“显胜”或“波罗显胜”，应与“人名指南”第 207 号的“显胜”为同一人。

译者，见第 66 号，馆册第 683 号。

217. [illegible][1] 酩布 Мин Пу

1179 年《大般若波罗蜜多经》发愿者，见第 12 号，馆册第 1798 号；1172—1179 年《大般若波罗蜜多经》抄者，见第 16 号，贝叶经；1180 或 1192 年《佛说来生经》抄者，见第 343 号，馆册第 6867 号。

218. [illegible] 酩布野利 Мин-пу Гхи-лион

1152—1156 年《大般若波罗蜜多经》校勘检查者，见第 9 号，馆册第 2126 号。

219. [illegible] 酩布鲁 Мин-пу Гхие

《菩提勇识学所道及果与一顺显释宝炬》经文拥有者，见第 473 号，馆册第 4724 号。

220. [illegible] 酩布慧威 Мин-пу Жиэ-вай（Хуй Шэн）

《大般若波罗蜜多经》发愿者，见第 15 号，馆册第 629 号。

221. [illegible] 酩布慧明 Мин-пу Жиэ Свей（Хуй Мин）

僧人，1186 年《大盖白母之总持诵顺要论》发愿者，见第 596 号，馆册第 7589 号。

222. [illegible] 酩布宝广 Мин-пу Лдиэ-ва

出家僧，1179 年《大般若波罗蜜多经》发愿者，见第 12 号，馆册第 2113 号。

223. [illegible] 酩布般若令 Мин-пу Па-жиа-лие

1152—1156 年《大般若波罗蜜多经》抄者，见第 9 号，馆册第 1581 号。

224. [illegible] 酩布般若乘 Мин-пу Па-жиа-шие

1179 年《大般若波罗蜜多经》发愿者，见第 12 号，馆册第 1850 号。

225. [illegible] 酩布禅定 Мин-пу Шиан-ндие

修禅定者，1172—1179 年黑水城人，《大般若波罗蜜多经》抄者，见第 16 号，贝叶经。

226. [illegible] 明（寂）照 Мин Свеы（Мин Чжао）

国师，《净土求生顺要论》作者，见第 320 号，馆册第 6904 号。

227. [illegible] 明思 Мин Сиве

出家僧，《菩提勇识学所道及果与一顺显释宝炬》抄者，见第 480 号，馆

[1] 译者注：与"人名指南"第 225 号应为同一人。

册第 4981 号。

228. 𗼃 没 Мэ

《大宝积经》抄者，见第 98 号，馆册第 438 号。

229. 𗼃𗁅𘀄𗃛 没讹禅定 Мэ-гхо Шиан-ндие

修禅定者，《世俗胜义二谛之义释要集记》抄者，见第 624 号，馆册第 4883 号。

230. 𗼃𗊱𘞂𗫶𗶅 没离金刚吉 Мэ-лие Гхие-нин-нгиу

1179 年《大般若波罗蜜多经》发愿者，见第 12 号，馆册第 1859 号。

231. 𗼃𗊢𗗙𗠁 没藏法净 Мэ-ндзвон Циэ Сей（Фа Цин）

出家功德司正副使、沙门，1216 年《胜慧到彼岸要论教学现量解庄严论显颂》缀文者，见第 393 号，馆册第 5130 号。

232. 𗼃𗖵𗏹𗤶 没细善明 Мэ-си Нэы Свеы（Шань Мин）

信仰发愿者、和尚，1172—179 年《大般若波罗蜜多经》发愿者，见第 16 号，贝叶经。

233. 𗑗……𗋽𘎆 酩……屈那 Мэ……кхви-нгви

《大方广佛华严经》经文拥有者，见第 85 号，馆册第 343 号。

234. 𗉔𗣼𗧓 那乙尼 Най Гхи-ние

抄经者、僧人，《大般涅槃经》抄者，见第 111 号，馆册第 1237 号。

235. 𗴂𗏣𗍊𗘦 那摩富屋 На-мо Ху-вио

《大手印之三种义比》经文题记中曾提及此人名字，见第 503 号，馆册第 2841 号。

236. 𗴂𗍫𗣭 那罗巴[①] На-руо-па（Наропа）

大师，《欲乐元混令顺要论》作者，见第 593 号，馆册第 5116 号，第 594 号，馆册第 2546 号；《六法自体要论》作者，第 602 号，馆册第 4858 号，第 604 号，馆册第 7983 号，第 605 号，馆册第 2542 号。

237. 𗟻𗨻 乐庞 Нгай Пхон

妇女，《大般若波罗蜜多经》的发愿者的母亲，发愿者于 1153 年发愿捐助施写经文，见第 9 号，馆册第 1465 号。

238. 𘀍𘂆 嵬𠯫移 Нгве-Жвей

---

① 译者注：此处的“那罗巴”与“人名指南”第 395 号提到的“道次”为同一人，“道次”是那罗巴的法号。

《大宝积经》发愿者，见第 98 号，馆册第 516 号。

239. [illegible] 嵬口移夏娃吉 Нгве-жвей Гха-ва-нгиу

《大般若波罗蜜多经》发愿者，见第 15 号，馆册第 1938 号。

240. [illegible] 嵬口移合藏成 Нгве-жвей Гхве-цхон-лхиуо

1176 年《大般涅槃经》发愿者，见第 110 号，馆册第 4731、4878 号。

241. [illegible] 嵬口移由牢 Нгве-жвей Гхеы-лхиуо

黑水城转运使，1158 年《大宝积经》发愿者，见第 97 号，馆册第 363、368 号。

242. [illegible] 嵬口移氏富任 Нгве-жвей-жиэ Ху-жен

女发愿者，《圣六字增寿大荫王陀罗尼经》发愿者，见第 235 号，馆册第 570 号。

243. [illegible] 嵬口移牢洪 Нгве-жвей Лхиуо-хон

御前内侍，1178 年《大般若波罗蜜多经》抄者，见第 16 号，贝叶经。

244. [illegible] 嵬口移尼林玉 Нгве-жвей Ние-лди-нгиу

《大般若波罗蜜多经》经文拥有者，见第 11 号，馆册第 1471 号。

245. [illegible] 嵬口移崇本 Нгве-жвей Пху-нио

校勘者，《圣六字增寿大荫王陀罗尼经》校勘者，见第 235 号，第 570 号。

246. [illegible] 嵬口移智大 Нгве-жвей Сие Лие

抄经者，《佛说父母恩重经》抄者，见第 182 号，馆册第 5048 号。

247. [illegible] 嵬口移山基由 Нгве-жвей Шан-кие-гхеы

发愿者、德者，《大般涅槃经》发愿者，见第 113 号，馆册第 970 号。

248. [illegible] 嵬口移山野 Нгве-жвей Шан-ние

发愿者黑水城边防使，《大般涅槃经》发愿者，见第 114 号，贝叶经。

249. [illegible] 嵬口移山布 Нгве-жвей Шан-пу

总发愿者、边防使、行主，1190—1191 年，《大宝积经》发愿者，见第 100 号，贝叶经。

250. [illegible] 嵬口移巴尼麻 Нгве-жвей…ма

《大般若波罗蜜多经》发愿者，见第 15 号，馆册第 1903 号；《大宝积经》发愿者，见第 98 号，馆册第 516 号。①

① 译者注：《大宝积经》中没有出现这个人名。

251. [illegible] 嵬名 Нгве-ми

1179 年《大般若波罗蜜多经》抄者，见第 12 号，馆册第 1127、2212、2218、2227、2254 号；《菩提勇识学所道及果与一顺显释宝炬》抄者，见第 462 号，馆册第 4374 号。

252. [illegible] 嵬名茂 Нгве-ми Вай

净本发愿者、德善僧人，《菩提勇识学所道及果与一顺显释宝炬》发愿者，见第 480 号，馆册第 4981 号。

253. [illegible][①] 嵬名孝 Нгве-ми Ве-ми

番文校勘者，1162 年黑水城《大宝积经》校勘者，见第 97 号，馆册第 3540 号。

254. [illegible] 嵬名娃娃童 Нгве-ми Виа-виа-нджеы

写经者，1209 年《胜慧到彼岸要论教学现量解庄严注释疏》抄者，见第 500 号，馆册第 4584 号。

255. [illegible] 嵬名乙成 Нгве-ми Гхие-шие

经文抄写者，1172—1179 年《大般若波罗蜜多经》抄者，见第 16 号，贝叶经。

256. [illegible] 嵬名𠿨 Нгве-ми Жи

《金光明最胜王经》发愿者，见第 178 号，贝叶经。

257. [illegible][②] 嵬名慧护 Нгве-ми Жиэ Гхвай（Хуй Ху）

《安立总集》抄者，见第 667 号，馆册第 4862 号。

258. [illegible] 嵬名觉海 Нгве-ми Ндвэы Нгон（Цзюе Хай）

净本发愿者，1179 年《大般若波罗蜜多经》发愿者，见第 12 号，馆册第 2246 号。

259. [illegible] 嵬嵬丁恰 Нгве-нгве Ти-кхва

黑水城主、官吏、御前内侍，1180 年《圣大乘大千国守护经》发愿者，见第 214 号，馆册第 916 号。

260. [illegible] 嵬清智慧 Нгве-цхие Сие Жиэ（Чжи Хуй）

净信写者，1201 年《大般若波罗蜜多经》抄者，见第 14 号，馆册第 571 号。

---

① 译者注：在“人名指南”中克恰诺夫认为“[illegible]”“嵬名孝番”为人名，有误，其实“[illegible]”（番）字与后面的“校”字组成“番校”，而不是人名。

② 译者注：与“人名指南”第 86 号的“慧护”可能为同一人。

261. [illegible] 嵬昌吃軴然 Нгве-чхион Кэ-та-ниво

《大般若波罗蜜多经》发愿者，见第 8 号，馆册第 4702 号。

262. [illegible] 嵬狄 Нгви-нди

净本抄者,《大般若波罗蜜多经》抄者，见第 15 号，馆册第 1433、2153 号。

263. [illegible] 嵬狄童成 Нгви-нди Нджеы-шие

1179 年《大般若波罗蜜多经》发愿者，见第 12 号，馆册第 1850 号。

264. [illegible] 嵬狄那征屈 Нгви-нди Ндон-нджин-кхви

写者、世间主，1201 年《大般若波罗蜜多经》抄者，见第 14 号，馆册第 1050 号。

265. [illegible] 嵬狄啰尚赫 Нгви-нди Ра-шио-ве

写经者，1157 年《妙法莲华经》抄者，见第 78 号，馆册第 63、719、3259、6253 号。

266. [illegible] 嵬狄口移家宝 Нгви-нди Цхи-ка-лдиэ

《大密咒受持经》抄者，见第 362 号，馆册第 4763 号。

267. [illegible] 嵬狄口移识水 Нгви-нди Цхи-син-жие

《大般若波罗蜜多经》抄者，见第 11 号，馆册第 1641 号。

268. [illegible] 嵬狄禅定 Нгви-нди Шан-ндие

随喜写经者、禅修者,《大般若波罗蜜多经》发愿者，抄者，见第 11 号，馆册第 792、1066、1102、1164、1199、2010、2015、2749 号。

269. [illegible] 卧口移那征成 Нгво-же Ндон-нджин-шие

发愿者、出家善亲者，黑水城 1172—1179 年《大般若波罗蜜多经》发愿者，见第 16 号，贝叶经。

270. [illegible] 卧口移那征曲 Нгво-же Ндон-нджин…

发愿者，黑水城 1172—1179 年《大般若波罗蜜多经》发愿者，见第 16 号，贝叶经。

271. [illegible] 讹啰法照 Нгвэ-ра Циэ Свеы (Фа Чжао)

抄经者、出家僧、禅定者,《大般若波罗蜜多经》抄者，见第 15 号，馆册第 2061 号。

272. [illegible] 延 Нген

经（解）义法师路赞讹（哇）师,《如来一切之百字要论》梵译者，见第 292 号，馆册第 7165 号。

273. [illegible][1][illegible] 遏啊难捺吃哩底 Нген А-на-ндиа

讲（演）义法师、路赞讹（哇）、囔赏则（受俱覆）、沙门，《佛顶心观世音菩萨经》梵译者，见第 325 号，馆册第 598 号。

274. [illegible] 马鸣菩萨 Нгин-гхей Чан-Цин Ашвагоша

《大庄严本母卷经》作者，见第 7 号，馆册第 91 号；《番言金刚王乘根》作者，见第 697 号，馆册第 4900 号。

275. [illegible][2]吉祥 Нгиу-ру（Шри）

大钵弥怛（班智达）执梵本再勘作正译，《胜慧到彼岸要论教学现量解庄严论显颂》由梵文本翻译者，见第 393 号，馆册第 5130 号。

276. [illegible] 玉卓（巴尔杰克）Нгиу-чон（Палцег）

善生、执梵本藏译、重校为勘定者，1216 年《胜慧到彼岸要论教学现量解庄严论显颂》由梵文译藏文并校勘者，见第 393 号，馆册第 5130 号。

277. [illegible] 伍巴葛 Нгу Па-ка

随善助愿者，1179 年《大般若波罗蜜多经》发愿者，见第 12 号，馆册第 1874 号。

278. [illegible][3] 贤觉菩萨 Ндвэы-ме Чан-цин（Винайячандра）

《等持集品》作者，见第 409 号，馆册第 816 号、第 410 号，馆册第 2851 号。

279. [illegible][4]觉明 Ндвэы Свеы（Цзюе Мин）

法师，《大虚空智显注》经文题记中提及此人，见第 495 号，馆册第 7170 号。

280. [illegible] 觉照 Ндвэы Свеы（Цзюе Чжао）

五明显生寺中国国师，《岸求顺略集要论》译者，见第 613 号，馆册第 6972 号。

281. [illegible] 尼责讹慧崇 Нджвэ-гхо Жиэ Пху（Хуй Чун）

---

① 译者注：在佛经题记中应为“[illegible]”（译为“遏啊难捺吃哩底”），克恰诺夫“人名指南”中仅把“[illegible]”作为名字，而丢掉了“[illegible]”。

② 译者注：此处的“吉祥”并不是一个完整的名字，其完整的名字应是“吉祥果名可名尼勒兀”。

③ 译者注：克恰诺夫认为此处的“[illegible]”（贤觉菩萨）与“人名指南”第 12 号的“[illegible]”（弥那拶地啰）是同一人。

④ 译者注：在第 495 号，馆册第 7170 号佛经题记中为“[illegible]”（觉明），而在“人名指南”中则为“[illegible]”（觉照），但根据克恰诺夫的俄语注音应确定为“觉明”。若是“觉照”应与“人名指南”第 280 号为同一人。

《大般若波罗蜜多经》发愿者，见第 8 号，馆册第 682、4701 号。

282. [西夏文][1] 屾啰法宝 Ндживэ-ра Циэ Лдиэ（Фа Бао）

重证义者、番三学……师子（博士、先生），《和南裴休禅师随缘集》校勘者，见第 669 号，馆册第 2610 号。

283. [西夏文] 申哇尚山成 Ндзей-ва Шион-шан-шие

1179 年《大般若波罗蜜多经》发愿者，见第 12 号，馆册第 1788 号。

284. [西夏文] 拶也阿难答 Ндзие-гха А-на-ндиа（Ананда）

西天五明大般密怛、国师、功德司正、增利益、沙门，《佛说阿弥陀经》传经者，见第 109 号，馆册第 6761 号；《顶尊胜相总持功德韵集》作者，见第 654 号，馆册第 4078 号，第 657 号，馆册第 7592 号；《圣胜慧到彼岸功德宝颂曰》译文证义者，见第 375 号，馆册第 598 号。

285. [西夏文] 捷怛利 Ндзие Та-рие

西天大巧健、菩提勇识，《菩提心久常作可法事》作者，见第 417 号，馆册第 801 号，第 418 号，馆册第 802 号。

286. [西夏文] 寂旭喜奴 Ндзэ-сви Виэ-нду

抄经者，《大般涅槃经》抄者，见第 113 号，馆册第 417 号。

287. [西夏文][2] 地 Ндией

山中隐修者，《究竟一乘元明心义》经文散施者，见第 501 号，馆册第 2848 号。

288. [西夏文] 狄陀宁 Ндией Тхон-кхви

1172 年《大般若波罗蜜多经》发愿者，见第 16 号，贝叶经。

289. [西夏文][3] 啞尼 Ндиу

僧人，1179 年《大般若波罗蜜多经》发愿者，见第 16 号，贝叶经。

290. [西夏文] 啞啞才牟 Ндиу-ндиу-ндзие Мбоы

1172—1179 年《大般若波罗蜜多经》经文拥有者，见第 16 号，贝叶经。

291. [西夏文] 啞智海 Ндиу Сие Нгон（Чжи Хай）

雕印净本者，《慈悲道场罪忏法》净本抄写者，见第 316 号，馆册第

---

① 译者注：与“人名指南”第 379 号为同一人。

② 译者注：在佛经题记中应为“[西夏文][西夏文]”（译为“怛地”），克恰诺夫“人名指南”中仅把“[西夏文]”作为名字，而丢掉了“[西夏文]”。

③ 译者注：在“人名指南”中仅有“[西夏文]”（尼）字，而没有表示姓的“[西夏文]”（啞）字，在第 16 号佛经题记中则是“[西夏文][西夏文]”（“啞尼”）。

4536 号。

292. 𗥃𗍊𗅢𗤶𗫈 那弥哈鲁迦 Ндон-мбие-ха-риу-киа

大师，《十五天母加赞》见第 385 号，馆册第 2883 号。

293. 𗂧𗏁𗂙𗎘 乃兮月狗 Ней-гхиэ Лхиэ-кхви

1179 年《大般若波罗蜜多经》发愿者，见第 12 号，馆册第 664 号。

294.Ниан Шивеы？[①]

禅师，《和南裴休禅师随缘集》作者，见第 669 号、馆册第 2610 号。

295. 𗓱𗱕 高慧 Ниво Жиэ（Гао Хуй）

雕版抄经者，《妙法莲华经》抄者，见第 79 号，馆册第 66 号。

296. 𗡺𗄻 尼末 Нин Мба

法师，《金刚王勇识大虚显颂》提及此人，见第 446 号，馆册第 3703 号。

297. 𗠁𗓱𗗙𗌭 慈氏世尊 Нин-мэ-риу-пиу（Майтрейя Миромпочитаемый）

《胜慧到彼岸要论教学现量解庄严论显颂》作者，见第 399 号，馆册第 6449 号。

298. 𗂸𗥃𗗙𗟲 宁庞释子 Ни-пхон Шиэ-нги

《三观九门旋键文》作者，见第 647 号，馆册第 2551 号。

299. 𗭊𗑗 善广 Нэы Ва（Шань Гуан）

发愿者、五台山沙门，《和南裴休禅师随缘集》发愿者，见第 669 号，馆册第 2610 号。

300. 𗭊𗫂 善海 Нэы Нгон（Шань Хай）

沙门，《大乘百法明门本母略释》校勘者，见第 300 号，馆册第 897 号；《正道心照》校勘者，见第 767 号，馆册第 6778 号。

301. 𗭊𗅋 善信 Нэы Нджей（Шань Синь）

黑山沙门，《二十唯识记》作者，见第 298 号，馆册第 5934 号。

302. 𗭊𗖵 善明 Нэы Свеы

经文校对者，《大乘百法明门本母略释》校勘者，见第 300 号，馆册第 897 号。

303. 𗢳𗤶𗍫 般若嵬 Па-жиа Вай

① 译者注：第 669 号、馆册第 2610 号《和南裴休禅师随缘集》中未见到“Ниан Шивеы”，有误。

发愿者，写经大师，1179 年《大般若波罗蜜多经》发愿者，见第 12 号，馆册第 1850 号；《大般涅槃经》发愿者，见第 113 号，馆册第 469 号。

304. [illegible] 丙讹 Пие-гхо

1201 年《大般若波罗蜜多经》发愿者，见第 14 号，馆册第 1085 号。

305. [illegible] 丙讹吉祥茂 Пие-гхо Нгиу-ру-шион

1209 年《胜慧到彼岸要论教学现量解庄严注释疏》抄者，见第 500 号，馆册第 4584 号。

306. [illegible] 菩提勤 По-тие Гхиэ（Бодхи…）

西羌中国法师，《察入顺记验庄严颂》作者，见第 448 号，馆册第 5073、5114、7905 号。

307. [illegible] 菩提狮子 По-тхи Ка-чией

法师，1178 年《菩提心法顺亦常作可法事》作者，见第 511 号，馆册第 2874 号；《于入二谛顺本母之义解记》作者，见第 619 号，馆册第 833 号。

308. [illegible] 盃啰释吃得帝 Праджнякирти（Пи-рие-кие-ки-рие-ти）

御前路赞讹（哇）（藏译师），《胜住令顺法事》译藏文者，见第 391 号，馆册第 810 号。

309. [illegible] 布 Пу

1201 年《大般若波罗蜜多经》抄者，见第 14 号，馆册第 1170 号。

310. [illegible] 布耶哈 Пу Гха-хва

1172—1179 年黑水城《大般若波罗蜜多经》校勘者，见第 16 号，贝叶经。

311. [illegible] 布由讹玉．Пу-гхеы Гхо-нгиу

发愿者、写经者、善男子，1166 年《佛顶心陀罗尼经》发愿者，见第 338 号，馆册第 4357 号。

312. [illegible] 布氏慧度 Пу Жиэ-жиэ Нгиу（Хуй Ду）

妇人，《佛说圣星母陀罗尼经》发愿者，校勘了由梵文译成西夏文的经文，见第 266 号，馆册第 705 号。

313. [illegible] 布卢朔没名 Пу-лвэ Шива-мей-мие

《自集》发愿者，见第 768 号，馆册第 7280 号。

314. [illegible] 布智有 Пу Сие-ло

《五十颂》抄者，见第 68 号，馆册第 4993 号。

315. [illegible] 布青 Пу-цхие

净信发愿者沙门、修禅定者，1201 年《大般若波罗蜜多经》发愿者，见第 14 号，馆册第 2159 号；1198 年或 1210 年的《大般涅槃经》抄写者，见第 114 号，贝叶经。

316. [illegible] 布青慧海 Пу-цхие Жиэ Нгон（Хуй Хай）

大发愿善者，1201 年《大般若波罗蜜多经》发愿者，见第 14 号，馆册第 1513、1589、1919、2704 号。

317. [illegible] 布青慧明 Пу-цхие Жиэ Свеы（Хуй Мин）

《圣大乘大千国守护经》校勘者，见第 215 号，馆册第 27 号。

318. [illegible] 布青喽清 Пу-цхие Лхеы-цхин

1190—1191 年《大宝积经》抄者，见第 100 号，贝叶经。

319. [illegible] 布青尼玉嵬 Пу-цхие Ние-нгиу-вай

1190—1191 年《大宝积经》抄者，见第 100 号，贝叶经。

320. [illegible] 布青成 Пу-цхие Шие

1201 年《大般若波罗蜜多经》发愿者，见第 14 号，馆册第 1607 号。

321. [illegible][1][illegible] 布赵哇 Пу Цхиеы-ва

善男子，1179 年《大般若波罗蜜多经》抄者，见第 16 号，贝叶经。

322. [illegible] 布清才葛 Пу-цхин Ндзие-ка

1201 年《大般若波罗蜜多经》发愿者，见第 14 号，馆册第 1722 号。

323. [illegible] 裴阿权成 Пхвей А-гхве-шие

《现在贤劫千佛名经》雕版刻工，见第 126 号，馆册第 5362 号。

324. [illegible] 裴慧净 Пхвей Жиэ Сей（Хуй Цин）

抄经者、赐绯僧，《慈悲道场罪忏法》抄者，见第 311 号，馆册第 2267、7714 号。

325. [illegible] 平盈氏 Пхин-гхин Жиэ

校经者、善女，《佛顶心陀罗尼经》校勘者，见第 335 号，馆册第 4880 号。

326. [illegible] 平尚铁 Пхин-шио Шион…

净本抄者，1172—1179 年《大般若波罗蜜多经》抄者，见第 16 号，贝

---

① 译者注：在“人名指南”中仅有“[illegible]”（“布赵”）两个字，而在第 16 号佛经题记中有“[illegible]”（“布赵哇”）。

叶经。

327. [illegible] 彭智满 Пхон Сие Сэ（Чжи Мань）

出家功德司正、禅师、沙门，1216 年《胜慧到彼岸要论教学现量解庄严论显颂》校勘者，见第 393 号，馆册第 5130 号。

328. [illegible] 啰部夏娃成 Ра-кха Гха-ва-шие

随喜发愿者、善男、头领，1190—1191 年《大宝积经》发愿者，见第 100 号，贝叶经。

329. [illegible] 啰恰成就狗 Ра-кха Шие-гхеы-кхви

1206—1209 年《大般若波罗蜜多经》经文拥有者，见第 17 号，贝叶经。

330. [illegible] 啰末那征哇 Ра-шиве Ндон-нджин-ва

刻雕版者，1156 年《佛说圣佛母般若波罗蜜多心经》刻版者，见第 72 号，馆册第 7036 号。

331. [illegible] 啰末多耶 Ра-шиве Тву Гхиве（Чжун Чи）

为雕版刻印而抄经者、皇宫抄写者、执笔，1188 年《信毕国师集世劝》抄者，见第 762 号，馆册第 3706 号。

332. [illegible]① 维摩吉勒观音 Риа-мо-кхин-лдиэ Гхай Мбиеы（Авалокитешвара）

僧人，《禅修要论》作者，见第 590 号，馆册第 4824 号。

333. [illegible]② 啰没呤果 Рие-ми-лдией-ко

西羌中国三藏巧健、修密宗者，《呼王九佛中绕随主承顺次》作者，见第 682 号，馆册第 2877 号。

334. [illegible] 啰没呤果斡哇 Рие-ми-лдией-ко-нгэ-ва

西羌中国三藏巧健，《新译常作可略记》作者，见第 629 号，馆册第 4359 号。

335. [illegible]③ 路赞讹（哇）毗勒智有 Рног Лоцава блолдан

① 译者注：在“人名指南”中仅有“[illegible]”四个字，而在第 590 号，馆册第 4824 号佛经题记中克恰诺夫认为是两个人，即“ria mo khin ldie Риа-мо-кхин-лдиэ，•ei mbiow Гхей Мбиоы”（为“[illegible]、[illegible]”）（译为“维摩吉勒、观音”），但此处根据克恰诺夫的俄译好像又成为一人，尚待考证。

② 译者注：“人名指南”第 333 号和第 334 号可能为同一人。

③ 译者注：编译者认为，此处的人名存在断句上的问题，“[illegible]”（译为“勒兀路赞哇毗勒”）这七个字的中间三个字是“路赞哇”表示“译师”的意思，不是人名。根据佛经题记内容判定，“路赞哇”前面的两个字应归到前面的人名中，“路赞哇”后面是四个字组成的人名，为“[illegible]”（译为“毗勒智有”）。

шейраб（Лдиэ-нгве Ло-ца-ва-пхи-лхеы）

1216 年《胜慧到彼岸要论教学现量解庄严论显颂》译者，见第 393 号，馆册第 5130 号。

336. □□□□□ 浪讹吉祥茂 Ру-нгве Нгиу-ру-вай

《金光明最胜王经》抄者，见第 179 号，贝叶经。

337. □□□ 浪亿贾精 Ру-нги Ка-цин

《六幼母供养典》经文拥有者，见第 698 号，馆册第 4911 号。

338. □□□…… 浪觉涅……Ру-ндвэы-не…

发愿者、积德者，1163 年《大般涅槃经》发愿者，见第 110 号，馆册第 5182 号。

339. □□□ 浪才叻 Ру-ндзие（Лхи）

法师，《菩提勇识学所道及果与一顺显释宝炬》发愿者，见第 470 号，馆册第 6669 号。

340. □[①] 日 Рэы

西天大般密怛（大班智达）、空性三昧、金刚王，《正性智重成就中自摄受次》作者，见第 675 号，馆册第 5057 号。

341. □□□□ 宋（孙）夏娃屈 Свен Гха-ва-кхви

《吉有世尊之总持紧魔断施调伏顺》抄者，见第 538 号，馆册第 6496 号。

342. □□□ 宋（孙）尘柱 Свен Чхен-чхиу

1206 年《菩提心久常作可法事》雕版刻工，见第 420 号，馆册第 6510 号。

343. □□□□[②] 罗麻明满 Своы Сэ（Мин Мань）

西羌中国著名大师，《心无正义要论》的作者，见第 317 号，馆册第 6775 号；《亥母耳传记文》作者，见 652 号，馆册第 823 号。

344. □ 僧 Сен

马蹄山法乘定师，《西方求生念佛顺要论》作者，见第 614 号，馆册第 6833 号。

345. □□ 狄布 Сеы Кхва

1179 年《大般若波罗蜜多经》抄者，见第 12 号，馆册第 2784 号。

---

① 译者注：应与"人名指南"第 5 号中"金刚王日"为同一人。

② 译者注：克恰诺夫在"人名指南"中仅把"□□"作为人名，译为"明满"，而在原文中则是"□□□□"，译为"罗麻明满"。克恰诺夫还把第 652 号，馆册第 823 号的"□□□□□"，译为"苏巴明满"与"□□□□"视为同一人，有误。但与"人名指南"第 143 号"罗麻明满"应为同一人。

346. 𗴂𗹦𗼃𗼵 鲜卑宝源 Си-пи Лдиэ Гхион（Бао Юань）

梵译本、汉译本、西夏文译本的校勘者、大白高国大度民寺沙门显法国师,《金刚般若波罗蜜多经》校勘者，见第 58 号，馆册第 4099 号，第 63 号，馆册第 689 号。

347. 𗼃𗣼𗤁 岁讹尼 Сиви Гхо-ни

《宝藏论》雕版刻工，见第 301 号，馆册第 46 号。

348. 𗼃𗖵 岁宽 Сиви Кхва

经抄者、德善者、僧人,《佛说父母恩重经》抄者，见第 183 号，馆册第 6670 号。

349. 𗧓𗼵 智广 Сие Ва（Чжи Гуан）

僧人,《慈悲道场罪忏法》发愿者，见第 316 号，贝叶经。

350. 𗧓𗺉[①] 智海 Сие Нгон（Чжи Хай）

雕印净本者,《慈悲道场罪忏法》经文刊印流布许可者，见第 316 号，馆册第 4536 号。

351. 𗧓𗗙[②] 智有 Сие Ндиу（Чжи Ю）

出家功德司承旨沙门、执藏本校，御前疏补、印字活都案头监，1216 年《胜慧到彼岸要论教学现量解庄严论显颂》校勘者，见第 393 号，馆册第 5130 号。

352. 𗧓𗖚 智明 Сие Свеы（Чжи Мин）

圆和法师，沙门,《佛说阿弥陀经》编写并传经者，见第 109 号，馆册第 6761 号。

353. 𗧓𗏁 智忠 Сие Тву（Чжи Чжун）

净本经文者、僧人,《慈悲道场罪忏法》经文刊、写流布许可者，见第 316 号，贝叶经。

354. 𗧓𗤶[③] 智幢 Сие Цие

五台山知解三藏国师沙门、译番经文者,《胜慧到彼岸要论教学现量解庄严论显颂》译者，见第 393 号，馆册第 5130 号。

355. 𗁅𗫔𗹙 苏慧德 Су Жиэ Чхиа（Хуй Дэ）

---

① 译者注：与第 316 号，馆册第 4536 号提到的“𗋐𗧓𗺉”(啰智海”）即“人名指南”第 291 号提到的人为同一人。

② 译者注：与“人名指南”第 102 号的“尹智有”为同一人。

③ 译者注：与“人名指南”第 61 号的“杨智幢”为同一人。

经文拥有者，《大乘默有者道中入顺大宝聚集要论》抄者，见第 600 号，馆册第 5031、5149 号；《六法自体要论》抄者，经文拥有者，见第 603 号，馆册第 4698 号。

356. [illegible] 苏嘛帝吃得帝 Су-ма-ти-ки-рие-ти（Суматакирти）

西天五明大师，《胜住令顺法事》作者，见第 391 号，馆册第 810 号。

357. [illegible] 苏长古山 Су-нджеы Ку-шан

经文发愿者，1156 年《秘密供养典》发愿者，经文拥有者，见第 192 号，馆册第 6771 号。

358. [illegible]① 苏巴明满 Су-па Свэы Сэ（Мин Мань）

西羌中国著名法师，《亥母耳传记文》作者，见第 652 号，馆册第 823 号。

359. [illegible] 苏巴普哺 Су-пиа Пху Пиу（Цзунь Чжан）

法师，《圣金刚王能断胜慧到彼岸大乘经》集录者，见第 380 号，馆册第 2561 号。

360. [illegible] 地悟慧照 Ти-нгу Жиэ Свеы（Хуй Чжао）

1178 年《于入二谛顺本母之义解记》经文拥有者，见第 619 号，馆册第 833 号。

361. [illegible] 帝巴迦啰 Ти-ра-киа-рие（Дипамкара）

西天大师，《四十种空幢要论》作者，见第 565 号，馆册第 871 号。

362. [illegible] 丁旭 Тие Со

大师，《观心顺》传经者，见第 317 号，馆册第 6775 号。

363. [illegible] 得尚乙普那 Тиэ-шио Гхиэ-пху-ниа

《大般若波罗蜜多经》发愿者，见第 11 号，馆册第 1911 号。

364. [illegible] 得尚善宝 Тиэ-шио Нэы-лдиэ

《大般若波罗蜜多经》净本抄写者，见第 15 号，馆册第 1428 号。

365. [illegible] 多㗇智成 Тон-жвей Сие-шие

勾管使者、乘谛，见《大般若波罗蜜多经》第 9 号，馆册第 1473 号。

366. [illegible] 董（多）氏宝真 Тон-жие Лдиэ Гхей（Бао Чжэн）

随喜发愿者、妇人，1179 年《大般若波罗蜜多经》发愿者，见第 12 号，馆册第 3048 号。

① 译者注：与第 652 号，馆册第 823 号中提到的人名应为同一人。

367. 𗗚𗘂𗵘𗩾𗲠 捺兀麻啰拶 Тха-гху-ма-рие-ца

来自西天罗夷国?《出有坏金刚王亥母之礼拜》作者，见第 528 号，馆册第 2564 号。

368. 𗁅𗍁𗋚𗕿 脱没怛勒 Тхун-мбие-та-лдиэ

西天巧健，《德王不文之广供顺》作者，见第 540 号，馆册第 4984 号。

369. 𗂧𗠁 哈布 Ха Пу

《大凤凰空明注》发愿者，见第 497 号，馆册第 818 号。

370. 𗗿𗌽𗨿 侯六金 Хеы Леы-кен

1179 年《大般若波罗蜜多经》发愿者，见第 12 号，馆册第 2754 号。

371. 𗲠𗈪𗩾𗦇𗙀 拶底啰果弥 Ца-ти-рие-ко-ми

西天大师，《番言圣观自在千眼千手之供顺》作者，见第 544 号，馆册第 7195 号。

372. 𗖵 兀 Цай…

《大般涅槃经》抄者，见第 110 号，馆册第 4758 号。

373. 𗗐𗪺 林介 Це Кие

抄经者、汉人，《大方广佛华严经》抄者，见第 90 号，贝叶经。

374. 𗣼𗗧𗙏 拭力牙 Цией Лдией-гхиа

皇孙之师士、番大学院正、群牧司承旨及论师，《和南裴休禅师随缘集》校勘者，见第 669 号，馆册第 2610 号。

375. 𗆐𗆗𗥃𗐺𗵸 吴（胡）祀氏□移庞 Цин-же-жие Жи-пхон

妇人，《佛说父母恩重经》发愿者，见第 182 号，馆册第 5048 号。

376. 𗏁𗨁[1] 法慧 Циэ Жиэ（Фа Хуй）

金解国师，圣寺沙门，瑞云山沙门，《佛说阿弥陀经》传经者，见第 109 号，馆册第 6761 号；《等持集品》译藏文者，见第 410 号，馆册第 2852 号；《见顺伏文》译并注释者，见第 430 号，馆册第 2544 号；《吉祥上乐轮随中有身定入顺次》译者，见第 672 号，馆册第 4826 号；《吉有恶趣令净本断纲》译者，见第 708 号，馆册第 7909 号；《伏藏变化解键》译者，见第 743 号，馆册第 2821 号。

377. 𗏁𗗙[2] 法永 Циэ Кие-мбие

① 译者注：与“人名指南”第 104 号提到的“郭法慧”可能为同一人。

② 译者注：克恰诺夫认为“𗏁𗗙𗫂”（“法永注”）为人名，错，“𗫂”表示“注疏”的意思，不能作为人名。

源回沙门,《洪州宗师趣注开明要记》注疏，见第 617 号，馆册第 2540 号。

378. [illegible] 法狮子 Циэ Кэ-чией

大度民寺中国觉照国师,《金刚亥母随净瓶以亲诵作顺》作者，见第 541 号，馆册第 2557 号;《等持以四主承顺》作者，见第 547 号，馆册第 821 号;《中有身要论》作者，见第 559 号，馆册第 7116 号;《修以觉证顺定愚火要论》《梦见以觉证顺变身定要论》《睡眠以觉证顺定光明要论》《无修以觉证顺识行要论》《中有身要论》《余垣宫于入顺要论》等 6 篇经文的作者，见第 564 号，馆册第 2545 号;《道之间休止顺要论》作者，见第 574 号，馆册第 3823 号。

379. [illegible][1] 法宝 Циэ Лдиэ（Фа Бао）

重证义者、番三学……师子、博士、先生,《和南裴休禅师随缘集》校勘者，见第 669 号，馆册第 2610 号。

380.（西夏文 315）[illegible] 法善 Циэ Нга

路赞讹（哇）,《吉有世尊之总持紧魔断施调伏顺》译者，见第 538 号，馆册第 6498 号。

381. [illegible] 法海 Циэ Нгон（Фа Хай）

番本译者、座主、赐绯沙门,《大般涅槃经》发愿者，见第 113 号，馆册第 469 号;《十王经》译者，见第 346 号，馆册第 4976 号。

382. [illegible] 法律 Циэ Ндзие（Фа Лю）

沙门，讲经、律、论者,《佛顶心观世音菩萨经》译者，见第 328 号，馆册第 105 号;《佛顶心观世音菩萨大陀罗尼经》译者，见第 333 号，馆册第 116 号，第 334 号，馆册第 6535 号。

383. [illegible][2] 法净 Циэ Сей（Фа Цин）

出家功德司正副使沙门，1216 年《胜慧到彼岸要论教学现量解庄严论显颂》缀文者，见第 393 号，馆册第 5130 号。

384. [illegible] 左哆 Цон Же

《药师琉璃光七佛之本愿功德经》发愿者，见第 148 号，馆册第 4014 号。

385. [illegible] 左口移才迦 Цон-же Ндзие-ка

随喜发愿者、僧人，1179 年《大般若波罗蜜多经》发愿者，见第 12 号，

---

① 译者注：与“人名指南”第 282 号的“蚰啰法宝”为同一人。

② 译者注：与“人名指南”第 231 号的“没藏法净”是同一人。

馆册第 2092 号。

386. [Tangut] 察口移 Цха Жвей

1172—1179 年《大般若波罗蜜多经》发愿者，见第 16 号，贝叶经。

387. [Tangut] 察谋那征狗 Цха-мбиу Ндон-нджин-кхви

《大般若波罗蜜多经》发愿者，见第 15 号，馆册第 2141 号。

388. [Tangut] 察谋成狗 Цха-мбиу Шие-кхви

《大般若波罗蜜多经》发愿者，见第 15 号，馆册第 2199 号。

389. [Tangut] 戚求 Цхи Кхе

官吏，1173 年《圣大乘大千国守护经》序文即以此人之名义写成，见第 217 号，馆册第 15 号。

390. [Tangut]…[Tangut] 口移…勒 Цхи…лдиэ

1209 年《胜慧到彼岸要论教学现量解庄严注释疏》抄者，见第 500 号，馆册第 4584 号。

391. [Tangut] 赵钱狗 Цхиеы Цха-кеы

写经者、笔受，1206 年《菩提心久常作可法事》抄者，见第 420 号，馆册第 6510 号。

392. [Tangut] 则那 Цэ Ниа（Кришна）

法师的助手，《聚轮供养作次第》作者，见第 384 号，馆册第 821 号。

393. [Tangut] 郑罗麻 Чен Лиа-ма（Чжэнь）

1179 年《大般若波罗蜜多经》发愿者，见第 10 号，馆册第 1162、1169 号，第 12 号，馆册第 2013 号，第 13 号，馆册第 663 号。

394. [Tangut] 只阿日果 Чеы А-кхин-ко

《圣大乘大千国守护经》雕版刻工，见第 223 号，馆册第 220 号。

395. [Tangut] 道次（那罗巴）Чиа Нге（Дао Цы）(Наропа）

大师，《解脱道随主承令顺要论》作者，见第 554 号，馆册第 2883 号；《欲乐元混令顺要论》作者，见第 594 号，馆册第 2546 号；《六法自体要论》作者，见第 602 号，馆册第 4858 号，第 604 号，馆册第 7983 号，第 605 号，馆册第 2542 号；《念定绝害要论》作者，见第 606 号，馆册第 2892 号。

396. [Tangut]① 周 Чие（Чжоу）

显密法师，功德司副使，《如来一切之百字要论》译者，见第 292 号，馆

① 译者注：此处的“周”只是姓，不是名字，结合佛经应指“周慧海”，与“人名指南”第 397 号为同一人。

册第 7165 号。

397. [illegible] 周慧海 Чие Жиэ Нгон（Чжоу Хуй Хай）

显密法师、功德司副使、曩卧英（受平义）沙门，《圣胜慧到彼岸功德宝颂曰》译者，见第 375 号，馆册第 598 号；《顶尊胜相总持功德韵集》译者，见第 654 号，馆册第 4078 号，第 657 号，馆册第 7592 号。

398. [illegible] 芷嵬 Чией Нгве

近善，1190—1191 年《大宝积经》抄者，见第 100 号，贝叶经。

399. [illegible] 芷嵬茂 Чией Нгве-вай

善男子，1191 年《大宝积经》抄者，见第 100 号，贝叶经。

400. [illegible] 佛陀耶舍 Чией Тхон-гхо

汉译三藏法师，《佛说长阿含经》译者，见第 1 号，馆册第 150 号。

401. [illegible] 张 Чион（Чжан）

抄经者，1179 年《大般若波罗蜜多经》抄者，见第 12 号，馆册第 1850、1858、1927 号；1172—1179 年《大般若波罗蜜多经》发愿者，见第 16 号，贝叶经。

402. [illegible] 张阿千 Чион А-цха

《大般若波罗蜜多经》发愿者和抄者，见第 15 号，馆册第 1013，1139、1146、1149、2033、2767 号。

403. [illegible] 张永牛 Чион Вией-нгиэы

雕版刻印发愿者，《唐长国师住光殿众宫中尔时众人问佛义二十五问答》发愿者，见第 732 号，馆册第 2613 号。

404. [illegible][①] 张慧宝 Чион Жиэ-лдиэ（Хуй Бао）

《大般若波罗蜜多经》发愿者，见第 16 号，贝叶经。

405. [illegible] 张尼 Чион Ни

新刻（经文）发愿者、新宫御前，《圣大乘大千国守护经》发愿者，见第 223 号，馆册第 220 号；《大寒林经》发愿者，见第 281 号，馆册第 6024 号；《菩提心久常作可法事》发愿者，见第 415 号，馆册第 6966 号；《菩提心法顺亦常作可法事》发愿者，见第 510 号，馆册第 6966 号。

406. [illegible] 张善广 Чион Нэы Ва（Шань Гуан）

---

① 译者注：在“人名指南”第只提到姓“张”，而未提及人名，结合佛经看，“人名指南”第 404 号的“张慧宝”可能与“张”为同一人。

发愿者、五台山沙门，《和南裴休禅师随缘集》发愿者，见第 669 号，馆册第 2610 号。

407. 菞祇毵 张啰兀 Чион Ра-гхо

刻印发愿者、御前长住边工匠，《大乘默有者道中入顺大宝聚集要论》发愿者，见第 600 号，馆册第 5031 号。

408. 菞祇毵兟 张啰兀尼 Чион Ра-гхо-ни

新宫御前，1196 年《出有坏母胜慧到彼岸心经》发愿者，见第 359 号，馆册第 6849 号。

409. 菞纞祲[①] 张禅定 Чион Шиан-ндие

修禅定者，1179 年《大般若波罗蜜多经》抄者，见第 12 号，馆册第 1286 号。

410. 絣緵姘孎皴纞祲[②] 骨匹尼林章禅定 Чион Шиан-ндие

《大般若波罗蜜多经》发愿者，见第 12 号，馆册第 3525 号。

411. 翐絽赦藒 朱屈利成 Чиу Кхви-лдиэ-шиэ

发愿者，1179 年《大般若波罗蜜多经》发愿者，见第 12 号，馆册第 1541 号。

412. 翐豟緆 朱童奴 Чиу Нджеы-нду

修禅定者，《大般若波罗蜜多经》净本抄者，见第 15 号，馆册第 1056、1074、2141 号。

413. 姟緭戮戮燚 跖哆乙未 Чиэ-жвей Гхи-гхи-тие

1156 年《秘密供养典》抄者，见第 192 号，馆册第 6771 号。

414. 絾穲 德源 Чхиа Гхион（Дэ Юань）

传译证义主、讲经律论、国师、沙门、功德司正，《菩提勇识之业中入顺》译者，见第 402 号，馆册第 944 号；《等持集品》译者，见第 409 号，馆册第 816 号，第 410 号，馆册第 2852 号。

415. 絾耆 德慧 Чхиа Жиэ（Дэ Хуй）

先有贺兰山觉行国师沙门德慧，后为兰山智昭国师德慧，《佛说圣佛母般若波罗蜜多心经》译者，见第 70 号，馆册第 4336 号；第 77 号，馆册第

---

① 译者注："禅定"不是指人名，而是指此人修习禅定者。

② 译者注：克恰诺夫在"人名指南"中仅把"皴纞祲"（章禅定）作为人名，其实结合佛经题记，发愿者名字为"絣緵姘孎皴纞祲"，译为"骨匹尼林章禅定"。

5605、6360 号；《三十五佛随忏悔要论》作者，见第 103 号，馆册第 880 号；《佛说阿弥陀经》校勘者，见第 109 号，馆册第 6761 号；《垢无净光总持》校勘者，见第 232 号，馆册第 2830 号；《佛说圣大乘三归依经》译者，见第 382 号，馆册第 4940 号，第 383 号，馆册第 6542 号；《菩提勇识大勇识不价菩萨众之归依礼拜》译者，见第 526 号，馆册第 4996 号；《于入风气心顺》译者，见第 550 号，馆册第 3808 号；1168 年《佛说圣佛母般若心经诵持顺要论》翻译并执梵、藏文本证义者，见第 552 号，馆册第 4090、5253 号，第 553 号，馆册第 2829 号；《吉祥上乐轮随耶稀鸠稀字咒以前尊习为识过定入顺要论》译者，见第 557 号，馆册第 2838 号；《吉祥上乐轮随狮子卧以定（识）正修顺要论》译者，见第 555 号，馆册第 2521 号；《佛说圣佛母般若诵持顺要论》译者，见第 558 号，馆册第 6360 号；《大乘默有者道中入顺大宝聚集要论》译者，见第 600 号，馆册第 5149 号；《大印究境要集》作者，见第 663 号，馆册第 824 号，第 665 号、馆册第 2526 号；《吉祥护法大集求主》译者，见第 763 号，馆册第 4994 号。

416. [illegible][1] 德妙 Чхиа Тхиоы（Дэ Мяо）

出家功德司承旨、沙门，《道之间休止顺要论》译者，见第 574 号，馆册第 3823 号。

417. [illegible][2][illegible] 六持福增狗 Чхио-лио Лху-кхви

写者……家……，1216 年《五佛亥母随略供养典》抄者，见第 692 号，馆册第 5052 号。

418. [illegible] 张 Чхион

1179 年《大般若波罗蜜多经》抄者，见第 12 号，馆册第 1686 号。

419. [illegible] 春狗 Чхион Кхви

校勘者、德善，《大宝积经》校勘者，见第 98 号，馆册第 531 号。

420. [illegible] 翟牛家 Чхэ Нгиэы-ка

抄经者，《大寒林经》抄者，见第 275 号，馆册第 917 号。

421. [illegible] 翟羊家 Чхэ Чиа-ка

抄经者，《种咒王荫大孔雀经》抄者，见第 207 号，馆册第 5757 号。

---

① 译者注：从佛经题记的内容看，此处的“德妙”与“人名指南”第 157 号“李德妙”为同一人。

② 译者注：在“人名指南”中仅出现“[illegible]”（持福增狗），而在第 692 号，馆册第 5052 号佛经题记中却有五个字即“[illegible]”（六持福增狗）。

422. [illegible] 山门 Шан Мен

译师,《佛说父母恩重经》译者，见第 181 号，馆册第 6570 号。

423. [illegible] 申好狗 Шен Хай-цией

刻字者,《诸说禅源集都序》雕版刻工，见第 322 号，馆册第 4731 号；《诸说禅源集都序纲文》雕版刻工，见第 646 号，馆册第 4736 号。

424. [illegible] 显 Шиа

抄经者,《种咒王荫大孔雀经》抄者，见第 207 号，馆册第 5757 号。

425. [illegible] 显布 Шиа Пу

传译经典、证义及说经、律、论和尚，1085 年《佛说阿弥陀经》经文散施者，见第 108 号，馆册第 4773 号。

426. [illegible] 显怛吟哇 Шиа-та-тхеы-ва（Шантидева）

《菩提勇识之业中入顺》作者，见第 402 号，馆册第 944 号。

427. [illegible] 竺佛念 Шиа Тха-лэ

汉译三藏法师,《佛说长阿含经》译者，见第 1 号，馆册第 150 号。

428. [illegible] 石 Шие

禅师，隐修者，后藏人。1153 年《大般若波罗蜜多经》抄者，见 9 号，馆册第 1439 号。

429. [illegible] 石法护 Шие Ке-гхвай

净本抄者、出家僧、修禅定者，1152—1156 年《大般若波罗蜜多经》抄者，见第 9 号，馆册第 1450、2190、7950 号。

430. [illegible] 石宝照 Шие Лдиэ Свеы（Бао Мин）

写经者，1153 年《大般若波罗蜜多经》净本写者，见第 9 号，馆册第 1473、3532 号。

431. [illegible] 石甘州 Шие Лие-чие

写经者，1152—1156 年石州、甘州《大般若波罗蜜多经》抄者，见第 9 号，馆册第 1449 号。

432. [illegible][1] 舍善明 Шие Нэы Свеы（Шань Мин）

《大乘百法明门本母略疏》校勘者，见第 300 号，馆册第 897 号。

433. [illegible] 尚平都麻 Шио-пхин-жие Ндеы-ма

① 译者注：与第 302 号“人名指南”中的“善明”为同一个人。

妇人，《大般涅槃经》发愿者，见 113 号，馆册第 970 号。

434. 𗏁𗠁[1] 善信 Шион…（Шань Синь）

黑山沙门，《金刚般若斡限经颂义解集略记》作者，见第 634 号，馆册第 5934 号。

435. 𗐱𗳒𗦧𗤳 蜀嵬嵬尚 Шиуо-нгве Вай-шион

1194 年《慈悲道场罪忏法》抄者，见第 307 号，贝叶经。

436. 𗐱[2]𗳒𗉘𗷖𗤳 毗嵬㖡移耶尚 Шиуо-нгве Жи-гхвие-шион

1179 年《大般若波罗蜜多经》抄经者，见第 12 号，馆册第 1153、1517 号。

437. 𗖵[3]𗑗[4] 释子 Шиэ

善生释子，《大般若波罗蜜多经》抄者，见第 8 号，馆册第 926 号。

438. 𗓸 什 Шиэ

净信发愿者、出家僧，1201 年《大般若波罗蜜多经》发愿者，见第 14 号，馆册第 571 号，第 15 号，馆册第 631、1399、1705、1917、2065、2081、2153、2767 号。

439. 𗓸𗗂𗧓 什慧贤 Шиэ Жиэ Ме（Хуй Сянь）

净本发愿者，1179 年《大般若波罗蜜多经》发愿者，见第 12 号，馆册第 1206 号。

440. 𗓸𗗂𗢳 什慧普 Шиэ Жиэ Пху（Хуй Шан）

发愿者，出家僧，《大般若波罗蜜多经》发愿者，见 15 号，馆册第 1146 号。

441. 𗣼𗓸𗖻𗢯[5] 拏什禅定 Шиэ Шиан-ндие

发愿写经者、修禅定者，1179 年《大般若波罗蜜多经》发愿者，见第 12 号，馆册第 1943 号。

442. 𗓸𗍳𗪘𗗙 什骏祀宝 Шиэ-май Па-лдиэ

① 译者注：西夏文“人名指南”中两个西夏字有误，结合佛经题记改之。此处人名“善信”与“人名指南”第 301 号“善信”应为同一人。

② 译者注：在“人名指南”中为“𗐱𗳒𗉘𗷖𗤳”，译为“蜀嵬㖡移耶尚”，而在第 12 号，馆册第 1517 号中为“𗐯𗳒𗉘𗷖𗤳”，译为“毗嵬㖡移耶尚”，具体哪个正确尚需等西夏文佛经公布之后再确定。

③ 译者注：“𗖵”并不是人名，“𗖵𗑗𗗚𗣫”组合在一起表示佛教沙门。

④ 译者注：此处“释子”并不是指人名，而是一个称呼，表示他是佛门弟子，人名应是“吟嵬愿照”，所以“释子”与“人名指南”第 197 号“吟嵬愿照”指同一人。

⑤ 译者注：在“人名指南”中以“𗓸𗖻𗢯”（什禅定）为人名，而在题记中还有一个“𗣼”（拏）。

僧人、经文施写发愿者，《金光明最胜王经》发愿者，见第 170 号，馆册第 3535 号。

443. [illegible][1]（[illegible]）[illegible] 什口移勇 Шиэ-цхи-ка Шиан-ндие

发愿写者、修禅定者，1179 年《大般若波罗蜜多经》发愿者，见第 12 号，馆册第 1564 号。

444. [illegible] 洛祀吉 Же-нгиу

1157 年《妙法莲华经》发愿者，见第 78 号，馆册第 63 号。

445. [illegible] 哆尚 …Мбуо шио…

《大方广佛华严经》抄者，见第 85 号，馆册第 343 号。

446. [illegible] 低心堡 …Ние-по

净本抄者，《大般涅槃经》抄者，见第 111 号，馆册第 972 号。

447. [illegible] 啰那征 …ра Ндон-ндзин

《大方广佛华严经》抄者，见第 85 号，馆册第 332 号。

七、地理名称

1. 寺院名称

（1）[illegible] 圣宫、圣寺、圣庙。

（2）[illegible] 天下报庆众宫、天下报庆寺。

（3）[illegible] 妙悦（喜）众宫、妙（悦）喜寺。

（4）[illegible] 监（镇）国众宫、监（镇）国寺。

（5）[illegible] 护国宝塔。

（6）[illegible] 大兴善众宫、大兴善寺（隋代——译注）。

（7）[illegible] 大度民众宫、大度民寺。

（8）[illegible] 度民众宫（寺）之大德凉台、度民寺之大德凉台。

（9）[illegible] 五明显生众宫、五明显生寺。

2. 地名

（1）[illegible] 玉宁山（瑞云山）。

（2）[illegible] 五台山。

（3）[illegible] 西天、印度、天竺。

---

① 译者注：在“人名指南”中为“[illegible]”（什家口移禅定），而在题记中则为“[illegible]”（什口移勇禅定）。

（4）[illegible] 静州。
（5）[illegible]（贺）兰山。
（6）[illegible] 黑水城（哈拉浩特、元代称亦集乃）。
（7）[illegible] 定魔山。
（8）[illegible] 中兴府（西夏都城府治）。
（9）[illegible] 后藏（吐蕃）。
（10）[illegible] 韦山。
（11）[illegible] 秦（清）原县。
（12）[illegible] 普（濮）边。
（13）[illegible] 天竺小国罗夷国。
（14）[illegible] 南院（南苑）。
（15）[illegible] 马蹄山。
（16）[illegible] 月苑（译者注：结合题记内容判断此处可能不是地名）。
（17）[illegible] 甘州。
（18）[illegible] 黑山。
（19）[illegible] 乌山。
（20）[illegible] 源回。
（21）[illegible] 比巷
（22）[illegible] 隘堡。
（23）[illegible] 石州。

八、官职与机构名称

1. [illegible] 座主、寺院座主。
2. [illegible] 帝师。
3. [illegible] 鸿胪卿。
4. [illegible] 中国大师、帝师。
5. [illegible] 后（厚）官。
6. [illegible] 新皇宫御前。
7. [illegible] 密宗国师。
8. [illegible] 群牧司。
9. [illegible] 两位皇帝之上师。
10. [illegible] 内侍。

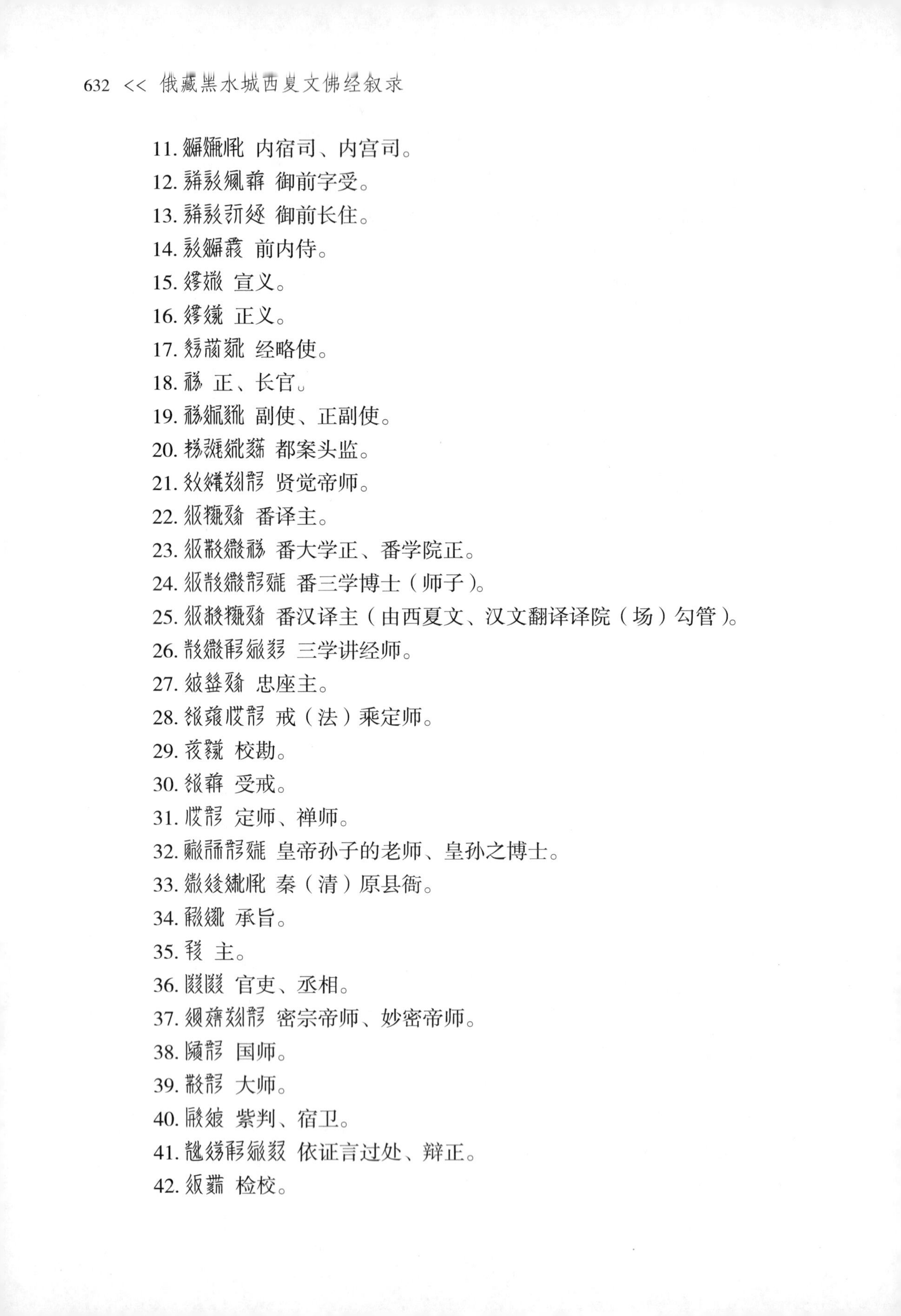

11. [西夏文] 内宿司、内宫司。
12. [西夏文] 御前字受。
13. [西夏文] 御前长住。
14. [西夏文] 前内侍。
15. [西夏文] 宣义。
16. [西夏文] 正义。
17. [西夏文] 经略使。
18. [西夏文] 正、长官。
19. [西夏文] 副使、正副使。
20. [西夏文] 都案头监。
21. [西夏文] 贤觉帝师。
22. [西夏文] 番译主。
23. [西夏文] 番大学正、番学院正。
24. [西夏文] 番三学博士（师子）。
25. [西夏文] 番汉译主（由西夏文、汉文翻译译院（场）勾管）。
26. [西夏文] 三学讲经师。
27. [西夏文] 忠座主。
28. [西夏文] 戒（法）乘定师。
29. [西夏文] 校勘。
30. [西夏文] 受戒。
31. [西夏文] 定师、禅师。
32. [西夏文] 皇帝孙子的老师、皇孙之博士。
33. [西夏文] 秦（清）原县衙。
34. [西夏文] 承旨。
35. [西夏文] 主。
36. [西夏文] 官吏、丞相。
37. [西夏文] 密宗帝师、妙密帝师。
38. [西夏文] 国师。
39. [西夏文] 大师。
40. [西夏文] 紫判、宿卫。
41. [西夏文] 依证言过处、辩正。
42. [西夏文] 检校。

43. [illegible] 印活字都案头监。
44. [illegible] 司吏副、衙官之副手。
45. [illegible] 节亲、宗亲、皇族。
46. [illegible] 功德司。
47. [illegible] 工院。
48. [illegible] 头领。
49. [illegible] 边防。
50. [illegible] 边防使。
51. [illegible] 校对（勘）者。
52. [illegible] 上师。
53. [illegible] 副、副官、副手。
54. [illegible] 法师。
55. [illegible] 许可者。
56. [illegible] 转运。
57. [illegible] 行主。
58. [illegible] 传译审义主。
59. [illegible] 刺史。

九．僧人的封号与称号

1. [illegible] 谛坐、静坐、隐居冥想修行。
2. [illegible] 大谛道源。
3. [illegible] 圣。
4. [illegible] 名师。
5. [illegible] 受安（利）。
6. [illegible] 受安仪（受利式、受乃将）(坏乃将 · jwei nei ndzio)。
7. [illegible] 受俱足（坏卧勒 · jwei nguo lhe）。
8. [illegible] 班智达、梵学家。
9. [illegible] 笔受、执笔。
10. [illegible] bodhisattva 菩提勇识。
11. [illegible] 大严（克恰诺夫解释为“令人尊敬的”）。
12. [illegible] 修善。
13. [illegible] 善信、净信（在 298.634 号佛经中为僧人名字）。

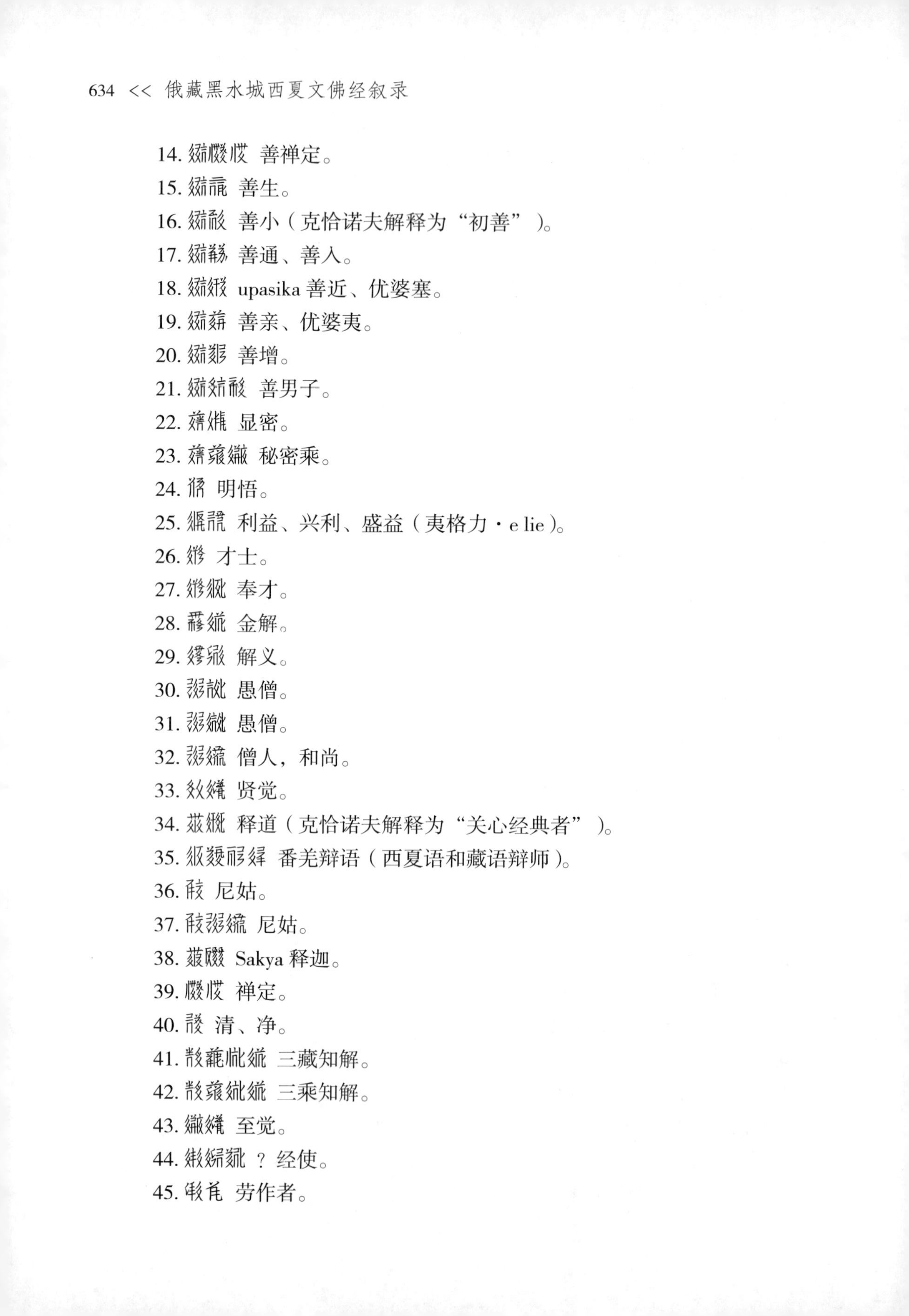

14. [illegible] 善禅定。
15. [illegible] 善生。
16. [illegible] 善小（克恰诺夫解释为“初善”）。
17. [illegible] 善通、善入。
18. [illegible] upasika 善近、优婆塞。
19. [illegible] 善亲、优婆夷。
20. [illegible] 善增。
21. [illegible] 善男子。
22. [illegible] 显密。
23. [illegible] 秘密乘。
24. [illegible] 明悟。
25. [illegible] 利益、兴利、盛益（夷格力 · e lie）。
26. [illegible] 才士。
27. [illegible] 奉才。
28. [illegible] 金解。
29. [illegible] 解义。
30. [illegible] 愚僧。
31. [illegible] 愚僧。
32. [illegible] 僧人，和尚。
33. [illegible] 贤觉。
34. [illegible] 释道（克恰诺夫解释为“关心经典者”）。
35. [illegible] 番羌辩语（西夏语和藏语辩师）。
36. [illegible] 尼姑。
37. [illegible] 尼姑。
38. [illegible] Sakya 释迦。
39. [illegible] 禅定。
40. [illegible] 清、净。
41. [illegible] 三藏知解。
42. [illegible] 三乘知解。
43. [illegible] 至觉。
44. [illegible] ？经使。
45. [illegible] 劳作者。

46. [illegible] 学者门人、弟子、学生。
47. [illegible] 学正等持、Shunyata samadhi 空性三昧。
48. [illegible] 寿全，福寿。
49. [illegible] 长。
50. [illegible] 天王下明。
51. [illegible] nirmana-kaya 化身。
52. [illegible] 智明。
53. [illegible] 圣胜慧彼岸。
54. [illegible] 大巧健（原书应少一“健”字，为编译者添加）。
55. [illegible] 大般密怛、大班智达。
56. [illegible] 大瑜伽、大禅定。
57. [illegible] 大广智。
58. ？[illegible]？ 善生。
59. [illegible] 汉译三藏法师。
60. [illegible] 巧健、刚勇。
61. [illegible] 德尊。
62. （[illegible]）[illegible] vaishravana 毗沙门、多闻天。
63. [illegible] 五明。
64. [illegible] 世间主。
65. [illegible] 显法。
66. [illegible] 译经证义。
67. [illegible] 讲经、律、论者。
68. [illegible] 定经、律、论。
69. [illegible] 讲经、律、论者。
70. [illegible] 供坛、献坛、陈坛。
71. [illegible] 圆和法师（克恰诺夫解释为“不安定地区的法师”）。
72. [illegible] 沙门。
73. [illegible] 治。
74. [illegible] 依说。
75. [illegible] 慧净国师。
76. [illegible] 觉照。
77. [illegible] 觉行。

78. □□ 觉慧。

十 . 佛经帙号

1.《大般若波罗蜜多经》所用帙号

1—10 卷 □（天） 11—20 卷 □（地、土） 21—30 卷 □（不）
31—40 卷 □（散） 41—50 卷 □（空） 51—60 卷 □（广）
61—70 卷 □（最） 71—80 卷 □（胜） 81—90 卷 □（土）
91—100 卷 □（幽） 101—110 卷 □（神） 111—120 卷 □（首）
121—130 卷 □（圣） 131—140 卷 □（宫） 141—150 卷 □（与）
151—160 卷 □（集） 161—170 卷 □（霄） 171—180 卷 □（地）
181—190 卷 □（本） 191—200 卷 □（母） 201—210 卷 □（鸟）
211—220 卷 □（生） 221—230 卷 □（卵） 231—240 卷 □（蛋）
241—250 卷 □（灵） 251—260 卷 □（有） 261—270 卷 □（所）
271—280 卷 □（成） 281—290 卷 □（手、律） 291—300 卷 □（几）
301—310 卷 □（强） 311—320 卷 □（全、具） 321—330 卷 □（日）
331—340 卷 □（月） 341—350 卷 □（星） 351—360 卷 □（东）
231—240 卷 □（暗） 231—240 卷 □（昧） 231—240 卷 □（黑）
231—240 卷 □（远见）

天地不散 空广最胜 土幽神首 胜宫与集 霄地本母 鸟生卵蛋
灵有所成 手几强全 日月星东 暗昧黑远（见）

2.《大方广佛华严经》所用帙号

（第一套）

1—10 卷 □（花）[①] 11—20 卷 □（太阳）[②] 21—30 卷 □（生产）
31—40 卷 □（明）[③] 41—50 卷 □（生） 51—60 卷 □（东、尾）
61—70 卷 □（江、河） 71—80 卷 □（月、山）

晓资产铁生末河山

（第二套）

1—10 卷 □（大） 11—20 卷 □（方） 21—30 卷 □（广）

① 克恰诺夫录入错误，查图版应为“了、悟、明、达”。
② 克恰诺夫录入错误，查图版应为“资”。
③ 克恰诺夫录入错误，查图版应为“铁”。

31—40 卷 絣（佛） 41—50 卷 緂（华） 51—60 卷 豥（严）
61—70 卷 蕠（经） 71—80 卷 蔱（典）
大方广佛 华严经典
3.《大宝积经》所用帙号
1—10 卷 瓾（石） 11—20 卷 瀓（炎、热） 21—30 卷 蕔（矿）
31—40 卷 緻（山、煤） 41—50 卷 敍（贤）
11—60 卷 禱（根、本、祖、宗） 61—70 卷 夋（时）
71—80 卷 蒜（兴） 81—90 卷 瓻（问）
91—100 卷 豩（人） 101—110 卷 緅（出、源）
111—120 卷 彨（言、语）
热石矿山 圣根时兴 问人出语
4.《金光明最胜王经》所用帙号
1. 蕂金 2. 敗光 3. 㣲明 4. 縭最 5. 祕胜
6. 膌王 7. 蕠经 8. 蔱典 9. 媄显 10. 骸传
金光明最胜王经典显传
5.《大般涅槃经》所用帙号
（第一套）
1—10 卷 繉明、显、分明 11—20 卷．龍围
21—30 卷 藏交配、求亲、求婚
31—40 卷 庄严、端正、美好（妾）
分围求妾
（第二套）
1—10 卷 豩涅 11—20 卷 围 21—30 卷 蘢晨、早 31—40 卷 溈妃
涅围晨妃
6.《佛说佛母出生三法藏般若波罗蜜多经》所用帙号
（第一套）
1—5 卷 蕵母 6—10 卷 絣佛 11—15 卷 纉觉 16—20 卷 豮宝
21—25 卷 蘢藏、库
佛母觉宝藏
（第二套）
1—5 卷 蕵母 6—10 卷 絣佛 11—15 卷 纉觉 16—20 卷 豮宝

21—25 卷　蘢库、？卷　爬生[①]
佛母觉宝藏

①《佛说佛母出生三法藏般若波罗蜜多经》共 25 卷，按照克恰诺夫认为 5 卷一个帙号，应有 5 个帙号，但克恰诺夫认为第一种 5 个字，第二种好像成了 6 个字，可能有误。

索　引

西夏文佛经目录索引

8. [illegible]

《圣空行母金刚王舍续之相说疏》

第 499 号

9. [illegible]

《圣如来一切之顶鬘中出白伞佛母他者无大还转明咒大荫王总持》

第 200 号

10. [illegible]

《随圣幼母供养作顺》

第 529 号

11. [illegible]

《圣六字增寿大荫王陀罗尼经》

第 234、235、236 号

12. [illegible]

《圣星母中道法事供养典》

第 686、687 号

13. [illegible]

《圣摩利天母总持》

第 258 号

14. [illegible]

《圣大乘利有罗索之央正经》

第 352 号

15. [illegible]

《圣大求记》

第 639 号

16. [illegible]

《圣大乘大千国守护经》

第 214、215、216、217、218、219、220、221、222、223、224、225、226、227、228、230 号

17. [illegible]

《圣大悟荫王求随皆得经》

第 239、240、241、242、243、244、245、246、247、248、249、250、251、252 号

第 670 号

29. [illegible]

《集颂》

第 440、441、442 号

30. [illegible]

《三昧之修次》

第 671 号

31. [illegible]

《依于身中围以四主受顺广典》

第 688、689 号

32. [illegible]

《主承因教求顺》

第 534 号

33. [illegible]

《主持令顺要论》

第 610 号

34. [illegible]

《近住八斋戒文》

第 641、642 号

35. [illegible]

《胜慧到彼岸要论教学现量解庄严注释疏》

第 500 号

36. [illegible]

《胜慧到彼岸要论教学现量解庄严论显颂》

第 393、394、395、396、397、398、399 号

37. [illegible]

《胜慧到彼岸八千颂中受持功德说》

第 370 号

38. [illegible]

《胜慧到彼岸之释明》

第 457 号

39. [illegible]

50. [illegible]

《中有要论》

第 609 号

51. [illegible]

《佛顶心陀罗尼经》

第 335、336、337、338、339、340 号

52. [illegible]

《佛顶心观世音菩萨大陀罗尼经》

第 332、333、334 号

53. [illegible]

《佛顶心观世音菩萨经》

第 325、326、327、328、329、330 号

54. [illegible]

《佛顶心观世音菩萨治病生法经》

第 331 号

55. [illegible]

《佛前烧香颂》

第 443、444 号

56. [illegible]

《佛说圣佛母般若波罗蜜多心经》

第 70、71、72、73、74、75、76、77 号

57. [illegible]

《佛说圣佛母般若心经诵持顺要论》

第 552、553 号

58. [illegible]

《佛说圣佛母般若诵持顺要论》

第 558 号

59. [illegible]

《佛说佛母出生三法藏般若波罗蜜多经》

第 22、23、24、25、26、27、28、29、30、31 号

60. [illegible]

《佛说圣曜母陀罗尼经》

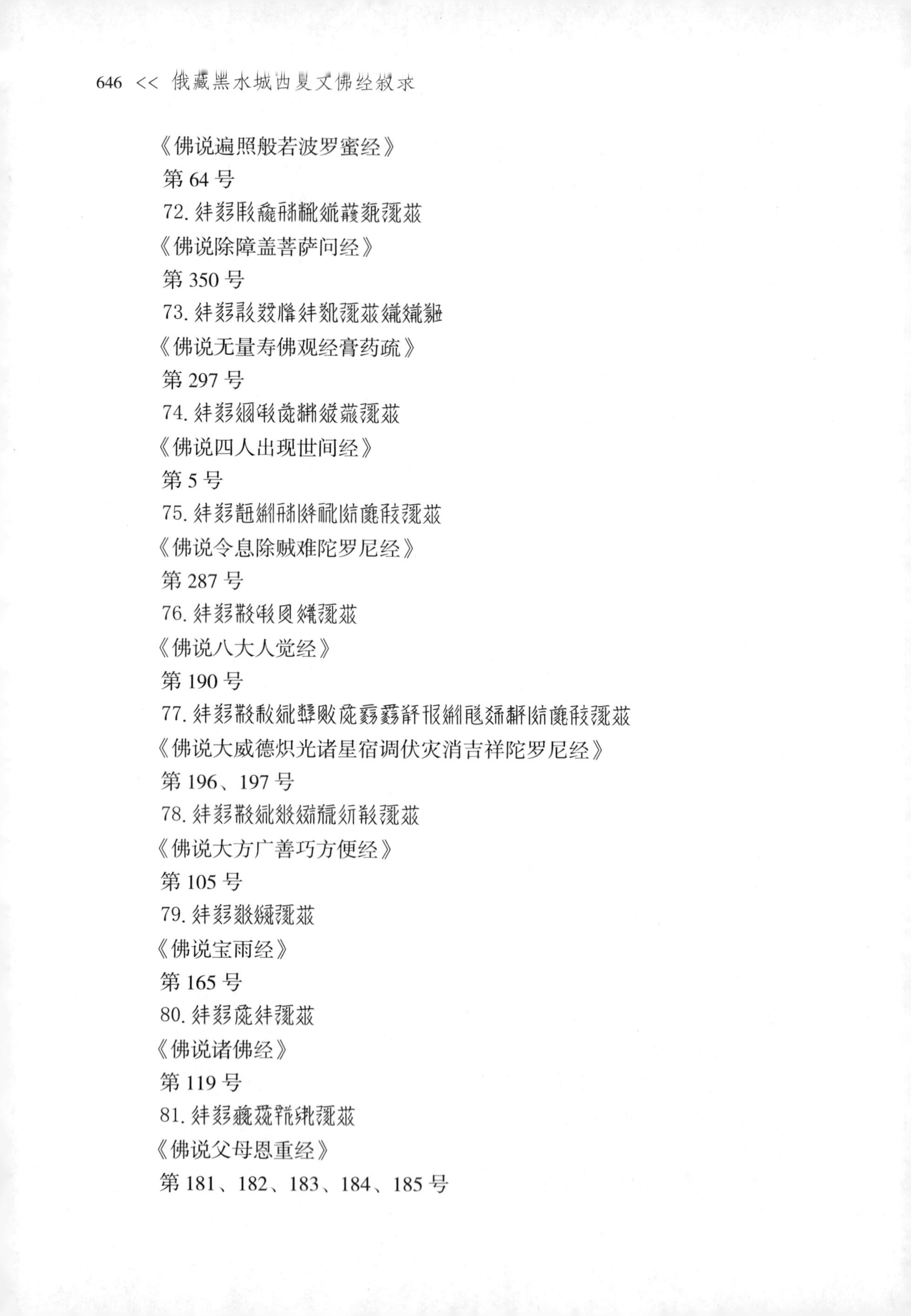

《佛说遍照般若波罗蜜经》
第 64 号
72. [illegible]
《佛说除障盖菩萨问经》
第 350 号
73. [illegible]
《佛说无量寿佛观经膏药疏》
第 297 号
74. [illegible]
《佛说四人出现世间经》
第 5 号
75. [illegible]
《佛说令息除贼难陀罗尼经》
第 287 号
76. [illegible]
《佛说八大人觉经》
第 190 号
77. [illegible]
《佛说大威德炽光诸星宿调伏灾消吉祥陀罗尼经》
第 196、197 号
78. [illegible]
《佛说大方广善巧方便经》
第 105 号
79. [illegible]
《佛说宝雨经》
第 165 号
80. [illegible]
《佛说诸佛经》
第 119 号
81. [illegible]
《佛说父母恩重经》
第 181、182、183、184、185 号

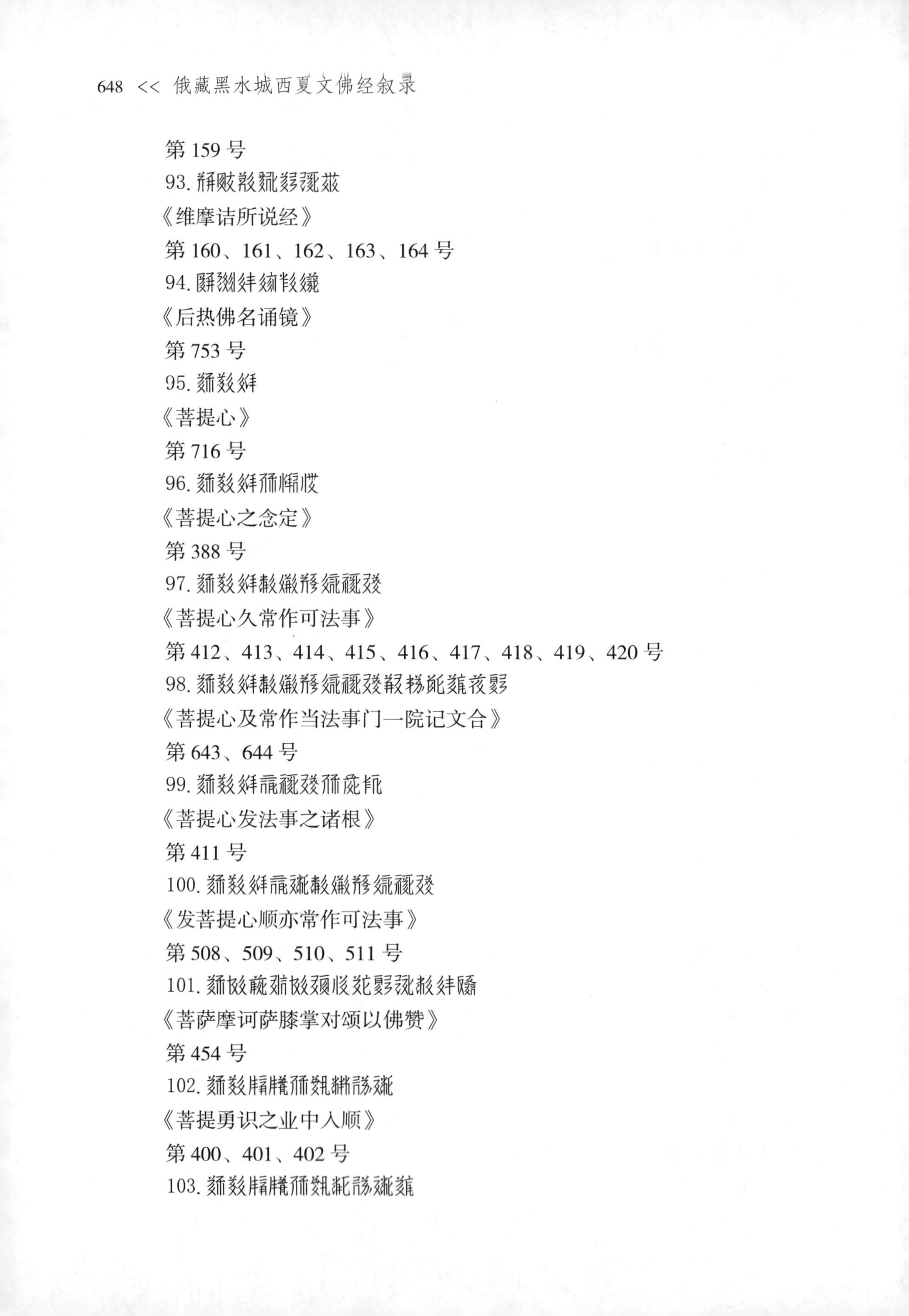

第 159 号

93. [illegible]

《维摩诘所说经》

第 160、161、162、163、164 号

94. [illegible]

《后热佛名诵镜》

第 753 号

95. [illegible]

《菩提心》

第 716 号

96. [illegible]

《菩提心之念定》

第 388 号

97. [illegible]

《菩提心久常作可法事》

第 412、413、414、415、416、417、418、419、420 号

98. [illegible]

《菩提心及常作当法事门一院记文合》

第 643、644 号

99. [illegible]

《菩提心发法事之诸根》

第 411 号

100. [illegible]

《发菩提心顺亦常作可法事》

第 508、509、510、511 号

101. [illegible]

《菩萨摩诃萨膝掌对颂以佛赞》

第 454 号

102. [illegible]

《菩提勇识之业中入顺》

第 400、401、402 号

103. [illegible]

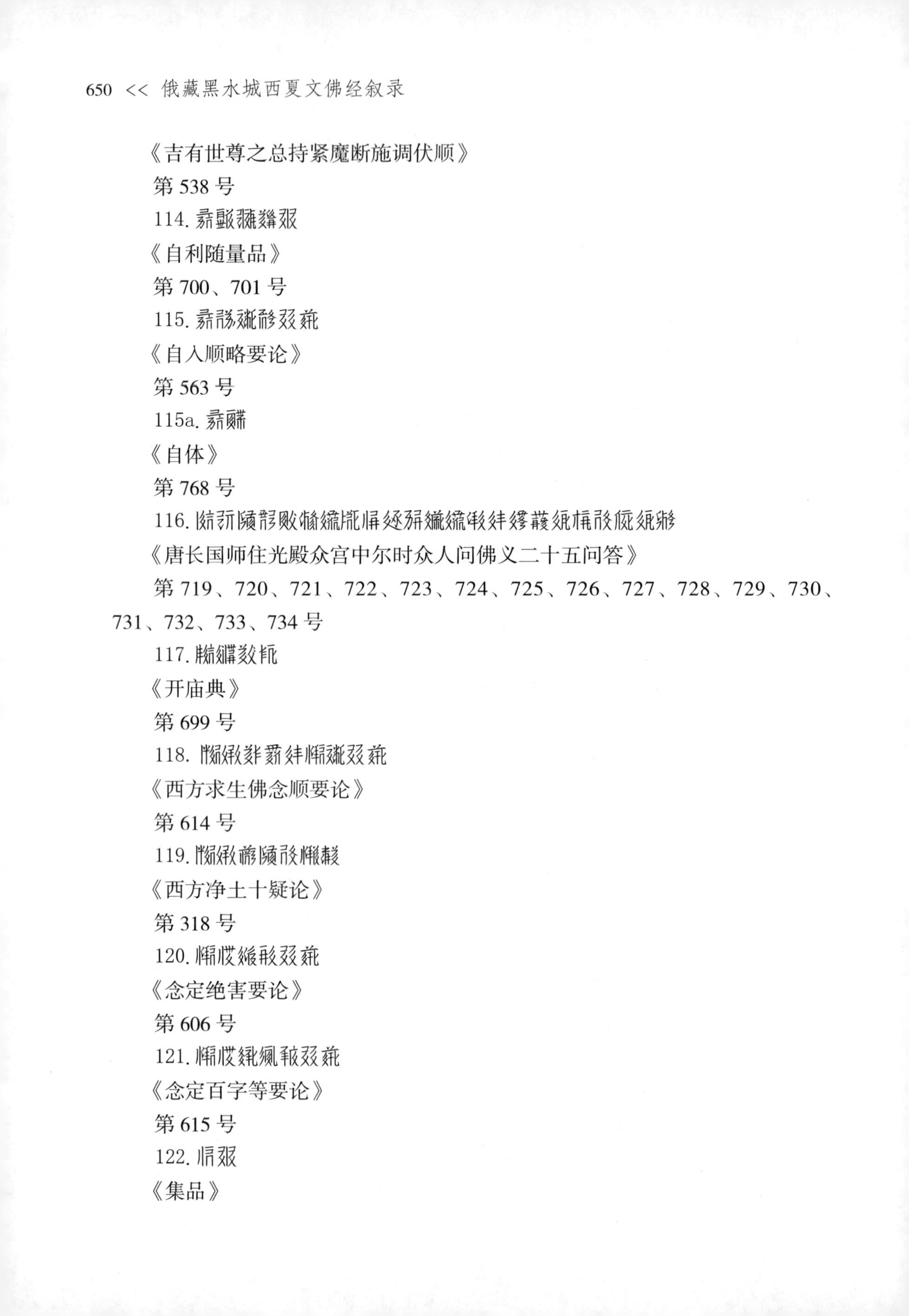

《吉有世尊之总持紧魔断施调伏顺》

第 538 号

114. [illegible]

《自利随量品》

第 700、701 号

115. [illegible]

《自入顺略要论》

第 563 号

115a. [illegible]

《自体》

第 768 号

116. [illegible]

《唐长国师住光殿众宫中尔时众人问佛义二十五问答》

第 719、720、721、722、723、724、725、726、727、728、729、730、731、732、733、734 号

117. [illegible]

《开庙典》

第 699 号

118. [illegible]

《西方求生佛念顺要论》

第 614 号

119. [illegible]

《西方净土十疑论》

第 318 号

120. [illegible]

《念定绝害要论》

第 606 号

121. [illegible]

《念定百字等要论》

第 615 号

122. [illegible]

《集品》

---

① 译者注：第 564 号共 6 篇经文名称，即《修以觉证顺定愚火要论》《梦见以觉证顺定变身要论》《睡眠以觉证顺定光明要论》《无修以觉证顺识行要论》《中有身要论》《余垣宫于入顺要论》，而此处只给出一篇经文名称。

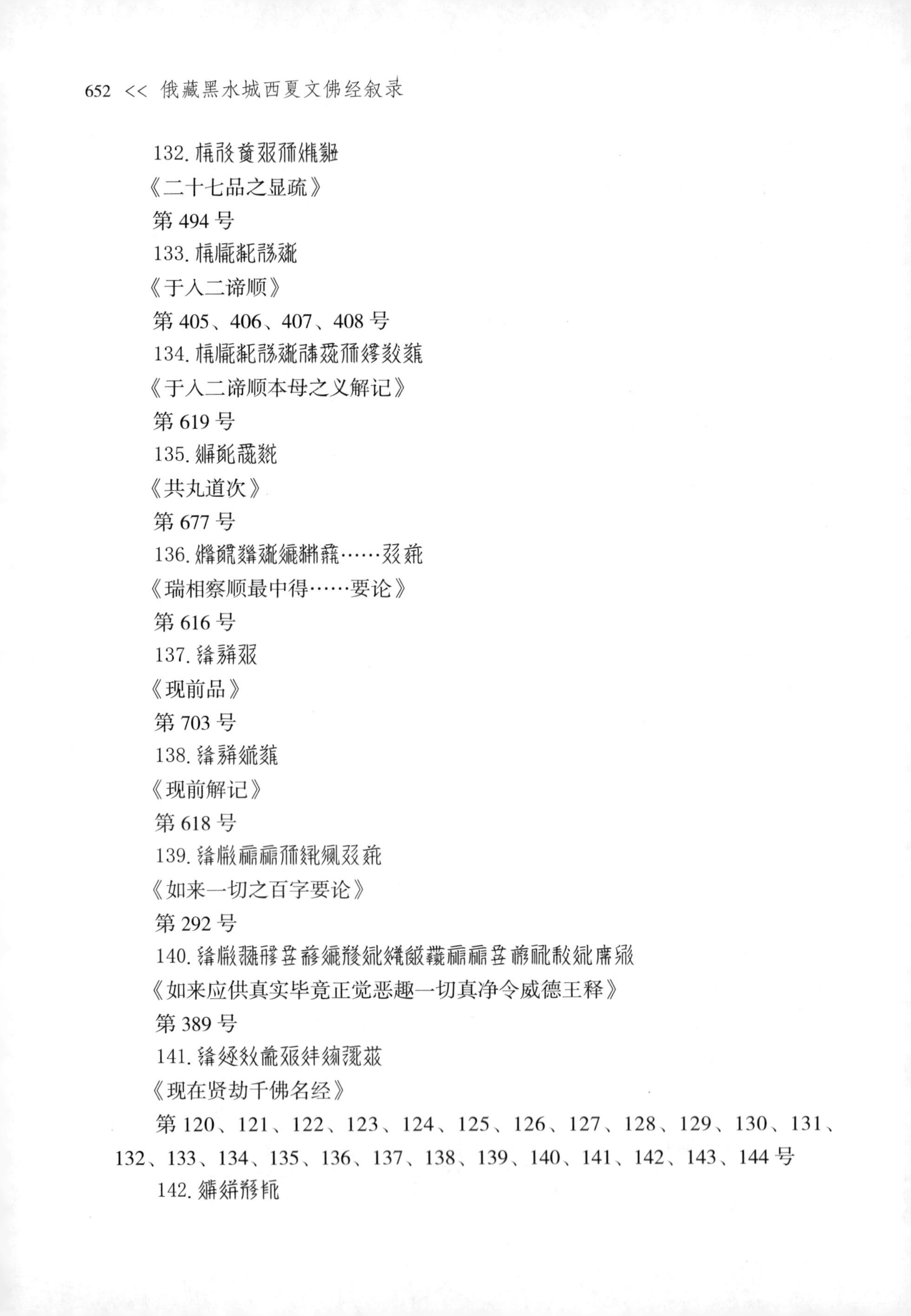

132. [illegible]
《二十七品之显疏》
第 494 号
133. [illegible]
《于入二谛顺》
第 405、406、407、408 号
134. [illegible]
《于入二谛顺本母之义解记》
第 619 号
135. [illegible]
《共丸道次》
第 677 号
136. [illegible]……[illegible]
《瑞相察顺最中得……要论》
第 616 号
137. [illegible]
《现前品》
第 703 号
138. [illegible]
《现前解记》
第 618 号
139. [illegible]
《如来一切之百字要论》
第 292 号
140. [illegible]
《如来应供真实毕竟正觉恶趣一切真净令威德王释》
第 389 号
141. [illegible]
《现在贤劫千佛名经》
第 120、121、122、123、124、125、126、127、128、129、130、131、132、133、134、135、136、137、138、139、140、141、142、143、144 号
142. [illegible]

① 译者注：第 699 号为《开庙典》，而此处的《绕神作典》是属于另外两篇经文的内容：1.《绕神作典》(克恰诺夫译为《请寺作典》)；2.《食礼顺》。

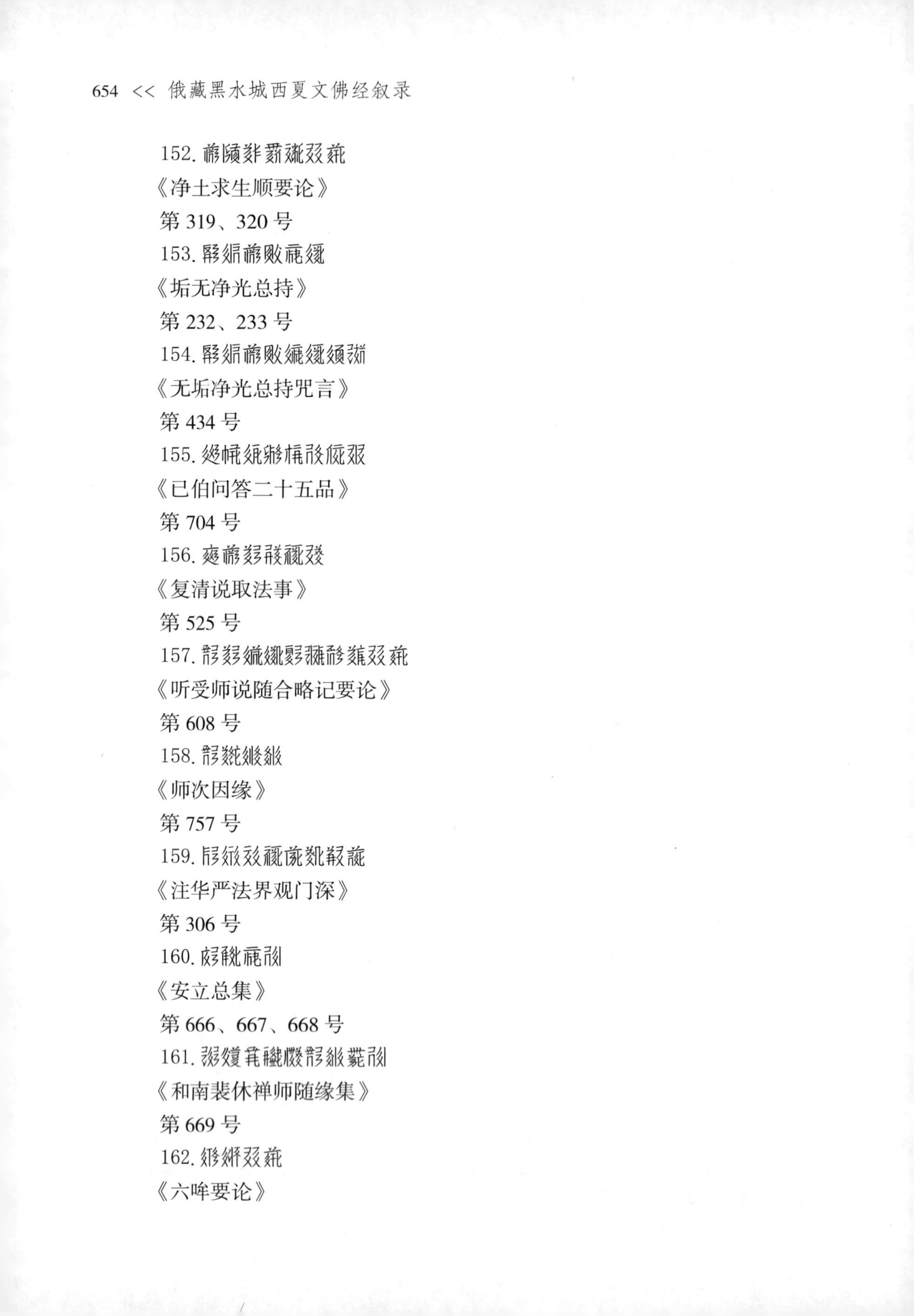

152. [illegible]

《净土求生顺要论》

第 319、320 号

153. [illegible]

《垢无净光总持》

第 232、233 号

154. [illegible]

《无垢净光总持咒言》

第 434 号

155. [illegible]

《已伯问答二十五品》

第 704 号

156. [illegible]

《复清说取法事》

第 525 号

157. [illegible]

《听受师说随合略记要论》

第 608 号

158. [illegible]

《师次因缘》

第 757 号

159. [illegible]

《注华严法界观门深》

第 306 号

160. [illegible]

《安立总集》

第 666、667、668 号

161. [illegible]

《和南裴休禅师随缘集》

第 669 号

162. [illegible]

《六哞要论》

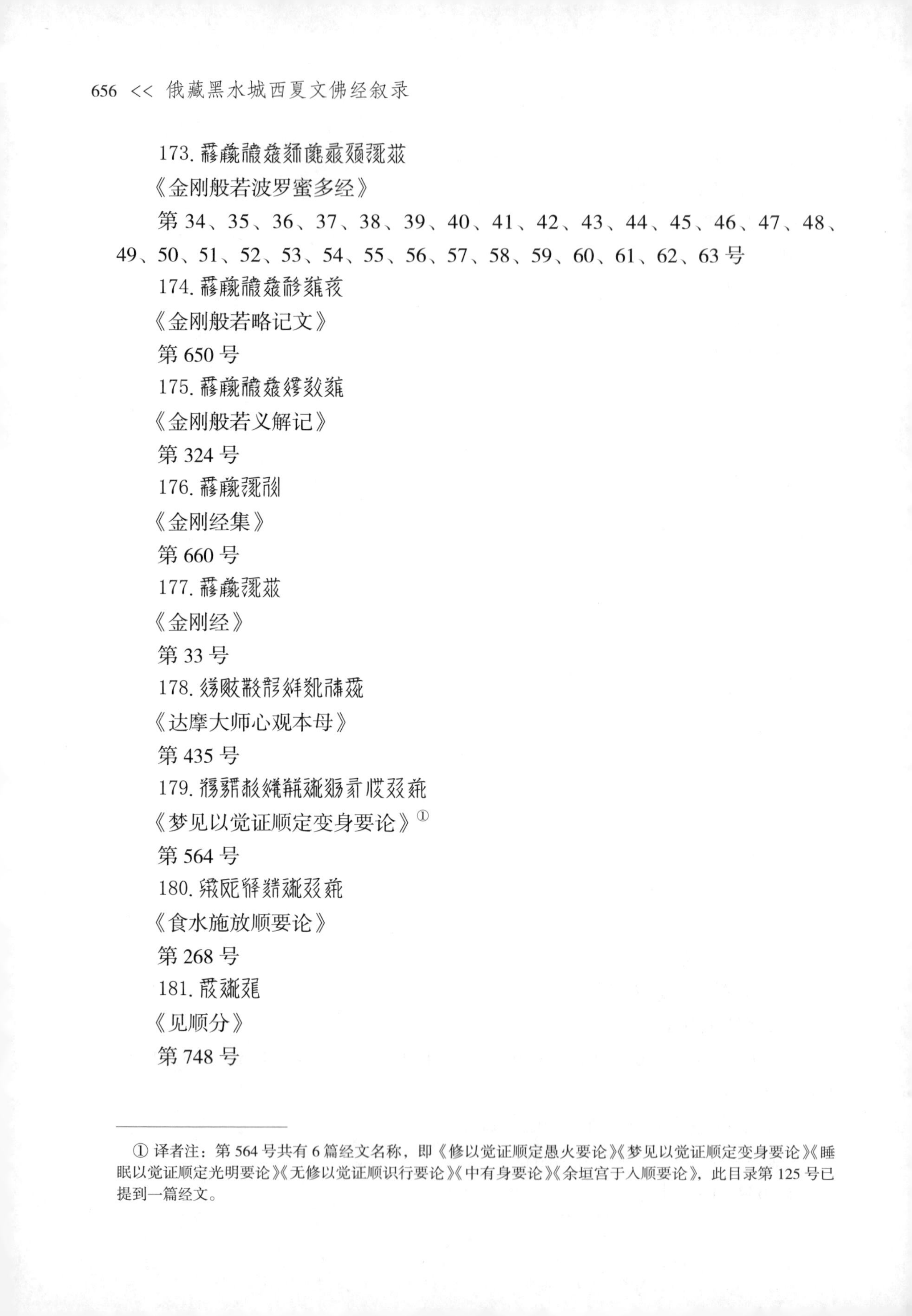

173. [illegible]

《金刚般若波罗蜜多经》

第 34、35、36、37、38、39、40、41、42、43、44、45、46、47、48、49、50、51、52、53、54、55、56、57、58、59、60、61、62、63 号

174. [illegible]

《金刚般若略记文》

第 650 号

175. [illegible]

《金刚般若义解记》

第 324 号

176. [illegible]

《金刚经集》

第 660 号

177. [illegible]

《金刚经》

第 33 号

178. [illegible]

《达摩大师心观本母》

第 435 号

179. [illegible]

《梦见以觉证顺定变身要论》[①]

第 564 号

180. [illegible]

《食水施放顺要论》

第 268 号

181. [illegible]

《见顺分》

第 748 号

① 译者注：第 564 号共有 6 篇经文名称，即《修以觉证顺定愚火要论》《梦见以觉证顺定变身要论》《睡眠以觉证顺定光明要论》《无修以觉证顺识行要论》《中有身要论》《余垣宫于人顺要论》，此目录第 125 号已提到一篇经文。

① 译者注：在“西夏文佛经目录索引”中，克恰诺夫把第 229 号单独列出，而在前面“经文目录”中将第 229 号放到 214~230 号。

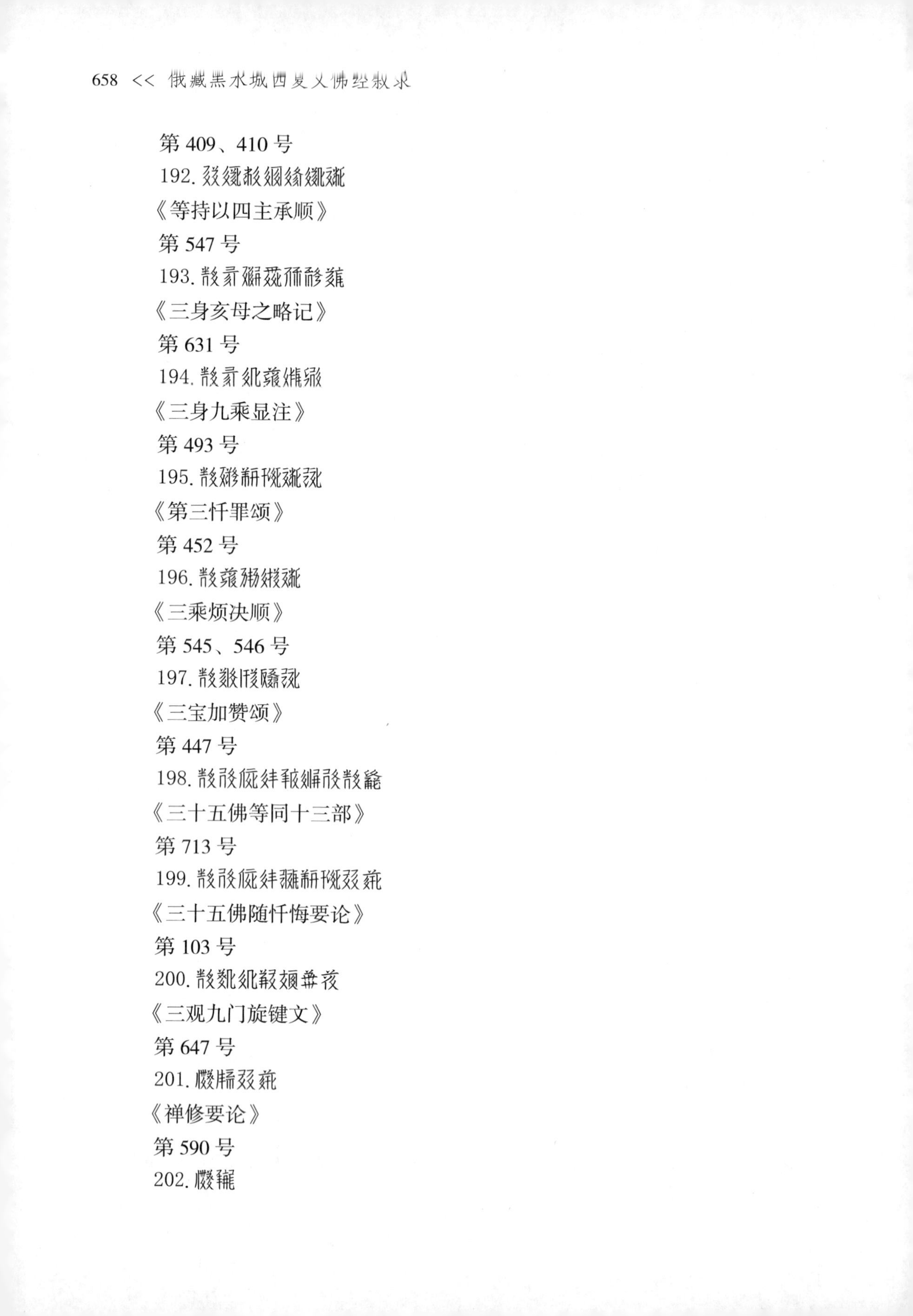

第 409、410 号

192. [illegible]

《等持以四主承顺》

第 547 号

193. [illegible]

《三身亥母之略记》

第 631 号

194. [illegible]

《三身九乘显注》

第 493 号

195. [illegible]

《第三忏罪颂》

第 452 号

196. [illegible]

《三乘烦决顺》

第 545、546 号

197. [illegible]

《三宝加赞颂》

第 447 号

198. [illegible]

《三十五佛等同十三部》

第 713 号

199. [illegible]

《三十五佛随忏悔要论》

第 103 号

200. [illegible]

《三观九门旋键文》

第 647 号

201. [illegible]

《禅修要论》

第 590 号

202. [illegible]

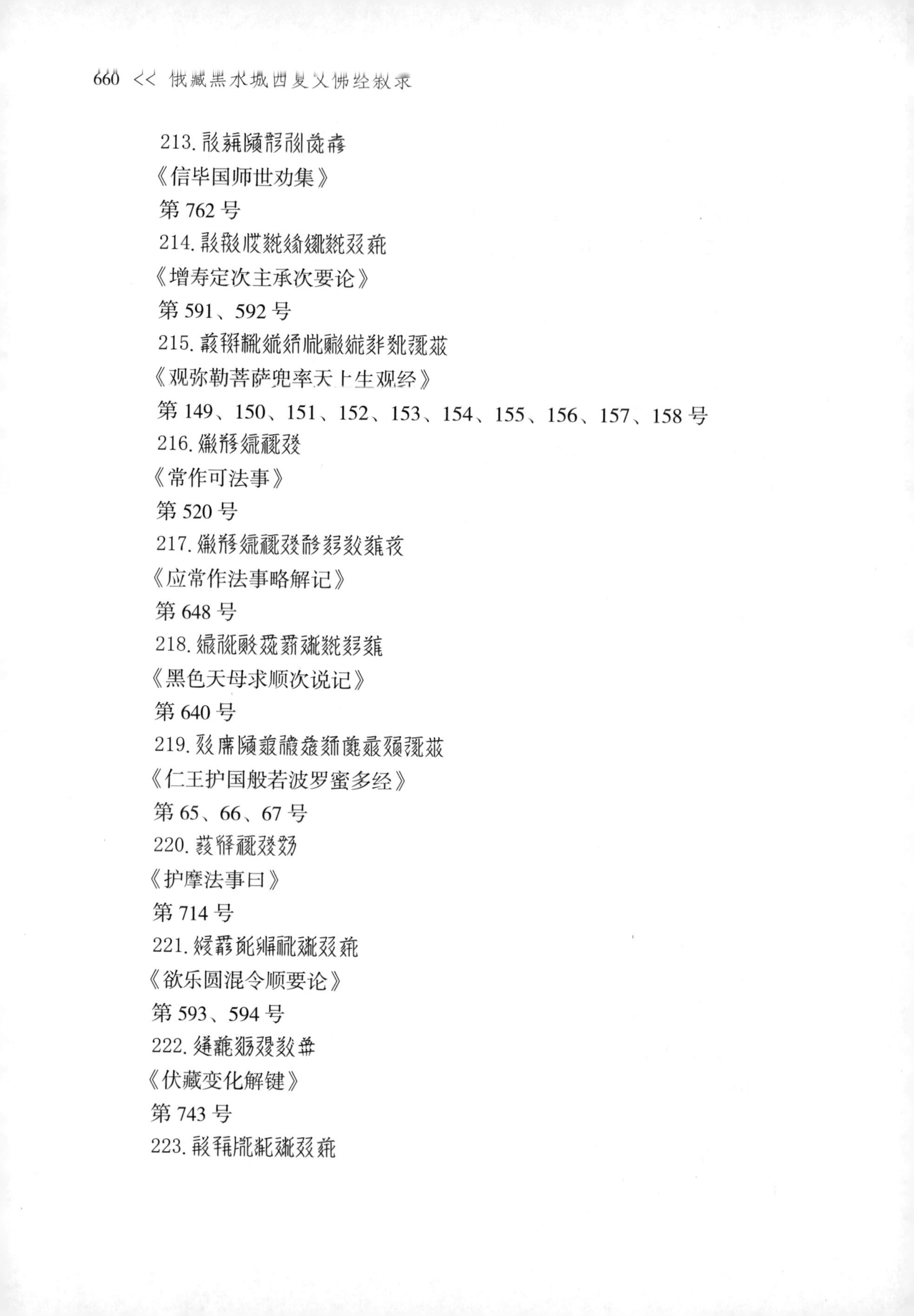

213. [illegible]
《信毕国师世劝集》
第 762 号
214. [illegible]
《增寿定次主承次要论》
第 591、592 号
215. [illegible]
《观弥勒菩萨兜率天上生观经》
第 149、150、151、152、153、154、155、156、157、158 号
216. [illegible]
《常作可法事》
第 520 号
217. [illegible]
《应常作法事略解记》
第 648 号
218. [illegible]
《黑色天母求顺次说记》
第 640 号
219. [illegible]
《仁王护国般若波罗蜜多经》
第 65、66、67 号
220. [illegible]
《护摩法事曰》
第 714 号
221. [illegible]
《欲乐圆混令顺要论》
第 593、594 号
222. [illegible]
《伏藏变化解键》
第 743 号
223. [illegible]

① 译者注：第 564 号共有 6 篇经文名称，《修以觉证顺定愚火要论》《梦见以觉证顺定变身要论》《睡眠以觉证顺定光明要论》《无修以觉证顺识行要论》《中有身要论》《余垣宫于入顺要论》。

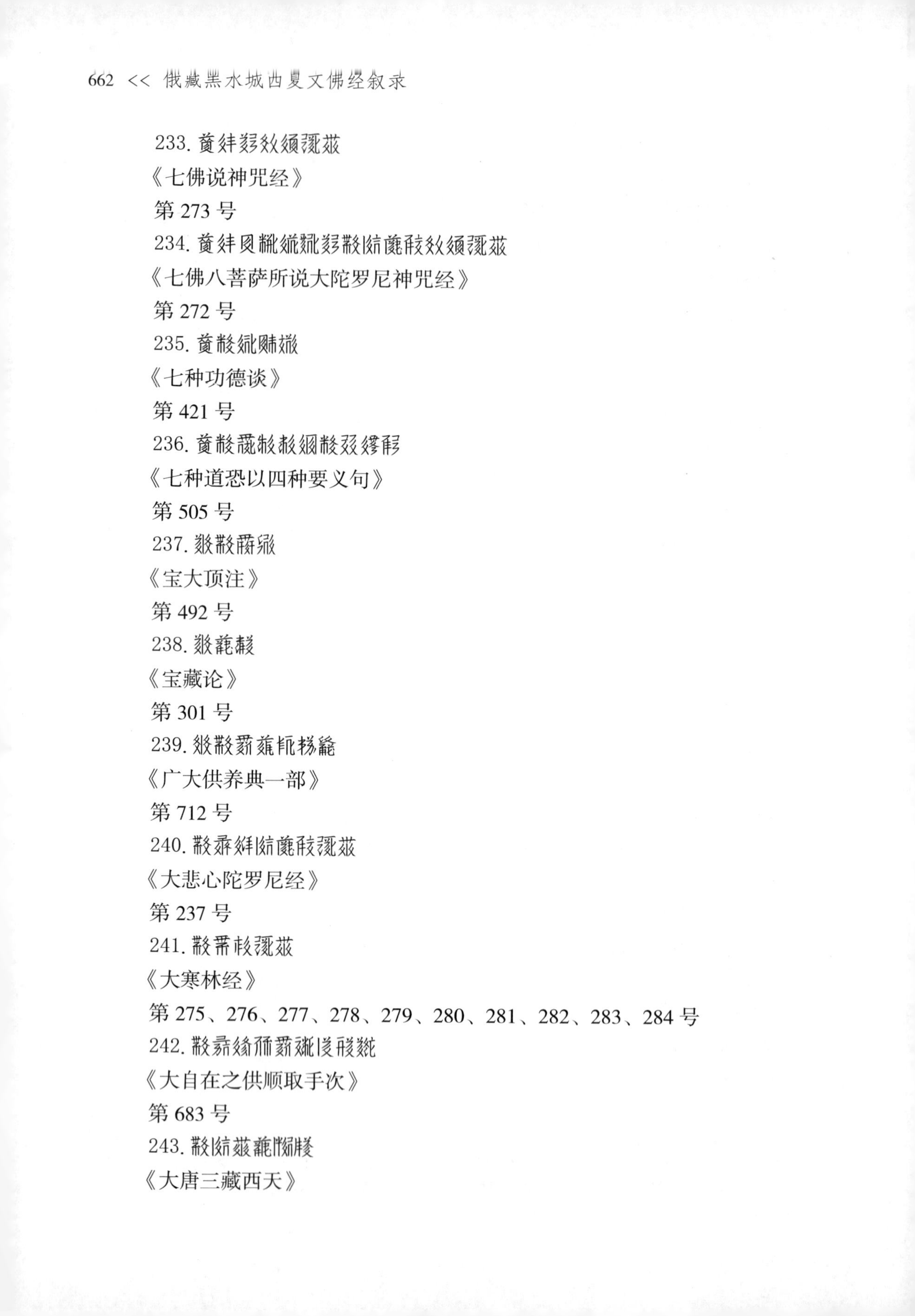

233. [illegible]
《七佛说神咒经》
第 273 号
234. [illegible]
《七佛八菩萨所说大陀罗尼神咒经》
第 272 号
235. [illegible]
《七种功德谈》
第 421 号
236. [illegible]
《七种道恐以四种要义句》
第 505 号
237. [illegible]
《宝大顶注》
第 492 号
238. [illegible]
《宝藏论》
第 301 号
239. [illegible]
《广大供养典一部》
第 712 号
240. [illegible]
《大悲心陀罗尼经》
第 237 号
241. [illegible]
《大寒林经》
第 275、276、277、278、279、280、281、282、283、284 号
242. [illegible]
《大自在之供顺取手次》
第 683 号
243. [illegible]
《大唐三藏西天》

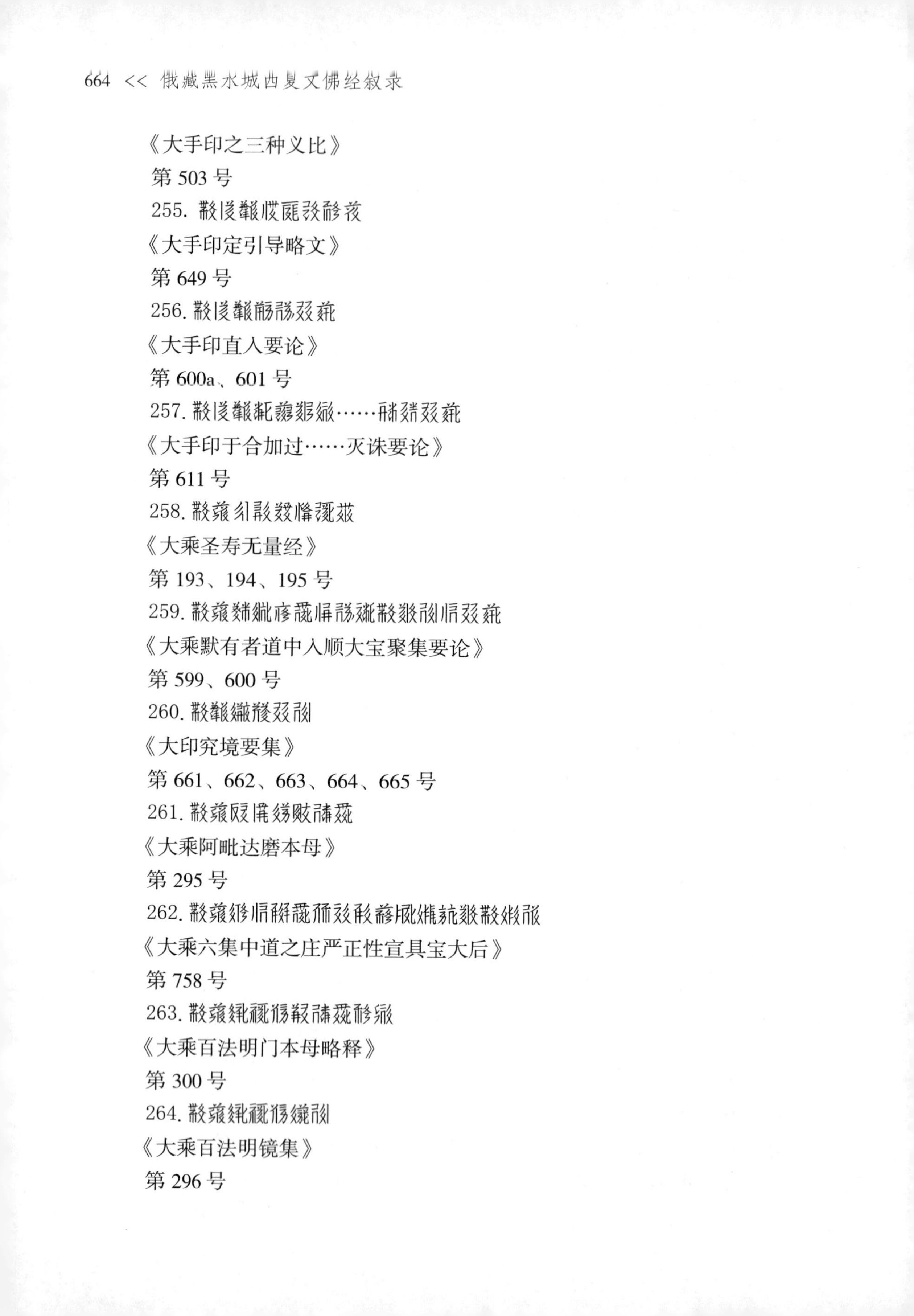

《大手印之三种义比》

第 503 号

255. [illegible]

《大手印定引导略文》

第 649 号

256. [illegible]

《大手印直入要论》

第 600a、601 号

257. [illegible]……[illegible]

《大手印于合加过……灭诛要论》

第 611 号

258. [illegible]

《大乘圣寿无量经》

第 193、194、195 号

259. [illegible]

《大乘默有者道中入顺大宝聚集要论》

第 599、600 号

260. [illegible]

《大印究境要集》

第 661、662、663、664、665 号

261. [illegible]

《大乘阿毗达磨本母》

第 295 号

262. [illegible]

《大乘六集中道之庄严正性宣具宝大后》

第 758 号

263. [illegible]

《大乘百法明门本母略释》

第 300 号

264. [illegible]

《大乘百法明镜集》

第 296 号

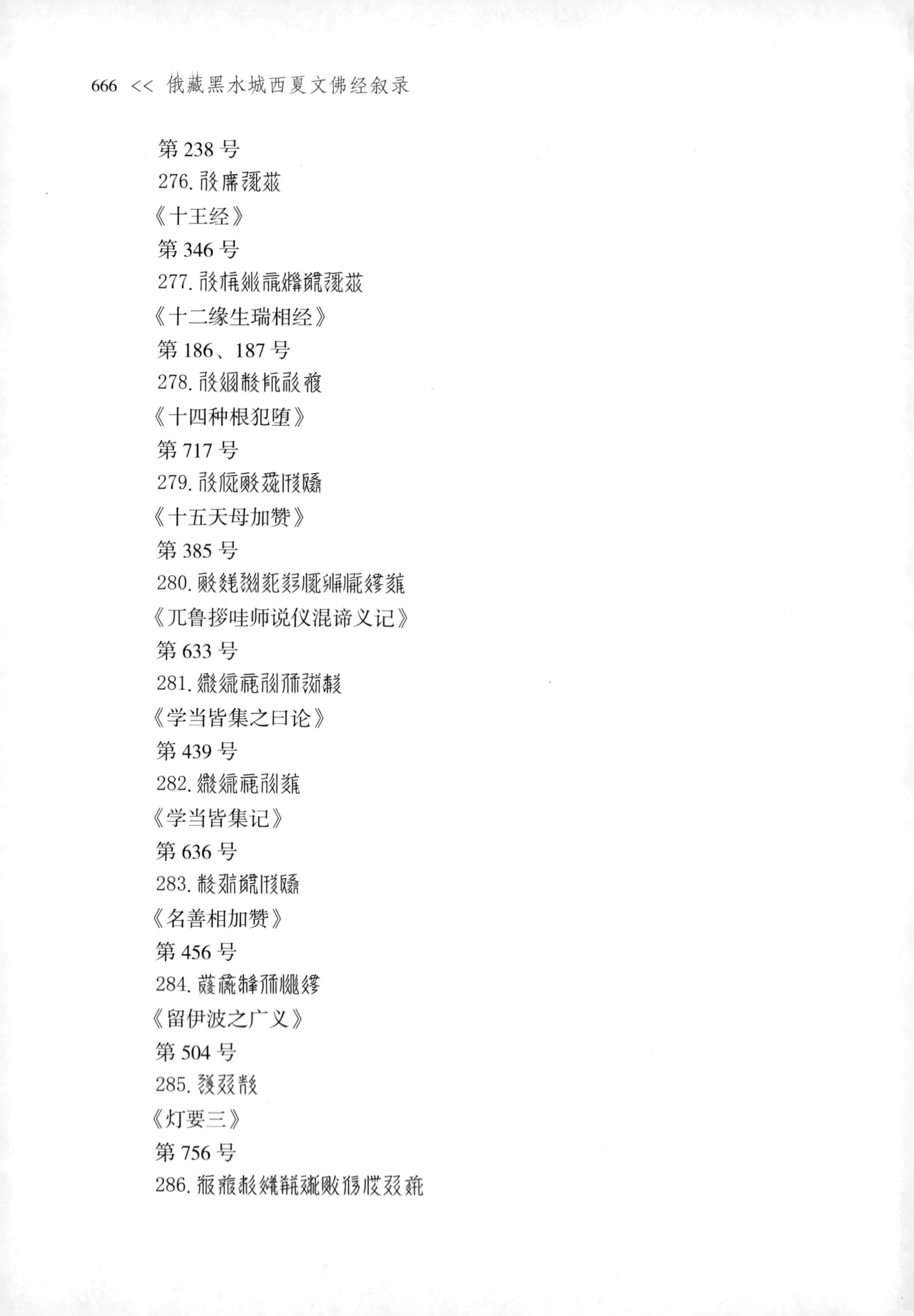

第238号

276. [illegible]

《十王经》

第346号

277. [illegible]

《十二缘生瑞相经》

第186、187号

278. [illegible]

《十四种根犯堕》

第717号

279. [illegible]

《十五天母加赞》

第385号

280. [illegible]

《兀鲁拶哇师说仪混谛义记》

第633号

281. [illegible]

《学当皆集之曰论》

第439号

282. [illegible]

《学当皆集记》

第636号

283. [illegible]

《名善相加赞》

第456号

284. [illegible]

《留伊波之广义》

第504号

285. [illegible]

《灯要三》

第756号

286. [illegible]

① 译者注：第 564 号共 6 篇经文名称，《修以觉证顺定愚火要论》《梦见以觉证顺定变身要论》《睡眠以觉证顺定光明要论》《无修以觉证顺识行要论》《中有身要论》《余垣宫于入顺要论》，而此处是其中一篇经文名称。

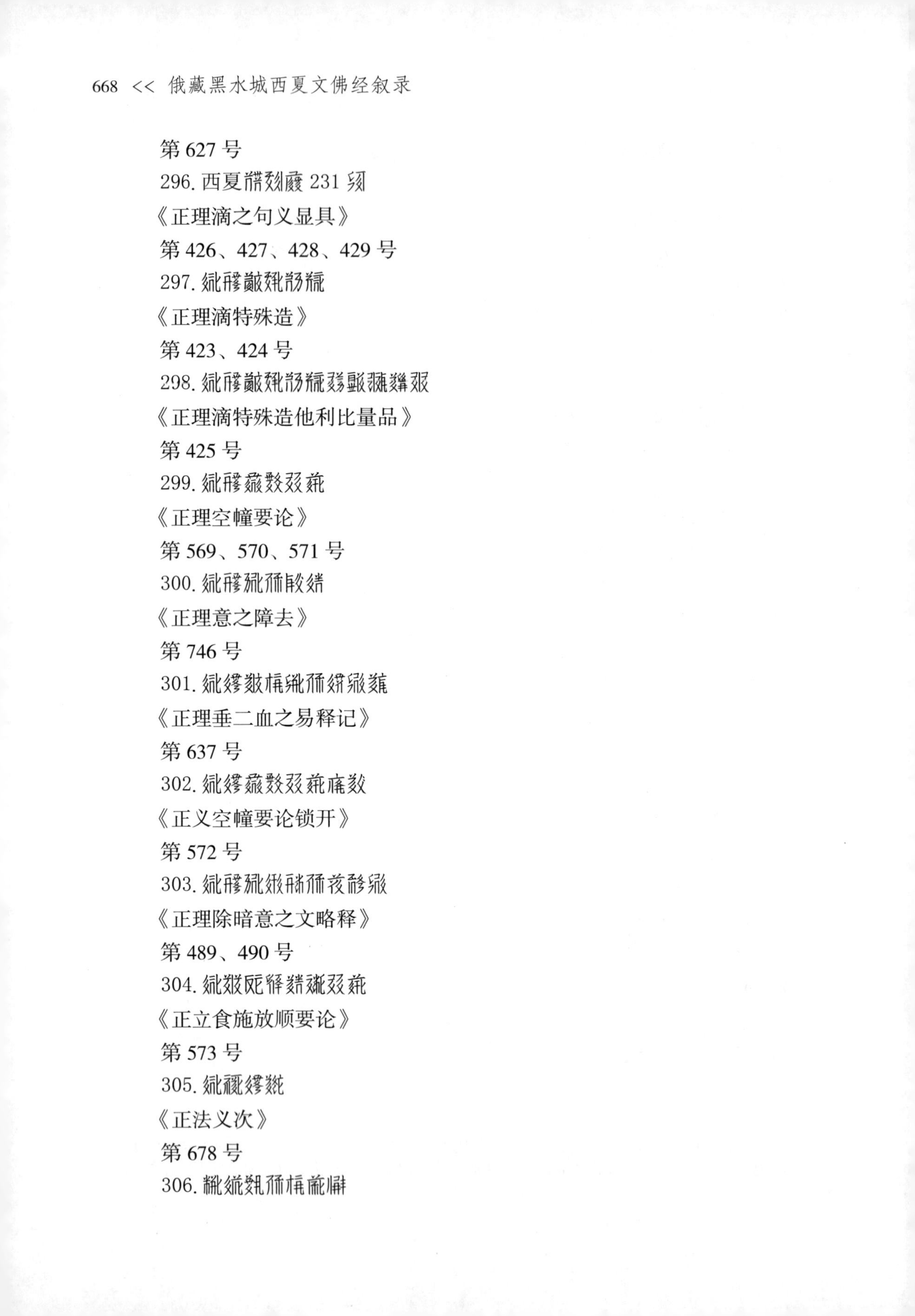

第 627 号

296. 西夏[illegible] 231 [illegible]

《正理滴之句义显具》

第 426、427、428、429 号

297. [illegible]

《正理滴特殊造》

第 423、424 号

298. [illegible]

《正理滴特殊造他利比量品》

第 425 号

299. [illegible]

《正理空幢要论》

第 569、570、571 号

300. [illegible]

《正理意之障去》

第 746 号

301. [illegible]

《正理垂二血之易释记》

第 637 号

302. [illegible]

《正义空幢要论锁开》

第 572 号

303. [illegible]

《正理除暗意之文略释》

第 489、490 号

304. [illegible]

《正立食施放顺要论》

第 573 号

305. [illegible]

《正法义次》

第 678 号

306. [illegible]

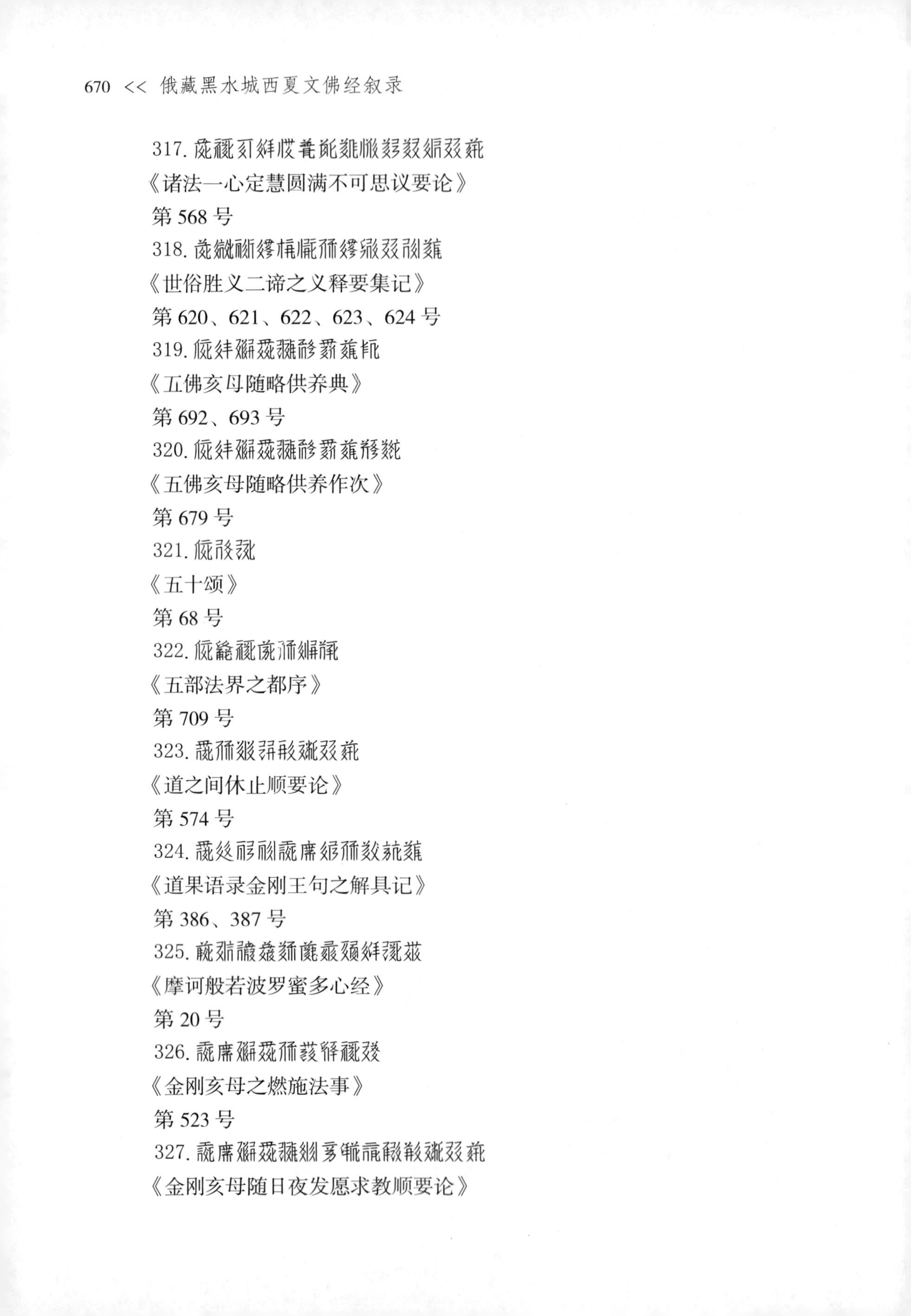

317. [illegible]
《诸法一心定慧圆满不可思议要论》
第 568 号

318. [illegible]
《世俗胜义二谛之义释要集记》
第 620、621、622、623、624 号

319. [illegible]
《五佛亥母随略供养典》
第 692、693 号

320. [illegible]
《五佛亥母随略供养作次》
第 679 号

321. [illegible]
《五十颂》
第 68 号

322. [illegible]
《五部法界之都序》
第 709 号

323. [illegible]
《道之间休止顺要论》
第 574 号

324. [illegible]
《道果语录金刚王句之解具记》
第 386、387 号

325. [illegible]
《摩诃般若波罗蜜多心经》
第 20 号

326. [illegible]
《金刚亥母之燃施法事》
第 523 号

327. [illegible]
《金刚亥母随日夜发愿求教顺要论》

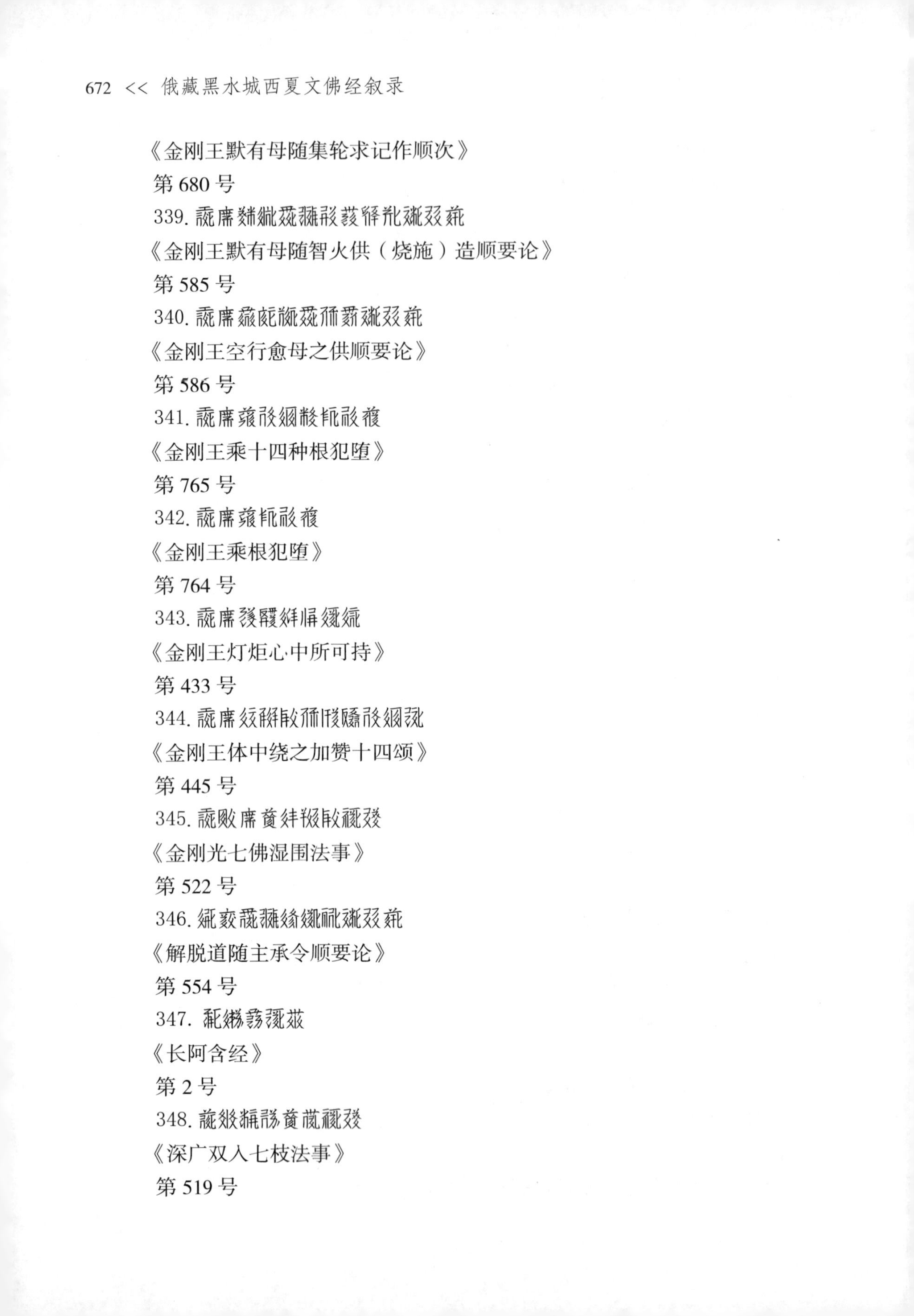

《金刚王默有母随集轮求记作顺次》

第 680 号

339. [illegible]

《金刚王默有母随智火供（烧施）造顺要论》

第 585 号

340. [illegible]

《金刚王空行愈母之供顺要论》

第 586 号

341. [illegible]

《金刚王乘十四种根犯堕》

第 765 号

342. [illegible]

《金刚王乘根犯堕》

第 764 号

343. [illegible]

《金刚王灯炬心·中所可持》

第 433 号

344. [illegible]

《金刚王体中绕之加赞十四颂》

第 445 号

345. [illegible]

《金刚光七佛湿围法事》

第 522 号

346. [illegible]

《解脱道随主承令顺要论》

第 554 号

347. [illegible]

《长阿含经》

第 2 号

348. [illegible]

《深广双入七枝法事》

第 519 号

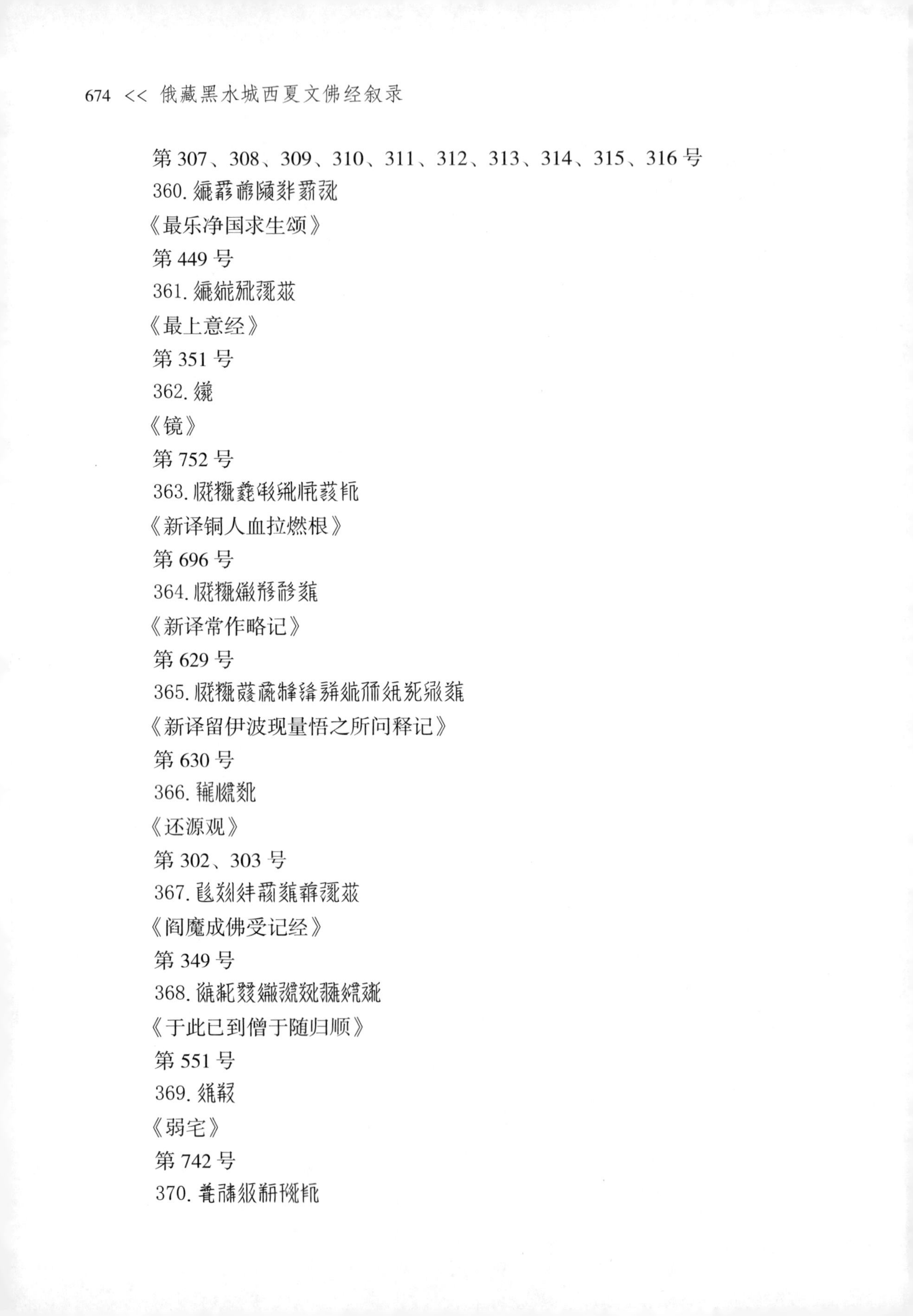

第 307、308、309、310、311、312、313、314、315、316 号

360. [illegible]

《最乐净国求生颂》

第 449 号

361. [illegible]

《最上意经》

第 351 号

362. [illegible]

《镜》

第 752 号

363. [illegible]

《新译铜人血拉燃根》

第 696 号

364. [illegible]

《新译常作略记》

第 629 号

365. [illegible]

《新译留伊波现量悟之所问释记》

第 630 号

366. [illegible]

《还源观》

第 302、303 号

367. [illegible]

《阎魔成佛受记经》

第 349 号

368. [illegible]

《于此已到僧于随归顺》

第 551 号

369. [illegible]

《弱宅》

第 742 号

370. [illegible]

后 记

早在苏联时期，З·И· 戈尔巴乔娃和 Е·И· 克恰诺夫曾合作，于 1963 年出版了《西夏文写本与刊本》(莫斯科科学出版社、列宁格勒东方学研究所）一书，这本书是对 П·К· 科兹洛夫在黑水城所获部分西夏文藏品的初次编目。若干年后，Е·И· 克恰诺夫继续对科兹洛夫的西夏文藏品重新进行整理和研究，在原有编目基础上，他增补了大批俄藏黑水城西夏文佛教文献，作为对第一个目录——《西夏文写本与刊本》的补充和完善，撰成《俄藏黑水城西夏文佛经叙录》。

《俄藏黑水城西夏文佛经叙录》是根据日本京都大学语言学教研室和俄罗斯科学院东方学研究所圣彼得堡分所签订的合作项目完成的。这一合作项目最初是由日本学者西田龙雄教授提出的，他还建议此书完成后在日本予以出版。之后，京都大学语言学教研室主任庄垣内正弘教授等使此计划付诸实施，所以在 1999 年日本京都大学出版了俄文版《俄藏黑水城西夏文佛经文献叙录》。

西田龙雄教授还为《俄藏黑水城西夏文佛经叙录》撰写了题为“西夏语佛典目录编纂上的诸问题”的长篇序文。序文有俄文和日本两种语言，俄语序文为摘要本，日语序文为全本。序文指出本书特点及西夏文佛经文献的特点，只能将俄文序言的摘要翻译成汉语。

《俄藏黑水城西夏文佛经叙录》中的西夏文字是由时为京都大学博士研究生荒川慎太郎手写并扫描入电脑排版而成的，他还为本书编写了附录、索引，为本书的出版事宜作出了大量的工作。

我们从 2004 年开始对此书进行翻译，到 2006 年基本完成，之后对译稿陆续进行一些修改。在翻译过程中发现原书中有些西夏文可能有误，有些地方根据上下文做了改动，并做注释加以说明。因为无法核对西夏文佛经文献的原件，有些地方只能按照原书进行翻译，希望在俄藏黑水城西夏文佛经文献公布之后，继续查对原文，以便不断完善这个译本。在翻译过程中有一些情况作简要说明：

第一，克恰诺夫《俄藏黑水城西夏文佛经叙录》后附“附录与指南”之第六分为“人名指南”的俄译、原文献中人名的西夏文及人名的索夫洛诺夫的拼音转写、人名西夏文偏旁索引、俄译“人名指南”编号与西夏文人名编号对应表等四项内容。因为前两项编号并不一致，所以才有第四项的对应表，我们认为这样编排显得零乱，也不利于读者阅读。我们在翻译过程中，为了便于读者查阅将四部分合为一部分，只保留“人名指南”俄译部分的编号，去掉西夏文人名的编号，把其他内容都补充到同一人名里面，并将人名的索夫洛诺夫的拼音转写去掉，因为这一转写在“正文内容”已经出现。

在“人名指南”中，克恰诺夫列出的经文馆册号有个别地方是错误的，在编译时参照“正文内容”已经做了修订，如“人名指南”第 24 号馆册第 817 改为馆册第 821 号，把馆册第 6773 改为馆册第 6373 号等；并把“人名指南”中列出多余的馆册号删除，如“人名指南”第 46 号中馆册第 1440 号在第 15 号佛经中不存在。

第二，翻译“人名指南”时我们还发现一个极为严重的问题，克恰诺夫给出的人名很多是重复出现的，即本来是同一人，而克恰诺夫却认为是两个人或三个人。为了保持原作的完整性，我们在翻译过程中，将重复人名加以注释，并未删除。在“人名指南”中，克恰诺夫列出的人名其实并不是人名，而是称号、姓氏或存在断句的问题。如“人名指南”第 192 号“𗼃”字，在第 12 号，馆册第 1273 号佛经题记中，“𗼃”不是一个人名，应与前面的两个字一起组成“𗏁𗏹𗼃”（节亲主）。“人名指南”第 214 号的“贤觉”是一个“称号”或是“法号”，查对经文其名字应是“显胜”或“波罗显胜”。“人名指南”第 91 号给出的“周”，第 396 号给出“慧海”，第 397 号又给出“周慧海”等，这三处是指同一人“周慧海”。诸如此类的问题已在注释中加以说明。

第三，在“附录与指南”之九“僧人的封号与称号”中“受戒”“明悟”“圣胜慧彼岸”和“供坛”等不应是僧人的封号或称号，这需要进一步查对。

第四，在“索引”中，克恰诺夫给出佛经经名的西夏文及编号、西夏文偏旁索引、部分经文的梵文名称、西夏文佛经的汉语名称和佛经名称的俄语音译等部分，在编译时将它们合并为一部分。

第五，《俄藏黑水城西夏文佛经叙录》后有一个“勘误表”，我们在编译时也将原书中错误之处一一做了更正。

第六，《俄藏黑水城西夏文佛经叙录》后还给出一些插图，因为是黑白图片，有的还不是很清楚，考虑到翻拍后效果，故此编译出版时将其略去。

第七，原书目录比较简单，且我们在编译时对原书后“附录与指南”和“索引”内容做了相应调整。因此，出版编译书稿时对目录进行重新编排。

第八，克恰诺夫原书中涉及有些内容，已有其他学者翻译的，在译文中保留克恰诺夫的内容，而把其他学者的翻译作为注释列出，以便读者进行比较对照。如在“绪论”中克恰诺夫给出中国国家图书馆藏《过去庄严劫千佛名经》发愿文等。

第九，原文中如出现西夏文内容，译者把西夏文翻译成汉语。如译自西夏文的内容和克恰诺夫的俄译基本一致，仅保留西夏文的翻译，并把人名的索夫洛诺夫拼音注音和俄语注音加以保留。如果译自西夏文的内容与俄译内容有差别，则把克恰诺夫的俄译翻译成汉语的内容作为注释。

第十，克恰诺夫给出《大正藏》中收录佛经的号码，我们进行查对并把经文名称注明，有的西夏文经名与《大正藏》相同，有的存在一定差异，因西夏文佛经原件尚未全部公布，无法逐一核对经文原文，具体经文内容有待于西夏文佛经公布之后，需要一一核实，所以一些佛经名称仍采用西夏文的翻译。

第十一，原书中有少数西夏文书写有误，编译者在编译时找不到这个字，只有翻阅原书前后内容，找出同一个西夏字在不同地方的写法，前后比较对照选定认为正确的，如馆册第 1915 号的“[illegible]”、馆册第 1564 号的“[illegible]”，等等。实在查不出的西夏字则根据前后文补充，并加上“□”，读者在阅读时需要注意。

尽管《俄藏黑水城西夏文佛经叙录》的俄文本和中译本还存在不足之处，但它是目前较为全面的俄藏黑水城西夏文佛经文献的综合目录，内容十分丰富，我们期待此书尽快面世，并希望西夏学者、佛教研究者、语言学者及历史学研究者等都能享用这一成果。

我们要感谢原书的编著者克恰诺夫先生，他为学界提供了如此之好的著作。同时还要感谢为本书撰序的西田龙雄先生，感谢为在日本出版而做出贡献的庄垣内正弘教授、荒川慎太郎先生及京都大学语文系语言学教研室的研究生们。参与《俄藏黑水城西夏文佛经叙录》编著、作序和俄文出版的一些专家已经故去，此书的出版也是对诸位故去先生的纪念和缅怀。

我们更要感谢宁夏大学杜建录教授的鼎力相助，感谢史金波先生的大力推荐。

崔红芬

2020 年 10 月 18 日